KB039130

형 법 주 해

[V]

각 칙 (2)

[제 122 조 ~ 제 157 조]

편집대표 조 균 석
편집위원 이 상 원
김 성 돈
강 수 진

박영사

머 리 말

「형법주해」는 법서 출판의 명가인 박영사의 창업 70주년을 기념하기 위하여 출간되는 형법의 코멘타르(Kommentar)로서, 1992년 출간된 「민법주해」에 이어 30년 만에 이어지는 기본법 주해 시리즈의 제2탄에 해당한다.

그런 점에서 「민법주해」의 편집대표인 곽윤직 교수께서 '머리말'에서 강조하신 아래와 같은 「민법주해」의 내용과 목적은 세월은 흘렀지만 「형법주해」에도 여전히 타당하다고 생각된다.

> "이 주해서는 각 조문마다 관련되는 중요한 판결을 인용해 가면서 확정된 판례이론을 밝혀주고, 한편으로는 이론 내지 학설을 모두 그 출전을 정확하게 표시하고, 또한 논거를 객관적으로 서술하여 민법 각 조항의 구체적인 내용을 밝히려는 것이므로, (중략) 그 목적하는 바는, 위와 같은 서술을 통해서 우리의 민법학의 현재수준을 부각시키고, 아울러 우리 민법 아래에서 생기는 법적 분쟁에 대한 올바른 해답을 찾을 수 있게 하려는 데 있다."

이처럼 법률 주해(또는 주석)의 기능은 법률을 해석·운용함에 있어 도움이 되는 정보를 제공함으로써 구체적 사건을 해결하는 실무의 법적 판단에 봉사하는 데 있다고 할 수 있다. 주해서를 통해서 제공되어야 할 정보는 1차적으로 개별 조문에 대한 문리해석이다. 이러한 문리해석에 더하여, 주해서에는 각 규정들의 체계적 연관관계나 흠결된 부분을 메우는 보충적 법이론은 물론, 법률의 연혁과 외국 입법례 및 그 해석에 대한 정보가 담겨 있어야 하고, 때로는 사회문제를 해결할 수 있는 입법론이 제시되어야 한다.

그러나 무엇보다도 실무에서 중요한 역할을 하는 것은 판례이므로, 판례의 법리를 분석하고 그 의미를 체계적으로 정리하는 일은 주해서에서 빠뜨릴 수 없는 중요한 과제이다. 다만 성문법주의 법제에서 판례는 당해 사건에서의 기속력을 넘어 공식적인 법원(法源)으로 인정되지는 않으며, 판례 자체가 변경되기도 한다. 이러한 점에서 주해서는 단순한 판례의 정리를 넘어 판례에 대한 비판을 통해 판례를 보충하고 대안을 제시함으로써 장래 법원(法院)의 판단에 동원될 수 있는 법적 지식의 저장고 역할도 하여야 한다.

그런데 형사판결도 결국 형법률에 근거하여 내려진다. 형법률에 대한 법관의 해석으로 내려진 판결 및 그 속에서 선광(選鑛)되어 나오는 판례법리는 구체적인 사안과 접촉된 법률이 만들어 낸 개별적 결과이다. 그러므로 또 다른 사안을 마주하는 법관은 개별 법리의 원천으로 돌아갈 필요가 있다. 법관이 형법률을 적용함에 있어, 개별 사안에 나타난 기존의 판결이나 판례를 넘어 그러한 판례를 만들어 내는 형법률의 체계인 형법을 발견할 때 비로소 개별 법리의 원천으로 돌아가는 광맥을 찾은 것이다. 「형법주해」는 이러한 광맥을 찾는 작업에도 도움이 되고자 하였다. 즉, 「형법주해」는 판례의 눈을 통해서 형법을 바라보는 것을 넘어 형법원리 및 형법이론의 눈을 통해서도 형법을 관찰하려고 하였다.

이러한 작업은 이론만으로 이룰 수 있는 것도 아니고, 실무만으로 이룰 수 있는 것도 아니다. 이 때문에 형사법 교수, 판사, 검사, 변호사 등 62명이 뜻을 함께하여, 오랜 기간 각자의 직역에서 형법을 연구·해석하고 또 실무에 적용해 오면서 얻은 소중한 지식과 경험, 그리고 지혜를 집약함으로써, 이론과 실무의 조화와 융합을 꾀하였다.

우리의 소망은 「형법주해」가 올바른 판결과 결정을 지향하는 실무가들에게 의미 있는 이정표가 되고, 형법의 원점을 찾아가는 형법학자들에게는 새로운 생각의 장을 떠올리게 하는 단초가 되며, 형법의 숲 앞에 막 도착한 예비법률가들에는 그 숲의 전체를 바라볼 수 있는 안목을 키울 수 있도록 도와주는 안내자가 되는 것이다.

「형법주해」가 이러한 역할을 다할 수 있도록 최선의 노력을 다하였지만 부족한 부분이나 흠도 있으리라 생각된다. 모자란 부분은 개정판을 거듭하면서 시정·보충할 예정이다. 또한, 장래에는 「형법주해」가 형법의 실무적 활용에 봉사하고 기여하는 데에서 한 걸음 더 나아가 보다 높은 학문적인 차원에서의 형법 이해, 예컨대 형법의 정당성의 문제까지도 포섭할 수 있는 방안을 모색해 나갈 것을 다짐해 본다.

「형법주해」는 많은 분들의 헌신과 지원으로 출간하게 되었다. 먼저, 충실한 옥고를 집필하고 오랜 기간 정성을 다해 다듬어 주신 집필자들에게 감사드린다. 그리고 책 전체의 통일과 완성도를 높이기 위하여 각칙의 일부 조문에 한정된 것이기는 하지만, 독일과 일본의 중요 판례를 함께 검토해 주신 김성규 한국외국어대학 교수(독일)와 안성훈 한국형사·법무정책연구원 선임연구위원(일본)에게도 고마움을 전한다. 그리고 창업 70

주년 기념으로 「형법주해」의 출간을 허락해 주신 안종만 회장님과 안상준 대표님, 오랜 기간 편집위원들과 협의하면서 시종일관 열정을 보여주신 조성호 이사님과 편집부 여러 분께도 깊은 감사의 말씀을 드린다.

2022년 12월

편집대표 **조 균 석**
위원 **이 상 원**
위원 **김 성 돈**
위원 **강 수 진**

범 례

Ⅰ. 조 문

• 본문의 조문 인용은 '제○조 제○항 제○호'로 하고, 괄호 안에 조문을 표시할 때는 아래 (예)와 같이 한다. 달리 법령의 명칭 없이 인용하는 조문은 형법의 조문이고, 부칙의 경우 조문 앞에 '부칙'을 덧붙여 인용한다.

예 §49②(iii) ← **형법 제49조 제2항 제3호**

§12**의**2 ← **형법 제12조의2**

부칙 §10 ← **형법 부칙 제10조**

Ⅱ. 일 자

• 본문의 년, 월, 일은 그대로 표시함을 원칙으로 한다. 다만, 판례의 판시내용이나 인용문을 그대로 인용할 경우 및 ( )안에 법령을 표시하는 등 필요한 경우에는 년, 월, 일을 생략한다.

예	**(본문)**	**1990년 1월 1일**
		1953년 9월 18일 법령 제177호
예	**(판시 또는 괄호)**	**"피고인이** 1991. 1. 1. **어디에서 ... 하였다."**
		기본법(1953. 9. 18. **법령 제**177**호**)

Ⅲ. 재판례

1. 우리나라

대판 2013. 6. 27, 2013**도**4279

← **대법원 2013년 6월 27일 선고 2013도4279 판결**

대판 2013. 2. 21, 2010**도**10500(**전**)

← **대법원 2013년 2월 21일 선고 2010도10500 전원합의체판결**

대결 2016. 3. 16, 2015모2898

　　← 대법원 2016년 3월 16일 자 2015모2898 결정

대결 2015. 7. 16, 2011모1839(전)

　　← 대법원 2015 7월 16일 자 2011모1839 전원합의체결정

헌재 2005. 2. 3, 2001헌가9

　　← 헌법재판소 2005년 2월 3일 선고 2001헌가9 결정

서울고판 1979. 12. 19, 72노1208

　　← 서울고등법원 1979년 12월 19일 선고 72노1208 판결

* 재판례의 인용은 헌재, 대판(또는 대결), 하급심 순으로 하고, 같은 심급 재판례가 여럿인 경우 연도 순으로 인용하되, 가급적 최초 판결, 주요 판결, 최종 판결 등으로 개수를 제한한다.

2. 외 국

• 외국의 재판례는 그 나라의 인용방식에 따른다. 다만, 일본 판례의 경우에는 '연호'를 서기연도로 바꾸는 등 다음과 같이 인용한다.

最判 平成 20(2008). 4. 25. **刑集** 62·5·1559

　　← 最判平成20. 4. 25刑集62卷5号1559頁

- **판례집: 刑錄(대심원형사판결록), 刑集(대심원형사판례집, 최고재판소형사판례집), 裁判集(刑事)(최고재판소재판집형사), 高刑集(고등재판소형사판례집), 特報(고등재판소형사판결특보), 裁特(高等裁判所刑事裁判特報), 下刑集(하급심재판소형사재판례집), 刑月(형사재판월보), 高刑速(고등재판소형사재판속보집), 判時(判例時報), 判タ(판례타임즈), LEX/DB(TKC Law Library) 등**

Ⅳ. 문헌 약어 및 인용방식

* 같은 집필자라고 하여도 각주 번호는 조문별로 새로 붙인다.

1. 형법총칙/각칙 교과서

• 교과서 등 문헌은 가능한 한 최신의 판으로 인용한다.

• 각 조항의 주해마다 처음으로 인용하는 개소에서 판을 포함하는 서지사항을 밝히고, 그 후에 이를 다시 인용하는 경우에는 '저자, 면수'와 같은 형태로 한다.

[형법총칙]

김성돈, 형법총론(8판), 10

이재상 · 장영민 · 강동범, 형법총론(11판), § 31/2

김성돈, 10(**재인용인 경우**)

[형법각칙]

이재상 · 장영민 · 강동범, 형법각론(12판), § 31/2

이재상 · 장영민 · 강동범, § 31/12(**재인용인 경우**)

2. 교과서 외 단행본

- 교과서 외 단행본은 각 조항마다 처음 인용하는 개소에서 제목, 판, 출판사, 연도를 포함하는 서지사항을 밝히고, 그 후에 이를 다시 인용하는 경우에는 '저자, 제목, 면수'와 같은 형태로 한다.

김성돈, 기업 처벌과 미래의 형법, 성균관대학교 출판부(2018), 259

양형위원회, 2022 **양형기준**(2022), 100

김성돈, 기업 처벌과 미래의 형법, 300(**재인용인 경우**)

3. 논 문

- 각 조항의 주해마다 처음으로 인용하는 개소에서 정기간행물 등의 권·호수 및 간행연도를 포함하는 서지사항을 밝히고, 그 후에 이를 다시 인용하는 경우에는 "필자(주 ○), 인용면수"와 같은 형태로 한다.

신양균, "과실범에 있어서 의무위반과 결과의 관련", 형사판례연구 〔1〕, **한국형사판례연구회, 박영사**(1993), 62

천진호, "금지착오사례의 논증과 정당한 이유의 구체적 판단", 비교형사법연구 2-2, **한국비교형사법학회**(2000), 305

- 각 대학의 법학연구소 등에서 발간하는 정기간행물은 학교명의 약칭과 함께 인용하지만, 이미 학교명 내지 이에 준하는 표기를 포함하고 있는 경우에는 간행물 이름만으로 인용한다.

4. 정기간행물 약어

사논	**사법논집**
사연	**사법연구자료**

자료 **재판자료**

해설 **대법원판례해설**

5. 주석서

예 **주석형법 〔각칙(1)〕(5판), 104(민철기)**

6. 외국문헌

- 외국 문헌 등은 각국에서 통용되는 방식으로 인용하는 것을 원칙으로 한다.
- 외국 문헌의 경우 최초로 인용할 때에 간행연도 및 판수〔논문의 경우는, 정기간행물 및 그 권호수 등〕를 표시하고, 이후 같은 조항에서 인용할 때는 "저자〔또는 필자〕, 인용면수"의 방법으로 인용하되〔같은 필자의 문헌을 여럿 인용하는 경우에는 '(주 ○)'를 필자 이름 아래 붙인다〕, 저자의 경우는 성만 표기하는 것을 원칙으로 한다.
- 자주 인용되는 문헌은 별도로 다음과 같이 인용한다.

大塚 外, 大コン(3版)(9), 113(河村 博) ← 大塚 外, 大コンメンタール 第3版 第9卷, 인용면수(집필자)

7. 학위논문 인용방식

예 **이은모, "약물범죄에 관한 연구", 연세대학교 박사학위논문(1991), 2**
이은모, "약물범죄에 관한 연구", 10(재인용인 경우)

8. 다수 문헌의 기재 순서

- 교과서 등 같은 종류인 경우 '가, 나, 다' 순으로, 다른 종류인 경우 '교과서, 주석서, 교과서 외 단행본, 논문' 순으로 각 기재한다.

V. 법령 약어 및 인용방법

1. 법 률

(1) 본문

- 조항별로 처음 인용 시에는 법령의 제목 전체를 기재한다. 재차 인용 시에는 법제처 법령에 약칭이 있는 경우는 그 약칭을 인용하되, 처음 인용 법령을 아

래와 같이 한다.

* 현재 효력을 가지는 법률을 기준으로 작성하고, 폐지된 법률의 경우 법률명 다음에 '(폐지)'를, 조문만 변경된 경우에는 법률명 앞에 '구'를 붙인다.

예 **교통사고 처리특례법(이하, 교통사고처리법이라 한다.)**

(2) 괄호

- **일반법령(예: 의료법)을 쓰되, 약어(예시)의 경우 약어만을 인용한다.**

약어(예시)

가폭	가정폭력범죄의 처벌 등에 관한 법률
경범	경범죄 처벌법
경직	경찰관 직무집행법
공선	공직선거법
교특	교통사고처리 특례법
군형	군형법
국보	국가보안법
도교	도로교통법
독점	독점규제 및 공정거래에 관한 법률
마약관리	마약류 관리에 관한 법률
마약거래방지	마약류 불법거래 방지에 관한 특례법
민	민법
민소	민사소송법
민집	민사집행법
범죄수익	범죄수익은닉의 규제 및 처벌에 관한 법률
법조	법원조직법
변	변호사법
보호소년	보호소년 등의 처우에 관한 법률
부경	부정경쟁방지 및 영업비밀보호에 관한 법률
부등	부동산등기법
부수	부정수표 단속법
부실명	부동산 실권리자명의 등기에 관한 법률
부재특조	부재선고 등에 관한 특별조치법
사면	사면법

사법경찰직무	사법경찰관리의 직무를 수행할 자와 그 직무범위에 관한 법률
상	상법
성폭방지	성폭력방지 및 피해자보호 등에 관한 법률
성폭처벌	성폭력범죄의 처벌 등에 관한 법률
소년	소년법
아청	아동·청소년의 성보호에 관한 법률
아학	아동학대범죄의 처벌 등에 관한 특례법
여전	여신전문금융업법
정통망	정보통신망 이용촉진 및 정보보호 등에 관한 법률
집시	집회 및 시회에 관한 법률
출관	출입국관리법
통비	통신비밀보호법
특가	특정범죄 가중처벌 등에 관한 법률
특경	특정경제범죄 가중처벌 등에 관한 법률
폭처	폭력행위 등 처벌에 관한 법률
헌	헌법
헌재	헌법재판소법
형소	형사소송법
형집	형의 집행 및 수용자의 처우 등에 관한 법률

2. 시행령 및 시행규칙은 법률의 예를 따르고, 괄호의 경우 일반법령(예: 의료법 시행령)을 쓰되, 법률약어의 경우 '령' 또는 '규'를 붙인다.

3. 부칙 및 별표는 법률명 뒤에 약칭 없이 '부칙', '별표'로 인용한다.

4. 외국법령의 조항 인용도 우리 법령의 인용과 같은 방식으로 한다.

   예 **(괄호) 독형** § 312-b①(iii) ← **독일형법 제312조의b 제1항 제3호**

참고문헌

1 형법총론(총론 · 각론 통합 포함) 교과서

저자	서명	출판사	출판연도
강동욱	강의 형법총론	박영사	2020
	강의 형법총론(제2판)	박영사	2021
김성돈	형법총론(제5판)	성균관대학교 출판부	2017
	형법총론(제6판)	성균관대학교 출판부	2020
	형법총론(제7판)	성균관대학교 출판부	2021
	형법총론(제8판)	성균관대학교 출판부	2022
김성천	형법총론(제9판)	소진	2020
김성천 · 김형준	형법총론(제6판)	소진	2014
김신규	형법총론 강의	박영사	2018
김일수 · 서보학	새로쓴 형법총론(제11판)	박영사	2008
	새로쓴 형법총론(제12판)	박영사	2014
	새로쓴 형법총론(제13판)	박영사	2018
김태명	판례형법총론(제2판)	피앤씨미디어	2016
김형만	형법총론	박영사	2015
김혜정 · 박미숙 · 안경옥 · 원혜욱 · 이인영	형법총론(제2판)	정독	2019
	형법총론(제3판)	정독	2020
류전철	형법입문 총론편(제3판)	준커뮤니케이션즈	2020
박상기	형법강의	법문사	2010
	형법총론(제9판)	박영사	2012
	형법학(총론 · 각론 강의)(제3판)	집현재	2018
박상기 · 전지연	형법학(총론 · 각론 강의)(제4판)	집현재	2018
	형법학(총론 · 각론)(제5판)	집현재	2021
배종대	형법총론(제12판)	홍문사	2016
	형법총론(제13판)	홍문사	2017
	형법총론(제14판)	홍문사	2020
	형법총론(제15판)	홍문사	2021
성낙현	형법총론(제3판)	박영사	2020
손동권 · 김재윤	형법총론	율곡출판사	2011

저자	서명	출판사	출판연도
손해목	형법총론	법문사	1996
신동운	형법총론(제10판)	법문사	2017
	형법총론(제12판)	법문사	2020
	형법총론(제13판)	법문사	2021
안동준	형법총론	학현사	1998
오영근	형법총론(제4판)	박영사	2018
	형법총론(제5판)	박영사	2019
	형법총론(제6판)	박성사	2021
원형식	판례중심 형법총론	진원사	2014
유기천	형법학 총론강의(개정판)	일조각	1980
이상돈	형법강의	법문사	2010
	형법강론(제2판)	박영사	2017
	형법강론(제3판)	박영사	2020
이영란	형법학 총론강의	형설출판사	2008
이용식	형법총론	박영사	2018
이재상·장영민·강동범	형법총론(제10판)	박영사	2019
	형법총론(제11판)	박영사	2022
이정원	형법총론	신론사	2012
이주원	형법총론	박영사	2022
이형국	형법총론	법문사	2007
이형국·김혜경	형법총론(제6판)	법문사	2021
임웅	형법총론(제10정판)	법문사	2018
	형법총론(제12정판)	법문사	2021
	형법총론(제13정판)	법문사	2022
정성근·박광민	형법총론(전정판)	성균관대학교 출판부	2012
	형법총론(전정2판)	성균관대학교 출판부	2015
	형법총론(전정3판)	성균관대학교 출판부	2020
정성근·정준섭	형법강의 총론(제2판)	박영사	2019
정영석	형법총론(제5전정판)	법문사	1987
정영일	형법총론(제3판)	박영사	2010
	형법강의 총론(제3판)	학림	2017
	신형법총론	학림	2018
	형법총론(제2판)	학림	2020
	형법총론 강의(제3판)	학림	2020
	형법총론(신3판)	학림	2022
정웅석·최창호	형법총론	대명출판사	2019
조준현	형법총론(제4정판)	법문사	2012

저자	서명	출판사	출판연도
주호노	형법총론	법문사	2019
진계호	형법총론(제7판)	대왕사	2003
진계호 · 이존걸	형법총론(제8판)	대왕사	2007
천진호	형법총론	준커뮤니케이션즈	2016
최병천	판례중심 형법총론	피앤씨미디어	2017
최호진	형법총론	박영사	2022
하태훈	판례중심 형법총·각론	법문사	2006
	사례판례중심 형법강의	법원사	2021
한상훈 · 안성조	형법입문	피앤씨미디어	2018
	형법개론(제3판)	정독	2022
한정환	형법총론(제1권)	한국학술정보	2010
홍영기	형법(총론과 각론)	박영사	2022
황산덕	형법총론(제7정판)	방문사	1982

2 형법각론 교과서

저자	서명	출판사	출판연도
강구진	형법강의 각론 I	박영사	1983
	형법강의 각론 I (중판)	박영사	1984
권오걸	형법각론	형설출판사	2009
	스마트 형법각론	형설출판사	2011
김선복	신형법각론	세종출판사	2016
김성돈	형법각론(제5판)	성균관대학교 출판부	2018
	형법각론(제6판)	성균관대학교 출판부	2020
	형법각론(제7판)	성균관대학교 출판부	2021
	형법각론(제8판)	성균관대학교 출판부	2022
김성천 · 김형준	형법각론(제4판)	소진	2014
	형법각론(제6판)	소진	2017
김신규	형법각론	청목출판사	2015
	형법각론 강의	박영사	2020
김일수	새로쓴 형법각론	박영사	1999
김일수 · 서보학	새로쓴 형법각론(제8판 증보판)	박영사	2016
	새로쓴 형법각론(제9판)	박영사	2018
김종원	형법각론 상	법문사	1973
	형법각론 상(제3정판)	법문사	1978

저자	서명	출판사	출판연도
김태명	판례형법각론(제2판)	피앤씨미디어	2016
김혜정 · 박미숙 · 안경옥 · 원혜욱 · 이인영	형법각론(제2판)	정독	2021
남흥우	형법강의(각론)	고려대학교 출판부	1965
도중진 · 박광섭 · 정대관	형법각론	충남대학교 출판문화원	2014
류전철	형법각론(각론편)	준커뮤니케이션즈	2012
빅강우	로스쿨 형법각론(제2판)	진원사	2014
박동률 · 임상규	판례중심 형법각론	경북대학교출판부	2015
박상기	형법각론(전정판)	박영사	1999
	형법각론(제8판)	박영사	2011
박찬걸	형법각론	박영사	2018
	형법각론(제2판)	박영사	2022
배종대	형법각론(제10전정판)	홍문사	2018
	형법각론(제11전정판)	홍문사	2020
	형법각론(제12판)	홍문사	2021
	형법각론(제13판)	홍문사	2022
백형구	형법각론	청림출판	1999
	형법각론(개정판)	청림출판	2002
서일교	형법각론	박영사	1982
손동권	형법각론(제3개정판)	율곡출판사	2010
손동권 · 김재윤	새로운 형법각론	율곡출판사	2013
	새로운 형법각론(제2판)	율록출판사	2022
신동운	형법각론(제2판)	법문사	2018
	판례백선 형법각론 1	경세원	1999
	판례분석 형법각론(증보판)	법문사	2014
심재무	형법각론강의 I	신지서원	2009
오영근	형법각론(제3판)	박영사	2014
	형법각론(제4판)	박영사	2017
	형법각론(제5판)	박영사	2019
	형법각론(제6판)	박영사	2021
	형법각론(제7판)	박영사	2022
원형식	형법각론(상)	청목출판사	2011
	판례중심 형법각론	동방문화사	2016
원혜욱	형법각론	피데스	2017
유기천	형법학(각론강의 상 · 하)(전정신판)	일조각	1982

저자	서명	출판사	출판연도
이건호	형법학개론	고려대학교 출판부	1977
	신고형법각론	일신사	1976
	형법각론	일신사	1980
이영란	형법학 각론강의	형설출판사	2008
	형법학 각론강의(제3판)	형설출판사	2013
이용식	형법각론	박영사	2019
이재상 · 장영민 · 강동범	형법각론(제11판)	박영사	2019
	형법각론(제12판)	박영사	2021
이정원	형법각론(보정판)	법지사	1999
	형법각론	법지사	2003
	형법각론	신론사	2012
이정원 · 류석준	형법각론	법영사	2019
이형국	형법각론	법문사	2007
이형국 · 김혜경	형법각론(제2판)	법문사	2019
임웅	형법각론(제9정판)	법문사	2018
	형법각론(제10정판)	법문사	2019
	형법각론(제11정판)	법문사	2020
	형법각론(제12정판)	법문사	2021
정성근 · 박광민	형법각론(제4판)	삼영사	2011
	형법각론(전정2판)	성균관대학교 출판부	2015
	형법각론(전정3판)	성균관대학교 출판부	2019
정성근 · 정준섭	형법강의 각론	박영사	2017
	형법강의 각론(제2판)	박영사	2022
정영석	형법각론(제4전정판)	법문사	1980
	형법각론(제5전정판)	법문사	1992
정영일	형법각론(제3판)	박영사	2011
	형법강의 각론(제3판)	학림	2017
	형법각론	학림	2019
정웅석 · 최창호	형법각론	대명출판사	2018
정창운	형법학각론	정연사	1960
조준현	형법각론	법원사	2002
	형법각론(개정판)	법원사	2005
	형법각론(3판)	법원사	2012
조현욱	형법각론강의(Ⅰ)	진원사	2008
진계호	신고 형법각론	대왕사	1985
	형법각론(제5판)	대왕사	2003

저자	서명	출판사	출판연도
진계호 · 이존걸	형법각론(제6판)	대왕사	2008
최관식	형법각론(개정판)	삼우사	2017
최호진	형법각론	준커뮤니케이션즈	2014
	형법각론 강의	준커뮤니케이션즈	2015
	형법각론	박영사	2022
한남현	형법각론	율곡출판사	2014
한정환	형법각론	법영사	2018
황산덕	형법각론(제6정판)	방문사	1986

3 특별형법

저자(편자)	서명	출판사	출판연도
김정환 · 김슬기	형사특별법	박영사	2021
	형사특별법(제2판)	박영사	2022
박상기 · 신동운 · 손동권 · 신양균 · 오영근 · 전지연	형사특별법론(개정판)	한국형사정책연구원	2012
박상기 · 전지연 · 한상훈	형사특별법(제2판)	집현재	2016
	형사특별법(제3판)	집현재	2020
이동희 · 류부곤	특별형법(제5판)	박영사	2021
이주원	특별형법(제5판)	홍문사	2018
	특별형법(제6판)	홍문사	2020
	특별형법(제7판)	홍문사	2021
	특별형법(제8판)	홍문사	2022

4 주석서 · 실무서 등

저자(편자)	서명	출판사	출판연도
김종원	주석형법 총칙(상 · 하)	한국사법행정학회	1988, 1990
박재윤	주석형법 총칙(제2판)	한국사법행정학회	2011
김대휘 · 박상옥	주석형법 총칙(제3판)	한국사법행정학회	2019
김윤행	주석형법 각칙(상 · 하)	한국사법행정학회	1982
박재윤	주석형법 각칙(제4판)	한국사법행정학회	2006
김신 · 김대휘	주석형법 각칙(제5판)	한국사법행정학회	2017
한국형사판례연구회	형사판례연구 (1) - (29)	박영사	1993 - 2021
법원행정처	법원실무제요 형사 〔Ⅰ〕·〔Ⅱ〕		2014

5 외국 문헌

저자(편자)	서명	출판사	출판연도
大塚 仁 外	大コンメンタール刑法 (第2版) (1) - (13)	青林書院	1999 - 2006
	大コンメンタール刑法 (第3版) (1) - (13)	青林書院	2013 - 2021
西田典之 外	注釈刑法 (1), (2), (4)	有斐閣	2010 - 2021

목 차

제 7 장 공무원의 직무에 관한 죄

제 1 절 직무범죄

제 2 절 뇌물범죄

제 8 장 공무방해에 관한 죄

제 9 장 도주와 범인은닉의 죄

제10장 위증과 증거인멸의 죄

제11장 무고의 죄

제 7 장 공무원의 직무에 관한 죄

본장은 공무원의 직무에 관한 죄에 대하여 규정하고 있다. 여기에는 내용이 서로 다른 두 종류의 범죄가 함께 규정되어 있다. 하나는 공무원이 의무에 위배하거나 직권을 남용하여 국가기능의 공정을 해하는 것을 내용으로 하는 범죄인 직무범죄(직무위배 및 직권남용죄)이고, 다른 하나는 공무원이 직무에 관하여 뇌물을 주고받는 것을 내용으로 하는 뇌물범죄이다(**제1절의 [총설] I** 참조). 1

두 범죄는 모두 공무원의 직무에 관한 죄이지만 그 내용이 서로 다른 점을 고려하여, 편의상 이를 나누어 살펴본다. 2

제 1 절 직무범죄

〔총 설〕

〔김 현 철〕

Ⅰ. 직무에 관한 죄의 분류

1. 범죄의 내용에 따른 3분류

3 공무원의 직무에 관한 죄(광의의 직무범죄)는 그 범죄내용상 직무위배죄, 직권남용죄, 뇌물죄의 3가지 유형으로 분류할 수 있다.[1] 직무위배죄와 직권남용죄를 합하여 직무범죄(협의의 직무범죄)라고도 한다.

4 첫째, 직무위배죄는 공무원이 마땅히 해야 할 직무를 위배한 경우에 해당하는 범죄들로서 직무유기죄(§ 122), 피의사실공표죄(§ 126), 공무상비밀누설죄(§ 127)가 여기에 해당한다.

5 둘째, 직권남용죄는 공무원이 그 직권을 남용하여 범죄를 저지른 경우에 해당하는 범죄들로서 직권남용죄(§ 123), 불법체포·감금죄(§ 124), 독직폭행·가혹행위죄(125조), 선거방해죄(§ 128)가 이에 해당한다.

6 셋째, 뇌물죄는 공무원이 그 직무에 관하여 뇌물을 수수, 요구, 약속하거나 공여하는 행위 등의 범죄를 저지른 경우로서 수뢰 및 사전수뢰죄(§ 129), 제3자뇌물제공죄(§ 130), 수뢰후부정처사 및 사후수뢰죄(§ 131), 알선수뢰죄(§ 132)가 여기에 해당한다.

7 직권남용죄가 공무원에 의한 국민에 대한 범죄에 해당한다면, 직무위배죄와 뇌물죄는 공무원에 의한 국가에 대한 범죄라고 할 수 있다.[2] 그 보호법익의 측면에서 구분하자면, 직무위배죄는 공무수행의 질서와 이에 따른 국가이익, 직권남용죄는 행정과 형사사법의 공정성과 적법성, 뇌물죄는 국가기관 및 직무의 공정성과 직무행위의 순수성에 대한 공공의 신뢰를 각 그 보호법익으로 한다.[3]

2. 진정직무범죄와 부진정직무범죄

8 공무원의 직무에 관한 범죄는 행위자가 그 행위 시에 공무원일 경우에 성립하는 신분범이다. 그런데 그 범죄가 공무원만이 정범이 될 수 있는 범죄일 때는 진정직무범죄라고 하고, 공무원이 아닌 사람에 의하여도 범하여질 수 있지만

1 이재상·장영민·강동범, 형법각론(12판), § 43/2; 주석형법 〔각칙(1)〕(5판), 253(천대엽).
2 이재상·장영민·강동범, § 43/2.
3 김일수·서보학, 새로쓴 형법각론(9판), 624.

공무원 신분인 경우에는 형이 가중되는 경우에는 부진정직무범죄라고 분류하는 방법도 있다.[4]

직무유기죄(§ 122), 뇌물죄(§ 129 내지 § 132), 공무상비밀누설죄(§ 127), 선거방해죄(§ 128)가 진정직무범죄의 예에 속한다. 반면에, 부진정직무범죄의 예로는 불법체포·감금죄(§ 124), 독직폭행·가혹행위죄(§ 125), 간수자도주원조죄(§ 148), 세관공무원의 아편등수입죄(§ 200)를 들 수 있다.[5] 9

진정직무범죄와 부진정직무범죄의 구별은 직무범죄에 공범으로 가담한 비공무원을 처벌함에 있어 그 실익이 있다. 즉 비공무원이 공무원의 직무범죄에 가담한 경우 진정직무범죄의 공무원이라는 신분은 구성적 신분이 되고, 부진정직무범죄의 공무원이라는 신분은 가감적 신분이 된다. 따라서 진정직무범죄에 가담한 비공무원은 제33조 본문에도 불구하고 직무범죄의 공동정범을 제외한 공범만 될 수 있지만, 부진정직무범죄에 가담한 경우에는 제33조 단서에 따라서 기본범죄가 성립할 뿐이다.[6] 10

3. 일반직무범죄와 특수직무범죄

직무범죄가 모든 공무원이 범할 수 있는 범죄인 경우에는 일반직무범죄이고, 특수한 지위에 있는 공무원만이 범할 수 있는 범죄인 경우에는 특수직무범죄로 구분하기도 한다.[7] 11

일반직무범죄의 예를 들면, 뇌물죄(§ 129 내지 § 132), 공무상비밀누설죄(§ 127), 직권남용죄(§ 123)가 여기에 해당된다. 특수직무범죄로는 불법체포·감금죄(§ 124), 독직폭행·가혹행위죄(§ 125), 피의사실공표죄(§ 126), 선거방해죄(§ 128)가 있다. 특수직무범죄에서 특수공무원의 지위는 구성적 신분으로서 진정신분범에 해당한다.[8] 12

4 이재상·장영민·강동범, § 43/5; 최호진, 형법각론, 884; 한상훈·안상조, 형법개론(3판), 716.
5 정성근·박광민, 형법각론(전정3판), 713.
6 김일수·서보학, 625.
7 배종대, 형법각론(13판), § 152/6; 오영근, 형법각론(7판), 691; 정성근·박광민, 713.
8 김성돈, 형법각론(8판), 775; 김일수·서보학, 625; 이재상·장영민·강동범, § 43/6; 주석형법 〔각칙(1)〕(5판), 254(천대엽).

4. 국민에 대한 범죄와 국가에 대한 범죄

13 공무원의 직무범죄를 그 피해객체에 따라 나누면, 공무원에 의한 국민에 대한 범죄로서 직권남용죄와 특별법상 선거방해죄, 비밀누설죄 등이 있고, 공무원에 의한 국가에 대한 범죄로서는 뇌물죄, 직무유기죄 등을 들 수 있다.[9]

Ⅱ. 직무범죄와 공무원의 의의

14 직무범죄는 공무원이 의무에 위배하거나 직권을 남용하여 국가기능의 공정을 해하는 것을 내용으로 하는 범죄를 말한다.[10] 본장의 직무범죄의 조문 구성은 아래 [표 1]과 같다.

[표 1] 제7장 중 직무범죄 조문 구성

<table>
<tr><th colspan="2">조문</th><th>제목</th><th>구성요건</th><th>죄명</th><th>공소시효</th></tr>
<tr><td colspan="2">§122</td><td>직무유기</td><td>ⓐ 공무원이
ⓑ 정당한 이유 없이
ⓒ 직무수행을 거부하거나 직무를 유기</td><td>직무유기</td><td>5년</td></tr>
<tr><td colspan="2">§123</td><td>직권남용</td><td>ⓐ 공무원이
ⓑ 직권을 남용하여
ⓒ 의무 없는 일을 하게 하거나 권리행사를 방해</td><td>직권남용권리행사방해</td><td>7년</td></tr>
<tr><td rowspan="2">§124</td><td>①</td><td rowspan="2">불법
체포, 감금</td><td>ⓐ 인신구속 직무수행자 또는 보조자가
ⓑ 직권을 남용하여
ⓒ 체포 또는 감금</td><td>직권남용
(체포, 감금)</td><td rowspan="2">7년</td></tr>
<tr><td>②</td><td>①의 미수</td><td>(제1항 각 죄명)
미수</td></tr>
<tr><td colspan="2">§125</td><td>폭행,
가혹행위</td><td>ⓐ 인신구속 직무수행자 또는 보조자가
ⓑ 형사피의자 등을
ⓒ 폭행 또는 가혹행위</td><td>독직
(폭행, 가혹행위)</td><td>7년</td></tr>
<tr><td colspan="2">§126</td><td>피의사실공표</td><td>ⓐ 범죄수사 직무수행자 또는 감독·보조자가
ⓑ 피의사실을
ⓒ 공소제기 전에 공표</td><td>피의사실공표</td><td>5년</td></tr>
<tr><td colspan="2">§127</td><td>공무상비밀
누설</td><td>ⓐ 공무원·공무원이었던 자가
ⓑ 직무상 비밀을
ⓒ 누설</td><td>공무상비밀누설</td><td>5년</td></tr>
</table>

9 주석형법 [각칙(1)](5판), 254(천대엽).

10 이재상·장영민·강동범, § 43/1.

조문	제목	구성요건	죄명	공소시효
§128	선거방해	ⓐ 검찰, 경찰, 군의 직에 있는 공무원이 ⓑ 법령에 의한 선거에 관하여 ⓒ 선거인 등을 협박, 기타 방법으로 ⓓ 선거의 자유를 방해	선거방해	10년

직무범죄에는 두 가지 중요한 개념이 포함되는데, 첫째는 공무원이라는 요 15
소이고, 두 번째는 직무범죄라는 요소이다. 공무원이 구체적인 어떠한 직무를 위배하여야 하는지에 대하여는 개별조항에서 보다 구체적으로 살펴보기로 하고, 여기서는 우선 공무원의 개념에 대하여 총론적으로 살펴보기로 한다.

1. 공무원의 개념과 범위

공무원에 대한 개념은 형법상 규정이 되어 있지 않으므로 어느 범위까지 16
공무원으로 볼 수 있는가 하는 부분은 실무상 매우 중요한 문제로 등장한다.

일반적으로는 공무원이란 '법령에 의하여 국가 또는 지방자치단체의 공무에 17
종사하는 직원'을 말한다.[11] 더 요약하면 '법령에 의하여 공무에 종사하는 직원'[12]이라고 할 수 있다.

중요한 개념은 법령에 의하여 정해진 임용과 절차에 따라 공무에 종사하는 18
자를 말하므로 원칙적으로 공무원법과 지방공무원법 및 그 밖의 법령상 규정이 있어야 공무원범죄의 주체가 될 수 있다.

국가공무원법과 지방공무원법에 의하면 공무원은 경력직공무원과 특수경력 19
직공무원으로 구분된다(국가공무원법 §2①). 경력직공무원이란 실적과 자격에 따라 임용되고 그 신분이 보장되며, 평생 동안 공무원으로 근무할 것이 예정되는 공무원을 말하며, 일반직 공무원과 특정직공무원이 여기에 포함된다(동법 §2②). 특수경력직공무원이란 경력직공무원 외의 정무직공무원과 별정직공무원을 의미한다(동법 §2③). 그 밖에 특별법에 의한 공무원으로는 금융통화위원회의 위원과 한국은행의 임원과 직원(한국은행법 §106), 한국산업은행(한국산업은행법 §17), 한국수출입은행(한국수출입은행법 §17), 중소기업은행(중소기업은행법 §32)의 임원 및 청원경찰관(청원경찰관법 §3) 등이 있다.

---

11 김성돈, 774; 이재상·장영민·강동범, §43/7.
12 배종대, §152/3.

2. 단순노무종사자의 문제

20 공무원의 직무범죄를 다룰 때 단순노무종사자를 공무원에 포함시킬 것인가의 문제가 있다. 이에 대하여 다수설은 형법 개념의 독자성을 논거로 하여 공법상의 공무원이라도 단순한 기계적·육체적 노무는 직무범죄에 의하여 형법적으로 보호할 가치가 있는 것이 아니므로 특수경력직공무원 중 환경미화원·공원·인부·사환 등의 단순노무종사자는 형법상의 직무범죄의 주체인 공무원의 범위에서 제외한다.[13] 판례도 제외된다는 입장이다.[14]

21 그런데 우편집배원의 경우는 공정성이 요구될 뿐만 아니라 우편집배원의 직무는 정신적·기능적 판단을 요하므로 단순한 기계적·육체적 노무라고 할 수 없고, 우편법상 특수한 권한이 주어져 있다(우편법 § 4, § 5)는 점에서 공무원에 속한다고 보는 것이 다수설이다.[15]

3. 공법인의 직원의 문제

22 공법인(공기업)의 직원을 공무원으로 인정할 수 있는가에 대하여는 견해가 나뉜다.

23 첫째, 긍정설은 개별적으로 검토하여 행정기관에 준하는 공법인의 직원은 공무원에 속한다고 보는 견해이다.[16]

24 둘째, 부정설은 법령에 의하여 공무원의 지위가 인정되는 경우가 아니면 공법인의 직원이라도 공무원이 될 수 없다는 견해이다. 이 견해는 공법인과 사법인의 구별은 명확하지 않을 뿐만 아니라 공법인이라고 하더라도 사법인의 사무와 차이가 없는 경우가 많고, 공법인의 직원 중에서 공무원으로 해야 할 사람의 범위가 법률에 규정되어 있다는 점에 비추어, 다른 법령에 의하여 공무원의 지위가 인정되는 경우가 아니면 공법인의 직원이라도 공무원이라고 할 수 없다고

---

13 김일수·서보학, 626; 이재상·장영민·강동범, § 43/9. 종래 단순노무에 종사하는 '고용직 공무원' 제도(구 국가공무원법 및 지방공무원법 § 2③(iv))가 있었으나 2012년 폐지되었다.

14 대판 2002. 11. 22, 2000도4593; 대판 2012. 8. 23, 2011도12639.

15 김성돈, 775; 김일수·서보학, 626; 박찬걸, 형법각론(2판), 853; 이재상·장영민·강동범, § 43/9; 정성근·박광민, 형법각론(전정3판), 732.

16 김일수·서보학, 626; 배종대, § 152/5; 정성근·정준섭, 형법강의 각론(2판), 532; 정웅석·최창호, 형법각론, 23.

본다.[17]

판례는 본장의 공무원은 "법령의 근거에 기하여 국가 또는 지방자치단체 및 25
이에 준하는 공법인의 사무에 종사하는 자로서 그 노무의 내용이 단순한 기계
적·육체적인 것에 한정되어 있지 않은 자를 말한다." 고 판시하여,[18] 긍정설의
입장을 취한 것으로 이해된다. 생각건대 공법인의 설립근거가 법령에 있고 역할
의 공공성이 인정된다면, 공무원으로 인정함이 타당하다고 본다.

Ⅲ. 보호법익

직무범죄는 공무원의 직무집행의 공정을 해할 우려가 있는 의무위반행위를 26
처벌하기 위하여 규정된 범죄이다. 따라서 직무범죄의 1차적인 보호법익은 국
가의 기능이라고 할 수 있다.

그러나 직무범죄의 구체적인 내용을 살펴보면, 직무수행의 위법성과 이로 27
인한 국가이익의 보호와 국가기관에 대한 일반의 신뢰 외에도 이로 인하여 침
해되는 개인의 이익보호를 위한 부분도 포함되어 있다. 따라서 구체적인 보호법
익의 내용과 그 보호의 정도는 서로 다른 부분도 있으므로, 개별·구체적으로
파악하여야 할 것이다(**각 범죄별로 후술**).

〔김 현 철〕

17 오영근, 690; 이재상·장영민·강동범, § 43/10; 정영일, 형법각론, 639; 주석형법 [각칙(1)](5판), 253(천대엽).

18 대판 1997. 6. 13, 96도1703(시·구 도시계획위원회의 위원은 공무원에 해당한다고 한 사례); 대판 2011. 3. 10, 2010도14394(집달관사무소 직원은 공무원에 해당하지 않는다고 한 사례).

第122조(직무유기)

공무원이 정당한 이유없이 그 직무수행을 거부하거나 그 직무를 유기한 때에는 1년 이하의 징역이나 금고 또는 3년 이하의 자격정지에 처한다.

Ⅰ. 취 지

1. 의의 및 성격

1 헌법 제7조 제1항은 공무원은 "국민전체에 대한 봉사자이며, 국민에 대하여 책임을 진다."고 규정하고 있다. 보다 구체적으로 국가공무원법 제7장 복무규정에서는 공무원은 성실 의무(국가공무원법 § 56), 복종의 의무(§ 57), 직장 이탈 금지(§ 58), 친절·공정의 의무(§ 59), 종교중립의 의무(§ 59조의2), 비밀 엄수의 의무(§ 60), 청렴의 의무(§ 61), 품위 유지의 의무(§ 63), 영리 업무 및 겸직 금지(§ 64), 정치 운동의 금지(§ 65), 집단 행위의 금지(§ 66)에 대하여 규정하고 이를 위반한 경우에는 국가공무원법 제78조에 따라 징계할 수 있고, 정치 운동의 금지규정이나 집단 행위의 금지규정에 위반한 경우에는 동법 제84조(정치 운동죄) 및 제84조의2

(벌칙)에 따라 형사처벌을 할 수 있도록 규정하고 있다.

그런데 우리 형법은 이러한 국가공무원법에 의한 징계와 처벌규정이 있음에 2
도 별도로 공무원에 대하여 본죄(직무유기죄)를 처벌하는 규정을 두고 있다. 이러한 별도의 규정을 둔 이유에 대하여는 징계처분의 대상을 처벌함으로써 공무원의 직무수행의 성실을 기하려는 것으로 보는 견해도 있으나, 다수설은 징계사유에 해당하는 모든 직무상의 의무위반을 처벌하려는 것이 아니라 그것이 형법에 의한 처벌의 대상이 될 정도에 이를 때에 벌하려는 것[1]이라고 설명하고 있다.

판례도 "형법 제122조에서 정하는 직무유기죄에서 '직무를 유기한 때'란 공 3
무원이 법령, 내규 등에 의한 추상적 성실의무를 태만히 하는 일체의 경우에 성립하는 것이 아니라 직장의 무단이탈, 직무의 의식적인 포기 등과 같이 국가의 기능을 저해하고 국민에게 피해를 야기시킬 가능성이 있는 경우를 가리킨다. 그리하여 일단 직무집행의 의사로 자신의 직무를 수행한 경우에는 그 직무집행의 내용이 위법한 것으로 평가된다는 점만으로 직무유기죄의 성립을 인정할 것은 아니고, 공무원이 태만·분망 또는 착각 등으로 인하여 직무를 성실히 수행하지 아니한 경우나 형식적으로 또는 소홀히 직무를 수행한 탓으로 적절한 직무수행에 이르지 못한 것에 불과한 경우에도 직무유기죄는 성립하지 아니한다."라고 판시[2]함으로써, 다수설의 입장과 같다.

한편, 본죄는 형법 제정 시에 새로이 신설한 것이다.[3] 본죄는 중국, 북한, 4
폴란드[4] 등 주로 전체주의 국가의 형법에서 유사한 처벌규정을 두고 있는데, 특별권력관계에 기인한 행정법상 징계 정도의 의의밖에 없는 행위를 일반형법에 도입한 것이라는 비판이 있으므로 그 해석 및 적용에 있어서 엄격성이 요구된다는 견해[5]가 있다.

---

1 이재상·장영민·강동범, 형법각론(12판), § 43/11; 주석형법 〔각칙(1)〕(5판), 256(한경환); 정성근·박광민, 형법각론(전정3판), 715.

2 대판 2013. 4. 26, 2012도15257; 대판 2015. 11. 27, 2015도10460; 대판 2022. 6. 30, 2021도8361.

3 일본형법에는 직무유기죄의 규정이 없다.

4 폴란드형법 제213조 ① 공무원이 권한을 남용하거나 의무를 이행하지 아니하여 공공 또는 개인의 이익을 침해한 때는 3년 이하의 징역에 처한다(A public official who, exceeding his authority, or not performing his duty, acts to the detriment of a public or individual interest shall be subject to the penalty of deprivation of liberty for up to 3 years.).

5 권진웅, "직무유기죄에 관한 문제점", 자료 50(하), 법원도서관(1990), 101.

5 입법론으로 공무원의 성실한 직무수행을 통한 국가기능의 확보는 국가공무원법이나 지방공무원법의 징계절차로 충분하며, 형벌을 수단으로 공무원의 성실한 직무수행을 강제함으로써 반드시 확보해야 할 특별한 국가기능이 있다면 그 부분에 대하여 특수직무유기죄를 개별적으로 규정하는 것이 타당하고, 일반 직무유기죄는 폐지하는 것이 바람직하다는 견해[6]도 있다. 그러나 1992년의 형법개정법률안에서는 위와 같은 폐지의견에도 불구하고 본죄를 존치하되, 불법이 반드시 자유형에 의하여 대처해야 할 정도는 아니라는 점을 고려하여 벌금형(500만 원 이하)을 선택형으로 추가하였다(안 § 363).[7]

2. 보호법익

6 본죄의 보호법익은 공무원의 성실의무를 담보하기 위한 것이라는 견해도 있으나, 국가기능의 공정으로 보는 것이 다수의 견해이다.[8]

7 그런데 보호법익이 보호받는 정도와 관련하여 구체적 위험범설과 추상적 위험범설의 견해가 나누어져 있다.

8 구체적 위험범설은 불법의 정도가 국가공무원법상의 모든 징계대상이 되는 직무위반을 처벌하는 것이 아니라 국가의 기능을 저해하고 국민에게 피해를 야기시킬 가능성이 있는 경우에 성립한다고 하는 견해이다(통설).[9] 판례도 구체적 위험범설에 입각하고 있다.[10]

9 한편 추상적 위험범설은 국가공무원법의 성실 의무(§ 56)와 직장 이탈 금지(§ 58)는 형법상의 범죄와 별도로 행정기관 내부의 특별관계 속에서의 징계사유로서, 단순한 과실적인 직무태만이나 직무해태 또는 부지에 의한 방임 등은 본죄의 고의적인 직무수행 거부나 의도적인 유기와는 구성요건 자체가 다른데, 동

---

6 이정원, 형법각론, 710; 주석형법 [각칙(1)](5판), 257(한경환).

7 개정논의 시 본죄는 단순히 징계사유에 해당한다는 이유만으로 처벌하는 것은 아니고 처벌의 범위도 이미 학설과 판례에 의하여 명백히 되었으므로 공무원의 의무위배행위를 처벌하여 국가의 기능을 보호하기 위하여는 본죄를 존치해야 한다는 것이 다수의견이었다[법무부, 형법개정법률안(1992. 10), 256].

8 이재상·장영민·강동범, § 43/11; 정성근·박광민, 715; 주석형법 [각칙(1)](5판), 257(한경환).

9 김신규, 형법각론 강의, 821; 배종대, 형법각론(13판), § 153/1; 이재상·장영민·강동범, § 43/11; 이정원·류석준, 형법각론, 708; 이형국·김혜경, 형법각론(2판), 779; 정웅석·최창호, 형법각론, 24; 홍영기, 형법(총론과 각론), § 112/1; 주석형법 [각칙(1)](5판), 257(한경환).

10 대판 2013. 4. 26, 2012도15257; 대판 1997. 4. 22, 95도748.

일한 선상에서 직무위반의 정도가 구체적 위험에 이른 경우에만 본죄가 성립된다고 하는 것은 적절치 않으며, 유독 본죄만 구체적 위험범이라고 하면 공무원 범죄에 대한 지나친 온정주의가 지배하게 되어 다른 직무범죄(대부분 추상적 위험범)와의 형평성에 문제가 생기므로 국가기능의 저해가능성이나 국민에 대한 피해유발가능성 여부까지 요구할 필요는 없다는 견해이다.[11]

Ⅱ. 구성요건

1. 주 체

본죄는 공무원이라는 신분을 가진 사람만이 처벌되므로 진정신분범이고, 10
진정직무범죄에 속한다.[12]

다만 제33조에 의하여, 공무원이 아닌 사람도 공무원과 본죄의 공동정범이 11
될 수 있고, 공무원 아닌 사람이 공무원을 교사하여 본죄를 범하게 한때에는 본죄의 교사범이 성립한다.[13]

공증인, 집행관, 사법연수생, 청원경찰, 방범대원, 사병도 본죄의 주체가 될 12
수 있다.[14] 직무를 구체적으로 수행할 수 있는 상태여야 하므로 병가 중인 공무원은 본죄의 주체가 될 수 없다.[15] 다만, 병가 중인 공무원도 신분 있는 사람의 행위에 가담하는 경우 본죄의 공동정범이 될 수 있다.[16]

---

11 김성돈, 형법각론(7판), 767; 오영근, 형법각론(6판), 694.

12 이재상·장영민·강동범, § 43/13; 주석형법 〔각칙(1)〕(5판), 258(한경환).

13 주석형법 〔각칙(1)〕(5판), 259(한경환).

14 주석형법 〔각칙(1)〕(5판), 260(한경환).

15 대판 1997. 4. 22, 95도748. 「직무유기죄는 구체적으로 그 직무를 수행하여야 할 작위의무가 있는데도 불구하고 이러한 직무를 버린다는 인식하에 그 작위의무를 수행하지 아니함으로써 성립하는 것이고, 또 그 직무를 유기한 때라 함은 공무원이 법령, 내규 등에 의한 추상적인 충근의무를 태만히 하는 일체의 경우를 이르는 것이 아니고, 직장의 무단이탈, 직무의 의식적인 포기 등과 같이 그것이 국가의 기능을 저해하며 국민에게 피해를 야기시킬 가능성이 있는 경우를 말하는 것이므로, 병가 중인 자의 경우 구체적인 작위의무 내지 국가기능의 저해에 대한 구체적인 위험성이 있다고 할 수 없어 직무유기죄의 주체로 될 수는 없다.」

16 대판 1997. 4. 22, 95도748.

2. 행 위

13 정당한 이유 없이 직무수행을 거부하거나 직무를 유기하는 것이다.

(1) 직무

14 직무를 수행하여야 할 구체적인 작위의무가 존재하여야 한다. 직무란 공무원법상의 본래의 직무 또는 고유한 직무를 말하고, 공무원인 신분관계로 인하여 부수적·파생적으로 발생하는 직무, 예를 들면 형사소송법에 의한 고발의무는 본죄에서의 직무에 포함되지 않는다.[17] 그런데 공무원의 본래 직무가 모두 구성요건적 직무가 된다고 하면 처벌 범위가 지나치게 확대될 수가 있으므로, 여기서 직무는 공무원이 맡은 바 직무를 그때에 수행하지 않으면 실효를 거둘 수 없는 구체적인 직무임을 요한다.[18]

15 또한, 직무의 내용은 성문으로 된 법령상의 근거가 있거나 특별한 지시·명령이 있어야 한다.[19] 그 직무는 적법한 직무를 전제로 하고 있으며, 일반적 업무규칙·예규·관행에 부합하는 것이어야 하고, 그 직무의 거부나 유기가 형법적 불법에 이를 만큼 국가 또는 국민의 공공관계에 영향을 미치는 근무위반이어야 한다.[20]

16 따라서 통고처분이나 고발을 할 권한이 없는 세무공무원이 그 권한자에게 범칙사건의 조사 결과에 따른 통고처분이나 고발조치를 건의하는 등의 조치를 취하지 않았다고 하더라도, 구체적 사정에 비추어 그것이 직무를 성실히 수행하지 못한 것이라고 할 수 있을지언정 그 직무를 의식적으로 방임 내지 포기하였다고 볼 수 없고,[21] 군사법경찰업무에 종사하지 않는 하사관이 상관으로부터 군무이탈자를 체포·동행하라는 명령을 받고 군무이탈자를 동행 중에 놓쳤다고 하여 본죄로 처단할 수 없다.[22]

---

17 김성돈, 767; 오영근, 695; 이재상·장영민·강동범, § 43/14; 정성근 박광민, 716.

18 이재상·장영민·강동범, § 43/14.

19 대판 1965. 9. 7, 65도464. 「중대장의 보고의무는 특단의 사정이 없는 한 그 직속 상관인 대대장에게 보고함으로써 족하다 할 것이고 중대장이 대대장에게 뿐 아니라 연대장에게도 직접 보고의무가 있다는 성문된 법령상의 근거가 없다면 적어도 군대 내의 특단의 지시 또는 명령이 있어 피고인에게 연대장에 대한 보고의무가 있음을 확정한 후가 아니면 피고인이 연대장에게 보고를 하지 아니한 행위에 대하여 직무유기죄의 성립을 인정할 수 없다.」

20 김일수·서보학, 새로쓴 형법각론(9판), 628.

21 대판 1997. 4. 11, 96도2753.

22 대판 1976. 10. 12, 75도1895.

(2) **직무수행 거부**

직무수행을 거부하는 것은 직무를 능동적으로 수행할 의무 있는 사람이 이를 행하지 않는 것을 말한다. 직무수행의 거부는 법령·예규·관행상 요구되는 능동적 직무이행요구에 불응하는 것이고, 소극적 부작위요구에 대한 불응(작위행태)은 수행 거부보다 개념폭이 넓은 유기행위에 포함시킬 수 있기 때문에 직무수행의 거부는 진정부작위범에 해당한다는 견해[23]가 있다. 그러나 다수설은 직무유기는 신고서류를 접수해야 할 공무원이 도착한 서류를 우편으로 반송해버린 경우에도 직무수행의 거부가 성립하므로, 부작위에 의한 경우뿐만 아니라 작위에 의한 직무수행도 가능하다고 본다.[24] 판례도 직무유기를 부진정부작위범으로 보고 있다.[25] 17

(3) **직무의 유기**

직무유기란 직무에 대한 의식적인 방임 내지 포기나 직장이탈 등 정당한 사유 없이 직무를 수행하지 아니한 경우[26]를 말한다.[27] 따라서 공무원이 태만·착각 등으로 성실히 직무를 수행하지 못한 경우,[28] 필요한 법적 절차를 완전하 18

---

23 김일수·서보학, 629; 손동권·김재윤, 새로운 형법각론, § 48/11; 이정원·류석준, 710.

24 김성돈, 767; 배종대, § 153/3; 오영근, 696; 이재상·장영민·강동범, § 43/15; 주석형법 〔각칙(1)〕(5판), 263(한경환).

25 대판 1965. 12. 10, 65도826(전). 「형법 제122조 후단 소정의 직무유기죄는 소위 부진정 부작위범으로서 그 직무를 수행하여야 하는 작위 의무의 존재와 그에 대한 위반을 전제로 하고 있는바 그 작위 의무를 수행하지 아니함으로써 구성요건에 해당하는 사실이 있었고 그 후에도 계속하여 그 작위의무를 수행하지 아니하는 위법한 부작위 상태가 계속하는 한 가벌적 위법상태는 계속 존재하고 있다고 할 것이며 형법 제122조 후단은 이를 전체적으로 보아 일죄로 처벌하는 취지로 해석되므로 본죄는 논지가 말하듯이 즉시범이라 할 수 없다.」

26 오영근, 696; 정성근·박광민, 716; 주석형법 〔각칙(1)〕(5판), 263(한경환).

27 헌법재판소는 "제122조 중 '직무' 또는 '유기'의 의미가 무엇인지, 그에 해당하는 범위가 어디까지인지는 다소 불분명한 점이 있으나, 직무유기죄의 입법취지 및 보호법익, 그 적용대상의 특수성 등을 고려할 때, '직무'란 공무원이 법령의 근거 또는 특별한 지시, 명령에 의하여 맡은 일을 제 때에 집행하지 아니함으로써 그 집행의 실효를 거둘 수 없게 될 가능성이 있는 때의 구체적인 업무를 말한다 할 것이고, '유기'는 직무의 의식적 방임 내지 포기로서 단순한 태만, 분망, 착각 등으로 인하여 직무를 성실히 수행하지 아니한 경우나 형식적으로 또는 소홀히 직무를 수행하였기 때문에 성실한 직무수행을 못한 것에 불과한 경우는 제외된다고 해석할 수 있는바, 이 사건 법률조항(§ 122)이 지닌 약간의 불명확성은 법관의 통상적인 해석작용에 의하여 충분히 보완될 수 있고, 건전한 상식과 통상적인 법감정을 가진 일반인 및 이 사건 법률조항의 피적용자인 공무원이라면 금지되는 행위가 무엇인지 예측할 수 있다고 할 것이므로 이 사건 법률조항은 죄형법정주의에서 요구되는 명확성의 원칙에 위배되지 아니한다."고 판시하였다(헌재 2005. 9. 29. 2003헌바52).

28 대판 1985. 7. 9, 85도263. 「일직사관이 직무 중 자지 않고 순찰감독을 철저히 하여야 함이 그

게 이행하지 않거나[29] 일직사관이 잠을 잔 경우,[30] 소홀하게 직무를 수행한 경우[31]에는 본죄에 해당하지 않는다.

19 판례에 따르면, ① 교육기관·교육행정기관·지방자치단체 또는 교육연구기관의 장이 징계의결을 집행하지 못할 법률상·사실상의 장애가 없는데도 징계의결서를 통보받은 날로부터 법정 시한이 지나도록 집행을 유보하는 모든 경우에 본죄가 성립하는 것은 아니고, 그러한 유보가 직무에 관한 의식적인 방임이나 포기에 해당한다고 볼 수 있는 경우에 한하여 본죄가 성립하고,[32] ② 지방자치단체장이 전국공무원노동조합이 주도한 파업에 참가한 소속 공무원들에 대해 관할 인사위원회에 징계의결요구를 하지 않고 가담 정도의 경중을 가려 자체 인사위원회에 징계의결을 요구하거나 훈계처분을 하도록 지시한 행위는 직무유기에 해당하지 않으며,[33] ③ 면장이 면 소유 물품의 매매와 면 경영공사의 도급 등 계약을 체결함에 있어서 경쟁입찰에 의하지 아니하고 수의계약에 의한 것은 그 직무를 수행함에 있어서 필요로 하는 법적 절차를 이행하지 아니함에 불과한 경우로서 직무유기라 할 수 없고,[34] ④ 사법경찰관리가 직무집행의사로 위법사실을 조사하여 훈방하는 등 어떤 형태로든지 그 직무집행행위를 하였다면 형사피의사건으로 입건수사하지 않았다 하여 곧 본죄가 성립한다고 볼 수는 없으

직무임은 물론이되 피고인은 당시 근무장소에서 유사 시에 즉시 깨어 직무수행에 임할 수 있는 상황에서 잠을 잔 경우이므로 이와 같은 경우에는 충근의무에 위반한 허물이 있기는 하나 형법 제122조 소정의 고의로 위와 같은 직무를 포기하거나 직장을 이탈한 것이라고는 볼 수 없다.」

29 대판 2007. 7. 12, 2006도1390.「지방자치단체장이 전국공무원노동조합이 주도한 파업에 참가한 소속 공무원들에 대하여 관할 인사위원회에 징계의결요구를 하지 아니하고 가담 정도의 경중을 가려 자체 인사위원회에 징계의결요구를 하거나 훈계처분을 하도록 지시한 행위가 직무유기죄를 구성하지 않는다.」

30 대판 1984. 3. 27, 83도3260.

31 대판 1991. 6. 11, 91도96.「교도소 보안과 출정계장과 감독교사가 호송지휘관 및 감독교사로서 호송교도관 5명을 지휘하여 재소자 25명을 전국의 각 교도소로 이감하는 호송업무를 수행함에 있어서, 시간이 촉박하여 호송교도관들이 피호송자 개개인에 대하여 규정에 따른 검신 등의 절차를 철저히 이행하지 아니한 채 호송하는 데도 위 호송교도관들에게 호송업무 등을 대강 지시한 후에는 그들이 이를 제대로 수행할 것으로 믿고 구체적인 확인, 감독을 하지 아니한 잘못으로 말미암아 피호송자들이 집단도주하는 결과가 발생한 경우 충근의무 위반은 인정되나 고의로 직무를 이탈한 것은 아니므로 직무유기는 성립하지 않는다.」

32 대판 2014. 4. 10, 2013도229.

33 대판 2007. 7. 12, 2006도1390.

34 대판 1961. 8. 23, 61도223.

며,[35] ⑤ 약사감시원이 무허가 약국 개설자를 적발하고 상사에 보고하여 그 지시에 따라 약국을 폐쇄토록 하였다면 수사관서에 고발하지 아니하였다 하여 직무를 유기하였다고 할 수 없다.[36]

Ⅲ. 고의 및 위법성

1. 고 의

20 직무유기의 인식이 있어야 한다. 따라서 착오로 인하여 직무수행을 망각한 경우에는 고의를 인정할 수 없다.[37] 직무에 대한 의식적인 포기일 것을 요하는 점에서 직무태만과 구별된다.[38] 판례는 열차 조차(操車)사무의 당직자가 현장지휘자나 대리근무자의 승낙을 받은 일 없이 귀가하여 복약할 급한 병이 아님에도 불구하고 무단히 직장을 떠났다면, 직무유기의 범의가 있다[39]고 보았다.

2. 위법성 내지 정당한 이유 없이

21 '정당한 이유 없이'란 법률의 규정에 의하지 않거나 일반적 업무규칙·예규·관행을 벗어나 자의적으로 위법 불공정하게 업무를 처리하는 것을 말한다.[40] 공무원이 정당한 이유를 가지고 직무수행을 거부하거나 직무를 유기한 경우에는 위법성이 조각되므로 직무유기에 있어서 정당한 이유는 위법성조각사유로 해석된다.[41]

22 정당한 이유와 관련하여 대법원은, "지방자치법은 지방자치단체의 장이 법령의 규정에 따라 그 의무에 속하는 국가위임사무 등의 관리와 집행을 명백히 게을리하고 있다고 인정되면 주무부장관이 그 직무의 이행을 명령할 수 있고, 지방자치단체의 장은 그 이행명령에 이의가 있으면 15일 이내에 대법원에 소를

35 대판 1982. 6. 8, 82도117.
36 대판 1969. 2. 4, 67도184.
37 박상기, 형법각론(8판), 629.
38 이재상·장영민·강동범, § 43/15.
39 대판 1968. 12. 17, 67도191.
40 김성돈, 769; 김일수·서보학, 630; 주석형법 [각칙(1)](5판), 264(한경환).
41 주석형법 [각칙(1)](5판), 265(한경환). 이에 대하여 적법·공정한 직무집행을 확보하기 위해서 사용된 구성요건적 표지라는 견해(김성돈, 769)도 있다.

제기할 수 있다고 규정하고 있는데(§ 170①, ③), 이 규정은 지방교육자치에 관한 법률 제3조에 의하여 지방자치단체의 교육과 학예에 관한 사무에도 준용이 된다. 따라서 지방자치단체의 교육기관 등의 장이 국가위임사무인 교육공무원에 대한 징계사무를 처리함에 있어 주무부장관의 직무이행명령을 받은 경우에도 이의가 있으면 대법원에 소를 제기할 수 있다 할 것이므로, 수사기관 등으로부터 징계사유를 통보받고도 징계요구를 하지 아니하여 주무부장관으로부터 징계요구를 하라는 직무이행명령을 받았다 하더라도 그에 대한 이의의 소를 제기한 경우에는, 수사기관 등으로부터 통보받은 자료 등으로 보아 징계사유에 해당함이 객관적으로 명백한 경우 등 특별한 사정이 없는 한 징계사유를 통보받은 날로부터 1개월 내에 징계요구를 하지 않았다는 것만으로 곧바로 직무를 유기한 것에 해당한다고 볼 수는 없다 할 것이다."고 판시한[42] 사례가 있다.

Ⅳ. 기수시기

23 본죄의 성격을 추상적 위험범으로 해석하는 견해는 직무수행의 거부나 직무유기가 인정되면 별도로 국가기능을 저해시킬만한 구체적 위험의 발생을 요구할 필요가 없다. 시스템화되어 있는 국가기능의 저해가능성은 공무원 개인의 직무수행거부나 직무유기로 초래될 성질의 것도 아니라고 본다.[43]

24 구체적 위험범으로 보는 견해에 의하면 직무유기로 국가기능을 저해시킬만한 구체적 위험이 야기된 때에 기수가 된다.[44] 판례도 구체적 위험범으로 보고 있다.[45]

25 본죄가 즉시범인가 계속범인가에 대하여, 다수설[46]은 직무유기는 계속하여 그 작위의무를 수행하지 아니하는 위법한 부작위 상태가 계속하는 한 가벌적 위법상태는 계속 존재하는 것으로 보고 계속범으로 보고 있다. 판례도 본죄는 그 직무를 수행하여야 하는 작위의무의 존재와 그에 대한 위반을 전제로 하고

42 대판 2013. 6. 27, 2011도797.
43 김성돈, 769.
44 정성근·박광민, 718.
45 대판 2007. 7. 12, 2006도1390.
46 김성돈, 769; 박상기, 626; 배종대, § 153/3; 오영근, 697; 주석형법 〔각칙(1)〕(5판), 265(한경환).

있는데, 그 작위의무를 수행하지 아니함으로써 구성요건에 해당하는 사실이 있었고 그 후에도 계속하여 그 작위의무를 수행하지 아니하는 위법한 부작위 상태가 계속되는 한 가벌적 위법상태는 계속 존재하고 있다고 할 것이며, 본조 후단은 이를 전체적으로 보아 1죄로 처벌하는 취지로 해석되므로 이를 즉시범이라고 할 수 없다[47]고 판시하여 계속범으로 보는 입장이다.

26 학설 중에는 직무수행의 거부는 즉시범, 직무유기는 계속범으로 보는 견해[48]도 있고, 직무유기를 계속범으로 해석하면 공소시효의 기산점을 확정할 수 없게 되므로 상태범으로 해석해야 한다는 견해[49]도 있다.

V. 법원의 판단 사례

1. 직무유기죄의 성립을 인정한 사례

(1) 세관감시과 공무원이 근무지를 떠나 집에서 잠을 잔 경우

27 세관감시과 소속 공무원으로서 항구에 정박 중인 외항선에 머무르면서 밀수 여부의 감시, 방지 등 근무명령을 받았음에도 불구하고 감기가 들어 몸이 불편하다는 구실로 위 임무를 도중에 포기하고 집에 돌아와 자버린 행위는, 위 임무를 포기하지 아니치 못할 정당한 사유가 있지 않은 이상 그 임무를 포기하고 직무를 유기한 것이라고 할 것이다.[50]

(2) 운행정지처분을 받은 차량번호판을 재교부한 경우

28 차량번호판의 교부담당 직원은 자동차운수사업법(1997. 12. 13. 여객자동차 운수사업법으로 전부개정) 제32조 제1항의 규정에 비추어 행정처분에 의하여 자동차의 사용이 정지된 경우에는 특별한 사정이 없는 한 그 번호판을 재교부하여서는 안 되는 직무상의 의무가 있다고 보는 것이 상당하고, 담당직원이 이를 무시하고 차량번호판을 재교부한 경우에는 직무유기가 성립한다.[51]

---

47 대판 1997. 8. 29, 97도675.
48 김일수·서보학, 627.
49 이정원·류석준, 709.
50 대판 1970. 9. 29, 70도1790.
51 대판 1972. 6. 27, 72도969.

(3) 세무공무원이 소득세 과세자료가 은닉되어 있는 것을 보고도 방치한 경우

29 피고인이 세무서 소득세과 재산세계에 근무하면서 과세자료처리 및 정리 등 사무를 취급하면서 같은 계 근무직원인 甲의 책상서랍 속에 乙에 대한 양도소득세 과세자료전들이 은닉되어 있는 것을 발견하였는데, 그 당시 피고인이 위 과세자료들을 자료대장에 등재할 직무를 직접 담당하고 있지는 않았다 하더라도 이러한 업무의 보조업무에 해당하는 업무를 담당하고 있었고, 또 위 자료전의 은닉이 위 乙에 대한 양도소득세가 부과되지 않도록 하기 위한 고의적 은닉이라는 사실과 위 乙이 주민등록을 여러 차례 옮겨 전출한 사실을 알고 있었다면, 피고인으로서는 위 甲으로 하여금 위 자료전을 조속히 처리함으로써 세원을 양성화하여 국가의 적정한 조세징수권행사를 할 수 있도록 조치할 의무가 있다고 할 것이며, 동 의무는 단순히 윤리적, 추상적인 직무를 넘어선 구체적인 직무라 할 것이므로, 피고인이 위 甲에 대하여 위 과세자료를 자료정리부에 등재하여 자기에게 넘겨 달라고 촉구만 하고 그대로 이를 방치하였다면 본죄가 성립한다.[52]

(4) 수송관 겸 출납관이 신병치료를 이유로 업무 일체를 계원에게 맡기고 확인도 않은 경우

30 소속대 수송관 겸 3종 출납관으로서 소속대 유류 수령과 불출(拂出) 및 그에 따른 결산 기타 업무를 수행할 직무 있는 자가 신병치료를 이유로 상부의 승인 없이 1984. 12.초부터 1985. 3.경까지 3종 출납관 도장과 창고열쇠를 포함한 3종 업무 일체를 계원에게 맡겨두고 이에 대한 일체의 확인감독마저 하지 않았다면, 이는 부대관례에 따른 정당한 위임의 정도를 벗어난 직무의 의식적인 포기로서 본죄가 성립한다.[53]

(5) 가축검사원이 퇴근 시 소계류장의 시정봉인조치를 않고 관리를 방치한 경우

31 가축도축업체에 배치되어 가축검사원으로 재직하는 공무원이 퇴근 시 소계류장의 시정·봉인 조치를 취하지 아니하고 그 관리를 도축장 직원에게 방치한 행위는 본죄에 해당된다.[54]

52 대판 1984. 4. 10, 83도1653.
53 대판 1986. 2. 11, 85도2471.
54 대판 1990. 5. 25, 90도191.

(6) 당직사관이 술을 마시고 화투놀이를 한 다음 당직근무 인수인계 없이 퇴근한 경우

학생군사교육단의 당직사관으로 주번근무를 하던 육군 중위가 당직근무를 함에 있어서 훈육관실에서 학군사관후보생 2명과 함께 술을 마시고 내무반에서 학군사관후보생 2명 및 애인 등과 함께 화투놀이를 한 다음 애인과 함께 자고 난 뒤, 교대할 당직근무자에게 당직근무의 인수인계도 하지 아니한 채 퇴근하였다면 본죄가 성립된다.[55] 32

(7) 농지담당직원이 농지불법전용을 알고도 아무런 조치를 취하지 않은 경우

농지사무를 담당하고 있는 군직원으로서는 그 관내에서 발생한 농지불법전용 사실을 알게 되었으면 군수에게 그 사실을 보고하여 군수로 하여금 원상회복을 명하거나 나아가 고발을 하는 등 적절한 조치를 취할 수 있도록 하여야 할 직무상 의무가 있는 것이므로 농지불법전용 사실을 외면하고 아무런 조치를 취하지 아니한 것은, 자신의 직무를 저버린 행위로서 농지의 보전·관리에 관한 국가의 기능을 저해하며 국민에게 피해를 야기시킬 가능성이 있어 본죄에 해당한다.[56] 33

(8) 경찰관이 분실습득된 오토바이를 오토바이 상회에 임의 매각한 경우

경찰관이 방치된 오토바이가 있다는 신고를 받거나 순찰 중 이를 발견하고 오토바이 상회 운영자에게 연락하여 오토바이를 수거해가도록 하고 그 대가를 받은 경우, 본죄에 해당한다.[57] 34

(9) 경찰관이 불법체류자를 체포 후 인적사항 기재 없이 훈방한 경우

파출소 부소장으로 근무하던 피고인이 112 순찰을 하고 있던 경찰관들에게 "지동시장 내 A 호프에 불법체류자가 있으니 출동하라"는 무전지령을 하여 동인들로 하여금 그곳에 있던 불법체류자 5명을 파출소로 연행해 오도록 한 다음, 불법체류자임을 알면서도 이들의 신병을 출입국관리사무소에 인계하지 않고 본서인 경찰서 외사계에조차도 보고하지 않았을 뿐만 아니라 달리 자진신고하도록 유도한 것도 아니며, 더 나아가 근무일지에 단지 '지동 복개천 꼬치구이집 밀항 35

55 대판 1990. 12. 21, 90도2425.
56 대판 1993. 12. 24, 92도3334.
57 대판 2002. 5. 17, 2001도6170.

한 여자 2명과 남자 2명이 있다는 신고 접한 후, 손님 3명, 여자 2명을 조사한 바 꼬치구이 종업원으로 혐의점 없어 귀가시킴'이라고 허위의 사실을 기재하고, 이들이 불법체류자라는 사실은 기재하지도 않은 채 자신이 혼자 소내 근무 중임을 이용하여 이들을 훈방하였으며, 훈방을 함에 있어서도 통상의 절차와 달리 이들의 인적사항조차 기재해 두지 아니한 행위는 본죄에 해당한다.[58]

(10) 공무원이 물건적치기간 연장신청이 편법적으로 이용될 것을 알면서 허가해준 경우

36 시장과 절친하며 피고인과도 가깝게 지내온 A의 물건적치기간 연장신청이 허가대상토지를 골재생산영업을 위한 부대시설로 편법적으로 사용하기 위한 것이라는 점을 잘 알면서도, 그 허가업무를 담당하던 피고인이 허가요건 등을 자세히 검토하지도 않고 그 신청한 내용대로 물건적치기간 연장허가를 내준 경우, 피고인의 행위는 자신의 직무를 의식적으로 방임하거나 포기한 것으로서 본죄에 해당한다.[59]

(11) 경찰관이 도박 현행범체포 후 아무런 조치 없이 석방한 경우

37 경찰관들이 현행범으로 체포한 도박혐의자 17명에 대해 현행범인체포서 대신에 임의동행동의서를 작성하게 하고, 그나마 제대로 조사도 하지 않은 채 석방하였으며, 현행범인 석방사실을 검사에게 보고도 하지 않았고, 석방일시·사유를 기재한 서면을 작성하여 기록에 편철하지도 않았으며, 압수한 일부 도박자금에 관하여 압수조서 및 목록도 작성하지 않은 채 검사의 지휘도 받지 않고 반환하였고, 일부 도박혐의자의 명의도용 사실과 도박 관련 범죄로 수회 처벌받은 전력을 확인하고서도 아무런 추가조사 없이 석방한 행위는, 단순히 업무를 소홀히 수행한 것이 아니라 정당한 사유 없이 의도적으로 수사업무를 방임 내지 포기한 것이라고 봄이 상당하다.[60]

(12) 경찰관이 검사의 구체적 수사지휘를 거부한 경우

38 경찰서 상황실장이 당직 경찰관으로부터 검사가 검찰 직접 수사사건을 통하여 긴급체포한 피의자를 경찰서 유치장으로 호송 및 구금하라는 지시를 내린

58 대판 2008. 2. 14, 2005도4202.
59 대판 2009. 3. 26, 2007도7725.
60 대판 2010. 6. 24, 2008도11226.

사실을 보고받은 경우, 경찰서 상황실의 당직총책임자인 위 상황실장으로서는 검사의 적법한 수사지휘에 복종하여 경찰서 내부 또는 외부에서 당직 근무 중인 경찰관을 검찰청으로 보내는 등 검사의 수사지휘에 따를 적극적인 작위의무가 있고, 평소 경찰의 수사권 독립 및 이른바 의뢰입감이 잘못된 제도 및 관행이라는 취지의 자신의 소신에 따라 위 검사의 지시에 따른 직무를 수행하지 아니한 것은 검사의 지시에 불응한 데 정당한 이유가 있다고 보기 어려우며, 직무수행을 거부하여 직무를 유기하려는 범의가 인정되므로 본죄가 성립한다.[61]

(13) 경찰관이 주간당직시간에 근무지를 이탈하여 사건관계인과 부적절한 만남을 한 경우

경찰서 형사과 소속 공무원이 주간당직시간에 근무지인 사무실을 이탈하여 다른 경찰서 관할 소재지의 식당에서 다른 경찰관이 수사 중인 사건의 관계인과 만난 경우, 본죄가 성립한다.[62] 39

2. 직무유기죄의 성립을 부정한 사례

(1) 약사 감시원이 무허가약국개설자를 조사 후 상사에 보고하였으나 고발은 하지 아니한 경우

약사법 제70조에 의하면 약사감시원은 같은 법 제64조 제1항, 제65조 제2 40
항의 규정에 의한 공무원의 직무를 집행하는 권한이 있을 뿐이고, 사법경찰리의 직무를 할 법적 근거가 없으므로 약사감시원인 피고인이 위 무허가 약국개설자를 조사하여 상사인 보건소장에게 보고하여 그 지시에 의하여 시말서를 받고 약국을 폐쇄토록 하였다면, 수사관서에 고발하지 아니 하였다 하여 그 직무를 유기하였다고 보기 어렵다.[63]

(2) 시청 양정계 직원이 정부양곡을 형식적으로 조사를 한 경우

시청 양정계 직원으로서 보관하고 있는 정부양곡 등을 월 2회씩 조사할 때 41
그 재고량을 정확하게 조사할 공무원법상의 의무가 있었다 하더라도 피고인들이 모두 조사는 하기는 했으나 형식적으로 혹은 소홀히 했기 때문에 그 수량부

61 춘천지법 강릉지판 2007. 4. 30, 2007고합6.
62 대판 2018. 4. 17, 2018도3521.
63 대판 1969. 2. 4, 67도184.

족을 미처 발견하지 못하였다면, 그 직무집행내용이 부실할 뿐 직무집행 의사로써 직무집행행위를 한 점에는 변함이 없다 할 것이고, 그 내용이 부실하다 하여 직무집행의사를 버리고 직무집행을 하지 않은 경우에 해당한다고는 할 수 없을 것이며, 따라서 이러한 경우에는 공무원법상 징계대상이 된다는 것은 몰라도 본죄는 성립할 수 없다.[64]

(3) 수사관이 허위내용의 진술조서를 작성하거나 공무원이 허위문서를 작성한 경우

42 공무원이 신축건물에 대한 착공 및 준공검사를 마치고 관계서류를 작성함에 있어 그 허가조건 위배사실을 숨기기 위하여 허위의 복명서를 작성·행사하였을 경우에는, 작위범인 허위공문서작성 및 허위작성공문서행사죄만이 성립하고 부작위범인 본죄는 성립하지 아니한다.[65]

(4) 사법경찰관리가 경미범죄를 인지하지 않고 훈방한 경우

43 사법경찰관리가 직무집행의사로 위법사실을 조사하여 훈방하는 등 어떤 형태로든지 그 직무집행행위를 하였다면 형사피의사건으로 입건수사하지 않았다 하여 곧 본죄가 성립한다고 볼 수는 없다.[66]

(5) 일직사관이 근무시간에 인근에서 잠을 잔 경우

44 일직사관인 피고인이 순찰 및 검사 등을 하지 아니하고 잠을 잔 것은 일직사관으로서의 직무를 성실하게 수행하지 아니하여 충근의무에 위반한 허물이 있다고 하겠으나, 근무장소에서 유사 시에 깨어 직무수행에 임할 수 있는 상황에서 잠을 잔 경우, 또 상황실로부터 피고인이 누운 침상까지는 2미터 정도의 거리로서 판자칸막이가 있는데 불과한 경우, 피고인이 고의로 일직사관으로서의 직무를 포기하거나 직장을 이탈한 것이라고는 볼 수 없다.[67]

(6) 교도소 보안과 출정계장과 감독교사가 호송감독을 소홀이 하여 도주사고가 발생한 경우

45 교도소 보안과 출정계장과 감독교사가 호송지휘관 및 감독교사로서 호송교도관 5명을 지휘하여 재소자 25명을 전국의 각 교도소로 이감하는 호송업무를

64 대판 1969. 8. 19, 69도932.
65 대판 1972. 5. 9, 72도722; 대판 1982. 9. 14, 81도2538.
66 대판 1982. 6. 8, 82도117.
67 대판 1984. 3. 27, 83도3260.

수행함에 있어서, 시간이 촉박하여 호송교도관들이 피호송자 개개인에 대하여 규정에 따른 검신 등의 절차를 철저히 이행하지 아니한 채 호송하는 데도 위 호송교도관들에게 호송업무 등을 대강 지시한 후에는 그들이 이를 제대로 수행할 것으로 믿고 구체적인 확인, 감독을 하지 아니한 잘못으로 말미암아 피호송자들이 집단도주하는 결과가 발생한 경우, 위 출정계장과 감독교사가 재소자의 호송계호업무를 수행함에 있어서 성실하게 그 직무를 수행하지 아니하여 충근의무에 위반한 잘못은 인정되나, 고의로 호송계호업무를 포기하거나 직무 또는 직장을 이탈한 것이라고는 볼 수 없으므로 본죄를 구성하지 아니한다.[68]

(7) 통고처분 고발권한 없는 세무공무원이 통고처분을 건의하지 않은 경우

관할 검사장으로부터 범칙사건을 조사할 수 있는 자로 지명받지 아니한 세무공무원은 조세범 처벌절차법에 따른 통고처분이나 고발을 할 권한이 없고, 통고처분이나 고발을 할 권한이 없는 세무공무원이 그 권한자에게 범칙사건 조사결과에 따른 통고처분이나 고발조치를 건의하는 등의 조치를 취하지 않았다고 하더라도, 구체적 사정에 비추어 그것이 직무를 성실히 수행하지 못한 것이라고 할 수 있을지언정 그 직무를 의식적으로 방임 내지 포기하였다고 볼 수 없다.[69] 46

(8) 야간 관제업무를 한 사람에게 맡기고 나머지는 휴식을 취한 경우

야간근무시간대에 혼자서 모든 관제(管制)구역을 담당하는 것이 불가능하다는 것을 알면서도 1섹터 관제 담당자에게 모든 관제업무를 맡기고 2섹터 관제 담당자 및 전체관제자는 휴식 또는 수면을 취한 경우, 1명에 의한 통합관제 방식이 2명의 관제요원에 의한 통합관제 방식 또는 2명의 관제요원에 의한 구역별 책임관제에 비하여 관제의 정확성이 떨어지고 관제가 소홀해 질 수 있다고 하더라도, 이를 관제의 의식적인 포기라고 볼 수는 없다.[70] 47

(9) 기간제 교원이 기말고사 답안지를 교부받고도 무단결근하고 임기 종료 시까지 답안지와 채점결과를 학교 측에 인계하지 않은 경우

무단이탈로 인한 본죄 성립 여부는 결근 사유와 기간, 담당하는 직무의 내용과 적시 수행 필요성, 결근으로 직무 수행이 불가능한지, 결근 기간에 국가기 48

68 대판 1991. 6. 11, 91도96.
69 대판 1997. 4. 11, 96도2753.
70 광주고판 2015. 6. 30, 2015노139.

능의 저해에 대한 구체적인 위험이 발생하였는지 등을 종합적으로 고려하여 신중하게 판단해야 한다. 특히 근무기간을 정하여 임용된 공무원의 경우에는 근무기간 안에 특정 직무를 마쳐야 하는 특별한 사정이 있는지 등을 고려할 필요가 있는데, 학사일정상 피고인의 임기 종료일까지 기말고사 성적 처리에 대한 최종 업무를 종료할 것이 예정되어 있지 않았고, 피고인이 임기 종료 직전 2일을 무단결근한 사유에 참작할 사정이 있으며, 그 후로는 출근이나 업무 수행을 할 의무가 없는 점에 비추어, 피고인이 자신의 직무를 성실히 수행하지 못한 것이라고 할 수 있을지언정 자신의 업무를 의식적으로 방임하거나 포기하려는 것이었다고 단정하기 어려우므로 본죄가 성립하지 아니한다.[71]

Ⅵ. 특별법상의 직무유기죄

49 형법상의 직무유기죄 외에도 특별법으로 사법경찰관리, 군지휘관 등의 신분에 있는 자가 일정한 요건 아래에서 직무유기를 한 경우 가중처벌하는 규정을 두고 있는데, 그 가벌성이 일반 직무유기죄보다 훨씬 크다는 취지에서 법정형도 형법보다는 매우 무겁게 규정되어 있다.[72]

1. 특정범죄 가중처벌 등에 관한 법률 제15조(특수직무유기)

50 특정범죄 가중처벌 등에 관한 법률(이하, 특정범죄가중법이라 한다.) 제15조에는 범죄 수사의 직무에 종사하는 공무원이 특정범죄가중법에 규정된 죄를 범한 사람을 인지하고 그 직무를 유기한 경우에는 1년 이상의 유기징역에 처하도록 가중처벌하는 규정을 두고 있다. 특정범죄가중법위반(특수직무유기)죄는 형법상의 직무유기죄와는 다른 새로운 범죄유형을 규정한 것이므로, 형법상 직무유기죄가 다른 범죄에 포함되어 별도로 성립하지 않는 경우라도 특정범죄가중법위반(특수직무유기)죄는 성립할 수 있다.[73] 예컨대 공무원이 직무상 의무에 위배

71 대판 2022. 6. 30, 2021도8361.

72 주석형법 [각칙(1)](5판), 275(한경환).

73 대판 1984. 7. 24, 84도705. 「당원 1982. 12. 28 선고 82도2210 판결은 그 소속 예비군대원의 훈련불참 사실을 알았으면 이를 소속 대대장에게 보고하는 등의 조치를 취할 직무상의 의무가 있음에도 이를 은폐할 목적으로 당해 예비군대원이 훈련에 참석한양 허위내용의 학급편성명부

하여 허위공문서를 작성·행사하는 경우에는 허위공문서작성죄 및 허위작성공문서행사죄와 별도로 본죄가 성립하지 않지만,[74] 사법경찰리직무취급을 겸하여 산림법위반의 범죄수사에 종사하는 공무원이 특정범죄가중법위반의 범죄사실을 인지하고도 필요한 조치를 취하지 아니하고 그 범죄사실을 은폐하기 위하여 그 직무에 관한 허위의 공문서를 작성·행사하였다면, 허위공문서작성죄 및 허위작성공문서행사죄와 별도로 특정범죄가중법위반(특수직무유기)죄가 성립한다.[75]

여기서 '범죄수사의 직무에 종사하는 공무원'이 특정범죄가중법에 규정된 죄 51
를 범한 사람을 '인지'하고 직무를 유기할 것을 구성요건으로 하고 있으므로, 특정범죄가중법위반(특수직무유기)죄가 성립하기 위해서는 범죄수사의 직무에 종사하는 공무원이 특정범죄가중법에 규정된 죄를 범한 자임을 명백히 인식하고 그에 대하여 수사를 개시할 수 있을 정도의 단계에 이르러야 하고, 단순히 확인되지 않은 제보 등에 의하여 이러한 죄를 범하였을 수도 있다는 의심을 품은 것만으로는 특정범죄가중법에서 규정하고 있는 '인지'가 있었다고 할 수 없다.[76]

그리고 형법상의 직무유기죄에서 '직무를 유기한 때'란 공무원이 법령, 내규 52
등에 의한 추상적 충근의무를 태만히 하는 일체의 경우를 이르는 것이 아니고, 직장의 무단이탈, 직무의 의식적인 포기 등과 같이 그것이 국가의 기능을 저해하며 국민에게 피해를 야기시킬 가능성이 있는 경우를 말하는데, 이는 특정범죄가중법위반(특수직무유기)죄의 경우에도 마찬가지이다.[77]

를 작성행사한 경우 직무위배의 위법상태는 허위공문서 작성당시부터 그 속에 포함되어 별도로 형법 제122조의 직무유기죄가 성립되지 아니한다는 것으로서 위 당원판례가 형법 제122조의 직무유기죄와는 별도의 범죄인 이 사건 특정범죄 가중처벌 등에 관한 법률 제15조의 특수직무유기죄에 적절한 것이 될 수 없음이 명백하므로 원심판결이 위 당원판례에 위반된 것이라는 논지는 채용할 수 없다.」

74 대판 1982. 12. 28, 82도2210.

75 대판 1984. 7. 24, 84도705.

76 대판 2011. 7. 28, 2011도1739.

77 대판 2011. 7. 28, 2011도1739[해군본부 고등검찰부장인 피고인이 甲의 구 특정범죄가중법(2010. 3. 31. 법률 제10210호로 개정되기 전의 것)위반(알선수재)의 범죄 혐의사실을 인지하고도 정당한 이유 없이 직무를 유기하였다고 하여 특정범죄가중법위반(특수직무유기)으로 기소된 사안에서, 검찰이 제출한 증거만으로는 피고인이 甲의 범죄 혐의사실을 실제로 알았다거나 그러고도 구체적으로 직무를 회피하여 수사하지 않았다고 단정할 수 없고, 비록 피고인이 甲의 범죄 혐의사실을 사건이첩이나 인지보고서를 작성하는 등 방법으로 신속, 적절하게 수사하지 않았더라도 특정범죄가중법위반(특수직무유기)죄에 해당한다고 할 수 없다고 보아, 피고인에게 무죄를 인정한 원심판단을 수긍한 사례].

2. 폭력행위 등 처벌에 관한 법률 제9조 제1항(사법경찰관리의 직무유기)

53 폭력행위 등 처벌에 관한 법률(이하, 폭력행위처벌법이라 한다.) 제9조 제1항은 사법경찰관리로서 폭력행위처벌법에 규정된 죄를 범한 사람을 수사하지 아니하거나 범인을 알면서 체포하지 아니하거나 수사상 정보를 누설하여 범인의 도주를 용이하게 한 사람은 1년 이상의 유기징역에 처한다고 규정하여 사법경찰관리의 직무유기죄, 즉 폭력행위처벌법위반(직무유기)죄를 별도로 두고 있다.

3. 국가보안법 제11조(특수직무유기)

54 국가보안법 11조는 범죄수사 또는 정보의 직무에 종사하는 공무원이 국가보안법의 죄를 범한 자라는 정을 알면서 그 직무를 유기한 때에는 10년 이하의 징역에 처한다(동조 본문)고 규정하여 국가보안법위반(특수직무유기)죄를 별도로 두고 있다. 다만, 본범과 친족관계가 있는 때에는 그 형을 감경 또는 면제할 수 있다고 규정하고 있다(동조 단서).

4. 근로기준법 제108조(근로감독관의 직무유기)

55 근로기준법 제108조는 근로감독관이 근로기준법을 위반한 사실을 고의로 묵과하면 3년 이하의 징역 또는 5년 이하의 자격정지에 처하도록 규정하고 있다.

5. 군형법 제24조(지휘관의 직무유기)

56 군형법 제24조는 지휘관이 정당한 사유 없이 직무수행을 거부하거나 직무를 유기한 경우, 적전(敵前)의 경우는 사형(제1호)〔적전직무(수행거부, 유기)죄〕, 전시, 사변 시 또는 계엄지역인 경우는 5년 이상의 유기징역 또는 유기금고(제2호)〔전시(사변, 계엄지역)직무(수행거부, 유기)죄〕, 그 밖의 경우에는 3년 이하의 징역 또는 금고(제3호)〔직무(수행거부, 유기)죄〕에 처한다고 규정하여 군형법상 직무유기죄를 두고 있다.

Ⅶ. 공 범

1. 신분 없는 사람의 공동정범

본죄는 신분범이므로 원칙적으로 신분 없는 사람은 본죄의 주체가 될 수 없으나, 제33조(공범과 신분)에 의하여 공동정범이 성립될 수 있다. 판례는 병가 중인 철도공무원들이 그렇지 아니한 철도공무원들과 함께 전국철도노동조합의 일부 조합원들로 구성된 임의단체인 전국기관차협의회가 주도한 파업에 참가한 사안에서, 병가 중인 조합원이 집단쟁의행위에 참가하더라도 본죄의 주체로는 될 수 없다 하더라도, 본죄의 주체가 되는 다른 조합원들과 함께 노동조합의 승인 없이 또는 지시에 반하여 일부 조합원들이 그 쟁의행위에 참가한 경우에는, 병가 중인 조합원은 나머지 조합원과 공범관계가 인정되므로 참가한 조합원들 모두 본죄로 처단되어야 한다고 보았다.[78] 57

2. 자신이 직무유기를 하면서 타인에게도 직무유기를 교사한 경우

자신이 직무유기를 하면서 타인에게도 직무유기를 교사한 경우에는, 본죄의 포괄일죄가 아니라 본죄와 직무유기교사죄의 경합범으로 처벌된다. 판례도 경찰서장이 수천만 원대 녹용밀수사실 등의 수사사무를 검찰청 검사에게 보고하지 아니하고 다른 경찰관에게도 보고하지 않도록 교사한 경우에는, 본죄와 직무유기교사죄의 경합범이 된다고 판시하고 있다.[79] 58

Ⅷ. 다른 죄와의 관계

1. 증거인멸죄와의 관계

경찰서 방범과장이 부하직원으로부터 음반·비디오물및게임물에관한법률위 59
반 혐의로 오락실을 단속하여 증거물로 오락기의 변조 기판을 압수하여 사무실에 보관 중임을 보고받아 알고 있었음에도 그 직무상의 의무에 따라 위 압수물을 수사계에 인계하고 검찰에 송치하여 범죄 혐의의 입증에 사용하도록 하는

78 대판 1997. 4. 22, 95도748.
79 대판 1976. 9. 28, 76도2143.

등의 적절한 조치를 취하지 않고, 오히려 부하직원에게 위와 같이 압수한 변조 기판을 돌려주라고 지시하여 오락실 업주에게 이를 돌려준 경우, 작위범인 증거인멸죄(§ 155①)만이 성립하고 부작위범인 본죄는 따로 성립하지 아니한다고 판시하였다.[80]

2. 범인도피죄와의 관계

60 판례는 경찰공무원이 지명수배 중인 범인을 발견하고도 직무상 의무에 따른 적절한 조치를 취하지 아니하고 오히려 범인을 도피하게 하는 행위를 하였다면, 그 직무위배의 위법상태는 범인도피행위 속에 포함되어 있다고 보아야 할 것이므로, 이와 같은 경우에는 작위범인 범인도피죄(§ 151①)만이 성립하고 부작위범인 본죄는 따로 성립하지 아니한다[81]고 판시하고 있다.

61 다만, 판례는 하나의 행위가 부작위범인 본죄와 작위범인 범인도피죄의 구성요건을 동시에 충족하는 경우 공소제기권자는 재량에 의하여 작위범인 범인도피죄로 공소를 제기하지 않고 부작위범인 본죄로만 공소를 제기할 수도 있다[82]고 보고 있다.

3. 허위공문서작성죄와의 관계

62 공무원이 신축건물에 대한 착공 및 준공검사를 마치고 관계서류를 작성함에 있어 그 허가 조건 위배사실을 숨기기 위하여 허위의 복명서를 작성·행사하였을 경우에는, 작위범인 허위공문서작성죄(§ 227) 및 허위작성공문서행사죄(§ 229)만 성립하고 부작위범인 본죄는 성립하지 아니한다.[83] 마찬가지로 예비군중대장이 그 소속 예비군대원의 훈련불참사실을 알았다면 이를 소속 대대장에게 보고하는 등의 조치를 취할 직무상의 의무가 있음은 물론이나, 그 소속 예비군대원의 훈련불참사실을 고의로 은폐할 목적으로 당해 예비군대원이 훈련에 참석한 양 허위내용의 학급편성명부를 작성·행사하였다면, 직무위배의 위법상태는

---

80 대판 2006. 10. 19, 2005도3909(전); 대판 2017. 3. 15, 2015도1456. 위 2005도3909(전)에 대한 해설은 김용관, "증거인멸죄와 직무유기죄의 관계", 해설 66, 법원도서관(2007), 288-302.

81 대판 1996. 5. 10, 96도51; 대판 2006. 10. 19, 2005도3909(전).

82 대판 1999. 11. 26, 99도1904.

83 대판 1972. 5. 9, 72도722.

허위공문서작성 당시부터 그 속에 포함되어 있는 것이고 그 후 소속대대장에게 보고하지 아니하였다 하더라도 당초에 있었던 직무위배의 위법상태가 그대로 계속된 것에 불과하다고 보아야 하고, 별도로 본죄가 성립하여 두 죄가 실체적 경합범이 된다고 할 수 없다.[84] 다만 이 경우에도 판례는 하나의 행위가 부작위범인 본죄와 작위범인 허위공문서작성죄 및 허위작성공문서행사죄의 구성요건을 동시에 충족하는 경우, 공소제기권자는 재량에 의하여 작위범으로 공소를 제기하지 않고 부작위범인 본죄로만 공소를 제기할 수 있다[85]고 판시하고 있다.

한편 이와는 달리, 군직원이 농지불법전용 사실을 알게 되었으면 군수에게 63
사실을 보고하여 원상회복을 명하거나 고발을 하는 등의 조치를 취할 수 있도록 하여야 할 의무가 있음에도 아무런 조치를 취하지 않은 것은 직무유기에 해당하고, 군직원이 농지전용허가를 하여 주어서는 안 됨을 알면서도 허가하여 줌이 타당하다는 현장출장복명서 및 심사의견서를 작성하여 결재권자에게 제출한 행위에 대하여, 위 복명서 및 심사의견서를 허위작성한 것이 농지일시전용허가를 신청하자 이를 허가하여 주기 위하여 한 것이라면 직접적으로 농지불법전용 사실을 은폐하기 위하여 한 것은 아니므로 허위공문서작성죄 및 허위작성공문서행사죄와 본죄는 실체적 경합범의 관계에 있다고 본 판례[86]도 있다.

4. 위계공무집행방해죄와의 관계

출원인이 어업허가를 받을 수 없는 자라는 사실을 알면서도 피고인이 그 64
직무상의 의무에 따른 적절한 조치를 취하지 않고 오히려 부하직원으로 하여금 어업허가 처리기안문을 작성하게 한 다음 스스로 중간결재를 하는 등 위계로써 농수산국장의 최종결재를 받았다면, 직무위배의 위법상태가 위계에 의한 공무집행방해행위 속에 포함되어 있는 것이라고 보아야 할 것이므로, 이와 같은 경우에는 작위범인 위계공무집행방해죄(§ 137)만이 성립하고 부작위범인 본죄는 따로 성립하지 아니한다.[87]

84 대판 1982. 12. 28, 82도2210.
85 대판 2008. 2. 14, 2005도4202.
86 대판 1993. 12. 24, 92도3334.
87 대판 1997. 2. 28, 96도2825.

5. 인권옹호직무명령불준수죄와의 관계

65 대법원은 검사가 긴급체포 등 강제처분의 적법성에 의문을 갖고 대면조사를 위한 피의자 인치를 2회에 걸쳐 경찰관에게 명하였으나 이를 이행하지 않은 사법경찰관에게 인권옹호직무명령불준수죄(§ 139)와 본죄를 모두 인정하고, 두 죄는 상상적 경합관계라고 판단하였다.[88]

6. 건축법위반교사죄와의 관계

66 위법건축물이 발생하지 않도록 자신은 물론 소관 부하직원들로 하여금 이를 예방·단속하게 하여야 할 직무상 의무 있는 사람이 위법건축을 하도록 타인을 교사한 경우, 위 직무위배의 위법상태는 건축법위반 교사행위에 내재하고 있는 것이므로 건축법위반교사죄와 본죄는 실체적 경합범이 되지 아니한다.[89]

Ⅸ. 처 벌

67 1년 이하의 징역이나 금고 또는 3년 이하의 자격정지에 처한다.

68 헌법재판소는 본조의 법정형에 벌금형을 규정하지 않았더라도 과잉형벌이 아니라고 판시하였다.[90]

〔김 현 철〕

88 대판 2010. 10. 28, 2008도11999.

89 대판 1980. 3. 25, 79도2831.

90 헌재 2005. 9. 29, 2003헌바52. 「국가기능의 장애를 초래할 수 있는 의식적 직무유기를 예방하고 공무원의 성실한 직무수행을 담보하기 위하여 행정상의 징계처분만으로 충분할 것인지, 아니면 나아가 형벌이라는 제재를 동원하는 것이 더 필요하다고 볼 것인지의 문제는 입법자의 예측판단에 맡겨야 한다. 입법자는 이 사건 법률조항의 입법목적인 국가기능의 정상적 수행 보장을 위하여 가능한 수단들을 검토하여 그 효과를 예측한 결과보다 단호한 수단을 선택하는 것이 필요하다고 보았다 할 것인데 이러한 입법자의 판단이 현저히 자의적인 것이라고는 보이지 않으며, 이 사건 법률조항(§ 122)의 법정형은 상한 자체가 높지 않을 뿐만 아니라, 비교적 죄질이 가벼운 직무유기행위에 대하여는 개전의 정상을 참작하여 선고유예까지 선고할 수 있다는 점을 고려하면 비록 벌금형을 규정하지 않았다 하더라도 행위의 개별성에 맞추어 책임에 알맞은 형벌을 선고할 수 없다거나 책임과 형벌 간의 비례원칙에 반하는 과잉형벌이라 할 수 없다.」

제123조(직권남용)

공무원이 직권을 남용하여 사람으로 하여금 의무없는 일을 하게 하거나 사람의 권리행사를 방해한 때에는 5년 이하의 징역, 10년 이하의 자격정지 또는 1천만원 이하의 벌금에 처한다. 〈개정 1995. 12. 29.〉

Ⅰ. 취 지

1. 의의 및 성격

1 직권남용은 공무원이 일반적 직무권한에 속하는 사항에 관하여 직권을 행사하는 모습으로 실질적·구체적으로 위법·부당한 행위를 하는 것을 의미한다.[1] 즉, 형식적·외형적으로는 공무원의 일반적 직무집행으로 보이나 그 실질은 정당한 권한 이외의 행위를 하는 경우를 말한다.[2] 본죄(직권남용권리행사방해죄)는 공무원이 직권을 남용하여 사람으로 하여금 의무 없는 일을 하게 하거나 사람의 권리행사를 방해한 때에 성립한다.

2 공무원 신분이 아닌 사람이 폭행 또는 협박으로 사람의 권리행사를 방해하거나 의무없는 일을 하게 한 제324조(강요)와의 관계에서, ① 공무원이라는 신분으로 인하여 강요죄(§ 324)보다 책임이 가중된[3] 부진정신분범이라는 견해[4]와 ② 보

1 대판 2020. 1. 30, 2018도2236(전). 본 판결 평석은 오병두, "직권남용행위를 집행한 하급 공무원의 면책범위", 형사판례연구 〔29〕, 한국형사판례연구회, 박영사(2021), 33-70.

2 대판 2009. 1. 30, 2008도6950.

3 강요죄의 법정형은 5년 이하의 징역 또는 3천만 원 이하의 벌금이고, 본죄의 법정형은 5년 이하의

호법익뿐만 아니라 폭행 또는 협박을 반드시 행위수단으로 사용하지 않는다는 점에서 강요죄와는 다르다는 이유로 독립된 진정신분범이라는 견해(다수설)[5]가 나누어져 있다. 두 견해의 차이는 공무원이 직권을 남용하여 폭행·협박으로 권리행사를 방해한 경우에, 전자는 법조경합이 되어 책임이 가중된 본죄만이 성립된다고 보게 되겠지만,[6] 후자는 강요죄와 함께 본죄가 동시에 성립하고 두 죄는 상상적 경합이 된다고 할 것이다.[7]

3 본죄의 보호법익이 국가기능의 공정한 행사를 보호함에 있으므로 강요죄와는 본질을 달리할 뿐만 아니라 그 요건에서도 반드시 폭행 또는 협박에 의할 것을 요하지 않는다는 면에서 강요죄의 가중적 구성요건이라는 것은 타당하지 않으므로 다수설이 타당하다.[8] 참고로 일본의 다수설도 같은 입장이다.[9]

2. 보호법익

4 다수설은 본죄의 보호법익을 국가기능의 공정한 행사라고 보고 있다.[10] 한편, 행정의 공정성과 적법성을 구체적 보호법익으로 삼는 동시에 피해자 개인의 의사결정 및 의사활동의 자유도 보호법익으로 보는 견해도 있다.[11] 직권남용의

징역, 10년 이하의 자격정지 또는 1천만 원 이하의 벌금이다. 형은 사형, 징역, 금고, 자격상실, 자격정지, 벌금, 구류, 과료, 몰수(§ 41)의 순서대로 무거우므로(§ 50①), 후자의 형이 더 무겁다.

4 배종대, 형법각론(13판), § 154/1.

5 김성돈, 형법각론(7판), 775; 오영근, 형법각론(6판), 703; 이재상·장영민·강동범, 형법각론(12판), § 43/28; 주석형법 〔각칙(1)〕(5판), 277(한경환).

6 이정원·류석준, 형법각론, 720.

7 정성근·박광민, 형법각론(전정3판), 724.

8 이재상·장영민·강동범, § 43/28.

9 일본에서는 공무원직권남용죄(§ 193)의 법정형이 2년 이하의 징역 또는 금고, 강요죄(§ 223①)의 법정형이 3년 이하의 징역으로 우리 형법과는 달리 강요죄가 더 무겁지만, 두 죄는 직권남용을 수단으로 하는가 폭행·협박을 사용하는가라는 점에서 유사점이 있을 뿐 별개의 범죄이고, 두 죄의 구성요건을 동시에 충족하는 경우에는 상상적 경합이라는 것이 다수설이다〔西田 外, 注釈刑法(2), 692(島田聡一郎)〕.

참고로 2022년 6월 17일 일본형법 개정(법률 제67호)으로 징역형과 금고형이 '구금형'으로 단일화되어 형법전의 '징역', '구금', '징역 또는 구금'은 모두 '구금형'으로 개정되었고, 부칙에 의하여 공포일로부터 3년 이내에 정령으로 정하는 날에 시행 예정이다. 그러나 현재 정령이 제정되지 않아 시행일은 미정이므로, 본장에서 일본형법 조문을 인용할 때는 현행 조문의 '징역' 등의 용어를 그대로 사용한다.

10 김성돈, 775; 박상기, 형법각론(8판), 634; 이재상·장영민·강동범, § 43/28; 정성근·박광민, 724.

11 김일수·서보학, 새로쓴 형법각론(9판), 637.

측면에서는 공무의 적정한 수행을 보호하기 위한 것이고(주된 보호법익), 권리행사방해의 측면에서는 개인의 자유와 권리를 보호하기 위한 것으로(부차적인 보호법익) 볼 수 있다는 취지이다.[12]

보호의 정도와 관련하여 국가기능의 현실적인 침해를 필요로 하지 않는다 5
고 보는 추상적 위험범으로 보는 견해가 통설이다.[13]

한편 법익보호의 정도에 관하여 국가기능과 관련하여서는 추상적 위험범으 6
로서의 보호라고 할 수 있으나, 행위객체가 사람이고 피해자의 의사결정 및 의사활동의 자유에 대한 침해가 주된 불법내용이므로 전체적으로 침해범으로 보아야 한다는 견해도 있다.[14]

Ⅱ. 구성요건

1. 주 체

직권남용죄의 주체는 공무원이다. 7

직무상 강제력을 수반하는 공무원에 한정되는지 여부에 대하여는 견해가 대 8
립된다. ① 다수설은 본죄의 성질상 일정한 행위를 명하고 필요하면 이를 강제할 수 있는 직무를 행하는 공무원, 예를 들면, 경찰, 검찰수사관, 집행관, 세관원, 철도공안원, 마약감시원, 환경감시원, 근로감독관, 산림보호원, 교도소장, 소년원장 등에 제한되는 진정직무범이라고 본다.[15] 이때 강제력이 직접적인가 간접적인가는 묻지 않는다고 한다.[16] ② 이에 대하여, 강제력의 유무를 불문하고 직무상 일정한 권한을 가진 공무원이기만 하면 된다는 견해도 있다.[17] 생각건대, 본죄가 '강제력 있는 직권'이 아니라 '직권'이라고만 규정하고 있는 점에 비추어 위 ②의 견해가 타당하다.[18] 판례도 같은 입장이다.

---

12 오영근, 703; 주석형법 〔각칙(1)〕(5판), 277(한경환).
13 김성돈, 775; 박상기, 634; 이재상 · 장영민 · 강동범, § 43/33; 임웅, 형법각론(10정판), 912; 정영일, 형법강의 각론(3판), 427.
14 김일수 · 서보학, 637; 오영근, 703.
15 이재상 · 장영민 · 강동범, § 43/29; 정성근 · 박광민, 724,
16 김일수 · 서보학, 638; 주석형법〔각칙(1)〕(5판), 278(한경환).
17 김성돈, 775; 주석형법 〔각칙(1)〕(5판), 279(한경환).
18 주석형법 〔각칙(1)〕(5판), 278(한경환).

9 즉 판례는 본죄는 공무원이 그 일반적 직무권한에 속하는 사항에 관하여 직권의 행사에 가탁(假託)하여 실질적·구체적으로 위법·부당한 행위를 한 경우에 성립하고, 그 일반적 직무권한은 반드시 강제력을 수반하는 것임을 요하지 아니하며, 그것이 남용될 경우 직권행사의 상대방으로 하여금 법률상 의무 없는 일을 하게 하거나 정당한 권리행사를 방해하기에 충분한 것이면 된다고 판시하고 있다.[19] 일본 판례도 같은 취지로 판시하면서, 판사보인 피고인이 교도소장에게 판사라고 적힌 명함을 교부한 뒤 사법연구에 참고하기 위한 목적을 가장하여 신분대장를 메모·사진촬영하고 그 사본까지 교부받은 사안에서 본죄(일형 § 193[20])의 성립을 인정하였다.[21]

2. 객 체

10 본죄의 객체는 타인이다. 즉 행위자와 공범자 외의 모든 사람이며, 자기의 부하공무원이나 그 밖의 공무원도 포함한다.[22]

3. 행 위

11 직권을 남용하여 사람으로 하여금 의무없는 일을 행하게 하거나 사람의 권리행사를 방해하는 행위이다. 즉 본죄는 직권남용행위만으로 곧바로 성립하는 것이 아니고, 직권을 남용하여 다른 사람으로 하여금 의무 없는 일을 행하게 하였거나 다른 사람의 권리행사를 방해하는 결과가 발생하여야 성립하고, 직권남용행위와 결과 사이에는 상당인과관계가 인정되어야 한다.[23]

(1) 직권남용

(가) 직권

(a) 일반적 직무권한의 존재

12 직권은 공무원의 일반적 직무권한에 속하는 사항을 말한다(강제력이 있는 직

---

19 대판 2004. 5. 27, 2002도6251; 대판 2004. 10. 15, 2004도2899.

20 일본형법 제193조(공무원직권남용) 공무원이 그 직권을 남용하여 사람에게 의무없는 일을 하게 하거나 권리의 행사를 방해한 때는 2년 이하의 징역 또는 금고에 처한다.

21 最決 昭和 57(1982). 1. 28. 刑集 36·1·1.

22 김일수·서보학, 638; 주석형법 [각칙(1)](5판), 278(한경환).

23 대판 2020. 1. 30, 2018도2236(전); 대판 2022. 4. 28, 2021도11012.

권이 아니라는 점에 대한 논의는 **본죄의 '주체'** 참조).[24] 따라서 직권의 남용이란 공무원이 그의 일반적 직무권한에 속하는 사항에 관하여 그것을 불법하게 행사하는 것, 즉 형식적·외형적으로는 직무집행으로 보이나 실질적으로는 정당한 권한 이외의 행위를 하는 경우를 의미하고, 공무원이 그의 일반적 직무권한에 속하지 않는 행위를 하는 경우는 공무원의 지위를 이용한 불법행위에 지나지 않으므로 본죄가 성립하지 않는다.[25] 또한 본죄는 공무원에게 직권이 존재하는 것을 전제로 하는 범죄이고, 직권은 국가의 권력 작용에 의해 부여되거나 박탈되는 것이므로, 공무원이 국가의 명에 따라 공직에서 퇴임하면 해당직무에서 벗어나고 대외적으로도 공표되므로 퇴임 후에도 실질적 영향력을 행사하는 등으로 퇴임 전 공모한 범행에 관한 기능적 행위지배가 계속되었다고 인정할만한 특별한 사정이 없는 한, 퇴임 후의 범행에 관하여는 공범으로서 책임을 지지 않는다고 보아야 한다.[26]

따라서 ① 집행관이 채무자에게 즉시 채무를 이행하지 않으면 구속하겠다고 한 경우, ② 세무공무원이 미납세자를 감금하는 행위, ③ 국정원 직원이 건축주를 협박하여 약속어음을 받아내는 행위, ④ 국공립학교 교직원이 학부모를 불러서 납부금을 납부하지 않으면 학생을 감금하고 집에 돌려보내지 않겠다고 말한 행위,[27] ⑤ 대통령경호실장이 대통령의 별도 주거지를 마련하기 위하여 서울시장에게 공용청사부지로 지정하도록 요청하는 행위,[28] ⑥ 대검찰청 공안부장이 고등학교 후배인 한국조폐공사 사장에게 공사의 쟁의행위 등에 관하여 전화로 직장폐쇄를 풀고 구조조정을 하라고 말한 행위,[29] ⑦ 치안본부장이 국립과학수사연구소 법의학과장에게 부검소견서가 아닌 고문치사자의 사인에 관한 자신의 기자간담회에 참고할 메모를 작성하도록 요구한 행위,[30] ⑧ 공직윤리지원 13

24 대판 2019. 3. 14, 2018도18646; 대판 2019. 8. 29, 2018도14303(전).
25 대판 2003. 11. 28, 2011도5329; 대판 2014. 12. 24, 2012도4531; 대판 2019. 8. 29, 2018도14303(전).
26 대판 2020. 1. 30, 2018도2236(전)(퇴임 후의 대통령비서실장에 대한 문화예술계 지원배제 등 관련 사건).
27 주석형법 [각칙(1)](5판), 279(한경환).
28 대판 1994. 4. 12, 94도128.
29 대판 2005. 4. 15, 2002도3453.
30 대판 1991. 12. 27, 90도2800.

관실 팀원이 공공기관 종사자가가 아닌 국민은행 한마음 임직원에 대하여 조사하고 자료를 제출받은 행위,[31] ⑨ 대통령이나 경제수석비서관이 특정 기업에 광고를 발주하도록 요구하는 행위 및 사기업에 대하여 특정 개인의 채용 및 보직변경을 요구하는 행위,[32] ⑩ 대통령이 특정 회사의 미국소송 지원 및 사인의 재산 상속과 관련하여 지시하는 행위,[33] ⑪ 서울중앙지방법원 형사수석부장판사가 개별 형사재판 담당 법관의 재판업무와 관련하여 판결이유 수정 및 선고 시 구체적 구술내용 변경 등을 요청하거나(산케이신문 전 서울지국장 사건) 민변 변호사 체포치상 사건, 유명 프로야구 선수에 대한 도박죄 약식명령 사건 등에 개입하는 행위[34] 등은 일반적 직무권한이 없는 경우이므로 본죄는 성립하지 않는다.

14 반면에 대통령과 경제수석비서관이 문화체육분야의 발전을 위한 재단 설립을 위해 자금을 모금하거나 출연하도록 한 것은 형식적·외형적으로 대통령의 일반적 직무권한에 속하는 사항이라고 보았다.[35]

15 한편, 일본에서는 직권의 의미를 둘러싸고 일반적 직무권한 외에 특별한 권한이 필요한가에 대하여 논란이 있다.[36] 이에 대하여 일본 판례는 "직권남용에서의 「직권」이란 공무원의 일반적 직무권한 전부를 말하는 것은 아니고, 그중에서 직권행사의 상대방에 대하여 법률상·사실상의 부담 내지는 불이익을 생기게 할 수 있는 특별한 직무권한을 말하고, 동죄가 성립하려면 공무원의 불법한 행위가 위 성질을 갖는 직무권한을 남용하여 행하여질 필요가 있다고 할 것이다."고 판시하여,[37]

---

31 대판 2013. 11. 28, 2011도5329.

32 대판 2019. 8. 29, 2018도14303(전).

33 대판 2020. 10. 29, 2020도3972.

34 대판 2022. 4. 28, 2021도11012(본죄에 대하여 무죄를 선고한 원심판결인 서울고판 2021. 8. 12, 2020노471을 확정하였음). 위 원심판결은 피고인의 행위는 부당하거나 부적절한 재판관여행위에 해당한다고 하면서도, 피고인의 재판관여행위는 법관의 재판권에 관한 것인데, 이에 대하여는 사법행정권자에게 직무감독 등의 사법행정권이 인정되지 않으므로 재판관여행위에 관하여 피고인에게 본죄에서 말하는 '일반적 직무권한' 이 존재하지 않으므로, 피고인의 재판관여행위는 서울중앙지방법원 형사수석부장판사로서의 일반적 직무권한에 속하는 사항에 관하여 직권을 행사하는 모습으로 이루어진 것은 아니라는(직권의 행사에 가탁한 것은 아님) 취지로 판단하였다.

35 대판 2019. 8. 29, 2018도14303(전).

36 상세는 西田 外, 注釈刑法(2), 697-704(島田聡一郎).

37 最決 平成 1(1989). 3. 14. 刑集 43·3·283. 공무원이 직무행위로 불법도청행위를 하였으나 그 모든 과정에서 누구에게도 경찰관에 의한 행위는 아닌 것으로 가장한 사례에서, 경찰관에게는 불법도청의 직무권한이 인정되지 않는데다 도청행위가 위법이기 때문에 모두에게 사인의 입장에서 행동한 점에 비추어 직권남용죄의 성립을 부정하였다.

위와 같은 의미에서의 특별한 권한은 필요하다는 입장이다.[38]

(b) 직권의 법령상 근거 필요성 여부

본죄의 주체가 되는 공무원의 직무에 법령상의 근거가 필요한지 여부에 대 16
하여, 판례는 "어떠한 직무가 공무원의 일반적 권한에 속하는 사항이라고 하기 위해서는 그에 관한 법령상의 근거가 필요하지만, 명문이 없는 경우라도 법·제도를 종합적, 실질적으로 관찰해서 그것이 해당 공무원의 직무권한에 속한다고 해석되고, 남용된 경우 상대방으로 하여금 사실상 의무 없는 일을 행하게 하거나 권리를 방해하기에 충분한 것이라고 인정되는 경우에는 본죄에서 말하는 '일반적 권한'에 포함된다고 보아야 한다."고 판시하고[39] 있다.

본죄의 주된 보호법익을 국가기능의 공정한 행사로 보고 부차적으로 개인 17
의 자유와 권리를 보호하기 위한 것이라고 한다면, 해당 공무원의 행위에 대한 일반적인 법령상의 근거는 필요하지만 공무원의 구체적인 문제행위의 근거에 대한 명문의 규정이 없더라도 법과 제도의 해석상 일반적 직무권한이라고 해석할 수 있는 것이라면 직권남용에서 말하는 일반적 권한에 포함된다고 볼 수 있다고 해석하는 것이 합리적이라고 생각된다. 이는 외관상 일응 직무권한 범위 내이지만 실질은 불법한 행위가 되는 것을 구성요건요소로 하는 본죄의 해석과도 부합하기 때문이다. 따라서 판례의 입장이 타당하다.

(나) 남용

직권의 남용이란 공무원이 일반적 권한에 속하는 사항을 불법하게 행사하 18
는 것, 즉 형식적·외형적으로는 직무집행으로 보이나 실질은 정당한 권한 외의 행위를 하는 경우를 의미하고, 남용에 해당하는지는 ① 구체적인 직무행위의 목적, ② 당시 상황에서 그 행위의 필요성·상당성 여부, ③ 직권행사가 허용되는 법령상 요건을 충족했는지 등 제반 요소를 고려하여 결정하되, 기본권 제한에 관한 최소침해원칙을 참작하여 엄격 해석하여야 한다.[40]

---

38 일본 판례는 직권은 '반드시 강제력의 수반을 요하지 않고 남용될 경우 직권행사의 상대방으로 하여금 법률상 의무 없는 일을 하게 하거나 정당한 권리행사를 방해하기에 충분한 권한'(직권의 충분조건) 또는 '직권행사의 상대방에 대하여 법률상·사실상의 부당 내지 불이익을 생기게 할 수 있는 특별권한'(직권의 필요조건)이라고 한다[西田 外, 注釈刑法(2), 696 (島田聡一郎)].

39 대판 2011. 7. 28, 2011도1739; 대판 2019. 8. 29, 2018도14303(전); 대판 2020. 10. 29, 2020도3972.

40 대판 2022. 10. 27, 2020도15105.

(a) 목적

19 공무원의 행위의 목적이 첫째, 공익적인 목적이 아니라 실질은 개인적인 사적 이익을 취득하거나 향유하기 위한 경우에 직권남용이 될 수 있다. 예컨대, ① 검사가 자신의 장인과 관련된 문제를 해결하기 위한 목적으로 수사 목적이라는 명분을 내세워 교도관에게 수용자의 소환을 요구하는 경우,[41] ② 재정경제원 장관이 자신과 사돈관계에 있는 기업에 대한 자금지원을 위하여 은행장을 상대로 대출실행을 요구한 경우,[42] ③ 국회의장 의전비서관이 지인의 부탁을 받고 특정 게임의 등급분류결정의 취소사유를 알아내기 위하여 게임물등급분류위원회의 담당자를 불러 그 설명을 요구한 경우[43] 등이다.

20 둘째, 그 목적이 타인에게 불이익을 주거나 부당한 압박을 가하기 위한 경우에는 직권남용이 될 수 있다. 예컨대, ① 국무총리실 산하 공직윤리지원관실을 장악하고 있던 피고인들이 A 회사의 부탁을 받고 A 회사가 시로부터 산업단지 개발승인을 받을 수 있도록 시 공무원에게 부당한 압박을 가할 목적으로 공직윤리지원관실을 동원하여 시 공무원들로 하여금 감사를 준비하게 하고 관련 자료 제출을 하게 한 경우,[44] ② 청와대 정무수석비서관이 대통령, 비서실장 등과 공모하여 한국문화예술위원회(이하, 예술위라 한다.) 등 공모사업에 관하여 특정 개인과 단체를 배제하는 행위에 가담한 경우[45]는 직권남용이 된다.

21 셋째, 그 목적이 특정인에게 특혜를 주기 위한 것인 경우에도 직권남용이 될 수 있다. 예컨대, ① 시의 자치행정국장이 타 부서 소속 인·허가담당직원에게 허가요건에 위반되는 자신의 친척 명의의 축사신축을 허가하도록 종용한 경우,[46] ② 건축인·허가를 담당하는 공무원이 건축 인·허가를 빌미로 자신의 고등학교 동창이 운영하는 특정업체와 용역계약을 체결하게 한 경우,[47] ③ 대통령비서실장이 행정자치부 등 관계공무원으로 하여금 특별교부세 교부대상이 아닌

41 대판 2006. 5. 26, 2005도6966.
42 대판 2004. 5. 27, 2002도6251. 본 판결 평석은 이민걸, "직권남용죄에 있어서의 주체와 직권남용의 의미", 형사판례연구 [13], 한국형사판례연구회, 박영사(2005), 388-412.
43 대판 2013. 2. 28, 2013도62.
44 대판 2013. 9. 12, 2013도6570.
45 대판 2020. 1. 30, 2018도2236(전).
46 대판 2004. 10. 15, 2004도2899.
47 대판 2017. 3. 15, 2016도19659.

사찰에 대한 특별교부세 교부신청 및 교부결정을 하게 한 경우[48] 등이 여기에 해당한다.

(b) 필요성과 상당성

22 직권행사의 실질적인 필요성이 없는 경우임에도 직권을 행사하는 경우나 필요성이 있다고 하더라도 그 상당성을 초과한 경우에는 직권남용이 될 수 있다.

23 전투경찰대 중대장이 농성 중이던 노동자를 체포하는 과정에서 체포된 노동자에 대한 접견교통권을 주장하는 변호사를 공무집행방해의 현행범으로 체포한 사안에서, 대법원은 "현행범인 체포의 요건을 갖추었는지 여부에 관한 검사나 사법경찰관 등의 판단에는 상당한 재량의 여지가 있으나, 체포 당시 상황으로 보아도 요건 충족 여부에 관한 검사나 사법경찰관 등의 판단이 경험칙에 비추어 현저히 합리성을 잃은 경우 그 체포는 위법하다고 보아야 한다. 그리고 범죄의 고의는 확정적 고의뿐만 아니라 결과 발생에 대한 인식이 있고 이를 용인하는 의사인 이른바 미필적 고의도 포함하므로, 피고인이 인신구속에 관한 직무를 집행하는 사법경찰관으로서 체포 당시 상황을 고려하여 경험칙에 비추어 현저하게 합리성을 잃지 않은 채 판단하면 체포요건이 충족되지 아니함을 충분히 알 수 있었는데도, 자신의 재량 범위를 벗어난다는 사실을 인식하고 그와 같은 결과를 용인한 채 사람을 체포하여 그 권리행사를 방해하였다면, 직권남용체포죄와 직권남용권리행사방해죄가 성립한다."고 판시하였다.[49] 이와는 달리 대법원은 경찰관이 혐의없음 사안임에도 타인에게 고소장을 제출하게 한 다음 피고소인을 소환하여 피의자신문조서를 작성한 행위로 기소된 사안에 대하여, 범죄혐의를 의심할 상당한 이유가 있었고, 소환조사의 필요성이 있었다는 이유로 본죄의 성립을 부정하였다.[50]

24 판례상 필요성과 상당성이 결여되었다고 본 사례들을 보면, 크게 세 부류로 나누어 볼 수 있다.

25 첫째, 지휘감독관계에 있는 사람에게 적법하게 진행 중인 업무를 부당하게 중단하게 하는 경우이다. 예컨대, ① 대통령실 교육문화수석비서관이 행정관을

48 대판 2009. 1. 30, 2008도6950.
49 대판 2017. 3. 9, 2013도16162.
50 대판 2018. 2. 13, 2014도11441.

통해 특정 대학교의 현장실사조사를 중단하게 한 경우,[51] ② 상급 경찰관이 현재 수사 중인 부하 경찰관들의 수사를 중단시키거나 사건을 다른 경찰관서로 이첩하게 한 경우,[52] ③ 검찰의 고위 간부가 내사 담당 검사로 하여금 내사를 중도에서 그만두고 종결처리토록 한 경우[53]에는 직권남용을 인정하였다.

26 둘째, 지휘감독을 빌미로 부당하게 특정대상에 대한 업무결정을 번복하게 하는 경우이다. 예컨대, ① 국세청장이 특별조사국장의 보고를 통하지 않고 특별조사를 담당하고 있는 담당과장에게 직접 보고토록 한 다음 특정기업 추징세액의 감액을 지시한 경우,[54] ② 경제부처장관이 대기업에 해당되지도 않고 회생가능성도 불투명하여 대출이 가능한 요건을 갖추었다고 보기 어려운데다 은행감독원장으로부터 경영개선명령을 받아 신규대출을 기피하고 있던 기업의 주거래은행 은행장에게 개인적 친분이 있는 위 기업을 도와주기 위한 목적으로 대출을 실행하여 줄 것을 요구하고, 위 요구에 따라 위 은행장이 이미 같은 은행으로부터 대출신청이 거절당한 바 있는 위 기업에 대하여 새로이 다른 채권은행장들과 협조융자를 추진하고 대출하도록 한 경우[55]에 직권남용을 인정하였다.

27 셋째, 특정인에 대한 부당한 지원 또는 지원배제를 요구하는 경우이다. 예컨대, ① 대통령비서실장이 특정 기업으로부터 정부를 대신하여 대북송금을 하는 대신 금융지원을 해달라는 요청을 받고 국정원장과 경제수석비서관에게 특정 기업 지원을 강하게 요청한 경우,[56] ② 방위사업청 장비물자계약부장이 납품업체 우선적격자로 선정된 입찰자를 불러 일부 납품을 포기하도록 요청한 경우,[57] ③ 시장이 부하 공무원에게 환경청으로부터 사전환경성 검토의견을 통보받기도 전에 공장신설승인처분을 하도록 지시한 경우,[58] ④ 대통령비서실장이 문화예술계가 좌편향되어 있어 이에 대한 시정이 필요하다는 대통령의 뜻에 따라 수석비서관실과 문체부에 문화예술진흥기금 등 정부 지원을 신청한 개인·단

51 대판 2016. 11. 10, 2016도6299.
52 대판 2010. 1. 28, 2008도7312.
53 대판 2007. 6. 14, 2004도5561.
54 대판 2006. 12. 22, 2004도7356.
55 대판 2004. 5. 27, 2002도6251.
56 대판 2004. 11. 12, 2004도4044.
57 대판 2017. 11. 29, 2017도14194.
58 대판 2012. 11. 15, 2012도9052.

체의 이념적 성향이나 정치적 견해 등을 이유로 지원배제를 지시한 경우[59]에 직권남용을 인정하였다.

(2) 의무 없는 일

(가) 개념

본죄에서 '의무 없는 일을 하게 하는 때'란 사람으로 하여금 '법령상 의무 없는 일을 하게 한 때'를 의미하는 것으로 해석된다.[60] 28

따라서 공무원이 자신의 직무권한에 속하는 사항에 관하여 실무 담당자로 하여금 그 직무집행을 보조하는 사실행위를 하도록 하더라도 이는 공무원 자신의 직무집행으로 귀결될 뿐이므로 원칙적으로 '의무 없는 일을 하게 한 때'에 해당한다고 할 수 없다. 그러나 직무집행의 기준과 절차가 법령에 구체적으로 명시되어 있고, 실무 담당자에게도 직무집행의 기준을 적용하고 절차에 관여할 고유한 권한과 역할이 부여되어 있다면 실무 담당자로 하여금 그러한 기준과 절차에 위반하여 직무집행을 보조하게 한 경우에는 '의무 없는 일을 하게 한 때'에 해당한다.[61] 여기서 말하는 '의무'란 법률상 의무를 가리키고, 단순한 심리적 의무감 또는 도덕적 의무는 이에 해당하지 않는다.[62] 이때 실무 담당자에게 위와 같이 직무집행의 기준을 적용하고 절차에 관여할 고유한 권한과 역할이 부여되어 있는지 여부 및 공무원의 직권남용행위로 인하여 실무 담당자가 한 일이 '그러한 기준이나 절차를 위반하여 한 것으로서 법령상 의무 없는 일인지' 여부는 29

---

59 대판 2020. 1. 30, 2018도2236(전).

60 헌법재판소는 "'직권'이란 직무상 권한을, '남용'이란 함부로 쓰거나 본래의 목적으로부터 벗어나 부당하게 사용하는 것을 의미하는 것으로 문언상 이해되는데, 직권의 내용과 범위가 포괄적이고 광범위한 경우에도 그것이 곧바로 '직권'의 의미 자체의 불명확성을 뜻하는 것은 아니고, 법원은 직권남용의 의미에 대해 문언적 의미를 기초로 한 해석기준을 확립하고 있으며 여러 법률에서 이 사건 법률조항에서와 같은 의미로 '직권 남용' 또는 '권한 남용'과 같은 구성요건을 사용한 처벌규정을 두고 있을 뿐 아니라, 공무원이 직권을 남용하는 유형과 태양을 미리 구체적으로 규정하는 것은 입법기술상으로도 곤란하다. 또한 법률이 보호하고자 하는 것은 개인의 내면적, 심리적 차원에서의 자유가 아니라 법적인 의미에서의 자유이므로 이 사건 법률조항이 의미하는 '의무 없는 일'이란 '법규범이 의무로 규정하고 있지 않은 일'을 의미하는 것임은 문언 그 자체로 명백하다."고 판시하여, '직권을 남용하여 사람으로 하여금 의무 없는 일을 하게 하거나' 부분은 죄형법정주의의 명확성원칙에 위반되지 않는다고 하였다(헌재 2006. 7. 27, 2004헌바46).

61 대판 2011. 2. 10, 2010도13766; 대판 2020. 1. 9, 2019도11698(법무부 검찰국장의 검사 인사 관련사건); 대판 2021. 9. 9, 2021도2030; 대판 2021. 9. 16, 2021도2748.

62 대판 2009. 1. 30, 2008도6950; 대판 2021. 9. 9, 2021도2030; 대판 2021. 9. 16, 2021도2748.

관련 법령 등의 내용에 따라 개별적으로 판단하여야 한다.[63]

30 공무원이 한 행위가 직권남용에 해당한다고 하여 그러한 이유만으로 상대방이 한 일이 '의무 없는 일'에 해당한다고 인정할 수는 없다. '의무 없는 일'에 해당하는지는 직권을 남용하였는지와 별도로 상대방이 그러한 일을 할 법령상 의무가 있는지를 살펴 개별적으로 판단하여야 한다. 만약 공무원이 직권을 남용하여 사람으로 하여금 어떠한 일을 하게 한 때에 상대방이 공무원 또는 유관기관의 임직원인 경우에는, 그가 한 일이 형식과 내용 등에 있어 직무범위 내에 속하는 사항으로서 법령 그 밖의 관련 규정에 따라 직무수행 과정에서 준수하여야 할 원칙이나 기준, 절차 등을 위반하지 않는다면, 특별한 사정이 없는 한 법령상 의무 없는 일을 하게 한 때에 해당한다고 보기 어렵다.[64]

(나) 의무 없는 일의 형태

31 구체적으로는 첫째 법령을 위배하거나 법령상의 근거가 없는 행위를 하도록 한 경우가 있을 수 있고, 둘째 형식상 법령의 근거는 있으나 실질적으로는 법령상의 요건을 충족하지 못한 경우가 있을 수 있는데, 이 두 가지 모두 직권남용이 될 수 있다.

32 판례는 다음 사례에서는 직권남용으로 인하여 의무없는 일을 하게 한 것으로 인정하였다.

33 즉, ① 특별교부세는 지방교부세법령에 의하여 교부요건, 대상, 절차 등이 엄격히 법정되어 있는데, 특별교부세 교부대상이 아닌 특정 사찰의 증·개축사업을 지원하는 특별교부세 교부신청 및 교부결정을 하도록 하게 한 행위,[65] ② 교육공무원법 등에 위반하여 승진후보자명부상 승진대상이 될 수 없는 특정 교원을 적격후보자인 것처럼 추천하거나 높은 가점을 부여하는 방법 등으로 평정을 조정하여 승진대상자가 되도록 하는 경우,[66] ③ 수사에 관하여 일반적 직무권한을 가진 검사가 실제로는 개인적인 목적을 위하여 수용자를 소환하면서도 수사목적이라는 명분을 내세워 교도관에게 수용자에 대한 소환요구를 한 경

63 대판 2020. 1. 9, 2019도11698.
64 대판 2020. 1. 30, 2018도2236(전); 대판 2022. 4. 28, 2021도11012.
65 대판 2009. 1. 30, 2008도6950.
66 대판 2011. 2. 10, 2010도13766.

우,[67] ④ 대통령비서실장이 청와대의 지시에 따른 위법한 문화예술계 지원배제 명단의 집행에 소극적인 문체부장관의 측근들인 문체부 1급 공무원에게 사직서를 요구한 경우,[68] ⑤ 문체부 공무원이 예술위·영화진흥위원회(이하, 영진위라 한다.)·출판진흥원 직원들로 하여금 예술위원장, 예술위원에게 지원배제지시를 전달하는 행위, 지원배제 방침이 관철될 때까지 사업진행 절차를 중단하는 행위, 지시에 따라 지원금삭감 의안을 상정하는 행위(예술위·영진위·출판진흥원 직원들이 준수해야 하는 법령상 의무에 위배) 등을 한 경우,[69] ⑥ 대통령이 경제수석비서관과 공모하여 한류 확산·스포츠인재 양성 등 문화·스포츠 사업을 목적으로 하는 재단을 설립하기 위하여 전국경제인연합회(이하, 전경련이라 한다.) 소속 회원기업체들에게 금원을 출연하게 한 경우,[70] ⑦ 대통령 경제수석비서관이 특정재단 설립과 관련하여 전경련 임직원과 기업체 대표들에게 자금모집과 출연을 하도록 하고, 기업체의 납품계약·스포츠팀 창단·광고대행사 선정 등에 개입한 행위,[71] ⑧ 대통령비서실장이 전경련 상근부회장으로 하여금 정부 정책 및 지시에 동조하는 21개 특정 보수단체에 자금을 지급하도록 한 행위,[72] ⑨ 피고인이 국군기무사령부의 직무인 군 첩보 수집·작성 및 처리 등 명목으로 자신의 지휘·감독 아래 있는 소속 부대원들로 하여금 인터넷 공간에서 특정 정당과 정치인을 지지·찬양 또는 반대·비방하거나 대통령과 국가정책을 홍보하는 의견을 유포하도록 한 행위,[73] ⑩ 국군기무사령관이 북한군의 사이버 심리전에 대응한다는 명목으로 부대원들에게 온라인 여론조작 트위터 활동을 지시한 행위,[74] ⑪ 청와대 민정수석비서관이 국가정보원 국익정보국장과 공모하여 국정원 직원들로 하여금 청와대 특별감찰관, 평창동계올림픽 조직위원장에 대한 정보를 수집하고 보고서를 작성하도록 한 행위,[75] ⑫ 환경부장관이 환경부 산하 공공기관 기존 임

67 대판 2006. 5. 26, 2005도6966.
68 대판 2020. 1. 30, 2018도2236(전).
69 대판 2020. 1. 30, 2018도2236(전).
70 대판 2019. 8. 29, 2018도14303(전).
71 대판 2020. 6. 11, 2020도2883.
72 대판 2020. 10. 15, 2020도9144.
73 대판 2021. 9. 9, 2019도5371.
74 대판 2021. 9. 9, 2021도2030.
75 대판 2021. 9. 16, 2021도2748.

원들에게 사표제출을 요구하거나 환경부 공무원들에게 사표제출 요구를 하도록 한 행위,[76] ⑬ 보건복지부장관 겸 국민연금공단 기금운영위원회 위원장이 삼성물산의 주주인 국민연금공단이 삼성물산과 제일모직 사이의 합병결의에 찬성한 것과 관련하여, 보건복지부 공무원들이 위 공단 기금운영본부장에게 위 합병 안건이 투자위원회에서 의결되어야 한다며 기금운용의 독립성이 인정되는 위 공단의 개별 의결권 행사 사안에 개입하여 그 결정 방향을 구체적으로 지시하도록 지시·승인한 행위,[77] ⑭ 피고인이 서울지방경찰청장, 경찰청장으로 재임하던 중 소속 경찰관들에게 신분을 드러내지 않은 채 마치 일반 시민들이 인터넷상의 각종 이슈에 관하여 경찰 입장 또는 정부 정책을 옹호하는 의견을 제시하는 것처럼 인터넷 댓글 등을 달아 정부 정책 또는 경찰에 우호적인 여론을 조성하도록 지시하여 그 지시를 받은 경찰관들로 하여금 위와 같은 내용의 댓글을 작성하도록 한 행위[78]는 의무없는 일을 하게 한 것에 해당한다.

34 그러나 다음 사례에서는 직권남용으로 인하여 의무없는 일을 하게 한 것을 부정하였다.

35 즉, ① 법무부 검찰국장이 검사인사담당 검사로 하여금 부치지청에 근무하고 있던 경력검사를 다시 부치지청으로 전보시키는 인사안을 작성하게 한 사안에서, 검사에 대한 전보인사를 결정함에 있어서는 상당한 재량을 가지며 그 실무 담당자도 그 범위에서 일정한 권한과 역할이 부여되어 재량을 가진다고 볼

---

76 대판 2022. 1. 27, 2021도13541.

77 대판 2022. 4. 14, 2017도19635. 위 판결은 보건복지부장관의 위와 같은 직권남용행위로 인하여 위 공단 기금운용본부장인 A가 위 합병 안건을 전문위원회가 아닌 투자위원회에서 결정하겠다고 보고하고, 투자위원회 일부 위원들에게 찬성을 권유하며, 위 공단 직원 B에게 조작된 합병시너지 수치로 설명하도록 하여 찬성 의결을 유도하고, 위 B가 투자위원회 위원들에게 조작된 합병시너지 수치로 설명하여 찬성 의결을 유도한 것은 '의무 없는 일'에 해당한다고 인정한 원심 판단을 수긍하였다.

78 대판 2022. 6. 30, 2022도3744. 위 판결은 피고인의 위 여론대응 지시는 관련 법령과 직무집행의 형식 및 외관 등에 비추어 피고인의 일반적 직무권한 범위에 속하고, 경찰관들에게는 경찰관 신분을 숨긴 채 정부 정책 또는 경찰에 우호적인 여론 조성을 위한 댓글을 작성 및 게시할 의무가 없으므로, 피고인이 자신의 직무권한을 남용하여 경찰관들에게 위와 같이 의무 없는 일을 지시한 행위는 직권남용권리행사방해 행위에 해당하고, 피고인의 그에 관한 고의 및 위법성 인식도 인정된다고 판단한 원심의 판단을 수긍하였다. 아울러 공소사실 기재 댓글들 중 경찰관 신분을 숨기지 않은 채 작성 및 게시한 댓글들과 정부 정책 또는 경찰에 우호적인 여론 조성을 위한 내용으로 평가되지 아니하는 부분은 피고인이 경찰관들에게 의무 없는 일을 하게 한 것으로 평가되지 아니한다는 이유로 일부 무죄를 선고한 부분도 수긍하였다.

수 있는데, 부치지청에서 근무한 경력검사를 차기 전보인사에서 '배려'한다는 내용은 여러 인사기준 또는 다양한 고려사항들 중 하나로서 반드시 지켜야 할 일의적·절대적 기준이라거나 다른 것보다 일방적으로 우위에 있는 것이라고 할 수 없으므로 위 인사안은 재량의 범위 내로서 검사인사의 원칙과 기준에 반하는 것이라고 단정할 수 없어 인사담당 검사가 위 인사안을 작성한 것을 법령상 '의무 없는 일'을 한 것으로 볼 수는 없다고 판단하였다.[79] ② 성남시장인 피고인이 형을 정신병원에 입원시키기 위하여 분당보건소장에게 정신건강전문의가 작성한 피고인의 형에 대한 평가문건의 수정을 요구하게 하고, 수정된 평가문건에 정신건강센터장의 도장을 날인하여 오게 하고 정신건강전문의로 하여금 평가문건을 수정하게 한 행위는 피고인이 자신의 직무권한에 속하는 사항에 관하여 그 직무집행을 보조하는 사실행위를 하도록 한 것이거나 의무 없는 일을 하게 한 때에 해당하지 않는다고 판단하였다.[80] ③ 지방자치단체장이 승진후보자명부 방식에 의한 5급 공무원 승진임용 절차에서 미리 승진후보자명부상 후보자들 중에서 승진대상자를 실질적으로 결정한 다음 그 내용을 인사위원회 간사, 서기 등을 통해 인사위원회 위원들에게 '승진대상자 추천'이라는 명목으로 제시하여 인사위원회로 하여금 자신이 특정한 후보자들을 승진대상자로 의결하도록 유도하는 행위는, 인사위원회 사전심의 제도의 취지에 부합하지 않다는 점에서 바람직하지 않다고 볼 수 있지만, 그것만으로는 본죄의 구성요건인 '직권의 남용' 및 '의무 없는 일을 하게 한 경우'로 볼 수 없다고 판단하였다.[81] ④ 서울중앙지방법원 형사수석부장인 피고인이 재판업무와 관련하여 판결이유 수정 및 선고 시 구체적 구술내용 변경 등을 요청하는(산케이신문 전 서울지국장 사건) 등 재판에 관여한 행위는, 이에 대응한 담당재판장과 담당판사 등의 행위가 법령, 그 밖의 관련 규정에 따라 직무수행 과정에서 준수하여야 할 원칙이나 기준, 절차 등을 위반하였다고 보기 어려우므로 의무 없는 일을 하게 한 것으로 볼 수 없다고 판단하였다.[82]

---

79 대판 2020. 1. 9, 2019도11698.

80 대판 2020. 7. 16, 2019도13328(전).

81 대판 2020. 12. 10, 2019도17879. 본 판결 해설은 이상덕, "공무원 승진임용에 관한 임용권자의 재량과 직권남용죄의 관계", 해설 126, 법원도서관(2021), 533-564.

82 대판 2022. 4. 28, 2021도11012(원심 서울고판 2021. 2020노471).

(3) 권리행사 방해

(가) 권리의 개념

36 권리행사 방해에서의 권리는 법령상 인정되어 행사할 수 있는 권리를 말한다. 그런데 반드시 법률에 명기된 권리에 한하지 않고[83] 법령상 보호되어야 할 이익이면 충분하고, 공법상의 권리인지 사법상의 권리인지는 불문한다.[84]

(나) 권리행사의 방해

37 권리행사를 방해한다는 것은 법령상 행사할 수 있는 권리의 정당한 행사를 방해하는 것을 말하므로, 이에 해당하려면 구체화된 권리의 현실적인 행사가 방해되어야 한다.[85] 따라서 공무원의 직권남용이 있더라도 권리행사의 저해가 없으면 본죄의 기수를 인정할 수 없다.[86]

38 판례는 이러한 입장에서, ① 검사가 고발사건을 불기소결정하여 피고발인으로 하여금 처벌받게 하려는 고발인의 의도가 이루어질 수 없게 되었다고 하여 고발인의 권리행사를 방해하였다고는 볼 수 없고,[87] 마찬가지로 ② 경찰공무원이 재항고인의 진정사건을 내사종결함으로 인하여 피진정인으로 하여금 처벌을 받게 하려는 재항고인의 목적이 이루어질 수 없게 되었다 하더라도 그러한 사정만으로는 재항고인의 구체화된 권리의 행사가 현실로 방해되었다고 볼 수 없다[88]고 판시하였다.

39 또한 판례는, ③ 한국토지공사와의 협의에 의하여 지방산업단지 내의 폐기물처리장 부지에 관한 분양추첨절차에 참가할 수 있는 입주대상자를 심의·추천할 수 있는 권한을 가진 시장이 입주추천서를 의뢰받은 A 회사의 입주추천을 하지 않은 사례에서, 그러한 권한에 기하여 A 회사에 대하여 입주추천서를 발급할 것인지 여부는 시장의 재량에 속하는 사항으로서 A 회사에 대한 입주추천서 발급의뢰가 있다고 하여 당연히 입주추천서를 발급하여야 하는 것은 아니므로 특별한 사정이 없는 한 A 회사에게 입주추천서의 발급을 구할 수 있는 구체

83 最決 平成 1(1989). 3. 14. 刑集 43·3·283.
84 대판 2010. 1. 28, 2008도7312; 대판 2022. 4. 28, 2021도11012.
85 대결 1986. 6. 30, 86모12; 대판 2006. 2. 9, 2003도4599; 대판 2022. 4. 28, 2021도11012.
86 대판 1978. 10. 10, 75도2665.
87 대결 1986. 6. 30, 86모12.
88 대결 2005. 2. 1, 2004모542.

화된 법령상의 권리가 인정된다고 볼 수 없고, 결과적으로 A 회사가 그 분양추첨절차에 참가할 수 없게 되었다 하더라도 그러한 사정만으로는 A 회사의 구체화된 권리의 현실적인 행사가 방해되었다고 볼 수 없다고 판시하였다.[89]

그리고 ④ 서울중앙지방법원 형사수석부장인 피고인의 재판관여행위와 관련하여, 법관의 독립된 심판권한이나 재판장의 소송지휘권은 본죄의 '권리'에는 해당하지만, 각 담당재판장과 담당판사는 담당재판부의 논의, 합의를 거치거나 혹은 동료판사들의 의견을 구한 다음, 자신의 판단과 책임 아래 권한을 행사하였고, 피고인의 요청 등을 지시가 아닌 권유나 권고 등으로 받아들인 점 등에 비추어 보면, 피고인의 재판관여행위가 담당재판장, 담당판사의 권한 행사를 방해하였다고 볼 수 없다고 판시하였다.[90] 40

일본 판례 중에는 집달관이 화해조서의 내용에 반하여 '본직(本職)이 이를 점유·보관한다'는 허위 내용을 기재한 공시표찰을 토지 위에 세운 행위에 대하여 본죄의 성립을 인정한 것이 있다.[91] 이는 현실적인 권리행사의 방해를 요구하는 우리 판례와는 달리, 상대방이 권리를 행사할 수 없는 상황을 만든 것도 방해로 평가한 것으로 생각된다(이는 기수시기와도 관련됨). 41

(4) '권리행사 방해'와 '의무 없는 일을 하게 한 것'이 경합하는 경우

권리행사를 방해함으로 인한 본죄(①죄)와 의무 없는 일을 하게 함으로 인한 본죄(②죄)에 모두 해당되는 경우에는 어떻게 할 것인가 하는 문제가 있다. 42

예컨대 상급 경찰관이 직권을 남용하여 부하 경찰관들의 수사를 중단시키거나 사건을 다른 경찰관서로 이첩하게 한 경우, 일단 부하 경찰관들의 정당한 수사권 행사를 방해함으로써 본죄(①죄)에 해당하고, 아울러 부하 경찰관들로 하여금 수사를 중단하거나 사건을 다른 경찰관서로 이첩할 의무가 없음에도 불구하고 수사를 중단하거나 사건을 이첩하게 한 것은 의무 없는 일을 하게 한 것으로 본죄(②죄)가 될 수 있기 때문이다. 대법원은 이것은 하나의 사실을 각기 다른 측면에서 해석한 것에 불과한 것으로서, 권리행사를 방해함으로 인한 본죄와 의무없는 일을 하게 함으로 인한 본죄가 별개로 성립하는 것이라고 할 43

89 대판 2008. 12. 24, 2007도9287.
90 대판 2022. 4. 28, 2021도11012(원심 서울고판 2021. 8. 12, 2020노471).
91 最決 昭和 38(1963). 5. 13. 刑集 17·4·279.

수는 없다고 판단하였다. 따라서 위 두 가지 행위태양에 모두 해당하는 것으로 기소된 경우, '권리행사를 방해함으로 인한 본죄'만 성립하고, '의무 없는 일을 하게 함으로 인한 본죄'는 따로 성립하지 아니하는 것으로 보는 것이 상당하다고 보았다.[92]

44 그런데 위 두 가지 태양에 모두 해당하는 경우에 공소제기권자인 검사는 두 가지 중 어느 하나를 선택해서 기소할 수가 있다. 이는 하나의 행위가 부작위범인 직무유기죄와 작위범인 허위공문서작성죄 및 허위작성공문서행사죄의 구성요건을 동시에 충족하는 경우, 공소제기권자는 재량에 의하여 작위범을 공소제기하지 않고 부작위범인 직무유기죄로만 공소를 제기할 수 있는 것과 같은 논리다.[93] 이처럼 검사가 두 가지 행위태양에 모두 해당하는 사안에 대하여 재량에 따라 의무 없는 일을 하게 함으로 인한 본죄(②죄)로 공소를 제기할 수도 있는 것이므로, 이러한 경우 법원으로서는 그 공소범위 내에서 본죄(②죄)로 인정하여 처벌하는 것은 가능하다.[94]

4. 주관적 구성요건

45 (1) 행위자가 자신이 공무원이라는 점과 직권을 남용한다는 점, 타인으로 하여금 의무없는 일을 하게 하거나 타인의 권리행사를 방해한다는 점, 그로 인해 현실적인 권리행사방해의 결과가 발생할 수 있으리라는 점에 대한 인식과 의사가 구성요건적 고의이다.[95] 이처럼 객관적으로 직권남용의 기초가 되는 사실을 인식하고 있었으나 직권행사로서 적법하다고 생각한 경우에는 법률의 착오(위법성의 착오)로서 오인에 정당한 이유가 있는 때에 한하여 벌하지 아니한다(§ 16). 한편, 공무원이 자신의 직권행사에 관한 법령의 해석을 오해하여 직권행사가 실질적 위법성의 기초가 되는 사실을 인식하지 못한 경우에는 사실의 착오로서 고의가 조각된다.[96]

---

92 대판 2010. 1. 28, 2008도7312.
93 대판 2008. 2. 14, 2005도4202.
94 대판 2010. 1. 28, 2008도7312.
95 김일수·서보학, 640.
96 일본 판례 중에는 은급법(恩給法)의 해석에 관하여 의문이 있고, 2개의 해석이 있을 수 있는 경우에 그 중 하나를 따른 은급국장에 대하여 본죄의 성립을 부정한 것이 있다[東京高決 昭和 36(1961). 5. 8. 東高刑時報 12·5·69].

이와 관련하여 대법원은 교도소에서 접견업무를 담당하던 교도관이 접견신청에 대하여 구 행형법(법률 제3289호, 1980. 12. 22. 일부개정) 제18조 제2항[97] 소정의 '필요한 용무'가 있는 때에 해당하지 아니한다고 판단하여 그 접견신청을 거부하였다면, 위 교도관은 단지 접견신청거부행위의 위법성에 대한 인식이 없었던 것에 불과한 것이 아니라 애당초 직권남용에 대한 범의 자체가 없어 범죄를 구성하지 아니한다고 판시한 바 있다.[98] 46

(2) 범죄의 고의는 확정적 고의뿐만 아니라 결과 발생에 대한 인식이 있고 이를 용인하는 의사인 미필적 고의도 포함한다. 47

판례에 의하면, 피고인이 인신구속에 관한 직무를 집행하는 사법경찰관으로서 체포 당시 상황을 고려하여 경험칙에 비추어 현저하게 합리성을 잃지 않은 채 판단하면 체포요건이 충족되지 아니함을 충분히 알 수 있었는데도, 자신의 재량 범위를 벗어난다는 사실을 인식하고 그와 같은 결과를 용인한 채 사람을 체포하여 그 권리행사를 방해하였다면 직권남용체포죄와 본죄가 성립한다고 함으로써 미필적 고의에 의한 본죄의 성립을 인정하였다.[99] 48

Ⅲ. 기수시기

본죄의 기수시기와 관련하여 본죄는 권리행사가 현실적으로 방해받거나 의무 없는 일을 하게 된 경우에 기수에 이르며, 현실적인 국가기능의 침해가 있어야 하는 것은 아니라고 하는 추상적 위험범설이 통설이다.[100] 49

그러나 대법원은 강학상 위험범(위태범)이라는 문제와 행위객체로서의 범죄구성요건에 있어서의 행위에 결과가 있어야 그 요건이 충족된다는 것은 서로 다르기 때문에, 위험범이라는 이유를 들어 권리침해사실이 현실적으로 있을 필요가 없다고 할 수는 없다고 판단하였다.[101] 50

---

97 구 행형법 제18조(접견과 서신의 수발) ② 친족이외의 자와의 접견과 서신수발은 필요한 용무가 있을 때에 한한다.

98 대결 1993. 7. 26, 92모29.

99 대판 2017. 3. 9, 2013도16162.

100 김성돈, 775; 김일수·서보학, 639; 이재상·장동민·강영범, § 43/33; 주석형법 [각칙(1)](5판), 283 (한경환).

101 대판 1978. 10. 10, 75도2665.

51 이러한 논지에서 대법원은, ① 정보관계를 담당한 경찰관이 증거 수집을 위하여 정당 지구당 집행위원회에서 사용할 회의장소에 몰래 도청기를 마련해 놓았다가 회의 개최 전에 들켜 뜯기는 바람에 회의가 10분 연기된 사안에서, 주거침입죄만 성립하고 본죄는 성립되지 않는다고 판단하였다.[102] 마찬가지로 ② 정보통신부장관이 개인휴대통신사업자 선정과 관련하여 서류심사는 완결된 상태에서 청문심사의 배점과 관련하여 실무자에게 이미 공고된 방식을 변경하도록 지시한 것은 직권남용에 해당하지만, 그로 인하여 최종사업자로 선정되지 못한 사업자는 전기통신사업법상 사업자 선정은 아직 구체화된 권리라고 보기 어려우므로 권리행사의 방해라는 결과가 발생하지 아니하였다고 보았다.[103]

52 현실적인 침해가 발생하여야 한다는 대법원의 해석과 관련하여, 국가기능에 관하여는 추상적 위험범의 보호이므로 현실적으로 국가기능의 공정성이 침해되어야 하는 것은 아니지만, 구성요건행위 외에 권리행사의 현실적 장애라는 결과의 발생을 필요로 하는 결과범으로 설명하는 견해가 있다.[104]

53 본죄는 미수범에 대한 처벌규정이 없으므로 권리방해의 결과가 발생하지 않은 경우에는 처벌할 수 없다. 다만, 그 수단이 폭행·협박인 경우에는 강요죄의 미수범이 되는 경우는 있을 수 있다.[105]

Ⅳ. 특별법상의 직권남용죄

54 국가정보원법 제13조(직권 남용의 금지)는 원장·차장·기획조정실장 및 그 밖의 직원은 그 직권을 남용하여 법률에 따른 절차를 거치지 아니하고 사람을 체포 또는 감금하거나 다른 기관·단체 또는 사람으로 하여금 의무 없는 일을 하게 하거나 사람의 권리 행사를 방해하여서는 아니된다고 규정하고, 제22조(직권남용죄)의 처벌규정에서 제13조를 위반하여 사람을 체포 또는 감금하거나 다른 기관·단체 또는 사람으로 하여금 의무 없는 일을 하게 하거나 사람의 권리 행

102 대판 1978. 10. 10, 75도2665.
103 대판 2006. 2. 9, 2003도4599.
104 김성돈, 778; 김일수·서보학, 639.
105 주석형법 〔각칙(1)〕(5판), 283(한경환).

사를 방해한 사람은 7년 이하의 징역과 7년 이하의 자격정지에 처하고(§ 22①), 그 미수범은 처벌한다(§ 22②)고 규정하고 있다.[106]

국가정보원(이하, 국정원이라 한다.)은 정보기관으로서 수행하는 정보의 수집·작성·배포 등의 직무가 보안 유지의 필요성으로 은밀하게 이루어지는 특수성으로 인해 다른 국가기관의 감시나 견제 대상이 되기 어려운 측면이 있고, 직무의 원활한 수행을 위해 엄격한 상명하복의 지휘체계가 유지될 필요가 있는데, 그 권한이 남용될 경우 정치·경제·사회·문화 등 생활영역 전반에 걸쳐 국민의 기본권을 침해하고 국가기관의 정치적 중립에 대한 신뢰를 훼손할 위험이 크므로 국정원의 원장·차장·기획조정실장 및 그 밖의 직원이 자신에게 부여된 직무권한을 남용하여 다른 기관·단체의 권한이나 국민의 자유와 권리를 침해하는 것을 미연에 방지하기 위하여 형법상 직권남용죄보다 가중처벌규정을 마련한 것이다.[107] 55

이와 관련하여 국정원장, 2차장, 국익정보국장 등이 소속 직원들로 하여금 정부 정책에 반대하는 자치정책 등 야권 출신 지방자치단체장에 관한 동향을 살피고 이들에 대한 견제·제압방안을 마련하여 보고토록 지시하거나, 각종 선거와 관련하여 야권 등 정치권 관련 정보를 수집하고 이를 토대로 여당의 선거승리를 위한 대응 논리를 마련하도록 지시한 사례 등에 대하여, 대법원은 직권남용으로 인한 국가정보원법위반죄의 객체인 '사람'은 행위자와 공범자 이외의 모든 타인을 말하므로 행위자의 부하 공무원은 물론 기타 공무원도 거기에 포함될 수 있다고 판시하면서, 국정원 간부가 소속 직원들에게 직무권한을 벗어난 지시를 한 경우에도 국정원소속 직원들이 직권남용의 상대방이 될 수 있다고 보아 국가정보원법상의 직권남용죄의 성립을 인정하였다.[108] 56

106 이 규정은 1994. 1. 5. 법률 제4708호로 구 국가안전기획부법(1999. 1. 21. 국가정보원법으로 명칭 변경)이 개정되면서 신설되었다[직권 남용의 금지(구 § 11①), 직권남용죄(구 § 19①)].

107 대판 2021. 3. 11, 2020도12583.

108 대판 2021. 3. 11, 2020도12583.

V. 공 범

57 공무원이 아닌 사람이 공무원과 공모하여 본죄의 공동정범이 될수 있는가에 대하여, 대법원은 제30조의 공동정범은 공동가공의 의사와 그 공동의사에 기한 기능적 행위지배를 통한 범죄의 실행이라는 주관적·객관적 요건을 충족함으로써 성립하는데, 공모자 중 일부가 구성요건행위 중 일부를 직접 분담하여 실행하지 않는 경우라고 할지라도 전체 범죄에 있어서 그가 차지하는 지위, 역할이나 범죄 경과에 대한 지배 내지 장악력 등을 종합해 볼 때, 단순히 공모자에 그치는 것이 아니라 범죄에 대한 본질적 기여를 통한 기능적 행위지배가 존재하는 것으로 인정된다면 이른바 공모공동정범으로서의 죄책을 면할 수 없는 것이고, 이러한 법리는 공무원이 아닌 사람이 공무원과 공모하여 본죄를 범한 경우에도 마찬가지라고 할 것이라면서 성립을 인정하고 있다.[109]

VI. 죄수 및 다른 죄와의 관계

1. 죄 수

58 본죄의 객체인 상대방이 여러 명인 때에는 원칙적으로 본죄도 복수로 성립한다. 그러나 본죄는 국가기능의 공정한 행사라는 국가적 법익을 보호하는 데 주된 목적이 있으므로, 공무원이 동일한 사안에 관한 일련의 직무집행 과정에서 단일하고 계속된 범의로 일정 기간 계속하여 저지른 직권남용행위에 대하여는 설령 그 상대방이 여러 명이더라도 포괄일죄가 성립할 수 있다. 다만, 개별 사안에서 포괄일죄의 성립 여부는 직무집행 대상의 동일 여부, 범행의 태양과 동기, 각 범행 사이의 시간적 간격, 범의의 단절이나 갱신 여부 등을 세밀하게 살펴 판단하여야 한다.[110]

109 대판 2010. 1. 28, 2008도7312.
110 대판 2021. 9. 9, 2021도2030. 직권남용으로 인한 국가정보원법위반죄의 경우에도 마찬가지이다(대판 2021. 3. 11, 2020도12583).

2. 강요죄와의 관계

본죄의 성격과 관련하여 앞서 살펴본 바와 같이 공무원이 직권남용으로 폭 59
행·협박을 사용한 경우에 법조경합으로 본죄만 성립한다는 견해도 있으나, 본죄와 강요죄(§ 324①)의 상상적 경합이 된다(다수설)[111]고 할 것이다. 그리고 강요죄만 성립한다는 견해[112]도 있으나, 본죄(5년 이하 징역, 10년 이하 자격정지 또는 1천만 원 이하 벌금)가 강요죄(5년 이하 징역 또는 3천만 원 이하 벌금)보다 더 무거우므로 타당하지 않다. 대법원 판례도 상상적 경합관계로 보고 있다.[113]

3. 뇌물수수죄와의 관계

공무원이 직무관련자에게 제3자와 계약을 체결하도록 요구하여 그 계약 체 60
결을 하게 한 행위가 제3자뇌물수수죄(§ 130)와 본죄의 각 구성요건에 모두 해당하는 경우에는, 두 죄가 모두 성립하고 상상적 경합관계가 된다.[114]

또한 판례는 시장이 특별한 반려사유가 없는 건설업체의 건축허가신청에 61
대하여 층수를 줄이라는 등의 이유로 결재를 반려하고 그 후 직원을 통하여 기부금을 요구하여 기부금을 납부하자 건축허가를 내준 사안에서, 본죄와 함께 기부금품모집규제법위반죄[115] 모두가 성립하고, 두 죄는 상상적 경합관계라고 보았다.[116]

4. 업무상배임죄와의 관계

대통령 경제수석비서관이 한국산업은행 총재에게 위법·부당하게 특정 기 62
업에 대한 대출지시를 한 경우, 위 은행 총재와의 관계에서 본죄가 성립한다. 나아가 위 총재의 한국산업은행에 대한 업무상배임죄(§ 356, § 355②)의 공동정범이 성립하고, 두 죄는 상상적 경합관계에 있다.[117]

---

111 김성돈, 778; 김일수·서보학, 640; 이재상·장영민·강동범, § 43/28; 정성근·박광민, 724.
112 오영근, 690.
113 대판 2019. 8. 29, 2018도14303(전).
114 대판 2017. 3. 15, 2016도19659.
115 기부금품모집규제법은 2006년 9월 25일 기부금품의 모집 및 사용에 관한 법률로 명칭이 변경되었다.
116 대판 2007. 2. 22, 2006도3339.
117 대판 2004. 3. 26, 2003도7878.

5. 허위공문서작성죄와의 관계

63 경찰공무원이 직권을 남용하여 수사를 빙자하여 허위명령서를 발부하여 타인에게 의무 없는 일을 하게 한 경우, 본죄 외에 허위공문서작성죄(§ 227)가 성립한다.[118]

6. 직권남용체포죄와의 관계

64 인신구속에 관한 직무를 집행하는 사법경찰관이 현저하게 합리성을 잃지 않은 채 판단하면 현행범체포 요건이 충족되지 아니함을 알 수 있었는데도 자신의 재량 범위를 벗어난다는 사실을 인식하고 그와 같은 결과를 용인한 채 사람을 체포하여 권리행사를 방해한 경우, 직권남용체포죄(§ 124①)와 본죄가 모두 성립하고, 두 죄는 상상적 경합관계에 있게 된다.

Ⅶ. 처 벌

65 5년 이하의 징역, 10년 이하의 자격정지 또는 1천만 원 이하의 벌금에 처한다.

〔김 현 철〕

118 대판 1955. 10. 18, 4288형상266.

제124조(불법체포, 불법감금)

① 재판, 검찰, 경찰 기타 인신구속에 관한 직무를 행하는 자 또는 이를 보조하는 자가 그 직권을 남용하여 사람을 체포 또는 감금한 때에는 7년 이하의 징역과 10년 이하의 자격정지에 처한다.

② 전항의 미수범은 처벌한다.

Ⅰ. 취 지

1. 의의 및 성격

(1) 의의

1 본죄[직권남용(체포·감금)죄]는 재판, 검찰, 경찰 기타 인신구속에 관한 직무를 행하는 자 또는 이를 보조하는 자가 그 직권을 남용하여 사람을 체포 또는 감금함으로써 성립하는 범죄이다. 이는 헌법상 보장된 신체의 자유가 인신구속에 관한 직무를 행하는 공무원에 의하여 침해되는 것을 방지하기 위하여 특별히 마련된 규정으로서, 공무원의 직무에 관한 죄 중에서 유일하게 미수범을 처벌하는 규정(§ 124②)을 두고 있다.

(2) 성격

2 본죄의 성격에 관하여, 일반인의 체포·감금죄(§ 276①)와의 관계를 어떻게 보느냐에 따라서 진정신분범설과 부진정신분범설로 나누어져 있다.

(가) 진정신분범설

3 본죄는 구속에 관한 국가기능의 공정을 보호하는 데 중점을 둔 특수직무범죄로서 체포·감금죄와는 성질을 달리한다는 견해이다.[1]

(나) 부진정신분범설

4 체포·감금죄와 다른 구성요건은 동일하고 특수신분을 가진 자를 주체로 하는 점만 다르므로 특수신분으로 인해 체포·감금죄의 형이 가중되는 가중적 구성요건으로 보는 견해이다.[2]

(다) 검토

5 두 설의 차이는 공범으로 가담한 신분 없는 사람에 대한 처리이다. 본죄를 부진정신분범으로 본다면(부진정신분범설), 인신구속에 관한 직무를 행하는 공무원의 신분을 가지지 아니하는 일반인이 그러한 신분 있는 사람의 체포·감금행위에 가담했을 때 제33조 단서가 적용되어 일반인의 경우에는 체포·감금죄의 공범이 성립하게 된다. 본죄를 진정신분범으로 본다면(진정신분범설), 일반인이 신분 있는 사람의 체포·감금행위에 가담했을 때는 제33조 본문이 적용되어 그 일반인의 경우에도 본죄의 공범이 성립하게 된다.[3]

6 생각건대 본죄는 그 보호법익이 구속에 관한 국가기능의 공정성을 보호하는 데 중점을 둔 것인 반면, 체포·감금죄는 개인의 자유와 안전을 보호법익으로 하는 것으로 그 성질을 달리한다고 볼 수 있고, 신분 없는 사람의 가담행위에 대하여도 신분이 없는 사람이 그 사정을 알면서 신분 있는 사람의 부당한 체포·감금행위에 가담했을 때 체포·감금죄로 가볍게 처벌하기 보다는 제33조 본문에 의하여 본죄의 공범으로 처벌하는 것이 논리적으로 타당하다는 점에 비추어, 진정신분범설이 타당하다고 본다.

1 손동권·김재윤, 새로운 형법각론, § 48/28; 이재상·장영민·강동범, 형법각론(12판), § 43/34; 이정원·류석준, 형법각론, 721; 정성근·박광민, 형법각론(전정3판), 727; 정성근·정준섭, 형법강의 각론(2판), 543.

2 김성돈, 형법각론(7판), 779; 김신규, 형법각론 강의, 835; 김일수·서보학, 새로쓴 형법각론(9판), 641; 박상기, 형법각론(8판), 635; 배종대, 형법각론(13판), § 154/7; 오영근, 형법각론(6판), 707; 이형국·김혜경, 형법각론(2판), 789; 임웅, 형법각론(10정판), 915; 정웅석·최창호, 형법각론, 32; 최호진, 형법각론, 909; 한상훈·안성조, 형법개론(3판), 726.

3 주석형법 〔각칙(1)〕(5판), 291(이상주).

2. 보호법익

본죄의 보호법익에 대하여, 다수설은 형사사법의 공정성 내지 적법성, 즉 국가기능의 공정한 행사라는 측면과 신체의 자유를 모두 보호법익으로 하는 것으로 보고 있다.[4] 다만 국가기능의 공정한 행사와 신체의 자유와의 관계에서 어느 부분에 중점을 두느냐에 대하여는 다소 차이가 있기는 하지만, 대체로 주된 보호법익은 인신구속에 관한 국가기능의 공정한 행사이고, 부차적인 보호법익은 개인의 신체활동의 자유라고 보는 견해가 다수의 견해로 보인다.[5] 7

이처럼 본죄의 보호법익을 인신구속에 관한 국가기능의 공정한 행사로 보는 견해에 대하여, 이는 수단을 목적으로 잘못보고 있는 것이라고 지적하면서 국민의 인권을 보호법익으로 보아야 한다는 견해도 있다.[6] 또한, 본죄의 성격을 특수직무범죄로서 진정신분범으로 보는 견해를 취하는 입장 중에는 구속에 관한 국가기능의 공정을 보호하는 데 중점을 둔 것으로만 설명하는 견해도 있다.[7] 8

대법원은 본죄의 성격을 강제처분의 남용으로부터 신체의 자유 등 국민의 기본권을 보장하기 위한 수단으로서 헌법 제12조 제3항의 영장주의를 관철하기 위한 것으로 보고 있다.[8] 9

보호의 정도에 대해서는 추상적 위험범이라는 견해도 있으나,[9] 불법체포· 10

---

4 이형국·김혜경, 789; 진계호·이존걸, 형법각론(6판), 823; 주석형법 [각칙(1)](5판), 290(이상주).

5 김성돈, 779; 김일수·서보학, 641; 박찬걸, 형법각론, 795; 오영근, 707; 정성근·박광민, 727.

6 배종대, § 154/7.

7 이재상·장영민·강동범, § 43/34.

8 대결 2018. 5. 2, 2015모3243. 수사기관이 영장주의를 배제하는 위헌적 법령에 따라 영장 없는 체포·구금을 한 경우에도 불법체포·감금의 직무범죄가 인정되는 경우에 준하는 것으로 보아 형사소송법 제420 제7호의 재심사유가 있는지 여부에 대하여 대법원은, "수사기관이 영장주의에 어긋나는 체포·구금을 하여 불법체포·감금의 직무범죄를 범하는 상황은 일반적으로 영장주의에 관한 합헌적 법령을 따르지 아니한 경우에 문제된다. 이와 달리 영장주의를 배제하는 위헌적 법령이 시행되고 있는 동안 수사기관이 그 법령에 따라 영장 없는 체포·구금을 하였다면 법체계상 그러한 행위를 곧바로 직무범죄로 평가하기는 어렵다. 그러나 이러한 경우에도 영장주의를 배제하는 법령 자체가 위헌이라면 결국 헌법상 영장주의에 위반하여 영장 없는 체포·구금을 한 것이고 그로 인한 국민의 기본권 침해 결과는 수사기관이 직무범죄를 저지른 경우와 다르지 않다. 즉, 수사기관이 영장주의를 배제하는 위헌적 법령에 따라 체포·구금을 한 경우 비록 그것이 형식상 존재하는 당시의 법령에 따른 행위라고 하더라도 그 법령 자체가 위헌이라면 결과적으로 그 수사에 기초한 공소제기에 따른 유죄의 확정판결에는 수사기관이 형법 제124조의 불법체포·감금죄를 범한 경우와 마찬가지의 중대한 하자가 있다고 보아야 한다."고 판시하였다.

9 김성돈, 779; 정영일, 형법각론, 658.

감금으로 인하여 인신구속에 관한 국가기능의 공정한 행사가 침해되었다고 할 수 있는 점에 비추어 침해범이라고 할 것이다.[10]

Ⅱ. 주 체

11 본죄의 주체는 재판·검찰·경찰 기타 인신구속에 관한 직무를 행하는 자 또는 이를 보조하는 자이다.

1. 재판에 관한 직무

(1) 판사

12 재판과 관련하여 인신구속을 행하는 자는 먼저 판사를 들 수 있다. 인신구속은 통상 형사재판에서 형사소송법의 절차에 따라 이루어지므로 형사재판을 담당하는 판사를 상정할 수 있으나 형사재판에 국한된 것은 아니고 민사재판을 담당하는 판사도 해당할 수 있다. 왜냐하면 그 행위가 사람에 대한 체포 또는 감금하는 직무를 행하는 경우를 상정하고 있는데, 민사재판의 경우도 법원이 정당한 이유 없이 출석하지 아니한 증인에 대하여 감치하거나(민소 § 311②), 구인을 명할 수 있기(민소 § 312①)[11] 때문에 체포 또는 감금하는 직무에 종사한다고 볼 수 있다.

13 형사재판이나 민사재판뿐만 아니라 행정소송에 관한 재판을 담당하는 판사,[12]

---

10 박찬걸, 795; 오영근, 707; 이정원·류석준, 721; 주석형법 〔각칙(1)〕(5판), 303(이상주).

11 민사소송법 제311조(증인이 출석하지 아니한 경우의 과태료 등) ① 증인이 정당한 사유 없이 출석하지 아니한 때에 법원은 결정으로 증인에게 이로 말미암은 소송비용을 부담하도록 명하고 500만원 이하의 과태료에 처한다.
② 법원은 증인이 제1항의 규정에 따른 과태료의 재판을 받고도 정당한 사유 없이 다시 출석하지 아니한 때에는 결정으로 증인을 7일 이내의 감치(監置)에 처한다.
③ 법원은 감치재판기일에 증인을 소환하여 제2항의 정당한 사유가 있는지 여부를 심리하여야 한다.
④ 감치에 처하는 재판은 그 재판을 한 법원의 재판장의 명령에 따라 법원공무원 또는 국가경찰공무원이 경찰서유치장·교도소 또는 구치소에 유치함으로써 집행한다.
제312조(출석하지 아니한 증인의 구인) ① 법원은 정당한 사유 없이 출석하지 아니한 증인을 구인(拘引)하도록 명할 수 있다.
② 제1항의 구인에는 형사소송법의 구인에 관한 규정을 준용한다.

12 행정소송법 제8조(법적용예) ② 행정소송에 관하여 이 법에 특별한 규정이 없는 사항에 대하여는 법원조직법과 민사소송법 및 민사집행법의 규정을 준용한다.

가정법원 판사,[13] 소년부 판사[14]도 구인을 명할 수 있으므로 체포 또는 감금하는 직무에 종사하는 자로 볼 수 있다.

한편 법원조직법 제58조 제1항[15]에 의해 법정의 질서유지와 관련하여 재판 14
장이 질서유지에 필요한 명령을 발할 수 있고, 법원조직법 제61조 제1항[16]에서 법원은 직권으로 소란행위 등으로 심리를 방해하거나 재판의 위신을 현저히 훼손한 사람에게 20일 이내의 감치에 처하거나 100만원 이하의 과태료를 부과할 수 있으므로, 이러한 질서유지권 내지 감치권한을 행사할 수 있는 판사는 모두 본죄의 주체가 될 수 있다.

헌법재판소 재판관도 마찬가지로 법원조직법 제58조부터 제63조까지의 규 15
정을 준용하고 있으므로[17] 경우에 따라서는 인신구속에 관한 직무를 수행하는 자에 해당될 수 있다.[18]

---

13 가사소송법 제12조(적용 법률) 가사소송 절차에 관하여는 이 법에 특별한 규정이 있는 경우를 제외하고는 「민사소송법」에 따른다.

14 소년법 제13조(소환 및 동행영장) ② 사건 본인이나 보호자가 정당한 이유 없이 소환에 응하지 아니하면 소년부 판사는 동행영장을 발부할 수 있다.
제14조(긴급동행영장) 소년부 판사는 사건 본인을 보호하기 위하여 긴급조치가 필요하다고 인정하면 제13조제1항에 따른 소환 없이 동행영장을 발부할 수 있다.

15 법원조직법 제58조(법정의 질서유지) ② 재판장은 법정의 존엄과 질서를 해칠 우려가 있는 사람의 입정(入廷) 금지 또는 퇴정(退廷)을 명할 수 있고, 그 밖에 법정의 질서유지에 필요한 명령을 할 수 있다.

16 법원조직법 제61조(감치 등) ① 법원은 직권으로 법정 내외에서 제58조제2항의 명령 또는 제59조를 위반하는 행위를 하거나 폭언, 소란 등의 행위로 법원의 심리를 방해하거나 재판의 위신을 현저하게 훼손한 사람에 대하여 결정으로 20일 이내의 감치(監置)에 처하거나 100만원 이하의 과태료를 부과할 수 있다. 이 경우 감치와 과태료는 병과(倂科)할 수 있다.
② 법원은 제1항의 감치를 위하여 법원직원, 교도관 또는 국가경찰공무원으로 하여금 즉시 행위자를 구속하게 할 수 있으며, 구속한 때부터 24시간 이내에 감치에 처하는 재판을 하여야 하고, 이를 하지 아니하면 즉시 석방을 명하여야 한다.
③ 감치는 경찰서유치장, 교도소 또는 구치소에 유치(留置)함으로써 집행한다.

17 헌법재판소법 제35조(심판의 지휘와 법정경찰권) ① 재판장은 심판정의 질서와 변론의 지휘 및 평의의 정리(廷吏)를 담당한다.
② 헌법재판소 심판정의 질서유지와 용어의 사용에 관하여는 「법원조직법」 제58조부터 제63조까지의 규정을 준용한다.
헌법재판소법 제40조(준용규정) ① 헌법재판소의 심판절차에 관하여는 이 법에 특별한 규정이 있는 경우를 제외하고는 헌법재판의 성질에 반하지 아니하는 한도에서 민사소송에 관한 법령을 준용한다. 이 경우 탄핵심판의 경우에는 형사소송에 관한 법령을 준용하고, 권한쟁의심판 및 헌법소원심판의 경우에는 「행정소송법」을 함께 준용한다.

18 주석형법 [각칙(1)](5판), 293(이상주).

(2) 직무보조자

16 형사소송법 제81조[19]에 의하여 급속을 요하는 구속영장의 집행을 위하여 재판장, 수명법관 또는 수탁판사의 지휘를 받아 업무를 수행하는 법원사무관 또는 법원사무관 등으로부터 구속영장 집행의 보조를 요구받은 사법경찰관리, 교도관 또는 법원경위가 인신구속에 관한 재판에 관한 직무를 보조하는 자의 지위에 해당할 수 있다.

17 또한 민사소송법 제311조 제4항에 따른 감치에 처하는 재판절차에 관련하여 재판장의 명을 받은 법원직원, 교도관 또는 경찰관이 재판에 관한 직무를 보조하는 경우, 인신구속에 관한 판사의 업무를 보조하는 자에 해당한다.[20]

2. 검찰에 관한 직무

18 인신구속에 관한 직무를 행하는 자로서 검찰업무에 종사하는 자는 먼저 형사소송법상 인신구속 업무를 담당하는 검사를 들 수 있다. 그러나 검사 외에도 검찰청법 제32조[21]에 의하여 검사직무대리로 임명된 사법연수생, 검찰수사서기관 또는 검찰사무관, 수사사무관 또는 마약수사사무관은 검사의 직무를 대리할 수 있으므로 검찰업무에 종사하는 자로서 본죄의 주체가 될 수 있다.

19 그 밖에 검찰청에서 검사의 지휘를 받아 인신구속에 관한 직무를 수행하는 검찰직원은 검찰청법 제45조, 제46조[22]에 의하여 검사의 인신구속에 관한 업무

---

19 형사소송법 제81조(구속영장의 집행) ① 구속영장은 검사의 지휘에 의하여 사법경찰관리가 집행한다. 단, 급속을 요하는 경우에는 재판장, 수명법관 또는 수탁판사가 그 집행을 지휘할 수 있다.
② 제1항 단서의 경우에는 법원사무관등에게 그 집행을 명할 수 있다. 이 경우에 법원사무관등은 그 집행에 관하여 필요한 때에는 사법경찰관리·교도관 또는 법원경위에게 보조를 요구할 수 있으며 관할구역 외에서도 집행할 수 있다.

20 주석형법 [각칙(1)](5판), 294(이상주).

21 검찰청법 제32조(검사의 직무대리) ① 검찰총장은 사법연수원장이 요청하면 사법연수생으로 하여금 일정 기간 지방검찰청 또는 지청 검사의 직무를 대리할 것을 명할 수 있다.
② 검찰총장은 필요하다고 인정하면 검찰수사서기관, 검찰사무관, 수사사무관 또는 마약수사사무관으로 하여금 지방검찰청 또는 지청 검사의 직무를 대리하게 할 수 있다.

22 검찰청법 제45조(검찰청 직원) 검찰청에는 고위공무원단에 속하는 일반직공무원, 검찰부이사관, 검찰수사서기관, 검찰사무관, 수사사무관, 마약수사사무관, 검찰주사, 마약수사주사, 검찰주사보, 마약수사주사보, 검찰서기, 마약수사서기, 검찰서기보, 마약수사서기보 및 별정직공무원을 둔다.
제46조(검찰수사서기관 등의 직무) ① 검찰수사서기관, 검찰사무관, 검찰주사, 마약수사주사, 검찰주사보, 마약수사주사보, 검찰서기 및 마약수사서기는 다음 각 호의 사무에 종사한다.
1. 검사의 명을 받은 수사에 관한 사무

를 보조하는 자에 해당한다고 볼 수 있다.

다만 어느 범위까지를 검찰업무에 종사하는 자로 판단하고 어떤 범위까지 20
를 보조자로 볼 것인가 하는 문제가 있으나, 자신의 책임과 권한으로 인신구속에 관한 결정을 할 수 있는 지위에 있으면 검찰업무에 종사하는 자로 볼 수 있고, 그렇지 않은 검찰직원은 그 보조자로 보는 것이 합리적이라고 할 것이다.[23]

3. 경찰에 관한 직무

경찰에 관한 직무를 행하는 자는 일반적으로 형사소송법 제197조 제1항[24] 21
에서 규정한 수사관, 경무관, 총경, 경정, 경감, 경위로서 수사를 담당하는 사법경찰관과 동조 제2항에서 수사의 보조를 담당하도록 하고 있는 경사, 경장, 순경을 말한다. 통상은 자신의 책임과 권한으로 인신구속에 관한 결정을 할 수 있는 사법경찰관을 경찰업무에 종사하는 자, 사법경찰관을 보조하는 사법경찰리를 보조자로 볼 수 있다.[25]

4. 기타 인신구속에 관한 직무

(1) 공수처 검사 및 수사관의 문제

2021년 1월 1일부터 고위공직자범죄수사처 설치 및 운영에 관한 법률이 시 22
행됨에 따라 기존의 검찰제도와는 독립된 형태로 수사 및 기소를 담당하는 조직이 신설되었다. 고위공직자범죄수사처(이하, 공수처라 한다.) 검사와 수사관은 그 기능면에서는 검찰청법하에서의 검사 및 검찰수사관과 유사하므로 본죄의 주체가 된다는 것은 의문의 여지가 없다. 다만, 공수처 검사와 수사관을 검찰에 관한 직무에 종사하는 자로 볼 것인가 아니면 기타 인신 구속에 관한 직무를 수

---

② 검찰수사서기관, 수사사무관 및 마약수사사무관은 검사를 보좌하며 그 지휘를 받아 범죄수사를 한다.

③ 검찰서기, 마약수사서기, 검찰서기보 및 마약수사서기보는 검찰수사서기관, 검찰사무관, 수사사무관, 마약수사사무관, 검찰주사, 마약수사주사, 검찰주사보 또는 마약수사주사보를 보좌한다.

23 주석형법 [각칙(1)](5판), 295(이상주).

24 형사소송법 제197조(사법경찰관리) ① 경무관, 총경, 경정, 경감, 경위는 사법경찰관으로서 범죄의 혐의가 있다고 사료하는 때에는 범인, 범죄사실과 증거를 수사한다.

② 경사, 경장, 순경은 사법경찰리로서 수사의 보조를 하여야 한다.

25 김일수·서보학, 641.

행하는자로 볼 것인지에 대하여는 견해가 다를 수 있다. '검찰에 관한 직무'를 검찰청법에 의한 검찰의 직무로 보지 않고 광의로 해석할 경우 공수처 검사 및 수사관도 포함할 수 있으나, 광의로 해석하여야 할 법적 근거가 빈약하고, 오히려 공수처의 법적 성격에 대하여 검찰청으로부터 독립된 별도의 행정조직으로서 소속과 운영에서도 독립성을 가진다고 해석하는 것이 바람직하다는 면에서, 공수처 검사 및 수사관은 '기타 인신구속에 관한 직무를 수행하는 자'로 보는 것이 타당하다.

(2) 기타 인신구속에 관한 직무를 수행하는 자

23 기타 인신구속에 관한 직무를 행하는 자 또는 이를 보조하는 자로는 형사소송법 제245조의10에 규정된 특별사법경찰관리를 들 수 있다. 형사소송법 제245조의10은 "삼림, 해사, 전매, 세무, 군수사기관, 그 밖에 특별한 사항에 관하여 사법경찰관리의 직무를 행할 특별사법경찰관리와 그 직무의 범위는 법률로 정한다."고 규정하고 있다. 특별사법경찰관리의 직무범위를 정한 사법경찰관리의 직무를 행할 자와 그 직무범위에 관한 법률(이하, 사법경찰직무법이라 한다.) 제3조는 특정한 직무를 담당하는 공무원에게 자동적으로 사법경찰관의 직무권한을 부여하고 있는 경우를, 제4조는 특정한 직무에 종사하는 자로서 소속기관장이 관할 지방검찰청검사장에게 보고한 경우에 사법경찰관리의 직무를 부여하는 경우를, 제5조는 소속관서의 장이 제청하여 관할 지방검찰청검사장이 지명한 자가 사법경찰관리의 직무를 행하는 경우를 각 규정하고 있다.

24 ① 사법경찰직무법 제3조에 의하여 당연히 사법경찰권한이 부여되는 경우로는, 첫째로, 교도소등 각 구금기관의 장에 해당하는 경우를 들 수 있다. 교도소·소년교도소, 구치소 또는 그 지소의 장은 해당 교도소·소년교도소·구치소 또는 그 지소 안에서 발생하는 범죄에 관하여 형사소송법 제197조 제1항에 따른 사법경찰관의 직무를 수행한다(§ 3①).

25 둘째, 소년원 또는 그 분원(分院)의 장이나 소년분류심사원 또는 그 지원의 장은 각각 해당 소년원 또는 그 분원이나 소년분류심사원 또는 그 지원 안에서 발생하는 범죄에 관하여 사법경찰관의 직무를 수행한다(§ 3②).

26 셋째, 보호감호소·치료감호시설 또는 그 지소의 장은 해당 감호소·치료감호시설 또는 그 지소 안에서 발생하는 범죄에 관하여 사법경찰관의 직무를 수

행한다(§ 3③).

넷째, 형의 집행 및 수용자의 처우에 관한 법률 제8조에 따른 교정시설 순회 점검 업무에 종사하는 4급부터 7급까지의 국가공무원은 교정시설 안에서 발생하는 범죄에 관하여 사법경찰관의 직무를, 8급·9급의 국가공무원은 그 범죄에 관하여 형사소송법 제197조 제2항에 따른 사법경찰리의 직무를 수행한다(§ 3④). 27

다섯째, 출입국관리 업무에 종사하는 4급부터 7급까지의 국가공무원은 출입국관리에 관한 범죄 및 그와 경합범관계에 있는 제2편 제20장 문서에 관한 죄, 제21장 인장에 관한 죄에 해당하는 범죄, 출입국관리에 관한 범죄와 경합범관계에 있는 여권법, 밀항단속법위반의 죄에 관하여 사법경찰관의 직무를, 8급·9급의 국가공무원은 그 범죄에 관하여 사법경찰리의 직무를 수행한다(§ 3⑤). 28

② 사법경찰직무법 제4조에 의하여 소속기관장이 관할검찰청검사장에게 보고한 경우에 사법경찰관리의 직무를 행할 수 있는 경우로는, 산림보호에 종사하는 공무원을 들 수 있다. 즉, 산림청과 그 소속 기관(산림항공관리소는 제외한다.), 특별시·광역시·특별자치시·도·특별자치도 및 시·군·구에서 산림 보호를 위한 단속 사무를 전담할 자로서 그 소속 기관의 장이 관할 지방검찰청검사장에게 보고한 임업주사 및 임업주사보는 사법경찰관의 직무를, 임업서기 및 임업서기보는 사법경찰리의 직무를 수행한다(§ 4). 29

③ 사법경찰직무법 제5조에 의하여 그 근무지를 관할하는 지방검찰청 검사장의 지명에 의하여 지명한 공무원 중에서 7급 이상은 사법경찰관의 직무를 행하고, 8, 9급은 사법경찰리의 직무를 행하는 경우가 있다(§ 5). 이 유형에 해당하는 특별사법경찰관리는 사법경찰직무법 제5조에 각종 정부부처와 위원회 소속 4급부터 9급까지의 공무원 중에서 관할 지방검찰청 검사장의 지명에 의하여 사법경찰권한을 부여받도록 규정되어 있다. 30

한편 집행관이 본죄의 주체에 포함될 수 있는지 여부에 대하여, 판례는 집행관이 채무자를 집행관실에 감금하고 몸을 수색하여 소지 중인 수표를 빼앗은 행위에 대하여 집행관도 본죄의 주체에 해당할 수 있다고 판시한[26] 바 있으나, 통설[27]은 집행관은 본죄의 주체인 특별공무원에 해당하지 않는다고 한다. 또한, 31

26 대판 1969. 6. 24, 68도1218.
27 김성돈, 779; 김일수·서보학, 642; 이재상·장영민·강동범, § 43/35; 정성근·박광민, 728; 정영

현행범인을 체포한 사인(私人) 같은 사실상의 보조자는 본죄의 주체가 될 수 없다는 것이 통설이다.[28]

Ⅲ. 행 위

1. 직권남용

32 본죄의 행위는 직권을 남용하여 사람을 체포·감금하는 것이다. 따라서 직권과 관계없이 사람을 체포하거나 감금하는 경우에는 단순히 제276조의 체포·감금죄가 성립할 뿐이다.

33 직권을 남용하는 주체는 앞에서 본 바와 같이 재판, 검찰, 경찰 기타 인신구속에 관한 직무를 행하는 자 또는 이를 보조하는 자가 그의 일반적 권한에 속하는 사항을 불법으로 행사하는 것을 말한다. 특별사법경찰관리의 직무범위는 법률로 정해지므로 인신구속에 관한 권한이 없는 특별사법경찰관리가 자신의 직무범위를 넘어서 사람을 체포·감금하는 경우에도 체포·감금죄가 성립한다.[29] 직권남용의 의미는 앞서 살펴본 123조의 일반공무원의 직권남용권리행사방해죄에서의 직권남용 개념과 대체로 동일하다.[30]

2. 체포·감금

34 체포·감금의 의미는 체포·감금죄에서의 그것과 같다. 즉 체포란 사람의 신체에 현실적인 구속을 가하여 행동의 자유를 빼앗는 것을 말하며,[31] 감금이란 사람을 일정한 장소 밖으로 나가지 못하게 하는 것이다.[32]

일, 658; 주석형법 〔각칙(1)〕(5판), 297(이상주).

28 김성돈, 779; 이재상·장영민·강동범, § 43/35; 정성근·박광민, 728; 주석형법 〔각칙(1)〕(5판), 297(이상주).

29 주석형법 〔각칙(1)〕(5판), 298(이상주).

30 김일수·서보학, 642; 이형국·김혜경, 790; 주석형법 〔각칙(1)〕(5판), 298(이상주).

31 대판 2018. 2. 28, 2017도21249. 「제276조 제1항의 체포죄에서 말하는 '체포'는 사람의 신체에 대하여 직접적이고 현실적인 구속을 가하여 신체활동의 자유를 박탈하는 행위를 의미하는 것으로서 그 수단과 방법을 불문한다.」

32 대판 1998. 5. 26, 98도1036. 「감금죄는 사람의 행동의 자유를 그 보호법익으로 하여 사람이 특정한 구역에서 벗어나는 것을 불가능하게 하거나 또는 매우 곤란하게 하는 죄로서 그 본질은 사람의 행동의 자유를 구속하는 데에 있다. 이와 같이 행동의 자유를 구속하는 수단과 방법에는

체포와 감금의 방법은 유형력을 행사하는 것이든 무형력의 행사에 의한 것이든 묻지 아니한다.[33] 예를 들면, 내용허위의 영장을 보여주면서 신체의 자유를 구속하는 경우에도 성립한다. 또한, 작위에 의한 것뿐만 아니라 마땅히 체포와 감금을 해제하여야 함에도 이를 하지 아니하는 방법과 같은 부작위에 의한 것도 인정된다. 수사기관의 영장주의에 어긋나는 체포·구금이 불법체포·감금이 될 수 있음[34]은 물론이고, 법원으로부터 적법한 영장을 발부받았다고 하더라도 적법절차에 따라 집행하지 않으면 본죄가 성립할 수 있다.[35] 35

(1) 불법체포 사례

판례에 의하여 불법체포로 인정된 사례는 다음과 같은 사례들이 있다.[36] 36

(가) 임의동행 형식으로 강제연행한 경우

① 경찰관들이 새벽 06:00경 피고인의 집 앞에서 약 10시간 잠복근무를 한 끝에 새벽에 집으로 귀가하는 피고인을 발견하고 4명이 한꺼번에 차에서 내려 피고인에게 다가가 현장에서 긴급체포하려 하였으나 피의사실을 완강히 부인하자 경찰서로 임의동행을 요구하면서 차에 태워 경찰서로 데리고 간 후 화장실 갈 때에도 경찰관 1명이 감시를 하게 한 경우, 사실상의 강제연행, 즉 불법체포로 판단하였다.[37] 37

아무런 제한이 없고, 사람이 특정한 구역에서 벗어나는 것을 불가능하게 하거나 매우 곤란하게 하는 장애는 물리적·유형적 장애뿐만 아니라 심리적·무형적 장애에 의하여서도 가능하므로 감금죄의 수단과 방법은 유형적인 것이거나 무형적인 것이거나를 가리지 아니한다. 또한 감금죄가 성립하기 위하여 반드시 사람의 행동의 자유를 전면적으로 박탈할 필요는 없고, 감금된 특정한 구역 범위 안에서 일정한 생활의 자유가 허용되어 있었다고 하더라도 유형적이거나 무형적인 수단과 방법에 의하여 사람이 특정한 구역에서 벗어나는 것을 불가능하게 하거나 매우 곤란하게 한 이상 감금죄의 성립에는 아무런 지장이 없다.」

33 대결 1991. 12. 30, 91모5.

34 대결 2020. 3. 12, 2017모560(자발적인 의사에 따라 수사기관에 동행된 다음 구속영장이 집행되기 전까지 10일 간 불법 체포·감금된 상태에서 조사를 받은 경우, 본죄가 성립한다고 한 사례).

35 대결 2018. 5. 2, 2015모3243; 대판 2009. 10. 22, 2009도7436.

36 다만 이러한 사례들은 본죄로 기소된 사안이 아니며, 관련사건에서 사법경찰관의 체포가 불법하게 되었다는 것을 선언한 것에 불과하므로 본죄가 성립하기 위한 직권남용 및 고의까지 입증된 사안은 아니라는 것에 유의할 필요가 있다.

37 대판 2006. 7. 6, 2005도6810. 「형사소송법 제199조 제1항은 "수사에 관하여 그 목적을 달성하기 위하여 필요한 조사를 할 수 있다. 다만, 강제처분은 이 법률에 특별한 규정이 있는 경우에 한하며, 필요한 최소한도의 범위 안에서만 하여야 한다."고 규정하여 임의수사의 원칙을 명시하고 있는바, 수사관이 수사과정에서 당사자의 동의를 받는 형식으로 피의자를 수사관서 등에 동행하는 것은, 상대방의 신체의 자유가 현실적으로 제한되어 실질적으로 체포와 유사한 상태에

38 또한, ② 경찰관 4명이 유흥주점에서 성매매가 이루어진다는 제보를 받고, 유흥주점 앞에서 잠복근무를 하다가 유흥주점 종업원과 손님이 여관으로 들어가는 것을 확인하고 여관업주의 협조를 얻어 22:45경 여관방문을 열고 들어가 성매매 현행범으로 체포한다고 고지하였으나 두 사람이 성행위를 하고 있는 상태도 아니었고, 화장지나 콘돔 등 성행위 관련 증거가 없자, 현행범체포를 하지 아니하고 수사관서로 동행해 줄 것을 요구하여, 경찰서 화장실에 갈 때에도 경찰관이 감시를 하게 한 경우 강제연행, 즉 불법체포로 판단하였다.[38]

(나) 현행범체포의 요건 흠결로 불법체포를 인정한 사례

39 ① 피고인이 경찰관의 불심검문을 받아 운전면허증을 교부한 후 경찰관에게 큰 소리로 욕설을 하였는데, 경찰관이 모욕죄의 현행범으로 체포하겠다고 고지한 후 피고인의 오른쪽 어깨를 붙잡자 반항하면서 경찰관에게 상해를 가한 사안에서, 피고인은 경찰관의 불심검문에 응하여 이미 운전면허증을 교부한 상태이고, 경찰관뿐 아니라 인근 주민도 욕설을 직접 들었으므로, 피고인이 도망하거나 증거를 인멸할 염려가 있다고 보기는 어렵고, 피고인의 모욕 범행은 불심검문에 항의하는 과정에서 저지른 일시적·우발적인 행위로서 사안 자체가 경미할 뿐 아니라, 피해자인 경찰관이 범행현장에서 즉시 범인을 체포할 급박한 사정이 있다고 보기도 어려우므로, 경찰관이 피고인을 체포한 행위는 적법한 공무집행이라고 볼 수 없고, 피고인이 체포를 면하려고 반항하는 과정에서 상해를 가한 것은 불법체포로 인한 신체에 대한 현재의 부당한 침해에서 벗어나기 위

놓이게 됨에도, 영장에 의하지 아니하고 그 밖에 강제성을 띤 동행을 억제할 방법도 없어서 제도적으로는 물론 현실적으로도 임의성이 보장되지 않을 뿐만 아니라, 아직 정식의 체포·구속단계 이전이라는 이유로 상대방에게 헌법 및 형사소송법이 체포·구속된 피의자에게 부여하는 각종의 권리보장 장치가 제공되지 않는 등 형사소송법의 원리에 반하는 결과를 초래할 가능성이 크므로, 수사관이 동행에 앞서 피의자에게 동행을 거부할 수 있음을 알려 주었거나 동행한 피의자가 언제든지 자유로이 동행과정에서 이탈 또는 동행장소로부터 퇴거할 수 있었음이 인정되는 등 오로지 피의자의 자발적인 의사에 의하여 수사관서 등에의 동행이 이루어졌음이 객관적인 사정에 의하여 명백하게 입증된 경우에 한하여, 그 적법성이 인정되는 것으로 봄이 상당하다. 형사소송법 제200조 제1항에 의하여 검사 또는 사법경찰관이 피의자에 대하여 임의적 출석을 요구할 수는 있겠으나, 그 경우에도 수사관이 단순히 출석을 요구함에 그치지 않고 일정 장소로의 동행을 요구하여 실행한다면 위에서 본 법리가 적용되어야 할 것이고, 한편 행정경찰 목적의 경찰활동으로 행하여지는 경찰관직무집행법 제3조 제2항 소정의 질문을 위한 동행요구도 형사소송법의 규율을 받는 수사로 이어지는 경우에는 역시 위에서 본 법리가 적용되어야 할 것이다.」

38 대판 2011. 6. 30, 2009도6717.

한 행위로서 정당방위에 해당한다고 하였다.[39]

또한, ② 시위 현장에서 변호사인 피해자가 변호사 신분증을 손에 든 채 변 40
호사임을 밝히면서 체포된 시위참가자의 변호인이 되려는 자로서 정당하게 접견을 요청하는 과정에서 경찰관과 몸싸움이 시작되었으나 피해자가 별다른 유형력을 행사하지 않았음에도 피해자를 현행범인으로 체포한 행위는, 비록 외형상으로는 경찰의 직무집행 범위에 속한다고 하더라도 실질은 피해자가 경찰의 체포·호송에 관한 공무집행을 방해한 현행범인이라고 볼 수 없는 점 등에 비추어 현행범인 체포의 요건을 갖추지 못한 것이므로 불법체포에 해당한다고 하였다.[40]

(다) 긴급체포의 요건 흠결로 불법체포를 인정한 사례

도로교통법위반 피의사건에서 기소유예처분을 받은 재항고인이 그 후 혐의 41
없음을 주장함과 동시에 수사경찰관의 처벌을 요구하는 진정서를 검찰청에 제출함으로써 이루어진 진정사건을 담당한 검사가, 재항고인에 대한 위 피의사건을 재기한 후 담당검사인 자신의 교체를 요구하고자 부장검사 부속실에서 대기하고 있던 재항고인을 위 도로교통법위반죄로 긴급체포하여 감금한 경우, 그 긴급체포는 형사소송법이 규정하는 긴급체포의 요건을 갖추지 못한 것으로서 당시의 상황과 경험칙에 비추어 현저히 합리성을 잃은 위법한 체포에 해당한다고 하였다.[41]

(라) 미란다원칙 미고지의 경우 불법체포를 인정한 사례

체포의 이유와 변호인 선임권의 고지 등 적법한 절차를 무시한 채 이루어진 42
강제연행은 불법체포에 해당한다.[42] 대법원은 경찰관들이 체포영장을 소지하고 필

---

39 대판 2011. 5. 26, 2011도3682.

40 대판 2017. 3. 9, 2013도16162. 본 판결 평석은 이완형, "변호인 접견교통권의 주체와 행사의 한계", 김신 대법관 재임기념 논문집, 사법발전재단(2018), 445-477.

41 대결 2003. 3. 27, 2002모81.

42 대판 2013. 3. 14, 2010도2094. 대법원은 불법체포가 있은 이후에 피고인의 동의하에 혈액측정이 있었다고 하더라도 이를 증거로 쓸 수 없다고 판시하였다. 즉, "위법한 강제연행 상태에서 호흡측정 방법에 의한 음주측정을 한 다음 강제연행 상태로부터 시간적·장소적으로 단절되었다고 볼 수도 없고 피의자의 심적 상태 또한 강제연행 상태로부터 완전히 벗어났다고 볼 수 없는 상황에서 피의자가 호흡측정 결과에 대한 탄핵을 하기 위하여 스스로 혈액채취 방법에 의한 측정을 할 것을 요구하여 혈액채취가 이루어졌다고 하더라도 그 사이에 위법한 체포 상태에 의한 영향이 완전하게 배제되고 피의자의 의사결정의 자유가 확실하게 보장되었다고 볼 만한 다른 사정이 개입되지 않은 이상 불법체포와 증거수집 사이의 인과관계가 단절된 것으로 볼 수는 없다. 따라서 그러한 혈액채취에 의한 측정 결과 역시 유죄 인정의 증거로 쓸 수 없다고 보아야 한다. 그리고 이는 수사기관이 위법한 체포 상태를 이용하여 증거를 수집하는 등의 행위를 효과적으로 억지하기 위한 것이므로, 피고인이나 변호인이 이를 증거로 함에 동의하였다고 하여도 달리 볼

로폰 투약 등 혐의로 피고인을 체포하려고 하자 피고인이 이에 거세게 저항하는 과정에서 경찰관들에게 상해를 가한 사안에서, "사법경찰관 등이 체포영장을 소지하고 피의자를 체포하기 위해서는 체포영장을 피의자에게 제시하고(형소 §200조의6, §85①), 피의사실의 요지, 체포의 이유와 변호인을 선임할 수 있음을 말하고 변명할 기회를 주어야 한다(형소 §200조의5). 이와 같은 체포영장의 제시나 고지 등은 체포를 위한 실력행사에 들어가기 이전에 미리 하여야 하는 것이 원칙이다. 그러나 달아나는 피의자를 쫓아가 붙들거나 폭력으로 대항하는 피의자를 실력으로 제압하는 경우에는 붙들거나 제압하는 과정에서 하거나, 그것이 여의치 않은 경우에는 일단 붙들거나 제압한 후에 지체 없이 하여야 한다. 제136조가 규정하는 공무집행방해죄는 공무원의 직무집행이 적법한 경우에 한하여 성립한다. 이때 적법한 공무집행은 그 행위가 공무원의 추상적 권한에 속할 뿐 아니라 구체적 직무집행에 관한 법률상 요건과 방식을 갖춘 경우를 가리킨다. 경찰관이 적법절차를 준수하지 않은 채 실력으로 피의자를 체포하려고 하였다면 적법한 공무집행이라고 할 수 없다. 그리고 경찰관의 체포행위가 적법한 공무집행을 벗어나 불법하게 체포한 것으로 볼 수밖에 없다면, 피의자가 그 체포를 면하려고 반항하는 과정에서 경찰관에게 상해를 가한 것은 불법체포로 인한 신체에 대한 현재의 부당한 침해에서 벗어나기 위한 행위로서 정당방위에 해당하여 위법성이 조각된다."고 판시하였다.[43]

(2) 불법감금 사례

(가) 임의동행하여 구금한 사례

43 경찰관이 국가보안법위반사범 수사를 함에 있어 대상자를 임의로 경찰서로 연행한 후 5일이 지나서 구속영장을 발부받은 사안에서, 수사기관이 피의자를 수사하는 과정에서 구속영장 없이 피의자를 함부로 구금하여 피의자의 신체의 자유를 박탈하였다면 직권을 남용한 불법감금의 죄책을 면할 수 없고, 수사의 필요상 피의자를 임의동행한 경우에도 조사 후 귀가시키지 아니하고 그의 의사에 반하여 경찰서 조사실 또는 보호실 등에 계속 유치함으로써 신체의 자유를 속박하였다면 이는 구금에 해당한다고 보았다.[44]

것은 아니다"고 판시하였다.

43 대판 2017. 9. 21, 2017도10866.

44 대결 1985. 7. 29, 85모16; 대판 2015. 9. 10, 2012도9879.

(나) 조사를 이유로 82시간 경찰서에 머무르게 한 사례

경찰관이 피의자를 82시간 경찰서 사무실, 형사피의자 대기실에 있게 하면 44
서 그 시간 신병처리품신과 영장신청을 위하여 대기하게 하고, 직장동료들과 어울려 식사도 하게 하고, 사무실 내외를 자유로이 통행하였으며 또한 며칠이 걸려서 조사를 받아도 좋으니 철저히 조사해 억울함을 없도록 해 달라고 피의자가 요청하였다고 하더라도, 이는 공정한 조사를 강조한 것이지 경찰서 안에 머물러 있을 것을 요구한 취지로 볼 수 없고, 감금죄에 있어서의 감금행위는 사람으로 하여금 일정한 장소 밖으로 나가지 못하도록 하여 신체의 자유를 제한하는 행위를 가리키는 것이고, 그 방법은 반드시 물리적, 유형적 장애를 사용하는 경우뿐만 아니라 심리적, 무형적 장애에 의하는 경우도 포함되는 것인바, 설사 재항고인이 경찰서 안에서 판시와 같이 식사도 하고 사무실 안팎을 내왕하였다 하여도 재항고인을 경찰서 밖으로 나가지 못하도록 그 신체의 자유를 제한하는 유형·무형의 억압이 있었다면 이는 바로 감금행위에 해당한다.[45]

(다) 즉결심판 피의자를 경찰서 보호실에 강제유치한 사례

즉결심판 대상자의 귀가요청을 거절한 채 경찰서 보호실 직원에게 신병을 45
인도하고 다음 날 즉결심판법정이 열릴 때까지 피해자를 경찰서 보호실에 강제유치시키려고 함으로써 피해자를 즉결피의자 대기실에 10~20분 동안 있게 하고, 이로 인해 피해자를 보호실에 밀어 넣으려 하는 과정에서 치료일수 미상의 상해를 입게 한 사안에서, 형사소송법이나 경찰관 직무집행법 등의 법률에 정하여진 구금 또는 보호유치 요건에 의하지 아니하고는 즉결심판 피의자라는 사유만으로 피의자를 구금·유치할 수 있는 아무런 법률상 근거가 없고, 경찰 업무상 그러한 관행이나 지침이 있었다 하더라도 이로써 원칙적으로 금지되어 있는 인신구속을 행할 수 있는 근거로 할 수 없으므로, 제124조 제1항의 불법감금죄에 해당하고, 이로 인하여 피의자를 보호실에 밀어 넣으려는 과정에서 상해를 입게 하였다면 특정범죄 가중처벌 등에 관한 법률(이하, 특정범죄가중법이라 한다.) 제4조의2 제1항 위반죄에 해당한다.[46]

45 대결 1991. 12. 30, 91모5.
46 대판 1997. 6. 13, 97도877.

(라) 허위작성 서류로 구속영장을 발부받은 경우 직권남용감금죄의 간접정범을 인정한 사례

46 상해죄만으로는 구속되기 어려운 피의자에 대하여, 피의자에게 유리한 수사자료는 누락시키고 사문서위조·동행사·신용카드대금 편취 및 4,000만 원 상당의 PC방 갈취혐의가 인정된다는 허위내용 범죄인지보고서를 작성하여 구속영장을 신청하여 구속영장에 의하여 구금한 사안에서, 감금죄는 간접정범의 형태로도 행하여질 수 있는 것이므로, 인신구속에 관한 직무를 행하는 자 또는 이를 보조하는 자가 피해자를 구속하기 위하여 진술조서 등을 허위로 작성한 후 이를 기록에 첨부하여 구속영장을 신청하고, 진술조서 등이 허위로 작성된 정을 모르는 검사와 영장전담판사를 기망하여 구속영장을 발부받은 후 그 영장에 의하여 피해자를 구금하였다면 본조 제1항의 직권남용감금죄가 성립한다[47]고 하였다.

Ⅳ. 고 의

47 본죄는 고의범이므로 자신이 재판, 검찰, 경찰 기타 인신구속에 관한 직무를 행하는 자 또는 이를 보조하는 자에 해당한다는 인식, 사람을 체포·감금한다는 인식, 직권을 남용하여 이루어지는 행위라는 인식이 필요하다.[48] 본죄의 고의는 미필적 고의로도 충분하다.

48 판례는 "현행범인 체포의 요건을 갖추었는지에 관한 검사나 사법경찰관 등의 판단에는 상당한 재량의 여지가 있으나, 체포 당시 상황으로 보아도 요건 충족 여부에 관한 검사나 사법경찰관 등의 판단이 경험칙에 비추어 현저히 합리성을 잃은 경우 그 체포는 위법하다. 그리고 범죄의 고의는 확정적 고의뿐만 아니라 결과 발생에 대한 인식이 있고 이를 용인하는 의사인 이른바 미필적 고의도 포함하므로, 피고인이 인신구속에 관한 직무를 집행하는 사법경찰관으로서 체포 당시 상황을 고려하여 경험칙에 비추어 현저하게 합리성을 잃지 않은 채 판단하면 체포요건이 충족되지 아니함을 충분히 알 수 있었는데도, 자신의 재량

47 대판 2006. 5. 25, 2003도3945. 본 판결 평석은 윤병철, "인신구속에 관한 직무를 행하는 자 또는 이를 보조하는 자가 피해자를 구속하기 위하여 진술조서 등을 허위로 작성한 후 검사와 영장전담판사를 기망하여 구속영장을 발부받아 피해자를 구금한 행위가 직권남용감금죄를 구성하는지 여부", 형사재판의 제문제(6권), 고현철 대법관 퇴임기념 논문집, 박영사(2009), 124-141.

48 주석형법 [각칙(1)](5판), 301(이상주).

범위를 벗어난다는 사실을 인식하고 그와 같은 결과를 용인한 채 사람을 체포하여 권리행사를 방해하였다면, 직권남용체포죄와 직권남용권리행사방해죄가 성립한다"고 하였다.

V. 실행의 착수 및 기수시기

1. 실행의 착수시기

본죄의 실행의 착수는 행위자가 체포·감금의 고의로 타인의 잠재적 신체활동의 자유를 침해하는 행위를 개시한 때이고,[49] 피해자가 실제 자유박탈사실을 알고 있을 필요는 없다.[50] 49

2. 기수시기

체포·감금행위의 기수시기는 본죄를 침해범으로 보는 다수설에 의하면, 행위객체의 신체활동의 자유에 대한 객관적인 침해상태가 존재할 때 기수에 이르게 된다.[51] 또한, 본죄는 계속범으로서 체포·감금의 행위에 확실히 사람의 신체의 자유를 구속한다고 인정할 수 있을 정도의 시간적 계속이 있어야 기수가 된다.[52] 따라서 그 정도에 이르지 않고 시간적으로 일시적인 체포·감금인 경우에는 본죄의 미수죄가 성립한다. 그리고 체포·감금상태가 계속되는 동안은 범죄가 완료되지 않는다.[53] 50

VI. 위법성

체포·감금죄의 경우와는 달리 본죄는 피해자의 승낙이 있더라도 위법성이 조각되지 아니한다. 본죄의 주된 보호법익이 형사사법의 공정성 및 국가기능의 51

49 대판 2018. 2. 28, 2017도21149(일반 체포죄).
50 김일수·서보학, 642.
51 김일수·서보학, 642; 박상기, 635; 오영근, 709; 임웅, 916.
52 대판 2020. 3. 27, 2016도18713(일반 체포죄).
53 김일수·서보학, 642; 오영근, 709.

적정한 행사이기 때문에 피해자의 승낙의 대상이 되지 않으며, 개인의 신체의 자유는 부차적인 보호법익이기 때문이다.[54]

52 　한편 본죄가 성립되는 경우에 이에 저항하기 위하여 공무원에게 폭행이나 상해를 가하는 경우에는 불법체포로 인한 신체의 현재의 부당한 침해를 벗어나기 위한 행위로서 정당방위가 성립될 수 있다. 즉 판례는 경찰관이 현행범인 체포 요건을 갖추지 못하였음에도 실력으로 현행범인을 체포하려고 한 경우 적법한 공무집행이라 할 수 없고, 현행범인 체포를 면하려고 반항하는 과정에서 경찰관에게 상해를 가하였다고 하더라도 불법체포로 인한 신체의 현재의 부당한 침해를 벗어나기 위한 행위로서 정당방위에 해당하여 위법성이 조각된다고 한다.[55]

Ⅶ. 다른 죄와의 관계

1. 특정범죄가중처벌등에관한법률위반(체포·감금)죄와의 관계

53 　본죄를 범하여 사람을 상해에 이르게 하거나 사망에 이르게 한 경우에는 특정범죄가중법 제4조의2에서 가중처벌하도록 규정하고 있다.[56] 이는 본죄의 결과적 가중범에 대한 특별법상의 처벌규정이다.[57]

54 　대법원은 즉결심판에 회부된 사실을 모르고 경찰서에 갔다가 담당자에게 집에 돌아갔다가 그 다음 날 법정출석하여 재판받겠다고 하였으나 피해자를 붙잡아 즉결피의자 대기실의 보호실에 밀어 넣어 유치하려 하였으나 피해자가 보호실에 들어가지 않으려고 양팔을 뿌리치면서 대항하자 즉결피의자 대기실에

---

54 김성돈, 780; 박상기, 637; 오영근, 708; 주석형법 〔각칙(1)〕(5판), 303(이상주).

55 대판 2011. 5. 26, 2011도3682; 대판 2017. 9. 21, 2017도10866.

56 특정범죄가중법 제4조의2(체포·감금 등의 가중처벌) ①「형법」제124조·제125조에 규정된 죄를 범하여 사람을 상해에 이르게 한 경우에는 1년 이상의 유기징역에 처한다.
②「형법」제124조·제125조에 규정된 죄를 범하여 사람을 사망에 이르게 한 경우에는 무기 또는 3년 이상의 징역에 처한다.

57 일본에서는 특별법이 아니라 형법에 결과적 가중범 처벌규정을 두고 있다. 즉, 일본형법 제196조(특별공무원직권남용등치사상)는 "전2조(특별공무원직권남용·특별공무원폭행능욕가학)의 죄를 범함으로써 사람을 사상케 한 자는 상해의 죄와 비교하여 무거운 형으로 처벌한다."고 규정하고 있다.

10-20분 있게 한 경우, 본조 제1항의 불법감금죄에 해당하고, 이로 인하여 상해를 입게 하였다면 특정범죄가중법위반(감금)죄가 성립한다고 판시하였다.[58]

2. 직권남용권리행사방해죄와의 관계

경찰이 파업 중이던 노동조합원을 접견하려는 변호사를 공무집행방해의 현 55
행범으로 체포한 사안에서, 대법원은 체포요건이 충족되지 아니함을 충분히 알 수 있었는데도 자신의 재량 범위를 벗어난다는 사실을 인식하고 그와 같은 결과를 용인한 채 사람을 체포하여 그 권리행사를 방해하였다면, 직권남용체포죄와 직권남용권리행사방해죄(§ 123)가 각 성립하고, 두 죄는 상상적 경합관계라고 판시하였다.[59]

Ⅷ. 처 벌

1년 이하의 징역이나 금고 또는 3년 이하의 자격정지에 처한다(§ 124①). 56

본죄의 미수범은 처벌한다(§ 124②). 57

〔김 현 철〕

58 대판 1997. 6. 13, 97도877.

59 대판 2017. 3. 9, 2013도16162. 이에 대하여 본죄와 직권남용권리행사방해죄는 특별 대 일반의 관계에 있으므로 본죄만이 성립된다는 견해(오영근, 709)도 있다.

第125條(폭행, 가혹행위)
재판, 검찰, 경찰 그 밖에 인신구속에 관한 직무를 수행하는 자 또는 이를 보조하는 자가 그 직무를 수행하면서 형사피의자나 그 밖의 사람에 대하여 폭행 또는 가혹행위를 한 경우에는 5년 이하의 징역과 10년 이하의 자격정지에 처한다.
〔전문개정 2020. 12. 8.〕

구 조문
第125條(폭행, 가혹행위) 재판, 검찰, 경찰 기타 인신구속에 관한 직무를 행하는 자 또는 이를 보조하는 자가 그 직무를 행함에 당하여 형사피의자 또는 기타 사람에 대하여 폭행 또는 가혹한 행위를 가한 때에는 5년 이하의 징역과 10년 이하의 자격정지에 처한다.

Ⅰ. 취 지

1. 의의 및 성격

1 본죄[독직(폭행·가혹행위)죄]는 재판, 검찰, 경찰 그 밖에 인신구속에 관한 직무를 수행하는 자 또는 이를 보조하는 자가 그 직무를 수행하면서 형사피의자나 그 밖의 사람에 대하여 폭행 또는 가혹행위를 가한 때에 성립하는 범죄이다. 본죄는 인신구속에 관한 직무를 수행하는 공무원의 폭행·가혹행위를 처벌함으로써 헌법 제12조 제2항의 고문을 받지 아니할 권리가 실현되도록 보장하

고 있다.

본죄의 기본성격에 대하여 다음과 같이 견해가 나누어져 있다. 2

(1) 진정신분범설

본죄에 대하여 주된 보호기능이 국가기능의 공정이라는 점에서 특수한 신분을 가진 사람만이 본죄의 주체가 될 수 있는 진정신분범으로 보는 견해이다.[1] 3

(2) 부진정신분범설

본죄는 신분 없는 사람의 일반 폭행죄에 비하여 특정한 신분 있는 사람에 대하여 가중처벌하는 부진정신분범으로 보는 견해이다.[2] 4

(3) 검토

제124조의 직권남용체포·감금죄와 마찬가지로 부진정신분범설이 다수설의 견해이나, 사견으로는 본죄의 주된 보호기능이 국가기능의 공정이라는 점에서 신체의 자유를 보호법익으로 하는 일반 폭행죄의 보호법익과는 차이가 있고, 특수한 신분을 가진 사람에 대하여 처벌하는 진정신분범으로 볼 수 있다고 생각한다. 5

2. 보호법익

본죄의 보호법익에 대하여는 다양한 견해들이 있으나 크게 네 가지로 나누어 볼 수 있다. 6

첫째, 본죄의 보호법익을 수사와 인신구속에 관한 국가기능의 공정한 행사로만 보는 견해가 있다.[3] 둘째, 본죄의 보호법익을 인신구속에 관한 형사사법의 공정성과 적법성 및 개인의 신체적 안전을 모두 보호법익으로 보는 견해가 있다.[4] 이 견해가 현재의 다수설이다. 셋째, 인신구속에 관한 국가기능의 공정한 행사가 주된 보호법익이나 개인의 신체의 건재성을 부차적인 보호법익으로 보는 견해가 있다.[5] 넷째 본죄의 보호법익은 국민의 인권만을 보호법익으로 보거나,[6] 7

1 정성근·박광민, 형법각론(전정3판), 729; 정성근·정준섭, 형법강의 각론(2판), 544.
2 김성돈, 형법각론(7판), 780; 김일수·서보학, 새로쓴 형법각론(9판), 644; 배종대, 형법각론(13판), § 154/10; 오영근, 형법각론(6판), 709.
3 정영일, 형법강의 각론(3판), 432.
4 김일수·서보학, 644; 오영근, 709-710; 이정원·류석준, 형법각론, 721; 이형국·김혜경, 형법각론(2판), 791; 홍영기, 형법(총론과 각론), § 112/15.
5 김성돈, 780; 임웅, 형법각론(10정판), 918; 정성근·박광민, 729.
6 김선복, 신형법각론, 650.

국민의 인권보호를 통한 형사사법의 공정성확보라고 보는 견해[7]들로서 국민의 인권보호를 우선하는 보호법익으로 보는 견해이다.

8 본죄의 보호법익이 보호받는 정도에 관하여, ① 피해자의 신체에 대한 침해가 있을 때 성립한다고 보는 침해범설[8]과 ② 폭행·가혹행위로 인해 신체의 안전에 대한 침해가 없어도 본죄가 성립하는 거동범(미수범 처벌규정이 없음)이므로 추상적 위험범으로 보는 추상적 위험범설[9]이 있다.

9 생각건대 본죄의 보호법익을 국민의 인권보호뿐만 아니라 국가기능의 공정한 행사까지 고려한 측면에서 추상적 위험범으로 보는 것도 일리가 있으나, 결국 그 행위가 사람에 대한 폭행·가혹행위이므로 ①의 침해범설이 더 합리적이라고 본다.

Ⅱ. 주체 및 객체

1. 주 체

10 본죄의 주체는 재판, 검찰, 경찰, 그 밖에 인신구속에 관한 직무를 수행하는 자 또는 이를 보조하는 자이다. 직권남용체포·감금죄(§ 124)의 주체와 같다. 그 밖에 인신구속에 관한 직무를 행하는 자는 앞서 살펴본 바와 같이, 고위공직자범죄수사처 설치 및 운영에 관한 법률에 정한 공수처 검사 및 수사관 그리고 사법경찰관리의 직무를 수행할 자와 그 직무범위에 관한 법률에서 규정한 일정한 요건을 갖춘 공무원을 말한다.

2. 객 체

11 본죄의 객체는 형사피의자뿐만 아니라 피고인과 참고인, 증인 등과 같이 수사 또는 재판에서 심문이나 조사의 대상이 되는 모든 사람이다.[10]

---

7 박상기, 형법각론(8판), 636.
8 김일수·서보학, 644; 박상기, 635.
9 김성돈, 780; 오영근, 710; 정성근·박광민, 729; 홍영기, § 112/15.
10 주석형법 [각칙(1)](5판), 305(이상주).

Ⅲ. 행 위

1. 직무를 수행하면서

'직무를 수행하면서'란 '직무를 행하는 기회에 또는 직무수행 중 및 직무와 관련해서'라는 의미로서, 본죄의 행위 상황이다.[11] 본죄는 직무와의 관련성을 요건으로 하고 있으므로 인신구속에 관한 직무를 행하는 자라고 하더라도 직무와의 관련성이 없는 폭행이나 가혹행위는 단순 폭행죄(§ 260①)가 될 수 있을 뿐 본죄는 구성하지 않는다. 12

그런데 구체적으로 어느 정도의 직무와의 관련성이 있어야 하는지에 대하여 두 가지 견해가 대립되고 있다. 13

첫째는, 폭행 또는 가혹행위가 직무와의 시간적·장소적 관련성만 있으면 이에 해당한다고 볼 수 있다는 견해이다.[12] 14

둘째는, 폭행 또는 가혹행위가 직무와의 시간적·장소적 관련성 외에 직무와의 내적 관련성도 필요하다는 견해이다.[13] 이 견해가 통설적 견해이다. 15

두 견해의 차이는 예컨대 직무수행 중에 찾아온 친구의 뺨을 때린 경우에, 시간적·장소적 관련성만 있으면 충분하다는 견해는 본죄가 성립한다고 보는 반면, 직무와의 내적 관련성까지 있어야 한다는 견해에 의하면 단순한 폭행죄가 성립할 수 있을 뿐 본죄는 성립하지 않으며, 다만 제135조에 의하여 공무원의 직무상 범죄에 대한 형의 가중처벌을 받게 될 뿐이다. 16

본죄가 직무범죄로서 인신구속에 관한 직무를 행하는 자가 직무를 수행하면서 폭행 또는 가혹행위를 한 경우에 처벌함으로써 형사사법의 공정성과 개인의 신체적 안전을 모두 보호법익으로 하는 것이라는 전제하에서 보면, 직무수행 중에 찾아온 친구의 뺨을 때린 것을 본죄로 처벌하는 것은 부당한 결과를 초래하므로 내적 관련성까지 있어야 한다는 견해가 타당하다. 다만 직무범죄인 본죄에서 '직권을 남용하여(§ 123, § 124)'라는 표현 대신 '직무를 수행하면서'라고 한 것은 폭행·가혹행위가 어떠한 경우에도 직무행위가 될 수 없음을 고려한 것이 17

11 김일수·서보학, 644; 정성근·박광민, 730.
12 박상기, 638.
13 김성돈, 781; 김일수·서보학, 644; 오영근, 710; 이재상·장영민·강동범, 형법각론(12판), § 43/40; 정성근·박광민, 730.

므로, 직권남용의 경우도 포함하여 이보다 넓은 의미로 사용된 것이라 볼 수 있다.[14] 그러므로 직접적인 직무행위는 아니라도 직무와 시간적·장소적·내적인 관련성이 있는 것이면 충분하다고 할 것이다.[15]

18 본죄의 구성요건인 '직무를 수행하면서'가 죄형법정주의의 명확성의 원칙에 위배되는 것인지 여부에 대하여, 헌법재판소는 명확성의 원칙에 위배되지 않는다고 판단하였다. 즉, 헌법재판소는 "이 사건 법률조항의 입법목적과 보호법익 그리고 법문의 전체 내용 등을 종합적으로 볼 때 '그 직무를 행함에 당하여'라 함은 '경찰 등이 그 직무를 행하는 기회'라는 뜻으로 해석되는바, 이런 해석이 다소 포괄적이라도 경찰 등의 직무와 폭행 사이에 객관적 관련성을 요구하는 것으로 해석되므로 그 내용이 불명확하여 처벌범위를 자의적으로 확장시킨다고 볼 수도 없다. 경찰관 직무집행법 및 관련 법령에 따른 정당한 유형력 행사는 정당행위가 되어 처벌받지 아니하고, 판례도 축적되어 있어 이 사건 법률조항에 따라 처벌되는 행위와 정당한 유형력행사의 구별이 가능하다. 따라서 이 사건 법률조항은 죄형법정주의의 명확성원칙에 위반되지 않는다."고 판시하였다.[16]

2. 폭행 또는 가혹행위

(1) 폭행

19 본조에서의 폭행의 개념은 단순 폭행죄(§ 260①)에서의 폭행과 같은 협의의 폭행의 의미로서 신체에 대한 유형력의 행사를 말한다는 견해[17]와 본죄의 폭행은 반드시 신체에 대한 것일 필요는 없고 사람에 대한 유형력의 행사, 즉 광의의 폭행으로 보는 견해[18]가 대립하고 있다.

20 폭행죄는 '사람의 신체에 대하여 폭행을 가한 자'로 규정되어 있는 반면, 본조의 문언은 '형사피의자나 그 밖의 사람에 대하여 폭행 또는 가혹행위를 한 경우'로 폭행죄와 달리 사람에 대하여 폭행한 것으로 규정되어 있으므로, 사람의

14 정성근·박광민, 730.
15 김일수·서보학, 644; 정성근·박광민, 730.
16 헌재 2015. 3. 26, 2013헌바140.
17 김선복, 651; 김성돈, 781; 김신규, 형법각론 강의, 838; 김일수·서보학, 645; 주석형법 [각칙(1)](5판), 307(이상주).
18 오영근, 710; 이재상·장영민·강동범, § 43/41.

신체에 대한 것일 필요는 없고 사람에 대한 유형력의 행사, 즉 광의의 폭행으로 보는 견해가 타당하다.

판례는 경범 피의자 등을 보호 감독하는 업무를 담당하고 있던 경찰서 순 21
경이 피의자보호실에서 보호감독을 받던 피해자가 소란을 피우고 아프다고 주장하면서도 아픈 곳을 묻는 물음에 대답을 하지 않고 주정만 한다는 이유로 주먹과 발로 피해자의 가슴과 다리를 각 여러 차례 때리고 찬 경우, 독직폭행죄의 성립을 인정하였다.[19]

(2) 가혹행위

가혹행위란 폭행이 아닌 방법으로 정신적·육체적 고통을 주는 일체의 행위 22
를 말한다. 가혹행위는 반드시 타인의 생명·신체의 완전성을 위태롭게 할 정도가 아니라도 타인에게 정신적·육체적 고통을 줄 수 있는 행위이면 충분하다는 점에서 제273조 제1항의 학대죄의 학대보다는 범위와 정도가 더 넓은 개념이고, 제277조 제1항의 중체포·감금에서의 가혹행위와 같은 개념이다.[20] 여자의 옷을 벗겨 수치심을 일으키거나 추행·간음의 유형적 방법이나 음식을 주지 않거나 잠을 재우지 아니하는 방법 등의 무형적 방법도 가혹행위에 포함된다.[21]

(가) 가혹행위를 인정한 판례[22]

① 살해혐의로 긴급체포된 자를 조사하면서 수갑을 찬 채 '깍지끼고 엎드려 23
뻗쳐'를 하게 하고, 화장실로 끌고 가 얼굴을 가린 수건을 턱밑까지 내려 누르고 바가지에 담은 물을 코와 입 부위에 부으면서 범행을 시인하도록 한 경우, 폭행 및 가혹행위로 판단하였다.[23]

② 여자피의자에게 티셔츠와 러닝 및 브래지어를 들추어 젖가슴을 들여다 24
보고 그녀의 바지 단추를 풀고 지퍼를 끌어내려 폭언·협박을 하고 젖가슴을 만지고 나아가 음부를 만지는 등 추행을 한 경우, 가혹행위에 해당한다.[24]

③ 소속부대 행정보급관으로 근무하던 피고인이 사병들이 담배를 피운다는 25

19 대판 1988. 4. 12, 87도2649.
20 김성돈, 781; 김일수·서보학, 645.
21 주석형법 [각칙(1)](3판), 3007(이상주).
22 참고로 군형법 제62조의 직권남용(위력행사)가혹행위죄 관련 판례도 함께 언급한다.
23 대판 2005. 5. 26, 2005도945.
24 인천지판 1988. 7. 23, 88고합1123.

이유로 강제로 코로 담배를 피우게 하고, 금연에 도움이 되는 약초를 씹어 먹게 하거나, 도로표지판을 흔들리게 박았다는 이유로 뜨거운 물이 담긴 종이컵을 발목에 올려놓거나 발목사이에 끼워 놓거나 약 20분 동안 두 사람이 이마를 마주 대고 서게 한 후 뜨거운 물이 담긴 스테인리스컵을 이마 사이에 놓은 경우, 군형법 제62조[25]의 가혹행위로 판단하였다.[26]

26 ④ 교육성적이 불량하다는 이유로 수심이나 피교육생들의 수영가능 여부 등을 확인함이 없이 전투화와 전투복을 착용한 채 제방으로부터 25미터 떨어진 저수지 내 수심 2미터가 넘는 수심표시기까지 갔다 오도록 함으로써 피교육생 중 2명을 심장마비로 사망케 하였다면, 이는 훈계의 한도를 벗어난 것으로서 군형법 제62조 소정의 직권을 남용한 가혹행위에 해당한다고 판단하였다.[27]

(나) 가혹행위를 부정한 판례

27 군형법 제62조에 규정된 가혹행위죄와 관련하여, 가혹행위라 함은 직권을 남용하여 사람으로서는 견대기 어려운 정신적·육체적 고통을 가하는 경우를 말하는데, 이 경우 가혹행위에 해당하는지 여부는 행위자 및 그 피해자의 지위, 처한 상황, 그 행위의 목적, 그 행위에 이르게 된 경위와 결과 등 구체적 사정을 검토하여 판단하여야 한다고 하면서, 육군 중대장이 사격통제에 따르지 않는 중대원에게 약 30분간 엎드려뻗쳐를 시킨 사안에서, 상대적으로 긴 시간 고통을 가한 점에서 다소 지나친 점이 있지만 육군 얼차려 규정 시행지침에서 이보다 심한 팔굽혀펴기를 규정하고 있고, 안전사고예방이 필요한 사격장의 특성 등에 비추어 볼 때, 군형법 제62조에서 말하는 가혹행위에 해당하지 않는다고 판단하였다.[28]

---

25 군형법 제62조(가혹행위) ① 직권을 남용하여 학대 또는 가혹한 행위를 한 사람은 5년 이하의 징역에 처한다.
② 위력을 행사하여 학대 또는 가혹한 행위를 한 사람은 3년 이하의 징역 또는 700만원 이하의 벌금에 처한다.

26 대판 2009. 12. 10, 2009도1166.

27 대판 1985. 4. 9, 85도75.

28 대판 2008. 5. 29, 2008도2222.

Ⅳ. 고 의

28 본죄의 고의는 행위자가 인신구속에 관한 직무를 수행하는 자 또는 이를 보조하는 자에 해당한다는 인식, 직무를 수행하는 상황에서 형사피의자 또는 그 밖의 사람에게 폭행 또는 가혹행위를 한다는 인식과 의사이다. 미필적 고의로도 충분하다.[29]

29 행위자가 자신의 폭행·가혹행위가 재판, 검찰, 경찰, 그 밖에 인신구속에 관한 직무를 수행하면서 이루어진 것에 대한 인식이 없었다면, 단순 폭행죄(§ 260①)로 처벌할 수 있을 뿐이다.[30]

Ⅴ. 기수시기

30 폭행 또는 가혹행위를 함으로써 기수가 된다. 보호법익에서 살펴본 바와 같이 보호의 정도에 대하여 추상적 위험범설과 침해범설로 나누어져 있으나, 어느 설에 의하더라도 모두 사람에게 폭행 또는 가혹행위가 있은 경우에 본죄의 기수에 이른다는 점에는 차이가 없다. 침해범설을 취하는 견해도 본죄를 구성요건적 행위 자체만으로 구성요건을 충족시킬 수 있는 형식범·거동범으로 보기 때문이다.[31]

Ⅵ. 위법성

31 본죄는 피해자가 승낙하였다고 하여 위법성이 조각되지 않는다.[32] 본죄의 보호법익이 국가적 법익이 포함된 것이므로 개인이 처분 가능한 법익이라고 볼 수 없기 때문이다.[33]

---

29 대판 2022. 11. 30, 2022도10017(고의 부정, 압수·수색영장 집행도 인신구속 사무에 해당).

30 김일수·서보학, 645.

31 김일수·서보학, 644.

32 일본 판례도 유치장 담당자인 경찰관이 직무 중 유치장에 유치된 여성과 승낙하에 성관계를 맺은 사안에서, 일본형법 제195조 제2항의 특별공무원폭행능학(凌辱加虐)죄의 보호법익은 '공무의 적정과 그에 대한 국민의 신뢰'인 점에 비추어 동죄의 성립을 인정하였다〔東京高判 平成 15(2003). 1. 29. 判時 1835·157〕.

33 김성돈, 781; 오영근, 710; 임웅, 920; 정성근·박광민, 730.

Ⅶ. 다른 죄와의 관계

1. 성범죄와의 관계

32 본죄의 행위주체에 해당하는 사람이 가혹행위로서 강간이나 강제추행의 행위를 한 경우에, 본죄가 성립하지 않고 강간죄(§ 297)나 강제추행죄(§ 298)와 제135조에 규정된 공무원의 직무상 범죄에 대한 형의 가중규정이 적용된다는 견해가 있다.[34] 그러나 본죄는 강간죄·강제추행죄와는 보호법익과 죄질을 달리하는 죄이므로 본죄와 강간죄 등과는 상상적 경합관계가 된다는 견해가 다수설이다.[35] 일본 판례도 특별공무원폭행능학죄(일형 § 195①)[36]는 그 위법성이 강간죄 등으로 평가할 수 있는 범위를 넘어서므로 두 죄는 상상적 경합관계라고 판시하였다.[37]

33 또한 피구금된 부녀에 대하여 간음한 경우에는 제303조 제2항에 피보호자간음죄가 있으므로 본죄가 성립하지 않고 피보호자간음죄만 성립한다는 견해[38]가 있으나, 본죄와 피보호자간음죄가 모두 성립하고 두 죄는 상상적 경합관계에 있다는 것이 다수설이다.[39]

2. 군형법 제62조의 직권남용(위력행사)가혹행위죄와의 관계

34 군형법 제62조는 직권을 남용하여 학대 또는 가혹한 행위를 하거나, 위력을 행사하여 학대 또는 가혹한 행위를 한 사람에 대하여 처벌하는 규정을 두고 있다. 군사법원의 법무관, 검찰관 및 군수사기관의 수사요원이 가혹행위를 한 경우에는 본죄가 성립하지 않고 군형법이 우선 적용된다.[40]

---

34 오영근, 710; 이정원·류석준, 725.

35 김일수·서보학, 645; 이재상·장영민·강동범, § 43/41; 임웅, 919; 주석형법 〔각칙(1)〕(5판), 309(이상주).

36 일본형법 제195조(특별공무원폭행능학) ① 재판, 검찰 또는 경찰의 직무를 행하는 자 또는 이들의 직무를 보조하는 자가 그 직무를 행함에 있어 피고인, 피의자 그 밖의 사람에 대하여 폭행, 능욕 또는 가학행위를 한 때는 7년 이하의 징역 또는 금고에 처한다.
② 법령에 의하여 구금된 자를 간수하거나 호송하는 자가 그 구금된 자에 대하여 폭행, 능욕 또는 가학행위를 한 때도 전항과 같다.

37 大阪地判 平成 5(1993). 3. 25. 判タ 831·246.

38 오영근, 710.

39 이영란, 형법학 각론강의(3판), 783; 주석형법 〔각칙(1)〕(5판), 310(이상주).

40 김성돈, 768; 김일수·서보학, 645; 주석형법 〔각칙(1)〕(5판), 310(이상주).

3. 특정범죄가중처벌등에관한법률위반(독직폭행 · 가혹행위)죄와의 관계

특정범죄 가중처벌 등에 관한 법률(이하, 특정범죄가중법이라 한다.) 제4조의2에 따라 본죄를 범하여 사람을 상해에 이르게 한 경우에는 1년 이상의 유기징역형에, 사망에 이르게 한 경우에는 무기 또는 3년 이상의 징역형으로 가중처벌하게 된다.[41] 35

Ⅷ. 처 벌

1년 이하의 징역이나 금고 또는 3년 이하의 자격정지에 처한다. 36

헌법재판소는 본죄의 처벌이 책임과 형벌의 비례의 원칙 등을 위반한 것으로 볼 수 없다고 하였다. 즉, 헌법재판소는 "① 형사사법에서 권력적 지위에 있는 경찰 등이 그 의무를 저버리고 형사피의자 등을 폭행하는 행위에 대해서는 엄한 처벌이 필요하므로, 입법목적의 정당성이 인정된다. 또한 형법은 이 사건 법률조항(§ 125)과 행위주체가 동일한 경찰 등이 직권을 남용하여 사람을 체포 또는 감금한 때에는 이 사건 법률조항의 법정형보다 가중된 7년 이하의 징역과 10년 이하의 자격정지에 처하도록 하고 있고, 이 사건 법률조항은 법정형의 하한에 제한을 두지 않아 집행유예나 선고유예를 선고하는 것도 가능하다. 따라서 이 사건 법률조항이 책임과 형벌의 비례원칙에 위반된다고 볼 수 없다. ② 이 사건 법률조항과 폭행죄 및 공무집행방해죄는 구성요건과 보호법익 등을 서로 달리하고 있고, 이 사건 법률조항의 죄질이나 불법의 정도가 폭행죄나 공무집행방해죄보다 결코 가볍다고 볼 수 없다. 따라서 이 사건 법률조항에 해당하는 죄의 법정형을 폭행죄나 공무집행방해죄의 법정형보다 무겁게 정하였다고 하여 형벌체계의 정당성과 균형을 잃어 평등원칙에 위반된 것이라고 볼 수 없다."고 판시하였다.[42] 37

〔김 현 철〕

41 특정범죄가중법 제4조의2(체포·감금 등의 가중처벌) ① 「형법」 제124조·제125조에 규정된 죄를 범하여 사람을 상해에 이르게 한 경우에는 1년 이상의 유기징역에 처한다.
② 「형법」 제124조·제125조에 규정된 죄를 범하여 사람을 사망에 이르게 한 경우에는 무기 또는 3년 이상의 징역에 처한다.

42 헌재 2015. 3. 26, 2013헌바140.

第126조(피의사실공표)

검찰, 경찰 그 밖에 범죄수사에 관한 직무를 수행하는 자 또는 이를 감독하거나 보조하는 자가 그 직무를 수행하면서 알게 된 피의사실을 공소제기 전에 공표(公表)한 경우에는 3년 이하의 징역 또는 5년 이하의 자격정지에 처한다.

〔전문개정 2020. 12. 8.〕

구 조문

第126조(피의사실공표) 검찰, 경찰 기타 범죄수사에 관한 직무를 행하는 자 또는 이를 감독하거나 보조하는 자가 그 직무를 행함에 당하여 지득한 피의사실을 공판청구전에 공표한 때에는 3년 이하의 징역 또는 5년 이하의 자격정지에 처한다.

Ⅰ. 취 지

1. 보호법익

1 본죄(피의사실공표죄)는 검찰, 경찰 그 밖에 범죄수사에 관한 직무를 수행하는 자 또는 이를 감독하거나 보조하는 자가 그 직무를 수행하면서 알게 된 피의사실을 공판청구 전에 공표(公表)하는 것을 처벌하는 것이다.

2 본죄의 보호법익은 피의사실이 공판청구 전에 공표됨으로써 증거인멸 등으로 범죄수사에 지장을 초래할 우려가 있고, 또한 그로 인하여 피의자의 명예나 인권도 훼손되는 것을 방지하기 위한 것이므로 국가의 범죄수사권과 피의자의 인권을 그 보호법익으로 한다고 보는 견해가 통설적 견해이다.[1] 그런데 본죄의

1 김일수·서보학, 새로쓴 형법각론(9판), 632; 이재상·장영민·강동범, 형법각론(12판), § 43/19;

보호법익에 관하여 국가의 범죄수사권이 아닌 전적으로 피의자의 인권으로 보는 견해도 있고, 국가의 범죄수사권을 우선하느냐 아니면 피의자의 인권을 우선하느냐에 따라 어느 쪽에 중점을 두는지에 관하여는 견해가 나누어져 있다.

① 첫째로 본죄의 보호법익을 오직 피의자의 인권으로 보는 견해는, 공무 3
상 비밀누설죄를 별도로 처벌하고 있으므로 수사의 기밀성 유지보다는 피의자의 인권이 본죄의 보호법익이라고 하는 것이 타당하다고 본다.[2] 그러므로 본죄는 체계상 국가적 법익의 범주에 포함되어 있으나 내용상으로는 개인적 법익에 대한 범죄행위로 파악하는 것이 타당하다고 본다. 수사기관이 수사기밀을 누설한 행위를 하는 경우에는 공무상비밀누설죄(§ 127)를 적용하면 된다는 입장이다.

② 둘째로 본죄를 국가의 범죄수사권을 우선하는 보호법익으로 보는 견해 4
는, 이 죄가 국가적 법익에 대한 범죄로서 직무위배죄의 성격을 가진 것이므로, 개인의 명예보다는 범죄수사권의 보호에 중점이 있다고 본다.[3] 국가적 법익에 위치한 본죄의 체계상 그렇게 해석하는 것이 바람직하다는 취지이다.

③ 셋째로 본죄를 피의자의 인권을 우선하는 보호법익으로 보는 견해는, 5
형사절차의 핵심은 피의자의 인권보호이고, 본죄 역시 피의자의 명예나 인권을 주된 보호법익으로 하고 있으며, 범죄수사기능은 부차적인 보호법익으로 보는 것이 맞다는 견해이다.[4]

본죄의 체계가 국가적 법익에 속해 있으며, 직무위배죄의 하나로 보는 이상 6
개인의 인권만을 보호법익으로 보는 것은 맞지 않다고 본다. 그러므로 국가의 범죄수사권과 피의자의 인권을 모두 보호법익으로 한다고 보는 견해가 타당하고, 그 무게중심은 형사절차의 핵심기능이 피의자의 인권보호에 있는 만큼 피의자의 명예나 인권을 주된 보호법익으로 보는 것이 바람직하다고 본다.

정영일, 형법강의 각론(3판), 424; 주석형법 [각칙(1)](5판), 312(이상주).
2 박상기, 형법각론(8판), 630.
3 김성돈, 형법각론(7판), 771; 정성근·박광민, 형법각론(전정3판), 719.
4 배종대, 형법각론(13판), § 153/5; 이형국·김혜경, 형법각론(2판), 783.

2. 성 격

7 보호법익이 보호받는 정도에 관하여 구체적 위험범이라는 견해[5]도 있으나, 본죄가 수사공무원 등이 직무상 지득한 사실을 누설하기만 하면 범죄수사기능이 저해를 받지 않아도 성립하기 때문에 통설은 추상적 위험범으로 보는 입장이다.[6] 그리고 본죄는 일정한 신분이 있는 자의 경우에만 성립하는 진정신분범이며 진정직무범죄로서, 일정한 행위만으로 성립하는 거동범으로 보고 있다.[7]

8 본죄는 실무상 적용례가 많지 않은데, 그 이유로는 수사기관이 행위주체이기 때문에 스스로 엄정한 적용을 하는 것을 꺼리게 되는 점, 국민의 알권리를 앞세워 언론기관에서 경쟁적인 보도를 하는 보도경향이 지적된다.[8]

9 이러한 본죄의 적용을 둘러싸고는 적용활성화론과 적용축소론이 대립한다. 즉 ① 첫째로, 피의사실공표를 엄격히 통제하지 않으면 확정판결 시까지는 무죄추정을 받는다는 수사와 재판의 기본원칙이 사실상 무너지게 되고, 결론적으로 무죄판결을 받더라도 이미 공표된 피의사실로 인하여 피의자 본인과 가족의 명예가 훼손되는 등 피해를 입게 되고, 한번 실추된 명예는 반론보도의 청구나 국가 또는 언론을 상대로 한 손해배상청구라는 추가적인 절차를 통하여 제한적인 구제를 받을 수밖에 없게 된다는 점을 지적하며 국민의 인권보호를 위해 본죄의 적용을 좀 더 활발히 해야 한다는 견해가 있다.[9] 이와는 달리 ② 둘째로, 본죄는 다른 나라에서는 찾아보기 어려운 규정으로, 피의자의 인권보호만 고려하고 그와 상충한 국민의 알권리 내지 표현의 자유를 전혀 고려하고 있지 않아 그 적용범위가 축소될 수밖에 없는 내재적 한계가 있고, 피의자가 혐의를 받고 있다는 사실의 보도는 무죄추정의 원칙에 위배되지 않으며, 무죄추정의 원칙이 추구하는 바는 오히려 표현내용의 자유로운 교환, 즉 피의사실에 관한 자유로운 의사소통을 보장함으로써 얻을 수 있다는 상반된 견해가 있다.[10]

10 이와 관련하여 1992년의 형법개정법률안에서는, 피의자의 인권보장과 국가

---

5 배종대, § 153/5.
6 김성돈, 771; 오영근, 699; 정성근·박광민, 719; 홍영기, 형법(총론과 각론), § 112/4.
7 김성돈, 771; 김일수·서보학, 632; 박상기, 631; 정성근·박광민, 719.
8 박상기, 631.
9 박상기, 631.
10 문재완, "피의사실공표죄의 헌법적 검토", 세계헌법연구 20-3, 세계헌법학회 한국학회(2014), 23-24.

의 범죄수사권 보호를 위하여 본죄를 존치하면서도, 본죄를 엄격히 적용할 때에는 오히려 국민의 알권리를 해하게 되고, 본죄가 이미 운영의 실제에 있어서 거의 처벌된 적이 없을 정도로 사문화되어 있는 점을 고려하여, 명예훼손죄에서와 같이 '오로지 공공의 이익을 위한 때에는 위법성이 조각된다'는 취지의 단서규정을 신설하는 것으로 하였다.[11]

Ⅱ. 주 체

본죄의 주체는 검찰, 경찰 그 밖에 범죄수사에 관한 직무를 수행하는 자 또는 이를 감독·보조하는 자이다. 11

제124조, 제125조의 직무범죄의 주체는 '재판, 검찰, 경찰 그 밖에 인신구속에 관한 직무를 수행하는 자 또는 이를 보조하는 자'로 규정되어 있는 반면에, 본죄는 단지 '검찰, 경찰 그 밖에 범죄수사에 관한 직무를 수행하는 자 또는 이를 감독·보조하는 자'로 규정함으로써 수사기관에 종사하는 경우 주체가 더 확장되어 있다고 볼 수 있다. 따라서 검사와 검찰수사관, 고위공직자범죄수사처(이하, 공수처라 한다.) 검사와 수사관뿐만 아니라 일반 사법경찰관리 및 특별사법경찰관리도 본죄의 주체가 될 수 있고, 검찰수사를 감독할 권한이 있는 검찰총장 및 고등검찰청 검사장, 지방검찰청 검사장 및 경찰수사를 감독할 권한이 있는 경찰청장, 지방경찰청장, 경찰서장도 본죄의 주체가 될 수 있다.[12] 검사의 지휘를 받는 특별사법경찰관리가 수사 중인 사건에 대하여 수사를 지휘하는 검사가 이를 감독하는 자의 지위에 서게 되므로 본죄의 주체가 되고, 특별검사의 경우도 그 밖에 범죄수사에 관한 직무를 수행하는 자에 포함되므로 본죄의 주체가 된다.[13] 12

한편 검사가 청구한 영장을 심사한 법관이 피의사실을 공표한 경우 본죄의 주체가 될 수 있는가 하는 점에 대하여, 통설은 범죄수사권의 보호와 무죄추정을 받는 피의자의 인권보호 측면에서는 법관에 의한 피의사실공표도 통제대상 13

11 법무부, 형법개정법률안 제안이유서(1992. 10), 259.
12 주석형법 〔각칙(1)〕(5판), 314(이상주).
13 정영일, 424.

이 되어야 할 필요성이 있고, 본죄의 주체에서 감독자의 지위는 신분상의 감독이 아니고 직무상의 감독을 의미하며, 구체적 사건에 관한 강제처분의 직무를 심사함으로 구속에 대한 사법적 통제를 가하는 법관의 영장심사 및 허가는 수사직무상의 감독으로 볼 수 있다는 점에서 본죄의 주체가 된다고 한다.[14]

14 또한 법관을 보조하는 직원인 법원공무원이 영장에 기재된 피의사실을 공표한 경우에도 '보조하는 자'에 해당하여 본죄의 주체가 될 수 있다.[15] 다만, 영장발부 업무는 담당법관의 전권사항이기 때문에 영장발부업무를 수행하는 법관의 소속법원장은 구체적 사건에 관하여 그 판사를 감독하는 자에 해당하지 아니하기 때문에 본죄의 주체가 될 수 없다.[16]

Ⅲ. 객 체

15 본죄의 객체는 직무를 수행하면서 알게 된 피의사실이다.

16 '직무를 수행하면서'란 '직무와 관련하여'와 같은 개념으로서, 첫째 직무행위 자체와 관련하여 알게 된 경우, 둘째 직무행위의 외관을 갖춘 행위와 관련하여 알게 된 피의사실을 모두 포함한다.[17] 따라서 직무와 아무런 관련 없이 알게 된 사실은 본죄에 해당하지 않는다. 직무수행 중 알게 된 사실이기만 하면 그 알게 된 방법이나 경위는 불문한다. '피의사실'이란 수사기관이 혐의를 두고 있는 형사피의사실로서 고소장, 고발장, 범죄인지서, 체포나 구속영장 등에 기재된 사실을 포함하며, 반드시 허위의 사실임을 요하지 않는다. 수사기관에서 혐의를 두고 있는 사실이므로 수사가 개시된 이후의 사실뿐만 아니라 수사개시 전 내사단계에서 알게 된 피내사사실도 포함한다.[18]

17 피의사실이 공소사실에 이를 정도로 구체적으로 특정될 필요는 없지만 그것이 단순한 의견표명에 이르는 정도로는 피의사실을 공표한 것이라고 할 수는

---

14 김성돈, 771; 김일수·서보학, 632; 박상기, 631; 오영근, 699; 정성근·박광민, 720; 정영일, 424; 주석형법 [각칙(1)](5판), 315(이상주).

15 정영일, 424.

16 정영일, 424; 주석형법 [각칙(1)](5판), 315(이상주).

17 김성돈, 771; 김일수·서보학, 633; 주석형법 [각칙(1)](5판), 315(이상주).

18 정영일, 425; 주석형법 [각칙(1)](5판), 315(이상주).

없다.[19] 그런데 그 발언이 피의사실인가 또는 의견인가를 구분함에 있어서는 언어의 통상적 의미와 용법, 문제된 발언이 사용된 장소와 문맥, 그 발언이 행하여진 사회적 상황과 배경 등 전체적 정황을 종합적으로 고려하여 판단하여야 한다.[20]

Ⅳ. 행 위

본죄의 행위는 직무를 수행하면서 알게 된 피의사실을 공소제기 전에 공표하는 것이다. 18

1. 공소제기 전

'공소제기 전'이라 함은 공소장이 법원에 접수되기 전을 말한다. 따라서 공소제기 후에 수사결과를 발표하는 것은 본죄를 구성하지 않는다. 그런데 수사 중이었던 혐의사실을 외부에 공표하였으나 수사내용이 결국 불기소되는 바람에 공소제기되지 못한 경우에도 본죄는 성립한다고 함이 타당하다. 본죄의 행위가 수사 중인 피의사실이 외부에 알려짐으로써 수사의 지장을 초래하거나 피의자의 인권을 침해하는 것을 방지하기 위한 목적이므로 최종수사결과가 불기소되었다고 하더라도 법익침해의 결과에 아무런 차이가 없기 때문이다. 19

한편 피의사실 공표의 시간적 한계와 관련하여 2021년 12월 9일 '공소제기 전'으로 개정되기 전에는 '공판청구 전'으로 되어 있어서, 약식명령청구 전에 그 피의사실을 공표한 경우 본죄가 성립하는지 문제되었다. 그러나 현재는 '공소제기 전'으로 개정되었고, 공소제기의 개념은 수사기관이 혐의사실에 대한 증거가 충분하다고 판단하여 재판을 청구하는 것을 말하는 것으로 봄이 상당하고, 약식명령청구 역시 간이공판절차를 이용하는 것일 뿐 다시 정식공판절차로 복귀하는 데 장애가 있는 것은 아니며, 수사기관이 법원에 재판을 청구하는 것이므로 마찬가지로 공판청구에 해당한다고 할 것이다. 20

19 김선복, 신형법각론, 641.
20 대판 2013. 11. 28, 2009다51271.

2. 공 표

21 공표란 불특정 다수인에게 그 내용을 알리는 것을 말한다.[21] 공표는 단순한 누설과는 다른 개념이다. 따라서 피의자의 가족이나 변호인에게 피의사실을 알려주는 것과 같이 불특정 다수인에게 알려질 가능성이 없는 경우에는 본죄를 구성하지 않는다. 공표의 방법에는 제한이 없으므로 작위는 물론 부작위의 방법, 예를 들면 신문기자의 기록 열람을 묵인하는 방법으로도 가능하다. 공표는 공연히 알릴 것을 요하지 않으며, 특정한 1인에게 알린 때에도 이로 인하여 불특정 또는 다수인이 알 수 있었을 때에는 공표가 된다(통설).[22] 참고로 대법원은 공직선거법 제96조 제1항[23]의 행위태양인 '공표'의 개념에 대하여, "불특정 또는 다수인에게 왜곡된 여론조사결과를 널리 드러내어 알리는 것을 말한다. 비록 개별적으로 한 사람에게만 왜곡된 여론조사결과를 알리더라도 그를 통하여 불특정 또는 다수인에게 전파될 가능성이 있다면 이 요건을 충족한다."고 판시하고 있다.[24]

V. 고 의

22 범죄수사에 관한 직무를 수행하는 자 또는 감독하거나 보조하는 자가 직무수행 중에 알게 된 피의사실을 공소제기 전에 공표한다는 인식과 의사이다. 특수공무원의 신분, 피의사실, 공판청구 전 등은 규범적 구성요건요소이므로 이러한 의미에 대한 인식이 필요하다. 다만, 보통사람 정도의 이해면 충분하다.[25] 피의사실은 직무수행 중에 알게 된 것이어야 하므로 그 부분에 대해서는 확실한 인식이 필요하나, 나머지 객관적 구성요건표지에 관하여는 미필적 고의로도 충분하다.[26]

---

21 김성돈, 772; 배종대, § 153/6; 이재상·장영민·강동범, § 43/22; 주석형법 〔각칙(1)〕(5판), 315(이상주).

22 김성돈, 772; 배종대, § 153/6; 이재상·장영민·강동범, § 44/22; 주석형법 〔각칙(1)〕(5판), 315(이상주). 이에 대하여 1인 또는 특정 소수인에게 알리는 것은 누설일 뿐 공표라고 할 수 없다는 견해(오영근, 699)도 있다.

23 공직선거법 제96조(허위논평·보도 등 금지) ① 누구든지 선거에 관한 여론조사결과를 왜곡하여 공표 또는 보도할 수 없다.

24 대판 2021. 6. 24, 2019도13687.

25 김일수·서보학, 634.

26 김일수·서보학, 634; 주석형법 〔각칙(1)〕(5판), 316(이상주).

Ⅵ. 기수시기

23 본죄는 추상적 위험범이므로 공판청구 전에 피의사실을 공표함으로써 기수에 이른다.[27] 공표한 피의사실이 불특정 다수인에게 알려짐으로써 수사기능에 지장이 발생하거나 피의자의 명예나 인권에 대한 구체적 위험이 발생할 필요는 없다.

Ⅶ. 위법성

1. 피해자의 승낙

24 본죄는 개인적인 법익뿐만 아니라 국가적 법익도 포함되어 있으므로 피의자 개인의 승낙은 본죄의 성립에 영향을 미치지 않는다.[28]

2. 형사사건의 공보에 관한 규정

25 현재 형사사건에 대한 공보와 관련하여 검사 등 법무부 소속공무원이 준수해야 할 규정으로 법무부훈령인 「형사사건의 공보에 관한 규정」[29]이 있다. 위 규정은 수사 또는 내사 중이거나 이를 종결한 범죄사건 및 공소가 제기되어 재판이 진행 중인 사건(이하, '형사사건'이라 한다.)(§ 2)에 관하여는 법령 또는 위 규정에 따라 공개가 허용되는 경우를 제외하고는 그 내용을 공개해서는 안 된다(형사사건 공개금지 원칙)(§ 4)고 규정하고, 제2장(형사사건의 공개 기준과 범위)에서 공보의 주체와 요건, 공보방식과 절차, 공보의 범위에 대하여 상세하게 규정하고 있다.

26 위 규정에 의하면 공소제기 전의 형사사건[30]은 원칙적으로 혐의사실 및 수사상황을 비롯하여 그 내용 일체를 공개해서는 안 된다(공소제기 전 공개금지)(§ 5①). 다만, 예외적으로 ① 사건관계인, 검사 또는 검찰청법 제46조에 따라 수사에 관한 사무에 종사하는 검찰수사서기관 등 수사업무 종사자(이하, 수사업무 종사자라

---

27 김성돈, 772; 이형국·김혜경, 784; 주석형법 [각칙(1)](5판), 317(이상주).

28 김성돈, 772; 오영근, 700; 이형국·김혜경, 784; 주석형법 [각칙(1)](5판), 317(이상주).

29 법무부훈령 제1437호, 2022. 7. 22(2022. 7. 25. 시행). 위 훈령은 종전의 「형사사건 공개금지 등에 관한 규정」을 일부 개정한 것으로, 특히 종전 규정에서 신설된 형사사건공개심의위원회를 기대했던 역할에 미치지 못하고, 오히려 신속한 공보 대응 등에 효율적이지 못하다는 이유로 폐지하였다.

30 이때, 수사 또는 내사가 종결되어, 불기소하거나 입건 이외의 내사종결의 종국처분을 한 사건(불기소처분 사건)은 공소제기 전의 형사사건으로 본다(규정 § 5②).

한다.)의 명예, 사생활 등 인권을 침해하는 등의 오보 또는 추측성 보도가 실제로 존재하거나 취재요청 내용 등을 고려할 때 발생할 것이 명백하여 신속하게 그 진상을 바로잡는 것이 필요한 경우, ② 범죄로 인한 피해의 급속한 확산 또는 동종 범죄의 발생이 심각하게 우려되는 경우, ③ 공공의 안전에 대한 급박한 위협이나 그 대응조치에 관하여 국민들이 즉시 알 필요가 있는 경우, ④ 범인의 검거 또는 중요한 증거 발견을 위하여 정보 제공 등 국민들의 협조가 필수적인 경우, ⑤ 「특정강력범죄의 처벌에 관한 특례법」 제8조의2 제1항, 「성폭력범죄의 처벌 등에 관한 특례법」 제25조 제1항에 따라 피의자의 얼굴, 성명 및 나이 등 신상에 관한 정보를 공개하는 경우, ⑥ 「수사에 착수된 검사와 사법경찰관의 상호협력과 일반적 수사준칙에 관한 규정」 제7조 또는 「검찰보고사무규칙」 제3조 제1항에 해당하는 중요사건으로서 언론의 요청이 있는 등 국민들에게 알릴 필요가 있는 경우에는 공소제기 전이라도 정보를 공개할 수 있다(§ 9①). 이 경우에도 사건관계인의 명예, 사생활 등 인권, 무죄추정의 원칙, 공정한 재판을 받을 권리, 국민의 알권리, 수사의 효율성 및 공정성이 균형을 이루도록 하여야 하고, 국민의 알권리 등을 이유로 사건관계인의 인권이 부당하게 침해되지 않도록 유의해야 한다(§ 3①). 한편, 공소제기 후의 형사사건에 대하여는 국민들에게 알릴 필요가 있는 경우 공개할 수 있다. 다만, 피고인의 공정한 재판을 받을 권리를 침해하지 않도록 유의해야 한다(공소제기 후 제한적 공개)(§ 6).

27 공개를 하는 경우에도 ① 사건관계인의 인격 및 사생활, ② 사건관계인의 범죄전력, ③ 사건관계인의 주장 및 진술·증언 내용, 진술·증언 거부 사실 및 신빙성에 관련된 사항, ④ 검증·감정, 심리생리검사 등의 시행 및 거부 사실과 그 결과, ⑤ 증거의 내용 및 증거가치 등 증거관계, ⑥ 범행 충동을 일으키거나 모방 범죄의 우려가 있는 특수한 범행수단·방법, ⑦ 그 밖에 법령에 의하여 공개가 금지된 사항은 공개가 금지된다(§ 7). 그리고 사건관계인의 실명 공개는 금지되는데(실명 공개 금지)(§ 8), 사건관계인을 공개하는 때에는 영문 알파벳 대문자 등을 이용하여 'A○○', 'B○○'와 같이 성명을 표기하되, 실명을 추단할 수 있는 표현을 함께 사용해서는 안 된다(§ 8①). 또한 사건관계인의 출석 정보의 공개도 금지되며, 수사과정의 촬영 등도 금지된다(§ 20).

28 위와 같은 공보 규정의 절차와 내용을 준수한 수사공보의 경우에는 법령에

의한 정당한 행위로서 위법성이 조각된다고 할 것이다.

공수처[31]와 경찰청[32]에서도 공보에 관한 규칙을 제정하여 원칙적 공개금지 및 예외적 공보조건을 정하고 있는데, 마찬가지로 내부 절차와 내용을 준수한 수사공보의 경우에는 법령에 의한 정당한 행위로서 위법성이 조각된다고 보아야 할 것이다. 29

3. 공개수배의 문제

수사상의 필요에 의해 공개수배를 함으로써 피의사실을 공표하였을 때에는, ① 피의자의 명예와 공개수사의 이익을 비교형량하여 정당화적 긴급피난이 된다는 견해,[33] ② 수사활동상황을 상부에게 보고하는 것과 마찬가지로 정당행위가 된다는 견해,[34] ③ 공공의 이익을 위한다는 것만으로 위법성이 조각될 수는 없다는 견해[35]가 대립한다. 30

대법원은 피의사실 공표로 인한 손해배상사건에서, "일반 국민들은 사회에서 발생하는 제반 범죄에 관한 알권리를 가지고 있고 수사기관이 피의사실에 관하여 발표를 하는 것은 국민들의 이러한 권리를 충족하기 위한 방법의 일환이라 할 것이나, 한편 헌법 제27조 제4항은 형사피고인에 대한 무죄추정의 원칙을 천명하고 있고, 형법 제126조는 검찰, 경찰 기타 범죄수사에 관한 직무를 행하는 자 또는 이를 감독하거나 보조하는 자가 그 직무를 행함에 당하여 지득한 피의사실을 공판청구 전에 공표하는 행위를 범죄로 규정하고 있으며, 형사소송법 제198조는 검사, 사법경찰관리 기타 직무상 수사에 관계있는 자는 비밀을 엄수하며 피의자 또는 다른 사람의 인권을 존중하여야 한다고 규정하고 있는바, 수사기관의 피의사실 공표행위는 공권력에 의한 수사결과를 바탕으로 한 것으로 국민들에게 그 내용이 진실이라는 강한 신뢰를 부여함은 물론 그로 인하여 피의자나 피해자 나아가 그 주변 인물들에 대하여 치명적인 피해를 가할 수도 있다는 점을 고려할 때, 수사기관의 발표는 원칙적으로 일반 국민들의 정당한 31

31 공수처훈령 제10호, 「고위공직자범죄수사처 사건공보 준칙」(2021. 7. 21. 제정 시행).
32 경찰청훈령 제1030호, 「경찰수사사건등의 공보에 관한 규칙」(2021. 8. 30. 시행).
33 임웅, 형법각론(10정판), 908.
34 김일수·서보학, 634; 정영일, 425; 주석형법 〔각칙(1)〕(5판), 318(이상주).
35 김성돈, 772; 이재상·장영민·강동범, § 43/23; 정성근·박광민, 720.

관심의 대상이 되는 사항에 관하여 객관적이고도 충분한 증거나 자료를 바탕으로 한 사실 발표에 한정되어야 하고, 이를 발표함에 있어서도 정당한 목적 하에 수사결과를 발표할 수 있는 권한을 가진 자에 의하여 공식의 절차에 따라 행하여져야 하며, 무죄추정의 원칙에 반하여 유죄를 속단하게 할 우려가 있는 표현이나 추측 또는 예단을 불러일으킬 우려가 있는 표현을 피하는 등 그 내용이나 표현 방법에 대하여도 유념하지 아니하면 아니 된다 할 것이다. 따라서 수사기관의 피의사실 공표행위가 위법성을 조각하는지의 여부를 판단함에 있어서는 공표 목적의 공익성과 공표 내용의 공공성, 공표의 필요성, 공표된 피의사실의 객관성 및 정확성, 공표의 절차와 형식, 그 표현 방법, 피의사실의 공표로 인하여 생기는 피침해이익의 성질, 내용 등을 종합적으로 참작하여야 할 것이다".라고 판시함으로써,[36] 위법성조각사유의 예외적 성립가능성을 인정하고 있다.

32 본죄가 피의자에 대해서는 명예훼손적 성격을 가지고 있으므로 위 대법원에서 밝힌 바와 같이 공표 목적의 공익성과 내용의 공공성, 필요성, 객관성, 정확성, 절차와 형식, 그 표현방법 등을 검토하여 공개수배를 함이 불가피하다고 판단한 경우에는 위법성이 조각된다고 보는 것이 타당하다. 예를 들면 피의자의 도주로 인하여 단순히 수사에 곤란을 겪고 있다는 것만으로는 정당행위로 위법성이 조각된다고 볼 수 없으나, 중범죄를 범한 피의자가 도주하고 동일한 범죄를 반복할 위험이 있어 시민들의 생명과 안전에 위협이 되고 있기 때문에 불가피하게 피의사실의 공표를 무릅쓰고 내부의 정당한 절차를 거쳐 공개수배를 할 수밖에 없는 상황이라면 정당행위로서 위법성이 조각된다고 본다.[37]

33 이와 관련하여 특정강력범죄의 처벌에 관한 특례법(이하, 특정강력범죄법이라 한다.) 제8조의2(피의자의 얼굴 등 공개)[38]는 검사와 사법경찰관은 ① 범행수단이

36 대판 2001. 11. 30, 2000다68474; 대판 2002. 9. 24, 2001다49692.

37 주석형법 [각칙(1)](5판), 316(이상주).

38 특정강력범죄법 제8조의2(피의자의 얼굴등 공개) ① 검사와 사법경찰관은 다음 각 호의 요건을 모두 갖춘 특정강력범죄사건의 피의자의 얼굴, 성명 및 나이 등 신상에 관한 정보를 공개할 수 있다.

1. 범행수단이 잔인하고 중대한 피해가 발생한 특정강력범죄사건일 것
2. 피의자가 그 죄를 범하였다고 믿을 만한 충분한 증거가 있을 것
3. 국민의 알권리 보장, 피의자의 재범방지 및 범죄예방 등 오로지 공공의 이익을 위하여 필요할 것
4. 피의자가 「청소년 보호법」 제2조제1호의 청소년에 해당하지 아니할 것

잔인하고 중대한 피해가 발생한 특정강력범죄사건일 경우, ② 피의자가 그 죄를 범하였다고 믿을만한 충분한 증거가 있을 때, ③ 국민의 알권리 보장, 피의자의 재범방지 및 범죄예방 등 오로지 공공의 이익을 위하여 필요할 때, ④ 피의자가 청소년 보호법 제2조 제1호의 청소년에 해당하지 아니할 경우에 위의 요건을 모두 갖춘 특정강력범죄사건의 피의자의 얼굴, 성명, 나이 등 신상에 관한 정보를 공개할 수 있도록 하고 있다. 특정강력범죄법 제8조의2에 의한 피의자의 얼굴 등의 공개의 경우에는 법령에 의한 정당한 행위가 될 수 있을 것이다.

4. 중간수사발표의 문제

국민적 관심사가 되고 있는 사건의 경우 수사기관이 기자회견을 통해 중간 34
수사결과를 발표하거나 수사관계자들이 수사상황을 알리는 경우가 있다. 이러한 경우는 헌법상 무죄추정의 원칙과 피의자의 명예와 인권을 심각하게 훼손하게 되므로 극히 예외적인 경우에 제310조를 유추 적용하여 공표 목적, 공익성과 공표내용의 공공성, 공표의 필요성, 공표된 피의사실의 객관성 및 정확성, 공표의 절차와 형식, 그 표현방법, 피의사실의 공표로 인하여 생기는 피침해이익의 성질 내용 등을 종합적으로 참작하여 위법성 조각 여부를 판단하여야 한다.[39] 중간수사결과의 발표에 관하여도 앞서 살펴본 수사기관의 내부훈령들에서 정한 절차와 내용을 각 준수하였는지에 따라서 그 위법성조각 여부를 판단하는 데 중요한 기준이 될 수 있다고 할 것이다.

위법성조각 여부에 대한 대법원의 구체적인 판단 사례를 보면, 피해자의 진 35
술 외에는 직접 증거가 없고 피의자가 피의사실을 강력히 부인하고 있어 보강수사가 필요한 상황이며, 피의사실의 내용이 국민들에게 급박히 알릴 현실적 필요성이 있다고 보기 어려움에도 불구하고, 검사가 마치 피의자의 범행이 확정된 듯한 표현을 사용하여 검찰청 내부절차를 밟지도 않고 각 언론사의 기자들을 상대로 언론에 의한 보도를 전제로 피의사실을 공표한 사례에서, 위법성조각을 부정한 것이 있다.[40]

---

② 제1항에 따라 공개를 할 때에는 피의자의 인권을 고려하여 신중하게 결정하고 이를 남용하여서는 아니 된다.

39 대판 1999. 1. 26, 97다10215.

40 대판 2001. 11. 30, 2000다68474. 「검사가 피의사실을 공표 당시 피해자의 진술 내용이나 원고를

Ⅷ. 처 벌

36 1년 이하의 징역이나 금고 또는 3년 이하의 자격정지에 처한다.

〔김 현 철〕

체포할 당시의 정황에 비추어 원고가 범행에 가담하였다는 혐의가 전혀 없다고는 할 수 없으나, 한편 피해자의 진술 외에는 직접 증거가 없고, 원고가 대질심문까지 하면서도 피의사실을 강력히 부인하고 있었으므로 검사로서는 피의사실을 공표하기에 앞서 공범에 대한 보강수사 등을 통하여 피해자 진술의 신빙성을 밝혀 보았어야 함에도, 이러한 수사를 하지 아니한 채 피의사실을 공표한 이상 그 당시 피의사실의 진실성을 담보할 만한 객관적이고도 충분한 증거를 확보한 상태였다고는 할 수 없는 점, 그럼에도 불구하고 검사가 피의사실을 공표하면서 마치 원고의 범행이 확정된 듯한 표현을 사용한 것으로 보이는 점, 검사는 각 언론사의 기자들을 상대로 언론에 의한 보도를 전제로 피의사실을 공표한 것이고 언론매체를 통하여 원고에 대한 피의사실이 공표될 경우 피의자인 원고는 물론 그 가족 등 그 주변 인물에 대하여 사실상 회복하기 어려운 정신적, 물질적 피해를 가할 우려가 있음을 충분히 예상할 수 있었던 점, 검사가 피의사실을 공표함에 있어 검찰청 내부절차를 밟지도 않았고, 피의사실의 내용에 비추어 이를 국민들에게 급박히 알릴 현실적 필요성이 있다고 보기도 어려운 점 등을 고려할 때, 피의사실 공표 당시 그 피의사실을 뒷받침할 만한 어느 정도의 증거가 확보되어 있었던 면이 인정된다고 할지라도, 그러한 사정만으로는 이 사건 피의사실 공표행위가 정당행위로서 위법성이 조각된다고 볼 수는 없다.」

제127조(공무상 비밀의 누설)

공무원 또는 공무원이었던 자가 법령에 의한 직무상 비밀을 누설한 때에는 2년 이하의 징역이나 금고 또는 5년 이하의 자격정지에 처한다.

Ⅰ. 취 지

1. 보호법익

공무원 또는 공무원이었던 자가 법령에 의한 직무상 비밀을 누설함으로써 성립하는 범죄이다. 그런데 본죄(공무상비밀누설죄)의 보호법익에 대하여 ① 공무상의 비밀과 관청에 대한 일반의 신뢰라는 견해,[1] ② 공무원의 비밀엄수 의무라는 견해,[2] ③ 비밀누설에 의하여 위협받는 국가의 기능을 보호하기 위한 견해,[3] ④ 국가의 일반권력기능을 상위의 일반적 보호법익으로 하면서 직무상 비밀유 1

1 Dreher/Tröndle, Strafgesetzbuch, 51 Aufl., 2003, § 353b Rdn. 1. 독일형법 제353조의b는 공무원 등이 그 지위에서 알게 된 비밀을 누설함으로써 중요한 공익을 위태롭게 한 경우 등을 처벌하도록 하고 있는데, 그 보호법익에 관해서는 직무상의 비밀 그 자체라기보다는 중요한 공익을 그 보호법익으로 보는 입장이 유력하다. 이는 제353조의b가 중요한 공익을 위태롭게 한 경우를 범죄구성요건으로 하고 있는 점에 주목한 것이다. 그와 같은 입장에서는 공무원 등의 비밀유지에 대한 일반인의 신뢰라고 하는 것 자체가 중요한 공익과 반드시 일치하는 것은 아니라고 한다(Lenckner/Perron, in: Schönke/Schröder § 353b Rdn.1).

2 서일교, 형법각론, 312.

3 김성돈, 형법각론(7판), 773; 박상기, 형법각론(8판), 703; 배종대, 형법각론(13판), § 153/8; 오영근, 형법각론(6판), 700; 이재상·장영민·강동범, 형법각론(12판), § 43/24; 이정원·류석준, 형법각론, 715; 임웅, 형법각론(10정판), 909; 정성근·박광민, 형법각론(전정3판), 721; 정영일, 형법강의 각론(3판), 426; 주석형법 [각칙(1)](5판), 321(이상주).

지와 그에 따른 국가적 이익을 구체적 보호법익으로 삼는다는 견해[4]가 있다. 위 ③의 견해가 통설이고, 판례 역시 "본죄는 기밀 그 자체를 보호하는 것이 아니라 공무원의 비밀엄수의무의 침해에 의하여 위험하게 되는 이익, 즉 비밀의 누설에 의하여 위협받는 국가의 기능을 보호하기 위한 것이다."라고 판시하여,[5] 통설의 같은 입장이다.

2 보호받는 정도에 대해서는 구체적 위험범이라는 견해[6]도 있으나, 추상적 위험범이라고 할 것이다(통설).[7]

2. 성 격

3 본죄는 진정신분범, 진정직무범죄, 거동범, 의무범, 즉시범의 일종이다. 국가공무원법 제60조에는 공무원은 재직 중은 물론 퇴직 후에도 직무상 알게 된 비밀을 엄수하여야 한다고 규정하고 있다. 또한, 지방공무원법 제52조에도 공무원은 직무상 알게 된 비밀을 엄수하여야 한다고 규정하고 있다. 이러한 공무원의 직무상 알게 된 비밀엄수 의무를 형법에 의하여 보호하는 것이 본조의 규정이다. 이러한 공무원의 비밀엄수위반에 대하여 징계처분으로 충분하지 않은가 하는 의문을 제기하면서 입법론적으로 재고를 필요로 한다는 견해도 있다.[8]

Ⅱ. 주 체

4 공무원 또는 공무원이었던 자이다.

5 퇴직한 공무원의 비밀누설에 의하여도 국가기능이 위태롭게 될 수 있기 때문에 공무원으로 재직 중인 경우뿐만 아니라 퇴직 후에도 법령에 의한 직무상 비밀을 누설한 경우는 본죄가 성립한다.

---

4 김일수·서보학, 새로쓴 형법각론(9판), 634.
5 대판 1996. 5. 10, 95도780; 대판 2009. 6. 11, 2009도2669; 대판 2012. 3. 15, 2010도14734; 대판 2021. 11. 25, 2021도2486.
6 배종대, § 153/8; 홍영기, 형법(총론과 각론), § 112/7.
7 김성돈, 773; 오영근, 701; 이정원·류석준, 715; 이형국·김혜경, 형법각론(2판), 785.
8 김일수·서보학, 634.

Ⅲ. 객 체

법령에 의한 직무상 비밀이다. 6

비밀이란 일반적으로 알려져 있지 않는 사실로서(비공지성) 공개되지 않은 상 7
태에 둠으로써 국가나 공공단체가 일정한 이익을 가지는 사항(비밀로서의 이익성)을 말한다.[9] 예를 들면, 알려지지 않은 도시계획, 국토개발계획, 은밀한 감사계획, 수사 중인 내용, 계약예정가격, 시청이전계획, 합의체법원의 합의와 평결내용 등을 들 수 있다.[10] 본죄의 비밀은 공무원법상의 징계대상인 비밀엄수 의무위반의 비밀보다 불법결과의 정도가 높은 것으로서, 국가적 차원에서 공공의 이익에 영향을 줄수 있는 중대한 것이어야 한다.[11]

1. 법령상의 비밀

직무상의 비밀은 법령에 의한 비밀이어야 한다. 그런데 법령에 의한 비밀 8
의 구체적 의미에 대하여, ① 국민의 알권리와 관련하여 비밀은 최소한에 머물도록 해석하는 것이 바람직하므로 법령에 의하여 특히 비밀로 할 것이 요구되는 사항, 즉 법령에 의해 비밀로 분류된 것임을 요한다는 견해(통설),[12] ② 본죄의 본질과 현대국가의 복잡화에 따라 보호할 비밀의 범위를 확대할 필요가 있다는 점을 고려하여 객관적·일반적으로 외부에 알려지지 않는 것에 상당한 이익이 있는 사항을 포함한다고 해석해야 한다는 견해[13]가 있다.

대법원은 일관되게 "법령에 의한 직무상 비밀이란 반드시 법령에 의하여 비 9
밀로 규정되었거나 비밀로 분류 명시된 사항에 한하지 아니하고, 정치, 군사, 외교, 경제, 사회적 필요에 따라 비밀로 된 사항은 물론 정부나 공무소 또는 국민이 객관적, 일반적인 입장에서 외부에 알려지지 않는 것에 상당한 이익이 있는 사항도 포함하는 것"이라고 판시함으로써,[14] 위 ②의 입장과 같다.

---

9 김성돈, 773; 배종대, § 153/9; 이재상·장영민·강동범, § 43/26.

10 김일수·서보학, 635.

11 김일수·서보학, 635.

12 김성돈, 773; 김일수·서보학, 634; 오영근, 701; 이재상·장영민·강동범, § 43/26; 이정원·류석준, 716; 임웅, 910; 정성근·박광민, 722; 주석형법 [각칙(1)](5판), 321(이상주).

13 이재상·장영민·강동범, § 43/26; 정영일, 426.

14 대판 1996. 5. 10, 95도780; 대판 2007. 6. 14, 2004도5561; 대판 2009. 6. 11, 2009도2669; 대

2. 직무상의 비밀

10 직무상의 비밀이란 공무원이 직무와 관련하여 알게 된 비밀을 말한다.[15] 직무상 알게 된 비밀이 아닌 단순 비밀은 본죄에 해당하지 않는다. 자신의 직무에 관한 비밀뿐만 아니라 다른 공무원의 직무에 관한 비밀도 포함한다. 또한 직무와 관련된 비밀이면, 그 비밀을 알게 된 경위는 불문한다.

3. 직무상 비밀로 인정한 사례

(1) 공무원선발시험 구술시험문제

11 시험장을 정리하고 수험자를 안내하며 시험장에서 수험자를 사실상 감시하는 직무에 종사하는 시험정리원이 3만 원을 받고 수험생에게 구술시험문제를 가르쳐 준 경우, 직무상 알게 된 비밀누설에 해당한다.[16]

(2) 도시계획구역 내의 건축규제조치 해제

12 경기도지사가 성남시에 보내온 '성남도시개발사업 현안문제에 대한 조치'라는 제목의 공문을 공무원이 복사하여 부동산업자에게 건네준 사안에서, 위 경기도지사의 공문은 성남시의 인구증가 억제조치로서 취해진 내무부장관 소관의 시유지 매각중지조치와 건설부장관 소관의 인구과밀지역 내와 1976년 5월 4일 이후 전입자에 의한 건물의 신축·증축의 불허 등 도시계획구역 내의 건축규제조치를 해제하는 것 등을 그 내용으로 담고 있어 중앙정부에 의한 성남시에 대한 각종 규제와 그 해제를 그 주요내용으로 하는 정책변경에 관한 사항으로 사전 누설이 될 경우 특정인에게 부당한 이익을 주거나 또는 부동산투기 등을 일으키게 하는 등의 우려가 있어 실질적으로 비밀성을 지닌 것이고, 한편 피고인은 위 회시공문이 성남시 총무과 문서 수발담당계에 접수되어 피고인 손에 넘어 오자 상사의 결재도 받기 전에 이를 복사하여 부동산업을 하는 A에게 넘겨 주었고, 시민에게 홍보하여 왔다는 것도 위 해제에 대한 건의임이 명백하여 위 회시공문내용을 홍보한 것이 아니므로 이것으로 위 공문내용의 비밀성을 부정할 수는 없다고 보았다.[17]

판 2021. 11. 25, 2021도2486; 대판 2021. 12. 30, 2021도11924.

15 김성돈, 773; 배종대, § 153/9; 주석형법 〔각칙(1)〕(5판), 322(이상주).

16 대판 1970. 6. 30, 70도562.

17 대판 1981. 7. 28, 81도1172.

(3) 서울시청 이전계획

서울시 도시계획국 도시계획과에 근무하는 토목기사로서 도시계획 시설결정 업무에 종사하는 사람이 서울시에서 동 청사를 지상으로 이전할 계획을 극비리에 수립하고 도시계획과에서 도면작성 등 기초작업을 마친 후 동 지역을 제1공용청사 부지로 한 도시계획시설 결정안을 도시계획위원회에 상정하여 동 위원회에서 가결하게 되자, 위 결정이 끝난 후 잔무처리 과정에서 시청이 이전될 도시계획시설이 결정된 사실과 동 이전부지 위치를 알게 되었음을 기화로 친구에게 시청이전 결정지를 지적하여 알려 준 사례에서, 공무원이 법령에 의한 직무상 비밀을 누설한 경우에 해당하는 것으로 판단하였다.[18] 13

(4) 조세범처벌법위반 고발내역

세무공무원이 사업자로부터 고발되지 않도록 해 달라는 부탁을 받고 세무서에서 다른 직원들이 출근하기 전에 캐비닛을 열어 그곳에 있던 경찰에 조세범처벌법위반으로 고발한 고발서 원본 2권을 꺼내어 복사기로 1부씩 복사하여 사업자에게 교부하여 준 경우, 사전에 유출되면 수사에 방해가 될 우려가 있는 공무상비밀누설로 보았다.[19] 14

(5) 경찰의 유흥주점 수사계획

유흥주점의 조세포탈과 윤락에 대한 경찰의 첩보와 수사계획은 외부로 알려지지 않는 것에 상당한 이익이 있고, 비밀로서 보호할 가치도 있다고 인정되므로 직무상 비밀에 해당한다.[20] 15

(6) 수사책임자의 잠정적인 판단 등 수사팀 내부 상황

① 검찰의 고위 간부가 특정 사건에 대한 수사가 계속 진행 중인 상태에서 해당 사안에 관한 수사책임자의 잠정적인 판단 등 수사팀의 내부 상황을 확인한 뒤 그 내용을 수사 대상자 측에 전달한 행위는 공무상 비밀누설에 해당하고,[21] ② 검찰 등 수사기관이 특정한 사건에 대하여 수사를 계속 진행하고 있는 상태에서 수사기관이 현재 어떤 자료를 확보하였고, 해당 사안이나 피의자의 죄책, 신병처리에 대하여 수사책임자가 어떤 의견을 가지고 있는지 등은 해당 사 16

18 대판 1982. 6. 22, 80도2822.
19 서울중앙지판 2005. 6. 2, 2005고합237.
20 대판 2006. 3. 9, 2005도10181.
21 대판 2007. 6. 14, 2004도5561.

건에 대한 종국적인 결정을 하기 전까지는 외부에 누설되어서는 안 될 수사기관 내부의 비밀에 해당하는 것이고, 이러한 수사상황이나 중간판단이 수사의 대상이 될 가능성이 있는 자 등 수사기관 외부로 누설될 경우에는 아직까지 수사기관에서 확보하지 못한 자료를 인멸하거나 관련자를 도피시킬 수도 있고, 수사기관에서 파악하고 있는 내용에 맞추어 증거를 조작하거나 허위의 진술을 준비하는 등의 방법으로 사건의 실체를 파악하고 증거를 확보하며 범인을 색출하려는 수사기관의 범죄수사기능에 현저한 장애를 초래할 위험이 발생하는 것이므로 공무상 비밀누설에 해당한다.[22]

(7) 입찰예정가격

17 국가를 당사자로 하는 계약에 관한 법률 제7조는 국가가 당사자로서 계약을 체결하는 경우 계약의 목적·성질·규모 등을 고려하여 필요하다고 인정될 때에는 대통령령이 정하는 바에 의하여 수의계약에 의할 수 있도록 정하고, 같은 법 시행령 제7조의2 제1항은 "각 중앙관서의 장 또는 계약담당공무원은 경쟁입찰 또는 수의계약 등에 부칠 사항에 대하여 당해 규격서 및 설계서 등에 의하여 예정가격을 결정하고, 이를 밀봉하여 미리 개찰장소 또는 가격협상장소 등에 두어야 하며, 예정가격이 누설되지 아니하도록 하여야 한다."고 규정하고 있으며, 제30조 제1항 본문은 "각 중앙관서의 장 또는 계약담당공무원은 수의계약을 체결하고자 할 때에는 2인 이상으로부터 견적서를 받아야 한다."고 규정하고 있는 점을 종합하면, 지방자치단체의 장 또는 계약담당공무원이 수의계약에 부칠 사항에 관하여 당해 규격서 및 설계서 등에 의하여 결정한 '예정가격'은 공무상 비밀에 해당한다.[23]

(8) 구속영장신청서 표지와 범죄사실

18 구속영장신청서 표지와 범죄사실의 사본은 그 내용이 공개될 경우 국가의 수사기능이 방해받을 우려가 있거나 개인의 사생활 등의 이해관계를 침해할 우려가 있는 것으로 보여 외부로 알려지지 않는 것에 상당한 이익이 있고, 비밀로서 보호할 가치도 있다고 인정되므로 직무상 비밀에 해당한다.[24]

---

22 서울고판 2004. 8. 20, 2003노3391.
23 대판 2008. 3. 14, 2006도7171.
24 대판 2008. 4. 24, 2008도1528.

(9) 협상전략과 분야별 쟁점 대응방향

피고인이 유출한 문건은 미국과의 자유무역협정(FTA) 체결 협상을 위한 협상전략과 분야별 쟁점에 대한 대응방향 등을 담고 있는 것으로서, 그와 같은 내용이 일반에 알려진 공지의 사실에 해당하는 것으로 볼 수 없고, 또한 그 내용이 공개될 경우 협상상대방인 미국으로서는 우리나라의 우선 관심사항과 구체적인 협상전략을 미리 파악하여 보다 유리한 조건에서 협상에 임할 수 있게 되는 반면, 우리나라로서는 당초 준비한 협상전략이 모두 노출됨으로 인하여 불리한 지위에서 협상에 임할 수밖에 없게 되어, 당초의 협상목표를 달성하지 못하게 되는 결과를 불러올 우려가 있었던 점 등을 종합해 보면, 적어도 위 문건 중 그 일부 기재는 정부나 공무소 또는 국민이 객관적·일반적인 입장에서 외부에 알려지지 않는 것에 상당한 이익이 있는 사항으로서 실질적으로 비밀로서 보호할 가치가 있는 직무상 비밀에 해당한다.[25] 19

(10) 제보자의 검찰 진술내용

검찰수사관이 내사 중인 사건의 제보자의 진술내용을 피내사자에게 알려준 사안에서, 제보자의 진술내용 등은 설령 그에 대한 소문이 있었다고 하더라도 구체적인 진술내용이 기재된 진술조서 등이 공개되지 아니한 이상 그러한 사정만으로 통상의 지식과 경험을 가진 여러 사람에게 알려져 공지된 사실이라고 볼 수 없고, 또한 위 진술내용은 내사사건의 제보자이자 핵심 관련자에 대한 조사과정에서 나온 것으로서 사건의 향방을 좌우할 수 있는 중요한 수사내용이므로, 비록 제보의 경위나 소문 등으로 대강의 내용을 짐작할 수 있다고 하더라도 그것이 수사의 초기 단계에서 수사담당자를 통해 직접 수사대상자에게 누설될 경우에는 수사대상자로 하여금 그 소문의 진위, 구체적인 진술내용 등을 신속하고 명확하게 인식하여 향후 증거의 조작, 허위 진술준비 등을 시도하게 할 염려가 있을 뿐 아니라, 누설 사실이 제보자 등 일반 국민에게 알려질 경우 국가기관의 엄정한 법집행에 대한 국민의 신뢰가 추락하는 등 국가기관의 수사목적을 방해하고 수사기능을 저해할 수 있는 이상, 위 사건의 종국결정 전까지는 누설해서는 아니 될 수사기관 내부의 비밀에 해당한다고 보았다.[26] 20

25 대판 2009. 6. 11, 2009도2669.
26 대판 2014. 6. 26, 2013도600.

(11) 검사의 수사지휘서 내용

21 검사가 수사의 대상, 방법 등에 관하여 사법경찰관리에게 지휘한 내용을 기재한 수사지휘서는 당시까지 진행된 수사의 내용뿐만 아니라 향후 수사의 진행방향까지 가늠할 수 있게 하는 수사기관의 내부문서로서, 수사기관이 특정 사건에 대하여 내사 또는 수사를 진행하고 있는 상태에서 수사지휘서의 내용이 외부에 알려질 경우, 피내사자나 피의자 등이 증거자료를 인멸하거나 수사기관에서 파악하고 있는 내용에 맞추어 증거를 준비하는 등 수사기관의 증거 수집 등 범죄수사 기능에 장애가 생길 위험이 있고, 또한 수사지휘서의 내용이 누설된 경로에 따라서는 사건관계인과의 유착 의혹 등으로 수사의 공정성과 신뢰성이 훼손됨으로써 수사의 궁극적인 목적인 적정한 형벌권 실현에 지장이 생길 우려도 있으므로, 수사지휘서의 기재 내용과 이에 관계된 수사상황은 해당 사건에 대한 종국적인 결정을 하기 전까지는 외부에 누설되어서는 안 될 수사기관 내부의 비밀에 해당한다.[27]

(12) 대통령 당선자의 특사단 추천의원명단

22 대통령 당선인 A의 비서실 소속 공무원이 당선인을 위하여 중국에 파견할 특사단 추천 의원을 정리한 문건을 B에게 이메일 또는 인편 등으로 전달함으로써 법령에 의한 직무상 비밀을 누설하였다는 내용으로 기소된 사안에서, 위 문건이 사전에 외부로 누설될 경우 대통령 당선인의 인사 기능에 장애를 초래할 위험이 있으므로, 종국적인 의사결정이 있기 전까지는 외부에 누설되어서는 아니 되는 비밀로서 보호할 가치가 있는 직무상 비밀에 해당한다고 보았다.[28]

(13) 비공개 심사위원회 구성 및 운영계획

23 강릉역 상징조형물 설치를 위한 공모심사위원회 구성 및 운영계획을 수립하면서 심사위원 구성 계획 및 심사위원 추천요청공문을 보낸 대학교 명단이 유출될 경우 작가들이 대학교 소속 교수들에게 연락하여 심사의 공정성을 해할 수 있기 때문에 담당공무원 외에는 해당사항을 알수 없도록 비공개 사항으로 처리하였음에도, 상징조형물 공모에 응한 작가로부터 심사위원 구성 방식과 추천요청공문을 보낸 대학교 명단을 알려 준 것은 공무상 비밀누설에 해당한다.[29]

---

27 대판 2018. 2. 13, 2014도11441.
28 대판 2018. 4. 26, 2018도2624.
29 대판 2020. 7. 9, 2019도17701.

4. 직무상 비밀로 인정하지 않은 사례

(1) 기업의 비업무용 부동산 보유실태

감사원 감사관이 공개한 기업의 비업무용 부동산 보유실태에 관한 감사원 24
보고서의 내용은 그 당시 부동산투기가 심각한 사회문제로 대두되어 정부에서 토지공개념 도입 등의 대책을 강구하고 있었고, 기업의 비업무용 부동산 보유실태에 관하여 국민의 관심이 집중된 상황하에서 기업의 비업무용 부동산 보유실태가 공개되는 것이 국민 전체의 이익에 이바지한다 할 수 있을 뿐 그러한 사항이 공개됨으로써 국가의 기능이 위협을 받는다고 할 수도 없으므로, 위 보고서의 내용은 공무상 비밀에 해당한다고 할 수 없다.[30]

(2) 열람·등사한 수사기록 내용

현직 경찰관이 교통사고 상담소를 차려 놓고 사건에 개입하던 전직 경찰관 25
으로부터 수사서류를 보여 달라는 부탁을 받고 교통사고 관련 사건 수사서류를 열람·등사하게 한 사안에서, 열람·등사하게 한 수사기록의 내용은 모두 피의사실, 피의자 및 피해자의 각 인적사항, 피해자의 상해 정도 또는 피의자의 신병처리 지휘내용 등에 관한 내용에 불과하여, 그 내용이 공개되는 경우 수사의 보안 또는 기밀을 침해하여 수사의 목적을 방해할 우려가 있거나 개인의 사생활 등 이해관계를 침해할 우려가 있는 개인정보를 담고 있는 것으로 보기에는 부족하다고 판단하였다.[31]

(3) 국가정보원 내부 직원 감찰조사사실

국가정보원 지부장이 평소 알고 지내던 사람에게 휴대전화로 국가정보원 내 26
부 감찰조사사항을 알려주어 국가정보원직원법상의 직무상비밀누설죄로 기소된 사안에서, 국가정보원은 당시 정치권의 도청에 관한 문제 제기로 일제 점검 차원에서 감찰을 하였으나 피고인에 의하여 누설된 위 내용 중 상당 부분이 사실과 달라 비밀로서의 가치가 없고, 피고인의 누설 사실로 인하여 국가정보원의 기능수행에 직접적인 영향은 없다고 회신하였고, 당시의 국내정치상황 및 국민여론, 위 감찰의 동기, 목적 및 감찰조사 진행사실의 일반 사회에의 전파상황 등에 국

30 대판 1996. 5. 10, 95도780.
31 대판 2003. 6. 13, 2001도1343.

가정보원의 직무내용까지 종합하여 보면, 국가정보원 내부의 감찰과 관련하여 감찰조사 개시시점, 감찰대상자의 소속 및 인적사항이 일부 누설되었다는 사실만으로 국가정보원의 도청의혹이 증폭되어 국가정보원의 정상적인 정보수집활동 등의 기능에 지장을 초래할 것도 아니라고 판단되므로, 감찰조사 개시시점, 감찰대상자의 소속 및 인적사항은 비밀로서의 가치가 없다고 판단하였다.[32]

(4) 내사결과보고서 내용

27 검찰총장이 법무비서관이 보고한 내사결과보고서를 사본하여 가지고 있다가 자신의 결백을 증명하기 위하여 지인에게 보여준 사안에서, 위 내사결과보고서에는 조사과로부터 조사를 받은 참고인들의 진술요지가 간단히 기재되어 있기는 하나 주된 내용은 옷값의 대납을 요구하였다는 첩보내용은 사실무근이라는 것에 불과하여 그 내용에 국가안전보장, 질서유지, 공공복리를 침해하는 요소가 있다고 볼 수 없고, 위 내사결과보고서가 피고인에게 전달된 시점이 이미 구속이 집행된 이후여서 그 내용이 공개되어도 수사의 보안 또는 기밀을 침해하여 수사의 목적을 방해할 우려가 있거나 이해관계인들의 기본권이 침해될 우려가 있다고도 볼 수 없으므로 위 내사결과보고서의 내용은 비공지의 사실이기는 하나 실질적으로 비밀로서 보호할 가치가 있는 것이라고 인정할 수 없고, 그 내용이 알려진다고 하더라도 국가의 기능을 위협하는 결과를 초래하게 된다고 인정되지도 않는다고 판단하였다.[33]

(5) 차적조회 정보

28 구청에서 체납차량 영치 및 공매 등의 업무를 담당하던 공무원이 A의 부탁을 받고 차적 조회 시스템을 이용하여 B의 유사휘발유 제조 현장 부근에서 경찰의 잠복근무에 이용되고 있던 경찰청 소속 차량의 소유관계에 관한 정보를 알아내 A에게 알려줌으로써 공무상비밀을 누설하였다는 내용으로 기소된 사안에서, 누구든지 열람이 가능한 부동산등기사항과 달리 구 자동차관리법(2009. 2. 6. 법률 제9449호로 개정되기 전의 것) 제7조 제4항, 구 자동차등록규칙(2010. 4. 7. 국토해양부령 제239호로 개정되기 전의 것) 제10조, 제12조가 자동차 소유자의 성명까지 기재된 신청서를 제출하여야 자동차등록원부의 열람이나 등본 또는 초본을

32 대판 2003. 11. 28, 2003도5547.

33 대판 2003. 12. 26, 2002도7339.

발급받을 수 있게 규정하여 자동차 소유자에 관한 정보가 공개되지 아니한 측면을 고려하더라도, 재산의 소유 주체에 관한 정보에 불과한 자동차 소유자에 관한 정보를 정부나 공무소 또는 국민이 객관적·일반적인 입장에서 외부에 알려지지 않는 것에 상당한 이익이 있는 사항으로서 실질적으로 비밀로 보호할 가치가 있다거나, 그 누설에 의하여 국가의 기능이 위협받는다고 볼 수 없고, 경찰청 소속 차량으로 잠복수사에 이용되는 경우 소속이 외부에 드러나지 말아야 할 사실상의 필요성이 있다는 사정만으로 달리 볼 것이 아니어서, 피고인이 A에게 제공한 차량 소유관계에 관한 정보가 본조에서 정한 '법령에 의한 직무상 비밀'에 해당한다고 볼 수 없다고 보았다.[34]

(6) 코로나바이러스 감염증 관련 보고문건 내용

군청 공무원인 피고인 등 4명이 코로나19 확진자의 성별과 나이, 가족관계 및 접촉자의 거주지, 직장 등 개인정보가 기재된 '신종코로나바이러스 감염증 관련 보고' 문건을 촬영해 자신의 가족들에게 카카오톡으로 전송한 혐의로 기소된 사안에서, 확진자와 접촉자 주소, 직장은 감염증예방을 위해 필요한 정보이고 이들의 인적사항이 업무상 비밀로 보호할 가치 있는 것으로 보기 어렵고, 위 정보 유출로 감염병예방 및 관리 등에 관한 국가의 기능이 위협받는다고 보기도 어렵다며 무죄를 선고한 제1심 판결을 유지한 원심판결에 대하여, 본죄의 직무상 비밀에 관한 법리를 오해한 잘못이 없다고 판단하였다.[35] 29

Ⅳ. 행 위

본죄의 행위는 누설하는 것이다. 30

누설이란 비밀사항을 제3자에게 알리는 것을 말한다. 어렴풋이 알고 있는 사람에게 확실하게 알리는 것도 누설에 해당한다. 알리는 방법에는 제한이 없으며 적극적으로 알려주는 작위뿐만 아니라 제3자가 비밀이 기재된 서류를 열람하게 하는 부작위에 의한 방법도 가능하다. 다만 어느 관청에 속한 비밀인지가 31

34 대판 2012. 3. 15, 2010도14734. 본 판결 해설은 이언학, "경찰청 소속 차량이라는 정보가 공무상 비밀누설죄에서의 직무상 비밀에 해당하는지 여부", 해설 92, 법원도서관(2012), 661-676.
35 대판 2022. 4. 28, 2021도14654.

알려질 수 있을 정도로 구체적인 고지여야 하며, 막연한 고지는 누설이라고 할 수 없다.[36]

32 누설과 관련하여 첫째, 이미 알고 있는 사람에게 알려준 경우에도 누설에 해당하는지 문제된다. 이에 대하여 일반적으로 알려져 있지 아니한 경우에는 이미 알고 있는 사람에게 알리는 것도 누설이 된다는 견해도 있으나,[37] 통설[38]·판례[39]는 누설에 해당하지 않는다고 한다. 한편 이러한 경우에는 누설의 불능미수에 해당하는데, 본죄는 미수범 처벌규정이 없으므로 별 의미가 없다고 보는 견해도 있다.[40]

33 둘째, 공무원이 직무와의 관련성 또는 필요성에 기하여 해당 직무의 집행과 관련 있는 다른 공무원에게 직무집행의 일환으로 직무상 비밀을 전달한 경우에도 누설에 해당하는지 문제된다. 이에 대하여 대법원과 헌법재판소는, "관련 각 공무원의 지위 및 관계, 직무집행의 목적과 경위, 비밀의 내용과 전달 경위 등 제반 사정에 비추어 비밀을 전달받은 공무원이 이를 그 직무집행과 무관하게 제3자에게 누설할 것으로 예상되는 등 국가기능에 위험이 발생하리라고 볼 만한 특별한 사정이 인정되지 않는 한, 위와 같은 행위가 비밀의 누설에 해당한다고 볼 수 없다."고 판시하고 있다.[41]

---

36 김일수·서보학, 636.

37 이건호, 신고형법각론, 일신사(1976), 44.

38 김성돈, 774; 박상기, 633; 배종대, § 153/11; 이재상·장영민·강동범, § 43/27; 이정원·류석준, 716; 임웅, 910; 정성근·박광민, 723; 주석형법 [각칙(1)](5판), 332(이상주).

39 대판 2021. 11. 25, 2021도2486; 대판 2021. 12. 30, 2021도11924. 「'누설'이란 비밀을 아직 모르는 다른 사람에게 임의로 알려주는 행위를 의미한다.」

40 김일수·서보학, 636; 오영근, 702.

41 헌재 2022. 5. 26, 2021헌마1400(법원 기획법관이 법원행정처 차장에게 집행관사무원 비리 사건 관련 보고서를 송부한 행위에 대하여, 위 2021도11924 판결로 무죄가 선고된 법원장의 사법행정사무를 보좌하는 기획법관의 지위에서 직무와 관련하여 알게 된 직무상 비밀을 이를 취득할 지위 내지 자격이 있는 사람인 법원행정처 차장에게 전달한 것이라는 이유로 본죄의 성립을 부정한 사례); 대판 2021. 11. 25, 2021도2486(법원 형사수석부장판사가 같은 법원 영장전담판사 등으로부터 보고받은 정보를 법원행정처 차장에게 보고한 사건에서 누설을 부정한 사례); 대판 2021. 12. 30, 2021도11924(법원장이 기획법관으로 하여금 영장재판 관련 정보를 법원행정처 차장에게 보고하도록 한 것이 본죄에 해당하는지 문제된 사건에서, 직무집행의 일환으로 비밀을 취득할 지위 내지 자격이 있는 법원행정처 차장에게 그 내용을 전달한 것이라는 이유로 본죄의 성립을 부정한 사례).

V. 고 의

구성요건적 고의는 행위자가 공무원이라는 신분, 직무상 알게 된 비밀이라는 점, 법령에 의하여 비밀로 할 것이 정해져 있다는 점, 그 비밀을 누설한다는 점에 대한 인식과 의사가 필요하다. 비밀 자체는 직무수행 중 알게 된 내용이어야 하므로 그 부분에 확고한 인식이 있어야 하고, 나머지 부분은 미필적 고의로도 충분하다.[42] 34

VI. 기수시기

본죄는 추상적 위험범이므로 누설함으로써 곧바로 기수가 되고, 구체적인 위험이 발생해야 하는 것은 아니다.[43] 상대방이 내용을 이해하거나 국가기능에 장애가 초래되거나 피해자의 인권이 침해되었는가 여부는 문제가 되지 않는다. 판례도 추상적 위험범설의 입장에서, 시험정리원이 구술시험문제를 알려준 경우에 알려준 내용사실이 시험의 당락에 중요한 영향을 미칠 문제에 속하였던 사실을 적시하면 충분하고, 그 내용 사항이 구체적으로 출제된 여부의 점까지 밝힐 필요는 없다고 판시하였다.[44] 35

VII. 위법성

피해자의 승낙은 본죄의 성립에 영향을 주지 않는다. 36

그러나 정당한 법령상의 근거에 기하여 신고하는 경우, 예를 들면 부패방지 37
및 국민권익위원회의 설치와 운영에 관한 법률(이하, 부패방지권익위법이라 한다.) 제

42 김일수·서보학, 636.

43 김성돈, 774; 주석형법 [각칙(1)](5판), 333(이상주). 한편 독일형법 제353조의b는 중요한 공익의 위태화가 가벌성의 요건으로 되어 있는데, 판례에 의하면 이는 비밀침해의 사실이 알려지고 관청의 활동에 대한 신뢰가 동요되는 것으로 충분하다고 한다(OLG Düsseldorf, 23.08.1988-2 Ss 131/88-113/88 II). 판례 가운데에는 가령 연방교통청(Kraftfahrt-Bundesamt) 및 자동차운행허가 관청에서의 차량보유자 조회를 위한 코드번호를 알려준 경우에는, 관청의 활동에 대한 신뢰가 동요되었다고 본 것이 있다(OLG Zweibrücken, 11.05.1990-1 Ss 63/90; LG Ulm, 17.12.1999-I Qs 1136-1137/99, I Qs 1136/99, I Qs 1137/99).

44 대판 1970. 6. 30, 70도562.

56조[45]에 의하여 공직자의 부패행위를 신고하거나 공익신고자 보호법 제7조[46]에 의하여 공익침해행위를 신고하는 경우에는 법령에 의한 정당행위로 위법성이 조각된다.

38 그런데 법령에 따른 신고행위 이외에 내부의 부정·비리를 고발하기 위한 경우에는 긴급피난이나 사회상규에 위배되지 아니하는 행위로 위법성이 조각된다는 견해,[47] 내부의 부정·비리를 고발하기 위한 것인 때에는 이로 인하여 입게 될 국가기능상의 피해보다는 부정·비리를 은폐할 경우의 국가기능의 피해가 더 클 것이기 때문에 그 내용이 진실일 때에는 정당행위로서 위법성이 조각된다는 견해[48]도 있다. 이에 대하여는 법령상 절차에 따른 신고가 아닌 내부의 부정비리 고발을 위한 공개의 경우에는 중대한 비밀보호의 필요성이 인정되는 사항에 관하여 아무나 이를 위법하다가 판단하여 공개하게 된다면 국가의 안전이나 공공복리를 해하게 되는 경우가 적지 아니할 것이기 때문에 명백하고 중대한 헌법위반이나 법률위반이 있고, 누설의 목적이 그 위법상태의 발생 방지 내지 제거에 있는 경우에 한하여 위법성이 조각된다고 보아야 한다는 견해도 있다.[49]

---

45 부패방지권익위법 제56조(공직자의 부패행위 신고의무) 공직자는 그 직무를 행함에 있어 다른 공직자가 부패행위를 한 사실을 알게 되었거나 부패행위를 강요 또는 제의받은 경우에는 지체 없이 이를 수사기관·감사원 또는 위원회에 신고하여야 한다.
제66조(책임의 감면 등) ③ 신고등의 내용에 직무상 비밀이 포함된 경우에도 다른 법령, 단체협약 또는 취업규칙 등의 관련 규정에 불구하고 직무상 비밀준수의무를 위반하지 아니한 것으로 본다.

46 공익신고자 보호법 제7조(공직자의 공익신고 의무) 「부패방지 및 국민권익위원회의 설치와 운영에 관한 법률」 제2조제3호에 따른 공직자(이하 "공직자"라 한다)는 그 직무를 하면서 공익침해행위를 알게 된 때에는 이를 조사기관, 수사기관 또는 위원회에 신고하여야 한다.
제14조(책임의 감면 등) ④ 공익신고등의 내용에 직무상 비밀이 포함된 경우에도 공익신고자등은 다른 법령, 단체협약, 취업규칙 등에 따른 직무상 비밀준수 의무를 위반하지 아니한 것으로 본다.

47 김성돈, 774.

48 박상기, 633.

49 주석형법 〔각칙(1)〕(5판), 333(이상주).

Ⅷ. 공범, 죄수 및 다른 죄와의 관계

1. 공 범

본죄는 공무원 또는 공무원이었던 자로부터 직무상 비밀을 누설받은 상대방에 대한 처벌규정이 없는 편면적 대향범에 해당하는데, 그 상대방에 대하여 총칙상 공범규정이 적용되는지 문제된다. 대법원은 "2인 이상 서로 대향된 행위의 존재를 필요로 하는 대향범에 대하여는 공범에 관한 형법총칙 규정이 적용될 수 없는데, 형법 제127조는 공무원 또는 공무원이었던 자가 법령에 의한 직무상 비밀을 누설하는 행위만을 처벌하고 있을 뿐 직무상 비밀을 누설받은 상대방을 처벌하는 규정이 없는 점에 비추어, 직무상 비밀을 누설받은 자에 대하여는 공범에 관한 형법총칙 규정이 적용될 수 없다고 보는 것이 타당하다."고 판시하여,[50] 적용을 부정하고 있다. 따라서 공무원이 직무상 비밀을 누설한 그 상대방에 대하여 비밀누설한 공무원과 공동정범으로도 처벌할 수 없고,[51] 교사범으로도 처벌할 수 없다.[52] 39

학설도 적용을 부정하는 부정설이 통설이지만,[53] 그 적용을 긍정하거나[54] 누설받은 자가 단순히 누설받는 데 그치는 정도가 아니라 적극적으로 공무원 또는 공무원이었던 자를 부추겨 직무상 비밀을 누설하도록 하여 누설받은 경우에는 본죄의 교사범으로 처벌된다고 하는 견해[55] 또는 개인적 목적이 아니라 국가 전체적으로 누설하도록 관여한 경우에는 공범이 성립한다는 견해[56]도 있다. 40

2. 죄 수

동일한 기회에 동일한 대상자에게 수개의 비밀을 누설하여도 1개의 본죄만 성립한다. 41

50 대판 2011. 4. 28, 2009도3642; 대판 2017. 6. 19, 2017도4240.
51 대판 2009. 6. 23, 2009도544.
52 대판 2011. 4. 28, 2009도3642.
53 박찬걸, 형법각론, 801; 원혜욱, 형법각론, 480; 이재상·장영민·강동범, § 43/27.
54 이정원·류석준, 717.
55 정영일, 426; 주석형법 [각칙(1)](5판), 332(이상주).
56 손동권·김재윤, 새로운 형법각론, § 49/45.

3. 다른 죄와의 관계

(1) 수뢰후부정처사죄와의 관계

42 공무원이 뇌물을 수수하고 공무상비밀을 누설한 경우, 본죄와 수뢰후부정처사죄(§ 131①)의 상상적 경합이 된다. 판례도 시험을 관리하는 공무원이 돈을 받고 시험문제를 알려 준 경우에는 본죄와 수뢰후부정처사죄의 상상적 경합으로 보았다.[57]

(2) 특별규정이 있는 경우

43 공무원이 직무상 알게 된 군사기밀을 적국에 누설한 때에는 간첩죄(§ 98)가, 공무원이 외교상 기밀을 누설한 때에는 외교상기밀누설죄(§ 113)가 각 성립하고, 특별법에 공무상비밀누설에 관한 별도 규정이 있는 경우에도 마찬가지로 특별법이 우선하여 적용되고, 본죄는 이에 흡수되어 별도로 성립하지 않는다.

44 ① 부패방지권익위법 제7조의2는 공직자는 업무처리 중 알게 된 비밀을 이용하여 재물 또는 재산상의 이익을 취득하거나 제3자로 하여금 취득하게 하여서는 아니 된다고 규정하고 있고, 이를 위반한 경우에는 제86조(업무상 비밀이용의 죄) 제1항에서 7년 이하의 징역 또는 7천만 원 이하의 벌금에 처하도록 하고 있다. 위 부패방지권익위법상의 업무상 비밀이용의 죄가 성립하는 경우, 공무상비밀누설죄는 이에 흡수된다.[58]

45 ② 특정범죄 가중처벌 등에 관한 법률 제4조의3(공무상 비밀누설의 가중처벌)은 국회법 제54조의2 제2항(정보위원회의 특례)을 위반한 경우, 즉 국회 정보위원회의 위원 및 소속공무원(의원보조직원 포함)이 직무수행상 알게 된 국가기밀에 속하는 사항을 공개하거나 타인에게 누설한 경우에 5년 이하의 징역 또는 500만 원 이하의 벌금에 처하도록 규정하고 있다.

46 ③ 국가정보원직원법 제17조(비밀의 엄수) 제1항은 직원은 재직 중은 물론 퇴직한 후에도 직무상 알게 된 비밀을 누설하여서는 아니 된다고 규정하고 있고, 이를 어긴 경우에는 동법 제32조에서 10년 이하의 징역 또는 1천만 원 이하의 벌금에 처한다고 규정하고 있다.

---

57 대판 1970. 6. 30, 70도562.
58 김성돈, 774; 정성근·박광민, 723; 주석형법 [각칙(1)](5판), 334(이상주).

Ⅸ. 처 벌

1년 이하의 징역이나 금고 또는 3년 이하의 자격정지에 처한다. 47

〔김 현 철〕

第128條(선거방해)

검찰, 경찰 또는 군의 직에 있는 공무원이 법령에 의한 선거에 관하여 선거인, 입후보자 또는 입후보자가 되려는 자에게 협박을 가하거나 기타 방법으로 선거의 자유를 방해한 때에는 10년 이하의 징역과 5년 이상의 자격정지에 처한다.

Ⅰ. 취 지

1. 보호법익

1 본죄(선거방해죄)는 검찰·경찰 또는 군의 직에 있는 공무원이 법령에 의한 선거의 선거인, 입후보자 또는 입후보자가 되려는 자에게 협박을 가하거나 기타 방법으로 선거의 자유를 방해함으로써 성립하는 범죄이다.

2 본죄의 보호법익에 대하여, ① 선거의 자유를 보호하기 위한 것으로 보는 견해,[1] ② 개인의 선거의 자유와 공정한 선거를 유지하여야 하는 국가의 기능으로 보는 견해,[2] ③ 국가의 일반권력기능을 일반적 보호법익으로, 선거권·피선거권자의 정치적 의사결정의 자유를 직접적 보호법익으로, 선거의 자유와 공정을 간접적 보호법익으로 한다는 견해[3]가 있는데, 위 ③의 견해가 타당하다고 생각된다.

3 본죄의 보호받는 정도에 관하여는 ① 추상적 위험범으로 보는 견해,[4] ② 구체적 위험범으로 보는 견해,[5] ③ 침해범으로 보는 견해[6]가 있다. 본죄의 보호법

1 김성돈, 형법각론(7판), 782; 오영근, 형법각론(6판), 711; 임웅, 형법각론(10정판), 921; 정영일, 형법강의 각론(3판), 433; 진계호·이존걸, 형법각론(6판), 828.
2 이정원·류석준, 형법각론, 726.
3 김일수·서보학, 새로쓴 형법각론(9판), 646.
4 김성돈, 782; 임웅, 921; 정영일, 433.
5 배종대, 형법각론(13판), § 154/13.
6 김일수·서보학, 646.

익과 행위태양을 고려할 때, 침해범으로 해석하는 것이 타당하다.[7]

2. 성 격

본죄의 성격에 대하여 ① 직무위배죄의 일종이라는 견해도 있으나,[8] ② 직권남용죄의 특별규정으로 보는 것이 다수설이다.[9] 본죄는 일반 직권남용죄와 비교해 볼 때 특수공무원에 한정되고, 행위태양도 자유로운 선거권의 행사라고 하는 특별한 권리행사를 방해하는 것을 구성요건요소로 하고 있어 직권남용죄의 특별유형에 해당한다고 보는 다수설이 타당하다. 따라서 본죄가 성립하면 일반 직권남용죄는 따로 성립하지 않는다. 4

Ⅱ. 주 체

검찰, 경찰 또는 군의 직에 있는 공무원에 한정된다. 5

군의 직에 있는 공무원은 군무원을 포함한다. 선거의 자유를 침해할 우려가 있는 공무원의 유형으로 검찰, 경찰 또는 군의 직에 있는 공무원을 상정하여 특별히 처벌규정을 둠으로써 선거권자와 피선거권자의 의사결정의 자유를 보호하고 선거의 자유와 공정을 보호하기 위한 것이다. 6

Ⅲ. 객 체

법령에 의한 선거에서 선거인, 입후보자 또는 입후보자가 되려는 자이다. 7

법령에 의한 선거란 대통령, 국회의원, 지방자치단체의 장 및 의원의 선거와 같이 선거의 근거가 법령에 규정되어 있는 선거를 말한다. 그러므로 사적 단체의 투표에 관한 것이거나 공공기관의 선거라도 법령상의 근거에 의한 선거가 아니면 본죄에 해당하지 않는다. 8

---

7 주석형법 〔각칙(1)〕(5판), 336(이상주).

8 백형구, 형법각론(개정판), 678.

9 김성돈, 782; 김일수·서보학, 646; 오영근, 711; 이재상·장영민·강동범, 형법각론(12판), § 43/42; 임웅, 921; 진계호·이존걸, 828.

9 선거인이란 선거권이 있는 사람으로서 선거인명부 또는 재외선거인명부에 올라있는 사람을 말한다(공선 § 3).[10]

10 입후보자라 함은 특정선거에 관하여 관할선거구 선거관리위원회에 후보자등록을 마친 자를 말하며, 이때 후보자로서의 신분취득은 후보자등록신청서가 접수된 때부터라고 할 것이다.[11] 입후보자가가 되려는 자는 후보자등록을 하지 아니하였으나 후보자가 될 의사를 가진 자를 말한다. 그 의사를 반드시 외부에 공표할 필요는 없고, 그 의사를 예상할 수 있는 정도이면 충분하다. 입후보자가 되고자 하는 자에 대하여 판례는, "'후보자가 되고자 하는 자'에는 선거에 출마할 예정인 사람으로서 정당에 공천신청을 하거나 일반 선거권자로부터 후보자추천을 받기 위한 활동을 벌이는 등 입후보의사가 확정적으로 외부에 표출된 사람뿐만 아니라 그 신분·접촉대상·언행 등에 비추어 선거에 입후보할 의사를 가진 것을 객관적으로 인식할 수 있을 정도에 이른 사람도 포함된다."고 판시한바 있다.[12]

Ⅳ. 행 위

11 협박을 하거나 기타 방법으로 선거의 자유를 방해하는 것이다.

12 협박은 예시에 불과하고 어떠한 형태이든 개인의 정치적 의사결정의 자유를 위협하는 것이면 된다. 협박은 해악을 고지하여 상대방에게 공포심을 일으키는 행위를 말하며 단순 협박죄(§ 283①)에서와 같은 개념이다.[13] 기타의 방법으로는 폭력, 납치, 감금, 해악을 수반한 회유나 위계 등 선거의 자유를 방해할 수 있는 작위 또는 부작위 등의 행위를 포함하며 제한이 없다.[14] 방해는 행위 객체의 참정권행사를 본질상 어렵게 하거나 지연시키는 일체의 행위를 말한다.

13 본죄의 기수시기와 관련하여 추상적 위험범으로 보는 견해에서는 선거의 자유를 방해할만한 행위가 있으면 즉시 기수가 되고, 현실적으로 선거를 방해하

10 다만, 벌칙조항의 적용과 관련하여 공직선거법 제230조(매수 및 이해유도죄)가 적용될 대상자에는 선거인의 개념은 확장되어 선거인명부 또는 재외선거인명부에 등재될 자격이 있는 자까지로 확대된다.

11 대검찰청, 공직선거법 벌칙해설(9개정판)(2018), 59.

12 대판 2013. 11. 14, 2013도2190.

13 김일수·서보학, 647; 오영근, 711.

14 김일수·서보학, 647; 주석형법 〔각칙(1)〕(5판), 337(이상주).

는 결과가 발생할 필요는 없다는 입장이다.[15] 그러나 침해범으로 보는 입장은 상대방이 협박 등에 의해 현실적으로 참정권행사를 방해받거나 참정권행사와 관련한 정치적 의사결정이 침해된 상태에 이를 때 기수에 이른다고 본다.[16] 단순 협박죄는 미수범의 처벌규정이 있으나 본죄는 미수범의 처벌규정이 없으므로 그 행위만으로 기수에 이른다는 견해도 일리가 있으나, 협박죄를 침해범으로 보는 입장(통설)[17]에서 같은 개념의 협박을 사용하여 선거의 자유를 방해하는 것을 요건으로 하는 본죄에서 단지 협박행위만으로 선거의 자유방해 여부에 상관없이 기수에 이른다고 해석하는 것은 타당하지 않으므로 침해범설이 옳다고 본다. 따라서 선거의 자유가 방해되었을 때 기수에 이른다고 함이 타당하다.

V. 다른 죄와의 관계

검사 또는 경찰공무원의 선거자유방해죄에 대하여는 특별법인 공직선거법 14
제237조 제2항이 우선 적용된다.[18] 또한, 군인에 의한 선거자유방해죄도 공직선

15 김성돈, 782; 진계호·이존걸, 829.

16 김일수·서보학, 647.

17 이재상·장영민·강동범, §7/2. 이와는 달리 판례는 협박죄를 위험범으로 보고 있다[대판 2007. 9. 28, 2007도606(전)].

18 공직선거법 제237조(선거의 자유방해죄) ① 선거에 관하여 다음 각 호의 어느 하나에 해당하는 자는 10년 이하의 징역 또는 500만원 이상 3천만원 이하의 벌금에 처한다.

1. 선거인·후보자·후보자가 되고자 하는 자·선거사무장·선거연락소장·선거사무원·활동보조인·회계책임자·연설원 또는 당선인을 폭행·협박 또는 유인하거나 불법으로 체포·감금하거나 이 법에 의한 선거운동용 물품을 탈취한 자
2. 집회·연설 또는 교통을 방해하거나 위계·사술 기타 부정한 방법으로 선거의 자유를 방해한 자
3. 업무·고용 기타의 관계로 인하여 자기의 보호·지휘·감독하에 있는 자에게 특정 정당이나 후보자를 지지·추천하거나 반대하도록 강요한 자

② 검사 또는 경찰공무원(사법경찰관리를 포함한다)이 제1항 각호의 1에 규정된 행위를 하거나 하게 한 때에는 1년 이상 10년 이하의 징역과 5년 이하의 자격정지에 처한다.

③ 이 법에 규정된 연설·대담장소 또는 대담·토론회장에서 위험한 물건을 던지거나 후보자 또는 연설원을 폭행한 자는 다음 각호의 구분에 따라 처벌한다.

1. 주모자는 5년 이상의 유기징역
2. 다른 사람을 지휘하거나 다른 사람에 앞장서서 행동한 자는 3년 이상의 유기징역
3. 부화하여 행동한 자는 7년 이하의 징역

④ 제1항 내지 제3항의 죄를 범한 경우에 그 범행에 사용하기 위하여 지닌 물건은 이를 몰수한다.

⑤ 당내경선과 관련하여 다음 각 호의 어느 하나에 해당하는 자는 5년 이하의 징역 또는 1천만원 이하의 벌금에 처한다.

거법 제238조에 특별한 규정을 두고 있다.[19] 그 외에도 선거관리위원회 직원, 경찰공무원이 직권을 남용하여 선거의 자유를 방해한 경우에 공직선거법 제239조에 특별규정을 두고 있다.[20] 따라서 본조는 공직선거법이 특별법으로 우선 적용됨으로 인하여 사실상 사문화된 조문이고, 협박 기타의 방법으로 선거를 방해한다는 것도 추상적이므로 명확성의 원칙에 반하여 형법에서 본죄를 삭제해야 한다는 입법론도 있다.[21]

Ⅵ. 처 벌

15 1년 이하의 징역이나 금고 또는 3년 이하의 자격정지에 처한다.

〔김 현 철〕

---

1. 경선후보자(경선후보자가 되고자 하는 자를 포함한다) 또는 후보자로 선출된 자를 폭행·협박 또는 유인하거나 체포·감금한 자
2. 경선운동 또는 교통을 방해하거나 위계·사술 그 밖의 부정한 방법으로 당내경선의 자유를 방해한 자
3. 업무·고용 그 밖의 관계로 인하여 자기의 보호·지휘·감독을 받는 자에게 특정 경선후보자를 지지·추천하거나 반대하도록 강요한 자

⑥ 당내경선과 관련하여 다수인이 경선운동을 위한 시설·장소 등에서 위험한 물건을 던지거나 경선후보자를 폭행한 자는 다음 각 호의 구분에 따라 처벌한다.

1. 주모자는 3년 이상의 유기징역
2. 다른 사람을 지휘하거나 다른 사람에 앞장서서 행동한 자는 7년 이하의 징역
3. 다른 사람의 의견에 동조하여 행동한 자는 2년 이하의 징역

19 공직선거법 제238조(군인에 의한 선거자유방해죄) 군인(군수사기관소속 군무원을 포함한다)이 제237조(선거의 자유방해죄)제1항 각호의 1에 규정된 행위를 하거나, 특정한 후보자를 당선되게 하거나 되지 못하게 하기 위하여 그 영향하에 있는 군인 또는 군무원의 선거권행사를 폭행·협박 또는 그밖의 방법으로 방해하거나 하게 한 때에는 1년 이상 10년 이하의 징역과 5년 이하의 자격정지에 처한다.

20 공직선거법 제239조(직권남용에 의한 선거의 자유방해죄) 선거에 관하여 선거관리위원회의 위원·직원, 선거사무에 종사하는 공무원 또는 선거인명부(재외선거인명부등을 포함한다. 이하 이 장에서 같다)작성에 관계있는 자나 경찰공무원(사법경찰리 및 군사법경찰리를 포함한다)이 직권을 남용하여 다음 각 호의 어느 하나에 해당하는 행위를 하거나 하게 한 때에는 7년 이하의 징역에 처한다.

1. 선거인명부의 열람을 방해하거나 그 열람에 관한 직무를 유기한 때
2. 정당한 사유없이 후보자를 미행하거나 그 주택·선거사무소 또는 선거연락소에 승낙없이 들어가거나 퇴거요구에 불응한 때

21 백형구, 679. 그러나 1992년의 형법개정법률안에서는 선거의 자유를 방해하는 행위는 선언적 의미에서라도 형법에 처벌규정을 두어야 한다는 이유로 본죄의 주체를 모든 공무원으로 확대하면서 이를 존치하였다[법무부, 형법개정법률안 제안이유서(1992. 10), 259-260].

제2절 뇌물범죄

[총 설]

I. 규 정

뇌물에 관한 죄는 각칙 제7장 공무원의 직무에 관한 죄에 규정되어 있다. 형법상 뇌물죄는 수뢰죄와 증뢰죄로 분류할 수 있다. 1

수뢰죄는 단순수뢰죄(§ 129①)를 기본유형으로 하고, 사전수뢰죄(§ 129②)는 감경유형, 수뢰후부정처사죄(§ 131①) 및 부정처사후수뢰죄(§ 131②)는 가중유형, 제3자뇌물제공죄(§ 130), 사후수뢰죄(§ 131③), 알선수뢰죄(§ 132)는 수정유형이다. 증뢰죄는 단순수뢰죄에 대응하는 단순증뢰죄(§ 133①)가 기본유형이고, 증뢰물전달죄(§ 133②)는 수정유형이다. 2

한편, 형법상 수뢰죄로 처벌할 경우 특정범죄 가중처벌 등에 관한 법률(이하, 특정범죄가중법이라 한다.) 제2조 제2항에 따라 벌금형을 필요적으로 병과하여야 한다.[1] 3

1 수뢰액의 2배 이상 5배 이하의 벌금을 병과한다.

[표 1] 제7장 중 뇌물범죄 조문 구성

조문		제목	구성요건	죄명	공소시효
§ 129	①	수뢰, 사전수뢰	ⓐ 공무원 또는 중재인이 ⓑ 그 직무에 관하여 ⓒ 뇌물을 ⓓ 수수, 요구 또는 약속	뇌물 (수수, 요구, 약속)	7년
	②		ⓐ 공무원 또는 중재인이 될 자가 ⓑ 담당할 직무에 관하여 청탁을 받고 ⓒ 뇌물을 ⓓ 수수, 요구 또는 약속한 후 ⓔ 공무원 또는 중재인이 된 때	사전뇌물 (수수, 요구, 약속)	5년
§ 130		제3자뇌물제공	ⓐ 공무원 또는 중재인이 ⓑ 직무에 관하여 부정한 청탁을 받고 ⓒ 제3자에게 ⓓ 뇌물을 ⓔ 공여하게 하거나 공여를 요구 또는 약속	제3자뇌물 (수수, 요구, 약속)	7년
§ 131	①	수뢰후부정처사, 사후수뢰	ⓐ 공무원 또는 중재인이 § 129, § 130의 죄를 범하여 ⓑ 부정한 행위를 한 때	수뢰후부정처사	10년
	②		ⓐ 공무원 또는 중재인이 그 직무상 부정한 행위를 한 후 ⓑ 뇌물을 ⓒ 수수, 요구 또는 약속하거나 제3자에게 이를 공여하게 하거나 공여를 요구 또는 약속	부정처사후수뢰	10년
	③		ⓐ 공무원 또는 중재인이었던 자가 ⓑ 그 재직 중에 청탁을 받고 ⓒ 직무상 부정한 행위를 한 후 ⓓ 뇌물을 ⓔ 수수, 요구, 약속	부정처사후수뢰	7년
§ 132		알선수뢰	ⓐ 공무원이 ⓑ 그 지위를 이용하여 ⓒ 다른 공무원의 직무에 속한 사항의 알선에 관하여 ⓓ 뇌물을 ⓔ 수수, 요구, 약속	알선뇌물 (수수, 요구, 약속)	5년
§ 133	①	뇌물공여 등	ⓐ § 129 내지 § 132에 기재한 뇌물을 ⓑ 약속, 공여 또는 공여의 의사를 표시	뇌물 (공여, 공여약속, 공여의사표시)	7년
	②		ⓐ ①의 행위에 제공할 목적으로 ⓑ 제3자에게 ⓒ 금품을 교부하거나 그 사정을 알면서 금품을 교부받음	제3자뇌물 (교부, 취득)	7년
§ 134		몰수, 추징	뇌물 등 몰수, 추징		
§ 135		공무원의 직무상 범죄에 대한 형의 가중	직권 이용한 본장 외 범죄는 2분의 1 가중		

Ⅱ. 의의 및 보호법익

1. 의 의

뇌물죄(bribery, Bestechungsdelikte)란 공무원 또는 중재인이 직무행위에 대한 대가로 법이 인정하지 않는 이익을 취득하거나 공무원 또는 중재인에게 이러한 이익을 지급하는 것을 내용으로 하는 범죄이다. 형법상 뇌물죄는 뇌물을 받는 수뢰죄(Bestechlichkeit)와 뇌물을 주는 증뢰죄(Bestechung)로 구성되어 있다. 4

2. 보호법익

뇌물죄의 보호법익에 관한 전통적인 견해는 공무원의 직무행위의 불가매수성을 중시하는 로마법적 사고와 직무행위의 공정성(직무의 순수성 내지 불가침성)을 중시하는 게르만법적 사고로 나누어 볼 수 있다. 전자의 견해는 공무원이 직무행위의 대가로 뇌물을 받기만 하면 뇌물죄가 성립하는 것으로 보고 부정한 행위를 하였는지 여부는 따지지 않는 데 반하여, 후자의 견해는 뇌물을 받아 직무행위의 공정성이 침해되었는지 여부를 문제삼음으로써 직무행위의 공정성을 보호법익으로 본다.[2] 5

독일형법의 경우 직무상의 의무에 위반하지 않은 공무원에 대한 뇌물의 수수를 처벌하는 규정(§ 331, § 333)과 함께, 직무위반의 행위에 대한 뇌물의 수수를 가중처벌하는 규정(§ 332, § 334)을 두어 로마법적 사고와 게르만법적 사고의 혼합형식을 취하고 있다.[3] 우리 형법도 뇌물을 받은 후 부정한 행위를 하였는지 여부를 불문하고 뇌물수령행위 자체만으로 뇌물죄의 성립을 인정함으로써 로마법적 사고를 수용하는 한편, 뇌물수령 전후로 부정한 행위를 한 경우 가중처벌함으로써 게르만법 사고도 가미한 것으로 볼 수 있다.[4] 6

학설은 뇌물죄의 보호법익을 직무행위의 불가매수성으로 보는 견해[5]도 있으나, 국가기관 및 그 직무 자체의 공정성과 직무행위의 불가매수성에 대한 공 7

2 주석형법 [각칙(1)](5판), 340(천대엽).
3 이재상·장영민·강동범, 형법각론(12판), § 43/47.
4 주석형법 [각칙(1)](5판), 341(천대엽).
5 배종대, 형법각론(13판), § 155/4; 손동권·김재윤, 새로운 형법각론, § 49/1; 정영일, 형법강의 각론(3판), 434.

공의 신뢰 모두를 뇌물죄의 보호법익으로 보는 견해(종합설)[6]가 통설이다. 판례는 종전에는 뇌물죄의 보호법익을 직무행위의 불가매수성에 있다는 입장이었으나,[7] 그 후 "뇌물죄는 직무집행의 공정과 이에 대한 신뢰 및 직무행위의 불가매수성을 그 보호법익으로 한다."고 판시하여 통설과 같은 입장이라 하겠다.[8]

8 뇌물죄는 보호의 정도 측면에서 추상적 위험범에 해당한다고 봄이 통설이다.[9]

Ⅲ. 주요 국가의 뇌물죄 관련 입법례

1. 미 국

9 미국의 뇌물 관련 법제를 간략하고 명료하게 설명하기는 쉽지 않다. 각 주(州)의 개별적인 뇌물 관련 법령을 하나하나 소개하기는 여러 가지 제약이 많으므로 아래에서는 미국 연방법상의 뇌물 관련 법령들을 간략히 검토한다.

10 미국 연방형법 11장(18 U.S.C. Chapter 11)은 뇌물 및 이해충돌에 관한 죄들을 규율하고 있고(bribery, graft, and conflict of interest), 여기에는 뇌물죄〔bribery, 18 U.S.C. § 201(b)〕, 불법사례죄〔illegal gratuity, 18 U.S.C. § 201(c)〕가 대표적이다.

11 뇌물죄(bribery) 조항을 보면, § 201(b)(1)은 뇌물공여(active bribery)에 해당하고, § 201(b)(2)는 뇌물수수(passive bribery)에 해당한다.[10] 뇌물죄가 성립하기 위해서는 공무원의 직무에 영향을 미칠 부정한 의도를 요건으로 하는데, 미국 연방대법원은 이를 특정 공무에 대한 대가로서(quid pro quo) 금품을 제공한다는

---

6 김성돈, 형법각론(6판), 770; 김일수·서보학, 새로쓴 형법각론(9판), 649); 박상기, 형법각론(8판), 641; 박상기·전지연, 형법학(총론·각론 강의)(4판), 842; 신동운, 형법각론(2판), 121; 이재상·장영민·강동범, § 43/47; 이형국·김혜경, 형법각론(2판), 794; 임웅, 형법각론(10정판), 923; 정성근·박광민, 형법각론(전정3판), 732; 주석형법 〔각칙(1)〕(5판), 341(천대엽).

7 대판 1996. 1. 23, 94도3022 등.

8 대판 2000. 1. 21, 99도4490; 대판 2019. 11. 28, 2018도20832.

9 김신규, 형법각론 강의, 841; 박찬걸, 형법각론, 802; 이정원·류석준, 형법각론, 727; 정웅석·최창호, 형법각론, 40; 주석형법 〔각칙(1)〕(5판), 341(천대엽).

10 뇌물수수죄 조항인 18 U.S.C. § 201(b)(2)는 "공무원 또는 공무원으로 선발된 자가, 부정한 의도를 가지고, 직·간접적으로, 그의 공무상 활동에 영향을 받거나 그의 국가에 대한 사기죄의 범행 또는 범행가담에 영향을 받거나 그의 위법한 의무위반행위가 유도되는 것에 대한 대가로 재산상 이익을 요구하거나, 제공받거나, 제공받기로 동의한 경우에는 15년 이하의 유기징역 또는 25만 달러(단체의 경우 50만 달러)나 뇌물제공금액의 3배 중 더 큰 금액의 벌금에 처한다(징역형과 벌금형은 병과 가능)."고 규정하고 있다.

의도로 해석한다.[11]

12 불법사례죄(illegal gratuity) 조항을 보면, § 201(c)(1)(A)는 불법사례공여에 해당하고, § 201(c)(1)(B)는 불법사례수수에 해당한다. 그런데 불법사례죄의 경우에는 뇌물죄와 달리 '공무에 영향을 미치려는 부정한 의도'를 필요로 하지 않는다. 즉 뇌물죄는 공무의 '대가로' 금품을 제공·수수할 의도를 요건으로 하는 반면, 불법사례죄는 단순히 공무를 위해서 또는 공무 때문에 사례가 지급되었다는 점만 증명하면 된다.[12]

13 따라서 뇌물죄의 경우에는 이미 행해진 특정 공무에 대하여 사후에 뇌물을 제공한다는 것은 상정할 수 없다. 즉, 실제 금품을 제공하는 시점은 사후가 될 수 있어도 제공의 의사표시 혹은 약속은 특정 공무가 행해지기 전에 이루어져야 한다. 이미 발생한 행위에 대해 사후에 영향을 미친다는 것은 논리적으로 성립할 수 없기 때문이다. 반면에 불법사례죄는 이러한 경우에도 성립할 수 있다. 이미 행해진 어떤 공무에 대하여 사후적으로 사례를 하는 것은 가능하기 때문이다.[13] 즉, 불법사례죄는 특정한 공무행위에 대하여 영향을 미치려는 직접적 부패의도를 처벌하기보다는 공무상 행위에 대한 부당한 보상을 통하여 공공의 신뢰를 간접적으로 훼손하였다는 점을 이유로 처벌하려는 것이다.[14] 다만, 불법사례죄에 있어서도 미국 연방대법원은 불법사례가 되기 위해서는 제공된 금품이 단순히 해당 공무원의 직위 또는 직책 자체와 관련이 있는 것으로는 부족하고, '특정' 공무와 관련이 있어야 한다는 입장을 취하고 있다.[15]

14 한편, 뇌물죄와 불법사례죄는 양형에서도 큰 차이가 있다. 즉 뇌물죄의 경우에는 15년 이하의 징역 및 뇌물 가액의 3배 이하의 벌금에 처할 수 있는 반면, 불법사례죄의 경우에는 2년 이하의 징역에 처할 수 있다. 다만 두 경우 모두 형사범의 벌금형에 대한 일반규정인 18 U.S.C. § 3571가 적용되는데, 뇌물죄

11 오택림, 기업 뇌물과 형사책임, 경인문화사(2019), 65[서울대학교 박사학위논문(2018) 출판물].

12 오택림, 기업 뇌물과 형사책임, 66.

13 오택림, 기업 뇌물과 형사책임, 66.

14 강수진, "부정청탁방지법안 상 금품 등 수수행위의 직무관련성: 미국 불법사례수수죄를 중심으로", 안암법학 42(2013), 38.

15 United States v, Sun-Diamond Growlers of Cal., 526 U.S. 398, 409(1999)(오택림, 기업 뇌물과 형사책임, 67에서 재인용). 위 사건의 사실관계, 제1심 판결, 항소심 판결 및 연방대법원 판결에 대한 소개로는 강수진(주 14), 41-43 참조.

와 불법사례죄 모두 중죄(felony)에 해당하기 때문에 개인의 경우에는 25만 달러 이하의 벌금에, 법인의 경우에는 50만 달러 이하의 벌금에 처할 수 있다. 또한 대안벌금법(Alternative Fines Act)도 적용되어 범죄로 얻은 이익(혹은 범죄로 가한 손해)의 2배 이하의 벌금에 처할 수 있다. 예컨대, 뇌물공여죄의 경우 뇌물 가액의 3배액, 25만 달러(개인) 또는 50만 달러(법인), 뇌물로 얻은 이익의 2배액의 세 가지 중에서 가장 큰 금액이 벌금형의 상한액이 된다.[16]

15 이외에도 위 11장에는 이해충돌(conflict of interest)을 금지하는 취지의 규정으로서 허가받지 않은 보상행위의 금지(unauthorized compensation, 18 U.S.C. § 203), 공무원의 행위제한(limitations on activities of government officers and employees, 18 U.S.C. § 205), 이른바 회전문 규정(revolving statute)이라고 불리는 퇴직 후 대리행위 등에 대한 금지(restrictions on representation on particular matters, 18 U.S.C. § 207), 본인 또는 가족 등의 경제적 이해관계에 영향을 미치는 공무에 대한 관여금지(acts affecting a personal financial interest, 18 U.S.C. § 208), 공무 외 소득 금지(illegal outside salaries, 18 U.S.C. § 209) 등이 있다. 위 § 203, § 205, § 207, § 208, § 209의 금지규정 위반행위에 대해서는 § 216에서 1년(일반고의범의 경우) 또는 2년(목적범의 경우) 이하의 징역형 또는 벌금형 또는 징역형 및 벌금형의 병과, 국가에 의한 민사소송 및 행위금지청구소송이 가능하도록 규정되어 있다.[17]

16 위 11장 외에 규정된 범죄들 중에서 연방기금에 대한 뇌물죄(federal program bribery, 18 U.S.C. § 666) 역시 공무집행의 불가매수성을 직접적으로 보호하고자 하는 대표적인 부패범죄라 할 수 있다.[18]

17 그리고 우편사기죄 및 전신사기죄(mail and wire fraud, 18 U.S.C. § 1341, 1343), 재물강요죄(extortion, 18 U.S.C. § 1951)[19] 등은 원래 뇌물을 규율하기 위한 조문은 아니지만 연방검사들이 이 조문들을 뇌물죄 사건에서도 창의적인 방법으로 활용하였고, 연방법원 역시 이를 어느 정도 수용함으로써[20] 이 조문들이 실무상으

16 오택림, 기업 뇌물과 형사책임, 67.
17 강수진(주 14), 35-36.
18 강수진(주 14), 36.
19 각 주의 화물 등의 운송을 지연, 방해하는 행위를 처벌하기 위하여 제정된 the Hobbs Act.
20 예컨대, 우편사기의 경우 우편 또는 상업적인 배달서비스에서의 사기, 부정직 등을 처벌하기 위한 규정인데, 연방대법원은 시민의 정직한 공적 서비스에 대한 무형의 권리를 사취한다는 논거를 통하여 이 조문을 공무원의 뇌물죄를 처벌하는 근거 규정으로 인정하기도 하였다. 그러나 현

로 뇌물사건에도 적용되는 조문으로 발전해 왔다고 한다.[21]

한편, 미국에서는 외국공무원에 대한 뇌물제공행위를 처벌하고 기업에 대하여 일정한 회계의무를 부과하는 내용의 해외부패방지법(Foreign Corrupt Practices Act, FCPA)이 최근 십수 년 사이에 큰 반향과 파장을 불러왔다.[22] 미국 해외부패방지법은 Watergate Scandal 사건의 영향으로 미국 의회가 미국 기업들의 광범위한 해외뇌물제공관행을 근절하기 위하여 1977년 제정한 법이다. 그런데 위 법은 제정 이후 상당 기간 동안 그 적용이 미미하였으나, 두 차례의 개정 이후 2000년대에 들어 위 법의 양대 집행기관인 미국 법무부(DOJ)와 증권거래위원회(SEC)가 미국 기업뿐만 아니라 외국 기업들에 대해서까지 동법을 공격적으로 적용하기 시작하였고, 그러한 추세는 현재까지도 지속되고 있다.[23] 이로 인하여 수 많은 기업들이 미국 해외부패방지법에 대한 경각심을 가지게 되었고, 그 위반으로 인한 불이익을 받지 않기 위하여 준법감시 프로그램을 도입·운영하거나 법위반행위에 대하여 내부적으로 조사하여 자발적으로 신고하는 등 적극적으로 대응하게 되었다고 한다.[24] 18

미국 해외부패방지법은 1997년의 경제협력개발기구(OECD)의 「국제상거래에 있어서 외국공무원에 대한 뇌물 제공행위 방지를 위한 협약(The Convention on Combating Bribery of Foreign Public Officials in International Business Transactions)」(이하, 뇌물방지협약이라 한다.) 성립에 결정적인 영향을 주었고, 이는 다시 우리의 19

재에는 불법 또는 기망적인 서비스의 대가로 본인 또는 제3자에게 뇌물 또는 공무원의 리베이트 수수행위와 같은 행위를 요건으로 추가하였다고 한다[이성기, "미국의 뇌물, 부정청탁 및 이해충돌방지법에관한 연구", 미국헌법연구 23-2, 미국헌법학회(2012), 95 참조].

21 오택림, 기업 뇌물과 형사책임, 64.

22 미국연방법전(United States Code) 제15편(Commerce and Trade) 제2B장(Securities Exchanges) §78m, §78dd-1, §78dd-2, §78dd-3, §78ff 등이 해외부패방지법 해당 조문이다.

23 예컨대, 2008년 12월 독일의 거대 기업 Siemens사와 위 회사의 외국 자회사들이 미국 법무부 및 증권거래위원회에 외국공무원들에 대한 뇌물공여범죄 등의 혐의를 인정하고 총 8억 달러를 지급하기로 합의한 사건을 비롯하여, 브라질 기업 Petroleo Brasileiro 사건(제재금액 합계 17억 8천만 달러, 2018년 종결), 스웨덴 기업 Telia 사건(제재금액 합계 9억 6천5백만 달러, 2017년 종결), 프랑스 기업 Alstom 사건(제재금액 합계 7억 7천2백만 달러, 2014년 종결) 등 지난 십수년 간 미국의 사법당국은 해외부패방지법위반을 이유로 기업들에게 거액의 벌금 내지 제재금을 부과하여 왔다.

24 미국 해외부패방지법에 대한 보다 자세한 내용은, 오규성, 미국 해외부패방지법에 관한 연구, 사법정책연구원(2018); 오택림, 기업 뇌물과 형사책임, 70-100 등 참조.

국제상거래에 있어서 외국공무원에 대한 뇌물방지법(제5588호, 1988. 12. 28. 제정) 등 각국의 해외부패방지 관련 법제의 제정 내지 개정으로 이어졌다.

2. 영 국

20 영국은 2010년 뇌물법(the Bribery Act 2010)을 제정하였는데, 이는 영국 의회가 이전에 여러 법에 산재하여 있던 뇌물 관련 법규를 정비하고 경제협력개발기구(OECD)의 뇌물방지협약 등의 추세를 반영하며 뇌물 등 부패범죄를 보다 강력히 규제하기 위한 것이다.

21 영국 뇌물법은 다음과 같이 크게 6부분으로 나눌 수 있다. 제1조 내지 제5조는 '일반적인 뇌물범죄(General bribery offenses)', 제6조는 '외국 공무원에 대한 뇌물(Bribery of foreign public officials)', 제7조 내지 제9조는 '기업이 뇌물방지에 실패한 경우(Failure of commercial organisations to prevent bribery)', 제10조 및 제11조는 '기소와 처벌(Prosecution and penalties)', 제12조 내지 제15조는 '관련 기타 조항(Other provisions about offenses)', 제16조 내지 제20조는 '부칙 등(Supplementary and final provisions)'이다.

22 제1조는 우리의 뇌물공여 및 배임증재(active bribery)에 해당하는 조문이고, 제2조는 우리의 뇌물수수 및 배임수재(passive bribery)에 해당하는 조문이다. 주목할 점은, 뇌물수수의 주체가 공무원인지 여부를 불문한다는 것이다. 특히 제3조에 의하면, 관련 업무의 성격이 공적인 것이든 사적인 것이든 모두 포함한다고 명시적으로 규정하고 있다. 이른바 사적 뇌물(private bribery)도 뇌물죄로 규율하는 것이다. 제6조는 해외뇌물죄에 관한 규정으로서 외국공무원의 범위, 예외사유 등을 규정하고 있다. 위 각 조문의 형사처벌은 개인뿐만 아니라 법인에 대해서도 가능하다. 위 조문들의 주어인 'a person'은 미국 법과 마찬가지로 개인과 법인 모두를 포함한다.[25]

23 제11조는 법정형을 정하고 있다. 즉 제1조, 제2조 또는 제6조 위반 범죄에 대해서 개인의 경우 10년 이하의 징역 또는 벌금(병과도 가능)에 처할 수 있고, 법인의 경우 벌금에 처할 수 있다.[26] 그런데 영국은 중범죄의 경우 벌금의 상한

25 오택림, 기업 뇌물과 형사책임, 127.
26 약식기소재판(summary conviction)에 있어서는 12개월 이하의 징역형 또는 벌금형에 처한다.

과 하한이 없으며, 적정한 벌금의 양을 결정하기 위한 계산 체계 없이 당해 사건의 법원이 재량으로 결정하였다고 한다.[27] 다만 최근에 양형기준위원회에서 양형기준을 마련하였고, 뇌물범죄와 관련하여서도 양형기준(The Sentencing Council's Definitive Guideline on Fraud, Bribery and Money Laundering)이 마련되어 있다. 위 양형기준에는 범죄수익의 몰수도 포함되어 있다.

제7조는 뇌물방지실패에 관한 규정이다. 영국과 관련된 기업(relevant commercial 24
organisation)의 임직원, 대리인(agent), 자회사 등 관련자(associated person)가 그 기업을 위하여 사업을 획득하거나 사업과정에 유리한 혜택을 얻을 의도로 다른 사람에게 뇌물을 제공하였을 경우, 그 기업에 대하여 뇌물방지 실패에 대한 형사책임을 물리는 조항이다. 여기서 관련자의 뇌물제공행위는 영국 밖에서 발생하였어도 상관없다. 즉, 국내뇌물죄와 해외뇌물죄를 불문한다.[28] 다만, 해당 기업이 관련자의 뇌물행위를 방지하기 위한 적절한 조치(adequate procedures)를 취하였음을 증명하면 면책될 수 있다(§ 7②). 제7조 소정의 뇌물방지 실패가 인정될 경우 해당 기업은 벌금형에 처해진다(§ 11③).

제12조는 동법이 적용되는 영토적인 범위(territorial application)에 관하여 규정 25
하고 있는데, 특히 역외적용(extra territorial jurisdiction)이 광범위하게 인정된다. 예컨대 제7조 소정의 뇌물방지실패죄의 경우, 해당 불법행위가 영국 외의 지역에서 발생한 것이라도 뇌물방지실패죄 성립에 영향이 없다(§ 12).

3. 프랑스

프랑스형법 제432-11조는 수뢰죄를, 제433-1조는 증뢰죄를 각 규정하고 있 26
다. 두 죄의 형량 모두 10년 이하의 구금형 및 100만 유로 이하의 벌금에 처하되, 벌금의 총액은 범죄수익의 2배까지 가중될 수 있다. 제433-23조는 증뢰자에 대한 몰수를 규정하고 있다.

한편 제433-25조에 의하면 법인도 뇌물죄로 처벌될 수 있는데, 법인에 대하 27
여 부과될 수 있는 형벌로는 자연인에게 선고할 수 있는 벌금형 상한의 5배에 해당하는 금액까지 벌금을 선고할 수 있을 뿐만 아니라(따라서 500만 유로 이하의

27 오택림, 기업 뇌물과 형사책임, 127.
28 오택림, 기업 뇌물과 형사책임, 132.

벌금 또는 범죄수익의 10배 상당액 이하의 벌금), 5년 이하의 기간 동안 하나 이상의 직업활동이나 사회활동에 대한 수행금지, 5년 이하의 사법감시, 범죄행위에 제공된 영업소에 대한 5년 이하의 폐쇄, 5년 이하의 공계약 금지, 5년 이하의 유가증권 발행 내지 거래 금지, 5년 이하의 수표발행 금지 등의 다양한 처벌 내지 제재도 가능하다.

28 특히 프랑스는 2016년 「투명성, 부패와의 전쟁 그리고 경제활동의 현대화에 관한 법」을 제정하였는데,[29] 이는 일정 규모 이상의 기업들에 대하여 준법감시(compliance) 의무를 부과하거나 내부고발자를 보호하는 내용 등을 담고 있다.

29 또한, 프랑스 역시 경제협력개발기구(OECD)의 뇌물방지협약을 국내법으로 수용하여 2000년 6월 형법 안에 관련 규정을 신설하였다. 즉 프랑스형법 제435-1조에 해외뇌물수수죄가, 제435-3조에 해외뇌물공여죄가 규정되어 있는데, 위 각 죄의 법정형은 국내 뇌물죄와 마찬가지로 10년 이하의 구금형 및 100만 유로의 벌금 또는 범죄수익의 2배 상당의 벌금이며, 해외뇌물공여죄에 대하여도 국내 법인의 형사책임이 동일하게 인정된다.

4. 독 일

30 독일형법의 뇌물죄 조항은 제331조 내지 제335조이다. 그중 제331조는 수뢰죄, 제332조는 부정처사후수뢰죄, 제333조는 증뢰죄, 제334조는 부정처사를 위한 증뢰죄에 대한 조문이다. 그리고 제332조 및 제334조에 대한 가중범죄로서 제335조가 특별히 중한 부정처사수뢰죄 및 부정처사증뢰죄를 규정하고 있다. 여기서 '특별히 중한 경우'라 함은 행위가 대규모의 이익과 관련된 경우, 행위자가 장래의 직무행위에 대한 대가로서 이익을 계속적으로 수수한 경우, 행위자가 영업적으로 또는 그러한 행위의 계속적 범행을 위해서 조직된 단체의 구성원으로서 행위한 경우를 의미한다.

31 각 죄에 대한 법정형을 보면, 기본 수뢰죄 및 기본 증뢰죄는 3년 이하의 자유형 또는 벌금형(§ 331①, § 333①), 재판을 대가로 한 법관의 수뢰죄 또는 그 증뢰죄는 5년 이하의 자유형 또는 벌금형(§ 331②, § 333②), 부정처사후 수뢰죄는

29 제안자인 재무부장관 Sapin의 이름을 따서 Sapin Ⅱ로 불린다고 한다.

6월 이상 5년 이하의 자유형(다만, 행위가 중하지 않은 경우에는 3년 이하의 자유형 또는 벌금형. §332①), 재판을 대가로 한 법관의 부정처사후 수뢰죄는 1년 이상 10년 이하의 자유형(다만, 행위가 중하지 않은 경우에는 6월 이상 5년 이하의 자유형. §332②), 부정처사를 위한 증뢰죄는 3월 이상 5년 이하의 자유형(다만, 행위가 중하지 않은 경우에는 2년 이하의 자유형 또는 벌금형. §333①), 재판을 대가로 한 법관에 대한 부정처사후증뢰죄는 3월 이상 5년 이하의 자유형 또는 6월 이상 5년 이하의 자유형이다(§333②). 특별히 중한 부정처사후수뢰죄 및 증뢰죄의 각 법정형은 1년 이상 10년 이하의 자유형이다(§335).

32 해외뇌물죄와 관련하여서는, 독일 역시 경제협력개발기구(OECD)의 뇌물방지협약 및 EU 부패법(the European Corruption Act)을 각 국내법으로 수용하여 별도의 법률을 제정·이행하였다가 2015년 11월 새로운 반부패법(Gesetz zur Bekämpfung der Korruption)이 통과되면서 해외뇌물죄 관련 법규를 독일 형법전으로 포섭하였다. 즉, 형법 제335a조를 신설하여 외국공무원 등에 대한 뇌물공여나 뇌물수수도 국내뇌물죄 관련 조항이 동일하게 적용된다.[30]

5. 일 본

33 일본형법의 뇌물죄 관련 조항은 각칙 제25장(독직의 죄) 중 제197조(수뢰, 수탁수뢰 및 사전수뢰, 5년 이하의 징역 또는 7년 이하의 징역), 제197조의2(제3자 뇌물공여, 5년 이하의 징역), 제197조의3(가중수뢰 및 사후수뢰, 1년 이상의 유기징역, 5년 이하의 징역), 제197조의4(알선수뢰, 5년 이하의 징역), 제197조의5(몰수 및 추징), 제198조(증뢰, 3년 이하의 징역 또는 250만 엔 이하의 벌금)이다.

34 한편, 일본형법은 제7조 제1항에서 형법상 '공무원'에 대한 정의를 내리고 있다.[31]

---

30 오택림, 기업 뇌물과 형사책임, 166.

31 일본형법 제7조(정의) ① 이 법률에서 '공무원'이라 함은 국가 또는 지방공공단체의 직원, 그 밖의 법령에 의하여 공무에 종사하는 의원, 위원 그 밖의 직원을 말한다.

Ⅳ. 뇌물죄의 주요 구성요건

1. 공무원

(1) 개관

35 형법상 뇌물죄의 주체는 공무원 또는 중재인이다.[32] 형법은 공무원의 개념에 관한 일반적인 정의규정을 두고 있지 않다. 이와 달리 구 형법(의용형법)은 총칙에서 공무원의 개념에 대한 정의규정을 두고 있었다.[33] 그러나 구 형법과 달리 1953년 형법 제정 당시 이러한 '공무원'의 정의규정을 두지 아니하였고, 그 결과 형법상 공무원의 개념에 관하여 이론상 다양한 해석론이 가능하게 되었다.[34] 참고로 미국의 연방형법,[35] 독일형법(§ 11①),[36] 일본형법(§ 7)은 별도로 공무원에

---

32 제132조 알선수뢰죄의 경우는 공무원만으로만 규정되어 있고, 나머지 뇌물범죄는 모두 공무원과 중재인으로 규정되어 있다.

33 구 형법 제7조 본법에서 공무원이라 칭하는 자는 관리, 공리, 법령에 의하여 공무에 종사하는 의원, 위원, 기타의 직원을 말한다.

34 천대엽, "뇌물죄의 주체인 공무원의 개념에 관한 검토", 형사법 실무연구 II(자료 133), 법원도서관(2016), 112.

35 미국 연방법 제18장 § 201. 공무원과 증인의 뇌물
(a) 본 조항에서,
(1) 공무원(public official)이란 의원의 자격을 받기 전 또는 후의 상원의원, 하원의원 및 그 상주대표 또는 미국정부의 부처, 하부기관, 지부의 권한 하 또는 그 권한으로 공적을 기능을 가진, D.C.를 포함한 미국 또는 미국 정부의 부처, 하부기관(agency), 지부 기관을 위하여 또는 이를 대표하여 일하는 임원(officer) 또는 직원 또는 그러한 자 또는 배심을 의미한다.
(2) 공무원으로 임명된 자(person who has been selected to be a public official)는, 공무원으로 지명 또는 임명된 자 또는 공무원으로 지명 또는 임명될 것이라고 공식적으로 통보받은 자를 의미한다.

36 독일형법 제11조(인적 개념 및 물적 개념) ① 이 법에서 사용하는 용어의 정의는 다음과 같다.
2. 공직자란 독일법상 다음에 해당하는 자를 말한다.
a) 공무원 또는 법관
b) 기타 공법상의 직무관계에 있는 자
c) 관청이나 기타 관서 내에서 또는 그 위임에 의하여 공공행정의 임무를 담당하도록 하기 위하여 임명된 자
3. 법관이란 독일법에 의한 직업법관 혹은 명예법관인 자를 말한다.
4. 공무원이 아닌 자로서 공무상 특별한 의무를 지는 자는 독일법상 다음에 해당하는 자를 말한다.
a) 관공서 또는 기타 공종행정의 임무를 수행하는 기관
b) 관공서 또는 기타 기관을 위하여 공공행정의 임무를 수행하는 단체 또는 기타 연합체, 사업소 또는 기업
제331조(수뢰) ① 공무원 또는 공적 업무를 위하여 특별한 의무를 지는 자가 자신 또는 제3자를

대한 정의 규정을 두고 있다.

판례는 '공무원'의 개념에 관하여, "국가공무원법과 지방공무원법상 공무원 36
및 다른 법률에 따라 위 규정들을 적용할 때 공무원으로 간주되는 자 외에 법령에 기하여 국가 또는 지방자치단체 및 이에 준하는 공법인의 사무에 종사하는 자로서 노무의 내용이 단순한 기계적·육체적인 것에 한정되어 있지 않은 자를 말한다."고 판시하고 있다.[37] 학설 역시 공무원의 개념에 관하여 판례와 같이 파악함이 일반적이다.[38] 이에 따르면, 형법상 뇌물죄의 주체인 공무원의 개념은 일차적으로 위와 같은 공법상의 개념이 적용되는 것으로 보되, 다만 형법과 일반 공법은 그 취지와 목적이 동일하지 않기 때문에 공법상 공무원의 개념과 언제나 일치하는 것은 아니고, 특정범죄가중법 등 개별 법률에서 공무원으로 간주하는 규정에 의하여 확장되는 경우도 있고, 그 밖에도 형법의 독자적인 입장에 따른 해석에 의하여 뇌물죄의 주체가 되는 공무원의 개념을 제한하거나 확장하는 해석이 이루어지고 있다.[39]

(2) 공법상의 공무원

(가) 국가공무원법 제2조의 공무원

국가공무원은 경력직공무원과 특수경력직공무원으로 구분한다(§ 2①). 37

'경력직공무원'이란 실적과 자격에 따라 임용되고 그 신분이 보장되며 평생 38
동안(근무기간을 정하여 임용하는 공무원의 경우에는 그 기간 동안을 말한다.) 공무원으로 근무할 것이 예정되는 공무원을 말하며, 그 종류로는, ① 일반직공무원(기술·연구 또는 행정 일반에 대한 업무를 담당하는 공무원)과 ② 특정직공무원(법관, 검사, 외무공무원, 경찰공무원, 소방공무원, 교육공무원, 군인, 군무원, 헌법재판소 헌법연구관, 국가정보원의 직원과 특수 분야의 업무를 담당하는 공무원으로서 다른 법률에서 특정직공무원으로 지정하는 공무원)이 있다(§ 2②).

위하여 직무수행에 대한 이익을 요구하거나, 약속받거나 또는 수수한 때에는 3년 이하의 자유형 또는 벌금형에 처한다.
〔이상 법무부, 독일형법(2008. 5) 참조〕

37 대판 2011. 3. 10, 2010도14394; 대판 1997. 6. 13, 96도1703 등.

38 김일수·서보학, 658; 박찬걸, 803; 오영근, 형법각론(5판), 704; 이재상·장영민·강동범, § 43/62; 정영일, 435.

39 주석형법 〔각칙(1)〕(5판), 342(천대엽).

39 '특수경력직공무원'이란 경력직공무원 외의 공무원을 말하며, 그 종류로는 ① 정무직공무원[선거로 취임하거나 임명할 때 국회의 동의가 필요한 공무원 및 고도의 정책결정 업무를 담당하거나 이러한 업무를 보조하는 공무원으로서 법률이나 대통령령(대통령비서실 및 국가안보실의 조직에 관한 대통령령만 해당한다)에서 정무직으로 지정하는 공무원]과 ② 별정직공무원(비서관·비서 등 보좌업무 등을 수행하거나 특정한 업무 수행을 위하여 법령에서 별정직으로 지정하는 공무원)[40]이 있다(§ 2③).[41] 한편, 별정직공무원의 채용조건·임용절차·근무상한연령, 그 밖에 필요한 사항은 국회규칙, 대법원규칙, 헌법재판소규칙, 중앙선거관리위원회규칙 또는 대통령령으로 정한다(§ 2④).

(나) 지방공무원법 제2조의 공무원

40 지방자치단체의 공무원(지방자치단체가 경비를 부담하는 지방공무원을 말한다)은 경력직공무원과 특수경력직공무원으로 구분한다(§ 2①).

41 '경력직공무원'이란 실적과 자격에 따라 임용되고 그 신분이 보장되며 평생동안(근무기간을 정하여 임용하는 공무원의 경우에는 그 기간 동안을 말한다.) 공무원으로 근무할 것이 예정되는 공무원을 말하며, 그 종류로는 ① 일반직공무원(기술·연구 또는 행정 일반에 대한 업무를 담당하는 공무원)과 ② 특정직공무원(공립 대학 및 전문대학에 근무하는 교육공무원, 교육감 소속의 교육전문직원, 자치경찰공무원 및 지방소방공무원과 그 밖에 특수 분야의 업무를 담당하는 공무원으로서 다른 법률에서 특정직공무원으로 지정하는 공무원)이 있다(§ 2②).

42 '특수경력직공무원'이란 경력직공무원 외의 공무원을 말하며, 그 종류로는 ① 정무직공무원(선거로 취임하거나 임명할 때 지방의회의 동의가 필요한 공무원 및 고도의 정책결정업무를 담당하거나 이러한 업무를 보조하는 공무원으로서 법령 또는 조례에서 정무직으로 지정하는 공무원)과 ② 별정직공무원(비서관·비서 등 보좌업무 등을 수행하거나 특정한 업무 수행을 위하여 법령에서 별정직으로 지정하는 공무원)이 있다(§ 2③). 한

---

40 예컨대, '사법연수생'은 법원조직법 제72조 제1항에 의하여 별정직공무원에 해당한다.

41 과거에는 특수경력직의 한 유형으로 고용직공무원(단순노무 종사 공무원)도 규정하였으나, 2011. 5. 23. 법률 제10699호(국가공무원법), 법률 제10700호(지방공무원법) 각 개정법으로 폐지되었고, 종래 경력직공무원의 한 종류로 규정되었던 기능직공무원과 특수경력직공무원의 한 종류로 규정되었던 계약직공무원의 경우, 2012. 12. 11.자로 국가공무원법이 법률 제11350호로, 지방공무원법이 법률 제11531호로 각 개정되면서 기능직 및 계약직을 폐지하고, 기능직은 일반직에, 계약직은 일반직 및 별정직에 통합되었다[주석형법 [각칙(1)](5판), 343(천대엽)].

편, 별정직공무원의 임용조건, 임용절차, 근무 상한연령, 그 밖에 필요한 사항은 대통령령 또는 조례로 정한다(§ 2④).

(다) 공법상 공무원의 개념

공법상의 공무원이라 함은, 원칙적으로 국가공무원법 제2조 및 지방공무원 43
법 제2조에 따라 헌법, 법률, 대통령령, 국회규칙·대법원규칙·헌법재판소규칙·중앙선거관리위원회규칙 또는 지방자치단체의 조례 등을 근거로 임명되어 공무에 종사하는 자, 즉 위 법령에 의하여 임명되어 널리 국가나 지방자치단체의 사무를 담당하는 자라 할 수 있다.[42] 위 '법령'에 법률이나 명령, 규칙, 조례가 아닌 훈령이나 예규 등이 포함되는지가 문제될 수도 있겠으나, 포함되지 않는다고 보아야 한다.[43] 일반적으로 '법령'의 개념에 관하여, 법률, 법규명령(대통령령, 총리령, 부령, 국회규칙, 대법원규칙, 헌법재판소규칙, 중앙선거관리위원회규칙), 자치법규(조례, 규칙), 국제조약·국제법규를 포함하고, 법원이나 일반 국민에 대한 법적 구속력이 없는 행정명령 내지 행정규칙(훈령, 지시, 예규, 통첩, 고시 기타 내부규정)은 포함하지 않는 것으로 봄이 통설[44]과 판례[45]의 입장이기도 하다.

이와 관련한 구체적인 대법원 판례들을 보면 아래와 같다. 44

판례 ① 지방의회의원의 경우, 지방공무원법 제2조 제3항에 의하면 특수경 45
력직 공무원 중 정무직 공무원으로 '선거에 의하여 취임하는 자'를 규정하고 있고, 지방자치법 제35조 이하에 의하면 지방의회의원은 여러 가지 공적인 사무를 담당하도록 규정하고 있으며, 공직자윤리법에 의하면 지방의회의원도 공직자로 보아 재산등록 대상자로 규정하고 있는 점 등에 비추어 볼 때, 비록 지방의회의원이 지방자치법 제32조에 따라 명예직으로서 일정한 비용을 지급받을 뿐 정기적인 급여를 지급받지는 아니한다고 하더라도 형법상 공무원에 해당한다.[46]

판례 ② 서울시청 구내식당 소속 시간제 종사원의 경우, 서울특별시 후생 46

42 주석형법 〔각칙(1)〕(5판), 343(천대엽).

43 주석형법 〔각칙(1)〕(5판), 344(천대엽); 오영준, "임용결격사유가 있어 공무원 임용이 당연무효인 자의 직무상 금품 수수와 뇌물죄의 성부: 대법원 2014. 3. 27. 선고 2013도11357 판결", 민사재판의 제문제 23, 한국사법행정학회(2015), 1095.

44 천대엽(주 34), 124.

45 대판 2006. 11. 9, 2004다41651, 41668.

46 대판 1997. 3. 11, 96도1258 등.

복지심의위원회가 정한 서울특별시 후생복지시설 운영규정 제6조에 따라 위 후생복지심의위원회 위원장에 의하여 고용된 것인데, 위 운영규정은 서울특별시의 내부규정에 불과하여 '법령'에 해당하지 아니하고, 위 시간제 종사원의 채용, 징계, 신분보장, 보수, 업무 등의 내용이 지방공무원법상 계약직 공무원의 그것과 명백히 다르므로, 형법상 뇌물죄의 주체인 공무원에 해당하지 아니한다.[47]

(라) 공무원 임용절차에 하자가 있는 경우의 문제

47 공무원의 임용절차에 하자가 있다고 하더라도 그 하자가 중대·명백하여 무효사유에 이를 정도가 아니라면 법령상 공무원의 신분을 부정할 것은 아니다.[48] 이는 후술하는 개별 법률에서 공무원신분으로 의제하는 경우에도 마찬가지이다.[49]

48 반면에 공무원 임용절차상의 하자가 중대·명백하여 공무원의 임용이 무효라면 뇌물죄의 주체로 인정할 수 없음이 원칙이겠으나,[50] 이 경우에도 대법원은 뇌물죄의 보호법익 등을 근거로 뇌물죄가 성립할 수 있다고 본다. 즉 대법원은 임용결격사유가 있음에도 불구하고 임용권자에 의하여 임용된 이래 공무원으로서 재직·종사하여 온 사람이 나중에 임용결격자이었음이 밝혀진 사안에서, 당초의 임용행위가 법률상 무효라고 하더라도 그가 임용행위라는 외관을 갖추어 실제로 공무를 수행한 이상 공무수행의 공정과 그에 대한 사회의 신뢰 및 직무행위의 불가매수성은 여전히 보호될 필요가 있다는 이유로 공무원으로 재직하는 동안 직무에 관하여 금품을 수수한 행위에 대하여 형법상 수뢰죄를 인정하였다.[51]

---

47 대판 2012. 8. 23, 2011도12639.

48 주석형법 〔각칙(1)〕(5판), 344(천대엽).

49 대판 2013. 11. 14, 2012도15254; 대판 2013. 11. 28, 2013도9003; 대판 2013. 12. 26, 2012도13693.

50 참고로, 대법원은 임용결격자의 공무원연금법에 의한 퇴직금청구나 공무원지위확인청구를 배척하여 왔다(대판 1996. 2. 27, 95누 9617; 대판 1996. 7. 12, 96누3333; 대판 1998. 1. 23, 97누16985 등).

51 대판 2014. 3. 27, 2013도11357. 본 판결 평석은 오영준(주 43), 1087-1101.

(3) 공무원신분 의제

(가) 특정범죄가중법 제4조에 의한 일반 의제조항

특정범죄가중법 제4조(뇌물죄 적용대상의 확대)

① 다음 각 호의 어느 하나에 해당하는 기관 또는 단체로서 대통령령으로 정하는 기관 또는 단체의 간부직원은 「형법」 제129조부터 제132조까지의 규정을 적용할 때에는 공무원으로 본다.

1. 국가 또는 지방자치단체가 직접 또는 간접으로 자본금의 2분의 1 이상을 출자하였거나 출연금·보조금 등 그 재정지원의 규모가 그 기관 또는 단체 기본재산의 2분의 1 이상인 기관 또는 단체
2. 국민경제 및 산업에 중대한 영향을 미치고 있고 업무의 공공성(公共性)이 현저하여 국가 또는 지방자치단체가 법령에서 정하는 바에 따라 지도·감독하거나 주주권의 행사 등을 통하여 중요 사업의 결정 및 임원의 임면(任免) 등 운영 전반에 관하여 실질적인 지배력을 행사하고 있는 기관 또는 단체

② 제1항의 간부직원의 범위는 제1항의 기관 또는 단체의 설립목적, 자산, 직원의 규모 및 해당 직원의 구체적인 업무 등을 고려하여 대통령령으로 정한다.

(a) 규정의 취지 등

특정범죄가중법 제4조 제1항에서는 대통령령으로 정하는 기관 또는 단체의 간부직원은 형법 제129조부터 제132조까지의 규정을 적용할 때 공무원으로 본다고 규정하여, 뇌물죄의 적용대상인 공무원의 범위를 확대하고 있다. 49

특정범죄가중법 제4조의 규정취지는 정부가 소유·지배하는 공공적 성격이 강한 기업체는 국가정책과 국민경제에 중대한 영향을 미치기 때문에 그 간부직원에 대하여 일반 공무원과 마찬가지로 엄격한 청렴의무를 부과하여 그 직무의 불가매수성을 확보하고자 하는 데 있다.[52] 50

한편, 이와 같이 뇌물죄의 적용에 있어서 공무원 신분을 의제하는 위 특정범죄가중법 관련 조항이 헌법상 평등의 원칙, 과잉금지의 원칙, 죄형법정주의 또는 위임입법의 한계 등을 벗어나 위헌이라는 주장에 대하여 대법원과 헌법재판소는 이를 배척한 바 있다.[53] 51

52 대판 2009. 10. 29, 2009도7569.

53 헌재 2002. 11. 28, 2002헌바75; 대판 2003. 6. 13, 2002도4992; 대판 2009. 10. 29, 2009도7569 등.

(b) 적용대상인 기관 또는 단체[54]의 범위

52 특정범죄가중법 제4조 제1항에 따른 기관 또는 단체의 범위는 특정범죄가중법 시행령 제2조 제1호 내지 제46호에 규정되어 있는데, 한국은행, 한국산업은행, 중소기업은행, 한국조폐공사, 한국수출입은행, 신용보증기금, 기술보증기금, 금융감독원, 한국거래소, 한국소비자원, 한국국제협력단, 한국소방산업기술원, 국립공원공단, 한국마사회, 한국농수산식품유통공사, 한국농어촌공사, 한국전력공사, 대한석탄공사, 대한무역투자진흥공사, 한국광물자원공사, 한국전기안전공사, 한국지역난방공사, 한국가스공사, 한국가스안전공사, 한국에너지공단, 중소벤처기업진흥공단, 한국석유공사, 한국방송통신전파진흥원, 한국환경공단, 국민건강보험공단, 근로복지공단, 한국산업인력공단, 한국토지주택공사, 한국수자원공사, 한국도로공사, 한국관광공사, 「한국감정원법」에 따른 한국감정원, 인천국제공항공사, 한국공항공사, 한국철도시설공단, 한국방송공사, 농업협동조합중앙회 및 그 회원조합, 수산업협동조합중앙회 및 그 회원조합, 산림조합중앙회 및 그 회원조합, 「항만공사법」에 따른 항만공사, 「한국철도공사법」에 따른 한국철도공사가 여기에 해당한다.

53 한편 대법원은 위 정부관리기업체에 해당하는지 여부에 관하여, "정부관리기업체의 간부직원을 뇌물죄의 적용에 있어서 공무원으로 의제하는 특정범죄가중법 제4조의 규정취지는, 정부가 소유·지배하는 공공적 성격이 강한 기업체는 국가정책과 국민경제에 중대한 영향을 미치기 때문에 그 간부직원에 대하여 일반 공무원과 마찬가지로 엄격한 청렴의무를 부과하여 그 직무의 불가매수성을 확보하고자 하는 데 있다고 할 것이므로, 어떤 기업체가 같은 법 제4조 제1항 소정의 '정부관리기업체'에 해당하는지의 여부는 정부가 납입자본금의 5할 이상을 출자하였는가 아닌가와 같은 소유 개념만으로 판단하여서는 아니되고, 그 소유 개념과 더불어 그 기업의 공공성 및 정부의 지배력 등을 종합하여 판단하여야 한다."고 판시한 바 있다.[55]

54 대법원 판례에서는, 위 기관 또는 단체를 '정부관리기업체'라 칭하기도 한다(대판 1994. 12. 27, 94도618; 대판 2008. 4. 11, 2007도8373 등).

55 대판 1994. 12. 27, 94도618.

(c) 간부직원의 범위

1) 특정범죄가중법 시행령 제3조

특정범죄가중법 제4조 제2항은 공무원으로 의제될 수 있는 '간부직원'의 범위는 해당 기관 또는 단체의 설립목적, 자산, 직원의 규모 및 해당 직원의 구체적인 업무 등을 고려하여 대통령령으로 정한다고 규정되어 있다. 54

그리하여 특정범죄가중법 시행령 제3조에서는, 위 '간부직원'의 범위를, ① 특정범죄가중법 시행령 제2조 제1호부터 제40호까지, 제45호 및 제46호의 기관 또는 단체와 농업협동조합중앙회, 수산업협동조합중앙회 및 산림조합중앙회의 경우에는, 임원과 과장대리급(과장대리급제가 없는 기관 또는 단체는 과장급), ② 특정범죄가중법 시행령 제41조 내지 제44호에 규정된 한국방송공사, 지역농업협동조합, 지역축산업협동조합, 품목별·업종별협동조합 및 품목조합연합회(「농업협동조합법」에 따라 설립된 것을 말한다), 지구별수산업협동조합, 업종별수산업협동조합, 수산물가공수산업협동조합, 지역산림조합 및 품목별·업종별산림조합의 경우에는 '임원'으로 정하고 있으며(시행령 § 3), 다만 다른 법령에 따라 공무원 또는 공무원에 준하는 신분을 가지는 경우에는 그 법령의 적용을 배제하지 아니한다고 한다. 55

2) 구체적인 판단 기준

가) 과장대리급 또는 과장급 이상의 직원: '직급' 기준

대법원은 "특정범죄가중법 시행령 제3조 제1호 소정의 과장대리급 또는 과장급 이상의 직원이라 함은 '직급'을 기준으로 하여 과장대리 또는 과장과 동급이거나 그 이상의 직원을 말하는 것으로서 현실적으로 과장이나 과장대리의 '직위'를 가지고 있는지의 여부는 문제삼지 않는다."고[56] 판시하였다.[57] 또한, 대법원은 지방공기업법 제83조 및 지방공기업법 시행령 제80조와 같이 개별 법률에 의하여 공무원으로 의제되는 '과장 또는 팀장 이상의 직원'에 해당하는지 여부를 판단함에 있어서도, 특정범죄가중법 제3조 제1호 소정의 과장대리급 또는 과 56

56 대판 1992. 8. 14, 91도3191; 대판 2011. 1. 13, 2009도14660.

57 국가공무원법은 제5조에서 '직위'는 1명의 공무원에게 부여할 수 있는 직무와 책임을 말하는 것으로, '직급'은 직무의 종류·곤란성과 책임도가 상당히 유사한 직위의 군을 말하는 것으로 정의하고 있다.

장급 이상의 직원에 해당하는지 여부에 대한 판단 기준과 마찬가지로 '직위'가 아닌 '직급'을 기준으로 판단해야 한다고 판시하였다.[58]

57 이에 관한 구체적인 판결례를 보면 다음과 같다.

판례 ① 한국산업은행 대리의 경우

58 한국산업은행에는 인사규정상 과장이나 대리는 있으나 과장대리급이라는 직위는 없고 다만 부점조직에 따라 편의상 과장대리, 지점장대리라고 호칭하는 경우가 있을 뿐이므로, 동 은행대리는 특정범죄가중법 제4조 제1항, 동법 시행령 제3조 제1호 소정의 공무원으로 간주되는 정부관리 기업체의 간부직원에 속하지 아니한다.[59]

판례 ② 한국전력공사의 일반 직원급 직원이 직위상 과장대리의 일을 맡은 경우

59 한국전력공사는 그 직원의 직급을 처장급, 부처장급, 부장급, 과장급, 일반직원급, 기능원급 등으로 분류하고 있고, 특정범죄가중법 시행령 제3조 제1호가 한국전력공사 등의 임원과 과장대리급 이상의 직원을 공무원으로 보도록 되어 있으며 여기서 말하는 과장대리급 또는 과장급 이상의 직원이라 함은 직급을 기준으로 하여 과장대리 또는 과장과 동급이거나 그 이상의 직원을 말하는 것이므로, 위 공사의 일반직원급에 재직하면서 과장대리의 일을 맡고 있는 자는 정부관리기업체의 간부직원이 아니어서 뇌물수수죄의 주체가 될 수 없다.[60]

---

58 대판 2011. 1. 13, 2009도14660.

59 대판 1980. 4. 8, 79도3108. 본 판결 해설은 김규복, "정부관리기업체인 은행의 대리가 특정범죄가중처벌 등에 관한 법률 제4조 1항. 동법 시행령 제3조 1호 소정의 간부직원에 해당하는지의 여부", 해설 2-1, 법원행정처(1980), 375 이하.

60 대판 1993. 12. 28, 93도2164. "한국전력주식회사는 그 직원의 직급을 부장급, 차장급, 과장급, 계장급, 주임급, 일반직원급, 기능직급 등으로 분류하고 있으므로 피고인이 위 회사의 계장급(4직급)에 재직하면서 동사 배전부 전산과 과장대리의 일을 맡아 보고 있었다고 하여 피고인을 특정범죄가중처벌등에관한법률시행령 제2조, 제3조 제1호 소정의 정부관리기업체의 간부직원인 과장대리급에 해당된다고 할 수 없다."는 판시도 마찬가지이다(대판 1981. 9. 22, 80도2423).

판례 ③ 한국전기통신공사 경기사업본부에서 과장으로 호칭되는 일반직 3급 직원의 경우

한국전기통신공사 경기사업본부에는 조직의 최소단위가 부이고 과는 없어 60
위 공사 일반직 3급 직원인 피고인도 범행 당시 위 공사 경기사업본부 총무부 또는 관리국 인사부에 일반직원으로 근무하고 있었으나 위 공사 직제규정시행세칙은 편제상 직위가 부여되지 않은 일반직 3급 직원을 과장으로 호칭하도록 하고 있으며, 또 위 사업본부 산하 현업기관에서 피고인과 같은 일반직 3급 직원을 과장으로 보하도록 규정하고 있다면, 피고인이 비록 현실적으로 과장의 직위를 가지고 있지는 않다 하더라도 과장과 동급의 직급에 있다고 보아야 할 것이어서 제129조 제1항 소정의 뇌물수수죄의 주체가 될 수 있다.[61]

판례 ④ 한국철도시설공단의 일반직 3급 직원의 경우

피고인이 한국철도시설공단의 일반직 3급 직원으로서 현실적으로 팀장의 61
직위에 있지는 않았지만, 위 공단의 직제규정에 의하면 직원은 직급에 따라 1급은 처장, 2급은 부장, 3급은 차장, 4급은 과장, 5급은 대리, 6급과 기능직은 사무원으로 호칭하도록 하고 있고, 위 공단의 직제규정 시행세칙에 의하면 일반직 3급을 팀장으로 보할 수 있도록 규정하고 있는 사실을 알 수 있는바, 그렇다면 피고인은 특정범죄가중법 시행령 제3조 제1호 소정의 간부직원에 해당하여 위 법 제4조에 의하여 「형법」 제129조 제1항에서 정한 뇌물수수죄의 주체가 될 수 있다 할 것이다.[62]

나) 임원

대법원은 "특정범죄가중법 시행령에서는 '간부직원'으로 '임원'과 '과장대리급 62
이상의 직원'을 상정하고 있으므로, 이 사건 시행령 조항에서 정한 한국방송공사의 '임원'에 해당하기 위해서는 간부직원 중 '과장대리급 이상의 직원'과 구별되는 중요한 의사결정권자이어야 할 것인바, (중략) 한국방송공사의 부사장과 본부장은 과장대리급 이상의 직원과 뚜렷이 구분될 정도로 중요한 의사결정권을 가지

61 대판 1992. 8. 14, 91도3191.
62 대판 2008. 12. 24, 2008도8864.

는 것이라 할 것이다. 그 밖에 (중략) 한국방송공사의 부사장, 본부장은 이사와 같은 임기를 보장받고, 이사와 마찬가지의 결격사유 제한을 받으며, 한국방송공사와의 자기거래금지 의무도 부담하고, 일반 직원 신분에서 퇴직한 후에야 부사장이나 본부장에 임명될 수 있으며, 2004. 3. 1. 당시 한국방송공사의 일반직을 포함한 직원 정원이 5,548명임에 반하여 집행기관 정원은 12명에 불과한 점 등도 알 수 있는바, 위와 같은 사정들도 부사장과 본부장을 직원이 아닌 '임원'으로 보아야 하는 근거로 삼을 수 있다."고 판시하여,[63] 한국방송공사의 부사장과 본부장이 공무원으로 간주되는 '임원'에 해당한다고 보았다.

다) 그 밖의 쟁점

63 공무원으로 재직하던 중 금품을 수수한 후 정부관리기업체의 간부직원이 된 경우가 문제된 사안에서, 대법원은 "특정범죄가중법 제4조의 규정은 정부관리기업체의 간부직원이 그 정부관리기업체의 직무에 관하여 형법 제129조 내지 제132조의 죄를 범하였을 때 각 그 죄가 성립한다는 것이므로, 현재 정부관리기업체의 간부직원으로 있는 자가 공무원으로 재직 중의 직무에 관하여 금품을 수수하였을 때에는 구체적 사안에 따라 사후수뢰죄 등이 성립함은 별론으로 하고 특정범죄가중법 제4조가 적용될 수는 없다."고 판시하였다.[64]

64 정부관리기업체의 간부직원이 정부관리기업체가 아닌 곳에 파견 근무 중이어서 실제로 정부관리기업체에 근무하지 아니하는 경우가 문제될 수도 있다. 예컨대, 농업협동조합중앙회의 과장급 간부직원이 자회사인 주식회사 농협유통에 파견되어 축산부장으로 근무하면서 육가공업체로부터 그 직무와 관련하여 금품을 수수한 사안에서 대법원은, ① 특정범죄가중법 제4조 제1항, 특정범죄가중법 시행령 제2조 제48호, 제3조 제1호에 따라 형법상 뇌물죄의 적용에 있어 피고인을 공무원으로 보아야 하고, ② 주식회사 농업유통은 농업협동조합중앙회가 그 업무의 원활한 수행을 위하여 자본금을 전액 출자하여 설립한 회사로서 피고인이 그 회사에 파견되어 수행하는 직무가 농업협동조합중앙회의 직무와 성격을 달리하지 아니한다는 점을 근거로 제129조 소정의 뇌물죄가 성립한다고 판시하였다.[65]

---

63 대판 2009. 10. 29, 2009도7569.

64 대판 1984. 8. 14, 84도1139.

65 대판 2002. 5. 14, 2002도666. 본 판결 해설은 한창훈, "정부관리기업체의 간부직원이 자회사에

이와 유사하게 피고인이 농업협동조합중앙회 소속으로 자회사인 주식회사 농협사료에 파견 근무 중 주식회사 농협사료에 사료첨가제 등을 납품하는 업체 사장 등으로부터 금품을 수수한 사건에서, 전적 또는 파견의 경위, 농협중앙회 소속 신분의 유지, 파견 직원에 대한 승진 및 퇴직 발령, 파견 직원에 대한 징계절차, 파견 내지 복귀 가능성 등을 근거로, 피고인이 자회사에 파견되어 장기간 근무하여 왔다고 하더라도 농협중앙회 직원으로서의 지위가 지극히 형식적인 것에 불과하여 특정범죄가중법에 의한 뇌물죄 적용에 있어서 공무원으로 의제될 수 없다고는 볼 수 없다고 판단하였다.[66] 다만 위 판시 내용에 따르면, 파견이 영구적이어서 실질적으로 복귀할 사정이 없었다거나 파견 중 수행한 직무가 공무원으로 의제되는 직무와는 관계없는 일반 사기업의 직무였다는 등의 특별한 사정이 인정된다면 뇌물죄의 성립이 부정될 수도 있다고 하겠다.

(d) 적용범위 및 관련 문제 등

특정범죄가중법 제4조 제1항은 형법 제129조 내지 제132조의 적용에 있어 65
서 뇌물죄의 적용대상을 원래 공무원이 아닌 정부관리기업체의 간부직원에게로 확대 적용한다는 것으로서, 정부관리기업체의 간부직원이 그 직무에 관하여 제129조 내지 제132조의 죄를 범하였을 때에는 그 죄가 성립하는 것으로 하여 그 각 법조의 특정범죄가중법을 적용한다는 뜻임은 문언상 명백하다.[67] 즉 정부관리업체의 간부직원이 그 직무에 관하여 제129조 내지 제132조의 죄를 범하였을 경우, 위 각 법조의 일반 처벌규정과 그 뇌물의 가액에 따른 특정범죄가중법 제2조의 가중처벌규정이 모두 적용될 수 있다.[68] 후술하는 개별 법률의 공무원의제 규정에 의하여 제129조 내지 제132조가 적용되는 경우도 마찬가지인데, 이는 특정범죄가중법 제2조에 의하여 가중처벌되는 뇌물죄의 주체에 관한 요건인 '형법 제129조, 제130조 또는 제132조에 규정된 죄를 범한 자'는 다른 법령에 의하여 공무원 또는 공무원에 준하는 신분을 가진 경우도 포함한다고 보기 때문이다.[69]

파견근무중 직무와 관련하여 금품을 수수한 경우에도 특정범죄가중처벌등에관한법률 제4조에 의하여 공무원으로 의제되어 뇌물죄가 성립하는지 여부", 해설 41, 법원도서관(2002), 765-773.

66 대판 2017. 1. 25, 2016도17825; 서울고판 2016. 10. 14, 2016노1468.

67 대판 1990. 9. 28, 90도1092; 대판 1999. 8. 20, 99도1557.

68 주석형법 〔각칙(1)〕(5판), 349(천대엽).

69 주석형법 〔각칙(1)〕(5판), 350(천대엽).

66 정부관리기업체의 간부직원에게 그 직무에 관하여 금품을 공여하면 뇌물공여죄가 성립한다.[70]

67 특정범죄가중법 제4조 제2항, 특정범죄가중법 시행령 제3조 제1호 소정의 정부관리기업체의 간부직원이 아닌 직원도 다른 간부직원인 직원과 함께 뇌물수수죄의 공동정범이 될 수 있다.[71]

68 한편, 특정범죄가중법 제3조[72] 소정의 알선수재죄에 대하여도 특정범죄가중법 제4조 제1항이 적용되는지 여부가 문제될 수 있는데, 대법원은 특정범죄가중법 제4조 제1항이 뇌물죄의 적용대상을 확대하였으나 특정범죄가중법 제3조를 적용대상으로 적시하고 있지는 않으므로 특정범죄가중법 제4조 제1항을 특정범죄가중법 제3조에까지 확대하여 적용할 수는 없다고 판시하였다.[73] 이와 달리, 변호사법 제111조[74]의 경우에는 제2항에서 "다른 법률에 따라 형법 제129조부터 제132조까지의 규정에 따른 벌칙을 적용할 때에 공무원으로 보는 자는 제1항의 공무원으로 본다."고 규정하고 있으므로, 특정범죄가중법 제4조에 의하여 공무원으로 의제되는 정부관리기업체의 간부직원이 취급하는 사건 또는 사무에 관하여 청탁 명목으로 금품을 수수한 경우에는 위 변호사법위반죄가 성립될 수 있다.[75]

69 특정범죄가중법 제4조의 규정에 의하여 뇌물죄의 적용대상이 되는 정부관리기업체의 간부직원을 뇌물죄로 공소제기하는 경우에, 그 공소장에 위 제4조의 기재가 누락되었다고 하더라도 법원이 공소장변경절차 없이 위 제4조를 적용하여 뇌물죄로 처단할 수 있다.[76]

---

70 대판 1971. 11. 23, 71도1786.

71 대판 1992. 8. 14, 91도3191; 대판 1999. 8. 20, 99도1557.

72 특정범죄가중법 제3조(알선수재) 공무원의 직무에 속한 사항의 알선에 관하여 금품이나 이익을 수수·요구 또는 약속한 사람은 5년 이하의 징역 또는 1천만원 이하의 벌금에 처한다.

73 대판 1999. 5. 11, 99도963; 대판 2005. 5. 13, 2004도8460; 대판 2006. 9. 8, 2005도8244 등.

74 변호사법 제111조(벌칙) ① 공무원이 취급하는 사건 또는 사무에 관하여 청탁 또는 알선을 한다는 명목으로 금품·향응, 그 밖의 이익을 받거나 받을 것을 약속한 자 또는 제3자에게 이를 공여하게 하거나 공여하게 할 것을 약속한 자는 5년 이하의 징역 또는 1천만원 이하의 벌금에 처한다. 이 경우 벌금과 징역은 병과할 수 있다.
② 다른 법률에 따라 「형법」 제129조부터 제132조까지의 규정에 따른 벌칙을 적용할 때에 공무원으로 보는 자는 제1항의 공무원으로 본다.

75 주석형법 〔각칙(1)〕(5판), 350(천대엽).

76 대판 1999. 8. 20, 99도1557.

(나) 개별 법률에서의 의제 조항

(a) 공무원 의제조항을 둔 개별 법률

위와 같은 특정범죄가중법 외에 일정한 자를 공무원으로 의제하는 규정을 두고 있는 개별 법률도 다수 있는데, ① 형법과 그 밖의 법률의 규정에 의한 벌칙 규정 전반의 적용에 있어서 공무원으로 의제하는 규정을 두는 경우와 ② 제129조 내지 제132조의 적용, 즉 뇌물죄 적용에 한하여 공무원으로 의제하는 규정을 두는 경우로 구분할 수 있다. 70

위 ①의 형법과 그 밖의 법률의 규정에 의한 벌칙 규정 전반의 적용에 있어서 공무원으로 의제하는 규정을 두고 있는 법률로는, 국가인권위원회법 제62조,[77] 금융감독기구의 설치 등에 관한 법률 제69조,[78] 노동위원회법 제29조,[79] 부패방지 및 국민권익위원회의 설치와 운영에 관한 법률 제31조,[80] 신용보증기금법 제48조의2,[81] 중소기업은행법 제32조,[82] 청원경찰법 제10조,[83] 한국산업은행법 제17조,[84] 한국은행법 제106조,[85] 행정규제기본법 제32조[86] 등을 들 수 있다. 71

위 ②의 제129조 내지 제132조의 적용에 한하여 공무원으로 의제하는 규정 72

77 국가위원회법 제62조(벌칙 적용 시의 공무원 의제) 위원회의 위원 중 공무원이 아닌 사람은 「형법」과 그 밖의 법률에 따른 벌칙을 적용할 때에는 공무원으로 본다.

78 금융감독기구의 설치 등에 관한 법률 제69조(벌칙적용에 있어서의 공무원의제) 금융감독위원회 위원 또는 증권선물위원회 위원으로서 공무원이 아닌 자와 금융감독원의 집행간부 및 직원은 형법 기타 법률에 의한 벌칙의 적용에 있어서 이를 공무원으로 본다.

79 노동위원회법 제29조(벌칙 적용에서 공무원 의제) 노동위원회의 위원 중 공무원이 아닌 위원은 「형법」이나 그 밖의 법률에 따른 벌칙을 적용할 때에는 공무원으로 본다.

80 부패방지 및 국민권익위원회의 설치 등에 관한 법률 제31조(벌칙적용에 있어서 공무원 의제) 위원회의 위원 중 공무원이 아닌 위원과 전문위원, 파견받은 직원은 위원회의 업무와 관련하여 「형법」 그 밖의 법률에 따른 벌칙의 적용에 있어서 이를 공무원으로 본다.

81 신용보증기금법 제48조의2(벌칙 적용에서의 공무원 의제) 기금의 임원은 「형법」이나 그 밖의 법률에 따른 벌칙을 적용할 때에는 공무원으로 본다.

82 중소기업은행법 제32조(벌칙 적용 시의 공무원 의제) 중소기업은행의 임원은 「형법」이나 그 밖의 법률에 따른 벌칙을 적용할 때에는 공무원으로 본다.

83 청원경찰법 제10조(직권남용 금지 등) ② 청원경찰 업무에 종사하는 사람은 「형법」이나 그 밖의 법령에 따른 벌칙을 적용할 때에는 공무원으로 본다.

84 한국산업은행법 제17조(벌칙 적용에서의 공무원 의제) 한국산업은행의 임원 및 제29조에 따른 기금운용심의회의 위원은 「형법」이나 그 밖의 법률에 따른 벌칙을 적용할 때에는 공무원으로 본다.

85 한국은행법 제106조(벌칙 적용에서 공무원 의제) ① 금융통화위원회 위원과 한국은행의 부총재보·감사 및 직원은 「형법」이나 그 밖의 법률에 따른 벌칙을 적용할 때에는 공무원으로 본다.

86 행정규제기본법 제32조(벌칙 적용 시의 공무원 의제) 위원회의 위원 중 공무원이 아닌 위원·전문위원 및 조사요원은 「형법」이나 그 밖의 법률에 따른 벌칙을 적용할 때에는 공무원으로 본다.

을 두고 있는 법률로는, 공무원연금법 제16조,[87,88] 감정평가 및 감정평가사에 관한 법률 제48조,[89] 개인정보보호법 제69조,[90] 국민건강보험법 제28조,[91] 금융위원회의 설치 등에 관한 법률 제69조,[92] 도시개발법 제84조,[93] 도시 및 주거환경정비법 제134조,[94] 민사소송법 제164조의8,[95] 민사조정법 제40조의2,[96] 정부출연 연구기관 등의 설립운영 및 육성에 관한 법률 제33조,[97] 지방공기업법 제83조,[98] 형사소송법 제279조의8[99] 등을 들 수 있다.

---

87 공무원연금법 제16조(벌칙 적용에서 공무원 의제) 공단의 임직원은 「형법」 제129조부터 제132조까지의 규정을 적용할 때에는 공무원으로 본다.

88 공무원연금공단의 임직원은 구 공무원연금법(2009. 12. 31. 법률 제9905호로 개정되기 전의 것)에서는 형법 기타 법률의 규정에 의한 벌칙 규정 전반의 적용에 있어서 공무원으로 의제하되었으나(구 공무원연금법 제15조), 이후 형법 제129조부터 제132조까지를 적용할 때에 한하여 공무원으로 의제되는 것으로 개정되었다.

89 감정평가 및 감정평가사에 관한 법률 제48조(벌칙 적용에서 공무원 의제) 다음 각 호의 어느 하나에 해당하는 사람은 「형법」 제129조부터 제132조까지의 규정을 적용할 때에는 공무원으로 본다.
1. 제10조제1호 및 제2호의 업무를 수행하는 감정평가사
2. 제40조에 따른 위원회의 위원 중 공무원이 아닌 위원
3. 제46조에 따른 위탁업무에 종사하는 협회의 임직원

90 개인정보보호법 제69조(벌칙 적용 시의 공무원 의제) 행정안전부장관 또는 관계 중앙행정기관의 장의 권한을 위탁한 업무에 종사하는 관계 기관의 임직원은 「형법」 제129조부터 제132조까지의 규정을 적용할 때에는 공무원으로 본다.

91 국민건강보험법 제28조(벌칙 적용 시 공무원 의제) 공단의 임직원은 「형법」 제129조부터 제132조까지의 규정을 적용할 때 공무원으로 본다.

92 금융위원회의 설치 등에 관한 법률 제69조(벌칙 적용에서의 공무원 의제) ① 금융위원회 위원 또는 증권선물위원회 위원으로서 공무원이 아닌 사람과 금융감독원의 집행간부 및 직원은 「형법」이나 그 밖의 법률에 따른 벌칙을 적용할 때에는 공무원으로 본다.
② 제1항에 따라 공무원으로 보는 직원의 범위는 대통령령으로 정한다.

93 도시개발법 제84조(벌칙 적용 시 공무원 의제) 조합의 임직원, 제20조에 따라 그 업무를 하는 감리원은 「형법」 제129조부터 제132조까지의 규정에 따른 벌칙을 적용할 때 공무원으로 본다.

94 도시 및 주거환경정비법 제134조(벌칙 적용에서 공무원 의제) 추진위원장·조합임원·청산인·전문조합관리인 및 정비사업전문관리업자의 대표자(법인인 경우에는 임원을 말한다)·직원 및 위탁지원자는 「형법」 제129조부터 제132조까지의 규정을 적용할 때에는 공무원으로 본다.

95 민사소송법 제164조의8(벌칙 적용에서의 공무원 의제) 전문심리위원은 「형법」 제129조부터 제132조까지의 규정에 따른 벌칙의 적용에서는 공무원으로 본다.

96 민사조정법 제40조의2(상임 조정위원의 공무원 의제) 상임 조정위원은 「형법」 제129조부터 제132조까지의 규정에 따른 벌칙을 적용할 때에는 공무원으로 본다.

97 정부출연 연구기관 등의 설립운영 및 육성에 관한 법률 제33조(벌칙 적용 시의 공무원 의제) 연구기관 및 연구회의 임원과 대통령령으로 정하는 직원은 「형법」 제129조부터 제132조까지의 규정을 적용할 때에는 공무원으로 본다.

98 지방공기업법 제83조(벌칙 적용 시의 공무원 의제) 공사와 공단의 임직원은 「형법」 제129조부터 제132조까지의 규정을 적용할 때에는 공무원으로 본다.

99 형사소송법 제279조의8(벌칙 적용에서의 공무원 의제) 전문심리위원은 「형법」 제129조부터 제

한편, 직무담당자의 수재행위에 관하여 형법상 뇌물죄와 유사한 처벌을 별도로 직접 규정한 경우도 있다. 예컨대, 국민의 형사재판 참여에 관한 법률 제59조에서는 배심원, 예비배심원 또는 배심원후보자가 직무와 관련하여 재물 또는 재산상 이익을 수수·요구·약속한 경우 및 위 사람들에게 위와 같은 재물 또는 재산상 이익을 약속·공여 또는 공여의 의사를 표시한 경우를 처벌한다. 유사한 처벌규정을 두고 있는 경우로는 주식회사의 외부감사에 관한 법률 제19조(감사인 등), 채무자회생 및 파산에 관한 법률 제645조(관리위원 등), 특정경제범죄 가중처벌 등에 관한 법률 제5조 제1항(금융기관 임직원) 등을 들 수 있다. 73

(b) 관련 판례

1) 위헌 여부에 관한 판례

① 제129조 내지 제132조의 적용에 있어 지방공사와 지방공단의 직원을 공무원으로 본다고 규정한 지방공기업법 제83조가 헌법상 평등의 원칙(헌 § 11①) 또는 과잉금지의 원칙(헌 § 37②) 등에 위반되지 않는다.[100] 또한, 지방공기업법 제83조의 명문의 규정에 반하여 지방공사와 지방공단의 직원을 특정범죄가중법 제4조 제1항 소정의 간부직원, 즉 과장대리급 이상의 직원으로 한정하여 해석할 수도 없다.[101] 74

② 건설기술관리법 제45조 제1호에서 지방위원회 위원 중 공무원이 아닌 위원을 형법 제129조 내지 제132조까지의 규정을 적용함에 있어서 공무원으로 의제하는 규정을 둔 취지와 그 내용 등에 비추어 보면, 위 조항이 형벌법규의 명확성의 원칙에 반한다거나 과잉금지원칙 또는 평등원칙을 침해하는 것이라고 볼 수 없다.[102] 75

③ 공공기관의 운영에 관한 법률과 동법 시행령의 관련 조항 및 해당 법령의 취지와 내용에 더하여 공공기관의 운영에 관한 기본적인 사항과 자율경영 및 책임경영체제의 확립에 관하여 필요한 사항을 정하여 경영을 합리화하고 운영의 투명성을 제고함으로써 공공기관의 대국민 서비스 증진에 기여함을 목적으로 하는 법의 입법목적과 경제상황이나 정책상 목적에 따라 공공기관의 사업 76

132조까지의 규정에 따른 벌칙의 적용에서는 공무원으로 본다.

100 헌재 2001. 11. 29, 2001헌바4; 대판 2002. 7. 26, 2001도6721.

101 대판 2002. 7. 26, 2001도6721.

102 대판 2013. 11. 28, 2013도9003.

내용이나 범위 등이 계속적으로 변동할 수밖에 없는 현실, 국회가 공공기관의 재정상태와 직원 수의 변동, 수입액 등을 예측하기 어렵고 그러한 변화에 대응하여 그때마다 법률을 개정하는 것도 용이하지 아니한 점 등을 감안할 때 공무원 의제규정의 적용을 받는 공기업 등의 정의규정을 법률이 아닌 시행령이나 고시 등 그 하위규범에서 정하는 것에 부득이한 측면이 있는 것이고, 법 및 그 시행령상 '시장형 공기업'의 경우 자산규모가 2조 원 이상으로 직원 정원이 50인 이상인 공공기관으로서 총수입액 중 자체수입액이 85% 이상인 기업을 의미하는 것으로 명시적으로 규정되어 있어서 법령에서 비교적 구체적으로 요건과 범위를 정하여 공공기관 유형의 지정 권한을 기획재정부장관에게 위임하고 있는 것으로 볼 수 있으며, 특히 종래 '기타 공공기관'으로 지정되어 있다가 기획재정부장관 고시에 의하여 '시장형 공기업'으로 지정된 기관의 임직원은 고시를 통하여 그 기관이 '시장형 공기업'으로 지정되었는지 여부를 확인할 수 있고, 시장형 공기업의 임직원이라는 의미가 불명확하다고 볼 수도 없는 점 등에 비추어 보면, 공공기관의 운영에 관한 법률 제53조가 공기업의 임직원으로서 공무원이 아닌 사람은 형법 제129조의 적용에 있어서는 이를 공무원으로 본다고 규정하고 있을 뿐 구체적인 공기업의 지정에 관하여는 그 하위규범인 기획재정부장관의 고시에 의하도록 규정하였다 하더라도 죄형법정주의에 위반되거나 위임입법의 한계를 일탈한 것으로 볼 수 없다.[103]

2) 뇌물공여죄 성립에 관한 판례

77 대법원은, "도시개발법 제84조는 '조합의 임직원, 제20조에 따라 그 업무를 하는 감리원은 형법 제129조부터 제132조까지의 규정에 따른 벌칙을 적용할 때 공무원으로 본다.'고 규정하고 있으므로, 도시개발구역의 토지 소유자가 도시개발을 위하여 설립한 조합(이하 '도시개발조합'이라 한다)의 임직원 등은 형법 제129조 내지 제132조가 정한 죄의 주체가 된다. 이에 따라 도시개발조합의 임직원 등이 그 직무에 관하여 부당한 이익을 얻었다면 그러한 이익도 형법 제133조 제1항에 규정된 '제129조 내지 제132조에 기재한 뇌물'에 해당하므로, 그 뇌물을 약속, 공여 또는 공여의 의사를 표시한 자에게는 형법 제133조 제1항에 의한

103 대판 2013. 6. 13, 2013도1685.

뇌물공여죄가 성립한다고 할 것이다. 따라서 도시개발법 제84조가 직접 형법 제133조를 규정하고 있지 아니하므로 도시개발조합의 임직원 등에 대하여 뇌물을 공여한 자를 뇌물공여죄로 처벌하는 것이 형벌법규의 유추해석금지 등 죄형법정주의에 반한다는 주장은 받아들일 수 없다."고 판시하여,[104] 의제공무원에 대한 형법상 뇌물공여죄의 성립을 긍정하였다.

3) 공무원신분의제를 인정한 사례

① 법령에 의하여 관청에 설치된 위원회 내지 그 소속 소분과위원회의 구 78
성에 있어 후보자군에 포함·편성되는 것만으로는 공무원으로 의제된다고 볼 수 없으나, 그 위원으로 임명 또는 위촉된 경우에는 당해 안건에 대한 심의절차가 개시되기 전이거나 그 심의를 위한 회의의 개최에 앞서 위원장에 의하여 그 회의의 위원으로 지명되기 전이라도 위촉 시점부터 뇌물죄의 주체인 공무원으로 의제된다. 수뢰죄가 공무집행의 공정성과 이에 대한 사회의 신뢰에 기초한 매수되어서는 아니 되는 속성을 보호법익으로 삼는 것임을 감안할 때, 그 죄의 주체인 공무원에 해당하는지의 여부는 담당자의 주된 신분에 의하여만 결정될 것이 아니라 담당하는 업무의 공정성 등이 보호될 필요가 있는가에 따라 결정되어야 하기 때문이다.[105]

② 도시 및 주거환경정비법(이하, 도시정비법이라 한다.) 제84조의 문언과 취지 79
를 고려하면, 정비사업전문관리업자가 반드시 특정 재건축·재개발 정비사업과 관련하여 조합설립추진위원회나 정비사업조합과 구체적인 업무계약을 체결하거나 정비사업에 관한 업무를 대행할 권한을 위임받은 이후에야 비로소 정비사업전문관리업자의 임·직원이 형법 제129조 내지 제132조의 적용에 있어서 공무원으로 의제된다고 한정할 것은 아니고, 정비사업전문관리업자의 임·직원이 일정한 자본·기술인력 등의 기준을 갖추어 시·도지사에게 등록한 후에는 조합설립추진위원회로부터 정비사업전문관리업자로 선정되기 전이라도 제129조 내지 제132조의 적용대상이 되며, 정비사업전문관리업자가 조합설립추진위원회로부

104 대판 2014. 6. 12, 2014도2393. 본 판결 해설은 김영훈, "의제공무원에게 뇌물을 공여한 사람의 죄책", 해설 100, 법원도서관(2014), 369-379.

105 대판 2002. 11. 22, 2000도4593. 본 판결 해설은 최복규, "중앙약사심의위원회 소분과위원이 형법상 뇌물죄의 주체로서 공무원에 해당하는지 여부", 해설 43, 법원도서관(2003), 776-799.

터 정비사업에 관한 업무를 대행할 권한을 위임받은 이후에야 비로소 그 임·직원이 제129조 내지 제132조의 적용에 있어서 공무원으로 의제된다고 볼 것은 아니다.[106]

80 ③ 도시정비법 제84조의 문언과 취지를 고려하면, 전임 조합장의 직무대행자가 선임된 상태에서 적법하게 소집된 총회의 결의에 의하여 후임 조합장으로 선임된 자가 직무대행자로부터 조합 사무를 인계받아 실질적으로 조합장 직무를 수행하였다면, 비록 대표권을 가지지 못한다고 하더라도, 형법 제129조 내지 제132조의 적용에 있어서 공무원으로 의제되는 조합의 임원으로 보아야 한다.[107]

81 ④ 도시정비법 제84조의 문언과 취지, 형법상 뇌물죄의 보호법익 등을 고려하면, 정비사업조합의 임원이 그 정비구역 안에 있는 토지 또는 건축물의 소유권 또는 그 지상권을 상실함으로써 조합 임원의 지위를 상실한 경우나 임기가 만료된 정비사업조합의 임원이 관련 규정에 따라 그 후임자가 선임될 때까지 계속하여 그 직무를 수행하다가 후임자가 선임되어 그 직무수행권을 상실한 경우, 그 조합 임원이 그 후에도 조합의 법인 등기부에 임원으로 등기되어 있는 상태에서 계속하여 실질적으로 조합 임원으로서의 직무를 수행하여 왔다면 그 직무수행의 공정과 그에 대한 사회의 신뢰 및 직무행위의 불가매수성은 여전히 보호되어야 한다. 따라서 그 조합 임원은 임원의 지위 상실이나 직무수행권의 상실에도 불구하고 도시정비법 제84조에 따라 형법 제129조 내지 제132조의 적용에 있어서 공무원으로 보아야 한다.[108]

4) 공무원신분의제를 부정한 사례

82 ① 도시정비법에서 정하는 '정비사업전문관리업자'가 주식회사인 경우 같은 법 제84조에 의하여 공무원으로 의제되는 '임원'은 형법 제129조 내지 제132조에 해당하는 수뢰행위 당시 상업등기부에 대표이사, 이사, 감사로 등기된 사람에 한정된다고 보아야 하며, 설령 실질적 경영자라고 하더라도 해당 주식회사의 임원으로 등기되지 아니한 사람까지 도시정비법 제84조에 의하여 공무원으로

106 대판 2008. 9. 25, 2008도2590. 본 판결 해설은 유헌종, "도시 및 주거환경정비법상 정비사업전문관리업자 임·직원의 공무원 의제 시기 등", 해설 78, 법원도서관(2009), 698-742.

107 대판 2010. 12. 23, 2010도13584.

108 대판 2016. 1. 14, 2015도15798. 본 판결 평석은 이경렬, "'직무수행 사실'과 '공무원 의제'에 따른 구성적 신분범의 처벌 문제", 형사판례연구 〔25〕, 한국형사판례연구회, 박영사(2017), 85-111.

의제되는 정비사업전문관리업자의 '임원'에 해당한다고 해석하는 것은 형벌법규를 피고인에게 불리한 방향으로 지나치게 유추하거나 확장해석하는 것으로서 죄형법정주의의 원칙에 어긋나는 것이어서 허용될 수 없다.[109]

② 구 도시정비법 제86조 제6호 위반죄의 범행주체 중 하나인 '추진위원회 위원장'이란 구 도시정비법 제13조 제2항, 제15조 제1항에 따라 정비사업조합을 설립하기 위하여 토지 등 소유자 과반수의 동의를 얻은 후 시장·군수의 승인을 얻어 구성된 조합설립추진위원회 위원장을 의미한다. 따라서 구 도시정비법 제27조에 의하여 준용되는 민법 중 사단법인에 관한 규정에 따라 해산된 정비사업조합의 청산사무를 집행하는 기관인 '청산인'을 구 도시정비법 제86조 제6호 소정의 '추진위원회 위원장'에 해당한다고 해석하는 것은 형벌법규를 피고인에게 불리한 방향으로 지나치게 확장 해석하거나 유추 해석하는 것이어서 죄형법정주의의 원칙에 어긋나 허용될 수 없다.[110] 마찬가지로 추진위원회 부위원장이나 추진위원이었다가 위원장의 유고 등을 이유로 운영규정에 따라 연장자 순으로 위원장 직무대행자로 된 자를 구 도시정비법 제86조 제6호 소정의 '추진위원회 위원장'에 해당한다고 해석하는 것도 허용될 수 없다.[111] 83

③ 구 도시정비법 제18조에 의하면 토지 등 소유자로 구성되어 정비사업을 시행하려는 조합은 제13조 내지 제17조를 비롯한 관계 법령에서 정한 요건과 절차를 갖추어 조합설립인가처분을 받은 후에 등기함으로써 성립하며, 그때 비로소 관할 행정청의 감독 아래 정비구역 안에서 정비사업을 시행하는 행정주체로서의 지위가 인정된다. 여기서 행정청의 조합설립인가처분은 조합에 정비사업을 시행할 수 있는 권한을 갖는 행정주체(공법인)로서의 지위를 부여하는 일종의 설권적 처분의 성격을 가진다. 따라서 토지등소유자로 구성되는 조합이 그 설립과정에서 조합설립인가처분을 받지 아니하였거나 설령 이를 받았다 하더라도 처음부터 조합설립인가처분으로서 효력이 없는 경우에는, 구 도시정비법 제13조에 의하여 정비사업을 시행할 수 있는 권한을 가지는 행정주체인 공법인으로서의 조합이 성립되었다 할 수 없고, 또한 이러한 조합의 조합장, 이사, 감사 84

109 대판 2014. 1. 23, 2013도9690.
110 대판 2011. 5. 26, 2010도17145.
111 대판 2015. 3. 12, 2014도10612.

로 선임된 자 역시 구 도시정비법에서 정한 조합의 임원이라 할 수 없다. 이러한 법률 규정과 법리에 비추어 보면, 정비사업을 시행하려는 어떤 조합이 조합설립인가처분을 받았다 하더라도 그 조합설립인가처분이 무효여서 처음부터 구 도시정비법 제13조에서 정한 조합이 성립되었다고 할 수 없는 경우에, 그 성립되지 아니한 조합의 조합장, 이사 또는 감사로 선임된 자는 구 도시정비법 제85조 제5호 위반죄 또는 제86조 제6호 위반죄의 주체인 '조합의 임원' 또는 '조합임원'에 해당하지 아니한다고 해석함이 타당하며,[112] 따라서 그러한 자의 행위에 대하여는 구 도시정비법 제85조 제5호 위반죄 또는 제86조 제6호 위반죄로 처벌할 수 없다.[113]

5) 직무관련성을 인정한 사례

85 ① 뇌물죄에서 말하는 '직무'에는 법령에 정하여진 직무뿐만 아니라 그와 관련 있는 직무, 과거에 담당하였거나 장래에 담당할 직무 외에 사무분장에 따라 현실적으로 담당하지 않는 직무라도 법령상 일반적인 직무권한에 속하는 직무 등 공무원이 그 직위에 따라 공무로 담당할 일체의 직무를 포함한다. 따라서 건설기술관리법에서 정한 설계심의분과위원회 소속 위원(분과위원)은 건설기술관리법령에 따라 지방자치단체가 발주하는 특정 공사에 관한 설계의 적격 여부 심의 및 설계점수 평가에 관한 업무를 수행하는데, 대형 관급공사의 입찰 과정에서 각 건설사가 제출한 설계의 적격 여부를 심의하고 기술적 타당성을 검토하는 것은

---

112 대판 2014. 5. 22, 2012도7190(전). 본 판결 해설 및 평석은 민철기, "해당 조합에 대한 설립인가처분이 무효인 경우 도시 및 주거환경정비법상 '조합임원'이 구성요건상 주체로 되어 있는 금지 규정을 위반한 범죄가 성립되는지 여부", 해설 100, 법원도서관(2014), 454-470; 이근우, "법률적 무효와 이미 존재했던 사실상태의 형법적 취급", 형사판례연구 〔23〕, 한국형사판례연구회, 박영사(2015), 1-54.

113 이 사안은 조합설립인가처분이 무효여서 처음부터 구 도시정비법 제13조에서 정한 조합이 성립되었다고 할 수 없는 경우이고, 따라서 유효하게 존재하던 조합의 설립인가가 장래를 향하여 소멸되는 경우와는 구별된다. 즉 구 도시정비법 제16조의2 제1항에 따른 조합 설립인가의 '취소'는, 조합 설립인가 당시에 위법 또는 부당한 하자가 있음을 이유로 한 것이 아니라 처분 이후 발생한 후발적 사정을 이유로 하는 것이므로 조합 설립인가의 효력을 소급적으로 상실시키는 행정행위의 '취소'가 아니라 적법요건을 구비하여 완전히 효력을 발하고 있는 조합 설립인가의 효력을 장래에 향해 소멸시키는 행정행위의 '철회'에 해당하는 이상, 위 조합 설립인가의 취소 전까지 조합은 유효하게 존재하므로 그 취소 이전에 직무와 관련한 조합 인원의 금품 수수행위는 구 도시정비법 제84조에 따른 공무원신분 의제가 적용되어 형법상 뇌물죄를 구성한다(대판 2016. 6. 10, 2015도576).

위 분과위원이 법령상 담당하는 직무이자 권한이라고 할 것이므로, 위 분과위원이 '총인처리시설과 관련하여 평가위원으로 선정되면 높은 점수를 달라'는 취지로 금품을 수수하였다면 당해 분과위원이 이후 소위원회 심의위원(평가위원)으로 선정되었는지 여부와 관계없이 그 자체로 직무관련성이 인정된다.[114]

② 구 건설기술관리법 제45조 제1호 소정의 공무원신분의제 규정의 내용 86
및 목적에 비추어 보면, 국가공무원이나 지방공무원 등 공무원이 기술심의위원회의 위원으로서 직무를 처리하는 경우에 그 직무가 그 공무원이 취급하는 원래의 직무 범위에 속하지 아니한다고 하더라도 기술심의위원회 위원의 직무와 관련하여 부당한 금품을 수수한 때에는 뇌물죄가 성립한다.[115]

6) 직무관련성을 부정한 사례

공무를 위탁받은 기관 또는 단체의 직원을 제129조 내지 제132조의 적용에 87
있어 공무원으로 의제하는 경우 뇌물죄의 적용대상이 되는 것은 해당 법령에 의하여 위탁받은 업무에 한정되고, 이에 해당하지 않는 위탁 업무나 위탁받은 기관 또는 단체의 일반적인 업무는 이에 포함되지 않는다.[116]

① 구 석유사업법 제39조는 "제32조 제2항의 규정에 의하여 위탁한 업무에 88
종사하는 법인의 임원 및 직원은 형법 제129조 내지 제132조의 적용에 있어서는 이를 공무원으로 본다."고 규정하고 있고, 법 제32조 제2항은 "이 법의 규정에 의한 산업자원부장관의 권한은 그 일부를 대통령령이 정하는 바에 의하여 공사·품질검사기관 또는 석유산업의 건전한 발전을 목적으로 산업자원부장관의 허가를 받아 설립된 법인에게 위탁할 수 있다."고 규정하고 있는데, 관련 법령의 내용과 취지를 종합하면, 한국석유품질관리원에 위탁된 업무는 석유제품 등에 대한 품질검사에 관한 업무로 한정되고 석유산업의 발전을 위한 일반적인 업무까지 포함한다고 볼 수 없다. 따라서 피고인이 위탁사무인 석유제품 등에 대한 품질검사업무와 무관한 직책(기획조정처장)을 담당하고 있었고 기획조정처 소속 전산업무 담당 직원으로부터 '결재 등 업무편의와 인사평정에서 좋은 평가를 해달라는 취지'의 청탁에 대한 대가로 금품을 수수한 것일 뿐 공무인 '석유제품 등에

114 대판 2013. 11. 28, 2013도9003.
115 대판 2013. 11. 28, 2013도10011.
116 주석형법 〔각칙(1)〕(5판), 357(천대엽).

대한 품질검사업무 등'에 관하여 금품을 수수한 아니라면 피고인의 위 금품수수 행위는 형법상 뇌물수수죄에 해당하지 아니한다.[117]

89 ② 한국어항협회가 해양수산부장관으로부터 위탁받은 사무인 해양폐기물 수거·처리사무는 해양수산부장관이 구 해양오염방지법 제4조의7 제2호에서 정한 폐기물의 수거 및 처리사무를 「행정권한의 위임 및 위탁에 관한 규정」 제52조 제7항에 의하여 한국어항협회에 위탁한 것일 뿐이고 그 사무가 구 어항법에 의한 해양수산부장관의 사무에 속한다고 인정할 수는 없는 이상, 한국어항협회의 임원인 피고인이 해양쓰레기 정화사업을 수주함에 있어 편의를 봐달라는 취지의 부탁과 함께 금품을 수수하였다고 하더라도, 한국어항협회의 '해양폐기물 수거·처리사무'는 구 어항법 제38조의2 규정에 의하여 공무원의제가 적용되는 사무에 해당하지 않으므로 형법 제129조의 뇌물수수죄가 성립할 수 없다.[118]

7) 제1조 제2항의 적용 여부가 쟁점이 된 사례

90 ① 도시정비법에 의한 주택재개발사업이나 주택재건축사업(이하, '재개발사업 등'이라고 한다.)을 시행하는 조합(이하, '조합'이라고 한다.)의 임원은 수뢰죄 등 형법 제129조를 적용할 때는 공무원으로 의제되므로(§ 84), 수뢰액이 일정 금액 이상이면 특정범죄가중법 제2조에 따라 가중처벌된다. 한편, 누구든지 재개발사업 등의 시공자, 설계자 또는 정비사업전문관리업자의 선정과 관련하여 금품을 수수하는 등의 행위를 하면 도시정비법 제84조의2에 의한 처벌대상이 된다. 이 처벌규정은 조합 임원에 대한 공무원 의제 규정인 도시정비법 제84조가 이미 존재하는 상태에서 2012년 2월 1일 법률이 개정되어 신설된 것으로서, 기존 도시정비법 제84조의 입법 취지, 적용대상, 법정형 등과 비교해 보면 시공자의 선정 등과 관련한 부정행위에 대하여 조합 임원이 아닌 사람에 대해서까지 처벌범위를 확장한 것일 뿐 조합 임원을 형법상의 수뢰죄 또는 특정범죄가중법위반(뇌물)죄로 처벌하는 것이 너무 과중하여 부당하다는 반성적 고려에서 형을 가볍게 한 것이라고는 인정되지 아니한다.[119]

91 ② 일반적으로 특별법이 일반법에 우선하고 신법이 구법에 우선한다는 원

117 대판 2007. 4. 12, 2007도301.
118 대판 2009. 9. 10, 2009도5657.
119 대판 2016. 10. 27, 2016도9954.

칙은 동일한 형식의 성문법규인 법률이 상호 모순·저촉되는 경우에 적용된다. 이때 법률이 상호 모순·저촉되는지는 법률의 입법목적, 규정사항 및 적용범위 등을 종합적으로 검토하여 판단하여야 하는데, 공공기관의 운영에 관한 법률 제53조와 도로교통법 제129조의2는 입법목적, 입법연혁, 규정사항 및 적용범위 등을 달리하여 서로 모순·저촉되는 관계에 있다고 볼 수 없다. 따라서 공공기관의 운영에 관한 법률에 따른 준정부기관인 도로교통공단의 임직원에 대하여 도로교통법 제129조의2가 특별법 내지 신법으로 우선하여 적용되고 공공기관의 운영에 관한 법률 제53조의 적용이 배제된다고 볼 수 없다.[120]

(4) 해석에 의한 공무원 개념의 확장과 제한

(가) 해석에 의한 공무원 개념의 확장

(a) 문제의 소재

국가공무원법이나 지방공무원법에 의하여 임용된 공법상 공무원에 해당하 92
지 않고 뇌물죄 적용에 있어 특정범죄가중법이나 개별 법률에 의하여 공무원으로 의제되지도 않지만 법령의 근거에 기하여 국가 또는 지방자치단체 및 이에 준하는 공법인의 사무, 즉 공무에 종사하는 사인(私人)을 해석에 의하여 뇌물죄의 주체로서의 공무원으로 인정할 수 있을지가 문제된다. 이는 해석에 의하여 뇌물죄 주체인 공무원의 개념을 확장하는 것이 헌법상 죄형법정주의 원칙에 반하는 것은 아닌지에 관한 문제이기도 하다.

이에 대해서는 대법원과 헌법재판소의 견해가 서로 대립한다. 대법원은 93
① 국가공무원법이나 지방공무원법에 따라서 임용된 공법상 공무원에 해당하지 않고 특정범죄가중법이나 개별 법률에 의하여 공무원으로 의제되지 않더라도 ② '법령의 근거에 기하여' '공무'에 종사하는 자는 뇌물죄의 주체인 공무원으로 인정할 수 있다는 입장인데 반하여, 헌법재판소는 이와는 달리 해석에 의한 공무원 개념의 확장은 죄형법정주의에 반한다고 한다(위 ①의 공무원·공무원의제자에 한정).[121]

---

120 대판 2016. 11. 25, 2014도14166.

121 참고로 일본형법 제7조 제1항은 "이 법률에서 「공무원」이란 국가 또는 지방공공단체의 직원 기타 법령에 의하여 공무에 종사하는 의원, 위원 기타 직원을 말한다."고 규정하고 있다. '법령'에 관하여 판례는 법률, 명령, 조례 외에도, 일반적·추상적 준칙을 정한 것이라면 훈령, 통달, 고시도 법령에 포함된다고 한다〔最判 昭和 25(1950). 2. 28. 刑集 4·2·268〕.

(b) 대법원 판례

94 대법원은 형법상 뇌물죄의 주체인 공무원의 개념과 관련하여, "현행 형법에는 구 형법과는 달리 공무원의 정의에 관한 규정이 없으나 현행법하에 있어서는 공무원이라 함은 관제직제에 의하여 그 직무 권한이 정하여져 있는 자에 한하지 않고 널리 법령에 의하여 공무에 종사하는 직원을 지칭한다고 해석하는 것이 타당하다."고 판시한 것을 시작으로,[122] "제129조에서의 공무원이라 함은 법령의 근거에 기하여 국가 또는 지방자치단체 및 이에 준하는 공법인의 사무에 종사하는 자로서 그 노무의 내용이 단순한 기계적·육체적인 것에 한정되어 있지 않은 자를 말한다."라고 판시하거나,[123] "제129조에 규정된 수뢰죄는 공무집행의 공정성과 이에 대한 사회의 신뢰에 비추어 그 매수되어서는 아니되는 속성을 보호법익으로 삼는 것이다. 따라서 그 주체인 공무원에 해당하는지의 여부는 관련자의 주된 신분에 의하여만 결정될 것이 아니라 담당하는 업무의 공정성 등이 보호될 필요가 있는가에 따라 결정되어야 한다. 그렇다면 비록 공법상 공무원에 해당하지 아니하거나 특정 법률에 의하여 공무원으로 간주되는 사람이 아니라 하더라도, 널리 법령의 근거에 기하여 국가 또는 지방자치단체 및 이에 준하는 공법인의 사무에 종사하는 이로서 그 노무의 내용이 단순한 기계적, 육체적인 것에 한정되지 아니한다면, 제129조에서의 공무원에 해당할 수 있다. 나아가 이와 같이 수뢰죄의 주체인 공무원에 해당하는지 여부를 그 직무의 성질 및 내용에 따라 판단하는 것이 헌법상 죄형법정주의에 위배되거나 직업공무원 아닌 사람을 합리적 이유 없이 차별하는 것으로서 평등의 원칙에 위배된다고 할 수 없다."고 판시하여 왔다.[124]

95 구체적으로 대법원은, ① 학교보건법 및 그 시행령에 기하여 교육위원회의 소관에 속하는 학교환경위생정화업무에 관한 사항을 심의하기 위하여 교육감 소속하에 설치된 학교환경위생정화위원회의 위원,[125] ② 도시계획법 및 그 시행령에 기하여 도시계획에 관하여 시장 또는 구청장의 자문에 응하며 당해 시 또는 구의 도시계획에 관한 사항을 심의하기 위하여 설치된 시·구 도시계획위원회의 위원,[126]

---

122 대판 1959. 9. 4, 4291형상284.
123 대판 1978. 4. 25, 77도3709; 대판 1997. 6. 13, 96도1703; 대판 2002. 11. 22, 2010도14484 등.
124 대판 2011. 9. 29, 2011도6347.
125 대판 1983. 5. 10, 83도301.
126 대판 1997. 6. 13, 96도1703.

③ 약사법 및 그 시행령에 의하여 설치된 중앙약사심의위원회 소속 소분과위원회의 위원,[127] ④ 환경·교통·재해 등에 관한 영향평가법 및 그 시행령을 근거로 시·도지사에 의하여 임명 또는 위촉된 지방교통영향심의위원회의 위원,[128] ⑤ 제주국제자유도시특별법 또는 제주특별자치도 설치 및 국제자유도시 조성을 위한 특별법 및 관련 조례를 근거로 설치된 환경영향평가심의위원회의 심의위원,[129] ⑥ 제주국제자유도시특별법 또는 제주특별자치도 설치 및 국제자유도시 조성을 위한 특별법 및 관련 조례를 근거로 설치된 재해영향평가심의위원회의 심의위원[130] 등에 대하여 국가공무원법이나 지방공무원법에 따른 공무원에 해당하지 않고 관련 법률에서 벌칙적용에 있어 공무원으로 의제하는 규정이 없음에도 해석에 의하여 뇌물죄의 주체인 공무원에 해당한다고 판시하였다.

다만 뇌물죄의 적용에 있어서 해석상 공무원으로 인정되기 위해서는 그 담당하는 업무의 구체적인 내용이 신분상 공무원에 준할 만큼 공무적인 성격을 갖추어야 할 것이므로 그에 대한 엄격한 증명이 있어야 하고, 업무에 공무적인 성격이 있다는 점만을 이유로 이를 담당하는 사인이 뇌물죄의 적용대상이 된다고 단정해서는 안 될 것이다.[131] 96

대법원은 피고인이 2년 임기로 위촉된 광역시 건축위원회 위원으로서 특정회사 아파트의 건축심의와 관련하여 시행사·시공사로부터 용역납품권을 교부받아 뇌물수수 혐의로 기소된 사안에서, "관련 법리 및 뇌물죄 관련 규정의 적용에 관한 건축법상 공무원 의제규정의 내용에, 형벌법규는 엄격하게 해석하여 97

127 대판 2002. 11. 22, 2000도4593.

128 대판 2009. 2. 12, 2007도2733.

129 대판 2011. 2. 24, 2010도14891.

130 대판 2011. 9. 29, 2011도6347. 다만 후술하는 헌재 2012. 12. 27, 2011헌바117 사건에서 다수의견은, 위 심의위원을 제129조 소정 뇌물죄의 주체인 공무원에 포함된다고 해석하는 것은 죄형법정주의에 반하여 허용될 수 없다고 판시하였다. 이러한 헌법재판소의 한정위헌결정에도 불구하고 대법원은 위 결정의 기속력을 부인하고 재심청구를 기각하였다(대결 2014. 8. 11, 2013모2593; 대결 2014. 8. 20, 2013모2645). 이에 대하여 헌법재판소는 헌법재판소법 제68조 제1항 본문 중 '법원의 재판' 가운데 '법률에 대한 위헌결정의 기속력에 반하는 재판' 부분은 헌법에 위반되고, 법률에 대한 일부위헌결정에 해당하는 위 2011헌바117 결정의 기속력을 부인한 법원의 재판(재심기각결정)은 재판청구권을 침해한 것이므로 이를 취소한다는 결정을 선고하였다(헌재 2022. 6. 30, 2014헌마760). 이 사안은 법령 해석·적용 권한을 둘러싸고 헌법재판소와 대법원이 충돌하고 있는 사안 중에 하나이다.

131 주석형법 [각칙(1)](5판), 362(천대엽).

야 한다는 원칙을 더하여 볼 때, 구 건축법 제4조 제1항의 규정에 의한 건축위원회의 위원은 뇌물수수죄의 주체인 공무원에 해당하지 않는다."고 판시하였다.[132] 또한 대법원은 집행관사무소의 사무원이 뇌물죄의 주체인 공무원에 해당하는지 여부가 쟁점이 된 사안에서, 그 직무의 종속성, 보조적 성격 및 피고인에게 불리한 형벌법규의 유추적용은 엄격히 제한되어야 한다는 점 등을 근거로, 집행관사무소의 사무원이 집행관을 보조하여 담당하는 사무의 성질이 국가의 사무에 준하는 측면이 있다는 사정만으로는 뇌물죄의 주체인 공무원에 해당한다고 보기 어렵다고 판시하였다.[133]

(c) 헌법재판소 결정

98 해석에 의한 공무원 개념의 확장을 인정할 것인지 여부가 문제된 사안에서 헌법재판소의 다수의견은, "형벌법규에 있어 독자적인 공무원 개념을 사용하기 위해서는 법률에 명시하는 것이 일반적 입법례인데, 우리의 경우에는 구 형법의 공무원 개념규정을 형법 제정 당시 두지 않았고, 국가공무원법·지방공무원법에 의한 공무원이 아니라고 하더라도 국가나 지방자치단체의 사무에 관여하거나 공공성이 높은 직무를 담당하여 청렴성과 직무의 불가매수성이 요구되는 경우에, 개별 법률에 '공무원 의제' 조항을 두어 공무원과 마찬가지로 뇌물죄로 처벌하거나 특별규정을 두어 처벌하고 있다. 그런데 국가공무원법·지방공무원법에 따른 공무원이 아님에도 법령에 기하여 공무에 종사한다는 이유로 공무원 의제 규정이 없는 사인을 제129조 소정의 '공무원'에 포함된다고 해석하는 것은 처벌의 필요성만을 지나치게 강조하여 범죄와 형벌에 대한 규정이 없음에도 구성요건을 확대한 것으로서 죄형법정주의에 반한다."고 판시하여,[134] 해석에 의한 공

132 대판 2012. 7. 26, 2012도5692. 이 판결을 계기로 대법원이 해석상 공무원 개념의 확장이 문제되는 사안에서 보다 신중한 입장을 취하기로 방향을 전환한 것인지 여부를 알기 위해서 향후 유사한 사안의 처리결과를 지켜보아야 한다는 견해로는, 천대엽(주 34), 150-151 참조.

133 대판 2011. 3. 10, 2010도14394.

134 헌재 2012. 12. 27, 2011헌바117(한정위헌결정으로, 구 제주특별자치도 설치 및 국제자유도시 조성을 위한 특별법 제299조 제2항의 제주특별자치도통합영향평가심의위원회 심의위원 중 위촉위원이 포함되는 것으로 해석하는 한 헌법에 위반). 다만 위 결정의 소수의견은, "우리 법상 공무원의 개념은 개별 법령의 취지에 따라 다양하게 사용되고 있고, 뇌물죄는 공무집행의 공정과 직무행위의 불가매수성을 보호법익으로 하는 것이므로 비록 국가공무원법·지방공무원법상에 따른 공무원이 아니라고 하더라도 법령에 의해 위촉되어 국가 또는 지방자치단체의 공무를 담당하는 경우에는 뇌물죄의 주체인 '공무원'으로 정당하게 해석될 수 있어 죄형법정주의의 명확성원칙에 위배되지 않

무원 개념의 확장을 반대하였다.

(나) 해석에 의한 공무원 개념의 제한

국가공무원법 또는 지방공무원법 등 법령에 의하여 임용된 공무원이라 하 99
더라도 노무의 내용이 단순한 기계적·육체적인 것에 한정되어 있는 자는 뇌물죄의 주체인 공무원에 해당하지 않는다는 것이 판례[135]와 통설[136]이다. 단순한 기계적·육체적인 노무의 경우에는 뇌물죄의 보호법익인 직무집행의 공정과 이에 대한 신뢰를 침해할 위험성이 있다고 보기 어렵기 때문이다. 이와 관련하여 대법원은, 피고인이 문화재관리국 관리과 운영계 고용원으로서 문화재관리국 소관 국유재산처분업무를 담당하면서 필지별 재매매계약에 관한 업무 및 그 대금수납업무 등을 수행한 것은 단순한 기계적·육체적 노무에 종사한 것으로 볼 수 없으므로 뇌물죄의 주체인 공무원에 해당한다고 판시한 바 있다.[137]

2. 뇌 물

(1) 의의

제129조 내지 제134조에서는 수뢰죄 등의 객체를 '뇌물'로만 규정하고 있고 100
'뇌물'의 개념에 대하여 정의한 바는 없다. 뇌물의 개념에 대하여 우리 학설은 '직무에 관한 부당한 이익 또는 직무에 관한 불법한 보수', '직무행위에 관한 불법한 보수', '직무에 관한 위법한 보수', '직무에 관한 행위의 대가로서의 불법의 이익', '공무원이나 중재인의 직무에 관한 위법한 보수의 성질을 가지고 있는 모든 이익', '금전·물품 기타 재산상 이익 등 사람의 수요·욕망을 충족시키기에 족한 유형·무형의 이익으로서 직무행위에 대한 대가로서의 불법한 보수 또는 부정·부당한 이익' 등으로 다양하게 정의하고 있다.[138] 이처럼 뇌물의 개념 자

는다. 이는 법률조항의 가능한 문언의 의미 내에서 입법자의 입법목적이나 의도를 고려한 해석, 적용으로서 법원의 정당한 법해석 범위를 벗어난 것이 아니므로 죄형법정주의에서 금지하고 있는 유추적용 또는 유추해석에 해당하지 않는다."고 판시하여, 대법원 판례와 동일한 입장을 취하였다.

135 대판 1961. 12. 14, 4294형상99; 대판 1978. 4. 25, 77도3709; 대판 1997. 6. 13, 96도1703; 대판 2002. 11. 22, 2000도4593; 대판 2011. 3. 10, 2010도14394 등.

136 김일수·서보학, 658; 배종대, § 155/20; 손동권·김재윤, § 49/9; 신동운, 122; 오영근, 704; 이재상·장영민·강동범, § 43/62; 정영일, 435.

137 대판 1978. 4. 25, 77도3709.

138 김성돈, 773; 김일수·서보학, 651; 박상기, 641; 박상기·전지연, 842; 배종대, § 155/10; 손동권·김재윤, § 49/11; 신동운, 123; 오영근, 697; 이재상·장영민·강동범, § 43/52; 이형국·김혜경, 797;

체에 '직무관련성'이 포함되어 있다고 할 것인데, 형법은 뇌물죄에 관하여 뇌물 이외에 별도로 직무에 관한 것임을 요한다고 규정하고[139] 있다.[140]

(2) 이익

(가) 뇌물죄의 객체

101 특정범죄가중법 제3조(알선수재) 및 제5조 내지 제7조(수재 등의 죄, 증재 등의 죄, 알선수재의 죄)는 그 객체를 '금품 기타 이익'으로 규정하고 있고, 변호사법 제111조는 그 객체를 '금품, 향응 그 밖의 이익'으로 규정하고 있는데 반하여, 형법상 뇌물죄의 객체는 '뇌물'로 규정하고 있고 따로 뇌물에 대한 정의를 내리지는 않고 있다. 문언해석상 뇌물은 재물만을 의미하는 것으로 볼 여지도 있으나,[141] 이와 같이 해석하는 견해는 없고 부당하거나 불법적인 '이익'으로 보는 것이 일반적이다.[142]

102 뇌물의 내용인 이익은 금전·물품 등 '재산적' 이익뿐만 아니라 사람의 수요·욕망을 충족시킬 수 있는 것이라면 '비재산적' 이익까지도 포함한다고 보는 견해가 통설[143] 및 판례[144]이다.[145]

103 뇌물로서의 이익은 실현가능성이 있는 한 일시적인 것이거나 장래의 불확실한 것이라도 상관없고, 실현불가능한 것이 아닌 한 조건부라도 상관없다.[146]

임웅, 935; 정성근·박광민, 734; 정영일, 437; 정형근, "부정청탁 및 금품등 수수의 금지에 관한 법률에 관한 연구", 경희법학 52-1(2017), 36.

139 이재상·장영민·강동범, § 43/32.

140 일본형법의 뇌물죄 규정과 동일한 방식이다.

141 우리 형법이 독일형법처럼 뇌물죄의 객체를 이익(Vorteil)이라고 규정하지 않고 뇌물이라고 규정하고 있기 때문에 뇌물에 이익까지 포함된다고 해석하면 문자의 의미를 넘어서는 유추해석이 되지 않는가 하는 의문이 제기될 수도 있으므로 입법적으로 이를 보완할 필요가 있다는 견해로는 오영근, "뇌물죄에 관한 연구", 법학논총 15, 한양대 법학연구소(1998), 242 참조.

142 주석형법 [각칙(1)](5판), 366(천대엽).

143 김성돈, 777; 김일수·서보학, 654; 박상기, 643; 박상기·전지연, 844; 배종대, § 155/15; 손동권·김재윤, § 49/19; 신동운, 131; 이재상·장영민·강동범, § 43/60; 임웅, 936; 정성근·박광민, 739; 정영일, 439.

144 뇌물죄에 있어서 뇌물의 내용인 이익이라 함은 금전, 물품 기타의 재산적 이익뿐만 아니라 사람의 수요, 욕망을 충족시키기에 족한 일체의 유형·무형의 이익을 포함한다(대판 1979. 10. 10, 78도1793; 대판 1994. 11. 4, 94도129; 대판 1995. 6. 30, 94도993; 대판 2001. 1. 5, 2000도4714; 대판 2002. 11. 26, 2002도3539; 대판 2003. 2. 28, 2002도5219 등).

145 참고로 독일의 통설·판례는 경제적·법적·인격적 이익 등의 비재산적 이익을 뇌물로 인정하기 위해서는 그 이익을 객관적으로 측정할 수 있을 것(objekt meßbar)을 요한다고 한다(오영근, 699).

146 김일수·서보학, 654.

또한 뇌물약속죄에 있어서 뇌물의 목적물인 이익은 약속 당시에 현존할 필요는 없고 약속 당시에 예기할 수 있는 것이라도 무방하며, 뇌물의 목적물이 이익인 경우에는 그 가액이 확정되어 있지 않아도 뇌물약속죄가 성립하는 데는 영향이 없다.[147] 이익이 예상되는 투기적 사업에 참여할 기회가 뇌물로 제공된 경우에 그 후 경제사정의 변동 등으로 인하여 예상과 달리 사업 참여로 이득을 얻지 못한 경우라고 해도 그 참여의 기회 제공 당시부터 사업의 실현 및 이익창출의 가능성이 없었던 것으로 볼 수 있는 경우가 아닌 한 뇌물수수죄의 성립[148]에 영향이 없다.[149]

다만, 뇌물로 취득한 이익이 사업참여 기회 또는 주식인수 기회 등 '무형의 104
이익'인지 아니면 '수익금', '주식', '배당금' 자체인지에 대한 심리가 필요하다. 이는 후술하는 바와 같이 뇌물 가액 산정에 따라, 특정범죄가중법 제2조 제1항 각 호의 적용 여부 판단, 특정범죄가중법 제2조 제2항에 따라 병과할 벌금액의 결정, 제134조에 의한 추징액의 확정,[150] 양형기준의 적용 등에 영향이 있고, 또한

---

147 대판 1981. 8. 20, 91도698; 대판 2001. 9. 18, 2000도5438(피고인이 그 소유의 A 토지를 B 토지와 교환한 것과 관련하여 수뢰를 하였다는 공소사실에 대하여, 원심은 교환된 토지 간에 시가의 차이가 있다고 인정할 수 없다는 이유로 무죄를 선고하였으나, A 토지의 시가가 B 토지의 시가보다 비싸다고 하더라도 피고인으로서는 장기간 처분하지 못하던 토지를 처분하는 한편 매수를 희망하던 전원주택지로 향후 개발이 되면 가격이 많이 상승할 토지를 매수하게 되는 무형의 이익을 얻었다고 봄이 상당하다는 이유로 원심판결을 파기한 사례).

148 대판 1983. 2. 22, 92도2964(뇌물로 공여된 당좌수표가 수수 후 부도가 되었다고 하더라도 뇌물죄의 성립에는 아무런 영향이 없다); 대판 2002. 11. 26, 2002도3539(공무원이 뇌물로 투기적 사업에 참여할 기회를 제공받은 경우, 뇌물수수죄의 기수시기는 투기적 사업에 참여하는 행위가 종료된 때로 보아야 하며, 그 행위가 종료된 후 경제사정의 변동 등으로 인하여 당초의 예상과는 달리 그 사업 참여로 아무런 이득을 얻지 못한 경우라도 뇌물수수죄의 성립에는 영향이 없다).

149 한편 배임수재자가 배임증재자에게서 그가 무상으로 빌려준 물건을 인도받아 사용하고 있던 중에 공무원이 된 경우, 그 사실을 알게 된 배임증재자가 배임수재자에게 앞으로 물건은 공무원의 직무에 관하여 빌려주는 것이라고 하면서 뇌물공여의 뜻을 밝히고 물건을 계속하여 배임수재자가 사용할 수 있는 상태로 두더라도, 처음에 배임증재로 무상 대여할 당시에 정한 사용기간을 추가로 연장해 주는 등 새로운 이익을 제공한 것으로 평가할 만한 사정이 없다면, 이는 종전에 이미 제공한 이익을 나중에 와서 뇌물로 하겠다는 것에 불과할 뿐 새롭게 뇌물로 제공되는 이익이 없어 뇌물공여죄가 성립하지 않는다(대판 2015. 10. 15, 2015도6232).

150 다만, 형법상 뇌물죄, 특정범죄가중법 제3조 소정의 알선수재죄 및 변호사법 제111조 위반죄는 모두 범죄수익은닉의 규제 및 처벌에 관한 법률(이하, 범죄수익은닉규제법이라 한다.) 제2조 제1호 소정의 '중대범죄'에 해당하므로, 수수한 이익이 '무형의 이익'을 취득한 것으로 인정되더라도 '범죄수익에서 유래한 재산'에 해당하는 수익은 범죄수익은닉규제법에 따라 몰수·추징할 수 있다(대판 2005. 7. 28, 2005도2557 참조).

범행의 기수·종료 시점과 관련하여 공소시효 완성 여부가 문제될 수도 있기 때문이다. 예컨대 공무원이 뇌물로 투기적 사업에 참여할 기회를 제공받은 경우, 뇌물수수죄의 기수시기는 투기적 사업에 참여하는 행위가 종료한 때로 보아야 한다.[151]

105 법적으로 허용되지 않는 위법한 이익도 사람의 수요·욕망을 충족할 수 있는 이상 뇌물로 인정될 수 있다.[152] 예컨대 공무원이 장물을 뇌물로 수수한 경우, 수뢰죄와 장물취득죄의 상상적 경합범이 성립할 수 있다.[153]

106 한편, 금품을 수수하였다는 공소사실을 공소장의 변경 없이 금융상의 편의제공 혹은 계약체결의 기회제공 등으로 축소하여 인정할 수 있는지가 문제될 수 있다. 공소사실의 동일성이 문제되지 않고 공판절차상 심리과정에 비추어 피고인의 방어권 행사에도 실질적인 불이익을 초래할 염려가 없다고 인정되는 경우에는 공소장의 변경 없이도 축소사실로 인정할 수 있을 것이나,[154] 유죄판결의 이유로서 명시되어야 하는 범죄사실 기재가 공소사실에 기재되지 아니한 새로운 사실을 인정하거나 범죄행위의 내용 내지 태양을 달리하는 것이 분명한 경우와 같이 피고인의 방어권행사에 실질적 불이익을 초래할 염려가 있다면 공소장 변경 없이 축소사실로 유죄를 인정할 수는 없을 것이다.[155]

(나) 이익에 관한 구체적 검토

(a) 유형·무형의 이익

107 통설 및 판례가 금품이나 재물의 제공이 아닌 유형·무형의 이익 제공을 뇌물로 인정한 사례로는, 금전을 무기한·무이자로 차용한 경우 이에 따른 이자액 상당의 금융이익,[156] 자신의 은행대출금채무에 대하여 연대보증을 하게 한 행위,[157] 조합아파트 가입권에 붙은 소위 프리미엄,[158] 건축업자가 건축할

151 대판 2002. 11. 26, 2002도3539; 대판 2006. 7. 7, 2005도9763; 대판 2011. 7. 28, 2009도9122.
152 주석형법 [각칙(1)](5판), 373(천대엽).
153 김홍준, "뇌물의 의미(판례를 중심으로)", 저스티스 110, 한국법학원(2009), 169.
154 대판 1994. 11. 4, 94도129; 대판 2006. 5. 26, 2006도1716; 대판 2011. 10. 27, 2011도6345; 대판 2012. 8. 23, 2012도4843; 대판 2014. 5. 16, 2014도1547.
155 대판 1999. 4. 9, 98도667; 대판 2005. 4. 14, 2005도913; 대판 2013. 2. 14, 2012도15009.
156 대판 2004. 5. 28, 2004도1442.
157 대판 2001. 1. 5, 2000도4714.
158 대판 1992. 12. 22, 92도1762.

주택을 공사비 상당액으로 분양받기로 약속한 경우 매매 시가 중 공사비를 초과하는 액수만큼의 이익,[159] 직무와 관련하여 납품할 수 있는 기회를 얻은 경우 납품가격에서 원가를 공제한 이익 상당,[160] 투기적 사업에 참여할 기회를 얻는 것,[161] 다른 건축업자에게 공사를 맡겼을 경우의 통상적인 공사대금에 비하여 저렴한 공사대금에 건축물의 공사를 한 경우 그 차액 상당의 이익,[162] 임야를 시가보다 비싸게 매도함으로써 취득한 차액 상당의 이익,[163] 피고인이 그 소유의 A 토지를 B 토지와 교환한 경우 비록 A 토지의 시가가 B 토지의 시가보다 비싸다고 하더라도 피고인으로서는 장기간 처분하지 못하던 토지를 처분하는 한편 매수를 희망하던 전원주택지로서 향후 개발이 되면 가격이 많이 상승할 토지를 매수하게 되었다면 무형의 이익으로서 뇌물을 인정한 경우,[164] 성교행위 또는 유사성교행위 제공에 따른 성적 욕구의 충족,[165] 취직 알선,[166] 공무원이 제3자로 하여금 미회수 선급금을 대납하게 함으로써 위 공무원에 대하여 향후 예상되는 징계책임을 감면받는 신분상의 이익,[167] 골프회원권을 이용하여 골프를 칠 수 있는 편의 내지 혜택을 제공하는 것,[168] 도박에

159 대판 1981. 8. 20, 81도698.

160 대판 2002. 1. 25, 99도4920.

161 대판 2002. 11. 26, 2002도3539(재개발주택조합의 조합장이 그 재직 중 고소하거나 고소당한 사건의 수사를 담당한 경찰관에게 액수 미상의 프리미엄이 예상되는 그 조합아파트 1세대를 분양해 준 경우, 그 아파트가 당첨자의 분양권 포기로 조합에서 임의분양하기로 된 것으로서 예상되는 프리미엄의 금액이 불확실하였다고 하더라도, 조합, 즉 조합장이 선택한 수분양자가 되어 분양계약을 체결한 것 자체가 경제적인 이익이라고 볼 수 있으므로 뇌물공여죄에 해당한다고 한 사례). 독일의 판례 중에도 계약상의 급부에 상응하는 보수를 수령하는 경우라고 하더라도 계약체결 그 자체가 이익에 해당된다고 본 것이 있다(BGH, 10.03.1983 - 4 StR 375/82). 예컨대, 공무원에게 프로그래밍을 부업으로서 행하게 하고 그 보수를 지불하는 계약 그 자체가 이익에 해당된다고 한다(BGH, 21.06.2007 - 4 StR 99/07).

162 대판 1998. 3. 10, 97도3113.

163 대판 2003. 6. 24, 2003도503.

164 대판 2001. 9. 18, 2000도5438.

165 대판 2014. 1. 29, 2013도13937. 독일에서도 형법상의 뇌물죄를 구성하는 요소로서의 이익에는 성교나 그 밖의 성적 서비스의 제공이 포함되는 것으로 이해되는데, 판례 가운데에는 성교의 기회나 노상에서의 포옹이나 키스로는 이익에 해당되지 않는다고 본 것이 있다(BGH, 09.09.1988 - 2 StR 352/88; BGH, 21.07.1959 - 5 StR 188/59). 일본 판례도 이성 사이의 성교를 뇌물이라고 한다[大判 大正 4(1915). 7. 9. 刑錄 21·990].

166 대판 2007. 12. 27, 2007도5433.

167 대판 2004. 4. 16, 2003도1975.

168 대판 2017. 1. 12, 2016도16145. 한편 이 판결에서 대법원은 "피고인이 A와 함께 골프를 친 경

서 져주기,[169] 별장이나 자동차 등의 무상 대여(통설[170]·판례[171]) 등을 들 수 있다(일본[172]·독일[173]의 판례도 같은 취지).

(b) 명예욕, 허영심 등 충족의 경우

108 명예욕, 허영심, 호기심의 만족 등이 뇌물이 될 수 있는지에 관하여, 이를 부정하는 견해가 다수설이다.[174] 내심의 만족으로 머무는 명예욕이나 허영심 등과 같은 무형의 이익 여부를 증명하는 것은 쉽지 않고, 이러한 것까지 뇌물의 개념에 포함시키게 되면 주관적인 잣대에 의해 뇌물죄의 성립범위가 지나치게 확대될 우려가 있으므로 객관적 표지에 의한 합리적인 제한이 필요하다는 점 등을 근거로 한다.[175] 한편 기본적으로 이와 같은 입장을 취하면서도 송덕비를 세워주는 대가로 직무결정을 내린다거나 개인을 미화하는 전기를 출판하여 주는 대가로 직무행위를 한 경우는, 명예욕과 허영심을 충족시켜 주는 비재산적

우에는 A가 피고인의 골프 접대를 위하여 지출한 비용을 기준으로 피고인의 수뢰액을 산정하여야 하고, A가 그가 가진 회원권으로 예약만 하고 피고인과 동행하지 아니하여 피고인의 골프 접대를 위한 직접적인 비용지출을 하지 않은 경우에는 피고인이 A가 가진 회원권을 이용하여 골프를 칠 수 있는 편의 내지 혜택을 제공받은 것으로 볼 수 있어 이러한 편의 내지 혜택이 가진 경제적 가치를 피고인의 수뢰액으로 산정하여야 한다."고 판시하였다.

169 임웅, 937.

170 주석형법 〔각칙(1)〕(5판), 363(천대엽).

171 한편 자동차를 뇌물로 제공받은 경우 자동차등록원부에 뇌물수수자가 그 소유자로 등록되지 않았다고 하더라도 자동차의 사실상 소유자로서 자동차에 대한 실질적인 처분권한이 있다면 자동차 자체를 뇌물로 취득한 것으로 볼 수 있으나, 그와 같은 실질적인 처분권한까지 취득한 것이 아니라면 해당 자동차를 사용수익할 수 있는 무형의 이익만을 뇌물로 볼 수 있을 것이다(대판 2006. 4. 27, 2006도735).

172 공무원 소유의 부동산을 매수하는 경우에 뇌물이 되는 것은 매수가격과 시가상당액의 차익인지 부동산의 환금(換金) 자체인지가 문제되는데, 일본 판례는 후쿠시마현 지사인 피고인의 동생이 대표이사로서 경영하는 회사가 그 회사 소유의 토지를 조기에 매각하여 매매대금을 회사 재건의 비용 등에 충당할 필요성이 있었으나 생각처럼 위 토지가 팔리지 않는 상황에서 A가 피고인 측으로부터 위 토지의 매수요청을 받고 이를 매수한 경우 사안에서, 그 매매대금이 위 토지의 시가상당액이었다고 하더라도 위와 같은 토지 매매에 의한 환금의 이익이 뇌물에 해당한다고 판시하였다[最決 平成 24(2012). 10. 15. 刑集 66·10·990].

173 독일의 판례 가운데에는, 주택건설계약을 체결하면서 할인을 받은 경우에 원래의 가격이 비교적 비싸 전체적으로 보면 경제적으로 유리하지 않더라도 할인의 약정이 이익에 해당된다고 본 것이 있다. 그와 같은 경우에도 신뢰라는 법익이 침해된 점, 수뢰죄는 재산범이 아니므로 공여자 측에 손해가 발생하지 않더라도 성립한다는 점을 들고 있다(BGH, 11.04.2001 - 3 StR 503/00).

174 김성돈, 777; 김일수·서보학, 655; 손동권·김재윤, §49/19; 신동운, 131; 이재상·장영민·강동범, §43/60; 이형국·김혜경, 799; 임웅, 937; 정성근·박광민, 739; 정영일, 440.

175 주석형법 〔각칙(1)〕(5판), 367(천대엽).

이익으로서의 뇌물로 인정할 수 있다는 견해도 있다.[176]

반면에 직무와의 대가관계의 유무는 개개의 경우에 구체적으로 결정해야 할 문제이고, 법문을 살펴보아도 뇌물의 목적물을 재산적 이익에 한정하여야 할 근거가 없으며, 명예욕·허영심의 만족을 정교나 성행위를 통한 성욕 충족과 구별하여야 할 이유가 없으므로, 원칙적으로 명예욕·허영심의 만족행위도 뇌물로 인정될 수 있다는 견해도 있다.[177] 109

(c) 경제적 이익 창출 기회의 제공

장래 이익이 예상되는 투기적 사업에 참여할 기회를 제공받는 등 경제적 이익을 창출할 수 있는 기회를 제공받는 것도 뇌물이 될 수 있다.[178] 110

이와 관련하여 판례에서 뇌물로 인정된 경우로는, 장래 시가의 앙등이 예상되는 주식을 액면가로 매수한 경우,[179] 조합아파트 가입권에 붙은 소위 프리미엄,[180] 공무원이 건축업자로부터 그가 건축할 주택을 공사비 상당액으로 분양받기로 약속한 경우 매매시가 중 공사비를 초과하는 액수 상당의 이익,[181] 장래 시가앙등이 예상되는 체비지의 지분을 낙찰원가에 매수한 경우,[182] 건축업자에게 통상의 공사비보다 저렴한 액수로 공사를 하게 한 경우 그 차액 상당액,[183] 은행 대출금채무에 대하여 연대보증하게 한 경우,[184] 장기간 처분하지 못하였던 부동산을 처분함으로써 얻게 된 무형의 이익,[185] 납품가격에서 원가를 공제한 이익 111

176 김일수·서보학, 655. 반면에, 혼인관계를 맺는 대가 또는 회갑기념논집을 봉정하는 대가로 직무행위를 한 경우에는 뇌물성을 인정하기 어렵다고 한다.

177 김홍준(주 153), 168. 다만, 이러한 경우에도 내심에 머무는 명예욕과 허영심의 만족상태를 재판과정을 통하여 증명한다는 것은 사실상 불가능하므로 실무상으로는 그와 같은 상태를 추론케 하는 구체적·외부적 표지가 존재할 경우에만 뇌물죄의 성립을 인정할 수 있을 것이라고 한다. 독일에서도 명예심의 만족만으로도 이익에 해당되는지에 관해서는 다툼이 있는데, 판례는 부정적인 입장을 취하고 있다(BGH, 23.05.2002 - 1 StR 372/01).

178 대판 2011. 7. 28, 2009도9122.

179 대판 1979. 10. 10, 78도1793.

180 대판 1992. 12. 22, 92도1762, 대판 2011. 7. 28, 2011도4445.

181 대판 1981. 8. 20, 81도698.

182 대판 1994. 11. 4, 94도129.

183 대판 1998. 3. 10, 97도3113.

184 대판 2001. 1. 5, 2000도4714.

185 대판 2001. 9. 18, 2000도5438. 앞서 본대로 일본 판례도 팔리지 않던 토지를 시가상당액으로 사주어 매매대금과 시가상당액 사이에 차액이 없는 사안에서, '매각에 의한 환금이익'을 뇌물로 인정하였다〔最決 平成 24(2012). 10. 15. 刑集 66·10·990〕.

상당액,[186] 건물의 신축 및 임대에 관하여 컨설팅 용역을 제공받은 경우,[187] 액수 미상의 프리미엄이 예상되는 조합아파트 1세대를 분양받은 경우,[188] 전망이 좋은 벤처사업에 주주로서 참여할 기회를 제공받은 경우,[189] 임야를 시가보다 비싸게 매도함으로써 취득한 차액 상당의 이익,[190] 고수익이 예상되는 발전기 임대사업에의 참여기회,[191] 승용차를 시가보다 저렴하게 수입함으로써 얻은 차액,[192] 토지의 매수 및 개발을 통한 건축 등 투자기회를 제공받은 경우[193] 등을 들 수 있다.

(d) 금전차용의 경우

112 뇌물죄에 있어서 수뢰자가 증뢰자로부터 돈을 받은 사실은 시인하면서도 그 돈을 뇌물로 받은 것이 아니라 빌린 것이라고 주장하는 경우, 수뢰자가 그 돈을 실제로 빌린 것인지 여부는 수뢰자가 증뢰자로부터 돈을 수수한 동기, 전달 경위 및 방법, 수뢰자와 증뢰자 사이의 관계, 양자의 직책이나 직업 및 경력, 수뢰자의 차용 필요성 및 증뢰자 외의 자로부터의 차용 가능성, 차용금의 액수 및 용처, 증뢰자의 경제적 상황 및 증뢰와 관련된 경제적 예상이익의 규모, 담보제공 여부, 변제기 및 이자 약정 여부, 수뢰자의 원리금 변제 여부, 채무불이행 시 증뢰자의 독촉 및 강제집행의 가능성 등 증거에 의하여 나타나는 객관적인 사정을 모두 종합하여 판단하여야 한다.[194]

113 공무원이 상대방으로부터 금전을 차용한 경우에도 이를 무기한 내지 무이자로 차용한 경우에는, 무기한 내지 무이자 차용에 따른 금융이익 상당액[195]이

186 대판 2002. 1. 25, 99도4920.
187 대판 2002. 6. 11, 2001도6474.
188 대판 2002. 11. 26, 2002도3539.
189 대판 2003. 6. 13, 2002도5218.
190 대판 2003. 6. 24, 2003도503.
191 대판 2006. 7. 7, 2005도9763.
192 대판 2011. 4. 14, 2010도17198.
193 대판 2012. 8. 23, 2010도6504.
194 대판 2010. 9. 30, 2009도4386; 대판 2011. 11. 10, 2011도7261; 대판 2012. 8. 30, 2012도6280; 대판 2018. 2. 28, 2017도20806.
195 금품의 무상차용을 통하여 위법한 재산상 이익을 취득한 경우 범인이 받은 부정한 이익은 그로 인한 금융이익 상당액이므로, 추징의 대상이 되는 것은 무상으로 대여받은 금품 그 자체가 아니라 위 금융이익 상당액이다. 여기에서 추징의 대상이 되는 금융이익 상당액은 객관적으로 산정되어야 할 것인데, 범인이 금융기관으로부터 대출받는 등 통상적인 방법으로 자금을 차용하였을 경우 부담하게 될 대출이율을 기준으로 하거나, 그 대출이율을 알 수 없는 경우에는 금품을 제공받은 범인의 지위에 따라 민법 또는 상법에서 규정하고 있는 법정이율을 기준으로 하여, 변제

뇌물로 인정될 수 있다.[196]

(e) 금전대여의 경우

피고인(수뢰자)과 상대방(증뢰자) 사이의 금전거래가 피고인의 상대방에 대한 금전대여 및 이자 수수의 형식으로 이루어진 경우, 그 이자 수입이 뇌물인지 여부 및 그 가액은 그 돈을 대여함으로써 얻을 수 있는 통상적인 이익을 넘는 금액이 이자 명목으로 수수되었는지를 기준으로 판단한다. 이때 통상적인 이익이라 함은 피고인이 상대방 내지 그와 같은 처지에 있는 사람에게 그 직무와 무관하게 대여하였더라면 받았을 이자 상당액으로, 그 경우 이율은 두 당사자의 자금사정과 신용도 및 해당 업계의 금리체계에 따라 심리·판단하여야 하고, 수뢰자가 다른 방법으로 그 돈을 대여하였더라면 어느 정도의 이익을 얻을 수 있었을 것인지는 원칙적으로 고려할 필요가 없으며, 위와 같은 통상적인 이익의 확정에 있어서 여러 가지의 가능성이 있을 때에는 의심스러울 경우 피고인에게 유리하게 한다는 원칙에 따라 피고인에게 유리하게 사실을 인정하여야 할 것이다.[197] 그러한 구체적인 사정에 관한 증명이 없는 이상, 피고인이 상대방으로부터 받은 이자액에서 은행 등 금융기관의 평균금리를 공제한 금액이 곧바로 대여에 따른 통상적인 이익을 초과하는 뇌물에 해당한다고 단정할 수는 없다.[198] 114

(다) 뇌물의 가액

(a) 뇌물가액 산정의 필요성

뇌물의 가액이 얼마인지 산정하는 것은, ① 특정범죄가중법 제2조 제1항 각호의 적용 여부 판단, ② 특정범죄가중법 제2조 제2항에 따라 병과할 벌금액의 결정, ③ 제134조에 의한 추징액의 확정,[199] ④ 양형기준의 적용 등을 위하 115

기나 지연손해금에 관한 약정이 가장되어 무효라고 볼 만한 사정이 없는 한, 금품수수일로부터 약정된 변제기까지 금품을 무이자로 차용으로 얻은 금융이익의 수액을 산정한 뒤 이를 추징하여야 한다(대판 2008. 9. 25, 2008도2590; 대판 2007. 3. 30, 2006도7241).

196 일본 판례는 공무원이 직무의 대가로 금전을 빌린 경우에는, 금전소비대차의 목적물인 금전 자체와 구별하여 금융의 이익, 즉 '빌린 금전을 소비하는 권리'를 뇌물이라고 한다[大判 大正 14(1925). 4. 9. 刑集 4·219]. 따라서 무기한이나 무이자 등의 특별한 사정이 존재할 필요는 없다고 한다[大判 大正 7(1918). 11. 27. 刑錄 24·1438].

197 대판 1995. 6. 30, 94도993.

198 대판 2012. 2. 9, 2010도10838.

199 다만, 형법상 뇌물죄, 특정범죄가중법 제3조 소정의 알선수재죄 및 변호사법 제111조 위반죄는 모두 범죄수익은닉규제법 제2조 제1호 소정의 '중대범죄'에 해당하므로, 수수한 이익이 '무형의

여 필요하다.

116 한편, 특정범죄가중법 제2조 제1항은 형법 제129조, 제130조 또는 제132조에 규정된 죄를 범한 자가 수수, 요구 또는 약속한 뇌물의 가액이 같은 조항 각 호 소정의 금액 이상일 경우 그에 따라 가중처벌하는 것으로서 뇌물수수죄 등과는 그 뇌물의 가액에 차이가 있을 뿐 그 구성요건이 같아서 특정범죄가중법 제2조 제1항 제1호 위반의 공소사실 중에는 형법상 뇌물죄의 공소사실이 구성요건으로서 당연히 포함되어 있는 것이므로,[200] 특정범죄가중법 제2조 제1항 제1호 위반의 죄로 공소가 제기된 경우에 심리 결과 뇌물의 가액이 위 조항 소정의 금액 이상임이 인정되지 아니한다고 하더라도 형법상의 뇌물수수죄가 인정되면 유죄의 판결을 하고, 공소기각 또는 면소의 사유가 있으면 공소기각 또는 면소의 판결을 하여야 하는 것이지 무죄의 선고를 할 것은 아니다.[201]

(b) 뇌물가액의 산정 방법

117 뇌물로 받은 물품의 가액 평가에 상이한 가격자료가 있는 경우 그중 어느 하나를 채택하여 피고인에게 유죄를 인정하기 위하여는 그것이 다른 자료보다 더 신빙성이 담보되는 객관적·합리적인 것이라야 하고, 이를 알기 어려운 경우에는 합리성이 없는 것으로 보여지지 않는 한 피고인에게 유리한 자료를 채택해야 할 것이다.[202]

118 수인이 공동하여 뇌물수수죄를 범한 경우에 공범자는 자기의 수뢰액뿐만 아니라 다른 공범자의 수뢰액에 대하여도 그 죄책을 면할 수 없는 것이므로, 특정범죄가중법 제2조 제1항의 적용 여부를 가리는 수뢰액을 정함에 있어서는 그 공범자 전원의 수뢰액을 합한 금액을 기준으로 하여야 할 것이고, 각 공범자들이 실제로 취득한 금액이나 분배받기로 한 금액을 기준으로 할 것이 아니다.[203] 다만 추징과 관련하여서는, 여러 사람이 공동으로 뇌물을 수수한 경우 그 가액을 추징하려면 실제로 분배받은 금품만을 개별적으로 추징하여야 하고, 수수금

이익'을 취득한 것으로 인정되더라도 '범죄수익에서 유래한 재산'에 해당하는 수익은 범죄수익은닉규제법에 따라 몰수·추징할 수 있다(대판 2005. 7. 28, 2005도2557 참조).

200 대판 2005. 7. 28, 2005도2557.

201 대판 1994. 11. 11, 94도2349; 대판 2011. 7. 28, 2009도9122.

202 대판 2002. 4. 9, 2001도7056.

203 대판 1999. 8. 20, 99도1557.

품을 개별적으로 알 수 없을 때에는 평등하게 추징하여야 한다.[204]

119 공무원이 뇌물을 받음에 있어서 그 취득을 위하여 상대방에게 뇌물의 가액에 상당하는 금원의 일부를 비용의 명목으로 출연하거나 그 밖에 경제적 이익을 제공하였다 하더라도, 이는 뇌물을 받는 데 지출한 부수적 비용에 불과하다고 보아야 할 것이지, 이로 인하여 공무원이 받은 뇌물이 그 뇌물의 가액에서 위와 같은 지출액을 공제한 나머지 가액에 상당한 이익에 한정되지 않는다.[205] 뇌물을 받는 주체가 아닌 자가 수고비로 받은 부분이나 뇌물을 받기 위하여 형식적으로 체결된 용역계약에 따른 비용으로 사용된 부분은 뇌물수수의 부수적 비용에 지나지 않으므로 뇌물가액이나 추징액에서 공제할 항목이 아니다.[206]

120 뇌물로 제공된 이익이 비재산적 이익인 경우는 물론, 재산적 이익인 경우에도 그 수수 당시의 객관적 가액을 측정할 수 없거나 그에 관한 증명이 부족할 때에는 그 이익액을 산정할 수 없는 형법상의 일반 뇌물죄로만 처벌이 가능하고 몰수나 추징은 불가능할 것이나, 다만 제공받은 뇌물에 해당하는 이익에 기하여 변형 또는 증식으로 형성된 재산이 공무원 범죄에 관한 몰수 특례법 제2조 제3호, 제3조 및 제6조의 '불법수익에서 유래한 재산'에 해당하는 경우 위 특례법에 따라 몰수, 추징할 수는 있다.[207]

---

204 대판 2011. 11. 24, 2011도9585.

205 대판 1999. 10. 8, 99도1638. 따라서 그 공무원으로부터 뇌물죄로 얻은 이익을 몰수·추징함에 있어서는 그 받은 뇌물 자체를 몰수하여야 하고, 그 뇌물의 가액에서 위와 같은 지출을 공제한 나머지 가액에 상당한 이익만을 몰수·추징할 것은 아니다.

206 대판 2011. 11. 24, 2011도9585; 대판 2017. 3. 22, 2016도21536. 위 2016도21536 사건에서 대법원은, 피고인 甲에 대한 이 사건 공소사실 중 특정범죄가중법위반(뇌물) 부분에 관하여 다음과 같은 이유로 위 피고인이 받은 7,000만 원 전액에 대한 뇌물수수가 성립한다고 판단하였다. ① 피고인 甲은 2014. 8.경 피고인 乙을 통해 제1심 공동피고인 丙에게 후원금을 요청하였다. ② 제1심 공동피고인 丙은 2014. 10. 17. 가장 용역계약의 상대방인 A 주식회사에 7,700만 원(부가가치세 700만 원 포함)을 송금하고 이를 피고인 丙, 피고인 乙에게 알려주었으며, 같은 날 피고인 丙은 피고인 甲에게 7,000만 원이 송금된 사실을 보고하였다. ③ 피고인 甲은 피고인 丙에게 '수수료와 비용을 제외하고 현금으로 전달하라'고 지시하였고, 피고인 甲이 그중 합계 5,500만 원을 현금으로 전달받았다. ④ 위 7,000만 원 중 1,500만 원이 실제로 피고인 甲에게 전달되지 않았다고 하더라도 그중 1,000만 원은 A 주식회사에 제공된 비용이고, 나머지 500만 원은 현금화하는 과정에서 지출한 비용으로서 뇌물을 전달받기 위해 지출한 경비에 지나지 않아 뇌물의 가액에서 공제할 수 있는 것은 아니다.

207 대판 2005. 7. 28, 2005도2557.

(c) 가액 산정에 관한 구체적인 사례

1) 향응 접대의 경우

121 수뢰자가 증뢰자와 함께 향응을 하고 증뢰자가 이에 소요되는 금원을 지출한 경우, 이에 관한 수뢰자의 수뢰액을 인정함에 있어서는 먼저 수뢰자의 접대에 요(要)한 비용과 향응 제공자가 소비한 비용액을 가려내어 수뢰자의 접대에 요한 비용을 수뢰자의 수뢰액으로 인정하여야 하고, 만일 각자에 요한 비용액이 불명일 때에는 이를 평등하게 분할한 액을 가지고 수뢰자의 수뢰액으로 인정하여야 할 것이다.[208]

122 수뢰자가 향응을 제공받는 자리에 수뢰자 스스로 제3자를 초대하여 함께 접대를 받은 경우에는, 그 제3자가 수뢰자와는 별도의 지위에서 접대를 받는 공무원이라는 등의 특별한 사정이 없는 한 그 제3자의 접대에 요한 비용도 수뢰자의 접대에 요한 비용에 포함시켜 수뢰자의 수뢰액으로 보아야 한다.[209]

2) 금전차용의 경우

123 금품의 무상차용을 통하여 위법한 재산상 이익을 취득한 경우 범인이 받은 부정한 이익은 그로 인한 금융이익 상당액이므로, 해당 뇌물의 가액은 무상으로 대여받은 금품 그 자체가 아니라 위 금융이익 상당액이다. 여기에서의 금융이익 상당액은 객관적으로 산정되어야 할 것인데, 범인이 금융기관으로부터 대출받는 등 통상적인 방법으로 자금을 차용하였을 경우 부담하게 될 대출이율을 기준으로 하거나, 그 대출이율을 알 수 없는 경우에는 금품을 제공받은 범인의 지위에 따라 민법 또는 상법에서 규정하고 있는 법정이율을 기준으로 하여, 변제기나 지연손해금에 관한 약정이 가장되어 무효라고 볼 만한 사정이 없는 한, 금품수수일로부터 약정된 변제기까지 금품을 무이자로 차용으로 얻은 금융이익의 수액을 산정한 뒤 이를 뇌물의 가액으로서 추징하여야 한다.[210] 나아가 그와 같이 약정된 변제기가 없는 경우에는, 판결 선고일 전에 실제로 차용금을 변제하였다거나 대여자의 변제 요구에 의하여 변제기가 도래하였다는 등의 특별한 사정이 없는 한, 금품수수일로부터 판결 선고 시까지 금품을 무이자로 차용하여

---

208 대판 1977. 3. 8, 76도1982; 대판 1995. 1. 12, 94도2687.
209 대판 2001. 10. 12, 99도5294.
210 대판 2008. 9. 25, 2008도2590; 대판 2014. 5. 16, 2014도1547.

얻은 금융이익의 수액을 산정한 뒤 이를 추징하여야 할 것이다.[211]

3) 금전대여의 경우

피고인이 상대방에게 금전을 대여하고 받은 이자가 통상적인 이익을 넘는 124
경우 그 초과분이 뇌물이 될 수 있다. 이는 투기적 사업에의 참여기회를 제공받은 형식을 취하기는 하였지만 사전에 약정한 배당금을 매월 지급받은 경우와 같이 투자약정은 형식에 불과하고 그 실질은 금전대여인 경우에도 마찬가지이다.[212] 이 경우 통상적인 이익이라 함은 피고인이 상대방 내지 그와 같은 처지에 있는 사람에게 그 직무와 무관하게 대여하였더라면 받았을 이자 상당액으로, 그 경우 이율은 두 당사자의 자금사정과 신용도 및 해당 업계의 금리체계에 따라 심리·판단하여야 하고, 수뢰자가 다른 방법으로 그 돈을 대여하였더라면 어느 정도의 이익을 얻을 수 있었을 것인지는 원칙적으로 고려할 필요가 없으며, 위와 같은 통상적인 이익의 확정에 있어서 여러 가지의 가능성이 있을 때에는 의심스러울 경우 피고인에게 유리하게 한다는 원칙에 따라 피고인에게 유리하게 사실을 인정하여야 할 것이다.[213] 그러한 구체적인 사정에 관한 증명이 없는 이상, 피고인이 상대방으로부터 받은 이자액에서 은행 등 금융기관의 평균금리를 공제한 금액이 곧바로 대여에 따른 통상적인 이익을 초과하는 뇌물에 해당한다고 단정할 수는 없다.[214]

4) 뇌물수수의 의사로 용역계약을 체결한 경우

당사자들이 금원을 수수할 목적으로 형식적으로만 용역계약을 체결할 경우 125
(수수할 금원의 액수가 우선적으로 정해지고 그 금액에 맞추어 형식적인 용역계약서가 작성되며 계약에 따른 용역수행은 아예 수행되지 않거나 지극히 형식적으로만 수행되는 경우 등), 여기서의 용역은 뇌물수수를 위장하는 수단에 불과하므로 당사자들이 수수한 금원 전체를 뇌물의 가액으로 볼 수 있다.[215] 이와 달리 진정한 의미의 용역계약을 체결하되 당해 용역계약의 가치에 상응하는 금액을 초과하여 대금을 과잉

211 대판 2014. 5. 16, 2014도1547. 본 판결 해설은 이승호, "차용금의 금융이익 상당을 뇌물로 수수한 경우 필요적 추징의 대상인 금융이익 상당액의 산정 방법", 해설 100, 법원도서관(2014), 380-388.

212 대판 2010. 11. 25, 2010도9194.

213 대판 1995. 6. 30, 94도993.

214 대판 2012. 2. 9, 2010도10838.

215 대판 2011. 9. 29, 2011도6347; 대판 2014. 12. 24, 2014도10199.

지급하는 경우에는, 당사자들이 수수한 금원에서 당해 용역의 정당한 가치를 공제한 금원이 뇌물이 되며, 그 차액만큼이 몰수 및 추징의 대상이 된다.[216]

126 한편 발주자(증뢰자)가 경쟁을 통하여 용역을 발주하는 상황에서 경쟁을 사실상 배제하고 바로 상대방(수뢰자)과 용역계약을 체결하거나 용역계약을 체결할 우선권을 부여하거나, 상대방이 당해 용역을 수행하기에 결격이 있거나 부적합함에도 이를 묵인하고 용역을 발주하거나, 발주자에게 일부 도움이 되기는 하지만 꼭 필요하다고 볼 수는 없는 용역을 발주하는 등으로 상대방으로 하여금 용역대금을 수령하게 한 경우가 문제될 수 있다. 이 경우 통상 용역계약의 실체가 존재하고, 그 계약에 따라 용역이 수행되며, 결과물 또한 발주자에게 교부되고, 나아가 해당 용역대금이 일반적인 동종의 용역 대가보다 과도하다고 단정하기 어렵다고 하더라도, 우선적으로 용역을 체결할 기회, 용역수행을 통하여 대금을 지급받을 수 있는 기회 등이 뇌물이 될 수 있을 것이다.[217] 다만 이 경우 뇌물의 가액을 확정할 수 없는 이상, 몰수 또는 추징의 대상이 될 수는 없을 것이다.

5) 이익의 수수가 직무행위에 대한 대가성도 있지만 직무행위와 무관한 부분도 혼재되어 있고 이를 구분할 수 없는 경우

127 위와 같은 경우, 대법원은 수수한 이익 전부가 직무행위에 대한 대가로서의 성질을 가진다고 보아 이익 전부를 뇌물 가액으로 인정한다.[218] 다만, 그 금품의 수수가 수회에 걸쳐 이루어졌고 각 수수 행위별로 직무관련성 유무를 달리 볼 여지가 있는 경우에는 그 행위마다 직무와의 관련성 여부를 가릴 필요가 있다고 한다.[219]

6) 비상장주식의 경우

128 증권거래소에 상장되지 않았거나 한국증권업협회에 등록되지 않은 법인이 발행한 주식이 뇌물인 경우, 그 가액의 산정방법이 문제될 수 있다. 이와 같은 비상장주식이라도 그에 관한 객관적 교환가치가 적정하게 반영된 정상적인 거래의 실례가 있는 경우에는 그 거래가격을 시가로 보아 주식의 가액을 평가하

216 대판 2002. 1. 25, 99도4920.
217 대판 2011. 10. 27, 2011도6345.
218 대판 2002. 8. 23, 2002도46; 대판 2005. 9. 28, 2005도4062; 대판 2009. 7. 9, 2009도3039.
219 대판 2011. 5. 26, 2009도2453; 대판 2012. 1. 12, 2011도12642.

여야 할 것이고, 상속세법 내지 증여세법 소정의 비상장주식의 평가방법은 보충적 평가방법에 불과하므로 그에 의하여 산정한 평가액이 곧바로 주식의 가액에 해당한다고 볼 수는 없다.[220] 일본 판례 중에는, 상장이 예정되어 있는 주식으로서 상장 시에는 그 가격이 확실하게 공개가격(공모가격)보다 높을 것이 예상되고 일반적으로는 공개가격으로 취득하기 매우 어려운 주식을 '공개가격으로 취득할 수 있는 이익'은 그 자체로 뇌물죄의 객체가 된다고 한 사례가 있다.[221]

(3) 직무에 관하여

(가) 직무 및 직무관련성

뇌물죄에서 말하는 '직무'에는 법령에 정하여진 직무뿐만 아니라 그와 관련 129
있는 직무, 또는 관례상이나 사실상 소관하는 직무행위 및 결정권자를 보좌하거나 영향을 줄 수 있는 직무행위, 과거에 담당하였거나 장래에 담당할[222] 직무 외에 사무분장에 따라 현실적으로 담당하지 않는 직무라도 법령상 일반적인 직무권한에 속하는 직무 등 공무원이 그 직위에 따라 공무로 담당할 일체의 직무를 포함한다는 것이 판례[223]이고, 통설[224]도 대체로 판례와 같은 입장이다.[225]

직무는 국고작용이나 행정사법작용, 행정상의 사실행위라도 무방하고, 행정 130
청이 소관사항에 관하여 민간에게 특정의 행위를 하거나 하지 말도록 권고하는 행정지도도 법률에 근거규정이 있는지 여부를 불문하고 일반적으로 공무원이 직무상 행하는 행위로서 공무원의 직무에 해당한다(하급심 판례[226] 같은 취지).[227]

---

220 대판 2001. 9. 28, 2001도3191; 대판 2002. 11. 13, 2002도4656.

221 最決 昭和 63(1988). 7. 18. 刑集 42·6·86. 위 판결의 제1심은 뇌물죄의 객체를 '상장가격과 공개가격의 차액'이라고 하였고, 제2심은 '공개주식의 주권교부일에 그 주주가 되는 지위'라고 하고, 그 지위는 상장 직후에 가격 상승에 의하여 차액을 취득할 수 있는 기대이익을 포함한다고 하였다.

222 最決 昭和 61(1986). 6. 27. 刑集 40·4·369(시장 재선 후의 직무).

223 대판 1984. 9. 25, 84도1568; 대판 1992. 2. 28, 91도3364; 대판 1994. 3. 22, 93도2962; 대판 1995. 9. 5, 95도1269; 대판 1996. 1. 23, 94도3022; 대판 1997. 4. 17, 96도3377(전); 대판 1997. 4. 17, 96도3378; 대판 1997. 12. 26, 97도2609; 대판 1999. 11. 9, 99도2530; 대판 2000. 1. 28, 99도4022; 대판 2003. 6. 13, 2003도1060; 대판 2011. 3. 24, 2010도17797; 대판 2013. 10. 31, 2013도9328; 대판 2017. 6. 19, 2017도5316; 대판 2018. 3. 29, 2018도509.

224 김성돈, 773; 김일수·서보학, 651; 박상기, 642; 박상기·전지연, 842; 배종대, § 155/12; 손동권·김재윤, § 49/14; 신동운, 123; 이재상·장영민·강동범, § 43/53; 임웅, 937; 정성근·박광민, 735; 정영일, 437.

225 독일의 경우, Schönke/Schröder, Strafgesetzbuch, 30. Auflage 2019, § 331 Rn. 31-33 참조.

226 부산지판 2007. 3. 30, 2006고합817. 「알선수재죄 소정의 '공무원의 직무에 속한 사항의 알선'에

131 직무행위의 정당성 여부, 적법성 여부 내지 유효성 여부도 불문한다.[228] 판례[229]도 같은 입장이다.[230] 정당한 직무행위에 대한 뇌물도 직무의 공정을 의심케 하며 사회 일반의 신뢰를 침해할 수 있기 때문이다. 따라서 직무행위가 공무원의 재량행위로서 재량권 범위 내에서 정당하게 이루어졌다고 하더라도 그와 같은 재량권행사와 관련하여 금품을 수수하면 뇌물죄가 성립한다(통설[231]·판례[232]).

132 직무행위는 작위·부작위를 불문한다. 예컨대 사법경찰관이 범죄를 인지하고서도 고의로 수사를 중지하거나,[233] 세관공무원이 밀수품의 반입을 묵인하거나, 마약감시원이 마약밀매를 묵인하거나, 의원이 고의로 의사를 기피하는 것 등은 부작위에 의한 직무행위에 해당한다.[234]

133 청탁의 유무도 뇌물죄의 성부와 관계가 없다.[235] 뇌물죄는 직무행위의 불가

서 말하는 '직무'를 공무원의 권력작용에 한정하고, 사경제주체로서의 행위는 이에서 제외된다고 볼 아무런 근거가 없을 뿐 아니라 공무원이 아닌 자가 공무원의 직무에 관한 청탁을 받고 알선의뢰자로부터 그 취지에 따른 행위를 할 의사로 돈을 수령한 이상 알선수재의 죄책을 면할 수 없고, 같은 돈의 이후 사용내역 여하에 따라 그 결론이 달라지는 것은 아니다.」

227 주석형법 [각칙(1)](5판), 391(천대엽); 김홍준(주 153), 133.

228 김성돈, 773; 김일수·서보학, 651; 박상기·전지연, 842; 손동권·김재윤, § 49/12; 신동운, 127; 이재상·장영민·강동범, § 43/53; 임웅, 939; 정성근·박광민, 735; 정영일, 437.

229 뇌물죄는 직무집행의 공정과 이에 대한 사회의 신뢰에 기하여 직무행위의 불가매수성을 그 직접의 보호법익으로 하고 있고, 직무에 관한 청탁이나 부정한 행위를 필요로 하지 아니하여 수수된 금품의 뇌물성을 인정하는 데 특별히 의무위반행위나 청탁의 유무 등을 고려할 필요가 없으므로, 뇌물은 직무에 관하여 수수된 것으로 족하고 개개의 직무행위와 대가적 관계에 있을 필요는 없으며, 그 직무행위가 특정된 것일 필요도 없다(대판 1997. 4. 17, 96도3378; 대판 2009. 5. 14, 2008도8852).

230 다만, 부정한 직무행위를 한 경우에는 수뢰후부정처사죄·사후수뢰죄(§ 131)와 같은 가중적 구성요건에 해당할 수 있을 것이다.

231 김일수·서보학, 651; 배종대, § 155/11.

232 공정거래위원회 위원장인 피고인이 이동통신회사가 속한 그룹의 구조조정본부장으로부터 당해 이동통신회사의 기업결합심사에 대하여 선처를 부탁받으면서 특정 사찰에의 시주를 요청하여 시주금을 제공케 한 사안에서, 그 부탁한 직무가 피고인의 재량권한 내에 속하더라도 형법 제130조에 정한 '부정한 청탁'에 해당하고, 위 시주는 기업결합심사와 관련되어 이루어진 것이라고 판단하여 제3자뇌물수수의 죄책을 인정한 판례(대판 2006. 6. 15, 2004도3424) 역시 같은 취지로 볼 수 있다[김홍준(주 153), 133 참조].

233 독일의 판례 가운데에는 경찰관이 위법경영을 방치한 경우나 동료의 부정행위를 상사에게 고발하지 않은 경우에 관해 뇌물죄의 성립을 인정한 것이 있다(BGH, 03.12.1997 - 2 StR 267/97; BGH, 04.05.2004 - 4 StR 49/04).

234 이재상·장영민·강동범, § 43/53; 김홍준(주 153), 134.

235 대판 1984. 9. 25, 84도1568. 「뇌물죄는 직무집행의 공정과 이에 대한 사회의 신뢰를 기하여 직무행위의 불가매수성을 그 직접적 보호법익으로 하고 있으므로 뇌물성은 의무위반행위의 유무

매수성과 이에 대한 일반의 신뢰를 보호법익으로 하므로, 뇌물은 직무행위에 관한 것이면 충분하고, 청탁을 받을 것, 즉 일정한 직무행위를 하거나 하지 않도록 의뢰받는 것은 뇌물 개념에서 취할 필요가 없다.[236]

따라서 뇌물죄에 있어서의 직무는 직무유기죄(§ 122)나 직권남용죄(§ 123)에서의 직무보다 넓은 개념에 속한다. 뇌물죄에 있어서의 '직무'의 범위는 직무의 공정과 그에 대한 사회의 신뢰를 보호하려고 하는 법의 취지에서 문제되는 것이고, 공무원 등의 국민에 대한 권한의 한계를 명확히 하기 위하여, 혹은 행정관청 상호 간의 한계를 확정하기 위하여 문제되는 것이 아니므로, '직무'를 '당해 공무원이 그 지위에 수반하여 공무로서 취급하는 일체의 직무'를 말하는 것으로 해석하는 것은 타당하다.[237] 134

직무와의 관련성을 가장 폭넓게 해석하는 태도는 직무에서 제외된다고 볼 수 없는 이상, 직무와의 관련성을 인정하기에 충분하다라고 해석하는 이른바 '소극적 공제 판단형식'으로서, 이는 독일의 판례가 취하는 입장이다.[238] 우리 대법원이 "공무원이 그 직무의 대상이 되는 사람으로부터 금품 기타 이익을 받은 때에는, 그것이 그 사람이 종전에 공무원으로부터 접대 또는 수수받은 것을 갚는 것으로서 사회상규에 비추어 볼 때에 의례상의 대가에 불과한 것이라고 여겨지거나 개인적인 친분관계가 있어서 교분상의 필요에 의한 것이라고 명백하게 인정할 수 있는 경우 등의 특별한 사정이 없는 한, 직무와의 관련성이 없는 것으로 볼 수 없다."고[239] 판시한 것 역시 뇌물죄에 있어서의 직무관련성을 소극적 공제 판단형식에 의하여 폭넓게 인정하는 입장으로 보는 견해[240]도 있다. 135

그러나 최소한 당해 공무원의 '일반적' 권한에 속하는 사무이어야 하므로 136

와 청탁의 유무 및 수수시기의 직무집행행위의 전후를 가리지 아니한다.」

같은 취지의 판례로는 대판 1995. 9. 5, 95도1268; 대판 2000. 1. 28, 99도4022; 대판 2003. 5. 16, 2003도859.

236 참고로, 일본형법 제197조 제1항은 "공무원이 그 직무에 관하여 뇌물을 수수하거나, 또는 그 요구 혹은 약속을 한 때에는 5년 이하의 징역에 처한다. 이 경우에 있어서 청탁을 받은 때에는 7년 이하의 징역에 처한다."고 규정하고 있어, 수탁(受託)수뢰를 단순수뢰보다 가중처벌하고 있다.

237 김홍준(주 153), 125.

238 BGHSt 3/145; 11/127; 14/123; 16/37 참조(임웅, 940에서 재인용).

239 대판 2008. 12. 24, 2008도9811; 대판 2007. 6. 14, 2007도2178; 대판 2002. 7. 26, 2001도6721; 대판 2001. 10. 12, 2001도3579; 대판 2000. 1. 21, 99도4940; 대판 1998. 2. 10, 97도2836 등.

240 임웅, 940.

전혀 관계없는 사항에 관하여는 뇌물죄가 성립할 수 없다(판례[241]).[242] '직무'와의 관련성이 있어야 하므로, 비록 직무시간 내에 직무장소에서 행하여진 공무수행 중의 행위라고 하더라도 직무와 무관한 사적(私的) 행위에 대한 대가로서 이익을 취득한 것이라면 뇌물죄가 성립할 수 없다.[243] 그러한 사적 행위 및 그에 따른 이익의 취득이 공무원이 근무시간 중에 직무상 취득한 지식과 경험을 이용한 것이라고 해도 뇌물죄가 성립할 수 없고, 공무상 취득한 지식의 직무 외의 활용행위가 규정상 금지되어 있는 경우라 하더라도 뇌물죄에 있어서의 직무행위에 해당하지 아니함은 마찬가지이다.[244] 예컨대 공무원인 교원이 과외교습을 하고 보수를 받은 경우, 공무원인 의사가 사적으로 진료행위를 하고 보수를 받은 경우, 금융기관의 임직원이 그 지위를 이용하여 금융기관으로부터 자금을 대출받아 이를 타인에게 대여한 후 그로부터 대여금에 대한 이자 또는 사례금을 수수한 경우[245]에는, 공무원의 겸직금지의무위반이 문제될 수 있음은 별론으로 하고 뇌물죄는 성립하지 않는다.[246]

---

241 대판 1979. 5. 22, 78도296; 대판 1980. 10. 14, 80도1373; 대판 1999. 6. 11, 99도275 등.

242 Schönke/Schröder, Strafgesetzbuch, 30. Auflage 2019, § 331 Rn. 32.

243 Schönke/Schröder, Strafgesetzbuch, 30. Auflage 2019, § 331 Rn. 33; Jescheck · Ruß · Willms, Strafgesetzbuch, Leipziger Kommentar, 10.Aufl. § 331 Rn. 12; Karl Lackner · Kristian Kühl, Strafgesetzbuch, 27.Aufl.(2011) § 331 Rn. 9.

244 Tröndle · Fischer, Strafgesetzbuch, 50 Aufl.(2001), § 331 Rn. 7(BGH 11, 125; 18, 263)[주석형법 [각칙(1)](5판), 393(천대엽)에서 재인용].

245 대판 2000. 2. 22, 99도4942. 「특정경제범죄 가중처벌 등에 관한 법률 제2조 제1호 소정의 금융기관인 축산업협동조합 지소장으로 지소의 예금 및 대출업무를 총괄하여 오던 피고인이 위 지소에서 사업 자금을 대출받으려다 담보가 부족하여 대출받지 못한 공소외인으로부터 조합 대출금 이자보다 훨씬 높은 월 3%의 이자를 줄 테니 알아서 자금을 마련하여 대여해 달라는 부탁을 받자, 위 지소의 지소장이 자신의 지위를 이용하여 위 지소에서 연 13.5%의 이율로 자금을 대출받아 그 자금을 소외인에게 월 3%의 이율로 대여해 주고 그 이자차액을 자신의 이익으로 삼을 생각을 하고, 당시 조합 규정상 1인에 대한 대출한도가 5천만 원으로 제한되어 있었지만 지소장인 자신의 지위를 이용하여 자신 및 그의 처, 동서, 처형과 위 지소의 부하직원 등의 명의를 빌려 합계 2억 1,500만 원을 위 지소로부터 대출받고 그가 개인적으로 가지고 있던 500만 원을 이에 더하여 합계 2억 2,000만 원을 그의 개인 명의로 소외인에게 월 3%의 이율로 6개월간 대여하고 그 이자 명목으로 합계 3,960만 원을 수수한 경우, 피고인이 소외인으로부터 금품을 수수한 것은 대여금에 대한 이자 내지 금전을 대여해 준 데 대한 대가로서 수수한 것인데, 피고인이 소외인에게 금전을 대여한 것은 피고인이 개인 명의로, 개인의 이익을 위하여, 개인의 계산으로 한 것이고, 그 법률효과 또한 피고인 개인에게 귀속될 뿐이므로, 그 사무는 피고인 개인의 사무일 뿐, 피고인이 지소장의 지위에서 취급한 위 지소의 사무는 아니므로, 피고인이 그와 같이 금품을 수수하였다 하더라도 금융기관 임 · 직원이 직무와 관련하여 금품을 수수한 것으로 볼 수 없다.」

246 김홍준(주 153), 146; Schönke/Schröder, Strafgesetzbuch, 30. Auflage 2019, § 331 Rn. 33.

직무행위와 뇌물 사이에 관련성을 필요로 하는 이상, 법원이 뇌물죄의 성립을 인정하는 경우 그 판결에 공무원의 직무 중 금원의 수수와 관련성을 가지는 개개의 직무행위를 특정하여 판시할 필요는 없다고 할지라도 공무원이 금원 수수의 직접적 계기가 된 직무와 어떠한 관계가 있고 그 직무에 대하여 어떠한 영향을 줄 수 있는지에 대하여는 심리·판단하여야 한다.[247] 구체적인 행위가 공무원의 직무에 속하는지는 그것이 공무의 일환으로 행하여졌는가 하는 형식적인 측면과 함께 공무원이 수행하여야 할 직무와의 관계에서 합리적으로 필요하다고 인정되는 것인가 하는 실질적인 측면을 아울러 고려하여 결정하여야 한다.[248] 또한 직무에 관한 것으로 볼 수 있는가를 정하는 기준은 직무집행의 공정을 해할 염려가 있는지의 여부이지만, 이는 그 행위가 현실적으로 정당한 권한 내의 행위인지 또는 행위자인 공무원이 직무집행의 의사를 가지고 있었는지 여부와 관계없이 객관적으로 직무집행의 외형을 갖추고 있었는가를 기준으로 판단해야 한다.[249] 137

한편 공무원이 장래에 담당할 직무에 대한 대가로 이익을 수수한 경우에도 뇌물수수죄가 성립할 수 있지만, 그 이익을 수수할 당시 장래에 담당할 직무에 속하는 사항이 그 수수한 이익과 관련된 것임을 확인할 수 없을 정도로 막연하고 추상적이거나, 장차 그 수수한 이익과 관련지을 만한 직무권한을 행사할지 자체를 알 수 없다면, 그 이익이 장래에 담당할 직무에 관하여 수수되었다거나 그 대가로 수수되었다고 단정하기는 어렵다.[250] 138

(나) 뇌물이 인정될 수 있는 관련 직무의 범위

(a) 법령상 관장하는 직무

1) 법령상 관장하는 직무의 범위는 법령과 내부의 사무분담에 의하여 정함이 원칙이다.[251] 직접 법령에 정해진 경우는 물론, 지령·훈령·내규·행정처분 등에 의한 경우를 포함하며, 법령에 직접 규정이 없더라도 상사의 지휘·감독을 받아 사무를 취급하는 종속적·보조적 직무도 무방하다.[252] 직무는 법령상 그 139

247 대판 1982. 9. 28, 80도2309.

248 대판 2002. 5. 31, 2001도6670; 대판 2006. 5. 26, 2005도1904; 대판 2006. 6. 15, 2005도1420; 대판 2011. 5. 26, 2009도2453; 대판 2017. 1. 12, 2016도16145.

249 김홍준(주 153), 135.

250 대판 2017. 12. 22, 2017도12346.

251 주석형법 〔각칙(1)〕(5판), 379(천대엽).

252 김홍준(주 153), 126.

공무원의 일반적·추상적인 직무권한에 속한 것이면 충분하고, 현실적·구체적으로 담당하고 있는 직무일 필요는 없다(일반적 직무권한 이론).[253] 공무원이 일반적 직무권한에조차 속하지 않는 행위와 관련하여 금품을 수수한 경우에는 직무관련성이 인정될 수 없어 뇌물죄가 성립하지 않는다.

140 2) 직무권한을 구체적으로 행사하는 위치에 있지 않더라도 구체적 직무권한을 행사하는 공무원에 대하여 그 직무에 관하여 지휘·감독할 수 있는 권한이 있는 이상 그 직무는 지휘·감독자의 직무에도 포함된다고 할 것이다.[254]

141 이에 관한 구체적인 판례들은 다음과 같다.

142 **판례 ①** 수산업협동조합의 일상처리업무는 전무가 담당한다고 되어 있다고 하더라도, 조합의 직원에 대한 인사 및 직무상 감독에 관한 사항은 정관상 조합의 업무를 통리하며 통리상 필요한 업무집행방침을 결정하도록 되어 있는 조합장의 직무범위에 포함된다.[255]

143 **판례 ②** 대통령은 정부의 수반으로서 중앙행정기관의 장을 지휘·감독하여 정부의 중요정책을 수립·추진하는 등 모든 행정업무를 총괄하는 직무를 수행하고, 대형건설 사업 및 국토개발에 관한 정책, 통화, 금융, 조세에 관한 정책 및 기업활동에 관한 정책 등 각종 재정·경제 정책의 수립 및 시행을 최종 결정하며, 소관 행정 각 부의 장들에게 위임된 사업자 선정, 신규사업의 인·허가, 금융지원, 세무조사 등 구체적 사항에 대하여 직접 또는 간접적인 권한을 행사함으로써 기업체들의 활동에 있어 직무상 또는 사실상의 영향력을 행사할 수 있는 지위에 있고, 국책사업의 사업자 선정도 역시 대통령의 직무범위에 속하거나 그 직무와 밀접한 관계가 있는 행위이므로 이에 관하여 대통령에게 금품을 공여하면 바로 뇌물공여죄가 성립하고, 대통령이 실제로 영향력을 행사하였는지 여부는 범죄의 성립에 영향을 미치지 않는다. 또한 뇌물은 대통령의 직무에 관하여 공여되거나 수수된 것으로 족하고 개개의 직무행위와 대가적 관계에 있을 필요가 없으며, 그 직무행위가 특정된 것일 필요도 없다.[256]

---

253 대판 1995. 9. 5, 95도1269.
254 대판 2004. 6. 25, 2003도1303.
255 대판 1983. 12. 27, 83도2472.
256 대판 1997. 4. 17, 96도3377(전). 본 판결 해설은 이근우, "대통령의 직무와 뇌물죄", 해설 28,

판례 ③ 시장으로 재직하던 자가 그 시에서 추진 중인 관광지 개발사업 중 골프장사업자로 선정될 수 있도록 도와달라는 취지의 부탁과 함께 현금을 교부받은 경우, 구체적인 사업자 선정은 심의위원회에서 담당하고 위 사업의 핵심인 골프장사업에 도지사의 승인이 필요하다고 하더라고, 시장은 시정 업무 전반에 관하여 소속 공무원을 지휘·감독하는 직무권한이 있으므로 위 사업자 선정은 시장인 피고인의 직무에 포함된다.[257] 144

일본 판례 미국 항공기제조판매업체 록히드사의 전일공항공(全日空航空)에 대한 항공기판매를 위하여 대리점 사장 등이 내각총리대신인 피고인에게 운수장관으로 하여금 전일공항공에게 특정기종의 항공기 구입을 추천하는 행정지도를 하도록 권유할 것을 의뢰하고 피고인이 이를 승낙하여 5억 엔을 수수한 사안에서, 내각총리대신이 운수장관에게 위와 같은 행정지도를 권유하는 것은 내각총리대신의 직무권한에 속한다고 보아 피고인에게 수뢰죄의 성립을 인정하였다.[258] 145

3) 일반적 직무권한에 속하는 사항이면 내부적인 사무분배에 의하여 어떤 사무를 현실적으로 담당하지 않아도 무방하다. 즉, 사항적·장소적 관할을 필요로 하는 것은 아니다.[259] 법령상 일반적인 직무권한에 속하는 직무라면 과거에 담당하였거나 장래에 담당할 직무에 대하여도 직무관련성이 인정될 수 있다. 직무권한이 다른 공무원에 의하여 대행되고 있다고 하더라도 그 대행기간 동안 직무와 무관한 지위에 있다고 할 수 없다.[260] 일시적인 전보발령 등의 경우에도 직무관련성이 인정될 수 있다.[261] 146

이에 관한 판례들은 다음과 같다. 147

판례 ① 홍천경찰서 경비과 교통지도계 경찰관으로 근무하면서 음주운전을 적발하여 단속에 관련된 제반 서류를 작성한 후 같은 경찰서 같은 과 소속 운전 148

법원도서관(1997), 645-659.

257 대판 2004. 4. 16, 2004도69.

258 最判 平成 7(1995) 2. 22. 刑集 49·2·1(록히드사건). 「내각총리대신은 내각의 명시한 의사에 반하지 않는 한 행정각부에 대하여 수시로 그 소관사무에 관하여 일정한 방향으로 처리하도록 지도, 조언 등의 지시를 할 권한을 갖는다고 해석하는 것이 상당하다.」

259 김홍준(주 153), 127.

260 대판 2004. 4. 16, 2004도69.

261 대판 2008. 3. 13, 2005도8647.

면허 취소업무를 담당하는 직원에게 이를 인계하는 업무를 담당하는 피고인이 피단속자로부터 운전면허가 취소되지 않도록 하여 달라는 청탁을 받고 금원을 교부받은 경우, 운전면허취소업무가 피고인이 현실적으로 담당하지 않은 직무이라거나 금원의 수수시기가 피고인이 단속에 관하여 작성한 서류를 인계한 후라고 하더라도 뇌물죄에 있어서의 직무관련성이 인정된다.[262]

149 **판례 ②** 경찰관 직무집행법 제2조 제1호는 경찰관이 행하는 직무 중의 하나로 '범죄의 예방·진압 및 수사'를 들고 있고, 이와 같이 범죄를 예방하거나, 진압하고, 수사하여야 할 일반적 직무권한을 가지는 경찰관인 피고인이 도박장개설 및 도박범행을 묵인하고 편의를 봐주는 데 대한 사례비 명목으로 금품을 수수하고, 나아가 도박장개설 및 도박범행사실을 잘 알면서도 이를 단속하지 아니하였다면, 이는 경찰관으로서 직무에 위배되는 부정한 행위를 한 것이라 할 것이고, 비록 피고인이 위 범행 당시 원주경찰서 교통계에 근무하고 있어 도박범행의 수사 등에 관한 구체적인 사무를 담당하고 있지 아니하였다 하여도 달리 볼 것은 아니다.[263]

150 **판례 ③** 피고인이 공정거래위원회 경쟁국 경쟁촉진과 사무관으로 근무하다가 불공정거래행위 신고 관련 업무를 담당하면서 알게 된 사업자로부터 금품을 수수한 경우, 그 금품을 수수한 시점이 피고인이 서기관으로 승진하여 공정거래위원회 경쟁국 유통거래과에서 근무를 하던 기간 중이라고 하더라도 위 사업자의 불공정거래행위 관련 업무는 적어도 피고인의 일반적 직무권한에 속하는 사항이 분명한 이상 뇌물죄가 성립한다.[264]

151 **판례 ④** 감사원 감사관인 피고인이 금품을 공여받을 당시 금품공여자에 대한 조사업무를 수행한 금융감독원에 대한 감사업무를 직접 담당하고 있지는 아니하였다고 하더라도, 감사원의 인사정책에 따라 2, 3년마다 감사관의 보직이 변경되고 있어 피고인이 보직변경에 따라 금융감독원에 대한 감사업무를 담당할 수 있는 점을 고려하면, 피고인이 수수한 금품과 피고인의 직무 사이에 관련성이 인정된다.[265]

---

262 대판 1999. 11. 9, 99도2530.
263 대판 2003. 6. 13, 2003도1060.
264 대판 2011. 4. 28, 2009도10412.
265 대판 2015. 11. 17, 2015도12479.

일본 판례 경시청 간부로 경시청 초후(調布)경찰서 지역과에 근무하며 범죄 수사 등의 직무에 종사하던 피고인이 공정증서원본불실기재 등의 사건으로 경시청 타마(多摩)중앙경찰서장에게 고발장을 제출한 사람로부터 위 사건에 대한 고발장의 검토, 조언, 수사정보의 제공, 수사관계자에 대한 회유 등 유리한 편의를 봐달라는 취지로 금품을 수수한 사안에서, 경찰법 제64조 등의 관계 법령에 따르면 경시청 경찰관의 범죄수사에 관한 직무권한은 경시청의 관할구역인 도쿄도(東京都) 전역에 미치는 것으로 해석되는 점 등에 비추어 피고인이 초후경찰서 관내 파출소에 근무하고 있고, 타마중앙경찰서 형사과가 담당하는 위 사건의 조사에 관여하지 않았다고 해도 피고인의 위 행위는 그 직무에 관하여 뇌물을 수수한 것이라고 인정한 사례[266]가 있다. 152

4) 행정청이 그 자신에게 주어진 권한을 스스로 행사하지 않고 법령에 근거하여 타인에게 사무처리권한의 일부를 실질적으로 이전하여 그 자의 이름과 권한과 책임으로 특정의 사무를 처리하게 함으로써 권한이 이전되는 위임의 경우, 위임기관은 사무처리의 권한을 잃어 스스로 해당 권한을 행사할 수는 없으나 관련 법령 또는 규정에 따라 위임기관이 수임기관의 수임사무 처리에 대하여 지휘·감독하고 그 처리가 위법 또는 부당하다고 인정할 때에는 이를 취소하거나 중지시킬 권한을 보유하고 있는 경우에는, 비록 직무권한이 위임되어 있다고 하더라도 위임된 직무는 뇌물죄에 있어 여전히 위임기관의 직무에 속한다고 볼 것이다.[267] 153

이에 관한 판례들은 다음과 같다. 154

판례 ① 비록 컨트리클럽에 대한 지도·감독사무가 각 시도지사에게 위임되었다고 하더라도 지방자치단체장에게 위임한 국가행정사무에 관해서는 당해 주무부장관이 이를 지휘·감독하게 되어 있으므로, 피고인이 교통부장관을 보좌하여 관광호텔·골프장 등 관광이용시설업체의 지휘·감독 등의 업무를 관장하고 있었다면 직무관련성이 인정된다.[268] 155

---

266 最決 平成 17(2005) 3. 11. 刑集 59·2·1. 이처럼 직무의 '담당가능성'이 인정되더라도 현실적으로 담당가능성이나 영향가능성이 전혀 없는 경우에까지 직무관련성을 인정할 것인지에 대해서는 긍정설과 부정설이 대립한다.

267 주석형법 [각칙(1)](5판), 380(천대엽).

268 대판 1984. 8. 14, 84도1139.

156 **판례 ②** 서울특별시 중구청장이 A 호텔의 구조변경허가 신청사건을 처리하는 과정에서 서울특별시 본청에 관련 질의를 하고 이에 서울특별시 교통국 관광과 사업계 소속 공무원인 피고인이 과장의 지시에 따라 A 호텔에 나가 실사를 한 후 구조변경이 가능하다는 내용의 보고를 한 경우, 호텔 객실의 구조변경에 관한 허가권이 비록 구청장에게 위임되어 있다고 하더라도 서울특별시장은 위임사무처리에 관한 지휘감독권이 있는 이상, 위와 같은 호텔 객실의 구조변경허가 관련 사무는 피고인의 직무에 포함되고, 따라서 피고인이 위 구조변경허가 사무와 관련하여 금품을 수수한 경우 직무관련성이 인정되어 뇌물죄가 성립한다.[269]

(b) 관례상 또는 사실상 처리하는 직무행위

157 공무원이 관례상이나 사실상 처리하는 직무에 관하여도 뇌물죄가 성립할 수 있다.

158 이에 관한 판례들은 다음과 같다.

159 **판례 ①** 뇌물수수죄에 있어서의 직무란 법령에 의한 공무원의 직무 자체뿐만 아니라 이와 관련하여 사실상 관리하는 직무행위도 포함한다고 할 것이므로 과세자료를 조사·수집하고 그에 따라 법령의 규정에 따른 과세를 하여 이를 징수하는 법령상의 직무를 수행하는 세무공무원이 그 직무와 관련하여 그가 보관하는 공무소에서 사용하는 서류를 반환하여 달라는 청탁을 받고 이를 승낙한 후 그 청탁 명목으로 금원을 수수하였다면, 직무에 관한 뇌물의 수수라고 할 것이다.[270]

160 **판례 ②** 경매사건의 관여 주사보는 경매사건에 있어서 경매개시결정, 경매기일, 경락기일 등의 공고 및 통지를 그 명의로 하고 송달보고서 등 서류를 접수하고 이를 기록에 편철하는 등의 직무를 담당하고 있음이 경매법 및 민사소송법의 각 규정에 의하여 명백하고, 또한 피고인은 경매사건의 기록을 검토하여 경락허부결정문의 문안작성 등 사무를 사실상 처리하여 왔으므로, 이러한 직무를 담당하는 위 피고인에게 경락허부결정 등을 좌우해 달라는 취지의 청탁을 하고 이에 관하여 금원을 수수한 경우,[271] 뇌물죄가 성립한다.[272]

---

269 대판 1986. 10. 28, 85도2398.
270 대판 1981. 8. 25, 81도1830.
271 대판 1985. 2. 8, 84도2625.
272 이에 반하여, 법원의 참여주사가 공판에 참여하여 양형에 관한 사항의 심리내용을 공판조서에

판례 ③ 경비교도는 교정시설 등에 대한 경비임무와 무장공비 등의 침투방어 등 작전임무 뿐만 아니라 사실상 교도관을 보조하여 교도소 내외에서의 재소자에 대한 간접계호업무를 담당하고 있음을 인정할 수 있고, 그 계호업무 중에는 허가받지 아니한 서신이나 물건의 반입이 되지 않도록 감시하는 직무도 포함한다고 할 것이므로, 이러한 직무를 담당하는 경비교도에게 서신연락이나 담배 등의 반입 등의 편의를 도모하여 달라는 취지로 금원을 제공하는 때에는 뇌물공여죄가 성립된다.[273] 161

판례 ④ 시흥시 도시건설과 소속 청원경찰관인 피고인이 시화공단 내 노점상을 단속하는 업무가 청원경찰법 제3조가 규정하는 직무범위에 속하지 아니한다고 하더라도 사실상 소관하는 직무행위에 해당된다면, 이는 뇌물죄에서 말하는 직무행위에 속한다고 할 것이다.[274] 162

일본 판례 교토부(京都府) A 지자체 소속 서기이며 지자체장의 보좌로서 외국인등록사무를 담당하던 피고인이 외국인등록원표 내지 외국인등록증명서의 위조청탁을 받고 그 사례조로 향응·현금을 받은 사안에서, 공무원이 법령상 관장하는 그 직무뿐만 아니라 그 직무와 밀접한 관련을 갖는 소위 준직무행위 또는 사실상 소관한 직무행위에 관하여 금품을 수수한 경우에도 뇌물죄가 성립한다고 판시하며 피고인에게 뇌물죄를 인정하였다.[275] 163

(c) 결재권자를 보좌하거나 영향을 줄 수 있는 행위

법령 또는 직무상의 규정이나 내부의 사무분담에 의하여 자신의 직무권한에 속하는 것으로 볼 수 있는지 의문스러운 경우에 해당하더라도 사실상 결정권자를 보좌하거나 해당 직무행위에 관여하여 영향을 줄 수 있다면, 그 직무는 자신의 직무에 속한다(통설[276]·판례[277]). 중·하위직 공무원의 경우 일반적으로 담당 164

기재한다고 하더라도 이를 가지고 형사사건의 양형이 참여주사의 직무와 밀접한 관계가 있는 사무라고는 할 수 없으므로 참여주사가 형량을 감경케 하여 달라는 청탁과 함께 금품을 수수하였다고 하더라도 뇌물수수죄의 주체가 될 수 없다(대판 1980. 10. 14, 80도1373).

273 대판 1987. 11. 24, 87도1463.

274 대판 2007. 10. 11, 2007도4176.

275 最決 昭和 31(1956). 7. 12. 刑集 10·7·1058.

276 이정원·류석준, 729; 정웅석·최창호, 44; 주석형법 [각칙(1)](5판), 384(천대엽).

277 대판 1983. 3. 22, 83도113; 대판 1985. 5. 14, 83도2050; 대판 1987. 9. 22, 87도1472.

업무에 관한 최종결정권은 없지만, 결정권자에게 영향을 미칠 수는 있다. 즉, 구체적인 실무담당자야말로 그 업무의 수행에 관련된 모든 사항에 관해서 가장 상세한 지식을 가지고 있게 마련이고, 결재권자도 그의 의견을 참고할 수밖에 없는 이상, 구체적인 업무를 직접 담당하는 자가 그 업무와 관련하여 뇌물을 받았다면, 비록 최종결재권이 없더라도 직무관련성이 인정될 수 있다(판례[278]).[279]

165 이와 같이 직무에 관여하는 것으로 인정되는 이상 그가 결정권자가 아니거나 그 직무가 그의 명의로 행하여지지 않는다고 하여도 마찬가지이고, 그 직무에 관여하는 정도가 다른 공무원의 직무에 대한 준비행위에 그치는 경우에도 뇌물죄의 요건으로서의 직무에 해당할 수 있다.[280]

166 이에 관한 구체적인 판례들은 다음과 같다.

167 **판례 ①** 도시계획시설 결정 승인이 시장의 소관사항이 아니고 도지사의 소관사항일지라도 시청의 도시계획계장으로서 위 승인신청서를 수리하여 결재를 거쳐 상급승인기관에 전달하는 직무에 종사하였다면, 그 신청에 관한 금품수수는 직무에 관한 것이라 할 수 있으므로 뇌물수수죄가 성립한다.[281]

168 **판례 ②** 광산·상공·운수 등 업무를 관장하는 시청 광산과장이 개인택시면허의 청탁을 받고 뇌물을 수수한 이상, 그 직무상 개인택시면허를 받을 자를 결정함에 있어서 중간결재를 거칠 뿐 최종결재권자는 상급자인 부시장 또는 시장이더라도 뇌물죄에 있어서의 직무관련성이 인정되고, 이를 직무와 관련 없이 의례적으로 교부받은 금원으로 볼 수는 없다.[282]

169 **판례 ③** 대통령 경제수석비서관은 금융기관의 감독업무를 포함하여 모든 경제정책의 수립에 관한 조정·통제 및 경제 전반에 걸친 대통령의 지시사항의 이행을 점검·감독하는 업무를 수행하고 이를 위해 관계행정기관의 장과 협의하고 자신의 견해를 대통령에게 보고하는 등 금융기관의 업무에 관하여 사실상

---

278 구청장을 보좌하는 구청계장에 대한 판례로는 대판 2003. 7. 25, 2003도2552, 군수를 보좌하는 부속실장에 대한 판례로는 대판 2008. 5. 28, 2007도7878 참조.

279 김용세, "뇌물규제를 위한 현행법제: 내용과 한계", 법학연구 9-1, 충남대 법학연구소(1998), 255.

280 Tröndle·Fischer, Strafgesetzbuch, 50 Aufl.(2001), § 331 Rn. 6(BGH 3, 148; 15, 185)〔주석형법〔각칙(1)〕(5판), 384(천대엽)에서 재인용〕.

281 대판 1983. 8. 23, 82도2350.

282 대판 1987. 9. 22, 87도1472.

영향력을 행사하는 지위이므로, 시중은행장으로부터 그 은행이 추진 중이던 업무 전반에 관해 선처해달라는 취지의 부탁을 받고 금원을 수수했다면 직무관련성이 인정되어 뇌물죄가 성립한다.[283]

판례 ④ 대대 주임원사가 소속 대대 병사들의 보직에 관하여 지휘관인 대 170
대장에 건의하면 그 건의가 상당 부분 반영되어 왔다면, 병사들의 보직 등을 결정하는 직무는 대대 주임원사가 관례상이나 사실상 소관하는 직무 또는 결정권자를 보좌하거나 영향을 줄 수 있는 직무에 해당한다.[284]

(d) 직무와 밀접한 관계가 있는 행위

1) 직무와 밀접한 관계가 있는 행위(직무밀접행위)란 법령상 혹은 사실상 자신 171
의 직무 범위에 포함되는 것이 아니라 할지라도 자신의 직무상의 지위를 이용하거나 직무권한에 기한 세력을 기초로 해당 직무에 영향을 미칠 수 있는 행위를 말한다.[285] 직무행위가 대체로 법령·훈령·지령·상사의 명령에 의해 결정되는 것이라면, 직무와 밀접한 관계가 있는 행위란 기존의 직무상의 지위를 이용하여 사실상 직무행위와 같은 영향력을 행사할 수 있는 것이면 된다.[286] 구체적으로 ① 자기와 같은 권한이 있는 공무원에게 권유·청탁하는 행위, ② 직무 권한은 다르지만 소관사무에 관해 사실상 의견이 존중되고 결정권자의 판단에 영향을 줄 수 있는 경우, ③ 행정기관의 구성원 사이에 사실상 권한의 위임을 받았거나 공조하여 사무를 취급하는 경우, ④ 공무원 본래의 직무집행에 대한 준비적 행위의 성격을 가진 경우, ⑤ 조언적 행정지도나 규제적 행정지도를 하는 경우 등을 직무행위와 밀접한 관계있는 행위라고[287] 할 수 있다.[288]

이에 대한 구체적인 판례들은 다음과 같다. 172

판례 ① 뇌물죄에 있어서 직무에 관하여라 함은 당해 공무원이 그 직무의 173
결정권을 갖고 있지 않더라도 그 직무행위와 밀접한 관계에 있는 경우 및 사실

283 대판 1994. 9. 9, 94도619.
284 대판 2004. 5. 28, 2004도1442.
285 주석형법 [각칙(1)](5판), 386(천대엽).
286 김일수·서보학, 652.
287 정성근·박광민, 736.
288 한편 이 경우 다른 공무원의 직무에 속한 사항에 대한 알선수뢰죄가 성립하는지 여부도 문제될 수 있는데, 이는 알선수뢰죄 부분에서 논의하기로 한다.

상 관리하는 직무행위도 포함된다고 할 것이므로, 유흥업소를 경영하는 사람으로부터 구청위생계장이 건물용도변경허가와 관련하여 금품을 수수한 것은 직무와 관련하여 교부받은 것이라고 인정된다.[289]

174 **판례 ②** 국회의원은 헌법과 국회법에 따라 법률안 등 각종 안건의 발의·제출권, 본회의에 부의된 안건에 대한 발언·질의·토론·표결권, 국무위원 등의 출석요구권, 국정전반 또는 국정의 특정분야에 대한 대정부질문권, 정부에 대한 긴급현안질문권, 서면질문권, 상임위원회 소관사항에 대한 발언·심의·표결권, 국정감사·조사권 등의 광범위하고 포괄적인 직무권한을 가지고 있으므로, 국회의원이 그 직무권한의 행사로서의 의정활동과 전체적·포괄적으로 대가관계가 있는 금원을 교부받았다면 그 금원의 수수가 어느 직무행위와 대가관계에 있는 것인지 특정할 수 없다고 하더라도 이는 국회의원의 직무에 관련된 것으로 보아야 하고, 한편 국회의원이 다른 의원의 직무행위에 관여하는 것이 국회의원의 직무행위 자체라고 할 수는 없으나, 국회의원이 자신의 직무권한인 의안의 심의·표결권 행사의 연장선상에서 일정한 의안에 관하여 다른 동료의원에게 작용하여 일정한 의정 활동을 하도록 권유·설득하는 행위 역시 국회의원이 가지고 있는 위 직무권한의 행사와 밀접한 관계가 있는 행위로서 그와 관련하여 금원을 수수하는 경우에도 뇌물수수죄가 성립한다.[290]

175 **판례 ③** 피고인이 시의회 의원이자 시 환경보전관련 중요시책 심의기구인 환경위원회 위원인데, A 등으로부터 시에서 발주하는 하수종말처리시설공사, 축산분뇨처리시설공사에 있어서 특정 회사에 유리한 특허공법이 채택되도록 도와달리는 취지의 부탁을 받고 세 차례에 걸쳐 800만 원을 수수하였고, A 등이 시의 하수종말처리시설 관련 담당공무원들과 축산폐수처리시설 관련 담당공무원들에게 위 공법에 관한 설명을 할 수 있는 자리를 주선해 주기까지 하였다면, 비록 위 공사와 관련한 공법을 채택하는 결정을 함에 있어 법적 절차상 시의회나 환경위원회의 심의를 거쳐야 하는 것은 아니나, 피고인이 이에 관하여 시의원으로서 시에 의견을 피력하거나 시에서 공법 채택과 관련한 피고인의 의견을 참고하

289 대판 1989. 9. 12, 89도597.

290 대판 1997. 12. 26, 97도2609. 본 판결 평석은 임한흠, "국회의원의 금품수수와 뇌물죄의 성부", 형사재판의 제문제(3권), 박영사(2001), 50-60.

는 것은 충분히 가능한 이상, 위 공법 채택과 관련한 직무는 시의원인 피고인이 법령상 관장하는 직무는 아니지만 그 직무와 밀접한 관계가 있는 행위 또는 관례상이나 사실상 관여하는 직무에 해당하고, 피고인이 그 직무권한의 행사로서 의정 활동과 전체적, 포괄적으로 대가관계가 있는 금원을 교부받은 이상 피고인은 직무에 관하여 800만 원을 뇌물로 수수한 것으로 인정된다.[291]

판례 ④ 피고인이 건축 인·허가 등의 업무를 담당하는 송파구청 건축과에서 서무업무를 보던 중 건축업체를 운영하는 A로부터 공사하청을 소개해 달라거나 관급공사를 수주할 수 있게 편의를 봐 달라는 청탁의 사례 명목으로 금품 및 향응을 제공받았다면, 공사하청을 소개한다거나 관급공사를 수주할 수 있게 편의를 봐 주는 행위는 피고인의 업무와 밀접한 관련이 있는 것으로서 피고인이 A로부터 받은 금품 및 향응은 직무와 관련하여 받은 뇌물에 해당한다고 할 것이고, 피고인이 건축인허가 등을 직접 담당하지 않고 서무업무만 보고 있었다고 하더라도 직무관련성을 부정할 수 없다.[292] 176

판례 ⑤ 대통령 민정수석비서관인 피고인이 대통령과 특수관계에 있던 사람으로부터 상품권을 받은 경우, 민정수석비서관실에서 대통령과 특수관계에 있는 자에 대하여 하는 이른바 관리업무는 대통령 비서실 직제 관련 법령에 의하여 민정수석비서실의 특별감찰반이 하는 감찰업무와 밀접한 관련이 있는 업무에 해당하여 민정수석비서관실의 직무범위에 속하는 이상 피고인에게 뇌물죄가 성립한다.[293] 177

판례 ⑥ 토지개발공사 서울지사 공사부장으로서 A 회사가 시공하는 택지개발현장에서의 공사관리를 총괄하는 직무를 담당하는 피고인이 공사현장에서 발생하는 건축물 폐재류의 처리공사를 담당할 하도급업체를 A 회사가 선정함에 있어 B 회사가 하도급받을 수 있도록 A 회사에 청탁하는 것은 피고인의 직무와 밀접한 관계가 있는 행위라고 봄이 상당하다 할 것이므로, 피고인이 위와 같은 청탁의 대가로 B 회사로부터 금원을 수수한 것은 수뢰죄로 인정된다.[294] 178

291 대판 2006. 6. 23, 2005도1352.
292 대판 2007. 6. 29, 2007도3105.
293 대판 2010. 4. 29, 2010도1367.
294 대판 1998. 2. 27, 96도582.

179 **판례 ⑦** 변호사인 피고인이 사건사무장을 통하여 남양주경찰서 경찰관들에게 그들이 담당하는 수사사건에 대한 알선을 부탁하고, 이에 따라 이들 경찰관은 그들이 담당하는 수사사건의 피의자들에게 피고인을 변호인으로 선임하도록 알선하는 한편, 위 사무장에게 그 사건의 내용을 알려주는 등의 편의를 제공하고, 피고인은 위와 같은 알선에 따라 수사사건을 수임한 다음 그 알선 및 편의제공의 대가로 선임료의 30%씩을 해당 경찰관들에게 지급한 경우, 경찰관들이 각각 피고인 측의 부탁에 따라 자신의 조사대상인 피의자들에게 피고인을 변호인으로 선임하도록 알선하고 편의를 제공한 행위는 수사관으로서의 직무와 밀접한 관련이 있는 행위이고, 따라서 피고인이 수사경찰관들에게 수사사건의 알선 및 편의제공의 대가로서 금품을 제공한 이상 뇌물공여죄가 성립한다.[295]

180 **판례 ⑧** 국회 정무위원회 수석전문위원으로서 정무위원회 소관 기관에 대하여 상당한 영향력을 가진 피고인이 그 소관 기관 등의 업무에 관한 청탁 또는 부탁을 받고 금품을 수수한 경우, 피고인의 위 행위는 자신의 직무이거나 그 직무와 밀접한 관계가 있는 행위라고 할 것이어서 제129조의 수뢰죄에 해당한다.[296]

181 **판례 ⑨** 시 도시계획국장인 피고인이 시에서 A 회사를 시공사로 하여 진행하던 구청 신축공사 및 그에 인접하여 B 회사가 A 회사를 시공사로 하여 진행하던 건물 증축공사에 대한 관리·감독업무를 수행하면서, C 회사를 운영하는 D의 부탁을 받고 A 회사에 부탁하여 위 증축공사 중 건축공사 부분을 C 회사에 하도급받도록 해 준 다음 그 대가로 돈을 받은 경우, 피고인의 위와 같은 행위는 직무와 밀접한 관계가 있는 행위에 관하여 금품을 수수한 것으로서 뇌물수수죄에 해당한다.[297]

182 **일본 판례** ① 홋카이도(北海道)개발청장관이 하부조직인 홋카이도개발국의 항만청장에게 경쟁입찰이 예정된 항만공사의 수주와 관련하여 특정업자에게 편의를 봐주도록 한 행위는, 비록 장관에게 항만공사 실시에 관한 지휘·감독권한이 없고, 그 행위가 담합과 관계된 위법한 행위라고 하더라도 항만공사에 관한

---

295 대판 2000. 6. 15, 98도3697(전); 대판 2002. 3. 15, 2001도970. 본 판결 평석은 윤성원, "비변호사가 변호사에게 소송사건의 선임을 알선한 것이 변호사법 제90조 제2호 후단의 알선에 해당하는지 여부", 21세기사법의 전개: 송민 최종영 대법원장 재임기념 박영사(2005), 445-454.

296 대판 2010. 12. 23, 2010도10910.

297 대판 2011. 3. 24, 2010도17797.

예산실시계획 작성이라는 장관의 직무와 밀접한 관계가 있다고 한 사례,[298] ② 대학의 설치인가 등에 관한 사항을 조사·심의하는 대학설치심의회 위원이자 치과대학 전문과정에서의 교원의 자격 등을 심사하는 위 심의회 내 치학전문위원회 위원인 피고인이 치과대학 설치인가 신청을 한 관계자에게 교원예정자의 적부(適否)를 치학전문위원회 심사기준에 따라 미리 판정하여 주거나, 치학전문위원회의 중간심사결과를 정식 통지 전에 알려주는 행위는 직무와 밀접한 관계가 있는 행위로서 수뢰죄에 있어서 직무행위에 해당한다는 사례,[299] ③ 국립대학교 음악학부 기악과 담당교수가 지도 중인 바이올린 전공 학생에게 특정 악기상이 보유한 특정 바이올린 구입을 권고 내지 알선한 일은 국립대학교수로서의 직무집행에 밀접한 관계를 갖는 행위로서, 이에 관하여 악기상으로부터 금품을 받은 것은 뇌물죄로 인정된다고 한 사례[300]가 있다.

(e) 국·공립대학교 교수의 연구활동 등

국·공립대학교 교수가 교육공무원으로서의 직무에 관하여 금품 등을 수수· 183
요구·약속하면 뇌물죄가 성립한다. 그런데 국·공립대학교 교수는 교육공무원으로서의 직무와 무관한 업무(사적인 연구용역계약 체결 등)를 수행하는 경우도 종종 있는 이상, 국·공립대학교 교수의 금품 등 이익 수수행위가 공무원으로서의 직무와 관련성이 있는지 문제될 수 있다. 이 경우, ① 해당 용역수행 또는 연구활동의 근거가 되는 약정의 당사자가 누구인지, ② 해당 활동이 국·공립대학교 교원의 직무 그 자체 또는 그와 밀접한 관계가 있는지 등을 기준으로 하여 판단할 것이다.

이와 관련하여 직무관련성을 인정한 판례 사안으로는, ① 도립 A 전문대학 184
의 교수인 피고인이 특정 회사로부터 수수한 금원은 피고인이 위 대학의 특성화사업단장으로서 용역계약체결의 요청, 납품검사 등의 직무를 수행하면서 위 회사로 하여금 위 대학 산학협력단과의 용역계약을 체결하고 그 용역대금을 조기에 지급받게 하여 준 데 대한 대가관계가 있는 부당한 이익으로서 뇌물에 해

298 最決 平成 22(2010). 9. 7. 刑集 64·6·865.
299 最決 昭和 59(1984). 5. 30. 刑集 38·7·2682.
300 東京地判 昭和 60(1985). 4. 8. 判時 1171·16.

당한다고 판단한 사례,[301] ② 전북대학교 총장은 이 사건 연구사업의 주관연구기관인 전북대학교를 대표하여 각 약정을 체결한 것으로, 전북대학교 총장이 행한 각 약정의 체결, 이행 및 성과물의 이용에 관한 업무는 모두 연구사업의 주관연구기관인 전북대학교의 업무에 속하는 것이고, 국립대학인 전북대학교 소속 교수로서 교육공무원 신분인 피고인이 전북대학교의 연구사업의 수행을 위하여 행하는 연구 활동 역시 전북대학교의 업무 수행 일환으로 보아야 할 것이니, 이는 교육공무원으로서의 피고인의 직무 집행 행위에 해당하는 것이고, 피고인이 참여하여 이루어진 연구사업의 수행 결과물의 사용에 관한 사항은 피고인의 직무인 연구 활동과 밀접한 관련이 있는 사항임이 분명하다고 판단한 사례[302] 등이 있다.

185 반면에 직무관련성을 부정한 판례 사안으로는, ① 수산업법 시행령 제62조 및 어업면허 및 어장관리에 관한 규칙 제51조의2에 의하여 해양수산부가 지정 고시한 어업손실액 조사기관인 국립대학교 부설 연구소(국립대학교 부설 연구소 아닌 사립대학교 부설 연구소도 조사기관으로 지정되어 있음)가 국가를 당사자로 하는 계약에 관한 법률에 근거하지 아니하고 국가와는 별개의 지위에서 연구소라는 단체의 명의로 체결한 어업피해조사용역계약상의 과업 내용에 의하여 국립대학교 교수가 위 연구소 소속 연구원으로서 수행하는 조사용역업무는 교육공무원의 직무 또는 그와 밀접한 관계가 있거나 그와 관련된 행위에 해당한다고 볼 수 없다고 보아 뇌물수수죄가 성립되지 않는다고 판단한 사례,[303] ② 국립대학인 서울대학교 의과대학의 교수인 피고인이 3천만 원을 수수한 것이 A의 치료와 대장암수술을 위하여 서울대학교병원에 신속히 입원을 할 수 있도록 주선해 주고 자신의 제자로서 서울대학교 의과대학 교수 겸 서울대학교병원 의사인 B를 주

301 대판 2009. 9. 24, 2007도4785.

302 대판 2005. 10. 14, 2003도1154. 대법원은, 원심이 관련 규정과 이 사건 각 약정의 명시적인 규정에도 불구하고 각 약정의 실질적인 당사자는 피고인 개인이고 주관연구기관인 전북대학교나 그 대표자인 전북대학교 총장은 단순히 형식적으로 명의만을 제공한 것이라고 볼 뚜렷한 근거를 제시하지 아니한 채, 약정의 체결과 이행 및 그 성과물의 이용에 관한 사항이 모두 전북대학교와는 무관한 피고인의 사적인 약정에 근거한 사항으로 교육공무원으로서의 피고인의 직무 또는 그와 밀접한 관계가 있거나 그와 관련된 행위에 해당한다고 볼 수 없다는 이유로 피고인의 뇌물수수사실에 대하여 무죄를 선고한 것은 부당하다고 판단하여, 원심판결을 취소하고 파기환송하였다.

303 대판 2002. 5. 31, 2001도670. 다만, 예비적 공소사실인 배임수재를 유죄로 인정하였다.

치의로 소개시켜 주어 수술과정에서의 편의를 제공한 것 등에 대한 대가로 제공된 것으로 인정된다고 하더라도, 서울대학교병원의 조직과 운영, 임직원들의 직무내용, 인사 및 보수에 관하여 공무원인 서울대학교 교직원과 별도로 규율, 운영되고 있는 점에 비추어 보면, 서울대학교 의과대학 교수가 서울대학교병원 의사를 겸직하더라도 의사로서의 진료행위의 실질이나 직무성격이 바로 공무로 되거나 당연히 공무적 성격을 띤다고 할 수 없으며, 이 사건에서 문제가 되고 있는 진료행위 등은 고등교육법 제15조 제2항, 제1조 제2항에 의하여 교원의 임무로 되어 있는 학생의 교육지도나 학문연구와는 밀접하게 관련되어 있다고도 볼 수 없다는 이유로, 피고인에 대한 특정범죄가중법위반(알선수재)의 공소사실에 관하여 무죄를 선고한 원심의 판단을 유지한 사례,[304] ③ 서울대학교 의과대학 교수 겸 서울대학교병원 의사가 구치소로 왕진을 나가 진료하고 진단서를 작성해 주거나 법원의 사실조회에 대하여 회신을 해주는 것은 의사로서의 진료업무이지 교육공무원인 서울대학교 의과대학 교수의 직무와 밀접한 관련 있는 행위라고 할 수 없다는 이유로 뇌물수수의 공소사실에 대하여 무죄를 선고한 원심의 조치를 수긍한 사례[305] 등이 있다.

(다) 전직(轉職)과 직무관련성

전직한 공무원에게 제공된 금품이 전직 후의 해당 직무에 관한 것이라면 그 직무에 관한 수뢰죄(§ 129①)가 성립함은 당연하다. 반면에, 해당 금품이 전직 전의 직무상 부정행위에 관한 사후적 대가라면 제131조 제2항 소정의 사후수뢰죄로 가중처벌될 것이다. 해당 금품이 전직 전의 직무를 현재 담당하는 자에 대한 알선행위의 대가라면 제132조 소정의 알선수뢰죄가 성립할 수 있다. 그런데 위 세 경우 중 어디에도 해당하지 아니하는 경우로서, 공무원이 전직 후에 전직 전의 직무와 관련하여 금품을 수수한 경우에 제129조 제1항 소정의 단순수뢰죄가 성립할 수 있는지 문제된다. 186

304 대판 2006. 5. 26, 2005도1904. 다만, 현행 고등교육법(2021. 9. 24. 법률 제18454호로 개정된 것) 제15조 제2항은 "교원은 학생을 교육·지도하고 학문을 연구하되, 필요한 경우 학칙 또는 정관으로 정하는 바에 따라 교육·지도, 학문연구 또는 「산업교육진흥 및 산학연협력촉진에 관한 법률」 제2조 제6호에 따른 산학연협력만을 전담할 수 있다."고 규정하고 있어, 대학교수의 임무로 학생의 교육지도나 학문연구 외에 산학연협력 등을 전담할 수 있다는 내용이 추가되었다.

305 대판 2006. 6. 15, 2005도1420.

187 즉 공무원이 직무권한을 달리하는 다른 직무로 옮긴 후 전직 전의 직무에 관하여 뇌물을 수수·약속·요구한 경우, 이를 직무에 관한 것으로 보아 뇌물죄를 인정할 수 있는지 여부의 문제이다. 이에 대하여는 뇌물의 수수는 현재 그가 담당하는 직무에 관하여 이루어질 것을 요건으로 보아 일반적·추상적 직무권한이 달라진 이상 뇌물죄가 성립될 수 없다는 견해(부정설)도 있으나,[306] 공무원이 다른 직무로 옮긴 후 그 전의 직무에 관하여 뇌물을 수수한 경우에도 직무관련성을 인정하여 뇌물죄를 인정할 수 있다는 견해(긍정설)가 통설이다.[307]

188 ① 공무원이라도 전후의 직무내용의 동일성이 인정되지 않는 한 뇌물죄의 성립을 부정한다면 공무원의 신분을 상실한 후에도 사후수뢰죄가 성립하는 것과 비교하여 균형을 잃어 부당하고, 그렇다고 전직의 경우를 퇴직의 경우에 준하여 사후수뢰죄로 처벌하는 것은 법문언에 명백히 반하는 점, ② 부정행위를 요건으로 하는 제131조 제2항 소정의 사후수뢰죄는 행위 유형이 매우 제한되어 있어 처벌상의 공백이 발생하게 되는 점, ③ 공무원이 일반적·추상적 권한을 달리하는 직무로 전직하였다고 하더라도 업무의 인수·인계 등을 통하여 과거의 직무담당자로서 후임자에 대하여 사실상의 영향력을 행사할 수 있는 여지가 있고, 일반 국민들 역시 공무원이 전직 전의 직무에 대하여도 영향력이 있다고 믿는 경향이 있음을 부정할 수 없는 이상, 전직 전의 직무에 대한 공정과 이에 대한 사회 일반의 신뢰도 보호할 필요성이 있는 점 등에 비추어 보면, 전직 전의 직무에 관하여도 뇌물죄의 성립을 인정할 수 있다고 보는 통설이 타당하다.[308]

189 대법원은 "뇌물성은 금품수수 시기와 직무집행 행위의 전후를 가리지 아니한다 할 것이고, 뇌물죄에서 말하는 '직무'에는 법령에 정하여진 직무뿐만 아니

---

306 공무원이 전에 담당하고 현재는 담당하지 않는 직무와 관련하여 뇌물을 제공받는다는 것은 현실성이 없고, 해당공무원이 현실적으로 처리할 능력과 권한이 없는 직무와 수수·요구·약속한 이익 간에는 대가관계가 인정될 수 없으며, 다만 해당공무원의 직위변동으로 더 이상 담당업무가 아니더라도 예외적으로 전에 자신의 소관이었던 공무처리에 영향력을 행사하여 문제의 업무를 처리한 것 내지 할 수 있을 것이 객관적으로 명백한 경우는 직무관련성이 인정될 경우가 있을 수 있으나, 이 경우에도 제132조가 존재하는 이상 알선수뢰를 적용하는 것이 이론적으로 타당하다는 견해로는, 한정환, "뇌물죄의 보호법익 그리고 뇌물과 직무행위와의 대가관계", 형사법연구 9, 한국형사법학회(1996), 269 참조.

307 김성돈, 774; 김일수·서보학, 652; 박상기, 642; 박상기·전지연, 843; 배종대, § 155/13; 손동권·김재윤, § 49/14; 이재상·장영민·강동범, § 43/57; 임웅, 940; 정성근·박광민, 737; 정영일, 437.

308 김홍준(주 153), 137 참조.

라 그와 관련 있는 직무, 과거에 담당하였거나 장래에 담당할 직무가 포함된다."고 판시하여, 통설과 같이 전직 전의 직무에 관하여도 뇌물죄가 성립할 수 있다는 입장이다.[309] 다만, 법원은 구체적인 사안에 있어서는 직무관련성 및 대가성을 인정하기 위한 근거로서 전직 후에도 전직 전의 직무에 영향을 미칠 수 있는지 여부 등을 판단하고 있다.[310]

이에 관한 판례들은 다음과 같다. 190

판례 ① 산업자원부 소속 과장으로 재직하면서 한국중공업을 두산그룹에 191
매각하는 업무를 수행하다가 산업자원부 소속 공무원 신분을 유지한 채 대한무역투자진흥공사(KOTRA)의 종합행정지원실장으로 파견되어 종전의 일반적 직무권한과는 다른 행정지원 등의 업무를 담당하게 된 피고인이 파견 전의 종전 업무와 관련된 이해관계인에게 이익의 제공을 요청하여 이를 수령한 사안에서, 피고인이 해당 이익의 수령 당시에도 산업자원부 소속 공무원의 신분을 그대로 유지한 점, 공여자로서는 피고인이 종전에 관련 업무를 담당하였을 뿐만 아니라 파견근무기간을 마치면 원직에 복귀하여 공여자에게 직·간접적인 영향을 미칠 수 있는 정책을 결정할 가능성이 있어 피고인의 요청을 거절하기 어려웠던 점 등을 이유로 단순수뢰죄의 성립을 인정하였다.[311]

판례 ② 피고인이 택지개발사업 관련 업무를 담당하다가 부서를 옮겨 그 192
직무를 담당하지 않게 된 상태에서 종전 업무와 관련된 자로부터 물품 등을 제공받은 경우, 피고인이 전임자로서 현재 그 업무를 담당하는 공무원에게 영향을 줄 수 있고 그 업무를 다시 담당할 개연성이 없지 않는 이상, 직무관련성이 인정되어 수뢰죄가 성립한다.[312]

판례 ③ 피고인이 시청 건설과장으로 도로개설공사의 관리·감독을 담당하 193
면서 위 공사와 관련 있는 공사업자와 친분을 맺은 후, 시청하수도과장으로 자리를 옮긴 후에 위 공사업자로부터 금품을 제공받은 경우, 피고인이 이익 수수 당시에는 도로개설공사에 관한 업무를 담당하고 있지 않으나 전임 주무과장이

309 대판 2003. 6. 13, 2003도1060; 대판 2004. 10. 27, 2004도3431.
310 주석형법 [각칙(1)](5판), 397(천대엽).
311 대판 2004. 10. 27, 2004도3431.
312 대판 2009. 5. 14, 2009도1812.

자 시청 과정으로 근무하면서 여전히 위 공사업자에게 사실상 영향력을 행사할 수 있는 지위에 있는 이상, 위 금품은 피고인의 직무와 관련 있는 뇌물에 해당한다.[313]

194 **일본 판례** ① 피고인이 A 세무서 직세과에서 B 세무서 직세과로 전직한 후 전직 전의 사무와 관련하여 유리한 편의를 봐준 대가로 금품을 수령한 사안에서, "수뢰죄는 공무원이 직무에 관하여 뇌물을 수수함으로써 성립하는 범죄이며, 공무원이 다른 직무로 전직한 후 전 직무에 관하여 뇌물을 수수하는 경우에도 적어도 수수 당시에 공무원인 이상은 수뢰죄는 성립하며, 뇌물에 관한 직무를 실제로 담당하는 것은 수뢰죄의 요건이 아니다."라고 판시한 사례,[314] ② 피고인이 효고(兵庫)현 건축부 건축진흥과 택건업(宅建業) 계장에서 건축부 총무과 과장보좌로서 주택공급공사에 파견나갔는데 전직 전의 사무와 관련하여 업자들의 지도감독 등의 편의를 봐준 대가로 돈을 받은 사안에서, "뇌물공여죄는 공무원에 대해서 그 직무에 관하여 뇌물을 공여함으로써 성립하는 것이며, 공무원이 일반적 직무권한을 달리하는 직무로 전직한 후에 전 직무에 관해 뇌물을 공여한 경우에도, 위 공여 당시 공여를 받은 자가 공무원인 이상 뇌물공여죄가 성립한다고 해석해야 한다."고 판시한 사례[315]가 있다.

(라) 직무관련성이 부정된 판례 사안

195 전술한 직무관련성 여부의 판단 기준에 대한 보다 구체적인 이해를 돕기 위하여 직무관련성이 부정된 판례들을 소개한다.[316] 이는 법령상 구체적 직무권한은 물론 추상적 직무권한도 가지고 있지 아니할 뿐만 아니라 사실상 해당 직무에 관여하거나 영향을 줄 수 없는 경우에 해당하는데, 금품을 요구하고 수수한 방법과 상황에 비추어 경우에 따라서는 사기죄나 공갈죄가 성립할 수도 있다.[317]

196 **판례 ①** 검정교과서의 내용검토 및 개편수정은 발행자나 저작자의 책임에

---

313 대판 2013. 1. 10, 2012도9290.
314 最決 昭和 28(1953). 4. 25. 刑集 7·4·881.
315 最決 昭和 58(1983). 3. 25. 刑集 37·2·170.
316 앞에서는 직무관련성이 인정되고, 따라서 뇌물죄를 유죄로 인정한 판례를 주로 소개하였다.
317 김홍준(주 153), 145.

속하는 것이고 이를 문교부 편수국 공무원인 피고인의 직무에 속한다고 할 수 없으므로, 피고인이 교과서의 내용검토 및 개편수정작업을 의뢰받고 그에 소요되는 비용을 받았다 하더라도, 이를 직무에 관한 뇌물로서 부정하게 수수한 것이라고 볼 수 없다.[318]

판례 ② 피고인은 서울시 종로구청 과장직에 있어 건축설계업자들이 납품하는 아파트설계를 검수하는 직무를 담당하고 있으나, 다른 한편 피고인은 1급 건축사의 자격을 가진 사람으로 구조계산을 할 수 있는 전문지식을 보유하고 있는 이상, 피고인이 건축설계업자들로부터 그들이 납품할 설계에 필요한 구조계산의 용역을 위촉받아 그 일을 하여 주고 금품을 수수하였다고 하더라도, 이는 피고인의 직무에 관한 것이 아니라 피고인 개인의 용역대가로 받았다고 인정할 수 있으므로, 위 금품에 관하여 뇌물죄가 성립하지 않는다.[319] 197

판례 ③ 법원의 참여주사가 공판에 참여하여 양형에 관한 사항의 심리내용을 공판조서에 기재한다고 하더라도 이를 가지고 형사사건의 양형이 참여주사의 직무와 밀접한 관계가 있는 사무라고는 할 수 없으므로, 참여주사가 형량을 줄여 달라는 청탁과 함께 금품을 수수하였다고 하더라도 뇌물수수죄의 주체가 될 수 없다.[320] 198

판례 ④ 피고인이 시의 도시과 구획정리계 측량기술원으로 근무하면서 다년간 환지측량업무에 종사하게 된 결과 얻은 지식과 경험을 기초로 체비지에 관한 공개경쟁 입찰에서 입찰예정가격이 대략 어느 정도 될 것이라고 추측한 내용을 A에게 알려준 행위는 그의 직무행위 내지는 직무와 밀접하게 관련된 행위라고 볼 수 없는 것이고, 따라서 피고인이 그 대가로 A로부터 받기로 약속한 이익도 뇌물죄에서 말하는 직무에 관련된 대가라고 보기 어렵다.[321] 199

판례 ⑤ 경찰청 정보과 근무 경찰관인 피고인이 외국인 산업연수생에 대한 국내 관리업체로 선정될 수 있도록 힘써 달라는 부탁을 받고 금전 및 각종 향응을 받았다고 하더라도, 중소기업협동조합중앙회장의 외국인산업연수생에 대한 200

318 대판 1979. 5. 22, 78도296.
319 대판 1980. 2. 26, 79도31.
320 대판 1980. 10. 14, 80도1373.
321 대판 1983. 3. 22, 82도1922.

국내 관리업체 선정업무는 피고인의 경찰관으로서의 직무와 관련성이 있다고 볼 수 없으므로 뇌물죄가 성립되지 않는다.[322]

201 **판례 ⑥** 특정범죄가중법 제2조 제1호 소정의 금융기관인 축산업협동조합의 지소장으로서 지소의 예금 및 대출업무를 총괄하여 오던 피고인이 위 지소에서 사업 자금을 대출받으려다 담보가 부족하여 대출받지 못한 사업가로부터 조합 대출금 이자보다 훨씬 높은 이자를 줄 테니 알아서 자금을 마련하여 대여해 달라는 부탁을 받자 지소장으로서의 지위를 이용하여 위 지소에서 낮은 이율로 자금을 대출받아 그 자금을 위 사업가에게 높은 이율로 대여하고 위 사업가로부터 이자 명목의 금원을 수수한 경우, 이는 대여금에 대한 이자 내지 금전을 대여해 준 데 대한 대가로서 수수한 것인데, 피고인이 위 사업가에게 금전을 대여한 것은 피고인이 개인 명의로, 개인의 이익을 위하여, 개인의 계산으로 한 것이고, 그 법률효과 또한 피고인 개인에게 귀속될 뿐이므로, 그 사무는 피고인 개인의 사무일 뿐, 피고인이 지소장의 지위에서 취급한 위 지소의 사무는 아니므로, 피고인이 그와 같이 금품을 수수하였다 하더라도 금융기관 임·직원이 직무와 관련하여 금품을 수수한 것으로 볼 수 없다.[323]

202 **판례 ⑦** 수산업법 시행령 제62조 및 어업면허 및 어장관리에 관한 규칙 제51조의2에 의하여 해양수산부가 지정 고시한 어업손실액 조사기관인 국립대학교 부설 연구소(국립대학교 부설 연구소 아닌 사립대학교 부설 연구소도 조사기관으로 지정되어 있음)가 국가를 당사자로 하는 계약에 관한 법률에 근거하지 아니하고 국가와는 별개의 지위에서 연구소라는 단체의 명의로 체결한 어업피해조사용역계약상의 과업 내용에 의하여 국립대학교 교수가 위 연구소 소속 연구원으로서 수행하는 조사용역업무는 교육공무원의 직무 또는 그와 밀접한 관계가 있거나 그와 관련된 행위에 해당한다고 볼 수 없다.[324]

203 **판례 ⑧** 광역시의회 의원인 피고인이 광역시의회 의원 신분의 영향력으로 관련 공무원들로부터 호의적인 대우를 받아 더 많은 관급공사를 수주받을 수 있도록 편의를 보아 달라는 취지의 청탁을 받고 금품을 제공받은 경우, 비록 피

322 대판 1999. 6. 11, 99도275.
323 대판 2000. 2. 22, 99도4942.
324 대판 2002. 5. 31, 2001도670.

고인이 시의회 건설환경위원회 상임위원의 직책을 맡아 광역시 도시건설국 및 도시개발공사의 사무에 관한 의안과 청원심사 등을 처리하며 그 소관 행정사무에 대한 감사와 조사업무를 담당하여 왔다고 하더라도, 광역시 관련 공무원에 대한 위와 같은 영향력의 행사가 시의원으로서의 직무내용에 속한다고 할 수 없으므로 뇌물죄에 있어서의 직무관련성이 인정되지 아니한다.[325]

판례 ⑨ 서울대학교 의과대학 교수 겸 서울대학교병원 의사가 구치소로 왕 204
진을 나가 진료하고 진단서를 작성해 주거나 법원의 사실조회에 대하여 회신을 해주는 것은 의사로서의 진료업무이지 교육공무원인 서울대학교 의과대학 교수의 직무와 밀접한 관련 있는 행위라고 할 수 없다는 이유로 뇌물수수의 공소사실에 대하여 무죄를 선고한 원심의 조치는 타당하다.[326]

판례 ⑩ 구 해양수산부 해운정책과 소속 공무원인 피고인이 A 해운회사의 205
대표이사 등에게서 중국의 선박운항허가 담당부서가 관장하는 중국 국적 선사의 선박에 대한 운항허가를 받을 수 있도록 노력해 달라는 부탁을 받고 돈을 받은 경우, 관련 규정에 의하면 해운정책과 업무에는 대한민국 국적 선사의 선박에 관한 것만 포함되어 있을 뿐 외국 국적 선사의 선박에 대한 행정처분에 관한 것은 포함되어 있지 않고, 또한 외국 국적 선사의 선박에 대한 구체적인 행정처분은 해운정책과 소속 공무원에게 이를 좌우할 수 있는 어떠한 영향력이 있다고 할 수도 없어 해운정책과 소속 공무원의 직무와 밀접한 관계에 있는 행위라거나 또는 그가 관여하는 행위에 해당한다고 볼 수 없으므로 직무관련성이 없어 뇌물수수죄가 성립하지 않는다.[327]

판례 ⑪ 검사인 피고인 甲이 오랜 친구이자 성공한 사업가인 피고인 乙로 206
부터 상당한 규모의 재산상 이익을 공여받은 사안에서, "피고인 甲에게 검사의 직분에 근거하여 필요한 경우 수사를 진행할 수 있는 일반적 직무권한이 있었지만, 甲이 받았다는 청탁이 '장래 검찰에서 乙이나 乙이 운영하는 회사 등이 관련된 사건을 처리하게 될 경우 甲의 직무권한 범위 내에 들어오는 사건이면 직접 유리한 처분이나 편의를 제공해주고, 그 범위 내에 들어오지 않는 사건이면

325 대판 2003. 9. 26, 2002도5487.
326 대판 2006. 6. 15, 2005도1420.
327 대판 2011. 5. 26, 2009도2453.

담당 검사에게 영향력을 행사하여 유리한 처분이나 편의를 제공 받게 해 달라'는 정도에 지나지 아니하고, 甲이 이익을 수수할 당시 그 직무권한에 속한 사항과 관련한 어떠한 사건이 장래에 발생할 개연성이 있었다고 볼만한 사정도 없었을 뿐 아니라 그 사건 자체를 특정하기도 어려운 상황이었던 이상, 甲이 장래에 담당할 직무와 관련되는 사건이 어떠한 것인지 또는 과연 그러한 사건과 관련지을 만한 정도의 직무권한을 행사할 가능성이 있는지 여부를 확인하기 어려울 정도로 위 피고인이 받은 돈과 관련된 사건 내지 위 피고인의 직무에 속하는 사항이 추상적이고 막연하다고 할 것이므로, 甲이 받은 이익이 그가 장래에 담당할 직무에 관하여 수수되었다거나 그 대가로 수수되었다고 단정하기는 어렵다."고 판시하며, 뇌물수수죄의 성립을 부정하였다.[328]

207 **일본 판례** ① 일본형법 제197조의 '직무에 관한'이란 공무원의 직무집행행위뿐만 아니라 이와 밀접한 관계가 있는 행위에 관한 경우도 포함한다고 해석해야 하지만, 이와 밀접한 관계가 있는 행위란 공무원의 직무집행행위와 어떠한 관계만 있으면 충분한 것이 아니라, 공무원의 직무와 밀접한 관계를 갖는 소위 준직무행위 또는 사실상 소관하는 직무행위임이 필요할 것이라고 하면서, 시가 개발한 공업단지 내 공장유치사무를 담당하던 공무원이 매입희망자에게 공단을 안내했지만 그 공업단지 내에 희망에 맞는 토지가 없다고 하자 전에 다른 사람으로부터 매각처분을 의뢰받은 다른 토지를 매입하도록 알선한 행위는 위 공무원의 직무와 밀접한 관계를 갖는 소위 준직무행위 또는 사실상 소관하는 직무행위라 할 수 없어 위 공무원이 위 토지매매 알선에 대한 사례로 받은 금품은 뇌물이 아니라고 판시한 사례,[329] ② 이미 설치한 전화의 이전공사처리 등의 사무담당자가 위 전화의 매매를 알선한 행위에 대하여 직무밀접행위에 해당하지

---

328 대판 2017. 12. 22, 2017도12346. 「그리고 피고인 甲이 이익을 수수할 당시 피고인 乙이나 그가 운영하는 회사에 발생할 형사사건의 내용은 물론 실제로 형사사건이 발생할지도 알 수 없는 상태였다면, 피고인 乙로서는 피고인 甲에게 잘 보이면 그로부터 어떤 도움을 받을 수 있다거나 손해를 입을 염려가 없다는 정도의 막연한 기대감에서 이익을 공여하였다고 봄이 타당하고, 피고인 甲 역시 피고인 乙이 그러한 기대감을 가질 것이라고 짐작하면서 수수한 것으로 보일 뿐, 다른 공무원의 직무에 속하는 사항의 알선과 관련하여 수수하였다는 점이 보이지 않는다. 즉, 피고인 甲이 수수한 이익이 장래의 담당 검사의 직무에 속하는 사항의 알선에 관한 것이라고 볼 수도 없다.」

329 最判 昭和 51(1976). 2. 19. 刑集 30·1·47.

않는다고 한 사례[330]가 있다.

(4) 대가관계

(가) 대가관계의 요부

(a) 견해의 대립

208 뇌물죄가 성립하기 위한 요건으로서 공여된 금품 등과 직무행위 사이의 대가관계, 즉 급부와 반대급부의 관계에 있을 것을 필요로 하는지 여부가 문제될 수 있다.

209 이에 대하여 뇌물과 직무행위 사이의 대가관계는 필요하지 않다는 견해가 유력하다(대가관계 불요설[331]).[332] 제129조는 '직무에 관하여'라고만 규정하고 있으므로 이를 '직무수행의 대가로'라고 해석할 이유가 없고, 특히 그동안 부패에 취약하였다고 평가받는 우리의 현실에 비추어 보면 굳이 법조문에도 명시되지 아니한 '대가성'을 구성요건으로 추가하여 뇌물죄의 성립을 제한할 필요는 없다는 것이다.

210 그러나 형법상 뇌물죄가 성립하기 위해서는 '직무'와 '수수한 이익' 사이에 대가관계가 있어야 한다는 견해가 다수설이다(대가관계 필요설).[333] 여기서의 대가관계는 산술적 의미에서의 급부·반대급부나 시장원리에 입각한 가격관계가 아니라, 직무행위를 거래·홍정의 대상으로 삼는다는 의미라고도 한다.[334] 직무

330 最判 昭和 34(1959). 5. 26. 刑集 13·5·817.

331 김충근, "부정부패에 대한 형법의 재해석", 형사법연구 26, 한국형사법학회(2006), 443; 김혜경, "뇌물죄의 성립범위와 직무관련성 및 대가성의 해석", 법조 730, 법조협회(2018. 8.), 419; 조현욱·김영철, "수뢰죄의 구성요건 중 뇌물의 약속의 의미와 대가관계", 법학연구 17-3, 인하대 법학연구소(2014. 9), 247.

332 오영근, 698-699. 오영근 교수는 직무와 뇌물 사이에는 대가관계까지 필요하지 않고 인과관계만 있으면 족하다고 하면서, "우리의 다수설과 판례가 뇌물과 직무 사이에 대가관계를 요구하는 것은 독일형법의 영향을 받은 것으로 보인다. 그런데 독일 구형법상의 뇌물죄 규정은 대가관계를 명문으로 요구하고 있었으나, 현행 독일형법은 구법에 규정되어 있던 '대가로'라는 표현을 삭제하였고, 이에 따라 뇌물죄의 성립에 대가관계가 필요 없는 것으로 해석할 수 있다. 그럼에도 불구하고 독일 구형법의 해석론에 영향을 받아 우리 형법상 뇌물죄의 성립요건에 관하여 대가관계를 필요로 한다고 보는 것은 타당하지 않다."고 한다.

333 김성돈, 776; 김일수·서보학, 653; 박상기, 643; 배종대, § 155/17; 손동권·김재윤, § 49/17; 신동운, 129; 이재상·장영민·강동범, § 43/58; 임웅, 935; 정성근·박광민, 737; 정영일, 438(제129조 소정의 '직무에 관하여'는 뇌물이 직무행위와 대가관계에 있을 것을 요한다는 의미라고 본다).

334 김일수·서보학, 653.

와 수수한 이익 사이에 대가관계가 없는 경우에도 뇌물죄가 성립한다고 한다면, 결국 뇌물죄의 성립을 직무에 대한 대가가 아니라 사실상 공무원이라는 신분 또는 지위 자체에 대한 대가로 인정하는 것이 되고, 이는 뇌물죄 성립의 범위를 지나치게 확대하는 결과로 이어질 수 있다.[335] 한편 2015년 3월 27일 제정된 부정청탁 및 금품등 수수의 금지에 관한 법률(이하, 청탁금지법이라 한다.)에서는,[336] 공직자 등이 직무와 관련하여 금품 등을 수수·요구·약속한 경우에는 직무와 대가성이 없는 경우에도 과태료를 부과하는데,[337] 이는 형법상 뇌물죄가 금품 등의 이익 수수와 직무 사이에 대가관계가 인정되는 경우에만 성립할 수 있음을 전제로, 직무관련성은 인정되지만 대가관계를 인정하기 어려워 뇌물죄를 적용할 수 없는 경우에도 이를 제재하기 위하여 마련된 규정이다. 만일 직무와 이익 사이에 대가관계가 인정되지 않는 경우에도 뇌물죄의 성립을 인정할 수 있다면, 굳이 별도로 청탁금지법에서 대가성이 인정되지 않는 금품 등의 수수행위

---

335 서보학, "공직자 부정부패에 대한 형사법적 대응방안(공직자의 뇌물범죄에 대한 실체법 및 절차법적 대응방안을 중심으로)", 형사정책 11, 한국형사정책학회(1999), 51·52. 서보학 교수는 부정청탁 및 금품등 수수의 금지에 관한 법률이 제정되기 한참 전인 1999년 발표한 위 논문에서, "공직자가 대가관계 또는 직무관련성이 없는 또는 애매한 금품이나 향응을 제공받는 것이 직무수행의 공정성에 불신을 야기하고 따라서 법적으로 규제할 필요성이 인정되는 것이기는 하나 이것은 공직자의 떡값성 또는 촌지성의 금품 또는 향응수수를 규제 또는 제한적으로 허용하는 규정의 신설을 통하여 해결할 문제이지, 무리하게 뇌물죄의 규정을 확대 적용하여 해결할 문제는 아니라고 본다."고 주장한 바 있다.

336 청탁금지법 제정 전인 2012년 12월 13일 부산고등법원은 현직 검사가 내연관계에 있는 변호사로부터 신용카드와 벤츠 승용차 등을 받아 사용한 것과 관련하여 대가관계가 없다는 이유로 알선수재의 공소사실에 대하여 무죄를 선고하였고, 대법원은 2015년 3월 12일 검사의 상고를 기각하여 위 무죄 판결이 확정되었는데, 이 판결 등으로 인하여 공무원이 직무와 관련 없이도 금품을 수수한 경우에는 처벌해야 한다는 공감대가 확산되었다고 한다(장영기, "벤츠 여검사 운명적 사랑은 '김영란 법' 낳았다", 로 이슈 2015. 3. 15.자)[정형근(주 138), 34·35에서 재인용].

337 청탁금지법 제8조(금품등의 수수 금지) ② 공직자등은 직무와 관련하여 대가성 여부를 불문하고 제1항에서 정한 금액 이하의 금품등을 받거나 요구 또는 약속해서는 아니 된다.
제23조(과태료 부과)
⑤ 다음 각 호의 어느 하나에 해당하는 자에게는 그 위반행위와 관련된 금품등 가액의 2배 이상 5배 이하에 상당하는 금액의 과태료를 부과한다. 다만, 제22조제1항제1호부터 제3호까지의 규정이나 「형법」 등 다른 법률에 따라 형사처벌(몰수나 추징을 당한 경우를 포함한다)을 받은 경우에는 과태료를 부과하지 아니하며, 과태료를 부과한 후 형사처벌을 받은 경우에는 그 과태료 부과를 취소한다.
1. 제8조제2항을 위반한 공직자등(제11조에 따라 준용되는 공무수행사인을 포함한다). 다만, 제9조제1항·제2항 또는 제6항에 따라 신고하거나 그 수수 금지 금품등을 반환 또는 인도하거나 거부의 의사를 표시한 공직자등은 제외한다.

를 제재할 필요는 없을 것이다. 뇌물죄의 구성요건으로서 '대가관계'의 개념을 요구하는 것이 형법상의 뇌물죄 규정의 명문(§ 129)에 반한다는 비판에 대해서는, 입법의 미비로 기술되지는 않았으나 해석의 의하여 범죄구성요건으로 인정되는 다른 여러 경우들과 마찬가지로[338] 가능한 문언의 의미 범위 내에서 해석에 의하여 이를 보충하는 것으로서 허용될 수 있다고 반박한다.[339] 다만, 수수한 이익 등과 직무 사이에 대가관계가 필요하다는 견해에서도 그러한 대가관계를 폭넓게 인정하는 것이 대체적인 입장이다.

(b) 판례

대법원은 "뇌물죄는 직무집행의 공정과 이에 대한 사회의 신뢰 및 직무행위의 불가매수성을 그 보호법익으로 하고 있고, 직무에 관한 청탁이나 부정한 행위를 필요로 하는 것은 아니기 때문에 수수된 금품의 뇌물성을 인정하는 데 특별한 청탁이 있어야만 하는 것은 아니고, 또한 금품이 직무에 관하여 수수된 것으로 족하고 개개의 직무행위와 대가적 관계에 있을 필요는 없으며, 그 직무행위가 특정된 것일 필요도 없다. 또한 공무원이 얻는 어떤 이익이 직무와 대가관계가 있는 부당한 이익으로서 뇌물에 해당하는지 여부는 당해 공무원의 직무의 내용, 직무와 이익제공자와의 관계, 쌍방간에 특수한 사적인 친분관계가 존재하는지의 여부, 이익의 다과, 이익을 수수한 경위와 시기 등의 제반 사정을 참작하여 결정하여야 할 것이다."고 판시하여 왔는바,[340] 판례는 다수설과 같이 뇌물죄의 구성요건으로서 금품 등의 이익과 직무행위 사이에 대가관계가 있을 것을 요건으로 하되 그러한 대가관계를 폭넓게 인정하는 것으로 볼 수 있다.[341] 211

다만 최근 대법원은, "공무원이 장래에 담당할 직무에 대한 대가로 이익을 수수한 경우에도 뇌물수수죄가 성립할 수 있지만, 그 이익을 수수할 당시 장래에 담당할 직무에 속하는 사항이 그 수수한 이익과 관련된 것임을 확인할 수 없을 정 212

338 예컨대, 사기죄에서의 기망행위와 피기망자의 처분행위 사이의 인과관계, 절도죄에서의 불법영득의사 등.

339 서보학(주 335), 53.

340 대판 2000. 1. 21, 99도4940; 대판 2006. 2. 24, 2005도4734; 대판 2007. 4. 27, 2005도4204; 대판 2011. 3. 24, 2010도17797; 대판 2017. 6. 19, 2017도5316.

341 다만, 대법원은 직무관련성과 대가성을 엄격히 구분하는 것으로 보이지는 않는다[김혜경(주 331), 418].

도로 막연하고 추상적이거나 장차 그 수수한 이익과 관련지을 만한 직무권한을 행사할지 자체를 알 수 없다면, 그 이익이 장래에 담당할 직무에 관하여 수수되었다거나 그 대가로 수수되었다고 단정하기 어렵다."고 판시함으로써,[342] 뇌물죄 성립에 필요한 대가관계의 범위를 무제한적으로 확대하는 해석에 제동을 걸었다.

(c) 독일형법 규정의 해석론

213 뇌물죄의 구성요건으로서 대가관계를 포함시킬 것인지 여부 내지 대가관계의 인정 범위에 관해서는 독일형법상 뇌물죄 규정의 개정 및 이에 대한 해석론을 참조할 수 있으므로, 이를 간략히 소개한다.

214 독일형법은 뇌물죄와 관련하여, 제30장 '공무원의 직무에 관한 죄'라는 제목 하에, 제331조(수뢰), 제332조(부정처사수뢰), 제333조(증뢰), 제334조(부정처사증뢰), 제335조(특별히 중한 부정처사수뢰 및 증뢰)를 두고 있다. 1997년 개정 이전의 독일 구 형법에서는 위 각 뇌물죄의 구성요건으로서 '직무행위에 대한 대가성(als Gegenleistung)'을 명문으로 요구하였다. 그런데 1997년 독일형법이 개정되면서 위 각 뇌물죄 중 단순수뢰죄(§ 331①) 및 단순증뢰죄(§ 333①)에 대해서는 위와 같은 '직무행위에 대한 대가성(als Gegenleistung)' 요건을 '직무에 관하여(für die Dienstausübung)' 요건으로 변경하였다.[343] 위 단순수뢰죄 및 단순증뢰죄의 신·구 조문을 비교하면 아래 [표 2]와 같다.

[표 2] 독일형법상 단순수뢰죄 및 단순증뢰죄의 신·구 조문 비교[344]

구 형법(1997년 개정 전)	현행 형법(1997년 개정 후)
제331조 (수뢰) ① 공무원 또는 공무를 위하여 특별한 의무를 지는 자가 과거 또는 장래의 **직무행위의 대가로서** 이익을 요구, 약속, 수수한 때에는 2년 이하의 자유형 또는 벌금형에 처한다.	제331조 (수뢰) ① 공무원 또는 공무를 위하여 특별한 의무를 지는 자가 **그 직무에 관하여** 자기 또는 제3자를 위해 이익을 요구, 약속, 수수한 때에는 3년 이하의 자유형 또는 벌금형에 처한다.

342 대판 2017. 12. 22, 2017도12346.

343 오스트리아형법 제304조 제1항 및 제305조 제1항, 스위스형법 제322ter조, 프랑스형법 제432-11조 및 일본형법 제197조도 우리 형법과 마찬가지로 대가관계를 규정하고 있지 않다[조현욱·김영철(주 331), 244-245].

344 오영근, 현행 뇌물범죄 처벌규정의 문제점과 개선방안, 대검찰청 연구보고서(2010. 10. 11), 23 참조.

구 형법(1997년 개정 전)	현행 형법(1997년 개정 후)
제333조 (증뢰) ① 공무원, 공무를 위하여 특별한 의무를 지는 자 또는 연방군인에 대하여 **이들의 재량에 속하는 장래의 직무행위에 대한 대가로서** 이익을 공여표시, 약속 또는 공여한 자는 2년 이하의 자유형 또는 벌금형에 처한다.	제333조 (증뢰) ① 공무원, 공무를 위하여 특별한 의무를 지는 자 또는 연방군인에 대하여 **그 직무에 관하여** 이들 또는 제3자를 위한 이익을 공여표시, 약속 또는 공여한 자는 3년 이하의 자유형 또는 벌금형에 처한다.

위와 같이 '직무행위의 대가로서' 요건을 '직무에 관하여' 요건으로 변경한 215
것과 관련하여, 입법이유서와 일부 학설은 뇌물로 제공된 이익과 직무수행 간에 더 이상 대가관계를 요하지 않는다고 해석하기도 하지만, 독일 학설의 지배적인 견해는 뇌물로서 제공된 이익이 직무수행에 대하여 대가관계에 있음을 요구하되, 다만 그 대가관계는 상당히 완화된 것으로서 뇌물로서 제공되는 이익과 직무수행 간에 기능적인 연결(Funktionale Verbindung)만 있으면 대가관계를 인정할 수 있다고 한다.[345] 즉 구 형법에서는 구체적인 직무행위(Diensthandlung)와의 대가관계(Gegenleistung)를 요건으로 함으로써 이익제공과 관련된 직무행위가 '특정되거나 특정가능한' 경우에만 뇌물죄의 성립을 인정하였으나, 현행 형법상 단순수뢰죄 및 단순증뢰죄 조문(§ 331① 및 § 333①)은 '직무에 관하여'로 규정함으로써 제공된 이익과 관련된 직무가 특정되지 아니하거나 이익 제공이 추상적인 직무수행을 위한 것인 경우에도 뇌물죄가 성립할 수 있다는 것이다.[346] 이와 같이 단순수뢰죄 및 단순증뢰죄의 적용범위를 확대한 것은 구법 적용 시 이익과 대가관계 있는 구체적인 직무행위에 대한 입증의 어려움을 극복하기 위한 것이라고 한다.[347] 예컨대 특정한 직무행위에 대한 청탁 없이 장기간에 걸친 이익의 제공을 통하여 공무원과 좋은 관계를 유지하면서 장래의 직무수행 또는 정책결정에 영향을 미칠 수 있는 경우, 그러한 이익의 수수나 공여는 직무수행을 구체적으로 특정하지 않고 이루어지는 것이 일반적이고, 이 경우 구법 아래에서는 대가관계 있는 직무행위를 특정하기 어려워서 뇌물죄를 적용하기 어려웠다. 그

345 오영근, 현행 뇌물범죄 처벌규정의 문제점과 개선방안, 24; Schönke/Schröder, Strafgesetzbuch, 30. Auflage 2019, § 331 Rn. 35-38a.
346 Schönke/Schröder, Strafgesetzbuch, 30. Auflage 2019, § 331 Rn. 35.
347 오영근, 현행 뇌물범죄 처벌규정의 문제점과 개선방안, 25.

러나 위와 같은 행위들도 현행 제331조 제1항 및 제333조 제1항에 의하여 수뢰죄 및 증뢰죄로 처벌될 수 있게 되었다고 한다.[348]

216 결국 독일은 형법 개정을 통하여 뇌물죄의 성립요건으로서 더 이상 이익의 수수·공여와 개별적인 직무행위 사이에 대가관계를 요구하지 않고 이익의 수수·공여와 추상적인 직무수행 간의 대가관계만 있으면 뇌물죄의 성립을 인정하게 된 것인데,[349] 이는 "뇌물죄는 직무집행의 공정과 이에 대한 사회의 신뢰 및 직무행위의 불가매수성을 그 보호법익으로 하고 있고, 직무에 관한 청탁이나 부정한 행위를 필요로 하는 것은 아니기 때문에 수수된 금품의 뇌물성을 인정하는 데 특별한 청탁이 있어야만 하는 것은 아니고, 또한 금품이 직무에 관하여 수수된 것으로 족하고 개개의 직무행위와 대가적 관계에 있을 필요는 없으며, 그 직무행위가 특정된 것일 필요도 없다."는 우리 대법원 판례[350]의 입장과도 거의 일치한다고[351] 하겠다.[352]

(d) 검토

217 다수설과 판례가 뇌물죄의 성립요건으로서 이익의 수수·공여와 직무행위 사이에 대가관계가 필요하다고 보면서도, 공무원의 직무와 이익의 수수가 전체적으로 대가관계에 있으면 뇌물죄가 성립하고 특별히 청탁의 유무, 개개의 직무행위와의 대가적 관계를 고려할 필요가 없으며 그 직무행위가 특정된 것일 필요도 없다고 하는 등으로 대가관계를 포괄적인 의미로 해석하고 있는 이상, 대

348 오영근, 현행 뇌물범죄 처벌규정의 문제점과 개선방안, 25-26.

349 오영근, 현행 뇌물범죄 처벌규정의 문제점과 개선방안, 31.

350 대판 2000. 1. 21, 99도4940; 대판 2006. 2. 24, 2005도4734; 대판 2007. 4. 27, 2005도4204 등.

351 오영근 교수는 "독일에서는 뇌물과 추상적 직무수행(Dienstausübung)간의 대가관계를 요한다는 것이 지배적인 견해이지만, 이를 우리의 언어로 표현하면 '직무를 대가로'라기 보다는 '직무에 관하여'라는 의미로 볼 수 있다고 한다"고 지적한다(오영근, 현행 뇌물범죄 처벌규정의 문제점과 개선방안, 31).

352 참고로, 미국 연방법의 경우 뇌물죄(bribery)가 성립하기 위해서는 '공무원의 직무에 영향을 미칠 부정한 의도'를 요건으로 하는데, 미국 연방대법원은 이를 '특정 공무에 대한 대가로서 금품을 제공한다는 의도'로 해석하고 있다. 또한, 불법사례죄(illegal gratuity)가 성립하기 위해서는 뇌물죄와 달리 '공무에 영향을 미치려는 부정한 의도'를 요건으로 하지 않고 따라서 공무와 금품 사이에 대가성이 요구되지 않으나, 그럼에도 연방대법원은 제공된 금품이 단순히 공무원의 직위 또는 직책 자체와 관련이 있는 것만으로는 부족하고 '특정' 공무와 관련이 있어야 한다는 입장을 취하고 있다(위 **III. 1.** 부분 참조). 즉, 뇌물죄에 있어서의 직무관련성 내지 대가관계와 관련한 미국 연방대법원의 견해는 독일의 주류적인 견해와는 상이하다.

가관계 불요설과 큰 차이는 없다고 보인다.[353] 대가관계 불요설의 입장에서도 제129조의 구성요건인 '직무관련성'을 제한적으로 해석한다면, 실질적으로 대가관계 필요설과 큰 차이가 없을 수도 있다.

(나) 대가관계의 판단 기준

공무원이 얻는 어떤 이익이 직무와 대가관계가 있는 부당한 이익으로서 뇌물에 해당하는지 여부는 ① 당해 공무원의 직무의 내용, ② 직무와 이익제공자와의 관계,[354] ③ 쌍방간에 특수한 사적인 친분관계가 존재하는지의 여부, ④ 이익의 다과(제공된 이익의 종류와 가액), ⑤ 이익을 수수한 경위와 시기 등의 제반 사정을 참작하여 결정되어져야 할 것이고,[355] 뇌물죄가 직무집행의 공정과 이에 대한 사회의 신뢰를 그 보호법익으로 하고 있음에 비추어 볼 때, ⑥ 공무원이 그 이익을 수수하는 것으로 인하여 사회일반으로부터 직무집행의 공정성을 의심받게 되는지 여부도 뇌물죄의 성부를 판단함에 있어서의 판단 기준이 된다.[356] 218

한편, 직무행위의 대가로 금품을 수수한 이상 그것을 어떻게 사용했는가는 문제되지 않는다.[357] 예컨대, 공무원이 뇌물을 수수한 이상 뇌물로 수수한 금원을 공사현장 인부들의 식대 또는 동 공사의 홍보비 등으로 소비하였을 뿐 자신의 사리를 취한 바 없다 하더라도 그 뇌물성이 부인되지 않는다.[358] 219

대법원 판례에서 대가관계를 긍정한 사례로는, ① 경찰서장이 특별한 친분관계가 없을 뿐만 아니라 관련 형사사건이 계류 중이거나 여러 가지 민원 등으로 어려움을 겪고 있던 사람들로부터 외환위기로 인한 자금난 속에서 1억 5천 220

---

353 김홍준(주 153), 150.

354 대판 1982. 9. 14, 81도2774. 「피고인의 아들들의 결혼식장에서 공소외인들이 축의금으로 낸 것을 사후에 전달받은 것일 뿐만 아니라 피고인이 동 공소외인들과는 개인적으로도 친분관계를 맺어온 사이였다면 비록 동 공소외인들이 피고인의 직무와 관련이 있는 사업을 경영하는 사람들이었다 하더라도 그 사정만으로 위 금원이 축의금을 빙자하여 뇌물로 수수된 것이라고 단정할 수 없다.」

355 대판 1982. 9. 28, 82도1656(직무와 관련된 금품수수의 장소가 반 공개된 곳이었다거나, 피고인이 공소외인의 직무수행을 통하여 환급받은 부가가치세액에 비하여 공여한 금액이 소액이었다는 사정만으로 그 뇌물성을 부인할 수 없다); 대판 1996. 6. 14, 96도865(뇌물죄에 있어서 금품을 수수한 장소가 공개된 장소이고, 금품을 수수한 공무원이 이를 부하직원들을 위하여 소비하였을 뿐 자신의 사리를 취한 바 없다 하더라도 그 뇌물성이 부인되지 않는다).

356 대판 1998. 3. 10, 97도3113; 대판 2000. 1. 21, 99도4940; 대판 2000. 6. 15, 98도3697(전); 대판 2001. 9. 18, 2000도5438; 대판 2006. 12. 22, 2004도7356 등.

357 김홍준(주 153), 151.

358 대판 1985. 5. 14, 83도2050; 대판 1996. 6. 14, 96도865.

만 원에 이르는 거금을 무이자 혹은 은행금리 상당의 이자 약정하에 차용하여 그 이자 상당의 이익 또는 금융상의 편의를 제공받은 사안,[359] ② 은행 지점장이 여신신청승인에 대한 선처 부탁과 함께 제공받은 향응이 도합 83,500원 상당에 지나지 않는다고 하더라도 위 향응 이외에도 수차례 금품을 수수한 사정 등에 비추어 이를 단순한 사교적 의례의 범위에 속하는 것으로 단정할 수 없다고 판단한 사안,[360] ③ 구청 도시관리국장으로서 구청 관내 재개발 및 재건축 관련 행정업무를 총괄하는 직무를 담당하고 있었던 자가 그 지위를 이용하여 최소한 4천만 원 이상의 프리미엄이 형성되어 있었던 아파트를 분양받아 프리미엄 상당의 이익을 얻을 목적으로 적극적으로 아파트를 분양하던 주식회사 직원에게 요청하여 아파트를 분양받은 사안[361] 등을 들 수 있다.

221 대법원 판례에서 대가관계를 부정한 사례로는, ① 건축설계업자들이 납품하는 아파트 설계를 검수하는 직무를 담당하는 구청 건축과장이 개인적으로 가지고 있던 1급 건축사 자격을 활용하여 설계업자들로부터 납품용 설계에 필요한 구조계산 용역을 의뢰받은 후 그 일을 해주고 대가를 받은 사안,[362] ② 아파트 건립 또는 융자에 관계되는 공무를 담당한 바가 있어도 건설회사 측에 별다른 편의를 제공한 적이 없고, 위 공무를 취급하지 아니하였더라도 다른 일반 수의분양자들과 같이 친지, 동료 등의 연줄로 분양받을 수 있었고, 또 분양받아야 할 실수요자였으며, 위 공무집행은 위 아파트의 분양계약과 관련시킬 수 없는 우연에 불과하였다면 위 아파트 분양계약이 직무와 대가관계 있는 부당한 이익으로 볼 수 없다고 한 사안,[363] ③ 경찰서 수사과장인 피고인과 공여자 사이의 친분관계 및 종전의 금전거래관계, 공여자의 재산 정도, 무이자 대여금액이 그들의 재산 정도에 비추어 고액이 아니고 기간 또한 8개월에 불과한 점 등의 제반 정황을 종합하면, 공여자가 피고인에게 1천만 원을 8개월간 무이자로 대여한 것은 공여자가 거래 상대방에 대하여 고소장을 제출하기 이전에 이미 대여하여 주기로 한 약정을 이행한 것으로 통상적으로 있을 수 있는 사적 거래관계로 볼

359 대판 2003. 2. 28, 2002도5219.
360 대판 1996. 12. 6, 96도144.
361 대판 2003. 5. 16, 2003도859.
362 대판 1980. 2. 26, 79도31.
363 대판 1981. 4. 28, 80도3323.

수 있어 뇌물성을 인정하기 어렵다고 한 사안,[364] ④ 수의계약을 체결하는 공무원이 공사업자와 계약금액을 부풀려서 계약하고 부풀린 금액을 자신이 되돌려 받기로 사전에 약정한 다음 그에 따라 수수한 돈은 성격상 뇌물이 아니고 횡령금에 해당한다고 판시한 사안[365] 등을 들 수 있다.

(다) 사교적 의례와의 구별

(a) 일반론

직무와의 대가관계 없이 순수히 의례적으로 행하여지는 사교적 의례로서의 증여 내지 선물도 뇌물에 해당할 수 있는지 문제될 수 있다. 이 경우 뇌물죄의 구성요건에 해당하지 않는다는 견해[366]와 뇌물죄의 구성요건에는 해당하나 사회상규에 위배되지 아니하는 행위로서 위법성이 조각된다는 견해[367] 등이 있다. 그런데 이는 결국 공무원이 수수한 이익이 직무의 공정성과 이에 대한 사회 일반의 신뢰를 해하지 않을 정도의 범위 내의 것인지 여부 또는 관습적으로 승인되어 범위 내의 것인지 여부를 구성요건 단계에서 심사할 것인지 위법성 단계에서 심사할 것인지의 차이일 뿐 뇌물죄의 성립을 부정하는 결론에서는 차이가 없다.[368] 222

이와 관련하여 대법원은, "공무원이 직무의 대상이 되는 사람으로부터 금품 기타 이익을 받은 때에는 그것이 그 사람이 종전에 공무원으로부터 접대 또는 수수받은 것을 갚는 것으로서 사회상규에 비추어 볼 때에 의례상의 대가에 불과한 것이라고 여겨지거나 개인적인 친분관계가 있어서 교분상의 필요에 의한 것이라고 명백하게 인정할 수 있는 경우 등의 특별한 사정이 없는 한, 직무와 관련성이 있다고 볼 수 있다. 그리고 공무원의 직무와 관련하여 금품을 주고받았다면 비록 사교적 의례의 형식을 빌어 금품을 주고받았다고 하더라도 수수한 금품은 뇌물이 된다."고 판시하고 있다.[369] 이러한 판례의 취지는 사교적 의례 223

364 대판 2003. 8. 22, 2003도649.
365 대판 2007. 10. 12, 2005도7112.
366 김일수·서보학, 654; 이재상·장영민·강동범, § 43/59.
367 김성돈, 777; 손동권·김재윤, § 49/18; 오영근, 700; 임웅, 935.
368 김홍준(주 153), 153.
369 대판 2002. 7. 26, 2001도6721; 대판 2006. 6. 16, 2005도2716; 대판 2008. 2. 1, 2007도5190; 대판 2008. 11. 27, 2006도8779; 대판 2017. 1. 12, 2016도15470; 대판 2017. 6. 19, 2017도5316; 대판 2017. 12. 22, 2017도11616; 대판 2018. 5. 15, 2017도19499; 대판 2019. 11. 28,

에 해당하는 경우에는 대가관계가 부정되어 뇌물죄의 구성요건에 해당할 수 없다는 입장으로 보인다.[370]

224 공무원이 얻는 어떤 이익이 직무와 대가관계가 있는 부당한 이익으로서 뇌물에 해당하는지 또는 사회상규에 따른 의례상 대가 혹은 개인적 친분관계에 따른 교분상 필요에 의한 것으로서 직무와 관련성이 없는 것인지는 당해 공무원의 직무 내용, 직무와 이익 제공자의 관계, 이익 수수 경위와 시기 등 사정과 아울러 제공된 이익의 종류와 가액도 함께 참작하여 이를 판단하여야 한다.[371] 공무원이 교부받은 금원이나 대접받은 식사와 주류에 소요된 비용이 비교적 소액이라고 하더라도 그와 같은 사정만으로는 이를 단순한 사교적 의례의 범위에 속하는 향응에 불과하다고 볼 수 없다.[372]

(b) 구체적인 사례

1) 촌지 또는 떡값

225 감사표시인 촌지나 명절을 전후하여 수수되는 이른바 '떡값' 등은 포괄적으로 보아 과거·현재 또는 미래의 직무수행에 대한 대가로 볼 여지가 많으므로 원칙적으로 이를 사교적 의례에 속한다고 보기는 어렵다.[373]

226 대법원은 피고인이 B에 대한 지도·감독 업무 등을 담당하고 있던 C 고등학교 체육부장 교사인 A에게 뇌물 30만 원을 공여하였다는 공소사실에 대하여, "A가 B 등 체육특기생들에 관하여 담당한 업무의 내용, 피고인과 A 사이에 사교적·의례적으로 금품을 수수할 만한 친분관계가 형성되어 있다고 보기 어려운 점, 피고인의 금품지급 및 그 반환 경위, A의 금품 수수행위는 사회 일반으로부터 그 직무집행의 공정성을 의심받기에 충분한 점 등을 이유로 피고인이 A에

2018도20832.

370 주석형법 〔각칙(1)〕(5판), 403(천대엽). 이와는 달리 일본 하급심 판례 중에는 "사회통념상 시인되는 예의의 범의에 그치는 한 위법성이 흠결(조각)되어 뇌물성을 부정해야 하는 것으로 해석되는데, (중략) 위법성이 흠결되는지 여부는 해당 공무의 직종, 공무원의 지위·신분, 공여된 이익의 성질·가액 및 일반사회관행 등 여러 사정을 기초로 판단해야 할 평가의 문제이다."라고 판시한 것이 있는데〔東京地判 昭和 33(1958). 7. 1. 第一審刑事裁判例集 1·7·981〕, 일반적으로 판례는 사회적 상당행위로서 위법성조각의 문제로 파악하는 경향이라고 한다〔大塚 外, 大コン(3版)(10), 78(古田佑紀=渡辺咲子)〕.

371 대판 2017. 1. 12, 2016도15470; 대판 2018. 5. 15, 2017도19499.

372 대판 1996. 12. 6, 96도144.

373 김홍준(주 153), 159.

게 교부한 30만 원은 직무와 관련된 뇌물이고, 이를 친분관계상 필요 또는 사회상규상 허용되는 의례상 대가라고 보기 어렵다."는 이유로 위 공소사실을 유죄로 인정한 원심의 판단을 유지한 바 있다.[374]

2) 격려금

행정청의 내부에서 주로 상급자로부터 하급자에게 수여되는 격려금의 수수 227
는 뇌물죄를 구성하지 않는다고 보지만, 행정청의 외부로부터의 격려금은 대부분 뇌물성을 띤다고 해야 한다.[375] 기업체의 대표가 관련업무 담당공무원의 노고를 치하하는 명목으로 돈을 주는 경우가 이에 해당한다.[376]

3) 성금

성금 등의 명목으로 이루어진 금품의 수수라 하더라도, 그것이 공무원의 직 228
무행위에 대한 대가로서의 실체를 가지는 한 뇌물로서의 성격을 잃지 않는다고 할 것이다.[377] 다만, 자발적인 성금 형식의 금품으로서 직무관련성이나 대가관계가 부정되는 경우에는 뇌물죄가 성립하지 않는다.[378]

4) 전별금

퇴직자에 대한 전별금은 그가 재직 중에 행한 직무와의 대가관계가 인정되 229
지 않는 한 뇌물성을 인정하기 어렵지만, 전보의 경우에는 일단 전보하더라도 언젠가 다시 같은 부서에서 근무하게 될 가능성이 있으며, 특히 전보하는 상급자가 자신의 후임자에게 특정인에 대한 평가 내용을 전달할 수 있으므로 상급자에 대한 전별금은 그 가액이 관례로 승인되는 한도를 초과한 경우에는 뇌물죄가 성립

374 대판 2018. 5. 15, 2017도19499.

375 이중백, "뇌물죄에 관한 형법적 연구", 전주대학교 박사학위논문(2000), 103-104.

376 대판 2006. 6. 16, 2005도2716. 한국전자통신연구원의 연구원인 피고인이 A 회사 대표이사로부터 스토리지시스템을 조기에 개발 완료하여 상품화할 수 있도록 도와 달라는 부탁을 받고, 다른 연구원들과 함께 스토리지시스템의 시제품을 조기에 완성하여 국내 발표회를 개최하고, 미국에서 개최된 추계 컴덱스에 출품토록 한 후 A 회사 대표이사로부터 연구원들이 스토리지시스템 제품을 조기에 개발하여 상용화할 수 있도록 도와준 것에 대한 사례를 하고 싶다는 말을 듣고 피고인의 계좌번호를 알려 준 뒤 A 회사 직원으로부터 2,000만 원을 송금받은 사안에서, 피고인의 직무, 신분과 A 회사 대표이사의 사업 내용, 피고인과 위 대표이사의 친분관계, 피고인이 수수한 돈의 액수 등에 비추어, 피고인이 A 회사 대표이사로부터 받은 2,000만 원은 개인적 친분관계에서 교부하는 의례적인 것이라고 할 수는 없고, 피고인의 직무와 관련 있는 스토리지시스템 기술개발과 관련된 사례 등의 명목으로 제공된 뇌물에 해당한다고 판시하였다.

377 대판 1999. 12. 28, 99도4110.

378 이중백, "뇌물죄에 관한 형법적 연구", 104.

할[379] 수 있다.[380] 민원인 등 외부로부터의 전별금도 일반적·추상적 직무관련성 및 포괄적·잠재적 대가관계가 인정되는 경우에는 뇌물죄가 성립될 수 있다.[381]

5) 축의금·부의금

230 축의금이나 부의금 등 전통적인 관혼상제에 따른 의례금의 경우, 결혼식장에서 축의금으로 낸 것을 사후에 전달받은 것일 뿐만 아니라 개인적으로 친분관계를 맺어온 사이였다면 비록 축의금을 낸 사람이 직무와 관련 있는 사람이었다고 하더라도 그러한 사정만으로 축의금을 빙자하여 뇌물로 수수한 것이라고 볼 수는 없다.[382] 그러나 판례가 뇌물성의 판단 기준으로 삼는 요소들, 즉 당해 공무원의 직무 내용, 직무와 이익제공자와의 관계, 쌍방간에 특수한 사적인 친분관계가 존재하는지 여부, 이익의 다과, 이익을 수수한 경위와 시기 및 공무원이 그 이익을 수수하는 것으로 인하여 사회 일반으로부터 직무집행의 공정성을 의심받게 되는지 등에 비추어 축의금이나 부의금이 관습적으로 허용되는 사교적 의례가 아닌 뇌물로 인정되는 경우도 있을 것이다.[383]

---

379 대법원은 "하급자들이 상급자의 요양 및 장해보상신청사건을 처리함에 있어 업무상의 임무를 위반하였을 여지가 있고, 상급자가 하급자의 장해보상금 지급결정에 따라 장해보상일시금으로 20,849,520원을 받게 되자 바로 그 다음 날 그 돈에서 60만 원을 인출하여 30만 원씩을 하급자들에게 교부하였고, 상급자는 전보되어 다른 지사로 떠나면서 그 하급자들을 제외한 나머지 직원들에게 격려금 조로 돈을 준 바가 없다는 것이니, 상급자인 피고인이 부하직원들 중 유독 자신의 요양 및 장해보상신청사건을 처리한 하급자들에게만 30만 원씩을 교부하였고, 그 돈을 교부한 시기도 장해보상 일시금을 받은 바로 그 다음 날이며, 하급자들에게 교부한 돈도 장해보상일시금으로 받은 돈에서 나왔다면 다른 특별한 사정이 없는 한 그 돈은 상급자가 자신의 요양 및 장해보상신청사건을 처리하여 준 하급자들에게 그 대가로서 지급한 것으로 볼 여지가 있을 것이다."라고 판시하여, 하급자에 대한 전별금이라 하더라도 대가성이 인정되면 뇌물이 될 수 있다고 하였다(대판 2001. 11. 30, 99도4488).

380 김홍준(주 153), 160.

381 이중백, "뇌물죄에 관한 형법적 연구", 104.

382 주석형법 [각칙(1)](5판), 405(천대엽).

383 대법원은 피고인이 서울지방고용노동청 산업안전과장으로서 사업장의 재해예방에 관한 지도점검, 산업안전보건법령 위반사항에 대한 조사 등을 행하는 특별사법경찰관인 근로감독관들을 지휘·감독하는 관리책임자였는데, 자신의 딸 결혼식을 앞두고 지도점검 대상업체 관계자들로부터 받아두었던 명함으로 청첩장 발송 목록을 작성하여 일괄적으로 청첩장을 보낸 후 그 대상업체의 임직원들로부터 각 축의금을 받은 사안에서(지도점검 대상업체 관계자들은 대부분 업무상 서울지방고용노동청을 방문하였다가 피고인과 한두 번 인사를 나누고 명함을 교환한 정도에 불과하였다), "피고인은 지도점검 대상업체에 대한 위반사항의 조사 등에 관여할 수 있는 지위에 있었으므로, 지도점검 대상업체 관계자들에게 청첩장을 보내 축의금을 받은 것은 그 직무의 대상이 되는 사람으로부터 금품을 받은 행위에 해당하는 점, 지도점검 대상업체 관계자들로서는 축의금을 내지 않을 경우 받게 될지도 모르는 불이익을 우려하거나 피고인과의 원만한 관계 형성

6) 선물

선물의 경우, 당사자 사이의 개인적 관계, 직무상의 연관관계, 수수된 선물 231
의 종류와 가격, 수수경위와 시기 등이 뇌물성 판단의 중요한 요소가 될 것이다.[384] 예컨대, 은사에 대한 명절선물이라든가 결혼식 주례자에게 감사 인사의 명목으로 선물을 하는 것은 직무관련성이나 대가관계가 인정되지 않아 뇌물에 해당하지 않는 경우가 일반적일 것이다. 그러나 부하직원의 상급자에 대한 명절선물이나 학부형의 담임선생에 대한 선물[385]의 경우에는 직무관련성이나 대가관계가 인정되어 뇌물죄가 성립할 수 있다.[386]

을 통한 업무상 편의를 기대할 수밖에 없는 입장에 있는 점, 피고인의 위와 같은 청첩장의 발송과 축의금 수수행위는 사회 일반으로부터 직무집행의 공정성을 의심받기에 충분한 점 등을 고려하면, 위 축의금은 특별한 사정이 없는 한 직무와의 관련성이 없는 것으로 볼 수 없다."고 판시하였다(대판 2013. 12. 12, 2013도7871).

384 대판 2006. 3. 9, 2005도9548. 「피고인은 한국마사회의 업무 전반을 통할하는 회장으로서, 마사회의 시설관리용역을 담당하는 A 회사의 대표이사 B는 피고인의 직무와 밀접한 관계에 있는 사람이고, 두 사람은 피고인이 마사회장으로 취임하기 전에는 개인적인 친분이 전혀 없었으며, 피고인이 판시 디지털 카메라를 교부받을 무렵에는 B가 피고에게 지속적으로 A 회사의 업무와 관련한 청탁을 하고 있었던 사실을 인정할 수 있고, 여기에 위 디지털 카메라의 교부경위와 그 시기, 가액 등 여러 사정을 종합하여 보면, 위 디지털 카메라도 피고인의 직무행위의 대가로서의 의미를 가지는 것으로 봄이 상당하다. 따라서 원심이 같은 취지에서 위 디지털 카메라를 뇌물로 인정한 것은 정당하다.」

385 대구고판 2000. 2. 11, 99노658. 「전통적으로 스승을 부모와 같이 인격적으로 존경해온 우리 사회의 일반적인 통념에 비추어 보면, 학부모가 자녀의 졸업, 학기말, 명절, 스승의 날 등에 교사에 대한 존경이나 감사의 뜻을 표시하고자 소액의 금품을 제공하는 경우 이를 수수한다고 하더라도 그로 인하여 뇌물죄의 보호법익인 직무집행의 공정성에 대한 사회의 신뢰를 해칠 정도가 아님은 물론, 사회상규에 위반되는 것도 아니어서 이는 어디까지나 사교적인 예의의 범위에 속하는 것이고 이를 곧바로 뇌물이라고 보기는 어렵다 할 것이다. 그러나 이 사건의 경우, 피고인이 비록 위에서 인정한 바와 같이 자신이 담임을 맡은 학생을 구박하거나 학부모에게 암묵적으로 금품을 요구한 사실은 없고 그 수수한 금품의 가액이 많지는 않다 하더라도, 학부모들이 피고인에게 금품을 제공한 시기가 통상적으로 보아 스승에 대한 감사나 존경의 정을 표시할 시기가 아닌 점과 위 학부모가 당초부터 피고인에 대한 금품의 교부를 스승에 대한 예우의 차원에서 교부한 것이 아닌 것으로 생각하여 이를 다른 사람에게 이야기하여 이 사건이 문제가 되었던 사정 등에 비추어 보면, 피고인이 수수한 이 사건 각 금품은 앞에서 본 뇌물죄의 법리에 비추어 볼 때 스승에 대한 사교적인 예의의 범위를 벗어나 직무와 관련이 있는 뇌물로 평가하지 않을 수 없다 할 것이므로, 피고인의 위 금품수수행위는 뇌물수수죄로 인정된다.」

반면에 일본 판례 중에는, 교사인 피고인이 담임이 된 직후에 학생의 부모로부터 수표 12매(액면금 합계 12만 엔)를 받았다고 기소되었으나 예의적 인사의 한도를 넘어 교육지도에 관하여 다른 학생 이상으로 특별한 배려·편익을 기대할 의도가 있었다는 의심을 품을 만한 특단의 사정이 인정되지 않는다는 이유로 뇌물성을 부정한 사례도 있다[最判 昭和 50(1975). 4. 24. 判時 774·119].

386 박주봉·김용세, "뇌물에 관한 일반인식 조사연구", 법학연구 9-1, 충남대 법학연구소(1998), 218.

232 한편 거액의 현금을 뇌물로 수수할 정도의 친분관계 내지 직접적 현안이나 구체적 청탁이 존재하지 아니하고, 그 선물의 구체적 내용에 대하여 고지받지 못한 상태에서 가족이 사용하는 아파트로 선물이 전달되도록 하였다가 그 내용물을 확인하는 즉시 관청에 이를 신고하기에 이른 경우 등과 같이 실제 전달받은 물건에 대한 수뢰의 범의를 인정하기 어려운 경우에는, 전달 당시 및 전후의 사정을 종합하여 피고인이 추측하거나 예견하였던 선물의 내용을 기초로 그것이 사회통념상 통상적이고 의례적인 선물의 범위를 벗어나는지 여부를 판단하여야 할 것이다.[387]

7) 향응

233 당사자의 개인적 관계, 직무상의 연관관계, 향응을 받게 된 동기 및 경위, 향응이 제공된 장소, 시기, 기간, 횟수, 가액, 향응을 받기 이전이나 이후에 별도의 금품수수가 이루어지지는 않았는지 등이 뇌물성 판단의 중요자료가 될 것이다. 구체적인 청탁의 대가로 향응이 제공되었다면 비록 그 가치가 작다 하더라도 불법한 뇌물의 수수가 될 수 있다.[388]

234 대법원은 ① 재건축추진위원장이던 피고인이 재건축조합의 조속한 설립인가를 위하여 이를 관할하는 구청의 주택과장에게 두 차례에 걸쳐 18,750원과 12,000원 상당의 점심을 제공한 사안에서, “당시 주택과장인 A의 직무내용, 그 직무와 피고인과의 관계, 피고인과 A 사이에 특수한 사적 친분관계가 없었던 점 및 이익을 수수한 경위와 시기 등을 종합하여 보면 그와 같은 이익은 A의 직무와 관련한 뇌물이라고 보기에 충분하고, 그것이 단순히 사교적·의례적 범위 내의 것이라고 볼 수 없다.”라고 하여 뇌물공여죄의 성립을 인정하였다.[389]

235 또한 대법원은, ② “은행 지점장인 피고인이 제공받은 향응이 도합 금 83,500원 상당에 지나지 않는다고 하더라도, 피고인과 증뢰자와의 관계, 피고인이 그로부터 향응을 제공받은 동기 및 경위, 피고인이 향응 이외에도 수차례 금품을 수수하였다는 사정 등에 비추어 보면, 이를 단순한 사교적 의례의 범위에 속하는 것에 불과하다고 단정할 수는 없다.”고 판시하였다.[390]

387 대판 2006. 2. 24, 2005도4737.
388 김홍준(주 153), 164.
389 대판 2008. 11. 27, 2006도8779.
390 대판 1996. 12. 6, 96도144.

반면에 대법원은, ③ 시청 문화관광과 소속 영상지도계장인 피고인이 오랜 친구인 A로부터 45,000원 상당의 식사와 주류를 제공받은 사안에서, "A와 피고인과의 어릴 때부터의 관계, 만날 때의 복장, 피고인의 담당업무의 변경, 식사비용이 45,000원인 점 등을 종합하면 이는 사교적 의례에 속하는 향응이라고 봄이 상당하다."라고 판시하여 뇌물수수죄의 성립을 부정하였다.[391] 236

한편 대법원은, ④ 종합건설본부 도로과에 근무하는 피고인이 A로부터 31,500원 상당의 식사를 제공받은 것에 대하여는 피고인의 직무내용, 피고인과 A와의 관계, 특히 사건 전후하여 피고인과 A가 함께 번갈아 가며 식사하는 일이 있었는데 피고인과 A가 식사비용을 번갈아가며 부담한 점, 식사비가 31,500원에 불과한 점 등을 들어 사회통념상 통상적인 사교적 의례에 해당한다는 이유로 무죄를, 피고인이 A로부터 노래방에서 225,000원 상당의 향응을 제공받은 것에 대하여는 향응 제공의 장소, 액수 등에 비추어 사교적 의례에 속하지 않는다는 이유로 유죄를 선고한 원심을 그대로 확정하였다.[392] 237

(라) 정치자금의 문제

정치자금·선거자금 등의 명목으로 이루어진 금품의 수수라 하더라도, 그것이 정치인인 공무원의 직무행위에 대한 대가로서의 실체를 가지거나 정치인인 공무원이 그 지위를 이용하여 다른 공무원의 직무에 속한 사항을 알선함에 대한 대가로서의 실체를 가지는 한 뇌물로서의 성격을 잃지 않는다.[393] 238

정치자금의 기부행위는 정치활동에 대한 재정적 지원행위이고, 뇌물은 공무원의 직무행위에 대한 위법한 대가로서 양자는 별개의 개념이므로, 금품이 정치자금의 명목으로 수수되었고 또한 당시 시행되던 구 정치자금에 관한 법률에 정한 절차를 밟았다 할지라도, 상대방의 지위 및 직무권한, 당해 기부자와 상대방의 종래 교제상황, 기부의 유무나 시기, 상대방, 금액, 빈도 등의 상황과 함께 당해 금품의 액수 및 기부하기에 이른 동기와 경위 등에 비추어 볼 때, 정치인의 정치활동 전반에 대한 지원의 성격을 갖는 것이 아니라 공무원으로서의 정 239

391 대판 2007. 1. 25, 2006도37.
392 대판 2008. 2. 29, 2007도10722.
393 대판 1997. 4. 17, 96도3377(전); 대판 2002. 5. 14, 2001도796; 대판 2007. 8. 23, 2007도4956; 대판 2019. 12. 12, 2019도10857.

치인의 특정한 구체적 직무행위와 관련하여 제공자에게 유리한 행위를 기대하거나 혹은 그에 대한 사례로서 이루어짐으로써 정치인인 공무원의 직무행위에 대한 대가로서의 실체를 가진다면 뇌물성이 인정된다.[394]

240 정치자금·선거자금 등의 명목으로 이루어진 금품의 수수라 하더라도 그것이 정치인인 공무원의 직무행위에 대한 대가로서의 실체를 가지는 한 뇌물로서의 성격을 잃지 아니하고, 설령 수수된 금품 중 순수한 정치자금의 성격이 일부 포함되어 있는 경우가 있다고 하더라도 이를 뇌물로 보는 데에는 지장이 없다.[395]

241 한편 정치자금법에서 정하지 아니한 방법으로 수수한 금품이 뇌물에도 해당할 경우에는, 뇌물수수죄와 정치자금법위반죄가 동시에 성립할 수도 있다(상상적 경합).[396]

(마) 이른바 '포괄적 뇌물' 관련 사안

(a) 대통령의 경우

242 대통령은 정부의 수반으로서 중앙행정기관의 장을 지휘·감독하여 정부의 중요정책을 수립·추진하는 등 모든 행정업무를 총괄하는 직무를 수행하고, 대형건설 사업 및 국토개발에 관한 정책, 통화, 금융, 조세에 관한 정책 및 기업활동에 관한 정책 등 각종 재정·경제 정책의 수립 및 시행을 최종 결정하며, 소관행정 각 부의 장들에게 위임된 사업자 선정, 신규사업의 인·허가, 금융지원, 세무조사 등 구체적 사항에 대하여 직접 또는 간접적인 권한을 행사함으로써 기업체들의 활동에 있어 직무상 또는 사실상의 영향력을 행사할 수 있는 지위에 있고, 국책사업의 사업자 선정도 역시 대통령의 직무범위에 속하거나 그 직무와 밀접한 관계가 있는 행위이므로 이에 관하여 대통령에게 금품을 공여하면 바로 뇌물공여죄가 성립하고, 대통령이 실제로 영향력을 행사하였는지 여부는 범죄의 성립에 영향을 미치지 않는다.

---

394 대판 2008. 6. 12, 2006도8568; 대판 2017. 3. 22, 2016도21536.

395 대판 1997. 12. 26, 97도2609; 대판 2012. 1. 12, 2011도12642.

396 대판 2012. 1. 12, 2011도12642.「원심은, 피고인이 정치자금법에서 정하지 아니한 방법으로 수수한 이 사건 금품은 피고인의 선거운동에 대한 지원금인 동시에 그 전체금액이 피고인의 직무행위에 대한 대가적 성격을 아울러 가지고 있다고 보아 이 사건 금품 수수에 관하여 뇌물수수죄와 정치자금법위반죄의 상상적 경합범 관계를 인정하였는데, 이러한 원심의 조치가 위법하다고 할 수 없다.」

위 법리를 바탕으로 하여 대법원은, ① 1990년경부터 1993년경까지 잠수함 기지 건설공사, 화력발전소 토목공사, 경부고속철도 건설공사 등의 사업을 추진해 온 D 그룹 회장이 대통령 甲에게 기업경영과 관련된 경제정책 등을 결정하고 금융·세제 등을 운용함에 있어서 D 그룹이 우대받을 수 있도록 해주고, 특히 앞으로 시행될 원자력발전 건설공사, 화력발전소 건설공사 등의 국책사업에 우선적으로 참여할 수 있도록 영향력을 행사하여 달라는 취지로 20억 원을 교부하는 등 대통령 甲의 직무에 관하여 150억 원의 뇌물을 공여하였다는 공소사실을 유죄로 인정하였다.[397] 243

한편 대법원은, ② 피고인인 대통령 乙이 S 그룹 회장 C로부터 기업경영과 관련된 경제정책 등을 결정하고 금융·세제 등을 운용함에 있어서 S 그룹이 다른 경쟁 기업보다 우대를 받거나 최소한 불이익이 없도록 선처하여 달라는 취지로 제공하는 금 30억 원을 교부받아 대통령의 직무에 관하여 뇌물을 수수하였다는 공소사실에 대하여, ⓐ 乙과 C가 사돈이 된 사실, ⓑ C는 乙과 사돈 간이므로 돈을 안 주어도 乙로부터 직무와 관련하여 불이익을 받을 리는 없다고 생각하면서도 乙의 대통령 취임 이래 한 번도 피고인 乙에게 돈을 준 일이 없던 터에 연말에 빈손으로 가는 것은 예의가 아니라고 생각하여 금 30억 원을 준비하여 청와대에 들어가 친·인척끼리 식사를 마치고 乙에게 잠깐 뵙자고 하여 옆방으로 가서 수표 1억 원권 30매가 들어 있는 봉투를 주려고 하니까 피고인 乙이 사돈끼리 왜 이러시냐면서 거절하여 봉투를 탁자에 놓고 나왔으나 그로 인하여 매우 어색한 분위기가 형성되었고 乙이 위 봉투를 가져가기는 한 사실, ⓒ 그 후 C는 사돈관계에 있는 대통령에게 돈을 주는 것이 바람직하지 않다고 생각하여 피고인 乙에게 돈을 주지 않게 된 사실, ⓓ 乙이 1988. 2. 25. 대통령에 취임한 이래 위 1988. 12. 말까지는 물론이고 그 후 상당 기간에 기업경영과 관련된 경제정책 등을 결정하고 금융·세제 등을 운용함에 있어서 S 그룹을 다른 경쟁기업보다 우대한 흔적은 드러나 보이지 않는 사실 등을 근거로, 위 공소사실을 무죄로 판단한 원심판결을 유지하였다.[398] 244

397 대판 1997. 4. 17, 96도3377(전).
398 대판 1997. 4. 17, 96도3376(전).

(b) 국회의원의 경우

245 국회의원이 그 직무권한의 행사로서의 의정활동과 전체적·포괄적으로 대가관계가 있는 금원을 교부받았다면 그 금원의 수수가 어느 직무행위와 대가관계에 있는 것인지 특정할 수 없다고 하더라도 이는 국회의원의 직무에 관련된 것으로 보아야 하고, 한편 국회의원이 다른 의원의 직무행위에 관여하는 것이 국회의원의 직무행위 자체라고 할 수는 없으나, 국회의원이 자신의 직무권한인 의안의 심의·표결권 행사의 연장선상에서 일정한 의안에 관하여 다른 동료의원에게 작용하여 일정한 의정활동을 하도록 권유·설득하는 행위 역시 국회의원이 가지고 있는 위 직무권한의 행사와 밀접한 관계가 있는 행위로서 그와 관련하여 금원을 수수하는 경우에도 뇌물수수죄가 성립한다.

246 대법원은 현직 국회의원인 피고인이 N 그룹의 총수 C로부터 피고인의 의정활동을 통하여 N 그룹을 도와주고 같은 당 소속 국회의원들이 N 그룹을 문제삼지 않도록 하여 국회에서 N 그룹에 관련된 문제가 제기되지 않도록 도와달라는 취지의 부탁과 함께 그 청탁금 명목으로 5천만 원씩 세 차례에 걸쳐 합계 1억 5천만 원의 뇌물을 수수하였다는 공소사실에 대하여, 피고인의 소속 위원회가 N 그룹과 별 관련이 없는 국방위원회나 행정위원회 등이라고 할지라도 피고인의 직무권한을 N 그룹에 이익이 되거나 불이익이 되지 않도록 행사할 수 있으니 피고인의 의정활동을 통하여 N 그룹을 도와달라는 취지로 금원을 받은 이상, 이는 피고인의 직무행위 내지 직무와 밀접한 관계가 있는 행위와 전체적·포괄적으로 대가관계에 있는 금원을 받은 것으로서 뇌물수수죄가 성립하고, C가 피고인의 특정한 직무행위를 지정하지 아니하고 청탁함으로써 위 금원의 수수가 피고인의 어느 직무행위와 대가관계에 있는 것인지 특정할 수 없다고 할지라도 마찬가지라고 판단한 원심판결을 유지하였다.[399]

(바) 수수된 금품에 직무관련성이 있는 업무에 대한 대가와 직무관련성이 없는 업무에 대한 사례가 혼합되어 있는 경우

247 금품수수가 이루어지는 경우 그 원인이나 동기가 복합적일 수 있는데, 대법원은 원칙적으로 수수된 금품에 직무관련성이 있는 업무에 대한 대가와 직무관련성이 없는 업무에 대한 사례가 혼재되어 불가분적으로 결합되어 있는 경우에 수

399 대판 1997. 12. 26, 97도2609.

수된 금품 전부를 뇌물로 취급하는 것으로 이해된다.[400] 즉, 대법원은 "공무원이 수수·요구 또는 약속한 금품에 그 직무행위에 대한 대가로서의 성질과 직무 외의 행위에 대한 사례로서의 성질이 불가분적으로 결합되어 있는 경우에는 전부가 불가분적으로 직무행위에 대한 대가로서의 성질을 가진다."고 판시하여 왔다.[401]

또한 정치자금·선거자금 등의 명목으로 이루어진 금품의 수수라 하더라도 248
그것이 정치인인 공무원의 직무행위에 대한 대가로서의 실체를 가지는 한 뇌물로서의 성격을 잃지 아니하고, 설령 수수된 금품 중 순수한 정치자금의 성격이 일부 포함되어 있는 경우가 있다고 하더라도 이를 뇌물로 보는 데에는 지장이 없다.[402]

다만 그 금품의 수수가 수회에 걸쳐 이루어졌고 각 수수행위별로 직무관련 249
성 유무를 달리 볼 여지가 있는 경우에는, 그 행위마다 직무와의 관련성 여부를 가릴 필요가 있다.[403] 그 외에도 예외적으로나마 직무관련성이 있는 부분과 아닌 부분의 비율을 측정할 수 있는 객관적인 기준이 존재하는 경우 또는 직무관련성이 있는 부분이 극히 일부분에 그치는 경우에는, 수수된 금품 전체를 뇌물로 보기는 어렵다.[404]

한편 피고인이 수수한 금원에 직무관련성이 있는 업무에 대한 대가의 성질 250
과 직무관련성이 없는 업무에 대한 사례의 성질이 불가분적으로 결합되어 구분이 객관적으로 불가능하다면, 추징을 아예 하지 않거나, 그렇지 않고 추징을 할 것이라면 직무관련성이 있는 수뢰액을 특정하여 그에 따라 적용법조 및 추징액을 결정하여야 하므로, 단지 양자의 구분이 어렵다는 이유로 명확한 근거도 없이 비율적 방법으로 직무관련성이 있는 업무와 대가관계에 있는 수뢰액을 추산

400 권순건, "수수된 금품에 직무관련성이 있는 업무에 대한 대가와 직무관련성이 없는 업무에 대한 사례가 혼재되어 있는 경우의 형사상 취급", 형사판례연구 [21], 한국형사판례연구회, 박영사(2013), 304. 한편, 위 논문에서 필자는 수수된 금품에 직무관련성이 있는 업무에 대한 대가와 직무관련성이 없는 업무에 대한 사례가 혼재되어 있는 경우에, 그 혼재의 양상 내지 유형에 대한 추가적인 검토 없이 전체에 대하여 뇌물로 인정할 수 있다는 식의 일반론은 타당하지 않다고 비판하며, 유형별로 구분하여 취급하는 방안을 제시하고 있다.

401 대판 2002. 8. 23, 2002도46; 대판 2005. 9. 28, 2005도4062; 대판 2009. 7. 9, 2009도3039; 대판 2018. 3. 29, 2018도509; 대판 2019. 6. 13, 2018도20655. 참고로 배임수재죄에 관하여 같은 취지로 판시한 판결로는, 대판 2015. 7. 23, 2015도3080; 대판 2019. 10. 17, 2018도16652 등.

402 대판 1997. 12. 26, 97도2609; 대판 2012. 1. 12, 2011도12642.

403 대판 2011. 5. 26, 2009도2453; 대판 2012. 1. 12, 2011도12642.

404 주석형법 [각칙(1)](5판), 377(천대엽).

하여 추징하는 것은 허용될 수 없다.[405]

V. 공범 관련 문제

1. 수뢰죄와 증뢰죄의 관계

251 수뢰죄는 공무원의 직무범죄임에 반하여, 증뢰죄는 공무원에 대한 범죄로서 두 죄는 그 성질을 달리하는데,[406] 수뢰죄와 증뢰죄가 필요적 공범인지 여부에 대하여 견해가 대립된다. 이는 다음 항에서 논의할 형법총칙상 공범규정의 적용범위에 관한 전제의 문제로서 의미가 있다.

252 ① 필요적 공범설은 수뢰죄와 증뢰죄는 1개의 범죄의 양면에 불과하고, 형법은 범인의 신분에 따라 형의 경중만을 구별하고 있다는 견해이다.[407]

253 ② 별개범죄설(독립범죄설)은 수뢰죄와 증뢰죄는 필요적 공범이 아니라 서로 별개의 독립된 범죄라는 견해이다.[408] 수뢰죄는 신분범이지만 증뢰죄는 신분범이 아니고, 수뢰죄는 공무원의 직무범죄임에 대하여 증뢰죄는 공무의 집행을 방해하는 범죄의 일종으로서 두 죄는 그 성질을 달리하며, 필요적 공범설에 의할 때에는 신분 없는 사람이 수뢰죄의 공범인 경우에 신분 없는 공범자에게 제33조 단서를 적용하여 증뢰죄의 형을 과하여야 하는 부당한 결과를 초래한다는 점 등을 근거로 한다.

254 ③ 구분설(이원설)은 뇌물의 '수수', '공여', '약속'은 필요적 공범 관계이고, 뇌물의 '요구'나 '공여의 의사표시'는 별개의 독립된 범죄라는 견해로서,[409] 통설의 입장이다.[410]

---

405 대판 2011. 5. 26, 2009도2453. 본 판결 평석은 권순건(주 400), 287-324.
406 이재상·장영민·강동범, § 43/48.
407 김성돈, 772; 이형국·김혜경, 801.
408 서일교, 318.
409 김일수·서보학, 650; 박상기, 644; 배종대, § 155/8; 손동권·김재윤, § 49/5; 신동운, 163; 이재상·장영민·강동범, § 43/50; 임웅, 924; 정성근·박광민, 733; 정영일, 449.
410 한편 오영근 교수는 예컨대 공무원이 자리를 비운 사이에 뇌물을 놓고 가거나 편지라고 속이고 뇌물을 준 경우 뇌물을 받아들이는 행위도 없고 수뢰죄도 성립하지 않지만 증뢰죄가 성립할 수 있는 것과 같이, 뇌물공여죄는 반드시 공무원과 증뢰자 사이에 의사합치가 필요한 것이 아닌 이상 뇌물공여죄는 필요적 공범이 아니고, 따라서 뇌물수수죄와 약속죄는 필요적 공범이고, 뇌물요구죄와 공여의사표시죄 및 공여죄는 필요적 공범이 아니라는 입장이다(오영근, 702).

255 판례는 뇌물공여죄와 뇌물수수죄가 필요적 공범관계에 있다고 하면서도,[411] 뇌물'공여'죄의 성립에 반드시 상대방 측의 뇌물수수죄가 성립되어야 하는 것은 아니라고 한다.[412] 또한 오로지 공무원을 함정에 빠뜨릴 의사로 직무와 관련되었다는 형식을 빌려 그 공무원에게 금품을 공여한 경우에도, 공무원이 그 금품을 직무와 관련하여 수수한다는 의사를 가지고 받아들이면 뇌물수수죄가 성립한다고 한다.[413]

2. 총칙상 공범규정의 적용 여부

256 수뢰죄와 증뢰죄의 관계에 대한 통설인 구분설(이원설)의 입장에서 총칙상 공범규정의 적용 여부를 살펴보면 다음과 같다.

257 수뢰죄와 증뢰죄가 별개의 독립범죄인 경우, 즉 뇌물의 요구나 공여의사표시의 경우에는 형법총칙상 공범규정이 적용되는 데 아무 문제가 없다. 즉, 뇌물공여의사표시의 경우 가담 형태에 따라 공동정범(§ 30), 교사범(§ 31) 또는 방조범(§ 32)이 성립할 것이고, 신분 없는 제3자가 뇌물요구죄(진정신분범)에 가담하면 제33조 본문의 적용으로 뇌물요구죄의 공범이 성립하되 그 가담형태에 따라 공동정범, 교사범 또는 방조범이 성립할 것이다.

258 그러나 수뢰죄와 증뢰죄가 필요적 공범관계에 있는 경우, 즉 뇌물의 수수·공여·약속의 경우에는 이와 달리 볼 것이다. ① 대향범 관계에 있는 수뢰자와 증뢰자 상호 간에는 형법총칙상의 공범규정이 적용되지 않는다.[414] 대법원은 "뇌물공여죄와 뇌물수수죄 사이와 같은 이른바 대향범 관계에 있는 자는 강학상으로는 필요적 공범이라고 불리고 있으나, 서로 대향된 행위의 존재를 필요로 할 뿐 각자 자신의 구성요건을 실현하고 별도의 형벌규정에 따라 처벌되는 것

---

411 대판 1971. 3. 9, 70도2536. 「뇌물수수죄는 필요적 공범으로서 형법총칙의 공범이 아니다.」

412 대판 1987. 12. 22, 87도1699. 「뇌물공여죄와 뇌물수수죄가 필요적 공범관계에 있다고 하더라도, 필요적 공범이라는 것은 법률상 범죄의 실행이 다수인의 협력을 필요로 하는 것을 가리키는 것으로서 이러한 범죄의 성립에는 행위의 공동을 필요로 하는 것에 불과하고 반드시 협력자 전부가 책임이 있음을 필요로 하는 것은 아니다. 따라서, 뇌물공여죄가 성립되기 위하여서는 뇌물을 공여하는 행위와 상대방 측에서 금전적으로 가치가 있는 그 물품 등을 받아들이는 행위(부작위 포함)가 필요할 뿐이지 반드시 상대방 측에서 뇌물수수죄가 성립되어야만 함을 뜻하는 것은 아니다.」

413 대판 2008. 3. 13, 2007도10804.

414 김일수·서보학, 650; 배종대, § 155/9; 손동권·김재윤, § 49/6; 신동운, 164; 오영근, 702; 이재상·장영민·강동범, § 43/51; 임웅, 925; 정성근·박광민, 734; 정영일, 451.

이어서, 2인 이상이 가공하여 공동의 구성요건을 실현하는 공범관계에 있는 자와는 본질적으로 다르며, 대향범 관계에 있는 자 사이에서는 각자 상대방의 범행에 대하여 형법총칙의 공범규정이 적용되지 아니한다."고 판시한 바 있다.[415]

② 제3자가 수뢰자 측이나 증뢰자 측에 각각 가담하였다면 '제3자와 수뢰자 사이에' 또는 '제3자와 증뢰자 사이에' 형법총칙상의 공범규정이 적용된다. 공무원 신분이 아닌 제3자는 공무원인 수뢰자에 대하여 교사범, 종범만이 성립할 수 있고 수뢰죄의 공동정범이 성립할 수는 없다는 견해도 있으나,[416] 공무원 신분이 아닌 제3자도 수뢰죄의 공동정범이 될 수 있다는 견해가 통설[417] 및 판례[418]이다. 제33조 본문은 진정신분범의 경우 신분 없는 사람도 공동정범이 성립할 수 있다는 규정으로 보아야 하므로 공동정범의 경우를 제외할 이유는 없다.[419]

259 한편 서로 대향된 행위의 존재를 필요로 하는 뇌물죄의 구조를 대향범인 필요적 공범으로 파악하는 다수설 및 판례의 입장에 따르면, 그중 상대방의 처벌규정이 흠결되어 있는 이른바 편면적 대향범의 경우 그 상대방은 처벌할 수 없다.[420] 따라서 특정범죄가중법 제3조 소정의 알선수재죄와 같이 공무원의 직무에 속한 사항의 알선에 관하여 금품이나 이익을 수수, 요구 또는 약속한 행위만을 처벌하고 공무원이 아닌 자에게 금품 등을 제공한 자를 처벌하는 규정이 없는 경우, 공무원이 아닌 자에게 공무원의 직무에 속한 사항의 알선에 관하여 금품 등을 제공한 자에 대하여는 공범에 관한 형법총칙 규정이 적용될 수 없어 알선수재죄의 공동정범이나 교사범 또는 방조범으로도 처벌할 수 없다.[421]

---

415 대판 2015. 2. 12, 2012도4842. 「따라서 공범의 1인에 대한 공소시효의 정지는 다른 공범자에 대하여도 효력이 미치도록 한 형사소송법 제253조 제2항에서 말하는 '공범'에는 뇌물공여죄와 뇌물수수죄 사이와 같은 대향범 관계에 있는 자는 포함되지 않는다.」

416 김일수·서보학, 650. 수뢰죄는 행위자관련 진정신분범 내지 의무범이므로, 각 행위자에게 특유한 신분상의 의무위반이 있어야 정범성을 취득하는 이상, 의무표지 없는 비신분자가 신분자의 의무위반을 차용하여 의무범의 공동정범이 될 수는 없고, 단지 교사·방조만이 가능할 뿐이라는 입장이다.

417 박상기, 645; 배종대, § 155/9; 오영근, 702; 이재상·장영민·강동범, § 43/51; 임웅, 925; 정성근·박광민, 734.

418 대법원은 뇌물죄에 있어서 공무원으로 의제되는 정부관리기업체의 과장대리급 이상이 아닌 직원도 다른 과장대리급 이상인 직원과 함께 뇌물수수죄의 공동정범이 될 수 있다고 판시한 바 있다(대판 1992. 8. 14, 91도3191).

419 주석형법 [각칙(1)](5판), 409(천대엽).

420 주석형법 [각칙(1)](5판), 410(천대엽).

421 대판 2011. 1. 27, 2010도7243.

3. 공무원과 비공무원이 뇌물수수죄의 공동정범이 될 수 있는지 여부와 그 범위

(1) 공무원과 비공무원이 뇌물수수죄의 공동정범이 될 수 있는지 여부

신분 없는 사람이 신분이 있어야 성립되는 범죄에 가담한 경우에는 신분 있 260
는 사람과 공범이 성립한다(§ 33 본문 참조). 이 경우 신분 없는 사람에게 공동가담의 의사와 이에 기초한 기능적 행위지배를 통한 범죄의 실행이라는 주관적·객관적 요건이 충족되면 공동정범으로 처벌한다.[422] 공동가담의 의사는 공동의 의사로 특정한 범죄행위를 하기 위하여 일체가 되어 서로 다른 사람의 행위를 이용하여 자기의 의사를 실행에 옮기는 것을 내용으로 한다.[423] 따라서 비공무원이 공무원과 공동가담의 의사와 이를 기초로 한 기능적 행위지배를 통하여 공무원의 직무에 관하여 뇌물을 수수하는 범죄를 실행하였다면, 공무원이 직접 뇌물을 받은 것과 동일하게 평가할 수 있으므로 공무원과 비공무원에게 제129조 제1항에서 정한 뇌물수수죄의 공동정범이 성립할 수 있다.[424]

(2) 뇌물이 전적으로 비공무원에게 귀속되는 경우의 문제

앞서 본 바와 같이 공무원과 비공무원이 공동가담의 의사와 이를 기초로 한 261
기능적 행위지배를 통하여 공무원과 비공무원에게 제129조 제1항 소정의 뇌물수수죄의 공동정범이 성립할 수 있음이 원칙이나, 공무원과 비공무원이 뇌물을 받으면 뇌물을 비공무원에게 귀속시키기로 미리 모의하거나 뇌물의 성질에 비추어 비공무원이 전적으로 사용하거나 소비할 것임이 명백한 경우에도 공무원과 비공무원에게 뇌물수수죄의 공동정범 성립을 인정할 수 있는지 견해가 대립된다.

대판 2019. 8. 29, 2018도2738(전)의 다수의견 및 대판 2019. 8. 29, 2018도 262
13792(전)의 다수의견은, 이 경우에도 공무원과 비공무원에게 뇌물수수죄의 공동정범이 성립한다는 입장이다. 공무원이 뇌물공여자로 하여금 공무원과 뇌물수수죄의 공동정범 관계에 있는 비공무원에게 뇌물을 공여하게 한 경우에는 공동정범의 성질상 공무원 자신에게 뇌물을 공여하게 한 것으로 볼 수 있고, 공무원과 공동정범 관계에 있는 비공무원은 제130조 소정의 제3자뇌물수수죄에서

422 대판 2011. 7. 14, 2011도3180.
423 대판 2001. 11. 9, 2001도4792; 대판 2008. 4. 10, 2008도1274.
424 대판 2019. 8. 29, 2018도2738(전); 대판 2019. 8. 29, 2018도13792(전).

말하는 제3자가 될 수 없으며,[425] 뇌물수수죄의 공범들 사이에 직무와 관련하여 금품이나 이익을 수수하기로 하는 명시적 또는 암묵적 공모관계가 성립하고 공모 내용에 따라 공범 중 1인이 금품이나 이익을 주고받았다면, 특별한 사정이 없는 한 이를 주고받은 때 금품이나 이익 전부에 관하여 뇌물수수죄의 공동정범이 성립하고,[426] 금품이나 이익 전부에 관하여 뇌물수수죄의 공동정범이 성립한 이후에 뇌물이 실제로 공동정범인 공무원 또는 비공무원 중 누구에게 귀속되었는지는 이미 성립한 뇌물수수죄에 영향을 미치지 않는다고 한다. 공무원과 비공무원이 사전에 뇌물을 비공무원에게 귀속시키기로 모의하였다거나 뇌물의 성질상 비공무원이 사용하거나 소비할 것이라고 하더라도 이러한 사정은 뇌물수수죄의 공동정범이 성립한 이후 뇌물의 처리에 관한 것에 불과하므로 뇌물수수죄가 성립하는 데 영향이 없다는 것이다.

263 반면에 위 각 전원합의체 판결의 소수의견은, 이러한 경우 제130조 소정의 제3자뇌물수수죄의 성립 여부가 문제될 뿐이고 공무원과 비공무원에게 제129조 제1항의 뇌물수수죄의 공동정범은 성립할 수 없다고 한다. 공동정범에서 공동가공의 의사는 공동의 의사로 '특정한 범죄행위'를 하기 위하여 일체가 되어 서로 다른 사람의 행위를 이용하여 자기의 의사를 실행에 옮기는 것을 내용으로 하는데,[427] 뇌물수수죄와 제3자뇌물수수죄를 구별하여 규정하고 있는 형법의 태도를 고려하면, 뇌물수수죄의 공동정범에서 공동가공 의사의 내용인 '특정한 범죄행위'는 '공무원이 전적으로 또는 비공무원과 함께 뇌물을 수수하기로 하는 범죄행위'를 말하는 것으로 제한해야 한다는 입장이다. 따라서 공동가공 의사와 실행행위의 내용이나 뇌물의 성질에 비추어 비공무원이 사용하거나 소비할 것이 공모되거나 예정되어 있고 실제로 비공무원이 뇌물을 모두 수수한 경우에는 공무원이 뇌물을 전혀 수수한 적이 없으므로 '공무원이 증뢰자로 하여금 제3자에게 뇌물을 공여하게 하는 범죄행위', 즉 제3자뇌물수수죄가 성립할 수 있을 뿐이고 제129조 제1항의 뇌물수수죄의 공동정범은 성립할 수 없다고 한다.

---

425 대판 2017. 3. 15, 2016도19659도 같은 취지.
426 대판 2014. 12. 24, 2014도10199도 같은 취지.
427 대판 2001. 11. 9, 2001도4792; 대판 2008. 4. 10, 2008도1274도 같은 취지.

4. 함정교사의 문제

뇌물공여죄와 뇌물수수죄는 필요적 공범관계에 있다고 할 것이나, 필요적 공범이라는 것은 법률상 범죄의 실행이 다수인의 협력을 필요로 하는 것을 가리키는 것으로서 이러한 범죄의 성립에는 행위의 공동을 필요로 하는 것에 불과하고 반드시 협력자 전부가 책임이 있음을 필요로 하는 것은 아니므로, 오로지 공무원을 함정에 빠뜨릴 의사로 직무와 관련되었다는 형식을 빌려 그 공무원에게 금품을 공여한 경우에도 공무원이 그 금품을 직무와 관련하여 수수한다는 의사를 가지고 받아들이면 뇌물수수죄가 성립한다.[428] 264

VI. 뇌물 관련 특별법

뇌물과 관련해서는 형법 이외에도 특정한 사람의 수뢰죄와 증뢰죄를 처벌하거나 몰수에 관한 특례를 규정한 특별법이 있다. 아래에서는 그중 중요한 특별법[429]에 관하여 살펴본다. 265

---

428 대판 2008. 3. 13, 2007도10804(피고인의 뇌물수수가 공여자들의 함정교사에 의한 것이기는 하나, 뇌물공여자들에게 피고인을 함정에 빠뜨릴 의사만 있었고 뇌물공여의 의사가 전혀 없었다고 보기 어려울 뿐 아니라, 뇌물공여자들의 함정교사라는 사정은 피고인의 책임을 면하게 하는 사유가 될 수 없다고 한 사례).

429 그 밖에 뇌물죄(수뢰)를 규정한 특별법은 다음과 같다.

특 별 법 명	수 뢰 주 체	적 용 조 문	형 벌
금융지주회사법	금융지주회사의 임·직원	§ 48의③ (수뢰)	5년 이하 징역 또는 2억 원 이하 벌금(§ 70②ii)
선박소유자 등의 책임제한절차에 관한 법률	관리인 또는 관리인대리	§ 93① (수뢰)	5년 이하 징역 또는 500만 원 이하 벌금
유류오염손해배상 보장법	관리인 또는 관리인대리	§ 58① (수뢰)	5년 이하 징역 또는 5천만 원 이하 벌금
치료감호 등에 관한 법률	치료감호 집행자	§ 52④ (수뢰후부정처사) (도주하게 하거나 용이하게 함)	2년 이상 유기징역
폭력행위 등 처벌에 관한 법률	사법경찰관리	§ 9② (수뢰후부정처사) (직무유기)	2년 이상 유기징역

1. 특정범죄 가중처벌 등에 관한 법률

(1) 제2조

266 특정범죄가중법 제2조는 형법의 수뢰자 측의 범죄를 가중처벌하기 위한 규정이다. 이는 증뢰자 측의 범죄를 가중처벌하는 규정은 아니다.

267 특정범죄가중법 제2조는 형법 제129조·제130조 또는 제132조 소정의 뇌물범죄를 범한 경우 그 뇌물의 가액이 1억 원 이상인 경우에는 무기 또는 10년 이상의 징역, 5천만 원 이상 1억 원 미만인 경우에는 7년 이상의 징역, 3천만 원 이상 5천만 원 미만인 경우에는 5년 이상의 징역에 처하도록 하여 형법상 뇌물죄보다 가중처벌하고(§ 2①), 동시에 그 죄에 대하여 정한 형에 수뢰액의 2배 이상 5배 이하의 벌금을 필요적으로 병과하도록 하여(§ 2②) 뇌물죄에 대한 처벌을 강화하고 있다.[430] 헌법재판소는 특정범죄가중법 제2조 제1항이 헌법 제11조의 평등의 원칙이나 헌법 제37조 제2항에서 유래하는 비례의 원칙 내지 과잉금지의 원칙이나 헌법 제10조의 인간존중의 이념에 위배되는 것이 아니고, 또한 법관의 양형결정권을 침해하였다거나 법관독립의 원칙에 위배된다고 할 수도 없으며, 나아가 법관에 의한 재판을 받을 권리를 침해하는 것이라고도 할 수 없다고 판시한 바 있다.[431]

268 한편 수뢰액에 따라 가중처벌하는 경우 특정범죄가중법 제2조 제1항의 어느 호가 적용되는지를 특정하여야 하고, 검사가 이를 적용하여 공소를 제기하지 않는 한 가중처벌할 수는 없다.[432]

269 특정범죄가중법 제2조 제1항은 가중처벌의 대상이 되는 뇌물죄로서 형법 제129조, 제130조, 제132조만을 규정하고 있고 제131조는 규정하고 있지 않지만, 제131조 제1항(수뢰후부정처사)은 공무원 또는 중재인이 제129조, 제130조의 죄를 범한 후에 부정한 행위를 한 때에 가중처벌한다는 규정이고, 같은 조문 제2항(부정처사후수뢰)은 공무원 또는 중재인이 그 직무상 부정한 행위를 한 후 뇌물을 수수, 요구 또는 약속하거나 제3자에게 이를 공여하게 하거나, 공여를 요

430 특정범죄가중법 제2조 제2항 소정의 벌금형 병과 규정이 같은 법 제2조 제1항이 아닌 형법상 뇌물죄로 기소된 경우에도 적용됨은 법문상 명백하다.
431 헌재 1995. 4. 20, 93헌바40.
432 주석형법 〔각칙(1)〕(5판), 411(천대엽).

구 또는 약속한 때, 즉 제129조, 제130조의 죄를 범한 때에 가중처벌한다는 규정이므로, 제131조 제1, 2항의 죄를 범한 자는 특정범죄가중법 제2조의 형법 제129조, 제130조에 규정된 죄를 범한 자에 해당한다.[433] 벌금형 병과에 관한 특칙인 특정범죄가중법 제2조 제2항 역시 형법 제131조의 경우에 적용될 것이다.[434] 반면에 제131조 제3항(부정처사후수뢰)은 제129조, 제130조 소정 범죄의 성립을 전제로 하지 않으므로 특정범죄가중법 제2조의 적용대상이 되지 않는다고 할 것이다.[435]

특정범죄가중법 제2조 제1항은 형법 제129조, 제130조 또는 제132조에 규 270
정된 죄를 범한 자가 수수, 요구 또는 약속한 뇌물의 가액이 같은 조항 각 호 소정의 금액 이상일 경우 그에 따라 가중처벌하는 것으로서 뇌물수수죄 등과는 그 뇌물의 가액에 차이가 있을 뿐 그 구성요건이 같아서 특정범죄가중법 제2조 제1항 제1호 위반의 공소사실 중에는 형법상 뇌물죄의 공소사실이 구성요건으로서 당연히 포함되어 있는 것이므로, 특정범죄가중법 제2조 제1항 제1호 위반의 죄로 공소가 제기된 경우에 심리 결과 뇌물의 가액이 위 조항 소정의 금액 이상임이 인정되지 아니한다고 하더라도 형법상의 뇌물수수죄가 인정되면 공소장의 변경절차 없이 유죄의 판결을 하고, 공소기각 또는 면소의 사유가 있으면 공소기각 또는 면소의 판결을 하여야 하는 것이지 무죄의 선고를 할 것은 아니다.[436] 이와 반대로 수뢰액이 특정범죄가중법에 정한 가액에 해당함에도 형법상의 뇌물죄로 공소제기된 경우에 법원은 공소장변경 없이 형이 더 무거운 특정범죄가중법을 적용하여 처단할 수는 없다.[437]

---

433 대판 1969. 12. 9, 69도1288; 대판 2004. 3. 26, 2003도8077.

434 주석형법 〔각칙(1)〕(5판), 411(천대엽).

435 주석형법 〔각칙(1)〕(5판), 411(천대엽).

436 대판 1994. 11. 11, 94도2349; 대판 2005. 7. 28, 2005도2557; 대판 2011. 7. 28, 2009도9122.

437 일반법과 특별법이 동일한 구성요건을 가지고 있고 어느 범죄사실이 그 구성요건에 해당하는데 검사가 그중 형이 보다 가벼운 일반법의 법조를 적용하여 그 죄명으로 기소하였으며, 그 일반법을 적용한 때의 형의 범위가 '징역 5년 이하'이고, 특별법을 적용한 때의 형의 범위가 '무기 또는 10년 이상의 징역'으로서 차이가 나는 경우에는, 비록 그 공소사실에 변경이 없고 또한, 그 적용법조의 구성요건이 완전히 동일하다 하더라도, 그러한 적용 법조의 변경이 피고인의 방어권 행사에 실질적인 불이익을 초래한다고 보아야 하며, 따라서 법원은 공소장 변경 없이는 형이 더 무거운 특별법의 법조를 적용하여 특별법위반의 죄로 처단할 수는 없다(대판 2007. 12. 27, 2007도4749; 대판 2008. 3. 14, 2007도10601). 위 2007도10601 판결에서 대법원은 위와 같은 이유로 제3자뇌물공여교사행위에 대하여 제31조 제1항, 제130조를 적용하여 형법상의 제3자 뇌물공여

271 한편 수뢰액이 다액일수록 특정범죄가중법 제2조 제1항 각 호에 따라 법정형이 올라가는 관계로, 실무에서는 뇌물죄의 죄수에 있어 포괄일죄가 아니라 경합범이라고 다투는 경우가 많은데, 이는 뇌물죄의 죄수 부분에서 후술하기로 한다.

(2) 제3조

272 특정범죄가중법 제3조는 행위자가 비공무원이라고 하더라도 공무원의 직무에 속한 사항의 알선에 관하여 금품이나 이익을 수수·요구 또는 약속한 자를 처벌한다(알선수재죄).

(3) 제4조

273 특정범죄가중법 제4조는 국가 또는 지방자치단체가 직접 또는 간접으로 자본금의 2분의 1 이상을 출자하였거나 출연금·보조금 등 그 재정지원의 규모가 그 기관 또는 단체 기본재산의 2분의 1 이상인 기관 또는 단체(§ ①(i)), 또는 국민경제 및 산업에 중대한 영향을 미치고 있고 업무의 공공성이 현저하여 국가 또는 지방자치단체가 법령에서 정한 바에 따라 지도·감독하거나 주주권의 행사 등을 통하여 중요 사업의 결정 및 임원의 임면 등 운영 전반에 관하여 실질적인 지배력을 행사하고 있는 기관 또는 단체(§ ①(ii))로서 대통령으로 정하는 기관 또는 단체의 간부직원은, 형법상 뇌물죄 규정(§ 129 내지 § 132)을 적용할 때 공무원으로 간주함으로써 뇌물죄 적용대상을 확대하고 있다.

2. 특정경제범죄 가중처벌 등에 관한 법률

274 특정경제범죄 가중처벌 등에 관한 법률 제5조는, 금융회사등(§ 2(i))의 임직원이 그 직무에 관하여 금품이나 그 밖의 이익을 수수, 요구 또는 약속하였을 때(§ 5①), 금융회사등의 임직원이 그 직무에 관하여 부정한 청탁을 받고 제3자에게 금품이나 그 밖의 이익을 공여하게 하거나 공여하게 할 것을 요구 또는 약속하였을 때(§ 5②), 금융회사등의 임직원이 그 지위를 이용하여 소속 금융회사등 또는 다른 금융회사등의 임직원의 직무에 속하는 사항의 알선에 관하여 금품이나 그 밖의 이익을 수수, 요구 또는 약속하였을 때(§ 5③), 5년 이하의 징역

교사죄로 기소한 경우, 비록 구성요건이 동일하더라도 공소장변경 없이 형이 더 무거운 특정범죄가중법 제2조 제1항, 형법 제31조 제1항, 제130조를 적용하여 처벌할 수 없다고 판시하였다.

또는 10년 이하의 자격정지에 처하는 것으로 규정하고 있다.

나아가 위 수수, 요구 또는 약속한 금품이나 그 밖의 이익의 가액(수수액)이 3천만 원 이상 5천만 원 미만일 경우에는 5년 이상의 징역(§ 5④(iii)), 5천만 원 이상 1억 원 미만일 경우에는 7년 이상의 징역(§ 5④(ii)), 1억 원 이상일 때에는 무기 또는 10년 이상의 징역(§ 5④(i))에 처하도록 함으로써 가중처벌한다. 또한, 수수액의 2배 이상 5배 이하의 벌금을 필요적으로 병과하도록 규정하고 있다(§ 5⑤). 275

제5조에 따른 금품이나 그 밖의 이익을 약속, 공여 또는 공여의 의사를 표시한 사람은 5년 이하의 징역 또는 3천만 원 이하의 벌금에 처한다(§ 6). 276

그리고 금융회사등의 임직원의 직무에 속하는 사항의 알선에 관하여 금품이나 그 밖의 이익을 수수, 요구 또는 약속한 사람 또는 제3자에게 이를 공여하게 하거나 공여하게 할 것을 요구 또는 약속한 사람은 5년 이하의 징역 또는 5천만 원 이하의 벌금에 처한다(알선수재)(§ 7). 277

3. 공무원범죄에 관한 몰수 특례법

공무원범죄에 관한 몰수 특례법(이하, 공무원범죄몰수법이라 한다.)은 뇌물죄 등의 특정공무원범죄를 범한 사람이 그 범죄행위를 통하여 취득한 불법수익 등을 철저히 추적·환수하기 위하여 몰수 등에 관한 특례를 규정함으로써 공직사회의 부정부패 요인을 근원적으로 제거하고 깨끗한 공직 풍토를 조성함을 목적으로 하여 1995년 1월 5일 제정된 법이다.[438] 278

공무원범죄몰수법의 특색은 몰수의 대상이 되는 불법재산을 범죄행위로 얻은 재산인 '불법수익'에 국한하지 아니하고 '불법수익에서 유래한 재산'에까지 확대한 점에 있다고 하겠다(§ 2(iv)).[439] '불법수익에서 유래한 재산'이란 불법수익의 과실로서 얻은 재산, 불법수익의 대가로서 얻은 재산, 이들 재산의 대가로서 얻은 재산 등 불법수익이 변형되거나 증식되어 형성된 재산(불법수익이 불법수익과 관련 없는 재산과 합하여져 변형되거나 증식된 경우에는 불법수익에서 비롯된 부분으로 한정한다.)을 말한다(§ 2(iii)). 279

또한 '추징'과 관련하여서는 범인 외의 자가 그 정황을 알면서 취득한 불법 280

438 공무원범죄몰수법 해설은 법무부, 공무원범죄에 관한 몰수특례법 해설(1995) 참조.
439 임웅, 928.

재산 및 그로부터 유래한 재산에 대하여 그 범인 외의 자를 상대로도 집행할 수 있다고 규정하고 있고(§ 9의2), 공무원범죄몰수법에 의한 몰수·추징의 시효는 10년으로 정하고 있는데(§ 9의4),[440] 이처럼 추징대상자를 확대하고 시효를 확장한 규정은 2013년 7월 12일 개정 시 신설되었다(세칭 '전두환 추징법').[441] 한편 헌법재판소는 공무원몰수법 제9조의2에 대한 위헌법률심판사건에서, 위 조항이 적법절차에 위반되지 않고 과잉금지원칙에 반하여 재산권을 침해하는 것도 아니므로 합헌이라고 결정하였다(3인의 위헌 의견 있음).[442]

4. 범죄수익은닉의 규제 및 처벌 등에 관한 법률

281 범죄수익은닉규제법은 뇌물죄 등의 특정범죄와 관련된 범죄수익의 취득 등에 관한 사실을 가장하거나 특정범죄를 조장할 목적 또는 적법하게 취득한 재산으로 가장할 목적으로 범죄수익을 은닉하는 행위를 규제하고, 특정범죄와 관련된 범죄수익의 몰수 및 추징에 관한 특례를 규정함으로써 특정범죄를 조장하는 경제적 요인을 근원적으로 제거하여 건전한 사회질서의 유지에 이바지함을 목적으로 하여 2001년 9월 27일 제정되었다.[443] 뇌물죄 등 범죄행위에 의하여 생긴 재산 또는 그 범죄행위의 보수로 얻은 재산 및 이에서 유래한 재산 및 이들 재산과 그 외의 재산이 합쳐진 재산(§ 2(ii) 내지 (iv))의 취득 또는 처분에 관한 사실을 가장하거나, 범죄수익의 발생원인에 관한 사실을 가장하거나, 특정범죄 조장 목적 혹은 적법하게 취득한 재산으로 가장할 목적으로 범죄수익 등을 은닉한 행위를 5년 이하의 징역 또는 3천만 원 이하의 벌금에 처하고(§ 3), 그 정황을 알면서 범죄수익 등을 수수한 행위를 3년 이하의 징역 또는 2천만 원 이하의 벌금에 처하며(§ 4), 범죄수익 등을 몰수·추징할 수 있도록 규정하고 있다(§ 8 내지 § 10).

282 또한 다중인명피해사고 발생에 형사적 책임이 있는 개인, 법인 및 경영지

440 형법 제78조 제6호 소정의 몰수·추징의 시효는 5년이고, 공무원몰수법상의 시효규정은 공소시효가 아니라 제78조 '형의 시효'에 대한 특칙이다.

441 임웅, 928.

442 헌재 2020. 2. 27, 2015헌가4.

443 이른바 '자금세탁행위'를 제재·처벌하려는 법으로, 그 상세는 법무부, 범죄수익은닉의 규제 및 처벌 등에 관한 법률해설(2002) 참조.

배·경제적 연관 또는 의사결정에의 참여 등을 통해 그 법인을 실질적으로 지배하는 자에 대한 이 법에 따른 몰수대상재산에 관한 추징은 범인 외의 자가 그 정황을 알면서 취득한 몰수대상재산 및 그로부터 유래한 재산에 대하여 그 범인 외의 자를 상대로 집행할 수 있다고 규정하고 있는데(§ 10의2), 이는 불법적으로 제3자 명의를 통해 은닉한 재산을 환수할 수 있도록 추징 집행의 대상을 확대하기 위하여 2014년 11월 19일 신설된 조문이다.

5. 부패재산의 몰수 및 회복에 관한 특례법

부패재산의 몰수 및 회복에 관한 특례법은 2003년의 국제연합의 부패방지 협약(United Nations Convention against Corruption)(2008. 3. 27 비준) 및 그 밖의 관련 국제협약을 효율적으로 이행하기 위하여 부패재산의 몰수 및 추징, 환수 등에 관한 특례를 규정함으로써 부패범죄를 조장하는 경제적 요인을 근원적으로 제거하여 부패범죄를 효과적으로 방지·척결하고 청렴한 국제사회질서 확립에 이바지함을 목적으로 하여 2008년 3월 28일 제정되었다. 283

이 법은 뇌물죄 등의 부패범죄의 범죄행위에 의하여 생긴 재산과 범죄수익에서 유래한 재산 등 부패재산(§ 2(ii))에 대한 몰수와 추징(§ 3 내지 § 5), 범죄피해재산의 피해자에 대한 환부(§ 6), 외국과의 국제공조(§ 7) 등을 주된 내용으로 한다. 284

6. 불법정치자금 등의 몰수에 관한 특례법

불법정치자금 등의 몰수에 관한 특례법은 불법정치자금의 몰수 등에 관한 특례를 규정함으로써 불법정치자금 등의 조성을 근원적으로 막고, 정치자금의 투명성을 제고함을 그 목적으로 하여 2005년 8월 4일 제정되었다. 285

이 법은 정치자금법 제45조 소정의 정치자금 부정수수죄, 선거에 의하여 취임한 공무원이 범한 뇌물죄 등의 범죄행위를 통하여 얻은 재산인 불법정치자금등(§ 2(i))과 불법정치자금등에서 유래한 재산에 대한 몰수 및 추징의 특례를 정하고 있다(§ 3 내지 § 6). 또한 범인 외의 자가 범죄 후 그 정을 알면서 불법정치자금 및 불법정치자금에서 유래한 재산을 취득한 경우에는 범인 외의 자에 대하여도 몰수할 수 있도록 하고, 제3자가 정당인 경우 정당대표자·회계책임자 또는 회계사무보조자가 그 정을 알았을 때에는 정당이 안 것으로 간주한다(§ 5). 286

287 불법재산의 입증과 관련하여서는, 법인이 취득한 재산으로서 그 가액이 취득 당시의 법인의 재산운용상황 또는 법령에 기한 급부의 수령상황 등에 비추어 현저하게 고액이고 그 취득한 재산이 불법정치자금등의 금액·재산취득시기 등 제반사정에 비추어 불법정치자금등으로 형성되었다고 볼만한 상당한 개연성이 있는 경우에는 불법정치자금등이 그 재산의 취득에 사용된 것으로 인정할 수 있다고 정하고 있다(§ 7).

7. 국제상거래에 있어서 외국공무원에 대한 뇌물방지법

288 국제상거래에 있어서 외국공무원에 대한 뇌물방지법(이하, 국제뇌물방지법이라 한다.)은 국제상거래와 관련하여 외국공무원 등에게 뇌물을 제공하는 행위를 처벌함으로써 건전한 국제상거래 질서의 확립에 기여하고 경제협력개발기구(OECD)의 뇌물방지협약의 이행에 필요한 사항을 규정함을 목적으로 하여 1998년 12월 28일 제정되었다.

289 형법상 뇌물죄와 달리 뇌물공여자 측만 처벌한다. 뇌물을 수수한 외국공무원은 그 외국공무원이 속한 국가의 법률에 따라 처벌될 수 있을 것이다. 국제뇌물방지법은 제2조에서 '외국공무원등'의 범위를 정하고 있다.

290 제3조에서는 뇌물공여자 등의 형사책임을 규정하고 있는데, '국제상거래와 관련하여 부정한 이익을 얻을 목적으로'를 요건으로 한다는 점이 특징이다. 예컨대, 해외에서 무면허 운전을 하다가 경찰관에게 단속되자 이를 무마하기 위하여 뇌물을 제공한 경우에는 동법이 적용되지 아니할 것이다.[444]

291 한편 국제뇌물방지법은 양벌규정을 둠으로써(§ 4) 법인에 대하여도 형사책임(벌금형)을 물을 수 있는데,[445] 이는 형법상 증뢰죄와의 차이점이다.

---

444 오택림, 기업 뇌물과 형사책임, 31.

445 2020년 1월 9일 국제뇌물방지법이 개정되어, ① 국제상거래와 관련하여 부정한 이익을 얻을 목적으로 외국공무원등에게 그 업무와 관련하여 뇌물을 약속 또는 공여하거나 공여의 의사를 표시한 자는 5년 이하의 징역 또는 5천만 원 이하의 벌금에 처하도록 벌금형을 상향하고(§ 3① 전단), ② 뇌물 공여 등의 범죄행위로 얻은 이익을 추산하기 어려운 점을 고려하여 '범죄행위로 인한 이익(이익이 공여액보다 적거나 산정할 수 없는 경우에는 공여액)이 1천만 원을 초과할 때에는 5년 이하의 징역 또는 그 이익(이익이 공여액보다 적거나 산정할 수 없는 경우에는' 공여액)의 2배 이상 5배 이하에 해당하는 벌금에 처하도록 하고(§ 3① 후단), ③ 마찬가지로 법인의 대표자나 대리인, 사용인, 그 밖의 종업원이 그 법인의 업무에 관하여 제3조 제1항의 위반행위를 하는 경우, 범죄행위로 얻은 이익(이익이 공여액보다 적거나 산정할 수 없는 경우에는 공여액)

8. 부정청탁 및 금품등 수수의 금지에 관한 법률

청탁금지법은 공직자 등에 대한 부정청탁 및 공직자 등의 금품 등의 수수를 금지함으로써 공직자 등의 공정한 직무수행을 보장하고 공공기관에 대한 국민의 신뢰를 확보하는 것을 목적으로 하여 2015년 3월 27일 제정되었다.[446] 292

청탁금지법에서 가장 주목되는 조문은 "공직자 등은 직무 관련 여부 및 기부·후원·증여 등 그 명목에 관계없이 동일인으로부터 1회에 100만 원 또는 매 회계연도에 300만 원을 초과하는 금품 등을 받거나 요구 또는 약속해서는 아니 된다."는 제8조 제1항 및 이에 위반한 공직자 등을 3년 이하의 징역 또는 3천만 원 이하의 벌금에 처한다는 제22조 제1항 제1호이다. 이는 뇌물죄의 핵심적 구성요건이라 할 수 있는 '직무관련성' 내지 '대가성'을 요구하지 않는 점에서 획기적인 규정이라 할 것이다. 형법상 뇌물죄의 보호법익은 직무'행위'의 불가매수성 및 직무행위의 공정성에 대한 사회 일반의 신뢰라 하겠으나, 위 공직자금품수수죄(§ 22①(i))는 직무행위와 무관하게 성립하는 점에서 그 보호법익이 공직자의 청렴성에 있다고 해석할 수 있다. 공직자의 청렴의무를 강조한다는 측면에서, 공직자금품수수죄는 '행위'형법이라기보다 '행위자'형법에 가깝다고 할 수도 있다.[447] 293

그리고 청탁금지법 제8조 제2항에 의하면 공직자는 직무와 관련하여서는, 몇 가지 예외적인 경우를 제외하고서는 대가성 여부를 불문하고 금품 등의 수수·요구·약속이 일절 금지되고, 이를 위반할 경우 그 위반행위와 관련된 금품 등 가액의 2배 이상 5배 이하에 상당하는 금액의 과태료를 부과한다(§ 23⑤). 294

〔오 규 성〕

이 5억 원을 초과할 때에는 그 이익(이익이 공여액보다 적거나 산정할 수 없는 경우에는 공여액)의 2배 이상 5배 이하에 해당하는 벌금에 처하도록 하였다(§ 4 후단).

446 '김영란법'이라 불리기도 한다.

447 임웅, 926(동법의 입법취지를 "공직자는 국가가 주는 급여만으로 살아라"라는 형법의 지상명령이라고 한다).

第129條(수뢰, 사전수뢰)

① 공무원 또는 중재인이 그 직무에 관하여 뇌물을 수수, 요구 또는 약속한 때에는 5년 이하의 징역 또는 10년 이하의 자격정지에 처한다.

② 공무원 또는 중재인이 될 자가 그 담당할 직무에 관하여 청탁을 받고 뇌물을 수수, 요구 또는 약속한 후 공무원 또는 중재인이 된 때에는 3년 이하의 징역 또는 7년 이하의 자격정지에 처한다.

Ⅰ. 단순수뢰죄(제1항)

1. 의의 및 보호법익

1 본죄[뇌물(수수·요구·약속)죄]는 공무원 또는 중재인이 그 직무에 관하여 뇌물을 수수·요구·약속함으로써 성립하는 범죄이다. 수뢰죄의 기본유형이다. 행위의 주체가 공무원 또는 중재인에 국한되는 점에서 진정신분범이다. 본죄의 보호법익(직무집행의 공정과 이에 대한 신뢰 및 직무행위의 불가매수성) 및 보호의 정도(추상적 위험범)에 대해서는 **[총설]**에서 살펴본 바와 같다.

2. 구성요건

(1) 주체

2 수뢰죄의 주체는 공무원 또는 중재인이다. 공무원의 개념에 대해서는 **[총설]**에서 살펴본 바와 같다. 중재인이란 법령(중재법, 노동조합 및 노동관계조정법 등)에 의하여 중재의 직무를 담당하는 자 중 공무원이 아닌 자를 말한다.[1] 본죄의 주

1 중재인을 공무원과 같이 수뢰죄의 주체로 설정한 것은 형법 제정 당시에 대표적으로 공무를 담당

체는 현재 공무원 또는 중재인의 지위에 있는 자에 한정된다. 공무원·중재인의 자격을 상실한 자는 사후수뢰죄의 주체가 될 수 있을 뿐이고,[2] 장차 공무원·중재인이 될 자는 사전수뢰죄의 주체가 될 수 있을 뿐이다. 공무원이 전직한 경우에 관해서는 **[총설]**에서 살펴본 바와 같다.

한편 형법은 공무원이었던 자가 그 재직 중에 청탁을 받고 직무상 부정한 행위를 한 후 뇌물을 수수, 요구 또는 약속을 한 때에는 제131조 제3항에서 사후수뢰죄로 처벌하도록 규정하고 있으므로, 뇌물의 수수 등을 할 당시 이미 공무원의 지위를 떠난 경우에는 제129조 제1항의 수뢰죄로는 처벌할 수 없고 사후수뢰죄의 요건에 해당할 경우에 한하여 그 죄로 처벌할 수 있을 뿐이다. 또한 공무원이 그 고유의 직무와 관련이 없는 일에 관하여 별도의 위촉절차 등을 거쳐 다른 직무를 수행하게 된 경우에는, 그 위촉이 종료되면 그 위원 등으로서 새로 보유하였던 공무원 지위는 소멸한다고 보아야 할 것이므로, 그 이후에 종전에 위촉받아 수행한 직무에 관하여 금품을 수수하더라도 이는 사후수뢰죄에 해당할 수 있음은 별론으로 하고 일반 수뢰죄로 처벌할 수는 없다.[3] 3

(2) 객체 및 직무관련성

행위의 객체는 뇌물이다. 뇌물의 개념에 대해서는 직무관련성까지 포함하여 **[총설]**에서 살펴본 바와 같다. 4

(3) 행위

수뢰죄의 구성요건으로서의 행위는 수수·요구 또는 약속이다. 5

공무원이 청탁을 받았는지의 여부[4] 또는 공무원이 직무행위를 하였는지 여부는 불문한다. 뇌물죄의 미수범 처벌규정은 없다. 6

하는 중재인의 직무 공정성을 확보하고자 하는 취지였을 것으로 보면서, 입법적으로는 수뢰죄의 주체를 공무원으로 한정하고 중재인 등의 직종은 특별법으로 규율함이 타당하다는 견해로는, 정형근, "부정청탁 및 금품등 수수의 금지에 관한 법률에 관한 연구", 경희법학 52-1(2017), 41 참조.

2 다만 대법원은, "법령에 기한 임명권자에 의하여 임용되어 공무에 종사하여 온 사람이 나중에 그가 임용결격자이었음이 밝혀져 당초의 임용행위가 무효라고 하더라도, 그가 임용행위라는 외관을 갖추어 실제로 공무를 수행한 이상 공무 수행의 공정과 그에 대한 사회의 신뢰 및 직무행위의 불가매수성은 여전히 보호되어야 하므로, 이러한 사람은 형법 제129조에서 규정한 공무원으로 봄이 타당하고, 그가 그 직무에 관하여 뇌물을 수수한 때에는 수뢰죄로 처벌할 수 있다."고 판시한 바 있다(대판 2014. 3. 27, 2013도11357).

3 대판 2013. 11. 28, 2013도10011; 대판 2018. 2. 28, 2016도9355.

4 일본형법은 '청탁을 받은 때'를 법정형의 가중사유로 규정하고 있다(§ 197① 후단. 5년 이상의 징역 → 7년 이상의 징역).

(가) 수수

7 뇌물수수에서 말하는 '수수(收受)'란 받는 것을 말한다. 뇌물이 유형의 이익인 경우에는 이를 사실상 지배하게 된 때, 즉 객관적으로 보아 수뢰자가 그 이익에 대하여 사실상의 점유·지배를 취득한 때에 수수가 되고, 무형의 이익인 경우에는 이를 현실적으로 향수(享受)한 때에 수수가 된다.[5] 여기에서 취득이란 뇌물에 대한 사실상의 처분권을 획득하는 것을 의미하고, 뇌물인 물건의 법률상 소유권까지 취득하여야 하는 것은 아니다. 뇌물수수자가 법률상 소유권 취득의 요건을 갖추지는 않았더라도 뇌물로 제공된 물건에 대한 점유를 취득하고 뇌물공여자 또는 법률상 소유자로부터 반환을 요구받지 않는 관계에 이른 경우에는, 그 물건에 대한 실질적인 사용·처분권한을 갖게 되어 그 물건 자체를 뇌물로 받은 것으로 보아야 한다.[6] 예컨대 자동차를 뇌물로 수수한 경우, 자동차등록원부에 수뢰자가 소유자로 등록되지 않았다고 하더라도 자동차의 사실상 소유자로서 자동차에 대한 실질적 사용 및 처분권한이 있다면 자동차 자체를 뇌물로 취득한 것으로 볼 수 있다.[7] 이와 달리 뇌물로 제공된 자동차가 리스차량이어서 리스회사가 반환을 요구할 경우 이에 응할 수밖에 없는 경우라면, 이는 법률상 소유권을 취득하지 못하였을 뿐만 아니라 실질적인 처분권한을 가지게 된 것도 아니므로 자동차 자체를 뇌물로 수수한 것으로 볼 수는 없고, 리스보증금 및 리스료 지급 등과 같은 형태의 금전적인 부담이 전혀 없는 상태에서 위 차량을 사용·수익할 수 있는 무형의 이익을 뇌물로 볼 것이다.[8]

8 뇌물수수자가 뇌물공여자에 대한 내부관계에서 물건에 대한 실질적인 사용·처분권한을 취득하였으나 뇌물수수 사실을 은닉하거나 뇌물공여자가 계속 그 물건에 대한 비용 등을 부담하기 위하여 소유권 이전의 형식적 요건을 유보하는 경우에는, 뇌물수수자와 뇌물공여자 사이에서는 소유권을 이전받은 경우와 다르지 않으므로 그 물건을 뇌물로 수수하고 공여하였다고 볼 것이다. 뇌물수수자가 교부받은 물건을 뇌물공여자에게 반환할 것이 아니므로 뇌물수수자에

5 김신규, 형법각론 강의, 855; 이재상·장영민·강동범, 형법각론(12판), § 43/64; 주석형법[각칙(1)](5판), 416(천대엽); 大塚 外, 大コン(3版)(10), 138(河上和雄=小川新二=佐藤 淳).

6 대판 2006. 4. 27, 2006도735.

7 대판 2006. 4. 27, 2006도735.

8 대판 2006. 5. 26, 2006도1716.

게 영득의 의사도 인정되고, 뇌물공여자가 교부한 물건을 뇌물수수자로부터 반환받을 것이 아니므로 뇌물공여자에게 고의도 인정된다.[9]

공무원이 직접 뇌물을 받지 아니하고, 증뢰자로 하여금 다른 사람에게 뇌물 9
을 공여하도록 하고 그 다른 사람으로 하여금 뇌물을 받도록 한 경우라 할지라도 그 다른 사람이 공무원의 사자 또는 대리인으로서 뇌물을 받은 경우나 그 밖에 예컨대 평소 공무원이 그 다른 사람의 생활비 등을 부담하고 있었다거나 혹은 그 다른 사람에 대하여 채무를 부담하고 있었다는 등의 사정이 있어서 그 다른 사람이 뇌물을 받음으로써 공무원은 그만큼 지출을 면하게 되는 경우 등 사회통념상 그 다른 사람이 뇌물을 받은 것을 공무원이 직접 받은 것과 같이 평가할 수 있는 관계가 있는 경우에는, 제130조 소정의 제3자뇌물제공죄가 아니라 제129조 제1항의 단순수뢰죄가 성립한다고 볼 것이다.[10]

뇌물죄는 공여자의 출연에 의한 수뢰자의 영득의사의 실현으로서, 공여자 10
의 특정은 직무행위와 관련이 있는 이익의 부담 주체라는 관점에서 파악하여야 할 것이므로, 금품이나 재산상 이익 등이 반드시 공여자와 수뢰자 사이에 직접 수수될 필요는 없다.[11]

한편 뇌물을 수수하였다는 내용으로 기소된 경우, 위 공소사실에는 같은 명 11
목으로 금품의 수수를 약속하였다는 취지의 공소사실이 당연히 포함된 것으로 볼 수는 없으므로, 법원으로서는 공소장변경이 없는 한 뇌물약속의 점에 대하여까지 적극적으로 심리판단할 수 없고, 또한 법원이 그 점에 관하여 공소장변경

9 대판 2019. 8. 29, 2018도2738(전); 대판 2019. 8. 29, 2018도13792(전).

10 대판 1998. 9. 22, 98도1234; 대판 2004. 3. 26, 2003도8077; 대판 2009. 10. 15, 2009도6422.

11 대판 2008. 6. 12, 2006도8568(제3자가 먼저 공여자를 대신하여 자신의 자금으로 수뢰자에게 지급한 다음 공여자로부터 그 금액을 상환받는 방식으로 수수되었다 할지라도, 공여자와 수뢰자 사이에 금품 제공에 관한 의사의 합치가 존재하고 또한 그러한 지급방법에 관하여 수뢰자가 양해하였다고 인정되는 한, 공여자와 수뢰자 사이에 직접 금품이 수수되지 아니하였다는 사정만으로는 뇌물수수죄의 죄책을 면할 수 없다고 한 사례); 대판 2020. 9. 24, 2017도12389(공무원인 피고인 甲은 피고인 乙로부터 "선물을 할 사람이 있으면 새우젓을 보내주겠다."라는 말을 듣고 이를 승낙한 뒤 새우젓을 보내고자 하는 사람들의 명단을 피고인 乙에게 보내 주고 피고인 乙로 하여금 위 사람들에게 피고인 甲의 이름을 적어 마치 피고인 甲이 선물을 하는 것처럼 새우젓을 택배로 발송하게 하고 그 대금을 지급하지 않는 방법으로 직무에 관하여 뇌물을 교부받고, 피고인 乙은 피고인 甲에게 뇌물을 공여하였다는 내용으로 기소된 사안에서, 피고인 乙의 새우젓 출연에 의한 피고인 甲의 영득의사가 실현되어 제129조 제1항의 뇌물공여죄 및 뇌물수수죄가 성립하고, 공여자와 수뢰자 사이에 직접 금품이 수수되지 않았다는 사정만으로 이를 달리 볼 수 없다고 한 사례).

을 요구하지도 않고 심판하지 아니하였다고 하더라도 심판의무를 위반한 잘못이 있다고 할 수도 없다.[12]

12 금품수수 여부가 쟁점이 된 사건에서 금품수수자로 지목된 피고인이 수수사실을 부인하고 있고 이를 뒷받침할 금융자료 등 객관적 물증이 없는 경우 금품을 제공하였다는 사람의 진술만으로 유죄를 인정하기 위해서는 그 사람의 진술이 증거능력이 있어야 함은 물론 합리적인 의심을 배제할 만한 신빙성이 있어야 하고, 신빙성이 있는지 여부를 판단할 때에는 그 진술 내용 자체의 합리성, 객관적 상당성, 전후의 일관성뿐만 아니라 그의 인간됨, 그 진술로 얻게 되는 이해관계 유무, 특히 그에게 어떤 범죄의 혐의가 있고 그 혐의에 대하여 수사가 개시될 가능성이 있거나 수사가 진행 중인 경우에는 이를 이용한 협박이나 회유 등의 의심이 있어 그 진술의 증거능력이 부정되는 정도에까지 이르지 않는 경우에도 그로 인한 궁박한 처지에서 벗어나려는 노력이 진술에 영향을 미칠 수 있는지 여부 등도 아울러 살펴보아야 한다.[13]

(나) 요구

13 '요구'란 뇌물을 취득할 의사로 상대방에게 뇌물의 공여를 청구하는 것이다. 현실적인 공여를 청구하는 것뿐만 아니라 뇌물제공의 의사표시, 제공의 약속을 청구하는 것도 포함한다.[14] 요구는 명시적·묵시적 방법을 불문한다.[15] 공무원측의 일방적인 청구행위로 성립하고, 상대방이 이에 응하였는가는 문제되지 않는다.[16] 상대방이 그 의미를 이해하였을 것을 요하지도 않는다.[17] 요구자가 요

---

12 변호사법 제111조 제1항 위반죄에 관하여 같은 취지로 판시한 판결로는 대판 1993. 10. 22, 93도735 참조.

13 대판 2002. 6. 11, 2000도5701; 대판 2009. 1. 15, 2008도8137; 대판 2011. 4. 28, 2010도14487; 대판 2016. 2. 18, 2015도11428; 대판 2017. 3. 30, 2013도10100(금품공여자인 상피고인들의 자백진술 등이 일관성이 없거나 진술 내용이 서로 일치되지 아니하고 객관적인 사정과 맞지 않는 부분이 있는 점, 이들이 다른 사건으로 수사를 받고 있었기 때문에 자신들이 저지른 범죄에 관하여 수사기관으로부터 선처를 받기 위해 허위 또는 과장된 진술을 하였을 가능성도 배제할 수 없는 점 등 판시와 같은 사정들을 들어 피고인에 대한 공소사실이 합리적 의심의 여지없이 증명되었다고 보기 어렵다고 판단하여 피고인에게 무죄를 선고한 원심의 판단을 유지한 사례); 대판 2017. 6. 15, 2017도1125; 대판 2017. 6. 29, 2016도4122.

14 김일수·서보학, 새로쓴 형법각론(9판), 659.

15 오영근, 형법각론(5판), 706.

16 大判 昭和 11(1936). 10. 9. 刑集 15·1281.

17 오영근, 706.

구할 당시 뇌물공여의 상대방을 확정적으로 인식할 필요도 없다.[18]

다만, 뇌물의 교부를 요구하는 의사가 본죄의 성립요건인 이상 그와 같은 의미가 있음이 적극적으로 인정되어야 한다. 따라서 뇌물수수 의사가 있음을 넌지시 암시하고 뇌물제공을 유도하는 정도에 불과할 뿐 객관적으로 드러나는 적극적 뇌물요구의 의사표시가 있었다고 보기 어려운 경우에는 본죄의 성립을 인정하기 어렵다.[19] 14

뇌물을 요구하고 수수한 때에는 포괄하여 1개의 수수죄만 성립한다.[20] 15

(다) 약속

'약속'이란 공무원·중재인과 상대방이 장래에 뇌물을 수수하기로 합의하는 것을 말한다. 약속은 일종의 예비적 단계의 성격을 띠지만, 그것이 범죄적 인상을 띨 만큼 줄 자와 받을 자 사이에서 객관화되었다는 점에서 단순한 예비와 구별된다.[21] 합의의 방법에는 아무런 제한이 없고 명시적일 필요도 없다. 객체인 이익이 약속 당시에 현존하거나 가액이 확정될 필요도 없으며,[22] 후일의 수수를 예상할 수 있는 것으로 충분하다.[23] 이익이 금전일 때에는 이행기가 확정되지 않아도 된다.[24] 16

이처럼 뇌물의 '약속'은 양 당사자 사이의 뇌물수수의 합의를 말하고 여기에서 '합의'란 그 방법에 아무런 제한이 없고 명시적일 필요도 없지만, 장래 공무원의 직무와 관련하여 뇌물을 주고받겠다는 양 당사자의 의사표시가 확정적으로 합치하여야 한다.[25] 17

(4) 주관적 구성요건

(가) 고의

뇌물죄의 주관적 구성요건으로서의 고의는, 행위자 자신이 공무원 또는 중 18

18 주석형법 [각칙(1)](5판), 419(천대엽).
19 주석형법 [각칙(1)](5판), 419(천대엽).
20 김일수·서보학, 659.
21 김일수·서보학, 659.
22 대판 2001. 9. 18, 2000도5438; 대판 2016. 6. 23, 2016도3753.
23 임웅, 형법각론(10정판), 942.
24 김일수·서보학, 659.
25 대판 2001. 9. 18, 2000도5438; 대판 2007. 7. 13, 2004도3995; 대판 2012. 11. 15, 2012도9417; 대판 2016. 6. 23, 2016도3753.

재인이라는 신분에 대한 인식 및 직무에 관하여 뇌물을 수수·요구·약속하고 그것이 직무와 관련한 대가의 성격을 갖는다는 점에 대한 인식 내지 의사라 할 것이다.

19 공무원 등 신분에 대한 인식과 관련하여, 수뢰자가 공법상의 공무원이 아닌 개별 법률에 의한 의제공무원이거나 해석상 공무원에 포함되는 경우 해당 수뢰자가 그와 같은 공무원 신분에 대한 인식의 결여를 이유로 뇌물죄의 고의를 다투는 경우가 있을 수 있다. 대법원은, 뇌물죄와 관련하여 피고인이 공무원의 지위나 직무관련성, 대가성이 인정되지 않는 경우라고 생각하였다는 사유는 피고인이 자신의 행위가 특히 법령에 의하여 허용된 행위로서 죄가 되지 않는다고 그릇 인식한 경우라고 할 수 없고, 단순한 법률의 부지에 해당하는 이상 뇌물죄가 성립한다는 취지로 판시한 바 있다.[26]

20 뇌물의 직무관련성 내지 대가관계에 대한 인식과 관련하여서는, 그 인식의 대상은 직무와 포괄적인 대가관계가 존재한다는 점을 알 수 있는 사실이나 정황에 대한 것으로 충분하고, 그것이 뇌물에 해당한다는 법적 판단을 요하지 않으며 그 대가로 직무집행을 할 의사도 필요로 하지 아니한다.[27]

21 뇌물수수죄에서 공무원의 직무에 관하여 수수하였다는 범의를 인정하기 위해서는 엄격한 증명이 요구되지만, 피고인이 금품 등을 수수한 사실을 인정하면서도 범의를 부인하는 경우에는, 범의와 상당한 관련성이 있는 간접사실을 증명하는 방법에 의하여 이를 입증할 수밖에 없는데, 간접사실에 비추어 수수하는 금품이 공무원의 직무에 대한 대가로서의 성질을 가진다는 사정을 피고인이 미필적으로라도 인식하면서 묵인한 채 이를 수수한 것으로 볼 수 있다면 뇌물수수의 범의는 충분히 인정된다.[28]

(나) 영득의 의사

22 뇌물죄의 주관적 구성요건과 관련하여 고의 외에 추가로 '영득의 의사'가 필요한지 여부에 대하여 견해의 대립이 있다.

23 이에 대하여 영득의 의사는 불필요하다는 견해도 있으나,[29] 뇌물죄의 성립

---

26 대판 2008. 11. 13, 2008도2589.

27 주석형법 〔각칙(1)〕(5판), 421(천대엽).

28 대판 2016. 2. 18, 2015도18070; 대판 2017. 12. 22, 2017도11616.

29 김일수·서보학, 660(뇌물수수에 영득의사가 필요하다는 주장은 직무범죄인 뇌물죄와 재산죄인

에는 영득의 의사가 있어야 한다는 견해가 다수설이다.[30] 판례 역시, "뇌물을 수수한다는 것은 영득의 의사로 받는 것을 말하므로 영득의 의사가 없으면 뇌물을 수수하였다고 할 수 없다."는 입장이다.[31]

영득의 의사가 인정되기 위해서는 수뢰자가 뇌물을 스스로 보유하거나 그 것을 그 자신의 것으로서 처분하거나 그 이익을 향수할 의사를 갖고 있어야 한다.[32] 예컨대 대법원은, 공무원인 피고인이 불우이웃돕기 성금이나 연극제에 전달할 의사로 금원을 받은 것에 불과한 경우,[33] 사업단의 업무추진비가 대폭 감소될 상황에서 의제공무원인 피고인이 납품대금 중 일정 부분을 상납받아 사업단의 업무추진비로 조성하고 그 대부분을 업무추진 용도로 사용한 경우,[34] 피고인 본인이 영득할 의사가 있었다고 보기 어렵다는 이유로 뇌물수수죄의 성립을 부정한 바 있다. 다만 뇌물은 불법한 보수나 부정한 이익이면 충분하고 반드시 부도덕한 이익이거나 사리사욕을 위한 이익이어야 하는 것은 아니므로, 비록 자선적 동기라 하더라도 공여자가 기부하는 것을 공무원이 주선하거나 전달하는 정도를 넘어 공여자의 자금으로 공무원이 기부를 하는 것과 같은 외관을 취한 경우라면 영득의사가 인정될 수 있다.[35] 24

한편 뇌물죄는 공여자의 출연에 의한 수뢰자의 영득의사의 실현으로서, 공여자의 특정은 직무행위와 관련이 있는 이익의 부담 주체라는 관점에서 파악하여야 할 것이므로, 금품이나 재산상 이익 등이 반드시 공여자와 수뢰자 사이에 직접 수수될 필요는 없다.[36] 25

영득죄를 혼동한 것으로서 그 개념이 불분명하고 체계상의 혼란과 실무상 자의적 판단의 문을 열어주는 위험한 발상이라는 비판을 한다); 이형국·김혜경, 형법각론(2판), 804(직무에 관한 부당한 이익을 수수한다는 인식과 인용 속에 그 이익을 얻는다는 의사가 이미 내포된 것이므로 본죄의 고의 이외에 영득의 의사를 별도로 필요로 하는 것은 아니라고 한다); 정성근·박광민, 형법각론(전정3판), 745.

30 김성돈, 형법각론(6판), 779; 신동운, 형법각론(2판), 135; 오영근, 706; 이재상·장영민·강동범, § 43/67; 임웅, 942; 정영일, 형법강의 각론(3판), 441(불법영득·이득의 의사를 요하지는 않으나, 이익을 향수하겠다는 의사는 갖추고 있어야 한다); 홍영기, 형법(총론과 각론), § 113/18.

31 대판 1996. 6. 28, 92도1803; 대판 2010. 4. 15, 2009도11146; 대판 2014. 7. 24, 2012도3395.

32 주석형법 [각칙(1)](5판), 423(천대엽).

33 대판 2010. 4. 15, 2009도11146.

34 대판 2014. 7. 24, 2012도3395.

35 주석형법 [각칙(1)](5판), 424(천대엽).

36 대판 2008. 6. 12, 2006도8568; 대판 2020. 9. 24, 2017도12389.

26 증뢰자가 일방적으로 뇌물을 두고 가므로 후일 기회를 보아 반환할 의사로 어쩔 수 없이 일시 보관하다가 반환하는 등 그 영득의 의사가 없었다고 인정되는 경우라면 뇌물을 수수하였다고 할 수 없다. 그러나 일단 피고인이 영득의 의사로 뇌물을 수령한 이상 후에 이를 반환하였다고 하더라도 뇌물죄의 성립에는 영향이 없다.[37] 피고인이 먼저 뇌물을 요구하여 증뢰자가 제공하는 돈을 받았다면 피고인에게는 받은 돈 전부에 대한 영득의 의사가 인정된다고 할 것이고, 이처럼 영득의 의사로 뇌물을 수령한 이상 그 액수가 피고인이 예상한 것보다 너무 많은 액수여서 후에 이를 반환하였다고 하더라도 뇌물죄의 성립에는 영향이 없다.[38]

27 영득할 의사로 뇌물을 수령한 것인지 여부를 판단함에 있어서는 뇌물을 교부받은 경위, 언제든지 그 뇌물을 반환할 기회가 있었음에도 반환하지 아니하였는지 여부, 그 뇌물을 반환하게 된 경위 등을 고려하여야 한다.[39]

(5) 기수시기

28 뇌물죄의 미수범 처벌규정은 없다. 뇌물수수죄, 뇌물요구죄 및 뇌물약속죄 모두 즉시범에 해당한다.

29 뇌물수수죄의 경우 수수에 해당하는 행위가 있는 즉시 기수에 이르게 된다. 뇌물로 당좌수표를 수수한 경우 그 즉시 뇌물수수죄가 성립하고, 수수 후 위 수표가 부도가 되었다 하더라도 뇌물수수죄의 성립에는 어떠한 영향도 없다.[40] 뇌물로 투기적 사업에 참여할 기회를 제공받은 경우 투기적 사업에 참여하는 행위가 종료하면 기수가 되므로, 프리미엄이 예상되는 아파트 분양계약의 체결이라는 경제적 이익이 뇌물로 제공되었으면 그 즉시 뇌물수수죄가 성립하고, 그 이후 경제사정의 변동으로 예상과 달리 그 사업 참여로 어떠한 이득도 얻지 못하게 되었더라도 뇌물수수죄의 성립에는 영향이 없다.[41] 반면에 공여자가 뇌물로 매수를 제시한 투기적 사업인 주식을 매수하지 못하였다면 투기적 사업에 참여하는 행위가 종료되지 않아 뇌물수수죄는 기수에 이르지 못하였고, 따라서

---

37 대판 1987. 9. 22, 87도1472; 대판 2007. 3. 29, 2006도9182; 대판 2012. 8. 23, 2010도6504.
38 대판 2007. 3. 29, 2006도9182.
39 대판 2012. 8. 23, 2010도6504; 대판 2013. 11. 28, 2013도9003.
40 대판 1983. 2. 22, 82도2694.
41 대판 2002. 5. 10, 2000도2251; 대판 2002. 11. 26, 2002도3539; 대판 2006. 7. 7, 2005도9763; 대판 2011. 7. 28, 2009도9122.

미수범을 처벌하지 아니하는 뇌물수수죄는 무죄가 된다.[42] 공무원이 직무에 관하여 금전을 무이자로 차용한 경우에는, 그 차용 당시에 금융이익 상당의 뇌물을 수수한 것으로서 차용 당시에 이미 기수에 이른 것으로 보아야 하고, 공소시효 역시 금전을 무이자로 차용한 때로부터 기산한다.[43]

30 뇌물요구죄도 즉시범의 성격을 띠므로 청구가 있는 때, 즉 요구의 의사표시가 상대방에게 인지된 때 기수로 된다.[44] 요구의 의사표시가 상대방에게 인지된 이상, 상대방이 요구를 거절하더라도 뇌물요구죄의 성립에는 아무런 영향이 없다.[45]

31 뇌물약속죄의 기수시기는 뇌물을 공여하고 수수하기로 하는 확정적인 의사의 합치가 있는 시점이다.[46] 뇌물약속죄 역시 즉시범의 성격을 띠므로, 상대방의 뇌물공여 의사표시가 선행할 때에는 수뢰자가 그 청약을 명시적·묵시적으로 수락하는 의사표시를 했을 때 약속행위는 기수에 이른다.[47]

3. 죄 수

32 뇌물을 요구 또는 약속한 후 이를 수수한 때에는 포괄하여 1개의 수수죄만 성립한다.[48]

33 뇌물수수행위가 2회 이상인 경우 포괄일죄로 인정되면 수뢰액이 늘어남으로써 특정범죄 가중처벌 등에 관한 법률(이하, 특정범죄가중법이라 한다.) 제2조 제1항에 따라 가중처벌될 수 있기 때문에, 실무상 피의자나 피고인은 포괄일죄가 아니라 경합범이라고 다투는 경우가 많다. 이와 관련하여 대법원은 뇌물수수죄에 있어 단일하고도 계속된 범의 아래 동종의 범행을 일정기간 반복하여 행하

42 대판 2011. 6. 10, 2011도3174.
43 대판 2012. 2. 23, 2011도7282; 대판 2015. 7. 23, 2013도7140.
44 김일수·서보학, 659.
45 김성돈, 780; 김일수·서보학, 659; 박상기·전지연, 형법학(총론·각론 강의)(4판), 848; 배종대, 형법각론(13판), § 155/24; 손동권·김재윤, 새로운 형법각론, § 49/22; 이재상·장영민·강동범, § 43/65; 정성근·박광민, 745; 정영일, 441.
46 대판 2012. 11. 15, 2012도9417.
47 김일수·서보학, 660.
48 김성돈, 780; 김일수·서보학, 661; 손동권·김재윤, § 49/27; 신동운, 137; 임웅, 941; 정성근·박광민, 746; 정영일, 441; 정웅석·최창호, 형법각론, 48; 주석형법 〔각칙(1)〕(5판), 425(천대엽). 일본 판례도 같은 입장이다〔大判 昭和 10(1935). 10. 23. 刑集 14·1052〕.

고 그 피해법익도 동일한 경우에는 각 범행을 통틀어 포괄일죄로 볼 것이고, 수뢰죄에 있어서 단일하고도 계속된 범의 아래 동종의 범행을 일정기간 반복하여 행하고 그 피해법익도 동일한 것이라면 돈을 받은 일자가 상당한 기간에 걸쳐 있고, 돈을 받은 일자 사이에 상당한 기간이 끼어 있다 하더라도 각 범행을 통틀어 포괄일죄로 볼 것이라고 판시하였다.[49] 따라서 이러한 범의의 단일성과 계속성을 인정할 수 없을 때는 각 범행마다 별개의 죄가 성립하는 것으로서 경합범으로 처단해야 한다.[50] 한편 제3자뇌물수수죄에 있어서는 금품 기타 이익을 수수하는 제3자가 다르다는 사정만으로 범의가 단절된다고 보기는 어렵다.[51]

34 이와 관련하여 판례에서 포괄일죄로 인정된 사례로는, ① 아파트보존등기신청 사건을 접수처리함에 있어서 신속히 처리해달라는 부탁조로 동일인으로부터 약 5개월 동안 7회에 걸쳐 합계 828,000원을 수수한 사안,[52] ② 서울대학교 치과대학 구강악안면외과학교실에 교수로 채용되기를 희망하여 1995년 3월경 서울대학교 대학원의 해당 학과 박사과정에 입학한 A로부터 박사학위 취득 및 앞으로 있게 될 교수 채용과 관련하여 선처하여 달라는 취지로 제공하는 뇌물을 1995년 가을부터 1997년 12월 24일까지 사이에 6차례에 걸쳐 합계 2,100만 원을 수수한 사안,[53] ③ 피고인이 1994년 2월부터 1998년 1월 사이에 설, 추석 및 연말마다 A로부터 매번 100만 원씩의 돈을 받아 왔는데, 피고인이 그 각 돈을 받을 때마다 A가 특정하고 단일한 명시적 청탁을 하였다고 볼 수는 없다고 하더라도, 그 각 돈은 피고인이 병원에서 약제부장으로서 담당하는 업무와 관련하여 B 사를 배려하여 준 데에 대한 사례나 앞으로도 잘 배려하여 달라는 뜻으로 주고받은 것이라고 인정되는 이상, 피고인의 각 수뢰행위는 단일하고도 계속된 범의 아래 동종의 범행을 일정기간 반복하여 행하고 그 피해법익도 동일하다고 판단한 사안,[54] ④ 피고인이 A 등으로부터 3회에 걸쳐 뇌물을 수수한 행

---

49 대판 2000. 1. 21, 99도4940; 대판 2000. 6. 27, 2000도1155; 대판 2014. 5. 29, 2014도1324; 대판 2015. 11. 12, 2015도12174.

50 대판 1985. 7. 9, 85도740; 대판 1989. 6. 20, 89도648; 대판 1989. 9. 26, 89도1334; 대판 1998. 2. 10, 97도2836; 대판 1999. 1. 29, 98도3584; 대판 2014. 2. 27, 2013도15989.

51 대판 2014. 2. 27, 2013도15989.

52 대판 1982. 10. 26, 81도1409.

53 대판 1999. 1. 29, 98도3584.

54 대판 2000. 1. 21, 99도4940.

위는 그 공여 주체가 동일하고 모두 주식회사 B가 C 신도시 복합커뮤니티센터의 턴키입찰공사라는 하나의 사업에서 특혜를 누리고자 하는 데 목적이 있었으며, 뇌물수수자인 피고인도 이를 잘 알고 있었고, 위 각 뇌물수수행위는 C 신도시 설계적격심의위원회의 위원 후보자 선정, 위원 선정 및 설계적격심사에 근접하였다는 등의 사정에 비추어 포괄일죄로 인정한 사안,[55] ⑤ 피고인이 2007년 2월 22일부터 2008년 7월 31일까지 A로부터 SH 공사가 발주하는 공사현장의 식당 운영권을 수주할 수 있도록 도와달라는 부탁을 받고 그 대가로 매번 각 500만 원씩 8회에 걸쳐 합계 4,000만 원을 수수한 사안[56] 등을 들 수 있다.

이에 반하여 판례에서 포괄일죄가 인정되지 않은 사례로는, ① 피고인이 1995년 4월부터 같은 해 11월 초순까지 7개월간에 걸쳐 A로부터 어음할인 한도액 증액, 대출심사 승인에서 선처, 지급보증 등의 부탁을 받으면서 수차례 금원을 수수하였는데 위 각 수수행위가 단일하고도 계속된 범의 하에 이루어진 것이라 볼 수 없고 별개의 범의 하에 뇌물을 받은 것으로 볼 수 있으므로 경합범이 성립한다고 한 사안,[57] ② 피고인의 그랜져 승용차 수수와 2회에 걸친 현금 1,000만 원 수수는 그 범행의 시간 간격이 1년 이상 되고, 전자의 범행은 A, B로부터, 후자의 범행은 A로부터 각 수수한 것이어서, 위 두 개의 범행이 단일하고도 계속된 범의하에 이루어진 것으로 보기 어렵다고 판단한 사안,[58] ③ 피고인에게 뇌물을 제공한 5개의 감정평가법인은 경기도시공사로부터 A 신도시 개발예정이 보상 감정평가기관으로 선정되어 각자 감정평가용역을 수행하고 평가수수료를 받은 법인들로서 각자의 이해관계에 따라 뇌물을 제공하였고, 피고인은 각기 다른 일시, 다른 장소에서 그때그때 각 감정평가법인이 제공하는 뇌물을 수수한 사실이 인정될 뿐이라면, 피고인이 단일하고도 계속된 범의 하에 5회에 걸쳐 뇌물을 수수하였다고 볼 수 없다고 한 사안[59] 등을 들 수 있다. 35

포괄일죄에 있어서는 공소장변경을 통한 종전 공소사실의 철회 및 새로운 공소사실의 추가가 가능한 점에 비추어 그 공소장변경허가 여부를 결정함에 있 36

55 대판 2010. 10. 14, 2010도10299.
56 대판 2012. 5. 9, 2012도845.
57 대판 1998. 2. 10, 97도2836.
58 대판 2007. 7. 13, 2007도2853.
59 대판 2009. 7. 23, 2009도3795.

어서는 포괄일죄를 구성하는 개개 공소사실별로 종전 것과의 동일성 여부를 따지기보다는 변경된 공소사실이 전체적으로 포괄일죄의 범주 내에 있는지 여부, 즉 단일하고 계속된 범의 하에 동종의 범행을 반복하여 행하고 그 피해법익도 동일한 경우에 해당한다고 볼 수 있는지 여부에 초점을 맞추어야 할 것이다.[60] 따라서, 뇌물수수의 포괄일죄로 기소된 사안에서, 문제가 되는 각 공소사실이 그 금원 교부 일시 및 장소의 변경에도 불구하고 여전히 속칭 월정비 형식의 뇌물수수죄라는 성격을 그대로 유지하고 있어 다른 공소사실과 함께 포괄일죄를 구성함이 명백한 경우에는, 공소사실 중 금원 교부 일시 및 장소의 변경을 내용으로 하는 검사의 공소장변경 신청에 대하여 법원은 이를 허가하여야 한다.[61]

37 한편 뇌물수수죄는 공무원 또는 중재인이 그 직무에 관하여 뇌물을 수수한 때에 성립하는 것이어서 그 주체는 현재 공무원 또는 중재인의 직에 있는 자에 한정되므로, 공무원이 직무와 관련하여 뇌물수수를 약속하고 퇴직 후 이를 수수하는 경우에는, 뇌물약속과 뇌물수수가 시간적으로 근접하여 연속되어 있다고 하더라도, 뇌물약속죄 및 사후수뢰죄가 성립할 수 있음은 별론으로 하고 뇌물수수죄는 성립하지 않는다.[62]

38 불가벌적 사후행위와 관련하여, 대법원은 공무원이 A와 사전 공모하여 밀수행위를 함으로써 관세포탈의 공동정범이 된 경우 위 A로부터 금품을 수수한 것은 위 공동정범들 사이의 이익분배에 지나지 아니하여 뇌물수수가 될 수 없다거나,[63] 특정범죄가중법 제5조 소정의 배임에 의한 국고손실죄의 공동정범인 공무원이 다른 공범으로부터 그 범행에 의하여 취득한 금원의 일부를 받은 경우, 그 금원의 성격은 그 성질이 공동정범들 사이의 내부적 이익분배에 불과한 것이고 별도로 뇌물수수죄(사후수뢰죄)에 해당하지 않는다고 판시한 바 있다.[64]

39 공무원(공공기관의 운영에 관한 법률 제53조에 의하여 뇌물죄의 적용에 있어 공무원으로 보는 사람을 포함)이 관공서에 필요한 공사의 시행이나 물품의 구입을 위하여 계약을 체결하는 과정에서 상대방과 공모하여, 임무에 위배하여 계약금액을 부

60 대판 2018. 10. 25, 2018도9810.
61 대판 2006. 4. 27, 2006도514.
62 대판 2008. 2. 1, 2007도5190; 대판 2010. 10. 14, 2010도387.
63 대판 1980. 2. 26, 79도3095.
64 대판 1997. 2. 25, 94도3346.

풀려 계약을 체결한 뒤 계약상대방으로부터 계약대금 중 일부를 지급받은 행위는 공동정범들 사이의 그 범행에 의하여 취득한 금원이나 재산상 이익의 내부적인 분배행위에 지나지 않는 것으로서 그 금원의 수수행위가 따로 뇌물죄를 구성한다고 볼 수 없다. 그리고 그들 사이의 재산상 이익의 내부적인 분배행위인지 여부는 금원을 주고받는 당사자들의 의사, 해당 계약의 내용과 성격, 계약금액과 공무원에게 교부된 금액의 비율, 그 계약 이행을 통하여 상대방이 취득할 수 있는 적정한 이익, 상대방이 공무원에게 교부한 금원의 출처와 시기 등을 종합적으로 고려하여 판단하여야 한다.[65]

4. 다른 죄와의 관계

(1) 뇌물공여죄와의 관계

뇌물수수죄와 뇌물공여죄의 관계에 관해서는 **[총설]**에서 살펴본 바와 같다. 40

(2) 사기죄와의 관계

뇌물을 수수함에 있어서 공여자를 기망한 점이 있다 하여도 뇌물수수죄, 뇌물공여죄의 성립에는 영향이 없다.[66] 이 경우 뇌물을 수수한 공무원에 대하여는 한 개의 행위가 뇌물죄와 사기죄(§ 347)의 각 구성요건에 해당하므로 제40조에 의하여 상상적 경합으로 처단하여야 할 것이다.[67] 41

이러한 경우 공무원에게 직무집행의 의사가 없었다면 사기죄만 성립하고 뇌물수수죄는 성립하지 아니한다는 견해[68]도 있으나, 직무집행의 의사가 수뢰죄의 구성요건은 아닌 이상 이는 타당하지 않다.[69] 다만, 기망의 구체적인 내용과 정도에 따라 공여자에게는 뇌물공여죄가 성립하지 않을 수도 있다.[70] 42

참고로 대법원은 검사가 국립대학교 과학영재교육원장인 피고인에 대하여 '피고인이 여행업자 A 등과 공모하여 위 교육원에서 실시하는 탐방행사와 관련하여 여행경비를 부풀려 과다 청구하는 방법으로 참여 학생의 학부모들을 기망하여 43

65 대판 2007. 10. 12, 2005도7112; 대판 2016. 5. 26, 2015도18335; 대판 2018. 10. 12, 2018도11904; 대판 2019. 11. 28, 2018도20832.
66 대판 1985. 2. 8, 84도2625.
67 대판 1977. 6. 7, 77도1069; 대판 2015. 10. 29, 2015도12838.
68 박상기·전지연, 848.
69 주석형법 [각칙(1)](5판), 429(천대엽).
70 주석형법 [각칙(1)](5판), 429(천대엽).

돈을 편취하였다'는 공소사실로 기소하였다가, 항소심에서 '피고인은 위 교육원에서 주관하는 탐방행사 등 교육프로그램을 총괄하는 공무원으로서 탐방행사를 맡겨준 데 대한 사례금 명목으로 여행업자 A로부터 뇌물을 수수하였다'는 공소사실을 예비적으로 추가하는 내용의 공소장변경허가신청을 하자 항소심 법원이 이를 허가한 사안에서, 당초의 공소사실(사기)과 예비적 공소사실(뇌물수수)은 기본적인 사실관계가 동일하다고 보기 어려우므로 위 공소장변경허가신청은 공소사실의 동일성 범위 내의 것이 아니라고 하며 항소심 판결을 파기한 바 있다.[71]

(3) 공갈죄와의 관계

44 공무원이 타인을 공갈하여 재물을 교부하게 한 경우 공갈죄(§ 350)가 성립하는 외에 뇌물죄가 성립하는지 문제될 수 있다. 이 문제는 공무원의 책임과 재물교부자의 책임이라는 양 측면에서 각각 검토할 필요가 있다.

(가) 공무원의 책임

(a) 직무와 무관한 경우

45 공무원이 직무와 무관하게 상대방으로부터 금품 등을 갈취한 경우에는 공갈죄만이 성립하고 뇌물수수죄는 성립하지 아니할 것이다.

(b) 직무관련성은 있으나 직무집행의 의사가 없는 경우

46 문제는 갈취한 금품 등과 공무원의 직무 사이에 관련성이 있기는 하지만 공무원이 직무집행의 의사 없이 단지 그 직무집행을 빙자하여 상대방으로부터 금품 등의 이익을 제공받은 경우인데, 이 경우 ① 공갈죄만이 성립하고 뇌물수수죄는 성립하지 않는다는 견해(소극설)[72]와 ② 금품 등 수수에 직무관련성이 인정된다면 공무원에게 실제로 직무집행의 의사가 있는지를 불문하고 뇌물수수죄가 성립하고 공갈죄와 상상적 경합관계에 있다는 견해(적극설)[73]가 대립한다. 적극설은 직무관련성과 대가성만으로도 뇌물수수죄의 구성요건이 충족되고, 직무집행의 의사 여부는 뇌물수수죄의 구성요건이 아니므로 직무집행의 의사를 기준으로 뇌물수수죄의 성립 여부를 결정하는 것은 부당하다고 하며 소극설을 비판한다.[74]

---

71 대판 2017. 8. 29, 2015도1968.
72 박상기, 651; 배종대, § 155/26; 이재상·장영민·강동범, § 43/69.
73 김성돈, 781; 김일수·서보학, 662; 손동권·김재윤, § 49/27; 임웅, 943.
74 김일수·서보학, 662.

반면 소극설은 직무집행의 의사조차 없이 '폭행 또는 협박에 의한 해악의 고지'라는 공갈의 수법을 이용하여 직무집행을 빙자하여 갈취한 금품의 수수는 그 해악의 고지를 직접적인 원인으로 형성된 교부자의 외포의 결과로서, 그 행위의 객관적 성격에 비추어 금품의 갈취 및 피갈취 행위에 해당할 뿐이고, 쌍방의 임의의 의사 합치에 따른 뇌물의 수수를 전제로 하는 뇌물수수죄의 성립을 인정하기는 어렵다고 본다.[75]

판례는 "공무원이 직무집행의 의사 없이 또는 직무처리와 대가적 관계없이 타인을 공갈하여 재물을 교부하게 한 경우에는 비록 상대방에게 뇌물을 공여할 의사가 있었다고 하더라도 뇌물수수죄를 구성하지 아니하고 공갈죄만이 성립한다."고 판시하거나, "공무원이 직무집행을 빙자하여 타인을 공갈하여 재물을 교부하게 한 경우에는 공갈죄만이 성립한다."고 판시하여, 공무원에게 직무집행의 의사가 없는 경우에는 뇌물수수죄의 성립을 인정하지 않는다는 점에서 위 ①의 소극설과 같은 입장으로 해석된다.[76] 일본 판례도 마찬가지로 위와 같은 경우에 공갈죄만이 성립하다고 한다.[77] 47

(c) 직무관련성이 있고 직무집행의 의사도 있는 경우

공무원이 직무집행의 의사가 있고 직무처리와의 대가관계에서 공갈을 수단으로 재물을 교부받은 경우 공갈죄 외에 뇌물수수죄가 성립하는지도 문제될 수 있다. 즉 공무원이 재물의 교부를 유도하기 위하여 공갈 수단을 사용한 경우인데, 공갈죄와 함께 뇌물수수죄도 성립한다고 봄이 타당하다(상상적 경합). 만일 뇌물수수죄의 성립을 부정한다면, '공갈 수단을 사용한 수뢰'의 경우가 '공갈 수단을 사용하지 아니한 단순수뢰'의 경우보다 더 가볍게 취급됨으로써 형평에 반하기 때문이다. 일정 가액 이상의 뇌물을 수수한 경우에는 특정범죄가중법 제2조에 의하여 가중처벌됨으로써 공갈죄보다 법정형이 높은 점, 공갈 수단을 사용하지 아니한 수뢰의 경우 필요적 몰수·추징이 적용되는데 공갈 수단을 사용한 48

75 주석형법 [각칙(1)](5판), 430(천대엽). 따라서 비록 공무원의 기망행위가 원인이 되었다고 하더라도 직무와 관련한 금품의 제공 및 수수에 대한 의사의 합치 자체는 임의로 형성되어 수뢰죄 및 증뢰죄를 인정할 수 있는 사기죄의 경우와는 다르게 보아야 한다고 한다.

76 대판 1966. 4. 6, 66도12; 대판 1969. 7. 22, 65도1166; 대판 1994. 12. 22, 94도2528; 대판 2008. 12. 11, 2008도8297.

77 最判 昭和 25(1950). 4. 6. 刑集 4·4·481.

수뢰의 경우 오히려 필요적 몰수·추징의 적용을 배제하는 것은 부당하다는 점 등을 고려하면 더욱 그러하다.[78]

(나) 금품 등 교부자의 책임

49 공무원이 직무와 무관하게 상대방으로부터 금품 등을 갈취하거나 설령 직무관련성이 있더라도 공무원이 직무집행의 의사 없이 또는 직무집행을 빙자하여 상대방으로부터 금품 등을 갈취하여 공무원에게 공갈죄만 성립하고 뇌물수수죄는 성립되지 아니할 경우(판례 및 소극설의 입장), 금품 등 교부자는 공갈죄의 피해자일 뿐이고 뇌물공여죄는 성립하지 아니한다.

50 이와 관련하여 대법원은, "공무원이 직무집행의 의사 없이 또는 직무처리와 대가적 관계없이 타인을 공갈하여 재물을 교부하게 한 경우에는 비록 상대방에게 뇌물을 공여할 의사가 있었다고 하더라도 뇌물수수죄를 구성하지 아니하고 공갈죄만이 성립하고 이 경우 상대방은 공갈죄의 피해자에 지나지 아니하고 뇌물공여죄는 성립하지 아니한다."고 하거나,[79] "공무원이 직무집행을 빙자하여 타인을 공갈하여 재물을 교부케 한 경우에는 공갈죄만이 성립한다 할 것이고, 이러한 경우 공무원의 협박의 정도가 피해자의 반항을 억압할 수 있는 정도의 것이 아니고 따라서 피해자의 의사결정의 자유가 완전히 박탈된 것이 아니라 할지라도 가해자의 해악의 고지로 인하여 외포의 결과 금품을 제공한 것이었다면 그 금품 제공자는 공갈죄의 피해자가 될 것이고 증뢰죄는 성립하지 아니한다."고[80] 판시한 바 있다.

51 공무원이 직무집행의 의사가 있고 직무처리와의 대가관계에서 공갈을 수단으로 금품 등을 교부받은 경우, 공무원에게 공갈죄뿐만 아니라 뇌물수수죄도 성립한다고 봄이 타당함은 앞서 살핀 바와 같다. 이 경우 상대방(금품 등 교부자)에게 뇌물공여죄가 성립하는지 문제될 수 있다. 뇌물공여죄의 성립에는 뇌물의 교부 내지 공여의 여부에 대하여 반드시 완전한 자유의사의 존재를 필요로 하는 것은 아니고 의사결정상에 어느 정도의 하자가 있다고 할지라도 교부자에게 임

---

78 이주원, "공갈죄와 수뢰죄의 관계", 형법판례 150선, 박영사(2016), 259; 조관행, "뇌물죄와 공갈죄의 관계 및 뇌물죄가 아닌 공갈죄를 구성한다는 주장에 대한 판단의 요부", 해설 22, 법원행정처(1995), 631(대판 1994. 12. 22, 94도2528 해설).

79 대판 1966. 4. 6, 66도12.

80 대판 1969. 7. 22, 65도1166.

의성이 잔존하고 있다면 공무원의 의무위반을 야기한 측면이 있는 점, 실제사건 대부분이 불이익을 면하고자 두려운 마음에서 뇌물을 공여하는 실정임을 감안한다면 그 가벌성의 전적인 배제가 정의에 합당한 것은 아니라는 점 등을 근거로 뇌물공여죄의 성립을 인정하는 것이 타당하다는 견해도 있다.[81] 일본의 판례 역시 "뇌물공여죄상의 뇌물공여 등의 행위에는 반드시 완전한 자유의사를 필요로 하지 않으며, 불완전하지만 적어도 증뢰할 것인지 아닌지를 결정할 자유가 있으면 충분하다고 해석하는 것이 타당하다."고 하여 뇌물공여죄의 성립을 인정하는 입장으로 보인다.[82]

그러나 공무원에게 공갈죄가 성립하는 이상 공여자는 공갈죄의 피해자가 52
되는 것이고, 자유의사에 의한 공여와 달리 피공갈자의 금품 등 제공은 강박에 의한 것이며, 수뢰죄가 성립한다고 하여 반드시 증뢰죄가 성립하여야 하는 것도 아닌 이상,[83] 뇌물공여죄의 성립을 부정함이 타당하다.[84]

(4) 횡령죄 및 특정범죄가중법위반(국고등손실)죄와의 관계[85]

횡령 범행으로 취득한 돈을 공범자끼리 수수한 행위가 공동정범들 사이의 53

81 신동운, 164. 공무원에게 직무집행의 의사가 있었고 그 직무처리에 대한 대가관계로서 금품을 제공받았으며, 재물의 교부자는 공무원의 직무행위를 매수하려는 의사에서 금품을 제공하였다면 공무원에게는 뇌물수수죄가, 재물교부자에게는 뇌물공여죄가 성립한다.

82 最決 昭和 39(1964). 12. 8. 刑集 18·10·952(증권검사원인 피고인 甲은 증권회사의 업무 등에 대한 검사에 관하여 증권회사의 회계부정을 엄중히 추궁하면서 뇌물을 요구하였고 증권회사의 사장인 피고인 乙은 이러한 강요를 할 수 없이 받아들인 경우, 甲에 대하여 뇌물수수죄, 乙에 대하여 뇌물공여죄의 성립을 인정한 사안).

83 대판 2008. 3. 13, 2007도10804. 「뇌물공여죄와 뇌물수수죄는 필요적 공범관계에 있다고 할 것이나, 필요적 공범이라는 것은 법률상 범죄의 실행이 다수인의 협력을 필요로 하는 것을 가리키는 것으로서 이러한 범죄의 성립에는 행위의 공동을 필요로 하는 것에 불과하고 반드시 협력자 전부가 책임이 있음을 필요로 하는 것은 아니므로, 오로지 공무원을 함정에 빠뜨릴 의사로 직무와 관련되었다는 형식을 빌려 그 공무원에게 금품을 공여한 경우에도 공무원이 그 금품을 직무와 관련하여 수수한다는 의사를 가지고 받아들이면 뇌물수수죄가 성립한다.」

84 김일수·서보학, 662; 임웅, 943; 이주원(주 78), 259.

85 특정범죄가중법 제5조(국고 등 손실) 「회계관계직원 등의 책임에 관한 법률」 제2조제1호·제2호 또는 제4호(제1호 또는 제2호에 규정된 사람의 보조자로서 그 회계사무의 일부를 처리하는 사람만 해당한다)에 규정된 사람이 국고 또는 지방자치단체에 손실을 입힐 것을 알면서 그 직무에 관하여 형법 제355조의 죄를 범한 경우에는 다음 각 호의 구분에 따라 가중처벌한다.

1. 국고 또는 지방자치단체의 손실이 5억원 이상인 경우에는 무기 또는 5년 이상의 징역에 처한다.
2. 국고 또는 지방자치단체의 손실이 1억원 이상 5억원 미만인 경우에는 3년 이상의 유기징역에 처한다.

범행에 의하여 취득한 돈을 공모에 따라 내부적으로 분배한 것에 지나지 않는다면 별도로 그 돈의 수수행위에 관하여 뇌물죄가 성립하는 것은 아니다. 그와 같이 수수한 돈의 성격을 뇌물로 볼 것인지 횡령금의 분배로 볼 것인지 여부는 돈을 공여하고 수수한 당사자들의 의사, 수수된 돈의 액수, 횡령 범행과 수수행위의 시간적 간격, 수수한 돈이 횡령한 그 돈인지 여부, 수수한 장소와 방법 등을 종합적으로 고려하여 객관적으로 평가하여 판단하여야 한다.[86]

54 공무원이 관공서에 필요한 공사의 시행이나 물품의 구입을 위하여 수의계약을 체결하면서 해당 공사업자 등으로부터 돈을 수수한 경우, 그 돈의 성격을 공무원의 직무와 관련하여 수수된 뇌물로 볼 것인지, 아니면 적정한 금액보다 과다하게 부풀린 금액으로 계약을 체결하기로 공사업자 등과 사전 약정하여 이를 횡령(국고손실)한 것(횡령금의 분배)으로 볼 것인지 여부가 문제된다. 이에 대하여 판례는 돈을 공여하고 수수한 당사자들의 의사, 계약의 내용과 성격, 계약금액과 수수한 금액 사이의 비율, 수수한 돈의 액수, 그 계약이행으로 공사업자 등이 얻을 수 있는 적정한 이익, 공사업자 등이 공무원으로부터 공사대금 등을 지급받은 시기와 돈을 공무원에게 교부한 시간적 간격, 공사업자 등이 공무원에게 교부한 돈이 공무원으로부터 지급받은 바로 그 돈인지 여부, 수수한 장소와 방법 등을 종합적으로 고려하여 객관적으로 평가하여 판단해야 한다는 입장이다.[87] 이와 관련하여 대법원은 ① 수의계약을 체결하는 공무원이 해당 공사업자와 적정한 금액 이상으로 계약금액을 부풀려서 계약하고 부풀린 금액을 자신이 되돌려 받기로 사전에 약정한 다음 그에 따라 수수한 돈[88]이나, ② 대통령이 청와대 직원에게 국가정보원의 예산을 지원받아 사용하라고 지시하고 이에 따라 국가정보원장으로부터 교부받은 예산인 특별사업비 일부 금원[89]은 뇌물이 아니

---

86 대판 2019. 11. 28, 2019도11766; 2020. 10. 29, 2020도3972.

87 대판 2007. 10. 12, 2005도7112. 본 판결 해설은 김연하, "공무원이 수의계약을 체결하면서 공사업자로부터 수수한 돈의 뇌물성 유무를 판단하는 기준", 해설 74, 법원도서관(2008), 385-401.
이러한 법리는 배임죄에서도 마찬가지이다[대판 1997. 2. 25, 94도3346(공무원); 대판 2013. 10. 24, 2013도7201(의제공무원인 금융기관 임직원)].

88 대판 2007. 10. 12, 2005도7112.

89 대판 2019. 11. 28, 2019도11766. 「피고인과 국정원장들 사이에 국정원 자금(주: 2013. 5.부터 2016. 7.까지 합계 33억 원 부분)을 횡령하여 이를 모두 피고인에게 귀속시키기로 하는 공모가 있었고 그에 따라 이 부분 특별사업비의 횡령 및 교부가 이루어진 것으로 볼 수 있다. 피고인은 횡령 범행의 실행행위를 직접 수행하지는 않았으나 국정원장들에 대한 우월하고 압도적인 지위

라 횡령금에 해당한다고 판시한 바 있다. 이와는 달리 뇌물에 해당한다고 판시한 경우도 있다.[90]

(5) 장물죄와의 관계

55 공무원이 수수한 뇌물이 장물이라는 사실을 알고 있었던 경우에, 장물죄(§ 362) 외에 뇌물수수죄가 성립하는지 문제된다. 새로운 법익을 침해하였을 뿐 아니라, 뇌물죄의 객체인 이익이 반드시 합법적인 것일 필요가 없으므로 장물취득죄 외에 뇌물수수죄가 성립하고, 두 죄는 상상적 경합이라고 할 것이다.[91] 일본 판례도 같은 입장이다.[92]

(6) 정치자금법위반죄와의 관계

56 정치자금법에서 수수를 금지하는 정치자금은 정치활동을 위하여 정치활동을 하는 자에게 제공되는 금전 등 일체를 의미한다.[93] 금품이 '정치자금'에 해당하는지 여부는 그 금품이 '정치활동'을 위하여 제공되었는지 여부에 달려 있다.[94] 따라서 정치활동을 하는 사람이 금품을 받았다고 해도 그것이 정치활동을 위하여 제공된 것이 아니라면 정치자금법 제45조 제1항 위반죄(정치자금부정수수죄)로 처벌할 수 없다.[95]

57 정치자금의 기부행위는 정치활동에 대한 재정적 지원행위이고, 뇌물은 공무원의 직무행위에 대한 위법한 대가이므로, 양자는 별개의 개념이다.[96] 그러나 정

에서 범행을 지시하고 이를 따른 국정원장들로부터 이 부분 특별사업비를 교부받았다. 결국 피고인은 자신이 적극적으로 가담하여 이루어진 횡령 범행 과정에서 공범자 중 일부가 취득한 돈을 공모의 내용에 따라 내부적으로 분배받은 것에 불과하다. 따라서 피고인이 교부받은 이 부분 특별사업비를 뇌물로 보기 어렵고, 피고인에게 뇌물에 관한 고의가 있었다고 보기도 어려우므로 특정범죄가중법 위반(뇌물)죄가 성립하지 않는다.」

90 대판 2019. 11. 28, 2019도11766. 「피고인은 앞에서 본 것처럼 국정원장들로부터 특별사업비를 교부받아 오다가 2016. 8.경 A 재단에 관한 의혹 등 이른바 국정농단 사건 관련 의혹이 언론을 통해 보도되자 B에게 국정원 자금의 수수를 중단하라고 지시하였다. (중략) 이 부분 돈(주: 2016. 9.경 2억 원 부분)은 2016. 7.까지 교부된 돈과 달리 피고인과 C 모두 뇌물성을 인식한 상태에서 대통령의 직무와 대가관계가 있는 부당한 이익으로서 수수된 뇌물에 해당한다고 보아야 한다.」

91 주석형법 〔각칙(1)〕(5판), 432(천대엽).

92 大判 明治 44(1911). 3. 30. 刑錄 17·480; 最判 昭和 23(1948). 3. 16. 刑集 2·3·232.

93 대판 2014. 6. 26, 2013도9866.

94 대판 2006. 12. 22, 2006도1623.

95 대판 2007. 7. 12, 2007도2222; 대판 2016. 7. 29, 2016도5596; 대판 2018. 5. 11, 2018도3577.

96 한편 대법원은 '뇌물수수죄'와 '정치자금법위반죄'는 그 구성요건 및 보호법익이 다르므로, 법원이 공소장변경 없이 정치자금법위반죄를 유죄로 인정하는 것이 피고인의 방어권 행사에 실질적

치자금의 명목으로 금품을 주고받았고 정치자금법에 정한 절차를 밟았다고 할지라도, 정치인의 정치활동 전반에 대한 지원의 성격을 갖는 것이 아니라 공무원인 정치인의 직무행위와 관련하여 금품 제공자에게 유리한 행위를 기대하거나 또는 그에 대한 사례로서 금품을 제공함으로써 정치인인 공무원의 직무행위에 대한 대가로서의 실체를 가진다면 뇌물성이 인정된다. 이때 금품 제공의 뇌물성을 판단할 때 상대방의 지위와 직무권한, 금품 제공자와 상대방의 종래 교제상황, 금품 제공자가 평소 기부를 하였는지 여부와 기부의 시기·상대방·금액·빈도, 제공한 금품의 액수, 금품 제공의 동기와 경위 등을 종합적으로 고려하여야 한다.[97]

58 공무원이 수수·요구 또는 약속한 금품에 그 직무행위에 대한 대가로서의 성질과 직무 외의 행위에 대한 사례로서의 성질이 불가분적으로 결합되어 있는 경우에는, 그 수수·요구 또는 약속한 금품 전부가 불가분적으로 직무행위에 대한 대가로서의 성질을 가진다고 볼 것이므로,[98] 수수한 금품에 순수한 정치자금의 성격과 뇌물의 성격이 불가분적으로 결합되어 구별할 수 없는 경우에는 수수한 금품 전부에 대하여 뇌물성이 인정된다 할 것이고, 다만 그 금품의 수수가 수회에 걸쳐 이루어졌고 각 수수 행위별로 직무관련성 유무를 달리 볼 여지가 있는 경우에는 그 행위마다 직무와의 관련성 여부를 가릴 필요가 있을 뿐이다.[99]

59 정치자금법에서 정하지 아니한 방법으로 수수한 금품이 공무원의 선거운동에 대한 불법적인 지원금인 동시에 공무원의 직무행위에 대한 대가적 성격을 아울러 가진 경우, 정치자금법위반죄와 뇌물수수죄가 모두 성립하고, 두 죄는 상상적 경합관계에 있다.[100]

(7) 범죄수익은닉죄와의 관계

60 범죄수익은닉의 규제 및 처벌 등에 관한 법률(이하, 범죄수익은닉규제법이라 한다.) 제3조 제1항 제1호는 '범죄수익 등의 취득 또는 처분에 관한 사실을 가장하

인 불이익을 초래할 염려가 없다고 보기 어려울 뿐만 아니라, 정치자금법위반죄를 유죄로 인정하지 아니한 것이 현저하게 정의와 형평에 반한다고 볼 수도 없으므로, 공소제기된 뇌물수수죄에 대해서만 심리·판단하여 무죄를 선고한 원심의 결론을 정당하다고 판시한 바 있다(대판 2010. 1. 14, 2009도11601).

97 대판 2008. 6. 12, 2006도8568; 대판 2017. 3. 22, 2016도21536.

98 대판 2009. 7. 9, 2009도3039.

99 대판 2011. 5. 26, 2009도2453; 대판 2012. 1. 12, 2011도12642.

100 대판 2012. 1. 12, 2011도12642.

는 행위'를 처벌하고 있는데, 수수한 뇌물에 관하여 위 가장행위를 한 경우에는 뇌물수수죄 외에 범죄수익은닉규제법위반죄가 성립하고, 두 죄는 실체적 경합 관계이다.[101]

5. 처 벌

5년 이하의 징역 또는 10년 이하의 자격정지에 처한다. 61

Ⅱ. 사전수뢰죄(제2항)

1. 의 의

본죄[사전뇌물(수수·요구·약속)죄]는 공무원 또는 중재인이 될 자가 그 담당할 62
직무에 관하여 청탁을 받고 뇌물을 수수·요구·약속한 후 공무원 또는 중재인이 된 때 성립하는 범죄이다. 행위의 주체가 공무원 또는 중재인이 될 것으로 예정되어 있는 자에 한정되므로 진정신분범이다. 공무원 또는 중재인의 신분취득 이전의 수뢰행위라는 점에서 단순수뢰죄보다 법정형이 낮은 불법감경적 구성요건에 해당한다.[102] 단순수뢰죄에 비해 예비적 단계의 범죄이기는 하지만, 취임 전의 비공직자라도 취임으로 개시될 직무에 관한 청탁을 받고 뇌물을 수수하는 경우 공무의 공정성에 대한 일반인의 신뢰를 해할 위험성이 높기 때문에 이를 처벌하는 취지이다.[103]

본조 제1항 소정의 뇌물수수의 공소사실과 본조 제2항 소정의 사전뇌물수 63
수의 범죄사실은 그 동일성을 인정하기 어려울 뿐만 아니라, 법원이 전자의 공소사실로 기소된 사안에서 공소장변경 없이 후자의 범죄사실을 인정하는 경우 피고인의 방어권 행사에 실질적 불이익을 초래할 염려가 있다. 그리고 본조 제1

101 대판 2012. 9. 27, 2012도6079(경찰서 생활질서계에 근무하는 피고인 甲이 피고인 乙로부터 뇌물을 수수하면서, 피고인 乙의 자녀 명의 은행 계좌에 관한 현금카드를 받은 뒤 피고인 乙이 위 계좌에 돈을 입금하면 피고인 甲이 현금카드로 돈을 인출하는 방법으로 범죄수익의 취득에 관한 사실을 가장하였다는 내용으로 기소된 사안).

102 김성돈, 783; 김일수·서보학, 663; 배종대, § 155/27; 오영근, 710; 임웅, 947; 정성근·박광민, 747.

103 김일수·서보학, 663.

항 소정의 뇌물을 공여한 행위와 본조 제2항 소정의 뇌물을 공여한 행위도 그 구성요건과 행위태양이 다르므로, 전자의 행위에 의한 뇌물공여죄로 기소된 사안에서 공소장변경 없이 후자의 행위에 의한 뇌물공여죄를 인정하는 경우 피고인의 방어권 행사에 실질적 불이익을 초래할 염려가 있다. 위와 같은 경우 공소장변경 없이 사전수뢰의 공소사실을 유죄로 인정하는 것은 허용될 수 없다.[104]

2. 구성요건

(1) 공무원 또는 중재인이 될 자

64 본죄의 주체는 '공무원 또는 중재인이 될 자'이다. 예비적 단계의 범죄이므로 그 한계를 정하지 않으면 가벌성이 무한히 확대될 위험성이 있으므로 공직취임의 단순한 가능성만으로는 부족하고 최소한의 개연성을 갖춘 자만을 주체로 삼아야 할 것이다.[105] 예컨대 공무원채용시험에 합격하여 발령을 대기하고 있는 자, 선거에서 당선이 확정된 자 등을 들 수 있다.[106] 이와 달리 공무원이 되기 위하여 채용원을 제출한 자나 공무원시험에 응시 중인 자 등은 원칙적으로 본죄의 주체가 되기 어렵다.[107]

65 선출직 공무원(대통령, 국회의원, 지방자치단체장 등)과 관련하여 선거에 입후보한 자가 본죄의 주체가 될 수 있는지에 대해서는 견해가 대립된다. 선거에서 당선이 확정되는 등 공무원이 될 것이 확실시되는 자만이 해당한다는 견해,[108] 당선이 기대되거나 개연성이 있는 자까지는 포함된다는 견해,[109] 선출직 공무원에 입후보하기만 하여도 이익집단에 의한 보험성 로비의 대상이 될 가능성이 높을 뿐만 아니라 특히 높은 도덕성과 청렴성이 요구된다는 점에서 본죄의 주체가 될 수 있다는 견해[110] 등이 있다.

66 대법원은 "형법 제129조 제2항에 정한 '공무원 또는 중재인이 될 자'란 공무원 채용시험에 합격하여 발령을 대기하고 있는 자 또는 선거에 의하여 당선이

104 대판 2012. 3. 15, 2011도16771.
105 김일수·서보학, 663.
106 김성돈, 783; 김일수·서보학, 663; 오영근, 710; 이재상·장영민·강동범, § 43/76.
107 주석형법 〔각칙(1)〕(5판), 434(천대엽).
108 이영란, 형법학 각론강의(3판), 801.
109 김선복, 신형법각론, 670; 김일수·서보학, 663; 정영일, 442; 정웅석·최창호, 52.
110 손동권·김재윤, § 49/34; 정성근·박광민, 747.

확정된 자 등 공무원 또는 중재인이 될 것이 예정되어 있는 자뿐만 아니라 공직 취임의 가능성이 확실하지는 않더라도 어느 정도의 개연성을 갖춘 자를 포함한다."고 판시하였는데,[111] 이는 공직 취임의 '개연성'을 기준으로 삼는 것으로 보인다.

(2) 그 담당할 직무에 관하여 청탁을 받고 뇌물을 수수·요구·약속

'담당할 직무'란 장차 공무원이나 중재인이 되었을 때 담당할 것으로 예정되어 있는 직무를 말한다. 67

본죄는 본조 제1항의 단순수뢰죄의 경우와는 달리 '청탁을 받을 것'을 요건으로 하고 있는데, 여기에서 청탁이라 함은 공무원에 대하여 일정한 직무행위를 할 것을 의뢰하는 것을 말하는 것으로서 그 직무행위가 부정한 것인가 하는 점은 묻지 않으며 그 청탁이 반드시 명시적이어야 하는 것도 아니다.[112] 이 경우에 있어서 직무행위가 특정될 필요는 없으나 어느 정도 구체성은 있어야 할 것이다.[113] 68

(3) 주관적 구성요건

본죄의 고의는 행위자 자신이 공무원 또는 중재인이 될 자라는 점, 담당할 직무에 관하여 청탁을 받고 응낙한다는 점 및 뇌물을 수수·요구·약속한다는 점에 대한 인식 및 의사이다. 공무원이나 중재인이 될 자라는 점에 대한 인식은 객관적인 개연성의 존재 및 그러한 개연성에 대한 미필적 인식만으로도 충분할 것이다.[114] 69

---

111 대판 2010. 5. 13, 2009도7040; 대판 2014. 12. 24, 2014도10034(피고인이 금품 수수 당시에는 아직 한국도로공사 사장직에 지원서를 내기 이전이었지만, 그 당시 상황에서도 며칠 후 피고인이 위 사장직에 임명될 개연성이 인정됨을 근거로 사전수뢰죄의 성립을 인정한 사안); 대판 2016. 5. 12, 2016도472.

112 대판 1999. 7. 23, 99도1911; 대판 2013. 8. 14, 2013도4782; 대판 2019. 12. 12, 2019도10857.

113 대판 1999. 9. 7, 99도2569(이 사안에서 대법원은, 선출직 공무원에게 정치자금이나 선거자금의 명목으로 제공한 금품이 당선이 유력한 피고인과의 원만한 관계 설정을 위한 것일 뿐이고 당선 이후 담당하게 될 직무 내지 현안에 대한 구체적인 청탁의 점에 관한 증명이 부족함을 이유로 사전수뢰의 공소사실에 대하여 무죄를 선고한 원심의 판단을 유지하였다); 대판 2013. 8. 14, 2013도4782(이 사안에서 대법원은, '기업이전 절차의 마무리 및 이전 과정에서의 행정적, 재정적 지원'은 사전수뢰죄의 구체적이고 특정된 청탁으로 보이지 않고 그밖에 피고인에 대하여 구체적 청탁이 있었다고 인정할 증거가 없음을 이유로 사전수뢰의 공소사실에 대하여 무죄를 선고한 원심의 판단을 유지하였다).

114 주석형법 [각칙(1)](5판), 438(천대엽).

3. 객관적 처벌조건

70 본조 제2항 중 '공무원 또는 중재인이 된 때'의 의미에 관하여 이를 객관적 구성요건요소로 파악하는 견해도 있을 수 있으나, 통설은 이를 객관적 처벌조건으로 본다.[115]

71 위와 같이 '공무원 또는 중재인이 된 때'를 구성요건요소가 아닌 객관적 처벌조건으로 보는 이상, 이는 사전수뢰죄의 고의의 대상이 아니고 따라서 착오의 문제는 발생하지 않으며, 사전수뢰죄의 기수시기는 수수·요구·약속행위의 종료 시라고 할 것이다(즉시범).

4. 죄수 및 다른 죄와의 관계

(1) 죄수

72 공무원이나 중재인으로 되기 전에 뇌물을 요구 또는 약속하고 이후 공무원이나 중재인이 되고 나서 그 요구 또는 약속대로 뇌물을 수수한 경우, 이론상으로는 그 신분 취득 전의 사전수뢰죄(요구, 약속)와 신분 취득 후의 단순수뢰죄(수수)가 모두 성립하고 두 죄는 실체적 경합관계에 있다고 볼 수도 있겠으나, 이 경우에는 전체로서 형이 무거운 후자의 죄로 의율하여 처단함이 상당하다.[116]

(2) 다른 죄와의 관계

73 공무원이나 중재인이 될 전망이 거의 없을 뿐 아니라 되려는 의사가 없음에도 청탁을 받고 뇌물을 수수한 경우는 물론, 그 후 우연히 공무원이나 중재인이 되었다고 하더라도 역시 사기죄(§ 347)만 성립한다고 할 것이다.[117] 그러나 상당한 정도로 공무원이 될 확실성이 있었던 경우에는 통상 사기죄가 성립하지 않을 것이므로 사전뇌물수수죄만 성립할 것이다.[118]

---

115 김성돈, 784; 김일수·서보학, 664; 박상기, 형법각론(8판), 651; 배종대, § 155/29; 손동권·김재윤, § 49/35; 신동운, 145; 오영근, 710; 이재상·장영민·강동범, § 43/78; 임웅, 948; 정성근·박광민, 748; 정영일, 442; 홍영기, § 113/20.

116 주석형법 〔각칙(1)〕(5판), 438(천대엽).

117 주석형법 〔각칙(1)〕(5판), 439(천대엽). 이와는 달리 사기죄와 사전뇌물수수죄가 각 성립하고, 두 죄는 상상적 경합관계라는 견해도 있다(박상기, 652).

118 大塚 外, 大コン(3版)(10), 168(河上和雄=小川新二=佐藤 淳).

5. 처 벌

3년 이하의 징역 또는 7년 이하의 자격정지에 처한다. 74

〔오 규 성〕

제130조(제삼자뇌물제공)

공무원 또는 중재인이 그 직무에 관하여 부정한 청탁을 받고 제3자에게 뇌물을 공여하게 하거나 공여를 요구 또는 약속한 때에는 5년 이하의 징역 또는 10년 이하의 자격정지에 처한다.

Ⅰ. 취 지

1. 의 의

1 본죄[제3자뇌물(수수·요구·약속)죄]는 공무원 또는 중재인이 직무에 관하여 부정한 청탁을 받고 제3자에게 뇌물을 공여하게 하거나 공여를 요구 또는 약속함으로써 성립하는 범죄이다. 뇌물로 거래되는 사익의 추구는 공무원이나 중재인을 넘어 가족, 친지 또는 그와 특별한 관계에 있는 집단에게도 미칠 수 있으므로 제3자로 하여금 뇌물을 얻게 하는 행위를 처벌하지 않으면 공직자의 부패와 공직의 공정성에 대한 일반인의 신뢰를 해할 수 있기 때문이다.[1] 공무원이 직접 뇌물을 받지 않고 중뢰자로 하여금 제3자에게 뇌물을 공여하도록 하고 그 제3자로 하여금 뇌물을 받도록 한 경우에는, 부정한 청탁을 받은 경우에 한하여 단순수뢰죄와 같은 형으로 처벌하도록 한 것이다.[2]

2. 성 격

2 본죄의 성격에 관하여는 ① 뇌물을 받은 자가 제3자라는 점에서 실질적인

1 김일수·서보학, 새로쓴 형법각론(9판), 665.
2 주석형법 [각칙(1)](5판), 440(천대엽).

간접수뢰를 규정한 것이라는 견해(간접수뢰설),[3] ② 간접수뢰와는 엄격히 구별되는 독자적인 수뢰죄의 일종이라는 견해(독자적 수뢰설)[4]가 있다. 전자는 제3자에 대한 뇌물의 공여가 공무원에 대한 간접적인 이익이 될 것을 요한다고 한다. 그러나 본죄의 성립을 위하여 공무원과 제3자 사이에 이해관계가 있을 것을 요하지 않고,[5] 간접적 방법에 의한 수뢰죄를 별도로 규정할 필요도 없으므로[6] 위 ②의 견해가 타당하다.

판례도 공무원이 직접 뇌물을 받지 아니하고 증뢰자로 하여금 다른 사람에게 뇌물을 공여하도록 한 경우, 사회통념상 그 다른 사람이 뇌물을 받은 것을 공무원이 직접 받은 것과 같이 평가할 수 있는 관계가 있는 경우에는 본조의 제3자뇌물수수죄가 아니라, 제129조 제1항의 뇌물수수죄가 성립한다고 판시하여,[7] 위 ②의 견해와 같은 입장이라고 할 것이다. 3

Ⅱ. 구성요건

1. 부정한 청탁

(1) '부정한 청탁'의 의미

본죄는 단순수뢰죄와 달리 '부정한 청탁'을 구성요건으로 추가하고 있는데, 이는 범행의 수단이나 이익의 귀속이 간접적이라는 점에서 단순수뢰죄보다 불법이 감경되는 측면이 있음을 고려하여 부정한 청탁이라는 가중적 불법요소를 부가함으로써 그 처벌의 범위를 명확히 하고 범죄성립을 엄격히 한 것으로 볼 수 있다.[8] 4

---

3 김일수·서보학, 665; 임웅, 형법각론(11정판), 958; 정성근·박광민, 형법각론(전정3판), 748; 정성근·정준섭, 형법강의 각론(2판), 557.

4 김성돈, 형법각론(7판), 798; 김신규, 형법각론 강의, 862; 손동권·김재윤, 새로운 형법각론, § 49/36; 오영근, 형법각론(6판), 728; 이재상·장영민·강동범, 형법각론(12판), § 43/80; 이정원·류석준, 형법각론, 735; 이형국·김혜경, 형법각론(2판), 808; 한상훈·안성조, 형법개론(3판), 743.

5 이재상·장영민·강동범, § 43/80. 일본에서도 반드시 공무원이 간접적으로나마 이익을 얻을 필요는 구성요건이 아니므로 '간접수뢰'라는 용어는 타당하지 않다고 한다[大塚 外, 大コン(3版)(10), 170(河上和雄=小川新二=佐藤 淳)].

6 오영근, 728.

7 대판 2004. 3. 26, 2003도8077.

8 주석형법 [각칙(1)](5판), 440(천대엽).

5 다만 뇌물을 직접 수수하는 것과 뇌물을 제3자에게 공여하도록 하는 것을 달리 취급할 이유가 없다는 이유로, 입법론적으로는 공무원 또는 중재인이 직무에 관하여 청탁을 받고 제3자에게 뇌물을 공여하게 하거나 공여를 요구 또는 약속하게 한 때에는 부정한 청탁을 받지 않았더라도 본죄를 인정하는 방향으로 개정하는 것이 타당하다는 견해도 있다.[9] 참고로 독일형법(§§ 331-334)에서는 뇌물죄에 관하여 자신을 위하는 경우와 제3자를 위하는 경우를 동일하게 취급한다.[10]

6 '청탁'이란 공무원에 대하여 일정한 직무집행을 하거나 하지 않을 것을 의뢰하는 행위를 말한다. '부정한' 청탁이란 의뢰한 직무집행 자체가 위법하거나 부당한 경우는 물론이고, 의뢰한 직무집행 그 자체는 위법하거나 부당하지 않더라도 당해 직무집행을 어떤 대가관계와 연결시켜 그 직무집행에 관한 대가의 교부를 내용으로 하는 청탁이라면 이는 부정한 청탁에 해당한다.[11]

7 부정한 청탁이 있었는지 여부를 판단함에 있어서는 그 직무 혹은 청탁의 내용, 이익 제공자와의 관계, 이익의 다과 및 수수 경위와 시기 등의 제반 사정과 아울러 직무집행의 공정과 이에 대한 사회의 신뢰 및 직무수행의 불가매수성이라고 하는 뇌물죄의 보호법익에 비추어 그 이익의 수수로 인하여 사회 일반으로부터 직무집행의 공정성을 의심받게 되는지 여부도 판단 기준이 된다.[12]

8 한편 판례는 공무원의 직무집행의 공정과 이에 대한 사회의 신뢰 및 직무집행의 불가매수성을 보호법익으로 하는 본죄에 있어서 '부정한 청탁'에 관해서는, 그 청탁의 대상이 된 직무집행이 위법·부당하지 않더라도 당해 직무집행을 어떤 대가관계와 연결시켜 그 직무집행에 관한 대가의 교부를 내용으로 하는 경우 이를 '부정한 청탁'에 해당하는 것으로 볼 수 있지만, 건설공사의 적정한 시공과 건설산업의 건전한 발전을 도모하는 데 그 목적을 두고 일반적인 건설산업 종사자 모두에 대해 적용하는 건설산업기본법 제38조의2[13] 위반죄에 있어

---

9 박상기, 형법각론(8판), 653.

10 예컨대 수뢰죄에 관한 제331조 제1항은 "공무원 또는 공적 업무를 위하여 특별한 의무를 지는 자가 자신 또는 제3자를 위하여 직무수행에 대한 이익을 요구하거나 약속받거나 또는 수수한 때에는 3년 이하의 자유형 또는 벌금형에 처한다."고 규정하고 있고, 다른 뇌물죄 조문들도 마찬가지이다.

11 대판 2006. 6. 15, 2004도3424; 대판 2014. 9. 4, 2011도14482.

12 대판 2008. 3. 27, 2007도620; 대판 2011. 7. 28, 2011도4445.

13 건설산업기본법 제38조의2(부정한 청탁에 의한 재물 등의 취득 및 제공 금지) ① 발주자·수급

서까지 '부정한 청탁'을 그와 같이 넓게 해석하여야 한다고 볼 수는 없다고 판시한 바 있다.[14] 마찬가지로 타인의 사무처리에 있어서의 공정성과 성실성을 보호법익(개인적 법익)으로 하는 제357조의 배임수·증재죄에서의 '부정한 청탁' 요건을 해석함에 있어서도[15] 본죄에서와 같이 넓게 인정할 것은 아니다.[16]

제3자뇌물수수죄는 공무원 또는 중재인이 직무에 관하여 부정한 청탁을 받고 제3자에게 뇌물을 공여하게 하는 행위를 구성요건으로 하고 있고, 그중 부정한 청탁은 명시적인 의사표시뿐만 아니라 묵시적인 의사표시로도 가능하며 청탁의 대상인 직무행위의 내용도 구체적일 필요가 없는 점에 비추어 살펴보면, 제3자뇌물수수죄의 공소사실은 범죄의 일시, 장소를 비롯하여 구성요건사실이 다른 사실과 구별되어 공소사실의 동일성의 범위를 구분할 수 있고, 피고인의 방어권 행사에 지장이 없는 정도로 기재되면 특정이 되었다고 보아야 하고, 그 9

인·하수급인(발주자, 수급인 또는 하수급인이 법인인 경우 해당 법인의 임원 또는 직원을 포함한다) 또는 이해관계인은 도급계약의 체결 또는 건설공사의 시공에 관하여 부정한 청탁을 받고 재물 또는 재산상의 이익을 취득하거나 부정한 청탁을 하면서 재물 또는 재산상의 이익을 제공하여서는 아니 된다.

② 국가, 지방자치단체 또는 대통령령으로 정하는 공공기관이 발주한 건설공사의 업체선정에 심사위원으로 참여한 자는 그 직무에 관하여 부정한 청탁을 받고 재물 또는 재산상의 이익을 취득하여서는 아니 된다.

③ 국가, 지방자치단체 또는 대통령령으로 정하는 공공기관이 발주한 건설공사의 업체 선정에 참여한 법인, 해당 법인의 대표자, 상업 사용인, 그 밖의 임원 또는 직원은 그 직무에 관하여 부정한 청탁을 받고 재물 또는 재산상의 이득을 취득하거나 부정한 청탁을 하면서 재물 또는 재산상의 이익을 제공하여서는 아니 된다.

제95조의2(벌칙) 다음 각 호의 어느 하나에 해당하는 자는 5년 이하의 징역 또는 5천만원 이하의 벌금에 처한다.

5. 제38조의2를 위반하여 부정한 청탁을 받고 재물 또는 재산상의 이익을 취득하거나 부정한 청탁을 하면서 재물 또는 재산상의 이익을 제공한 자

14 대판 2008. 1. 24, 2006도5711.

15 대판 1982. 9. 28, 82도1656. 「제357조 제1항 소정의 배임수·증재죄에 있어서의 부정한 청탁이라 함은 사회상규 또는 신의성실의 원칙에 반하는 것을 내용으로 하는 청탁을 의미하므로 청탁한 내용이 단순히 규정이 허용하는 범위 내에서 최대한의 선처를 바란다는 내용에 불과하다면 사회상규에 어긋난 부정한 청탁이라고 볼 수 없고, 따라서 이러한 청탁의 사례로 금품을 수수한 것은 배임증재 또는 배임수재에 해당하지 않는다.」

16 특히 고위공직자 또는 지방자치단체의 장 등 상당한 재량권을 가지고 있는 공무원이 제3자에게 뇌물을 공여하도록 하는 사례들이 발생하고 있는데, 재량권이 큰 경우에는 증뢰자의 청탁의 내용이 그 공무원의 직무권한 범위 내에 속하는 경우가 많을 것인 이상, 제3자뇌물수수죄에서의 '부정한 청탁'의 의미를 좁게 해석한다면 고위직 공무원일수록 제3자뇌물수수죄의 성립가능성이 낮아질 수 있다.

중 부정한 청탁의 내용은 구체적으로 기재되어 있지 않더라도 공무원 또는 중재인의 직무와 제3자에게 제공되는 이익 사이의 대가관계를 인정할 수 있을 정도로 특정되면 충분하다.[17]

10 공무원이 직무와 관련 있는 사람에게 제3자를 거래상대방으로 소개·추천한 행위가 직무에 관한 부정한 이익을 제3자에게 공여하게 하는 행위에 해당하는지 여부는 그 소개·추천에 이르게 된 경위, 소개·추천을 통하여 제3자가 얻는 이익의 내용과 이에 대한 공무원의 인식 정도, 소개·추천과 관련하여 공무원이 이익을 기대하였는지 여부, 소개·추천 이후에 한 공무원의 직무행위 내용, 공무원과 직무관련자 또는 제3자와의 관계 등 여러 사정을 종합적으로 고려하여 판단하여야 한다.[18]

(2) 부정한 청탁과 대가성

(가) 대가관계에 대한 인식 내지 양해

11 형법상 단순수뢰죄의 경우 공무원의 직무와 금원의 수수가 전체적으로 대가관계에 있으면 뇌물수수죄가 성립하고 특별히 청탁의 유무나 특정 직무행위와의 대가적 관계를 증명할 필요가 없어 공무원이 그 직무의 대상이 되는 사람으로부터 금품 기타 이익을 받은 때에는 특별한 사정이 없는 한 직무와 관련이 있다고 보게 되는 것과는 달리, 본죄는 '부정한 청탁'을 범죄성립의 구성요건으로 하고 있는데, 이는 처벌의 범위가 불명확해지지 않도록 하려는 데에 그 취지가 있다. 따라서 당사자 사이에 청탁의 부정성을 규정짓는 대가관계에 대한 양해가 없었다면, 단지 나중에 제3자에 대한 금품제공이 있었다는 사정만으로 어떠한 직무가 소급하여 부정한 청탁에 의한 것이라고 평가될 수는 없다.[19]

12 본죄에서의 부정한 청탁은 명시적 의사표시에 의해서뿐만 아니라 묵시적 의사표시에 의해서도 가능하지만,[20] 묵시적 의사표시에 의한 부정한 청탁이 있다고 하려면 청탁의 대상이 되는 직무집행의 내용과 제3자에게 제공되는 이익이 그 직무집행에 대한 대가라는 점에 대하여 공무원과 이익 제공자 사이에 공

17 대판 2017. 3. 15, 2016도19659.
18 대판 2014. 9. 4, 2011도14482; 대판 2017. 3. 15, 2016도19659.
19 대판 2009. 1. 30, 2008도6950; 대판 2011. 4. 14, 2010도12313.
20 대판 2007. 1. 26, 2004도1632.

통의 인식이나 양해가 있어야 한다. 따라서 그러한 인식이나 양해 없이 막연히 선처하여 줄 것이라는 기대나 직무집행과는 무관한 다른 동기에 의하여 제3자에게 금품을 공여한 경우에는 묵시적 의사표시에 의한 부정한 청탁이 있다고 볼 수 없고, 이는 공무원이 먼저 제3자에게 금품을 공여할 것을 요구하였다고 하여 달리 볼 것도 아니다.[21]

본죄의 경우 당사자 사이에 청탁의 부정성을 규정짓는 대가관계에 관한 양해가 명시적이든 묵시적이든 존재하여 하며, 적어도 당사자들이 제3자에 대한 금품의 지급 여부를 청탁 및 직무집행 당시까지 전혀 예견조차 하지 못하였음이 명백하고, 제3자에 대한 금품의 지급이 다른 동기에 의하여 결정되었을 개연성도 있다면, 비록 당사자가 상정한 청탁의 대가에 해당하는 부분은 그 죄책을 물을 수 있다 하더라도, 그 이외의 부분까지 청탁 당시에 대가관계의 연결에 관한 인식이나 양해가 있었던 것으로 보아 부정한 청탁에 해당한다고 볼 수는 없다.[22] 13

(나) 대가성이 인정되어 부정한 청탁에 해당한다고 본 사례

이와 관련하여 제3자뇌물수수죄의 성립을 인정한 대법원 판결례로는, ① 공정거래위원회 위원장인 피고인이 이동통신회사가 속한 그룹의 구조조정본부장으로부터 당해 이동통신회사의 기업결합심사에 대하여 선처를 부탁받으면서 특정 사찰에의 시주를 요청하여 시주금을 제공하게 한 사안에서, 그 부탁한 직무가 피고인의 재량권한 내에 속하더라도 본조에 정한 '부정한 청탁'에 해당하고, 위 시주는 기업결합심사와 관련되어 이루어진 것이라고 판단하여 제3자뇌물수수죄의 죄책을 인정한 원심의 판단을 유지한 사례,[23] ② 성남시장인 피고인이 정자·백궁지구의 도시설계변경 및 건축허가 관련 업무를 처리하면서 위 지구에 주상복합아파트 건설 사업을 추진하는 A로부터 건축허가에 대한 편의를 제공해 달라는 묵시적 청탁을 받고, 위 주상복합아파트의 건축설계용역을 B에게 도급하여 줄 것을 요청하여 A로 하여금 B와 사이에 위 주상복합아파트의 건축설계용역계약을 체결하도록 한 사안에서, 피고인이 A가 건축하고자 하는 주상복합 14

21 대판 2009. 1. 30, 2008도6950; 대판 2011. 4. 14, 2010도12313; 대판 2014. 9. 4, 2011도14482; 대판 2017. 3. 15, 2016도19659.

22 대판 2008. 6. 12, 2006도8568; 대판 2011. 4. 14, 2010도12313.

23 대판 2006. 6. 15, 2004도3424. 본 판결 해설은 전원열, "제3자 뇌물공여죄에 있어서 '부정한 청탁'의 의미", 해설 62, 법원도서관(2006), 362-376.

아파트에 관한 건축허가를 해준 것이 적법한 업무집행권한 내의 행위라 하더라도 건축허가 대상인 당해 건축물의 설계용역이라는 재산상 이익을 대가로 위 업무에 관련한 청탁을 받는 것은 사회 일반으로부터 공무원의 직무집행의 공정성을 심히 의심받게 하는 행위로서 부정한 청탁에 해당한다고 판단하여 제3자뇌물수수죄의 죄책을 인정한 원심의 판단을 유지한 사례,[24] ③ 도지사인 피고인이 제3자로부터 복지재단 출연금의 형태로 거액을 수수한 행위가 관광지구 추가지정 및 관련 절차의 진행에 있어서 이를 총괄하는 도지사로서의 직무와 관련하여 제3자뇌물수수죄에서 뜻하는 광의의 부정한 청탁을 매개로 이루어진 것으로 본 사례[25] 등을 들 수 있다.

(다) 대가성이 인정되지 아니하여 부정한 청탁에 해당하지 아니한다고 본 사례

이와 관련하여 제3자뇌물수수죄의 성립을 인정하지 아니한 대법원 판결례로는, ① 대통령비서실 정책실장인 피고인이 기업관계자들에게 기업 메세나(Mecenat) 활동의 일환인 미술관 전시회 후원을 요청하여 기업관계자들이 특정 미술관에 후원금을 지급한 사안에서, 피고인의 후원요청을 받은 기업관계자들이 자신들의 일상적인 모든 현안에 관하여 유리하게 해달라는 부정한 청탁의 취지로 피고인의 직무에 대한 대가로 특정 미술관에 후원금을 지급하였다고 인정하기에는 부족하다는 이유로 제3자뇌물수수죄의 공소사실에 대하여 무죄를 선고한 원심의 판단을 유지한 사례,[26] ② 구청장인 피고인이 구청 관내의 공사 인·허가와 관련하여 A 회사로부터 묵시적인 부정한 청탁을 받고 5억 원 상당의 경로당 누각을 제3자인 구에 기부채납하게 하였다는 등의 제3자뇌물수수 범행으로 기소된 사안에서, 제반 사정에 비추어 A 회사의 관계자들이 피고인의 요구를 받고 위 누각을 구에 기부채납한 것이 피고인의 직무와 관련한 부정한 청탁의 대가로 제공된 것이라고 단정할 수 없다는 이유로 피고인에게 무죄를 선고한 원심의 판단을 유지한 사례,[27] ③ 서울특별시 도시계획위원이자 도시건축공동위원회 위원인 피고인이 A로부터 A가 추진하던 건물 신축 사업과 관련된 안건이 서울특별시 도시건축공동위원회

24 대판 2007. 11. 16, 2004도4959.
25 대판 2007. 1. 26, 2004도1632.
26 대판 2009. 1. 30, 2008도6950.
27 대판 2011. 4. 14, 2010도12313.

심의를 통과할 수 있도록 해달라는 부탁을 받고 서울특별시 도시건축공동위원회 위원으로서의 부당한 직무집행에 대한 대가로 A에게 B 회사를 용역계약체결의 상대방으로 소개·추천하였다고 보기는 어렵다는 이유로 제3자뇌물수수죄의 공소사실을 유죄로 인정한 원심을 파기한 사례[28] 등을 들 수 있다.

2. 제3자에게

(1) '제3자'의 의미

제3자란 행위자 및 공동정범 이외의 사람을 말한다.[29] 제3자는 자연인에 한 16
하지 않고 법인, 법인격 없는 단체도 포함된다. 따라서 회사, 동창회, 향우회, 종단, 문중, 교회, 사찰,[30] 정당, 각종 사회단체 등도 포함된다. 제3자가 뇌물임을 인식하였는지 여부는 묻지 않으며,[31] 제3자가 뇌물수수를 거절하였어도 본죄는 성립한다.[32] 제3자가 본죄의 교사범이나 방조범이 될 수 있는지에 관하여, 판례는 이를 긍정하는 입장이다.[33] 그러나 이에 대하여 본조에서 제3자의 필요적 방조행위를 처벌하는 별도의 규정을 두고 있지 아니하므로 제3자를 방조범으로 처벌할 수는 없다는 반대견해도 있다.[34]

공무원과 공동정범 관계에 있는 비공무원은 본죄에서 말하는 제3자가 될 17
수 없고,[35] 공무원과 공동정범 관계에 있는 비공무원이 뇌물을 받은 경우에는 공무원과 함께 뇌물수수죄의 공동정범이 성립하고 제3자뇌물수수죄는 성립하지

---

28 대판 2014. 9. 4, 2011도14482.

29 대판 2017. 3. 15, 2016도19659. 「공무원과 공동정범 관계에 있는 비공무원은 제3자뇌물수수죄에서 말하는 제3자가 될 수 없다.」

30 대판 2006. 6. 15, 2004도3424(공정거래위원회 위원장인 피고인이 이동통신회사가 속한 그룹의 구조조정본부장으로부터 당해 이동통신회사의 기업결합심사에 대하여 선처를 부탁받으면서 특정 사찰에의 시주를 요청하여 시주금을 제공하게 한 사안에서 제3자뇌물수수죄의 성립을 인정한 사안).

31 대판 2006. 6. 15, 2004도3424; 대판 2019. 8. 29, 2018도2738(전); 대판 2019. 8. 29, 2018도13792(전).

32 김일수·서보학, 665.

33 대판 2017. 3. 15, 2016도19659. 「제3자뇌물수수죄에서 제3자란 행위자와 공동정범 이외의 사람을 말하고, 교사자나 방조자도 포함될 수 있다. 그러므로 공무원 또는 중재인이 부정한 청탁을 받고 제3자에게 뇌물을 제공하게 하고 제3자가 그러한 공무원 또는 중재인의 범죄행위를 알면서 방조한 경우에는 그에 대한 별도의 처벌규정이 없더라도 방조범에 관한 형법총칙의 규정이 적용되어 제3자뇌물수수방조죄가 인정될 수 있다.」

34 김일수·서보학, 666.

35 대판 2017. 3. 15, 2016도19659.

않는다.[36]

(2) 단순수뢰죄와의 구별이 필요한 경우

(가) 본죄와 단순수뢰죄의 구별

18 공무원이 직접 뇌물을 받지 아니하고 증뢰자로 하여금 다른 사람에게 뇌물을 공여하도록 한 경우, 그 다른 사람이 공무원의 사자 또는 대리인으로서 뇌물을 받은 경우나 그 밖에 예컨대, 평소 공무원이 그 다른 사람의 생활비 등을 부담하고 있었다거나 혹은 그 다른 사람에 대하여 채무를 부담하고 있었다는 등의 사정이 있어서 그 다른 사람이 뇌물을 받음으로써 공무원은 그만큼 지출을 면하게 되는 경우 등 사회통념상 그 다른 사람이 뇌물을 받은 것을 공무원이 직접 받은 것과 같이 평가할 수 있는 관계가 있는 경우에는, 본조의 제3자뇌물수수죄가 아니라 제129조 제1항의 뇌물수수죄가 성립한다.[37] 즉, 행위자와 제3자의 이해관계가 직접적이고 실질적으로 연결되어 있어 행위자가 직접 뇌물을 받은 것과 동일하게 평가할 수 있는 경우에는 단순수뢰죄가 성립하는 것이지 제3자뇌물수수죄가 성립하는 것은 아니다.

19 공무원에게 공여할 생각으로 그의 처나 자녀 등 생활이익을 같이 하는 자에게 뇌물을 제공한 때에는 공무원의 의사와 무관하게 공무원에 대한 뇌물공여죄가 성립한다.[38]

20 공무원과 비공무원이 뇌물을 받으면 뇌물을 비공무원에게 귀속시키기로 미리 모의하거나 뇌물의 성질에 비추어 비공무원이 전적으로 사용하거나 소비할 것임이 명백한 경우, 공무원과 비공무원에게 뇌물수수죄의 공동정범 성립을 인정할 수 있다는 견해[39]와 이 경우 공무원에게는 제3자뇌물수수죄가 성립할 뿐이고 뇌물수수죄의 공동정범은 성립할 수는 없다는 견해[40]가 대립됨은 앞서 살펴본 바와 같다.

---

36 대판 2019. 8. 29, 2018도2738(전); 대판 2019. 8. 29, 2018도13792(전).

37 대판 1998. 9. 22, 98도1234; 대판 2004. 3. 26, 2003도8077; 대판 2008. 9. 25, 2008도2590; 대판 2010. 5. 13, 2008도5506.

38 대판 2006. 1. 12, 2005도2458.

39 대판 2019. 8. 29, 2018도2738(전) 및 대판 2019. 8. 29, 2018도13792(전)의 각 다수의견.

40 대판 2019. 8. 29, 2018도2738(전)의 반대의견 및 대판 2019. 8. 29, 2018도13792(전)의 별개의견.

(나) 구체적인 검토

(a) 공무원의 가족 또는 지인

공무원의 처의 경우에는 일반적으로 단순수뢰죄가 인정될 수 있을 것이다.[41] 그 밖의 가족 또는 지인의 경우에는 개별 사안에 따라 구체적으로 판단하여야 할 것인데, 그 고려요소로는 생활관계(경제적 일체성 여부)와 금품 수수경위(공무원이 증뢰자로부터 받아 제3자에게 줄 금품을 증뢰자가 바로 제3자에게 준 것으로 볼 수 있는지 또는 공무원이 자신의 금품을 투입하지 않게 된 이익을 얻은 것으로 볼 수 있는지), 증뢰자의 의사(누구에게 준다고 생각하였는지),[42] 뇌물을 수령한 가족 또는 지인의 의사(누구로부터 받는다고 인식하였는지), 증뢰자와 제3자 사이에 거래의 외형을 갖춘 경우 정상적인 거래를 나타내는 정황적인 징표들이 존재하는지 여부 등을 들 수 있다.[43] 21

또한 공소사실의 '이익 내용'에 따라 뇌물수수죄의 인정 여부가 달라질 수도 있는데, 가령 공무원과 생계를 같이 하면서 공무원에게 생활비용 일체를 의존하는 성인 아들이 취업한 경우 공무원이 직접 얻은 이익은 '생활비 등 부담 경감'이라고 보는 것이 합리적이고, '아들이 취업하여 일할 수 있는 이익' 자체를 22

41 대판 1996. 12. 6, 96도144(피고인과 증뢰자가 수시로 접촉을 계속하여 왔고 사생활에까지 도움을 줄 정도의 관계라면, 증뢰자가 피고인에게 전혀 알리지 않은 채 피고인의 처에게 금품을 보냈다고 보기 어려울 뿐만 아니라 피고인의 처로서도 그가 금품을 보냈다는 사실을 피고인에게 숨기기는 어렵다고 보여지므로, 달리 합리적인 근거가 없는 한 그 금품은 피고인에게 전달되었다고 봄이 상당하다는 이유로, 피고인에게 무죄를 선고한 원심판결을 파기한 사례); 대판 2014. 6. 26, 2013도600. 반면에 공무원의 처가 운영하는 회사가 금품 등의 이익을 제공받았지만, 재혼부부로서 결혼 후에도 각자의 수입·비용을 독립적으로 관리하였고, 남편이 처의 회사 운영에 관여하지 않았으며, 회사 수익이 생활비로 사용된 정황도 발견되지 않는 등의 사정이 있다면, 이를 공무원 본인이 뇌물을 수수한 것으로 볼 수 없다는 사례로는, 대판 2011. 5. 13, 2010도14376 참조.

42 수수 경위, 증뢰자의 기록(메모) 등에 비추어 판단할 수 있을 것이다.

43 대판 2009. 10. 15, 2009도6422. 「공무원이 다른 사람과 공동으로 또는 그 다른 사람을 통하여 투자하는 관계에 있으면서 공무원 자신의 투자금 내지 대여금으로 계산하면서 그 다른 사람 이름으로 뇌물을 받는 경우에도 마찬가지라고 할 것인데, 이러한 경우에 해당하는지는 공무원과 그 다른 사람 사이에 투자관계가 형성되어 있거나 장차 형성될 것이 기대되었는지 여부, 공무원과 증뢰자의 의사가 어떠하였는지 여부, 공무원의 투자금 내지 대여금이라는 계산을 배제하고서도 증뢰자와 그 다른 사람 사이에 정상적인 거래가 성립될 수 있는 관계였는지 여부, 증뢰자와 그 다른 사람 사이의 정상적인 거래를 나타내는 정황적인 징표들이 존재하는지 여부 등을 종합하여 판단하여야 할 것이다.」

같은 취지의 판결로는 대판 2008. 1. 18, 2007도8996; 대판 2010. 1. 28, 2009도9469.

공무원이 직접 취득하였다고 볼 수는 없을 것이다.[44]

(b) 법인 등의 단체

23 공무원 자신이 사실상 부담하여야 할 회사 설립자금 또는 운영경비를 증뢰자에게 부담시킨 경우, 공무원이 실질적인 대주주이자 대표자인 회사가 금품 등의 이익을 제공받은 경우, 공무원이 회사 운영의 전권을 가지고 해당 뇌물의 대부분 또는 상당 부분을 자신의 의사에 따라 처분한 경우 등에는 해당 공무원에 대하여 단순수뢰죄가 성립한다.[45]

24 다만 대법원은, "공무원으로 의제되는 정비사업전문관리업자의 임·직원이 직무에 관하여 자신이 아닌 정비사업전문관리업자에 뇌물을 공여하게 한 경우, 임·직원(의제공무원)이 법인인 정비사업전문관리업자를 사실상 1인 회사로서 개인기업과 같이 운영하거나 그렇지 않더라도 사회통념상 정비사업전문관리업자에 뇌물을 공여한 것이 곧 그 임·직원에게 공여한 것과 같다고 볼 수 있을 정도로 경제적·실질적 이해관계를 같이 하는 것으로 평가되는 경우에 한하여 단순수뢰죄가 성립한다."고 판시함으로써, 이 경우 임·직원(의제공무원)이 대표이사 또는 실질적 운영자라고 하더라도 추가적 요건이 증명되지 않으면 단순수뢰죄는 성립하지 않는다고 본다.[46] 또한 대법원은 공무원이 33% 회사 지분을 보유한 주주로서 회사와 밀접한 이해관계를 맺고 있다는 사정만으로는 회사와 공무원을 동일시할 수 없고, 나아가 공무원이 주주로서 간접적인 이익을 얻게 되더라도 단순수뢰죄는 성립하지 않는다고 판시한 바 있다.[47]

---

44 대판 2008. 1. 18, 2007도8996; 대판 2016. 11. 25, 2016도7819('아들이 취업하여 일할 수 있는 이익' 자체를 취득하였다는 공소사실로 기소된 경우, 공소장 변경 없이 '생활비 부담 경감의 이익'을 얻었다는 범죄사실을 유죄로 인정할 수도 없다).

45 대판 2004. 3. 26, 2003도8077(공무원이 실질적인 경영자로 있는 회사가 청탁 명목의 금원을 회사 명의의 예금계좌로 송금받은 경우에 사회통념상 위 공무원이 직접 받은 것과 같이 평가할 수 있어 뇌물수수죄가 성립한다고 한 사례); 대판 2008. 4. 24, 2008도1335; 대판 2008. 8. 21, 2008도4378; 대판 2009. 3. 12, 2008도1321; 대판 2011. 11. 24, 2011도9585(구 도시 및 주거환경정비법상 정비사업전문관리업체 임원인 피고인이 건설회사로부터 재개발정비사업 시공사로 선정되도록 도와달라는 취지의 부탁을 받고 자신이 실질적으로 장악하고 있는 컨설팅회사 명의 계좌로 돈을 교부받았다는 내용으로 기소된 사안에서, 피고인에게 뇌물수수죄를 인정한 원심판단을 수긍한 사례); 대판 2012. 5. 17, 2009도6788(전); 대판 2015. 7. 23, 2015도3080.

46 대판 2008. 1. 18, 2007도8996; 대판 2008. 9. 25, 2008도2590; 대판 2008. 9. 25, 2008도2592; 대판 2008. 11. 13, 2008도2589; 대판 2008. 11. 13, 2008도2591; 대판 2010. 5. 13, 2008도5506.

47 대판 2016. 6. 23, 2016도3540.

3. 뇌물을 공여하게 하거나 공여를 요구 또는 약속

25 본죄에서의 '뇌물'이란 공무원의 직무에 관하여 부정한 청탁을 매개로 제3자에게 교부되는 위법 혹은 부당한 이익을 의미한다.[48] 본죄에서의 뇌물성은 제129조 뇌물죄에서와 마찬가지로 직무와의 관련성이 있으면 인정되는 것이고, 그 뇌물을 받는 제3자가 뇌물임을 인식할 것을 요하지 아니하며, 그 뇌물을 제3자에게 공여하게 한 동기를 묻지 아니한다.[49] 뇌물은 직무행위와 관련된 이익 내지 보수이면 충분한 것이고, '은밀성'은 뇌물성의 개념요소가 아니다. 제129조의 단순수뢰죄의 경우에는 뇌물이 은밀히 수수되는 것이 일반적이겠지만,[50] 제3자뇌물수수죄에서는 뇌물의 수수가 공연한 경우도 종종 발생한다.[51] 공무원이 제3의 기관에 대하여 기부하도록 만들어서 본조 위반이 되는 경우에는 대부분의 경우 그 처리는 공연할 것이므로, 이러한 사정만으로 뇌물에 해당하지 않는다고 볼 수는 없을 것이다.

Ⅲ. 기수시기

26 본죄는 공무원이 제3자에게 뇌물을 공여하게 하거나 공여를 요구 또는 약속함으로써 성립한다. 공여의 경우 제3자로 하여금 이를 수수할 수 있는 상태에 두는 것으로 충분하므로 제3자가 이를 수수하였는지 여부 또는 뇌물인 사실을 알았는지 여부는 문제되지 않고,[52] 제3자가 수수를 거절한 경우에도 본죄가 성립한다.[53]

48 대판 2007. 1. 26, 2004도1632.

49 대판 2006. 6. 15, 2004도3424. 「어떤 금품이 공무원의 직무행위와 관련하여 교부된 것이라면 그것이 시주의 형식으로 교부되었고 또 불심에서 우러나온 것이라 하더라도 뇌물임을 면할 수 없다.」

50 일본 판례는 뇌물죄에서는 공연성이 인정된다고 하더라도 뇌물성이 없어지는 것은 아니라고 한다[最決 昭和 30(1955). 6. 22. 刑集 9·7·1179].

51 공정거래위원회 위원장인 피고인이 이동통신회사가 속한 그룹의 구조조정본부장으로부터 당해 이동통신회사의 기업결합심사에 대하여 선처를 부탁받으면서 특정 사찰에의 시주를 요청하여 시주금을 제공케 한 사안에서, 그 부탁한 직무가 피고인의 재량권한 내에 속하더라도 제130조에 정한 '부정한 청탁'에 해당하고, 위 시주는 기업결합심사와 관련되어 이루어진 것이라고 판단하여 제3자뇌물수수의 죄책을 인정한 원심의 조치를 수긍한 사례(대판 2006. 6. 15, 2004도3424) 등.

52 김성돈, 799; 김일수·서보학, 666; 배종대, 형법각론(13판), § 155/32; 이재상·장영민·강동범, § 43/80; 임웅, 959; 정성근·박광민, 750; 정영일, 형법강의 각론(3판), 445.

53 김성돈, 799; 정성근·박광민, 750.

Ⅳ. 다른 죄와의 관계

27 공무원이 직무관련자에게 제3자와 계약을 체결하도록 요구하여 계약 체결을 하게 한 행위가 제3자뇌물수수죄의 구성요건과 직권남용권리행사방해죄(§ 123)의 구성요건에 모두 해당하는 경우에는, 제3자뇌물수수죄와 직권남용권리행사방해죄가 각각 성립하되, 이는 사회관념상 하나의 행위가 수개의 죄에 해당하는 경우이므로 두 죄는 상상적 경합관계에 있다.[54]

Ⅴ. 처 벌

28 5년 이하의 징역 또는 10년 이하의 자격정지에 처한다.

〔오 규 성〕

54 대판 2017. 3. 15, 2016도19659.

제131조(수뢰후부정처사, 사후수뢰)

① 공무원 또는 중재인이 전2조의 죄를 범하여 부정한 행위를 한 때에는 1년 이상의 유기징역에 처한다.

② 공무원 또는 중재인이 그 직무상 부정한 행위를 한 후 뇌물을 수수, 요구 또는 약속하거나 제삼자에게 이를 공여하게 하거나 공여를 요구 또는 약속한 때에도 전항의 형과 같다.

③ 공무원 또는 중재인이었던 자가 그 재직 중에 청탁을 받고 직무상 부정한 행위를 한 후 뇌물을 수수, 요구 또는 약속한 때에는 5년 이하의 징역 또는 10년 이하의 자격정지에 처한다.

④ 전3항의 경우에는 10년 이하의 자격정지를 병과할 수 있다.

Ⅰ. 의 의

본조 제1항의 수뢰후부정처사죄는 공무원 또는 중재인이 단순수뢰죄, 사전 1
수뢰죄, 제3자뇌물수수죄를 범하였을 뿐만 아니라 나아가 부정한 행위를 함으로써 성립한다. 즉, 뇌물죄와 부정행위가 결합됨으로써 불법이 가중된 유형이다. 본조 제1항은 공무원 또는 중재인이 제129조, 제130조의 죄를 범한 후에 부정한 행위를 한 때에 가중처벌한다는 규정이므로, 본조 제1항의 죄를 범한 자는 특정범죄 가중처벌 등에 관한 법률(이하, 특정범죄가중법이라 한다.) 제2조 제1항 소정의 '형법 제129조, 제130조에 규정된 죄를 범한 자'에 해당된다고 보아야 할 것이다.[1] 벌금의 필요적 병과를 규정한 특정범죄가중법 제2조 제2항도 수뢰후부정처사죄에 적용된다.[2]

1 대판 1969. 12. 9, 69도1288; 대판 1994. 12. 9, 94도303; 대판 2004. 3. 26, 2003도8077.
2 신동운, 형법각론(2판), 152.

2 본조 제2항의 부정처사후수뢰죄는 넓은 의미에서는 제3항의 부정처사후수뢰죄와 함께 '사후수뢰죄'의 한 태양으로 분류되지만,[3] 부정행위가 뇌물죄와 결합되어 형이 가중되는 점에서 제1항의 수뢰후부정처사죄와 함께 가중수뢰죄로 분류되기도 한다.[4]

3 본조 제3항의 부정처사후수뢰죄(퇴직후수뢰죄라고도 한다.)는 공무원 또는 중재인이었던 자가 그 재직 중에 청탁을 받고 직무상 부정한 행위를 한 후 뇌물을 수수·요구·약속함으로써 성립한다. 부정행위가 결합되어 있다는 점에서 불법이 가중되지만, 수뢰 당시에는 공무원 또는 중재인의 지위에 있지 않다는 점에서 불법이 감경되어, 결국 단순수뢰죄와 동일한 법정형을 규정한 것이다.[5]

Ⅱ. 구성요건

4 본죄의 구성요건 중 주체와 행위는 아래의 [표 1]과 같다.

[표 1] 제131조 구성요건

조문	죄명	주체	행위		
제1항	수뢰후부정처사	공무원 또는 중재인	제129조, 제130조의 죄를 범하여	부정한 행위	
제2항	부정처사후수뢰	공무원 또는 중재인		직무상 부정한 행위	뇌물을 수수·요구·약속 또는 제3자에게 공여, 공여요구·약속
제3항	부정처사후수뢰	공무원 또는 중재인이었던 자	재직 중 부정한 청탁을 받고	직무상 부정한 행위	뇌물을 수수·요구·약속

3 아래에서는 편의상 제2항의 죄를 '제2항 부정처사후수뢰죄', 제3항의 죄를 '제3항 부정처사후수뢰죄'라고 하고, 두 죄를 합하여 '부정처사후수뢰죄'라고 한다.

4 본조 제1항의 수뢰후부정처사죄와 비교할 때 제2항의 부정처사후수뢰죄는 수뢰행위와 부정한 행위 사이에 시간적 선후만 바뀌었을 뿐 범죄의 실질은 같으므로, 특정범죄가중법 제2조 제1항에 의한 가중처벌 및 같은 법 제2조 제2항에 의한 벌금의 필요적 병과도 동일하게 적용된다는 견해로는 신동운, 153 참조.

5 오영근, 형법각론(5판), 714.

5 여기서 주체 중 '공무원 또는 중재인'와 행위 중 '뇌물'의 개념에 대해서는 **[총설]**에서 살펴본 바와 같고, 행위 중 '제129조, 제130조의 죄를 범하여'(§ 129, § 130), '부정한 청탁을 받고'(§ 130), '뇌물을 수수·요구·약속'(§ 129), '뇌물을 제3자에게 공여, 공여요구·약속'(§ 130)의 의미는 각 해당 조문 부분에서 살펴본 바와 같다.

6 따라서 여기서는 주체 중 '공무원 또는 중재인이었던 자'와 행위 중 '부정한 행위'에 대해서만 살펴보기로 한다.

1. 공무원 또는 중재인이었던 자

7 제3항 부정처사후수뢰죄의 주체는 '공무원 또는 중재인이었던 자'이다. 공무원이나 중재인이 퇴직하여 현재 공무원이나 중재인이 아닌 경우에는 아무런 문제가 없다. 그러나 아래와 같은 경우에도 제3항 부정처사후수뢰죄의 주체가 되는지가 문제된다.

(1) 퇴직 후 다시 동일한 직무에 취임한 경우

8 퇴직 후 다시 동일한 직무에 취임하여 퇴직 전의 부정행위에 관하여 뇌물을 수수·요구·약속한 경우에는, 부정행위 및 수뢰 등 행위 당시 모두 동일한 직무를 담당하는 지위에 있으므로 그 신분 및 직무의 동일성이 인정되는 일련의 행위로서 제3항 부정처사후수뢰죄가 아니라 제2항 부정처사후수뢰죄가 성립한다고 할 것이다(통설).[6]

9 그러나 그 전후 지위나 직무의 내용 및 성질에 비추어 포괄적인 의미에서도 공무수행의 연속성과 동질성을 인정할 수 없으면 제3항 부정처사후수뢰죄가 성립된다.[7] 예컨대, 특정범죄가중법 제4조의 적용을 받는 정부관리기업체의 간부직원으로 재직 중인 자가 그 이전 공무원으로 재직 중의 부정한 행위의 대가로 금품을 수수한 경우[8]나 위 정부관리기업체 간부직원의 지위에 있다가 퇴직

---

6 김성돈, 형법각론(7판), 801; 배종대, 형법각론(13판), § 155/37; 주석형법 〔각칙(1)〕(5판), 454(천대엽).

7 주석형법 〔각칙(1)〕(5판), 454(천대엽).

8 대판 1984. 8. 14, 84도1139. 「특정범죄가중법 제4조의 규정은 형법 제129조 내지 제132조(수뢰 사전수뢰, 제3자 뇌물공여, 수뢰후 부정처사, 사후수뢰, 알선수뢰)의 적용에 있어서는 정부관리기업체의 간부직원은 이를 공무원으로 본다는 뇌물죄의 적용대상을 원래 공무원아닌 정부관리

한 후 별도의 공무수탁업무에 종사하여 공무원으로 의제되는 상태에서 퇴직 이전 직무와 관련하여 금전을 교부받은 경우[9]에는, 공무원의제에 따른 신분과 일반공무원 신분 사이에는 공무수행자로서의 연속성과 동일성을 인정하기 어려운 점[10]에 비추어 제3항 부정처사수뢰죄가 성립한다고 할 것이다.

(2) 다른 직무로 전직한 경우

10 공무원이 재직 중에 청탁을 받고 직무상 부정한 행위를 한 후 직무권한이 다른 공직으로 전직(轉職)되어 계속 공무원인 상태에서 뇌물을 수수·요구·약속한 경우에는, 제3항 부정처사후수뢰죄가 아니라 제2항 부정처사후수뢰죄가 성립한다는 것이 통설이다.[11] 부정행위 및 수뢰 등 행위와 사이에 계속적으로 공무원의 지위를 유지하고 있는 이상, 본조 제2항 및 제3항의 문언에 비추어 통설의 입장이 타당하다고 하겠다.[12]

2. 부정한 행위

(1) '부정한 행위'의 의미

11 수뢰후부정처사죄 및 부정처사후수뢰죄에서의 '부정한 행위'라 함은 직무에 위배되는 일체의 행위를 말하고,[13] 부정처사후수뢰죄에서의 '직무상 부정한 행

기업체의 간부직원에게도 확대적용한다는 것으로(위 같은법시행령 제2조는 그 모법의 위임에 따라 정부관리기업체의 범위를 제3조는 간부직원의 범위를 각 정하고 있다) 정부관리기업체의 간부직원이 그 정부관리기업체의 직무에 관하여 형법 제129조 내지 제132조의 죄를 범하였을 때는 각 그 죄가 성립하는 것으로 하여 그 각 법조와 특정범죄가중법을 적용한다는 취의라고 풀이되고, 현재 정부관리기업체의 간부직원으로 있는 자가 공무원으로 재직 중의 직무에 관하여 금품 등을 수수하였을 때는 구체적 사안에 따라 사후수뢰죄 등이 성립함은 별론으로 하고 이의 적용이 없음이 명문상 명백하다.」

본 판결 해설은 김성룡, "특정범죄 가중처벌 등에 관한 법률 제4조의 취지 및 전직전의 직무에 관한 금품의 수수와 뇌물죄의 성부", 해설 3, 법원행정처(1988), 287-297.

9 대판 2001. 2. 9, 2000도5358.

10 주석형법 [각칙(1)](5판), 455(천대엽).

11 김신규, 형법각론 강의, 865; 김일수·서보학, 새로쓴 형법각론(9판), 668; 박찬걸, 형법각론, 821; 손동권·김재윤, 새로운 형법각론, § 49/41; 이재상·장영민·강동범, 형법각론(12판), § 43/85; 이형국·김혜경, 형법각론(2판), 811; 정웅석·최창호, 형법각론, 56; 주석형법 [각칙(1)](5판), 455(천대엽).

12 이와는 달리 일본 판례는 전직하였더라도 뇌물수수 당시 공무원인 이상 일반 뇌물죄가 성립하고, 사후수뢰죄(§ 197의3③)는 성립하지 않는다고 한다[最決 昭和 58(1983). 3. 25. 刑集 37·2·170].

13 대판 2003. 6. 13, 2003도1060; 대판 2012. 7. 26, 2010도10646.

위'란 직무에 관한 부정한 행위를 말한다. 여기서 부정한 행위는 작위에 의한 것인지 부작위에 의한 것인지를 묻지 않는다.[14] 부정한 행위의 일반적 의미에 비추어 보거나 공무원의 직무집행의 공정 및 불가매수성이라는 뇌물죄 일반의 보호법익에 비추어 보더라도 위법한 행위는 물론 직무상 부당한 행위도 부정한 행위에 포함된다고 볼 것이다. 다만 본죄의 구성요건에 '부정한 행위'가 명시적으로 규정되어 있는 이상, 직무집행의 주관적인 동기나 의도가 부정한 것 외에 객관적으로도 직무집행행위가 위법 혹은 부당하여 부정한 경우에 해당하여야 본죄의 성립이 인정될 것이다.[15]

완전한 자유재량에 속한다고 해석되는 직무행위에 있어 뇌물의 수수 등으로 말미암아 그 판단 과정에서 직무 외적인 요소가 고려되었다고 하여 부정한 행위가 있었다고 보기는 어렵고, 그 경우 단순수뢰죄만이 성립할 것이다.[16] 반면, 직무행위가 재량적이라도 재량권을 일탈하거나 남용하는 행위는 그 자체로 위법한 행위라는 점에서 부정한 행위에 포함된다. 나아가 직무행위가 재량권의 행사에 해당하고 그에 따라 현실적으로 행하여진 직무수행이 비록 재량권의 일탈이나 남용의 정도에 이르지 아니하여 재량권의 범위 내에서 직무를 수행한 것으로 볼 수 있다고 하여도, 뇌물의 수수 등이 직무의 공정한 수행에 영향을 미쳤다고 인정되면 부정한 행위를 하였다고 볼 수 있을 것이다.[17] 12

뇌물죄에서 말하는 '직무'에는 법령에 정하여진 직무뿐만 아니라 그와 관련 있는 직무 등이 널리 포함되는 것과 마찬가지로, 수뢰후부정처사죄 및 부정처사후수뢰죄에서 말하는 '부정한 행위'라 함은 직무에 위배되는 일체의 행위를 말하는 것으로 직무행위 자체는 물론 그것과 객관적으로 관련 있는 행위까지를 포함한다.[18] 13

---

14 일본형법 제197조의3(가중수뢰 및 사후수뢰)는 '부정한 행위를 하거나 상당한 행위를 하지 아니한 때'라고 규정하고 있다. 후자(부작위)에 속하는 사례로는 ① 범죄수사를 담당하는 순사가 증거품의 압수를 중지한 경우[最決 昭和 29(1954). 9. 24. 刑集 8·9·1519], ② 국회의원이 회의장에 출석하지 않은 경우[大判 大正 5(1916). 9. 24. 刑錄 22·1718] 등이 있다.

15 주석형법 [각칙(1)](5판), 449(천대엽).

16 주석형법 [각칙(1)](5판), 450(천대엽).

17 주석형법 [각칙(1)](5판), 450(천대엽).

18 대판 2003. 6. 13, 2003도1060. 「경찰관 직무집행법 제2조 제1호는 경찰관이 행하는 직무 중의 하나로 '범죄의 예방·진압 및 수사'를 들고 있고, 이와 같이 범죄를 예방하거나, 진압하고, 수사하여야 할 일반적 직무권한을 가지는 피고인이 도박장개설 및 도박범행을 묵인하고 편의를 봐주는 데 대한 사례비 명목으로 금품을 수수하고, 나아가 도박장개설 및 도박범행사실을 잘 알면서

14 부정한 행위에는 법령에 규정된 직무의 위배행위뿐만 아니라 행정기관 내부의 직무위배행위까지 포함되고, 그 행위의 내용이 부정한 경우뿐만 아니라 절차상 의무에 위배되는 행위도 포함된다. 따라서 결과적·객관적으로 직무행위의 내용이 정당하다 하더라도 판단을 성실하게 하지 않은 것에 그치지 아니하고 그 과정에 있어서 법령이나 직무상의 명령, 지시 등에 의하여 요구되는 절차를 거치지 않고 직무행위를 한 경우에는 절차상 의무에 위배되는 행위로서 부정한 행위에 해당한다.[19]

3. 구체적 사례

15 '부정한 행위'가 인정되어 수뢰후부정처사죄 또는 부정처사후수뢰죄의 성립이 인정된 판례로는, ① 행정청의 내부방침에 위배하여 허위의 복명서를 작성한 후 대규모소매점개설신고서를 수리한 직무위배행위 역시 본조 제2항 소정의 '직무상 부정한 행위'에 해당되고, 관계 법령상 대규모소매점개설신고의 요건을 심사하여 수리 여부를 결정할 수 있는 권한이 행정청에 있는 것이 아니라 하여 달리 볼 것은 아니라고 한 사안,[20] ② 구 공중위생법 제41조 제2항, 같은 법 시행령 제27조 제1항 제4호에 의하여 전자유기기구의 검사를 위탁받은 기관의 직원이 기구 내에 설치된 프로그램의 점검필 여부를 확인하지 아니한 채 점검필 유기기구확인표시증을 컴퓨터게임장 업주에게 교부한 경우, 확인표시증 기재사항의 기재 여부나 실제 부착 여부에 관계없이 본조 제2항 소정의 '직무상 부정한 행위'에 해당한다고 본 사안,[21] ③ 법령이 정한 절차를 거치지 않고 공여자에게 유리하게 계약의 특약사항을 변경해주어 공사비를 경감시켜 준 경우, 그 특약사항의 법률상 효력 유무와 관계없이 부정처사후수뢰죄에서 정한 '부정한 행위'에 해당한다고 판단한 사안[22] 등이 있다.[23]

도 이를 단속하지 아니하였다면, 이는 경찰관으로서 직무에 위배되는 부정한 행위를 한 것이라 할 것이고, 비록 피고인이 이 사건 범행 당시 원주경찰서 교통계에 근무하고 있어 도박범행의 수사 등에 관한 구체적인 사무를 담당하고 있지 아니하였다 하여도 달리 볼 것은 아니다.」

19 주석형법 [각칙(1)](5판), 452(천대엽).

20 대판 1996. 8. 23, 96도1231.

21 대판 1999. 7. 23, 99도390.

22 대판 2012. 7. 26, 2010도10646.

23 일본 판례로는 피고인이 방위청 조달실시본부 소속 공무원으로 근무하면서 A 회사의 부풀리기

'부정한 행위'가 인정되지 아니하여 수뢰후부정처사죄 또는 부정처사후수뢰죄의 성립이 부정된 판례로는, ① 과세 대상에 관한 규정이 명확하지 않고 그에 관한 확립된 선례도 없었던 경우, 공무원이 주식회사로부터 뇌물을 받은 후 관계 법령에 대한 충분한 연구·검토 없이 위 회사에 유리한 쪽으로 법령을 해석하여 감액처분을 하였더라도 위 감액처분이 위법하지 않으면 그 공무원이 수뢰후 '부정한 행위'를 한 것으로서 수뢰후부정처사죄를 범하였다고 볼 수는 없다고 한 사안,[24] ② 토지매수에 관한 근거 법률인 한강수계 상수원수질개선 및 주민지원 등에 관한 법률과 동법 시행령 및 시행규칙에 따라 담당공무원이 상수원관리지역 내의 토지 등을 매입하는 업무를 처리함에 있어서는 상수원 수질의 개선 및 보존의 목적을 효율적으로 달성하고 관련 토지 등의 소유자들에게 공평한 매도기회를 제공할 수 있도록 하여야 하고 이를 위하여 내부 업무처리지침으로 '토지 등의 매수 및 관리 업무처리지침' 등이 제정되어 있는데, 수뢰자의 업무처리가 '상수원 수질의 개선 및 보존과 토지 등의 소유자들에 대한 공평한 매도기회 제공'이라는 토지매입 담당공무원의 업무상 목적에 어긋난다고 볼 수 없으므로 수뢰후부정처사죄의 '부정한 행위'에 해당한다고 볼 수 없다고 한 사안,[25] ③ 대한주택공사 차장인 피고인(의제공무원)이 아파트 분양공고에 앞서 분양권 전매업자에게 분양신청자격요건 등 분양 관련 정보를 미리 확인하여 주는 편의를 제공해 준 후 그 대가로 금품을 받았다고 하더라도 그러한 분양 관련 정보의 사전 확인이 법령이나 대한주택공사의 방침에 어긋나지 않는 경우라면, 직 16

청구사안의 사후처리와 관련한 편의를 봐주는 부정한 행위를 하였는데 이후 퇴직 후 피고인의 희망대로 이례적인 조건으로 A 회사의 비상근고문으로 채용되어 고문료를 수령한 경우, 설령 피고인에게 A 회사 고문으로서의 실체를 인정할 수 있다고 하더라도 위 고문료 수령액은 피고인의 퇴직 전 부정한 행위에 대한 대가성을 인정할 수 있으므로 사후수뢰죄(§ 197의3③. 우리의 § 131③에 해당)가 성립한다는 취지의 판례가 있다[最決 平成 21(2009). 3. 16. 刑集 63·3·81]. 본 판례와 관련하여, 피고인이 재직 중에도 위 회사의 취업을 강하게 희망하여 뇌물을 요구, 약속하여 사후가중수뢰죄(§ 197의3②, 사후수뢰죄 보다 법정형이 높음. 우리의 § 131②에 해당)가 성립할 여지가 컸는데, 그 경우 사후가중수뢰죄와 사후수뢰죄의 관계에 대한 논의가 있다. 이에 대해서는 ① 사후가중수뢰죄만 성립하고 사후수뢰죄는 흡수된다는 견해, ② 두 죄 모두 성립하고 중한 사후가중수뢰죄의 형으로 처벌된다는 견해, ③ 두 죄는 포괄일죄라는 견해, ④ 두 죄는 상상적 경합관계라는 견해가 있다[이에 대한 상세는 西田 外, 注釈刑法(2), 798(上嶌一高) 참조]. 본 판결의 경우, 검사가 사후수뢰죄만을 기소하였고, 법원은 이 부분만을 판단하였다.

24 대판 1995. 12. 12, 95도2320.

25 대판 2013. 1. 24, 2010도8292.

무에 위배되는 부정한 행위라고 볼 수 없어 부정처사후수뢰죄의 성립을 인정하지 아니한 사안[26] 등을 들 수 있다.

Ⅲ. 죄수 및 다른 죄와의 관계

1. 죄 수

17 뇌물을 요구 또는 약속한 후 직무위배행위를 하고, 다시 그 후에 뇌물을 수수한 경우에도 수뢰후부정처사죄 1죄만 성립한다.[27]

18 단일하고도 계속된 범의 아래 일정 기간 반복하여 일련의 뇌물수수 행위와 부정한 행위가 행하여졌고 뇌물수수 행위와 부정한 행위 사이에 인과관계가 인정되며 피해법익도 동일한 경우, 최후의 부정한 행위 이후에 저질러진 뇌물수수 행위도 최후의 부정한 행위 이전의 뇌물수수 행위 및 부정한 행위와 함께 수뢰후부정처사죄의 포괄일죄로 처벌될 수 있다.[28]

2. 다른 죄와의 관계

19 수뢰후부정처사죄(§ 131①)에서의 부정한 행위가 별도의 범죄를 구성할 때에는 1개의 행위가 실질적으로 수개의 구성요건을 충족하는 것이 되어 수뢰후부정처사죄와 그 다른 범죄가 각각 성립하고, 위 각 죄는 상상적 경합관계에 있다고 할 것이다.[29] 특히 부정한 행위가 문서위조죄 및 위조문서행사죄인 경우의 죄수가 문제될 수 있는데, 대법원은 "수뢰후부정처사죄에 있어서 공무원이 수뢰 후 행한 부정행위가 허위공문서작성 및 동행사죄와 같이 보호법익을 달리하는 별개 범

---

26 부산고판 2008. 3. 20, 2007노849.

27 김일수·서보학, 667.

28 대법원 2021. 2. 4, 2020도12103. 대법원은 수뢰후부정처사죄를 정한 본조 제1항은 공무원 또는 중재인이 제129조 및 제130조의 죄를 범하여 부정한 행위를 하는 것을 구성요건으로 하고 있는데, 여기에서 '제129조 및 제130조의 죄를 범하여'란 반드시 뇌물수수 등의 행위가 완료된 이후에 부정한 행위가 이루어져야 함을 의미하는 것은 아니고, 결합범 또는 결과적 가중범 등에서의 기본행위와 마찬가지로 뇌물수수 등의 행위를 하는 중에 부정한 행위를 한 경우도 포함하는 것으로 보아야 하기 때문이라고 판시하였다.

29 일본 판례도 수뢰한 후의 부정행위가 배임인 경우[最判 大正 8(1919). 10. 21. 刑錄 25·1029], 허위공문서작성·동행사인 경우[最判 昭和 43(1968). 9. 25. 刑集 22·9·871], 상상적 경합이라고 한다.

죄의 구성요건을 충족하는 경우에는 수뢰후부정처사죄 외에 별도로 허위공문서작성 및 동행사죄가 성립하고 이들 죄와 수뢰후부정처사죄는 각각 상상적 경합관계에 있다고 할 것인바, 이와 같이 허위공문서작성죄와 동행사죄가 수뢰후부정처사죄와 각각 상상적 경합범관계에 있을 때에는 허위공문서작성죄와 동행사죄 상호간은 실체적 경합범관계에 있다고 할지라도 상상적 경합범관계에 있는 수뢰후부정처사죄와 대비하여 가장 중한 죄에 정한 형으로 처단하면 족한 것이고 따로이 경합범가중을 할 필요가 없다."고 판시하였다(강학상 연결효과에 의한 상상적 경합).[30]

반면에 제2항 부정처사후수뢰죄(§ 131②)와 그 부정행위에 해당하는 별개의 범죄행위 사이의 죄수와 관련하여, 대법원은 "공무원인 의사가 부정행위의 일환으로 허위진단서를 작성한 후 그 사례 명목으로 금품을 수수한 경우, 부정처사후수뢰죄와 허위공문서작성죄가 별도로 성립하고 양 죄는 실체적 경합관계에 있다."고 판시한[31] 바 있다.[32] 다만, 부정행위 당시부터 그 대가로서 수뢰가 예정된 경우라면 수뢰후부정처사죄의 경우와 마찬가지로 상상적 경합관계가 성립할 수 있다.[33] 20

국가공무원이 지방자치단체의 업무에 관하여 전문가로서 위원 위촉을 받아 한시적으로 직무를 수행하는 경우와 같이 공무원이 그 고유의 직무와 관련이 없는 일에 관하여 별도의 위촉절차 등을 거쳐 다른 직무를 수행하게 된 경우에는 그 위촉이 종료되면 그 위원 등으로서 새로 보유하였던 공무원 지위는 소멸한다고 보아야 하므로, 그 이후에 종전에 위촉받아 수행한 직무에 관하여 금품을 수수하더라도 이를 단순수뢰죄로 처벌할 수는 없고, 다만 제3항 부정처사후수뢰죄의 성립은 가능하다.[34] 21

30 대판 1983. 7. 26, 83도1378; 대판 2001. 2. 9, 2000도1216(공도화변조죄 및 동행사죄의 경우). 위 2000도1216 판결의 평석은 김성돈, "이중평가금지와 연결효과에 의한 상상적 경합", 형사판례연구 〔10〕, 한국형사판례연구회, 박영사(2002), 172-200; 이승호, "상상적 경합의 비교단위", 형사판례연구 〔10〕, 한국형사판례연구회, 박영사(2002), 201-229.

31 대판 2004. 4. 9, 2003도7762.

32 업무상횡령에 해당하는 부정행위를 한 후에 수뢰한 경우, 업무상횡령죄와 사후가중수뢰죄(§ 197의3②. 우리 § 131②에 해당)의 실체적 경합이라고 한 일본 판례로는 最決 昭和 32(1957). 12. 5. 刑集 11·13·3157.

33 주석형법 〔각칙(1)〕(5판), 457(천대엽).

34 대판 2013. 11. 28, 2013도10011.

Ⅳ. 처 벌

22 제1항의 수뢰후부정처사죄는 1년 이상의 유기징역에 처한다.

23 제2항의 부정처사후수뢰죄는 제1항과 마찬가지로 1년 이상의 유기징역에 처하고, 제3항의 부정처사후수뢰죄는 5년 이하의 징역 또는 10년 이하의 자격정지에 처한다.

24 위 각 죄의 경우에는 10년 이하의 자격정지를 병과한다(§ 131④).

〔오 규 성〕

제132조(알선수뢰)

공무원이 그 지위를 이용하여 다른 공무원의 직무에 속한 사항의 알선에 관하여 뇌물을 수수, 요구 또는 약속한 때에는 3년 이하의 징역 또는 7년 이하의 자격정지에 처한다.

Ⅰ. 의의 및 보호법익

제129조 제1항의 단순수뢰죄는 공무원이 직접 자기의 직무에 관하여 뇌물을 수수·요구·약속하는 범죄이다. 이와 달리 본죄〔알선뇌물(수수·요구·약속)죄〕는 자기의 공무원 지위를 이용하여 다른 공무원의 직무에 관한 사항을 알선하고 그 대가로 뇌물을 수수·요구·약속하는 범죄이다. 즉, 알선행위와 관련하여 알선의뢰인으로부터 뇌물을 수수·요구·약속하는 범죄이다. 수뢰죄의 일반적 보호법익인 직무집행의 공정과 이에 대한 신뢰 및 직무행위의 불가매수성이 간접적으로 침해되는 것을 막기 위한 취지의 규정이다.[1] 자신의 직무가 아닌 다른 공무원의 직무에 속한 사항의 알선에 관한 수뢰행위라는 점에서 단순수뢰죄에 비하여 불법이 감경된 범죄유형이다.[2] 1

1 임웅, 형법각론(10정판), 952; 정영일, 형법강의 각론(3판), 447.
2 오영근, 형법각론(5판), 715.

Ⅱ. 구성요건

1. 행위의 주체

2 본죄의 주체는 공무원이다.

3 중재인은 본죄의 주체가 아니다. 공무원이 아닌 자의 알선행위 또는 공무원이라도 공무원 지위를 이용하지 않는 알선행위의 경우에는 특정범죄 가중처벌 등에 관한 법률(이하, 특정범죄가중법이라 한다.) 제3조 소정의 알선수재죄[3] 또는 변호사법 제111조 위반죄의 주체가 될 수 있을 뿐이다(**III. 특별법상의 알선뇌물죄** 부분 참조).

2. 공무원이 그 지위를 이용하여

(1) 의의

4 판례[4]와 다수설[5]에 의하면, '공무원이 그 지위를 이용하여'라 함은 친구, 친족관계 등 사적인 관계를 이용하는 경우이거나 단순히 공무원으로서의 신분이 있다는 것만을 이용하는 경우에는 이에 해당한다고 할 수 없고, 적어도 다른 공무원이 취급하는 사무의 처리에 법률상이거나 사실상으로 영향을 줄 수 있는 관계에 있는 공무원이 그 지위를 이용하는 경우이어야 한다. 법률상 또는 사실상 영향을 줄 수 있는 관계에 있으면 되는 이상, 그 사이에 상하관계, 협동관계, 감독권한

---

3 특별범죄가중법 제3조는 "공무원의 직무에 속한 사항의 알선에 관하여 금품이나 이익을 수수·요구 또는 약속한 자는 5년 이하의 징역 또는 1천만원 이하의 벌금에 처한다."고 규정하고 있어 공무원의 신분을 가지지 아니한 자의 알선수재행위를 처벌하고 있는데, 위 특정범죄가중법상의 알선수재죄의 법정형의 상한(징역 5년)이 본조의 알선수뢰죄의 법정형의 상한(징역 3년)보다 높아 공무원의 알선수뢰범죄에 대하여도 본조가 아닌 특정범죄가중법 제3조가 적용되어 기소되는 경우가 실무상 많다. 위 두 죄의 구성요건은 행위주체를 제외하고는 사실상 동일하므로 아래의 논의는 위 두 죄에 공통적으로 적용될 수 있으며, 관련 판례 역시 두 죄를 구분하지 않고 인용한다.

4 대판 1994. 10. 21, 94도852; 대판 2010. 11. 25, 2010도11460.

5 김성돈, 형법각론(6판), 790; 김일수·서보학, 새로쓴 형법각론(9판), 670(다만, 지위이용의 범위에 관하여는 공무원의 기강확립과 직무의 공정성 유지를 위하여 아무런 제한 없이 공무원의 지위이용을 넓게 인정하는 것이 옳다); 배종대, 형법각론(13판), § 155/39; 손동권·김재윤, 새로운 형법각론, § 49/43; 신동운, 형법각론(2판), 156; 오영근, 716; 이재상·장영민·강동범, 형법각론(12판), § 43/88; 이형국·김혜경, 형법각론(2판), 812; 정성근·박광민, 형법각론(전정3판), 755; 정영일, 447.

등의 특수한 관계가 있음을 요하지 않는다.[6] 사실상 영향을 줄 수 있는 관계는, 당해 직무와 관련하여 직무상 영향력을 직접적으로 행사할 수는 없으나 공무상의 지위에 기하여 사실상 영향력을 행사할 수 있는 경우, 당해 직무와 협동관계에 있어 사실상 영향을 줄 수 있는 경우, 당해 직무와 직무상 접촉을 하고 있어 사실상 영향을 줄 수 있는 경우, 과거 담당 경력이나 직무상 상하관계 혹은 인수인계관계로 인하여 당해 직무에 사실상 영향을 줄 수 있는 경우 등을 들 수 있다.

이에 대하여 '지위를 이용하여'란 '공무원으로서의 신분에 있음을 이용하여' 5
정도로 넓게 해석할 것이고, 판례와 같이 법률상 또는 사실상 영향을 줄 수 있는 관계로 제한하는 것은 부당하다는 견해도 있다.[7] 뇌물범죄와 관련하여 '정실형(情實型)' 수뢰가 큰 비중을 차지하는 우리나라에서 알선수뢰죄는 관료사회의 연고(緣故) 관계로 행하여지는 수가 많은데, 판례와 같이 적용범위를 제한하게 되면 본죄의 취지를 달성하기 어렵다는 점 등을 근거로 한다.[8] 그러나 위 견해에 따르면 공무원이기만 하면 그가 하는 알선행위는 공무원 지위 이용을 불문하고 모두 알선수죄뢰에 해당할 수 있게 되어, 본조에서 구성요건으로 명기한 '그 지위를 이용하여'를 실질적으로 무의미하게 함으로써 법문언을 넘어 처벌범위를 부당하게 확장시킬 위험이 있다.[9] 형법은 공무원의 기강확립을 위한 유일한 수단은 아니며, 형벌은 수범자가 예측가능한 범위 안에서 정형적으로 행사되어야만 정당성을 가질 수 있다.[10] 또한 법률상 또는 사실상 영향을 줄 수 있는 관계가 존재하지 않아 알선공무원이 자신의 지위를 이용하였다고 보기 어렵거나, 다른 공무원과의 친척관계 또는 동창관계 등 단순한 사적 관계에 기하여 행한 알선행위의 경우에는 특정범죄가중법 제3조 소정의 알선수재죄나 변호사법 제111조 위반죄로 처벌할 수 있다는 점에서도 본죄의 처벌 범위를 무제한적으로 확장하는 것은 바람직하지 않다.

---

6 대판 1999. 6. 25, 99도1900; 대판 2001. 10. 12, 99도5294; 대판 2012. 2. 9, 2011도14151.

7 박상기, 형법각론(8판), 656; 임웅, 953.

8 임웅, 953.

9 참고로 알선수뢰죄에 관한 일본형법 제197조의4는 "공무원이 청탁을 받고 다른 공무원에게 직무상 부정한 행위를 하게 하거나 상당한 행위를 하지 아니하도록 알선하거나 한 것의 보수로서 뇌물을 수수, 요구 또는 약속을 한 때에는 5년 이하의 징역에 처한다."고 규정하고 있다.

10 배종대, § 155/39.

(2) 법률상 · 사실상의 영향력을 인정한 사례

6 법률상·사실상 영향을 줄 수 있는 관계를 인정한 판례 사안은 다음과 같다.

① 육군참모총장의 수석부관은 그 수행하는 직무범위에 입각하여 볼 때 장교의 진급업무에 관하여 사실상 영향력을 미칠 수 있다고 한 사례[11]

② 군교육청 관리과 서무계장은 그 교육청 관내 국민학교 고용원의 인사교류 및 조정의 실무책임을 맡고 있는 자로서 국민학교 고용원의 임명권자인 국민학교 교장의 고용원임용에 관한 사실상 영향력을 미칠 수 있는 특수한 관계에 있는 자라고 할 것이므로, 위 서무계장이 고용원의 임용에 관한 알선을 한 데 대한 사례 명목으로 금품을 수수한 이상 알선수뢰죄가 성립한다고 본 사례[12]

③ 노동부 직업안정국 고용대책과장은 그 관장업무에 비추어 연예인 국외공급사업에 관한 실무담당자인 해외고용과장 및 최종 허가권자인 노동부장관의 허가업무에 사실상 영향을 미칠 수 있는 특수한 관계에 있는 자라고 할 것이므로, 피고인이 고용대책과장으로 재직 중 관계공무원에게 청탁하여 연예인 국외공급 사업허가를 받아 달라는 부탁과 함께 금원을 교부받았다면, 그 지위를 이용하였다고 보아야 할 것이니 알선뇌물수수죄에 해당한다고 본 사례[13]

④ 서울시 공무원으로 11년 이상 근무하여 왔고 5급 별정직의 신분으로 서울시 부시장의 비서관으로 재직하는 자는 체비지 불하업무를 취급하는 시청 관재과 소속 공무원과의 사이에 직무상 연관관계를 가지고 사실상 그에게 어떤 영향력을 미칠 수 있는 지위에 있다고 한 사례[14]

⑤ 국회의원은 한국마사회가 발주하는 공사를 수의계약에 의하여 수주할 수 있도록 한국마사회장에게 사실상 영향력을 미칠 수 있는 지위에 있다고 한 사례[15]

---

11 대판 1979. 11. 13, 79도1928.
12 대판 1988. 1. 19, 86도1138.
13 대판 1989. 9. 12, 89도1297.
14 대판 1989. 11. 14, 89도1700.
15 대판 1990. 8. 10, 90도665. 「농림수산부장관은 한국마사회장의 임명권, 마사회의 업무에 관한

⑥ 토지구획정리사업 등의 업무를 담당하던 시청 도시계장이 토지구획정리사업시행 여부를 결정하기 위하여 현지에 답사차 내려 온 건설부 소속 공무원들에게 청탁하여 사업시행인가가 날 수 있도록 하여 달라는 명목으로 지급하는 금원을 교부받은 경우, 사무처리에 영향을 줄 수 있는 관계가 있다고 보아 알선뇌물수수죄의 성립을 인정한 사례[16]

⑦ 피고인은 중부지방국세청 재산국 제3부동산 조사담당관 A가 제1세무서 총무과장으로 근무할 당시 제1세무서장이었고 이 사건 당시 위 지방국세청 산하 제2세무서장으로 근무하고 있었다면, 이 사건 양도소득세 관련 세무조사 사무를 담당한 위 A의 직무에 관하여 사실상의 영향력을 행사할 수 있는 지위에 있었다고 인정하여 알선뇌물수수죄의 성립을 인정한 사례[17]

⑧ 이전에 전라북도경찰국 면허계 기능반 경찰공무원(경장)으로 근무를 하였고 이 사건 당시 전라북도경찰국 산하 진안경찰서 수사과 수사계장으로서 근무한 피고인에게, 전라북도 자동차운전면허 발급담당공무원의 직무에 관하여 사실상의 영향력을 행사할 수 있는 지위를 인정한 사례[18]

⑨ 피고인이 1970년경부터 서울시 소속 공무원으로 재직하면서 서울시 소속 각 과장 및 국장, 1988년경부터는 서울시 각 구의 부구청장, 1995년 6월경부터 서울 중구청장, 서울시 산하 세종문화회관장, 1997. 1. 1.부터 1998. 6. 30.까지 서울시 지역경제국장으로 재직하면서 서울시나 그 산하 단체의 업무에도 깊숙이 관여해 온 이상, 피고인은 자신의 직무와 직접 또는 간접적으로 관련되는 서울시 지하철공사 소속 관계 공무원들

감독권을 갖고 있으며, 국회에는 입법권, 예산안심의확정권, 국정에 관한 조사권 등이 있고 국무위원 등에 대하여 국회에 출석, 국정처리상황에 관하여 답변할 것을 요구할 권한 등이 있으므로, 국회의원은 한국마사회장에 대하여 사실상 영향력을 미칠 수 있는 지위에 있다고 보아야 할 것이고, 따라서 피고인이 국회의원에게 한국마사회가 발주하는 공사를 수의계약에 의하여 수주할 수 있도록 한국마사회장에게 알선하여 달라는 청탁을 하고 금원을 지급하였다면 알선증뢰죄를 구성한다 할 것이다.」

본 판결 해설은 심재돈, "알선증수뢰죄에 있어서 「공무원이 그 지위를이용하여」의 의미", 해설 14, 법원행정처(1991), 465-475.

16 대판 1991. 7. 23, 91도1190.

17 대판 1994. 10. 21, 94도852.

18 대판 1995. 1. 12, 94도2687.

이나 사장에게 부탁하는 등의 방법으로 그 직무에 관하여 사실상의 영향력을 행사할 수 있는 지위에 있었다고 인정하여 알선뇌물수수죄의 성립을 인정한 사례[19]

⑩ 기무부대장이 전투비행단 시설대대장에 대하여 사실상 영향력을 행사할 수 있는 지위에 있다고 인정한 사례[20]

⑪ 피고인이 영상물등급위원회 내의 온라임게임물 등급분류소위원회 의장 및 영상물등급위원회 감사로 있으면서 그 직전까지 상당기간 근무하였던 영상물등급위원회 내의 아케이드게임물 등급분류 소위원회의 위원들을 포함한 영상물등급위원회 위원들에게 직무상 직·간접적으로 사실상 영향력을 미칠 수 있는 지위에 있었다고 인정한 사례[21]

⑫ 피고인이 돈을 받을 당시 교육인적자원부 학교현장지원단 연구관으로 근무하면서 방과 후 학교생활과 관련한 각종 기획업무를 수행하고 있었다고 하더라도, 피고인이 서울특별시 교육청 공무원으로 오랜 기간 근무하여 온 점, 피고인이 교육인적자원부 연구관으로 근무하기 이전에 서울 서초구 소재 원명초등학교 교감으로 근무하면서 2003년도 제25회, 2004년도 제26회 서울특별시 학생과학발명품경진대회의 심사위원으로 선정되어 심사업무를 수행한 점, 피고인이 서울특별시 과학전시관에서 과학 관련 경진대회, 각종 행사 안내 및 지도방법 등을 소개하는 자료집을 발간하는 데 참여하기도 한 점, 서울특별시의 과학 분야 교직사회에서 피고인의 과학발명품 관련 실적이 상당히 널리 알려져 있었던 점 등을 감안하면, 피고인은 공여자의 아들이 작품을 출품한 제27회 서울특별시 학생과학발명품경진대회 심사위원들에게 권유·청탁하는 등의 방법으로 그 직무에 관하여 사실상의 영향력을 행사할 수 있는 지위에 있었다고 인정한 사례[22]

⑬ 지방의회에는 조례 제·개정권, 예산의 심의확정 및 결산의 승인권, 지

19 대판 2001. 10. 12, 99도5294.
20 대판 2005. 11. 10, 2004도42.
21 대판 2005. 11. 25, 2005도6321.
22 대판 2007. 11. 15, 2007도7306.

방자치단체의 사무에 관한 감사권 및 조사권, 지방자치단체의 장에 대한 서류제출 요구권, 지방자치단체의 장이나 관계 공무원에 대한 출석요구권 등이 있으므로, 지방의회의원은 지방자치단체가 발주하는 공사에 관하여 지방자치단체의 장 등에 대하여 사실상 영향력을 행사할 수 있는 지위에 있다고 판단한 사례[23]

⑭ 대구광역시의회 시의원이 대구경북과학기술원 신축공사의 하수급업체 선정 등과 관련하여 대구경북과학기술원 건설사업부장에게 법률상 또는 사실상 영향력을 행사할 수 있는 지위를 인정한 사례[24]

(3) 법률상 · 사실상의 영향력을 인정하지 아니한 사례

법률상·사실상 영향을 줄 수 있는 관계를 인정하지 아니한 판례 사안은 다 7
음과 같다.

① 피고인의 지위는 서울특별시 기획조정관실 심사분석관으로서 시정시책과 기획수립의 심사분석 및 그 평가에 그치는 것이었고, 관광삭도업 면허를 소관하는 교통부장관이나 국유림대부 허가를 소관하는 농림부장관(그 예하 서울 영림서장)과 아무런 직무상 연관 관계가 없는 것이므로, 피고인이 상피고인으로부터 금품을 수수한 사실이 있었다고 하더라도 공무원이 그 지위를 이용하여 다른 공무원의 직무에 속한 사항의 알선에 관하여 뇌물을 수수하였다고 인정할 수는 없다고 판단한 사례[25]

② 지청 검찰주사인 피고인이 같은 지청에서 관세법위반 피의사건의 수사사무를 담당하였던 검사에게 직무상 어떠한 연관관계를 가지고 법률상 또는 사실상의 영향력을 미칠 수 있는 지위에 있었다고는 보기 어렵다고 한 사례[26]

③ 도교육위원회 사회체육과 보건계에서 아동급식과 아동 및 교원의 신체

---

23 대판 2010. 10. 28, 2010도10086.

24 대판 2012. 2. 9, 2011도14151.

25 대판 1973. 2. 13, 66도403.

26 대판 1982. 6. 8, 82도403. 다만, 위 사안은 검찰주사인 피고인이 알선대상 피의사건 담당검사에게 직무상 소속되어 있지 아니한 경우였고, 만일 이와 달리 피의사건 담당검사에게 직무상 소속되어 있던 경우라면 사실상 영향력이 인정될 수도 있을 것이다.

검사에 관한 업무를 담당하는 지방보건기사는 도 보건사회국에서 카바레 영업허가업무를 담당하는 시 등의 환경위생과 식품위생계를 감독하고 그 영업허가에 앞서 사전승인하는 업무를 담당하는 지방행정주사보와 직접·간접의 연관관계도 없을 뿐만 아니라 법률상이나 사실상 어떠한 영향력을 줄 수 있는 지위에 있지 않은 이상, 단지 공무원의 신분을 가졌다는 사실만으로는 공무원이 지위를 이용하여 다른 공무원의 직무에 속한 사항의 알선에 관하여 뇌물을 수수하였다고 인정할 수는 없다고 한 사례[27]

④ 피고인은 금원수수 당시 군청 건설과 농지계에 근무하던 자로서 도지사의 직무에 속하는 골재채취예정지 고시사무와 직접 또는 간접의 연관관계가 있다고 볼 수 없을 뿐 아니라, 도지사의 위 직무에 관하여 법률상 또는 사실상 어떠한 영향을 미칠만한 지위에 있는 자라고 볼 수도 없다고 하여, 피고인을 위 도지사의 직무사항에 관하여 알선수뢰죄의 주체로 인정하지 아니한 사례[28]

⑤ 육군본부 정보작전지원참모부에서 조직진단관으로 근무하는 3급 군무원인 피고인이 장군진급심사를 앞두고 있던 A로부터 인사참모부 선발관리실장인 B에게 부탁하여 장군진급이 되도록 하여 달라는 부탁을 받고 합계 5,000만 원을 받았다고 하여 특정범죄가중법상 알선수재죄로 기소된 사안에서, 피고인이 위 금원을 수수할 당시 자신의 지위를 이용하여 B의 진급업무와 관련하여 사실상 영향을 줄 수 있는 관계에 있었다고 하기에 부족하다고 보아 무죄를 인정한 원심판결을 수긍한 사례[29]

⑥ 수원지방법원 평택지원에서 경매업무를 담당하던 피고인이 알선 대상인 경매사건을 담당하는 수원지방법원 본원 소속의 사법보좌관 또는 경매 계장에 대하여 사실상 영향력을 미칠 수 있는 지위에 있다고 단정할 수 없다고 판단한 사례[30]

---

27 대판 1983. 8. 23, 82도956.

28 대판 1984. 1. 31, 83도3015.

29 대판 2010. 11. 25, 2010도11460.

30 대판 2014. 10. 30, 2014도10799. 그 구체적인 근거로, ① 수원지방법원 평택지원의 경매업무와 수원지방법원 본원의 경매업무는 법률상 그 관할을 달리하는 별개의 업무이고, 특별한 사정이

3. 다른 공무원의 직무에 속한 사항의 알선에 관하여

(1) 의의

'알선'이라 함은 공무원의 직무에 속하는 일정한 사항에 관하여 당사자의 의사를 공무원 측에 전달하거나 편의를 도모하는 행위 또는 공무원의 직무에 관하여 부탁을 하거나 영향력을 행사하여 당사자가 원하는 방향으로 결정이 이루어지도록 돕는 등의 행위를 의미한다.[31] 어떤 사람에게 청탁한 취지를 상대방에게 전하거나 그 사람을 대신하여 스스로 상대방에게 청탁을 하는 행위도 알선행위에 해당한다. 명함이나 소개장에 '선처 요망'이라고 기재하는 것도 알선에 해당할 수 있다.[32] 청탁의 유무와 관계없이도[33] 알선이 가능하므로 청탁이 알선의 조건이 아니다.[34] 8

알선의 대상은 다른 공무원의 직무에 속하는 사항이므로 알선의 상대방은 9

없는 한 관할을 달리하는 별개의 법원 간에 경매업무 처리를 위한 협동관계가 요구되지도 아니하며, 지원의 경매공무원은 본원으로부터 사무에 관한 감독을 받을지언정 본원의 경매업무에 관하여 어떠한 법률상 영향을 미치는 관계에 있지 아니한 점, ② 피고인이 관할을 달리하는 수원지방법원 평택지원에서 동종 경매업무를 담당하고 있다거나 임용된 이후 수원지방법원 관내에서 약 18년간 근무하여 수원지방법원 소속 직원들과 친분관계가 있다는 사정만으로는 피고인이 이 사건 임야 및 토지의 경매를 담당하는 수원지방법원 사법보좌관 또는 경매 계장에 대하여 사실상 영향력을 미칠 수 있는 지위에 있다고 단정하기 어렵고, 피고인이 수원지방법원 직원으로부터 관련 가압류신청서를 송부받았다고 하여 그것만으로 경매의 실체관계나 절차에 영향력을 미칠 수 있는 지위에 있다고 할 수도 없는 점, ③ 피고인은 사법보좌관보다 직급상 하서열자로서 별개의 지원에 근무 중인 경매 계장일 뿐이므로, 달리 특별한 사정이 없는 한 다른 법원의 상서열자인 사법보좌관에 대하여 사실상 영향을 미칠 수 있는 지위에 있다고 보기 어렵고, 피고인이 이 사건 임야 및 토지 경매를 담당하는 사법보좌관에게 사실상 영향력을 행사할 수 있다고 볼 만한 다른 자료도 제출되지 아니한 점, ④ 새 매각기일의 지정이나 매각 불허가결정 등에 관하여 이 사건 임야 및 토지의 경매를 담당하는 수원지방법원 경매 계장이 그 상급자인 사법보좌관과의 협의, 의견 교환을 통하여 어느 정도 재량권이나 영향력을 행사할 수 있다 하더라도, 피고인이 위 경매 계장의 전임자 또는 상급자로 근무하였다는 등 어떠한 특별한 관계로 인하여 위 경매 계장에게 사실상 영향을 줄 수 있다는 점을 뒷받침할 아무런 자료도 제출되어 있지 아니한 점, ⑤ 그 밖에 피고인이 당시 직무와 관련하여 수원지방법원 경매공무원들과 협력관계에 있었다거나 직무상 접촉을 하고 있었다는 등 직무상 직접 또는 간접의 연관관계를 가지고 있었다는 점에 관하여 아무런 자료가 제출되어 있지 아니한 점 등을 들고 있다.

31 대판 2002. 8. 23, 2002도46; 대판 2012. 1. 12, 2010도13354.

32 김일수·서보학, 670; 배종대, § 155/40; 임웅, 954; 정성근·박광민, 756.

33 참고로 알선수뢰죄에 관한 일본형법 제197조의4는 "공무원이 청탁을 받고 다른 공무원에게 직무상 부정한 행위를 하게 하거나 상당한 행위를 하지 아니하도록 알선하거나 한 것의 보수로서 뇌물을 수수, 요구 또는 약속을 한 때에는 5년 이하의 징역에 처한다."고 규정하고 있다.

34 김일수·서보학, 670; 배종대, § 155/40; 정성근·박광민, 756.

그 대상이 되는 직무의 전부 또는 일부를 담당하는 공무원이라야 한다. 알선의 상대방이 되는 '다른 공무원'의 범위에는 법률의 규정에 의하여 형법상 뇌물죄 규정의 적용에 있어서 공무원으로 간주되는 자(의제공무원)도 포함된다.[35] 반면에, 청탁의 상대방이 의제공무원인 경우 특정범죄가중법 제3조 소정의 알선수재죄는 성립하지 않음에 유의해야 한다.[36] 알선의 상대방이 공무원 또는 의제공무원에 해당하지 않는다고 하더라도 그가 수행하는 직무가 '공무원의 직무에 속한 사항'으로 평가받을 수 있으면 그 직무에 대한 알선은 '다른 공무원의 직무에 속한 사항'의 알선이 될 수 있다.[37]

10 '공무원의 직무에 속한 사항'의 의미는 일반 뇌물죄에서와 마찬가지로 공무원이 법령상 관장하는 직무 그 자체뿐만 아니라 그와 밀접한 관계가 있는 행위 또는 관례상·사실상 관여하는 직무행위도 포함된다.[38] 알선행위가 과거의 것이거나 정당한 직무행위를 대상으로 하는 경우도 포함하며, 알선 명목으로 금품을 주고받았다면 실제로 알선행위를 하였는지 여부와 관계없이 알선수뢰죄가 성립한다.[39]

(2) 구체적인 비교 검토

(가) 알선행위에 해당하는지 여부

11 알선은 공무원의 직무에 속하는 일정한 사항에 관하여 당사자의 의사를 공무원 측에 전달하거나 편의를 도모하는 행위 또는 공무원의 직무에 관하여 부탁을 하거나 영향력을 행사하여 당사자가 원하는 방향으로 결정이 이루어지도록 돕는 등의 행위이므로, 다른 공무원의 직무에 속하는 사항이라도 단순히 이에 관한 자료나 정보를 수집하여 제공하는 행위 또는 그 직무사항에 관한 노무나 편의를 제공하는 행위는 알선행위에 해당하지 않는다.[40]

12 이에 관한 대법원 판결로는, ① 외국 군수업체와 컨설턴트 용역계약을 체

35 대판 2001. 10. 12, 99도5294.
36 대판 1999. 5. 11, 99도963; 대판 2005. 5. 13, 2004도8460; 대판 2006. 9. 8, 2005도8244.
37 대판 1981. 11. 24, 81도495; 대판 1997. 6. 27, 97도90.
38 다만 재단법인 한국국학진흥원은 경상북도에서 전액 출연하기는 하였지만 민법에 의하여 설립된 비영리법인으로서 위 진흥원이 추진하는 혼상복원사업에 관련된 업무가 공무원의 직무라고 할 수 없다고 판단한 사례로는, 대판 2006. 11. 9, 2004도3131 참조.
39 대판 2008. 1. 31, 2007도8117; 대판 2015. 4. 23, 2014도16274; 대판 2018. 6. 28, 2018도1629.
40 대판 1997. 5. 30, 97도367; 대판 2000. 10. 24, 99도3115.

결하고 대한민국의 군수사업에 대한 자문 역할을 하여 오던 피고인이 레이더에 관한 정보를 수집하여 의뢰인인 군수업체 측에 전달하는 행위는 '일정한 사항에 관하여 어떤 사람과 상대방의 사이에 서서 중개하거나 편의를 도모하는 것'이라기보다는 단순히 정보를 수집하여 이를 바탕으로 의뢰인에게 자문을 하여 준 것으로 보일 뿐 알선한 것으로 볼 수 없으며, 그 대가로 받은 수수료 역시 '공무원의 직무에 속한 사항의 알선에 관하여 수수한 금품'이 되지 않는다고 한 사안,[41] ② 피고인이 지방자치단체로부터 받은 금원을 금융기관과 지방자치단체 사이의 대출을 알선하고 그 대가로 받은 것으로 기소된 사안에서, 위 금원은 피고인이 해당 지방자치단체를 위하여 금융자문업무를 수행하고 그 용역대금으로 지급받은 것일 뿐 대출 알선의 대가로 인정할 수 없다고 판단한 사안[42] 등을 들 수 있다.

(나) 알선 상대방 및 알선 대상 직무의 범위

'다른 공무원의 직무에 속한 사항의 알선에 관하여 뇌물을 수수한다'고 함은 다른 공무원의 직무에 속한 사항을 알선한다는 명목으로 뇌물을 수수하는 행위로서, 반드시 알선의 상대방인 다른 공무원이나 그 직무의 내용이 구체적으로 특정될 필요까지는 없다.[43] 알선 상대방에 관하여 밝힌 내용에 사실과 다른 점이 있더라도 본죄가 성립할 수 있다.[44] 또한 여기서 말하는 알선행위는 장래의 것이라도 무방하므로, 알선뇌물수수죄가 성립하기 위하여는 뇌물을 수수할 당시 반드시 상대방에게 알선에 의하여 해결을 도모하여야 할 현안이 존재하여야 할 필요는 없다.[45] 13

---

41 대판 2007. 1. 26, 2006도6936. 다만, 위 사안에서 대법원은 피고인이 국방부 공무원을 만나 그 군수업체 측의 입장에 관하여 의견을 나누고 정부와 군수업체 측과의 사이에 계약이 체결될 수 있도록 국방부 관계자에게 군수업체 측 입장을 설명하고 정부의 태도를 군수업체 측에 전달한 결과 정부와 군수업체 측 사이에 계약이 체결되도록 한 것은 공무원의 직무에 속한 계약 체결에 관한 사항에 관하여 알선을 한 경우에 해당한다고 판단하였다.

42 대판 2016. 2. 18, 2015도14365.

43 대판 2002. 8. 23, 2002도46; 대판 2012. 1. 12, 2010도13354; 대판 2017. 1. 12, 2016도15470.

44 대판 2011. 3. 10, 2011도447(알선행위자가 알선의뢰자에게 대하여 알선 및 청탁의 상대방으로 지칭한 '청와대로부터 파견된 농협중앙회 감사'의 직책이 애초부터 존재하지 아니함에도 위 파견된 감사를 통하여 지급보증서를 받아주겠다는 명목으로 금품 등을 수수한 행위에 대하여 알선수재죄의 성립을 인정한 사안).

45 대판 2001. 10. 26, 2000도2968(피고인이 장차 정부 임명직 자리와 같이 좋은 직책을 맡을 수 있도록 피고인과 친분관계를 맺고 있는 정관계 인사들을 통하여 알선해 주겠다는 취지로 돈을

14 다만 알선수뢰죄(또는 알선수재죄)가 성립하기 위하여는 알선할 사항이 공무원의 직무에 속하는 사항이고, 금품 등 수수의 명목이 그 사항의 알선에 관련된 것임이 어느 정도 구체적으로 나타나야 하고, 단지 금품 등을 공여하는 자가 금품 등을 수수하는 자에게 잘 보이면 그로부터 어떤 도움을 받을 수 있다거나 손해를 입을 염려가 없다는 정도의 막연한 기대감 속에 금품 등을 교부하고, 금품 등을 수수하는 자 역시 공여자가 그러한 기대감을 가지고 금품 등을 교부하는 것이라고 짐작하면서 이를 수수하였다는 정도의 사정만으로는 알선수뢰죄(또는 알선수재죄)가 성립한다고 볼 수 없다.[46]

받은 사안에서 알선의 상대방인 공무원이나 대상인 정부 임명직이 특정되지 않았다고 하더라도 본죄의 성립을 인정한 사안); 대판 2008. 6. 12, 2008도2300(공여자의 불법적인 다단계 판매영업 과정에서 수시로 생길 수 있는 수사기관과 공정거래위원회 등의 수사 및 조사가 있을 경우 검사인 피고인의 인맥을 이용하여 관계 공무원에게 청탁하는 방법으로 원만히 해결될 수 있도록 도와달라는 취지로 청탁을 받고 금품을 수수한 경우 본죄의 성립을 인정한 사안); 대판 2009. 2. 26, 2008도10496; 대판 2009. 7. 23, 2009도3924(구청 공무원이 유흥주점의 업주에게 "유흥주점 영업과 관련하여 세금이나 영업허가 등에 관하여 문제가 생기면 다른 담당 공무원에게 부탁하여 도움을 주겠다."면서 그 대가로 1,000만 원을 요구한 사안에서, 그 뇌물요구의 명목이 상대방의 막연한 기대감을 전제로 한 것이고 당시 알선할 사항이 구체적으로 특정되었다거나 알선에 의하여 해결을 도모해야 할 현안이 존재하였다는 사실을 증명할 증거가 없어 알선뇌물요구죄가 성립하지 않는다고 판단한 원심판결을, 알선뇌물요구죄에 관한 법리를 오해하였다는 이유로 파기한 사례); 대판 2013. 4. 11, 2012도16277; 대판 2014. 10. 30, 2012도12394; 대판 2016. 2. 18, 2015도18070.

46 대판 2004. 11. 12, 2004도5655(대통령의 국회의원 시절 보좌관, 장관시절 특별보좌역, 대통령선거 A 당 부산시지부 선거대책본부 회계책임자, 대통령비서실 총무비서관으로 근무한 피고인이 부산 및 경남 지역에서 회사를 운영하는 B 등으로부터 8,300만 원을 교부받고, S 그룹 회장 C로부터 향후 정부정책과 관련하여 동 그룹의 문제를 원만히 해결하는 데 피고인 등의 도움을 기대하면서 부산 대선캠프의 선거 빚 해결을 지원한다는 명목으로 주는 자금이라는 정을 알면서도 합계 CD 11억 원 상당을 교부받았다고 기소된 사안에서, 공여자와 수수자가 막연한 기대감 속에 금품 등을 교부·수수하였을 뿐 구체적으로 도와달라거나 특정한 부탁을 한 사실이 없다는 이유로 알선수재죄가 성립하지 않는다고 한 사례); 대판 2008. 6. 12, 2008도2300; 대판 2009. 7. 23, 2009도3924; 대판 2017. 12. 22, 2017도12346(이 사안에서, 대법원은 다음과 같은 이유로 뇌물수수 및 알선뇌물수수의 공소사실을 유죄로 인정한 원심판결을 파기하였다. 검사인 피고인에게 검사의 직분에 근거하여 필요한 경우 수사를 진행할 수 있는 일반적 직무권한이 있었지만, 공소사실에 의하더라도 피고인이 받았다는 청탁이 '장래 검찰에서 금품 공여자인 상피고인이나 상피고인이 운영하는 회사 등이 관련된 사건을 처리하게 될 경우 피고인의 직무권한 범위 내에 들어오는 사건이면 직접 유리한 처분이나 편의를 제공해주고, 그 범위 내에 들어오지 않는 사건이면 담당 검사에게 영향력을 행사하여 유리한 처분이나 편의를 제공받게 해 달라'는 정도에 지나지 아니하고, 피고인이 이익을 수수할 당시 그 직무권한에 속한 사항과 관련한 어떠한 사건이 장래에 발생할 개연성이 있었다고 볼만한 사정도 없었을 뿐 아니라 그 사건 자체를 특정하기도 어려운 상황이었다. 따라서 피고인이 장래에 담당할 직무와 관련되는 사건이 어떠한 것인지 또

(다) 소개 또는 금품 전달의 경우

본죄가 성립하기 위해서는, 알선행위자가 알선의뢰인과 알선 상대방이 될 수 있는 공무원 사이를 중개한다는 명목으로 금품 기타 이익을 수수·요구·약속하는 행위가 있어야 한다. 청탁 내지 알선의 상대방이 구체적으로 특정될 필요는 없으나, 최종적으로 공무원일 것을 요한다.[47] 알선의 대상이 최종적으로 그 대상인 사무를 담당하는 공무원이고 그 직무에 속하는 사항에 해당하는 이상, 영향력을 행사할 수 있는 중간인물을 통하여 알선해준다는 명목으로 금품 등을 수수한 경우에도 이에 해당하고, 그 중간인물은 반드시 공무원일 필요가 없으며, 공무원이라고 하더라도 알선의 대상이 그의 직무에 속하여야 하는 것도 아니다.[48] 15

반면에, 알선의뢰인과 알선 상대방 사이의 중개를 스스로 하지 아니하고 단순히 알선행위를 할 다른 사람(알선행위자)을 소개하거나 단순히 금품을 전달하거나 알선의뢰인과 같은 입장에서 알선행위자에게 알선행위를 부탁하는 것만으로는 알선행위를 한 것으로 볼 수 없어 본죄를 구성하지 않는다.[49] 16

는 과연 그러한 사건과 관련지을 만한 정도의 직무권한을 행사할 가능성이 있는지 여부를 확인하기 어려울 정도로 위 피고인이 받은 돈과 관련된 사건 내지 위 피고인의 직무에 속하는 사항이 추상적이고 막연하였다. 그러니 피고인이 받은 이익이 그가 장래에 담당할 직무에 관하여 수수되었다거나 그 대가로 수수되었다고 단정하기는 어렵다. 그리고 피고인이 이익을 수수할 당시 상피고인이나 그가 운영하는 회사에 발생할 형사사건의 내용은 물론 실제로 형사사건이 발생할지도 알 수 없는 상태였다면, 상피고인으로서는 피고인에게 잘 보이면 그로부터 어떤 도움을 받을 수 있다거나 손해를 입을 염려가 없다는 정도의 막연한 기대감에서 이익을 공여하였다고 봄이 타당하고, 피고인 역시 상피고인이 그러한 기대감을 가질 것이라고 짐작하면서 수수한 것으로 보일 뿐, 다른 공무원의 직무에 속하는 사항의 알선과 관련하여 수수하였다는 점이 보이지 않는다. 즉, 피고인이 수수한 이익이 장래의 담당 검사의 직무에 속하는 사항의 알선에 관한 것이라고 볼 수도 없다).

47 대판 2007. 6. 28, 2002도3600; 대판 2018. 3. 29, 2018도509(금품수수의 명목이 단지 알선행위를 할 사람을 소개주켜 준다는 것으로 국한되는 경우에는 변호사법 제111조 위반죄가 성립하지 않지만, 반드시 담당 공무원을 구체적으로 특정하여 그에게 직접 청탁·알선할 것을 금품수수의 명목으로 하여야만 성립되는 것은 아니다).

48 대판 2007. 6. 28, 2002도3600(피고인이 학교법인 문제와 직무상 아무런 관련이 없는 대통령 정치담당 특별보좌관에게 청탁·알선하여 학교법인 문제에 관하여 교육부로부터 유리한 결정을 받아내 달라는 부탁을 받고 그 대가로 금품을 받은 사안); 대판 2010. 1. 28, 2009도12833(피고인이 검찰청 출입기자 또는 청와대 근무 경력을 사칭한 자를 통하여 관계 공무원에게 청탁한다는 명목으로 알선의뢰인으로부터 금품을 받은 사안).

49 대판 1997. 6. 27, 97도439; 대판 1998. 12. 8, 98도3051; 대판 2000. 3. 24, 99도5448; 대판 2000. 10. 24, 99도3115; 대판 2007. 6. 28, 2002도3600; 대판 2008. 4. 24, 2008도809(공무원이 취급하는 사건 또는 사무에 관하여 청탁 또는 알선을 한다는 명목으로 금품·향응 기타 이익을 받는 등의 행위를 하는 경우에 성립하는 변호사법 제111조 제1항 위반죄에서, 위 금품 등은 어디

17 다만, 소개 또는 부탁행위를 한 자(소개인)와 알선의뢰인, 알선행위자 및 알선 상대방 사이의 상호 인적 관계, 알선의 실행행위에 관여한 정도, 알선사례금의 실제 수령인, 소개인 자신이 알선행위자를 통하여 다른 공무원에 대하여 어느 정도 사실상의 영향력을 미칠 수 있는 지위에 있는지 여부 등을 종합적으로 고려하여 알선행위자와 공범관계에 있다거나 소개나 부탁을 통하여 알선의 실행행위를 주도하거나 적극 관여한 것으로 평가할 수 있을 경우에는 그러한 소개나 부탁행위도 알선행위에 해당한다고 할 것이다.[50]

(3) 단순수뢰죄와의 구별

18 본죄는 '다른 공무원의 직무'에 속한 사항의 알선에 관하여 뇌물을 수수·요구·약속할 경우에 성립하는 범죄이다. 그런데 제129조 소정의 뇌물죄에서의 '직무'에는 공무원이 법령상 관장하는 직무 그 자체뿐만 아니라 그 직무와 밀접한 관계가 있는 행위 또는 관례상이나 사실상 소관하는 직무행위도 포함되는 이상,[51] 공무원이 다른 공무원의 직무와 관련한 청탁·알선 명목으로 뇌물을 받았더라도 그러한 뇌물이 공무원 자신의 직무와도 관련성이 있는 것으로 볼 수 있다면, 이는 자신의 직무에 관하여 수뢰한 것으로서 본죄(§ 132)가 아닌 단순수뢰죄(§ 129)가 성립한다.

까지나 위와 같은 청탁 혹은 알선행위의 대가라는 명목으로 수수되어야 하므로, 청탁행위자가 아닌 제3자가 그 대가인 금품 기타 이익을 중간에서 전달한 것에 불과한 경우에는 그 제3자가 청탁행위자와 공동가공의 의사를 가지고 전달행위를 하여 실행행위에 관여한 것으로 평가할 수 있는 경우는 별론으로 하고, 그 자체만으로는 변호사법 제111조 제1항 위반죄가 성립할 수 없다); 대판 2012. 12. 27, 2012도11200[특정경제범죄 가중처벌 등에 관한 법률 제7조 소정의 알선수재죄는 금융기관의 임·직원의 직무에 속한 사항의 알선에 관하여 금품 기타 이익을 수수·요구 또는 약속하거나 또는 제3자에게 이를 공여하게 하거나 공여하게 할 것을 요구 또는 약속한 경우에 성립되는 범죄로서, 이 범죄가 성립하려면 알선을 의뢰한 사람(알선의뢰인)과 알선의 상대방이 될 수 있는 금융기관의 임·직원(알선 상대방) 사이를 중개한다는 명목으로 금품 기타 이익을 수수하는 등의 행위를 하여야 한다. 따라서 알선의뢰인과 알선상대방 사이의 중개를 의뢰받은 사람이 스스로 알선행위를 하는 것이 아니라 알선행위를 할 자를 소개하여 주는 경우에는, 그 소개로 인하여 실제로 알선행위를 한 사람(알선행위자)의 알선행위에 대하여 공동가공의 의사를 가지고 공모 내지 실행행위의 분담 등을 통하여 위 죄의 실행행위에 관여한 것으로 평가할 수 있는 경우는 별론으로 하고, 단순히 알선할 자를 소개하거나 그 대가인 금품 기타 이익을 중간에서 전달한 것에 불과하다면 이는 위 알선수재죄의 구성요건에 해당한다고 할 수 없다].

50 대판 2003. 7. 11, 2003도860.

51 대판 1980. 10. 14, 80도1373; 대판 1983. 3. 22, 83도113; 대판 1982. 11. 23, 82도1431; 대판 1987. 9. 22, 87도1472; 대판 1997. 12. 26, 97도2609.

이에 관한 판례로는, ① 피고인이 근무하는 북전주세무서 소득세과의 사무가 양도소득세와 상속세 및 증여세는 재산세계에서, 종합소득세는 소득세계에서 담당하도록 구분되어 있지만, 법령상 일반적인 직무권한에 속하는 사무라면 당해 공무원이 구체적인 사무분장에 따라 현실적으로 담당하지 않는 사무라 하더라도 제129조(단순수뢰죄)가 정하는 직무에 해당하는 것이라는 이유로 소득세계에 소속된 세무공무원이 양도소득세를 적게 낼 수 있도록 양도소득세의 부과에 관한 업무를 담당하는 공무원에게 알선하여 주겠다는 명목으로 돈을 받은 경우에도 단순수뢰죄의 성립을 인정한 사안,[52] ② 국회의원이 다른 의원의 직무행위에 관여하는 것이 국회의원의 직무행위 자체라고 할 수는 없으나, 국회의원이 자신의 직무권한인 의안의 심의·표결권 행사의 연장선상에서 일정한 의안에 관하여 다른 동료의원에게 작용하여 일정한 의정활동을 하도록 권유·설득하는 행위 역시 국회의원이 가지고 있는 위 직무권한의 행사와 밀접한 관계가 있는 행위라고 볼 것이므로, 국회의원인 피고인이 의정활동을 통하여 특정 기업을 도와주고 같은 당 소속 국회의원들이 해당 기업을 문제삼지 않도록 하여 국회에서 해당 기업에 관련된 문제가 제기되지 않도록 도와달라는 취지로 금원을 받은 경우 이는 피고인의 직무행위 내지 직무와 밀접한 관계가 있는 행위와 전체적·포괄적으로 대가관계에 있는 금원을 받은 것으로서 단순수뢰죄의 성립을 인정한 사안[53] 등이 있다. 19

결국 자신의 직무와는 관련성이 없는 다른 공무원의 직무에 관하여 청탁 내지 알선 명목으로 뇌물을 받은 경우에 본죄가 성립한다고 할 것이다. 예컨대, 보안부대 소속 치안본부 연락관이 경찰서장에게 경찰공무원의 승진을 부탁하고 이에 관하여 금전을 받았더라도 경찰공무원의 승진 여부는 치안본부의 인사에 관한 고유의 직무에 속하는 것이므로 이는 본죄나 변호사법위반 행위에 해당할지는 몰라도 자기의 직무에 관한 수뢰죄는 성립할 수 없고,[54] 피고인이 국회의원에게 한국마사회가 발주하는 공사를 수의계약에 의하여 수주할 수 있도록 한국마사회장에게 알 20

52 대판 1997. 3. 25, 97도165.

53 대판 1997. 12. 26, 97도2609(이는 후술하는 대판 1990. 8. 10, 90도665의 사안과 구별된다). 본 판결 평석은 임한흠, "국회의원의 금품수수와 뇌물죄의 성부", 형사재판의 제문제(3권), 박영사(2000), 50-60.

54 대판 1983. 10. 11, 83도425.

선하여 달라는 청탁을 하고 금원을 지급하였다면 알선증뢰죄가 성립한다.[55]

4. 알선에 관하여 뇌물을 수수·요구·약속

21 알선행위와 수뢰 사이에는 대가관계가 있어야 한다. 알선수뢰죄에 있어서의 대가관계는 공무원이 그 지위를 이용하여 다른 공무원의 직무에 속한 사항에 관하여 알선행위를 하는 것 자체를 일반수뢰죄의 직무행위에 준하는 것으로 보아 뇌물과 알선행위의 대가관계를 검토대상으로 삼아야 한다. 뇌물이 수뢰공무원 자신의 직무행위와 관련된 것이 아니라 다른 공무원의 직무에 속한 사항을 알선해주는 데 대한 대가이기 때문이다.[56]

22 공무원의 직무에 속한 사항의 알선과 수수한 금품 사이에 대가관계가 있는지 여부는 알선의 내용, 알선자와 이익제공자 사이의 친분관계, 이익의 다과, 이익을 주고받은 경위와 시기 등 여러 사정을 종합하여 결정하되, 알선과 주고받은 금품 사이에 전체적·포괄적으로 대가관계가 있으면 충분하다.[57] 한편 알선자가 받은 금품에 알선행위에 대한 대가로서의 성질과 그 밖의 행위에 대한 대가로서의 성질이 불가분적으로 결합되어 있는 경우에는, 그 전부가 불가분적으로 알선행위에 대한 대가로서의 성질을 가진다.[58]

23 다만 알선할 사항이 공무원의 직무에 속하는 사항이고, 금품 등 수수의 명목이 그 사항의 알선에 관련된 것임이 어느 정도 구체적으로 나타나야 하고, 단지 금품 등을 공여하는 자가 금품 등을 수수하는 자와 좋은 관계를 유지함으로써 그로부터 공무원의 직무에 속한 사항과 관련하여 어떤 도움을 받을 수 있다거나 손해를 입을 염려가 없다는 정도의 막연한 기대감 속에 금품 등을 교부하고, 금품 등을 수수하는 자 역시 공여자가 그러한 기대감을 가지고 금품 등을 교부하는 것이라고 짐작하면서 이를 수수하였다는 정도의 사정만으로는 알선수뢰죄 또는 알선수재죄가 성립할 수 없다.[59]

55 대판 1990. 8. 10, 90도665(전술한 대판 1997. 12. 26, 97도2609의 사안과 구별된다).
56 김수길, "뇌물죄에 관한 소고", 법과 정책 10, 제주대 법과정책연구소(2004), 142.
57 대판 2008. 1. 31, 2007도8117; 대판 2010. 6. 10, 2010도1382.
58 대판 2002. 8. 23, 2002도46; 대판 2012. 1. 12, 2010도13354; 대판 2017. 1. 12, 2016도15470.
59 대판 2004. 11. 12, 2004도5655; 대판 2004. 11. 25, 2004도6647; 대판 2005. 7. 29, 2004도1656; 대판 2009. 7. 23, 2009도3924.

이에 관한 대법원 판결로는, ① 공여자가 친분관계 있는 피고인의 선거자금을 지원함으로써 장차 종합금융회사를 운영함에 있어서 직·간접적으로 도움을 받을 수 있으리라는 추상적이고 막연한 기대의 대가로 이루어진 금품은 공무원의 직무에 속한 사항의 알선에 관하여 제공된 것이라고 어렵다고 판단한 사례,[60] ② 검사인 피고인이 내연관계인 변호사로부터 형사사건과 관련한 청탁을 받기 이전부터 이미 내연관계에 기하여 교부받아 사용하여 오던 신용카드 및 승용차를 그로부터 상당한 기간이 지난 청탁 시점 이후에도 내연관계에 기한 경제적 지원의 일환으로 계속 사용한 것에 불과하고, 양자의 관계 및 청탁 전후 시점의 카드 사용액 등에 별다른 차이가 없는 경우라면, 위 경제적 지원과 청탁 사이의 대가관계를 인정하기 어렵다고 판단한 사례,[61] ③ 검사인 피고인이 이익을 수수할 당시 공여자나 그가 운영하는 회사에 발생할 형사사건의 내용은 물론 실제로 형사사건이 발생할지도 알 수 없는 상태였다면, 공여자로서는 피고인에게 잘 보이면 그로부터 어떤 도움을 받을 수 있다거나 손해를 입을 염려가 없다는 정도의 막연한 기대감에서 이익을 공여한 것이고 피고인도 공여자가 그러한 기대감을 가질 것이라고 짐작하면서 수수한 것으로 보일 뿐, 다른 공무원의 직무에 속하는 사항의 알선과 관련하여 수수하였다고 볼 사정은 없다고 판단한 사례[62] 등이 있다. 24

5. 주관적 구성요건

본죄의 구성요건적 고의는 행위자가 자신이 공무원이라는 점, 다른 공무원의 직무에 속한 사항을 알선한다는 점 및 그에 대한 대가로 뇌물을 수수·요구·약속한다는 점에 관한 인식과 의사이다.[63] 25

다른 공무원이 직무에 속한 사항의 알선에 관하여 뇌물을 수수·요구·약속하였다는 범의는 범죄사실을 구성하는 것으로서 이를 인정하기 위해서는 엄격한 증명이 요구되지만, 피고인이 '금품 등을 수수'한 사실을 인정하면서도 범의를 부인하는 경우에는, 이러한 주관적 요소로 되는 사실은 사물의 성질상 범의와 상당한 관련성이 있는 간접사실을 증명하는 방법에 의하여 이를 입증할 수 26

60 대판 2005. 7. 29, 2004도1656.
61 대판 2015. 3. 12, 2013도363.
62 대판 2017. 12. 22, 2017도12346.
63 김일수·서보학, 671.

밖에 없고, 무엇이 상당한 관련성이 있는 간접사실에 해당할 것인가는 정상적인 경험칙에 바탕을 두고 치밀한 관찰력이나 분석력에 의하여 사실의 연결상태를 합리적으로 판단하는 방법에 의하여야 한다.[64]

27 알선수재의 공모공동정범에서 공범자들 사이에 그 알선 등과 관련하여 금품이나 이익을 수수하기로 명시적 또는 암묵적인 공모관계가 성립하고 그 공모 내용에 따라 공범자 중 1인이 금품이나 이익을 수수하였다면, 사전에 특정 금액 이하로만 받기로 약정하였다든가 수수한 금액이 공모 과정에서 도저히 예상할 수 없는 고액이라는 등과 같은 특별한 사정이 없는 한, 그 수수한 금품이나 이익 전부에 관하여 위 각 죄의 공모공동정범이 성립하는 것이며, 수수할 금품이나 이익의 규모나 정도 등에 대하여 사전에 서로 의사의 연락이 있거나 수수한 금품 등의 구체적 금액을 공범자가 알아야 공모공동정범이 성립하는 것은 아니고, 이와 같은 법리는 특정경제범죄 가중처벌 등에 관한 법률(이하, 특정경제범죄법이라 한다.) 제5조 소정의 수재죄의 공모공동정범에서도 마찬가지로 적용된다.[65]

Ⅲ. 특별법상의 알선뇌물죄

1. 의의 및 입법취지

28 공무원 신분을 가지지 않은 사람도 학연이나 지연 또는 개인의 영향력 등을 이용하여 공무원의 직무에 영향을 미칠 수 있다. 이러한 사람이 공무원의 직

64 대판 2002. 3. 12, 2001도2064; 대판 2005. 6. 24, 2004도8780(피고인이 공소사실과 같이 돈을 받은 것이 사실이라고 하더라도, 피고인은 공사의 감사로서 자금운용에 관한 업무와는 직접적인 관련이 없고, 금품 제공을 전후하여 공소외 종합금융회사 측에서 예금유치와 관련하여 피고인에게 구체적인 부탁을 하였다거나, 위 돈이 예금유치를 위한 명목으로 제공되는 것이라는 점을 피고인이 알았다고 볼 만한 뚜렷한 증거가 없는 이 사건에 있어서, 피고인이 자신의 직무와 관련된 돈이라거나 예금유치와 관련한 청탁의 대가라는 점을 인식하면서 위 돈을 받았다고 보기도 어렵다고 판단한 사안); 대판 2010. 10. 28, 2008도6033(시민단체 대표인 피고인이 후원 회사의 부탁으로 위 회사의 과세전적부심사 청구사건에 관하여 국세청장에게 재심의 관련 청탁을 하고 위 회사로부터 거액을 기부받은 사실이 있더라도 위 후원금은 그 전에 이미 있었던 후원 약정에 따른 것으로 이후 후원약정이 파기된 바도 없고 지급된 후원금은 약정 후원금 총액에 미달하는 데다가 피고인이 후원금과 위 청탁을 관련지어 후원 회사에게 언급한 정황이 없는 사정에서 위 후원금이 청탁의 대가인 점을 인식하였다고 단정하기 어렵다고 한 사안).

65 대판 2003. 5. 30, 2003도1137; 대판 2010. 10. 14, 2010도387.

무와 관련하여 알선자 내지 중재자로서 알선을 명목으로 금품을 수수·요구·약속하는 행위를 하게 되면 공무원의 직무집행의 공정성이 의심받게 된다.[66] 그리하여 우리 입법자는 특별법을 제정하여 공무원의 직무에 속한 사항에 관하여 알선을 명목으로 금품 등을 수수·요구·약속하는 행위를 처벌하고 있다.

이러한 특별법상의 범죄로 특정범죄가중법 제3조의 특정범죄가중법위반(알선수재)죄와 변호사법 제111조 제1항 위반죄를 들 수 있다. 위 두 죄 모두 행위주체에 제한이 없고, 실행행위가 알선이라는 점에서 공통된다.[67] 앞서 본죄의 구성요건에 대하여 논의한 내용과 특정범죄가중법위반(알선수재)죄와 변호사법 제111조 제1항 위반죄의 구성요건에 관한 내용은 행위의 주체를 제외하고는 대부분 공통되고 서로 적용될 수 있다. 29

2. 각 알선범죄의 비교 및 구별

(1) 특정범죄가중법위반(알선수재)죄와 변호사법 제111조 제1항 위반죄의 차이점은 아래 [표 1]과 같다. 30

66 대판 2014. 6. 26, 2011도3106.

67 참고로 특정경제범죄법에는 금융회사 등의 임직원의 직무와 관련하여 3가지 유형의 알선수수죄가 규정되어 있다. 특정경제범죄법 제5조 제3항은 범행 주체가 금융기관의 임직원인 것만 차이가 있을 뿐 본죄와 동일한 형태의 처벌규정이라 할 것이다. 특정경제범죄법 제5조 제4항은 수수, 요구 또는 약속한 금품 등의 가액에 따라 형을 달리 규정함으로써 특정범죄가중법 제2조와 같은 취지의 규정이라 할 것이다. 특정경제범죄법 제7조는 범행 주체에 제한이 없고 특정범죄가중법 제3조 및 변호사법 제111조 제1항와 동일한 형태의 처벌규정이라 할 것이다. 다만, 특정경제범죄법 제7조는 특정범죄가중법 제3조와 달리 '제3자에게 공여하게 하거나 공여하게 할 것을 요구 또는 약속'하는 행위도 처벌하고 있다[특정경제범죄법위반(알선수재)죄]. 한편, 알선수수자에게 특정경제범죄법 제5조 제3항 또는 제4항이 적용되는 경우에는 중재자에게 동법 제6조를 적용하여 처벌할 수 있다. 그러나 동법 제7조의 경우에는 중재자에 대한 처벌규정이 없어 중재자를 처벌할 수 없다. 특정경제범죄법상의 알선수재죄에 대해서도, 알선의 상대방이 공무원이 아니라 금융회사등의 임직원이라는 점을 제외하면, 본죄와 특정범죄가중법 제3조 및 변호사법 제111조에서의 논의가 대부분 서로 공통된다.

[표 1] 두 죄의 차이점

	특정범죄가중법 제3조	변호사법 제111조 제1항
명목	공무원의 직무에 속한 사항의 알선에 관하여	공무원이 취급하는 사건 또는 사무에 관하여 청탁 또는 알선한다는 명목
수수의 객체	금품, 그 밖의 이익	금품, 향응, 그 밖의 이익
행위	수수, 약속, 요구	수수, 약속 또는 제3자에게 이를 공여하게 하거나 공여하게 할 것을 약속
벌금형 병과	불가능(택일적임)	가능
몰수 및 추징	필요적(특정범죄가중법 § 13)	필요적(변호사법 § 116)
의제공무원 규정	없음	있음(변호사법 § 111②)

31 (2) 본죄와 특정범죄가중법위반(알선수재)죄, 변호사법 제111조 제1항 위반죄와 관련하여 사안유형별로 적용이 가능한 법조를 정리하면 아래 [표 2]와 같다.

[표 2] 알선수재자의 신분과 적용법조

<table>
<tr><th>수재자의 신분</th><th colspan="3">적용법조</th></tr>
<tr><td rowspan="3">공무원</td><td rowspan="2">본죄(§ 132)가 성립하는 경우</td><td>수뢰액 3천만 원 이상</td><td>특정범죄가중법 제2조
(증재자에게 뇌물공여죄 적용가능)</td></tr>
<tr><td>수뢰액 3천만 원 미만</td><td>특정범죄가중법 제3조 또는 변호사법 제111조 제1항[68]
(이 경우에도 증재자에게 뇌물공여죄 적용가능)[69]</td></tr>
<tr><td colspan="2">본죄(§ 132)가 성립하지 않는 경우</td><td>특정범죄가중법 제3조 또는 변호사법 제111조 제1항(금액 무관)</td></tr>
<tr><td>비공무원</td><td colspan="3">특정범죄가중법 제3조 또는 변호사법 제111조 제1항(금액 무관)</td></tr>
</table>

68 이 경우에는 본죄의 법정형 상한(징역 3년)보다 특정범죄가중법 제3조 또는 변호사법 제111조 제1항의 법정형 상한(징역 5년)이 높기 때문에 실무상 특정범죄가중법 제3조 또는 변호사법 제111조 제1항을 적용하여 기소하는 것이 일반적이다.

69 대판 1989. 12. 26, 89도2018.

3. 특정범죄 가중처벌 등에 관한 법률 제3조

특정범죄가중법 제3조는 "공무원의 직무에 속한 사항의 알선에 관하여 금품이나 이익을 수수·요구 또는 약속한 사람은 5년 이하의 징역 또는 1천만원 이하의 벌금에 처한다."고 정하고 있다. 32

본죄는 행위주체에 제한을 두고 있지 않다. 즉, 일반인 누구라도 본죄의 주체가 될 수 있다.[70] 공무원의 다른 공무원에 대한 알선행위가 공무원의 지위를 이용한 것이 아니어서 본죄가 적용될 수 없는 경우에도 본죄는 성립할 수 있다. 33

변호사도 본죄의 주체가 될 수 있지만, 변호사 지위의 공공성과 직무범위의 포괄성에 비추어 볼 때, 특정범죄가중법 제3조 및 변호사법 제111조는 변호사가 그 위임의 취지에 따라 수행하는 적법한 청탁이나 알선행위까지 처벌대상으로 한 규정이라고는 볼 수 없고, 정식으로 법률사건을 의뢰받은 변호사의 경우, 사건의 해결을 위한 접대나 향응, 뇌물의 제공 등 이른바 공공성을 지닌 법률전문직으로서의 정상적인 활동이라고 보기 어려운 방법을 내세워 의뢰인의 청탁 취지를 공무원에게 전하거나 의뢰인을 대신하여 스스로 공무원에게 청탁을 하는 행위 등을 한다는 명목으로 금품 등을 받거나 받을 것을 약속하는 등, 금품 등의 수수의 명목이 변호사의 지위 및 직무범위와 무관하다고 평가할 수 있는 경우에 한하여 특정범죄가중법(알선수재)죄 및 변호사법 제111조 제1항 위반죄가 성립한다.[71] 34

한편 특정범죄가중법(알선수재)죄의 구성요건은 본죄의 구성요건보다 포괄적이므로, 공무원이 알선수뢰죄를 범한 경우에는 특정범죄가중법(알선수재)죄도 성립하게 되는 결과가 된다. 이 경우, 특정범죄가중법(알선수재)죄가 본죄에 대하여 특별법의 지위에 있다는 견해[72]와 두 죄가 상상적 경합관계에 있다는 견해[73]가 대립하는데, 전자의 견해가 타당하다. 35

---

70 이주원, 특별형법(8판), 306.

71 대판 2007. 6. 28, 2002도3600. 세무사에 관한 유사한 판시에 관해서는 대판 2007. 6. 29, 2006도5817. 「특정범죄가중법 제3조는 그 행위주체에 제한을 두고 있지 않은바, 세무사가 자신이 세무대리를 맡은 사건의 해결을 위하여 공무원에게 청탁·알선한다는 명목으로 금품을 수수한 경우에도 특정범죄가중법 제3조의 알선수재죄가 성립한다고 할 것이다.」

72 김용세, "특정범죄가중법 제3조와 변호사법 제90조 제1호의 관계", 법률신문 1606(1997).

73 임웅, 955.

36 한편 본죄의 경우 청탁의 대상인 공무원에는 의제공무원도 포함되지만(특가 § 4① 참조), 특정범죄가중법(알선수재)죄의 경우 청탁의 대상인 공무원에는 의제공무원이 포함될 수 없음에 유의해야 한다.[74] 이와 달리 변호사법 제111조 제1항 위반죄의 경우에는 동조 제2항에 의하여 청탁 또는 알선의 대상인 공무원에 의제공무원도 포함된다.

4. 변호사법 제111조 제1항

(1) 의의

37 변호사법 제111조 제1항은 "공무원이 취급하는 사건 또는 사무에 관하여 청탁 또는 알선을 한다는 명목으로 금품·향응 그 밖의 이익을 받거나 받을 것을 약속하는 자 또는 제3자에게 이를 공여하게 하거나 공여하게 할 것을 약속한 자는 5년 이하의 징역 또는 1천만원 이하의 벌금에 처한다. 이 경우 벌금과 징역은 병과할 수 있다."고 규정하고 있다. 한편, 동조 제2항에 의하여 제1항의 공무원에는 법률의 규정에 의하여 형법상 뇌물죄 규정의 적용에 있어서 공무원으로 간주되는 자(의제공무원)도 포함된다.[75]

38 변호사법 제111조 제1항의 구성요건과 특정범죄가중법 제3조의 구성요건을 비교하면, 공무원이 취급하는 사건 또는 사무에 관하여 청탁 또는 알선을 한다는 명목으로 금품 또는 향응 그 밖의 이익을 받거나 받을 것을 약속하고 또는 제3자에게 이를 공여하게 하거나 공여하게 할 것을 약속한 자를 처벌하는 변호사법 제111조 제1항의 규정과 공무원의 직무에 속한 사항의 알선에 관하여 금품이나 이익을 수수, 요구 또는 약속한 자를 처벌하는 특정범죄가중법 제3조의 규정은 각 규정내용을 비교하여 볼 때, 전자의 규정내용이 후자의 추상적인 규

74 대판 1999. 5. 11, 99도963; 대판 2005. 5. 13, 2004도8460; 대판 2006. 9. 8, 2005도8244(특정범죄가중법 제3조에서 말하는 '공무원의 직무에 속하는 사항의 알선에 관하여 금품이나 이익을 수수한다'라고 함은 공무원의 직무에 속한 사항을 알선한다는 명목으로 금품 등을 수수하는 행위로서 반드시 알선의 상대방인 공무원이나 그 직무내용이 구체적으로 특정될 필요는 없다고 할 것이지만, 적어도 알선을 의뢰한 사람과 알선의 상대방이 될 수 있는 공무원 사이를 중개한다는 명목으로 금품을 수수한 경우라야 할 것이고, 한편 법 제3조는 그 알선의 대상을 '공무원의 직무에 속하는 사항'으로 한정하고 있는바, 법 제4조 제1항이 뇌물죄의 적용대상을 확대하였으나 법 제3조를 적용대상으로 적시하고 있지 않으므로 이 규정을 법 제3조에까지 확대할 수는 없다).

75 이는 본죄와 같은 점이고, 특정범죄가중법위반(알선수재)죄와는 다른 점이다.

정내용을 좀더 구체적으로 풀이하여 규정한 것이라는 점을 제외하고 그 구성요건적 행위와 행위주체의 면에 있어서 아무런 차이가 없어, 동일사항을 규율대상으로 삼고 있는 법률규정이라고 보아야 할 것이다.[76] 법정형은 병과 부분을 제외하고는 그 범위가 같다. 실무에서는 양자의 구성요건이 일치하는 것은 아니나, 사실상 선택적으로 적용하고 있는 것으로 보인다.[77]

알선수뢰행위 또는 알선수재행위가 본조와 특정범죄가중법 제3조, 변호사 39
법 제111조 제1항의 전부 또는 그중 두 가지에 해당하는 경우 그 각 죄 사이의 관계에 대해서는, ① 위 세 가지 중 어떠한 것도 적용가능하지만 일단 한 가지를 적용하면 나머지는 적용할 수 없다는 견해(택일적 법조경합관계),[78] ② 각 죄가 모두 성립하고 상상적 경합관계에 있다는 견해[79]가 대립한다. 대법원은 변호사법위반죄가 성립하는 경우 본죄가 성립할 여지가 없다고 판시한 바 있다.[80]

(2) 공무원이 취급하는 사건 또는 사무

변호사법 제111조 제1항의 '공무원이 취급하는 사건 또는 사무'의 의미에 40
관해서는 본조 및 특정범죄가중법 제3조의 '공무원의 직무에 속한 사항'의 의미와 실질적으로 동일하다고 할 것이다.[81] 따라서 앞서 본죄의 구성요건에 관하여 논의한 내용은 변호사법위반 제111조 제1항 위반죄에도 동일하게 적용될 수 있다. 즉, 변호사법 제111조에서 규정하고 있는 '공무원이 취급하는 사건 또는 사무에 관하여 청탁 또는 알선을 한다는 명목으로 금품·향응, 그 밖의 이익을 받는다'라고 함은 공무원이 취급하는 사건 또는 사무에 관하여 공무원과 의뢰인 사이를 중개한다는 명목으로 금품을 받는 경우를 말한다. 공무원이 취급하는 사건 또는 사무에 관하여 청탁한다는 명목이라는 성격과 단순히 공무원이 취급하는 사건 또는 사무와 관련하여 노무나 편의를 제공한 대가라는 성격이 불가분적으로 결합되어 금품을 받은 경우에, 그 전부가 불가분적으로 공무원이 취급하는 사건 또는 사무에 관하여 청탁한다는 명목으로 금품을 받았다고 보아야

76 대판 1983. 3. 8, 82도2873.
77 한경환, "중개대리상의 알선행위와 알선수재죄", 해설 100, 법원도서관(2014), 541.
78 주석형법 [각칙(1)](5판), 482(천대엽); 성시웅, "알선뇌물범죄 상호간의 관계", 사법연수원논문집 1, 사법연수원(2004), 187.
79 김일수·서보학, 669; 임웅, 956.
80 대판 1986. 3. 25, 86도436.
81 대판 2010. 1. 28, 2009도6789; 대판 2018. 3. 29, 2018도509.

한다.[82] 이는 공무원이 취급하는 사건 또는 사무에 관한 청탁 명목의 금품과 이와 무관한 행위에 대한 대가로서의 금품이 액수가 구분되지 않은 채 불가분적으로 결합되어 수수된 경우에도 마찬가지이다. 다만 그 금품의 수수가 여러 차례에 걸쳐 이루어졌고 각각의 행위별로 공무원이 취급하는 사건 또는 사무에 관한 청탁 명목의 대가성 유무를 달리 볼 여지가 있는 경우에는, 그 행위마다 청탁 명목과 관련성이 있는지 여부를 가릴 필요가 있을 뿐이다.[83]

(가) 변호사법위반죄를 인정한 판례

41 변호사법위반죄의 성립을 인정한 사안으로는, ① 한국광해관리공단의 임·직원은 한국광해관리공단이 강원랜드의 최대주주라는 점에서, 그리고 지식경제부 공무원은 강원랜드의 최대주주인 한국광해관리공단의 주무기관으로서 한국광해관리공단의 이사장 및 이사를 임면하거나 그 업무를 지도·감독할 수 있는 권한이 있으므로 한국광해관리공단을 통하여, 각 강원랜드 사장의 본부장 임명 및 해임 권한에 대하여 사실상의 영향력을 행사할 수 있다는 점에서, 지식경제부 공무원이나 형법 그 밖의 법률에 의한 벌칙의 적용에 있어서 공무원으로 의제되는 한국광해관리공단 임·직원의 강원랜드 본부장 인사에 관한 업무는 변호사법 제111조 제1항에서 규정하는 '공무원이 취급하는 사무'의 범위에 포함된다고 볼 것이므로, 지식경제부 공무원이나 한국광해관리공단의 임·직원이 위 강원랜드 본부장 인사에 관하여 사실상의 영향력을 행사할 수 있음을 인정하고서도 그 영향력 행사가 법령상 근거가 없다는 이유 등을 들어 변호사법 제111조 제1항에서 정한 '공무원이 취급하는 사무'에 해당하지 않는다고 본 원심판결에 법리오해의 위법이 있다고 한 사례,[84] ② 경매담당 공무원이 경매절차를 담당하는 법원 공무원에게 매각기일의 신속한 지정을 청탁 또는 알선한다는 명목으로 금품을 수수하였다는 공소사실의 경우 비록 청탁할 공무원을 구체적으로 특정하지 않았다고 하더라도 위 변호사법위반죄의 성립에는 영향이 없다고 한 사례[85] 등이 있다.

82 대판 2005. 4. 29, 2005도514; 대판 2005. 12. 22, 2005도7771.
83 대판 2017. 3. 22, 2016도21536.
84 대판 2010. 1. 28, 2009도6789.
85 대판 2016. 7. 14, 2015도8466.

(나) 변호사법위반죄를 부정한 판례

변호사법위반죄의 성립을 인정하지 아니한 사안으로는, ① 피고인들이 알선의 대가를 받았다고 하더라도 이는 최종적으로 한국산업단지관리공단 이사장(공무원이 아님)에게 그가 한국산업단지관리공단의 이사장으로서 처리하는 보세창고부지 불하 관련 사무에 관하여 청탁한다는 명목이었지, 공소사실과 같이 산업자원부 담당공무원에게 부탁하여 장관의 승인을 포함한 산업자원부 측의 사무를 청탁하였다고 볼 수는 없다고 판단하여 피고인들에게 무죄를 선고한 원심을 유지한 사례,[86] ② 법원의 경매담당 공무원이 강제집행정지 신청사건에 관한 신속한 종결을 위하여 담당 사법보좌관에게 청탁한다는 명목으로 의뢰인으로부터 금품을 받았다고 하더라도 청탁·알선의 대상인 강제집행정지 신청사건을 종결한 권한은 법관에게만 있고 사법보좌관의 직무에 속하지 않는다는 점에서 '공무원이 취급하는 사건 또는 사무에 관하여' 청탁 또는 알선한다는 명목으로 금품을 수수한 경우에 해당하지 않는다고 판단한 사례[87] 등이 있다. 42

(3) 사무의 타인성

공무원이 취급하는 사건 또는 사무란 타인을 위한 사건 또는 사무를 말한다. 수재자 자신을 위한 사건 또는 사무에 관한 청탁·알선의 명목으로 금품 등을 수수한 경우에는 변호사법 제111조 제1항 위반죄는 성립하지 않는다. 이 경우 특정범죄가중법위반(알선수재)죄도 성립하지 않는다. 43

(가) 사무의 타인성을 인정한 판례

사무의 타인성을 인정한 사안으로는, ① 자신의 명의로 토석채취허가를 받았지만 타인의 판단과 비용부담하에 그에게 허가를 얻어 주기 위한 방편으로 자신의 명의를 대여한 것에 불과하므로 타인의 사무에 해당한다고 보아 허가를 위한 교제비 명목으로 금원을 교부받은 행위에 대하여 변호사법 제111조 제1항 위반죄의 성립을 인정한 사례,[88] ② 건축공사를 수급받은 건축업자가 사용검사를 받아주기로 하고 건축주인 재건축조합으로부터 금원을 받은 경우, 건축물에 관하여 사용검사를 받는 업무는 건축주의 사무라 할 것이고, 설령 건축주가 해 44

86 대판 2009. 2. 26, 2008도4747.
87 대판 2014. 10. 30, 2014도10799.
88 대판 1994. 12. 22, 93도1041.

당 건축공사를 수급받은 건축업자에게 사용검사를 받는 업무를 위임하여 건축업자가 그 업무를 처리하기로 하였고 사용검사가 늦어질 경우 건축업자가 건축주에 대하여 책임을 지도록 약정하고 있다고 하더라도, 이는 건축업자가 건축공사를 약정한 기한 내에 마무리하여 사용검사가 늦어지는 일이 없도록 하며 절차적인 면에서 건축업자가 건축주를 대리하여 그 형식적인 절차를 대행한다는 취지로 보아야 할 것이므로, 위와 같은 사정만으로 위 사용검사를 받는 업무가 건축업자 자신의 사무로 된다고는 할 수 없다고 판단한 사례,[89] ③ 피고인이 진정, 고소한 사건의 피진정인, 피고소인이 구속되도록 수사기관에 청탁한다는 명목으로 제3자로부터 금원을 수령한 경우에, 비록 피고인이 진정인, 고소인, 피해자 중의 한 사람이라고 하더라도 다른 사람에게 강제수사의 불이익을 주도록 하려는 청탁일 뿐이어서 인신구속에 관한 수사 또는 재판사무에 관한 그러한 청탁을 가리켜 피고인 자신을 위한 사건 또는 사무나 피고인 자신의 사건 또는 사무라고 볼 수는 없으므로 변호사법 제111조 제1항 위반죄가 성립한다고 한 사례[90] 등이 있다.

(나) 사무의 타인성을 부정한 판례

45 사무의 타인성을 인정하지 아니한 사안으로는, ① 회사의 상무이사가 위 회사의 대표이사의 위임을 받아 대표이사의 대리로서 세무당국이 조사하고 있던 위 회사에 대한 탈세혐의 사건을 수습하는 과정에서 위 대표이사로부터 관계공무원에게 청탁한다는 명목으로 3회에 걸쳐 금원을 받게 되었다면, 이와 같이 위 상무이사가 대표이사로부터 돈을 받고 관계공무원에게 청탁하여 달라고 부탁받은 내용은 자신이 상무이사로 있던 위 회사에 관한 것이고, 위 상무이사는 위 사건에서 위 회사의 대표이사를 대리하여 위 회사의 대표자로서 사무를 처리하였다고 할 것이므로, 위 사건에 관한 청탁을 타인의 사건 또는 사무에 관한 청탁이라고 볼 수 없다고 판단한 사례,[91] ② 강도상해의 범행에 대하여 피고

89 대판 1997. 7. 22, 96도2422.

90 대판 2000. 9. 8, 99도590.

91 대판 1987. 7. 21, 85도2659. 반면에 특정경제범죄법 제7조 소정 금융기관의 임·직원의 직무에 속한 사항이라 함은 자기 자신을 제외한 모든 자의 사건 또는 사무를 가리키는 것으로 해석하는 것이 상당하고, 회사의 이사가 대표이사로부터 돈을 받고 청탁을 부탁받은 내용이 자신이 이사로 있는 회사에 관한 것이고 위 이사가 회사의 대표이사를 대리하여 위 회사의 대표자로서 사무를 처리하였다고 보여질 경우에는 사건에 관한 청탁을 타인의 사건 또는 사무에 관한 청탁이라

인도 그 공범자로서 사건을 가볍게 처리하는 것이 피고인과 관련이 없는 타인의 일이 아니라 바로 자신을 포함한 모든 공범자들의 공동의 일로서 그에 필요한 교제비를 다른 공범자들의 부모로부터 교부받았다고 하더라도 변호사법 제111조 제1항 위반죄는 성립되지 않는다고 한 사례,[92] ③ 피고인이 돈을 받은 것은 동업자 중 1인이자 위원회의 회장인 지위에서 나머지 동업자들과의 합의 아래 자동차매매사업등록이라는 공동의 목적을 실현하기 위하여 한 것으로서, 그 경비를 모은 경위가 공무원에 대한 청탁을 위한 것이었다 하더라도 이는 타인을 위한 사건 또는 사무라고 할 수 없어 변호사법 제111조 제1항 위반죄가 성립하지 않는다고 한 사례[93] 등이 있다.

(4) 변호사에게 변호사법 제111조 제1항 위반죄가 성립하는 경우

변호사법 제110조 제1호는 변호사가 판사·검사, 그 밖에 재판·수사기관의 공무원에게 제공하거나 그 공무원과 교제한다는 명목으로 금품이나 그 밖의 이익을 받거나 받기로 한 행위를 처벌하고 있고, 제111조 제1항 전문은 누구든지 공무원이 취급하는 사건 또는 사무에 관하여 청탁 또는 알선을 한다는 명목으로 금품·향응 그 밖의 이익을 받거나 받을 것을 약속하면 처벌하도록 하고 있다. 46

변호사는 공공성을 지닌 법률전문직으로서 독립하여 자유롭게 그 직무를 수행한다(변 § 2). 변호사의 위와 같은 지위, 사명과 직무를 감안하면, 정식으로 법률사건을 의뢰받은 변호사라 하더라도 의뢰받은 사건의 해결을 위한 접대나 향응, 뇌물의 제공, 사적인 연고관계나 친분관계를 부정하게 이용하는 등 공공성을 지닌 법률전문직으로서의 정상적인 활동이라고 보기 어려운 방법을 내세워 공무원과 직접·간접으로 접촉하거나 공무원에게 청탁 또는 알선을 한다는 명목으로 금품 등을 받거나 받기로 하는 등, 금품 등의 수수 명목이 변호사의 지위 및 직무범위와 무관하다고 평가할 수 있을 때에는 변호사법 제110조 제1호 위반죄 및 제111조 제1항 위반죄가 성립한다. 그리고 변호사가 받은 금품 등 47

고 볼 수 없을 것이지만, 피고인이 청탁을 명목으로 법인의 대표이사로부터 금원을 받고 로비활동을 하여 오던 중, 그 활동상의 편의를 위하여 그 법인의 통상업무에는 전혀 관여함이 없이 형식적으로 그 법인의 이사로 등기를 경료하고 그 법인의 이사 등 직함을 사용하면서 청탁 명목으로 금원을 교부받았다면, 이는 피고인 자신의 사무라고는 볼 수 없다고 판시한 판결로는, 대판 2002. 6. 11, 2000도357 참조.

92 대판 1993. 2. 26, 92도2904.

93 대판 2001. 11. 27, 2001도4042.

이 정당한 변호활동에 대한 대가나 보수가 아니라 교제 명목 또는 청탁 내지 알선 명목으로 받은 것에 해당하는지는 당해 금품 등의 수수 경위와 액수, 변호사 선임서 제출 여부, 구체적인 활동내역, 그 밖의 여러 사정을 종합하여 판단하여야 한다.[94] 위 두 죄가 모두 성립하는 경우, 두 죄는 상상적 경합관계이다.[95]

Ⅳ. 다른 죄와의 관계

1. 뇌물공여죄와의 관계

48 알선수뢰한 금품 등을 뇌물로 공여한 경우에는 본죄 외에 뇌물공여죄(§ 133①)가 따로 성립하고, 두 죄는 실체적 경합범관계이다.

2. 제3자뇌물제공죄와의 관계

49 본죄와 제3자뇌물제공죄(§ 130)를 구별함에 있어서는, 구체적인 사정에 따라 자기 자신의 이득을 취하기 위한 것인지 아니면 받은 금품을 그대로 전달하기로 한 것인지(또는 구체적인 사용 방법을 수재자의 판단에 맡기기로 한 것인지) 등을 기준으로 판단해야 할 것이다.[96]

3. 뇌물수수죄와의 관계

50 본조의 알선뇌물수수죄와 제129조 제1항의 뇌물수수죄의 관계를 보면, 알선행위자 자신의 직무와 밀접한 관계가 있는 다른 공무원의 직무에 관하여 청탁·알선 명목으로 뇌물을 받은 경우 단순수뢰죄에서의 직무관련성이 인정되어 본조의 알선뇌물수수죄가 아닌 제129조 제1항의 뇌물수수죄가 성립함은 전술한 바와 같다. 다만, 검사가 하나의 뇌물이 피고인의 직무에 대한 대가의 명목과

94 대판 2007. 6. 28, 2002도3600; 대판 2017. 12. 22, 2017도12127; 대판 2019. 3. 14, 2015도1900.

95 대판 2017. 12. 22, 2017도12127.

96 대판 2006. 11. 24, 2005도5567. 「공무원이 취급하는 사건 또는 사무에 관한 청탁을 받고 청탁 상대방인 공무원에게 제공할 금품을 받아 그 공무원에게 단순히 전달한 경우와는 달리, 자기 자신의 이득을 취하기 위하여 공무원이 취급하는 사건 또는 사무에 관하여 청탁한다는 등의 명목으로 금품 등을 교부받으면 그로서 곧 변호사법 제111조 제1항 위반죄가 성립되고 이와 같은 경우에는 형법 제133조 제2항 증뢰물전달죄는 성립하지 아니한다.」
같은 취지의 판결로는 대판 1986. 3. 25, 86도436.

다른 공무원의 직무에 대한 알선의 명목을 동시에 가지고 있다고 하며 뇌물수수죄와 알선뇌물수수죄의 상상적 경합범으로 기소하는 사례가 있는데, 이 경우 피고인의 직무의 내용과 범위를 우선 확정하고, 이후 뇌물의 명목 내지 청탁의 내용이 피고인의 직무 범위 내에 포함되는지 여부를 판단해야 할 것이다. 뇌물의 명목 내지 청탁의 내용이 피고인의 직무 범위 내의 사항과 함께 다른 공무원의 직무에 대한 알선의 내용을 가지고 있는 경우에는, 뇌물수수죄와 알선뇌물수수죄 모두 성립하고, 두 죄는 상상적 경합관계에 있다고 볼 수도 있을 것이다.[97] 심리 결과 뇌물의 명목 내지 청탁의 내용이 피고인의 직무 범위를 벗어난 사항이라면 뇌물수수죄는 직무관련성 또는 대가성이 인정될 수 없어 무죄를 선고하고 알선뇌물수수죄를 심리해야 할 것이다.[98]

4. 정치자금법위반죄와의 관계

51 본죄와 정치자금법 제45조의 정치자금부정수수죄와의 관계를 보면, 일반뇌물죄와 정치자금법위반죄와의 관계와 마찬가지로, 정치인인 공무원이 받은 금품이 그 지위를 이용하여 다른 공무원의 직무에 속한 사항의 알선에 대한 대가로서의 실체를 가지는 한 그것이 정치자금 또는 선거자금 등의 명목으로 제공된 것이라 하더라도 뇌물로서의 성격을 잃지 않고 정치자금법위반죄와 본죄가 각각 성립할 수 있다.[99]

---

97 대구고판 2016. 9. 1, 2016노175(대판 2016. 12. 15, 2016도14778로 상고기각되어 그대로 확정됨).

98 대판 2013. 4. 11, 2012도16277. 문체부차관인 피고인이 S 그룹 대표로부터 수출보험 인수한도 추가책정, 군산조선소 신설 부지 확보, 통영조선소 증설, 조선업계 구조조정 및 조선사 합병, 정부의 각종 조사 및 단속, 관련 법령 개폐, 한국정책방송원 인사 청탁 등의 명목으로 신용카드를 제공받아 사용하였다는 내용으로 알선뇌물수수로 인한 특정범죄가중법위반(뇌물)죄와 뇌물수수로 인한 특정범죄가중법위반(뇌물)죄의 상상적 경합범으로 기소된 사안에서, 제1심 법원은 뇌물수수로 인한 특정범죄가중법위반(뇌물)죄는 유죄로, 알선뇌물수수로 인한 특정범죄가중법위반(뇌물)죄는 공소사실 불특정을 이유로 하여 공소기각으로 판결을 선고하였으나(서울중앙지판 2012. 6. 4, 2011고합1574), 항소심 법원은 위 7가지 명목과 문체부차관인 피고인의 직무와의 사이에 직무관련성 또는 대가성을 인정할 수 없다고 보아 뇌물수수로 인한 특정범죄가중법위반(뇌물)죄는 무죄로, 알선뇌물수수로 인한 특정범죄가중법위반(뇌물)죄는 공소장변경에 따른 공소사실 특정 후 유죄로 판결을 선고하였으며(서울고판 2012. 12. 14, 2012노1871), 상고심에서 상고기각되어 위 원심판결이 그대로 확정되었다.

99 대판 2006. 5. 26, 2006도1713. 「구 정치자금에 관한 법률(2004. 3. 12. 법률 제7191호로 개정되기 전의 것과 2005. 8. 4. 법률 제7682호로 전문 개정되기 전의 것, 이하 양자를 '구 정치자금

5. 사기죄와의 관계

52 공무원이 알선의 의사가 없이 알선을 하려는 것처럼 기망하여 재물을 교부받은 경우 사기죄(§347)가 성립할 것이다. 그런데 이 경우 본죄도 성립하는지에 관하여 견해가 대립된다.

53 공무원이 취급하는 사건에 관하여 청탁 또는 알선을 할 의사와 능력이 없음에도 청탁 또는 알선을 한다고 기망하고, 이에 속은 피해자로부터 청탁 또는 알선을 한다는 명목으로 금품을 받은 경우, 알선 명목의 금품 등의 수수자가 실제로 알선할 생각이 있는지 여부는 알선뇌물수수죄의 성립에 영향을 미치지 않는다는 이유로, 사기죄 외에 알선수뢰죄(특정범죄가중법 §3 소정의 알선수재죄 또는 변호사법 §111① 위반죄도 마찬가지임)가 성립하고, 두 죄는 상상적 경합관계에 있다는 것이 판례의 입장이다.[100] 이러한 판례의 입장과는 달리, 알선뇌물수수죄의 주관적 구성요건의 흠결 또는 알선행위와 재물의 교부 사이의 대가관계의 흠결을 이유로 알선뇌물수수죄는 성립하지 않고 사기죄만 성립한다는 견해가 유력하다.[101]

에 관한 법률'이라 한다) 제30조 제2항 제5호, 제13조 제3호의 규정이 형법 제132조의 규정에 대하여 특별관계에 있는가의 여부는 두 법규의 구성요건의 비교로부터 논리적으로 결정되어야 할 것인바, 구 정치자금에 관한 법률은 정치자금의 적정한 제공을 보장하고 그 수입과 지출내역을 공개하여 투명성을 확보하며 정치자금과 관련한 부정을 방지함으로써 민주정치의 건전한 발전에 기여함에 그 입법목적이 있고(제1조), 같은 법 제13조 제3호는 공무원이 담당·처리하는 사무에 관하여 청탁 또는 알선하는 일과 관련하여 정치자금을 기부하거나 받는 것을 금지하여 정치자금과 관련한 부정을 방지하기 위한 규정이므로, 이는 뇌물죄의 한 태양으로서 직무집행의 공정과 이에 대한 사회의 신뢰 및 직무행위의 불가매수성을 그 직접적 보호법익으로 하고 있는 알선수뢰죄와는 그 보호법익을 달리하고 있을 뿐 아니라, 알선수뢰죄는 공무원이 그 지위를 이용하는 것을 구성요건으로 하고 나아가 뇌물을 수수한 경우뿐만 아니라 요구, 약속한 경우도 포함하여 그 행위 주체, 행위의 내용 및 방법 등 구체적인 구성요건에 있어서 구 정치자금에 관한 법률 위반죄와 많은 차이가 있어, 같은 법 제30조 제2항 제5호, 제13조 제3호의 구성요건이 알선수뢰죄의 구성요건의 모든 요소를 포함하는 외에 다른 요소를 구비하는 경우에 해당하지 않으므로, 위 구 정치자금에 관한 법률의 규정이 형법 제132조의 규정에 대하여 특별관계에 있다고는 볼 수 없다. 그리고 정치자금, 선거자금, 성금 등의 명목으로 이루어진 금품의 수수라 하더라도, 그것이 정치인인 공무원이 그 지위를 이용하여 다른 공무원의 직무에 속한 사항을 알선함에 대한 대가로서의 실체를 가지는 한 뇌물로서의 성격을 잃지 않는다.」

같은 취지의 판결로는 대판 1997. 4. 17, 96도3377(전); 대판 2005. 2. 17, 2004도6940. 위 96도3377(전) 판결의 해설은 이근우, "대통령의 직무와 뇌물죄", 해설 28, 법원도서관(1997), 645-659.

100 대판 1968. 2. 6, 67도1547; 대판 1986. 3. 25, 86도436; 대판 2006. 1. 27, 2005도8704; 대판 2008. 2. 28, 2007도10004; 대판 2016. 7. 14, 2015도8466.

101 김성돈, 793; 김일수·서보학, 671; 배종대, §155/41; 정성근·박광민, 756.

알선의사를 가지고서 다만 그 내용에 관해 상대방을 속여 재물을 교부받았다면 알선뇌물수수죄와 사기죄 모두 성립하고, 두 죄는 상상적 경합관계에 있다고 할 것이다.[102] 54

V. 처 벌

3년 이하의 징역 또는 7년 이하의 자격정지에 처한다. 55

본죄의 법정형과 관련해서는, 법정형이 5년 이하의 징역 또는 1천만 원 이하의 벌금으로 되어 있는 특정범죄가중법위반(알선수재)죄에 비추어 이보다 가볍게 처벌되어 형벌의 균형상 불합리하므로 입법론적 재고를 요한다는 주장이 있고,[103] 1992년의 형법일부개정법률안도 법정형을 '5년 이하의 징역 또는 7년 이하의 자격정지'로 상향하였다.[104] 56

〔오 규 성〕

102 김일수·서보학, 671; 배종대, § 155/41.
103 이정원·류석준, 형법각론, 738.
104 법부부, 형법개정법률안 제안이유서(1992. 10), 262.

제133조(뇌물공여 등)
① 제129조부터 제132조까지에 기재한 뇌물을 약속, 공여 또는 공여의 의사를 표시한 자는 5년 이하의 징역 또는 2천만원 이하의 벌금에 처한다.
② 제1항의 행위에 제공할 목적으로 제3자에게 금품을 교부한 자 또는 그 사정을 알면서 금품을 교부받은 제3자도 제1항의 형에 처한다.
〔전문개정 2020. 12. 8.〕

구 조문
제133조(뇌물공여등) ① 제129조 내지 제132조에 기재한 뇌물을 약속, 공여 또는 공여의 의사를 표시한 자는 5년 이하의 징역 또는 2천만원 이하의 벌금에 처한다.
② 전항의 행위에 공할 목적으로 제3자에게 금품을 교부하거나 그 정을 알면서 교부를 받은 자도 전항의 형과 같다.

Ⅰ. 의의 및 성격

1 본조 제1항의 뇌물공여죄〔뇌물(공여·공여약속·공여의사표시)죄〕 또는 증뢰죄는 제129조부터 제132조까지에 기재한 뇌물을 공여하거나 약속하거나 공여의 의사를 표시함으로써 성립하는 범죄이다.

2 본조 제2항의 증뢰물전달죄는 증뢰자가 그와 같은 행위에 제공할 목적으로 제3자에게 금품을 교부하거나(제3자뇌물교부죄) 제3자가 그 사정을 알면서 교부받음으로써(제3자뇌물취득죄) 성립하는 범죄로서, 이와 같은 증뢰물전달행위를 독립한 구성요건으로 하여 이를 본조 제1항의 뇌물공여죄와 같은 형으로 처벌하려는 것이다.[1]

1 대판 1997. 9. 5, 97도1572; 대판 2002. 6. 14, 2002도1283; 대판 2006. 6. 15, 2004도756.

수뢰죄가 공무원·중재인의 직무범죄인데 반하여, 본죄[2]는 공무원·중재인의 수뢰행위를 교사·방조하는 공범적 성격을 갖는 행위를 별도의 독립된 범죄로 처벌하는 규정이다.[3] 3

본죄의 보호법익은 뇌물죄 일반의 경우와 마찬가지로 직무집행의 공정과 이에 대한 신뢰 및 직무행위의 불가매수성이라 할 것이고, 보호의 정도도 마찬가지로 추상적 위험범이라 할 것이다.[4] 4

한편 외국공무원은 형법상 뇌물죄(§ 129 내지 § 132)의 구성요건인 공무원에 해당하지 않지만, 1998년 12월 28일 제정된 국제상거래에 있어서 외국공무원에 대한 뇌물방지법은 제3조에서 외국공무원에 대한 증뢰죄 및 증뢰물전달죄를 처벌하는 규정을 두고 있다. 동법은 제3조 제1항에서 '국제상거래와 관련하여 부정한 이익을 얻을 목적으로'를 요건으로 하고 있으며, 제4조에서 양벌규정을 둠으로써 법인에 대하여도 형사책임(10억 원 이하의 벌금)을 물을 수 있고, 제5조에서 법인에 대하여도 몰수를 할 수 있다고 규정한 점이 특징이다. 5

Ⅱ. 구성요건

1. 주 체

본죄의 주체에는 제한이 없다. 6

공무원이라도 다른 공무원에게 뇌물을 공여하는 입장에 있을 때에는 본죄의 주체가 된다.[5] 공무원의 직무에 속한 사항의 알선에 관하여 금품 등을 수수한 자가 그 수수한 금품의 전부 또는 일부를 뇌물로 공무원에게 교부한 경우에 7

2 편의상 아래에서는 본조 제1항의 죄 전체를 지칭할 때는 '증뢰죄'로, 제2항의 죄 전체를 지칭할 때는 '증뢰물전달죄'로 하고, 두 죄를 합하여 '본죄'라고 한다. 본조의 개별 구성요건에 해당하는 죄는 죄명 기재에 관한 대검예규상의 죄명에 의한다.

3 김일수·서보학, 새로쓴 형법각론(9판), 672.

4 오영근, 형법각론(5판), 718.

5 대판 2002. 6. 14, 2002도1283. 「제3자뇌물취득죄의 주체는 비공무원을 예정한 것이나 공무원일지라도 직무와 관계되지 않는 범위 내에서는 본죄의 주체에 해당될 수 있다 할 것이므로, 피고인이 자신의 공무원으로서의 직무와는 무관하게 군의관 등의 직무에 관하여 뇌물에 공할 목적의 금품이라는 정을 알고 이를 전달해준다는 명목으로 취득한 경우라면 제3자뇌물취득죄가 성립한다.」

는, 알선수뢰죄(또는 알선수재죄)와 별도로 뇌물공여죄가 성립한다.[6]

2. 객 체

8 증뢰죄(§ 133①)의 객체는 뇌물이다. 이와 달리 증뢰물전달죄(§ 133②)의 객체는 금품으로 규정되어 있다.

3. 행 위

(1) 증뢰죄(제1항)

9 증뢰죄의 행위는 뇌물을 약속하거나 공여하거나 공여의 의사를 표시하는 것이다. 명문의 규정은 없지만 수뢰죄와 마찬가지로 증뢰죄의 행위와 공무원의 직무 사이에 관련성(직무관련성)을 증뢰죄의 구성요건요소로 봄이 통설 및 판례이다.[7] 직무관련성만 있다면 부정한 청탁이 없어도 증뢰죄가 성립한다.[8] 한편 증뢰죄의 판시에 있어서 죄로 될 사실의 적시는 공무원의 직무 중 개개의 직무행위에 대한 대가관계에 있는 사실까지를 적시할 필요는 없다 할지라도 적어도 공무원의 어떠한 직무권한의 범위에 관한 것인가에 대하여는 구체적으로 적시할 필요가 있다.[9]

10 '약속'의 의미는 수뢰죄의 경우와 같다. 즉, 뇌물의 제공과 수령에 관하여 증뢰자와 수뢰자 사이에 의사가 합치함을 의미한다. 자진하여 장차 뇌물을 제공할 것을 제안하여 상대방의 승낙을 받는 경우 및 상대방의 요구를 승낙하는 경우 모두를 포함한다. 약속한 뇌물의 종류·수량·액수 등을 공무원·중재인이 구체적으로 알고 있어야 하는 것은 아니다. 약속의 시기는 공무원·중재인의 직무행위 전후를 묻지 않는다.

11 '공여'는 수수에 대응하는 행위개념으로, 공무원·중재인이 뇌물을 수수할 수 있도록 제공하는 것을 말한다. 상대방이 뇌물을 수수할 수 있는 상태에 두면 충분하고, 현실적으로 취득할 것을 요하지 않는다. 따라서 공무원에게 제공할

6 대판 2003. 11. 27, 2003도5095.
7 대판 1983. 7. 26, 82도1208; 대판 1985. 2. 8, 84도2625; 대판 1987. 11. 24, 87도1463.
8 대판 1969. 3. 18, 68도816.
9 대판 1971. 3. 9, 69도693; 대판 1982. 9. 28, 80도2309.

취지로 처나 동거가족에게 주는 것도 공여가 될 수 있다.[10] 증뢰죄의 성립에 상대방 측의 수뢰죄가 성립할 것을 필요로 하는 것은 아니므로, 공무원이 증뢰자가 제공한 금품 등 이익의 뇌물성을 미처 인식하지 못하는 등으로 수뢰죄가 성립하지 않는 경우에도 증뢰죄가 성립할 수 있다.[11]

'공여의 의사표시'는 상대방에게 뇌물을 제공하겠다는 일방적 의사표시를 말한다. 의사표시의 방법은 묻지 않는다. 구두에 의한 것이든 서면에 의한 것이든 불문하고, 명시적 방법이든 묵시적 방법이든 무방하다. 일반적인 의사표시이면 되고, 뇌물의 종류·수량·액수 등을 구체적으로 표시할 필요도 없다. 상대방이 인지할 수 있는 상태에 이르면 범죄가 성립하고, 상대방이 그 의사표시에 대하여 승낙을 하거나 의사표시 내용대로 뇌물을 수수할 수 있는 상태에 이르러야 할 필요도 없다. 뇌물공여의사표시죄는 공여자의 일방적 의사표시만으로 성립하므로, 수뢰죄 중 뇌물요구죄와 마찬가지로 필요적 공범이 아니다. 12

제129조부터 제132조까지의 규정에 따른 벌칙의 적용에 있어서 공무원으로 의제되는 특정범죄 가중처벌 등에 관한 법률(이하, 특정범죄가중법이라 한다.) 제4조 제1항의 정부관리기업체 간부직원(의제공무원)이 그 직무와 관련하여 금품 등의 이익을 수수·요구·약속한 경우, 위와 같은 금품 등의 이익은 '제129조부터 제132조까지 기재한 뇌물'에 해당하므로, 위와 같은 금품 등의 이익을 약속·공여·공여의사표시하거나 이에 제공할 목적으로 전달하거나 전달받는 행위는 본죄를 구성한다.[12] 13

---

10 대판 1968. 10. 8, 68도1066.

11 대판 1987. 12. 22, 87도1699; 대판 2006. 2. 24, 2005도4737; 대판 2013. 11. 28, 2013도9003(뇌물공여죄가 성립하기 위하여는 뇌물을 공여하는 행위와 상대방 측에서 금전적으로 가치가 있는 그 물품 등을 받아들이는 행위가 필요할 뿐 반드시 상대방 측에서 뇌물수수죄가 성립하여야 하는 것은 아니다).

12 대판 1971. 11. 23, 71도1786; 대판 1975. 6. 24, 70도2660(건전한 사회질서의 유지를 목적으로 하여 제정된 특정범죄가중법 제4조 제1항에 의하면 형법 제129조 내지 제132조의 적용에 있어서는 정부관리기업체의 간부직원은 이를 공무원으로 본다고 규정하고 있는 바, 이는 위 특정범죄가중법 제4조 제1항의 적용을 받는 정부관리 기업체의 간부직원을 뇌물수수행위에 관한 공무원과 같이 보고 이를 처벌하자는 취지라 할 것이므로 위 형법 제129조 내지 제132조에서 말하는 공무원이라는 구성 요건 중에는 위 정부관리기업체의 간부 직원도 포함되는 것으로 된다 할 것이고 그렇다면 동법 제129조를 인용한 동법 제133조의 증뢰물전달죄에 있어서도 위 정부관리기업체의 간부직원을 포함하고 있는 동법 제129조를 전제로 하고 있는 것으로 해석하여야 한다); 대판 2014. 6. 12, 2014도2393[도시개발법 제84조는 "조합의 임직원, 제20조에 따라 그 업

(2) 증뢰물전달죄(제2항)

14 증뢰물전달죄의 행위는 증뢰행위에 제공할 목적으로 제3자에게 금품을 교부하거나 그 사정을 알면서 금품을 교부받는 것이다. '교부'의 경우에는 목적범으로 규정되어 있다. 금품을 교부한 자와 그 사정을 알면서 교부받은 자는 필요적 공범 중 대향범 관계에 있다.

15 증뢰물전달죄는 제3자에게 증뢰용 금품을 교부함으로써 또는 제3자가 증뢰용 금품이라는 것을 알면서 교부받음으로써 즉시 성립한다. 제3자가 교부받은 금품을 실제로 수뢰자에게 전달하였는지 여부는 증뢰물전달죄의 성립에 영향이 없다.[13]

16 증뢰물전달죄에 있어서의 '제3자'는 증뢰자 또는 수뢰자 및 그 공동정범 이외의 자를 말한다.[14] 제130조(제3자뇌물제공)의 '제3자'의 의미와 같다.[15] 따라서 증뢰자가 그와 독립한 제3자의 지위에 있다고 보기 어려운 자에게 수뢰자에 대한 전달의 목적으로 뇌물을 공여한 경우 증뢰물전달죄는 성립하지 않는다. 이와 달리 증뢰자 또는 수뢰자의 '방조범'은 증뢰물전달죄의 제3자가 될 수 있을 것이다.[16]

무를 하는 감리원은 형법 제129조부터 제132조까지의 규정에 따른 벌칙을 적용할 때 공무원으로 본다."고 규정하고 있으므로, 도시개발구역의 토지 소유자가 도시개발을 위하여 설립한 조합(이하 '도시개발조합'이라 한다)의 임직원 등은 형법 제129조 내지 제132조가 정한 죄의 주체가 된다. 이에 따라 도시개발조합의 임직원 등이 그 직무에 관하여 부당한 이익을 얻었다면 그러한 이익도 형법 제133조 제1항에 규정된 "제129조 내지 제132조에 기재한 뇌물"에 해당하므로, 그 뇌물을 약속, 공여 또는 공여의 의사를 표시한 자에게는 형법 제133조 제1항에 의한 뇌물공여죄가 성립한다고 할 것이다. 따라서 도시개발법 제84조가 직접 형법 제133조를 규정하고 있지 아니하므로 도시개발조합의 임직원 등에 대하여 뇌물을 공여한 자를 뇌물공여죄로 처벌하는 것이 형벌법규의 유추해석금지 등 죄형법정주의에 반한다는 주장은 받아들일 수 없다].

13 대판 1985. 1. 22, 84도1033. 한편, 제3자가 위 교부받은 금품을 실제로 전달할 의사가 있었는지 또는 이와 관련하여 증뢰자를 기망한 사실이 있는지 여부 등은 증뢰물전달죄(제3자뇌물취득죄)의 성립에 영향이 없다는 판결로는 서울고판 2016. 11. 17, 2016노926 참조.

14 대판 2006. 6. 15, 2004도756; 대판 2012. 12. 27, 2012도11200.

15 임웅, 형법각론(10정판), 958.

16 서울고판 2011. 8. 25, 2010노4943(피고인 甲이 피고인 乙에게서 세무조사 관련 국세청 로비자금 명목으로 현금 1억 원을 교부받아, 지방국세청 공무원들에게 뇌물로 공여할 목적으로 그 정을 알고 있는 피고인 丙에게 이를 교부하였다는 내용으로 기소된 사안에서, 입법자는 본조 제2항을 규정함으로써 뇌물공여죄의 미수범을 처벌하지 않음으로 인한 처벌의 공백을 메우려는 의도를 가졌던 것으로 보이는 점, 뇌물전달행위를 담당하기로 한 사람의 행위책임 정도가 일반적인 뇌물공여의 방조범보다 훨씬 크고, 증뢰자와도 별다른 차이가 없기 때문에 뇌물공여방조죄가 아닌 본조 제1항과 법정형이 동일한 본조 제2항의 제3자뇌물취득죄로 처벌하기 위한 것으로 이해되는 점, 본조 제2항의 '제3자'에 뇌물공여 또는 뇌물수수의 방조범이 포함되지 않는다고 해석

4. 주관적 구성요건

증뢰죄(§ 133①)의 구성요건적 고의는 공무원·중재인에게 뇌물을 약속·공여 또는 공여의 의사표시를 한다는 점에 대한 인식과 의사이다. 증뢰물전달죄(§ 133②)의 구성요건적 고의는 제3자에게 금품을 교부한다는 점 또는 그 사정을 알면서 교부받는다는 점에 대한 인식과 의사이다. 증뢰물전달죄 중 제3자뇌물교부죄는 증뢰의 목적을 추가로 필요로 한다. 17

Ⅲ. 죄수 및 다른 죄와의 관계

1. 죄 수

(1) 하나의 행위로 수인의 공무원에게 증뢰한 경우 하나의 증뢰죄만이 성립한다는 견해도 있으나,[17] 이 경우 공무원의 수에 따른 수개의 증뢰죄가 성립하고 상상적 경합의 관계에 있다는 견해가 다수설이다.[18] 18

(2) 뇌물공여의 의사를 표시하거나 뇌물을 약속한 다음 이에 따라 공여한 경우, 뇌물공여의사표시죄나 뇌물약속죄는 뇌물공여죄에 흡수된다.[19] 19

(3) 증뢰자가 공무원인 수뢰자에 대한 뇌물에 제공할 목적으로 교부하는 금품임을 알면서 이를 받아 제3자뇌물취득죄를 범한 자가 교부받은 해당 금품을 공무원(수뢰자)에게 전달하더라도 제3자뇌물취득죄(§ 133②) 외에 별도로 뇌물공여죄(§ 133①)는 성립하지 않는다.[20] 이와 같이 제3자가 증뢰자로부터 교부받은 20

할 경우 입법 취지 자체가 무색하게 되는 점 등 제반 사정을 종합할 때, 피고인 丙이 뇌물공여 범행의 방조범에 해당하더라도 피고인 甲에게 본조 제2항에서 규정하는 제3자뇌물교부죄가 성립하는 데 아무런 지장이 없다고 한 사례).

17 김성돈, 형법각론(6판), 795; 오영근, 719; 이형국·김혜경, 형법각론(2판), 815.

18 김일수·서보학, 675; 배종대, 형법각론(13판), § 155/48; 손동권·김재윤, 새로운 형법각론, § 49/52; 이재상·장영민·강동범, 형법각론(12판), § 43/98; 정성근·박광민, 형법각론(전정3판), 759; 주석형법 [각칙(1)](5판), 500(천대엽). 일본 판례도 같은 취지이다[大判 大正 9(1920). 4. 22. 刑錄 23·422].

19 오영근, 719-720(뇌물공여죄의 포괄일죄가 된다고 한다). 다만, 뇌물공여의 의사를 표시하였으나 거절당한 다음 상당한 기간이 경과한 후 처음과 다른 명목으로 뇌물을 공여한 경우와 같이 뇌물공여의사표시와 이후의 뇌물공여행위가 별도의 범의에 기한 것으로 인정된다면, 뇌물공여의사표시죄는 뇌물공여죄에 흡수되지 않는다(대판 2013. 11. 28, 2013도9003).

20 대판 1997. 9. 5, 97도1572.

금품을 그대로 수뢰자에게 전달하였다면, 증뢰자의 경우에도 제3자뇌물교부죄(§ 133②)가 뇌물공여죄(§ 133①)에 흡수되어 뇌물공여죄 1죄만이 성립한다고 볼 것이다.[21]

2. 다른 죄와의 관계

21 (1) 알선수뢰한 금원 중 일부를 증뢰한 경우에는, 알선수뢰죄와 증뢰죄의 실체적 경합범이 된다.[22]

22 (2) 사기죄, 공갈죄 또는 장물죄와의 관계에 대해서는 **수뢰죄**(§ 129) 부분에서 이미 논의한 바와 같다.

Ⅳ. 처 벌

23 제1항의 증뢰죄는 물론 제2항의 증뢰물전달죄도 모두 5년 이하의 징역 또는 2천만 원 이하의 벌금에 처한다.

〔오 규 성〕

21 서울고판 2011. 8. 25, 2010노2943.
22 대판 1967. 1. 31, 66도1581.

제134조(몰수, 추징)

범인 또는 사정을 아는 제3자가 받은 뇌물 또는 뇌물로 제공하려고 한 금품은 몰수한다. 이를 몰수할 수 없을 경우에는 그 가액을 추징한다.
〔전문개정 2020. 12. 8.〕

구 조문

제134조(몰수, 추징) 범인 또는 정을 아는 제3자가 받은 뇌물 또는 뇌물에 공할 금품은 몰수한다. 그를 몰수하기 불능할 때에는 그 가액을 추징한다.

Ⅰ. 의 의

1 본조에 의한 몰수·추징은 법원의 재량이 인정되지 않는 필요적 몰수·추징으로서 임의적 몰수·추징을 규정한 총칙[1] 제48조에 대한 특칙이다.[2] 따라서 본조의 규정이 적용되는 한도에서 총칙의 적용이 배제된다. 다만, 본조의 몰수·추징 요건이 구비되지 않더라도 제48조의 요건이 충족되는 경우에는 이에 따른 임의적 몰수·추징이 가능하다.[3]

1 몰수·추징 일반론에 대한 상세는 **총칙 제3권** 해당 부분 참조.
2 김성돈, 형법각론(5판), 764; 김일수·서보학, 새로쓴 형법각론(9판), 655; 배종대, 형법각론(13판), § 155/49; 이재상·장영민·강동범, 형법각론(12판), § 43/71; 임웅, 형법각론(9정판), 938; 정성근·박광민, 형법각론(전정2판), 808; 홍영기, 형법(총론과 각론), § 113/43. 조휴옥, "뇌물죄에서의 추징의 대상과 방법", 청연논총 6, 사법연수원(2009), 367.
3 대판 1976. 9. 28, 75도3607.

2 필요적 몰수의 경우라도 주형을 선고유예하는 경우에는 몰수 또는 그에 갈음하는 추징도 선고유예를 할 수 있지만,[4] 주형에 대하여 선고를 유예하지 않으면서 몰수와 추징에 대하여서만 선고를 유예할 수는 없다.[5]

3 본조에 의한 몰수·추징은 범인이 취득한 당해 재산을 범인으로부터 박탈하여 범인으로 하여금 부정한 이익을 보유하지 못하게 하는 데 그 목적이 있는[6] 이른바 이익박탈적 몰수·추징에 해당한다.

4 대법원은 배임수재죄,[7] 특정범죄 가중처벌 등에 관한 법률(이하, 특정범죄가중법이라 한다.)에서의 알선수재죄 및 특정경제범죄 가중처벌 등에 관한 법률(이하, 특정경제범죄법이라 한다.)에서의 알선수재죄,[8] 변호사법 위반죄,[9] 게임산업진흥에 관한 법률 위반죄,[10] 정치자금에 관한 법률 위반죄,[11] 공무원범죄에 관한 몰수 특례법(이하, 공무원범죄몰수법이라 한다.)[12]이나 범죄수익은닉의 규제 및 처벌 등에 관한 법률(이하, 범죄수익은닉규제법이라 한다.)[13]에서의 몰수·추징도 본조와 마찬가지로 범죄행위로 인한 이득의 박탈을 목적으로 한다고 해석한다. 반면에, 마약류 관리에 관한 법률 위반,[14] 관세법 위반,[15] 특정경제범죄법상의 재산국외도피행위,[16] 외국환관리법 위반,[17] 밀항단속법 위반[18] 등의 죄에서의 몰수·추징은

---

4 대판 1978. 4. 25, 76도2262.
5 대판 1979. 4. 10, 78도3098; 대판 1988. 6. 21, 88도551.
6 대판 2002. 6. 14, 2002도1283; 대판 2005. 10. 28, 2005도5822; 대판 2007. 5. 10, 2007도1309; 대판 2014. 5. 16, 2014도1547.
7 대판 2017. 4. 7, 2016도18104.
8 대판 1999. 6. 25, 99도1900; 대판 2010. 3. 25, 2009도11660; 대판 2012. 6. 14, 2012도534.
9 대법원 1982. 7. 27, 82도1310; 대판 1993. 12. 28, 93도1569; 대판 1996. 11. 29, 96도2490; 대판 1999. 4. 9, 98도4374.
10 대판 2014. 7. 10, 2014도4708.
11 대판 2004. 12. 10, 2004도5652.
12 대판 2004. 10. 27, 2003도6738; 대판 2005. 10. 28, 2005도5822; 대판 2007. 2. 22, 2006도8214; 대판 2010. 7. 8, 2010도3545.
13 대판 2007. 11. 30, 2007도635.
14 대판 1982. 11. 9, 82도2055; 대판 1993. 3. 23, 92도3250; 대판 1999. 7. 9, 99도1695; 대판 2008. 11. 20, 2008도5596(전).
15 대판 1984. 6. 12, 84도397; 대판 2009. 6. 25, 2009도2807.
16 대판 1995. 3. 10, 94도1075; 대판 2002. 4. 29, 2002도7262.
17 현행 외국환거래법 30조에 해당하는 구 외국환관리법(1999. 4. 1. 외국환거래법 시행으로 폐지) 33조에 의한 추징의 성격에 관하여 부정이익의 박탈에 목적이 있다는 판례와 범죄사실에 대한 징벌적 제재라는 판례로 나뉘어 있었으나, 대판 1998. 5. 21, 95도2002(전)에서 징벌적 제재의 성격을 띠고 있다고 해석하여, 이익박탈적 추징이라고 본 기존의 일부 판결을 변경하였다.

부정한 이익의 박탈에 그치지 아니하고 위반자에 대한 제재로서 징벌적 성격을 갖는다고 해석하고 있다.

5 징벌적 몰수·추징은 민법상 다수 당사자의 채권관계에서의 분할의 원칙이 적용되지 않아 공범자 각자에 대하여 그 가액 전부의 추징을 명하여야 하고,[19] 범인에게 이득이 없더라도 추징을 할 수 있다는 점에서 총칙상의 임의적 몰수·추징은 물론 이익박탈적 성격을 가진 다른 필요적 몰수·추징과도 그 대상과 범위에 현저한 차이가 있다.[20]

Ⅱ. 몰수·추징의 대상 및 상대방

1. 몰수·추징의 대상

6 본조는 범인 또는 사정을 아는 제3자가 받은 뇌물 또는 뇌물로 제공하려고 한 금품을 몰수 또는 추징하도록 규정하고 있다. '범인'에는 수수한 공무원 외에 수뢰의 공동정범자 및 협의의 공범자(교사·방조)가 포함된다. '사정을 아는 제3자'는 제130조의 제3자뇌물제공(수수·요구·약속)죄의 '제3자'로서, '뇌물 또는 뇌물로 제공하려고 한 금품이라는 사정을 아는 자'를 말한다.[21]

7 몰수나 추징을 선고하기 위하여는 몰수나 추징의 요건이 공소가 제기된 범죄사실과 관련되어 있어야 하므로,[22] 법원이 범죄사실에서 인정되지 아니한 사실에 관하여 몰수나 추징을 선고할 수 없음은 본조의 경우에도 마찬가지이다.[23]

8 본조에 의한 몰수의 대상이 되는 뇌물은 금전, 물품 기타의 재산적 이익뿐만 아니라 사람의 수요·욕망을 충족시키기에 충분한 일체의 유형·무형의 이익을 포함한다. 따라서 뇌물의 내용인 이익에는 금전, 물품 등 금품의 제공은 물

18 대판 2008. 10. 9, 2008도7034.

19 대판 1971. 3. 23, 71도158; 대판 1998. 5. 21, 95도2002(전) 등.

20 징벌적 추징에 대한 상세는 **총칙 제48조, 제49조 주해 부분 중 VIII. 5. '징벌적 추징'** 참조.

21 大塚 外, 大コン(3版)(10), 215(河上和雄=小川新二=佐藤 淳). '제3자'는 일본형법 제197조의2의 제3자공뢰(第三者供賂)죄(공무원이 그 직무에 관하여 청탁을 받고 제3자에게 뇌물을 공여하게 하거나 공여의 요구 또는 약속을 한 때는 5년 이하의 징역에 처한다)에서의 제3자를 의미한다고 한다.

22 대판 1967. 2. 7, 66오2; 대판 2016. 12. 15, 2016도16170.

23 대판 2009. 8. 20, 2009도4391.

론, 투기적 사업에 참여할 기회,[24] 아파트 가입권에 붙은 프리미엄,[25] 금품의 무상차용에 의한 금융이익,[26] 정상적으로 건축업자에게 공사를 맡겼을 때의 통상적인 공사대금보다 저렴한 공사대금에 건축물의 공사를 한 경우 그 차액 상당의 이익,[27] 토지의 교환에 따라 장기간 처분하지 못하던 토지를 처분하는 한편 향후 개발이 되면 가격이 많이 상승할 토지를 매수하게 되는 무형의 이익,[28] 은행대출금채무에 대한 연대보증에 따른 무형의 이익[29] 등도 포함되고, 나아가 성적 욕구의 충족[30]도 여기에 포함된다.

9 의용형법(§ 197의4)에서는 단순히 '수수한 뇌물'에 한하여 몰수·추징하도록 규정하고 있었으나,[31] 현행 형법은 '받은 뇌물'뿐만 아니라 '뇌물로 제공하려고 한 금품'까지 그 대상이 됨을 분명히 하여 몰수·추징의 대상을 확장하였다. 따라서 뇌물로 제공되었으나 수수되지 않은 경우에도 몰수·추징의 대상이 되는 데에 의문이 없고, 제공이 약속된 뇌물이나 공여의 의사표시의 대상이 된 뇌물도 몰수·추징의 대상이 된다.[32]

10 다만 이 경우에도 몰수는 특정된 물건에 대한 것이고, 추징은 본래 몰수할 수 있었음을 전제로 하므로, 뇌물로 제공하려고 한 금품이 특정되지 않았다면 몰수할 수 없고, 그 가액을 추징할 수도 없다.[33] 대법원은, 피고인 甲이 원심 공동피고인 乙과 공모하여 원심 공동피고인 丙에게 승용차 1대를 사주기로 하고 그 계약금 명목으로 1,400만 원을 교부하기로 하여 뇌물공여를 약속하였고, 피고인 丁, 원심 공동피고인 乙, 戊와 공모하여 원심 공동피고인 丙에게 100만 원짜리 자기앞수표 10장을 뇌물로 제공하여 뇌물공여의 의사표시를 하였다는 공소사실을

---

24 대판 1979. 10. 10, 78도1793; 대판 1994. 11. 4, 94도129; 대판 2002. 5. 10, 2000도2251; 대판 2002. 11. 26, 2002도3539; 대판 2012. 8. 23, 2010도6504.

25 대판 1992. 12. 22, 92도1762.

26 대판 2008. 9. 25, 2008도2590; 대판 2014. 5. 16, 2014도1547.

27 대판 1998. 3. 10, 97도3113; 대판 2008. 5. 15, 2008도2281.

28 대판 2001. 9. 18, 2000도5438.

29 대판 2001. 1. 5, 2000도4714.

30 대판 2014. 1. 29, 2013도13937.

31 따라서 '수수한 뇌물'에 해당하지 않을 때에는 원칙으로 돌아가 총칙상 임의적 몰수·추징 규정이 적용되었다.

32 주석형법 [각칙(1)](5판), 503(홍기만); 조휴옥(주 2), 375; 최진영, "형사법상 필수적 추징에 대하여", 실무연구자료 7, 대전지방법원(2006), 329.

33 대판 1996. 5. 8, 96도221, 대판 2015. 10. 29, 2015도12838.

모두 유죄로 인정하고, 피고인 甲으로부터 위 각 금품의 가액을 공범들에게 균분하여 계산한 950만 원[=700만 원(=1,400만 원 × 1/2) + 250만 원(=100만 원 × 10 × 1/4)]을 추징한 제1심판결을 그대로 유지한 원심판결에 대하여, "위 자기앞수표 10장은 일단 특정되어 범행에 제공된 뒤 공범들 중 누가 보관하고 있다가 몰수불능에 이르렀는지가 분명하지 않아 그 가액을 공범들에게 균분하여 추징할 수밖에 없으므로, 피고인으로부터 그 가액을 균분한 금 250만 원을 추징한 것은 정당하다 할 것이지만, 한편 뇌물로 약속된 위 승용차대금 명목의 금품은 특정되지 않아 이를 몰수할 수 없었으므로 그 가액을 추징할 수 없는 것임에도 이를 간과하고 그 가액을 공범들에게 균분하여 위와 같이 금 700만 원[34]을 추징한 원심판결은 형법 제134조 소정의 추징에 관한 법리를 오해하여 판결에 영향을 미친 위법을 저지른 것"이라고 판단하여, 원심판결 중 추징에 관한 부분을 파기하고, 피고인 甲으로부터 250만 원의 추징만을 명하는 취지로 자판하였다.[35] 위 판결은 제공되었으나 수수되지 않은 뇌물은 물론 제공이 약속된 뇌물 등도 뇌물로 제공하려고 한 금품에 해당한다고 해석하는 한편, 본조에 의한 추징의 전제로서 그 금품이 다른 물건과 구분하여 분별할 수 있도록 특정되어야 함을 밝힌 선례로 평가된다.[36]

법문이 '뇌물로 제공하려고 한 금품'으로 규정하고 있는 이상 약속된 뇌물이나 공여의 의사표시의 대상이 된 뇌물로서 필요적 몰수·추징의 대상이 되는 것은 '받은 뇌물', 즉 뇌물이 현실적으로 수수된 경우와는 달리 금품만이라고 보는 것이 문언에 비추어 보거나 특정의 법리에 비추어 보더라도 타당할 것이다.[37] 11

뇌물의 요구만이 있는 경우에도 몰수·추징할 수 있는가? 이에 대하여 학설은 ① 긍정설과 ② 부정설로 대립된다. 판례 중에는 피고인이 A, B에게 돈을 빌려달라고 요구하였으나 A, B가 이를 즉각 거부한 사안에서, A, B가 피고인에게 뇌물로 제공한 금품이 특정되지 않아 이를 몰수할 수 없으므로 그 가액을 추징할 수도 없다고 본 사례가 있다.[38] 위 판결에 대하여는 판례가 부정설의 입장 12

34 원문은 '750만 원'이나 오기로 보인다.

35 대판 1996. 5. 8, 96도221.

36 이근우, "형법 제134조 소정의 필요적 몰수·추징과 뇌물에 공할 금품", 해설 25, 법원도서관(1996), 552.

37 주석형법 [각칙(1)](5판), 505(홍기만); 이근우(주 36), 547; 조휴옥(주 2), 375.

38 대판 2015. 10. 29, 2015도12838.

에 선 것이라고 보는 견해도 있으나,[39] 구체적 사안에서 그 요구한 금품이 다른 물건과 구분될 정도로 특정되었는지 여부에 대한 평가 내지 포섭의 문제로 보는 것이 옳을 것이다. 즉 위 판례는 뇌물의 요구에 그쳤다는 이유만으로 일률적으로 몰수·추징할 수 없다고 본 것이 아니라, 위 사안의 구체적 사실관계 아래에서는 피고인이 요구한 금품이 특정되지 아니하였기 때문에 몰수나 추징을 허용하지 않은 것으로 이해함이 타당할 것이다.

13 금품의 무상차용을 통하여 위법한 재산상 이익을 취득한 경우 그로 인한 금융이익이 뇌물이 되고, 따라서 추징의 대상이 되는 것은 무상으로 대여받은 금품 그 자체가 아니라 금융이익 상당액이다. 여기에서 추징의 대상이 되는 금융이익 상당액은 객관적으로 산정하여야 하는데, 범인이 통상적인 방법으로 자금을 차용하였을 경우 부담하게 될 대출이율을 기준으로 하거나 그 대출이율을 알 수 없는 경우에는 금품을 제공받은 피고인의 지위에 따라 민법 또는 상법에서 규정하고 있는 법정이율을 기준으로 하여, 변제기나 지연손해금에 관한 약정이 가장되어 무효라고 볼 만한 사정이 없는 한 금품수수일로부터 약정된 변제기까지 금품을 무이자로 차용하여 얻은 금융이익의 수액을 산정한 뒤 이를 추징하여야 한다.[40] 나아가 그와 같이 약정된 변제기가 없는 경우에는, 판결 선고일 전에 실제로 차용금을 변제하였다거나 대여자의 변제 요구에 의하여 변제기가 도래하였다는 등의 특별한 사정이 없는 한, 금품수수일로부터 판결 선고 시까지 금품을 무이자로 차용하여 얻은 금융이익의 수액을 산정한 뒤 이를 추징하여야 한다.[41]

14 공무원이 슬롯머신 영업에 5,000만 원을 투자하여 매월 300만 원을 배당받기로 약속한 후 35회에 걸쳐 1억 500만 원을 교부받은 경우, 이러한 35회에 걸친 현실적인 뇌물수수 및 위 뇌물의 약속은 포괄하여 1죄를 구성하므로, 1억

---

39 주석형법 [각칙(1)](5판), 505(홍기만). 이 견해는 뇌물의 요구만 있는 경우에는 본조에 의한 몰수·추징의 대상인 '뇌물에 공할 금품'이 아직 특정되어 있다고 할 수 없을 뿐만 아니라 특정한 뇌물을 요구하는 경우에도 상대방이 이에 동의할 때 뇌물의 특정이 있게 되며, 이때에는 단순히 뇌물의 요구가 아닌 뇌물의 약속이 성립하게 되므로 부정설이 타당하다고 본다.

40 대판 2008. 9. 25, 2008도2590.

41 대판 2014. 5. 16, 2014도1547. 본 판결에 대한 해설은 이승호, "차용금의 금융이익 상당을 뇌물로 수수한 경우 필요적 추징의 대상인 금융이익 상당액의 산정 방법", 해설 100, 법원도서관(2014), 380-388.

500만 원은 그 자체가 뇌물이 되고, 다만 피고인이 이러한 이익을 얻기 위하여 5,000만 원을 투자한 이상 실제 뇌물의 액수는 5,000만 원을 투자함으로써 얻을 수 있는 통상적인 이익을 초과한 금액이라고 보아야 하는데, 투자의 실질은 금원을 대여하고 그에 대하여 이자를 받은 것과 다를 바가 없으므로, 슬롯머신 업소 경영자와 같은 사람에게 직무와 관계없이 대여하였더라면 받았을 이자 상당이 통상적인 이익이 되며, 그 이율은 양 당사자의 자금사정과 신용도 및 해당 업계의 금리체계에 따라 심리판단해야 한다.[42]

한편 뇌물수수자가 뇌물로 제공된 물건에 대한 법률상 소유권 취득의 요건을 갖추지는 않았더라도 그 물건에 대한 점유를 취득하고 뇌물공여자 또는 법률상 소유자로부터 반환을 요구받지 않는 관계에 이른 경우에는, 그 물건에 대한 실질적인 사용·처분권한을 갖게 되어 그 물건에 관한 사용이익이 아닌 그 물건 자체를 뇌물로 받은 것으로 보아야 하고, 따라서 추징의 대상이 되는 뇌물의 가액도 그 물건 자체의 가액이 된다.[43] 15

2. 몰수·추징의 상대방

(1) 이익의 귀속자

(가) 부정한 이익의 박탈을 목적으로 하는 일반적 추징의 경우, 실질적으로 귀속된 이익이 없는 피고인에 대하여는 추징할 수 없다.[44] 뇌물의 필요적 몰수·추징을 규정한 취지에 비추어 뇌물을 보유하고 있는 자가 있는 경우, 그로부터 몰수·추징하여야 한다. 16

따라서 수뢰자가 뇌물을 보관하고 있는 경우에는 수뢰자로부터 몰수·추징하여야 하나, 수뢰자가 수수한 뇌물을 그대로 보관하고 있다가 증뢰자에게 반환하였다면 증뢰자로부터 몰수·추징하여야 한다.[45] 다만 증뢰자가 교부한 당좌수표가 부도나자 이를 반환받고 그 수표에 대체하여 수표의 액면가액에 상응하는 현금이나 유가증권을 수뢰자에게 다시 교부하고 수뢰자가 이를 수수하였다면, 17

42 대판 1995. 6. 30, 94도993.

43 대판 2006. 4. 27, 2006도735; 대판 2019. 8. 29, 2018도2738(전).

44 대판 2007. 10. 12, 2007도6019; 대판 2014. 7. 10, 2014도4708.

45 대판 1984. 2. 28, 83도2783; 대판 2008. 3. 27, 2007도10290; 대판 2020. 6. 11, 2020도2883. 일본 판례도 같은 입장이다[最決 昭和 29(1954). 7. 5. 刑集 8·7·1035].

본조의 규정취지가 수뢰자로 하여금 불법한 이득을 보유시키지 않으려는 데에 있는 점에 비추어 볼 때, 위 현금이나 유가증권이 몰수·추징의 대상이 된다.[46] 범인이라 하더라도 불법한 이득을 보유하지 아니한 자라면 그로부터 뇌물을 몰수·추징할 수 없으므로, 제3자뇌물수수의 경우에는 범인인 공무원이 제3자로부터 그 뇌물을 건네받아 보유한 때를 제외하고는 그 공무원으로부터 뇌물의 가액을 추징할 수 없다.[47]

18 (나) 수뢰자가 받은 금품을 증뢰자에게 반환하였다고 하더라도 그 받은 금품 자체를 그대로 반환한 것이 아닌 이상 수뢰자로부터 몰수·추징하여야 한다. 따라서 수뢰자가 일단 수뢰한 뇌물을 소비한 다음 같은 액수의 금원을 증뢰자에게 반환하거나,[48] 뇌물로 수수한 자기앞수표를 소비하고 그 금액을 반환한 경우[49]에는 수뢰자로부터 추징하여야 한다. 수뢰자가 뇌물로 받은 돈을 은행에 예금한 경우, 그 예금행위는 뇌물의 처분행위에 해당하므로 그 후 수뢰자가 같은 액수의 돈을 증뢰자에게 반환하였다고 하더라도 이를 뇌물 자체의 반환이라고 볼 수 없으므로 수뢰자로부터 그 가액을 추징하여야 한다.[50] 다만 판례는 은행계좌로 금원을 송금받았다가 출금이 없는 상태에서 그 다음 날 위 계좌에 있던 금원을 다시 금품 제공자 명의의 은행 계좌에 입금시킨 경우에는, 그 금품 자체가 반환된 것으로 볼 수 있다고 한다.[51]

19 (다) 수뢰자가 공여자에게 반환하라고 공범에게 준 돈을 공범이 임의로 소비한 경우에도, 수뢰자로부터 전액을 추징하여야 한다. 판례는 甲이 피해자 A로부터 공무원이 취급하는 사무에 대한 청탁 명목으로 300만 원을 받았다가 그중 20만 원은 경비로 사용하고 280만 원은 A에게 반환하라고 공범인 乙에게 돌려주었는데 乙이 이를 소비한 경우, 甲으로부터 300만 원을 추징하여야 한다고 판시하였다.[52] 또한 특정범죄가중법 3조의 알선행위자가 알선의뢰자로부터 현금 4억 원을 수수하고 그중 7,000만 원을 임의로 사용하였다가 다른 돈으로 이를

46 대판 1992. 12. 8, 92도1995.
47 대판 1997. 4. 17, 96도3376(전).
48 대판 1986. 10. 14, 86도1189.
49 대판 1984. 2. 14, 83도2871; 대판 1999. 1. 29, 98도3584.
50 대판 1985. 9. 10, 85도1350; 대판 1986. 12. 23, 86도2021; 대판 1996. 10. 25, 96도2022.
51 대판 2001. 9. 28, 2001도3139. 변호사법 제116조의 몰수·추징에 관한 사안이다.
52 대판 1989. 2. 28, 88도2405.

메꾸어 나머지 3억 3,000만 원과 합하여 총 4억 원을 공범에게 교부하면서 알선의뢰자에게 다시 돌려주라고 하였으나 공범이 임의로 유용한 경우, 알선행위자가 공범에게 위 금전을 교부한 것은 공범 사이에서의 이득의 분배가 아니고, 공범이 위 금전을 사용함으로써 이득을 얻었다 하더라도 이는 알선수재의 범행으로 인하여 얻은 이득이 아니라 이를 유용한 또 다른 행위의 결과에 불과한 것이므로, 결국 이미 소비되어 몰수가 불가능한 위 4억 원은 모두 알선행위자로부터 추징하여야 하고, 공범으로부터는 그 일부라도 추징할 수 없다고 한다.[53]

(2) 받은 금품의 일부를 다른 공무원에게 다시 제공한 경우

수뢰자가 받은 금품의 일부를 다른 공무원에게 뇌물로 교부한 경우에도 일반적인 처분행위와 마찬가지로 취급하여 교부받은 금품의 소비방법에 불과하다고 보아 수뢰자로부터 전액을 몰수·추징하여야 하는지, 아니면 다른 공무원에게 다시 뇌물로 공여한 금액을 공제한 나머지 부분만을 몰수·추징하여야 하는지가 문제이다. 이에 대하여는, ① 공제설(수뢰자가 받은 금품의 일부를 다른 공무원에게 뇌물로 공여한 것은 일반적인 소비행위와 달리 일종의 반환에 해당하는데, 수뢰자로부터 전액을 추징하는 것은 이중부담이 되어 가혹하므로, 수뢰자로부터 그 잔액만을 몰수·추징하여야 한다는 견해), ② 비공제설(수뢰자가 뇌물의 일부를 다른 공무원에게 뇌물로 공여하였다고 하더라도 이는 다양한 소비방법의 하나에 불과하고, 그 소비방법이 또 다른 범죄를 구성하는 것은 수뢰자의 수뢰행위와는 별개의 독립된 범죄 문제이므로, 이러한 경우에도 수뢰자로부터 그 전액을 몰수·추징하여야 한다는 견해), ③ 절충설(교부받은 금품의 처분방법에 관하여 그 제공자로부터 어떠한 지시도 받지 않은 경우와 처음부터 타인에게 제공하여야 한다는 부담을 지고 있는 경우를 나누어, 전자의 경우에는 교부받은 금품의 전부 또는 일부를 타인에게 제공하여도 그것은 자신의 처분권한을 행사한 것에 불과하므로 전액에 대한 추징을 면할 수 없고, 후자의 경우에는 부담의 취지에 따라서 타인에게 제공한 이상 그 금액을 공제한 잔액만을 추징하여야 한다는 견해)이 대립한다.[54] 20

판례는 "형법 제134조의 규정에 의한 필요적 몰수 또는 추징은, 범인이 취득한 당해 재산을 범인으로부터 박탈하여 범인으로 하여금 부정한 이익을 보유하지 21

53 대판 2000. 6. 13, 2000도691.

54 김용찬, "뇌물의 몰수·추징의 대상자에 대한 고찰", 자료 123, 법원도서관(2012), 160; 윤용섭, "공무원이 취급하는 사무에 관하여 청탁한다는 명목으로 받은 금품 중 일부를 관계공무원에게 뇌물로 준 경우의 추징의 범위", 해설 20, 법원행정처(1994), 486; 최진영(주 32), 332.

못하게 함에 그 목적이 있는 것으로서, 공무원의 직무에 속한 사항의 알선에 관하여 금품을 받고 그 금품 중의 일부를 받은 취지에 따라[55] 청탁과 관련하여 관계 공무원에게 뇌물로 공여하거나 다른 알선행위자에게 청탁의 명목으로 교부한 경우에는 그 부분의 이익은 실질적으로 범인에게 귀속된 것이 아니어서 이를 제외한 나머지 금품만을 몰수하거나 그 가액을 추징하여야 한다."거나,[56] "수수한 뇌물의 일부를 공동정범 관계가 인정되지 않는 다른 사람에게 뇌물로 공여하였어도 이는 받은 뇌물을 소비하는 방법에 지나지 아니하는 것으로서, 수뢰의 주체는 어디까지나 최초로 수뢰한 자들이고, 따라서 위와 같은 제2차적 뇌물공여행위가 최초 뇌물공여자의 지시에 의하여 이루어진 것이 아닌 이상 최초 뇌물수수자들로부터 그 수뢰액 전부를 추징하여야 한다."고 하고,[57] 또한 "변호사가 형사사건의 피고인 등으로부터 담당 판사나 수사기관 등에 대한 교제 및 그들에 대한 청탁 명목으로 받은 돈의 일부를 공동 변호 명목으로 다른 변호사에게 지급한 경우, 당초 금품을 받을 당시 그와 같이 사용하기로 예정되어 있어서 그 받은 취지에 따라 그와 같이 사용한 것이 아니라 자신의 독자적인 판단에 따라 사용한 것이라면, 이는 변호사법 위반으로 취득한 재물의 소비방법에 불과하므로, 그 비용 상당액을 추징에서 제외할 수는 없다."고 하여,[58] 위 ③의 절충설의 입장으로 이해된다.

22 뇌물죄에서의 몰수·추징을 비롯한 일반적 몰수·추징은 부정한 이득의 박탈을 목적으로 할 뿐이고 징벌적 제재로서의 성질을 갖지는 아니하므로, 뇌물 등 금품의 실질적인 귀속관계에 따라 몰수·추징의 범위를 정하는 절충설이 그 법적 성격에 부합할 것이다.[59] 다만 절충설에 대하여는 제공자의 지시가 묵시적인 경우가 많을 것이고, 제3자에게 공여할 금품의 범위가 특정되지 않은 경우도 많을 것인데, 이 경우의 처리가 쉽지 않고, 또한 제공자의 지시가 없었다면 결국 공제설과 마찬가지로 특정금품의 전달과정을 두고 2중, 3중의 몰수·추징이 일어날 수 있다는 지적이 있다.[60]

---

55 이하, 이 문단에서 밑줄은 필자가 추가한 것이다.
56 대판 2002. 6. 14, 2002도1283.
57 대판 2004. 12. 24, 2004도5064. 같은 취지로 대판 2007. 5. 10, 2007도1309.
58 대판 2017. 12. 22, 2017도15538.
59 같은 취지로 김용찬(주 54), 162.
60 윤용섭(주 54), 487.

Ⅲ. 추징의 요건 및 방법

1. 추징의 요건

(1) 몰수요건의 구비

추징은 몰수에 갈음하는 처분으로서 본래 몰수할 수 있었음을 전제로 하는 23
것이다.[61] 추징을 하기 위해서는 몰수의 요건이 갖추어져 있음을 요하고, 처음부터 몰수의 요건이 존재하지 아니하여 몰수가 허용되지 않는 물건에 대하여는 추징도 할 수 없다. 따라서 뇌물로 제공하려고 한 금품이 특정되지 않았다면 이를 몰수할 수 없으므로 그 가액을 추징할 수도 없다.[62]

몰수대상물이 외국에 소재한다고 하더라도 몰수의 장애사유가 될 뿐이므로 24
추징에 지장이 없지만, 나아가 외국에 소재하는 물품에 대한 외국법원의 몰수재판으로 그 소유가 박탈된 경우에는 이로써 우리나라에서 다시 몰수할 수 없게 되었으므로, 추징도 할 수 없다는 것이 판례의 태도이다.[63]

(2) 몰수의 불능

뇌물 또는 뇌물로 제공하려고 한 금품의 전부 또는 일부를 몰수할 수 없을 25
경우에는 그 가액을 추징할 수 있다.

'몰수할 수 없을 경우'란 몰수의 요건은 갖추고 있으나, 사실상·법률상의 26
장애로 인하여 몰수할 수 없는 경우를 말하고,[64] 몰수불능의 사유는 묻지 않는다. 따라서 향응, 서비스와 같이 무형의 이익을 제공받아 성질상 당초부터 몰수가 불가능한 경우(원시적 불능), 소비[65]·훼손·분실 등과 같은 사실상의 장애나

---

61 대판 1996. 5. 8, 96도221; 대판 2015. 10. 29, 2015도12838.

62 대판 1996. 5. 8, 96도221; 대판 2015. 10. 29, 2015도12838.

63 대판 1979. 4. 10, 78도831; 대판 1980. 8. 19, 80도1592. 다만 대판 1977. 5. 24, 77도629는 "외국판결에 의하여 몰수·추징의 선고가 있었던 경우라도 관세법 제198조의 몰수할 수 없는 때에 해당한다 할 것이므로 그 물품의 범칙 당시의 국내도매가격에 상당한 금액을 피고인으로부터 추징하여야 마땅하다."고 판시하여 위 두 판결과는 상반된 태도를 보이고 있다. 한편 위 대판 78도831 및 대판 80도1592 판결에 대하여는, 관세법상 추징의 징벌적 성격을 강조하는 판례의 주류적 경향에서 다소 벗어난 판결로 보는 견해도 있다[김대휘, "징벌적 추징에 관하여", 형사판례연구 [8], 한국형사판례연구회, 박영사(2000), 167].

64 김성돈, 형법총론(5판), 800; 박상기, 형법총론(9판), 542; 배종대, 형법총론(13판), § 176/16; 오영근, 형법총론(4판), 513; 이재상·장영민·강동범, 형법총론(11판), § 40/45; 임웅, 형법총론(10정판), 661; 정성근·박광민, 형법총론(전정2판), 689. 533; 정영일, 신형법총론, 533.

65 最判 昭和 26(1951). 3. 6. 刑集 5·4·486(현금의 소비).

혼동[66] · 선의취득 등과 같은 법률상의 장애로 말미암아 뇌물수수 후에 몰수불능의 상태가 된 경우(사후적 불능) 모두 추징의 대상이 된다. 범인이 소비, 은닉하는 등 그 소유 또는 점유의 상실이 범인의 이익으로 귀속시킬 수 있는 사유로 인한 경우뿐만 아니라, 범인의 이익과는 관계없는 훼손, 분실 그 밖에 소재장소로 말미암은 장애사유로 인한 경우도 포함한다.[67] 몰수는 특정한 물건에 대한 것이므로, 몰수대상물이 금전인 경우 금전 그 자체가 특정되어 현존하면 몰수하여야 하고, 그렇지 않으면 그 가액을 추징하여야 한다.

27 다만, 추징을 하기 위해서는 해당 뇌물이 금전적 가치로 평가될 수 있어야 한다.[68] 따라서 성적 욕구의 충족도 뇌물의 내용인 이익에 포함될 수 있음은 앞서 본 바와 같으나, 성매매행위에 의하지 아니한 경우라면 그 이익의 가액을 금전적 가치로 환산할 수 없어 추징할 수 없다고 봄이 타당하다.[69] 추징의 기준은 뇌물의 가액이지만, 향응이나 서비스의 경우 화대나 주대 등 실제 소비한 액수를 표준으로 추징액을 산정하여야 한다.[70] 금품의 무상차용에 의한 금융이익이 뇌물이 되는 경우 추징의 대상이 되는 금융이익 상당액은, 범인이 통상적인 방법으로 자금을 차용하였을 경우 부담하게 될 대출이율을 기준으로 하거나 그 대출이율을 알 수 없는 경우에는 금품을 제공받은 피고인의 지위에 따라 민법 또는 상법에서 규정하고 있는 법정이율을 기준으로 하여, 약정된 변제기까지 금품을 무이자로 차용하여 얻은 금융이익의 수액으로 산정하여야 함은 앞서 본 바와 같다.[71]

2. 추징액의 산정기준 시

28 몰수할 수 없는 물건이 금전인 경우 그 금액을 추징하면 될 것이나, 금전이 아닌 물건의 경우에는 어느 시점을 기준으로 그 물건의 가액을 산정할 것인지가 문제이다. 관세법[72]과 같이 추징가액의 산정기준 시를 법률로 정하고 있는

---

66 大判 明治 45(1912). 5. 6. 刑錄 18·570(금전의 혼동).

67 대판 1991. 12. 13, 91도2274.

68 김성돈, 765; 김일수·서보학, 656; 임웅, 941; 정성근·박광민, 810; 정영일, 형법각론(3판), 814; 주석형법 [각칙(1)](5판), 516(홍기만).

69 김성돈, 765; 배종대, § 156/53; 정성근·박광민, 810; 주석형법 [각칙(1)](제5판), 516(홍기만).

70 김일수·서보학, 656.

71 대판 2008. 9. 25, 2008도2590.

72 관세법 282조 제3항은 '범칙 당시의 국내도매가격에 상당한 금액'이라고 규정하여 범행 시를 기

경우에는 문제가 없으나, 이러한 규정이 없는 경우의 기준시점에 관하여는 견해가 대립된다.

29 이에 대하여는, ① 범행시설(수수시설. 추징의 취지는 불법의 이익을 보유하지 못하게 하는 데 있으므로 범행 시의 가액에 따라야 한다는 견해), ② 몰수불능시설(추징은 몰수를 대신하여 보충적으로 과하는 것이므로 몰수대상물을 몰수할 수 없게 된 때의 가액에 따라야 한다는 견해),[73] ③ 재판선고시설(추징이 범죄에 따른 이득의 박탈이라는 몰수의 취지를 관철하는 것을 목적으로 하고 있어 범인이 그 물건을 계속 보유하고 있다가 몰수의 선고를 받았다면 잃었을 이득 상당액을 추징하는 것이 추징의 본지에 부합하므로 재판선고 시의 가액을 기준으로 하여야 한다는 견해),[74] ④ 목적물의 가액이 범행 이후 시점에서도 변동이 없는 경우에는 재판선고시설이 타당하나, 유가증권처럼 유통되는 물건의 경우에는 유통과정에 의하여 형성된 시장가격에 따라 가액이 변동될 수 있으므로 범행 시를 기준으로 하여야 한다는 견해[75] 등이 있다.

30 판례는 몰수할 수 없는 때에 추징하여야 할 가액은 범인이 그 물건을 보유하고 있다가 몰수의 선고를 받았더라면 잃었을 이득 상당액을 의미하므로, 다른 특별한 사정이 없는 한 그 가액산정은 재판선고 시의 가격을 기준으로 하여야 한다고 하여, 원칙적으로 재판선고시설을 취하고 있다.[76] 다만 판례는 물건의 수수 당시부터 물건의 사용 등으로 그 가치의 감소가 당연히 예상되는 경우와 같이 피고인의 이득액의 감소가 당연히 예상되는 경우에는, 추징하여야 할 가액은 물건의 수수 당시의 가격을 기준으로 하여야 한다고 하여, 예외적으로 범행

준으로 산정하도록 명문으로 규정하고 있다.

73 배종대, § 156/54; 손동권·김재윤, 새로운 형법각론, § 49/32; 오영근, 709; 이재상·장영민·강동범, § 43/74; 임웅, 941; 정성근·박광민, 811; 정영일, 814; 신영호, "몰수의 법적 성격에 관하여", 법학연구 41-1, 부산대 법학연구소(2000), 230. 다만 배종대, 형법총론(13판), § 176/16; 손동권·김재윤, 새로운 형법총론, § 37/52; 오영근, 형법총론(4판), 514; 이재상·장영민·강동범, 형법총론(10판), § 40/46; 임웅, 형법총론(10정판), 662; 정성근·박광민, 형법총론(전정2판), 690; 정영일, 신형법총론, 534는 본조의 추징과는 달리 총칙 제48조의 추징의 경우에는 추징액의 산정기준 시에 관하여 재판선고시설을 취하고 있는데, 본조와 총칙 규정의 추징액의 산정기준 시를 달리 볼 합리적인 이유가 없다는 점에서 의문이다.

74 김성돈, 765; 김일수·서보학, 657; 신동운, 형법각론(2판), 140; 진계호·이존걸, 형법각론(6판), 840.

75 박상기, 형법총론(9판), 542.

76 대판 1991. 5. 28, 91도352; 대판 2007. 3. 15, 2006도9314; 대판 2008. 10. 9, 2008도6944; 대판 2020. 6. 11, 2020도2883.

시설을 취하고 있다.[77] 또한 판례는 범죄행위로 비상장주식을 취득하였다가 판결 선고 전 이를 처분한 사안에서, 주식의 판결 선고 시의 주가뿐만 아니라 그 처분가액도 정확히 알 수 없는 경우에는 피고인에게 가장 유리하게 주식의 시가가 가장 낮을 때를 기준으로 산정한 가액을 추징하여야 한다고 한 원심의 판단을 수긍하여, 재판선고시설의 또 다른 예외를 인정하기도 하였다.[78]

31 한편 피고인이 공여자로부터 장래 시장의 형성으로 시가 앙등이 예견되는 시에서 불하받은 체비지 150평을 낙찰원가 9,500만 원에 매수하였다가 약 2년 반 후에 이를 5억 원에 환가받음으로써 그 차액인 4억 500만 원 상당의 경제적 이익인 뇌물을 수수하였다는 공소사실에 대하여, 투기적 사업에 참여할 기회를 제공받은 경우도 뇌물에 해당한다고 하면서 다만 그 뇌물액수의 산정에 있어서, 매수 당시 체비지의 시세가 위 낙찰원가에 불과하더라도 그 투기적 사업에 참여할 기회를 얻은 것이 바로 뇌물죄의 객체인 이익에 해당한다는 이유로 차액 4억 500만 원 상당의 뇌물수수(특정범죄가중법위반)로 볼 수는 없으나 제129조의 뇌물수수죄로 처벌할 수 있다는 취지로 판시한 판례[79]와, 이러한 경우 뇌물수수죄의 기수 시기는 투기적 사업에 참여하는 행위가 종료된 때로 보아야 하며 그 행위가 종료된 후 경제사정의 변동으로 당초의 예상과는 달리 그 사업참여로 아무런 이득을 얻지 못한 경우라도 뇌물수수죄의 성립에는 영향이 없다고 판시한 판례[80]를 들어, 대상물이 재물이 아닌 재산상 이익인 경우에는 판례가 범행시설을 취한 것으로 해석될 여지가 있다는 견해도 있다.[81]

32 일본의 경우 종래 범행시설이 다수였으나, 여러 학설 중 한 가지만으로 일관하는 경우 구체적 사안에 따라 난점이 발생한다는 이유로 추징이 문제가 되

---

77 대판 2016. 7. 22, 2015도4216. 이에 따라 피고인이 인도받은 차량과 관련한 추징액을 인도받을 당시의 차량 가격을 기준으로 산정한 원심의 조치가 정당하다고 보았다.

78 대판 2005. 7. 15, 2003도4293. 위 판결의 취지에 따르면, 판결선고 시의 가액은 알 수 없으나 처분가액을 알 수 있는 경우에는 이를 기준으로 추징액을 산정할 수 있다고 해석될 수 있어, 예외적으로 몰수불능시설을 취하였다고 볼 여지도 있다.

79 대판 1994. 11. 4, 94도129.

80 대판 2002. 11. 26, 2002도3539.

81 이범균, "가. 부패방지법 제50조 제1항의 규정에서 '업무처리 중 알게 된 비밀'의 의미, 나. 공직자가 업무처리 중 알게 된 비밀을 이용하여 물건을 매수한 후 시세가 상승한 다음 처분하여 전매차익을 얻은 경우, 부패방지법 제50조 제1항 위반죄의 성립시기(=물건 매수 시) 다. 추징액 산정의 기준시기", 해설 66, 법원도서관(2007), 495.

는 유형에 따라 여러 학설을 병용하여야 한다는 견해인 개별화설이 등장한 이후 개별화설이 점차 증가하는 추세이다.[82] 우리 대법원이 원칙적으로 재판선고시설을 취하고 있는 것과 달리, 일본의 판례는 대심원 이래 "수뢰자는 뇌물을 수수함으로써 그 물건의 그 당시 가액에 상당하는 이익을 얻은 것이고, 그 후 일시의 경과 등에 따른 그 물건 가액의 증감 같은 것은 위 수수와는 별개의 원인에 기한 것에 불과하므로, 몰수를 대신하여 추징하여야 할 금액은 그 물건의 수수 당시의 가액에 따라야 하는 것으로 해석함이 상당하다."는 이유로 범행시설을 취하고 있다.[83]

3. 개별추징 및 분할추징의 원칙

판례는 여러 사람이 공동으로 몰수대상물을 취득한 경우, 그 몰수·추징의 성격에 따라 대체로 이익박탈적 몰수·추징의 경우 개별책임을, 징벌적 몰수·추징의 경우 연대책임을 지우고 있다. 33

이익박탈적 몰수·추징의 성격을 갖는 본조의 경우 판례는 여러 사람이 공동으로 뇌물을 수수한 경우에는 실제로 분배받은 금품만을 개별적으로 추징하여야 하고, 수수금품을 개별적으로 알 수 없을 때에는 평등하게 추징하여야 한다고[84] 한다.[85] 여기서 뇌물의 공동수수자는 공동정범뿐 아니라 교사범 또는 종 34

---

82 일본의 학설 대립에 대한 소개는 이범균(주 81), 496 이하; 西田 外, 注釈刑法(2), 816-818(上嶌一高) 참조.

83 大判 昭和 4(1929). 11. 8. 刑集 8·601; 最判 昭和 43(1968). 9. 25. 刑集 22·9·871(위 최고재판소 판결은, 뇌물의 가액을 추징하여야 할 경우 그 가액은 뇌물수수시를 기준으로 할 것이 아니라 몰수가 불능하게 된 시점의 가액을 추징하여야 한다고 해석한 원판결에 대하여, 범행시설을 취한 위 대심원 판례가 유지되어야 한다고 판시하면서, 원판결이 위 대심원 판례와 상반되는 판단을 한 위법이 있다는 이유로 이를 파기하였다).

84 대판 1994. 5. 24, 94도837; 대판 1999. 4. 9, 98도4374; 대판 2003. 6. 27, 2002도3785; 대판 2004. 10. 27, 2003도6738; 대판 2006. 5. 25, 2006도2140; 대판 2008. 12. 11, 2008도6952; 대판 2011. 11. 24, 2011도9585; 대판 2012. 3. 15, 2011도16771; 대판 2017. 12. 22, 2017도15538.

85 한편 일본 판례는, "수뢰범인 등에게 부정한 이익의 보유를 허용하지 아니한다는 요청을 충족하는 한, 필요적 추징이라고 하더라도 뇌물을 수수한 공범자 전원에 대하여 항상 각각 그 가액 전부의 추징을 명해야 하는 것은 아니라고 할 수 있으므로, 법원은 공범자들에게 추징을 명함에 있어, 공범자 사이의 뇌물에 의한 부정한 이익의 귀속, 분배가 명백한 경우에는 그 분배 등의 액수에 따라 각자에게 추징을 명하는 등, 상당하다고 인정되는 경우 재량에 따라 각자에게 일부 금액의 추징을 명하거나, 일부 수수자에게만 추징을 과하는 것도 허용된다."고 하면서, 원판결이 종래의 대심원판결[大判 昭和 9(1934). 7. 16. 刑集 13·972]에 따라 분배 등의 상황을 알 수 없

범도 해당할 수 있고, 소추 여부를 불문한다.[86] 다만 공동정범이 아닌 교사범 또는 종범의 경우에는, 정범과의 관계, 범행 가담 경위 및 정도, 뇌물 분배에 관한 사전약정의 존재 여부, 뇌물공여자의 의사, 종범 또는 교사범이 취득한 금품이 전체 뇌물수수액에서 차지하는 비중 등을 고려하여 공동수수자에 해당하는지를 판단하여야 한다.[87] 뇌물을 수수한 자가 공동수수자가 아닌 교사범 또는 종범에게 뇌물 중 일부를 사례금 등의 명목으로 교부하였다면, 이는 뇌물을 수수하는 데 따르는 부수적 비용의 지출 또는 뇌물의 소비행위에 지나지 아니하므로 뇌물수수자에게서 수뢰액 전부를 추징하여야 한다.[88]

35 피고인이 증뢰자와 함께 향응을 하고 증뢰자가 이에 소요되는 금원을 지출한 경우 이에 관한 피고인의 수뢰액을 인정할 때에는, 먼저 피고인의 접대에 요한 비용과 증뢰자가 소비한 비용을 가려내어 전자의 수액을 가지고 피고인의 수뢰액으로 하여야 하고, 만일 각자에 요한 비용액이 불명일 때에는 이를 평등하게 분할한 액을 가지고 피고인의 수뢰액으로 인정하여 그 가액을 추징하여야 한다.[89] 피고인이 향응을 제공받는 자리에 피고인 스스로 제3자를 초대하여 함께 접대를 받은 경우에는, 그 제3자가 피고인과는 별도의 지위에서 접대를 받는 공무원이라는 등의 특별한 사정이 없는 한, 그 제3자의 접대에 요한 비용도 피고인의 접대에 요한 비용에 포함시켜 피고인의 수뢰액으로 보아야 한다.[90]

4. 직무행위의 대가와 직무 외 행위의 사례가 불가분적으로 결합된 경우

36 공무원이 수수·요구 또는 약속한 금품에 직무행위에 대한 대가로서의 성질과 직무 외의 행위에 대한 사례로서의 성질이 불가분적으로 결합되어 있는 경우에는, 그 전부가 불가분적으로 직무행위에 대한 대가로서의 성질을 가진다.[91]

다는 이유로 2명에 대하여 평등하게 나누어 각 추징한 것은 합리성이 있고, "각 추징 금액을 합산하면 수수한 뇌물 총액에 이르므로 필요적 추징의 취지를 훼손하는 것은 아니다."고 판시하였다[最決 平成 16(2004) 11. 8. 刑集 58·8·905].

86 대판 2001. 3. 9, 2000도794; 대판 2004. 10. 27, 2003도6738; 대판 2011. 11. 24, 2011도9585.

87 대판 2011. 11. 24, 2011도9585.

88 대판 2011. 11. 24, 2011도9585.

89 대판 1995. 1. 12, 94도2687; 대판 2001. 10. 12, 99도5294; 대판 2005. 11. 10, 2004도42.

90 대판 2001. 10. 12, 99도5294.

91 대판 2002. 8. 23, 2002도46; 대판 2005. 9. 28, 2005도4062; 대판 2009. 7. 9, 2009도3039; 대판 2012. 1. 12, 2011도12642; 대판 2013. 4. 11, 2012도16277; 대판 2017. 1. 12, 2016도15470; 대

따라서 추징을 할 때에는 그 가액 전체를 대상으로 하여야 한다.

5. 비용이나 반대급부를 지출한 경우

공무원이 뇌물을 취득하기 위하여 일정한 비용이나 반대급부를 지출한 경우, 몰수·추징의 범위에 관한 입법론 및 해석론으로는 뇌물의 총가치에서 지출한 비용이나 반대급부를 공제하여 그 차액만큼만 몰수·추징하여야 한다는 '순익주의'와, 지출한 경제적 이익의 액수에 상관없이 수수한 뇌물의 모든 가치를 몰수·추징하여야 한다는 '총액주의'가 대립되고 있다. 37

판례는 "공무원이 뇌물을 받음에 있어서 그 취득을 위하여 상대방에게 뇌물의 가액에 상당하는 금원의 일부를 비용의 명목으로 출연하거나 그 밖에 경제적 이익을 제공하였다 하더라도, 이는 뇌물을 받는 데 지출한 부수적 비용에 불과하다고 보아야 할 것이지, 이로 인하여 공무원이 받은 뇌물이 그 뇌물의 가액에서 위와 같은 지출액을 공제한 나머지 가액에 상당한 이익에 한정되는 것이라고 볼 수는 없으므로, 그 공무원으로부터 뇌물죄로 얻은 이익을 몰수·추징함에 있어서는 그 받은 뇌물 자체를 몰수하여야 하고, 그 뇌물의 가액에서 위와 같은 지출을 공제한 나머지 가액에 상당한 이익만을 몰수·추징할 것은 아니다."라고 하여,[92] 원칙적으로 총액주의의 입장으로 보인다.[93] 이와 같은 판례의 태도에 찬성하는 입장에서, 공무원이 뇌물을 받기 위해 비용을 지출하거나 반대급부를 제공하였다고 할지라도 범죄에 제공된 물건의 몰수 및 범죄로부터 발생한 범죄수익의 몰수라는 양 기능을 다 수행하는 우리 몰수제도의 특성상 비용을 상계함이 없이 수령한 뇌물 가액의 전체를 몰수하지 않을 수 없다고 보는 견해도 있다.[94] 38

판례는 같은 취지에서, ① 뇌물수수나 알선수재에 이용된 공급계약이 실제 공급이 없는 형식적 계약에 불과하여 부가가치세 과세대상이 아니라면 그에 관한 납세의무가 없으므로, 설령 부가가치세 명목의 금전을 포함한 대가를 받았다 39

판 2017. 3. 9, 2014도144; 대판 2017. 3. 22, 2016도21536.

92 대판 1999. 10. 8, 99도1638. 같은 취지로 대판 2017. 3. 22, 2016도21536.

93 주석형법 [각칙(1)](5판), 508(홍기만); 조휴옥(주 2), 383; 최진영(주 32), 334-335.

94 서보학, "뇌물죄 몰수에 있어서 총액주의의 근거와 전제", 법률신문 2871, 법률신문사(2000).

고 하더라도 그 일부를 부가가치세로 거래 징수하였다고 할 수 없어 수수한 금액 전부가 범죄로 얻은 이익에 해당하여 추징대상이 되며, 그 후에 이를 부가가치세로 신고·납부하였다고 하더라도 달리 볼 수 없고,[95] ② 피고인이 주식을 취득하면서 그 대가를 지급하였다고 하더라도 범죄행위로 취득한 것은 주식 자체이고 이는 몰수되어야 할 것이나, 이미 처분되어 없다면 그 가액 상당을 추징하여야 하고, 그 가액에서 이를 취득하기 위한 대가로 지급한 금원을 뺀 나머지를 추징해야 하는 것은 아니며,[96] ③ 특정범죄가중법위반(알선수재)죄[97] 또는 특정경제범죄법위반(알선수재)죄[98]의 범인이 알선 대가로 수수한 금품에 관하여 소득신고를 하고 법인세나 소득세 등 세금을 납부하였다고 하더라도 이는 범인이 자신의 알선수재행위를 정당화시키기 위한 것이거나, 범인 자신의 독자적인 판단에 따라 소비하는 방법의 하나에 지나지 아니하므로 추징액에서 제외할 것은 아니라고 한다.

40 또한 뇌물을 수수한 자가 공동수수자가 아닌 교사범 또는 종범에게 뇌물 중 일부를 사례금 등의 명목으로 교부하였더라도 이는 뇌물을 수수하는 데 따르는 부수적 비용의 지출 또는 뇌물의 소비행위에 지나지 아니하므로, 뇌물수수자에게서 수뢰액 전부를 추징하여야 함은 앞서 본 바와 같다.[99] 다만 판례는 공무원이나 금융기관 임직원의 직무에 속한 사항에 관한 알선의 대가를 형식적으로 체결한 고용계약에 터 잡아 급여의 형식으로 지급한 경우, 알선수재자가 수수한 수재액은 명목상의 급여액이 아니라 원천징수된 근로소득세 등을 제외하고 알선수재자가 실제 지급받은 금액으로 보아야 하므로 위 금액만을 추징하여야 한다고 하는데,[100] 이는 알선수재자가 취득한 금품 자체가 원천징수된 근로소득세 등을 제외한 실제 지급받은 급여이고, 원천징수된 세액은 알선수재자가 지출 또는 소비한 대가라고 하기 어렵다는 점을 고려하였기 때문으로 보인다.

41 그런데 판례 중에는 알선수재의 방법으로 용역계약을 체결하고 그에 따른

95 대판 2015. 1. 15, 2012도7571; 대판 2018. 5. 30, 2016도18311.
96 대판 2005. 7. 15, 2003도4293.
97 대판 2010. 3. 25, 2009도11660.
98 대판 2004. 6. 25, 2004도493; 대판 2004. 7. 8, 2004도1674; 대판 2005. 9. 28, 2005도4062.
99 대판 2011. 11. 24, 2011도9585.
100 대판 2012. 6. 14, 2012도534.

용역대금 및 부가가치세 상당액을 교부한 경우, 수재자가 용역계약에 따른 부가가치세를 실제로 납부하였는지를 불문하고 위 부가가치세 상당액도 수재금액에 포함된다고 하면서도, 수재자가 부가가치세 상당액을 납부하였을 경우에도 이를 추징할 수 있는지 여부는 그 납부세액을 환급받을 수 있는지 여부 등을 고려하여 따로 판단하여야 한다고 판시한 사례가 있다.[101] 위 판례의 태도에 따르면, 결국 용역계약의 형태로 뇌물을 수수한 피고인이 그에 따른 부가가치세를 납부한 경우에 그 추징 가부는 납부세액의 환급 가능성에 따라 달라진다는 것이나, 주류적인 판례와는 다소 어긋나는 취지여서 의문이 있다. 같은 판결에서 법인세 등 세금을 납부한 경우에는 그 세액 상당의 금액이 추징에서 제외되지 않는다고 아울러 판시하고 있음에 비추어, 위 판례는 전단계 세액공제법을 채택한 현행 부가가치세법 체계상 형식적으로는 금품 제공자가 부담할 부가가치세를 용역대금과 함께 수재자에게 제공하여 이를 수재자가 납부하는 외관을 취하고 있음을 고려한 것으로 보이나, 개별 조세에 대한 부과 체계의 특성에 따라 형사상 몰수·추징의 범위가 달라지는 결과가 되어 불합리하고, 형사법원의 심리 부담을 가중시키게 되어 실무적으로도 문제가 있다고 보인다. 오히려 그 선후를 바꾸어 총액주의 원칙에 따라 일단 납부한 부가가치세 등의 세액은 특별한 사정이 없는 한 몰수·추징의 범위에 포함된다고 보고, 몰수·추징을 명한 확정 형사판결을 과세처분에 대한 후발적 경정청구사유로 삼아 그 몰수·추징 부분은 과세대상 소득이나 과세처분에서 제외되는 것으로 처리함이 더욱 타당할 것이다.[102]

Ⅳ. 공무원범죄에 관한 몰수 특례법상 몰수·추징

1. 범죄수익 몰수제도의 도입

우리 형사법상 몰수 규제방식은 형법상의 물건에 대한 몰수제도와 각종 특 42
례법상 범죄수익에 대한 몰수제도로 이원화되어 있다고 평가된다.[103] '범죄수익

101 대판 2010. 3. 25, 2009도11660.

102 대판 2015. 7. 16, 2014두5514(전) 참조.

103 박미숙, "한국의 몰수제도의 문제점과 개선방안", 형사소송 이론과 실무 9-2, 한국형사소송법학

에 대한 몰수'란 범죄행위로 인하여 직접 또는 간접적으로 취득한 모든 재산을 박탈하여 국고에 귀속키는 것을 말한다.[104]

43 범죄수익 몰수제도는 1970년대부터 1980년대 사이에 각국에서 약물범죄 및 그 배후의 조직범죄에 대한 대응을 강화하기 위하여 도입되기 시작하였고, 2000년대 들어서는 부패범죄에까지 그 적용영역이 확대되었다. 범죄수익의 몰수가 국제적으로 크게 부각되게 된 것은 1988년 12월 19일 미국, 영국, 독일 등이 약물범죄 및 조직범죄에 대한 국제적 협력을 강화하기 위하여 주도적으로 참여한 「빈 협약」[105]이 체결되면서부터이다. 우리나라는 빈 협약 및 1990년 'FATF 40개 권고'[106]에 대한 이행입법으로 1995년에는 마약류 불법거래 방지에 관한 특례법(이하, 마약거래방지법이라 한다.)을, 2001년에는 범죄수익은닉규제법을 제정하였다. 또한 이와는 별도로 마약거래방지법의 제정에 앞서 1994년 이른바 '인천북구청 세무비리사건'이 발생함에 따라 기존의 몰수제도가 공무원범죄로 인한 범죄수익 몰수에 적절히 대응하기 어려운 점이 지적되자 이를 보완하기 위하여 1995년 최초의 몰수특례법인 공무원범죄몰수법이 제정되었으며,[107] 2005년에는 정치자금범죄에 대응하기 위하여 불법정치자금 등의 몰수에 관한 특례법(이하, 불법정치자금법이라 한다.)이 제정되었다. 그리고 2003년 부패범죄에 대한 국제적인 협력의 필요성에 따른 「국제연합 부패방지 협약」[108]이 체결됨에 따라 위 협약에 가입하기 위하여 2008년 부패재산의 몰수 및 회복에 관한 특례법(이하, 부패재산몰수법이라 한다.)을 제정하였다.

44 현재 우리나라는 형법상 몰수·추징을 규정하면서 범죄수익의 몰수에 관

회(2016), 317; 정웅석, "특례법상 범죄수익의 몰수에 관한 연구", 형사소송 이론과 실무 9-2, 한국형사소송법학회(2016), 199.

104 정웅석(주 103), 199; 홍찬기, "범죄수익 몰수·추징제도의 문제점과 개선방안", 형사법연구 26-2, 한국형사법학회(2014), 194.

105 「마약 및 향정신성물질의 불법거래방지에 관한 국제연합협약」(United Nations Convention Against Illicit Traffic in Narcotic Drugs and Psychotropic Substances).

106 Financing Action Task Force and Money Laundering 40 Recommendation.

107 공무원범죄몰수법 제1조는 그 입법목적에 관하여 "이 법은 특정공무원범죄를 범한 사람이 그 범죄행위를 통하여 취득한 불법수익 등을 철저히 추적·환수하기 위하여 몰수 등에 관한 특례를 규정함으로써 공직사회의 부정부패 요인을 근원적으로 제거하고 깨끗한 공직풍토를 조성함을 목적으로 한다."고 규정하고 있다.

108 United Nations Convention against Corruption.

한 기본법 내지 일반법으로서의 역할을 하는 범죄수익은닉규제법을 두고, 특별히 공무원범죄, 마약류범죄, 정치자금범죄, 부패범죄 등에 대응하는 별도의 법률을 두어 각 몰수대상범죄에 관한 특례규정을 두는 방식을 취하고 있다고 할 수 있다.[109]

2. 공무원범죄에 관한 몰수 특례법상 몰수·추징의 성격

판례는 공무원범죄몰수법에 의한 필요적 몰수 또는 추징은 범인이 취득한 45
재산을 범인으로부터 박탈하여 범인으로 하여금 부정한 이익을 보유하지 못하게 함에 그 목적이 있다고 하여 그 성격을 이익박탈적 몰수·추징으로 보고 있다.[110] 따라서 이 법에 의한 필요적 몰수·추징은 그 대상이 확대되었다는 점 외에는 일반규정인 총칙 제48조와 뇌물죄에 관한 각칙 제134조의 몰수·추징에 관한 법리가 그대로 적용된다.[111]

여러 사람이 공동으로 뇌물을 수수한 경우에는 실제로 분배받은 금품, 즉 46
실질적으로 귀속된 이익금만을 개별적으로 몰수·추징하여야 하고, 여기서 범인에는 공동정범뿐만 아니라 종범 또는 교사범도 포함되며, 소추 여부를 불문한다.[112] 공무원의 직무에 속한 사항의 알선에 관하여 금품을 받은 자가 그 금품 중의 일부를 다른 알선행위자에게 청탁의 명목으로 교부하였다고 하더라도 당초 금품을 받을 당시 그와 같이 사용하기로 예정되어 있어서 그 받은 취지에 따라 그와 같이 사용한 것이 아니라 범인의 독자적인 판단에 따라 경비로 사용한 것이라면, 이는 범인이 받은 금품을 소비하는 방법의 하나에 지나지 아니하므로 그 가액 역시 범인으로부터 추징하지 않으면 안 된다.[113] 피고인이 특정공무원범죄(§ 2(i))[114]인 배임의 범죄행위로 얻은 재산상 이익의 일부를 피해자인 국가

---

109 정웅석(주 103), 200.

110 대판 1999. 6. 25, 99도1900; 대판 2004. 10. 27, 2003도6738; 대판 2005. 10. 28, 2005도5822; 대판 2007. 2. 22, 2006도8214; 대판 2010. 7. 8, 2010도3545.

111 주석형법 [각칙(1)](5판), 520(홍기만); 조휴옥(주 2), 385.

112 대판 2004. 10. 27, 2003도6738.

113 대판 1999. 6. 25, 99도1900.

114 공무원범죄몰수법 제2조(정의) 이 법에서 사용하는 용어의 뜻은 다음과 같다.
1. "특정공무원범죄"란 다음 각 목의 어느 하나에 해당하는 죄[해당 죄와 다른 죄가 「형법」 제40조에 따른 상상적 경합(想像的 競合) 관계인 경우에는 그 다른 죄를 포함한다]를 말한다.
가. 「형법」 제129조부터 제132조까지의 죄

에 반환하였다고 하더라도, 위 돈이 배임의 범죄행위로 자신에게 귀속된 재산상의 이익을 일단 향유한 후 별도로 마련한 것에 불과하다면 추징할 가액에서 공제할 수 없다.[115]

3. 공무원범죄에 관한 몰수 특례법상 몰수·추징의 내용

(1) 몰수대상의 확대

47 공무원범죄몰수법은 몰수의 대상을 '물건'으로 한정하지 않고 '불법재산'을 그 대상으로 삼고 있다(§ 3①). 이 법은 특정공무원범죄의 범죄행위로 얻은 재산을 '불법수익'으로 규정하고(§ 2(ii)), 불법수익의 과실이나 대가로서 얻은 재산, 이들 재산의 대가로서 얻은 재산 등 불법수익이 변형되거나 증식되어 형성된 재산(불법수익이 불법수익과 관련 없는 재산과 합하여져 변형되거나 증식된 경우에는 불법수익에서 비롯된 부분으로 한정한다)을 '불법수익에서 유래한 재산'(§ 2(iii))으로 규정하는 한편, 불법수익 및 불법수익에서 유래한 재산을 합하여 '불법재산'(§ 2(iv))으로 규정하여 이를 몰수하도록 하였다. 또한, 불법재산과 그 외의 재산이 합하여진 재산을 '혼합재산'으로 규정하여 그중 불법재산의 비율에 해당하는 부분을 몰수하도록 하였다(§ 4).

48 '재산'이란 물건에 한정되지 않고 예금채권과 같은 금전채권, 특허권 등의 무체재산권, 채무면제와 같은 소극적 재산의 감소 등 무형적 이익을 포함한 사회통념상 경제적 가치가 있는 이익 일반을 의미한다.[116] 판례는 공무원범죄몰수법 제2조 2호에서 정한 '불법수익'에는 그것이 특정공무원범죄의 범죄행위로 얻은 것이라면, 형법 제48조에서 정한 바와는 달리 물건뿐만 아니라 채권이나 무형의 재산권 기타 경제적 가치가 있는 모든 재산상의 이익을 포함한다고 한다.[117] 가상화폐인 비트코인도 재산적 가치가 인정되는 무형의 재산이므로 몰수

나. 「회계관계직원 등의 책임에 관한 법률」 제2조제1호·제2호 또는 제4호(같은 조 제1호 또는 제2호에 규정된 사람의 보조자로서 그 회계사무의 일부를 처리하는 사람만 해당한다)에 규정된 사람이 국고 또는 지방자치단체에 손실을 입힐 것을 알면서도 그 직무에 관하여 범한 「형법」 제355조의 죄

다. 「특정범죄가중처벌 등에 관한 법률」 제2조 및 제5조의 죄

115 대판 2007. 2. 22, 2006도8214.

116 법무부, 범죄수익은닉의 규제 및 처벌 등에 관한 법률 해설, 법무자료 244(2002), 93.

117 대판 2005. 11. 10, 2005도5135; 대판 2007. 2. 22. 2006도8214.

할 수 있다.[118]

49 불법수익이 몇 단계에 걸쳐 다른 형태로 계속적으로 변형된 경우 각 단계에서 취득한 재산은 모두 불법수익에서 유래한 재산에 해당된다.[119] 불법수익으로 투자한 주식에 기하여 취득한 이익배당금, 신주인수권, 주식배당 등은 불법수익에서 유래된 재산에 대한 과실에 유사한 경우로서 몰수의 대상이 된다. 주식배당의 결과 발행되는 주식 또는 신주인수권에 기하여 배정받은 신주는 모두 몰수대상주식의 파생물이므로 몰수의 효력이 미친다.[120] 피고인이 직무와 관련하여 장래 시가 상승이 기대되는 비상장주식의 매수를 통하여 투기적 사업에 참여할 기회를 얻은 사안에서, 피고인이 얻은 불법수익은 투기사업에 참여할 기회이고, 피고인이 주식을 매수하였다가 이를 처분하여 얻은 돈은 위와 같은 불법수익의 변형 내지 증식으로서 명백히 불법수익으로부터 유래한 재산에 해당하여 몰수하여야 한다.[121]

50 판례는 장래 주가가 앙등할 것이 예상되는 비상장주식을 매입하는 방식의 뇌물수수에 있어서 뇌물에 해당하는 범죄수익이 투기적 사업에의 참여 기회로 보더라도 범죄행위로 인하여 취득한 물건에 해당하는 주권은 제48조 제1항 제2호에 의하여 몰수할 수 있으며, 한편 그 주식을 처분하여 얻은 차익 상당의 이익은 공무원범죄몰수법에서 정한 불법재산으로서 같은 법 제6조에 의하여 추징하여야 한다고 판시하였다.[122] 나아가 위 사안에서 판례는, 뇌물죄의 객체는 주식 그 자체가 아니라 주가 앙등이 예상되는 주식을 취득하는 기회라는 무형의 이익이지만, 그 이후 유상증자절차에서 취득한 주식의 신주인수권에 기하여 배정받은 신주를 인수하고 그 인수대금을 불법수익과 관련 없는 재산으로 지불하였다고 하더라도 유상증자로 얻은 이익 중 불법수익에서 비롯된 부분은 불법수

118 대판 2018. 5. 30, 2018도3619(범죄수익은닉규제법상 범죄수익에 관한 사안이나, 공무원범죄몰수법상의 불법수익의 해석에도 마찬가지로 적용될 수 있을 것이다). 본 판결 해설은 김정훈, "비트코인을 범죄수익으로 취득한 경우 몰수·추징이 가능한지 여부", 해설 116, 법원도서관(2018), 530-532 참조.

119 주석형법 [각칙(1)](5판), 519(홍기만); 조휴옥(주 2), 387.

120 주석형법 [각칙(1)](5판), 519(홍기만); 조휴옥(주 2), 389.

121 대판 2005. 11. 10, 2005도5135. 다만, 재산의 성질 등을 고려하여 몰수함이 상당하지 아니하다고 인정될 때에는 이를 몰수하는 대신 그 가액을 추징할 수 있다고 판시하였다[특례법상 몰수의 추징 전환에 관하여는 **아래** (5) 참조].

122 대판 2005. 7. 28, 2005도2557.

익의 변형 또는 증식으로 형성된 재산으로서 기본적으로 불법수익에서 유래된 재산의 성질을 갖는다는 점은 부인할 수 없다고 하여, 피고인이 취득한 주식의 신주인수권에 기하여 추가로 유상증자 계약을 체결하고 별도의 주식 대금을 납입하여 취득한 신주까지도 불법수익에서 유래한 재산에 해당한다고 보았다.

51 마약거래방지법과 범죄수익은닉규제법은 범죄로 얻은 재산이나 그로부터 유래한 재산뿐만 아니라 범죄에 제공된 재산 및 그로부터 얻은 범죄수익 등의 자금세탁에 관련된 재산까지 몰수대상으로 삼고 있다.

(2) 몰수 · 추징 보전제도

52 최초의 몰수특례법인 공무원범죄몰수법이 제정되기 전에는 법원 또는 수사기관이 몰수대상재산의 은닉이나 산일을 방지하기 위하여 할 수 있는 조치로는 형사소송법 제106조에 따른 압수 정도가 전부였다. 그러나 압수만으로는 범죄로 얻은 재산, 수익 등의 처분행위를 막기 곤란하고, 범인에 대한 몰수·추징판결의 선고가 확정되더라도 이미 그 대상 재산이 은닉되어 집행할 수 없는 문제가 있었다. 이에 따라 공무원범죄몰수법은 몰수·추징 보전제도를 도입하여 불법재산 등을 미리 처분하지 못하도록 하고, 기소 전에도 몰수·추징 보전이 가능하도록 하여 대상재산이 확정판결 전에 은닉 · 산일되는 문제점을 보완하고 있다(§§ 23-49).

53 공무원범죄몰수법의 입법목적, 추징보전제도의 취지 등을 종합하여 보면, 같은 법 제42조에 따라 피고인에 대하여 추징보전명령을 발하여 처분을 금지할 수 있는 '피고인의 재산'이란 누구의 명의로 하든지 실질적으로 피고인에게 귀속하는 재산을 의미하고, 이 경우 그 재산이 실질적으로 피고인에게 귀속한다고 보기 위하여는 그 재산 명의인과 피고인의 관계, 그 재산을 보유하게 된 경위 및 자금의 출처 등을 종합적으로 고려하여 판단하여야 한다.[123]

(3) 불법재산에 대한 증명책임의 완화

54 공무원범죄몰수법 제7조는 불법재산에 대한 증명책임 완화규정을 두어 특정공무원범죄 후 범인이 취득한 재산으로서 그 가액이 취득 당시의 범인의 재산운용상황 또는 법령에 기한 급부의 수령상황 등에 비추어 현저하게 고액이고,

---

123 대결 2009. 6. 25, 2009모471; 대판 2011. 3. 10, 2010다94823.

그 취득한 재산이 불법수익금액·재산취득시기 등 제반사정에 비추어 특정공무원범죄로 얻은 불법수익으로 형성되었다고 볼만한 상당한 개연성이 있는 경우에는, 엄격한 증명이 없더라도 특정공무원범죄로 얻은 불법수익이 그 재산의 취득에 사용된 것으로 인정하여 해당 재산을 몰수·추징할 수 있도록 규정하고 있다. 위 규정은 증명책임의 전환이 아니라 엄격한 증명을 다소 완화시키려는 취지에서 도입된 것으로서, 위 규정에서 말하는 '상당한 개연성'이란 경험칙상 합리적으로 판단하여 의심할 수 없는 정도의 가능성이 있는 경우를 의미하고, 상당한 개연성이 있는지 여부는 불법수익금액, 재산취득가액 및 시기 등 제반요소를 고려하여 판단한다.[124]

공무원범죄몰수법뿐만 아니라 불법정치자금법(§ 7), 마약거래방지법(§ 17)도 55
불법재산에 대한 증명책임 완화규정을 두고 있으나, 부패재산몰수법은 별도의 증명책임 완화규정을 두고 있지 않다. 범죄수익은닉규제법에도 종래 별도의 증명책임 완화규정이 없었으나, 2020년 5월 19일 일부 성폭력범죄 등의 범죄수익에 대한 추정규정(§ 10의4)[125]을 신설하였다.

(4) 제3자 참가절차

제3자 소유물에 대한 몰수의 경우 공무원범죄몰수법도 범인 외의 자가 범 56
죄 후 그 사정을 알면서 취득한 범죄수익 등을 몰수할 수 있도록 규정한 점에서는 형법상 몰수와 그 요건이 유사하다. 그러나 판례가 형법 및 관세법 등 특별법에 기한 몰수선고에 대하여는 상대적 효력만을 인정하여 그 사건에서 재판을 받지 않은 제3자의 소유권에 어떠한 영향을 미치지 아니한다고 해석함을 고려하여,[126] 공무원범죄몰수법은 제3자 참가절차 등의 특례를 마련하여 몰수될 염려가 있는 재산을 가진 제3자가 피고인에 대한 형사사건에 참가하는 절차를 규

124 법무부, 공무원범죄에 관한 몰수 특례법 해설, 36-40.

125 범죄수익은닉규제법 제10조의4(범죄수익등의 추정) 다음 각 호에 해당하는 죄에 관계된 범죄수익등을 산정할 때에는 범죄행위를 한 기간에 범인이 취득한 재산으로서 그 취득한 재산이 범죄수익등의 금액 및 재산 취득 시기 등 제반 사정에 비추어 같은 조의 죄를 범하여 얻은 범죄수익등으로 형성되었다고 볼만한 상당한 개연성이 있는 경우에는 그 죄에 관계된 범죄수익등으로 추정한다.

1. 「아동·청소년의 성보호에 관한 법률」 제11조, 제12조 및 제15조의 죄
2. 「성폭력범죄의 처벌 등에 관한 특례법」 제14조 및 제14조의2의 죄

126 몰수의 상대적 효력에 대한 상세는 **총칙 제48조, 제49조 주해 부분 중 VI. 2. '몰수판결의 상대적 효력'** 참조.

정하는 한편, 제3자가 범죄 전에 권리를 취득하거나 범죄 후에 정황을 알지 못하고 권리를 취득한 때에는 그 권리가 그대로 유지되도록 하여 선의의 제3자를 보호하고 있다(§ 13 내지 § 22).

57 공무원범죄몰수법이나 불법정치자금법, 마약거래방지법은 제3자 참가절차에 관한 별도의 규정을 두고 있고, 범죄수익은닉규제법과 부패재산몰수법은 마약거래방지법의 규정을 포괄적으로 준용하고 있다.

58 이에 따라 형법상의 몰수와 달리 몰수대상물의 소유자인 제3자가 각 특례법에서 정한 참가절차 규정에 따라 당해 형사사건절차에 참가하여 자신의 권리를 주장할 기회를 부여받았다면, 피고인에 대한 몰수판결의 효력은 그 물건의 소유자인 제3자에게도 미친다고 해석할 수 있을 것이다.

(5) 몰수가 타당하지 아니한 경우의 추징 전환

59 형법상의 추징은 몰수하기 불능한 때에만 허용되지만, 공무원범죄몰수법 제6조, 제3조 제2항은 몰수가 가능하다고 하더라도, 몰수하여야 할 재산에 대하여 재산의 성질, 사용상황, 그 재산에 관한 범인 외의 자의 권리유무, 그 밖의 사정을 고려한 결과 그 재산을 몰수하는 것이 타당하지 아니하다고 인정될 경우에는 몰수하지 아니하고 추징을 선고할 수 있도록 규정하였다. 몰수대상재산을 몰수할 수 없게 된 경우가 아니라고 하더라도, 부동산의 지분 등과 같이 그 성질상 몰수보다는 추징하는 것이 적절한 경우에는 추징으로의 전환을 인정하는 특례를 마련한 것이다. 실무상으로도 몰수대상재산의 성질 등을 고려하여 몰수하는 대신 가액을 추징하는 예가 드물지 않다. 마약거래방지법(§ 16, § 13②), 범죄수익은닉규제법(§ 10①), 불법정치자금법(§ 6, § 3②), 부패재산몰수법(§ 5①) 등도 유사한 규정을 두고 있다.

60 판례는 피고인이 뇌물로 받은 주식이 압수되어 있지 않고 주주명부상 피고인의 배우자 명의로 등재되어 있으며, 위 배우자는 몰수의 선고를 받은 자가 아니어서 그에 대해서는 몰수물의 제출을 명할 수도 없고, 몰수를 선고한 판결의 효력도 미치지 않는 경우 위 주식을 몰수함이 상당하지 아니하다고 보아 몰수하는 대신 그 가액을 추징할 수 있고,[127] 직무와 관련하여 장래 시가 상승이 기

127 대판 2005. 10. 28, 2005도5822.

대되는 비상장주식의 매수를 통하여 투기사업에 참여할 기회를 얻은 피고인이 그 주식을 처분하여 얻은 돈은 불법수익으로부터 유래한 재산에 해당하므로 몰수하여야 하나, 재산의 성질 등을 고려하여 몰수함이 상당하지 아니하다고 인정될 때에는 이를 몰수하는 대신 그 가액을 추징할 수 있다고 한다.[128]

4. 입법론

현행 범죄수익 몰수제도에 대한 입법론으로서, 각 특례법상 몰수·추징 규정 61
의 적용 경합 및 그에 따른 해석의 어려움 등을 들어 범죄수익 몰수제도를 단일화하고 재정비하여 형법 및 형사소송법에 포괄적으로 규정하여야 한다거나,[129] 몰수에 관한 기본법률로서 통일된 특별법을 두어 통합하여야 한다[130]는 제안이 있다.

〔최 환〕

128 대판 2005. 11. 10, 2005도5135.

129 조균석, "범죄수익 몰수제도의 문제점과 개선방안", 인권과 정의 420, 대한변호사협회(2011), 121.

130 박미숙·김성규, 추징금징수의 실효성 확보를 위한 법제도 정비방안, 한국형사정책연구원(2008), 123; 홍찬기(주 104), 214.

제135조(공무원의 직무상 범죄에 대한 형의 가중)

공무원이 직권을 이용하여 본장 이외의 죄를 범한 때에는 그 죄에 정한 형의 2분의 1까지 가중한다. 단 공무원의 신분에 의하여 특별히 형이 규정된 때에는 예외로 한다.

1 본장은 공무원은 국민 전체에 대한 봉사자로서 성실하게 집무하여야 한다는 민주주의 국가에서의 공무원의 본질에 기초하여, 공무원의 직무에 관한 죄에 대하여 상세하게 규정하고 있다.[1] 그러나 그 외에도 공무원이 직권을 이용하여 저지를 수 있는 범죄는 얼마든지 있다. 공무원의 직권이용범죄는 그 가벌성에 비추어 민간인의 동종·유사 범죄보다는 가중하여 처벌하여야 할 형사정책상의 필요가 있지만, 그러한 규정을 빠짐없이 형법에 두는 것은 입법기술상 불가능하다. 이러한 점을 고려하여[2] 본조는 공무원이 직권을 이용하여 본장 이외의 죄를 범한 때에는 그 죄에 정한 형의 2분의 1까지 가중하도록 규정하고 있다(본문).

2 '직권을 이용하여'란 공무원의 '직권(직무권한)과 결부되어' 본장 이외의 죄를 범하는 것을 의미하므로, 그 직권이 있기 때문에 특히 효과적으로 죄를 범할 수 있는 영향력 또는 편익을 이용하는 것을 의미한다[3]고 볼 수 있다.[4]

3 본조에 의한 가중처벌은 공무원의 신분에 의하여 특별히 형이 규정되어 있

---

1 이재상·장영민·강동범, 형법각론(12판), § 43/3.

2 김성돈, 형법각론(6판), 796; 정성근·박광민, 형법각론(전정3판), 759; 주석형법 [각칙(1)](5판), 523(천대엽).

3 구 공직선거법 제85조(공무원의 선거관여등 금지) 제1항에서의 '지위를 이용하여'에 관한 대판 2013. 11. 28, 2010도12244 참조. 「구 공직선거법(2010. 1. 25. 법률 제9974호로 개정되기 전의 것) 제85조 제1항에서 '공무원의 지위를 이용하여'라는 개념은 공무원이 개인의 자격으로서가 아니라 공무원의 지위와 결부되어 선거운동을 하는 행위를 뜻하는 것으로, 공무원의 지위에 있기 때문에 특히 선거운동을 효과적으로 할 수 있는 영향력 또는 편익을 이용하는 것을 의미하고, 구체적으로는 그 지위에 수반되는 신분상의 지휘감독권, 직무권한, 담당사무 등과 관련하여 공무원이 직무를 행하는 사무소 내부 또는 외부의 사람에게 작용하는 것도 포함된다.」

4 정성근·박광민, 759는 대판 1960. 5. 18, 4293형상125를 인용하면서, 본조는 범죄행위 자체가 공무원의 '직권과 관련하여' 행해진 경우에만 적용된다고 한다.

는 때에는 예외로 한다(단서). 예컨대, 제148조(간수자의 도주원조), 제200조(세관 공무원의 아편 등의 수입), 제227조(공무원의 허위공문서작성등), 제303조 제2항(법률에 의하여 구금된 사람을 감호하는 자의 업무상위력 등에 의한 간음) 등이 여기에 해당한다.

〔오 규 성〕

제 8 장 공무방해에 관한 죄

〔총 설〕

Ⅰ. 규정 및 체계

1 본장의 공무방해에 관한 죄는 국가 또는 공공기관이 행사하는 기능을 방해하는 행위를 처벌함으로써 국가기능을 보호하려는 데 그 취지가 있다. 비슷한 유형의 범죄일지라도 공무 또는 공무원과 관련되는 경우에는 별도로 규정하여 형을 가중하는 방식을 취한 것이다. 일반 공무에 대한 방해의 죄로는 협의의 공무집행방해죄(§ 136①), 위계에 의한 공무집행방해죄(§ 137), 직무·사직강요죄(§ 136②)가 있고, 특별공무에 대한 방해의 죄로는 법정·국회회의장모욕죄(§ 138), 인권옹호직무방해죄(§ 139), 공무상비밀표시무효죄(§ 140), 부동산강제집행효용침해죄(§ 140의2), 공용서류등무효죄(§ 141①), 공용물파괴죄(§ 141②), 공무상보관물무효죄(§ 142)가 있다. 이들 범죄에 대한 가중적 구성요건으로서 특수공무방해죄(§ 144①)와 특수공무방해치사상죄(§ 144②)가 있다(위계에 의한 공무집행방해죄, 인권옹호직무방해죄는 가중 대상 범죄에서 제외).

2 공무상비밀표시무효죄, 부동산강제집행효용침해죄, 공용서류등무효죄, 공용물파괴죄, 공무상보관물무효죄의 미수범은 처벌한다(§ 143).

3 형법에서 제9장 도주와 범인은닉의 죄, 제10장 위증과 증거인멸의 죄, 제11장 무고의 죄도 모두 공무를 보호하기 위한 규정이지만, 이는 본장에 규정된 범

죄들보다 특화된 유형을 규정한 것이고, 본장에서는 일반적 방법으로 행해지는 공무집행방해죄와 다른 장에 배치하는 것이 적당하지 않은 형태의 공무방해죄들을 규정한 것으로 보면 된다.

4 한편, 법정모욕죄(§ 138)는 사법권의 독립을 보장하기 위해 법원의 권한으로 규정된 법정경찰권(법조 § 61)과 입법목적이 중복된다는 견해,[1] 인권옹호직무방해죄(§ 139)는 입법목적을 행정상의 징계처분으로 충분히 달성할 수 있으므로 형법에서 삭제해야 한다는 견해[2]도 있다.

5 본장의 조문 구성은 아래 [표 1]과 같다.

[표 1] 제8장 조문 구성

조 문		제 목	구성요건	죄 명	공소시효
§ 136	①	공무집행방해	ⓐ 직무를 집행하는 공무원을 ⓑ 폭행, 협박	공무집행방해	7년
	②		ⓐ 공무원에 대하여 ⓑ 직무상 행위 강요, 저지 또는 사퇴하게 할 목적으로 ⓒ 폭행, 협박		
§ 137		위계에 의한 공무집행방해	ⓐ 위계로써 ⓑ 공무원의 직무집행을 ⓒ 방해	위계공무집행방해	7년
§ 138		법정 또는 국회회의장 모욕	ⓐ 법원 재판, 국회 심의 방해 또는 위협 목적 ⓑ 법정, 국회회의장 또는 그 부근에서 ⓒ 모욕, 소동	(법정, 국회회의장) (모욕, 소동)	5년
§ 139		인권옹호직무방해	ⓐ 경찰직무를 행하는 자 또는 보조자가 ⓑ 인권옹호에 관한 검사 직무 방해하거나 명령 불준수	인권옹호직무 (방해, 명령불준수)	7년
§ 140	①	공무상비밀표시무효	ⓐ 공무원이 실시한 봉인, 압류 등 강제처분 표시를 ⓑ 손상, 은닉하거나 효용을 해함	공무상(봉인, 표시) (손상, 은닉, 무효)	7년
	②		ⓐ 공무원이 한 봉함 기타 비밀장치한 문서 또는 도화를 ⓑ 개봉	공무상비밀 (봉함, 문서, 도화)개봉	

1 이재상·장영민·강동범, 형법각론(12판), § 44/5; 임웅, 형법각론(9정판), 955.

2 박상기, 형법각론(8판), 670; 오영근, 형법각론(5판), 738; 이재상·장영민·강동범, § 44/5; 정성근·박광민, 형법각론(전정2판), 854.

조 문		제 목	구성요건	죄 명	공소시효
	③		ⓐ 공무원이 직무에 관해 봉함 기타 비밀장치한 문서, 도화, 전자기록등 특수매체기록을 ⓑ 기술적 수단 이용해 내용을 알아냄	공무상비밀(문서, 도화, 전자기록등)내용탐지	7년
§ 140의2		부동산강제집행효용무효	ⓐ 강제집행으로 명도, 인도된 부동산에 ⓑ 침입하거나 강제집행의 효용을 해함	부동산강제집행효용침해	7년
§ 141	①	공용서류 등의 무효, 공용물의 파괴	ⓐ 공무소 서류 기타 물건, 전자기록등 특수매체기록을 ⓑ 손상, 은닉하거나 효용을 해함	공용(서류, 물건, 전자기록등)(손상, 은닉, 무효)	7년
	②		ⓐ 공무소 사용 건조물, 선박, 기차, 항공기를 ⓑ 파괴	공용(건조물, 선박, 기차, 항공기)파괴	10년
§ 142		공무상 보관물의 무효	ⓐ 공무소로부터 보관명령 받거나 공무소의 명령으로 타인이 관리하는 자기의 물건을 ⓑ 손상, 은닉하거나 효용을 해함	공무상(보관물, 간수물)(손상, 은닉, 무효)	7년
§ 143		미수범	§ 140조 내지 § 142의 미수	(§ 140 내지 § 142 각 죄명)미수	
§ 144	①	특수공무방해	ⓐ 단체, 다중의 위력을 보이거나 위험한 물건을 휴대하여 ⓑ § 136, § 138, § 140 내지 § 143의 죄를 범함	특수(§ 136, § 138, § 140 내지 § 143 각 죄명)	1/2 가중
	②		ⓐ ①의 죄를 범하여 ⓑ 공무원을 상해 또는 사망에 이르게 함	(제1항 각 죄명, 다만 § 143 미수의 죄명은 제외)(치상, 치사)	10년(치상) 15년(치사)

Ⅱ. 연혁 및 보호법익

1. 연 혁

본장의 죄는 전제군주 시대부터 체제 유지를 위한 수단으로 발단된 범죄로 6
서 국가권력에 절대적 권위를 부여해 권력행사의 합법 여부를 묻지 않고 이에
저항하는 행위를 처벌 대상으로 삼았을 뿐 아니라, 권력을 행사하는 공무원의
지위를 특별히 보호하기까지 했다. 그러나 자유민주주의와 법치주의 헌정질서
의 확립에 따라 국가 또는 공공기관의 합법적인 권한행사만을 보호의 대상으로

삼게 되었고, 국가 또는 공공기관에 속한 공무원의 지위를 특별히 보호하는 것이 아니라 국가 또는 공공기관의 기능 자체를 보호하는 데 중점을 두게 되었다. 우리나라에서도 정치체제의 차이가 본장의 죄의 해석·적용에 그대로 투영되었는데, 권위주의 체제하에서는 본장의 죄를 해석·적용함에 있어 직무집행의 적법성을 문제삼지 않거나 폭넓게 인정함으로써 그 성립의 범위를 넓게 잡는 경향이 있었으나, 민주주의가 정착되어 가면서 직무집행의 적법성을 엄격히 좁게 인정하는 방향으로 변화되게 되었다.

7 한편, 본장의 죄 중 제139조의 인권옹호직무방해죄, 제141조 제2항의 공용건조물등파괴죄, 제144조 제2항의 특수공무방해치사상죄는 법정형의 종류에 징역 또는 자격정지만 있고 벌금형이 없다. 제136조 제1항의 공무집행방해죄도 1995년 12월 29일 형법 개정으로 비로소 법정형에 벌금형이 추가되었는데, 위 나머지 범죄들에 대하여도 탄력적·합리적 양형이라는 측면에서 벌금형을 추가할지에 관한 입법론적 검토가 필요하다고 본다.

2. 보호법익

8 본장의 죄의 보호법익을 넓은 의미의 공무(公務)로 보는 입장이 일반적이다.[3] 본장의 죄는 법의 적정한 집행에 기초한 법질서의 권위를 확립하는 데 그 본질이 있으므로 국가기능으로서의 공무 내지 공무의 적법한 수행이 보호법익이 된다는 견해도 있다.[4] 여기서 공무란 국가 또는 공공기관의 사무를 의미한다. 공무원에 대한 폭행·협박을 공무집행방해죄로 규정하여 폭행죄나 협박죄보다 무겁게 처벌함으로써 공무원의 지위도 반사적으로 보호되는 효과가 있지만, 본장의 죄는 국가적 법익의 범주에 속하고 일반 국민과 구별하여 공무원을 특별히 보호할 필요성이 없다는 점에서, 공무원의 지위 자체가 보호법익이 된다고 볼 수 없다.

9 본장의 죄의 해석에 있어서 국가나 공공기관만의 이익을 고려하여 보호받는 공무의 범위를 지나치게 확장해석하게 되면 공무집행의 상대방인 개개 국민의

---

3 다만, 직무·사직강요죄(§ 136②)의 보호법익에 관하여는 다른 범죄와 마찬가지로 공무라고 보는 견해와 공무와 더불어 공무원의 지위도 함께 보호법익이 된다는 견해로 나뉜다(후술).

4 김일수·서보학, 새로쓴 형법각론(9판), 675.

이익이 부당하게 침해된다는 문제가 있고, 다른 한편 공무 범위나 적용 요건을 지나치게 좁게 보면 국가나 공공기관의 활동이 위축되거나 기능 보호의 목적을 달성하기 어렵게 된다는 문제가 있다. 이런 점에서 공무집행의 상대방인 국민과 공무집행자 사이의 행위 영역을 어떻게 배분하는 것이 적절한가의 문제는 매우 어려우면서도 핵심적인 과제라고 할 수 있다. 뒤에서 살펴보겠지만 판례를 보면, 예컨대 대법원이 경찰관 직무집행법상의 불심검문의 적법성 요건이나 현행범 체포의 요건, 공무집행방해죄의 적법성 판단의 시점 등과 같이 본장의 죄의 적용 요건에 관하여 엄격하게 판시한 후, 하급심에서 그 요건을 대체로 좁게 해석하는 경향을 보이면 이에 대해 대법원이 위법하다고 볼 수 없다는 이유로 파기하는 사례들이 나왔는데, 이는 본장의 죄로 인한 국민의 기본권에 대한 불필요한 침해를 최소화하면서도 국가나 공공기관의 기능 보호의 목적을 달성하기 위한 가장 타당한 기준을 찾으려는 노력의 일환이었다고 평가할 수 있다.

〔이 영 훈〕

제136조(공무집행방해)

① 직무를 집행하는 공무원에 대하여 폭행 또는 협박한 자는 5년 이하의 징역 또는 1천만 원 이하의 벌금에 처한다. 〈개정 1995. 12. 29.〉

② 공무원에 대하여 그 직무상의 행위를 강요 또는 저지하거나 그 직을 사퇴하게 할 목적으로 폭행 또는 협박한 자도 전항의 형과 같다.

Ⅰ. 취 지

1 본조 제1항의 협의의 공무집행방해죄는 현재 집행 중인 공무를 보호하기 위한 규정이고, 제2항의 직무·사직강요죄[1]는 장래의 공무집행을 보호하기 위한 규정이다. 모두 폭행·협박을 구성요건적 행위로 하고 있는데, 직무·사직강요죄는 공무원의 직무상의 행위를 강요·저지하는 등의 목적을 필요로 하는 목적범이라는 점에서 차이가 있다.

1 대검찰청의 공소장 및 불기소장에 기재할 죄명에 관한 예규상의 죄명은 본조 제1항 및 제2항의 죄 모두 '공무집행방해죄'이지만, 여기에서는 편의상 제1항은 '협의의 공무집행방해죄', 제2항은 '직무·사직강요죄'라고 한다.

Ⅱ. 협의의 공무집행방해죄(제1항)

1. 의 의

직무를 집행하는 공무원에 대하여 폭행 또는 협박하는 경우에 성립하는 범죄로서 폭행, 협박이 있으면 즉시 기수가 되고, 공무원의 직무집행이 현실적으로 방해되었음을 요하지 않는 추상적 위험범이다(통설).[2] 판례도 같은 입장이다.[3] 2

2. 주 체

본죄의 주체에 제한은 없다. 공무원의 직무집행의 상대방뿐 아니라 직무집행과 상관없는 제3자도 주체가 될 수 있다. 공무원도 경우에 따라서는 주체가 될 수 있다. 3

3. 객 체

본죄의 객체는 직무를 집행하는 공무원이다. 4

(1) 공무원

(가) 판단기준

형법에는 공무원에 관한 정의규정이 없어 공법상의 공무원 개념을 참조할 수밖에 없다. 판례는 본죄의 객체인 공무원이란 법령에 근거하여 국가 또는 지방자치단체 및 이에 준하는 공법인의 사무에 종사하는 사람으로서, 그 노무의 내용이 단순한 기계적·육체적인 것에 한정되어 있지 않은 사람을 뜻한다[4]고 본다.[5] 5

---

2 김신규, 형법각론 강의, 875; 이정원·류석준, 형법각론, 743; 이형국·김혜경, 형법각론(2판), 817; 정웅석·최창호, 형법각론, 64; 오영근, 형법각론(5판), 722; 이재상·장영민·강동범, 형법각론(12판), § 44/23; 주석형법 [각칙(1)](5판), 526(이상주). 이에 대하여 구체적 위험범으로 해석하는 것이 법치국가성을 높이는 좋은 방법이 될 것이라는 견해도 있다[배종대, 형법각론(13판), § 156/3].

3 대판 2005. 10. 28, 2005도6725; 대판 2018. 3. 29, 2017도21537 등.

4 대판 1961. 12. 14, 4294형상99; 대판 1978. 4. 25, 77도3709; 대판 2011. 1. 27, 2010도14484. 위 4294형상99 판결과 77도3709 판결은 뇌물수수죄의 공무원에 관하여 판단한 사안으로, 세무수습행정원, 문화재관리국(현 국립문화재연구원) 관리과 고용원으로서 문화재관리국 소관 국유재산처분업무 담당자는 공무원에 해당한다고 보았다.

5 일본형법 제95조 제1항은 "공무원이 직무를 집행함에 있어 공무원에게 폭행 또는 협박을 가한

그 경우 공무원의 범위는 원칙적으로 국가공무원법과 지방공무원법에 의해 정해지게 되는데, 담당 업무의 내용, 성격뿐만 아니라 관련 법령의 근거 및 해당 법령에서 일반적으로 공무원에 대해 요구되는 의무가 부여되는지 등도 판단기준이 된다. 본죄는 대한민국을 중심으로 국가 또는 지방자치단체의 공무를 보호하는 것이므로 외국 공무원은 객체에 포함되지 않는다. 외국원수, 외국사절 등에 대한 폭행·협박은 각칙 제4장 국교에 관한 죄에 규정된 범죄로 처벌된다(§ 107, § 108).

(나) 공무원으로 본 사례

6 집달리 대리,[6] 기한부로 채용된 공무원[7]은 공무원에 해당한다고 보았다.

7 또한 군청 도시과 단속계에서 근무하는 청원경찰관들이 피고인의 집에서 허가 없이 창고를 주택으로 개축하는 것을 단속하자 폭행한 사안에서, 청원경찰법 제3조는 청원경찰은 청원주(청원경찰의 배치결정을 받은 자)와 배치된 기관, 시설 또는 사업장 등의 구역을 관할하는 경찰서장의 감독을 받아 그 경비구역 내에 한하여 경찰관 직무집행법에 의한 직무를 행한다고 규정하고 있고, 경찰관 직무집행법 제2조[8]에 의하면 경찰관은 범죄의 예방, 진압 및 수사, 경비, 요인 경호 및 대간첩작전 수행, 치안정보의 수집과 작성 및 배포, 교통의 단속과 위해의 방지, 기타 공공의 안녕과 질서유지 등을 그 직무로 하고 있음을 근거로 청원경

자는 3년 이하의 징역이나 금고 또는 50만 엔 이하의 벌금에 처한다."고 규정하고 있는데, 판례는 단순한 기계적·육체적인 노무에 종사하는 사람은 공무원에 해당하지 않는다고 한다[最判 昭和 35(1960). 3. 1. 刑集 14·3·209. 우편 집배원은 공무원에 해당].

참고로 2022년 6월 17일 일본형법 개정(법률 제67호)으로 징역형과 금고형이 '구금형'으로 단일화되어 형법전의 '징역', '구금', '징역 또는 구금'은 모두 '구금형'으로 개정되었고, 부칙에 의하여 공포일로부터 3년 이내에 정령으로 정하는 날에 시행 예정이다. 그러나 현재 정령이 제정되지 않아 시행일은 미정이므로, 본장에서 일본형법 조문을 인용할 때는 현행 조문의 '징역' 등의 용어를 그대로 사용한다.

6 대판 1970. 5. 12, 70도561.

7 대판 1971. 10. 19, 71도1113.

8 경찰관 직무집행법 제2조(직무의 범위) 경찰관은 다음 각 호의 직무를 수행한다.
1. 국민의 생명·신체 및 재산의 보호
2. 범죄의 예방·진압 및 수사
2의 2. 범죄피해자 보호
3. 경비, 주요 인사 경호 및 대간첩·대테러 작전 수행
4. 치안정보의 수집·작성 및 배포
5. 교통 단속과 교통 위해(위해)의 방지
6. 외국 정부기관 및 국제기구와의 국제협력
7. 그 밖에 공공의 안녕과 질서 유지

찰관은 본죄의 공무원에 해당한다고 보았다.[9]

한편, 대판 1991. 3. 27, 90도2930에서는 직할시·도·시·군·자치구 지방고용직 공무원의 임용 등에 관한 조례(준칙) 제4조의2에 의한 임용권자의 명에 따라 경찰서·지서 또는 파출소에 파견되어 근무하는 파출소의 방범원은 지방공무원법 제2조 제3항 제4호에서 정한 지방고용직공무원임이 분명하므로 본죄의 공무원에 해당한다고 하면서, 방범대원이 공무원이 아니라고 본 대판 1983. 2. 22, 82도794은 방범대원을 공무원으로 볼 법령의 근거가 마련되기 전의 사안이어서 원용하기에 적절하지 않다고 판시하였다.[10] 위 82도794 판결에 관하여는 후술한다. 8

(다) 공무원이 아니라고 본 사례

① 앞서 본 대로 대판 1983. 2. 22, 82도794에서는 방범대원의 근무명령은 파출소장이 한다는 내무부예규가 있더라도, 방범대원이 주민의 자치적 방범활동을 위하여 갹출한 비용으로 구성된 방범위원회에서 위촉되고 보수를 받는 사람인 이상, 주민의 자치적 방범활동의 대행자일지언정 경찰관의 범인 검거를 위한 공무집행의 보조자라고는 볼 수 없고 그 법령상의 근거도 없으므로, 방범대원을 본죄의 공무원에 해당하지 아니하는 것으로 보았으나, 위 90도2930 판결에서는 지방자치법규인 조례에 방범대원에 관한 근거 규정을 두었다는 이유로 공무원에 해당한다고 판단하였다. 위 판례의 취지에 비추어 법률, 명령, 지방자치법규인 조례 및 규칙은 공무원의 개념에 관한 판례에서 말하는 '법령'이 될 수 있지만, 행정부 내부규정에 불과한 예규는 그 궁극적인 근거가 법령에 있지 않는 한 위 '법령'에 해당하지 않는다고 보아야 한다는 견해가 있는데,[11] 타당하다고 본다. 9

9 대판 1986. 1. 28, 85도2448.

10 대판 1991. 3. 27, 90도2930.

11 천대엽, "뇌물죄의 주체인 공무원의 개념에 관한 검토: 대법원 2011. 9. 29. 선고 2011도6347 판결 관련", 형사법 실무연구 II(자료 133), 법원행정처(2016), 123-124. 한편, 이 논문에서는 "공무원에 관한 법령의 근거가 필요한 대상에 관하여 그 임용의 근거가 법령에 존재하면 족하고 반드시 법령에 직무권한의 규정이 필요한 것은 아니라는 것이 일본 판례이자 학설의 다수 견해라고 하는데, 이에 따르면 직무의 범위 내지 직무권한은 법령뿐만 아니라 지령, 훈령, 내규 또는 행정처분에 근거가 있으면 충분한 것으로 보게 될 것이다. 그러나 이러한 해석에 대해서는 신분상 공무원의 직무행위가 아님에도 뇌물죄의 보호대상으로서의 공무에 해당하기 위한 가장 중요한 표지는 공무수행의 권한이 법령에 근거하고 있다는 점을 들어 비판적으로 보는 견해도 있다."고 설명하고 있다(124-125).

10 ② 국민기초생활 보장법상 '자활근로자'로 선정되어 사회복지담당 공무원의 복지도우미로 근무하는 A를 협박한 사안에서, A가 국가공무원법 또는 지방공무원법에 따라 임용된 바도 없고, 달리 공무원으로 의제하는 법령이 없는 점, A에게 부여된 비밀유지준수의무는 일반적으로 법령상 공무원에 대해 요구되는 의무가 아닌 점, A는 국민기초생활 보장법상 자활근로자로서 이 사건 업무를 담당하였던바, 자활근로란 보장기관이 자활에 필요한 근로능력의 향상 및 기능습득의 지원과 근로기회의 제공을 위하여 수급자에게 공익성이 높은 사업 또는 지역주민의 복지향상을 위하여 필요한 사업 등에서 유급으로 근로하는 것을 뜻하는데, 이러한 자활근로를 공무원이 담당하는 공무라고는 보기 어려운 점, A가 담당하였던 업무도 중앙동 주민센터 사회복지담당 공무원의 지시에 따라 사회복지담당 공무원의 업무수행을 보조 또는 지원하는 업무에 불과하여 단순한 기계적·육체적 노무와 달리 볼 사정이 없는 점 등을 근거로, 이 사건 범행 당시 A가 공무원으로서 공무를 담당하고 있었다고 볼 수 없다고 판단한 원심을 수긍하였다.[12]

11 또한 ③ 국민권익위원회 운영지원과 소속 기간제근로자로서 청사 안전관리 및 민원인 안내 등의 사무를 담당한 B의 공무집행을 방해하였다는 내용으로 기소된 사안에서, B는 국민권익위원회 위원장과 계약기간 1년의 근로계약을 체결한 점, 공무원으로 임용된 적이 없고 공무원연금이 아니라 국민연금에 가입되어 있는 점, 국민권익위원회 훈령으로 '무기계약근로자 및 기간제근로자 관리운용 규정'이 있으나 국민권익위원회 내부규정으로 그 내용도 채용, 근로조건 및 퇴직 등 인사에 관한 일반적인 사항을 정하는 것에 불과하고, 달리 B가 법령의 근거에 기하여 위 사무에 종사한 것이라고 볼 만한 자료가 없는 점 등 제반 사정에 비추어, B는 법령의 근거에 기하여 국가 등의 사무에 종사하는 형법상 공무원이라고 보기 어렵다고 판단하였다.[13]

(2) 직무의 집행

12 본죄의 '직무의 집행'은 공무원이 자신의 지위·권한에 따라 처리하도록 위임된 일체의 사무를 행하는 것을 말한다. 이와 관련하여 국가 또는 공공기관이

12 대판 2011. 1. 27, 2010도14484.

13 대판 2015. 5. 29, 2015도3430. 원심은 국민권익위원회의 청사 안전관리 및 민원인 안내 업무가 단순한 기계적·육체적인 것만은 아니라고 보아 공무원에 해당한다고 판단하였다.

사기업과 동일한 지위에서 행하는 사업, 예컨대 국·공립대학, 국·공립병원 등에서는 공무소 또는 공무원이 공권력주체가 아니라 사경제주체에 불과하므로, 이러한 공무소 또는 공무원에 의하여 행하는 직무는 제외하여야 한다는 견해가 있다.[14] 그러나 직무행위의 내용과 범위를 강제적·권력적 작용에 한정하는 독일,[15] 프랑스, 오스트리아의 형법과 달리 우리 형법은 직무행위의 내용에 관하여 제한을 두지 않고 있고, 강제적·권력적인 직무이든 그 밖의 직무이든 그 직무가 공공성을 가지는 이상 본죄의 보호대상으로 할 필요가 있으므로, 직무집행을 강제적·권력적 성격을 띤 사무의 집행으로 한정하여 해석할 것은 아니라고 본다.[16]

공무원이 국가 또는 공공기관의 의사를 외부적으로 실현하는 경우뿐만 아니라 직무가 공공성을 가진 이상 공무원의 내부적인 사무처리도 본죄의 보호대상으로 할 필요가 있으므로, 공무원이 대내·외적으로 직무를 행하는 것을 모두 직무집행에 포함되는 것으로 해석하여야 한다.[17] 13

판례는 사법경찰리의 직무를 행하는 산림보호서기가 사법경찰관 직무취급인 산림계장의 지시에 의하여 임산물단속에관한법률위반 피의자를 체포하여 구속하려다가 폭행을 당한 경우,[18] 의무전투경찰순경이 교통단속업무를 하는 경우,[19] 작전전투경찰순경이 상관의 명령에 의하여 의무전투경찰순경의 직무를 도와 시위진압을 하는 경우,[20] 본죄의 직무집행에 해당한다고 보았다. 14

(3) 시간적·장소적 범위

(가) 공무원이 직무수행에 직접 필요한 행위를 현실적으로 행하고 있는 때는 물론, 공무원이 직무수행을 위하여 근무 중인 상태에 있는 때를 포괄하고, 15

14 김일수·서보학, 새로쓴 형법각론(9판), 677.

15 독일형법 제113조 제1항은 '직무를 집행하는 공무원에 대한 저항(Widerstand gegen Vollstreckungsbeamte)'에 관해, "법률, 법규명령(Rechtsverordnung), 판결, 법원의 결정 또는 처분의 집행을 임무로 하는 공무원 또는 연방국군대의 군인이 그 직무행위를 행함에 있어서, 그들에 대해 폭행 또는 폭행을 가할 뜻의 협박으로 저항하거나 실력으로써 공격한 자"를 3년 이하의 자유형 또는 벌금에 처하도록 하고 있다. 그와 같이 '직무를 집행하는 공무원에 대한 저항(Widerstand gegen Vollstreckungsbeamte)'의 죄는 권력적 공무만을 보호대상으로 하는 죄라고 볼 수 있다.

16 신동운 형법각론(2판), 171; 주석형법 [각칙(1)](5판), 527(이상주).

17 주석형법 [각칙(1)](5판), 529(이상주).

18 대판 1965. 1. 19, 64도740.

19 대판 2001. 12. 14, 2001도4920.

20 대판 1992. 8. 18, 92도1244.

직무의 성질에 따라서는 그 직무수행의 과정을 개별적으로 분리하여 부분적으로 각각의 개시와 종료를 논하는 것이 부적절하고 여러 종류의 행위를 포괄하여 '일련의 직무수행'으로 파악함이 상당한 경우가 있다.[21]

16 직무수행을 종료한 공무원은 본죄의 객체가 되지 아니하지만, 직무수행을 중지하거나 종료한 직후의 공무원도 직무수행 중에 일시 휴식을 취하고 있는 공무원과 마찬가지로 직무를 집행하는 공무원에 포함된다고 본다.[22] 현재 직무를 집행하고 있는 경우뿐만 아니라 직무집행과 불가분의 관계에 있는 다른 행위도 포함되므로 직무개시 전이라도 직무집행과 시간적·내용적으로 밀접불가분의 관계에 있는 준비행위를 하는 때, 근무시간 중 자리에 앉아 있는 경우, 직무집행 중 휴식하고 있는 경우,[23] 근무를 위해 대기하는 경우 등은 모두 '직무를 집행하는 중'으로 볼 수 있다.

17 그러나 출근 중인 경우, 직무집행 종료 후인 경우, 직무를 집행할 장소로 가는 도중이라도 시간적·장소적 근접성이 있다고 보기 어려운 경우 등은 '직무를 집행하는 중'에 해당하지 않는다.

(나) 공무집행에 해당한다고 본 사안

18 판례는 ① 교통단속업무에 종사하고 있는 의경이 도로교통법상 범칙행위를 하였다고 인정되는 운전자에 대하여 정차를 요구하고 현장에서 출석지시서나 범칙금납부통고서를 교부하기 위하여 운전면허증 제시를 요구한 것에 대하여 운전자가 이에 불응하였더라도 이로써 바로 단속업무가 종료되었다고 볼 수는 없고, 범칙행위와 시간적·장소적으로 밀접한 범위 내에서는 상당한 방법으로 재차 면허증 제시를 요구할 수 있으므로, 운전자가 자신의 성명 등 인적사항도 밝히지 않고 면허증 제시요구를 거부하며 차량을 출발시키자 재차 면허증 제시를 요구하기 위하여 서서히 진행하는 차량의 문틀을 잡고 정지할 것을 요구한

---

21 대판 1999. 9. 21, 99도383; 대판 2002. 4. 12, 2000도3485; 대판 2022. 3. 17. 2021도13883.

22 이에 대해 직무수행을 종료한 직후의 공무원은 포함되지 아니한다는 견해는 김성돈, 형법각론(5판), 781; 정성근·박광민, 형법각론(전정2판), 835.

23 最決 平成 3(1991). 3. 10. 刑集 43·3·188. A 현의회 공해대책특별위원회 위원장 B가 회의 중 소란이 일어나자 이에 대처하기 위하여 휴게를 선언하고 자리를 뜨며 위원회실 출입구로 가려고 하자 甲이 이를 제지하기 위하여 B를 잡아당기는 등 폭행을 가한 사안에서, 휴게선언 후에도 위원장의 직책에 기하여 위원회의 질서를 유지하고 위 소란에 대처하기 위한 직무를 현실적으로 집행하고 있었다고 인정하는 것이 상당하다는 이유로, 공무집행방해죄를 인정하였다.

의경의 행위는 교통단속업무를 맡는 경찰관의 공무집행의 범위 안에 들고, 의경이 손으로 차량의 문틀을 붙잡고 따라가던 중 차량의 속도가 점차 가속되는 것에 신체적 위험을 느껴 불가피하게 순간적으로 매달린 것으로 보인다는 이유로, 적법한 공무집행 중이었다고 판단하였다.[24]

② 불법주차 차량에 불법주차 스티커를 붙였다가 이를 다시 떼어 낸 직후에 있는 주차단속 공무원을 폭행한 사안에서, 주차단속 공무원인 피해자가 불법주차 스티커를 피고인 차량에 붙인 행위나 과태료 부과고지서를 떼어 낸 행위만을 따로 분리하여 그러한 시점에 직무수행이 종료되고 피해자가 피고인에 대하여 별개의 조치를 취하거나 다른 차량에 대한 단속에 착수할 때에 직무수행이 재개된다고 보는 것은 부적절하고, 피해자의 위와 같은 여러 종류의 행위를 포괄하여 '일련의 직무수행'[25]으로 파악함이 상당하다는 이유로, 폭행 당시 피해자는 일련의 직무수행을 위하여 근무 중인 상태에 있었다고 판단하였다.[26] 19

③ 순경이 근무장소인 파출소 안에서 현실적으로 구체적인 업무를 처리함이 없이 근무시간 중에 자리에 앉아 있는 사안,[27] ④ 노동조합관계자들과 사용자 측 사이의 다툼을 수습하려 하였으나 노동조합 측이 지시에 따르지 않자 경비실 밖으로 나와 회사의 노사분규 동향을 파악하거나 파악하기 위해 대기 또는 준비 중이던 근로감독관을 폭행한 사안,[28] ⑤ 야간당직 근무 중인 청원경찰이 불법주차 단속요구에 응하여 현장을 확인만 하고 주간 근무자에게 전달하여 단속하겠다고 했다는 이유로 민원인이 청원경찰을 폭행한 사안,[29] ⑥ 시청청사 내 주민생활복지과 사무실에서 민원인이 소란을 피우자 민원 담당 공무원이 제지하며 사무실 밖으로 데리고 나가려고 하자 민원인이 담당 공무원을 폭행한 사안[30] 등 20

---

24 대판 1994. 9. 27, 94도886. 본 판결 해설은 이재환, "교통사범을 단속하는 경찰의 공무집행의 범위", 해설 22, 법원행정처(1995), 628-639.

25 일본 판례도 (구) 일본전신전화공사의 국장 등이 서류점검, 결재 등의 업무를 중단하고 피고인을 응대하던 중 폭행당한 사안에서, 같은 취지로 '일련일체(一連一體)'로서의 직무집행을 인정하고 있다[最判 昭和 53(1978). 6. 29. 刑集 32·4·816].

26 대판 1999. 9. 21, 99도383. 본 판결 평석은 정일성, "공무집행방해죄에 있어서 '직무를 집행하는'의 의미", 형사재판의 제문제(3권), 박영사(2000), 61-69.

27 대판 1999. 10. 22, 99도3328(근무시간 중 착석행위).

28 대판 2002. 4. 12, 2000도3485(직무 대기행위).

29 대판 2009. 1. 15, 2008도9919(일련의 직무수행).

30 대판 2022. 3. 17, 2021도13883(일련의 직무행위). 원심은 피고인이 민원인을 사무실 밖으로 데

에서, 직무의 성질에 따라서는 일련의 직무수행으로 파악함이 상당한 경우가 있고, 나아가 현실적으로 구체적인 업무를 처리하고 있지는 않는다고 해도 자기 자리에 앉아 있는 것만으로도 업무의 집행으로 볼 수 있을 때에는 역시 직무집행 중인 것으로 보아야 하고, 직무 자체의 성질이 부단히 대기하고 있을 것을 필요로 하는 것일 때에는 대기 자체를 곧 직무행위로 보아야 할 경우도 있다고 판단하였다.

21 ⑦ 국회 사무총장실에서 사무총장이 소파 탁자에 앉아 신문을 읽던 상황에서 피고인이 사무총장실에 침입하여 보조탁자를 넘어뜨리고 대형 탁자 위로 뛰어 올라가 발을 구르는 등의 행위를 한 사안에서, 국회 사무총장이 비서실 직원이 스크랩하여 놓은 신문기사를 읽는 것 이외에 직접 신문을 찾아보며 여론의 동향을 파악하는 것도 국회 사무총장의 직무에 포함된다고 볼 수 있는 점, 공무원이 직무집행을 하다가 일시적으로 휴식을 취하고 있는 경우나 직무집행 착수 이전의 준비단계에 있는 경우에도 그 공무원을 본죄에서 말하는 '직무를 집행하는 공무원'에 해당한다고 볼 수 있는 점 등에 비추어, 피고인이 국회 사무총장실에서 보조탁자를 넘어뜨리고 대형 원형탁자 위에 뛰어 올라가 발을 구르는 등의 행위를 할 때에 국회 사무총장이 직무집행 중이었음을 인정할 수 있고, 피고인이 보조탁자를 두 손으로 밀어 넘어뜨릴 때에 보조탁자를 손상한다는 인식을 가졌거나 적어도 손상될 것을 예상하고 이를 감수한 채 위와 같은 행위를 하였음을 충분히 인정할 수 있다는 이유로, 사무총장에 대한 본죄 및 공용물건손상죄를 유죄로 인정한 원심을 수긍하였다.[31]

22 ⑧ 피고인이 A와 주차 중 접촉사고 문제로 언쟁을 벌이던 중, 112 신고를 받고 출동한 경찰관 B가 A를 때리려는 피고인을 제지하자 자신만 제지를 당한 데

리고 나간 공무원의 행위가 주민생활복지에 대한 통합조사 및 민원업무에 관한 직무라는 추상적 권한에 포함되거나 구체적 직무집행에 관한 법률상 요건과 방식을 갖춘 적법한 직무집행에 해당한다고 볼 증거가 없다는 이유로 무죄를 선고하였으나, 대법원은 피고인의 욕설과 소란으로 인해 정상적인 민원 상담이 이루어지지 아니하고 다른 민원 업무 처리에 장애가 발생하는 상황이 지속되자 피고인을 사무실 밖으로 데리고 나간 공무원의 행위는 민원 안내 업무와 관련된 '일련의 직무수행'으로 포괄하여 파악하여야 하고, 담당 공무원이 피고인을 사무실 밖으로 데리고 나가는 과정에서 피고인의 팔을 잡는 등 다소의 물리력을 행사하였다고 하더라도 이는 피고인의 불법행위를 사회적 상당성이 있는 방법으로 저지한 것에 불과하므로 위법하다고 볼 수 없다고 판단하여 본죄의 성립을 인정하였다.

31 대판 2011. 12. 22, 2010도13435.

화가 나서 손으로 B의 가슴을 1회 밀치고, 계속하여 욕설을 하면서 피고인을 현행범으로 체포하며 순찰차 뒷좌석에 태우려고 하는 B의 정강이 부분을 두 발로 2회 걷어차는 등 폭행함으로써 경찰관의 112 신고처리에 관한 직무집행을 방해하였다는 내용으로 기소된 사안에서, 원심은 A가 피고인이 경찰관 B의 가슴을 밀치기 전에 이미 아들과 함께 접촉사고 현장으로부터 약 10 내지 20m 떨어진 주차장 입구 쪽으로 이동하여 피고인과 A 사이의 분쟁은 거의 종료되었다고 볼 수 있고, 피고인은 경찰관 B에게 자신의 잘못이 없었음을 하소연하는 상황이었던 점, 경찰관 B는 피고인으로부터 접촉사고에 관한 진술을 청취하던 중 반말과 욕설을 듣자, 흥분하여 피고인과 말다툼을 하기 시작하였고, B와 피고인의 다툼이 격해지자, 다른 경찰관 등이 B와 피고인을 말리기도 하였던 점, 피고인이 B의 가슴을 1회 밀친 것은 B와 피고인의 다툼이 시작된 이후에 이루어진 점, 피고인이 B의 가슴을 밀치자 B도 이에 대항하여 피고인의 가슴을 밀치기도 하였던 점, 피고인이 B의 가슴을 1회 밀친 행위는 공무원의 직무집행을 방해할 만한 정도라고 보기 어려운 경미한 행위인 점 등을 고려하면, 피고인이 경찰관 B의 가슴을 1회 밀친 것은 경찰관 B가 112 신고처리에 관한 직무를 집행하던 중에 일어난 행위라고 보기 어렵고, 공무원의 직무집행이 방해될 만한 행위로 보기도 어렵다고 판단하였으나, 대법원은 경찰관 B는 오전 순찰근무 중 위 지하주차장으로 출동하였고 이러한 출동은 같은 날 정오 무렵까지 예정된 순찰근무의 일환이었으며, B가 피고인과 시비가 붙은 것은 피고인으로부터 사고경위에 관한 진술을 청취하는 과정에서 발생한 일이므로, 피고인과 시비가 붙었다는 사정만으로 B의 직무수행이 종료되었다고 볼 수 없고, B가 주차장에 도착하였을 당시 피고인과 A의 언쟁으로 분위기가 험악한 상태였고, 피고인이 손으로 B의 가슴을 세게 밀치기 직전 B에게 욕을 하기도 하였던 점 등 행위 당시의 정황과 태양 등을 고려하면 폭행의 정도가 경미하다고 볼 여지가 없다는 이유로 원심을 파기하였다.[32]

(다) 본죄의 공무집행 중임을 부정한 판례는 찾기 어려운데, 오래전 판례로 시청 건설과 소속 수도검침원인 피해자가 수도검침을 위하여 피고인 집으로 가다가 그 집과 약 32m 떨어진 공터에서 폭행이 있었다면, 피해자가 폭행을 당할 당시 공무집행 중이거나 공무집행에 근접한 행위가 있었다고 볼 수 없다고 판 23

32 대판 2018. 3. 29, 2017도21537.

단한 것이 있다.[33]

(4) 직무집행의 적법성

(가) 적법성 요부

24 독일형법(§ 113③)이나 오스트리아형법(§ 269④)과 달리 우리 형법은 본죄의 직무집행이 적법해야 하는지를 명시하지 않고 있지만, 적법성이 필요하다는 견해가 통설[34]이고, 판례[35]도 같은 태도이다.[36]

25 직무집행이 위법한 경우에는 보호할 필요성이 없고, 위법한 공무원의 직무행위로 인해 국민의 기본권이 침해되는 경우를 방지하려면 위법한 공무원의 행위를 배제하기 위한 방어행위를 본죄로 처벌해서는 안 된다는 점에서, 본죄가 성립하기 위해서는 그 전제로 '직무집행의 적법성'이 요구된다고 본다.

(나) 적법성의 의의

26 본죄의 보호대상인 직무집행에서의 적법성은 형법상 보호가치가 인정될 만한 실체를 갖추고 있다는 뜻이다. 직무집행이 그 근거법령상 위법한 경우 그 위법의 형태와 정도는 다양할 수 있는데, 훈시규정의 위반과 같이 경미한 위법이 있는 경우까지 그 직무집행이 위법하다고 하여 일률적으로 본죄의 성립을 부정한다면 공무의 원활한 수행을 기대하기 어려우므로, 형법의 독자적 견지에서 직무집행의 적법 여부를 판단하여야 한다.

27 형법상의 적법성은 실질적 정당성을 갖춘 실체적 적법성이 아니라 형식적 적법성을 뜻한다. 형식적 적법성이란 직무집행의 실질적 내용이 정당한지와 상관없이 그 직무집행의 주체, 형식, 절차에서 대내·외적 성립요건을 모두 갖춘 것을 말한다. 그리고 직무집행이 형식적으로 적법하지 않다는 것만으로 곧바로 그 직무집행이 형법상 적법하지 않은 것으로 볼 것은 아니고, 형식적 적법성도

---

33 대판 1979. 7. 24, 79도1201.

34 김성돈, 781; 김일수·서보학, 678; 박상기·전지연, 형법학(총론·각론 강의)(4판), 857; 배종대, § 157/6; 손동권·김재윤, 새로운 형법각론, § 50/10; 신동운, 173-174; 오영근, 722; 이재상·장영민·강동범, § 44/10; 임웅, 형법각론(9정판), 958; 정성근·박광민, 835; 정영일, 형법강의 각론(3판), 456; 주석형법 [각칙(1)](5판), 533(이상주).

35 대판 2000. 7. 4, 99도4341; 대판 2005. 10. 28, 2004도4731; 대판 2006. 9. 8, 2006도148; 대판 2006. 11. 23, 2006도2732; 대판 2008. 10. 9, 2008도3640; 대판 2011. 4. 28, 2007도7514; 대판 2011. 5. 26, 2011도3682; 대판 2013. 8. 23, 2011도4763; 대판 2013. 11. 28, 2013도9138; 대판 2014. 2. 27, 2013도9990; 대판 2021. 9. 16, 2015도12632; 대판 2021. 10. 14, 2018도2993.

36 일본 판례도 마찬가지이다[最決 昭和 37(1962). 7. 12. 刑集 16·7·1287].

형법상 보호가치가 있는지(요보호성)의 관점에서 살펴야 한다. 공무원의 직무행위에 명백하고도 중대한 흠이 있어서 당연무효라고 말할 수 있는 경우에는, 적법성을 결하여 보호할 가치가 없다고 본다.[37]

판례는 ① 집달리가 다른 가처분결정의 집행상태가 계속되고 있다는 사실을 간과하고 집행력 있는 판결정본에 의하여 가옥명도의 집행을 하려고 하자 피고인이 이를 방해한 사안에서, 공무원이 그 권한에 속하는 사항에 관하여 법령에 정한 방식에 따라 그 직무를 집행하는 경우에 가사 그 직무집행의 대상이 된 사실에 관하여 착오가 있더라도 일응 그 행위가 공무원의 적법한 행위라고 인정할 수 있는 때에는 본죄의 공무집행에 해당된다고 보아야 하므로, 집달리는 집행력 있는 판결정본에 의하여 소정의 절차에 따라 가옥명도의 집행을 한 것이므로, 가사 집달리가 그 집행에 있어서 그 목적물에 대하여 가처분결정의 집행상태가 계속 중이었음에도 착오로 이를 모르고 본건 집행을 하였더라도, 이를 방해한 피고인의 행위는 본죄에 해당한다고 판단하였다.[38] 28

② 지방자치법은 지방의회의 지방자치단체장에 대한 불신임제도를 채택하고 있지 않으므로 군 의회는 군수에 대하여 불신임결의를 할 권한이 없고 그와 같은 결의를 하더라도 법적 구속력이 없으나, 군 의회의 회의가 적법한 소집절차를 밟아 소집되었고, 소집의 목적이 불법적이거나 사회질서에 반하는 것이 아닌 이상, 그 회의의 의결사항 중에 군 의회의 권한에 속하지 아니하는 사항이 포함되어 있더라도 군 의회 의원들이 그 회의에 참석하고 의사진행을 하는 직무행위는 적법하다고 판단하였다.[39] 마찬가지로 일본 판례도 지방의회에서 의사진행에 관한 의장의 조치가 회의규칙에 위반하여 법령상의 적법요건을 완전하게 충족하지 못하였다고 하더라도 '보호할 만한 가치가 있는' 직무행위에 해당한다고 판단하였다.[40] 29

또한, ③ 피고인들이 불법건축물 철거를 위한 행정대집행 실시에 저항하여 30

37 신동운, 174.

38 대판 1961. 8. 26, 4293형상852, 60도852.

39 대판 1998. 5. 12, 98도662.

40 最判 昭和 42(1967). 5. 24. 刑集 214505. 직무집행의 요보호성은 해당 직무에 의하여 달성하려는 이익과 침해되는 이익을 비교형량하여 해결하여야 하는데, 본 판결에서는 '의사의 적정'보다도 '의사의 진행'이 더 우월하다는 비교형량에 따라 본죄의 성립이 인정되었다는 견해가 있다[原田 保, "職務執行の適法性", 刑法判例百選 II(各論)(7版), 有斐閣(2014), 229].

본죄로 기소된 사안에서, 비록 행정대집행 영장에 집행비용이 기재되어 있지 않았고, 행정대집행이 실시된 후에 컨테이너와 조립식 패널 건물이 다른 사람의 소유라는 취지의 약식명령이 확정되었다고 해도, 그 당시까지의 객관적 사정을 종합할 때 상대방을 철거의무자로 한 해당 행정대집행 절차가 적법하게 마쳐졌다고 볼 만한 충분한 이유가 있었고, 그 목적·수단·방법 역시 모두 정당하다고 보이므로 형법상 보호대상으로서 절차적으로는 물론 실체적으로도 적법하다고 판단하였다.[41]

(다) '직무집행의 적법성'의 요소

31 통설은 적법한 공무집행이 되기 위한 요건으로 ① 당해 공무원의 추상적·일반적 직무권한에 속하는 행위일 것, ② 당해 공무원의 구체적 직무권한에 속하는 행위일 것, ③ 법령이 정한 절차와 방식에 따른 행위일 것 등의 요건을 갖추어야 한다고 본다.[42] 판례도 본죄의 적법한 공무집행이라 함은 그 행위가 당해 공무원의 추상적 직무권한에 속할 뿐 아니라 구체적인 직무집행에 관한 법률상 요건과 방식을 갖추어야 한다거나, 당해 공무원의 추상적 직무권한에 속할 뿐 아니라 구체적으로도 그 권한 내에 있어야 하고 직무행위로서의 중요한 방식을 갖추어야 한다[43]고 판시하였다.[44]

(a) 공무원의 추상적·일반적 권한 내의 행위일 것

32 공무원의 직무는 일반적으로 사무적·장소적으로 행할 수 있는 직무의 범위

---

41 대판 2015. 7. 23, 2015도5609.

42 김성돈, 781-782; 김일수·서보학, 678-679; 박상기·전지연, 857; 배종대, § 157/8; 손동권·김재윤, § 50/11,12; 오영근, 724; 이재상·장영민·강동범, § 44/11-14; 임웅, 958; 정성근·박광민, 836-837; 정영일, 456-457.

43 대판 1991. 5. 10, 91도453; 대판 1992. 5. 22, 92도506; 대판 2005. 10. 28, 2004도4731; 대판 2006. 9. 28, 2006도149; 대판 2021. 9. 16, 2015도12632; 대판 2021. 10. 14, 2018도2993.

44 독일형법 제113조 제1항이 규정하고 있는 '직무를 집행하는 공무원에 대한 저항(Widerstand gegen Vollstreckungsbeamte)'의 죄에 관해 같은 조 제3항이 집행행위의 적법성을 요구하고 있는 것과 관련해서 연방법원은, 그 적법성이 인정되기 위해서는 ① 사물관할 및 토지관할, ② 본질적인 절차(wesentliche Förmlichkeit)의 이행, 특히 집행행위에 의해 침해를 받는 자의 보호를 위한 규정의 준수, ③ 집행행위의 요건충족에 관한 사실확인을 행할 것이 요구된다고 보았다(BGH, 10.11.1967 - 4 StR 512/66). 본질적인 절차(wesentliche Förmlichkeit)의 이행과 관련해서, 판례 가운데에는 직접강제를 행함에 있어서 그 고지를 사전에 행하는 것이 필요하다고 보아 구인명령에 관해 그와 같은 절차의 이행을 적법성의 요건으로 본 것(BGH, 16.07.1980 - 2 StR 127/80), 혈액채취에 있어서 그와 같은 절차의 이행을 적법성의 요건으로 본 것(OLG Dresden, 01.08.2001 - 3 Ss 25/01)이 있다.

가 정해져 있으므로 이 범위를 초과한 행위는 적법성이 인정될 수 없다. 법관이나 법원 직원, 집행관 등은 법원조직법, 민사집행법에, 경찰관은 경찰관 직무집행법 제2조 등에, 특별사법경찰관리는 형사소송법 제245조의10, 사법경찰관리의 직무를 수행할 자와 그 직무범위에 관한 법률 등에 각각 직무범위에 관한 근거 규정을 두고 있지만, 공무원의 추상적 직무권한이 반드시 법령에 명문으로 표시되어 있음을 요하는 것은 아니다. 집행관이 강제처분을 하는 것은 권한 내의 직무행위가 되지만, 경찰이 조세를 징수하거나 철도경찰이 기차·철도시설 이외의 장소에서 수사를 하는 행위,[45] 군수사관이 민간인의 일반범죄에 대해 수사하는 행위[46]는 추상적 직무권한에 포함된다고 볼 수 없다.

직무집행의 편의에 따라 마련된 내부적인 사무분담의 범위를 벗어난다고 하여 공무원의 추상적·일반적 권한 내에 속하지 않는 것은 아니므로, 예를 들어 내근경찰이 외근경찰의 직무를 집행하거나 교통경찰이 불심검문을 하는 것은 공무원의 추상적·일반적 권한을 벗어난다고 보기 어렵다.[47] 또한 공무원이 독립하여 갖는 직무권한만이 추상적·일반적 권한 내에 속한다고 할 수 없으므로, 상급 공무원의 지휘명령에 따라 사무를 수행한다는 이유만으로 공무원의 추상적·일반적 권한 내에 속하지 않는다고 볼 수 없다. 33

판례가 추상적·일반적 권한 내에 속한다고 한 사례로는, ① 검증장소의 경비임무를 수행하는 순경의 그곳에서의 폭행행위 제지 및 임의동행 요구,[48] ② 청원경찰의 무허가 창고 개축행위의 단속,[49] ③ 전투경찰순경의 시위진압,[50] 의무전투경찰순경의 교통단속[51] 및 폭행 제지 및 체포,[52] ④ 지방의회 의원의 의결사항 중에 권한에 속하지 아니하는 사항이 포함된 회의에의 참석 및 의사진행,[53] ⑤ 시 총무과 직원의 시청사 현관 바로 앞에서의 천막설치 제지 및 천막 철거,[54] 34

45 배종대, § 157/9.
46 임웅, 959.
47 배종대, § 157/9.
48 대판 1970. 9. 17, 70도1391.
49 대판 1986. 1. 28, 85도2448.
50 대판 1992. 8. 18, 92도1244.
51 대판 2001. 12. 14, 2001도4920.
52 대판 2007. 3. 29, 2007도1225.
53 대판 1998. 5. 12, 98도662.
54 대판 2005. 5. 26, 2004도8464.

⑥ 법외 단체인 전국공무원노동조합 지부의 군 청사 사무실 임의사용에 대한 지방자치단체장의 행정대집행법에 따른 행정대집행,[55] ⑦ 공무원노동조합 총투표와 관련한 행정안전부장관의 지방자치단체에의 복무관리지침 통보 및 이행점검,[56] ⑧ 시청 공무원의 시 관리 도로 보도상에서의 농성용 천막 설치 제지,[57] ⑨ 교도관의 수용자에 대한 허용 범위 초과 부착물의 제거 지시[58] 등이 있다.

35 한편, 판례는 면사무소 근무 공무원인 A가 취락구조개선 공사현장에 출장 나가 피고인에게 표준설계도의 추가 제출을 요구하고 자유설계로 공사를 하려면 면사무소 앞에 있는 설계사무소에 의뢰하여 싼값으로 설계도를 작성하게 해주겠다면서 금품을 요구한 것이 시비가 되어 피고인이 A의 멱살을 잡는 등 폭행을 가한 사안에서, 피고인이 면사무소에 설계도면을 제출할 의무나 설계에 필요한 금원을 지급할 의무가 없다면 설계도를 제출하지 아니함으로써 건축시공상 불이익을 받는 것은 별론으로 하고 면사무소 공무원으로서도 이를 적법하게 강제할 권한이 없으므로, 면사무소 공무원이 자신의 행정사무 편의를 위한 목적으로 설계도의 제출을 요구한 행위는 본죄의 공무집행에 해당하지 않는다고 판단하였다.[59]

(b) 공무원의 구체적 직무권한 내의 행위일 것

36 직무집행을 하기 위하여 일정한 법정요건을 갖추는 것이 필요할 때 그 요건을 충족하지 아니한다면 그 직무를 집행하는 공무원에게 구체적인 직무권한이 없다고 보아야 한다. 예를 들어, 경찰관이 긴급체포나 현행범체포의 요건에 해당하지 아니하는 사람을 체포하는 것은 구체적인 직무권한이 없는 행위에 해당하므로 이를 적법한 직무집행이라고 할 수 없다.

37 해당 공무원이 직무를 담당할 수 있는 법적 전제로서 명령, 할당, 지정, 위임 등이 있어야 함에도 그 전제를 충족하지 못한 경우에도 그 공무원에게 구체적인 직무권한이 있다고 할 수 없다. 예를 들어 집행관의 강제집행이 구체적 직무권한 내에 속하기 위해서는 채권자의 위임이 있거나 집행력 있는 정본이 있

55 대판 2011. 4. 28, 2007도7514.
56 대판 2013. 2. 15, 2010도11281.
57 대판 2014. 2. 13, 2011도10625.
58 대판 2014. 9. 25, 2013도1198.
59 대판 1982. 11. 23, 81도1872. 이 판례는 구체적 직무권한 내의 행위여야 한다는 요건과 관련된 사안으로 설명되기도 한다(신동운, 175).

어야 하고(민집 § 43①), 검사나 사법경찰관의 피의자에 대한 구속이 구체적 직무권한 내에 있으려면 구속영장이 있어야 한다.

1) 구체적 직무권한 내에 속하지 않는다고 본 사례

① 정박 중인 선박에서 밀수품을 수색하던 세관공무원들을 폭행·협박한 38
사안에서, 선박에 대하여 수색을 하려면 선박의 소유자 또는 점유자의 승낙을 얻거나 법관의 압수·수색영장을 발부받거나 또는 관세법 제212조 제1항 후단에 의하여 긴급을 요하는 경우에 한하여 수색·압수를 하고 사후에 영장을 교부받아야 하는데, 이러한 요건을 갖추지 않았다면 선박의 수색이 적법한 직무집행에 해당하지 않는다고 보았다.[60]

② 경찰관이 피고인에 대한 불심검문 끝에 임의동행을 요구하고 도망치는 39
피고인을 체포하려는 행위가 구속영장의 집행으로 하는 것인지 또는 현행범으로 체포하려는 것인지 알 수 없다면 적법한 직무집행이라고 단정할 수 없고, 경찰관이 임의동행을 요구하다가 거절당하자 무리하게 잡아끄는 등 강제로 인치하려고만 하였을 뿐 현행범으로 체포할 요건도 갖추지 아니하였고 경찰관이 현행범으로 체포하려고 한 것도 아닌 경우, 적법한 직무집행행위로 보지 않았다.[61]

③ 경찰관이 주민신고를 받고 현장에 도착했을 때는 이미 싸움은 끝난 상 40
태여서 형사소송법 제211조의 현행범 내지는 준현행범이 아니고 형사소송법 제206조의 긴급구속사유에도 해당하지 않는다는 이유로, 임의동행에 불응하는 피고인을 체포하려는 행위는 적법한 직무집행이 아니라고 보았다.[62]

④ 형사소송법 제211조[63]가 현행범인으로 규정한 범죄의 실행의 직후인 자 41
는 범죄의 실행행위를 종료한 직후의 범인이라는 것이 체포하는 자의 입장에서

60 대판 1976. 11. 9, 76도2703. 이 판결에서의 관세법 제212조 제1항 후단은 현행 관세법 제296조(수색·압수영장) 제1항 후단.

61 대판 1977. 8. 23, 77도2111; 대판 1972. 10. 31, 72도2005.

62 대판 1989. 12. 12, 89도1934.

63 형사소송법 제211조(현행범인과 준현행범인) ① 범죄를 실행하고 있거나 실행하고 난 직후의 사람을 현행범인이라 한다.
② 다음 각 호의 어느 하나에 해당하는 사람은 현행범인으로 본다.
1. 범인으로 불리며 추적되고 있을 때
2. 장물이나 범죄에 사용되었다고 인정하기에 충분한 흉기나 그 밖의 물건을 소지하고 있을 때
3. 신체나 의복류에 증거가 될 만한 뚜렷한 흔적이 있을 때
4. 누구냐고 묻자 도망하려고 할 때

볼 때 명백한 경우를 일컫는 것으로서, 같은 조 제1항에서 본래의 의미의 현행범인에 관하여 규정하면서 범죄의 실행의 직후인 자를 범죄의 실행 중인 자와 마찬가지로 현행범인으로 보고 있고, 제2항에서는 현행범인으로 간주되는 준현행범인에 관하여 별도로 규정하고 있는 점 등으로 미루어 볼 때, 범죄의 실행행위를 종료한 직후란 범죄행위를 실행하여 끝마친 순간 또는 이에 아주 접착된 시간적 단계를 의미하는 것으로 해석되므로, 시간적으로나 장소적으로 보아 체포를 당하는 자가 방금 범죄를 실행한 범인이라는 점에 관한 죄증이 명백히 존재하는 것으로 인정되는 경우에만 현행범인으로 볼 수 있고, 또한 현행범인으로서의 요건을 갖추고 있었다고 인정되지 않은 상황에서 경찰관들이 동행을 거부하는 자를 체포하거나 강제로 연행하려고 하였다면, 이는 적법한 직무집행이 아니라고 보았다.[64]

42 ⑤ 교사인 甲이 교장실에 들어가 약 5분 동안 식칼을 휘두르며 교장을 협박하는 등 소란을 피우자 신고를 받고 출동한 경찰관들이 甲을 체포하려고 했을 때가 범죄의 실행행위가 종료되고 무려 40여 분 지난 후였고, 경찰관들이 甲을 체포한 장소도 범죄가 실행된 교장실이 아닌 서무실이었으며, 출동한 경찰관들이 그 학교 교감과 서무주임을 만난 다음 서무실에 앉아 있던 甲을 연행하려고 하자 甲이 구속영장의 제시를 요구하면서 동행을 거부한 사안에서, 甲이 현행범인으로서의 요건을 갖추었다고 인정되지 않는 상황에서 경찰관들이 동행을 거부하는 甲을 체포하거나 강제로 연행하려고 하였다면, 이는 적법한 직무집행에 해당하지 않는다고 보았다.[65]

43 ⑥ 경찰관들이 현행범이나 준현행범도 아닌 피고인을 체포하려고 법원의 영장도 없이 피고인의 집에 강제로 들어가려고 하자 피고인이 이를 제지한 사안에서, 경찰관들의 행위는 적법한 직무집행이 아니라고 보았다.[66]

44 ⑦ 의경이 면허증 제시를 요구하면서 욕을 하였고 피고인이 이에 항의하자 의경이 피고인의 멱살을 잡으면서 피고인에게 침을 뱉고 교통초소로 끌고 가려

64 대판 1995. 5. 9, 94도3016; 대판 2002. 5. 10, 2001도300; 대판 2007. 4. 13, 2007도1249; 대판 2008. 11. 13, 2007도8839; 대판 2009. 9. 24, 2009도4489; 대판 2010. 6. 24, 2009도13968.
65 대판 1991. 9. 24, 91도1314.
66 대판 1991. 12. 10, 91도2395.

고 한 사안에서, 피고인이 교통단속을 하는 의경의 면허증 제시요구에 순순히 응하지 아니한 것은 잘못이지만 의경에게 먼저 폭행 또는 협박을 가한 것이 아니라면, 의경의 오만한 단속태도에 항의한다고 하여 피고인을 그 의사에 반하여 교통초소로 연행해 갈 권한이 의경에게 없으므로, 이러한 강제연행에 항거하는 와중에서 의경의 멱살을 잡는 등 폭행을 가하였더라도 본죄가 성립되지 않는다고 보았다.[67]

⑧ 법정형 5만 원 이하의 벌금, 구류 또는 과료에 해당하는 경미한 범죄에 45
불과한 행위를 한 사람에 대해서는 비록 현행범인이더라도 영장 없이 체포할 수 없고, 범죄의 사전진압이나 교통단속의 목적만을 이유로 그에게 임의동행을 강요할 수도 없으므로, 경찰관이 그의 의사에 반하여 강제로 연행하려고 한 행위는 적법한 직무집행에 해당하지 않는다고 보았다.[68]

⑨ 경찰서 보호실은 영장대기자나 즉결대기자 등의 도주방지와 경찰업무의 46
편의 등을 위한 수용시설로 설치·운영되고 있으나 현행법상 그 설치근거나 운영 및 규제에 관한 법령의 규정이 없고, 이러한 보호실은 그 시설 및 구조에 있어 통상 철창으로 된 방으로 되어 있어 그 안에 대기하고 있는 사람들이나 그 가족들의 출입이 제한되는 등 일단 그 장소에 유치되는 사람은 그 의사에 기하지 아니하고 일정 장소에 구금되는 결과가 되므로, 경찰관 직무집행법상 정신착란자, 주취자, 자살기도자 등 응급의 구호를 요하는 자를 24시간을 초과하지 아니하는 범위 내에서 경찰관서에 보호조치할 수 있는 시설로 제한적으로 운영되는 경우를 제외하고는 구속영장을 발부받음이 없이 피의자를 보호실에 유치함은 영장주의에 위배되는 위법한 구금으로서 적법한 공무수행이라고 볼 수 없다고 판단하였다.[69] 이 판결 이후로 피의자의 보호실유치 관행이 없어졌다.

⑩ 의경인 피해자가 피고인이 차선을 위반하여 진행하는 것을 적발하고 검 47
문하던 중 음주운전을 한 사실까지 추가로 발견하고, 음주측정을 위하여 파출소까지 가자고 요구하였으나 피고인이 음주운전을 한 사실이 없다고 하면서 이를

67 대판 1992. 2. 11, 91도2797.
68 대판 1992. 5. 22, 92도506. 현행 형사소송법 제214조는 다액 50만 원 이하의 벌금, 구류, 과료에 해당하는 죄의 현행범인에 대하여는 주거가 분명하지 않은 때에 한하여 체포할 수 있다고 규정하고 있다.
69 대판 1994. 3. 11, 93도958.

거절하자 피고인의 혁대를 잡고 파출소까지 끌고 가려고 한 사안에서, 피해자가 피고인을 파출소로 끌고 가려고 한 것은 음주측정을 하기 위한 것일 뿐, 피고인을 음주운전이나 음주측정 거부의 현행범으로 체포하려는 의사였는지 의심스러울 뿐 아니라, 가사 현행범으로 체포하려고 하였더라도 현행범을 체포함에 있어서는 적법절차를 준수하여야 함에도 현행범으로 체포한다는 사실조차 고지하지 아니한 채 실력으로 연행하려 한 의경의 행위는 적법한 직무집행으로 볼 수 없다고 판단하였다.[70]

48 ⑪ 피고인이 파출소까지 임의동행한 후 조사받기를 거부하고 파출소에서 나가려고 하다가 경찰관이 이를 제지하자 이에 항거하여 경찰관을 폭행한 사안에서, 경찰관으로부터 임의동행 요구를 받은 경우 상대방은 이를 거절할 수 있을 뿐만 아니라 임의동행 후 언제든지 경찰관서에서 퇴거할 자유가 있고 경찰관 직무집행법 제3조 제6항이 임의동행한 사람을 6시간을 초과하여 경찰관서에 머물게 할 수 없다고 규정하고 있다고 하여 임의동행한 자를 6시간 동안 경찰관서에 구금하는 것을 허용한 것은 아니므로, 경찰관이 임의동행한 피고인을 파출소에서 나가지 못하게 한 것은 적법한 직무집행행위라고 볼 수 없다고 판단하였다.[71]

49 ⑫ 교통단속업무를 수행하던 의무경찰 A가 피고인의 차량을 안전띠 미착용을 이유로 정지시킨 후 위반사실을 고지하고 운전면허증 제시를 요구하여 교부받았으나, 피고인이 안전띠를 착용하고 있었다면서 단속에 계속 항의하는 상황에서 A가 운전자 신분조회를 마친 후 위반사실을 다시 고지한 후 범칙금납부통고서를 발부하려고 하자, 피고인이 차량에서 내려 범칙금납부통보서를 발부하지 못하게 하기 위하여 A가 들고 있던 운전면허증을 빼앗으려고 하는 과정에서 손으로 A의 어깨를 밀쳐 폭행한 사안에서, 좌석안전띠를 매지 않은 운전자는 도로교통법 제162조 제1항, 제156조 제6호, 제50조 제1항에 따라 도로교통법 제14장 '범칙행위의 처리에 관한 특례'에 정하여진 범칙자에 해당하는데, 도로교통법 제163조는 "경찰서장은 범칙자로 인정되는 사람에 대하여는 이유를 명시한 범칙금납부통고서로 범칙금을 납부할 것을 통고할 수 있으나, 범칙금납부통고서를 받기를 거부한 사람에 대하여는 그러하지 아니하다."고 규정하고 있고,

70 대판 1994. 10. 25, 94도2283.
71 대판 1997. 8. 22, 97도1240.

도로교통법 제165조는 "경찰서장은 범칙금납부통고서를 받기를 거부한 사람에 대하여는 지체 없이 즉결심판을 청구하여야 한다."고 규정하고 있으므로, 교통단속 업무를 수행하는 자로서는 피고인이 안전띠를 매지 아니하고 운전하였더라도, 피고인이 위반사실을 부인하면서 범칙금납부통고서를 받지 않겠다는 의사를 분명히 밝힌 이상, 피고인에 대하여 지체 없이 즉결심판출석통지서를 교부 또는 발송하고 즉결심판청구서를 작성하여 관할 법원에 제출하는 등 즉결심판 청구의 절차로 나아가야 하고, 이러한 절차를 밟지 아니한 채 범칙금납부통고처분을 강행할 목적으로 무리하게 범칙금납부통고서 발부절차로 나아간 것은 적법한 교통단속 업무라고 할 수 없다고 보았다.[72]

⑬ 경찰관들이 노래연습장에서의 주류판매 여부를 확인하기 위하여 '검색'하는 것은 풍속영업의 규제에 관한 법률 제9조 제1항에서 규정하고 있는 '검사'에도 해당하지 않을 뿐 아니라 이를 일반적으로 허용하는 법령도 없어서, 법관이 발부한 영장 없이는 노래연습장 업주 의사에 반하여 이를 행할 수 없다고 할 것인데, 경찰관들은 피고인의 의사에 반함에도 불구하고 영장 없이 이를 행한 이상 적법한 직무집행으로 볼 수 없다고 판단하였다.[73] 50

⑭ 위증교사 및 위조증거사용죄로 기소된 피고인 甲에 대하여 무죄가 선고되자 공판검사가 항소한 후 그 사건에 관한 보완조사를 한다면서 피고인 甲의 변호사사무실 사무장인 피고인 乙을 참고인 자격으로 검사실로 불렀고, 자진출석한 乙에 대하여 곧바로 피의자신문조서를 받기 시작하자 乙은 인적사항만을 진술한 후 甲에게 연락하였고 더 이상 조사가 이루어지지 않는 사이 甲이 검사실로 찾아와 "참고인조사만 한다고 하여 임의수사에 응한 것인데 피의자조사하는 것에 대해서는 협조하지 않겠다."고 항의하며 乙에게 나가라고 하자 검사가 지금부터 긴급체포하겠다고 하면서 피고인 乙의 퇴거를 제지하려고 하였고, 甲은 乙을 붙잡으려는 검사를 몸으로 밀어 제지하다 전치 2주의 상해를 입게 한 사안에서, 乙은 참고인조사를 받는 줄 알고 자진출석하였는데 예상과 달리 갑자기 피의자로 조사한다고 하므로 임의수사에 의한 협조를 거부하면서 그에 대한 51

72 대판 2004. 7. 9, 2003도8336; 대판 2009. 2. 23, 2008도9926. 뒤에서 보는 구체적 직무권한 내에 속한다고 본 대판 1994. 9. 27, 94도886과의 차이를 살펴볼 필요가 있다.
73 대판 2005. 10. 28, 2004도4731.

위증 및 위증교사 혐의에 대하여 조사를 시작하기도 전에 귀가를 요구한 것이므로, 검사가 乙을 긴급체포하려고 할 당시 乙이 위증 및 위증교사의 범행을 범하였다고 의심할 만한 상당한 이유가 있었다고 볼 수 없고, 乙의 소환 경위, 乙의 직업 및 혐의사실의 정도, 甲의 위증교사죄에 대한 무죄선고, 甲의 위증교사 사건과 관련한 乙의 종전 진술 등에 비추어 보면 乙이 임의수사에 대한 협조를 거부하고 자신의 혐의사실에 대한 조사가 이루어지기 전에 퇴거를 요구하면서 검사의 제지에도 불구하고 퇴거하였다고 하여 도망할 우려가 있다거나 증거를 인멸할 우려가 있다고 보기도 어려우므로, 乙을 긴급체포하려고 검사의 행위는 그 당시 상황에 비추어 보아 형사소송법 제200조의3 제1항의 요건을 갖추지 못한 것으로서 적법한 공무집행이라고 할 수 없다고 판단하였다.[74] 이 판결은 자진 출석한 참고인에 대하여 긴급체포를 할 경우 어떠한 요건을 구비하여야 하는지에 관한 기준을 제시하였다고 평가받는다.

52 ⑮ 경찰관 직무집행법 제6조 제1항과 구 집회 및 시위에 관한 법률(2007. 12. 21. 법률 제8733호로 개정되기 전의 것) 등 관련 법률 조항들의 내용과 취지를 종합하면, 비록 장차 특정 지역에서 위법한 집회·시위가 개최될 것이 예상되더라도, 이와 시간적·장소적으로 근접하지 아니한 다른 지역에서 그 집회·시위에 참가하기 위하여 출발 또는 이동하는 행위를 함부로 제지하는 것은 경찰관 직무집행법 제6조 제1항에 의한 행정상 즉시강제인 경찰관의 제지 한계를 명백히 넘어서는 것이어서 허용될 수 없으므로, 이러한 제지행위는 적법한 직무집행에 포함될 수 없다고 보았다.[75]

53 ⑯ 영장주의 원칙의 예외로서 출입국관리공무원 등에게 외국인 등을 방문하여 외국인동향조사 권한을 부여하고 있는 출입국관리법 규정의 입법취지 및 그 규정 내용 등에 비추어 볼 때, 출입국관리공무원 등이 출입국관리법 제81조 제1항에 근거하여 제3자의 주거 또는 일반인의 자유로운 출입이 허용되지 않는 사업장 등에 들어가 외국인을 상대로 조사하기 위하여는 그 주거권자 또는 관

---

74 대판 2006. 9. 8, 2006도148. 이 사건 원심은 검사가 긴급체포하려고 한 행위가 적법한 공무집행에 해당한다고 판단하였다. 본 판결 해설은 김용관, "자진 출석한 참고인에 대한 긴급체포", 해설 66(2006 하), 법원도서관(2007), 371-388.

75 대판 2008. 11. 13, 2007도9794; 대판 2009. 8. 20, 2009도3624 등.

리자의 사전동의가 있어야 한다고 본 다음, 출입국관리소 소속 피해자가 공장장의 동의나 승낙 없이 공장에 들어가 공장 내에서 일하고 있던 피고인 등을 상대로 불법체류자 단속업무를 개시한 것은 적법한 직무집행행위에 해당하지 않는다고 보았다.[76]

⑰ 경찰관이 벌금형에 따르는 노역장유치의 집행을 위하여 형집행장을 소지하지 아니한 채 피고인을 구인할 목적으로 그의 주거지를 방문하여 임의동행의 형식으로 데리고 가다가, 피고인이 동행을 거부하며 다른 곳으로 가려는 것을 제지하면서 체포·구인하려고 하자 피고인이 이를 거부하고 경찰관을 폭행한 사안에서, 사법경찰관리가 벌금형을 받은 자를 노역장유치의 집행을 위하여 구인하려면 검사로부터 발부받은 형집행장을 제시하여야 한다는 이유로(형소 § 475, § 85①), 적법한 직무집행이 아니라고 보았다.[77] 54

⑱ 피고인을 현행범인으로 체포할 당시 피고인이 모욕 범행을 실행 중이거나 실행행위를 종료한 직후에 있었더라도 피고인은 불심검문에 응하여 이미 운전면허증을 교부한 상태이고 인근 주민도 피고인의 욕설을 직접 들었으므로, 피고인이 도망하거나 증거를 인멸할 염려가 있다고 보기는 어려운 데다가 피고인의 모욕 범행은 불심검문에 항의하는 과정에서 저지른 일시적·우발적인 행위로서 사안 자체가 경미할 뿐 아니라, 고소를 통하여 검사 등 수사주체의 객관적 판단을 받지도 아니한 채 피해자인 경찰관이 범행현장에서 즉시 범인을 체포할 급박한 사정이 있다고 보기도 어려우므로, 피고인을 체포한 행위는 현행범인 체포의 요건을 갖추지 못하여 적법한 직무집행에 해당하지 않아 본죄의 구성요건을 충족하지 않는다고 보았다.[78] 55

⑲ 피고인이 지방경찰청장에게 시위(행진)의 상세한 일정과 진로가 기재된 전국도보행진 일정표와 함께 부산에서 서울까지 도보로 시위한다는 내용의 옥외집회(시위·행진) 신고를 한 후 부산 등을 거쳐 서울에서 도보행진을 하던 중 경찰관들로부터 불법집회라는 등의 이유로 제지를 받은 사안에서, 두 곳 이상의 56

76 대판 2009. 3. 12, 2008도7156.

77 대판 2010. 10. 14, 2010도8591.

78 대판 2011. 5. 26, 2011도3682. 본 판결 평석은 한제희, "경찰관 상대 모욕 현행범인 체포의 요건", 형사판례연구 〔23〕, 한국형사판례연구회, 박영사(2015), 575-616.

지방경찰청 관할지에 속하는 집회신고가 주최지 관할 지방경찰청장에게 접수되었고, 신고서 및 첨부서류에 의하면 도보행진 당일의 집회를 비롯하여 예정된 각 집회의 구체적 일정 및 장소가 특정된 것으로 볼 수 있으며, 신고 후 개최된 집회의 실제 내용도 신고내용과 동일성이 없다거나 신고한 목적, 일시, 장소, 방법 등의 범위를 뚜렷이 벗어난 것이라고 보기 어려워 집회 및 시위에 관한 법률에서 정한 신고절차를 위반하여 개최된 옥외집회 또는 시위에 해당한다고 단정할 수 없으므로, 경찰관들의 제지행위가 적법한 직무집행에 해당한다고 보기 어렵다고 판단하였다.[79]

57 ⑳ 화물차 운전자인 피고인이 경찰의 음주단속에 불응하고 도주하였다가 다른 차량에 막혀 더 이상 진행하지 못하게 되자 운전석에서 내려 다시 도주하려다 경찰관에게 검거되어 지구대로 보호조치된 후 2회에 걸쳐 음주측정 요구를 거부하고 경찰관을 폭행하여 도로교통법위반(음주측정거부)죄 및 본죄로 기소된 사안에서, 원심은 당시 피고인은 술에 취하여 자기 또는 타인의 생명·신체와 재산에 위해를 미칠 우려가 있는 자에 해당함이 명백하고 또한 응급의 구호를 요한다고 믿을 만한 상당한 이유가 있는 자에 해당하여 이러한 피고인을 지구대로 데려간 경찰관들의 행위는 경찰관 직무집행법 제4조에 따른 보호조치로서 적법하고, 같은 조 제4항에 따른 가족 등에 대한 통지절차도 거쳤으며, 보호시간이 24시간을 초과하지도 않았으므로, 경찰관이 지구대로 적법하게 보호조치된 피고인에게 입에서 술 냄새가 나는 등 술에 취한 상태에서 운전하였다고 인정할 만한 상당한 이유가 있어 음주측정을 요구한 것은 적법하다는 이유로 피고인에 대한 공소사실을 모두 유죄로 인정하였으나, 대법원은 경찰관 직무집행법 제4조 제1항 제1호의 보호조치 요건이 갖추어지지 아니하였음에도 경찰관이 실제로는 범죄수사를 목적으로 피의자에 해당하는 사람을 피구호자로 삼아 그의 의사에 반하여 경찰관서에 데려간 행위는, 달리 현행범체포나 임의동행 등의 적법 요건을 갖추었다고 볼 사정이 없다면 위법한 체포에 해당하고, 교통안전과 위험방지를 위한 필요가 없음에도 주취운전을 하였다고 인정할 만한 상당한 이유가 있다는 이유만으로 이루어지는 음주측정은 이미 행하여진 주취운

79 대판 2011. 6. 9, 2009도591.

전이라는 범죄행위에 대한 증거수집을 위한 수사절차의 의미를 가지는데, 도로교통법상 규정들이 음주측정을 위한 강제처분의 근거가 될 수 없으므로 위와 같은 음주측정을 위하여 운전자를 강제로 연행하기 위해서는 수사상 강제처분에 관한 형사소송법상 절차에 따라야 하고, 이러한 절차를 무시한 채 이루어진 강제연행은 위법한 체포에 해당한다고 전제한 다음, 피고인이 당시 술에 취한 상태이기는 하였으나 술에 만취하여 정상적인 판단능력이나 의사능력을 상실할 정도에 있었다고 보기 어려운 점, 당시 상황에 비추어 평균적인 경찰관으로서는 피고인이 경찰관 직무집행법 제4조 제1항 제1호의 보호조치를 필요로 하는 상태에 있었다고 판단하지 않았을 것으로 보이는 점, 경찰관이 피고인에 대하여 보호조치를 하고자 하였다면 당시 옆에 있었던 피고인의 처에게 피고인을 인계하였어야 하였음에도 피고인의 처의 의사에 반하여 지구대로 데려간 점 등 제반 사정을 종합할 때, 경찰관이 피고인과 그의 처의 의사에 반하여 피고인을 지구대로 데려간 행위를 적법한 보호조치라고 할 수 없어 위법한 체포에 해당하고, 이러한 위법한 체포 상태에서 이루어진 음주측정요구도 위법하므로, 피고인이 그와 같은 위법한 음주측정요구에 불응하였다고 하여 피고인을 음주측정거부에 관한 도로교통법위반죄로 처벌할 수는 없으며, 위법한 음주측정요구가 있었던 것으로 볼 수밖에 없다면 그 위법한 음주측정요구라는 직무집행 역시 위법하므로, 피고인이 음주측정을 요구하는 경찰관을 폭행하였다고 하여 본죄가 성립한다고 볼 수도 없다고 판단하였다.[80]

㉑ 한미FTA 비준동의안에 대한 국회 외교통상 상임위원회(이하, '외통위'라 한다.)의 처리 과정에서, A 정당 당직자인 피고인들이 A 정당 소속 외통위 위원 등과 함께 외통위 회의장 출입문 앞에 배치되어 출입을 막고 있던 국회 경위들을 밀어내기 위해 국회 경위들의 옷을 잡아당기거나 밀치는 등의 행위를 한 사안에서, 제반 사정에 비추어 외통위 위원장이 B 정당 소속 외통위 위원들이 위원장실에 이미 입실한 상태에서 회의장 출입구를 폐쇄하고 출입을 봉쇄하여 다 58

80 대판 2012. 12. 13, 2012도11162. 본 판결 해설은 권덕진, "경찰관 직무집행법 제4조의 보호조치 요건, 피고인을 지구대로 데려간 행위가 보호조치의 요건을 갖추지 못하여 위법한 체포에 해당하는 경우 도로교통법위반(음주측정거부)죄, 공무집행방해죄가 성립하지 않는다고 판단한 사례", 해설 94(2012 하), 법원도서관(2013), 866-884.

른 정당 소속 외통위 위원들의 회의장 출입을 막은 행위는 상임위원회 위원장의 질서유지권 행사의 한계를 벗어난 위법한 조치이고, 회의장 근처에 배치된 국회 경위들이 A 정당 소속 외통위 위원들의 회의장 출입을 막은 행위는 외통위 위원장의 위법한 조치를 보조한 행위에 지나지 아니하여 역시 위법한 직무집행이라고 판단하였다.[81]

2) 공무원의 행위가 구체적 직무권한에 속한다고 본 사례

59 ① 대학생들인 피고인들이 전경 5명을 납치·감금하고 있으면서 경찰의 수회에 걸친 즉시석방 요구에도 불가능한 조건을 내세워 이에 불응하고, 경찰이 납치된 전경들을 구출하기 위하여 농성장소인 대학교 도서관 건물에 진입하기 직전 대학교 총장에게 이를 통고하고 이에 총장이 설득하였음에도 이에 응하지 아니한 상황에서는 현행의 불법감금 상태를 제거하고 범인을 체포할 긴급한 필요가 있다고 보이므로, 경찰이 압수·수색영장 없이 도서관 건물에 진입한 것은 적법한 직무집행에 해당한다고 보았다.[82]

60 ② 도로교통법 제41조 제2항에 의하여 경찰공무원이 운전자에 대하여 음주 여부나 주취정도를 측정함에 있어서는 그 측정 방법이나 회수에 있어서 합리적인 필요한 한도에 그쳐야 하겠지만 그 한도 내에서는 어느 정도의 재량이 있다고 하여야 하므로, 경찰공무원이 승용차에 가족을 태우고 가던 술을 마시지 아니한 운전자에게 음주 여부를 확인하려고 후렛쉬 봉에 두 차례 입김을 불게 했으나 잘 알 수 없어 동료경찰관에게 확인해 달라고 부탁하였고, 그가 같은 방법으로 다시 확인하려 했으나 역시 알 수 없어 보다 정확한 음주측정기로 검사받을 것을 요구했다면, 다른 사정이 없는 한 위와 같은 상황에서 음주 여부의 확

81 대판 2013. 6. 13, 2010도13609. 「외통위 위원장이 출입문 폐쇄상태를 유지하여 외통위 위원들의 회의장 출석권을 박탈하면서까지 이 사건 당일 이 사건 동의안에 대한 심사절차를 강행하지 않으면 안 될 긴급한 필요가 있었다는 등의 특별한 사정을 찾아보기 어려운 점 등을 보태어 보면, 외통위 위원장이 위와 같이 회의장 출입구를 폐쇄하고 출입을 봉쇄하여 다른 정당 소속 외통위 위원들의 회의장 출입을 막은 행위는 상임위원회 위원장의 질서유지권 행사의 한계를 벗어난 위법한 조치라고 할 것이다. (중략) 특히 국회의 경호 업무 등을 담당하는 국회 경위가 상임위원회 위원의 회의장 출입을 막는 것은 이를 정당화할 만한 특별한 사정이 없는 한 위법하다고 할 것이므로, 회의장 근처에 배치된 국회 경위들이 민주당 소속 외통위 위원들의 회의장 출입을 막은 행위는 외통위 위원장의 회의장 출입구를 폐쇄하고 출입 봉쇄 등의 위법한 조치를 보조한 행위에 지나지 아니하므로 역시 위법한 직무집행이라고 할 것이다.」

82 대판 1990. 6. 22, 90도767.

인을 위하여 한 경찰공무원의 행위는 합리적인 필요한 한도를 넘은 것이라고 할 수 없어 적법한 직무집행에 해당한다고 판시하였다.[83]

61 ③ 범칙행위를 하였다고 인정되는 운전자가 자신의 인적사항을 밝히지 않고 면허증 제시를 거부하면서 차량을 출발시키자 교통단속 업무에 종사하던 의경이 서서히 진행하는 차량의 문틀을 잡고 정지할 것을 요구한 사안에서, 원심은 위 의경이 피고인 차량의 출발을 제지하려고 한 동기가 피고인이 그 수령을 거부함에도 범칙금납부통고를 강행하려는 것이었다면 이는 법률상 근거가 없어 허용되지 않는 것으로 적법한 공무집행의 한계를 벗어난 것이라고 판단하였으나, 대법원은 교통단속업무에 종사하고 있는 의경이 도로교통법 소정의 범칙행위를 하였다고 인정되는 운전자에 대하여 정차를 요구하고 현장에서 출석지시서나 범칙금납부통고서를 교부하기 위하여 운전면허증 제시를 요구하는 것은 물론, 나아가 운전자가 이에 불응하였다 하더라도 그로써 바로 단속업무가 종료되었다고 볼 수 없고 범칙행위와 시간적, 장소적으로 밀접한 범위 내에서는 상당한 방법으로 재차 면허증 제시를 요구한다 하여 이를 위법이라고 할 수 없는데, 피고인이 자신의 성명 등 인적사항도 밝히지 않고 면허증 제시요구를 거부하며 차량을 출발시키는 경우 재차 면허증 제시를 요구하기 위하여 서서히 진행하는 차량의 문틀을 잡고 정지할 것을 요구한 의경의 행위는 범칙행위와 시간적, 장소적으로 밀접하게 이루어졌을 뿐 아니라 범칙자의 신원확인을 위하여도 동인에게 정차를 요구할 수 있다고 보아야 하고, 다만 위 의경이 더 나아가 피고인 차량에 매달린 것은 차량을 정지시키기 위하여 필요한 상당한 행위의 범위를 벗어났다고 할 수도 있으나, 이 사건의 경우는 위 의경이 손으로 위 차량의 문틀을 붙잡고 따라가던 중 차량의 속도가 점차 가속되는 것에 신체적 위험을 느껴 불가피하게 순간적으로 매달린 것으로 보이므로, 결국 위 의경의 행위는 적법한 공무집행 중이었다고 보아야 한다는 이유로 원심을 파기하였다.[84]

62 ④ 도로교통법 제43조(위험방지조치) 제2항은 "경찰공무원은 제41조 및 제42조의 규정을 위반하여 자동차 등을 운전하는 사람에 대하여는 정상적으로 운전

83 대판 1992. 4. 28, 92도220.

84 대판 1994. 9. 27, 94도886. 앞서 본 구체적 직무권한 내에 속하지 않는다고 본 대판 2004. 7. 9, 2003도8336, 대판 2009. 2. 23, 2008도9926과의 차이를 살펴볼 필요가 있다.

할 수 있는 상태에 이르기까지 운전의 금지를 명하고 그 밖의 필요한 조치를 할 수 있다."고 규정하고 있는바, 주취상태에서의 운전은 도로교통법 제41조의 규정에 의하여 금지 범죄행위임이 명백하고, 그로 인하여 자기 또는 타인의 생명이나 신체에 위해를 미칠 위험이 큰 점을 감안하면, 주취운전을 적발한 경찰관이 주취운전의 계속을 막기 위하여 취할 수 있는 조치로는, 단순히 주취운전의 계속을 금지하는 명령 이외에 다른 사람으로 하여금 대신하여 운전하게 하거나, 당해 주취운전자가 임의로 제출한 차량열쇠를 일시 보관하면서 가족에게 연락하여 주취운전자와 자동차를 인수하게 하거나 또는 주취상태에서 벗어난 후 다시 운전하게 하고, 그 주취 정도가 심한 경우에 경찰관서에 일시 보호하는 것 등을 들 수 있고, 한편 주취운전이라는 범죄행위로 당해 음주운전자를 구속·체포하지 않은 경우에도 필요하다면 그 차량열쇠는 범행 중 또는 범행 직후 범죄장소에서의 압수로서 형사소송법 제216조 제3항에 의하여 영장 없이 이를 압수할 수 있기 때문에, 의무경찰 순경이 피고인을 음주운전 혐의로 단속하면서 피고인의 오토바이에 꽂혀 있던 열쇠를 뽑아 보관하려고 한 행위는 적법한 직무집행이라고 판단하였다.[85]

63 ⑤ 범죄의 예방·진압 및 수사는 경찰관의 직무에 해당하고(경집 § 2), 그 직무행위의 구체적 내용이나 방법 등은 경찰관의 전문적 판단에 기한 합리적인 재량에 위임되어 있으므로, 경찰관이 구체적 상황에 비추어 그 인적·물적 능력의 범위 내에서 적절한 조치라는 판단에 따라 범죄의 진압 및 수사에 관한 직무를 수행한 경우에는 그러한 직무수행이 객관적 정당성을 상실하여 현저하게 불합리한 것으로 인정되지 않는 한 이를 위법하다고 할 수 없고, 특히 불법적인 농성을 진압하는 경찰관들의 직무집행이 법령에 위반한 것이라고 하기 위해서는 그 농성 진압이 불필요하거나 또는 불법 농성의 태양 및 농성 장소의 상황 등에서 예측되는 피해 발생의 구체적 위험성의 내용 등에 비추어 볼 때 농성 진압의 계속 수행 내지 그 방법 등이 현저히 합리성을 결하여 이를 위법하다고 평

85 대판 2003. 2. 11, 2002도6193. 한편, 대판 1998. 5. 8, 97다54482는 음주운전을 단속한 경찰관이 주취운전자로부터 받았던 차량 열쇠를 주취운전자에게 돌려주어 그가 다시 주취운전을 하다가 교통사고를 낸 사안에서, 위 2002도6193 판결과 같은 취지로 판시하면서 국가의 손해배상책임을 인정하였다.

가할 수 있는 경우이어야 한다고 전제한 다음, 이 사건 진압작전의 수립·진행은 당시 공공의 안녕과 질서에 대한 심각한 침해의 가능성이 고려된 것이고 이에 따라 고도의 작전수행능력과 경험을 갖춘 경찰특공대를 조기에 투입하기로 결정한 것인 점, 이 사건 진압작전의 진행과정에서 당초 작전계획대로 장비가 확보되지 못하였으나 필수적인 장비는 아니었던 점, 이 사건 진압작전은 경찰특공대원들의 1, 2차에 걸친 망루 진입으로 이루어졌고 이 사건 화재는 1차 진입 후 일시 퇴각하였다가 2차 진입까지 한 상황에서 발생하였는데, 이 사건 진압작전을 현장에서 지휘한 경찰관이 망루에 1차 진입하여 대부분의 농성자들을 검거한 다음 곧바로 2차 진입을 지시한 것은 그 당시 현장상황을 고려한 결정으로서 현저히 합리성을 갖추지 못하여 객관적 정당성을 상실한 것이라고 할 수는 없고, 화재사고의 예방이라는 측면이 고려되지 못하였다거나 경찰지휘부와의 의사소통 없이 이루어진 것이라고 하여 달리 볼 것은 아닌 점 등에 비추어, 경찰이 진행한 이 사건 진압작전을 위법한 직무집행이라고 볼 수 없다고 판단하였다.[86]

⑥ 피고인이 무전취식의 범죄신고를 받고 출동한 경찰관으로부터 음식값 지불을 수차례 권유받고도 이를 거절하면서 식당 출입구로 나와 그냥 가려고 하다가 음식값을 지불한 후 귀가하라는 경찰관을 폭행한 사안에서, 경찰관 직무집행법 제3조 제1항은 "경찰관은 수상한 거동 기타 주위의 상황을 합리적으로 판단하여 어떠한 죄를 범하였거나 범하려 하고 있다고 의심할 만한 상당한 이유가 있는 자 또는 이미 행하여진 범죄나 행하여지려고 하는 범죄에 관하여 그 사실을 안다고 인정되는 자를 정지시켜 질문할 수 있다."고 규정하고 있으므로, 경찰관이 무전취식의 범죄신고를 받고 현장에 출동하여 신고내용을 확인하기 위하여 피고인에게 음식값의 지불 의사를 확인하고 나아가 음식값을 지불하지 않고 현장을 이탈하려는 피고인을 정지시켜 음식값의 지불을 권유하는 정도는 이러한 경찰관 직무집행법 제3조 제1항의 직무수행을 위한 상당성이 있는 행위로서 적법하다고 보았다.[87] 64

⑦ 검문 중이던 경찰관들이 자전거를 이용한 날치기사건 범인과 흡사한 인 65

86 대판 2010. 11. 11, 2010도7621.
87 대판 2012. 3. 15, 2011도17188.

상착의의 피고인이 자전거를 타고 다가오는 것을 발견하고 정지를 요구하였으나 멈추지 않아 피고인 앞을 가로막고 검문에 협조해 달라고 하였음에도 피고인이 이에 불응하고 그대로 전진하자 피고인을 따라가서 재차 앞을 막고 검문에 응하라고 요구하였음에도 피고인이 경찰관들의 멱살을 잡아 밀치는 등 항의한 사안에서, 원심은 불심검문은 상대방의 임의에 맡겨져 있는 이상 질문에 대한 답변을 거부할 의사를 밝힌 상대방에 대하여 유형력을 사용하여 그 진행을 막는 등의 방법은 사실상 답변을 강요하는 것이어서 허용되지 않으므로 경찰관들의 제지행위는 불심검문의 한계를 벗어난 위법한 직무집행이라고 보았으나, 대법원은 경찰관은 경찰관 직무집행법 제3조 제1항에 규정된 대상자에게 질문을 하기 위하여 범행의 경중, 범행과의 관련성, 상황의 긴박성, 혐의의 정도, 질문의 필요성 등에 비추어 그 목적 달성에 필요한 최소한의 범위에서 사회통념상 용인될 수 있는 상당한 방법으로 그 대상자를 정지시킬 수 있고 질문에 수반하여 흉기의 소지 여부도 조사할 수 있다는 이유로, 경찰관들의 위와 같은 행위는 적법한 불심검문에 해당한다고 보아 원심을 파기하였다.[88]

66 ⑧ 경찰관들이 피고인을 정지시켜 질문을 하기 위하여 추적하는 행위도 그것이 범행의 경중, 범행과의 관련성, 상황의 긴박성, 혐의의 정도, 질문의 필요성 등에 비추어 그 목적 달성에 필요한 최소한의 범위에서 사회통념상 용인될 수 있는 상당한 방법으로 이루어진 것이라면 허용된다 할 것인데, 이 사건 불심검문은 강도강간미수 사건의 용의자를 탐문하기 위한 것으로서 피고인의 인상착의가 위 용의자의 인상착의와 상당 부분 일치하고 있었을 뿐만 아니라 피고인은 경찰관이 질문하려고 하자 곧바로 도망하기 시작하였다는 것이므로, 이러한 경우 경찰관들이 피고인을 추적할 당시의 구체적인 상황, 즉 경찰관들이 피고인에게 무엇이라고 말하면서 쫓아갔는지, 그 차량에 경찰관이 탑승하고 있음을 알 수 있는 표식이 있었는지, 피고인으로부터 어느 정도 거리에서 어떤 방향으로 가로막으면서 차량을 세운 것인지, 차량의 운행속도 및 차량 제동의 방법, 피고인이 그 차량을 피해 진행해 나갈 가능성, 피고인이 넘어지게 된 경위 및 넘어진 피고인에 대하여 경찰관들이 취한 행동을 면밀히 살펴 경찰관들의 이

88 대판 2012. 9. 13, 2010도6203. 본 판결 해설은 우인성, "불심검문의 적법 요건 및 그 내용과 한계", 해설 94, 법원도서관(2013), 842-865.

사건 추적행위가 사회통념상 용인될 수 있는 상당한 방법으로 이루어진 것인지 여부를 판단하였어야 한다는 이유로, 경찰관들이 불심검문에 응하지 않겠다는 태도를 분명히 보인 피고인을 추격하여 앞을 가로막으면서까지 검문을 요구한 것은 불심검문의 한계를 넘는 위법한 직무집행이라고 본 원심을 파기하였다.[89]

⑨ 경찰관 A가 피고인을 10m 정도 추격하여 피고인의 앞을 가로막는 방법 67
으로 제지한 뒤 '그냥 가면 어떻게 하느냐'는 취지로 말하자 피고인이 위 경찰관의 뺨을 때렸고, 계속하여 도주하고 폭행하려고 하자 경찰관이 피고인을 본죄의 현행범으로 체포한 사안에서, 음주운전 신고를 받고 출동한 경찰관이 만취한 상태로 시동이 걸린 차량 운전석에 앉아 있는 피고인을 발견하고 음주측정을 위해 하차를 요구함으로써 도로교통법 제44조 제2항이 정한 음주측정에 관한 직무에 착수한 것이고, 피고인이 차량을 운전하지 않았다고 다투자 경찰관이 지구대로 가서 차량 블랙박스를 확인하자고 한 것은 음주측정에 관한 직무 중 '운전' 여부 확인을 위한 임의동행 요구에 해당하며, 피고인이 차량에서 내리자마자 도주한 것을 임의동행 요구에 대한 거부로 보더라도 경찰관이 음주측정에 관한 직무를 계속하기 위하여 피고인을 추격하여 도주를 제지한 것은 도로교통법상 음주측정에 관한 일련의 직무집행 과정에서 이루어진 행위로서 정당한 직무집행에 해당한다고 판단하였다.[90]

⑩ 피고인들은 집행관들이 불법집회금지 및 업무방해등가처분결정의 채무 68
자와 무관한 제3자가 설치한 천막, 현수막 및 가처분결정 채권자와의 협의하에 설치한 천막까지 철거하려 하였으므로 공무집행으로서의 적법성이 없었다고 주장하였으나, 가처분결정 정본에는 '전국금속노동조합 공소외 회사 비정규직지회 등 피신청인들은 신청인의 주차장 내에 설치된 천막 기타 불법시설물들을 철거하고, 향후 신청인의 허가 없이 어떠한 시설물도 설치하여서는 아니 된다. 위 명령 위반 시, 신청인은 울산지방법원 소속 집행관으로 하여금 불법시설물의 철거 등 원상회복에 필요한 상당한 조치를 하게 할 수 있다.'고 기재되어 있고, 위 불법시설물은 주로 피신청인 비정규직지회를 지원하기 위해 설치된 것이며, 집

89 대판 2014. 2. 27, 2011도13999. 본 판결 평석은 우인성, "불심검문과 착오에 관한 사례", 고영한 대법관 재임기념 논문집, 사법발전재단(2018), 427-463.

90 대판 2020. 8. 20, 2020도7193.

행관들이 열흘 전에 집행을 시도하다가 저지당하자 기한을 정하여 자진철거의 기회를 주었고, 이후 집행관들이 다시 집행을 시도하면서 집행대상의 특정을 요구하였으나 피고인 甲 등이 이를 거부하고 집행관들에게 폭력을 행사한 점 등을 이유로 집행관들의 강제집행에 관한 직무집행이 전체적으로 적법성을 결하였다고 보기 어렵다고 판단하였다.[91]

69 ⑪ 피고인들을 포함한 'A 주식회사 희생자 추모와 해고자 복직을 위한 범국민대책위원회'(이하, '대책위'라 한다.)가 덕수궁 대한문 화단 앞 인도(이하, '농성 장소'라 한다.)를 불법적으로 점거한 뒤 천막·분향소 등을 설치하고 농성을 계속하다가 관할 구청이 행정대집행으로 농성 장소에 있던 물건을 치웠음에도 대책위 관계자들이 이에 대한 항의의 일환으로 기자회견 명목의 집회를 개최하려고 하자, 출동한 경찰 병력이 농성 장소를 둘러싼 채 대책위 관계자들의 농성 장소 진입을 제지하는 과정에서 피고인들이 경찰관을 밀치는 등으로 공무집행을 방해하였다는 내용으로 기소된 사안에서, 경찰 병력이 행정대집행 직후 대책위가 또다시 같은 장소를 점거하고 물건을 다시 비치하는 것을 막기 위해 농성 장소를 미리 둘러싼 뒤 대책위가 같은 장소에서 기자회견 명목의 집회를 개최하려는 것을 불허하면서 소극적으로 제지한 것은 구 경찰관 직무집행법(2014. 5. 20. 법률 제12600호로 개정되기 전의 것) 제6조 제1항의 범죄행위 예방을 위한 경찰 행정상 즉시강제로서 적법한 공무집행에 해당하고, 피고인 등 대책위 관계자들이 이와 같이 직무집행 중인 경찰 병력을 밀치는 등 유형력을 행사한 행위는 본죄에 해당한다고 판단하였다.[92]

70 ⑫ 시청 청사 내 주민생활복지과 사무실에 술에 취한 상태로 찾아가 욕설을 하며 소란을 피우던 피고인을 시청 소속 공무원이 데리고 나가려고 하자 그 공무원의 상의를 잡아 찢고 멱살을 잡아 흔들거나 들고 있던 휴대전화로 뺨을 때린 행위가 시청 공무원들의 주민생활복지에 대한 통합조사 및 민원업무에 관한 정당한 직무집행을 방해한 것이라고 기소된 사안에서, 원심은 피고인을 제지하고 손목을 잡아끌어 퇴거시킨 시청 공무원들의 행위가 주민생활복지에 대한 통합조사 및 민원업무에 관한 직무라는 추상적 권한에 포함되거나 구체적 직무

91 대판 2021. 9. 16, 2015도12632.
92 대판 2021. 10. 14, 2018도2993.

집행에 관한 법률상 요건과 방식을 갖춘 적법한 직무집행에 해당한다고 보기 어렵다는 이유로 무죄라고 판단하였으나, 대법원은 지방공무원법 제51조, 제75조의2 등에 비추어 시청 주민생활복지과 소속 공무원이 주민생활복지과 사무실에 방문한 피고인에게 민원 내용을 물어보며 민원 상담을 시도한 행위 및 피고인의 욕설과 소란으로 인해 정상적인 민원 상담이 이루어지지 아니하고 다른 민원 업무 처리에 장애가 발생하는 상황이 지속되자 피고인을 사무실 밖으로 데리고 나간 행위는 민원 안내 업무와 관련된 일련의 직무수행으로 포괄하여 파악해야 하고, 이와 달리 민원 상담을 시도한 순간부터 민원 상담 시도를 종료한 순간까지만 주민생활복지과 소속 공무원의 직무 범위인 민원 업무에 해당하는 것으로 보고, 민원 상담 시도 종료 이후 소란을 피우고 있는 피고인을 사무실에서 퇴거시키는 등의 후속 조치는 주민생활복지과 소속 공무원의 직무 범위에 포함되지 않는다고 파악하는 것은 부당하며, 오늘날 관공서에서 주취 소란 행위 등으로 담당 공무원의 정당한 공무집행을 방해하고 이를 제지하는 담당 공무원에게 부당한 폭력을 행사하는 경우가 적지 않은 실정까지 감안하면 소란을 피우는 민원인을 제지하거나 사무실 밖으로 데리고 나가는 행위도 민원 담당 공무원의 직무에 수반되는 행위로 파악함이 상당하고 그 직무권한의 범위를 벗어난 행위로 볼 것은 아니라는 이유로 원심을 파기하였다.[93]

(c) 법령에서 정한 중요한 방식과 절차를 준수하였을 것

공무원의 직무행위의 형식적인 적법요건으로 법령상 일정한 방식과 절차를 71
따를 것을 요구하는 경우 이러한 방식과 절차를 반드시 준수하여야 한다. 예를 들어 검사나 사법경찰관이 피의자를 체포하거나 구속하는 경우, 체포영장이나 구속영장을 소지하고 있더라도 그 체포 또는 구속 행위가 적법하기 위해서는 체포나 구속 당시 체포영장이나 구속영장을 제시하고 피의사실의 요지, 체포 또는 구속의 이유와 변호인을 선임할 수 있음을 말하면서 변명의 기회를 주어야 한다(형소 § 85①, § 200의5, § 200의6, § 209). 이처럼 인신구속·체포 및 압수·수색에 관한 형사소송법상의 절차규정은 개인의 신체·주거·재산의 자유에 관한 기본권을 실현하는 헌법 구체화규범으로서 국민의 기본권보장과 직결된 적법절차

93 대판 2022. 3. 17, 2021도13883.

조항이므로 이를 위반한 직무집행은 중대하지 않은 것이 거의 없어 형법상 위법하다고 보아야 한다.

72 그러나 본죄의 보호대상이 되는 적법한 직무집행에서의 적법성이 당해 직무집행의 근거법령상의 적법성과는 다른 개념으로서 형법상의 적법성, 즉 형법상 보호가치 있음을 의미하므로 당해 행위가 근거법령상의 방식과 절차를 준수하지 않았다고 해서 곧바로 형법상의 적법성도 부정된다고 볼 것은 아니다.

73 이와 관련하여, ① 효력규정 이외의 임의규정이나 훈시규정 또는 단순한 내규나 예규에 위반하는 것만으로는 직무집행의 적법성을 상실하지 않는다는 견해,[94] ② 행정법상 절차규정을 위반한 직무집행은 중대하고 명백한 위법에 해당하거나 중대하나 명백하지 아니한 위법 또는 명백하나 중대하지 않은 위법에 해당할 때에 한하여 형법상 위법하게 된다는 견해,[95] ③ 직무행위의 방식과 절차에 사소한 미비점이 있는 모든 직무집행을 형법상 위법하다고 할 수 없고 형법상 위법한 직무집행인지는 본질적 형식을 위반하였는지에 따라 결정되는데, 이때 본질적 형식이란 관련자의 권리를 보호함에 불가결한 형식인지에 따라 판단하여야 한다는 견해[96] 등이 있다.

74 판례는 본죄의 적법한 공무집행이라 함은 당해 공무원의 추상적 직무권한에 속할 뿐 아니라 구체적으로도 그 권한 내에 있어야 하고 직무행위로서의 중요한 방식을 갖추어야 한다고 판시한[97] 경우가 있는 한편, 단순히 그 행위가 당해 공무원의 추상적 직무권한에 속할 뿐 아니라 구체적인 직무집행에 관한 법률상 요건과 방식을 갖추어야 한다고만 판시한[98] 경우도 있어, '법령상의 방식과 절차 준수'를 '구체적 직무권한 내의 행위'와는 독립적 지위에 있는 적법성 인정 요건으로 보는 입장인지는 분명하지 않은 것 같다.

아래에서는 법령상 요건과 방식 흠결 여부가 문제된 사례를 정리한다.

1) 법령상 요건과 방식을 갖추지 못하여 위법하다고 본 사례

75 ① 교통경찰관이 서행 중인 차를 정차시켜 정차금지지점에서의 정차 여부

94 정성근·박광민, 837.
95 김일수·서보학, 679-680.
96 배종대, § 157/11; 이재상·장영민·강동범, § 44/14.
97 대판 1991. 5. 10, 91도453; 대판 2021. 10. 14, 2018도2993.
98 대판 2017. 9. 21, 2017도10866.

인지 확인도 하지 않은 채 정차금지구역에서 정차하였다고 욕설과 폭행을 한 행위는, 공무원이 그 권한에 속하는 사항에 관하여 법령에 정한 방식에 따라 그 직무를 집행하는 경우에 해당한다고 보기 어렵다고 판단하였다.[99]

② 버스전용차선 위반 단속이 불공정하다는 피고인의 항의에 단속원이 "웃기지 말고 가."라고 하였고, 이에 피고인이 단속원의 언동에 항의하자 단속원이 피고인에게 욕설을 하였으며, 피고인이 단속원에게 경찰서로 가자고 하고 단속원은 단속원 사무실로 가자고 하면서 서로 잡고 밀고 당기는 상황이 발생한 사안에서, 단속의 불공정과 무례한 언행에 항의하는 피고인에게 단속원이 욕설을 한 행위는 적법한 직무집행에 해당하지 않는다고 보았다.[100] 76

③ 도로법(2008. 3. 21. 법률 8976호로 전문 개정되기 전의 것)은 제47조, 제74조에서 도로에 장애물을 적치하거나 도로의 교통에 지장을 끼치는 행위 등을 금지하면서 이를 위반한 경우 물건의 이전 등 필요한 조치를 명할 수 있다고 규정하고 있을 뿐 그 위반자에게 위반행위로 생긴 결과의 시정의무를 당연히 부담하도록 하고 있지 아니하므로, 甲이 구청 앞 도로 위에 설치한 10평 규모의 그늘막 1개, 2평 규모의 천막 1동, 플래카드 4개가 교통에 지장을 끼치고 있더라도, 도로의 관리청인 구청이 같은 법 제54조의7 제1항에 기한 시설물에 대한 철거 등 대집행을 하기 위하여는 먼저 甲에게 같은 법 제74조에 근거한 필요한 조치를 명함으로써 부작위의무 위반행위를 대체적 작위의무로 전환시켜야 할 것이고, 그와 같은 명령이 선행되지 않은 상태에서 이루어진 철거집행은 결국 대집행의 대상이 될 수 없는 단순한 부작위의무 위반행위를 대상으로 삼아 이루어진 것으로서 허용될 수 없기 때문에, 구청 소속 공무원들의 철거집행은 구체적 직무집행에 관한 법률상 요건과 방식을 갖추지 못한 것으로서 적법성이 결여되었다고 판단하였다.[101] 77

④ 수사관이 수사과정에서 당사자의 동의를 받는 형식으로 피의자를 수사관서 등에 동행하는 것은 수사관이 동행에 앞서 피의자에게 동행을 거부할 수 있음을 알려 주었거나 동행한 피의자가 언제든지 자유로이 동행과정에서 이탈 78

99 대판 1978. 10. 10, 78도2134.
100 대판 1999. 9. 3, 99도1591.
101 대판 2008. 12. 11, 2008도8214.

또는 동행장소로부터 퇴거할 수 있었음이 인정되는 등 오로지 피의자의 자발적인 의사에 의하여 수사관서 등에의 동행이 이루어졌음이 객관적인 사정에 의하여 명백하게 입증된 경우에 한하여 그 적법성이 인정되는데, 이 사건 피고인이 폭력사건의 현행범으로 체포되어 순찰차에 탑승한 것이 아니라 임의동행 형식으로 탑승하였다가 그 안에서 소란을 일으키자 본죄의 현행범으로 체포된 점, 경찰관이 피고인을 임의동행함에 있어 택시 무임승차를 이유로 즉결처리를 위해 임의동행을 한다면서 지구대에 가서 처리하겠다는 취지로 고지하기만 했을 뿐 동행을 거부할 수 있다거나 언제든지 동행과정에서 이탈할 수 있음을 고지하지 않았던 점, 순찰차에 탑승하였던 피고인이 자신의 의사에 따라 동행과정에서 이탈할 수 있는 상황이었다고 보기도 어려운 점 등에 비추어 임의동행이 적법한 것으로 보기 어렵다고 판단하였다.[102]

79 ⑤ 도심광장으로서 조례에 의하여 관리되고 있는 광장에서, 시청 및 구청 공무원들이 행정대집행법이 정한 계고 및 대집행영장에 의한 통지절차를 거치지 아니한 채 광장에 무단 설치된 천막의 철거대집행에 착수하였을 때 피고인들을 비롯한 소속 단체 회원들이 몸싸움을 하거나 천막을 붙잡고 이를 방해한 사안에서, 광장은 비록 공부상 지목이 도로로 되어 있으나 도로법 제65조 제1항의 행정대집행의 특례규정이 적용되는 도로법상 도로라고 할 수 없으므로, 철거대집행은 구체적 직무집행에 관한 법률상 요건과 방식을 갖추지 못한 것으로서 적법성이 결여되었다고 판단하였다.[103]

80 ⑥ 사법경찰관리가 현행범인을 체포하는 경우 반드시 범죄사실의 요지, 체포 또는 구속의 이유와 변호인을 선임할 수 있음을 말하고 변명할 기회를 주어야 하므로, 경찰관이 위와 같은 적법절차를 준수하지 아니한 채 실력으로 현행범인을 연행하려고 하였다면 적법한 직무집행이라고 할 수 없다고 보았다.[104]

---

102 대판 2009. 10. 29, 2009도4521. 이 판결에서 참조한 대판 2006. 7. 6, 2005도6810에서 처음으로 임의동행의 적법성 요건을 밝혔는바, 임의동행 형식으로 연행하였지만 사실상의 강제연행이었고 긴급체포의 요건도 갖추지 못한 피고인은 도주죄의 주체가 될 수 없다고 보았다.

103 대판 2010. 11. 11, 2009도11523.

104 대판 1994. 3. 11, 93도958; 대판 1994. 10. 25, 94도2283; 대판 1995. 5. 9, 94도3016; 대판 1996. 12. 23, 96도2673; 대판 2000. 7. 4, 99도4341; 대판 2006. 11. 23, 2006도2732; 대판 2009. 7. 9, 2009도324.

⑦ 경찰관 A가 도로를 순찰하던 중 벌금 미납으로 지명수배된 피고인과 조우하게 되어 벌금 미납 사실을 고지하고 벌금납부를 유도하였으나 피고인이 이를 거부하자 벌금 미납으로 인한 노역장유치 집행을 위하여 구인하려 하였는데, 피고인이 이에 저항하여 A의 가슴을 양손으로 수차례 밀침으로써 벌금수배자 검거를 위한 경찰관의 공무집행을 방해하였다는 내용으로 기소된 사안에서, 형사소송법 제85조 제3항의 형집행장의 제시 없이 구인할 수 있는 '급속을 요하는 때'란 애초 사법경찰관리가 적법하게 발부된 형집행장을 소지할 여유가 없이 형집행의 상대방을 조우한 경우 등을 가리키고, 이때 사법경찰관리가 벌금 미납으로 인한 노역장유치 집행의 상대방에게 형집행 사유와 더불어 벌금 미납으로 인한 지명수배 사실을 고지하였더라도 특별한 사정이 없는 한 그러한 고지를 형집행장이 발부되어 있는 사실도 고지한 것이라거나 형집행장이 발부되어 있는 사실까지도 포함하여 고지한 것이라고 볼 수 없으므로, 경찰관이 형집행장 발부 사실을 고지하지 않은 채 피고인을 검거한 것은 위법한 직무집행이라고 판단하였다.[105] 81

⑧ 질서유지선의 설정에 관한 집회 및 시위에 관한 법률(이하, 집시법이라 한다.) 제13조, 집시법 시행령 제13조 등 관련 규정에 비추어 볼 때, 집시법에서 정한 질서유지선은 집회 및 시위의 보호와 공공의 질서유지를 위하여 필요하다고 인정되는 경우로서 집시법 시행령 제13조 제1항에서 정한 사유에 해당한다면 반드시 집회 또는 시위가 이루어지는 장소 외곽의 경계지역뿐만 아니라 집회 또는 시위의 장소 안에도 설정할 수 있다고 봄이 타당할 것이나, 이러한 경우에도 그 질서유지선은 집회 및 시위의 보호와 공공의 질서유지를 위하여 필요하다고 인정되는 최소한의 범위를 정하여 설정되어야 하고, 질서유지선이 위 범위를 벗어나 설정되었다면 이는 집시법 제13조 제1항에 위반되어 적법하다고 할 수 없으며, 질서유지선은 띠, 방책, 차선 등과 같이 경계표지로 기능할 수 있는 물건 또는 도로교통법상 안전표지라고 봄이 타당하므로, 경찰관들이 집회 또는 시위가 이루어지는 장소의 외곽이나 그 장소 안에서 줄지어 서는 등의 방법으로 사실상 질서유지선의 역할을 수행한다고 하더라도 이를 가리켜 집시법에서 정한 질서유 82

105 대판 2017. 9. 26, 2017도9458. 앞서 본 2010도8591 판결도 같은 취지.

지선이라고 할 수는 없다고 전제한 다음, 이 사건 각 집회장소 내 화단 앞 질서유지선이 집회의 보호와 공공의 질서유지를 위해 필요한 최소한의 범위를 정하여 설정된 것이라고 보기 어렵고, 경찰관 배치를 통해 설정된 질서유지선은 집시법상 질서유지선에 해당한다고 볼 수 없으며, 집회장소 내에 경찰관을 배치하지 아니하고도 이 사건 화단 또는 문화재 등을 보호할 수 있었다고 보이는 점 등을 이유로 적법한 직무집행이라고 할 수 없다고 판단한 원심을 수긍하였다.[106]

83 ⑨ 제주해군기지 공사를 반대하는 주민 등이 카약을 타고 공사예정지로 가는 것을 막기 위해 강정포구 해안을 봉쇄하자 피고인들이 이에 대항하여 경찰관들을 폭행한 사안에서, 봉쇄조치가 경찰관 직무집행법 제6조 제1항에 근거한 행정상 즉시강제로서의 적법성의 요건, 즉 이 사건 당시 형사처벌의 대상이 되는 행위가 눈앞에서 막 이루어지려고 하는 것이 객관적으로 인정될 수 있는 상황이고 피고인들의 행위를 당장 제지하지 않으면 곧 인명과 신체에 위해를 미치거나 재산에 중대한 손해를 끼칠 우려가 있는 상황이어서 직접 제지하는 방법 외에는 위와 같은 결과를 막을 수 없는 절박한 사태에 있었다고 인정하기 부족하여, 피고인들이 이러한 적법성이 결여된 직무행위를 하는 경찰관에 대항하여 폭행을 가하였더라도 본죄 및 이를 전제로 하는 특수공무집행방해죄가 성립할 수 없다고 판단한 원심을 수긍하였다.[107]

2) 법령상 요건과 방식을 준수하였다고 본 사례

84 ① 경찰관들이 나이트클럽 앞길에서 상해사건이 발생하였다는 112 신고를 받고 경찰관 정복 차림으로 경찰 순찰차를 타고 출동하여 그 부근에서 옷에 피를 묻힌 채로 있었던 피고인을 불심검문하면서 인적사항에 대하여 질문을 하였을 때, 피고인은 그 직전에 사람이 쓰러져 119 구급차가 와서 후송하여 간 사실을 알고 있었고, 근처에 계속 머물러 있었던 피고인에 대하여 사건과 관련하여 경찰관들이 인적사항을 묻는다는 것을 잘 알고 있었으며, 경찰관들이 정복을 입고 있었기 때문에 직무수행 중인 경찰관들이라는 점을 의심하지 않았고, 공무원증의 제시나 경찰관들의 신분확인을 요구하지 않았다면, 경찰관들이 피고인에게 인적사항을 질문한 것은 누가 보더라도 경찰관들이 직무수행을 위한 것이라

106 대판 2019. 1. 10, 2016도19464, 2016도21311.
107 대판 2018. 12. 27, 2016도19371.

는 점에 대하여 의문이 없는 상황이었고, 경찰관들이 피고인에게 답변을 강요하거나 강제력을 행사한 것도 아니므로, 피고인으로서는 경찰관들에게 공무원증의 제시를 요구하거나 그 의사에 반하는 답변을 거부하면 충분한 것임에도 경찰관으로부터 재차 인적사항을 알려 줄 것을 요구받자 경찰관에게 욕설을 하고, 이에 경찰관이 직무집행 중인 경찰관에게 욕하는 것에 대하여 항의를 하자 경찰관의 가슴을 손으로 1회 밀고, 주변에 있던 다른 경찰관으로부터 더 이상 폭력을 행사하지 못하도록 뒤에서 제지받으면서 "이런 행동을 하면 공무집행방해가 된다"고 고지받았음에도, 경찰관의 제지를 뿌리치는 과정에서 이마로 다른 경찰관의 좌측 광대뼈 부위를 1회 폭행하고, 발로 그의 왼쪽 다리 정강이 부위를 차고 두 팔로 위 가슴을 밀어 오른손 등 주위를 주변의 파라솔에 부딪히게 하여 상해를 입게 한 이상, 경찰관들이 피고인에게 인적사항을 질문함에 있어 공무원증을 제시하지 아니하였더라도, 피고인의 일련의 행위는 공무원의 적법한 직무집행을 방해한 것이라는 이유로 피고인에게 무죄를 선고한 원심을 파기하였다.[108]

② 대한의사협회 임원인 피고인들이 교육인적자원부에서 약학대학 학제를 85
6년제로 개편하려는 방침에 반발하여 교육인적자원부 장관이 개최한 공청회에서 회원들을 동원하여 다중의 위력으로 공청회 진행 업무를 방해하였다고 기소된 사안에서, 장관이 대한의사협회에 공청회 개최를 통보하면서 구 행정절차법 제38조 제1항(현행 § 38)에서 정한 바에 따라 14일 전에 공청회의 일시와 장소 등을 통보하여야 함에도 이를 준수하지 못한 잘못은 있으나, 공청회는 2002년경부터 꾸준히 논의되어 왔던 약학대학 학제개편 방안에 대한 의견을 수렴하기 위한 것으로서, 대한의사협회도 2004년 12월경 '약사양성 학제개선의 타당성 연구'를 통하여 그 문제점을 검토한 바 있어 대한의사협회 회원들이 공청회의 토론주제에 대하여 이미 충분히 인식하고 있었다고 보일 뿐만 아니라, 대한의사협회는 토론자를 지정하여 의견을 발표할 기회를 제공받았고 피고인들 등 대한의

108 대판 2004. 10. 14, 2004도4029. 원심은 경찰관 직무집행법 제3조 제4호가 경찰관이 불심검문을 하고자 할 때에는 자신의 신분을 표시하는 증표를 제시하여야 한다고 규정하고 있는데, 경찰관이 상해사건의 범행장소 인근에서 옷에 피를 묻히고 있는 피고인을 불심검문하는 과정에서 자신의 신분증을 제시하지 않은 것은 불심검문의 절차적 요건을 결여한 것이므로 부적법한 공무집행이라고 판단하였다.

사협회 회원들이 공청회에 참석한 이상, 공청회 개최통지절차 위반은 경미한 흠에 불과하고 공청회 개최를 형법상 보호대상에서 제외되는 부적법한 직무행위라고 평가할 수 있는 정도는 아니라고 판단하였다.[109]

86 ③ 경찰관들이 지명수배된 피고인을 검거하는 과정에서 미란다원칙상 고지사항의 일부만 고지하고 신원확인 절차를 밟으려는 순간 피고인이 유리조각을 쥐고 휘둘러 이를 제압하려는 경찰관들에게 상해를 입힌 사안에서, 경찰관들이 피고인이 처와 함께 모텔에 투숙하였음을 확인한 후 도주나 자해 우려를 이유로 방안으로 검거하러 들어가서 피고인의 이름을 부른 다음, 그 지명수배사실 및 범죄사실을 말하고 신분증 제시를 요구하였는데, 피고인이 동생 명의의 운전면허증을 제시한 경우라면, 경찰관으로서는 체포하려는 상대방이 피고인 본인이 맞는지를 먼저 확인한 후에 이른바 미란다원칙을 고지하여야 하지 그 상대방이 피고인인지를 확인하지 아니한 채로 일단 체포하면서 미란다원칙을 고지할 것은 아니고, 피고인은 경찰관들이 지문을 확인하려 하자 태도를 돌변하여 욕설을 하면서 주먹으로 유리창을 깨뜨리고 유리조각을 쥐고 경찰관들이 다가오지 못하도록 앞으로 휘둘렀으며, 이에 경찰관들은 피고인을 제압하기 위하여 피고인과 엉켜서 20분간의 몸싸움을 하기에 이르렀는바, 이와 같이 폭력으로 대항하는 피의자를 실력으로 제압하는 단계에 이르면, 경찰관들로서는 그 제압과정 또는 그것이 여의치 않으면 제압한 후에 지체 없이 미란다원칙을 고지하면 된다는 이유로, 이 사건 경찰관들의 긴급체포행위가 적법한 공무집행이라고 보기 어렵다고 본 원심을 파기하였다.[110]

87 ④ 경찰관이 범인으로 지목된 피고인의 진술을 청취하려 하자 피고인이 욕설을 하면서 밀치는 등 거세게 반항하자 피고인을 제압하고 수갑을 채운 후 미란다원칙을 고지한 사안에서, 원심은 피고인에 대한 현행범인체포서에는 '2007. 7. 23. 11:00 부산 동래구 명륜1동 339-8 소재 동성장 여관 302호 내'에서 피고인을 현행범인으로 체포한 것으로 기재되어 있으나 공소사실에는 현행범체포의 일시가 '2007. 7. 23. 10:50경', 체포장소가 '부산 동래구 명륜1동 339-8 소재 동

109 대판 2007. 10. 12, 2007도6088.
110 대판 2007. 11. 29, 2007도7961. 본 판결 해설은 전원열, "미란다원칙의 고지시기", 해설 74, 법원도서관(2008), 497-505.

성장 여관 앞 노상'으로 되어 있어, 언제 어디에서 어떤 죄명으로 피고인을 현행범인으로 체포하였는지 불명한 상태라면 피고인에 대한 현행범인 체포와 그에 이은 구금행위는 적법한 직무집행으로 볼 수 없다고 판단하였으나, 대법원은 사법경찰관리가 현행범인을 체포하는 경우에는 반드시 범죄사실의 요지, 구속의 이유와 변호인을 선임할 수 있음을 말하고 변명할 기회를 주어야 하고 이와 같은 고지는 체포를 위한 실력행사에 들어가기 이전에 미리 하여야 하는 것이 원칙이나, 달아나는 현행범인을 쫓아가 붙들거나 폭력으로 대항하는 현행범인을 실력으로 제압하는 경우에는 붙들거나 제압하는 과정에서 하거나, 그것이 여의치 않은 경우에라도 일단 붙들거나 제압한 후에 지체 없이 행하였다면 경찰관의 현행범인 체포는 적법한 직무집행이라고 할 수 있고, 체포장소와 시간, 체포사유 등 경찰관의 현행범인 체포경위 및 그에 대한 현행범인체포서와 범죄사실의 기재에 다소 차이가 있더라도 그러한 차이가 체포대상이 된 일련의 범행이 장소적·시간적으로 근접한 것에 기인한 것으로서 그 장소적·시간적인 동일성을 해치지 아니하는 정도에 불과하다면 논리와 경험칙상 그러한 사유로 경찰관의 현행범인 체포행위를 부적법하다고 할 수 없다는 이유로 원심을 파기하였다.[111]

⑤ 경찰관이 112 신고를 받고 5 내지 7분 후 신고 장소에 출동하였는데 피 88
해자가 도로상에 쓰러져 있었고, 112 신고자를 비롯한 주변의 목격자들이 공동폭행의 가해자로 피고인 등을 지목하였으며, 피고인 등은 범행현장으로부터 25m가량 떨어진 버스에 승차한 상황에서 경찰관이 버스에 올라타 예전부터 아는 사이인 피고인의 진술을 청취하려 하였으나 피고인이 욕설을 하였고, 이에 버스에서 피고인을 끌어 내려 공동폭행의 현행범인으로 체포하려 하자 피고인이 거세게 반항하여 경찰관이 겨우 피고인을 제압하고 수갑을 채운 후 미란다 원칙을 고지한 사안에서, 경찰관이 피고인을 현행범인으로 체포한 시기는 피고인이 폭행행위를 종료한 때로부터 5 내지 7분이 지난 시점이어서 범죄행위가 종료한 순간과 아주 접착된 시간적 단계에 있고, 피고인을 체포한 장소도 피고인이 위 범행을 저지른 도로에서 25m가량 떨어진 버스 안이며, 112 신고자를 비롯한 주변 목격자들이 피고인을 범인으로 지목하고 있어 피고인을 체포할 당

111 대판 2008. 10. 9, 2008도3640.

시는 피고인이 방금 범죄를 실행한 범인이라는 점에 관한 죄증이 명백히 존재하는 것으로 인정되는 경우이므로 피고인을 현행범인으로 볼 수 있고, 또한 경찰관이 범인으로 지목된 피고인의 진술을 청취하려 하자 피고인이 욕설을 하면서 밀치는 등 거세게 반항하였고, 이에 경찰관이 폭력으로 대항하는 피고인을 제압하고 수갑을 채운 후 미란다원칙을 고지한 것이므로 이는 경찰관의 정당한 직무집행이라고 본 원심을 수긍하였다.[112]

89 ⑥ 법외 단체인 전국공무원노동조합 지부가 당초 공무원 직장협의회 운영에 이용되던 구 청사시설을 지부 사무실로 임의 사용하자 구청장이 자진폐쇄 요청 후 행정대집행법에 따라 행정대집행을 하였는데, 지부장 등 피고인들이 위 대집행을 행하던 공무원들에 대항하여 폭행 등 행위를 한 사안에서, 당초 마포구청 직장협의회의 이 사건 사무실 사용은 마포구청장의 청사관리권에 기한 사무실 배정에 따라 그 소속 공무원 등이 청사시설을 사용한 것으로서, 그로 인하여 직장협의회가 그 사무실에 대한 독립된 점유를 취득하였다고 보기 어렵고, 그에 연이은 전공노 마포지부의 위 사무실 사용 역시 청사시설의 임의적 편법사용 정도를 벗어나지 못하는 것으로서 그 또한 독립된 점유라고 보기 어려우며, 이 사건 행정대집행은 그 주된 목적이 법외 단체인 전공노의 위 사무실에 대한 사실상 불법 사용을 중지시키기 위하여 사무실 내에 비치되어 있는 전공노의 물품을 철거하고 사무실을 폐쇄함으로써 마포구청 청사의 기능을 회복하는 데 있다고 보이므로, 이 사건 행정대집행은 전체적으로 대집행의 대상이 되는 대체적 작위의무인 철거의무를 대상으로 한 것으로 적법한 공무집행에 해당한다고 볼 수 있고, 그 집행을 행하는 공무원들에 대항하여 피고인들이 폭행 등 행위를 한 것은 공무원들의 적법한 직무집행을 방해한 것이 된다는 이유로 원심을 수긍하였다.[113]

90 ⑦ 카페에서 술값 문제로 시비가 있다는 신고를 받고 출동한 피해자인 경찰공무원 A와 B가 그곳 여종업원 등으로부터 피고인이 술값을 내지 않고 가려다 여종업원과 실랑이가 있었다는 경위를 듣고, A가 음식점 밖으로 나가려는 피고인의 앞을 막으며 상황을 설명해 달라고 하자 욕설을 하며 A의 멱살을 잡

112 대판 2011. 12. 13, 2010도385.
113 대판 2011. 4. 28, 2008도4721.

아 흔들고, B가 피고인을 제지하기 위해 뒤쪽에서 피고인의 어깨를 잡자 "넌 뭐야"라고 말하고 머리와 몸을 돌리면서 오른쪽 팔꿈치로 B의 턱을 1회 때린 사안에서, 경찰관 직무집행법 제3조 제4항은 경찰관이 불심검문을 하고자 할 때는 자신의 신분을 표시하는 증표를 제시하여야 한다고 규정하고 경찰관 직무집행법 시행령 제5조는 신분을 표시하는 증표는 경찰관의 공무원증이라고 규정하고 있는데, 불심검문을 하게 된 경위, 불심검문 당시의 현장상황과 검문을 하는 경찰관들의 복장, 행위자가 공무원증 제시나 신분확인을 요구하였는지 등을 종합적으로 고려할 때 검문하는 사람이 경찰관이고 검문하는 이유가 범죄행위에 관한 것임을 행위자가 충분히 알고 있었다고 보이는 경우에는, 신분증을 제시하지 않았더라도 그 불심검문이 위법한 직무집행이라고 할 수 없다고 전제한 후 당시 출동한 경찰관들이 정복차림이었고, 피고인이 경찰관들에게 신분증 제시 등을 요구한 적도 없으며, 욕설을 하며 바깥으로 나가려고 하다가 제지하는 경찰관들을 폭행한 사실을 알 수 있는바, 이러한 사정을 앞서 본 법리에 비추어 보면, 당시 피고인은 A 등이 경찰관이고 검문하는 이유가 자신에 관한 범죄행위 때문임을 모두 알고 있었다고 보이므로, 이러한 상황에서 경찰관들이 피고인에게 신분증을 제시하거나 그 소속 등을 밝히지 않았다고 하여 그 불심검문이 위법한 공무집행이라고 볼 수 없다고 판단하였다.[114]

⑧ 피고인이 주점에서 싸움을 벌인 일로 출동한 경찰관이 피고인을 모욕죄 91
의 현행범인으로 체포하여 순찰차에 태우려고 하자 피고인이 이를 거부하면서 경찰관들을 폭행한 사안에서, 원심은 피고인의 모욕 범행은 경찰관의 제지행위에 항의하는 과정에서 일시적·우발적으로 저질러진 것으로서 경미하고, 피고인이 도망하거나 증거를 인멸할 우려가 없으며, 흉기를 휴대한 것도 아니었으므로 즉시 피고인을 체포하여야 할 급박한 사정이 있었다고 보기 어렵고, 강제수사의 방법을 동원하지 않고 피고인을 제지할 수 있었다고 인정하여, 피고인을 체포한 행위는 현행범인 체포의 요건을 갖추지 못하여 적법한 공무집행으로 볼 수 없다고 판단하였으나, 대법원은 경찰관들이 피고인을 현행범으로 체포할 당시, 피고인으로부터 폭행당한 피해자가 머리에서 피를 흘려 얼굴뿐만 아니라 상의, 하

114 대판 2014. 12. 11, 2014도7976. 앞서 본 2004도4029 판결을 참조한 사례이다.

의까지 피로 젖어 있었고 주점 바닥까지 상당량의 피가 흘러 있었으며, 그러한 상태에서 피고인은 술에 취한 채 욕설을 하며 피해자에게 다가가 때리려는 행동을 계속하였고 이를 제지하던 경찰관에게 욕설을 하여 모욕행위를 한 것이므로, 피고인의 행위가 체포를 할 필요가 없을 정도로 경미하다거나 당시 상황이 급박하지 아니하였다고 볼 수 없고, 피고인을 현행범인으로 체포한 경찰관들의 조치는 경험칙에 비추어 현저히 합리성을 잃었다고 할 수 없어 적법한 공무집행에 해당한다는 이유로 원심을 파기하였다.[115]

92 ⑨ 피고인이 음주운전 여부를 확인하기 위해 출동한 경찰관들과 지구대로 임의동행한 후 경찰관으로부터 음주측정을 요구받고 음주측정기에 입김을 불어넣는 시늉만 했다는 이유로 경찰관으로부터 재차 음주측정을 요구받자 경찰관의 얼굴에 침을 뱉고 양손으로 경찰관의 가슴을 2~3회 때리는 등 폭행, 협박하여 경찰관의 음주운전 단속 등 업무에 관한 정당한 직무집행을 방해하였다고 기소된 사안에서, 원심은 피고인이 경찰관의 임의동행 요구에 응하여 지구대에 출석하였으므로 언제든지 자유로이 그곳에서 퇴거할 수 있는 권리가 있는 만큼 경찰관이 음주측정과정에서 퇴거하려는 피고인을 제지하는 행위는 적법한 직무집행이 아니라고 판단하였으나, 대법원은 비록 피고인이 임의동행 후 언제든지 경찰관서에서 퇴거할 자유가 있기는 하지만, 이 사건 당시 피고인은 경찰관으로부터 음주측정을 요구받고 음주측정기에 입김을 불어넣는 시늉만 하는 등의 방법으로 이에 불응하고는 음주측정이 되지 않았다며 지구대 밖으로 나가려고 하였으므로 이와 같은 피고인의 행위는 전체적으로 음주측정을 거부하는 행위로 볼 수 있어 경찰관이 이를 제지하는 정도의 행위는 도로교통법 제44조 제2항에 따른 경찰공무원의 정당한 음주측정 요구행위로서 적법한 직무집행에 해당한다고 보아 원심을 파기하였다.[116]

93 ⑩ 평소 집에서 심한 고성과 욕설, 시끄러운 음악 소리로 이웃 주민들로부터 여러 번 112 신고가 있어 왔던 피고인이 신고를 받고 출동한 경찰관들로부터 인터폰으로 문을 열어달라는 요청을 받고도 욕설을 하며 거부하고 경찰관들이 피고인을 만나려고 전기차단기를 내리자 홧김에 식칼을 들고 나와 경찰관들

115 대판 2017. 4. 28, 2016도20106.
116 대판 2017. 8. 24, 2016도10544. 앞서 본 97도1280 판결과 비교.

을 찌를 듯이 협박한 사안에서, 원심은 피고인이 경찰관 직무집행법 제4조 제1항에서 정한 구호대상자가 아니고, 소음을 발생시킨 정도는 같은 법 제6조에서 정한 '사람의 생명 또는 신체에 위해를 끼칠 우려가 있는 긴급한 경우'에 해당하지 않으며, 경찰관들의 단전 조치는 범죄행위 예방을 위한 경고로 볼 수도 없다는 등의 이유로 구체적 직무집행에 관한 법률상 요건과 방식을 갖추지 못하였다고 판단하였으나, 대법원은 피고인이 자정에 가까운 한밤중에 음악을 크게 켜놓거나 소리를 지른 것은 경범죄 처벌법 제3조 제1항 제21호에서 금지하는 인근소란행위에 해당하고, 그로 인하여 인근 주민들이 잠을 이루지 못하게 될 수 있으며, 112 신고를 받고 출동한 경찰관들이 눈앞에서 벌어지고 있는 범죄행위를 막고 주민들의 피해를 예방하기 위해 피고인을 만나려 하였으나 피고인은 문조차 열어주지 않고 소란행위를 멈추지 않았던 상황에서 경찰관들이 피고인의 집으로 통하는 전기를 일시적으로 차단한 것은 피고인을 집 밖으로 나오도록 유도한 것으로서, 피고인의 범죄행위를 진압·예방하고 수사하기 위해 필요하고도 적절한 조치로 보이고, 경찰관 직무집행법 제1조의 목적에 맞게 제2조의 직무 범위 내에서 제6조에서 정한 즉시강제의 요건을 충족한 적법한 직무집행으로 볼 여지가 있다는 이유로 원심을 파기하였다.[117]

⑪ 가정폭력 신고를 받고 현장에 도착한 경찰관이 피고인에게 사실상 혼인 94
관계에 있는 가정폭력 피해자 A와 떨어져 있을 것을 요구하며 A를 주거지 밖으로 이동시키려 하자 화를 내며 경찰관의 몸을 양손으로 밀어 넘어뜨린 사안에서, 가정폭력범죄의 처벌 등에 관한 법률 제5조 제1호에 규정된 가정폭력범죄에 대한 응급조치의 하나인 '가정폭력행위자와 피해자의 분리조치'에는 피해자의 동의를 필요로 하지 않고, 설령 피해자가 분리조치를 희망하지 않거나 동의하지 않는다는 의사를 표명했더라도 경찰관이 현장의 상황에 따라 분리조치를 하는데 장애가 되지 않으므로 적법한 공무집행이라고 판단하였다.[118]

(라) 적법성의 판단기준

적법성에 관한 판단기준에 관하여는 견해가 대립된다. ① 객관설(법관표준설) 95
은 법관 또는 법원이 법령을 해석하여 객관적으로 직무집행의 적법 여부를 판

117 대판 2018. 12. 13, 2016도19417.
118 대판 2022. 8. 11, 2022도2076.

단하여야 한다는 견해로 통설이다.[119] ② 주관설(공무원표준설)은 직무를 수행하는 당해 공무원이 그 직무수행을 적법하다고 믿은 경우 또는 과실 없이 그 직무수행이 적법하다고 믿은 경우에는 공무원의 직무집행이 적법하다는 견해이다. 이에 의하면 직무집행의 요건이 되는 사실을 파악하여 직무집행의 요건 충족 여부를 판단하는 권한은 당해 공무원에게 있으므로, 공무원의 추상적·일반적 권한 내에 속하는 사항에 관하여 구체적으로 어떠한 직무를 집행할 원인이 되는 요건이 구비되었다고 믿은 경우에는, 비록 사후에 공무원의 판단이 객관적 사실에 부합하지 아니하는 등 잘못이 있는 것으로 밝혀졌더라도 직무집행의 적법성을 부정할 수 없게 된다. 주관설은 객관적으로 위법한 직무집행이 공무원의 부주의에 의한 오인으로 인하여 오히려 본죄의 보호대상이 되는 적법한 직무집행으로 판단될 수도 있다는 점에서 합리적이지 못하다는 비판이 있다. ③ 절충설은 주관적인 측면과 객관적인 측면에서 종합적으로 검토하여 해당 공무원이 진실하게 공무를 집행한 것인지에 따라 직무집행의 적법 여부를 판단하는 견해이고,[120] ④ 일반인표준설은 직무집행의 적법요소에 대한 해석은 일반인의 사회통념에 기초하여 이루어지는 것이므로 공무원의 직무수행 당시 일반인의 처지에서 당해 공무원의 추상적 권한에 속하는 적법한 직무집행으로 보일 때는 직무집행의 적법성을 인정할 수 있다는 견해인데, 모두 그 기준이 모호하다는 문제가 있다.

96 적법성 판단에 주관적 요소가 개입하는 것은 합리적이라고 할 수 없는 측면 및 국가 또는 공공기관의 원활한 기능수행을 위한 공무의 보호와 위법한 직무집행으로부터 국민의 기본권 보호라는 중요한 가치의 조화라는 측면에서 법관이 법령을 해석하여 객관적으로 직무집행의 적법 여부를 판단하여야 한다는 위 ①의 객관설이 타당하다.[121]

97 판례도 공무집행방해죄는 공무원의 적법한 직무집행이 전제로 되는데, 공무원의 추상적인 권한에 속하는 어떠한 직무집행이 적법한지는 행위 당시의 구체적

---

119 김성돈, 783; 김신규, 876; 김일수·서보학, 680; 박상기·전지연, 857; 배종대, § 157/13; 손동권·김재윤, § 50/16; 신동운, 179-180; 오영근, 726; 이재상·장영민·강동범, § 44/15; 이형국·김혜경, 823; 임웅, 961; 정성근·박광민, 838; 정영일, 456; 정웅석·최창호, 68.

120 유기천, 형법학(각론강의 하)(전정신판), 33.

121 주석형법 [각칙(1)](5판), 558(이상주)

상황에 기초를 두고 객관적·합리적으로 판단하고,[122] 사후적으로 순수한 객관적 기준에서 판단할 것은 아니라고[123] 판시함으로써, 위 ①의 객관설을 취하고 있다.[124] 나아가 판례는 공무원이 구체적 상황에 비추어 그 인적·물적 능력의 범위 내에서 적절한 조치라는 판단에 따라 직무를 수행한 경우에는, 그러한 직무수행이 객관적 정당성을 상실하여 현저하게 불합리한 것으로 인정되지 않는 한 이를 위법하다고 할 수 없다고 한다.[125]

(마) 적법성의 판단시점

직무집행의 적법 여부를 어느 시점의 상황을 기준으로 판단할 것인가에 관 98
하여는, ① 직무집행 당시의 구체적인 상황을 기초로 객관적·합리적으로 판단하여야 한다는 행위시표준설과 ② 재판 시에 객관적 입장에서 판단하여야 한다는 재판시표준설이 있다. 위 ①의 행위시표준설이 통설이다.[126] 검사나 사법경찰관이 범죄혐의를 받는 피의자에 대하여 현행범체포 요건에 해당한다고 보아 현행범체포를 단행하였으나 나중에 피의자에 대하여 무죄판결이 확정되었을 때, 행위시표준설에 의하면 현행범체포 당시 피의자가 현행범에 해당한다고 인정할 만한 객관적 사정이 존재하는 경우 그 현행범체포는 적법하지만, 재판시표준설에 의하면 현행범체포 당시 피의자가 현행범에 해당한다고 인정할 만한 객관적 사정이 존재하고 법령에 정한 방식과 절차를 거쳤더라도 사후적으로 피의자가 범인이라는 것이 증명되지 아니한 이상 그 현행범체포는 적법하지 않은 것이 된다.

---

122 대판 2010. 6. 24, 2009도13968; 대판 2013. 2. 15, 2010도11281; 대판 2013. 6. 13, 2012도9937; 대판 2013. 8. 23, 2011도4763; 대판 2014. 5. 29, 2013도2285; 대판 2021. 9. 16, 2015도12632; 대판 2021. 10. 14, 2018도2993.

123 대판 1991. 5. 10, 91도453; 대판 2022. 3. 17, 2021도13883.

124 일본 최고재판소는 객관설을 취한 원심의 판단이 상당하다고 판시하였다[最決 昭和 41(1966). 4. 14. 判時 449·64].

125 대판 2010. 11. 11, 2010도7621(특히, 불법적인 농성을 진압하는 경찰관들의 직무집행이 법령에 위반한 것이라고 하기 위해서는 그 농성 진압이 불필요하거나 또는 불법 농성의 태양 및 농성 장소의 상황 등에서 예측되는 피해 발생의 구체적 위험성의 내용 등에 비추어 볼 때 농성 진압의 계속 수행 내지 그 방법 등이 현저히 합리성을 결하여 이를 위법하다고 평가할 수 있는 경우이어야 한다고 판시한 사례); 대판 2021. 9. 16, 2015도12632.

126 김성돈, 783; 김신규, 876; 김일수·서보학, 680; 박상기·전지연, 857; 배종대, § 157/13; 손동권·김재윤, § 50/16; 신동운, 180; 이형국·김혜경, 876; 임웅, 961; 정성근·박광민, 838; 정영일, 456-457; 정웅석·최창호, 68; 주석형법 [각칙(1)](5판), 559(이상주).

99 판례는 행위시표준설의 입장에서 본죄는 공무원의 적법한 직무집행이 전제로 되는데, 공무원의 추상적인 권한에 속하는 어떠한 직무집행이 적법한지는 행위 당시의 구체적 상황에 기하여 객관적·합리적으로 판단하여야 하고, 사후적으로 순수한 객관적 기준에서 판단할 것은 아니라고[127] 판시하였다. 일본 판례도 같은 입장이다.[128]

100 구체적으로 판례 사안을 보면, ① 경찰관 A가 교육법[129]위반 및 정기간행물의등록등에관한법률위반으로 수배 중인 甲을 검거하는 과정에서 피고인 등이 폭행하였다는 사안에서, 경찰관의 검거행위가 적법한 직무집행으로 인정되려면 검거 당시 긴급구속 사유가 있어야 하는데 법정형이 긴급구속 사유에 해당하지 않는 교육법위반 등 혐의자를 검거한 행위는 적법한 직무집행이라고 할 수 없고, 甲이 당시 국가보안법위반의 혐의도 받고 있었다고 해도 공소사실에서 국가보안법위반죄에 의한 긴급구속행위를 공무집행행위의 이유로 들고 있지 않으므로 법원의 공소장변경 없이 긴급구속 사유에 해당하는 국가보안법위반 혐의자에 대한 검거행위로 인정할 수 없다고 판단하였다.[130]

101 ② 누나인 A와 식당 양도·양수와 관련해 분쟁 중이던 피고인이 B가 운영하는 식당 본점에서 소란을 피우던 중 신고를 받고 출동한 경찰관들을 도와 피고인을 제지하려던 피고인의 매형을 폭행하고 피고인을 현행범으로 체포하여

---

127 대판 1991. 5. 10, 91도453; 대판 2010. 6. 24, 2009도13968; 대판 2013. 2. 15, 2010도11281; 대판 2013. 6. 13, 2012도9937; 대판 2013. 8. 23, 2011도4763; 대판 2021. 10. 14, 2018도2993.

128 最決 昭和 41(1966). 4. 14. 判時 449·64. 경찰관(순사) A와 B가 순찰 중에 길에서 일본도 칼집을 소지하고 있던 甲을 총포도검류등단속법위반죄로 현행범체포를 하려고 하자 甲이 옆으로 다가온 乙에게 무언가를 건네주려는 낌새를 차리고 A가 甲과 乙 사이를 가로질러 들어가자 乙의 복부 부근으로부터 권총이 땅에 떨어지는 것을 보고 경찰관들이 乙도 같은 법 위반의 현행범인으로 체포하려는 순간 甲과 乙이 폭행을 가한 사안에서, 원심은 "비록 乙의 위 소지가 (중략) 사후적으로 법원으로부터 무죄의 판단을 받았다고 하더라도 그 당시의 현장상황으로서는 乙의 위 거동은 객관적으로 보아 같은 법 위반죄의 현행범인으로 인정하기에 충분한 이유가 있다고 인정되므로, 두 순사가 乙을 체포하려고 한 직무행위는 적법하다고 해석하는 것이 상당하다."는 이유로 공무집행방해죄(§ 95①)의 성립을 인정하였고, 최고재판소도 원심의 판결이 정당하다고 판시하였다.

129 1997년 12월 13일 교육기본법이 제정되면서 폐지된 법률이다.

130 대판 1991. 5. 10, 91도453. 주석형법 〔각칙(1)〕(5판), 559(이상주)에서는 이 판결이 사후적으로 긴급구속의 실체적 요건이 구비되었다고 하여 이러한 검거행위가 적법하게 되는 것은 아니라고 판시하였다고 설명하고 있으나, 공소장변경 없이 판단할 수 없다는 취지로만 판시한 것으로 보인다.

순찰차에 태우려 하자 저항하며 경찰관들을 폭행하여 업무방해죄와 본죄로 기소된 사안에서, 원심은 업무방해죄에 대하여 무죄로 판단하고, 본죄에 대하여도 경찰관들이 A와 피고인과의 분쟁 상황을 미리 알고 있었던 상황이고 실제로 피고인의 행위가 업무방해죄가 되지 않는 점 등을 이유로 현행범의 요건을 갖추지 못한 피고인을 체포하려고 한 것은 적법한 공무집행이 아니라고 보았으나, 대법원은 본죄의 공무집행이 적법한지 여부는 행위 당시의 구체적 상황에 기하여 객관적·합리적으로 판단하여야 하고 사후적으로 순수한 객관적 기준에서 판단할 것은 아니며, 현행범체포의 적법성은 체포 당시의 구체적 상황을 기초로 객관적으로 판단하여야 하고, 사후에 범인으로 인정되었는지에 의할 것은 아니라고 전제한 다음, 비록 피고인이 식당 안에서 소리를 지르거나 양은그릇을 부딪치는 등의 소란행위가 업무방해죄의 구성요건에 해당하지 않아 사후적으로 무죄로 판단된다고 해도, 피고인이 상황을 설명해 달라거나 밖에서 얘기하자는 경찰관의 요구를 거부하고 경찰관 앞에서 소리를 지르고 양은그릇을 두드리면서 소란을 피운 당시 상황에서는 객관적으로 보아 피고인이 업무방해죄의 현행범이라고 인정할 만한 충분한 이유가 있으므로, 경찰관들이 피고인을 체포하려고 한 행위는 적법한 공무집행이고, 그 과정에서 피고인이 체포에 저항하며 피해자들을 폭행하거나 상해를 가한 것은 본죄를 구성한다고 보아 원심을 파기하였다.[131]

(바) 적법성의 체계적 지위

적법성의 체계적 지위는 적법한 직무집행을 하는 공무원을 위법한 직무집행을 하는 공무원으로 오인하여 폭행·협박을 한 경우 본죄의 고의가 조각되는지, 위법성이 조각되는지 등과 관련이 있다. 이에 관하여는 다음의 4가지 견해가 있다. 102

(a) 처벌조건설

직무집행의 적법성은 처벌조건이지 고의의 대상이 아니라는 견해이다.[132] 103
이에 따르면 처벌조건인 적법한 직무집행을 하는 공무원을 위법한 직무집행을 하는 공무원으로 오인하여 폭행이나 협박을 한 경우에도 고의나 위법성을 조각

131 대판 2013. 8. 23, 2011도4763.
132 서일교, 형법각론, 333; 진계호, 신고 형법각론, 711.

하지 못하므로 본죄가 성립하게 되고, 다만 처벌조건의 결여로 처벌만 못 하게 된다고 한다.

104 이 견해에 대하여는 '직무행위가 적법하지 아니한 때는 본조에 의하여 처벌할 수 없다.'는 규정이 있는 독일형법과 달리 우리 형법에는 그와 같은 규정이 없어 받아들이기 어려울 뿐 아니라, 형사정책적 필요를 이유로 범죄론의 체계를 무시한 견해라는 비판이 있다.[133]

(b) 구성요건요소설

105 직무집행의 적법성을 본죄의 구성요건이라고 보는 견해이다.[134] 이에 따르면 적법한 직무집행을 위법한 직무집행으로 오인하여 공무원을 폭행 또는 협박한 경우 본죄의 고의를 인정할 수 없어 본죄가 성립하지 아니하게 된다.

106 구성요건요소설을 취하면서 직무집행이 위법한 경우에는 그에 대항하는 행위를 처벌할 필요성이 없지만 적법한 직무집행을 위법하다고 오인한 경우에는 처벌의 필요성이 있는 점에 비추어 입법론적으로는 직무집행의 적법성의 착오에 관한 특별규정을 마련하여야 한다는 견해,[135] 공무집행의 적법성은 그 판단에 있어 법관의 객관적 법령해석을 요하는 규범적 구성요건요소이므로 행위자의 오인이 적법성요건을 너무 좁게 해석하여 포섭의 착오를 일으킨 경우에는 위법성의 착오가 될 수 있다고 보는 견해[136]도 있다.

107 이 견해에 대하여는 공무원의 적법한 직무집행을 경솔하게 위법한 직무집행으로 오인하여 폭행이나 협박을 한 것에 대하여 항상 본죄의 성립을 부정하게 되므로 형사정책적으로 바람직하지 않다는 비판이 있다.

(c) 위법성요소설

108 직무집행의 적법성을 위법성의 요소로 파악하여 공무원의 직무집행이 위법할 때는 그 공무원에 대한 폭행·협박의 위법성이 조각된다고 보는 견해이다.[137]

---

133 적법성의 체계적 지위에 관한 독일에서의 논의에 관하여는 오병두, "공무집행방해죄에 있어서 적법성의 체계적 지위", 홍익법학 17-1(2016), 395 이하 참조.

134 김성돈, 783; 김신규, 877; 김일수·서보학, 678; 배종대, § 157/14; 이재상·장영민·강동범, § 44/20; 이정원·류석준, 748; 이형국·김혜경, 820; 정영일, 458; 정웅석·최창호, 69; 홍영기, 형법(총론과 각론), § 114/9.

135 이재상·장영민·강동범, § 44/24; 오병두(주 133), 410.

136 김성돈, 784.

137 박상기·전지연, 859; 오영근, 726; 임웅, 962; 정성근·박광민, 840.

이에 의하면 적법한 직무집행을 하는 공무원을 위법한 직무집행을 하는 공무원으로 오인하여 폭행이나 협박을 한 경우, 고의를 조각하는 것이 아니라 제16조의 법률의 착오로 보아 그 오인에 정당한 이유가 있는 때에 한하여 벌하지 아니하게 된다.

이 견해에 대하여는 명백하게 위법한 직무집행이라고 해도 항상 합법성이 추정받는다는 부당한 결과를 초래하고, 위법한 직무집행에 대항하는 폭행·협박이 일단 본죄의 구성요건에는 해당하는 것으로 보게 됨으로써 직무집행의 적법성 확보를 통한 인권보장에 소홀한 결과를 초래할 수 있다는 비판이 있다. 109

(d) 구분설

착오의 대상이 사실관계인지 법적 평가인지를 구분하여 직무행위가 적법하기 위한 요건사실의 존부에 대한 착오는 고의를 조각하지만, 직무행위를 적법하게 하는 요건사실의 존재는 인식하고도 적법성 판단을 잘못하여 직무행위가 위법하다고 오인한 경우에는 제16조의 법률의 착오로 보아 그 오인에 정당한 이유가 있는 때에 한하여 벌하지 않는다는 견해이다.[138] 즉 착오의 대상이 사실관계인지 법적 평가인지를 구분하여 적법성의 기초가 되는 행위사정 또는 직무행위가 적법하기 위한 요건사실의 존부의 착오는 고의를 조각하지만, 그러한 사정이나 요건사실을 제대로 인식하고도 적법성 판단을 잘못한 경우에는 위법성의 착오 문제가 된다는 것이다. 110

적법성의 표지는 위법성의 의미를 함축하고 있는 구성요건표지로 보아야 하므로 행위자가 구성요건적 행위사정과 관련하여 사실인식의 측면에 치우쳐 오인한 경우에는 구성요건적 착오에 해당하고, 행위 사정의 위법·적법성 의미평가의 측면에 치우쳐 오인한 경우에는 금지의 착오에 해당한다는 견해[139]도 구분설의 입장이라고 할 수 있다. 111

(e) 판례의 태도: 구성요건요소설

판례는 본죄는 공무원의 직무집행이 적법한 경우에 한하여 성립하는 것이고, 여기서 적법한 공무집행이라 함은 그 행위가 공무원의 추상적 권한에 속할 뿐 아니라 구체적 직무집행에 관한 법률상 요건과 방식을 갖춘 경우를 가리키는 것이 112

138 손동권·김재윤, § 50/18; 신동운, 185; 주석형법 〔각칙(1)〕(5판), 562-563(이상주).
139 김일수·서보학, 681-682.

므로, 경찰관이 적법절차를 준수하지 아니한 채 실력으로 현행범인을 연행하려고 하였다면 적법한 공무집행이라고 할 수 없고, 현행범인이 그 경찰관에 대하여 이를 거부하는 방법으로써 폭행을 하였다고 하여 본죄가 성립하는 것은 아니라고 여러 차례 판시하였고,[140] 특히 대판 2011. 5. 26, 2011도3682에서는 피고인을 현행범인으로 체포할 당시 피고인이 모욕 범행을 실행 중이거나 실행행위를 종료한 직후에 있었더라도 피고인은 불심검문에 응하여 이미 운전면허증을 교부한 상태이고 인근 주민도 피고인의 욕설을 직접 들었으므로, 피고인이 도망하거나 증거를 인멸할 염려가 있다고 보기는 어려운 데다가 피고인의 모욕 범행은 불심검문에 항의하는 과정에서 저지른 일시적, 우발적인 행위로서 사안 자체가 경미할 뿐 아니라, 고소를 통하여 검사 등 수사주체의 객관적 판단을 받지도 아니한 채 피해자인 경찰관이 범행현장에서 즉시 범인을 체포할 급박한 사정이 있다고 보기도 어려우므로, 피고인을 체포한 행위는 현행범인 체포의 요건을 갖추지 못하여 적법한 직무집행에 해당하지 않아 본죄의 구성요건을 충족하지 않는다고 판시함으로써 구성요건요소설을 취한다는 것을 분명히 하였다.

113 한편, 경찰관들이 강도강간사건 용의자와 인상착의가 비슷하다는 이유로 피고인을 검문하려고 하자 피고인이 욕설을 하며 도망가다가 넘어졌고 이어서 추격해온 경찰관들을 폭행하여 본죄와 상해죄로 기소된 사안에서, 원심은 불심검문이 위법함을 이유로 본죄와 상해죄 모두 무죄라고 판단하였으나, 대법원은 피고인을 불심검문 대상자로 삼은 조치 등 경찰관들의 직무집행이 위법하지 않았다고 전제한 후, 피고인이 자신을 추격하는 경찰관들을 피하여 도망하다가 넘어졌을 당시는 새벽 02:20경으로 상당히 어두운 심야였고 경찰관들도 정복이 아닌 사복을 입고 있었으며 자신을 추격하는 차량(일반 승용차였던 것으로 보인다.)을 피하려다 넘어진 피고인이 주변에 고성으로 경찰을 불러 달라고 요청하여 지나가던 택시기사도 이 소리를 듣고 정차하였고 피고인이 일관하여 경찰관들을 소위 퍽치기를 하려는 자들로 오인하였던 것이라고 진술하고 있는 사정 등을 종합하면, 피고인은 당시 경찰관들을 치한이나 강도로 오인함으로써 경찰관들의 공무집행 자체 내지 그 적법성이나 자신의 경찰관들에 대한 유형력 행사의 위법성

140 대판 1994. 10. 25, 94도2283; 대판 1995. 5. 9, 94도3016; 대판 1996. 12. 23, 96도2673 등.

등에 관하여 착오를 일으켰을 가능성을 배제하기 어렵다고 보아, 원심으로서는 피고인이 자신이 처한 상황을 어떻게 인식하였는지, 피고인에게 착오가 인정된다면 그러한 착오에 정당한 사유가 존재하는지에 관하여 면밀히 심리한 다음 범죄성립이 조각될 수 있는지를 신중히 판단하였어야 한다고 판시하였다.[141] 이 판결에서 직무집행의 적법성에 대한 착오에 정당한 사유가 존재하는 경우에 한하여 범죄성립이 조각된다는 표현을 사용한 것 때문에 판례가 위법성요소설을 취하였다고 보는 견해[142]도 있다. 그러나 이는 본죄가 아닌 상해죄의 위법성조각사유의 전제사실에 관한 착오에 관하여 판시한 것으로 보아야 하고, 따라서 판례는 여전히 본죄에 관하여는 구성요건요소설의 입장에 있다고 본다.[143]

4. 행 위

(1) 폭행 · 협박의 의의

통설은 폭행의 개념을 각 구성요건의 성격과 보호법익에 따라 크게 최광의(사람, 물건에 대한 일체의 유형력 행사), 광의(사람에 대한 직·간접적인 일체의 유형력 행사), 협의(사람의 신체에 대한 직접적인 유형력 행사), 최협의(상대방의 반항을 불가능하게 하거나 현저히 곤란하게 하는 유형력의 행사) 등 4가지 범주로 분류해 설명하고 있다. 그중 본죄의 폭행은 광의의 폭행, 즉 공무원에 대한 직·간접적인 불법적인 유형력의 행사를 의미한다.[144] 유형력이 공무원의 신체에 직접 가해질 필요는 없고, 공무원의 보조자에 대한 유형력의 행사 또는 물건에 대한 유형력의 행사이더라도 간접적으로 공무원에 대한 것으로 볼 수 있으면 본죄의 폭행에 포함된다. 우리 판례[145]는 물론, 일본[146]이나 독일[147]의 판례도 같은 입장이다. 114

141 대판 2014. 2. 27, 2011도13999.
142 신동운, 186.
143 이 사건의 환송 후 판결에서도 이 부분을 상해죄의 오상방위 문제로만 판단하였다.
144 배종대, § 157/15; 오영근, 727; 이재상·장영민·강동범, § 44/21.
145 대판 1998. 5. 12, 98도662 등.
146 最判 昭和 26(1951). 3. 20. 刑集 5·5·794(전매국 사무관이 압수한 트렁크에 실린 담배를 길 위에 내던진 행위에 대하여 공무원에 대한 간접폭행을 인정한 사안); 最判 昭和 33(1958). 9. 30. 刑集 12·13·3151(직무수행 중인 경찰관에게 불만을 품고 현장에 있던 돌멩이 1개를 주워 경찰관을 향해 던져 귓가를 스치게 한 사안. 다만, 원심은 위와 같은 단 1회 투석으로는 공무집행을 방해했다고 볼 수 없다고 판시).
147 독일형법 제113조 제1항이 규정하고 있는 '직무를 집행하는 공무원에 대한 저항(Widerstand gegen

115 협박의 개념에 관해 통설은 사람에게 외포심을 일으킬 목적으로 상대방에게 해악을 고지하는 것으로서 해악의 고지로 상대방에게 공포심이 일어났는가를 요하지 않는 광의의 협박, 상대방의 반항을 불가능하게 하거나 곤란하게 할 정도는 아니더라도 상대방이 현실로 공포감을 느낄 수 있을 정도인 협의의 협박, 상대방의 반항을 불가능하게 하거나 현저히 곤란하게 할 정도의 해악을 고지하는 경우인 최협의의 협박으로 분류한다. 그중에 본죄의 협박은 광의의 협박, 즉 상대방에게 공포심을 일으키게 할 목적으로 해악을 고지하는 것이다.[148] 고지하는 해악의 내용 또는 성질이 어떠한지를 불문한다. 고지의 방법도 언어든 문서든, 직접적이든 간접적이든, 명시적이든 암시적이든 불문한다. 고지하는 해악의 내용은 그 경위, 주위상황, 행위자의 성향, 행위자와 상대방과의 친숙의 정도, 지위 등 상호관계를 비롯한 행위 당시의 여러 사정을 종합하여 객관적으로 상대방으로 하여금 공포심을 일으키게 하기에 충분한 정도이면 되고, 상대방이 현실로 공포심을 느꼈는지는 묻지 않는다. 예를 들어, 자신이 성행, 경력 또는 직업상 불법한 위세를 이용하여 이에 응하지 아니할 때는 불이익을 받게 될 것이라는 우려를 하게 하여도 협박에 해당한다. 제3자의 행위에 의한 해악의 고지도 행위자 자신이 그 제3자의 결의에 영향을 줄 수 있음을 알린 때는 협박이 된다. 직접적으로 공무원을 협박의 상대방으로 할 필요는 없고, 제3자에 대한 협박도 그것이 간접적으로 공무원에게 공포심을 일으키게 하는 것이어서 공무원의 직무집행을 방해할 정도라면 공무원에 대한 협박이 될 수 있다.

116 판례는 본죄의 협박이란 상대방에게 공포심을 일으킬 목적으로 해악을 고지하는 행위를 의미하는 것으로서 고지하는 해악의 내용이 그 경위, 행위 당시의 주위 상황, 행위자의 성향, 행위자와 상대방과의 친숙함의 정도, 지위 등의

Vollstreckungsbeamte)'의 죄를 구성하는 행위로서의 폭행에 관해 연방법원은, '폭행'에 의한 저항이란 직무를 집행하는 공무원의 신체에 향해지고, 당해 공무원이 적어도 간접적으로 유형력이 행사되고 있다고 신체적으로 느낄 수 있는 적극적인 행동을 말하며, 행위자의 인식에 있어서 집행행위를 저해하려는 목적 또는 당해 공무원이 경미하지 않은 유형력을 행사하지 않는 한 집행행위를 실행할 수 없을 정도로 집행행위를 곤란하게 하려는 목적에 이바지하는 것을 말한다(BGH, 16.11.1962 - 4 StR 337/62). 그와 같은 관점에서 판례 중에는, 운행 중인 경찰차량에 대해 도로를 봉쇄하는 행위나 경찰차량 앞으로 갑자기 뛰어나오는 행위는 폭행에 의한 저항에 해당한다고 본 것(BayObLG, 29.01.1988 - RReg. 3 St 247/87)이 있다.

148 배종대, § 157/16; 오영근, 727; 이재상·장영민·강동범, § 44/21.

상호관계 등 행위 당시의 여러 사정을 종합하여 객관적으로 상대방으로 하여금 공포심을 느끼게 하는 것이어야 하고, 그 협박이 경미하여 상대방이 전혀 개의치 아니할 정도인 경우에는 협박에 해당하지 않는다는 입장이다.[149]

(2) 폭행·협박의 정도

본죄의 폭행·협박이 되려면 적극적인 행위가 있어야 하고, 소극적인 거동 117
이나 불복종은 폭행·협박에 해당하지 아니한다.[150] 소극적인 반항, 예를 들어 공무원의 출입을 막기 위하여 닫혀 있는 문을 열어주지 아니하거나 맹견을 묶지 아니하는 경우 또는 체포를 방해하기 위하여 앉거나 누워있는 경우, 체포당하지 않으려고 손을 뿌리치는 정도의 행위만으로는 폭행에 해당한다고 할 수 없다. 그러나 공무원이 나가지 못하도록 문을 닫거나 맹견을 풀어 놓는 것은 적극적인 행위로서 폭행에 해당할 수 있다.[151]

본죄의 폭행·협박은 그 성질상 공무원의 직무집행을 방해할 만한 정도가 118
되어야 한다(통설[152] 및 판례[153]). 공무원이 개의치 아니할 정도로 경미한 것이라면 이로 인하여 공무원의 직무집행이 방해될 우려가 없기 때문이다. 그러나 공무원의 직무집행을 방해할 만한 것이라면 폭행·협박이 일회적이고 순간적으로 이루어지거나 또는 계속적이고 반복적으로 이루어지든 상관없다. 한편, 동일한 해악의 고지를 하더라도 해악의 고지만 하는 경우보다 그와 더불어 유형력의 행사까지 하는 경우, 본죄의 협박에 해당한다고 볼 여지가 커질 수 있다.

(3) 판례의 태도

(가) 폭행·협박에 해당한다고 본 사례

① 폭행의 상대방이 집달리 대리가 아니고 그 인부라 하더라도 그 인부에 119
게 폭행을 가함으로써 집달리 대리에 대하여 간접으로 폭행을 가한 것이 되어 본죄가 성립한다고 보았다(보조자에 대한 폭행).[154]

---

149 대판 1970. 6. 30, 70도1211; 대판 2011. 2. 10, 2010도15986 등.

150 이를 '현저성의 원칙'이라고 표현하는 견해도 있다(임웅, 963).

151 이재상·장영민·강동범, § 44/22.

152 배종대, § 157/17; 오영근, 728; 이재상·장영민·강동범, § 44/22.

153 대판 2007. 6. 1, 2006도4449 등. 일본 판례도 같은 취지이다[最判 昭和 33(1958). 9. 30. 刑集 12·13·3151].

154 대판 1970. 5. 12, 70도561. 일본 판례도 같은 취지이다[最判 昭和 41(1966). 3. 24. 刑集 20·3·129].

120 ② 피고인이 순경이 공무를 집행하고 있는 파출소 사무실 바닥에 인분이 들어있는 물통을 던지고 또 책상 위에 있던 재떨이에 인분을 퍼 담아 사무실 바닥에 던지는 행위는 순경에 대한 폭행에 해당하고, 순경에게 "씹할 놈들 너희가 나를 잡아넣어, 소장 데리고 와."라고 폭언을 한 것은 이에 불응하면 신체에 위해를 가할 것을 암시하는 협박에 해당한다고 보았다.[155]

121 ③ 피고인이 자신이 경영하는 술집에서 떠들며 놀다가 주민신고를 받고 출동한 경찰로부터 조용히 하라는 주의를 받은 후 새벽 4시의 이른 시각에 파출소까지 뒤쫓아가서 "우리 집에 무슨 감정이 있느냐, 이 순사새끼들 죽고 싶으냐."는 등의 폭언을 한 점, 피고인은 폭력행위 등 전과 12범인 점, 그 장소도 경찰관이 정복을 입고 근무하던 파출소 내인 점에 비추어, 피고인의 행위를 단순히 경찰관에 대한 불만의 표시나 감정적인 욕설을 한 것에 그친다고 볼 수는 없고, 경찰이 계속하여 단속하는 경우에 생명·신체에 어떤 위해가 가해지리라는 것을 통보함으로써 공포심을 품게 하려는 데 그 목적이 있었던 행위로서 객관적으로 보아 상대방으로 하여금 공포심을 느끼게 하기에 충분하므로 협박에 해당한다고 판단하였다.[156]

122 ④ 군수인 피고인 甲과 군청 내무과장인 피고인 乙이 부군수인 丙 등과 함께 군 의회에서 군수불신임 결의안을 채택하려는 군 의회 의원들의 직무집행을 군청 직원들을 동원하여 실력으로 저지하기로 공모한 다음, 甲이 구내방송을 통하여 청사 내에 있는 직원 150여 명을 집합시켜 그들로 하여금 의원들이 본회의장에 들어가려는 것을 계단에서부터 가로막아 입장하지 못하게 하고, 의원들이 소회의실에 들어가 의사를 진행하려고 하자 의장의 출입저지에도 불구하고 다시 직원 50여 명으로 하여금 그곳에 난입하여 회의실을 점거하게 하여 의사진행을 못하게 한 행위를 폭행에 해당한다고 보았다.[157]

123 ⑤ 폭력행위 등으로 처벌받은 전과가 수십 회에 이르는 피고인이 경찰서 유치장 안에서 아침 식사시간이 지난 후 뒤늦게 식사를 하고 있다가 유치실 수색작업을 하려던 경찰공무원들의 제지를 받게 되자 밥도 못 먹게 한다면서 고

155 대판 1981. 3. 24, 81도326.
156 대판 1989. 12. 26, 89도1204.
157 대판 1998. 5. 12, 98도662.

함과 욕설을 하고 수색작업을 지휘하고 있던 수사과장에게 "저 인간은 내가 밖에서 죽이지 않으면 사람이 아니다."라고 고함을 질렀다면, 피고인의 행위는 단순히 감정적 욕설을 한 것에 그쳤다고 보기 어렵고, 객관적으로 보아 상대방으로 하여금 공포심을 느끼게 하기에 충분하다는 이유로 본죄의 협박에 해당한다고 판단하였다.[158]

⑥ 피고인들이 구청 주차장 출입구에 시위용 방송차량을 주차해 놓고 2차례 124
에 걸쳐 5시간 및 1시간 동안 시위방송을 하여 폭력으로써 구청 공무원의 직무집행을 방해하였다고 기소된 사안에서, 원심은 시위방송을 한 사실만으로는 본죄의 폭행에 해당한다고 볼 수 없다고 판단하였으나, 대법원은 집회 등에서의 소음이 본죄의 폭행에 해당하는가와 관련하여, 민주사회에서 공무원의 직무수행에 대한 시민들의 건전한 비판과 감시는 가능한 한 널리 허용되어야 한다는 점에서 볼 때, 공무원의 직무수행에 대한 비판이나 시정 등을 요구하는 집회·시위 과정에서 일시적으로 상당한 소음이 발생하였다는 사정만으로는 이를 본죄에서의 음향으로 인한 폭행이 있었다고 할 수는 없으나, 의사전달수단으로서 합리적 범위를 넘어서 상대방에게 고통을 줄 의도로 음향을 이용하였다면 이를 폭행으로 인정할 수 있고, 구체적인 상황에서 본죄에서의 음향으로 인한 폭행에 해당하는지는 음량의 크기나 음의 높이, 음향의 지속시간, 종류, 음향발생 행위자의 의도, 음향발생원과 직무를 집행 중인 공무원과의 거리, 음향발생 당시의 주변 상황을 종합적으로 고려하여 판단하여야 한다고 판시하면서 원심을 파기하였다.[159] 다만 이 판결에서는 제시한 기준항목이 구체적으로 어느 정도 되어야 폭행이 된다고 볼 수 있는지까지 판시한 것은 아니고, 환송 후 판결도 이 부분에 관하여는 구체적인 판시를 하지 않았다.

⑦ 피고인이 수산업협동조합 조합장을 7년 이상 역임해 온 자로서 지역사회 125
에 상당한 영향력을 행사하고 있었고 검찰청 또는 해양경찰청 고위간부들과의 친분관계를 과시하였으므로 상대방으로서는 충분히 위협을 느낄 수 있는 지위에

158 대판 2007. 9. 20, 2007도6262.

159 대판 2009. 10. 29, 2007도3584. 한편, 판례는 음향으로 상대방의 청각기관을 직접적으로 자극하여 육체적·정신적 고통을 주는 행위도 유형력의 행사로서 폭행에 해당할 수 있다는 입장이다(대판 2003. 1. 10, 2000도5716 등).

있었던 것으로 보이는 점, 당시 피고인의 전화통화 내용도 수사에 대하여 강하게 항의하면서 해양경찰청 고위간부들과의 친분관계를 이용하여 상대방에게 인사상 불이익을 가하겠다는 것으로서 상대방이 공포심을 느낄 수 있는 해악의 고지로 보이는 점, 기타 폭언을 하게 된 동기 및 경위, 그 내용 등에 비추어 보면, 피고인의 폭언은 단순히 경찰공무원의 수사에 대한 불만의 표시나 감정적인 욕설에 그친다고 볼 수는 없고, 수사를 계속하는 경우에는 담당경찰관에게 어떤 인사상 불이익이 가해지리라는 것을 통보함으로써 공포심을 품게 하려는 데 그 목적이 있었다고 할 것이며, 이는 객관적으로 보아 상대방으로 하여금 공포심을 느끼게 하기에 충분하다는 이유로, 본죄의 협박에 해당한다고 보았다.[160]

126 ⑧ 피고인이 지구대 내에서 자신에 대한 즉결심판출석통지서를 찢어버리고 약 1시간 40분 동안 큰 소리로 경찰관을 모욕하는 말을 하고, 그곳 의자에 드러눕거나 다른 사람들에게 시비를 걸고 그 과정에서 경찰관들이 피고인을 내보낸 뒤 문을 잠그자 다시 들어오기 위해 출입문을 계속해서 두드리거나 잡아당기는 등 소란을 피운 사안에서, 원심은 피고인이 즉결심판출석통지서를 찢어버리거나 지구대를 나간 후 다시 들어오지 못하도록 출입문을 잠그면 출입문을 주먹으로 두드리는 등의 행위를 한 것은 경찰관들에 대한 직·간접적인 유형력의 행사나 해악의 고지라고 보기 어렵다고 판단하였으나, 대법원은 피고인이 밤늦은 시각에 술에 취해 위와 같이 한참 동안 소란을 피운 행위는 그 정도에 따라 공무원에 대한 간접적인 유형력의 행사로서 폭행에 해당한다고 볼 수 있는데, 피고인이 지구대 출입문을 두드릴 당시의 지구대에서 근무하던 경찰관들의 위치, 경찰관과 출입문과의 거리, 피고인의 위와 같은 행위가 지속된 시간, 피고인이 행사한 물리력의 정도, 출입문의 구조 등과 같이 피고인의 위 행위가 경찰관에 대한 유형력의 행사라고 볼 수 있는 구체적인 내용에 관하여 따져볼 필요가 있다는 이유로 원심을 파기하였다.[161]

127 ⑨ 피고인이 택시기사와 시비를 벌인 일로 112 신고를 받고 출동한 여성 경찰관이 사건을 종결하면서 피고인에게 귀가를 권유하자 경찰관의 외근 조끼 왼쪽 부분을 움켜쥐고 앞뒤로 3, 4회 흔든 사안에서, 본죄에서의 폭행은 공무원

160 대판 2011. 2. 10, 2010도15986.
161 대판 2013. 12. 26, 2013도11050.

에 대한 직접적인 유형력의 행사뿐 아니라 간접적인 유형력의 행사도 포함하는 것이라고 전제한 다음, 위력의 정도를 넘는 폭행이 있었다고 볼 수 없다는 이유로 무죄로 판단한 원심을 파기하였다.[162]

(나) 폭행·협박에 해당하지 않는다고 본 사례

① 경찰관이 피고인에게 임의동행을 요구하자 피고인이 자기 집 안방으로 128
피하여 문을 잠근 후 안방에서 면도칼로 앞가슴 등을 그어 피를 보이면서 자신이 죽어버리겠다고 불온한 언사를 한 것은 자해·자학행위는 될지언정 경찰관에 대한 폭행이나 협박으로는 볼 수 없다고 판단하였다.[163]

② 교통단속 경찰관이 피고인이 운전하던 차량이 1차선으로 주행하는 것을 129
보고 정지시킨 다음 피고인에게 면허증 제시를 요구하자 피고인이 이를 거부하면서 약 5분간 실랑이를 하다가 고발을 하라면서 차량을 출발하려 할 때 차량의 왼쪽 문손잡이를 잡고 2~3m를 따라가다가 차량 발판에 뛰어오르자 피고인이 곧 정차를 하고 차량이 진행한 거리가 약 7~8m이었으며 교통단속 경찰관의 상해가 차량의 발판에 뛰어오르다가 왼쪽 앞 타이어에 왼쪽 무릎을 부딪쳐서 입게 된 사안에서, 교통단속 경찰관의 상해는 차량을 붙잡으려고 차량 발판에 뛰어오르다가 그 자신의 부주의로 인하여 생긴 것일 뿐, 피고인이 공무집행 중인 경찰관을 차량의 문손잡이에 매단 채 그대로 달려 폭행을 가함과 동시에 상해를 입게 하였다고 볼 수 없고, 피고인이 교통단속 경찰관이 차량에 올라타는 것을 발견하고 정차하는 과정에서 교통단속 경찰관이 차량에 올라탄 채 약간 진행하게 되었더라도, 이것만으로 교통단속 경찰관에게 폭행을 가한 것이라 할 수 없다고 판단하였다.[164]

③ 교통단속업무에 종사하던 의경이 안전띠 미착용을 이유로 피고인의 차 130
량을 정차시키고 피고인에게 운전면허증 제시를 요구하였으나 피고인이 이에 응하지 않고 차량을 도로 우측으로 정지시키는 듯하면서 그대로 운전하여 가다가 일방통행길에 막혀 다시 되돌아오는 것을 보고 피고인의 차량을 정차시키고 운전석 열린 유리창 윗부분을 손으로 잡고서 피고인에게 운전면허증 제시를 요

---

162 대판 2018. 6. 15, 2018도2256.
163 대판 1976. 3. 9, 75도3779.
164 대판 1994. 9. 9, 94도701.

구하였는데, 피고인이 그의 처가가 바로 앞에 있으니 차를 세워놓고 오겠다고 하면서 면허증 제시에 응하지 않다가 그대로 출발하려 하므로 잡고 있던 유리창 윗부분을 놓지 않은 채 10 내지 15m가량을 걸어서 따라가다가 위 차량의 속도가 빨라지자 더는 차량을 잡은 채로 있을 수 없어 손을 놓게 된 사안에서, 피고인의 행위가 본죄의 폭행에 해당하지 아니한다고[165] 판단하였다.[166] 그런데 이 판결과 사안이 유사한 대판 1994. 9. 27, 94도886[167] 사건은 피고인이 그대로 차를 진행해 의경이 운전석 쪽 문틀을 잡고 따라가며 차를 세우라고 손으로 차 지붕을 치고 그가 차에 매달려 있는데도 약 40m가량 차를 진행한 후 급정차하여 의경을 땅바닥에 떨어뜨려 상해를 입게 한 사안으로서, 본죄의 성립을 인정하였다.

131 ④ 구청 정보통신과장인 A의 노조원들을 향한 부적절한 언사에 흥분한 노조원 甲, 乙 등이 이에 대항하여 "병신 같은 것이 과장이라고 지랄하네. 말조심해."라는 욕설을 하고 이어 구청 실·과장들과 노조원들이 언쟁을 한 점, 당시 현장에는 노조원 10여 명이 있었고 구청 간부들로는 A 외에 실·과장 약 15명가량이 더 있었던 점, 피고인을 비롯한 노조원과 폭언의 상대방인 A가 같은 구청에 근무하는 공무원들로서 평소 잘 알고 지내는 사이인 점, 노조원과 실·과장들이 언쟁 후에 화해하고 같이 식사를 하러 간 점, 피고인에게 협박 등 폭력행위 전력이 없는 점 등에 비추어 위와 같은 욕설은 A로 하여금 공포심을 느끼게 하는 정도의 것이라고 보기 어렵다고 보았다.[168]

132 ⑤ 공무집행방해 혐의로 체포된 피고인이 경찰서 형사과 사무실에서 목재 사물함 모서리와 벽에 자신의 머리를 들이받는 등의 자해를 한 것만으로는 형사과 사무실에서 근무 중이던 경찰관들에게 폭행 또는 협박한 것으로 볼 수 없다고 판단하였다.[169]

---

165 대판 1996. 4. 26, 96도281.

166 일본 하급심 판례 중에도 경찰관 등이 서 있는 곳으로 차량을 몰아 차량 후사경이 경찰관의 팔에 가볍게 부딪히게 한 사안에서, 폭행이 경미하다는 이유로 본죄의 성립을 부정한 것이 있다 〔東京高判 平成 19(2007). 9. 18. 高刑速(平19)·344〕.

167 본 판결 해설은 이재환, "교통사범을 단속하는 경찰의 공무집행의 범위", 해설 22, 법원행정처(1995), 636 이하 참조.

168 대판 2006. 1. 13, 2005도4799.

169 대판 2007. 3. 16, 2006도9020.

⑥ 피고인이 오락실 밖에서 압수된 게임기 기판이 든 박스를 옮기고 있던 의경을 뒤쫓아가 "이 박스는 압수된 것이 아니다."라고 말하면서 그 의경의 손에 있던 박스를 들고 간 것은, 당시 그 의경이 즉각적으로 대응하거나 저항하지 않았고, 다른 경찰관이 피고인을 그냥 보내면 안 된다고 하자 비로소 택시를 타려는 피고인을 저지한 점 등에 비추어, 의경의 공무집행을 방해할 만한 폭행 또는 협박에 해당하지 않는다고 본 원심을 수긍하였다.[170] 133

⑦ 피고인이 노조원들과 함께 경찰관인 피해자들이 파업투쟁 중인 공장에 진입할 경우에 대비하여 그들의 부재 중에 미리 윤활유나 철판조각을 바닥에 뿌려 놓은 것에 불과하고 피해자들이 여기에 미끄러져 넘어지거나 철판조각에 찔려 다쳤다는 것에 지나지 아니한 사안에서, 피고인 등이 윤활유나 철판조각을 피해자들의 면전에서 그들의 공무집행을 방해할 의도로 뿌린 것이라는 등의 특별한 사정이 있는 경우는 별론으로 하고, 이를 가리켜 피해자들에 대한 폭행에 해당하지 않는다고 판단하였다.[171] 134

(4) 기수시기

본죄는 구체적 위험범에 해당하므로 공무원에 대한 폭행이나 협박의 결과 공무방해의 구체적 위험이 발생하여야 기수에 이른다는 견해[172]가 있다. 그러나 본죄는 추상적 위험범으로서 공무원에 대한 폭행이나 협박을 하면 곧바로 기수에 이르고, 폭행이나 협박으로 인하여 공무방해의 결과나 구체적 위험이 발생할 것을 요하지 않는다는 견해가 통설이고,[173] 판례도 같은 입장이다.[174] 135

폭행이나 협박을 다 끝냈는지 여부나 행위자가 소기의 목적을 달성하였는지는 본죄의 기수 여부와 무관하다. 136

5. 고의와 착오

상대방이 공무원이고 직무집행 중이라는 사실과 그에 대하여 폭행 또는 협 137

170 대판 2007. 6. 1, 2006도4449.
171 대판 2010. 12. 23, 2010도7412.
172 배종대, § 157/18.
173 김성돈, 785; 김일수·서보학, 681; 손동권·김재윤, § 50/25; 오영근, 728; 이재상·장영민·강동범, § 44/23;; 임웅, 963; 정성근·박광민, 842; 주석형법 [각칙(1)](5판), 571(이상주).
174 대판 2005. 10. 28, 2005도6725; 대판 2018. 3. 29, 2017도21537 등.

박을 한다는 사실에 관한 고의가 있어야 한다. 불확정적인 인식이라도 미필적 고의로서 인정된다. '직무집행을 방해할 의사'라는 주관적 구성요건이 필요한지에 관하여 이를 긍정하는 견해도 있으나,[175] 본죄는 목적범이 아니므로 이러한 의사가 필요하지 않다는 견해가 통설이다.[176] 이에 대하여 구성요건적 고의 외에 초과주관적 불법요소로서 공무방해의 성향이 있어야 한다는 견해,[177] 불필요설의 입장을 취하면서도 공무원을 폭행·협박한다는 의사는 고의의 내용으로서 필요하고, 이 의사는 실질적으로 공무집행을 방해할 의사로 해석될 수 있으므로 견해 대립의 실익이 없다는 견해[178] 등이 있다.

138 판례는 ① 의무경찰이 학생들의 가두캠페인 행사관계로 직진하여 오는 택시의 운전자에게 좌회전 지시를 하였음에도 택시 운전자가 계속 직진하여 와서 택시를 세우고 항의하므로 택시 약 30㎝ 전방에 서서 이유를 설명하고 있는데 그 운전자가 신경질적으로 갑자기 좌회전하는 바람에 택시 우측 앞범퍼 부분으로 의무경찰의 무릎을 들이받은 사안에서, 본죄의 고의는 상대방이 직무를 집행하는 공무원이라는 사실, 이에 대하여 폭행 또는 협박을 한다는 사실을 인식하는 것을 내용으로 하고, 그 인식은 불확정적인 것이라도 소위 미필적 고의가 있다고 보아야 하며, 그 직무집행을 방해할 의사를 필요로 하지 않는다고 전제한 다음, 특별한 사정이 없는 한 택시의 회전반경 등 자동차의 운전에 대하여 충분한 지식과 경험을 가졌다고 볼 수 있는 운전자에게는 사고 당시 최소한 택시를 일단 후진하였다가 안전하게 진행하거나 의무경찰로 하여금 안전하게 비켜서도록 한 다음 진행하지 아니하고 그대로 좌회전하는 경우 그로부터 불과 30㎝ 앞에서 서 있던 의무경찰을 충격하리라는 사실을 쉽게 알고도 이러한 결과 발생을 용인하는 내심의 의사, 즉 미필적 고의를 인정할 수 있다고 보았다.[179]

139 ② 영부인이 참석한 대학교 대강당 행사가 개최되는 중에 피고인들이 총장

175 서일교, 335; 진계호, 711.

176 김성돈, 786; 김일수·서보학, 681; 배종대, § 157/19; 신동운, 184; 오영근, 728; 이재상·장영민·강동범, § 44/24; 임웅, 963; 정성근·박광민, 842; 주석형법 [각칙(1)](5판), 571(이상주).

177 김일수·서보학, 682.

178 손동권·김재윤, § 50/26.

179 대판 1995. 1. 24, 94도1949.

면담 등을 요구하며 대강당으로 진입하려다가 영부인을 경호하는 사복 경찰관들을 폭행한 사안에서, 사복 경찰관들이 경찰관의 복장을 착용하거나 신분증을 제시하지 않았고 경찰관임을 명시적으로 밝히지 않았다고 하더라도 대강당에서 개최되는 행사에 영부인이 참석하고 있다는 사실을 알고 있었던 피고인들로서는 사복 경찰관들이 영부인을 경호하는 공무를 수행 중인 경찰관들이라는 사실을 미필적으로나마 인식하고 있었다고 보인다고 판단하였다.[180]

140 ③ 피고인이 술에 취해 난동을 부린다는 112 신고를 받고 출동한 경찰관 중 한 명의 얼굴을 때렸다는 사안에서, 원심은 피고인이 만취상태여서 폭행 상대방이 경찰공무원이고 공무집행 중이었다는 사실에 대한 범의가 있었음이 증명되지 않았다고 판단하였으나, 대법원은 출동한 경찰관들이 피고인과 대면할 당시 경찰관 정복을 입고 있었고 피고인에게 경찰관임을 알려 주었던 점, 경찰관들의 출동 무렵 피고인은 이 사건 빌라 3층 거주자와 언쟁을 벌이고 있었고, 경찰관을 폭행하면 공무집행방해죄로 형사입건이 될 수 있다는 경찰관의 말을 듣고 진정하는 모습을 보였던 점, 피고인이 경찰관의 얼굴을 때린 시점은 경찰관들이 이 사건 빌라로 출동한 이후 약 1시간이 지난 시점이었고, 그 무렵 피고인은 두 경찰관들에게 소변을 보고 싶다는 의사를 분명하게 표시하고 소변을 보기도 하였던 점, 출동 경찰관들 및 연락을 받고 피고인을 데리러 온 교수에게 한 피고인의 말과 행동을 위와 같은 사정들과 함께 고려하면, 피고인이 경찰관의 얼굴을 때릴 당시 인사불성으로 자신의 몸조차 가누지 못하는 등 주변 상황을 제대로 인식조차 할 수 없었던 상태가 아니라 경찰관 정복을 입은 사람을 경찰관으로 인식할 수는 있는 상태였다고 보인다는 이유로 원심을 파기하였다.[181]

141 한편, 직무집행의 적법성의 체계적 지위에 관한 처벌조건설, 위법성요소설의 입장에서는 직무집행의 적법성에 대한 인식이 고의의 내용을 이루지 않지만, 구성요건요소설의 입장에서는 직무집행이 적법하다는 미필적 인식이라도 있어야 본죄의 고의가 인정되고, 구분설의 입장에서도 적법성의 기초가 되는 행위사정 또는 직무행위가 적법하기 위한 요건사실의 존부에 관한 착오는 역시 고의를 조각한다고 본다.

180 대판 2012. 5. 24, 2010도11381.
181 대판 2019. 6. 13, 2019도1413.

6. 위법성

142 직무집행의 적법성의 체계적 지위에 관한 위법성요소설의 입장에서는 공무원의 직무집행이 위법한 경우 그 공무원에 대한 폭행·협박은 위법성이 조각된다고 본다. 그러나 구성요건요소설의 입장에서는 본죄의 구성요건에 해당하지 않기 때문에 위법성을 논할 필요가 없게 되고, 구분설에서도 적법성의 기초가 되는 행위사정 또는 직무행위가 적법하기 위한 요건사실의 존부는 구성요건요소가 되므로 이러한 사정이 없기 때문에 직무행위가 위법하게 된 상황에서 공무원에 대한 폭행·협박을 하였다면 구성요건에 해당하지 않는다고 본다. 판례는 구성요건요소설의 입장이라는 점은 앞에서 살펴보았다.

143 나아가 저항의 수단으로서의 행위가 폭행·협박을 넘어 상해죄 등의 구성요건에도 해당할 경우, 정당방위 등으로서 위법성이 조각되는지에 대한 검토가 필요하다. 판례는 경찰관들이 체포영장을 소지하고 메트암페타민(일명 필로폰) 투약 등 혐의로 피고인을 체포하려고 하자 피고인이 이에 거세게 저항하는 과정에서 경찰관들에게 상해를 가하였다고 하여 본죄 및 상해죄로 기소된 사안에서, 피고인이 경찰관들과 마주하자마자 도망가려는 태도를 보이거나 먼저 폭력을 행사하며 대항한 바 없는 등 경찰관들이 체포를 위한 실력행사에 나아가기 전에 체포영장을 제시하고 미란다원칙을 고지할 여유가 있었음에도 애초부터 미란다원칙을 체포 후에 고지할 생각으로 먼저 체포행위에 나선 경찰관들의 행위가 적법한 공무집행이라고 보기 어렵고, 이처럼 경찰관의 체포행위가 적법한 공무집행을 벗어나 불법하게 체포한 것으로 볼 수밖에 없다면, 피의자가 그 체포를 면하려고 반항하는 과정에서 경찰관에게 상해를 가한 것은 불법체포로 인한 신체에 대한 현재의 부당한 침해에서 벗어나기 위한 행위로서 정당방위에 해당하여 위법성이 조각된다고 본 원심을 수긍하였다.[182]

182 대판 2017. 9. 21, 2017도10866. 같은 취지의 판결로는 대판 2000. 7. 4, 99도4341; 대판 2006. 9. 8, 2006도148; 대판 2011. 5. 26, 2011도3682 등. 한편, 대판 2014. 2. 27, 2011도13999가 직무집행 중인 공무원에 대한 상해죄에서의 위법성조각사유의 전제사실의 착오를 다루었다는 점은 앞서 보았다.

7. 죄수 및 다른 죄와의 관계

(1) 죄수

본죄의 죄수를 결정하는 기준에 관하여는 ① 보호대상이 되는 공무의 수를 144
기준으로 하여야 한다는 견해(공무기준설),[183] ② 본죄의 객체인 공무원의 수를 기준으로 하여야 한다는 견해(공무원기준설)[184]로 나뉜다. 1개의 공무를 공동으로 집행하는 수인의 공무원에 대하여 폭행·협박을 한 경우, 공무기준설에 의하면 포괄하여 1개의 공무집행방해죄가 성립하지만, 공무원기준설에 의하면 공무원별로 수개의 공무집행방해죄가 성립하고, 각 죄는 상상적 경합범의 관계에 있게 된다.

판례는 위 ②의 공무원기준설의 입장에서, 범죄피해 신고를 받고 출동한 2명 145
의 경찰관들에게 욕설하면서 먼저 경찰관 1명을 폭행하고 곧이어 이를 제지하는 다른 1명의 경찰관을 폭행하여 본죄로 기소된 사안에서, 동일한 공무를 집행하는 여러 명의 공무원에 대하여 폭행·협박한 경우에는 공무를 집행하는 공무원의 수에 따라 여러 개의 본죄가 성립하고, 이처럼 폭행·협박행위가 동일한 장소에서 동일한 기회에 이루어진 것으로서 사회관념상 1개의 행위로 평가되는 경우에는 여러 개의 본죄는 상상적 경합의 관계에 있다[185]고 보았다.[186]

(2) 다른 죄와의 관계

(가) 업무방해죄와의 관계

본죄와 업무방해죄(§ 314①)의 관계, 즉 본죄의 공무가 업무방해죄의 업무에 146
포함되는가의 문제인데, 폭행·협박에 이르지는 않더라도 위력에 의해 공무 수행을 방해한 경우 처벌해야 하는가와 관련된 논의이다.

---

183 김일수·서보학, 682; 박상기, 형법각론(8판), 665; 배종대, § 157/20; 손동권·김재윤, § 50/27; 이재상·장영민·강동범, § 44/25; 임웅, 964; 정성근·박광민, 843; 주석형법 〔각칙(1)〕(5판), 573(이상주).

184 김성돈, 786; 신동운, 187; 박상기·전지연, 859.

185 대판 1961. 9. 28, 4294형상415; 대판 2009. 6. 25, 2009도3505.

186 일본 판례도 5명의 공무원을 협박하여 압수물건의 인양을 포기하도록 한 사안에서, 공무원마다 공무집행방해죄가 성립하고 전체로서 상상적 경합관계라고 판시하여〔最判 昭和 31(1956). 7. 20. 裁判集(刑事)114·331. 같은 취지 最判 昭和 26(1951). 5. 16. 刑集 561157〕, 우리 판례와 결론은 같다. 다만 위 판례의 입장에 대하여, 학설은 일반적으로 위 ②의 공무원기준설을 따른 것이 아니라 공무원의 수만큼 복수의 공무를 인정한 것에 지나지 않으므로 결국 ①의 공무기준설을 따른 것으로 이해하고 있다〔大塚 外, 大コンメ(3版)(6), 160(頃安健司=河村 博); 西田 外, 注釈刑法(2), 47(西田典之)〕.

147 ① 다수설은 본죄와 업무방해죄는 보호법익과 행위유형이 서로 달라 특별법과 일반법의 관계에 있다고 할 수 없고, 형법이 업무방해죄 외에 본죄를 규정하면서 구성요건적 행위를 폭행과 협박으로 제한하고 있는 취지는 사적인 영역에서의 업무를 보호하는 외에 공무를 별도로 보호하면서 공무에 대한 방해행위는 공무원에 대하여 폭행·협박을 하는 경우에 한정하여 처벌하겠다는 뜻을 표시한 것으로 볼 수 있으므로, 공무는 업무방해죄에서의 업무에 포함되지 않는 것으로 보아 본죄가 성립하는 경우에는 별도로 업무방해죄가 성립하지 않는다고 한다(공무비포함설).[187] 이에 대하여, ② 공무도 업무에 포함되므로 공무에 대하여도 업무방해죄의 구성요건을 충족할 수 있지만 본죄가 성립하는 경우에는 법조경합에 의하여 업무방해죄의 적용은 배제되고 본죄만 성립한다고 하는 견해(공무포함설),[188] ③ 원칙적으로 업무방해죄의 업무 개념에 포함되지 않지만 위력으로 공무집행을 방해한 경우는 본죄의 규율대상이 아니므로 이 경우에 한해 공무도 업무방해죄의 업무에 포함시켜야 한다는 견해[189] 등도 있다.

148 판례는 위 ①의 공무비포함설의 입장에서, "형법상 업무방해죄의 보호법익은 업무를 통한 사람의 사회적·경제적 활동을 보호하려는 데 있으므로, 그 보호대상이 되는 업무란 직업 또는 계속적으로 종사하는 사무나 사업을 말하고, 여기서 사무 또는 사업은 단순히 경제적 활동만을 의미하는 것이 아니라 널리 사람이 그 사회생활상의 지위에서 계속적으로 행하는 일체의 사회적 활동을 의미한다. 한편, 형법상 업무방해죄와 별도로 규정한 공무집행방해죄에서 직무의 집행이란 널리 공무원이 직무상 취급할 수 있는 사무를 행하는 것을 의미하는데, 이 죄의 보호법익이 공무원에 의하여 구체적으로 행하여지는 국가 또는 공공기관의 기능을 보호하고자 하는 데 있는 점을 감안할 때, 공무원의 직무집행이 적법한 경우에 한하여 공무집행방해죄가 성립하고, 여기에서 적법한 공무집행이란 그 행위가 공무원의 추상적 권한에 속할 뿐 아니라 구체적 직무집행에 관한 법률상 요건과 방식을 갖춘 경우를 가리키는 것으로 보아야 한다. 이와 같이 업무방해죄와 공무집행방해죄는 그 보호법익과 보호대상이 상이할 뿐만 아

187 김성돈, 786; 박상기·전지연, 860; 손동권·김재윤, § 50/29; 오영근, 729; 이재상·장영민·강동범, § 44/27; 주석형법 [각칙(1)](5판), 574(이상주).

188 임웅, 964-965.

189 김일수·서보학, 676(682면에서는 공무비포함설을 취한다고 설명하고 있다).

니라 업무방해죄의 행위유형에 비하여 공무집행방해죄의 행위유형은 보다 제한되어 있다. 즉 공무집행방해죄는 폭행, 협박에 이른 경우를 구성요건으로 삼고 있을 뿐 이에 이르지 아니하는 위력 등에 의한 경우는 그 구성요건의 대상으로 삼고 있지 않다. 또한, 형법은 공무집행방해죄 외에도 여러 가지 유형의 공무방해행위를 처벌하는 규정을 개별적·구체적으로 마련하여 두고 있으므로, 이러한 처벌조항 이외에 공무의 집행을 업무방해죄에 의하여 보호받도록 하여야 할 현실적 필요가 적다는 측면도 있다. 그러므로 형법이 업무방해죄와는 별도로 공무집행방해죄를 규정하고 있는 것은 사적 업무와 공무를 구별하여 공무에 관해서는 공무원에 대한 폭행, 협박 또는 위계의 방법으로 그 집행을 방해하는 경우에 한하여 처벌하겠다는 취지라고 보아야 한다. 따라서 공무원이 직무상 수행하는 공무를 방해하는 행위에 대해서는 업무방해죄로 의율할 수는 없다고 해석함이 상당하다."고[190] 판시하였다.[191]

(나) 그 밖의 죄와의 관계

본죄와 폭행죄, 협박죄는 법조경합의 관계에 있다. 따라서 본죄가 성립하는 경우 폭행죄나 협박죄는 본죄에 흡수되어 별도로 성립하지 않는다. 2인 이상이 폭행·협박한 경우에도 마찬가지로 폭력행위등처벌에관한법률위반(공동폭행·협박)죄가 별도로 성립하지 않는다. 149

그러나 단순한 폭행·협박의 범위를 넘어 살인, 상해, 체포, 감금, 강도, 준강도, 소요죄 등과 같이 폭행죄와 협박죄가 보호하는 법익의 범위를 벗어난 별도의 법익을 침해하는 범죄의 구성요건에 해당하는 경우에는 이러한 범죄들과 본죄는 상상적 경합범의 관계에 있다.[192] 단체 또는 다중의 위력을 보이거나 위험한 물건을 휴대하여 공무원을 폭행함으로써 상해 또는 사망의 결과가 발생한 150

190 대판 2009. 11. 19, 2009도4166(전); 대판 2011. 7. 28, 2009도11104 등. 위 2009도4166(전) 판결의 해설은 유헌종, "공무원에 대하여 업무방해죄가 성립하는지 여부", 해설 82, 법원도서관(2010), 721-744.

191 일본 판례는 우리 판례와는 달리 공무원이 담당하는 직무가 '강제력을 행사하는 권력적 공무'가 아닌 경우에는 업무방해죄에 의하여 보호된다고 한다[最決 平成 14(2002). 9. 30. 刑集 567395. 노숙자에게 스스로 퇴거하도록 설득하고 퇴거 후 통로에 남아 있는 포장용 상자 등을 철거하는 것 등을 내용으로 하는 동경도(東京都)의 환경정비공사는 '강제력을 행사하는 권력적 공무'가 아니므로 위력업무방해죄(§ 234)가 성립한다고 한 사례].

192 김성돈, 786; 김일수·서보학, 682; 손동권·김재윤, § 50/27; 신동운, 187; 이재상·장영민·강동범, § 44/26; 임웅, 964; 정성근·박광민, 843; 주석형법 [각칙(1)](5판), 576(이상주).

경우에는 제144조 제2항의 특수공무방해치사상죄가 성립한다.

151 판례는 직무를 집행하는 공무원을 때리고 차서 상해를 가한 사안에 대하여 본죄와 상해죄의 상상적 경합을 인정하였고,[193] 절도범이 체포를 면탈할 목적으로 공무집행 중인 경찰관에게 폭행이나 협박을 한 경우 본죄와 준강도죄는 상상적 경합범의 관계에 있는 데 비하여, 강도나 강도미수범이 체포를 면탈할 목적으로 공무집행 중인 경찰관에게 폭행이나 협박을 한 경우에는 강도죄 또는 강도미수죄와 본죄의 실체적 경합범이 된다고 보았다.[194] 절도범이나 강도범이 체포를 면탈할 목적으로 경찰관을 폭행하여 상해가 발생한 경우에는 강도상해죄와 본죄의 상상적 경합범이 된다고 본다.

152 형법 외의 법률에서 특수한 공무집행을 보호하기 위하여 그 공무집행을 담당하는 공무원에 대한 폭행·협박을 처벌하는 구성요건을 충족하는 경우, 예를 들어 공직선거법 제244조 제1항의 선거관리위원회의 위원·직원, 공정선거지원단원·사이버공정선거지원단원, 투표사무원·사전투표사무원·개표사무원, 참관인 기타 선거사무에 종사하는 자를 폭행·협박하거나, 철도안전법 제49조 제2항의 폭행·협박으로 철도종사자의 직무집행을 방해하는 행위를 하거나, 또는 소방기본법 제50조 제1호 다목의 출동한 소방대원에게 폭행·협박을 행사하여 화재진압·인명구조 또는 구급활동을 방해하는 행위를 한 경우에는, 본죄는 공직선거법위반죄나 철도안전법위반죄 또는 소방기본법위반죄에 흡수되어 별도로 성립하지 아니한다고 본다.[195]

153 한편, 판례는 군형법 제60조 제1항의 직무수행 중인 군인 등에게 폭행·협박을 한 사람을 처벌하도록 한 규정과 본조 제1항을 비교하면, 전자의 죄는 후자의 죄의 구성요건의 모든 요소를 포함하는 외에 추가로 그 범행의 대상을 '직무수행 중인 군인 등'으로 한정한 것으로서, 전자의 구성요건을 충족하는 행위는 후자의 구성요건을 충족하지만 반대로 후자의 구성요건을 충족하는 행위가 항상 전자의 구성요건을 충족하지는 못하고, 두 죄를 별개의 죄로 보아야 할 만큼 그 보호법익에 차이가 있다고 보기도 어렵기 때문에 두 죄는 법조경합의 한

193 대판 1999. 9. 21, 99도383; 대판 2008. 4. 2, 2006도5075.
194 대판 1992. 7. 28, 92도917.
195 주석형법 [각칙(1)](5판), 576(이상주).

형태인 특별관계에 있다고 보아, 직무수행 중인 군인 등에게 폭행 또는 협박을 한 경우에는 군형법 제60조 제1항에서 정한 직무수행자폭행죄만이 성립하고, 본죄는 별도로 성립하지 않는다고 보았다.[196]

8. 처 벌

5년 이하의 징역 또는 1천만 원 이하의 벌금에 처한다. 154

이전에는 법정형으로 5년 이하의 징역형만 규정되었으나, 1995년 12월 29 155
일 형법 개정으로 벌금형이 선택형으로 추가되었다.

공무방해에 관한 죄 중 대법원 양형위원회가 정한 양형기준[197]이 마련된 156
범죄는 제136조(공무집행방해), 제137조(위계에 의한 공무집행방해), 제141조(공용서류 등의 무효, 공용물의 파괴), 제144조(특수공무방해)이다.

본죄의 경우 기본영역은 징역 6월에서 1년 6월, 가중영역은 징역 1년에서 157
징역 4년이고, 감경영역은 징역 8월 이하이다. 특별양형인자 중 가중요소로는 비난할 만한 범행동기,[198] 중한 상해가 발생한 경우,[199] 피해 입은 공무원이 다수인 경우, 공무방해의 정도가 중한 경우,[200] 경합범 아닌 반복적 범행,[201] 피지휘자에 대한 교사, 동종 누범이 있고, 감경요소로는 폭행·협박 또는 공무방해의 정도가 경미한 경우, 참작할 만한 범행동기, 농아자, 심신미약(본인 책임 없음), 자수, 처벌불원(중한 상해가 발생한 경우)가 있다. 일반양형인자 중 가중요소로는 계획적 범행,[202] 중하지 않은 상해가 발생한 경우, 이종 누범이거나 누범에 해당하지

196 대판 2012. 12. 27, 2012도1602.
197 양형위원회, 2022 양형기준(2022), 189-202.
198 정당한 공무집행에 대한 보복 목적 또는 원한이나 증오감에서 범행을 저지른 경우, 공무원을 괴롭히기 위한 의도로 범행을 저지른 경우, 별다른 이유 없는 무차별(무작위) 범행 또는 범행 자체를 즐겨서 저지른 경우 등.
199 치료기간 약 4, 5주 이상인 경우를 기준으로 하되, 후유장애 또는 심한 추상장애가 남거나 위험한 부위의 상해에 해당하거나 추가 상해가 예상되는 경우.
200 공무방해행위로 인하여 초래된 공무수행의 지장 또는 마비가 상당한 정도 또는 기간에 이르게 된 경우, 인명구조, 화재진압, 범죄수사, 치안유지 등을 위해 긴급한 임무를 수행하고 있는 공무원을 대상으로 범행한 경우 등.
201 범행 시로부터 역산하여 3년 이내 3회 이상 벌금형 이상의 동종 전과가 있는 경우.
202 범행도구의 사전 준비 및 소지, 사전 공모, 피해자 유인, 증거인멸의 준비, 도주계획의 사전 수립, 신원확인 회피 목적으로 신체 일부를 가리고 범행한 경우(단, 공무집행방해범죄를 저지를 의도가 없는 경우 제외), 그 밖에 이에 준하는 경우.

않는 동종 실형 전과가 있는 경우(집행 종료 후 10년 미만)가 있고, 감경요소로는 소극 가담, 심신미약(본인 책임 있음), 형사처벌 전력 없음, 처벌불원(중하지 않은 상해가 발생한 경우)이 있다. 단체·다중의 위력을 보이거나 위험한 물건을 휴대한 경우라는 가중요소가 적용되는 사안에서는 본죄 외에 제144조 제1항의 특수공무방해죄도 함께 적용된다. 상해 관련 양형인자가 적용되는 사안에서는 상해죄나 폭행치상죄가 함께 문제될 것이고, 그 경우 양형기준상 다수범죄 처리기준에 따라 법정형이 높은 상해죄와 폭행치상죄가 기본범죄가 될 가능성이 큰데 상해죄에 대한 양형기준에 특별양형인자 중 가중요소로 '공무집행방해의 경우'를 규정하고 있지만 폭행치상에 대한 양형기준에서는 빠져 있어 상해죄와 같이 규정할 필요가 있다고 본다.

158 한편, 양형기준에서는 음주 또는 약물로 만취상태에서 본죄를 범한 경우 다음과 같은 구분에 따르도록 하고 있다.[203] 즉 ① 범행의 고의로 또는 범행 수행을 예견하거나 범행 후 면책사유로 삼기 위하여 자의로 음주 또는 약물로 인하여 만취상태에 빠진 경우에는 피고인이 범행 당시 심신미약 상태에 있었는지 여부와 상관없이 만취상태를 일반가중인자로 반영한다. ② 범행의 고의가 없었고, 범행 수행을 예견하지 못하였으나, 과거의 경험, 당시의 신체 상태나 정황 등에 비추어 음주 또는 약물로 인하여 만취상태에 빠지면 타인에게 해악을 미칠 소질(가능성)이 있는 경우에는 피고인이 범행 당시 심신미약 상태에 있었는지 여부와 상관없이 만취상태를 감경인자로 반영하지 아니한다. ③ 위 ①, ②에 해당하지 않더라도 범행 당시 심신미약 상태에 이르지 않은 경우에는 만취상태를 감경인자로 반영하지 아니한다. 이러한 만취상태에서의 범행에 관한 기준은 공용물무효·파괴죄, 특수공무집행방해치사상의 경우에도 동일하게 적용된다.

Ⅲ. 직무·사직강요죄(제2항)

1. 의 의

159 공무원에 대하여 그 직무상의 행위를 강요 또는 저지하거나 그 직을 사퇴

---

203 양형위원회, 2022 양형기준(2022), 190.

하게 할 목적으로 폭행 또는 협박을 함으로써 성립하는 범죄이다. 본죄의 보호법익에 관하여는 공무만이 보호법익이라는 견해[204]와 공무원의 지위도 함께 보호법익으로 보아야 한다는 견해[205]로 나뉜다. 본죄가 구체적 위험범이라는 견해[206]도 있지만, 협의의 공무집행방해죄와 마찬가지로 추상적 위험범이라는 견해가 통설이고,[207] 강요죄가 침해범인 데 비해 본죄는 강요가 목적으로 되어 있는 추상적 위험범이라는 점에서 강요죄와 구별된다. 강요죄, 직권남용권리행사방해죄 등과 같이 비슷한 효과를 거둘 수 있는 처벌조항이 있기 때문인지 실무에서는 본죄로 기소된 사례를 찾기 어렵다.

2. 주체 및 객체

주체에는 제한이 없고, 공무원도 본죄의 주체가 될 수 있다. 160

본죄의 객체는 공무원이다. 직무집행 중인 공무원뿐 아니라 장래에 직무를 집행할 공무원도 객체가 된다는 점에서 협의의 공무집행방해죄와 구별된다. 161

3. 목 적

(1) 직무상의 행위의 범위

본죄는 '공무원에 대하여 그 직무상의 행위를 강요 또는 저지하거나 그 직을 사퇴하게 할 목적'을 필요로 하는 목적범이다. 여기서 '직무상의 행위'란 공무원의 직무권한 내의 행위여야 한다는 견해,[208] 본죄는 공무원의 정당한 직무집행뿐 아니라 직무상의 지위의 안전과 행동의 자유도 함께 보호하는 것이므로 공무원의 직무와 관계있으면 되고 권한 내의 것임을 요하지 않는다는 견해,[209] 본죄의 주된 보호법익은 공무 그 자체이고 공무원의 지위의 안전은 그에 따른 반사적 효과에 불과하며, 공무원의 추상적 권한에 속하는지 구체적 권한에 속하는지를 행위자가 분명하게 인식하기 어렵다는 이유로 추상적인 권한에 속하면 162

204 김일수·서보학, 683; 신동운, 189; 오영근, 730.
205 김성돈, 787; 박상기·전지연, 860; 배종대, § 158/2; 손동권·김재윤, § 50/31; 이재상·장영민·강동범, § 44/29; 임웅, 965; 정성근·박광민, 844; 정영일, 460.
206 배종대, § 158/2.
207 김신규, 881; 이정원·류석준, 751; 정웅석·최창호, 73; 주석형법 [각칙(1)](5판), 578(이상주).
208 김일수·서보학, 683; 신동운, 189.
209 박상기·전지연, 860.

된다는 견해(다수설)[210] 등이 있다.

(2) 직무행위의 적법성

163 직무상의 행위는 항상 적법해야 한다는 견해[211]도 있다. 그러나 위법한 직무상의 행위를 저지하기 위한 행위는 본죄의 보호법익을 침해할 위험이 없고, 공무원의 직무상 행위를 강요하는 것은 직무상 행위의 적법성과 상관없이 보호법익을 침해할 위험이 있다는 이유로 직무집행의 적법성을 요하지 않는다는 견해[212]가 다수설이다.

(3) '공무원의 직을 사퇴하게 할 목적'

164 공무집행을 방해하는지와 상관없이 단순한 개인적인 사정에 의하여 사퇴하게 하는 경우는 포함되지 않는다는 견해[213]도 있다. 그러나 공무집행을 방해하는 수단으로서 그 직을 사퇴하게 하는 경우뿐만 아니라, 이와 무관하게 개인적인 사정에 의하여 직을 사퇴하게 하려는 경우에도 보호법익인 공무를 침해할 위험성이 있다는 이유로 포함된다는 견해[214]가 다수설이다.

4. 행 위

165 공무원에 대하여 폭행·협박을 하는 것으로, 그 의미는 협의의 공무집행방해죄와 같다. 본죄를 구체적 위험범으로 보아 기수에 이르려면 폭행 또는 협박만으로는 부족하고 공무 또는 공무원 지위의 안전에 대한 구체적 위험이 발생해야 한다는 견해[215]가 있으나, 추상적 위험범으로서 폭행 또는 협박에 의해 곧바로 기수에 이른다는 견해가 통설이다.[216]

---

210 배종대, § 158/5; 오영근, 731; 이재상·장영민·강동범, § 44/32; 임웅, 966; 정성근·박광민, 846; 정영일, 460.

211 오영근, 731.

212 김성돈, 788; 김일수·서보학, 684; 배종대, § 158/6; 손동권·김재윤, § 50/33; 이재상·장영민·강동범, § 44/33; 임웅, 966; 정성근·박광민, 846; 정영일, 460-461.

213 김일수·서보학, 684

214 김성돈, 788; 김일수·서보학, 684; 배종대, § 158/7; 신동운, 189; 오영근, 731; 이재상·장영민·강동범, § 44/34; 임웅, 966; 정성근·박광민, 847; 정영일, 461.

215 배종대, § 158/2

216 김성돈, 788; 김일수·서보학, 684; 박상기, 666; 손동권·김재윤, § 50/31; 오영근, 730; 이재상·장영민·강동범, § 44/29; 임웅, 965; 정성근·박광민, 845; 정영일, 460-461.

5. 다른 죄와의 관계

본죄가 성립하면 폭행 또는 협박죄는 본죄에 흡수된다. 본죄와 강요죄(§ 324) 166
에 관하여는 강요죄가 본죄에 흡수된다는 견해[217]가 있으나,[218] 상상적 경합범의 관계에 있다는 견해가 통설이다.[219]

6. 처 벌

5년 이하의 징역 또는 1천만 원 이하의 벌금에 처한다. 167

대법원 양형기준이 적용되는 범죄로서 그 내용은 협의의 공무집행방해죄와 168
같다.

〔이 영 훈〕

217 오영근, 731; 손동권·김재윤, § 50/35.

218 일본형법 제95조 제2항은 "공무원에게 어느 처분을 하게 하거나 하지 아니하도록 하기 위하여, 또는 그 직물 사퇴시키기 위하여 폭행 또는 협박을 가한 자도 전항(공무집행방해죄)과 같다."고 규정하여 직무강요죄를 두고 있는데, 판례는 일반적 성격을 가진 강요죄(§ 223)에 비하여 본죄는 일정한 목적으로 폭행·협박을 가하면 기수에 이른다는 점에서 강요죄의 특수한 경우로 볼 수 있으므로 법조경합(일반법과 특별법 관계)에 의하여 강요죄는 본죄에 흡수된다고 한다[大判 昭和 8(1933). 7. 27. 刑集 12·1394].

219 김성돈, 789; 김일수·서보학, 683; 박상기·전지연, 860; 배종대, § 158/8; 이재상·장영민·강동범, § 44/35; 정성근·박광민, 847.

第137條(위계에 의한 공무집행방해)

위계로써 공무원의 직무집행을 방해한 자는 5년 이하의 징역 또는 1천만원 이하의 벌금에 처한다. 〈개정 1995. 12. 29.〉

Ⅰ. 취 지

1 본죄(위계공무집행방해죄)는 위계로써 공무원의 직무집행을 방해하는 때에 성립하는 범죄로서, 협의의 공무집행방해죄와 마찬가지로 보호법익은 공무이다.

2 위계란 상대방의 착오나 부지를 이용하는 일체의 행위로서 기망보다 넓은 개념이고 그 문리적 의미에 포섭될 수 있는 행위 유형이 매우 다양하기 때문에 적용범위를 축소하거나 합리적인 제한이 필요하다는 지적이 있다.[1] 우리와 달리 독일, 프랑스, 일본, 오스트리아 등은 폭행, 협박이나 위력에 의한 공무집행방해를 처벌할 뿐 위계에 의한 경우를 처벌의 대상으로 하지 않고 있다.

3 본죄의 법적 성격에 관하여 세 가지 견해의 대립이 있다. ① 추상적 위험범

1 문상배, "출원에 의한 인허가 및 그 유사 행정행위에 있어서의 위계에 의한 공무집행방해의 적용범위", 판례연구 28, 부산판례연구회(2017. 2), 611 이하; 박현수, "판례에 나타난 위계에 의한 공무집행방해죄의 적용범위", 재판실무연구 2004, 광주지방법원(2005. 1), 139 이하; 최성진, "위계에 의한 공무집행방해죄의 적용범위에 대한 비판적 고찰", 형사법연구 23-2, 한국형사법학회(2011), 237 이하.

이라는 견해(통설)[2]는 본죄가 미수범 처벌규정을 두고 있지 않다는 점, 본죄와 공무집행방해죄의 성격을 달리 볼 필요가 없으므로 직무집행을 방해할 위험성이 있음으로써 충분하고 직무집행이 현실적으로 방해될 필요는 없다는 점, 위계에 의하여 공무집행방해의 결과가 발생한 경우에는 유죄가 되고 공무집행방해의 결과가 발생하지 않도록 공무원이 신중하게 노력한 경우에는 위계행위자를 무죄로 인정할 만한 위계의 질적인 차이를 발견할 수 없다는 점을 근거로 든다. ② 구체적 위험범이라는 견해[3]는 업무방해나 공무집행방해라는 결과는 살인이나 상해의 결과와 비교하여 그 태양이 다양하고 모호한 부분을 포함하고 있고, 더욱이 어떠한 방해가 발생하였느냐는 결과 자체가 입증되지 않아 행위로부터 결과 발생을 추정할 수밖에 없는 경우가 있다는 점만을 고려한다면 추상적 위험범의 성격을 띤다고 볼 수도 있으나, 본죄를 추상적 위험범으로 보는 것은 처벌범위를 부당하게 확대할 위험이 있으므로 방해가 현실적일 필요는 없지만 구체적 위험은 필요하다고 주장한다. ③ 결과범 또는 침해범이라는 견해[4]는 본죄가 협의의 공무집행방해죄와 달리 '직무집행을 방해'할 것을 구성요건으로 한다는 점, 위계 개념의 광의성으로 인해 지나친 적용의 확대를 막기 위해 구체적인 결과가 발생한 경우로 제한할 필요가 있으므로 위계가 공무원의 충실한 심사에 의하여 발각되었다 해도 그 위계 자체가 다른 구성요건에 해당하지 않는다면 이를 처벌하지 않겠다는 것이 입법자의 의도였다고 할 수 있다는 점, 위계라는 범행수단의 특성상 본죄는 위계로 인해 공무원이 그릇된 행위나 처분을 하고 난 뒤에서야 문제가 되는 경우가 대부분이라는 점 등을 근거로 든다.

판례가 어떤 입장인지에 관하여도 견해가 나뉜다. 대판 1967. 5. 23, 67도650[5]을 근거로 추상적 위험범으로 본다는 견해,[6] '현실적으로 곤란하게 하는 데 4

2 김성돈, 형법각론(5판), 789; 김신규, 형법각론 강의, 883; 김일수·서보학, 새로쓴 형법각론(9판), 684; 박상기, 형법각론(8판), 667; 손동권·김재윤, 새로운 형법각론, § 50/39; 이정원·류석준, 형법각론, 752; 이형국·김혜경, 형법각론(2판), 829; 임웅, 형법각론(9정판), 969; 정성근·박광민, 형법각론(전정2판), 848; 정영일, 형법강의 각론(3판), 461; 정웅석·최창호, 형법각론, 78.

3 배종대, 형법각론(13판), § 158/10; 최성진(주 1), 258.

4 오영근, 형법각론(5판), 732.

5 피고인이 A와 공모하여 시험감독관 몰래 시험답안지 해답이 적힌 쪽지를 B에게 전달한 이상 B가 이를 펴보지 않고 버렸다고 하더라도 공무원의 시험감독에 관한 직무집행을 위계로써 방해하였다고 판단한 사례.

6 최복규, "법령에서 명한 금지행위의 위반과 위계에 의한 공무집행방해죄의 성립 여부", 해설 48

까지는 이르지 않고' 등의 표현을 쓰고 있다는 등의 이유로[7] 구체적 위험범으로 본다는 견해,[8] '본죄의 위계라 함은 행위자의 행위 목적을 이루기 위하여 상대방에게 오인, 착각, 부지를 일으키게 하여 그 오인, 착각, 부지를 이용하는 것을 뜻하는 것으로 상대방이 이에 따라 그릇된 행위나 처분을 하여야만 본죄가 성립'한다고 함으로써 위계와 공무집행 사이에 인과관계가 인정되지 않는 경우 또는 미수에 그친 경우 본죄의 성립을 부정하고 있다는 이유로 결과범 또는 침해범으로 본다는 견해[9] 등으로 나뉜다. 본죄의 법적 성격은 기수시기와도 관련된 문제인데 뒤에서 살펴본다.

Ⅱ. 주체 및 객체

1. 주 체

5 주체에는 제한이 없고, 공무원도 주체가 될 수 있다.

2. 객 체

6 객체는 공무원의 직무집행이다.

7 협의의 공무집행방해죄와 달리 장차 직무집행 수행이 예상되는 공무원, 직무집행과 관련되는 제3자도 객체가 될 수 있다. 법령의 위임에 따른 공무원의 적법한 직무집행인 이상 공권력의 행사를 내용으로 하는 권력적 작용뿐만 아니라 사경제 주체로서의 활동을 비롯한 비권력적 작용도 포함된다. 판례는 입찰참가자 결정과 심사 및 낙찰자 결정, 그에 따른 공사계약체결 업무, 감척어선매매계약 체결 등 업무도 본죄의 객체가 된다고 판단하였다.[10]

(2003 하), 법원도서관(2004), 548.

7 대판 2000. 3. 24, 2000도102 등.

8 박동률, "판례를 통해 본 위계공무집행방해죄", 법학논고 29, 경북대 법학연구원(2008), 181-182.

9 문상배(주 1), 645; 박현수(주 1), 157.

10 대판 2003. 10. 9, 2000도4993; 대판 2003. 12. 26, 2001도6349.

Ⅲ. 행 위

본죄의 행위는 위계로써 공무원의 직무집행을 방해하는 것이다. 8

1. 위계 및 공무집행방해의 의미

(1) 위계

'위계'의 의미를 '타인의 부지 또는 착오를 이용하는 일체의 행위'라는 견해[11]와 '행위 목적을 달성하기 위해 상대방에게 오인, 착각 또는 부지를 불러일으키는 행위'라고 정의하는 견해[12]가 있다. 전자에 의하면 행위자가 상대방의 오인, 착각 또는 부지를 일으키지 않고 소극적으로 그와 같은 상태에 빠진 상대방을 이용하는 경우에도 위계에 해당한다고 본다. 판례는 일관되게 '행위자의 행위 목적을 이루기 위하여 상대방에게 오인, 착각, 부지를 일으키게 하여 그 오인, 착각, 부지를 이용하는 것'이라고 판시하여,[13] 후자의 견해를 취하고 있다. 9

유혹(誘惑), 즉 기망의 정도에는 이르지 않더라도 감언이설로 상대방을 현혹해 판단의 적정을 그르치게 하는 경우가 위계에 포함되는지에 관하여, 형법에서 유혹의 수단을 포함하는 경우에는 유인(誘引)이라는 용어를 쓰고 있는 점(§ 287 이하)과 유혹을 수단으로 사용하는 경우 교사는 될 수 있어도 위계가 될 수는 없다는 점을 근거로 부정하는 견해[14]도 있으나, 본조에서 기망과 구별하여 위계라는 용어를 사용하는 취지는 상대방에 대하여 오인이나 착각 또는 부지를 일으키게 하는 행위수단을 반드시 기망에 한정하지 아니하겠다는 뜻이므로 위계에는 유혹의 수단을 사용하는 경우도 포함된다고 보아야 할 것이다.[15] 10

(2) 공무집행방해

'방해'란 직무집행에 지장을 주거나 지장을 줄 위험을 야기하게 하는 것이 11

---

11 김성돈, 780; 김일수·서보학, 685; 이재상·장영민·강동범, 형법각론(12판), § 44/37; 임웅, 967; 박현수(주 1), 159.

12 박상기, 667; 배종대, § 158/10; 손동권·김재윤, § 50/36.

13 대판 2003. 12. 26, 2001도6349; 대판 2003. 10. 9, 2000도4993; 대판 2021. 4. 29, 2018도18582 등.

14 오영근, 7325; 임웅, 967.

15 김성돈, 789; 배종대, § 158/10; 손동권·김재윤, § 50/36; 이재상·장영민·강동범, § 44/37; 정성근·박광민, 848; 정영일, 461; 주석형법 〔각칙(1)〕(5판), 584(이상주).

다. 본죄가 성립하기 위하여 현실적으로 직무집행을 방해할 것을 요하는지에 대해서는 견해의 대립이 있는데, 이는 본죄의 기수시기와도 관련되므로 본죄의 **기수 부분**(IV)에서 상세하게 살펴본다.

2. 수사기관 등에 대한 허위진술·허위증거제출행위

(1) 일반론

12 판례는 수사기관 등에 대한 허위진술이나 허위증거제출은 원칙적으로 본죄가 성립하지 않는다는 입장에서, 수사기관은 범죄사건의 피의자나 피의자로 자처하는 자 또는 참고인의 진술 여하에 불구하고 피의자를 확정하고 그 피의사실을 인정할 만한 객관적인 제반증거를 수집·조사하여야 할 권리와 의무가 있으므로 수사기관에 대하여 허위진술을 하였다고 하여 바로 본죄가 성립한다고 할 수는 없다고 판단하였다.[16] 그러나 적극적으로 증거를 조작하는 경우로서 수사기관이 그 진위에 관하여 나름대로 '충실한 수사'를 하더라도 제출된 증거가 허위임을 발견하지 못하여 잘못된 결론을 내리게 될 정도에 이르렀다고 인정될 경우(위계로 인해 실제로 잘못된 조치를 취한 경우임)에는 본죄의 성립을 인정하였다.

(2) 판례의 태도

(가) 본죄의 성립을 인정한 사례

13 ① 음주운전을 하다가 교통사고를 야기한 후 타인의 혈액을 자신의 혈액인 것처럼 교통사고 조사 경찰관에게 제출하여 감정하게 하고 그 결과에 따라 피고인의 음주운전 혐의에 대해 공소권 없음의 의견으로 송치하게 한 사안,[17] ② 다른 사람 소변을 자신의 소변인 것처럼 수사기관에 건네주어 필로폰 음성반응이 나오게 한 사안[18] 등에서, 단순히 피의자가 수사기관에 대하여 허위사실을 진술하거나 자신에게 불리한 증거를 은닉한 데 그친 것이 아니라 수사기관의 착오를 이용하여 적극적으로 피의사실에 관한 증거를 조작한 경우에는 본죄가 성립한다고 판단하였다.

---

16 대판 1971. 3. 9, 71도186(허위자백·진술); 대판 1977. 2 8, 76도3685(허위진술); 대판 2012. 4. 26, 2011도17125(허위주장·허위증거제출) 등.

17 대판 2003. 7. 25, 2003도1609. 본 판결 해설은 김종필, "피의자의 증거위작과 위계에 의한 공무집행방해죄의 성부", 해설 48, 법원행정처(2004), 378-394.

18 대판 2007. 10. 11, 2007도6101.

③ 피고인 乙이 검찰청에서 A로부터 B 화백의 동양화 1점을 뇌물로 수수 14
한 혐의에 관하여 조사받으면서 '2008년 3월경 피고인 甲으로부터 아무런 부탁 없이 동양화 1점을 기증받아 즉시 기증물관리대장에 기재하게 한 후 이를 대회의실에 걸어두었다'는 취지로 진술하고 기증물관리대장을 증거자료로 제출하였는데, 사실은 2008년 3월 당시 기증물관리대장 자체가 없었고, 피고인 乙은 뇌물수수 사건 수사 직전 총무계장 C에게 작성일자를 소급하여 허위기재한 기증물관리대장을 만들게 한 후 '기증물관리대장이 2006년 3월경 최초 작성되었으며 기증물관리대장에 기재된 바와 같이 2008. 3. 21. 동양화 1점을 기증받았다'는 취지로 허위진술할 것을 지시하였고, C가 검찰청에서 같은 취지로 허위진술한 결과 피고인 乙은 동양화 수수행위에 관하여 일단 무혐의처분을 받았다가 다시 공소가 제기된 사안에서, 피고인 乙이 뇌물수수 사건의 조사 직전에 기증물관리대장을 조작하도록 지시하고 담당 직원으로 하여금 동양화 1점을 정상적인 절차에 따라 기증받아 종전부터 존재하는 기증물관리대장에 등재하여 관리하는 것처럼 허위진술하도록 지시한 행위는 단순히 수사기관에 대하여 허위사실을 진술하거나 자신에게 불리한 증거를 은닉하는 데 그친 것이 아니라 적극적으로 피의사실에 관한 증거를 조작한 것으로 볼 수 있다고 판단하였다.[19]

④ 경찰공무원인 피고인이 지명수배 중인 A의 사진을 부착한 운전면허분실 15
재교부신청서를 제출하여 운전면허증을 재발급받아 A에게 제공하였는데, 그 후 진정사건 조사 중인 감사원 감사관으로부터 문제되는 수표 일부에 피고인 명의 배서가 된 경위에 관해 조사받으면서 운전면허증을 분실하여 재발급받았는데 당시 잃어버린 운전면허증이 도용된 것 같다는 취지로 허위진술을 하고, 그 입증자료를 요구하는 감사관에게 위 분실재교부신청서 사본에 자신의 사진을 붙여 복사한 사본을 팩스로 송부하는 방법으로 적극적으로 증거를 위작하여 제출함으로써 결국 감사관이 운전면허증 부정발급 등에 관해 밝혀내지 못하고 피고인에 관하여 단순종결처리하게 한 사안에서, 감사관의 조사사항이 직접적으로는 위 운전면허증의 부정발급에 관한 것이 아니었다고 해도 감사관으로서는 문제된 수표에 배서한 주체가 피고인인지 여부, 피고인이 아니라면 이를 모용한

19 대판 2011. 2. 10, 2010도15986.

자가 누구인지 여부와 그 경위 등을 조사해야 할 상황이었고, 위 분실재교부신청서 사본 자체를 송부받았을 경우 그 전에 있었던 운전면허 부정발급 사실을 인지하여 피고인에 대한 조사 또는 수사의뢰가 당연히 이루어졌을 것이므로, 피고인이 위 분실재교부신청서 사본을 위조·제출한 행위에 의하여 감사관의 조사업무라는 직무집행이 방해되었다고 판단하였다.[20]

16 ⑤ 피고인이 대학 입시비리와 관련하여 피고인과 공범 등의 공모관계에 관한 내용이 담긴 '특이사항 보고'라는 문서 파일을 조작한 다음, 이를 위 입시비리 등과 관련한 교육부 특별사안감사 과정에서 감사 담당자들에게 제출하여 위계로써 교육부 특별사안감사 담당자들의 정당한 직무집행을 방해하였다고 기소된 사안에서, 감사대상자가 감사관에게 허위사실을 진술하거나 감사 목적 달성에 필요한 자료를 감추고 허위자료를 제출하였다고 하더라도, 감사관이 충분한 조사를 하지 않은 채 그와 같은 허위진술과 자료만으로 자료 수집·조사 절차를 마쳤다면, 이는 감사관의 불충분한 조사에 기인한 것으로서 감사대상자 등의 위계에 의하여 감사관의 감사업무가 방해되었다고 볼 수 없어 본죄가 성립하지 않지만, 감사대상자가 적극적으로 허위자료를 조작하여 제출하고 자료 조작 결과 감사관이 그 진위에 관하여 나름대로 충실한 조사를 하더라도 제출된 자료가 허위임을 발견하지 못할 정도에 이르렀다면, 이는 위계에 의하여 감사관의 감사업무를 적극적으로 방해한 것으로서 본죄가 성립한다고 판단하였다.[21]

17 ⑥ 피고인들이 국가정보원 심리전단 사건을 수사하는 검찰의 압수·수색에 대비하여 심리전단 사무실을 새롭게 꾸미고 심리전단 활동의 정당성을 드러내기 위한 허위문건을 작출하여 그곳에 비치하는 한편, 존재하지 않는다거나 국가기밀에 해당한다는 이유를 내세워 국가정보원이 보관하고 있는 자료의 제출을 거부한 사안에서, 압수·수색을 실시한 검찰 공무원들이 오인·착각·부지에 빠진 것으로 평가할 수 있다고 판단하였다.[22]

(나) 본죄의 성립을 부정한 사례

18 ① 화재로 우편물 일부가 소훼되어 수사가 시작되자 우편 집배원인 피고인

20 대판 2006. 9. 28, 2006도4376.

21 대판 2018. 5. 15, 2017도19499.

22 대판 2019. 3. 14, 2018도18646. 같은 취지로 대판 2020. 2. 13, 2019도12194.

이 화재가 자신의 실수에 의한 것처럼 가장하여 형사책임을 짐으로써 상사들에게 누가 미치게 하지 아니하고 사건을 조속히 종결시키려는 의도로 허위자백하고 타인에게 허위진술하도록 한 사안에서, 본죄의 성립을 부정하였다.[23]

② 피고인이 경찰에서 조사받을 때 A의 인적사항을 모용함으로써 A처럼 행세함과 아울러 B로 하여금 경찰 참고인조사 시 피고인이 A인 것처럼 거짓진술하게 하였더라도, 이것을 적극적으로 허위의 증거를 조작하여 제출한 것이라고 볼 수는 없고, 수사기관으로서는 피의자나 참고인의 진술과는 별도로 객관적인 조사를 통하여 피의자에 대한 기본적인 인적사항을 확인할 의무가 있는 이상(실제 경찰은 십지지문대조를 통하여 피고인이 A의 인적사항을 모용한 사실을 발견하였다.), 피고인이 B로 하여금 경찰에서 위와 같이 거짓진술하게 한 것만으로는 위계로써 수사를 방해하도록 교사한 것으로 인정할 수 없다고 판단하였다.[24] 19

③ 세무공무원이 세무에 관한 범칙사건 조사가 필요한 때는 범칙혐의자나 참고인을 심문, 압수 또는 수색을 할 수 있다는 조세범 처벌절차법의 규정에 비추어 보면, 세무공무원이 범칙사건을 조사함에 있어서는 범칙혐의자나 참고인의 진술 여하에 불구하고 범칙혐의자를 확정하고 그 범칙사실을 인정할 만한 객관적인 증거를 수집·조사하여야 할 권리와 의무가 있고, 범칙혐의자나 참고인에게 법적으로 진실만을 말하도록 의무가 지워져 있는 것도 아니므로, 범칙혐의자나 참고인이 세무공무원에 대하여 허위진술을 하더라도 본죄가 성립하지 않는다고 판단하였다.[25] 20

④ 피고인 등이 범죄에 제공된 '라이온킹' 게임기 40대 1억 3천만 원 상당이 압수될 상황에 이르게 되자 압수를 피하기 위하여 이를 숨기고 그 대신 '러브' 게임기 20대를 설치하여 놓음으로써 범죄에 제공된 게임기를 촬영하러 나온 경찰관으로 하여금 게임장에 처음부터 '러브' 게임기가 설치되어 있었던 것처럼 믿게 한 후 '라이온킹' 게임기 40대를 다른 곳으로 이동시킨 사안에서, 피고인 등에게 수사기관의 압수에 대비하여 '라이온킹' 게임기를 게임장에 그대로 설치하여 두고 범행에 제공된 게임기에 관하여 진실만을 진술하여야 할 의무가 있 21

23 대판 1971. 3. 9, 71도186(다만, 이 경우 범인은닉죄 성립은 가능).
24 대판 1977. 2. 8, 76도3685; 대판 2008. 8. 21, 2008도3767.
25 대판 2002. 12. 27, 2002도4020.

는 것으로 보기 어려울 뿐만 아니라, 경찰관이 수행하던 직무는 피고인 등의 진술 여하에 불구하고 객관적인 모든 증거를 수집·조사하여 범행에 제공된 게임기를 특정하고 그 소재를 확인하는 것이었으며, 이 사건의 경우 피고인 등의 행위에도 불구하고 통상적인 수사를 통하여 '라이온킹' 게임기 40대의 소재를 확인하고 압수할 수 있었던 것으로 보이고 실제로 이를 압수하기까지 하였던 점에 비추어, 피고인 등의 위와 같은 행위로 인하여 경찰관이 수행하던 직무가 적극적으로 방해받은 것으로 볼 수 없다고 판단하였다.[26]

22 ⑤ 피고인이 음주운전을 하였음에도 당시 동승 중이던 A에게 음주운전을 하였다고 허위진술을 하도록 교사하여 A가 수사기관에서 자신이 술을 마시고 운전하였다는 취지로 허위진술한 사안에서, 상대방인 B 일행의 경찰에서의 진술이 처음부터 A의 진술과 부합하지 않았고 그 이후 석연치 않게 번복된 점 등에 비추어 수사기관으로서는 별다른 어려움 없이도 A의 진술이 피고인의 부탁에 의한 거짓진술임을 밝혀낼 수 있었을 것으로 보이는 이상, A가 거짓진술을 한 결과 수사기관이 그 진위에 관하여 나름대로 충실한 수사를 하더라도 그 진술이 허위임을 발견하지 못하여 잘못된 결론을 내리게 될 정도에까지 이른 것은 아니라는 이유로 본죄가 성립하지 않는다고 판단하였다.[27]

23 ⑥ 보험회사 임원이 회사 전산시스템에서 관리하고 있던 보험금 출금 관련 전산 데이터가 압수될 상황에 이르게 되자 특정 기간의 전산 데이터를 삭제한 행위는 특별검사 등의 직무수행을 방해한 것으로 볼 수 없다고 판단하였다.[28]

24 ⑦ 피고인들이 허위의 매매계약서 및 영수증을 소명자료로 첨부하여 가처분신청을 하여 법원으로부터 유체동산에 대한 가처분결정을 받은 사안에서, 피고인들의 행위로 인하여 법원의 가처분결정 업무의 적정성이 침해되었다고 볼 여지는 있으나 법원은 당사자의 허위주장 및 증거제출에도 불구하고 진실을 밝혀야 하는 것이 그 직무이므로, 가처분신청 시 당사자가 허위의 주장을 하거나 허위의 증거를 제출하였다 하더라도 그것만으로 법원의 구체적이고 현실적인

26 대판 2007. 3. 29, 2006도7458.

27 대판 2007. 11. 15, 2007도5463.

28 대판 2009. 6. 11, 2008도9437. 삼성 비자금 의혹 관련 특별검사의 임명 등에 관한 법률 제18조 제1항(위계 또는 위력으로써 특별검사 등의 직무수행을 방해한 자는 5년 이하의 징역에 처한다.)의 범죄로 기소된 사건이다.

어떤 직무집행이 방해되었다고 볼 수 없다고 판단하였다.[29]

3. 출원에 의한 인·허가처분 및 그 유사 행정행위

(1) 일반론

판례는 인·허가처분에서의 본죄의 성립에 관하여는, 출원자가 허위의 출원사유를 내세우거나 허위의 소명자료를 첨부했더라도 허가관청이 사실을 충분히 확인하지 아니한 채 출원자가 제출한 허위의 출원사유나 소명자료만을 가볍게 믿은 나머지 인·허가처분을 한 경우에는 이는 행정청의 불충분한 심사에 기인한 것이지 출원자의 위계에 기인한 것으로 볼 수는 없지만, 반대로 출원자가 허위의 출원사유를 내세우고 허위의 소명자료를 첨부한 경우 허가관청이 나름대로 충분히 사실을 확인한 경우에도 출원사유나 소명자료가 허위임을 발견하지 못하여 신청한 바대로 인·허가처분을 한 때에는 이는 허가관청의 불충분한 심사에 기인한 것이 아니라 출원자의 위계에 의한 것으로서 본죄가 성립한다는 입장이다.[30] 25

한편, 신고는 사인이 행정청에 대하여 일정한 사실 또는 관념을 통지함으로써 공법상 법률효과가 발생하는 행위로서 원칙적으로 행정청에 대한 일방적 통고로 그 효과가 완성될 뿐 이에 대응하여 신고내용에 따라 법률효과를 부여하는 행정청의 행위나 처분을 예정하고 있지 않으므로, 신고인이 허위사실을 신고서에 기재하거나 허위의 소명자료를 첨부하여 제출하였더라도 관련 법령에 별도의 처벌규정이 있어 이를 적용하는 것은 별론으로 하고 일반적으로는 허위신고가 본죄를 구성한다고 볼 수 없지만, 다만 신고와 인·허가 신청행위는 명칭이 아닌 실질적인 성격에 따른 구별해야 하므로 비록 신고라는 용어를 사용하고 있더라도 사실상 인·허가 등 처분의 신청행위와 다를 바 없다고 평가되는 예외적인 경우, 본죄가 성립한다는 입장이다.[31] 26

수리를 요하지 않는 신고인지, 아니면 사실상 인·허가 등 신청행위에 해당 27

29 대판 2012. 4. 26, 2011도17125.

30 대판 2003. 7. 25, 2003도1609 등 다수. 위 2003도1609 판결 해설은 김종필, "피의자의 증거위작과 위계에 의한 공무집행방해죄의 성부", 해설 48, 법원도서관(2004), 378-394.

31 대판 2002. 9. 4, 2002도2064; 대판 2009. 2. 26, 2008도11862; 대판 2011. 8. 25, 2010도7033; 대판 2011. 9. 8, 2010도7034 등.

하여 수리를 요하는지 여부는, 관계 법령에서 허가사항과 신고사항을 구분하고 있는지, 신고 대상에게 새로운 법적 지위나 권리가 부여되는 성질의 것인지, 관계 법령에서 수리를 거부할 가능성이나 신고사항의 흠이 발견되는 경우 신고수리 자체를 취소할 수 있다는 규정이 있는지 등을 종합적으로 고려하여 판단하여야 한다. 수리를 요하지 않는 신고에 대하여는 법령에서 요구하는 소명자료 미비를 이유로 신고서를 반려하는 조치를 취할 수 있다고 해도, 요구되는 소명자료가 모두 갖추어지면 그 진실성 여부를 불문하고 일단 신고서를 수리해야 한다.

28 판례는 '위계에 의해 그릇된 행위나 처분이 이루어진 경우'를 수리를 요하는 신고의 경우(수리가 이루어져야 함)와 인·허가와 같이 어떤 구체적인 처분을 요하는 경우(그에 따른 그릇된 행위나 처분이 이루어져야 함)로 나누어, 후자의 경우 단지 허위자료를 첨부한 신청이 접수되었다는 사정만으로는 구체적인 공무집행을 저지하거나 현실적으로 곤란하게 하는 데까지 이른 것으로 볼 수 없다는 입장이라고 정리할 수 있다.

(2) 판례의 태도

(가) 본죄의 성립을 인정한 사례

29 ① 전라북도 수산과 시설지도계장으로 있던 피고인이 다른 사람으로부터 어선이 없고 선박증서만 있는 선박에 대한 어업허가증이 발급되도록 도와달라는 부탁을 받고 어업허가담당자인 A에게 어업허가 시 필요한 선박실체확인 등 어업허가 실태조사를 하지 말고 어업허가처리 기안문을 작성하도록 지시한 후 자신이 스스로 중간결재를 하고 그 사실을 모르는 농수산국장으로부터 최종결재를 받아 전라북도지사 명의의 어업허가증이 발급되도록 한 사안에서, 출원에 대한 심사업무를 담당하는 공무원이 출원인의 출원사유가 허위라는 사실을 알면서도 결재권자로 하여금 오인, 착각, 부지를 일으키게 하고 그 오인, 착각, 부지를 이용하여 인·허가처분에 대한 결재를 받아낸 경우라면, 출원자가 허위의 출원사유나 허위의 소명자료를 제출한 경우와는 달리 더 이상 출원에 대한 적정한 심사업무를 기대할 수 없게 되었다고 할 것이어서, 위와 같은 행위는 위계로써 결재권자의 직무집행을 방해한 것이라고 하지 않을 수 없다고 판단하였다.[32]

32 대판 1997. 2. 28, 96도2825.

② 질병이 있는 노숙자들로 하여금 개인택시 운송사업권을 양도하려는 사람인 것처럼 위장하여 의사의 진료를 받게 한 다음 의사로부터 환자가 개인택시 운송사업의 양도인으로 된 허위진단서를 발급받아 행정관청에 개인택시 운송사업 양도양수 인가신청을 하면서 이를 소명자료로 제출하여 인가처분받은 경우, 행정관청으로서는 양도인이 1년 이상의 치료를 요하는 질병으로 인하여 본인이 직접 운전할 수 없는지를 심사하여 그에 따라 인가 여부를 결정하여야 하나, 양도인이 1년 이상의 치료를 요하는 질병에 걸려 직접 운전할 수 없는지에 대한 판단에는 인체에 대한 고도의 의학적인 지식과 경험이 요구되므로, 그와 같은 전문적인 지식이나 경험이 없는 행정관청으로서는 의사의 진단이나 소견에 의존할 수밖에 없고, 의사가 허위의 진단서를 발급하는 경우에는 허위진단서작성죄(§ 233)로 형사처벌받게 되어 있어 의사가 발급한 진단서의 내용에는 일반적으로 그 기재 내용을 신뢰하여도 좋을 만한 사회적 신용성이 보장되어 있으므로, 행정관청의 업무담당자가 양도인이 출원사유에 대한 소명자료로 제출한 의사 작성의 양도인에 대한 진단서의 기재 내용을 신뢰하여 양도인이 1년 이상의 치료를 요하는 질병에 걸려 직접 운전할 수 없다고 본 다음, 개인택시 운송사업 양도·양수 인가처분을 하였다면 설령 사후에 그 진단서의 기재 내용이 허위인 것으로 밝혀졌더라도 행정관청으로서는 인가요건의 존부에 관하여 충분히 심사를 한 것으로 보아야 하고, 그 경우 허가관청이 개인택시 운송사업의 양도·양수에 대한 인가처분을 하게 된 것은 허가관청의 불충분한 심사에 의한 것이 아니라 출원인의 위계에 의한 것이라고 판단하였다.[33] 30

③ 피고인은 도시개발공사의 공고상 보상계획 및 이주대책대상인 종교시설이 되기 위한 기준일인 1997. 3. 6. 이전에 이 사건 건물에서 사찰을 창건하여 주지로서 재직한 바가 없거나 그 사찰은 기준일 이전에 대한불교미타종에 등록된 바가 없이 날짜를 소급하여 등록한 것임에도, 이주대책대상 종교시설이 되기 위하여 피고인이 등록일을 기준일 이전으로 소급한 등록증을 발급받아 제출한 것은 본죄의 위계에 해당하고, 도시개발공사가 이 사건 건물에 대한 일반물건조 31

33 대판 2002. 9. 4, 2002도2064. 본 판결 평석은 황병주, "인·허가 행정관청을 상대로 한 위계에 의한 공무집행방해죄의 성부와 논지의 확장", 형사판례연구 〔13〕, 한국형사판례연구회, 박영사(2005), 413-427.

사까지 마쳤다가 피고인의 사찰존치신청을 받고 사단법인 한국불교종단협의회, 구청 등 관련 기관에 사찰의 등록일과 집회시기 등에 관하여 조회하는 등으로 가능한 심사를 하였으나 신청사유와 제출한 자료가 거짓임을 발견하지 못함에 따라 비교적 대규모로 행해지는 택지개발사업에서 아파트가 완공되어 입주가 개시된 현재까지 장기간 이 사건 건물에 대한 철거조치나 종교시설존치면적 등을 확정짓지 못하고 있으므로, 피고인의 위계로 인하여 도시개발공사의 직무집행은 현실적으로 곤란한 지경에 이르렀다고 보아야 한다고 판단하였다.[34]

32 ④ 피고인들이 공모하여 자신들이 경찰공무원이라는 신분을 악용하여 동료 경찰공무원인 운전면허분실재교부 담당공무원에게 지명수배 중인 A의 사진을 부착한 피고인 甲의 운전면허분실재교부신청서를 제출한 다음 담당공무원으로 하여금 피고인 乙의 전화 통화에 의하여 운전면허증재발급신청 권한의 위임 여부만을 확인하도록 함으로써, 담당공무원으로 하여금 신청서상의 사진의 진위 여부를 확인하지 못한 채 그 사진을 진정한 것으로 믿고 운전면허증을 재발급하도록 한 사안에서, 본죄의 성립을 인정하였다.[35]

33 ⑤ 행정청이 장애인등록 여부를 심사함에 있어 장애인의 기준에 해당하는지를 판단하려면 상당한 수준의 의학적인 지식과 경험이 필요한데, 이러한 전문적인 지식이나 경험이 없는 행정청으로서는 의사의 진단이나 소견에 의존할 수 밖에 없고, 의사가 진단서를 허위로 작성한 때는 허위진단서작성죄(§ 233)에 따라 형벌을 받게 되어 진단서는 일반적으로 그 기재 내용을 신뢰할 수 있으므로, 행정청의 업무담당자가 통보받은 장애진단서상의 진단결과를 믿어 장애인등록 업무를 처리하였다면, 설령 나중에 그 장애진단서의 내용이 거짓으로 밝혀졌더라도 행정청으로서는 그 요건의 존부에 관하여 충분히 심사를 한 것으로 보아야 한다고 판단하였다.[36]

34 ⑥ 공무원인 피고인이 지인의 청탁을 들어줄 목적으로 지인이 행정관청에 제출한 농지전용용도변경 승인신청이 자신의 업무에 속하지 않음에도 담당공무원에게 용도변경 승인에 필요한 관련 부서들과의 협의절차를 담당공무원 대신

34 대판 2005. 3. 10, 2004도8470.

35 대판 2006. 9. 28, 2006도4376. 앞서 수사기관 등에 허위진술 등을 통한 본죄의 성립 인정 사례로 소개한 판결이다.

36 대판 2007. 1. 25, 2006도7714.

처리해 주겠다고 하면서 필수적인 협의가 누락되었음에도 협의를 모두 마쳤으니 빨리 처리해 달라고 부탁하고, 담당공무원은 피고인의 말을 듣고 모든 요건이 구비된 것으로 생각하여 승인하는 기안문 결재를 올려 결국 용도변경 신청이 받아들여진 사안에서, 이는 허가관청의 불충분한 심사가 그의 원인이 된 것이 아니라 담당자가 아닌 피고인의 위계행위가 원인이 된 것이라고 판단하였다.[37]

⑦ 구 병역법(2004. 3. 11. 법률 제7186호로 개정되기 전의 것)과 구 병역법 시행령(2004. 3. 17. 대통령령 제18312호로 개정되기 전의 것)에 의하면 관할 지방병무청장이 현역병입영대상자 등을 산업기능요원으로 편입함에 있어서는 지정업체의 장이 추천대상자를 결정하여 관할 지방병무청장에게 제출하게 되어 있고, 지정업체의 장은 산업기능요원이 퇴직하거나 편입 당시 지정업체의 해당 분야에 종사하지 아니하거나 파견 근무하는 등 일정한 사유가 발생한 때는 관할 지방병무청장에게 통보할 의무를 부담하고 있으며, 그 밖에도 병역 관련 법령에서는 민간기업에서 근무하는 산업기능요원의 특성과 이에 대한 관할 관청의 관리상 어려움을 고려하여 산업기능요원에 대한 편입, 복무, 신상이동 등에 대한 관리·감독의무를 지정업체의 고용주에게 상당 부분 부담시키고 있고, 위반 시 지정업체의 고용주를 처벌하고 있음을 전제로, 지정업체에서 산업기능요원으로 근무할 의사가 없음에도 해당 지정업체의 장과 공모하여 허위내용의 편입신청서를 제출하여 관할 관청으로부터 산업기능요원 편입을 승인받고, 나아가 관할 관청의 실태조사를 회피하기 위하여 허위서류를 작성·제출하는 등의 방법으로 파견근무를 신청하여 관할 관청으로부터 파견근무를 승인받았다면, 이러한 파견근무의 승인 등은 관할 관청의 불충분한 심사가 원인이 된 것이 아니라 출원인의 위계행위가 원인이 되었다고 판단하였다.[38] 35

⑧ 불법체류를 이유로 강제출국을 당한 중국동포인 피고인이 중국에서 이름, 생년월일을 변경한 호구부(戶口簿)[39]를 발급받아 중국 주재 대한민국 총영사관에 제출하여 입국사증을 받은 다음 다시 입국하여 외국인등록증을 발급받고 36

37 대판 2008. 3. 13, 2007도7724.
38 대판 2008. 6. 26, 2008도1011; 대판 2009. 3. 12, 2008도1321.
39 중국에서는 가족 전원의 생년월일, 출생장소, 민족, 국적 등이 등기기재된 '거민호구부'(居民戶口簿)가 각 가정에 발급된다.

귀화허가신청서까지 제출한 사안에서, 피고인이 비정상적인 방법으로 중국 담당관청으로부터 피고인과의 동일성을 확인할 수 없도록 이름과 생년월일을 변경한 호구부를 발급받아 선양 주재 대한민국 총영사관에 제출하고, 총영사관 담당직원이 호구부의 기재를 통하여 피고인이 강제출국당한 자임을 확인하지 못하였더라도, 업무담당자로서는 사증 및 외국인등록증의 발급요건의 존부에 대하여 충분한 심사를 한 것으로 보아야 한다고 판단하였다.[40]

37 ⑨ 피고인 甲과 乙이 안양시청 등에서 발주하는 광고물정비사업을 수주하기 위해 회사를 설립하였으나 실적 부족으로 수주가 어려워지자 단체수의계약을 체결할 자격이 있는 단체인 광고물조합이사장인 피고인 丙과 공모하여 광고물조합 이름을 빌려 단체수의계약을 체결하기로 하고, 마치 광고물조합이 조합원들에게 물량을 배정하는 것처럼 허위로 작성한 물량배정계획서 및 실제 거래 사례를 조사한 것이 아니라 甲, 乙이 일괄 작성한 견적서들을 인천지방조달청에 제출하여 단체수의계약을 체결한 사안에서, 제1심은 물량배정계획서는 단체수의계약 체결 후 제출받는 것이 관행이었고 이 사건에서도 담당공무원이 계약 체결 후 물량배정계획서를 제출받아 제대로 검토도 하지 않았으며, 물량배정은 조달청 업무가 아닌 수주한 조합의 사무라는 등의 이유로 조달청의 불충분한 심사로 단체수의계약이 체결된 것이지 피고인들의 위계에 의한 것이라고 볼 수 없다고 판단하였으나, 항소심은 물량배정계획서가 나중에 일괄적으로 제출된 것이 아니라 1차 계약 및 2차 계약 후에 각각 제출되었고, 중소기업청장이 고시한 단체수의계약 운용규칙은 중소기업협동조합을 수범자로 하여 물량배정의 일반원칙, 물량배정 기준, 물량배정에의 참여자격 등을 상세히 규정하여 인천지방조달청장이 아닌 중소기업협동조합인 광고물조합에 공정한 물량배정에 관한 권한과 의무를 부여하고 있을 뿐만 아니라, 물량배정에 관한 사항은 광고물조합의 내부 문제여서 담당공무원으로서는 광고물조합이 허위의 물량배정계획서를 제출한 것인지 직접 확인할 수 없고, 단체수의계약 체결 후 지속적으로 감시하는 것 또한 한계가 있을 수밖에 없어 광고물조합이 제출하는 주장과 서류를 신뢰하지 않을 수 없으므로, 광고물조합이 단체수의계약 체결 전에 물량배정계획서를 제출하여 담당공무원이 나름대로 충분한 심사를 하였더라도 허위임을 발견하지는 못하였을 것으로

40 대판 2009. 2. 26, 2008도11896; 대판 2011. 4. 28, 2010도14696.

보인다는 등의 이유로 위계로써 단체수의계약 체결에 관한 정당한 직무집행을 방해하였다고 판단하였고, 대법원에서 그대로 확정되었다.[41]

⑩ 피고인이 A, B 등과 공모하거나 그 내막을 모르는 C, D 등을 이용하여 해외건설협회로부터 해외건설공사기성실적증명서를 허위로 발급받아 대한건설협회에 제출하여 국가종합전자조달시스템에 입력되게 함으로써 거액의 관급공사의 낙찰자격을 획득한 후 실제로 여러 관급공사를 낙찰받거나 C 등에게 낙찰받게 한 사안에서, 위계로써 한국농어촌공사 충남지역본부 부여지사의 계약담당 직원과 대전광역시 하천관리사업소 등 계약공무원의 공사계약입찰 및 계약체결에 관한 정당한 직무집행을 방해하였다고 판단하였다.[42] 38

⑪ 등기의무자인 A가 등기필증을 멸실하였기 때문에 A 소유의 부동산에 관하여 피고인 앞으로 소유권이전등기신청을 하려면 A가 등기소에 출석하거나 변호사 또는 법무사가 등기의무자인 A로부터 위임을 받아 이를 확인하는 서면을 등기신청서에 첨부하여야 하는데, 피고인과 법무사가 공모하여 등기신청에 필요한 확인서면에 등기의무자인 A의 무인 대신 피고인의 무인을 찍어 이를 등기관에게 제출하였고 이에 따라 등기가 마쳐지게 된 사안에서, 피고인은 등기관이 형식적 심사권만 있으므로 본죄가 성립하지 않는다고 다투었으나, 등기신청은 행정청에 대한 일방적 통고로 효과가 완성되는 신고가 아니라 그 신청에 따른 등기관의 심사 및 처분을 예정하고 있어 등기신청에 첨부된 서류가 위조되었다는 것을 알게 된 경우 등기관은 등기신청을 각하하여야 할 직무상의 심사의무가 있으므로, 등기신청인이 제출한 허위의 소명자료 등에 대하여 등기관이 나름대로 충분히 심사를 하였음에도 이를 발견하지 못하여 그 등기가 마쳐지게 되었다면 본죄가 성립하고, 등기관이 등기신청에 대하여 부동산등기법상 그 등기신청에 필요한 서면이 제출되었는지 여부 및 제출된 서면이 형식적으로 진정한 것인지 여부를 심사할 권한은 갖고 있으나 그 등기신청이 실체법상의 권리관계와 일치하는지 여부를 심사할 실질적인 심사권한은 없다고 하여 달리 볼 것은 아니라고 판단하였다.[43] 39

41 대판 2011. 5. 26, 2011도1484.
42 대판 2013. 1. 16, 2012도12377.
43 대판 2016. 1. 28, 2015도17297.

40 ⑫ 국립대학교 교수인 피고인들이 피고인 甲을 연구주체자로 교내학술연구비를 신청하여 연구비를 수령한 후 시간강사인 A에게 논문을 대신 작성하게 한 다음 이를 연구결과물로 제출한 사안에서, 위계로써 대학교 총장의 학술연구비 지원 결과물 심사 및 연구비 사용심사업무를 방해하였다고 인정하였다.[44]

(나) 본죄의 성립을 부정한 사례

41 ① 피고인이 이 사건 3기의 분묘가 무연고 분묘가 아님에도 불구하고 무연고 분묘에 대한 개장을 허가하여 줄 것을 당진군수에 출원함에 있어 동민들로부터 이 사건 분묘가 무연고 분묘라는 취지의 확인서와 공소외인들로부터 다른 용도에 사용한다고 받은 그들의 인장이 압날된 백지에 이 사건 분묘가 무연고 분묘라는 취지를 기재한 확인서 등을 출원서에 첨부하고, 나아가 묘비와 상석을 제외하고 찍은 사진을 첨부하여 당진군수로부터 개장허가를 받은 사안에서, 피고인이 위와 같이 허위의 소명자료 등을 첨부하여 사실에 반하는 허위의 출원사유로 당진군수에게 출원하였다 하여도 그 출원을 받은 당진군수가 출원사유의 사실 여부를 정당하게 조사하였더라면 바로 출원사유가 허위임을 알 수 있을 것인데 출원사유가 사실인지 여부를 조사하기 위하여 현지에 나갔던 당진군 보건소 직원들의 불충분한 조사결과와 그 의견에 의하여 허가를 한 것이라면, 이는 당진군수의 불충분한 심사의 결과이지 피고인의 행위 때문에 당진군수의 공무집행이 방해되었다고 볼 수 없다는 이유로 유죄라고 판단한 원심을 파기하였다.[45]

42 ② A가 안동시의 새마을사업인 주택개량사업의 일환으로 시행되는 군부대 하사관용 주택 26동의 신축공사를 도급받은 후 새마을사업추진실적의 부진으로 고심하여 오던 안동시 공무원이 건축허가 없이 우선 공사에 착공하라고 권유함에 따라 건축허가를 받지 아니한 상태에서 공사에 착공한 후 전체 공정의 약 60%가 완공된 상태에서 건축허가를 받기 위하여 건축사인 피고인에게 찾아가 사후설계를 부탁하면서 그 공사는 실제로는 안동시에서 하는 것이라고 설득함에 따라 피고인이 그 건축물이 새로 착공되는 것처럼 건축허가현장조사서 및 건축허가점검표 등을 작성하여 주어 A가 이를 안동시에 제출하여 건축허가를 받았고, 그 후 다시 피고인이 허위의 준공검사서, 준공검사 현장조사서 등을 작

44 대판 2022. 1. 13, 2021도15495.
45 대판 1975. 7. 8, 75도324.

성하여 주어 건축주들이 이를 안동시에 제출하여 준공검사필증을 받게 되었으며, 안동시의 직원들은 매일 열리는 회의에서 건축허가도 받지 아니한 채 진행되던 위 건축공사의 실적을 시장을 비롯한 과장들에게 보고하고, 공사현장에 나가 현장지도 및 독려를 함으로써 건축허가 등의 전결권자인 도시과장은 이건 건축물이 건축허가 없이 불법으로 건축 중인 줄 알았으면서도 사후에 이를 합법화시키기 위하여 건축허가를 하여 주고 준공검사필증을 교부하여 준 사정이 인정되는 사안에서, 전결권자인 도시과장이 위 건축물이 건축허가 없이 불법으로 건축 중인 사실을 알고 있었던 이상 건축허가권자인 안동시장도 이를 알고 있었다고 보아야 하므로 결국 안동시장의 건축허가 및 준공검사필증 발급이 피고인의 위계에 의하여 이루어진 것이라고 할 수 없을 뿐 아니라, 설령 위 건축물이 위와 같이 불법으로 건축 중임을 모르고 건축허가 및 준공검사필증을 교부하였다고 해도 이는 결국 허가관청이 출원사유를 사실인 것으로 경신하고 출원사유에 대한 소명자료를 불충분하게 심사한 결과에 기인하는 것이고 피고인의 위계로 인한 것이라고는 할 수 없다고 판단하였다.[46]

③ 피고인이 공범들과 공모하여 개인택시운송사업조합으로부터 개인택시사업운송면허를 받는 데 필요한 운전경력증명서를 공범들에게 허위로 발급받게 하여 주어 공범들이 이를 면허관청에 소명자료로 제출하여 개인택시운송사업면허를 받은 사안에서, 출원을 받아 심사하는 담당공무원이 출원사유의 사실 여부를 정당하게 조사하였더라면 바로 출원사유가 허위임을 알 수 있었을 것인데 출원사유의 사실 여부를 조사하지 아니한 채 출원사유 및 첨부서류가 진실한 것으로 경신한 나머지 개인택시운송사업면허를 한 것이라는 이유로 본죄의 성립을 부정하였다.[47] 43

④ 공주군수가 개인택시운송사업면허에 관한 공고를 하면서 공고일 현재 공주군 내에서 1년 이상 계속 거주한 사람에게만 신청자격을 부여하였는데, 피고인은 공고 직전에 논산으로 전거하고도 전출신고를 하지 않고 있음을 기화로 공주군수에 면허신청을 하면서 공주군 탄천면장으로부터 발급받은 주민등록표 44

46 대판 1982. 12. 14, 82도2207.

47 대판 1988. 5. 10, 87도2079. 본 판결 해설은 곽동효, "허위의 출원사유로 행정관청의 허가를 받은 경우 위계에 의한 공무집행방해죄의 성립여부", 해설 9, 법원행정처(1989), 443-450.

등본을 피고인이 공고일 현재 공주군 내에서 1년 이상 계속 거주하고 있다는 사실의 증빙자료로 제출하여 그 사업면허를 받은 사안에서, 출원에 의한 행정관청의 일반적인 인·허가처분과 마찬가지로 개인택시운송사업면허 신청에 대하여도 당해 행정관청이 면허요건에 해당하는지 여부를 심리하여 면허 여부를 결정하는 것이고, 개인택시면허신청서에 첨부된 소명자료가 진실한 것인지를 가리지 않고 면허를 결정하는 것은 아니라고 판단하였다.[48]

45 ⑤ 피고인이 시장, 군수, 구청장의 승인을 얻지 아니하고 자신이 관리·운행하고 있는 화물차의 적재함 부분을 일반카고에서 활어수송차로 이미 불법변경하였음에도 불구하고, 마치 적법한 절차에 따라 위 화물차를 활어수송차로 구조변경하겠다는 내용의 구조장치변경승인신청서를 작성하여 이를 교통안전공단 전북지사 남원검사소에 제출하게 하여 승인을 받게 한 후 위 신청승인내용에 따라 이를 변경작업한 것처럼 구조장치변경작업완료증명서를 위 남원검사소에 제출하여 위 화물차에 대하여 구조변경검사 적합판정을 받은 사안에서, 검사기관으로서는 구조변경검사 당시 조금만 주의를 기울여 심사하였더라면 위 각 차량이 구조변경검사신청 당시가 아니라 과거에 이미 구조변경 되었음을 육안으로도 쉽게 확인할 수 있었음에도 이러한 심사를 전혀 하지 아니한 채 피고인이 작성한 구조변경작업완료증명서에 허위로 기재된 작업완료일자만을 가볍게 믿고 각 차량에 대하여 구조변경검사 적합판정을 내렸으므로, 이와 같은 구조변경검사 적합판정은 검사기관의 불충분한 심사에 기인한 것으로서 피고인의 위계가 그 결과 발생의 주된 원인이었다고 할 수 없다고 판단하였다.[49]

46 ⑥ 수출입화물방제업체 운영자인 피고인이 국립식물검역소 출장소에 허위의 소독작업결과서가 첨부된 수출식물검사신청서를 제출하여 수출검사합격증명서를 발급받은 사안에서, 피고인이 국립식물검역소 영남지소 자성대출장소장에게 허위의 소독작업결과서를 첨부하여 수출식물검사신청을 하였다고 하더라도,

48 대판 1988. 9. 27, 87도2174. 이 사건에서 검사는 해당 관청에 실질적 심사권한이 없고, 설령 있다고 해도 각종 허가, 면허증의 출원이 다양화되고 방대해 지고 있어 담당 공무원이 많은 양을 실질적으로 심사하기 어려운 현실을 감안해야 한다고 다투었다.

본 판결 해설은 김진기, "허위의 출원행위와 위계에 의한 공무집행방해죄", 해설 10, 법원행정처(1989), 565-574.

49 대판 2008. 4. 11, 2007도10467.

그 신청을 받아 심사하는 담당공무원이 신청사유의 사실 여부를 정당하게 조사하였더라면 신청사유가 허위임을 알 수 있었을 터인데 신청사유의 사실 여부를 조사하지 아니한 채 신청사유 및 첨부서류가 진실한 것으로 가볍게 믿은 나머지 수출검사합격증명서를 발급한 것이라고 판단하였다.[50]

⑦ 피고인이 2009. 12. 23.경 브로커들을 통하여 중국인 조선족인 A로부터 의뢰를 받아 사실은 A의 허리에 특별한 문제가 없음에도 불구하고 마치 12주간의 치료를 요하는 추간판 탈출증이 있는 것처럼 허위의 진단서를 발급받아 같은 해 12. 24. 목포 출입국관리사무소에서 위 허위진단서를 제출하면서 의료관광(G-1) 자격을 발급받은 사안에서, 위 진단서와 체류자격변경허가신청서에 적힌 인적사항이 확연히 다르고, 외국인의 체류자격변경허가절차에서 신청인과 증빙서류에 기재된 사람이 동일인인지 여부를 확인하는 것이 가장 기본적인 형식적 심사항목인 점 등에 비추어 보면, A 명의의 체류자격변경허가신청서가 수리된 것은 담당공무원이 증빙서류로 제출된 위 진단서를 가볍게 믿고 이를 수용하였기 때문이라고 판단하였다.[51] 47

⑧ 화물자동차 운송주선사업자인 피고인이 관할 행정청에 주기적으로 허가기준에 관한 사항을 신고하는 과정에서 가장납입에 의하여 발급받은 허위의 예금잔액증명서를 제출한 사안에서, 위 신고는 행정청이 단순한 접수나 형식적 심사를 거친 수리 외에 신고에 대응한 어떠한 적극적·실질적 행정작용에까지 나아갈 것이 예정되어 있다고 볼 수 없을 뿐만 아니라, 행정청이 신고내용의 진실성이나 첨부자료의 취지를 제대로 따져보지 않아 추가 조사를 통한 적정한 관리감독권의 행사에 나아가지 않았다고 하더라도 이를 신고인의 위계에 의한 방해의 결과로 볼 수 없어 본죄가 성립하지 않는다고 판단하였다.[52] 48

50 대판 2010. 10. 28, 2008도9590.

51 대판 2011. 5. 13, 2010도17470. 앞서 본죄의 성립을 인정한 대판 2002. 9. 4, 2002도2064 등에서는 허위진단서를 제출받은 공무원이 진단서의 허위 여부를 밝혀내기 어렵다는 사정이 고려되었다는 점에서 위 2010도17470 판결과는 사안이 다르다.

52 대판 2011. 8. 25, 2010도7033; 대판 2011. 9. 8, 2010도7034.

4. 금지규정·규율 위반행위

(1) 일반론

49 판례는 법령에서 어떤 행위의 금지를 명하면서 이를 위반하는 행위에 대한 벌칙을 두는 한편 공무원으로 하여금 그 금지규정의 위반 여부를 감시·단속하게 하는 경우, ① 구체적이고 현실적으로 감시·단속업무를 수행하는 공무원에 대하여 그가 충실히 직무를 수행한다고 하더라도 통상적인 업무처리과정하에서는 사실상 적발이 어려운 위계를 적극적으로 사용하여 그 업무집행을 하지 못하게 하였다면 본죄가 성립하지만, ② 단순히 공무원의 감시와 단속을 피하여 금지규정에 위반하는 행위를 한 것에 불과하다면 그에 대하여 벌칙을 적용하는 것은 별론으로 하고 그 행위가 본죄에 해당하는 것이라고는 할 수 없다는 입장이다. 공무원에게는 금지규정 위반행위의 유무를 감시하여 확인하고 단속할 권한과 의무가 있으므로, 금지규정을 위반하여 감시·단속을 피하는 것을 공무원이 적발하지 못하였다면, 이는 공무원이 감시·단속이라는 직무를 소홀히 한 결과일 뿐 위계로 공무집행을 방해한 것이라고 볼 수 없다는 것이다.[53]

(2) 판례의 태도

(가) 본죄의 성립을 인정한 사례

50 교도관이 접견하려는 변호인에 대하여 휴대전화 휴대를 제재하지 않고 단지 자발적으로 휴대전화 등을 소지하지 못하도록 하고 있을 뿐이고, 접견하는 인원에 비해 감시하는 교도관의 수가 턱없이 부족한 구치소 사정으로 인하여 접견실에서 수용자들이 변호사를 통하여 허가 없이 물품을 수수하거나 외부와 전화 통화하는 것을 적발하기가 매우 어려운 실정에서, 변호사인 피고인이 이러한 사정을 적극적으로 이용하여 휴대전화와 증권거래용 단말기를 구치소 내로 몰래 반입하고 교도관에게 적발되지 아니하기 위하여 휴대전화의 핸즈프리를 상의 호주머니 속에 숨긴 다음 수용자와 머리를 맞대고 변호인과 수용자가 상담하는 것처럼 보이게 하거나 가방을 세워 두어 통화 모습을 가리는 등의 방법으로 마치 형사사건에 관하여 상담하고 있는 것처럼 가장한 데 대하여, 피고인의 이러한 행위는 변호인으로 선임된 것도 아니고 변호인이 될 의사 없이 단지

53 대판 2022. 3. 17, 2021도13883.

수용자들의 편의를 위한 잔심부름과 외부인들과의 연락통로 역할을 하기 위하여 대가를 받고 빈번하게 수용자 등을 접촉하면서 변호사 자격을 가진 변호인에게는 아무런 제한 없이 시설 수용자들에 대한 접견이 허용됨을 악용한 점, 일반적으로 변호사는 접견 시 준수사항을 잘 지키고 스스로 불법을 저지르지는 아니할 것이라는 고도의 신뢰에 반하여 수용자로 하여금 외부와 통화하게 하고 물품을 수수하게 한 점, 이 과정에서 구치소 실정을 악용하여 전화통화 시나 물품 수수 시 그 적발을 교묘하게 회피하였고, 특히 교도관에 의하여 피고인의 전화사용 사실이 적발되자 다른 사람 명의의 휴대전화를 개설한 다음 수용자를 접견하면서 접견사무실에는 피고인의 휴대전화를 보관시키고 접견실에서는 다른 사람 명의로 개설한 휴대전화를 몰래 가지고 들어가는 방법을 사용하기까지 한 점 등에 비추어, 구체적·현실적으로 접견호실통제 업무를 담당하는 교도관들에 대하여 그들의 통상적인 업무처리과정하에서는 사실상 적발이 어려운 위계를 사용하여 그 직무집행에 지장을 주거나 곤란하게 하는 행위임이 명백하다는 이유로, 본죄의 성립을 인정하였다.[54]

(나) 본죄의 성립을 부정한 사례

① 교도관과 재소자가 상호 공모하여 재소자가 교도관으로부터 담배를 교부 51
받아 흡연하고 휴대폰을 교부받아 외부와 통화한 사안에서 본죄의 성립을 부정하였다.[55] 이와 유사한 사안인 대판 2000. 10. 27, 2000도3874에서는 원심이 재소자가 교도관 몰래 담배를 구매하여 보관한 행위에 대해 본죄의 성립을 인정하였고, 대법원은 이에 관한 명시적인 판단 없이 피고인의 상고를 기각하였으나, 그 뒤 ①의 판결에서는 이러한 경우는 본죄가 성립되지 않는다고 판시하였다.

② 교도소 내 반입금지 물품인 담배를 이례적으로 두꺼운 표지를 가진 책의 52
표지 안쪽을 칼로 도려내어 만든 공간에 은닉하여 영치하는 방법으로 교도소에 반입시킨 피고인의 행위는, 그 책의 표지에 마약이나 담배 또는 칼날 등의 흉기와 같이 교도소 반입금지 물품이 숨겨져 있을지도 모른다는 합리적인 의심을 가지고 검사에 임하여야 하는 영치물 담당 공무원의 감시·단속을 피하여 금지규정 위반

54 대판 2005. 8. 25, 2005도1731.
55 대판 2003. 11. 13, 2001도7045. 본 판결 해설은 최복규, "법령에서 명한 금지행위의 위반과 위계에 의한 공무집행방해죄의 성립 여부", 해설 48, 법원도서관(2004), 543-560.

행위를 한 것에 불과하고, 그와 같은 위계가 원인이 되어 교도관의 감시·단속업무가 방해되었다고 인정할 수 없으므로, 본죄가 성립하지 않는다고 판단하였다.[56]

53 ③ 피고인이 자신의 신체의 은밀한 부위인 항문에 담배를 숨겨 반입한 행위가 비난받아 마땅한 것이기는 하나, 이는 검신(檢身) 담당 교도관의 감시·단속을 피하여 금지규정 위반행위를 한 것에 불과하고, 검신 담당 교도관에게 피고인의 신체를 검사하여 반입금지 물품을 단속하여야 할 권한과 의무가 주어져 있음에도 이를 행하지 아니한 이상, 피고인의 행위가 원인이 되어 교도관의 감시·단속업무가 방해되었다고 보기 어렵다고 판단하였다.[57]

54 ④ 과속단속카메라에 촬영되더라도 불빛을 반사해 차량번호판이 식별되지 않도록 하는 기능이 있는 제품을 차량번호판에 뿌린 상태로 차량 운행한 행위만으로는, 경찰청의 교통단속업무를 구체적이고 현실적으로 수행하는 경찰공무원에 대하여 그가 충실히 직무를 수행한다고 하더라도 통상적인 업무처리과정 하에서는 사실상 적발이 어려운 위계를 사용하여 그 업무집행을 하지 못하게 한 것이라고 보기 어렵다고 판단하였다.[58]

55 ⑤ 방송 제작자인 피고인들이 구치소장의 허가 없이 구치소에 수용 중인 사람을 취재하기 위하여 접견신청인으로 접견허가를 받은 다음 명함지갑 형태의 녹음·녹화장비를 몰래 소지한 채 접견담당 교도관의 승낙을 받아 접견실에 들어가 수용자를 취재한 사안에서, 녹음·녹화 등을 할 수 있는 전자장비가 교정시설의 안전 또는 질서를 해칠 우려가 있는 금지물품에 해당하여 반입을 금지할 필요가 있다면 교도관은 교정시설 등의 출입자와 반출·반입물품을 검사·단속해야 할 일반적인 직무상 권한과 의무가 있으므로, 수요자가 아닌 사람이 금지물품을 교정시설 내로 반입하였다면 교도관의 검사·단속을 피하여 단순히 금지규정을 위반하는 행위를 한 것일 뿐 이로써 본죄가 성립한다고 할 수는 없다고 판단하였다.[59]

56 ⑥ 시사프로그램의 제작진이 구치소장의 허가 없이 구치소에 수용 중인 사람을 취재하기 위하여 접견신청서에 수용자의 지인이라고 기재하고, 반입이 금

56 대판 2005. 3. 25, 2004도6630.
57 대판 2008. 10. 9, 2008도6832.
58 대판 2010. 4. 15, 2007도8024.
59 대판 2022. 3. 30, 2018도15213. 본죄는 물론, 건조물침입죄의 성립도 부정하였다.

지된 녹음·녹화기능이 내장된 안경을 착용하고 접견실에 들어가 수용자를 접견하면서 대화 장면과 내용을 촬영하고 녹음한 사안에서, 위 ⑤와 같은 이유로 본죄의 성립을 부정하였다.[60]

5. 그 밖에 위계의 의미가 문제된 사례들

(1) 본죄의 성립을 인정한 사례

57 판례는 ① 입학고사 실시직무를 담당하는 공무원 모르게 시험문제를 부정한 방법으로 사전에 입수하여 출제되는 시험문제의 내용을 미리 안 후 시험에 응시한 사안,[61] ② 피고인과 A가 공모하여 피고인이 시험장소 내에서 시험감독관 감시의 틈을 타서 시험답안지의 해답이 적힌 쪽지를 A에게 전달하였으나 A가 쪽지를 보지 않고 바닥에 버린 사안,[62] ③ 간호보조원 교육과정 이수에 관한 사문서인 수료증명서를 허위작성한 후 이를 진정한 문서인 것처럼 시험관리당국에 제출하여 응시자격을 인정받아 응시한 사안,[63] ④ 고등학교 입학원서 추천서란을 허위로 기재하고 그 추천서 성적이 고등학교 입학전형의 자료가 된 사안,[64] ⑤ 피고인이 자신의 형인 것처럼 시험감독자를 속이고 원동기장치 자전거 운전면허시험에 대리로 응시한 사안[65] 등에서, 시험사정업무와 관련한 현실적인 방해의 결과가 없더라도 그 공무의 공정을 해하거나 해할 염려가 있었던 경우로서 본죄가 성립된다고 보았다.

58 또한, ⑥ 공무원인 피고인 甲이 피고인 乙에게 대체적인 낙찰예정가를 알려주고 입찰절차에서 乙에게 편리를 보아주었으며, 피고인 丙으로 하여금 경쟁입찰자로 가장하여 입찰에 참여하도록 함으로써 乙이 낙찰받게 한 사안에서, 본죄가 성립한다고 판단하였다.[66]

59 ⑦ 피고인들의 회사가 국내·외 단일공사 종합운동장 또는 축구전용경기장

60 대판 2022. 4. 28, 2020도8030. 본죄는 물론, 폭력행위등처벌에관한법률위반(공동주거침입)죄의 성립도 부정하였다.

61 대판 1966. 4. 26, 66도30.

62 대판 1967. 5. 23, 67도650.

63 대판 1982. 7. 27, 82도1864.

64 대판 1983. 9. 27, 83도1864.

65 대판 1986. 9. 9, 86도1245.

66 대판 1997. 4. 22, 97도429.

관람석 22,500석 이상의 준공 실적이 없었으므로 시가 발주하는 종합경기장 입찰에 대한 참가자격을 갖추지 못하였음에도 공사 실적에 관련된 사문서를 변조한 다음 이를 첨부한 실적증명발급요청서를 해외건설협회에 제출하여 입찰참가자격에 적합한 실적증명서를 받아내고, 이를 종합경기장 입찰참가신청서에 첨부하여 제출함으로써 그 입찰에서 회사가 낙찰자로 결정되고 공사계약을 체결하게 되었는데, 종합경기장 입찰공고에서 해외시공실적은 해외건설협회장이 발급하는 실적증명서에 의하게 되어 있는 사안에서, 변조된 서류에 근거하여 해외건설협회장이 발급한 실적증명서에 대하여 입찰담당 공무원이 달리 심사할 방법이 없을 뿐만 아니라 실적증명서의 기재 내용은 일반적으로 신뢰할 만한 것이어서, 입찰담당 공무원이 회사에 대하여 입찰참가자격을 인정하고 그에 따라 회사가 낙찰자로 결정되어 공사계약을 체결할 수 있게 된 것은 피고인들의 위계에 의한 결과라고 판단하였다.[67]

60 ⑧ 정부가 어업협정 체결에 따른 어업인 등의 지원 및 수산업발전특별법에 따라 한일어업협정 발효로 인하여 일본의 배타적 경제수역에서의 어로활동에 지장을 받게 되어 어업을 폐업하려는 어업인의 어선을 매입하고 폐업에 따른 지원금을 지급하는 방법으로 어업인을 지원하는 감척어선 지원사업을 실시하였을 때, 자신의 어선으로 일본의 배타적 경제수역에서 어업에 종사하던 피고인은 사업에 따른 지원금을 이미 지급받았으므로 제주도가 지원사업에서 매입한 감척어선을 노후어선과 대체하는 사업으로 실시하는 감척어선 제한경쟁입찰에 1999. 8. 16. 이후에 매수한 어선을 피대체어선으로 하여 참가할 자격이 없었음에도, 감척어선을 낙찰받아 어업을 계속할 의도에서 A와 공모하여 1999. 11. 30.경 새로이 매수한 노후어선을 A 앞으로 소유권을 형식적으로 이전한 다음, 마치 A가 감척어선 입찰에 직접 참가하는 것처럼 가장하여 A 명의로 입찰참가신청서를 작성·제출하고 A의 대리인 자격으로 입찰에 참가하여 A 명의로 감척어선을 낙찰받아 감척어선 매매계약을 체결하고 자신의 자금으로 낙찰대금을 지급함으로써 그 어선에 대한 실질적인 소유권을 취득한 사안에서, 본죄의 성립을 인정하였다.[68]

67 대판 2003. 10. 9, 2000도4993.
68 대판 2003. 12. 26, 2001도6349.

⑨ 대전광역시 의회의원인 피고인이 지방의회의장 선거의 감표위원이 되어 투표용지에 사전에 날인하게 된 것을 이용하여 누가 어떤 후보에게 투표를 하였는지 구별할 수 있도록 그 용지에 표시를 하는 행위는 무기명투표의 비밀성을 침해하는 행위로서, 그 후에 그 용지에 의하여 투표가 행하여졌다면 그 자체만으로 의원들의 비밀선거에 의한 의장 선출 직무와 의장의 투표사무 감독 직무를 위계로써 방해하는 행위에 해당한다고 판단하였다.[69] 61

⑩ 피고인 등이 러시아 극동국립예술아카데미로부터 받은 허위의 연주학 박사학위증을 마치 정상적으로 취득한 연주학 박사학위증인 것처럼 한국학술진흥재단에 제출한 사안에서, 한국학술진흥재단 이사장은 고등교육법령 등에 의하여 외국박사학위 신고내용 중 허위 또는 부정사실이 있을 때는 그 사실을 본인에게 통고하고 신고사항을 취소하도록 규정하는 등 외국박사학위 신고업무를 엄격히 관리하도록 되어 있는 점, 외국박사학위 신고제도의 목적이 외국의 대학에서 박사학위를 받은 자의 현황 파악 및 국가인적자원 활용을 위한 기초자료 수집 및 외국박사학위논문의 학술적 이용을 위한 자료 수집에 있는 점, 외국박사학위취득자가 국내 대학의 교수 등으로 임용신청을 하는 경우 한국학술진흥재단의 외국박사학위 신고접수증 및 박사학위증을 제시하면 통상 외국박사임을 인정받고 해당대학이 별도로 박사학위의 진위까지 확인하지는 않을 정도로 한국학술진흥재단에 신고된 외국박사학위의 공신력이 인정되고 있는 점 등을 근거로, 위계로써 교육인적자원부장관의 위탁을 받은 한국학술진흥재단 이사장의 외국박사학위 신고접수 업무를 방해한 것이라고 판단하였다.[70] 62

그 밖에, ⑪ 피고인들이 근무성적평정위원회에 제출된 근무성적평정표에 기재된 평정대상 공무원들의 순위를 각 국(局)에서 작성된 평정단위별 서열명부와 달리 변경하였음에도 이를 알지 못하고 평정단위별 서열명부에 기초하여 작성된 것으로 오인한 채 평정대상 공무원들의 근무성적 순위와 평정점이 심사·결정되도록 한 사안,[71] ⑫ 피고인이 폭죽놀이용 폭음탄을 심야에 위병소 지붕 위로 던져 불빛과 함께 폭음을 내면서 터지도록 함으로써 위병소 내에서 근무하는 경계 63

69 대판 2009. 9. 10, 2009도6541.
70 대판 2009. 10. 29, 2008도4400.
71 대판 2012. 1. 27, 2010도11884.

병 등 군인들로 하여금 실제의 폭탄투척 등 긴급히 대응하여야 할 비상사태가 발생한 것으로 오인하게 했고, 이로 인하여 군부대는 5분 전투대기조를 현장에 출동시키는 등 피고인이 폭죽놀이용 폭음탄을 던진 것이라는 사정을 알았더라면 하지 않았을 대응조치를 취하게 한 사안[72]에서, 각 본죄의 성립을 인정하였다.

(2) 본죄의 성립을 부정한 사례

64 ① 피고인이 여관을 보증금 3천만 원, 월세 220만 원에 임차하기로 하는 임대차계약을 체결하고 중도금까지 지급하였으나 잔금을 지급할 능력이 없어 A로부터 천만 원을 차용하여 잔금을 지급하고 담보로서 임대차계약의 임차인 명의를 A로 변경하여 주기로 한 후 임대인과의 임대차계약을 해소하면서 임대인과 A 사이에 동업형식으로 임대차계약을 체결하게 하고 피고인이 여관에 입주한 이래 A에 대한 화해조서 정본에 기한 명도집행 당시까지 그의 처, 여동생 등과 같이 기거하면서 여관을 경영하여 온 데 대하여, 피고인은 명도집행 당시 여관을 점유하였으므로 이를 주장하여 명도집행을 저지할 수 있는 정당한 권능이 있으므로, 설령 점유사실을 입증하기 위한 수단으로 이미 실효된 임대차계약서의 사본을 제시하면서 그 실효된 사실을 고지하지 않고 자신이 정당한 임차인인 것처럼 주장하였더라도 이를 위계에 해당한다고 볼 수 없다고 판단하였다.[73]

65 ② 구 도로교통법 시행령(2006. 5. 30. 대통령령 19493호로 전문 개정되기 전의 것) 제49조 제1항의 입법취지는 글을 알지 못하는 문맹자에게도 글을 아는 사람과 동일하게 운전면허를 취득할 기회를 부여하려는 데 있는데, 같은 법 시행령 제49조 제7항, 구 도로교통법 시행규칙(2006. 5. 30. 행정자치부령 329호로 전문 개정되기 전의 것) 제69조 제1항의 위임에 따라 제정된 자동차운전면허 사무처리지침 제8조 제1항이 "도로교통법 시행령 제49조 제1항 단서 중 '글을 알지 못하는 사람'이라 함은 초등학교 중퇴 이하의 학력자로서 글을 전혀 읽지 못하거나 잘 읽을 수 없는 사람을 말한다"고 규정하고, 같은 조 제2항에서 구술시험을 희망하는 문맹자는 자신이 초등학교 중퇴 이하의 학력자로서 글을 알지 못하고 있다는 내용이 기재된 인우보증서를 제출하도록 규정함으로써 설령 글을 알지 못하더라도 초등학교 졸업 이상의 학력을 가진 사람에게는 구술시험의 응시를 허용

72 대판 2016. 4. 28, 2015도2037.

73 대판 1984. 1. 31, 83도2290.

하지 않는 것은 합리적인 근거 없는 제한으로서 모법의 위임범위를 벗어나 무효이므로, 피고인이 초등학교를 졸업하였음에도 초등학교 중퇴 이하의 학력자라는 허위의 인우보증서를 첨부하여 운전면허 구술시험에 응시하였다고 하더라도 본죄가 성립하지 않는다고 판단하였다.[74]

③ 화물자동차운송사업의 양도인과 양수인이 그 운송사업에 관한 양도·양수 66
계약을 체결하면서 실제로 그 물적 시설인 양도인 소유의 화물자동차를 양도·양수할 의사가 없이 그 등록명의만을 양수인에게 이전하여 두기로 약정하였더라도, 그와 같은 약정이 법률상 금지되어 있지 아니한 이상 이를 허위라거나 자동차의 취득에 관한 원인행위가 될 수 없다고 할 수는 없으므로, 화물자동차운송사업의 양수인이 그와 같은 약정에 따라 화물자동차에 관한 이전등록을 신청하는 행위가 본죄의 위계에 해당한다고 할 수 없고, 그 경우 담당공무원이 그와 같은 사정을 알았더라도 양수인의 화물자동차에 관한 소유권이전등록신청을 거부할 수 없으므로, 그 결과 양수인에게 새로운 등록번호판이 교부되었다고 하여 공무원의 적법한 직무집행이 방해를 받았다고 볼 수도 없다고 판단하였다.[75]

④ 미결수용자인 피고인이 이른바 '집사변호사'를 고용하여 변호인 접견을 67
가장하여 개인적인 업무와 심부름을 하게 하고 소송서류 외의 문서를 수수한 행위가 위계로써 담당 교도관들의 변호인 접견 관리 등에 관한 직무를 방해하여 본죄를 구성한다고 기소된 사안에서, 미결수용자의 변호인이 교도관에게 변호인 접견을 신청하는 경우 미결수용자의 형사사건에 관하여 변호인이 구체적으로 어떠한 변호 활동을 하는지, 실제 변호를 할 의사가 있는지 여부, 접견에서 미결수용자와 어떤 내용의 서류를 주고받는지는 교도관의 심사대상이 되지 않고, 미결수용자가 변호인과 접견에서 어떤 대화를 나누는지는 교도관의 감시·감독의 대상이 아니므로, 피고인의 행위가 '위계'에 해당한다거나 그로 인해 교도관의 구체적이고 현실적인 직무집행이 방해되었다고 보기 어렵다고 판단하였다.[76]

---

74 대판 2007. 3. 29, 2006도8189.

75 대판 2008. 5. 15, 2006도8522.

76 대판 2022. 6. 30, 2021도244. 이 판결은 미결수용자가 이른바 '집사변호사'를 고용하여 형사 변호 활동과 무관한 개인 업무 등을 처리하도록 한 행위는, 접견교통권의 남용에 해당하는 경우 교도소 내부의 제재의 대상이 된다거나 해당 변호사에 대한 징계사유가 될 여지가 있는 것은 별론으로 하고, 본죄를 구성하지 않는다는 점을 최초로 설시하였다.

⑤ 신천지 대구교회 간부들인 피고인들이 방역당국으로부터 '신천지 대구교회 전체 교인명단' 제출을 요구받고도 전체 교인 9,785명 중 492명을 제외한 9,293명의 명단만을 제출함으로써 위계로써 대구시장과 질병관리본부장이 실시하는 역학조사에 관한 정당한 직무집행을 방해하였다고 기소된 사안에서, 위와 같은 교인명단 제출은 '위계'에 해당하지 않고, 이로써 방역당국의 직무집행에 방해가 발생하였다고 할 수도 없다고 판단하였다.[77]

Ⅳ. 기 수

1. 기수시기

68 본죄는 미수범 처벌규정이 없기 때문에 기수시기가 언제인지의 판단이 법적 성격과 관련하여 문제된다. 본죄의 법적 성격에 관하여 판례가 추상적 위험범으로 해석한다는 견해(통설), 구체적 위험범으로 해석한다는 견해, 결과범으로 본다는 견해 등으로 나뉘고 있다는 것은 앞서 설명하였다(**I. 취지** 부분 참조). 본죄의 법적 성격에 관한 논의에 대응하여 본죄의 기수시기에 대해서도, 직무집행이 방해된 결과가 현실로 발생할 것을 요하는 것은 아니라 그 위험이 있으면 기수에 이른다고 하는 견해(추상적 위험설),[78] 방해의 현실적인 결과는 요하지 않지만 구체적 위험은 발생해야 한다는 견해(구체적 위험설)[79]도 있다. 그러나 협의의 공무집행방해죄와 달리 본죄는 '직무집행 방해'를 구성요건에 포함하고 있어 공무원의 구체적이고 현실적인 직무집행이 방해되어야 기수에 이른다고 보아야 할 것이다.[80]

69 판례는 본죄의 법적 성격에 관하여 명시적인 언급 없이 '구체적인 공무집행을 저지하거나 현실적으로 곤란하게 하는 데까지는 이르지 아니하고 미수에 그친 경우'에는 본죄로 처벌할 수 없다고 판시하여,[81] 기수시점인 공무집행의 '방해'는 공무집행의 '저지 또는 현실적인 곤란'이라고 한다. 다만, 사안에 따라 방

77 대판 2022. 7. 28, 2022도1638.

78 김신규, 886; 이재상·장영민·강동범, § 44/39; 이정원·류석준, 753; 이형국·김혜경, 829.

79 배종대, § 158/10.

80 주석형법 [각칙(1)](5판), 602(이상주).

81 대판 2000. 3. 24, 2000도102; 대판 2003. 2. 11, 2002도4293; 대판 2017. 12. 21, 2015도8335(전); 대판 2021. 4. 29, 2018도18582.

해의 결과가 발생하기에 이른 구체적인 시기에 대해서는 달리 판단하고 있다.

즉 ① 시험업무와 관련해서는 현실적인 방해의 결과가 없더라도 본죄가 성립한다고 하였지만,[82] ② 수사(감사)단계에서의 허위진술 또는 증거조작 사안에서는 수사(감사)기관이 나름대로 충실한 조사를 했음에도 증거조작 등을 발견하지 못하여 잘못된 결론을 내리게 될 정도에 이른 경우에는 본죄가 성립한다고 보았다.[83] 특히 피고인이 불법게임기인 '라이온킹' 게임기 40대가 압수될 상황에 처하자 이를 숨기고 그 대신 '러브' 게임기 20대를 설치해 놓고 경찰관에게 처음부터 '러브' 게임기가 설치되어 있었던 것처럼 믿게 하였음에도, 그 후 경찰이 통상적인 수사를 통하여 라이온킹 게임기 40대의 소재를 확인하고 압수까지 한 사안에서는 적극적으로 증거조작을 하였더라도 수사기관이 수사를 통해 적정한 결론에 이르렀다면 본죄의 성립이 부정된다고 판단하기도 하였다.[84] ③ 관청의 인·허가 등 관련 허위서류를 제출한 사안에서는, '구체적인 공무집행을 저지하거나 현실적으로 곤란하게 하는 데까지 이르러야' 한다고 하고 허위신청에 따라 그릇된 행위나 처분을 하는 경우가 여기에 해당한 것으로 보았다. 이와 관련하여, 신고에 따른 결과가 나오기 전이더라도 공무원이 신고 요건을 심사하여 '수리'된 경우와 같이 그릇된 행위나 처분을 하기 전이라도 '구체적인 공무집행을 저지하거나 현실적으로 곤란하게 하는 데까지 이르렀다'고 볼 수 있는 객관적인 사정, 즉 제출한 허위자료에 공무원이 속은 시점을 파악할 수 있다면 그때를 범죄의 기수시기로 볼 수 있다는 견해도 있다.[85] 70

본죄의 기수시기는 공소시효의 기산일과도 관련되는데, 이 부분이 쟁점이 된 판례는 다음과 같다. 71

피고인 등이 러시아 극동국립예술아카데미로부터 받은 허위의 연주학 박사 72

82 대판 2000. 3. 24, 2000도102; 대판 2003. 2. 11, 2002도4293; 대판 2017. 12. 21, 2015도8335(전); 대판 2021. 4. 29, 2018도18582.

83 대판 1967. 5. 23, 67도650(피고인이 공무원시험 응시 중 해답을 종이쪽지에 적어 A에게 전달하였으나 A가 펴보지도 않고 버렸지만 부정한 행위가 없도록 감시할 직책을 가진 시험감독관인 공무원의 시험감독에 관한 직무집행을 방해한 것으로 인정한 사안) 참조.

84 대판 2007. 3. 29, 2006도7458.

85 지귀연, "위계공무집행방해죄의 공소시효 기산점을 언제로 볼 것인지 여부", 해설 112(2017 상), 법원도서관(2017), 328. 이 견해는 관청의 인허가 등 관련 허위서류 제출 유형의 판례가 구체적 위험범설을 취하고 있다고 보았다.

학위증을 마치 정상적으로 취득한 연주학 박사학위증인 것처럼 한국학술진흥재단에 제출한 사안에서, 피고인은 외국박사학위증을 한국학술진흥재단에 제출한 2001. 3. 14. 범죄가 종료되었다고 주장하였으나, 원심은 외국박사학위 신고서상의 접수일 또는 외국박사학위 신고필증을 피고인에게 교부한 날을 범죄종료일로 보아야 한다고 보아 피고인의 주장을 배척하였고, 대법원도 이를 수긍하였다.[86]

73 중국 국적의 피고인이 밀입국하였다가 2004. 10.경 중국으로 강제퇴거당한 후 중국에서 자신의 인적사항을 변경한 신분증과 호구부를 발급받고, 2005. 11. 한국 국적 여성과 위장결혼 후 재입국하여 외국인등록증을 발급받았으며, 2007. 12.경 그 인적사항으로 귀화허가신청서를 작성하여 법무부 국적과 소속 담당공무원에게 제출함으로써 2009. 12.경 대한민국 국적을 취득한 사실에 대해 2016년에 본죄로 기소된 사안에서, 제1심과 원심은 허위사실이 기재된 귀화허가신청서를 담당공무원에게 제출함으로써 본죄의 기수에 이르렀고, 그 후 이루어진 귀화허가 처분은 범죄종료 후의 사정에 불과하다고 보아 본죄의 공소시효 만료 후의 기소라고 판단하였으나, 대법원은 피고인이 허위사실이 기재된 귀화허가신청서를 담당공무원에게 제출하여 그에 따라 귀화허가업무를 담당하는 행정청이 그릇된 행위나 처분을 하여야만 본죄의 기수 및 종료에 이르고, 단지 허위사실이 기재된 귀화허가신청서를 제출하여 접수되게 한 사정만으로는 구체적인 직무집행을 저지하거나 현실적으로 곤란하게 하는 데까지 이르렀다고 단정할 수 없다고 보아 원심을 파기하였다.[87] 한편, 이 사건 원심이 참조판례로 든 대판 2011. 4. 28, 2010도14696은 피고인이 허위의 호구부를 선양 주재 대한민국 총영사관에 제출하여 사증·외국인등록증을 발급받고 귀화허가신청서도 제출한 사안으로, '귀화허가신청에 관한 귀화허가가 이루어지지 아니하였다는 사정은 본죄의 성립에 영향을 줄 수 없다'고 판시함으로써 귀화허가신청서 제출만으로 본죄가 성립한다고 판단하였다고 볼 여지가 있으나, 본죄의 성격 내지 기수시기가 쟁점이 된 사안이 아니라 허위의 신분증과 호구부를 이용해 사증과 외국인등록증을 발급받고 거기에 귀화허가신청서까지 제출한 경우에는 본죄의 위계에 해당된다는 것이 주된 요지라는 점에서 위 두 판례가 서로 배치되는 것은 아니라고 할 것이다.

86 대판 2014. 2. 27, 2011도3686.
87 대판 2017. 4. 27, 2017도2583.

2. 공무집행방해의 현실적 결과가 발생하지 않았다고 본 사례

① 검사의 몰수 집행업무란 몰수를 명한 판결이 확정된 후 검사의 집행지휘에 의하여 몰수집행을 하는 것을 뜻하는 것으로서 몰수물이 압수된 경우에는 집행지휘만으로 집행이 종료하고, 몰수물이 압수되어 있지 않은 경우에는 검사가 몰수선고를 받은 자에게 그 제출을 명하고 이에 불응할 경우 몰수집행명령서를 작성하여 집달관에게 강제집행을 명하는 방법으로 집행하면 되므로, 이 사건 선박이 압수된 이상 검사가 타인의 위계에 의하여 집행을 방해당할 수는 없다고 판단하였다.[88] 74

② 피고인이 A의 상속인들인 B 등을 상대로 소유권이전등기청구의 소를 제기하면서 피고들의 주소를 허위로 기재한 다음, 피고인의 여동생인 C로 하여금 B인 것으로 가장하여 B 등에게 송달된 변론기일소환장의 영수인란을 위조하고 이를 행사함으로써 송달이 적법하게 된 것으로 믿은 법원으로 하여금 의제자백에 의한 피고인 승소판결을 선고하게 한 사안에서, 피고인이 소송 상대방의 주소를 허위로 기재하여 그 주소로 재판 관계 서류를 송달하게 한 행위는 송달업무의 적정성을 침해하기는 하였지만 이로써 송달업무 또는 재판업무 그 자체를 방해하였다고 볼 수 없다고 판단하였다.[89] 75

③ 피고인들은 A가 입찰에 참가한다는 사실을 알고서 피고인들 중 1인이 낙찰받는 방법을 논의하다가 A의 입찰가격을 알아내어 그보다 높은 가격으로 입찰하기로 한 다음, 다른 피고인이 경매브로커로서 자신의 말을 들을 수밖에 없는 B로부터 A의 입찰가격이 2,428,964,800원이라는 사실을 알아내어 이를 낙찰받을 피고인과 다른 사람들에게 알려줌으로써 2,455,000,000원으로 입찰하여 부동산을 낙찰받은 사안에서, 피고인들의 범죄행위가 법원 경매업무를 담당하는 집행관의 구체적인 직무집행을 저지하거나 현실적으로 곤란하게 하는 데까지는 이르지 않고 입찰의 공정을 해하는 정도에만 이르렀으므로, 이러한 행위는 제315조의 경매·입찰방해죄에만 해당될 뿐 본죄에는 해당되지 않는다고 판단하였다.[90] 76

---

88 대판 1995. 5. 9, 94도2990.

89 대판 1996. 10. 11, 96도312. 가처분신청 시 당사자가 허위자료를 제출한 경우에 관한 대판 2012. 4. 26, 2011도17125는 위 96도312 판결을 참조판례로 들고 있다.

90 대판 2000. 3. 24, 2000도102.

77 이 판결의 원심은 국가나 공공기관의 경매·입찰에서 위계로써 그 공정을 해하는 행위는 본죄가 아닌 특별죄로서의 성질을 겸비하는 경매·입찰방해죄만 성립한다고 판단하였으나, 대법원은 본죄와 경매·입찰방해죄의 관계에 관한 명시적인 설명은 하지 않았다. 이 판결에 대하여는 피고인의 위계가 경매·입찰방해에 이른 반면 공무집행방해에는 이르지 못하였다는 판단은 논리적인 오류라는 비판이 있다.[91] 입찰의 공정을 해하는 정도는 되어도 본죄의 직무집행을 방해할 정도는 안 되는 경우를 판단할 명확한 기준을 제시한 판례는 아직 나오지 않았지만, 뒤에서 보는 대판 2013. 4. 11, 2011도157에서 일응의 방법을 찾을 수 있다고 본다.

78 이 판결은 경매·입찰방해죄가 아닌 본죄로만 기소된 사안으로서, 제1심은 무죄로 판단하였으나, 항소심은 신청인이 업무담당자에게 허위의 주장을 하면서 이에 부합하는 허위의 소명자료를 첨부하여 제출한 경우 그 수리 여부를 결정하는 업무담당자가 관계 규정이 정한 바에 따라 그 요건의 존부에 관하여 나름대로 충분히 심사를 하였으나 신청사유 및 소명자료가 허위임을 발견하지 못하여 그 신청을 수리하게 될 정도에 이르렀다면, 이는 업무담당자의 불충분한 심사가 아니라 신청인의 위계행위에 의한 것으로서 본죄가 성립된다는 대판 2004. 3. 26, 2003도7927 등과 범죄행위가 입찰업무를 담당하는 공무원의 구체적인 직무집행을 저지하거나 현실적으로 곤란하게 하는 데까지는 이르지 않고 입찰의 공정을 해하는 정도의 행위라면 제315조의 경매·입찰방해죄에만 해당될 뿐 본죄에 해당되지 않는다는 위 2000도102 판결을 참조판례로 제시하면서, 입찰절차의 심사위원들이 피고인의 부탁이 없이 공정하게 평가하였더라면 다른 업체가 사업자로 선정될 수 있었던 점에서 피고인의 행위가 단지 적법하고 공정한 경쟁방법을 해하여 입찰의 공정을 해하는 정도에 그쳤다고 할 수는 없고, 사업자 선정을 담당하는 공무원으로 하여금 더 이상 사업자 선정에 대한 적정한 심사업무를 기대할 수 없게 할 정도로 위계로써 담당공무원의 직무집행을 방해한 것이라고 판단하였고, 대법원도 이를 수긍하였다.

79 여기서 판례 태도를 정리하자면 입찰절차에서 위법행위가 없이 공정하게 입찰이 진행되었더라면 다른 결과가 나올 가능성이 있었고, 또한 담당공무원이 충

91 이정원, "위계에 의한 공무집행방해죄의 적용범위", 비교형사법연구 5-2, 한국비교형사법학회(2003), 364.

분한 심사를 했더라도 허위임을 발견해 내기가 어려운 상황인 경우에는, 경매·입찰방해죄에 그치는 것이 아니라 본죄도 성립한다는 입장이라고 볼 수 있다.

④ 피고인 甲이 허위로 작성된 폐기물처리사업계획 적합 통보서를 입찰서류에 첨부하여 제출하여 시청의 폐기물이전매립공사 입찰업체 심사업무를 위계로써 방해할 가능성이 있기는 하였으나, 그 제출 이전에 피고인 乙이 위 통보서가 무효임을 시청에 통보함으로써 시청 담당공무원으로서는 오인, 착각, 부지상태가 될 가능성이 전혀 없었으므로, 위 통보서를 제출하였다고 하여도 시청의 구체적인 공무집행을 저지하거나 현실적으로 곤란하게 하는 데까지 이르지 않았다고 판단하였다.[92] 80

⑤ 국립대학교의 전임교원 공채심사위원이자 학과장인 피고인 甲이 지원자인 피고인 乙의 부탁을 받고 이미 논문접수가 마감된 학회지에 乙의 논문이 게재되도록 도운 행위는 부적절한 행위라고 볼 수 있지만, 그 후 甲이 연구실적심사의 기준을 강화하자고 제안한 것은 해당 학과의 전임교원 임용 목적에 부합하는 것으로서 공정한 경우에 해당하므로, 설사 甲의 행위가 결과적으로는 乙에게 유리하게 되었더라도 본조의 위계에 해당하지 않고, 乙이 甲의 도움으로 이미 논문접수가 마감된 학회지에 논문을 추가 게재하여 심사요건 이상의 전공논문실적을 확보하였더라도 이는 乙이 자신의 노력에 의한 연구결과물로서 심사기준을 충족한 것이고 이후 다른 전형절차들을 모두 거쳐 최종 선발된 것이라면, 乙의 행위가 공채관리위원회 위원들로 하여금 乙의 자격에 관하여 오인이나 착각, 부지를 일으키게 하였다거나 그로 인하여 그릇된 행위나 처분을 하게 한 경우에 해당한다고 할 수 없다고 판단하였다.[93] 81

⑥ 수사과정에서 실체적 진실발견은 수사기관의 고유임무이고 수사절차에 참여하는 이해관계인에게 법적으로 진실만을 말하도록 의무가 부과된 것도 아니므로, 피고인이 경찰공무원에게 허위로 차량을 도난당하였다고 신고하여 불필요하게 수사를 진행하게 하였다는 것만으로는 경찰공무원의 적법한 수사직무에 관하여 그릇된 행위나 처분을 하게 하였다거나 경찰공무원의 구체적인 공무집행을 저지하거나 현실적으로 곤란하게 하는 데 이르렀다고 보기 어렵다고 판 82

92 대판 2003. 2. 11, 2002도4293.
93 대판 2009. 4. 23, 2007도1554.

단한 원심을 수긍하였다.[94]

83 ⑦ 엑스포조직위원회가 엑스포 행사대행 제안공모사업에 대한 시행자를 제한경쟁입찰로 결정하기로 하고, 입찰계획에 따라 조달청 나라장터홈페이지에 행사대행 제안공모 입찰공고를 하여 조직위원회 대회의실에서 제안공모에 참가한 총 51개 제안업체를 상대로 사업설명회를 개최하였으며, 광고, 홍보, 이벤트, 마케팅, 디자인 등 총 9개 분야에 전문성이 있는 전문가, 대학교수, 공무원 등 대상으로 예비평가위원 등록신청을 받아 그중 32명을 예비평가위원으로 확정하고, 예비평가위원 32명에 대하여 최종 심사평가위원 추첨을 위한 고유번호를 부여하여 번호표 무작위 추첨 방식으로 예비평가위원 32명 중 9명을 심사평가위원으로 최종 선정한 사실, 이와 같이 선정된 9명의 심사평가위원은 조직위원회 소회의실에서 행사대행 제안공모에 응한 업체별로 미리 정해 놓은 평가배점 기준표에 따라 점수를 부여하고 종합평정 70점 이상인 업체 중 고득점자를 낙찰자로 결정하기로 되어 있었던 사실, 피고인이 평소 알고 지내던 A와 B에게 미리 들어 알고 있던 평가위원 중 최종평가위원으로 선정된 사람들의 명단과 예비평가위원으로 선정된 사람들의 명단을 알려 준 사실, 피고인이 외부에 평가위원의 명단을 공개한 사실이 익명의 투서에 의하여 드러나자 조직위원회는 행사대행 제안공모 절차를 중단한 사실 등을 전제로, 피고인이 심사평가위원 명단을 알려 준 것만으로는 피고인이 조직위원회 공무원들에게 엑스포 행사대행 제안공모사업과 관련하여 오인, 착각, 부지를 일으키게 하였다거나 재단법인 조직위원회가 피고인의 위와 같은 행위에 따라 그릇된 행위나 처분을 하였다고 보기 어렵다고 판단하였다.[95]

84 ⑧ 검사인 피고인이 A로부터 주식매입 자금을 제공받는다는 사실을 숨기기 위해 A로 하여금 자신의 장모 B와 누나인 C 등 명의 계좌로 돈을 송금하게 하고 그 돈을 피고인의 계좌로 이체받았음에도 공직자윤리위원회에 재산변동신고를 하면서 B, C 등으로부터 빌린 돈으로 주식을 매입한 것으로 허위신고를 하였고, 그 뒤 재산등록 정기변동신고를 하면서 B, C 등에 대한 채무 일부를 변제하고 나머지 채무가 계속 남아 있는 것처럼 허위신고를 하였으며, 피고인의 주식매입 경위에 관한 의혹이 언론에 보도됨에 따라 공직자윤리위원회로부터 주

94 대판 2012. 4. 13, 2011도11761.
95 대판 2015. 2. 16, 2013도13217.

식매입 자금 출처를 소명하라는 요구를 받고 자신의 장모 등으로부터 빌린 돈으로 주식을 매입하였다가 건물 임대료 등의 수익으로 일부 변제하였다는 취지의 소명서와 관련 금융자료를 제출한 사안에서, 원심은 피고인이 위원회에 제출한 금융자료가 위조 또는 변조된 자료라고 볼 증거가 부족하고, 공직자윤리법에서 규정하고 있는 공직자윤리위원회 심사권한에 비추어 볼 때 피고인이 허위사실을 신고서에 기재하거나 허위 소명자료를 제출하였더라도 공직자윤리위원회가 신고내용이나 소명자료의 진실성을 충분히 따져보지 않은 채 경솔하게 이를 믿고 어떠한 행위나 처분에 나아갔다면 이를 신고인이 한 위계에 의한 결과로 볼 수 없는데, 공직자윤리위원회가 나름대로 충분히 사실관계를 확인했더라면 B, C 명의의 계좌에 입금된 돈의 출처 및 그 돈이 결국 피고인에게 최종 귀속된 사실을 확인할 수 있었다고 보이고, 공직자윤리위원회가 인력 및 심사방식의 한계로 신고자가 제출한 자료에 의존할 수밖에 없는 한계가 있다고 할지라도 공직자윤리위원회에 폭넓은 심사권한이 부여된 이상 현실적인 한계에 따른 책임을 신고자에게 부과할 수는 없다는 등의 이유로 본죄가 성립하지 않는다고 판단하였고, 대법원도 이를 수긍하였다.[96]

⑨ 특정 정당 소속 지방의회의원인 피고인 등이 지방의회 의장 선거를 앞두 85
고 'A를 의장으로 추대'하기로 서면합의하고 그 이행을 확보하기 위해 투표용지에 가상의 구획을 설정하고 각 의원별로 기표할 위치를 미리 정하기로 구두합의하는 방법으로 선거를 사실상 기명·공개투표로 치르기로 공모한 다음 그 정을 모르는 임시의장 B가 선거를 진행할 때 사전공모에 따라 투표하여 단독 출마한 A가 의장에 당선되도록 하여 위계로써 B의 무기명투표 관리에 관한 직무집행을 방해하였다는 내용으로 기소된 사안에서, 대법원은 본죄에 있어서 위계라 함은 행위자의 행위목적을 이루기 위하여 상대방에게 오인, 착각, 부지를 일으키게 하여 그 오인, 착각, 부지를 이용하는 것을 말하는 것으로 상대방이 이에 따라 그릇된 행위나 처분을 하여야만 본죄가 성립하는 것이고, 만약 범죄행위가 구체적인 공무집행을 저지하거나 현실적으로 곤란하게 하는 데까지는 이르지 아니하고 미수에 그친 경우에는 위계에 의한 공무집행방해죄로 처벌할 수 없다고 전제한

96 대판 2017. 12. 22, 2017도12346.

다음,[97] 지방자치법은 제48조 제1항에서 지방의회 의장을 무기명투표로 선거하여야 한다고 규정하나 그 위반행위를 처벌하는 별도 규정을 두고 있지 않으므로 피고인들 등의 행위가 비밀선거 원칙(무기명투표 원칙)에 위배되는 면이 있음을 근거로 곧 B의 직무집행을 방해한 것으로 평가할 수 없는 점, 지방의회의원들이 사전에 서로 합의한 방식대로 투표행위를 한 것만으로는 무기명투표 원칙에 반하는 전형적인 행위, 즉 투표 과정이나 투표 이후의 단계에서 타인의 투표 내용을 알려는 행위라거나 자신의 투표 내용을 공개하는 것 또는 타인에게 투표의 공개를 요구하는 행위로 평가하기 어려우므로, 위와 같은 서면합의와 구두합의의 실행 자체가 곧바로 '지방의회 의장 선거 과정에서 무기명투표 원칙이 구현되도록 할 임시의장의 직무집행'을 방해하였다고 보기 어려운 점, 위와 같은 합의 수준에서 더 나아가 피고인들 등 사이에 합의에 반하는 투표가 이루어졌는지를 확인할 감표 위원을 누구로 정할 것인지, 투표용지 확인은 언제, 어떤 방법으로 하고, 합의에 반하는 투표를 한 의원에 대해 어떠한 제재를 가할 것인지에 관하여 논의가 이루어졌음을 증명할 증거가 없는 점 등 제반 사정을 종합하면, 피고인들 등이 '지방의회 임시의장의 무기명투표 관리에 관한 직무집행을 방해'하였다고 평가할 사정에 관한 증명이 없거나 부족하다는 이유로, 피고인들에게 유죄를 인정한 원심을 파기하였다.[98]

3. 공무집행방해의 현실적 결과가 발생하였다고 판단한 사례

86 ① 군청이 종합사회복지관 야간경관조명 설치사업을 발주하면서 입찰업체 가운데 전문가로 구성된 7명의 심사위원에 의한 주관적 평가와 객관적 지표에 의한 기술능력평가를 합한 점수가 가장 높은 업체를 사업자로 선정하기로 하고, 주관적 평가의 심사위원 선정은 입찰업체들이 심사위원 후보 21명에게 부여된 번호 중 그 번호가 의미하는 심사위원 후보가 누구인지 모르는 상태에서 7개를 선택하여 가장 많이 뽑힌 번호에 해당하는 7명으로 선정하기로 하였는데, 피고

97 대판 2003. 2. 11, 2002도4293의 판시임.

98 대판 2021. 4. 29, 2018도18582. 다만 위 판결은 피고인 등이 위와 같은 합의 수준에서 더 나아가 가령 투표 이후 자신들의 투표 내용을 확인하기 위한 대책을 마련하고 이를 실행하였다면, 그로써 '지방의회 임시의장의 무기명투표 관리에 관한 직무집행을 방해'한 것으로 평가할 수는 있다고 판시하였다.

인은 A 등 4명에게 주관적 평가의 심사위원 후보로 신청하도록 한 다음 평소 친분이 있는 사업담당 공무원인 B로부터 심사위원 번호 선정기준에 대하여 전해 듣고 A 등의 대략적인 번호를 알게 되어 심사위원 선정과정에서 그 번호들을 선택하면서, 다른 입찰업체도 같은 번호를 선택하도록 하여 A 등 4명이 모두 심사위원으로 선정되었고, 주관적 심사는 제출한 업체를 알 수 없도록 작품만을 내놓고 심사를 하는 방식으로 진행되는데, 피고인은 미리 A 등에게 자신의 작품에 관하여 설명을 하여 그들이 피고인 업체의 작품이 무엇인지 알 수 있도록 하고 그들에게 자신의 업체를 선정하여 달라고 부탁하였으며, A 등은 주관적 심사에서 피고인 업체에 가장 높은 점수를 주고 일부 항목에 만점을 주기도 하여 기술능력평가에서 하위권이었던 피고인 업체가 주관적 평가에서 다른 업체보다 월등히 높은 점수를 받아 사업자로 선정된 사안에서, A 등이 피고인의 부탁 없이 공정하게 평가하였더라면 다른 업체가 사업자로 선정될 수 있었으므로 피고인의 행위가 단지 적법하고 공정한 경쟁방법을 해하여 입찰의 공정을 해하는 정도에 그친 것이 아니라 사업자 선정을 담당하는 공무원으로 하여금 더 이상 사업자 선정에 대한 적정한 심사업무를 기대할 수 없게 할 정도로 위계로써 담당공무원의 직무집행을 방해한 것이라고 판단하였다.[99]

앞서 대판 2000. 3. 24, 2000도102에서 설명한 대로 위 2011도157 판결을 통해 본죄와 경매·입찰방해죄의 관계에 관한 판례의 태도를 추측해 보건대, 입찰절차에서 위법행위가 없이 공정하게 입찰이 진행되었더라면 다른 결과가 나올 가능성이 있었고, 또한 담당 공무원이 충분한 심사를 했더라도 허위임을 발견해 내기 어려운 상황인 경우에는, 본죄가 인정될 가능성이 크다고 할 수 있다. 87

② 피고인이 저녁 또는 심야시간에 반복적으로 112에 전화를 걸어 강도가 든 사실이 없음에도 강도가 들었다고 하거나 비명소리 또는 싸우는 소리 등을 내면서 전화를 끊었고, 당시 112 지령실에서는 강력사건이 발생한 것으로 추정하고 관할 파출소에 현장 출동을 지시하여 관할 파출소 경찰관들이 발신장소 위치 추적 등을 통하여 현장에 출동하여 현장 주변을 수색·탐문하기도 하는 등 이 사건 무렵인 2014. 10. 24.부터 2015. 8. 20.까지 사이에 272회에 걸쳐 112 88

99 대판 2013. 4. 11, 2011도157.

신고센터에 허위신고를 한 사실로 거짓신고로 인한 경범죄처벌법위반죄와 본죄로 기소된 사안에서, 원심은 피고인의 허위신고로 경찰관이 출동을 하였고 피고인이 거짓신고를 반복하였다는 사정만으로는 피고인의 행위가 확연하게 법정형이 높은 본죄로 처벌할 수 있을 정도로 경범죄 처벌법 제3조 제3항 제2호(거짓신고. 있지 아니한 범죄나 재해 사실을 공무원에게 거짓 신고)가 예상한 행위와 결과의 불법성을 현저하게 넘어선 예외적인 경우에 해당한다고 보기 부족하다는 이유로 무죄를 선고하였으나, 대법원은 위 거짓신고죄는 사회공공의 질서유지를 보호법익으로 하는 반면, 본죄는 국가기능으로서의 공무 그 자체를 보호법익으로 하는 등 두 죄는 그 보호법익이나 규율대상 및 구성요건 등을 달리하는 별개의 죄이므로, 거짓신고 행위가 원인이 되어 상대방인 공무원이 범죄가 발생한 것으로 오인하게 했고 이로 인하여 공무원이 그러한 사정을 알았더라면 하지 않았을 대응조치를 취하기에 이르렀다면 이로써 구체적이고 현실적인 공무집행이 방해되어 본죄가 성립하고, 그 거짓신고 행위와 결과의 불법성이 위 조항이 예상한 정도를 현저하게 넘어선 예외적인 경우에 해당하는지에 의하여 본죄의 성립 여부가 좌우된다고 볼 것은 아니라는 이유로 원심을 파기하였는데,[100] 수사기관에 대한 허위신고나 허위진술이 증거조작에까지 이르지 않는 경우에는 본죄의 성립을 부정해온 판례 입장에서 다소 벗어난 사례로 보인다.

V. 고 의

89 본죄의 성립에 위계를 사용한다는 고의 이외에 직무집행을 방해할 의사도 필요한지에 관하여, 필요하지 않다는 견해[101]와 직무집행을 방해할 의사가 추가로 필요하다는 견해[102]로 나뉜다. 협의의 공무집행방해죄와 달리 본죄의 객관적 구성요건으로 '직무집행을 방해한 자'라고 규정하고 있으므로 직무집행을 방해할 의사가 필요하다고 봄이 타당하다.

---

100 대판 2016. 10. 13, 2016도9958; 대판 2022. 10. 27, 2022도10402(허위 화재신고로 소방관·경찰관이 출동한 사안으로, 법조경합관계에 해당하여 본죄만 성립).

101 이재상·장영민·강동범, § 44/403; 정영일, 463.

102 김성돈, 792; 김일수·서보학, 686; 배종대, § 158/12; 손동권·김재윤, § 50/41; 신동운, 193; 오영근, 735; 임웅, 970; 정성근·박광민, 851; 주석형법 〔각칙(1)〕(5판), 607(이상주).

대법원도 같은 입장에서 다음과 같은 사안들에서 직무집행 방해 의사가 없음을 이유로 본죄 성립을 부정하였다. 90

① 피고인이 경찰관서에 허구의 범죄를 신고한 까닭이 생활에 궁하여 오로지 직장을 구하여 볼 의사로서 허위로 간첩이라고 자수를 한 데 불과하고 더 나아가 그로 말미암아 공무원의 직무집행을 방해하려는 의사까지 있었던 것이라고는 할 수 없다는 이유로 본죄가 성립하지 않는다고 판단하였고,[103] ② 피고인이 운반 중이던 우편물에 발생한 화재가 자신의 실수에 의한 것처럼 가장하여 자기가 형사책임을 짐으로써 상사들에게 누가 미치게 하지 아니하고 그 사건을 조속히 종결시키려는 의도로 다른 공동피고인들로 하여금 수사기관에서 피고인의 실수로 화재가 발생하였다고 거짓말을 하도록 한 사안,[104] ③ 당시의 난처한 입장을 숨기려고 허구의 범죄사실을 경찰공무원에게 신고한 데 불과하다고 본 사안,[105] ④ 자가용차를 운전하다가 교통사고를 낸 사람이 경찰관서에 신고함에 있어 가해차량이 자가용일 경우 피해자와 합의하는 데 불리하다고 생각하여 영업용택시를 운전하다가 사고를 내었다고 허위신고를 한 사안[106] 등에서, 직무집행을 방해할 의사가 없다는 이유로 본죄 성립을 각 부정하였다. 91

VI. 다른 죄와의 관계

1. 다른 죄와의 관계가 문제된 판례

① 범인 아닌 자가 수사기관에서 범인임을 자처하고 허위사실을 진술하여 진범의 체포와 발견에 지장을 초래하게 한 행위는 범인은닉죄(§ 151①)에는 해당하지만 본죄는 성립하지 않는다.[107] 92

② 간호보조원 교육과정 이수에 관한 사문서인 수료증명서의 허위작성은 무형위조로서 처벌대상이 되지 않고, 피고인들의 행위가 허위작성 및 교부로 끝 93

103 대판 1970. 1. 27, 69도2260.
104 대판 1971. 3. 9, 71도186. 방해할 의사가 있다고 단정하기 어렵다는 외에 수사기관에서의 허위진술만으로는 본죄가 성립하기 어렵다는 판시도 하였다.
105 대판 1973. 6. 26, 72도2698.
106 대판 1974. 12. 10, 74도2841.
107 대판 1977. 2. 8, 76도3685; 대판 1996. 6. 14, 96도1016.

났더라도 간호보조원 자격시험 응시자격을 증명하는 그 문서의 용도와 사용 결과를 인식하고 다른 사람들로 하여금 사용케 할 의도로 작성·교부한 것이고, 그들이 위 문서를 진정한 문서인 것처럼 시험관리당국에 제출하여 응시자격을 인정받아 응시함으로써 그 시험관리에 관한 공무집행을 방해하는 상태를 초래하였다면, 피고인들은 본죄의 공동정범의 죄책을 면할 수 없고, 무형위조의 사후행위로서 처벌 대상에서 제외되는 것은 아니라고 판단하였다.[108]

94 ③ 피고인이 출원인이 어업허가를 받을 수 없는 자라는 사실을 알면서도 그 직무상의 의무에 따른 적절한 조치를 취하지 않은 채 부하직원으로 하여금 어업허가 처리기안문을 작성하게 한 다음 중간결재를 하고 위계로써 농수산국장의 최종결재를 받은 사안에서, 직무위배의 위법상태가 본죄 행위 속에 포함되어 있다고 보아 작위범인 본죄만이 성립하고 부작위범인 직무유기죄(§ 122)는 따로 성립하지 않는다고 판단하였다.[109]

95 ④ 경찰공무원인 피고인이 지명수배 중인 사람의 사진을 부착한 피고인의 운전면허분실재교부신청서를 제출하여 운전면허증을 재발급받은 사안에서, 변호인은 면허증불실기재죄(§ 228②)[110]가 본죄에 우선 적용되어야 한다고 주장하였으나, 원심은 면허증불실기재죄는 본죄와 그 보호법익, 행위태양 및 객체 등을 달리하고 있어 면허증불실기재죄의 구성요건이 본죄의 구성요건의 모든 요소를 포함하는 외에 다른 요소를 구비하는 경우에 해당하지 않으므로 전자가 후자에 대하여 특별관계에 있다고 볼 수 없다고 판단하였고, 대법원도 이를 수긍하였다.[111]

2. 본죄가 다른 죄와의 관계에서 보충적인 지위에 있는지 여부

96 다른 범죄가 성립함에도 불구하고 본죄의 성립을 인정한다면 조세범처벌법위반죄나 공정증서원본등불실기재죄, 각종 공무방해에 관한 죄, 도주와 범인은닉의 죄, 위증과 증거인멸의 죄, 무고죄 등이 모두 필요 없게 되고, 본죄의 위계 개념의 광범위성으로 인해 적용범위가 무한적 확정될 수 있으므로 본죄를 보충규정으로 해석해야 한다는 견해가 있다. 이러한 입장에서는 앞서 본 판례들 중

108 대판 1982. 7. 27, 82도1301.
109 대판 1997. 2. 28, 96도2825.
110 제228조 제2항 법정형(자유형)은 징역 3년 이하로서 징역 5년 이하인 본죄보다 가볍다.
111 대판 2006. 9. 28, 2006도4376.

진범임을 자처한 피고인을 범인은닉 및 본죄로 기소한 공소사실에 대하여 범인은닉죄만을 인정한 사례, 상대방의 입찰가격을 알아낸 뒤 이를 이용하여 낙찰받음으로써 경매의 공정을 해하였을 뿐이므로 경매·입찰방해죄만 성립할 뿐 본죄는 성립하지 않는다고 본 사례 등을 근거로, 판례가 본죄를 보충적으로 해석하려는 태도를 취하고 있다고 주장한다.[112] 하지만 위에서 본 대판 2000. 3. 24, 2000도102에서 원심은, 국가나 공공기관의 경매·입찰에서 위계로써 그 공정을 해하는 행위는 본죄가 아닌 특별죄로서의 성질을 겸비하는 경매·입찰방해죄만 성립한다고 판단하였으나 대법원은 본죄와 경매·입찰방해죄의 관계에 관한 명시적인 설명을 하지 않았던 것에서 보듯, 판례는 위계에 해당하지 않는다거나 본죄를 결과범으로 해석하는 방법을 통해 본죄의 적용범위를 제한하는 방법을 취하고 있다고는 볼 수 있어도, 본죄를 보충적인 규정으로 해석하는 입장에 있다고까지 이해하기는 어렵다고 본다.

Ⅶ. 처 벌

본죄의 법정형은 5년 이하의 징역 또는 1천만 원 이하의 벌금이다. 97

대법원 양형기준은 본죄의 기본영역을 징역 8월에서 1년 6월, 가중영역을 98
징역 1년에서 3년, 감경영역을 징역 4월에서 10월로 정하고 있다. 특별양형인자 중 가중요소로는 비난할 만한 범행동기, 공무방해의 정도가 중한 경우, 경합범 아닌 반복적 범행, 피지휘자에 대한 교사, 동종 누범이 있고, 감경요소로는 위계 또는 공무방해의 정도가 경미한 경우, 참작할 만한 범행동기, 농아자, 심신미약(본인 책임 없음), 자수가 있다. 일반양형인자 중 가중요소로는 계획적 범행, 이중누범, 누범에 해당하지 않는 동종 실형전과(집행 종료 후 10년 미만)이 있고, 감경요소로는 소극 가담, 심신미약(본인 책임 있음), 형사처벌 전력 없음이 있다.[113]

〔이 영 훈〕

112 문상배(주 1), 657 이하; 박현수(주 1), 165.
113 양형위원회, 2022 양형기준(2022), 190.

第138條(법정 또는 국회회의장모욕)

법원의 재판 또는 국회의 심의를 방해 또는 위협할 목적으로 법정이나 국회회의장 또는 그 부근에서 모욕 또는 소동한 자는 3년 이하의 징역 또는 700만 원 이하의 벌금에 처한다. 〈개정 1995. 12. 29.〉

Ⅰ. 취 지

1 본죄는 법원의 재판 또는 국회의 심의를 방해 또는 위협할 목적으로 법정이나 국회회의장 또는 그 부근에서 모욕[(법정·국회회의장)모욕죄] 또는 소동[(법정·국회회의장)소동죄]한 자를 처벌하는 범죄이다. 본죄는 형법 제정 당시 행정기관의 일상적인 행정업무와 차별화되는 법원의 재판기능 및 국회의 심의기능의 중요성 및 신성성에도 불구하고 경찰력 등 자체적 권력집행수단을 갖추지 못한 국가기관의 한계에서 생길 수 있는 재판 및 입법기능에 대한 보호의 흠결을 보완하기 위하여 마련되었다.[1]

2 이런 점에서 본죄의 보호법익은 법원 혹은 국회라는 국가기관의 보호가 아니라 법원의 재판기능 및 국회의 심의기능이라고 할 것이다.[2] 보호의 정도는 구체적 위험범이라는 견해[3]도 있으나 추상적 위험범이라고 할 것이다(통설).[4]

1 한국형사정책연구원, 형법 제·개정 자료집(2009), 248-251[제16회 국회임시회의속기록(1953. 7. 2)] 참조.

2 대판 2021. 8. 26, 2020도12017.

3 배종대, 형법각론(13판), § 158/14.

4 김성돈, 형법각론(5판), 793; 김일수·서보학, 새로쓴 형법각론(9판), 687; 오영근, 형법각론(5판),

본죄에 대해서는 법원조직법에서 규율하고 있으므로 불필요하거나 이중처벌이 되는 결과를 초래할 위험이 있고 국회회의장에서는 활발한 토론의 과정에서 소란은 불가피하다는 이유 등으로 삭제해야 한다는 견해[5]도 있으나, 1992년 형법개정안에서는 법원조직법 제61조의 감치와 본죄에 의한 형벌은 성질을 달리하는 것이고 법정과 국회회의장의 존엄은 보장되어야 한다는 이유로 이를 존치하였다.[6] 3

Ⅱ. 주 체

주체에 제한이 없다. 법원의 재판과 관련해서는 방청객뿐 아니라 원고와 피고, 피고인이나 증인, 국회의 심의와 관련해서는 국회의원과 직원도 모두 주체가 될 수 있다. 4

Ⅲ. 목 적

본죄는 목적범이므로 행위자에게 고의 외에 주관적 구성요건으로 '법원의 재판 또는 국회의 심의를 방해 또는 위협할 목적'의 존재가 필요하다. 법원의 재판은 법원의 종류, 심급이나 재판의 성질을 묻지 않는다. 국회의 심의란 국회의 회의(국회법 제6장)에서의 의사활동으로서, 정기회, 임시회 또는 상임위원회 등 국회에서의 회의의 종류와 심의안건의 종류를 가리지 않는다. 반드시 재판 중 또는 국회의 심의 중일 것을 요하지 않고, 개시 직전, 직후, 휴식 중인 경우를 포함한다. 그러나 이미 종결된 재판이나 심의 또는 개시되려면 상당한 시간이 지나야 하는 경우는 제외되어야 한다. 5

방해란 재판이나 심의에 지장을 주거나 지장을 줄 위험을 발생하게 하는 것을 의미하고, 위협이란 사람에게 공포심을 불러일으키는 것을 의미한다. 목적 6

735; 임웅, 형법각론(9정판), 970; 정성근·박광민, 형법각론(전정2판), 851; 최호진, 형법각론, 975; 주석형법 [각칙(1)](5판), 609(이상주).

5 김신규, 형법각론 강의, 889; 박찬걸, 형법각론, 845; 이재상·장영민·강동범, 형법각론(12판), § 44/46.

6 법무부, 형법개정법률안 제안이유서(1992. 10), 266.

의 달성 여부는 범죄성립에 영향이 없다.

Ⅳ. 행 위

7 법정이나 국회의 회의장 또는 그 부근에서 모욕 또는 소동하는 것이다.

1. 법정이나 국회회의장 또는 그 부근

(1) 법정 및 국회회의장

8 법정이란 법원이 변론이나 공판과 같이 재판을 하는 장소로서, 통상 법원 내에 있으나 법원장이 필요에 따라 법원 외의 장소에서 개정하게 할 수 있으므로 이러한 개정이 이루어지는 장소도 법정이 될 수 있다(법조 § 56②). 법정은 재판작용이 이루어지는 상대적·기능적 공간 개념을 의미하는 것으로 이해할 수 있으므로, 헌법재판소의 헌법재판이 이루어지는 '심판정'도 여기에 해당한다.[7]

국회의 회의장은 국회의 회의가 이루어지는 장소를 말한다.

(2) 그 부근

9 '그 부근'은 법정이나 국회회의장의 주변으로서 그곳에서 이루어지는 모욕이나 소동의 효과가 일반적으로 법정이나 국회회의장에서 이루어지는 것과 같

---

7 대판 2021. 8. 26, 2020도12017. 「본조의 '재판'은 법원조직법상의 법원에서 이루어진 재판작용에 한정되는 것이 아니라 '헌법과 법률에 따른 사법권을 행사하는 국가기관의 광의의 사법권 행사에 따르는 재판작용 전체'를 의미한다고 보아야 한다. 헌법 제27조 제1항의 재판청구권에 헌법소원심판청구권 등 헌법재판도 포함된다는 대법원 2018. 3. 22. 선고 2012두26401 전원합의체 판결 및 헌법재판소 2021. 1. 28. 선고 2019헌마468 전원재판부 결정, 본조의 재판에는 법원의 종류·심급이나 재판의 종류·성질을 가리지 아니한다는 일반적 해석론 등도 같은 취지로 이해할 수 있다. (중략) 본조의 '법정'의 개념도 재판의 필요에 따라 법원 외의 장소에서 이루어지는 재판의 공간이 이에 해당하는 것과 같이(법원조직법 제56조 제2항) 법원의 사법권 행사에 해당하는 재판작용이 이루어지는 상대적, 기능적 공간 개념을 의미하는 것으로 이해할 수 있으므로, 헌법재판소의 헌법재판이 법정이 아닌 심판정에서 이루어진다는 이유만으로 이에 해당하지 않는다고 볼 수 없다. 오히려 헌법재판소법에서 심판정을 '법정'이라고 부르기도 하고, 다른 절차에 대해서는 자체적으로 규정하고 있으면서도 심판정에서의 심판 및 질서유지에 관해서는 법원조직법의 규정을 준용하는 것은(헌법재판소법 제35조) 법원의 법정에서의 재판작용 수행과 헌법재판소의 심판정에서의 헌법재판작용 수행 사이에는 본질적인 차이가 없음을 나타내는 것으로 볼 수 있다. 결국, 본조에서의 법원의 재판에 헌법재판소의 심판이 포함된다고 보는 해석론은 문언이 가지는 가능한 의미의 범위 안에서 그 입법 취지와 목적 등을 고려하여 문언의 논리적 의미를 분명히 밝히는 체계적 해석에 해당할 뿐, 피고인에게 불리한 확장해석이나 유추해석이 아니라고 볼 수 있다.」

이 법원의 재판 또는 국회의 심의에 영향을 미치는 곳을 의미한다. 이러한 영향을 미치는지는 법정 또는 국회회의장의 위치, 구조, 모욕이나 소동의 방법 등 구체적인 사정 등을 종합하여 결정하여야 한다. 법정이나 국회회의장 내부나 창문, 복도 등에서 법정이나 국회회의장 내부를 향하여 모욕이나 소동이 행해져야 하고, 법정이나 국회회의장과 떨어진 바깥에서 특정 법관이나 국회의원을 비난하는 발언을 하는 행위는 여기에 해당하지 않는다거나 법원정문 내지 울타리 밖은 이에 해당하지 않는다는 견해가 있다.[8]

2. 모욕 또는 소동

(1) 모욕

‘모욕’이란 경멸의 의사를 표시하는 것을 의미한다. 모욕은 재판이나 심의를 10
하는 법원 또는 국회에 대한 것이어야 하지만, 모욕의 상대방이 반드시 법원이나 국회의 구성원 전체이어야 하는 것은 아니고 그 구성원을 직접적인 상대방으로 하여야 할 필요도 없다. 법원의 증인이나 소송대리인 또는 공판검사를 상대로 모욕적인 언동을 하는 것도 경우에 따라서는 법원에 대한 모욕이 될 수 있다. 증인의 선서거부나 증언거부는 그에 따른 제재가 있을 뿐 이러한 행위 자체를 경멸의 의사를 표시하는 것으로 보기 어려우므로 법원에 대한 모욕에 해당한다고 볼 수 없다(통설).[9] 본죄는 공무집행방해죄의 특별한 형태이므로 법원의 재판이나 국회의 심의를 방해 또는 위협할 만한 정도의 적극적인 거동을 요하고, 소극적인 부작위나 지시에 대한 단순한 불복종은 본죄를 구성하는 모욕에 해당하지 않는다.

(2) 소동

‘소동’이란 소란을 피워 주위의 평온한 질서를 교란하는 행위로서, 반드시 11
다수인에 의할 필요가 없고, 수단과 방법에 제한이 없으며, 그것이 일반적으로 법원의 재판이나 국회의 심의를 방해 또는 위협할 정도에는 이르러야 한다. 내

8 신동운, 형법각론(2판), 195; 정성근 · 박광민, 852.
9 김성돈, 794; 김일수 · 서보학, 688; 박상기 · 전지연, 형법(총론 · 각론 강의)(4판), 862; 배종대, § 158/14; 손동권 · 김재윤, 새로운 형법각론, § 50/45; 오영근, 736; 이재상 · 장영민 · 강동범, § 44/43; 임웅, 971; 정성근 · 박광민, 852; 정영일, 형법강의 각론(3판), 464.

란죄에서의 폭동이나 소요죄에서의 폭행·협박에는 이르지 않아야 한다.

12 소동과 관련하여 판례는, ① A 정당 당직자인 피고인들 등이 국회 외교통상 상임위원회 회의장 앞 복도에서 출입이 봉쇄된 회의장 출입구를 뚫을 목적으로 회의장 출입문 및 그 안쪽에 쌓여있던 책상, 탁자 등 집기를 손상하거나, 국회의 심의를 방해할 목적으로 소방호스를 이용하여 회의장 내에 물을 분사한 사안에서, 피고인들의 위와 같은 행위는 공용물건손상죄(§ 141①) 및 국회회의장소동죄에 해당하고, 국민의 대의기관인 국회에서 서로의 의견을 경청하고 진지한 토론과 양보를 통하여 더욱 바람직한 결론을 도출하는 합법적 절차를 외면한 채 곧바로 폭력적 행동으로 나아가 방법이나 수단에 있어서도 상당성의 요건을 갖추지 못하여 이를 위법성이 조각되는 정당행위나 긴급피난의 요건을 갖춘 행위로 평가하기 어렵다고 판단하였다.[10]

13 ② 피고인이 2008. 10. 16. 09:55경 국정감사장으로 입장하려는 문광위 소속 A 의원에 대하여 악수를 청하며 "언론노조가 친노단체인 이유를 대봐라"라고 말하고, A 의원이 답변 없이 국정감사장으로 들어가려고 하자 A 의원의 어깨를 수차례 잡아끌고, A 의원에게 삿대질을 하며 국정감사장에 따라 들어가 "언론노조가 친노단체인 근거를 구체적으로 대봐, 근거를 대라고" 등의 소리를 쳤다는 사실로 국회회의장소동죄로 기소된 사안에서, 대법원은 A 의원이 피고인의 질문에 답하지 않자 피고인이 소란을 일으켰고 회의장 안까지 따라 들어왔으나 당시 회의장에는 참석대상 국회의원 28명 중 3명만이 참석하였고 국정감사는 아직 시작하지 않은 상태였던 점, 피고인이 회의장 안에서 소란한 시간은 1, 2분 정도였고 주변에서 제지를 하자 곧 행위를 그만두고 밖으로 나간 점, 피고인이 밖으로 나간 시각은 예정된 개최 시각 이전인 09:58경이었던 점, 이후 예정보다 회의 개최가 늦어졌으나 이는 피고인 때문이라기보다는 국회의원들끼리의 소란 및 다른 문제에 대해 서로 논쟁을 하였기 때문인 점 등에 비추어 보면, 피고인이 당시 개최 예정이던 문광위의 국정감사를 방해할 목적으로 이러한 행위를 한 것이라기보다 국정감사와 관계없이 A 의원 개인에 대해 항의하다가 순간적으로 흥분하여 회의장 안으로 따라 들어간 것으로 보일 뿐이라는 이유로

10 대판 2013. 6. 13, 2010도13609.

무죄라고 판단한 원심을 수긍하였다.[11]

③ 피고인이 2014. 12. 19. 10:00경 헌법재판소 대심판정에서 진행된 구 통합진보당 정당해산심판 사건에서 재판을 방해할 목적으로 헌법재판소장이 심판 선고를 최종적으로 마치기 이전에 심판정 전체에 들릴 정도의 고성으로, "오늘로써 헌법이 정치 자유와 민주주의를 파괴하였습니다. 민주주의를 살해한 날입니다. 역사적 심판을 받을 것입니다. 역사적 심판을 면치 못할 것입니다."라고 소리쳐 법정에서 소동하였다는 사안에서, 대법원은 본조의 보호법익 및 입법 취지에 비추어 볼 때 헌법재판소의 헌법재판기능을 본조의 적용대상에서 제외하는 해석이 입법의 의도라고는 보기 어려운 점, 본조 제정 당시 헌법재판소가 설치되어 있지 않았고 오히려 당시 헌법재판의 핵심적 부분인 위헌법률심사 기능을 맡은 헌법위원회가 헌법상 법원의 장에 함께 규정되어 있었으며 탄핵심판 기능을 맡은 탄핵재판소 역시 본조의 적용대상인 국회의 장에 함께 규정되어 있었고, 더 나아가 1962년 제3공화국 헌법에서는 위헌법률심사와 정당해산심판 기능이 대법원 관장사항으로 규정되기까지 한 사정도 이를 뒷받침하는 점, 이는 본조의 적용대상으로 규정한 법원의 '재판기능'에 '헌법재판기능'이 포함된다고 보는 것이 입법 취지나 문언의 통상적인 의미에 보다 충실한 해석임을 나타낸다는 점 등을 이유로, 본조의 법원에 헌법재판소가 포함되지 않는다는 이유로 무죄라고 판단한 원심을 파기하였다.[12] 14

V. 기수시기

본죄는 추상적 위험범(통설)이므로 법원의 재판이나 국회의 심의를 방해 또는 위협할 목적으로 법정이나 국회회의장 또는 그 부근에서 모욕 또는 소동함으로써 기수에 이르고, 실제로 목적한 법원의 재판이나 국회의 심의에 대한 방해의 결과나 그 방해의 구체적 위험이 발생할 것까지 요하는 것은 아니다.[13] 15

11 대판 2011. 2. 10, 2009도8277.
12 대판 2021. 8. 26, 2020도12017.
13 김일수·서보학, 688; 이재상·장영민·강동범, § 44/45; 홍영기, 형법(총론과 각론), § 114/22.

Ⅵ. 다른 죄와의 관계

1. 공무집행방해죄와의 관계

16 폭행이나 협박이 본죄와 협의의 공무집행방해죄(§ 136①)의 구성요건을 모두 충족하는 경우에는, 본죄의 모욕이나 소동행위는 협의의 공무집행방해죄의 폭행이나 협박에 흡수되어 협의의 공무집행방해죄만 성립한다.[14]

2. 모욕죄와의 관계

17 본죄의 모욕행위가 동시에 법관이나 국회의원 등 개인에 대한 모욕이 되더라도 모욕죄(§ 311)는 성립하지 않고 본죄만 성립한다고 본다.[15]

3. 국회법상의 국회회의방해죄와의 관계

18 국회법 제165조(국회 회의 방해 금지)는 "누구든지 국회의 회의(본회의, 위원회 또는 소위원회의 각종 회의를 말하며, 국정감사 및 국정조사를 포함한다.)를 방해할 목적으로 회의장 또는 그 부근에서 폭력행위 등을 하여서는 아니 된다."고 규정하고, 제166조(국회 회의 방해죄) 제1항은 "제165조를 위반하여 국회의 회의를 방해할 목적으로 회의장 또는 그 부근에서 폭행, 체포·감금, 협박, 주거침입·퇴거불응, 재물손괴의 폭력행위를 하거나 이러한 행위로 의원의 회의장 출입 또는 공무의 집행을 방해한 자는 5년 이하의 징역 또는 1천만 원 이하의 벌금에 처한다."고, 제166조 제2항은 "제165조를 위반하여 국회의 회의를 방해할 목적으로 회의장 또는 그 부근에서 사람을 상해하거나, 폭행으로 상해에 이르게 하거나, 단체 또는 다중의 위력을 보이거나 위험한 물건을 휴대하여 사람을 폭행 또는 재물을 손괴하거나, 공무소에서 사용하는 서류 기타 물건 또는 전자기록 등 특수매체기록을 손상·은닉하거나 그 밖의 방법으로 그 효용을 해한 자는 7년 이하의 징역 또는 2천만 원 이하의 벌금에 처한다."고 각각 규정하고 있는데, 국회법 제166조의 구성요건에 해당하는 행위가 본죄의 구성요건에도 해당하는 경우에는

14 김신규, 890; 주석형법 〔각칙(1)〕(5판), 612(이상주).
15 김성돈, 794; 김신규, 889; 김일수·서보학, 689; 정웅석·최창호, 형법각론, 80; 주석형법 〔각칙(1)〕(5판), 611(이상주).

본죄는 성립하지 않고 특별법에 해당하는 국회법에 정한 죄만 성립한다.[16]

4. 법원조직법 제61조 제1항 위반행위와의 관계

법원조직법 제61조 제1항은 "법원은 직권으로 법정 내외에서 제58조 제2항 19
의 명령 또는 제59조를 위반하는 행위를 하거나 폭언, 소란 등의 행위로 법원의 심리를 방해하거나 재판의 위신을 현저하게 훼손한 사람에 대하여 결정으로 20일 이내의 감치에 처하거나 100만 원 이하의 과태료를 부과할 수 있다. 이 경우 감치와 과태료는 병과할 수 있다."고 규정하고 있으므로, 법원의 재판을 방해 또는 위협할 목적으로 법정이나 그 부근에서 모욕 또는 소동한 행위는 본죄 이외에 법원조직법 제61조 제1항 위반행위에 해당할 수 있다.

본죄와 법원조직법 제61조 제1항 위반행위와의 관계에 관하여는 법원조직 20
법 제61조 제1항 위반행위에 대한 제재는 행정질서벌이므로 그 제재와 본죄의 관계를 상상적 경합범 관계나 법조경합의 관계로 논할 것은 아니라는 견해가 통설이다.[17] 판례는 형벌과 행정질서벌로서 그 성격을 달리하는 것이므로 동시에 이루어지더라도 일사부재리의 원칙에 반하는 이중처벌에 해당하지 않는다는 입장이므로,[18] 본죄의 처벌과 법원조직법 제61조 제1항에 따른 제재도 마찬가지라고 하겠다.

Ⅶ. 처 벌

3년 이하의 징역 또는 700만 원 이하의 벌금에 처한다. 21

본죄에 대하여는 대법원 양형기준이 마련되어 있지 않다. 22

〔이 영 훈〕

16 주석형법 [각칙(1)](5판), 612(이상주) 참조.

17 김성돈, 794; 김일수·서보학, 688-689; 박상기, 669; 배종대, § 158/15; 손동권·김재윤, § 50/47; 신동운, 195; 오영근, 737; 이재상·장영민·강동범, § 44/46; 임웅, 971-972; 정성근·박광민, 853.

18 대판 1987. 11. 24, 87도1463(행형법상의 징벌); 대판 1996. 4. 12, 96도158(자동차관리법상의 과태료); 대판 2000. 10. 27, 2000도3874(행형법상의 징벌).

第139條(인권옹호직무방해)

경찰의 직무를 행하는 자 또는 이를 보조하는 자가 인권옹호에 관한 검사의 직무 집행을 방해하거나 그 명령을 준수하지 아니한 때에는 5년 이하의 징역 또는 10년 이하의 자격정지에 처한다.

Ⅰ. 취 지

1 본죄[인권옹호직무(방해·명령불준수)죄]는 특별히 국가기능 가운데 검사의 인권옹호에 관한 직무집행기능을 보호법익으로 하고 있는데, 이로써 간접적으로 인권을 보호하려는 데 목적이 있다. 1953년 9월 18일 법률 제293호로 형법이 제정될 당시부터 규정된 범죄로서 당시 미군정법령 제176호(형사소송법의 개정) 제21조 말미에 규정되어 있던 처벌조항을 수정하여 형법에 도입한 것이다.

2 2020년 2월 4일 형사소송법 개정으로(2021. 1. 1. 시행) 제195조(검사와 사법경찰관의 관계 등) 제1항이 신설되어 검사와 사법경찰관의 관계가 종래의 지휘관계(상명하복관계)에서 수사, 공소제기 및 공소유지에 관하여 서로 협력하여야 하는 관계(상호협력관계)로 바꾸어 지기 이전의 논의이지만, ① 검사의 인권옹호에 관한 직무집행을 방해하는 행위는 협의의 공무집행방해죄나 위계에 의한 공무집행방해죄 또는 직무유기죄로 처벌하거나 징계처분으로 충분하고, 경찰관이 상명하복관계에 있는 검사의 명령을 준수하지 아니하는 것만으로 형벌에 처할 만한 불법에 해당한다고 할 수 없으며, 검사와 경찰의 직무를 행하는 자 사이에는 상명하복의 관계보다는 협조관계를 형성하는 것이 바람직하므로 이러한 협조관계가 형성되는 것을 조건으로 본죄를 폐지함이 입법론상 타당하다는

견해,[1] ② 반대로 본죄는 공무집행방해죄, 직무유기죄와는 불법유형, 규율대상 및 보호목적이 서로 다르고, 검찰청법상 검사장의 체임요구권 및 행정법상 징계처분만으로는 그 목적을 달성하기 어려우며, 인권옹호의 중요성은 아무리 강조해도 지나침이 없다는 점, 본조 후단의 인권옹호직무명령불준수죄와 관련하여 명령불준수는 피의자 등의 인권에 대한 직접적 침해 또는 구체적 위험을 수반할 가능성이 있으므로 징계처분의 대상으로 하는 것은 제재가 너무 가볍고, 명령불준수를 바로 직무유기라고 할 수 없는 경우가 많을 것이란 점, 위력에 의한 인권옹호직무방해는 공무집행방해죄에서 처벌되는 행위태양에 속하지도 않는다는 점 등을 근거로 존치해야 한다는 견해[2]가 있다. 1992년 형법개정안에서는 삭제해야 한다는 주장도 있었으나, 본죄는 인권옹호를 위하여 도움이 되는 의미있는 규정이라는 다수의견에 따라 이를 존치하였고,[3] 2020년 2월 4일 형사소송법 개정 시에도 본조의 개정에 대해서는 특별한 논의가 없었다.

헌법재판소도 본죄 중 인권옹호에 관한 검사의 직무명령을 준수하지 아니하는 행위를 처벌하는 부분이 과잉입법에 해당하지 않는다고 결정하였다.[4] 3

보호의 정도에 대해서는 구체적 위험범이라는 견해,[5] 검사의 직무집행을 방해하는 행위는 침해범으로, 검사의 명령을 준수하지 아니하는 행위는 추상적 위험범으로 보아야 한다는 견해[6]가 있으나, 추상적 위험범이라는 견해[7]가 통설이다. 4

Ⅱ. 주 체

경찰의 직무를 행하는 자 또는 이를 보조하는 자로서, '경찰의 직무를 행하는 자'는 사법경찰관을, '이를 보조하는 자'는 사법경찰리를 의미한다(진정신분범). 5

---

1 이재상·장영민·강동범, 형법각론(12판), § 44/47; 정성근·박광민, 형법각론(전정2판), 854. 협조관계가 형성된다면 폐지하는 것이 타당하다는 견해도 있다[오영근, 형법각론(5판), 738].

2 이주원, "인권옹호직무방해죄(형법 제139조)의 해석", 고려법학 58(2010), 348.

3 법무부, 형법개정법률안 제안이유서(1992. 10), 266.

4 헌재 2007. 3. 28, 2006헌바69.

5 배종대, 형법각론(13판), § 158/18.

6 오영근, 738.

7 김성돈, 형법각론(5판), 795; 김일수·서보학, 새로쓴 형법각론(9판), 689; 임웅, 형법각론(9정판), 972; 정성근·박광민, 854.

법적으로 사법경찰관리의 지위에 있지 아니한 자는 사실상 경찰의 직무를 행하거나 이를 보조하더라도 본죄의 주체가 될 수 없다.

6 사법경찰관리란 범죄의 수사를 하거나 이를 보조하는 공무원을 말하며, 그 직무범위를 기준으로 일반사법경찰관리(형소 § 197,[8] § 245의9[9])와 특별사법경찰관리(형소 § 245의10[10])로 구분할 수 있다. 검사의 지휘를 받지 아니하는 군사법경찰관리(군사법원법 § 43, § 46, 사법경찰직무 § 9)는 특별사법경찰관리에 포함되지 않는다고 본다.

Ⅲ. 객 체

7 본조의 객체는 인권옹호에 관한 검사의 직무집행 또는 그 명령이다.

8 여기서의 인권이란 본죄의 입법취지가 사법경찰관리의 직무수행 과정에서 일어나는 사법경찰관리에 의한 인권침해를 방지하기 위한 것이라는 측면에서 보면, 사법경찰관리의 직무, 즉 사법경찰관리의 범죄수사 과정에서 침해될 우려가 있는 기본적 인권, 예를 들어 헌법 제12조의 신체의 자유, 누구든지 법률에 의하지 아니하고는 체포·구속·압수·수색 또는 심문을 받지 아니하고, 법률과 적법한 절차에 의하지 아니하고는 처벌·보안처분 또는 강제노역을 받지 아니할 권리, 고문을 받지 아니할 권리, 형사상 자기에게 불리한 진술을 강요당하지 아니할 권리, 체포·구속·압수 또는 수색을 할 때 적법한 절차에 따라 검사의

8 2020년 2월 4일 형사소송법 개정으로 검사의 경찰에 대한 수사지휘가 폐지되었다.
개정된 조문은 다음과 같다.
제197조(사법경찰관리) ① 경무관, 총경, 경정, 경감, 경위는 사법경찰관으로서 범죄의 혐의가 있다고 사료하는 때에는 범인, 범죄사실과 증거를 수사한다.
② 경사, 경장, 순경은 사법경찰리로서 수사의 보조를 하여야 한다.

9 형사소송법 제245조의9(검찰청 직원) ① 검찰청 직원으로서 사법경찰관리의 직무를 행하는 자와 그 직무의 범위는 법률로 정한다.
② 사법경찰관의 직무를 행하는 검찰청 직원은 검사의 지휘를 받아 수사하여야 한다.
③ 사법경찰리의 직무를 행하는 검찰청 직원은 검사 또는 사법경찰관의 직무를 행하는 검찰청 직원의 수사를 보조하여야 한다.

10 형사소송법 제245조의10(특별사법경찰관리) ① 삼림, 해사, 전매, 세무, 군수사기관, 그 밖에 특별한 사항에 관하여 사법경찰관리의 직무를 행할 특별사법경찰관리와 그 직무의 범위는 법률로 정한다.
② 특별사법경찰관은 모든 수사에 관하여 검사의 지휘를 받는다.

신청에 의하여 법관이 발부한 영장을 제시받을 권리, 체포 또는 구속을 당한 때 즉시 변호인의 조력을 받을 권리, 체포 또는 구속의 이유와 변호인의 조력을 받을 권리가 있음을 고지받지 아니하고는 체포 또는 구속을 당하지 아니할 권리, 체포 또는 구속을 당한 때 적부의 심사를 법원에 청구할 권리 등을 의미한다고 보아야 한다. 따라서 인권옹호에 관한 검사의 직무집행 또는 그 명령이란 사법경찰관리의 직무수행 과정에서 피의자, 참고인, 그 밖의 관계인에 대한 인권침해를 방지 또는 시정하거나 이러한 인권침해행위를 제재하고자 하는 검사의 직무집행이나 명령을 의미하는 것이다. 이러한 인권옹호에 관한 검사의 직무집행이나 명령으로는 불법체포·구속의 유무를 조사하기 위한 체포·구속장소 감찰(형소 § 198의2①), 적법한 절차에 의하지 아니하고 체포 또는 구속되었다고 의심할 만한 상당한 이유가 있는 경우의 체포 또는 구속된 자에 대한 석방 또는 송치명령(형소 § 198의2②), 사법경찰관리의 인권침해를 시정하기 위한 수사지휘·감독권 행사[11] 등이 있다.

대판 2010. 10. 28, 2008도11999는 경찰관인 피고인이 상습사기 혐의로 피의자를 긴급체포한 후 검사에게 긴급체포 승인건의와 구속영장을 신청하였는데 담당검사로부터 긴급체포 승인과 구속영장 청구를 결정하기 전에 피의자를 직접 대면 신문하겠으니 검사실로 데려오라는 직무상 명령을 2차례 듣고도 이를 이행하지 않아 인권옹호직무명령불준수 및 직무유기죄로 기소된 사안으로서, 법률상 검사의 인치명령에 관한 명시적 규정이 없음에도 허용되느냐가 쟁점이 되었는데, 적법하고 타당한 수사지휘권의 행사로서 인권옹호를 위해 꼭 필요한 명령으로 보인다는 이유로 모두 유죄라고 판단하였다. 이 판결에서 '인권옹호에 관한 검사의 명령'에 관해 판시한 부분은 다음과 같다.[12] 9

"인권침해의 소지가 가장 많은 수사 분야에서 국민의 인권과 자유를 보호하기 위하여 우리 헌법과 법률은 검사 제도를 두어 검사에게 준사법기관으로서의 지위를 부여하고 철저한 신분보장과 공익의 대변자로서 객관의무를 지워 사법 10

11 이재상·조균석·이창온, 형사소송법(14판), 박영사(2022), § 8/3-16 참조.

12 이 판결은 사문화되었던 본죄가 최초로 적용된 사례라는 점에서 역사적 의의가 큰 판결로 받아들여지고 있다. 이 판결에 관한 상세한 해설·평석은 신현범, "인권옹호직무명령불준수죄", 해설 86(2010 하), 법원도서관(2011), 575-604; 이주원, "인권옹호직무명령 불준수죄의 성립 요건", 형사재판의 제문제(7권), 사법발전재단(2014), 29-52 참조.

경찰관리의 수사에 대한 지휘와 감독을 맡게 함과 동시에 전속적 영장청구권(헌 § 12③), 수사주재자로서 사법경찰관리에 대한 수사지휘(형소 § 196), 체포·구속장소 감찰(형소 § 198의2) 등의 권한을 부여하여 절차법적 차원에서 인권보호의 기능을 수행하게 하고 있다. 이러한 측면에서 검사의 수사에 관한 지휘는 수사과정에서의 인권침해를 방지하는 '인권옹호'를 당연히 포함한다. 따라서 제139조의 입법취지 및 보호법익, 그 적용대상의 특수성 등을 고려하면 여기서 말하는 '인권'은 범죄수사 과정에서 사법경찰관리에 의하여 침해되기 쉬운 인권으로서, 주로 헌법 제12조에 의한 국민의 신체의 자유 등을 그 내용으로 한다. 인권의 내용을 이렇게 볼 때 제139조에 규정된 '인권옹호에 관한 검사의 명령'은 사법경찰관리의 직무수행에 의하여 침해될 수 있는 인신구속 및 체포와 압수수색 등 강제수사를 둘러싼 피의자, 참고인, 기타 관계인에 대하여 헌법이 보장하는 인권 가운데 주로 그들의 신체적 인권에 대한 침해를 방지하고 이를 위해 필요하고도 밀접불가분의 관련성 있는 검사의 명령 중 '그에 위반할 경우 사법경찰관리를 형사처벌까지 함으로써 준수되도록 해야 할 정도로 인권옹호를 위해 꼭 필요한 검사의 명령'으로 보아야 하고 나아가 법적 근거를 가진 적법한 명령이어야 한다. 한편, 사법경찰관이 검사에게 긴급체포된 피의자에 대한 긴급체포 승인건의와 함께 구속영장을 신청한 경우, 검사는 긴급체포의 승인 및 구속영장의 청구가 피의자의 인권에 대한 부당한 침해를 초래하지 아니하도록 긴급체포의 적법성 여부를 심사하면서 수사서류뿐만 아니라 피의자를 검찰청으로 출석시켜 직접 대면조사할 수 있는 권한을 가지므로, 이와 같은 목적과 절차의 일환으로 검사가 구속영장 청구 전에 피의자를 대면조사하기 위하여 사법경찰관리에게 피의자를 검찰청으로 인치할 것을 명하는 것은 적법하고 타당한 수사지휘 활동에 해당하고 수사지휘를 전달받은 사법경찰관리는 이를 준수할 의무를 부담하는데, 다만 체포된 피의자의 구금장소가 임의적으로 변경되는 점, 법원에 의한 영장실질심사 제도를 도입하고 있는 현행 형사소송법하에서 체포된 피의자의 신속한 법관 대면권 보장이 지연될 우려가 있는 점 등을 고려하면, 위와 같은 검사의 구속영장 청구 전 피의자 대면조사는 긴급체포의 적법성을 의심할 만한 사유가 기록 기타 객관적 자료에 나타나고 피의자의 대면조사를 통해 그 여부의 판단이 가능할 것으로 보이는 예외적인 경우에 한하여 허용될 뿐, 긴급체포의 합당성이나 구속영장 청구에 필요한 사유를 보강하기 위한 목적으로 실시되어서는 안 된다고 본 다음, 검사의 구속영장 청구 전 피의자 대면조사는 강제수사가 아니므로 피의자는 검사의 출석요구에 응할 의무가 없고, 피의자가 검사의 출석요구에 동의한 때에 한하여 사법경찰관리는 피의자를 검찰청으로 호송하여야 한다."

한편 헌법재판소도 앞서 본 2006헌바69 결정에서 본조의 인권과 인권옹호 11
에 관한 검사 직무명령의 의미에 관하여, "이 사건 법률조항의 입법취지 및 보호법익, 그 적용대상의 특수성 등을 고려하면 여기서 말하는 '인권'은 범죄수사 과정에서 사법경찰관리에 의하여 침해되기 쉬운 인권, 주로 헌법 제12조에 의한 국민의 신체의 자유를 그 내용으로 한다고 할 것이고, '검사의 명령'도 '사법경찰관리의 직무수행에 의해 침해될 수 있는 인신구속 및 체포와 압수수색 등 강제수사를 둘러싼 피의자, 참고인, 기타 관계인에 대하여 헌법이 보장하는 인권, 그 중 주로 그들의 신체적 인권에 대한 침해를 방지하고 이를 위해 필요하고도 밀접불가분의 관련성 있는 검사의 명령'이라고 제한적으로 해석하는 등 얼마든지 그 의미를 명확히 할 수가 있을 것"이라고 판단하였다.

본죄의 직무집행이나 명령은 그 내용이 인권옹호에 관한 것이면 충분하고, 12
그 성질이나 형식에 제한이 없으므로 직무가 강제적 성격을 가진 것에 한정되지 않고, 명령의 경우 어떠한 행위를 명하는 것이든, 금지하는 것이든 또는 서면에 의한 것이든, 구두에 의한 것이든 상관없다.

본죄의 성립을 위하여 검사의 직무집행 또는 명령은 적법한 것이어야 한다 13
(통설).[13] 판례도 같은 입장이다.[14]

Ⅳ. 구성요건

1. 행 위

본죄의 행위는 인권옹호에 관한 검사의 직무집행을 방해하거나 그 명령을 14

13 김성돈, 795; 김일수·서보학, 689-690; 박상기, 670; 배종대, § 158/18; 손동권·김재윤, § 50/48; 오영근, 738; 이재상·장영민·강동범, § 44/50; 임웅, 973; 정성근·박광민, 855; 정영일, 형법강의 각론(3판), 465.

14 대판 2010. 10. 28, 2008도11999.

준수하지 아니하는 것이다.

15 방해란 인권옹호에 관한 검사의 직무집행에 지장을 주거나 지장을 줄 위험을 발생하게 하는 것으로서, 방해의 수단에는 아무 제한이 없으므로 폭행, 협박, 위계는 물론 위력도 포함된다. 방해의 수단으로 폭행, 협박, 위계 등을 사용하는 경우 공무집행방해죄 또는 제135조(공무원의 직무상 범죄에 대한 형의 가중)와의 관계가 문제될 수 있으나, 본죄는 인권 보호를 위하여 특별히 규정된 것이므로 공무집행방해죄의 구성요건에 해당할 수 있다고 하여 본죄의 성립을 배제할 수 없으므로 방해의 수단에 제한이 없다는 견해(통설)가 타당하다.[15]

16 인권옹호에 관한 검사의 명령을 준수하지 않는 것은 이러한 검사의 명령에 복종하지 않는다는 의미이고, 명령을 부분적으로 준수하지 않는 경우도 포함한다. 검사의 인권옹호직무의 본지에 어긋나지 않는 경미한 위반, 지엽말단적인 것에 대한 불복종은 징계처분으로 충분하므로 여기에 해당하지 않는다는 견해가 있다.[16]

2. 고 의

17 인권옹호에 관한 검사의 직무집행을 방해하거나 그 명령을 준수하지 않는다는 점에 대한 고의가 있어야 한다. 방해의 고의만 있으면 되고, 방해의 의사까지 요하지 않는다는 것은 협의의 공무집행방해죄와 같다. 미필적 고의로도 충분하고, 본죄에 이르게 된 동기도 문제되지 않는다.

18 사법경찰관리가 검사의 적법한 직무집행 또는 명령을 위법하다고 오신하여 그 집행을 방해하거나 그 명령을 불준수한 경우 앞서 본 적법성의 체계적 지위와 관련되는데, 적법성을 구성요건요소로 보면 구성요건착오가 되어 고의가 조각되고, 적법성을 위법성요소로 보면 법률의 착오가 된다는 것이 일반적인 견해이다.

---

15 박상기, 670; 신동운, 196; 배종대, § 158/18; 이재상·장영민·강동범, § 44/49; 정성근·박광민, 854; 배종대, 642; 정영일, 466.

16 김일수·서보학 690; 이주원(주 2), 341.

V. 기수시기

본죄를 구체적 위험범으로 보는 견해는 인권옹호에 관한 검사의 직무집행 방해의 구체적 위험성이 있어야 한다는 본다.[17] 검사의 직무집행을 방해하는 경우에는 현실적으로 방해의 결과가 발생한 때, 명령을 준수하지 아니한 경우에는 이러한 불준수가 있은 후 어느 정도의 시간이 경과한 때 기수에 이른다는 견해도 있다.[18] 그러나 본죄를 추상적 위험범으로 보는 입장에서는 인권옹호에 관한 검사의 직무집행을 방해하거나 그 명령을 준수하지 아니함으로써 곧바로 기수에 이르고, 검사의 직무집행이 현실적으로 방해되거나 방해될 위험이 발생할 필요는 없다고 본다(통설).[19] 19

VI. 죄수 및 다른 죄와의 관계

1. 죄 수

검사의 명령이 수회에 걸쳐 순차적으로 같은 내용의 구두명령과 서면명령으로 이루어지고, 사법경찰관리가 이를 모두 불준수한 경우 죄수가 문제될 수 있다. 이에 관하여는 수개의 명령이 각 준수기한의 정함이 없고 시간적으로 근접한 경우에는 후의 명령은 전의 명령에 대한 이행의 촉구로 평가할 수 있으므로, 단일한 명령에 대한 1개의 부작위에 불과하여 단순일죄라고 보아야 하고, 수개의 명령이 각 준수기한의 정함이 있고 시간적 간격이 다소 또는 상당히 있는 경우로서 수개의 명령에 대한 수개의 행위(부작위)에 해당하는 경우에는, 수개의 행위가 동일한 기회에 동일한 장소에서 불가분하게 결합되어 있고 단일한 범의에 기한 것이며 반복된 행위가 같은 법익을 침해하는 것이라면 '접속범'으로서, 수개의 행위가 시간적·장소적으로 접속되어 있지 않다고 하더라도 연속된 행위로서 동일한 범죄에 해당하는 것이라면 '연속범'으로서 모두 포괄일죄를 20

17 배종대, § 158/18.
18 오영근, 739.
19 김성돈, 796; 김일수·서보학, 689; 손동권·김재윤, § 50/48; 임웅, 973; 정성근/박광민, 854; 주석형법 〔각칙(1)〕(5판), 621(이상주).

구성한다고 보는 견해[20]가 있다.

2. 다른 죄와의 관계

(1) 폭행죄·협박죄와의 관계

21 방해의 수단으로 폭행이나 협박을 사용한 경우, 본죄 외에 폭행죄, 협박죄는 별도로 성립하지 않는다.

(2) 공무집행방해의 죄와의 관계

22 본죄와 협의의 공무집행방해, 위계에 의한 공무집행방해죄의 구성요건에 모두 해당하는 경우, 본죄가 공무집행방해죄의 특례를 규정하여 가중처벌함으로써 검사의 인권옹호에 관한 직무집행이라는 국가적 법익을 보호하기 위한 것이라는 점에서 공무집행방해죄는 본죄에 흡수되고 본죄만 성립한다고 본다.

(3) 직무유기죄와의 관계

23 앞서 본 대판 2010. 10. 28, 2008도11999에서 제1심은 본죄와 직무유기죄(§ 122)를 법조경합 중 특별관계로 보아 직무유기죄는 성립하지 않는다고 보았으나, 원심과 대법원은 각 구성요건과 보호법익 등을 비교하여 볼 때 본죄가 직무유기죄에 대하여 법조경합 중 특별관계에 있다고 보기는 어렵고, 두 죄를 상상적 경합범 관계로 보아야 한다고 판단하였다.

24 이에 대하여는 본죄는 그 입법취지와 문언 및 법정형 등에 비추어 볼 때, 국가의 기능 중 인권옹호에 관한 검사(공무원)의 명령을 특별히 보호하기 위하여 구성요건에 직무의 인권옹호 관련성을 추가하고 행위주체를 사법경찰관리로 제한하는 등 직무유기죄의 특례를 규정하여 가중처벌함으로써 검사의 인권옹호에 관한 명령이라는 국가적 법익을 보호하기 위한 것이므로, 본죄가 성립하는 때에는 직무유기죄는 본죄에 흡수되어 별죄를 구성하지 않는다는 견해가 있다.[21]

---

20 이주원(주 2), 343.
21 이주원(주 2), 347

Ⅵ. 처 벌

3년 이하의 징역 또는 500만 원 이하의 벌금에 처한다. 25

본죄에 대하여 대법원 양형기준은 적용되지 않는다. 26

〔이 영 훈〕

제140조(공무상비밀표시무효)

① 공무원이 그 직무에 관하여 실시한 봉인 또는 압류 기타 강제처분의 표시를 손상 또는 은닉하거나 기타 방법으로 그 효용을 해한 자는 5년 이하의 징역 또는 700만 원 이하의 벌금에 처한다. 〈개정 1995. 12. 29.〉

② 공무원이 그 직무에 관하여 봉함 기타 비밀장치한 문서 또는 도화를 개봉한 자도 제1항의 형과 같다. 〈개정 1995. 12. 29.〉

③ 공무원이 그 직무에 관하여 봉함 기타 비밀장치한 문서, 도화 또는 전자기록등 특수매체기록을 기술적 수단을 이용하여 그 내용을 알아낸 자도 제1항의 형과 같다. 〈신설 1995. 12. 29.〉

Ⅰ. 취 지

1 본조는 공무원이 직무에 관하여 실시한 봉인 또는 압류 기타 강제처분의 표시의 효용을 해하는 행위(제1항)〔공무상(봉인·표시)(손상·은닉·무효)죄〕, 공무원이 직무에 관하여 봉함 기타 비밀장치한 문서 또는 도화를 개봉한 행위(제2항)〔공무상(비밀봉함·문서·도화)개봉죄〕, 공무원이 직무에 관하여 봉함 기타 비밀장치한 문서, 도화 또는 전자기록 등 특수매체기록을 기술적 수단을 이용하여 그 내용을 알아낸 행위(제3항)〔공무상(비밀문서·도화·전자기록등)내용탐지죄〕 등 공무원의 특정 직무행위의 효력을 저해하는 행위를 처벌하는 규정이다.

2 본조 제3항은 1995년 12월 29일 개정 형법에서 비밀침해죄의 구성요건으로 제316조 제2항을 신설하여 봉함 기타 비밀장치한 사람의 편지, 문서, 도화 또는

전자기록 등 특수매체기록을 기술적 수단을 이용하여 그 내용을 알아낸 행위를 처벌하게 됨에 따라, 공무원이 직무에 관하여 실시한 것을 대상으로 한 행위를 특별히 가중처벌하기 위하여 신설한 것이다.

본조 제2, 3항과 유사한 처벌규정으로서 우편법 제48조(우편물 등 개봉 훼손의 죄) 제1항은 우편관서 및 서신송달업자가 취급 중인 우편물 또는 서신을 정당한 사유 없이 개봉, 훼손, 은닉 또는 방기하는 등의 행위를 처벌하도록 규정하고, 제2항은 우편업무 또는 서신송달업무에 종사하는 자가 위와 같은 행위를 하였을 때 가중처벌을 하도록 규정하며, 제51조(서신의 비밀침해의 죄) 제1항은 우편관서 및 서신송달업자가 취급 중인 서신의 비밀을 침해한 행위를 처벌하도록 규정하고, 제2항에서 우편업무 및 서신송달업무에 종사하는 자가 위와 같은 행위를 하였을 때 가중처벌하도록 규정하고 있다. 어떠한 행위가 이러한 구성요건들에 해당하는 동시에 본조의 구성요건에도 해당한다면, 특수한 공무집행을 보호하기 위하여 위와 같은 특별한 규정들을 둔 취지에 비추어, 그 규정들이 정한 죄가 성립할 뿐 본조의 죄는 성립하지 않는다고 보아야 할 경우가 많을 것이다.[1] 3

Ⅱ. 공무상봉인등무효죄(제1항)

1. 의 의

공무원이 그 직무에 관하여 실시한 봉인 또는 압류 기타 강제처분의 표시를 손상 또는 은닉하거나 기타 방법으로 그 효용을 해하는 범죄로서, 봉인 또는 압류 기타 강제처분의 표시기능을 보호법익으로 한다.[2] 판례는 본죄의 보호법익을 공무원의 직무에 관하여 행하여진 공무 그 자체라고 본다.[3] 4

본죄를 침해범으로 보는 견해가 통설이다.[4] 5

1 주석형법 〔각칙(1)〕(5판), 624(이상주).

2 김신규, 형법각론 강의, 892; 이재상·장영민·강동범, 형법각론(12판), § 44/51; 이정원·류석준, 형법각론, 755; 이형국·김혜경, 형법각론(2판), 832; 홍영기, 형법(총론과 각론), § 114/17; 주석형법 〔각칙(1)〕(5판), 624(이상주).

3 대판 1961. 4. 21, 4294형상41.

4 김성돈, 형법각론(5판), 796; 김일수·서보학, 새로쓴 형법각론(9판), 690; 오영근, 형법각론(5판), 739; 임웅, 형법각론(9정판), 973.

2. 주체 및 객체

(1) 주체

6 주체에는 제한이 없다. 반드시 봉인·압류·강제처분을 받은 사람에 한하지 않으며, 공무원도 주체가 될 수 있다.

(2) 객체

7 본죄의 객체는 공무원이 그 직무에 관하여 실시한 봉인 또는 압류 기타 강제처분의 표시로서, 여기에서 공무원은 널리 법령에 의하여 공무에 종사하는 직원을 뜻한다. 판례는 법원의 선박감수보존결정정본에 따라 감수보존인으로 선임된 자가 선박의 조타실에 감수보존집행표시를 하였음에도 피고인이 선박을 30분간 예인해 간 사안에서, 감수보존집행을 한 직원은 집행관으로부터 위임을 받지 않아 공무원이 아니라는 피고인의 주장에 대하여, 본죄의 공무원은 '널리 법령에 의하여 공무에 종사하는 직원'을 의미하고, 법원의 감수보존처분은 일종의 집행보존처분으로서 압류의 집행과 동일한 효력이 있어 감수보존처분이 있는 때는 압류의 효력이 생기게 되므로 법원의 감수보존결정에 따라 감수보존인으로 선임된 자는 법원의 위임을 받아 공무를 집행하는 직원의 지위를 갖는다고 판단하였다.[5]

8 공무원이 그 직무에 관하여 실시한 봉인 또는 압류 기타 강제처분의 표시이어야 하므로 사인(私人)이 하거나 공무원이 그 직무와 무관하게 한 것은 본죄의 객체가 되지 않는다.

9 봉인이란 물건에 대한 임의처분을 금지하기 위하여 개봉금지·열람금지·내용물 발췌금지 등의 의사를 표시하여 그 물건에 실시한 봉함 또는 이와 유사한 물적 설비로서,[6] 봉인에 인장을 사용할 것을 요하지 않는다.[7] 봉인은 공무원이 실시한 것임을 요하므로 원래 그 물건에 달려 있던 자물통을 잠그는 것만으로는 봉인을 실시한 것이라고 할 수 없다.[8]

10 압류란 공무원이 그 직무상 보관할 물건을 자기의 점유로 옮기는 강제처분

---

5 대판 2002. 12. 27, 2002도4906.
6 주석형법 [각칙(1)](5판), 625(이상주).
7 大判 大正 6(1917). 2. 6. 刑錄 23·35.
8 김신규, 892; 이형국·김혜경, 833; 정웅석·최창호, 81; 주석형법 [각칙(1)](5판), 625(이상주).

으로서,[9] 민사집행법상의 유체동산에 대한 압류나 가압류, 명도단행가처분에서 채무자의 점유를 풀고 집행관의 점유로 옮기는 처분, 점유이전금지가처분에서 채무자의 점유를 풀고 집행관의 점유로 옮기는 처분, 그 밖에 국세징수법상의 동산 또는 유가증권에 대한 압류 등이 본죄의 압류에 해당한다.[10] 공무원이 물건을 자기의 점유로 옮기지 않고 타인에 대하여 일정한 작위나 부작위를 명하는 데 지나지 않는 처분은 '기타 강제처분'에 해당할 수는 있어도 본죄의 압류에는 해당하지 않는다. 민사집행법상의 부동산에 대한 압류나 금전채권의 압류는 공무원이 물건을 자기의 점유로 옮기는 것이 아니므로 본죄의 압류에 해당하지 않는다.

'기타 강제처분'은 압류에 속하지 않는 일체의 강제처분으로서, 공무원이 물건을 자기의 점유로 옮기지 아니한 채 타인에 대하여 일정한 작위나 부작위를 명하는 처분이 여기에 해당한다.[11] 민사집행법에 의한 부동산의 압류와 금전채권의 압류도 여기에 속한다. 11

'압류 기타 강제처분의 표시'란 압류 기타 강제처분을 명시하기 위하여 시행한 표시로서 봉인 이외의 것을 의미한다.[12] 유체동산을 압류하여 채무자에게 보관시킬 때 압류된 유체동산임을 명확히 하기 위하여 게시하는 공시서가 이에 해당하는데, 이러한 공시서에는 채권자·채무자의 이름, 압류물의 표시, 압류연월일, 어떠한 집행사건으로 물건이 압류되었다는 취지, 집행관의 직과 이름 등이 기재되고 집행관의 직인이 찍힌다. 12

본죄가 성립하기 위하여는 행위 당시에 봉인 또는 압류 기타 강제처분의 표시가 현존하고 있어야 한다.[13] 가처분에 의한 압류표시가 행위 당시에 이미 다른 사람에 의하여 박리·손괴되어 압류표시로서의 효력을 상실하고 있는 경우에는 그 가처분대상이 되는 물건을 다른 곳에 반출 또는 이전하더라도 본죄가 성립하지 않고, 가처분에 의한 압류표시가 행위 시에 존재하지 않는 경우에는 비록 행위자가 가처분의 존재를 알면서 그 가처분명령의 취지에 반하여 가옥을 13

9 大判 大正 11(1922). 5. 6. 刑錄 1·261.
10 이재상·장영민·강동범, § 44/52; 주석형법 〔각칙(1)〕(5판), 626(이상주).
11 이재상·장영민·강동범, § 44/52; 주석형법 〔각칙(1)〕(5판), 626(이상주).
12 김신규, 893; 정웅석·최창호, 82; 주석형법 〔각칙(1)〕(5판), 626(이상주).
13 대판 1997. 3. 11, 96도2801.

건축하더라도 본죄를 구성하지 않는다[14]고 할 것이다.[15]

14 또한 판례는 집달리에 의한 부동산 인도집행이 끝났을 때는 본죄에 의하여 보호될 강제처분 상태는 종료되어 그 점유 침해행위는 본죄에 해당하지 않는다고 보았고,[16] 집달관이 채무자 겸 소유자의 건물에 대한 점유를 해제하고 이를 채권자에게 인도한 후 채무자의 출입을 봉쇄하기 위하여 출입문을 판자로 막아 둔 것을 채무자가 이를 뜯어내고 그 건물에 들어갔더라도 이는 강제집행이 완결된 후의 행위로서 채권자들의 점유를 침범하는 것은 별론으로 하고 본죄에 해당하지는 않는다고 판단하였다.[17]

(가) 봉인 또는 압류 기타 강제처분 표시의 유효나 적법성 요부

15 공무원이 그 직권을 남용하여 위법하게 실시한 봉인 또는 압류 기타 강제처분의 표시임이 명백하여 법률상 당연무효 또는 부존재라고 볼 수 있는 경우에는, 그 봉인 등의 표시는 본죄의 객체가 되지 않는다고 보아야 한다.

16 본죄가 성립하기 위하여 봉인 또는 압류 기타 강제처분의 표시가 적법하여야 하는지가 문제된다. 이때에도 협의의 공무집행방해죄가 성립하기 위하여 공무집행이 적법하여야 하는 것처럼 적법한 봉인 또는 압류 기타 강제처분의 표시만이 본죄의 객체가 된다고 보아야 한다.[18] 여기에서 적법성도 근거법령상의 적

---

14 주석형법 [각칙(1)](5판), 626(이상주).

15 일본형법 제96조(봉인등파괴)는 종래 "공무원이 실시한 봉인 또는 압류의 표시를 손괴하거나 기타 방법으로 무효로 한 자는 2년 이하의 징역 또는 20만 엔 이하의 벌금에 처한다."고 규정되어 있었다가 2011년 6월 17일 형법 개정으로 "공무원이 실시한 봉인 또는 압류의 표시를 손괴하거나 기타 방법에 의하여 그 봉인 또는 압류의 표시에 관한 명령 또는 처분을 무효로 한 자는 3년 이하의 징역 또는 250만 엔 이하의 벌금에 처하거나 이를 병과한다."고 변경되었는데, 표시의 기재내용을 외부에서 알 수 없는 경우에는 본죄가 성립하지 않는다는 견해가 있다. 판례는 ① 가처분에 의한 압류의 표시가 제3자에 의하여 이미 박리·손괴된 후에 채무자가 압류물건을 반출·이전하더라도 동죄가 성립하지 않고[大判 昭和 29(1954). 11. 9. 刑集 8·11·1742], ② 채무자가 가처분명령이 난 자신의 대지에 주택을 건축할 때 압류의 표시가 존재하고 있었는지 여부가 명백하지 않은 때에는 동죄가 성립하지 않는다[最判 昭和 33(1958). 3. 28. 刑集 12·4·708]고 판시하였다. 그러나 ③ 건축공사금지가처분명령의 공시표시가 처음 집달관이 세운 장소에 세워져 있었으나 누군가에 의하여 포장지로 덮여 그대로는 내용을 알 수 없는 상태가 되었는데, 건축주가 그러한 사정을 모르는 공사업자로 하여금 공사를 완성토록 한 경우, 포장지를 떼어내면 표시의 기재내용을 쉽게 알 수 있으므로(원상회복의 용이성) 동죄가 성립한다[最決 昭和 62(1987). 9. 30. 刑集 41·6·297]고 판시하였다.

16 대판 1961. 4. 21, 4294형상41, 61도41.

17 대판 1985. 7. 23, 85도1092.

18 김일수·서보학, 691; 박상기, 형법각론(8판), 671; 배종대, 형법각론(13판), § 158/21 손동권·김재

법성을 의미하는 것이 아니고 형법상의 적법성, 즉 형법상의 보호 필요성을 의미하므로, 봉인 또는 압류 기타 강제처분의 표시가 객관적·일반적으로 공무원이 직무에 관하여 행한 것으로 볼 수 있는 경우에는 형법상 보호의 필요성이 있어 본죄의 객체가 된다고 보아야 한다.[19] 판례도 공무원이 실시한 봉인 등의 표시에 절차상 또는 실체상의 하자가 있더라도 객관적·일반적으로 그것이 공무원이 그 직무에 관하여 실시한 봉인 등으로 인정할 수 있는 상태에 있다면 적법한 절차에 의하여 취소되지 않는 한 본죄의 객체가 된다는 입장을 취하고 있다.[20] 판례의 상세한 내용은 후술한다.

적법한 절차에 의하여 봉인 또는 압류 기타 강제처분이 해제되거나 취소되지 아니하고 그 표시가 현존하는 이상 채무를 변제하였다는 등 피보전권리의 부존재를 들어 본죄의 객체에서 배제될 수 있는 것도 아니다.[21] 이에 대하여 적법한 절차에 의하여 봉인 또는 압류 기타 강제처분이 해제되지 아니하고 그 표시가 현존하더라도 피보전권리인 채무의 변제를 이유로 그 표시를 무효화한 경우에는, 보호의 필요성이 없으므로 본죄가 성립하지 않는다는 견해도 있다.[22] 17

(나) 판례의 태도

(a) 본죄의 객체에 해당한다고 본 사례

① 가처분에 의한 피보전권리의 존부와 상관없이 그 결정의 집행으로서 집행관이 실시한 고시의 효력 자체를 해치는 행위는 본죄에 해당한다.[23] 18

② 유체동산 가압류결정 집행에 대한 취소처분이 없는 이상 채권자와 채무자 간에 채권변제에 관한 합의나 집행을 취소하겠다는 합의가 있었다는 것만으로는 가압류결정 집행의 효력이 소멸할 수 없으므로 본죄가 성립한다.[24] 19

윤, 새로운 형법각론, § 50/50; 오영근, 738 이재상·장영민·강동범, § 44/53; 임웅, 974; 정성근·박광민, 형법각론(전정2판), 857-358; 정영일, 형법강의 각론(3판), 467; 주석형법 [각칙(1)](5판), 627(이상주).

19 손동권·김재윤, § 50/50; 주석형법 [각칙(1)](5판), 627(이상주).

20 대판 1961. 4. 21, 4294형상41, 61도41; 대판 1985. 7. 9, 85도1165; 대판 2000. 4. 21, 99도5563; 대판 2001. 1. 16, 2000도1757; 대판 2002. 12. 27, 2002도4906; 대판 2006. 9. 22, 2006도2226; 대판 2007. 3. 15, 2007도312; 대판 2009. 7. 9, 2009도4555 등.

21 주석형법 [각칙(1)](5판), 626(이상주).

22 오영근, 740.

23 대판 1971. 3. 23, 70도2688.

24 대판 1972. 8. 29, 72도1603.

20 ③ 채권자 A에 의하여 압류된 피고인 소유 유체동산에 대하여 다시 채권자 B에 의하여 조사절차가 취하여진 경우에는, B에 대한 관계에 있어서도 압류의 효력이 미치므로 피고인이 A에 대한 채무를 변제하였더라도 그 압류가 해제되지 아니한 이상 압류상태에 있기 때문에 A에 대한 변제사실만 가지고는 압류의 효력이 없어 그 압류의 표시가 본죄의 객체에서 배제되는 것은 아니다.[25]

21 ④ 가압류집행 당시 농장의 축사 10개 안에 채무자가 점유하는 비육돈 3,100여 마리가 사육되고 있는 상황에서 집행관이 가압류집행을 하면서 비육돈의 정확한 숫자를 세어보거나 중량을 측정하여 보지 아니한 채 집행에 참여한 채권자와 채무자 측 직원의 진술을 토대로 전체 비육돈 중 100여 마리는 곧 폐사할 것으로 판단하고, 가압류할 전체 비육돈의 수를 3,000마리로 보아 농장의 축사 안에 있는 비육돈을 무게에 따라 세 분류로 나누어 각 1,000마리씩을 가압류목적물로 한다는 취지로 기재한 공시서를 축사에 붙여 놓은 것에 대하여, 가압류공시서에 폐사될 100여 마리를 고려하여 3,000마리를 가압류목적물로 표시하였다는 취지의 기재를 하지 아니하고, 3,000마리의 중량을 일일이 측정하지 아니한 채 중량별로 세 분류로 나누어 1,000마리씩 기재한 흠이 있기는 하지만, 가압류공시서의 기재 내용을 전체적으로 보면 농장 안에 있던 비육돈 전체가 가압류목적물이 되었음을 알 수 있으므로, 가압류공시서가 여전히 본죄의 객체로 된다.[26]

22 ⑤ 채권자의 집행위임에 의하여 집행관이 채무자인 피고인 부친의 주거지에 있던 물품에 압류를 하고 압류표시를 부착하였음에도 피고인이 물품을 임의로 옮긴 사안에서, 비록 물품의 실제 소유자가 피고인이더라도 압류집행이 적법하게 취소될 때까지는 여전히 그 효력이 있는 것이어서 피고인이 물건을 임의로 옮긴 이상 본죄가 성립한다고 판단하였다.[27]

---

25 대판 1981. 10. 13, 80도1441.

26 대판 2001. 1. 16, 2000도1757. 원심은 문제된 가압류가 피고인들의 농장에서 사육되는 비육돈 전부를 가압류한다는 것인지 아니면 그 일부만을 가압류한다는 것인지 특정되지 않아 무효인 이상 피고인들이 그 후 가압류 목적물로 된 비육돈 일부를 처분하였다고 해도 피고인들에게 공무상표시무효의 죄책을 물을 수는 없다고 판단하였다.

27 대판 2009. 7. 9, 2009도4555.

(b) 본죄의 객체에 해당하지 않는다고 본 사례

① 부동산인도 강제집행에서 집행관이 채무자의 점유를 해제하고 이를 채권자에게 인도함으로써 강제집행을 완결한 후 그 인도집행의 뜻을 기재한 표목을 세웠더라도, 그 표시는 법률상 아무런 효력을 발생할 수 없는 것이므로 채무자가 그 표목을 빼어버리고 그 토지에 들어갔더라도 본죄가 성립하지 않는다.[28] 23

② 가처분집행이 동종의 물건 일부에 대한 것으로서 집행관이 가처분목적물을 점유하지 아니하고 채무자에게 보관시키는 것이면서도 가처분결정문에 명시된 수량만큼의 옥 원석을 별도로 분류하지 않은 채 지상의 갱 입구와 갱 안쪽 지하로 내려가는 지점에 2개의 고시문을 부착하였을 뿐 가처분목적물의 수량을 구체적으로 파악하여 유형적으로 구별하거나 명확히 하여 집행하지 않았다면, 그와 같은 가처분집행은 무효라고 보아 본죄의 객체가 될 수 없다.[29] 24

3. 행 위

봉인 또는 압류 기타 강제처분의 표시를 손상 또는 은닉하거나 기타 방법으로 그 효용을 해하는 것이다. 25

(1) 손상, 은닉 또는 '기타 방법으로 그 효용을 해하는 것'의 개념

'손상'이란 직접 유형력을 가하여 물질적으로 파손 또는 훼손하거나 효용을 감소 또는 상실하게 하는 것을 의미한다.[30] 봉인 또는 압류 기타 강제처분의 표시의 외표를 파괴하거나 훼손하는 것뿐 아니라 그 전부를 분리하여 그것이 실시된 위치로부터 이동시키는 것을 포함하고, 나중에 원상회복이 되었는지를 묻지 않는다. 26

'은닉'은 소재를 불분명하게 하여 발견을 어렵게 하는 것으로서,[31] 봉인 또는 압류 등을 원래 있던 장소에서 다른 장소로 옮기거나 숨겨 그 발견을 곤란하게 할 뿐이라는 점에서 표시 자체의 유형적인 변화를 가하는 손상과는 구별된다. 27

'기타 방법으로 그 효용을 해하는 것'은 손상이나 은닉 외의 방법으로 봉인 28

---

28 대판 1965. 9. 25, 65도495.
29 대판 2007. 6. 28, 2007도3242.
30 김신규, 894; 이재상·장영민·강동범, § 44/54; 주석형법 〔각칙(1)〕(5판), 630(이상주).
31 김신규, 894; 이재상·장영민·강동범, § 44/54; 주석형법 〔각칙(1)〕(5판), 630(이상주).

또는 압류 기타 강제처분의 표시의 사실상의 효력을 감소 또는 상실하게 하는 것이고,[32] 법률상의 효력을 상실하게 하는 것은 이에 해당하지 않는다.

29 본죄는 침해범이기 때문에 손상, 은닉, 기타 방법으로 효용을 해하는 행위로 말미암아 표시의 완전성 내지 효용가치와 기능의 감소 또는 소멸과 같은 현실적인 침해결과가 발생하여야 기수에 이른다.[33]

30 봉인 또는 압류 기타 강제처분의 표시에 대한 손상 또는 은닉 등의 행위를 개시한 때가 실행의 착수시기이고, 이러한 실행의 착수 이후 손상 또는 은닉 등의 행위를 끝내지 못하거나 봉인 또는 압류 기타 강제처분 표시의 효용을 해하지 못한 경우에는 본죄의 미수범으로 처벌된다.

31 판례는 부작위에 의하여도 본죄 성립이 가능하다고 본다. 즉 골프장을 운영하는 회사의 대표이사인 피고인이 골프장 내 모노레일과 엘리베이터에 대한 압류, 봉인이 있었음에도 그 훼손을 방지하기 위한 아무 조치도 없이 골프장을 개장하여 압류시설을 사용하게 함으로써 봉인이 훼손되게 하였다고 사실로 기소된 사안에서, 원심은 압류시설의 보관자에게 압류 봉인이 훼손되지 않도록 구체적 조치를 취할 의무가 없다는 이유로 무죄라고 보았으나, 대법원은 압류 봉인의 보관자 지위에 있는 회사에는 압류시설을 선량한 관리자로서 보관할 주의의무가 있고, 회사 대표이사로서 압류시설이 위치한 골프장의 개장 및 운영 전반에 걸친 포괄적 권한과 의무를 지닌 피고인에게는 이와 같은 회사의 대외적 의무사항이 준수될 수 있도록 적절한 조치를 취할 위임계약 혹은 조리상의 작위의무가 존재한다고 보면서, 이러한 작위의무의 내용 중에 불특정 고객 등 제3자에 의한 압류 봉인의 훼손행위를 방지할 일반적 안전조치를 취할 의무까지는 없더라도 적어도 압류 봉인에 의하여 사용이 금지된 골프장 시설물에 대하여 시설물의 사용 및 그 당연한 귀결로서 봉인의 훼손을 초래하게 될 골프장의 개장 및 그에 따른 압류시설 작동을 제한하거나 그 사용 및 훼손을 방지할 수 있는 적절한 조치를 취할 의무는 존재한다고 보아야 하므로, 피고인이 이러한 조

32 김신규, 894; 이재상·장영민·강동범, § 44/54; 주석형법 〔각칙(1)〕(5판), 630(이상주). 일본 판례는 압류물건 자체를 반출·매각하는 행위〔大判 昭和 12(1937). 5. 28. 刑集 16·811〕, 봉인된 통에서 술(濁酒)을 누출시키는 행위〔大判 明治 44(1911). 7. 10. 刑錄 17·1409〕는 '기타 방법'에 해당한다고 판시하였다.

33 김일수·서보학, 693; 오영근, 742; 주석형법 〔각칙(1)〕(5판), 630(이상주).

치 없이 골프장의 개장 및 압류시설 작동을 의도적으로 묵인 내지 방치하여 예견된 결과를 유발한 경우에는 부작위에 의한 본죄의 성립을 인정할 수 있다고 보아 원심을 파기하였다.[34]

(2) 부작위를 명하는 가처분 위반행위에 대한 본죄 성립 여부[35]

부작위를 명하는 가처분결정이란 채무자에 대하여 일정한 행위의 금지를 명하거나 채권자의 행위에 대한 수인의무를 명하는 가처분으로서, 부작위명령과 함께 집행관의 목적물 보관을 명하는 가처분과 집행관의 보관을 수반하지 않고 단순히 부작위명령만을 부과하는 가처분으로 나뉜다. 32

집행관보관명령이 결합된 부작위 가처분결정은 채권자가 집행관에게 집행을 위임함으로써 집행이 이루어지는데, 집행관은 채권자, 채무자 또는 그 대리인의 참여하에 목적물이 집행관의 보관하에 있음을 밝히는 공시를 목적물의 적당한 곳에 붙이고 채무자에게 가처분의 취지를 고지함으로써 집행을 실시한다. 반면 단순히 부작위의무만을 명하는 가처분은 채무자에게 가처분의 내용을 고지함으로써 족하고 원칙적으로 집행이라는 관념이 존재하지 않는다. 통상의 가압류·가처분은 그 집행이 이루어져야 효력이 발생하나, 단순 부작위 가처분은 채무자에게 부작위의무를 과할 뿐이어서 별도의 집행행위가 필요 없고, 그 명령 위반의 경우 대체집행(민집 § 260) 또는 간접강제(민집 § 261)에 의하여 그 의무의 이행을 강제할 수 있다. 집행관이 단순 부작위 가처분의 취지를 '공시'하지 아니한 상태에서 가처분결정을 고지받은 채무자가 그 가처분에 위배되는 행위를 한 경우에는 '표시' 자체가 존재하지 않으므로 본죄에 해당하지 않는다는 점에는 다툼이 없다. 33

그러나 법원이 단순 부작위 가처분에 붙인 공시명령에 의하여 집행관이 그 가처분의 취지를 공시하였음에도 채무자가 그 가처분을 위반한 경우에는 본죄로 처벌할 수 있는지가 문제된다. 대판 2008. 12. 24, 2006도1819 이전에는 이 경우 본죄가 성립된다고 본 판례가 다수 있었다.[36] 위 2006도1819 판결은 실용 34

34 대판 2005. 7. 22, 2005도3034.

35 이 부분에 관한 상세한 설명은 대판 2010. 9. 30, 2010도3364에 관한 판례 해설인 임영우, "부작위를 명하는 가처분결정에 따라 집행관이 그 공시서만을 고시한 경우 해당 가처분 위반행위의 공무상표시무효죄 성립 여부", 해설 86(2010 하), 법원도서관(2011), 605 이하 참조.

36 대판 1971. 3. 23, 70도2688; 대판 2006. 4. 14, 2005도8773; 대판 2007. 3. 16, 2006도8626; 대

신안권침해금지 가처분결정이 발령되고 집행관이 그 취지의 고시문을 게시하였음에도 피고인이 가처분에 반하여 채권자의 실용신안권을 침해한 제품을 판매한 사안으로, 제1심과 원심은 본죄의 성립을 인정하였으나, 대법원은 집행관이 물건을 자기의 점유로 옮기는 등의 구체적인 집행행위가 수반되지 않는 단순 부작위 가처분의 경우 그 부작위명령을 위반하였다는 것만으로는 공무상표시의 효용을 해하는 행위에 해당하지 않는다고 판단하였고, 그 뒤의 판례들도 같은 입장을 유지하고 있다.[37]

(3) 손상, 은닉 또는 기타 방법으로 그 효용을 해한 것으로 본 판례 사례

35 판례는 ① 건물 점유이전금지가처분결정 집행 당시 A가 점유하던 방 2칸을 B에게 빌려주어 입주케 한 경우,[38] ② 건물의 직접점유자에 대한 점유이전금지가처분결정이 집행된 후 그 피신청인인 직접점유자가 건물을 간접점유자에게 그 점유를 이전한 경우,[39] ③ 건물의 점유이전금지가처분 채무자가 그 가처분의 집행취지가 기재된 고시문이 그 가처분 목적물에 부착된 이후 제3자로 하여금 그 건물 중 일부에서 영업을 할 수 있도록 한 경우[40] 등에서, 건물 점유이전금지가처분결정 집행 후 점유를 이전하는 행위로서 본죄에 해당한다고 보았다.

36 또한, ④ 압류물을 채권자나 집행관 몰래 원래의 보관장소로부터 상당한 거리에 있는 다른 장소로 이동시킨 경우에는, 설사 그것이 집행을 면탈할 목적으로 한 것이 아니더라도 객관적으로 집행을 현저히 곤란하게 한 것이 되어 기타의 방법으로 그 효용을 해한 경우에 해당한다 판단하였다.[41]

37 ⑤ 피고인이 가압류표시가 부착된 유체동산을 매도하여 가압류표시의 효용을 해하였다는 사안에서, 원심은 피고인이 A에게 이 사건 점포 내 시설물을 양도할 당시 일부 유체동산들이 가압류되어 있다는 사정을 고지하였고, 그 유체동

판 2007. 7. 27, 2007도4378; 대판 2008. 2. 28, 2007도10693 등. 한편, 판례가 부작위 가처분에 위반한 채무자의 행위가 본죄에 해당한다고 볼 당시에도 채무자 외의 자가 봉인 또는 압류 기타 강제처분의 표시 내용에 반하는 행위를 한 경우에는 본죄에 해당하지 않는다고 보았다(대판 1979. 2. 13, 77도1455; 대판 2007. 11. 16, 2007도5539 등).

37 대판 2010. 9. 30, 2010도3364; 대판 2016. 5. 12, 2015도20322 등.

38 대판 1972. 9. 12, 72도1441.

39 대판 1980. 12. 23, 80도1963.

40 대판 2004. 10. 28, 2003도8238.

41 대판 1992. 5. 26, 91도894.

산들은 법적인 문제가 해결될 때까지 위 점포 내에 계속 보관될 예정이었으며, 가압류 집행은 채무자의 처분행위를 절대적으로 무효로 하는 것이 아니라 가압류채권자와 처분행위 전에 집행에 참가한 자에 대한 관계에서만 상대적으로 무효가 될 뿐이라는 이유로 무죄라고 판단하였으나, 대법원은 피고인이 가압류집행으로 압류표시가 부착된 유체동산들을 양도하고 A에게 위 점포의 열쇠를 넘겨주어 그 점유를 이전한 것은 가압류집행이 금지한 처분행위로서 압류표시 자체의 효력을 사실상으로 감쇄 또는 멸각시키는 행위에 해당하고, 설령 위 유체동산들이 위 점포 내에 계속 보관될 예정이었다고 해도 마찬가지라는 이유로 원심을 파기하였다.[42]

(4) 손상, 은닉 또는 기타 방법으로 그 효용을 해하는 경우가 아니라고 본 판례 사례

① 집행관이 유체동산을 가압류하면서 이를 채무자에게 보관하도록 한 경우 가압류의 효력은 가압류된 물건의 처분행위를 금지할 뿐 그 물건을 가압류의 효용을 손상하지 않는 범위에서 가압류된 상태 그대로 그 용법에 따라 종전과 같은 방법으로 사용하는 것까지 금지하는 것이 아니므로, 채무자가 가압류집행 후 채무자에게 보관된 가압류 물건을 가압류된 상태 그대로 두고 종전과 같은 용법으로 사용하는 것은 본죄에 해당하지 않는다.[43] 38

② 집행관이 80dB 이상의 소음을 내는 행위 등을 금지하는 부작위명령을 고시하였을 뿐이라면 노동조합 간부들인 피고인들이 가처분결정 등에 의하여 부과된 부작위명령을 위반하였다는 이유만으로 공무상 표시의 효용을 해하는 행위를 하였다고 할 수 없다.[44] 39

③ 피고인이 운영하는 마트에 대하여 집행관이 점유이전금지가처분결정을 집행하면서 점유를 타에 이전하거나 점유명의를 변경하여서는 안 된다는 취지의 고시문을 부착했음에도 그 후 피고인이 마트의 사업자등록 명의를 피고인 개인에서 공동명의로 변경한 사실로 기소된 사안에서, 제1심과 원심은 사업자등록 명의를 변경하는 행위도 고시문의 효력을 멸각시키는 행위로서 본죄가 성립된다고 판단한 반면, 대법원은 집행관이 '채무자는 점유를 타에 이전하거나 40

42 대판 2018. 7. 11, 2015도5403.
43 대판 1969. 6. 24, 69도481; 대판 1984. 3. 13, 83도3291; 대판 2008. 12. 24, 2008도7407 등.
44 대판 2010. 5. 27, 2009도1347.

또는 점유명의를 변경하여서는 안 된다'는 등의 집행취지가 기재되어 있는 고시문을 부동산에 부착함으로써 피고인으로부터 부동산의 점유를 인도받고 현상을 변경하지 않을 것을 조건으로 피고인에게 그 사용을 허가한 경우 그 부동산에서 운영되는 마트의 사업자등록명의에 대하여는 어떠한 집행행위가 있었다고 볼 수 없을 뿐더러 그 사업자등록명의를 이전하는 것이 점유명의를 이전하는 것에 해당하더라도 구체적인 집행행위가 없는 가처분의 부작위명령을 위반한 것에 불과하여 공무상 표시의 효용을 해하는 행위에 해당한다고 볼 수 없다고 판단하였다.[45]

41 이 판례는 앞서 본 가처분의 부작위명령 위반만으로는 공무상표시무효에 해당하지 아니한다는 판례의 법리가 건물 점유이전금지가처분결정 집행 사안에서 구체적으로 어떻게 적용되는지를 보여주는 발전된 사례라고 할 수 있다.

42 ④ 집행관이 점유를 옮기고 압류표시를 한 다음 채무자에게 보관을 명한 유체동산에 관하여 채무자가 이를 다른 장소로 이동시켜야 할 특별한 사정이 있고 그 이동에 앞서 채권자에게 이동사실 및 이동장소를 고지하여 승낙을 얻은 때에는, 비록 집행관의 승인을 얻지 못한 채 압류물을 이동시켰더라도 기타의 방법으로 그 효용을 해한 경우에 해당하지 않는다.[46]

43 ⑤ 출입금지가처분은 그 성질상 가처분채권자의 의사에 반하여 건조물 등에 출입하는 것을 금지하는 것이므로 비록 가처분결정이나 그 결정의 집행으로서 집행관이 실시한 고시에 그러한 취지가 명시되어 있지 않더라도 가처분채권자의 승낙을 얻어 그 건조물 등에 출입하는 경우에는, 출입금지가처분 표시의 효용을 해한 것이라고 할 수 없다.[47]

4. 고 의

44 본죄의 고의는 공무원이 그 직무에 관하여 실시한 봉인 또는 압류 기타 강

---

45 대판 2016. 5. 12, 2015도20322. 본 판결 해설은 김세용, "부동산점유이전금지가처분결정이 내려진 점포를 사업사업장으로 하는 사업자등록의 명의를 가처분 채무자가 그 단독명의에서 제3자와의 공동명의로 변경한 것이 공무상표시무효에 해당하는지 여부", 해설 108(2016 상), 법원도서관(2016), 375-397.

46 대판 2004. 7. 9, 2004도3029.

47 대판 2006. 10. 13, 2006도4740.

제처분의 표시인 것에 대한 인식과 이를 손상 또는 은닉하거나 기타 방법으로 그 효용을 해한다는 것에 대한 인식을 내용으로 한다.[48]

봉인 또는 압류 기타 강제처분이 위법하거나 무효라고 잘못 인식하여 행위 45
를 한 경우, ① 본죄의 고의가 조각된다는 견해,[49] ② 법률의 착오에 해당한다는 견해,[50] ③ 봉인 또는 압류 기타 강제처분의 효력이 있음에도 민사집행법 기타 공법의 해석을 잘못하여 효력이 없는 것으로 오인하여 그 효력을 해할 권리가 있는 것으로 착오를 하였다면 고의를 조각하는 것으로 보지만, 봉인 또는 압류 기타 강제처분의 표시가 법률상 효력이 없다고 오인한 것이 법규의 해석을 잘못하여 행위의 위법성을 인식하지 못한 것이라면 제16조의 법률의 착오로 보아 그 오인에 정당한 이유가 있는 때에 한하여 벌하지 않는다는 견해,[51] ④ 행위자가 행위상황을 잘못 파악한 경우, 예를 들어 공무원이 아닌 자가 행한 것이어서 적법하지 않은 강제처분의 표지라고 오인한 경우에는 구성요건적 착오에 해당하여 고의가 조각되지만, 강제처분의 표시에 절차상 하자가 있어서 일단은 적법하고 유효함에도 강제처분의 표시가 무효라고 생각하여 이를 손상한 경우에는 규범적 구성요건요소에 대한 포섭의 착오를 일으킨 것이 되어 위법성의 착오가 된다는 견해,[52] ⑤ 협의의 공무집행방해죄와 마찬가지로 봉인 또는 압류 기타 강제처분이 적법하거나 유효하기 위한 요건사실의 존부에 대한 착오는 고의를 조각하지만, 봉인 또는 압류 기타 강제처분을 적법하고 유효하게 하는 요건사실이 존재하는 것을 인식하고도 그 적법성이나 유효성 판단을 잘못하여 위법하거나 무효인 것으로 오인한 경우에는 제16조의 법률의 착오로 보는 견해[53] 등이 있다. 위 ③ 내지 ⑤의 견해는 대동소이한 내용이라고 본다.

강제집행의 효력에 관한 인식이 고의의 대상인지에 관하여 판례는 일관되 46
지 않은데, 대판 1972. 11. 14, 72도1248에서는 채권자가 채무자 소유의 동산을 가압류한 후 그 본안사건에 관한 합의가 성립되어 가압류목적물건을 인수하기

---

48 김신규, 895; 이재상·장영민·강동범, § 44/55; 주석형법 〔각칙(1)〕(5판), 635(이상주).
49 이재상·장영민·강동범, § 44/55.
50 배종대, § 158/23; 정성근·박광민, 859-860.
51 신동운, 203; 손동권·김재윤, § 50/55.
52 김성돈, 799.
53 주석형법 〔각칙(1)〕(5판), 636(이상주).

로 하고 담보취소까지 되었지만 가압류취소 절차를 거침이 없이 가압류목적물건을 가져간 사안에서 본죄의 고의를 부정하였고, 대판 1970. 9. 22, 70도1206에서는 피고인이 가압류 채권자와 채무자 사이에 합의가 성립되고 본안소송도 취하되었으며 합의한 내용에 따라 가압류 채권자 지시로 가압류 물건을 옮겼다고 주장한 데 대하여 민사소송법 기타 공법의 규정에 의하여 가압류의 효력이 없다고 해석되는 경우 또는 봉인 등의 형식이 있으나 이를 손상할 권리가 있다고 인정되는 경우에는 본죄의 구성요소를 충족하지 못한다고 봐야 하므로, 민사소송법 기타 공법의 해석을 잘못한 피고인이 가압류의 효력이 없다고 착각하였거나 봉인 등을 손상 또는 효력을 해할 권리가 있다고 오신한 경우에는 민사법령 기타 공법의 부지로 인한 것으로서 형벌법규의 부지와 구별되어 범의를 조각한다고 판시하였다.

47 또한 대판 1981. 10. 13, 80도1441에서는 채권자 A에 의하여 압류된 피고인 소유 유체동산에 대하여 다시 채권자 B에 의하여 조사절차가 취하여진 경우에는 B에 대한 관계에 있어서도 압류의 효력이 미치므로, 피고인이 A에 대한 채무를 변제하였더라도 압류가 해제되지 않은 상태에 있기 때문에 A에 대한 변제사실만 가지고는 압류의 효력이 없다고 할 수 없고, 이를 처분한 피고인에게 고의가 없었다고 할 수 없다고 판시함으로써, 강제집행의 효력에 관한 착오는 고의를 조각한다는 입장을 취하였었다.

48 그러나 그 뒤에 있었던 다음의 판례들은 강제집행의 효력에 관한 착오는 법률의 착오라는 입장으로 바뀌었다.[54] 즉, 피고인이 압류물을 집행관 허락 없이 관할구역 밖으로 옮긴 행위가 변호사의 자문을 받고 한 행위라고 다툰 사안에서, 피고인은 변호사 등에게 자문을 구하였다고만 주장하고 있을 뿐 기록상 그 자문내용이 구체적이고 상세한 것으로서 신뢰할 만하다고 볼 수 있는 자료가 없을 뿐 아니라 압류 집행관에게 상세한 내용의 문의를 하였다는 자료도 없는 이 사건에서는 변호사 등에게 문의하여 자문을 받았다는 사정만으로는 피고인의 행위가 죄가 되지 않는다고 믿는 데에 정당한 이유가 있다고 할 수 없다고 판단하였다.[55]

---

54 일본 판례도 단지 법률상 무효라고 오신한 경우에는 법률의 착오에 해당한다고 한다[最判 昭和 32(1957). 10. 3. 刑集 11·10·2413].

55 대판 1992. 5. 26, 91도894.

또한, A 회사가 그 소유의 이 사건 선박을 피해자 회사에 매도하는 계약을 체결하고 계약금까지 지급받았음에도 이를 다시 피고인이 대표로 있는 B 회사로 매도하였고, B 회사는 다시 필리핀국 C 회사로 선박을 매도하여 C 회사 앞으로 선박등록절차까지 마친 후 피해자 회사가 법원으로부터 위 선박에 대하여 감수보존결정을 받고 그에 따라 법원이 위임한 회사 직원이 이 사건 선박 조타실에 감수보존집행표시를 하였음에도 피고인이 위 선박의 소유권과 국적이 변경되었다는 이유로 30분간 위 선박을 예인함으로써 본죄로 기소된 사안에서, 감수보존결정 전에 위 선박의 소유권이 A 회사에서 C 회사로 변경된 점, 감수보존집행을 한 회사 직원은 집행관으로부터 위임을 받지 않아 본죄의 공무원이 아닐 뿐 아니라 채무자의 이의 제기에도 불구하고 몰래 조타실에 명령문을 부착한 것이어서 점유의 이전이 있었다고 볼 수 없어 그 집행에 하자가 있다는 피고인의 주장에 대하여, 공무원이 그 직무에 관하여 실시한 봉인 등의 표시를 손상 또는 은닉 기타의 방법으로 그 효용을 해함에 있어서 그 봉인 등의 표시가 법률상 효력이 없다고 믿은 것은 법규의 해석을 잘못하여 행위의 위법성을 인식하지 못한 것이라고 할 것이므로 그와 같이 믿은 데 정당한 이유가 없는 이상 그와 같이 믿었다는 사정만으로는 본죄의 죄책을 면할 수 없다고 판단하였다.[56] 49

협의의 공무집행방해죄의 적법성의 체계적 지위에 관하여 판례가 구성요건요소설의 입장에 있다는 것은 앞서 보았는데, 같은 공무방해에 관한 죄에 속하는 본죄의 적법성의 체계적 지위에 관하여는 다른 입장을 취하고 있다고 이해된다. 50

5. 죄수 및 다른 죄와의 관계

(1) 죄수

본죄는 봉인 또는 압류 기타 강제처분의 표시에 관한 명령이나 처분의 개수를 기준으로 그 죄수를 판단해야 할 것이다. 1개의 명령이나 처분에 관한 것이라면 손상 및 무효로 하는 행위가 있더라도 1개의 본죄가 성립하고, 봉인 등 51

56 대판 2000. 4. 21, 99도5563. 이 판결에 대하여는 강제처분의 유효성은 구성요건요소로 보는 것이 타당하고 설령 법률의 착오로 보더라도 정당한 이유를 인정했어야 한다고 비판하는 견해가 있다[박상기, "공무상표시무효죄와 착오", 형사판례연구 [12], 한국형사판례연구회, 박영사(2004), 216 이하].

그 객체의 개수에 상관없이 1개의 본죄가 성립한다[57]고 할 것이다.

(2) 다른 죄와의 관계

52 공무원이 직무행위로 물건을 압류하여 봉인을 한 후 이를 그 소유자 또는 제3자에 보관시켰을 때 그 물건을 손괴하거나 영득하는 행위가 본죄의 구성요건에 해당하는 경우, 본죄와 다른 죄의 관계가 문제된다.

53 행위자가 물건의 소유자인 경우에는 손괴 또는 영득하는 행위는 본죄와 제142조의 공무상보관물무효죄의 상상적 경합이 될 것이다. 행위자가 물건의 소유자 외의 사람인 경우에는 손괴 또는 영득하는 행위는 본죄와 손괴죄, 절도죄 또는 횡령죄의 상상적 경합이 되지만,[58] 봉인 등을 파기한 다음 내용물인 문서를 손괴하는 행위와 같이 본죄를 범한 후 내용물을 손괴 또는 영득하는 행위를 하였다면 상상적 경합관계가 아니라 실체적 경합[59]이 된다고 할 것이다.[60]

6. 처 벌

54 법정형은 5년 이하의 징역 또는 700만 원 이하의 벌금이다.

55 본죄의 미수범은 처벌하고(§ 143), 대법원 양형기준은 적용되지 않는다.

Ⅲ. 공무상비밀봉함등개봉죄 및 공무상비밀문서등내용탐지죄

(제2항, 제3항)

1. 의의 및 보호법익

56 공무상비밀봉함등개봉죄(제2항)는 공무원이 그 직무에 관하여 봉함 기타 비밀장치한 문서 또는 도화를 개봉함으로써 성립하는 범죄이고, 공무상비밀문서

57 일본 판례 중에는 집행관이 1개의 처분으로 22개의 사발에 일괄하여 봉인을 실시하고 압류한 것을 한꺼번에 반출한 사안에서 1개의 본죄 성립을 인정한 것이 있다[高松高判 昭和 27(1952). 8. 30. 高刑集 5·10·1612].

58 일본 판례도 절도죄[大判 明治 44(1911). 12. 19. 刑錄 17·2223], 손괴죄[最判 昭和 27(1952). 6. 3. 裁判集(刑事) 65·13], 횡령죄[大判 大正 4(1915). 3. 4. 刑錄 21·227]와 본죄는 상상적 경합이라고 한다.

59 김신규, 896; 이재상·장영민·강동범, § 44/56; 주석형법 [각칙(1)](5판), 637(이상주).

60 예컨대 자기의 물건이라도 타인이 점유하는 물건에 대하여 봉인 등을 파기하고 가지고 간 경우에는, 본죄와 권리행사방해죄(§ 323)의 실체적 경합이 될 것이다.

등내용탐지죄(제3항)는 공무원이 그 직무에 관하여 봉함 기타 비밀장치한 문서, 도화 또는 전자기록 등 특수매체기록을 기술적 수단을 이용하여 그 내용을 알아냄으로써[61] 성립하는 범죄이다(**III.** 부분에서는 두 죄를 합하여 '본죄'라고 한다.).

보호법익은 봉함 기타 비밀장치한 문서, 도화 또는 전자기록 등 특수매체기록과 관련된 공무이다. 제316조(비밀침해) 제1항에서 봉함 기타 비밀장치한 사람의 편지, 문서 또는 도화를 개봉한 자를, 제2항에서 봉함 기타 비밀장치한 사람의 편지, 문서, 도화 또는 전자기록 등 특수매체기록을 기술적 수단을 이용하여 그 내용을 알아낸 자를 각각 3년 이하의 징역이나 금고 또는 500만 원 이하의 벌금에 처하도록 규정하고 있는데, 본죄의 구성요건은 공무와의 관련성으로 인하여 불법이 가중된 가중적 구성요건에 해당한다. 57

공무상비밀봉함등개봉죄는 구체적 위험범이라는 견해[62]가 있으나 추상적 위험범이라는 견해[63]가 통설이다. 공무상비밀문서등내용탐지죄는 침해범에 해당한다는 견해[64]와 추상적 위험범이라는 견해[65]로 나뉜다. 58

61 본조 제3항은 1995년 12월 29일 형법 개정으로 신설되었는데, 당시 본조 외에도 제314조(비밀침해) 제2항이 신설되어 '컴퓨터 등 정보처리장치 또는 전자기록 등 특수매체기록을 손괴하거나 정보처리장치에 허위의 정보 또는 부정한 명령을 입력하거나 기타 방법으로 정보처리에 장애를 발생하게 하여 사람의 업무를 방해한 자'도 업무방해죄로, 제316조 제2항이 신설되어 '봉함 기타 비밀장치한 사람의 편지, 문서, 도화 또는 전자기록 등 특수매체기록을 기술적 수단을 이용하여 그 내용을 알아낸 자'도 비밀침해죄로 각 처벌받게 되었다. 이와 함께 공전자기록등위작죄(§ 227의2)와 사전자기록등위작죄(§ 232의2)가 신설되고, 제141조 제1항(공용서류 등의 무효), 제228조(공정증서원본 등의 불실기재) 제1항, 제323조(권리행사방해), 제366조(재물손괴등)에서의 행위의 객체에 '전자기록 등 특수매체기록'이 추가되었다. 위 개정 형법은 1953년 형법 제정 이래 정치·경제·사회 등 모든 영역의 발전과 윤리의식의 변화로 발생한 법규범과 현실과의 괴리를 해소하고, 우리 사회의 산업화·정보화의 추세에 따른 컴퓨터범죄 등 신종범죄에 효율적으로 대처하여 국민생활의 안정을 도모함과 아울러 현행규정의 시행상 나타난 일부 미비점을 개선·보완하려는 것이 주된 개정 이유였다.

62 배종대, § 158/25.

63 김성돈, 800; 김일수·서보학, 694; 박상기, 672; 손동권·김재윤, § 50/58; 오영근, 743; 이재상·장영민·강동범, § 44/57; 임웅, 976; 정성근·박광민, 860; 정영일, 469.

64 김성돈, 800; 손동권·김재윤, § 50/58; 이재상·장영민·강동범, § 44/57; 임웅, 976; 정영일, 469.

65 김일수·서보학, 695; 박상기, 673; 오영근, 743; 정성근·박광민, 861.

2. 주체 및 객체

(1) 주체

59 주체에 제한이 없다. 공무원도 본죄의 주체가 될 수 있다.

(2) 객체

60 공무상비밀봉함등개봉죄의 객체는 공무원이 그 직무에 관하여 봉함 기타 비밀장치한 문서나 도화이고, 공무상비밀문서등내용탐지죄는 여기에 더하여 전자기록 등 특수매체기록도 대상이다.

61 '봉함'이란 겉 포장을 파괴하지 아니하면 그 내용을 알 수 없는 일체의 설비로서, 다른 사람이 그 내용을 보는 것을 금지할 목적으로 설치한 것을 말하고,[66] '비밀장치'는 봉함 이외의 방법으로 겉 포장을 만들어 그 내용을 알 수 없게 하는 일체의 장치를 말한다.[67] 봉함은 반드시 봉투나 서류상자에 의할 필요는 없지만, 내용물인 문서나 도화와 일체를 이루지 않는 밀폐수단, 예를 들어 문서나 도화를 금고나 책상 서랍에 넣어 시정하는 것은 봉함이라고 할 수 없고, 기타 비밀장치에 해당한다고 보아야 한다.

62 문서란 문자 또는 이를 대신할 수 있는 부호에 의하여 의사내용을 어떤 물체 위에 표현한 것으로서,[68] 공문서이든 사문서든 상관없고 권리의무나 사실증명에 관한 문서에 한정되는 것도 아니다. 도화란 사진, 도표, 그림 등과 같이 상형적 방법으로 의사내용을 어떤 물체 위에 표현한 것을 의미한다. 작성주체, 작성방법, 내용에 상관없다. 공무원이 그 직무에 관하여 봉함 기타 비밀장치한 문서나 도화인 이상 그 내용이 외부에 알려질 경우 공무수행에 지장이 있을 만한 것일 필요가 없고, 대외비와 같은 비밀표시가 있어야 하는 것도 아니다.

63 전자기록 등 특수매체기록이란 일정한 데이터에 관한 전자적 기록이나 광학적 기록을 말하는데, 광학적 기록은 전자기록 외에 광기술, 레이저기술 등을 이용한 기록을 뜻한다. 제314조(업무방해) 제2항에서도 본죄와 같이 전자기록 등 특수매체기록과 관련한 업무방해 행위에 관하여 규정하고 있는데, 형법은 전자기록 등 특수매체기록에 관한 정의규정을 두고 있지 않고 있다. 이에 비하여 일

66 주석형법 [각칙(1)](5판), 638(이상주).
67 이재상·장영민·강동범, § 14/10.
68 대판 2020. 12. 24, 2019도8443.

본형법 제7조의2는 전자적 기록을 전자적 방식, 자기적 방식 기타 사람의 지각으로써 인식할 수 없는 방식에 의하여 만들어지는 기록으로서 전자계산기에 의한 정보처리에 사용되는 것을 의미한다고 규정하고 있다.

전자기록은 사람의 지각으로써 인식할 수 없는 방식, 즉 반도체기억집적회로(전자적 방식), 외부메모리로써 사용하는 자기테이프나 자기디스크(자기적 방식), 광디스크(광학적 방식) 등 사람의 오감작용으로는 기록의 존재 및 내용을 인식할 수 없는 방식에 의하여 작성된 것이어야 한다. 따라서 녹음테이프, 컴퓨터데이터에 수록하는 방식으로 보관된 경우에는 전자기록 등 특수매체기록에 해당한다고 할 수 있지만, 문서와 도화는 물론 펀치카드나 바코드 등과 같이 사람의 지각으로 기록의 존재 및 내용을 인식할 수 있는 방식에 의한 기록은 전자기록 등 특수매체기록에 포함되지 않는다.[69] 마이크로필름의 경우 그 기록과 재생은 단순히 문자의 축소 기록, 그 기계적 확대에 의한 재생에 불과하여 일반 문서나 도화에 해당하고 특수매체기록에는 포함되지 않는다는 견해[70]가 있다. 64

3. 행 위

(1) 공무상비밀봉함등개봉죄는 공무원이 그 직무에 관하여 봉함 기타 비밀장치한 문서 또는 도화를 개봉하는 것으로서, '개봉'은 봉함 기타 비밀장치의 원상을 변경하여 그 내용을 알 수 있는 상태에 두는 것으로서, 내용을 알 수 있는 상태에 두면 기수가 된다.[71] 겉 포장을 바깥으로부터 투시하여 그 내용을 알 수 있게 하는 것은 개봉에 포함되지 않지만, 반드시 봉함 기타 비밀장치 자체를 파손할 필요는 없으므로, 풀을 붙인 부위에 물을 묻혀 종이를 찢지 않고 떼어보거나 메어놓은 끈을 푸는 것도 개봉에 해당한다. 일단 개봉한 후에는 그 뒤 원래대로 해 놓더라도 본죄 성립에 영향이 없다. 65

(2) 공무상비밀문서등내용탐지죄는 기술적 수단을 이용하여 그 내용을 알아내는 것으로서,[72] 기술적 수단을 이용한다는 것은 자외선을 이용하여 봉함된 문 66

69 주석형법 〔각칙(1)〕(5판), 641(이상주).
70 배종대, § 158/27.
71 이재상·장영민·강동범, § 14/12; 주석형법 〔각칙(1)〕(5판), 639(이상주).
72 이재상·장영민·강동범, § 14/13; 주석형법 〔각칙(1)〕(5판), 642(이상주).

서의 내용을 알아내거나 비밀소지자의 패스워드나 비밀번호를 탐색하여 비밀장치를 한 특수매체기록의 내용을 알아내는 것처럼 공무원이 그 직무에 관하여 봉함 기타 비밀장치한 문서, 도화 또는 전자기록 등 특수매체기록을 개봉하지 않은 채 본래대로의 상태에서 기술적 수단으로 그 내용을 알아내는 것을 뜻한다고 본다. 본죄는 공무원이 그 직무에 관하여 봉함 기타 비밀장치한 문서, 도화 또는 전자기록 등 특수매체기록을 기술적 수단을 이용하여 그 내용을 알아내었을 때 기수에 이르고,[73] 그에 관한 공무가 방해될 것까지 요하지는 않는다.

4. 위법성

67 우편법 제28조(법규 위반 우편물의 개봉) 제1항은 "우편관서는 취급 중인 우편물의 내용이 이 법 또는 대통령령으로 정한 규정을 위반한 혐의가 있으면 발송인이나 수취인에게 그 우편물의 개봉을 요구할 수 있다."고 규정하고, 제2항은 "발송인이나 수취인이 제1항의 개봉을 거부하였을 때 또는 발송인이나 수취인에게 그 개봉을 요구할 수 없을 때에는 과학기술정보통신부장관이 지정하는 우편관서의 장이 그 우편물을 개봉할 수 있다."고 규정하고 있는데, 이에 따라 우편물을 개봉한 행위는 공무상비밀봉함등개봉죄의 구성요건에 해당하더라도 정당행위로서 위법성이 조각된다고 본다.[74]

5. 처 벌

68 본죄의 법정형은 5년 이하의 징역 또는 700만 원 이하의 벌금이다.

69 본죄의 미수범은 처벌하고(§ 143), 대법원 양형기준은 적용되지 않는다.

〔이 영 훈〕

73 오영근, 744.
74 주석형법 〔각칙(1)〕(5판), 639(이상주).

제140조의2(부동산강제집행효용침해)

강제집행으로 명도 또는 인도된 부동산에 침입하거나 기타 방법으로 강제집행의 효용을 해한 자는 5년 이하의 징역 또는 700만 원 이하의 벌금에 처한다.
[본조 신설 1995. 12. 29.]

Ⅰ. 의의 및 취지

1 강제집행으로 명도 또는 인도된 부동산에 침입하거나 기타 방법으로 강제집행의 효용을 해함으로써 성립하는 범죄로서, 1995년 12월 29일 형법개정 시에 신설되었다. 종래 판례는 부동산에 대한 명도나 인도 집행이 완료된 후 그 부동산에 침입한 행위는 공무상봉인등무효죄(§ 140①)에 해당하지 않는다는 입장이었으므로 주거침입죄 등에 해당하지 않는 한 처벌할 수 없었으나,[1] 본죄(부동산강제집행효용침해죄)의 신설로 강제집행으로 명도 또는 인도된 부동산에 침입한 자에 대한 처벌이 가능하게 되었다.

2 본죄의 보호법익은 부동산에 대한 강제집행의 효능 또는 기능이다.[2] 본죄가 추상적 위험범이라는 견해[3]도 있으나, 침해범에 해당한다고 견해[4]가 통설이다. 본죄 도입에 대하여는 채권자가 명도 또는 인도의 집행 후에도 채무자가 퇴

---

1 대판 1985. 7. 23, 85도1092. 이 사건에서 검사는 공소장변경 등의 절차가 없었어도 법원이 직권으로 주거침입죄로 인정했어야 한다고 주장하였다.

2 이재상·장영민·강동범, 형법각론(12판), § 44/58; 이정원·류석준, 형법각론, 757; 홍영기, 형법(총론과 각론), § 114/25; 주석형법 [각칙(1)](5판), 643(이상주).

3 정영일, 형법강의 각론(3판), 469.

4 김성돈, 형법각론(5판), 800; 김일수·서보학, 새로쓴 형법각론(9판), 697; 오영근, 형법각론(5판), 744; 임웅, 형법각론(9정판), 정성근·박광민, 형법각론(전정2판), 861.

거하지 않을 경우 즉시 본죄로 형사고소하는 방법을 선택할 것이기 때문에 민사사건을 형사사건화할 가능성이 있다고 비판하는 견해가 있다.[5]

Ⅱ. 주체 및 객체

1. 주 체

3 주체는 채무자에 국한되지 않고 전(前) 소유자 등 강제집행을 받은 자뿐만 아니라 그의 가족이나 친족, 동거인 또는 고용인 등 제3자도 본죄의 주체가 될 수 있다. 채무자 외에 제3자도 본죄의 주체가 될 수 있지만, 제3자는 전 소유자나 그 가족, 동거인, 고용인 등 부동산에 대하여 일정한 관련성이 있는 자로 한정하여야 한다는 견해[6]도 있다.

2. 객 체

(1) 강제집행

4 본죄의 객체는 강제집행으로 명도 또는 인도[7]된 부동산이다. 여기에서 강제집행은 부동산에 대한 민사집행법상의 강제집행 또는 이 법을 준용하는 강제집행이다.

5 부동산이 인도되는 강제집행에는 다음과 같은 것들이 있다.

(가) 부동산의 인도를 목적으로 하는 채권의 집행(민집 § 258①)

6 부동산인도청구권의 집행은 동산인도청구권의 집행과 더불어 비금전채권 집행의 일종이다. 압류한 물건을 경매나 입찰 등의 방법으로 매각하거나 피압류채권의 추심 또는 부동산강제관리에 의하여 금전을 확보하여 채권의 만족에 충당하는 금전집행의 방법과는 달리 직접 부동산을 인도받음으로써 채권을 만족시키는 직접강제의 방법이다.

---

5 박상기, 형법각론(8판), 674.

6 김일수·서보학, 697; 정성근·박광민, 863.

7 2002년 1월 26일 제정된 민사집행법은 구 민사소송법상의 '명도'(§ 690①)라는 개념을 따로 인정하지 않고 '인도'의 개념에 포괄시키고 있으므로, 본죄의 구성요건의 용어도 민사집행법에 맞추어 수정될 필요가 있다. 아래에서는 민사집행법에 따라 원칙적으로 '인도'라는 용어를 사용한다.

(나) 부동산인도청구권의 압류(민집 § 242, § 244)

채무자가 제3채무자에 대하여 부동산인도청구권을 가지고 있는 경우, 채권자는 그 부동산으로부터 자기의 금전채권의 만족을 얻기 위하여 채무자의 제3채무자에 대한 부동산인도청구권을 압류하고 그 청구권의 내용을 실현시켜 그 부동산을 채무자의 책임재산으로 귀속시킨 후 이를 현금화하거나 그 부동산에 관한 강제관리를 실시하여 그 매각대금이나 수익금으로부터 금전채권을 변제받을 수 있다. 이때 부동산인도청구권에 대한 압류명령에는 금전채권의 집행을 위한 일반적인 압류절차와 더불어 제3채무자에 대하여 부동산 소재지 지방법원이 임명한 보관인에게 그 부동산을 인도할 것을 명하게 되는데(민집 § 244①, § 227), 이러한 인도명령에 따라 제3채무자가 보관인에게 인도한 부동산이 본죄의 객체인 강제집행으로 인도된 부동산이 된다. 7

(다) 부동산 강제경매(민집 § 136①)

부동산 강제경매에서 법원은 매수인이 매각대금을 완납한 후 6월 이내에 신청하는 경우, 채무자, 소유자 또는 점유자에 대하여 부동산을 매수인에게 인도하도록 명할 수 있다. 이러한 인도명령에 따라 채무자, 소유자 또는 점유자로부터 매수인에게 인도된 부동산도 본죄의 객체인 강제집행으로 인도된 부동산이 된다. 8

(라) 담보권실행을 위한 부동산의 경매(민집 § 264 이하)

부동산에 대한 담보권실행을 위한 경매절차에서 매각대금을 완납한 매수인에 대하여도 부동산 강제경매절차 규정이 준용된다(민집 § 268). 따라서 법원은 매수인이 매각대금을 완납한 후 6월 이내에 신청하는 경우 채무자, 소유자 또는 점유자에 대하여 부동산을 매수인에게 인도하도록 명할 수 있고, 이러한 인도명령에 따라 매수인에게 인도된 부동산도 본죄의 객체인 강제집행으로 인도된 부동산이 된다. 9

(2) 인도된 부동산 등

특정물의 인도를 명하는 경우에는 원칙적으로 '인도'라는 용어를 사용한다. '인도'란 물건에 대한 직접적 지배, 즉 점유를 이전하는 것을 의미하므로 목적물이 동산이든, 토지이든, 건물이든 상관없다. 10

한편 '명도'란 부동산(주로 건물, 때로는 부속 토지까지 포함)에서 가재도구, 사무 11

용품, 영업용 물품 등을 비치하고 거주, 영업 등을 하면서 그 부동산을 점유하고 있는 경우에, 그 부동산에 있는 점유자의 물품을 부동산 밖으로 반출한 후 점유를 이전하는 것을 의미하는 개념이었는데(구 민소 § 690①), 앞서 살펴본 바와 같이 민사집행법은 명도라는 개념을 따로 인정하지 않고 인도의 개념에 포괄시키고 있다.

12 인도와 구별되는 개념으로 '퇴거'가 있다. 퇴거란 건물 점유자의 점유를 풀어 그 건물로부터 점유자를 쫓아내고 아울러 건물 내에 있는 점유자의 살림 등 물품을 반출하는 것이다. 인도와 비슷하지만 점유의 해제만으로 집행이 종료되고 점유의 이전으로까지 나아가지 않는다는 점에서 다르다. 퇴거를 명하는 전형적인 경우는, 토지 소유자가 지상건물 소유자를 상대로 철거청구를 하면서 그 건물을 건물 소유자 아닌 제3자가 점유하고 있을 때에 그 점유자를 상대로 퇴거청구를 하는 사안에서다. 퇴거에 의하여 강제집행된 부동산도 본죄의 객체가 될 수 있는지에 관하여 판례는 긍정하는 입장이다.[8]

13 본죄에서 인도된 부동산은 채무자의 점유를 풀어 채권자에게 점유를 이전함에 있어 집행관의 실력행사가 이루어진 것이어야 한다. 집행권원이 있더라도 집행관의 실력행사 없이 채무자, 소유자 또는 점유자가 자발적으로 부동산의 점유를 이전하였다면 이는 강제집행에 의한 것이 아니기 때문이다. 채무자의 가족이나 고용인 그 밖의 동거인과 같이 채무자에 부수하여 거주하는 자에게는 채무자에 대한 집행권원을 가지고 강제집행을 할 수 있으나, 임차인이나 전세권자와 같이 점유할 권리를 가진 사람에 대한 부동산인도청구권의 집행은 이들에 대한 별도의 집행권원이 있어야 한다.

14 강제집행절차에 위법이 있는 경우 인도된 부동산에 침입하거나 기타 방법으로 강제집행의 효용을 해하는 행위가 본죄에 해당하는지에 관하여, 강제집행이 적법할 것을 요한다는 견해[9]도 있으나, 강제집행절차에 위법 내지 취소 사유가 있는 경우 일응 집행에 대한 이의신청 등의 방법으로 다툴 수 있을 뿐 일단

---

8 대판 2003. 5. 13, 2001도3212(퇴거집행된 지상주차장에 침입한 사례). 이 사건 제1심은 구성요건에 '퇴거'가 포함되지 않았으므로 죄형법정주의 원칙상 무죄라고 판단하였으나, 항소심과 대법원은 퇴거가 '명도'와 실질이나 외양, 강제집행의 방법 등에서 차이가 없다는 등의 이유로 유죄라고 판단하였다.

9 이재상·장영민·강동범, § 44/59.

집행이 종료되었다면 부동산의 점유가 채권자에게 이전된 것이므로 채무자나 소유자 또는 점유자가 부동산에 침입하는 등의 행위를 하였을 때 본죄가 성립한다고 보아야 한다.[10] 판례도 같은 입장에서 법원 강제집행의 효력은 그 처분이 적법한 절차에 의하여 취소되지 않는 한 지속되고, 그 집행과정에서 일부 부당한 집행부분이 있었다 하더라도 그 집행 전체의 효력을 부정하여 집행 전의 상태로 만드는 것은 허용되지 않는다고 판단하였다.[11]

Ⅲ. 행 위

부동산에 침입하거나 기타 방법으로 강제집행의 효용을 해하는 것이다. 15

'침입'이란 권리자의 의사에 반하여 외부로부터 부동산의 경계 안에 들어가는 것을 의미한다.[12] 권리자의 의사에 반하는 이상 공연히 행하여졌든 또는 은밀히 행하여졌든, 평온하게 행하여졌든 또는 폭력적으로 행하여졌든 상관없고, 권리자의 묵시적 의사에 반하는 경우로 볼 수 있는 경우에도 침입에 해당한다. 다만 침입행위는 어느 정도 계속적 성격을 띠어야 하므로, 지극히 짧은 시간만 부동산의 경계에 들어갔다가 나오는 행위는 본죄의 침입에 해당하지 않는다.[13] 침입한 경우에는 그로써 바로 본죄가 성립하고 그 침입으로 인한 강제집행의 효용을 해할 것이 따로 요구되지 않는다.[14] 16

'기타 방법'이란 강제집행의 효용을 해할 수 있는 수단이나 방법에 해당하는 일체의 것이고, '강제집행의 효용을 해한다'는 것은 강제집행으로 인도받은 부동산을 권리자가 그 용도에 따라 사용·수익하거나 권리행사를 하는 데 지장을 초래하는 경우를 말한다.[15] 17

강제경매절차에서 인도집행이 마쳐진 토지 및 건물에서 어린이집을 운영하던 피고인이 위 토지에 접한 자신 소유의 다른 토지 위에 있던 철제 울타리 18

10 주석형법 [각칙(1)](5판), 646(이상주).

11 대판 1985. 7. 9, 85도1165; 대판 2000. 9. 22, 2000도2856.

12 김신규, 형법각론 강의, 898; 이형국·김혜경, 형법각론(2판), 835; 정웅석·최창호, 형법각론, 85; 주석형법 [각칙(1)](5판), 647(이상주).

13 김신규, 898; 주석형법 [각칙(1)](5판), 647(이상주).

14 대판 2010. 12. 9, 2010도12284.

15 대판 2002. 11. 8, 2002도4801; 대판 2014. 1. 23, 2013도38.

부분에 벽돌담을 설치하였는데 벽돌담이 집행이 마쳐진 건물 정문을 가로막는 위치와 방향으로 설치한 사안에서, 원심은 피고인이 벽돌담을 설치한 곳이 자신의 토지 위인 것으로 보이고, 벽돌담에 가로막힌 문 외에도 출입할 수 있는 통로가 있는 점 등을 이유로 무죄라고 판단하였으나, 대법원은 피고인의 벽돌담 설치로 인해 건물 이용자들은 건물과 그 옆 건물 사이에 생긴 좁은 공간을 통하여 출입할 수밖에 없었던 사실 등을 근거로 강제집행 효용침해행위에 해당한다고 보았다.[16]

19 강제집행의 효용을 해하는 시기는 반드시 인도 직후라는 시간적 제약을 요한다고 할 수 없으나, 본죄가 부동산에 대한 강제집행의 효용을 해하는 것을 본질로 하는 범죄인 이상, 강제집행과 강제집행의 효용을 해하는 행위 사이에는 시간적 연관성은 있어야 한다는 견해가 있다.[17]

Ⅳ. 고 의

20 본죄의 고의는 강제집행으로 명도 또는 인도된 부동산이라는 것에 대한 인식과 이에 침입하거나 기타 방법으로 강제집행의 효용을 해하는 것에 대한 인식 및 의사이다.[18]

Ⅴ. 위법성

21 판례는 민법 제209조의 자력구제권의 행사에 해당하는 경우에는 제20조의 정당행위로서 위법성이 조각된다고 보았다. 즉 피고인들이 부동산에 대한 인도

16 대판 2014. 1. 23, 2013도38. 「피고인의 이 사건 벽돌담 설치행위는 강제집행으로 인도된 이 사건 토지 및 건물을 권리자인 A가 그 용도에 따라 사용·수익하거나 권리행사를 하는 데 지장을 초래하는 침해행위에 해당한다고 봄이 상당하고, 이 사건 벽돌담이 피고인이 어린이집을 운영하면서 어린이들의 안전을 위해 설치한 기존의 철제 울타리를 따라 설치되었다고 하더라도, A가 위 철제 울타리의 존속을 전제로 제한된 범위에서만 이 사건 토지 및 건물을 사용·수익하는 것은 아니므로, 위와 같은 사정은 피고인의 강제집행효용 침해행위를 인정하는 데 방해가 되지 않는다 할 것이다.」

17 오영근, 745; 이재상·장영민·강동범, § 44/59; 이정원·류석준, 757; 주석형법 [각칙(1)](5판), 648(이상주).

18 김신규, 898; 주석형법 [각칙(1)](5판), 648(이상주).

명령을 집행권원으로 한 집행관의 강제집행이 있었던 당일 공사대금 채권 담보를 위한 유치권 행사를 주장하며 해당 부동산에 침입하고, 그 며칠 뒤에도 해당 부동산에 다시 침입하여 사람들의 출입을 막고 출입문을 용접하거나 손괴한 사안에서, 원심은 민법 제209조의 자력구제이거나 형법 제23조의 자구행위에 해당한다는 이유로 모두 무죄라고 보았는데, 대법원은 강제집행이 있었던 당일 유치권 행사를 이유로 한 부동산 침입은 민법 제209조의 자력구제에 해당하여 위법성이 없으므로 무죄이지만, 그 뒤 있었던 침입 등 행위는 민법 제209조 제2항의 '침탈 후 즉시'라는 요건을 갖추지 못하였고, 법정절차에 의해 청구권을 보전하기가 불가능한 경우도 아니어서 형법상 자구행위도 안 된다는 이유로 유죄라고 판단하였다.[19]

Ⅵ. 기수시기 및 다른 죄와의 관계

1. 기수시기

침입한 시점에 또는 기타 방법으로 강제집행의 효력이 상실되거나 권리자의 권리실현이 지장을 받게 되었을 때 본죄는 기수에 이르게 된다.[20] 22

본죄의 미수범도 처벌하는데, 침입 외의 방법으로 강제집행의 효용을 해하려고 실행에 착수하였으나 그 결과가 발생하지 아니하였거나, 행위와 결과 발생 사이에 인과관계가 없을 때 본죄의 미수가 된다. 23

2. 다른 죄와의 관계

주거침입 또는 재물손괴행위가 본죄를 실행하기 위한 것일 때에는 본죄에 흡수되어 별도의 죄를 구성하지 않는다고 본다.[21] 그러나 사정에 따라 주거침입죄(§ 319①) 또는 재물손괴죄(§ 366)와 본죄 사이에 실체적 경합범의 관계가 성립한다는 견해도 있다. 예컨대 강제집행으로 인도된 타인의 가옥이나 대지에 침입하 24

19 대판 2011. 11. 24, 2009도8110.

20 김신규, 898; 주석형법 〔각칙(1)〕(5판), 648(이상주).

21 김성돈, 802; 김신규, 898; 김일수·서보학, 697; 이재상·장영민·강동범, § 44/60; 이정원·류석준, 757; 이형국·김혜경, 836; 정웅석·최창호, 86; 주석형법 〔각칙(1)〕(5판), 648(이상주).

기 위하여 출입문을 파괴하거나 수목을 벌채하는 경우, 그 손괴행위가 무시할 수 있는 정도일 때는 손괴행위는 침입행위에 부수되는 예비적 행위로서 본죄 외에 별도로 재물손괴죄를 구성하지 않겠지만, 대지를 침입하기 위하여 대지 위에 있는 건물을 완전히 손괴한 후 자신의 용도로 사용하기 위하여 새로운 건물을 신축하여 대지를 점유하는 경우에는 별도로 재물손괴죄가 성립한다고 한다.[22]

Ⅶ. 처 벌

25 본죄의 법정형은 5년 이하의 징역 또는 700만 원 이하의 벌금이다.

26 본죄의 미수범은 처벌하고(§ 143), 대법원 양형기준은 적용되지 않는다.

〔이 영 훈〕

22 주석형법 〔각칙(1)〕(5판), 648-649(이상주).

제141조(공용서류 등의 무효, 공용물의 파괴)

① 공무소에서 사용하는 서류 기타 물건 또는 전자기록 등 특수매체기록을 손상 또는 은닉하거나 기타 방법으로 그 효용을 해한 자는 7년 이하의 징역 또는 1천만 원 이하의 벌금에 처한다. 〈개정 1995. 12. 29.〉

② 공무소에서 사용하는 건조물, 선박, 기차 또는 항공기를 파괴한 자는 1년 이상 10년 이하의 징역에 처한다.

Ⅰ. 의의 및 취지

본조 제1항의 공용서류등무효죄[공용(서류·물건·전자기록등)(손상·은닉·무효)죄]는 공무소에서 사용하는 서류 기타 물건 또는 전자기록등 특수매체기록을 손상 또는 은닉하거나 기타 방법으로 그 효용을 해함으로써 성립하고, 제2항의 공용건조물등파괴죄[공용(건조물·선박·기차·항공기)파괴죄]는 공무소에서 사용하는 건조물, 선박, 기차 또는 항공기를 파괴함으로써 성립하는 범죄이다. 본죄는 제366조의 재물손괴죄에 대응하는 것으로, 소유권과 관계없이 공무소에서 사용하는 물건을 그 객체로 하여 공무를 보호하기 위한 공무방해의 죄의 일종으로[1] 그 형을 가중한 것이다. 그리고 제366조와 마찬가지로 1995년 12월 29일 형법 개정 시 공용서류등무효죄의 객체에 전자기록 등 특수매체기록이 추가되었다. 1

특정한 공무를 보호하기 위한 본조에 대한 특별규정으로서 다음과 같은 규 2

1 김신규, 형법각론 강의, 899; 손동권·김재윤, 새로운 형법각론, § 50/61; 이재상·장영민·강동범, 형법각론(12판), § 44/61; 이정원·류석준, 형법각론, 757; 정웅석·최창호, 형법각론, 86.

정이 있다.

3 ① 우편법 제48조(우편물 등 개봉 훼손의 죄) 제1항에서 우편관서 및 서신송달업자가 취급 중인 우편물 또는 서신을 정당한 사유 없이 개봉, 훼손, 은닉 또는 방기하는 등의 행위를 처벌하고(3년 이하의 징역 또는 3천만원 이하의 벌금), 제2항에서 행위자가 우편업무 또는 서신송달업무에 종사하는 자인 경우 가중처벌(5년 이하의 징역 또는 5천만 원 이하의 벌금)을 하도록 규정하고 있으며, 우편법 제49조(우편전용 물건 손상의 죄) 제1항은 우편을 위한 용도로만 사용되는 물건이나 우편을 위한 용도로 사용 중인 물건에 손상을 주거나 그 밖에 우편에 장해가 될 행위를 한 자를 처벌하는 규정(3년 이하의 징역 또는 3천만원 이하의 벌금)을 두면서, 제2항에서는 우편업무에 종사하는 자가 행위자인 경우 가중처벌(5년 이하의 징역 또는 5천만 원 이하의 벌금)을 하도록 규정하고 있다.

4 ② 공직선거법 제243조(투표함 등에 관한 죄) 제1항은 법령에 의하지 아니하고 투표함(빈 투표함을 포함한다)이나 투표함 안의 투표지를 취거·파괴·훼손·은닉 또는 탈취한 자를 처벌하고(1년 이상 10년 이하의 징역), 제2항에서 검사·경찰공무원(사법경찰관리를 포함한다) 또는 군인(군수사기관 소속 군무원을 포함한다)이 행위자인 경우 가중처벌(2년 이상 10년 이하의 징역)을 하도록 규정하며, 제244조(선거사무관리관계자나 시설등에 대한 폭행·교란죄) 제1항은 투표용지·투표지·투표보조용구·전산조직 등 선거관리 및 단속사무와 관련한 시설·설비·장비·서류·인장 또는 선거인명부(거소·선상투표신고인명부를 포함한다)를 은닉·손괴·훼손 또는 탈취한 자를 처벌하도록(1년 이상 10년 이하의 징역 또는 500만 원 이상 3천만 원 이하의 벌금) 규정하고 있다.

5 어떠한 행위가 위 ①, ②의 구성요건들에 해당하는 동시에 본조 제1항의 구성요건에도 해당하는 경우, 법정형을 비교하여 ①과 같이 본조의 법정형이 특별규정의 법정형보다 무거운 때에는 두 죄의 상상적 경합이 될 것이다(무거운 본죄 제1항의 죄로 처벌). 그러나 ②와 같이 특별규정의 법정형이 더 무거운 때에는, 특수한 공무집행을 보호하기 위하여 위와 같은 특별규정을 둔 취지에 비추어 특별규정의 죄가 성립할 뿐, 본조 제1항의 죄는 별도로 성립하지 않을 것이다.

6 또한 ③ 군형법 제11조(군대 및 군용시설 제공) 제1항은 "군대 요새, 진영 또는 군용에 공하는 함선이나 항공기 또는 그 밖의 장소, 설비 또는 건조물을 적에게

제공한 사람은 사형에 처한다.", 제2항은 "병기, 탄약 또는 그 밖에 군용에 공하는 물건을 적에게 제공한 사람도 제1항의 형에 처한다."고 각각 규정하면서, 제12조(군용시설 등 파괴)에서는 "적을 위하여 제11조에 규정된 군용시설 또는 그 밖의 물건을 파괴하거나 사용할 수 없게 한 사람은 사형에 처한다."고 규정하고 있다. 군형법 제12조에 정한 구성요건에 해당하는 행위가 본조의 구성요건에도 해당하는 경우에도 군형법 제12조에서 정한 죄만이 성립한다고 할 것이다.[2]

Ⅱ. 공용서류등무효죄(제1항)

1. 의 의

본죄는 공무소에서 사용하는 서류 기타 물건 또는 전자기록 등 특수매체기록을 손상 또는 은닉하거나 기타 방법으로 그 효용을 해함으로써 성립한다. 본죄의 보호법익은 공무소에서 사용하는 서류 기타 물건 또는 전자기록 등 특수매체기록과 관련된 공무라고 할 수 있다. 보호의 정도는 침해범이라는 견해가 통설이다.[3] 7

2. 주 체

주체에는 제한이 없다. 재물손괴죄와 달리 서류 기타 물건 또는 전자기록 등 특수매체기록의 소유자도 본죄의 주체가 될 수 있다. 8

3. 객 체

(1) 일반론

본죄의 객체는 공무소에서 사용하는 서류 기타 물건 또는 전자기록 등 특수매체기록이다. 9

이때 '공무소'는 유형적인 장소나 건조물만이 아니라 국가 또는 공공단체의 의사를 결정하는 권한을 가진 기관, 즉 제도로서의 관공서 기타 조직체를 뜻한 10

2 주석형법 [각칙(1)](5판), 651(이상주).

3 김성돈, 형법각론(5판), 802; 김일수·서보학, 새로쓴 형법각론(9판), 698; 박찬걸, 형법각론, 852; 오영근, 형법각론(5판), 745; 정성근·박광민, 형법각론(전정2판), 864.

다. 법령에 의하여 설치된 곳뿐만 아니라 적어도 공무를 분담하는 기관으로서 공무원이 직무를 수행하는 곳은 공무소에 해당한다.

11 '공무소에서 사용하는'에는 공무소에서 현실적으로 사용 중이라는 것뿐만 아니라 공무소에 사용할 목적으로 보관하는 것도 포함한다.[4] 본죄는 공무소에서 직접 점유·보관하는 경우에만 성립한다고 보아야 하므로 공무소에서 사용할 목적으로 서류 기타 물건 또는 전자기록 등 특수매체기록을 소유자 또는 제3자에게 보관 또는 간수명령을 하여 보관 또는 간수하게 하는 경우, 제142조의 공무상보관물무효죄 외에 본죄는 성립하지 않는다고 본다.[5]

12 사용이 끝났다고 하여 공무소에서 사용하는 것에서 제외할 수 없지만, 공무소에 보관하고 있어도 이미 폐기된 것은 대상이 아니다. 또한 파견 근무 종료와 동시에 파기의 대상이 될 뿐 상급자 또는 후임자에게 인계 또는 전달되어야 할 성질의 것이 아니어서 공무상 용도에 제공될 여지가 없는 것도 그 대상이 되지 않는다.[6]

13 '서류'는 공무소에서 사용하는 문서인 이상 공문서인지 여부, 작성의 목적이 공무소를 위한 것인지 여부, 그 소유자가 누구인지 여부, 정식절차를 밟아 접수 작성된 완성된 것인지 여부를 묻지 않는다.[7] '기타 물건'이란 서류를 제외한 일체의 물건을 말한다. 도화는 여기에 해당한다. 본죄는 재산권의 보호를 목적으로 하는

4 일본형법 제258조(공용문서등훼기)는 "공무소의 용(用)에 공(供)하는 문서 또는 전자적 기록을 훼기(毁棄)한 자는 3월 이상 7년 이하의 징역에 처한다."고 규정하고 있는데, 판례는 '공무소의 용에 공하는', 즉 '공무소에서 사용하는'이란 그 작성자, 작성의 목적 등에 관계없이 현실적으로 공무소에서 사용되거나 사용할 목적으로 보관되고 있는 문서를 모두 말하는 것이라고 판시하였다[最判 昭和 38(1963). 12. 24. 刑集 17·12·2485].

5 주석형법 [각칙(1)](5판), 653(이상주).

6 서울고판 2016. 4. 29, 2015노3042(대판 2021. 1. 14, 2016도7104로 원심 유지). 「이 사건 각 반출 문건은 피고인 甲이 A 비서관실 또는 B 비서관실 명의의 공식 보고문건 또는 그 기초자료 등을 업무참고 등 용도로 사용하기 위해 개인적으로 추가 출력하거나 사본하여 보관하던 것이어서 청와대 파견 근무기간이 종료된 시점에서 피고인 甲의 공무상 용도에 제공될 여지가 전혀 없게 되므로 공용서류로 볼 수 없으며, 피고인 甲이 위 각 문건의 전자파일을 USB에 담아 상급자인 B 비서관 피고인 乙에게 인계하기까지 하였으므로, 위 각 문건은 피고인 甲의 파견 근무 종료와 동시에 파기의 대상이 될 뿐 상급자 또는 후임자에게 인계 또는 전달되어야 할 성질의 것은 아니다. 위와 같이 이 사건 각 반출 문건이 청와대 공식 보고문건 원본의 추가 출력본 또는 복사본에 불과하므로, 피고인 甲이 이를 청와대에서 가지고 나와 자신의 사무실에 보관하였다고 하더라도 공용서류를 '은닉'하거나 '기타 방법으로 그 효용을 해'하였다고 볼 수는 없고, 피고인 甲의 행위로 인해 공무소의 기능이 침해되었다고 보기도 어렵다.」

7 대판 1981. 8. 25, 81도1830.

것이 아니므로 경제적 가치가 거의 없는 것도 그것이 공무소에서 사용하여야 할 필요가 있다면 본죄의 객체가 될 수 있다. '전자기록 등 특수매체기록'이란 전기적 기록, 자기적 기록 또는 광기술이나 레이저기술을 이용한 기록 등을 말한다.

(2) 본죄의 객체에 관한 판례의 태도

판례는 한국은행도 국고금 예수관계에 있어서는 공무소에 해당하고,[8] 군청 건설과에 제출된 피고인 명의의 건축허가신청서에 첨부되어 군청에서 보관 중인 설계도면은 공무소에서 사용하는 서류이므로 이를 떼어내고 다른 설계도면으로 바꿔 넣은 경우 본죄가 성립한다고 보았다.[9] 14

또한 미완성이고 작성자와 진술자가 서명날인 또는 무인한 것이 아니어서 공문서로서의 효력이 없지만 이를 찢거나[10] 숨긴 경우,[11] 세무공무원이 청탁을 받고 보관 중이던 상속세신고서 및 세무서 작성의 부과결정서 등을 임의로 반환한 경우,[12] 피고인이 진술자의 서명무인과 간인까지 받아 작성한 진술조서를 상사에게 정식 보고하지 않았고 수사기록에 편철하지도 않은 채 보관하고 있다가 휴지통에 버려 폐기한 경우[13]는 모두 본죄가 성립한다고 보았다. 15

군인인 피고인이 교통사고와 관련하여 경찰에서 진술서를 작성하여 제출한 뒤 상관인 대대장으로부터 잘못 진술하였다며 진술서를 찾아오라는 질책을 듣고 담당 경찰에게 여러 차례 부탁하자 담당 경찰이 다시 달라는 얘기도 없이 서랍에 넣어둔 진술서를 피고인에게 던져 주었고 피고인이 이를 받아 보관하다가 분실한 사안(군인의 진술서 분실사건)에서, 원심은 본죄의 범의가 없다고 판단하였으나, 대법원은 피고인이 작성한 진술서가 미완성의 문서라고 해도 공무소에서 사용하는 서류에 해당하고, 피고인의 행위가 본죄의 효용을 해친 경우에 해당한다고 판단하였다.[14] 16

한편 피고인이 자신이 고소한 사건과 관련하여 수사기관에 제출한 진술서를 진술서 작성자가 곤란해한다는 이유로 담당 경찰관에게 돌려달라고 하였고, 17

---

8 대판 1969. 7. 20, 69도1012.
9 대판 1982. 12. 14, 81도81.
10 대판 1980. 10. 27, 80도1127(사법경찰관 사무취급이 작성 중이던 피의자신문조서).
11 대판 2006. 5. 25, 2003도3945(경찰이 작성 중인 진술조서).
12 대판 1981. 8. 25, 81도1830.
13 대판 1982. 10. 12, 82도368.
14 대판 1987. 4. 14, 86도2799.

이에 담당 경찰관이 진술서를 내어주며 찢어버리라고 하였으며, 피고인이 진술서를 받아 찢어버린 사안에서, 원심은 유죄로 판단하였으나, 대법원은 담당 경찰관이 자신이 보관하던 진술서를 임의로 피고인에게 넘겨준 것이라면 진술서의 보관책임자인 경찰관은 장차 이를 공무소에서 사용하지 아니하고 폐기할 의도로 처분한 것이라고 보아야 하므로, 그 진술서는 더 이상 공무소에서 사용하거나 보관하는 문서가 아닌 것이 되어 공용서류로서의 성질을 상실하였다고 보았다.[15] 이 사건은 바로 앞의 군인의 진술서 분실사건 판결과 유사한 사안으로 보이는데, 그 판결을 참조하였음에도 결론을 달리하였다.

4. 행 위

18 손상 또는 은닉하거나 기타 방법으로 그 효용을 해하는 것이다. 손상이나 은닉은 효용을 해하는 방법의 예시라고 할 수 있다.

19 '손상', '은닉', 기타 방법으로 그 효용을 해하는 것의 의미는 **제140조 제1항의 공무상봉인등무효죄** 부분에서 본 바와 같다. 즉 '손상'이란 물질적으로 훼손하거나 파괴하여 그 효용을 멸실 또는 감소시키는 것이다. 서류 기타 물건 또는 전자기록 등 특수매체기록의 사용을 전적으로 불가능하게 하는 것을 의미하지는 않으므로, 문서를 구겨서 바닥에 던지는 행위나 문서의 주변을 사용할 수 없을 정도로 불에 태워 그슬리는 행위, 공정증서의 원본에 첨부된 인지를 떼어내는 행위와 같이 문서의 실질적 부분이 아닌 형식적 부분에 불과한 부분을 훼손하는 행위도 모두 손상에 해당한다.[16] '은닉'은 서류 기타 물건 또는 전자기록 등 특수매체기록의 소재를 불명하게 하여 그 발견을 곤란 또는 불가능하게 하는 것이다. '기타 방법'은 손상이나 은닉 외에 서류 기타 물건 또는 전자기록 등 특수매체기록의 효용을 해할 만한 일체의 행위이다.

20 판례는 피고인이 원본의 일부 기재부분을 청잉크로 그은 경우,[17] 세무공무원이 상속세신고서 및 세무서 작성의 부과결정서 등을 임의로 반환한 경우,[18]

15 대판 1999. 2. 24, 98도4350.
16 주석형법 〔각칙(1)〕(5판), 655(이상주).
17 대판 1960. 6. 18, 4292형상652.
18 대판 1981. 8. 25, 81도1830.

피고인이 군청에 보관 중인 피고인 명의의 건축허가신청서에 첨부된 설계도면을 떼어내고 별개의 설계도면으로 바꿔 넣은 경우[19]는 본죄의 효용을 해하는 행위에 해당한다고 보았다.

한편 문서를 빼돌리고 그 내용의 일부를 말소하는 것에서 더 나아가 새로운 사항을 무단으로 기입하였다면 문서위조 내지 변조에 따른 형사책임을 지겠지만, 그 문서가 행위자 명의의 문서인 경우에는 본죄의 성립 여부만이 문제된다. 판례는 본죄가 정당한 권한 없이 공무소에서 사용하는 서류의 효용을 해함으로써 성립하는 죄이므로 권한 있는 자의 정당한 처분에 의한 공용서류의 파기에는 적용될 여지가 없고, 또 공무원이 작성하는 공문서는 그것이 작성자의 지배를 떠나 작성자로서도 그 변경 삭제가 불가능한 단계에 이르렀다면 모르되 그렇지 않고 상사가 결재하는 단계에 있어서는 작성자는 결재자인 상사와 상의하여 언제든지 그 내용을 변경 또는 일부 삭제할 수 있는 것이므로, 그 내용을 정당하게 변경하는 경우는 물론 내용을 허위로 변경하였더라도 그 행위가 허위공문서작성죄(§ 227)에 해당할지언정 따로 본조의 효용을 해하는 행위에 해당한다고는 할 수 없다고 판단하였다.[20] 21

5. 고 의

공무소에서 사용하는 서류 기타 물건 또는 전자기록 등 특수매체기록이라는 사실에 대한 인식과 이를 손상 또는 은닉하거나 기타 방법으로 그 효용을 해한다는 사실의 인식을 고의의 내용으로 한다. 판례도 본죄의 범의란 피고인에게 공무소에서 사용하는 서류라는 사실과 이를 은닉하는 방법으로 그 효용을 해한다는 사실의 인식이 있음으로써 충분하고, 반드시 그에 관한 계획적인 의도나 적극적인 희망이 있어야 하는 것은 아니라고 보았다.[21] 22

19 대판 1982. 12. 14, 81도81.
20 대판 1965. 12. 10, 65도826; 대판 1966. 10. 18, 66도567; 대판 1995. 11. 10, 95도1395; 대판 2013. 11. 28, 2011도11080 등.
21 대판 1987. 4. 14, 86도2799; 대판 1998. 8. 21, 98도360; 대판 2006. 5. 25, 2003도3945; 대판 2015. 2. 26, 2014도14358 등.

6. 기수시기 및 다른 죄와의 관계

(1) 기수시기

23 본죄는 손상 또는 은닉하거나 기타 방법으로 그 효용을 해함으로써 기수에 이른다.

(2) 다른 죄와의 관계

24 등기서류에 첨부된 인지를 떼어내는 방법으로 절취하면 절도죄(§ 329)와 본죄의 상상적 경합범이 되지만,[22] 공무소에서 사용하는 서류를 절취한 후 그 효용을 해하였다면 절도죄와 본죄의 실체적 경합범이 된다.[23]

25 공무소에서 사용하는 공문서의 서명날인을 말소한 후 공문서를 위조하거나 내용을 변개한 때에는 본죄와 공문서위·변조죄(§ 225)의 실체적 경합범이 된다.[24]

7. 처 벌

26 7년 이하의 징역 또는 1천만 원 이하의 벌금에 처한다.

27 본죄의 미수범은 처벌한다(§ 143).

28 대법원 양형기준이 적용되는 범죄로서 기본영역은 징역 6월에서 1년 6월, 가중영역은 징역 1년에서 4년, (특별)감경영역은 8월 이하이다. 양형인자는 특별양형인자 중 감경요소로 '무효·파괴된 물건의 가치가 경미한 경우', 일반양형인자 중 감경요소로 '무효·파괴된 물건이 피해 회복된 경우'가 있는 외에는 협의의 공무집행방해죄에서와 같다.[25]

Ⅲ. 공용건조물등파괴죄(제2항)

1. 의 의

29 본죄는 공무소에서 사용하는 건조물, 선박, 기차 또는 항공기를 파괴함으로써 성립한다. 손괴죄(§ 366)에 대한 불법가중규정이라는 견해,[26] 공익건조물파괴

22 大判 明治 44(1911). 2. 21. 刑錄 17·142.
23 김일수·서보학, 699-700; 정성근·박광민, 866; 주석형법 [각칙(1)](5판), 657(이상주).
24 대판 1967. 3. 21, 67도122.
25 양형위원회, 2022 양형기준, 191.
26 임웅, 980.

죄(§ 367)에 대한 불법가중규정이라는 견해[27] 등이 있으나, 손괴죄나 공용서류등 무효죄와는 행위객체나 행위유형이 달라 불법이 가중된 구성요건에 해당한다고 할 것이다.

본죄의 보호법익은 공무소에서 사용하는 건조물, 선박, 기차 또는 항공기와 관련된 공무로서, 보호의 정도는 침해범이다.[28] 30

2. 주 체

주체에는 제한이 없다. 손괴죄와 달리 건조물, 선박, 기차 또는 항공기의 소유자도 본죄의 주체가 될 수 있다. 31

3. 객 체

공무소에서 사용하는 건조물, 선박, 기차 또는 항공기이다.[29] 32

죄형법정주의 원칙상 공무소에서 사용하는 자동차는 해당되지 않는다.[30] 33
건조물, 선박, 기차, 항공기는 그것이 공무소에서 사용하는 것인 이상 그 소유자가 누구인지나 사람이 현존하는지는 본죄를 구성하는 데 영향을 미치지 않는다.

'공무소에서 사용하는'의 의미는 공용서류등무효죄에서와 같다. 공익에 공하는 건조물이더라도 공무소에서 사용하지 않는 건조물은 본죄의 객체가 아닌 제367조의 공익건조물파괴죄의 객체가 된다. 34

'건조물'이란 가옥 그 밖에 이와 유사한 공작물로서 지붕이 있고 장벽 또는 기둥에 의하여 지탱되고 토지에 정착하고, 적어도 사람이 그 내부에 출입할 수 있는 것을 의미한다. 본죄의 '파괴'에는 건조물 일부를 파괴하는 것도 포함되는데, 건조물 일부는 훼손하지 않으면 분리하기 어려운 상태는 되어야 한다. 35

'선박'은 크기와 형상을 불문한다. 선박 일부를 파괴하는 것도 본죄의 파괴에는 포함되는데, 어떠한 부분을 선박 일부로 볼 것인지에 관하여는 건조물과 36

27 김일수·서보학, 700; 정영일, 형법강의 각론(3판), 471.
28 김성돈, 804; 임웅, 980; 정성근·박광민, 867.
29 제165조의 공용건조물등방화죄의 객체는 '공용으로 사용하거나 공익을 위해 사용하는' '건조물, 기차, 전차, 자동차, 선박, 항공기, 지하채굴시설'이다. 본죄와 공통되는 '건조물, 선박, 기차, 항공기'의 개념에 관한 상세는 **각칙 제3권 제165조 주해** 부분 참조.
30 이재상·장영민·강동범, § 44/65; 주석형법 〔각칙(1)〕(5판), 658(이상주).

마찬가지로 단순히 선박에 부착된 것만으로는 부족하고, 훼손하지 않으면 분리하기 어렵다는 요건이 충족되어야 할 것이다.

37 '기차'란 기관차로 열차를 끌고 궤도 위를 주행하는 교통기관을 의미한다. 반드시 증기기관에 의하여 추진될 것을 요하지 아니하고, 디젤엔진이나 전기로 추진되는 것도 포함한다. 추진되는 열차가 없이 기관차만으로 기차를 구성할 수 있고, 기차를 구성하는 열차 한 칸 한 칸이 기차에 해당할 수 있다.

38 '항공기'란 비행기, 비행선, 활공기, 회전익항공기, 그 밖에 항공에 사용할 수 있는 기기를 말한다.

4. 행 위

39 '파괴'란 건조물, 선박, 기차, 항공기의 실질을 해하여 그 본래의 용법에 의한 사용을 전면적 또는 부분적으로 불가능하게 하는 것을 의미한다. 손상, 손괴보다는 물질적 훼손의 정도가 큰 경우이어야 하므로[31] 파괴에 이르지 않으면 본죄의 미수가 되고, 파괴의 고의조차 인정할 수 없으면 공용서류등무효죄만 문제된다. 기차에 돌을 던져 유리창을 깨뜨리는 정도로는 본죄를 구성하지 않는다.

40 파괴에 해당하는지는 건조물 등의 크기와 규모에 비추어 훼손된 부분이 차지하는 비중과 기능적 중요성, 원상복구에 드는 비용, 훼손으로 공무 수행에 초래된 지장 등 여러 사정을 고려하여야 한다. 실무에서는 불만을 품고 청사, 경찰서 건물 등에 차량을 돌진하여 부순 사실에 대하여 특수공용건조물파괴죄(§ 144①)로 기소되고 있는데, 그중에는 하급심에서 공용물건손상죄만 성립하고 공용건조물파괴죄는 무죄(이유 무죄)라고 판단된 사안도 있다.

5. 다른 죄와의 관계

41 소요행위 중에 본조의 건조물을 파괴한 때에는 본죄와 소요죄(§ 115)가 각 성립하고, 두 죄는 상상적 경합관계이다.[32] 본죄를 범하여 사람을 사상에 이르게 한 경우에 대하여는 본죄와 과실치사상죄(§ 266①, § 267)의 실체적 경합이라는

31 오영근, 748; 주석형법 [각칙(1)](5판), 659(이상주).

32 배종대, § 158/35. 일본형법에는 본죄에 대한 규정이 없으나 제260조의 건조물등손괴죄와 소란죄(§ 106)는 상상적 경합이라고 한 판례가 있다[大判 昭和 7(1932). 9. 2. 刑集 11·1342].

견해[33]와 상상적 경합이 된다는 견해가 있다.[34] 단체 또는 다중의 위력을 보이거나 위험한 물건을 휴대하여 본죄를 범하여 공무원을 사상한 때에는 특수공무집행방해치사·상죄(§ 144②)가 성립한다.

6. 처 벌

징역 1년 이상 10년 이하의 징역에 처한다. 42

벌금형은 없고, 본죄의 미수범은 처벌한다(§ 143). 43

대법원 양형기준이 적용되는 범죄로서 기본영역은 징역 10월에서 2년 6월, 44
가중영역은 징역 2년에서 5년, 감경영역은 징역 6월에서 1년 6월이다. 양형인자는 공용서류등무효죄에서 설명한 바와 같다.[35]

〔이 영 훈〕

33 배종대, § 158/35.
34 이형국·김혜경, 형법각론(2판), 839.
35 양형위원회, 2022 양형기준(2022), 191.

제142조(공무상 보관물의 무효)

공무소로부터 보관명령을 받거나 공무소의 명령으로 타인이 관리하는 자기의 물건을 손상 또는 은닉하거나 기타 방법으로 그 효용을 해한 자는 5년 이하의 징역 또는 700만 원 이하의 벌금에 처한다. 〈개정 1995. 12. 29.〉

Ⅰ. 취 지

1 본죄[공무상(보관물·간수물)(손상·은닉·무효)죄]는 공무소로부터 보관명령을 받거나 공무소의 명령으로 타인이 관리하는 자기의 물건을 손상 또는 은닉하거나 기타 방법으로 그 효용을 해함으로써 성립한다. 보호법익은 공무소로부터 보관명령을 받거나 공무소의 명령으로 관리하는 물건과 관련된 공무이다. 보호의 정도에 관하여는 추상적 위험범이라는 견해[1]도 있으나 침해범(통설)이라고 할 것이다.[2]

2 제323조(권리행사방해)는 타인의 점유 또는 권리의 목적이 된 자기의 물건 또는 전자기록 등 특수매체기록을 취거, 은닉 또는 손괴하여 타인의 권리행사를 방해한 자를 처벌하도록 규정하고 있는데, 본죄는 공무와의 관련성을 근거로 한 제323조의 특별규정에 해당한다.[3]

1 정성근·박광민, 형법각론(전정2판), 868; 정영일, 형법강의 각론(3판), 472.
2 김성돈, 형법각론(5판), 805; 김일수·서보학, 새로쓴 형법각론(9판), 701; 오영근, 형법각론(5판), 748; 임웅, 형법각론(9정판), 981.
3 김신규, 형법각론 강의, 902; 이재상·장영민·강동범, 형법각론(12판), § 44/66; 이형국·김혜경, 형법각론(2판), 839; 정웅석·최창호, 형법각론, 88; 홍영기, 형법(총론과 각론), § 114/28.

Ⅱ. 주체 및 객체

1. 주 체

본죄의 주체는 공무소로부터 보관명령을 받은 물건의 소유자 또는 공무소의 명령으로 타인이 관리하는 물건의 소유자이다(진정신분범). 3

2. 객 체

객체는 공무소로부터 보관명령을 받거나 공무소의 명령으로 타인이 관리하는 자기의 물건이다. 4

여기서 '자기의 물건'이란 행위자의 소유물로서, 물건의 종류, 성질 또는 경제적 가치 유무를 묻지 않는다. 이와 관련하여 판례는 실질적으로 피고인이 소유 운행하는 지입자동차라 하더라도 자동차등록부상 회사 명의로 소유권등록이 되어 있는 이상, 이를 그 회사 소유의 자동차라 할 것이지 피고인의 소유라고는 할 수 없다고 보았다.[4] 5

공무소의 보관명령이란 공무소의 위탁에 의하여 사실상·법률상의 지배를 할 수 있는 명령으로서 법령에 근거한 것이어야 한다. 물건에 대한 보관명령이 있어야 하므로 단지 가압류결정 정본을 송달받은 것만으로는 보관명령을 받았다고 할 수 없다.[5] 소유자가 물건을 공무소에 제출하여 공무소가 이를 영치한 다음 물건의 점유를 다시 소유자에게 이전하는 절차를 거칠 필요는 없다. 6

공무소의 명령으로 타인이 관리한다는 것은 공무소의 처분으로 소유자의 사실상 지배가 배제되어 공무소의 사실상 지배로 옮겨진 물건을 제3자가 공무소의 명령에 따라 자기의 사실상의 지배하에 두는 것을 의미한다.[6] 7

Ⅲ. 행 위

손상 또는 은닉하거나 기타 방법으로 그 효용을 해하는 것이다. 그 의미는 8

4 대판 1970. 8. 31, 70도1328.
5 대판 1975. 5. 13, 73도2555; 대판 1983. 7. 12, 83도1405.
6 이재상·장영민·강동범, § 44/67; 주석형법 [각칙(1)](5판), 661(이상주).

제141조 제1항의 공용서류등무효죄에서와 같다.

9 본죄가 기수에 이르려면 손상 또는 은닉 기타 방법에 의한 효용침해로 인하여 적어도 물건의 효용가치 감소라는 현실적인 침해의 결과가 발생하여야 한다(침해범설 입장).[7]

Ⅳ. 다른 죄와의 관계

10 공무소로부터 보관명령을 받거나 공무소의 명령으로 타인이 관리하는 자기의 물건은 공무소에서 사용하기 위하여 보관명령 등을 한 것이라 해도 공무소에서 물건을 직접 점유·보관하는 것이 아니므로 공용서류등무효죄의 객체인 공무소에서 사용하는 서류 기타 물건 또는 전자기록 등 특수매체기록에 해당하지 않는다. 따라서 이를 손상 또는 은닉하거나 기타 방법으로 그 효용을 해한 행위는 본죄를 구성할 뿐, 공용서류등무효죄(§ 141①)를 구성하지 않는다.

11 공무원이 압류하여 봉인한 후 소유자에게 보관시킨 물건을 그 소유자가 봉인을 손상한 후 그 물건을 은닉한 경우에는 공무상봉인무효죄(§ 140①)와 본죄의 실체적 경합범이 되고, 본죄의 객체를 소유자가 아닌 제3자가 침해한 경우에는 행위태양에 따라 손괴죄, 절도죄, 횡령죄가 성립할 수 있다.[8]

Ⅴ. 처 벌

12 5년 이하의 징역 또는 700만 원 이하의 벌금에 처한다.

13 본죄의 미수범은 처벌하고(§ 143), 대법원 양형기준은 적용되지 않는다.

〔이 영 훈〕

---

7 김신규, 903; 김일수·서보학, 701; 주석형법 〔각칙(1)〕(5판), 662(이상주).

8 주석형법 〔각칙(1)〕(5판), 662(이상주).

제143조(미수범)
제140조 내지 전조의 미수범은 처벌한다.

공무상봉인등무효죄(§ 140①), 공무상비밀봉함등개봉죄(§ 140②), 공무상비밀문서등내용탐지죄(§ 140③), 부동산강제집행효용침해죄(§ 140의2), 공용서류등무효죄(§ 141①), 공용건조물등파괴죄(§ 141②), 공무상보관물무효죄(§ 142)의 미수범은 처벌한다. 1

〔이 영 훈〕

第144條(특수공무방해)

① 단체 또는 다중의 위력을 보이거나 위험한 물건을 휴대하여 제136조, 제138조와 제140조 내지 전조의 죄를 범한 때에는 각 조에 정한 형의 2분의 1까지 가중한다.

② 제1항의 죄를 범하여 공무원을 상해에 이르게 한 때에는 3년 이상의 유기징역에 처한다. 사망에 이르게 한 때에는 무기 또는 5년 이상의 징역에 처한다. 〈개정 1995. 12. 29.〉

Ⅰ. 취 지

1 본조 제1항의 특수공무방해죄는 단체 또는 다중의 위력을 보이거나 위험한 물건을 휴대하여 협의의 공무집행방해죄와 직무·사직강요죄(§ 136①, ②. 5년 이하 징역 또는 1천만 원 이하 벌금), 법정·국회회의장모욕죄(§ 138. 3년 이하 징역 또는 700만 원 이하 벌금), 공무상봉인등무효죄, 공무상비밀봉함등개봉죄, 공무상비밀문서등내용탐지죄(§ 140① 내지 ③. 5년 이하 징역 또는 700만 원 이하 벌금), 부동산강제집행효용침해죄(§ 140의2. 5년 이하 징역 또는 700만 원 이하 벌금), 공용서류등무효죄(§ 141①. 7년 이하 징역 또는 1천만 원 이하 벌금), 공용건조물등파괴죄(§ 141②. 1년 이상 10년 이하 징역), 공무상보관물무효죄(§ 142. 5년 이하 징역 또는 700만 원 이하 벌금) 및 이와 같은 죄들의 미수범을 범한 경우에 각 공무방해죄에 정한 형의 2분의 1까지 가중처벌하도록 규정하고 있고, 본조 제2항에서 특수공무방해죄에서 더 나아가 공무원에 대한 상해, 사망의 결과가 발생한 경우 결과에 따라 더 가중된 처벌을 규정하고 있다.

2 1995년 12월 29일 형법 개정 전에는 특수공무방해죄로 인하여 공무원을 사상에 이르게 한 경우 상해와 사망 모두 법정형이 무기 또는 3년 이상의 징역으로 같게 되어 있었으나, 형법 개정으로 공무원에 대한 상해와 사망에 따라 법정형이 다르게 규정되었다.

Ⅱ. 특수공무방해죄(제1항)

1. 의 의

3 본죄는 '단체 또는 다중의 위력을 보이거나 위험한 물건을 휴대하여' 앞서 본 제136조, 제138조, 제140조 내지 제143조의 죄를 범한 경우에 성립하는데, 그 행위태양이 매우 위험하기 때문에 그 형을 가중하여 처벌하는 것이다.

4 '단체 또는 다중의 위력을 보이거나 위험한 물건을 휴대하여'를 행위태양으로 규정한 범죄로는 본죄 외에 형법상 특수상해죄(§ 258의2①, ②), 특수폭행죄(§ 261), 특수체포·감금죄(§ 278), 특수협박죄(§ 284), 특수주거침입죄(§ 320), 특수강요죄(§ 324②), 특수공갈죄(§ 350조의2), 특수손괴죄(§ 369①)가 있고, 특별법에도 국회법 제166조(국회 회의 방해) 제2항, 아동학대범죄의 처벌 등에 관한 특례법 제61조(업무 수행 등의 방해죄) 제2항 등에도 규정되어 있다('단체 또는 다중의 위력', '위험한 물건', '휴대'의 개념에 대한 상세는 **각칙 제5권 § 258의2 특수상해죄** 부분 참조).

2. 단체 또는 다중의 위력

5 '단체'란 목적을 공동으로 하는 다수인이 시간적 계속을 전제로 결합한 조직체를 의미한다. 단체의 성격 또는 목적이나 그 단체가 합법적인지 비합법적인지는 상관없다. 일시적인 집회나 시위집단은 계속성을 띠지 아니하므로 단체라고 할 수 없고, 단체 구성원에는 제한이 없지만, 단체로서의 위력을 행사한다고 볼 수 없을 정도로 그 수가 적은 경우에는 본조의 단체에 해당하지 않는다.[1]

6 '다중'이란 단체를 이루지 못한 다수인의 집합을 의미한다.[2] 다수의 정도는

1 주석형법 [각칙(1)](5판), 665(이상주).
2 대판 2006. 2. 10, 2005도174.

소요죄(§ 115)의 경우와 같이 한 지방의 평온을 해할 정도임을 요하지는 않지만, 수인 정도를 초과한 상당수에 달하는 정도로서 집단성을 띠어야 다중에 해당한다고 볼 수 있으므로 그 인원이 불과 3명인 경우에는 그것이 어떤 집단의 힘을 발판 또는 배경으로 한다는 것이 인정되지 아니하는 이상 다중의 위력을 보인 것이라고 할 수 없다.[3]

7 '위력'은 사람의 의사를 제압하는 세력으로서 유형의 것이든 무형의 것이든 상관없다. 범인의 위세, 사람 수 및 주위의 상황에 비추어 피해자의 자유의사를 제압하기 족하면 되고, 현실적으로 피해자의 자유의사가 제압될 것까지 요하는 것은 아니다.[4]

8 위력을 보인다는 것은 상대방에게 위력을 표시하거나 인식시키는 것을 의미한다. 위력을 보이는 행위는 기본적인 구성요건인 협의의 공무집행방해죄에서의 폭행이나 협박 자체일 수도 있고 그와 별개의 행위일 수도 있다.

3. 위험한 물건

(1) 의의

9 '위험한 물건'이란 사람의 생명·신체에 위해를 가하는 데 사용될 수 있는 일체의 물건을 말한다.[5] 이에 대하여 본죄는 사람의 생명·신체에 대한 죄가 아니라 공무를 방해하는 죄이므로 특수폭행죄에서의 위험한 물건과 반드시 같은 의미로 보아야 할 것은 아니고, 물건을 휴대하여 범하는 각종 공무를 방해하는 범죄들과 관련하여 범행의 수단, 효과 또는 반항의 제압력 등의 면에서 위험한 것이면 충분하다는 견해[6] 등이 있다.

10 위험의 정도는 그와 같이 규정된 단체 또는 다중의 위력에 상응하는 것이어야 한다. 위험한 물건에 해당하는지 여부는 구체적인 사안에서 사회통념에 비추어 그 물건을 사용하면 상대방이나 제3자가 생명 또는 신체 등에 위험을 느낄 수 있는지 여부에 따라 판단해야 한다.[7] 위험한 물건에 흉기, 즉 그 물건의

---

3 대판 1971. 12. 21, 71도1930.
4 대판 1987. 4. 28, 87도453.
5 신동운, 형법각론(2판), 213.
6 주석형법 [각칙(1)](5판), 665(이상주).
7 대판 1981. 7. 28, 81도1046.

본래 목적이 사람을 살상할 수 있는 특성을 갖춘 물건뿐만 아니라 공구·자동차 등과 같이 원래 흉기 이외의 다른 목적으로 만들어진 물건이라도 그 물건을 사용할 때 상대방이나 제3자가 생명 또는 신체에 위험을 느낄 수 있는 상황이었다면 위험한 물건이라고 보아야 한다.

'휴대하여'란 소지 또는 널리 이용한다는 의미라고 할 수 있다.[8] 위험한 물건의 휴대를 상대방에게 인식시킬 필요는 없다.[9] 11

(2) 판례의 태도

(가) 본죄의 성립을 인정한 사례

판례는 본조의 위험한 물건이란 비록 흉기는 아니라고 하더라도 널리 사람의 생명, 신체에 해를 가하는 데 사용할 수 있는 일체의 물건으로서, 본래 살상용, 파괴용으로 만들어진 것뿐만 아니라 다른 목적으로 만들어진 칼, 가위, 유리병, 각종 공구, 자동차 등은 물론 화학약품 또는 사주된 동물, 화염병 등도 그것이 사람의 생명, 신체에 해를 가하는 데 사용되었다면 본조의 위험한 물건에 해당하고, 이러한 물건을 '휴대하여'라는 말은 소지뿐만 아니라 널리 이용한다는 뜻도 포함한다는 입장이다.[10] 12

① 피고인이 혈중알코올농도 0.14%의 주취 상태에서 승용차를 운전하고 가다가 음주운전 단속을 하던 경찰관의 정지신호를 무시하고 약 12km를 도주하여 미리 무전연락을 받고 대기 중이던 경찰관이 불봉을 휘두르며 정지하도록 지시하였으나 속도만 줄이고 계속 진행하자 경찰관이 승용차 앞에 서서 저지하는 순간 속도를 높여 진행함으로써 경찰관을 승용차 본네트 위에 매단 채 약 10m 진행하다가 땅에 떨어지게 하여 그로 하여금 전치 2주의 우측슬관절부종창 등의 상해를 입게 한 사안에서, 위험한 물건인 자동차를 이용하여 경찰관의 공무집행을 방해하고 그로 인하여 상해를 입게 한 것으로 보았다.[11] 13

---

8 대판 1982. 2. 23, 81도3074.

9 대판 2005. 2. 25, 2004도7915.

10 대판 1984. 10. 23, 84도2001; 대판 1990. 6. 22, 90도764; 대판 1997. 7. 11, 97도1313; 대판 1998. 2. 13, 97도3137; 대판 2005. 2. 25, 2004도7915; 대판 2005. 4. 28, 2005도1114; 대판 2008. 6. 12, 2008도3072.

11 대판 1984. 10. 23, 84도2001; 대판 1997. 7. 11, 97도1313; 대판 2003. 4. 25, 2003도1254; 대판 2003. 7. 11, 2002도929; 대판 2004. 2. 12, 2003도6734; 대판 2005. 4. 28, 2005도1114; 대판 2008. 2. 28, 2008도3.

14 ② 피고인이 음주감지기 검사에서 음주상태로 감지되어 경찰관인 A로부터 하차하여 음주측정을 받을 것을 요구받았음에도 불응하고 차량을 출발시켰는데, 그 속도는 처음에는 빠른 걸음으로 따라갈 만한 수준이었으나 A가 운전석 창틀을 잡고 계속 따라오자 점차 속도를 높여 나중에는 A가 창틀을 잡은 상태에서 차량에 매달리게 되었고, A가 창틀을 붙잡은 상태에서 차량에 매달려 가면서 계속하여 정지요구를 하였으나 피고인이 차량을 정지하지 아니하자 갑이 차량 조향장치를 오른쪽 보도 쪽으로 꺾어 차량을 정지시키는 과정에서 A가 약 7일간의 치료를 요하는 양선지찰과상, 경부좌상 등을 입은 사안에서, 원심은 피고인의 차량 운행으로 인하여 사회통념상 A나 제3자가 위험성을 느꼈으리라고 보기 어렵다고 판단하였으나, 대법원은 당시 차량 속도가 1단 기어를 넣고 가속페달을 세게 밟은 정도이거나 그보다 조금 더 빠른 정도였고, 진행거리는 약 40m 정도에 불과하였다고 하더라도 피고인의 위와 같은 행위는 위험한 물건인 자동차를 이용하여 A의 적법한 공무집행을 방해하고 그로 인하여 상해를 입게 한 것이라고 보아 원심을 파기하였다.[12]

15 ③ 범행에 사용된 해머의 총 길이가 38cm이고 손잡이 윗부분에 네모난 쇳덩어리를 끼워놓은 형태인 사안에서 위험한 물건이라고 보았다.[13]

16 ④ 국회의원인 피고인이 한미 자유무역협정 비준동의안의 국회 본회의 심리를 막기 위하여 의장석 앞 발언대 뒤에서 CS최루분말 비산형 최루탄(제조모델 SY-44) 1개를 터뜨리고 최루탄 몸체에 남아 있는 최루분말을 국회부의장 A에게 뿌려 A와 국회의원 등을 폭행하였다는 내용으로 기소된 사안에서, 최루탄과 최루분말은 사회통념에 비추어 상대방이나 제3자로 하여금 생명 또는 신체에 위험을 느낄 수 있도록 하기에 충분한 물건으로서 본죄 및 폭력행위 등 처벌에 관한 법률(이하, 폭력행위처벌법이라 한다.) 제3조 제1항의 '위험한 물건'에 해당한다고 본 원심판단을 수긍하였다.[14]

12 대판 2005. 2. 25, 2004도7915. 뒤에서 보는 대판 1995. 1. 24, 94도1949와 비교해 볼 만한 사례이다.

13 대판 2008. 6. 12, 2008도3072.

14 대판 2014. 6. 12, 2014도1894.

(나) 본죄의 성립을 부정한 사례

의무경찰인 A가 학생들의 가두캠페인 행사로 교통통제업무를 수행하던 중 직진해 오는 피고인 운전의 택시를 발견하고 피고인에게 약 7m 전방에서 직진할 수 없음을 고지하고 좌회전할 것을 지시하였음에도 피고인이 그 지시에 따르지 아니하고 신경질을 내면서 계속 직진하여 와서 택시를 세우고는 다시 "왜 못 들어가게 하느냐. 잠깐 직진하겠다."고 항의하므로, A가 택시의 진행을 막기 위하여 택시 약 30㎝ 전방에 서서 행사 때문에 직진할 수 없다는 점을 설명하고 있는데, 피고인이 신경질적으로 갑자기 좌회전하는 바람에 우측 앞 범퍼 부분으로 A의 우측 무릎 부분을 들이받아 도로에 넘어뜨려 전치 5일의 우슬관절부 경도좌상을 입게 한 사안에서, 사건의 경위와 정황 및 갑의 피해 정도 등에 비추어, 피고인의 이와 같은 택시운행으로 인하여 사회통념상 피해자인 A나 제3자가 위험성을 느꼈으리라고는 보이지 아니하므로 피고인의 범행을 특수공무집행방해치상죄로 의율할 수는 없다고 보았다.[15] 앞서 본죄의 성립을 인정한 대판 2005. 2. 25, 2004도7915와 유사한 사안이지만, 피고인이 운전한 거리가 매우 짧고 피해자가 입은 상해가 가볍다는 사정으로 인해 위험성을 느낄 정도는 아니었다고 판단한 것으로 보인다. 17

한편 자동차를 운전하는 것을 위험한 물건을 휴대한 것으로 보는 대법원 판결에 대하여는 '휴대'란 '몸에 지닌다'는 의미로서 이용 또는 사용이란 용어와는 구별되어야 하므로, '자동차의 사용'을 본죄에서의 위험한 물건을 휴대한 것으로 보아서는 안 된다는 견해도 있다.[16] 18

4. 처 벌

제136조, 제138조, 제140조 내지 제143조의 죄에 대한 형의 2분의 1까지 가중한다. 19

대법원 양형기준이 적용되는 범죄로, 그 내용은 협의의 공무집행방해죄에서 설명한 바와 같다. 부연하면 대법원 양형기준 설명자료에서는 단체 또는 다중의 위력을 보이거나 위험한 물건을 휴대한 경우가 문제된 사건으로, ① 경찰 20

15 대판 1995. 1. 24, 94도1949. 공무집행방해의 미필적 고의 유무가 주된 쟁점인 사안이다.
16 김성돈, 형법각론(5판), 806; 오영근, 형법각론(5판), 750; 임웅, 형법각론(9정판), 982.

관이 늦게 출동하였다는 이유로 피고인이 깨진 소주병을 들고 경찰관을 찌를 듯이 위협한 사례, ② 피고인이 술값을 계산하지 않는다는 신고를 받고 출동한 경찰관의 머리는 때리려고 소주병을 휘두른 사례, ③ 동거녀의 신고를 받고 출동한 경찰관이 동거녀에게 신고 경위를 묻자 경찰관들이 유도신문을 한다는 이유로 피고인이 수저통에서 가위(전체 길이 26㎝)를 꺼내 등 뒤에 감춘 후 욕설을 하면서 경찰관들을 찌를 듯이 다가선 사례, ④ 경찰관이 피고인의 주장을 들어주지 않는다는 이유로 피고인이 돌멩이(가로, 세로 각 15㎝)를 던져 지구대 출입문 강화유리를 깨트린 사례, ⑤ 포장마차 주변 의자를 내리치는 등 행패를 부리던 피고인이 출동한 경찰관의 제지를 받자 경찰관을 향하여 노루발못뽑이(일명 빠루, 길이 약 115㎝)를 10회 휘두르고 침을 뱉은 사례, ⑥ 노래주점에서 술을 마시고 행패를 부리던 피고인이 출동한 경찰관에게 빈 맥주병을 집어 들어 머리를 때릴듯한 태도를 취한 사례, ⑦ 음주운전 단속을 피해 도주하던 피고인이 순찰차로부터 진로를 가로막히자 갤로퍼 승용차를 후진하여 순찰차를 들이받은 사례, ⑧ 피고인이 음주단속을 위한 정지신호를 무시하고 그대로 진행하려 하였고 이에 경찰관이 운전석 문을 통해 조향장치를 붙잡고 다른 경찰관은 차량을 가로막자 순간적으로 승용차의 가속페달을 밟아 경찰관들이 차량에 끌려가다가 도로 위에 넘어지게 한 사례, ⑨ 피고인이 '농약을 먹었으니 살려 달라'고 허위신고를 한 후 신고를 받고 출동한 소방공무원이 안전상태를 점검하고 농약병을 찾기 위해 집 안을 살피자 빨리 나가라고 소리치며 소방공무원의 오른팔을 할퀸 다음 과도(칼날 길이 8.5㎝)를 꺼내어 위아래로 흔들어 위협하는 등 폭행한 사례를 들고 있다.

Ⅲ. 특수공무방해치사·상죄(제2항)

1. 의 의

21 본죄는 제1항에서 규정한 특수공무방해죄의 결과적 가중범이다. 본죄에 해당하기 위하여는 사상의 결과에 대한 인식이나 의도는 필요하지 않고, 사상의 결과에 대한 예견가능성만 있으면 된다.[17] 본죄의 상해는 피해자의 신체의 완전

17 대판 1980. 5. 27, 80도796; 대판 1990. 6. 22, 90도767; 대판 1990. 6. 26, 90도765; 대판 1997. 10. 10, 97도1720; 대판 2002. 4. 12, 2000도3485; 대판 2008. 6. 26, 2007도6188; 대판 2009.

성을 훼손하거나 생리적 기능에 장애를 초래하는 것이어야 한다. 상해로 평가될 수 없을 정도의 극히 하찮은 상처로서 굳이 치료할 필요가 없어 건강을 침해하였다고 보기 어려운 경우에는 본죄가 성립하지 않는다.[18]

2. 본죄의 공무원의 범위

본죄도 공무원을 보호하려는 것이 아니라 공무 자체를 보호하려는 것이므로, 본죄의 공무원은 협의의 공무집행방해죄(§ 136①), 직무·사직강요죄(§ 136②), 법정·국회회의장모욕죄(§ 138), 공무상봉인등무효죄(§ 140①), 공무상비밀봉함등개봉죄(§ 140②), 공무상비밀문서등내용탐지죄(§ 140③), 부동산강제집행효용침해죄(§ 140의2), 공용서류등무효죄(§ 141①), 공용건조물등파괴죄(§ 141②), 공무상보관물무효죄(§ 142)에 의하여 보호하려는 공무와 관련성 있는 자에 한정된다. 이러한 공무와 관계없이 공무집행 현장에 있다가 피해를 입은 공무원은 본죄의 공무원에 해당하지 않고, 행위의 객체가 물건인 경우에는 그 물건과 직무상 연관이 있는 공무원을 의미한다.[19] 22

3. 예견가능성에 관한 판례의 태도

(1) 사상의 결과에 대한 예견가능성을 인정한 사례

① 화염병을 도서관 실내 등에 던지게 되면 화염병의 불길이 인화성 물질에 번져 도서관이 소훼될 수 있고, 도서관으로 진입한 경찰관들이 화염병에 의한 불길로 말미암아 사상할 위험이 있다는 것을 충분히 예견할 수 있었음에도 피고인들이 농성학생들과 함께 도서관의 입구 등에 장애물을 설치하고 화염병을 만들어 나누어 가지고 있다가 경찰관들이 도서관으로 진입하면 화염병을 경찰관들이나 도서관의 입구 등에 설치된 장애물 및 도서관의 실내 등에 던져 경찰관들의 진입을 저지함으로써 경찰관들의 구출임무를 방해하기로 순차 공모한 다음, 피고인들도 그 실행행위를 분담한 후 농성학생들 중 일부가 도서관 복도 중앙에 널려있는 화염병 상자 주위에 석유를 뿌리고, 불을 붙인 화염병을 상자 23

7. 23, 2008도11407.

18 대판 2011. 5. 26, 2010도10305.

19 주석형법 [각칙(1)](5판), 672(이상주).

쪽으로 던짐으로써 화재가 발생하고, 도서관으로 진입하던 경찰관들 중 일부가 화염병 유리조각이나 의자 등에 의하여 상해를 입고, 도서관 복도에서 발생한 화재로 말미암아 일부 경찰관들이 사상에 이르렀으므로, 피고인들에게 경찰관들의 사상에 대한 예견가능성이 있었다고 판단하였다.[20]

24 ② A 대학교 종합관 지휘부에 속하는 피고인 甲 내지 丁는 종합관 농성학생들을 지휘하면서 옥상 사수대의 편성 및 배치 등에 관여하고, 피고인 戊는 옥상 사수대의 총지휘자로서 사수대원들로 하여금 종합관으로 진입하는 경찰관들을 향하여 돌 등을 던지도록 지시하고, 피고인 己는 사수대원으로서 직접 돌 등을 던진 사안에서, 피고인들과 옥상에 위치한 사수대원들 사이에는 순차적 또는 암묵적으로 의사가 상통하여 특수공무집행방해의 범행에 대한 공모관계가 성립하였고, 의경의 사망 당시 옥상에 있지 아니하였거나 그를 향하여 돌을 던지는 등의 실행행위를 직접 분담하지 아니하였더라도 다른 공범자의 행위에 대하여 공동정범으로서 책임을 지는데 종합관 옥상 사수대가 경찰 진입 시 투척을 위하여 옥상에 쇠파이프, 보도블록, 벽돌 등을 미리 준비하고 있었던 사실을 잘 알고 있었던 피고인들로서는 6층 옥상에 위치한 사수대원들이 종합관으로 진입하는 경찰관들에게 준비된 보도블록, 벽돌 등을 던지리라는 점과 그로 인하여 종합관으로 진입하려는 경찰관이 맞아 사망에 이를 수도 있으리라는 점을 충분히 예견할 수 있었다고 보았다.[21]

25 ③ 피고인은 지역본부장이라는 간부의 직책을 갖고 있어 그 지역 내 노동조합원 45명을 대동하고 상경하여 집회 및 시위에 적극적으로 참가하였고, 일부 노동조합원들이 각목을 휴대하고 있었던 사실을 알았거나 알 수 있었던 입장이었으므로, 비록 본부 간부는 아니어서 집회 및 시위를 주최하는 지위에 있지는 않았고 시위행렬의 선두에 서서 구호를 제창하는 등의 행위만을 하였더라도, 시위 도중에 행렬의 중간과 후미에 있던 노동조합원 등을 중심으로 한 일부 시위참가자들이 시위진압 경찰관들과 대치하면서 몸싸움을 벌이고 각목 등을 경찰관들에게 휘두르는 등 폭력행위를 하고, 나아가 약 4,500명이나 되는 시위자들

20 대판 1990. 6. 22, 90도764; 대판 1990. 6. 22, 90도766; 대판 1990. 6. 22, 90도767; 대판 1990. 6. 26, 90도763; 대판 1990. 6. 26, 90도765.

21 대판 1997. 10. 10, 97도1720.

이 3시간 동안 도심 한복판의 차로를 점거한 채 행진을 하고 차로에 드러눕는 등 시위를 계속할 경우 시위진압 경찰관들이 이를 제지하려 할 것이고, 그 과정에서 상당수의 시위자들과 경찰관들 사이에 몸싸움이 벌어지고 특히 각목이나 깃대 등을 휴대한 일부 시위자들이 이를 휘두르는 등 경찰관들에게 상해를 입게 할 수 있으리라는 것도 충분히 예견할 수 있었을 것이라고 보았다.[22]

④ 피고인 甲의 폭력집회를 선동하는 연설과 함께 피고인들을 포함한 집회 참가자들 약 150명이 매장 진입을 시도하였고, 전투경찰대원들이 이를 저지하자 피고인들이 돌멩이 등을 전투경찰대원들에게 던지면서 전투경찰대원들이 들고 있는 방패와 방석모를 잡아당겨 시위대 앞으로 끌어낸 다음 피고인 乙, 丙, 丁과 다른 참가자들이 전투경찰대원들을 폭행하는 등의 방법으로 전투경찰대원들의 저지를 뚫고 매장 안에 들어갔는데, 그 과정에서 전투경찰대원 6명이 상해를 입은 사안에서, 피고인들은 이와 같은 과정에서 전투경찰대원들에게 상해를 입게 할 수 있으리라는 것을 충분히 예견할 수 있었다고 보았다.[23] 26

(2) 사상의 결과에 대한 예견가능성을 부정한 사례

피고인이 산업노동조합의 수석부위원장으로서 병원 정문 앞에서 개최된 집회에 적극 참여하였으나 집회가 당초부터 적법한 신고를 거쳐 폭력사태 없이 평화적으로 진행되었던 점, 병원 후문에서의 폭력사태는 사전에 계획된 것이 아니라 일부 노조원들이 후문을 통하여 병원 진입을 시도하는 과정에서 우발적으로 발생한 것으로 보이는 점, 경찰관에 대한 폭력행사도 각목 등 도구를 사용함이 없이 단순히 손과 발을 이용한 몸싸움 정도에 그쳤고, 약 10분간의 짧은 시간 동안 폭력시위가 이루어진 점, 피고인이 경찰관에 대한 폭력행위에 직접 가담하거나 지시 또는 선동한 적이 없는 점 등에 비추어, 피고인이 병원 후문에서의 마무리집회 과정에서 발생한 폭력행위를 인식하면서도 이를 저지하지 아니하고 용인하였다고 할 수는 있을지언정 다른 노조원들과 공동의 의사로 폭력행위를 하기 위하여 일체가 되어 그들의 행위를 이용하여 자기의 의사를 실행에 옮기려는 공동가공의 의사가 피고인에게 있었다고 보기 어렵다고 판단한 원심 27

22 대판 2002. 4. 12, 2000도3485. 같은 취지의 판결로는 대판 2008. 6. 26, 2007도6188(한미FTA 저지범국민운동본부 집회 관련 사건).

23 대판 2009. 7. 23, 2008도11407.

을 수긍하였다.[24]

4. 진정결과적 가중범 여부

28 사상의 결과에 대한 고의가 있는 경우 본죄가 성립하는지에 관하여는, 치상과 치사의 결과를 나누어 특수공무방해치상죄는 부진정결과적 가중범에 해당하고, 특수공무방해치사죄는 진정결과적 가중범에 해당하는 것으로 보는 견해가 통설이다.[25]

29 특수공무방해치상죄를 진정결과적 가중범으로 보게 되면 특수공무방해죄를 범함에 있어 상해의 고의가 있는 경우에는 특수공무방해치상죄의 성립을 인정하지 아니하고 특수공무방해죄(공무집행방해죄의 법정형을 2분의 1까지 가중한 7년 6월 이하의 징역 또는 1,500만 원 이하의 벌금)와 특수상해죄(§ 258의2①. 1년 이상 10년 이하의 징역)[26]의 상상적 경합관계만을 인정하게 되는데, 이때 적용되는 특수상해죄의 법정형이 특수공무방해치상죄(3년 이상의 유기징역)보다 가벼운 이상 특수공무방해죄를 범함에 있어 과실로 상해에 이르게 한 경우보다 그 처벌이 가벼워지는 처벌의 불균형 문제가 발생하기 때문이다.

30 이와 달리 특수공무방해치사죄의 경우에는 진정결과적 가중범으로 보아 특수공무방해죄와 살인죄의 상상적 경합관계를 인정하더라도, 살인죄의 법정형(§ 250①. 사형, 무기 또는 5년 이상의 징역)이 특수공무방해치사죄보다 무거워 살인죄의 법정형을 적용하게 되므로 특수공무방해죄를 범함에 있어 과실로 사망에 이르게 한 경우보다 그 처벌이 가벼워지는 문제가 발생하지 않는다.

31 판례도 특수공무방해치상죄는 부진정결과적 가중범, 특수공무방해치사죄는 진정결과적 가중범이라는 입장에서, 직무를 집행하는 공무원에 대하여 위험한 물건을 휴대하여 고의로 상해를 가한 경우에는 특수공무집행방해치상죄만 성립할 뿐, 이와는 별도로 폭력행위처벌법위반(집단·흉기등상해)죄[27]를 구성하지 않

---

24 대판 2004. 11. 26, 2004도6242.

25 김성돈, 806; 김일수·서보학, 새로쓴 형법각론(9판), 702; 배종대, 형법각론(13판), § 158/38; 손동권·김재윤, 새로운 형법각론, § 50/73; 신동운, 216; 오영근, 750; 이재상·장영민·강동범, 형법각론(12판), § 44/70; 임웅, 983; 정성근·박광민, 형법각론(전정2판), 869-870; 정영일, 형법강의 각론(3판), 474.

26 폭력행위처벌법위반(집단·흉기등상해)죄가 삭제되는 대신, 2016년 1월 6일 신설되었다.

는다고 판단하였다.[28]

이에 대하여 특수공무집행방해치상죄와 특수상해죄가 보호법익이 다르므로 32
두 죄의 상상적 경합관계를 인정하여야 한다는 견해도 있다.[29]

5. 처 벌

특수공무방해치상죄의 법정형은 3년 이상의 유기징역, 특수공무방해치사죄 33
의 법정형은 무기 또는 5년 이상의 징역이다.

판례는 본조 제2항 전단의 "단체 또는 다중의 위력을 보이거나 위험한 물건 34
을 휴대하여 제136조(공무집행방해)의 죄를 범하여 공무원을 상해에 이르게 한 자는 3년 이상의 유기징역에 처한다."는 부분이 책임과 형벌의 비례성의 원칙에 위배된다거나, 형벌체계의 정당성과 균형을 잃은 것으로서 헌법상 인간으로서의 존엄과 가치 및 행복추구권을 정한 헌법 제10조, 평등의 원칙을 정한 제11조, 과잉금지원칙을 정한 제37조 제2항 및 법관에 의한 적정한 재판을 받을 권리를 정한 제27조 제1항에 위배된다고 할 수 없다고 판단하였다.[30]

---

27 구 폭력행위처벌법 제3조 제1항, 제2조 제1항 제3호(3년 이상의 징역).

28 대판 2008. 11. 27, 2008도7311. 「기본범죄를 통하여 고의로 중한 결과를 발생하게 한 경우에 가중 처벌하는 부진정결과적 가중범에 있어서, 고의로 중한 결과를 발생하게 한 행위가 별도의 구성요건에 해당하고 그 고의범에 대하여 결과적 가중범에 정한 형보다 더 무겁게 처벌하는 규정이 있는 경우에는 그 고의범과 결과적 가중범이 상상적 경합관계에 있다고 보아야 할 것이지만(대법원 1995. 1. 20. 선고 94도2842 판결, 대법원 1996. 4. 26. 선고 96도485 판결 등 참조), 위와 같이 고의범에 대하여 더 무겁게 처벌하는 규정이 없는 경우에는 결과적 가중범이 고의범에 대하여 특별관계에 있다고 해석되므로 결과적 가중범만 성립하고 이와 법조경합의 관계에 있는 고의범에 대하여는 별도로 죄를 구성한다고 볼 수 없다. 따라서 직무를 집행하는 공무원에 대하여 위험한 물건을 휴대하여 고의로 상해를 가한 경우에는 특수공무집행방해치상죄만 성립할 뿐, 이와는 별도로 폭력행위처벌법위반(집단·흉기등상해)죄를 구성한다고 볼 수 없다. 기록에 의하면, 피고인이 승용차를 운전하던 중 음주단속을 피하기 위하여 위험한 물건인 승용차로 단속 경찰관을 들이받아 위 경찰관의 공무집행을 방해하고 위 경찰관에게 상해를 입게 하였다는 이 사건 공소사실에 대하여, 검사는 피고인의 행위가 폭력행위처벌법위반(집단·흉기등상해)죄와 특수공무집행방해치상죄를 구성하고 두 죄는 상상적 경합관계에 해당하는 것으로 보아 공소를 제기하였음을 알 수 있다. 이에 대하여 원심은, 피고인의 행위는 특수공무집행방해치상죄를 구성할 뿐, 폭력행위처벌법위반(집단·흉기등상해)죄는 특수공무집행방해치상죄에 흡수되어 별도로 죄를 구성하지 않는다고 보아 폭력행위처벌법위반(집단·흉기등상해)죄에 관하여 무죄로 판단하였는바, 앞서 본 법리와 기록에 비추어 살펴보면 원심의 위와 같은 판단은 정당하고, 거기에 상고이유로 주장하는 바와 같은 죄수에 관한 법리오해 등의 위법이 없다.」

29 김성돈, 806; 이재상·장영민·강동범, § 44/70.

30 대결 2008. 6. 26, 2008초기202.

35 대법원 양형기준이 적용되는 범죄로서 특수공무방해치상죄(괄호 안은 특수공무방해치사죄)의 기본영역은 징역 2년에서 4년(징역 5년에서 8년), 가중영역은 징역 3년에서 7년(징역 7년에서 10년), 감경영역은 징역 1년 6월에서 3년(징역 3년에서 6년)이다. 특수공무방해치사죄의 경우 특별양형인자 중 감경요소로 '사망의 결과가 피고인의 직접적인 행위로 인하지 않은 경우'[31]가 있는 외에는 협의의 공무집행방해죄에서 설명한 바와 같다.[32]

〔이 영 훈〕

31 양형기준에서는 '범행 과정에 피고인이 예상치 못한 요인이 개입됨으로써 피고인의 직접적인 행위로 사망의 결과가 발생하였다고 보기 어려운 경우'라고 설명하고 있다.

32 양형위원회, 2022 양형기준(2022), 192.

제 9 장 도주와 범인은닉의 죄

〔총 설〕

Ⅰ. 구성요건 체계

1 도주의 죄는 법률에 따라 체포되거나 구금된 자가 스스로 도주하거나 타인이 체포 또는 구금된 자의 도주에 관여하는 것을 내용으로 하는 범죄이고, 범인은닉의 죄는 벌금 이상의 형에 해당하는 죄를 범한 자를 은닉 또는 도피하게 하는 것을 내용으로 하는 범죄이다. 모두 형사사법에서 인적 도피를 내용으로 하는 범죄이다.

2 본장은 도주와 범인은닉의 죄를 제145조부터 제151조까지 규정하고 있다. 도주의 죄는 기본적 구성요건인 단순도주죄(§ 145①), 행위태양에 따라 불법이 가중된 특수도주죄(§ 146), 단순도주죄의 교사·방조에 해당하는 행위를 독립된 구성요건으로 규정한 도주원조죄(§ 147), 신분으로 인해 책임이 가중된 간수자도주원조죄(§ 148), 도주죄의 진정부작위범 형태를 특별히 규정한 집합명령위반죄(§ 145②)로 구성되어 있다. 위와 같은 도주의 죄의 모든 미수범은 처벌되고(§ 149), 도주원조죄와 간수자도주원조죄는 예비·음모까지 처벌된다(§ 150).

3 형법상 범인은닉의 죄는 1개의 구성요건으로 구성되어 있고(§ 151①), 친족간의 특례 규정이 있다(§ 151②). 범인은닉죄의 미수, 예비·음모는 처벌되지 않는다. 본장의 조문 구성은 아래 [표 1]과 같다.

[표 1] 제9장 조문 구성

<table>
<tr><th colspan="2">조문</th><th>제목</th><th>구성요건</th><th>죄명</th><th>공소시효</th></tr>
<tr><td rowspan="2">§ 145</td><td>①</td><td rowspan="2">도주,
집합명령위반</td><td>ⓐ 법률에 따라 체포·구금된 자가
ⓑ 도주</td><td>도주</td><td>5년</td></tr>
<tr><td>②</td><td>ⓐ 법률에 따라 구금된 자가
ⓑ 천재지변, 사변 그 밖에 법령에 따라 잠시 석방된 상황에서
ⓒ 정당한 이유없이 집합명령에 위반</td><td>집합명령위반</td><td>5년</td></tr>
<tr><td colspan="2">§ 146</td><td>특수도주</td><td>ⓐ 수용설비·기구 손괴, 사람에 대한 폭행·협박, 2인 이상 합동하여
ⓑ 법률에 의하여 체포·구금된 자가
ⓒ 도주</td><td>특수도주</td><td>7년</td></tr>
<tr><td colspan="2">§ 147</td><td>도주원조</td><td>ⓐ 법률에 의하여 구금된 자를
ⓑ 탈취, 도주하게 함</td><td>피구금자
(탈취, 도주원조)</td><td>10년</td></tr>
<tr><td colspan="2">§ 148</td><td>간수자의
도주원조</td><td>ⓐ 법률에 의하여 구금된 자를
ⓑ 간수 또는 호송하는 자가
ⓒ 도주하게 함</td><td>간수자도주원조</td><td>10년</td></tr>
<tr><td colspan="2">§ 149</td><td>미수범</td><td>§ 160, § 161의 미수</td><td>(§ 145 내지 § 148
각 죄명)미수</td><td></td></tr>
<tr><td colspan="2">§ 150</td><td>예비, 음모</td><td>ⓐ § 147, § 148의 죄를 범할 목적으로
ⓑ 예비, 음모</td><td>(§ 147, § 148 각 죄명)
(예비, 음모)</td><td>5년</td></tr>
<tr><td rowspan="2">§ 151</td><td>①</td><td rowspan="2">범인은닉과
친족간의 특례</td><td>ⓐ 벌금 이상에 해당하는 죄를 범한 자를
ⓑ 은닉, 도피하게 함</td><td>범인(은닉, 도피)</td><td>5년</td></tr>
<tr><td>②</td><td>친족 또는 동거 가족이 본인을 위하여 ①의 죄를 범함</td><td></td><td></td></tr>
</table>

Ⅱ. 보호법익

4 도주의 죄는 법률에 따라 체포되거나 구금된 자가 스스로 도주하거나 타인이 관여하여 체포·구금된 자를 도주하게 하는 범죄이다. 이 죄의 보호법익에 대하여는 국가의 형사사법(수사권·재판권·형집행권)을 보호한다는 견해도 있으나,[1]

1 김일수·서보학, 새로쓴 형법각론(9판), 703.

국가의 구금권 또는 구금기능이라고 보는 견해가 통설이다.[2] 구금이 형식적으로 적법하면 충분하고, 실질적으로 정당한가는 문제되지 않는다. 침해범에 속한다.[3]

5 이에 반하여 범인은닉의 죄는 벌금 이상의 형에 해당하는 죄를 범한 자를 은닉 또는 도피하게 함으로써 성립하는 범죄이다. 이 죄의 보호법익에 대하여는 국가의 형사사법기능 중 정당한 형벌청구권을 방해하는 것을 본질로 하는 범죄라는 견해도 있으나,[4] 국가의 수사권·재판권·형집행권 등 형사사법을 보호하기 위한 범죄라고 보는 것이 통설이다.[5] 보호의 정도에 대하여는 구체적 위험범이라는 견해도 있으나,[6] 추상적 위험범에 속한다고 봄이 타당하다.[7]

Ⅲ. 입법론

6 도주의 죄에 대하여 독일형법(§ 120 내지 § 121), 오스트리아형법(§ 300), 프랑스형법(§ 434), 스위스형법(§ 311)을 비롯한 대부분의 입법례는 자기도주 내지 단순도주죄는 처벌하지 않고, 특수도주죄와 도주원조죄만을 처벌하고 있다. 인간의 자유본능에 비추어 범인의 자기도주는 기대가능성이 없다는 것을 이유로 한다. 위와 같은 입법례와 달리 우리 형법은 단순도주죄(§ 145①)를 처벌하고 있는데, 이와 같이 형법이 단순도주죄를 처벌하는 것이 타당한지에 관해 입법론상 견해 대립이 있다.

7 ① 폐지설(부정설·소극설)[8]은 자기사건의 증거인멸은 처벌하지 않으면서 자기도주(단순도주죄)를 처벌하는 형법의 태도는 기대가능성 측면이나 인간의 자유를 갈구하는 본성에 반하고, 구금된 자를 도주하지 못하게 하는 것은 국가의 의무에 속하는 것이기 때문에 이 죄는 종국적으로 폐지하는 것이 바람직하다고

2 김신규, 형법각론 강의, 904; 박찬걸, 형법각론, 857; 배종대, 형법각론(13판), § 159/4; 손동권, 새로운 형법각론, § 51/1; 오영근, 형법각론(5판), 753; 이재상·장영민·강동범, 형법각론(12판), § 45/1; 이정원·류석준, 형법각론, 760; 이형국·김혜경, 형법각론(2판), 841; 정웅석·최창호, 형법각론, 90; 홍영기, 형법(총론과 각론), § 115/1; 주석형법 〔각칙(2)〕(5판), 5(한경환).

3 배종대, § 159/4; 오영근, 753; 이재상·장영민·강동범, § 45/2; 홍영기, § 115/1.

4 이재상·장영민·강동범, § 45/2.

5 김신규, 904; 배종대, § 159/4; 오영근, 752; 이정원·류석준, 760.

6 배종대, § 159/4

7 오영근, 762.

8 김성돈, 형법각론(5판), 808; 배종대, § 159/2; 오영근, 752; 임웅, 형법각론(10정판), 989.

주장한다. ② 존치설(긍정설·적극설)[9]은 도주죄와 증거인멸죄는 보호법익을 달리하므로 처벌을 같이 할 필요가 없고, 법률에 의하여 구금된 자가 도주한 경우 이를 처벌할 필요성이 인정되고 영미의 입법례도 처벌을 강화하는 입장이며, 장차 자유형의 집행에 관해 자치에 의한 복역 제도로 이행하려면 자기도주를 처벌할 필요성이 커질 것이라는 점을 근거로 한다. 위 ②의 존치설의 주장과 같이 현행법의 태도가 타당하다고 본다.[10]

8 한편 집합명령위반죄(§ 145②)에 대해서도 마찬가지로 ① 입법론상 의문스럽다거나 폐지해야 한다는 견해,[11] ② 존치는 하지만 단순도주죄와 같이 처벌하는 것은 의문이라는 견해[12]도 있으나, 1992년 형법개정법률안은 구금시설에서 잠시 석방된 자의 집합을 강제할 필요가 있다는 점에서 현행 규정을 유지하였다.[13]

〔이 완 형〕

9 이재상·장영민·강동범, § 45/5; 정성근·박광민, 형법각론(전정3판), 797.

10 일본형법 제97조는 "재판의 집행에 의하여 구금된 기결 또는 미결의 자가 도주한 때는 1년 이하의 징역에 처한다."고 규정하고 있는데, 이러한 자기도주의 처벌과 관련하여 판례는 기결수는 물론 미결수 모두 공공의 복지를 유지하기 위하여 자유의 제한을 인정한 것으로 헌법 제11조(기본적 인권에 관한 규정)〔미결수에 관한 最判 昭和 26(1951). 7. 11. 刑集 5·8·1419〕나 제18조(처벌의 경우를 제외하고 의사에 반한 고역부담 금지에 관한 규정)〔기결수에 관한 東京高判 昭和 28(1953). 11. 5. 高刑集 6·11·1572〕에 위반하지 않는다고 한다.

참고로 2022년 6월 17일 일본형법 개정(법률 제67호)으로 징역형과 금고형이 '구금형'으로 단일화되어 형법전의 '징역', '구금', '징역 또는 구금'은 모두 '구금형'으로 개정되었고, 부칙에 의하여 공포일로부터 3년 이내에 정령으로 정하는 날에 시행 예정이다. 그러나 현재 정령이 제정되지 않아 시행일은 미정이므로, 본장에서 일본형법 조문을 인용할 때는 현행 조문의 '징역' 등의 용어를 그대로 사용한다.

11 배종대, § 159; 오영근, 752.

12 김신규, 906; 이재상·장영민·강동범, § 45/5; 주석형법〔각칙(2)〕(5판), 6(한경환). 이에 대하여 두 죄 모두 자기도주의 형태이기 때문에 처벌 그 자체가 아니라 처벌하면서 법정형을 같이 하는 것에 대하여 입법론상 의문시할 필요는 없다는 견해도 있다(손동권·김재윤, § 51/10).

13 법무부, 형법개정법률안 제안이유서(1992. 10), 272. 당시에도 도주죄와 집합명령위반죄는 본질을 달리하는 범죄이며, 형사시설 등에 구금된 자가 도주하는 것과 석방된 후에 집합명령에 위반하는 것을 같이 취급할 수 없다는 이유로 이를 삭제해야 한다는 의견이 있었다(동, 272).

제145조(도주, 집합명령위반)
① 법률에 따라 체포되거나 구금된 자가 도주한 때에는 1년 이하의 징역에 처한다.
② 제1항의 구금된 자가 천재지변이나 사변 그 밖에 법령에 따라 잠시 석방된 상황에서 정당한 이유없이 집합명령에 위반한 경우에도 제1항의 형에 처한다.
〔전문개정 2020. 12. 8.〕

구 조문
제145조(도주, 집합명령위반) **① 법률에 의하여 체포 또는 구금된 자가 도주한 때에는 1년 이하의 징역에 처한다.**
② 전항의 구금된 자가 천재, 사변 기타 법령에 의하여 잠시 해금된 경우에 정당한 이유없이 그 집합명령에 위반한 때에도 전항의 형과 같다.

Ⅰ. 도주죄(제1항)

1. 의의 및 성격

본죄는 법률에 따라 체포되거나 구금된 자가 도주함으로써 성립하는 범죄이다. 도주범죄의 유형에는 피구속자가 스스로 도주하는 경우와 제3자가 이를 탈취하거나 도주하게 하는 경우가 있는데, 본죄는 그중 피구속자가 스스로 도주하는 경우를 처벌하는 범죄이다. 본죄는 진정신분범·침해범에 속한다. 의무범 이론을 인정하는 견해에서는 본죄는 의무범에 해당한다고 한다.[1] 1

1 김일수·서보학, 새로쓴 형법각론(9판), 704. 의무범이란 형법 이전의 특별한 의무위반을 본질로

2 기수시기, 공범성립의 범위, 공소시효 기산점, 기수 이후 도주원조죄 성립 여부 등과 관련하여, ① 도주자가 체포자 또는 간수자의 실력적 지배로부터 완전히 벗어났을 때 기수가 되어 도주행위가 종료하므로 즉시범에 해당한다는 견해,[2] ② 간수자의 실력적 지배를 완전히 벗어나면 기수가 됨과 동시에 도주행위도 완료되지만 도주에 의한 위법상태는 계속되고 있는 것이므로 상태범에 해당한다는 견해,[3] ③ 간수자의 실력적 지배를 벗어나면 곧바로 기수가 되지만 도주행위가 계속되고 있는 한 본죄가 종료하지 않고 계속되므로 계속범에 해당한다는 견해[4]가 있다.

3 해석상 위 ②의 상태범설이 타당하다고 보이나, 즉시범설과 상태범설은 간수자의 실력적 지배를 벗어나면 기수가 되고, 그때부터 공소시효가 진행되며, 기수 이후에는 공범의 성립이 불가능하다는 점에 있어 결론이 같으므로 그 구별의 실익이 적다.[5] 반면 위 ③의 계속범설에 의하면 본죄가 기수로 된 이후에도 공범이 성립할 수 있고, 도주자가 체포되기 전까지 공소시효가 진행되지 않는다고 보아야 하나, 도주행위가 기수에 이른 이후 범인의 도피를 도와주는 행위는 본죄의 공범이 아니라 범인도피죄에 해당한다고 봄이 타당하고 본죄의 공소시효를 사실상 인정하지 않는 것은 부당하다. 위 ②의 상태범설(또는 ①의 즉시

하는 범죄유형으로서, '신분 없는 고의 있는 도구'를 이용한 신분자에 대해 - 매개자의 고의 때문에 배후자의 행위지배를 근거지우기가 어렵지만 - 그가 동시에 의무자인 경우에는 간접정범을 인정할 수 있는 이론적 근거를 제공할 수 있다는 점에 있다〔김성돈, 형법총론(7판), 600-601〕. 본죄가 의무범이라는 위 견해는 진정신분범 가운데 행위자관련적 신분범(직무범죄와 같이 신분으로 인하여 정범이 성립할 수 있도록 한 범죄)은 의무범에 해당하지만, 결과관련적 신분범(존속살해죄에서 직계비속이라는 신분처럼 결과 저기가 법률의 주목적이 되어 비신분자라도 공동정범이나 공범으로 가담하면 처벌할 수 있게 한 범죄)은 의무범이 아니하고 한다〔김일수·서보학, 새로쓴 형법총론(13판), 422-423〕. 우리 형법의 해석상 의무범은 인정할 필요가 없다는 견해도 있다〔김성돈, 형법총론(7판), 601〕.

2 김일수·서보학, 704; 박상기, 형법각론(8판), 678; 배종대, 형법각론(13판) § 160/5; 신동운, 형법각론(2판), 218; 오영근, 형법각론(5판), 755; 이재상·장영민·강동범, 형법각론(12판), § 45/10.

3 정성근·박광민, 형법각론(전정3판), 800.

4 임웅, 형법각론(10전정판), 993; 홍영기, 형법(총론과 각론), § 115/3.

5 즉시범설을 취하면서, 도주행위가 일단 기수에 이른 후 체포당하게 되자 폭행·협박을 하여 도주를 계속하면 특수도주죄가 성립한다는 견해가 있다(배종대, § 160/5). 그러나 도주행위가 기수에 이른 후 다시 체포를 당한 상태에서 폭행·협박을 하여 도주하였다면 새로운 구금작용을 침해하였으므로 특수도주죄가 성립하나, 도주 중 체포를 당하지 않은 상태에서 체포를 하려는 공무원을 폭행·협박하여 도주를 계속하였다면 공무집행방해죄만이 성립한다고 봄이 타당하다.

범설)이 타당하다고 본다. 판례는 즉시범으로 본다.[6]

본죄가 자수범이라는 견해도 있으나,[7] 예컨대 자동차 운전자를 강요하여 도주하게 만든 경우에는 본죄의 간접정범으로 볼 수 있으므로 자수범은 아니라고 할 것이다.[8] 4

2. 주 체

본죄는 진정신분범으로서 그 주체는 '법률에 따라 체포되거나 구금된 자'이다. 이를 나누어 설명하면 다음과 같다. 5

(1) 법률에 따라

'법률에 따라'란 법률에 근거하여 법률이 정한 요건을 갖춘 적법한 절차에 따른 것임을 의미한다. 체포·구금은 적법해야 하고, 위법한 체포·구금 중에 있는 자는 본죄의 주체가 될 수 없다.[9] 여기에서 체포·구금의 적법성은 형식적 적법성을 의미하며 실질적 적법성까지 필요한 것은 아니다.[10] 따라서 체포·구금된 자가 도주한 후 체포·구금의 사유가 된 범죄사실에 대해 무죄판결이 확정되더라도 이미 성립한 본죄에는 영향이 없다. 6

---

6 대판 1991. 10. 11, 91도1656. 「도주죄는 즉시범으로서 범인이 간수자의 실력적 지배를 이탈한 상태에 이르렀을 때에 기수가 되어 도주행위가 종료하는 것이고, 도주원조죄는 도주죄에 있어서의 범인의 도주행위를 야기시키거나 이를 용이하게 하는 등 그와 공범관계에 있는 행위를 독립한 구성요건으로 하는 범죄이므로, 도주죄의 범인이 도주행위를 하여 기수에 이른 이후에 범인의 도피를 도와주는 행위는 범인도피죄에 해당할 수 있을 뿐 도주원조죄에는 해당하지 아니한다.」

7 김일수·서보학, 새로쓴 형법총론(13판), 427.

8 정성근·박광민, 798; 주석형법 [각칙(2)](5판), 8(한경환).

9 대판 2006. 7. 6, 2005도6810(사법경찰관의 피의자에 대한 동행이 임의성을 결여하여 실질은 영장을 발부받지 않은 강제연행, 즉 불법체포에 해당하고, 불법체포로부터 6시간 상당이 경과한 후에 이루어진 긴급체포 또한 위법하므로 피고인이 불법체포된 자로서 제145조 제1항에 정한 '법률에 의하여 체포 또는 구금된 자'가 아니어서 본죄의 주체가 될 수 없다고 한 사례).

본 판결 해설은 정창호, "가. 임의동행의 적법요건, 나. 사법경찰관이 피고인을 수사관서까지 동행한 것이 사실상의 강제연행, 즉 불법체포에 해당하고, 불법체포로부터 6시간 상당이 경과한 후에 이루어진 긴급체포 또한 위법하므로 피고인이 불법체포된 자로서 형법 제145조 제1항에 정한 '법률에 의하여 체포 또는 구금된 자'가 아니어서 도주죄의 주체가 될 수 없다고 한 사례", 해설 66, 법원도서관(2007), 349-370.

10 정성근·박광민, 798; 김성돈, 형법각론(5판), 810.

(2) 체포된 자

7 '체포된 자'란 체포영장에 의해 체포(형소 § 200의2)되거나 긴급체포(형소 § 200의3)된 자 또는 현행범으로 체포(형소 § 212)된 자를 말한다. 사인(私人)에 의해 현행범으로 체포된 자도 본죄의 주체로 될 수 있는지에 관하여, ① 사인에 의하여 적법하게 체포된 현행범인도 엄연히 '법률에 의하여 체포된 자'에 해당함을 근거로 이를 긍정하는 견해[11]와 ② 사인에 의한 현행범인으로 체포된 자는 국가기관에 인도하기 전까지는 도주하더라도 국가의 구금기능이 침해된다고 할 수 없으므로 이를 부정하는 견해[12]로 나뉘어 있다. 본죄는 국가의 구금권 내지 구금작용을 그 보호법익으로 하고 있다는 점을 고려할 때, 사인에 의해 체포된 현행범인이 국가기관에 현실로 인도될 때까지는 본죄의 주체가 아니라고 봄이 타당하다. 사인에 의해 현행범인으로 체포된 자가 국가기관에 인도된 이후에는 본죄의 주체가 된다는 점에는 이견이 없다.

(3) 구금된 자

8 '구속'이란 피고인 또는 피의자의 신체의 자유를 구속하는 대인적 강제처분으로서 구인과 구금을 포함하는 개념이다(형소 § 69). '구인'은 특정인을 강제력에 의하여 특정장소에 인치하는 것을 말하고 '구금'이란 강제력에 의하여 특정인을 특정 장소에 가두어 그의 의사에 따른 장소적 이동을 금지하는 것을 말한다.[13]

9 수사기관이 피의자를 구속하기 위해서는 법관이 발부한 영장이 필요한데, 영장은 그 용도에 따라 구인영장(구인을 위한 구속영장)과 구금영장(구금을 위한 구속영장)으로 나누어 볼 수 있다. 구금영장으로는 구인을 할 수 있으나, 구인영장으로는 구인에서 나아가 구금까지 할 수는 없다.[14]

10 '구금된 자'란 일정한 장소에 갇혀 신체의 자유가 구속된 자로서, 유죄의 확정판결을 받고 자유형 집행으로 교도소에 구금되어 있거나 환형처분으로 노역장에 유치되어 있는 형의 집행 및 수용자의 처우에 관한 법률(이하, 형집행법이라 한다.) 제2조 제2호의 '수형자'와 재판 확정 전에 형사소송절차에 의하여 구금된

---

11 김성천·김형준, 형법각론(4판), 860; 오영근, 754; 진계호·이존걸, 형법각론(6판), 678; 정영일, 형법강의(각론)(3판), 475.

12 김성돈, 809; 김일수·서보학, 705; 배종대, § 160/2; 신동운, 218.

13 법원행정처, 법원실무제요 형사 [I](2014), 278.

14 법원실무제요 형사 [I], 279.

'미결수용자'(형집 § 2(iii)), 사형의 선고를 받아 그 형이 확정되어 교정시설에 수용된 '사형확정자'(형집 § 2(iv))를 포함한다.[15] 신체의 자유의 구속이 완화되어도 간수자의 실력지배 내에 있는 한 구금이라고 할 수 있다.[16] 여기의 구금된 자는 현실로 구금된 것을 의미하므로 보석 또는 가석방이 되거나 형의 집행정지 또는 구속집행정지를 받은 자는 이 죄의 주체에 해당하지 않는다(통설).[17]

11 미결구금자와 수형자, 사형확정자 외에 어떠한 범위의 자가 '법률에 따라 구금된 자'에 해당하는가가 문제되는데, 이것은 결국 당해 법령의 취지와 강제적 요소의 정도 등을 감안하여 판단되어야 할 것이다.

(4) 법률에 따라 구금된 자

(가) 구인된 피의자 · 피고인

12 체포되지 않은 피의자에 대해 구속영장을 청구받은 판사는 구인을 위한 구속영장을 발부하여 피의자를 구인한 후 심문하여 피의자의 구속(구금) 여부를 결정한다(형소 § 201, § 201의2). 또한, 법원은 피고인에게 구속사유가 인정되는 경우 피고인을 구속할 수 있다(형소 § 70). 실무상 법원은 소환에 불응하는 피고인에 대해 구인을 위한 구속영장(구인영장)을 발부하여 출석을 강제하기도 한다.

13 위와 같이 구인된 피의자 · 피고인이 본죄의 주체가 될 수 있는지에 관해 견해가 나뉘어 있다. ① 부정설[18]은 구금과 구인은 형사소송법상 구별되는 개념이고, 본조(§ 145)가 구인된 자를 주체로 규정하고 있지 않은 이상 법문이 규정하지 않은 자까지 대상으로 하는 것은 죄형법정주의에 어긋난다는 것을 근거로 한다. ② 긍정설[19]은 체포와 구인이 다 같이 구금 이전에 잠정적으로 인신의 자유를 박탈하는 강제처분인 점에 비추어 볼 때, 본조의 취지가 구인을 제외시키고 굳이 체포만을 구금에 대한 선택적 조치로 한정한 것으로 보기 어렵고, 체포 또는

---

15 수형자 · 미결수용자 · 사형확정자 등 법률과 적법한 절차에 따라 교도소 · 구치소 및 그 지소(교정시설이라 함)에 수용된 사람을 '수용자'라고 한다(형집 § 2(i)).

16 예컨대, 교도소의 구외에서 작업에 종사하고 있는 복역자와 개방시설에서 담벽이나 수갑 없이 시설에 수용되어 작업에 종사하고 있는 복역자도 신체자유의 제한은 완화되어 있지만 구금되어 있다고 할 수 있다.

17 오영근, 753; 이재상 · 장영민 · 강동범, § 45/8.

18 김성천 · 김형준, 861; 배종대, § 160/2; 박찬걸, 형법각론(2판), 933; 손동권 · 김재윤, 새로운 형법각론, § 51/5; 이재상 · 장영민 · 강동범, § 45/7; 이형국 · 김혜경, 형법각론(2판), 844.

19 김신규, 형법각론 강의, 906; 김일수 · 서보학, 705; 오영근, 753; 임웅, 991; 이존걸 · 류석준, 형법각론, 762; 정성근 · 박광민, 799; 정웅석 · 최창호, 형법각론, 91; 최호진, 형법각론, 990.

구금 속에 구인을 포함시킨다고 해서 어의의 가능한 한계를 벗어났다고 말할 수 없다는 점을 근거로 한다. 구인도 구속영장에 의해 집행되는 점(형소 § 73, § 201의2②), 위와 같이 구인된 경우 구속기간은 구인한 날부터 기산되고, 미결구금일수에도 산입되는 점(형소 § 203의2), 구인된 피의자를 최대 24시간 동안 신체의 자유를 제한한 채 교도소, 구치소, 경찰서 유치장에 유치할 수 있는 점(형소 § 71, § 71의2) 등에 비추어 볼 때, 위 ②의 긍정설이 타당하다고 할 것이다.[20] 다만, 형사소송법의 구속, 구인, 구금에 관한 정의규정과 관련한 논란의 여지가 없도록 형법을 개정하는 것이 바람직하다고 생각된다.

14 한편, 앞서 언급한 바와 같이 법원 실무상 소환에 응하지 않는 피고인을 법정에 출석시키기 위해 구인영장을 발부하여 피고인을 법정에 구인하는 경우가 있다. 대법원은 위와 같은 사유로 구인영장에 의해 구인된 피고인이 형사소송법 제281조 제1항에 따라 재판장의 허가 없이 퇴정하지 못하였을 뿐이고 그 외 강제력에 의해 장소적 이동을 할 수 없었다고 볼 사정이 없다면, 위 피고인은 형사소송법 제33조 제1항에서 정한 '구속된' 피고인에 해당하지 않는다고 판단한 바 있다.[21] 이러한 경우에 해당한다면, 구인영장에 의해 구인된 피고인이라 할지라도 본죄의 주체가 될 수 없다고 봄이 타당하다.

(나) 구인된 증인

15 정당한 사유 없이 소환에 응하지 않는 증인은 구인할 수 있고, 증인을 구인함에는 구속영장을 발부하여야 한다(형소 § 152, § 155, 민소 § 312). 구인된 증인도 본죄의 주체가 될 수 있다는 견해[22]가 있다. 그러나 증인을 구인하는 목적은 증인을 법정에 출석시켜 증언을 얻기 위한 것이고, 이는 증인의 신체의 자유를 박탈함에 그 목적이 있는 것이 아니어서 국가의 구금권 실현과는 직접 관련이 없다. 따라서 구인된 증인은 본죄의 주체가 될 수 없다는 다수설[23]이 타당하다.

(다) 형집행장으로 구인된 자

16 사형, 징역, 금고 또는 구류의 선고를 받고도 구금되지 아니한 자가 검사의 소

---

20 주석형법 [각칙(2)](5판), 10(한경환).

21 대판 2016. 8. 30, 2016도7672.

22 백형구, 형법각론(개정판), 619; 정영석, 형법각론(5전정판), 73.

23 김성천·김형준, 861; 김일수·서보학, 705; 오영근, 754; 임웅, 992; 정성근·박광민, 799; 주석형법 [각칙(2)](5판), 10(한경환).

환에 불응한 때에 검사는 형집행장을 발부하여 구인할 수 있다(형소 § 473①). 이와 같이 구인된 자는 '수형자' 및 '사형확정자'와 다름없으므로 본죄의 주체가 된다.

(라) 소년원에 수용된 소년

소년법에 의한 보호처분 중 보호 대상 소년을 소년원에 송치하여 일정 기간 수용하게 하는 내용의 보호처분이 있다(소년 § 32①(viii) 내지 (x)). 위와 같이 소년원에 수용된 자에 대하여는 구금이 아니라는 이유로 본죄의 주체가 될 수 없다는 견해[24]가 있었으나, 소년원은 법의 강제력을 가지고 소년을 일정기간 수용하는 시설인 점, 수용 중인 소년의 이탈을 막기 위하여 수갑, 포승 등 보호장비를 사용할 수 있는 점(보호소년 § 14의2②), 수용 중인 소년이 소년원을 이탈한 경우는 재수용할 수 있는 점(보호소년 § 14②) 등을 감안하면, 소년원에 수용된 소년도 본죄의 주체가 될 수 있다고 해석하는 견해[25]가 현재의 통설[26]이다. 17

한편 소년분류심사원은 소년법 제18조 제1항 제3호에 따라 법원 소년부로부터 위탁된 소년과 보호관찰 등에 관한 법률 제42조 제1항에 따라 유치된 소년의 분류심사 등을 위해 소년을 수용할 수 있는데, 이와 같이 소년분류심사원에 수용된 소년에 관하여도 앞서 본 것과 동일한 논의가 적용될 수 있다. 18

(마) 감정유치된 피고인·피의자

피고인·피의자의 정신 또는 신체에 관한 감정이 필요한 경우에 기간을 정 19

---

24 서일교, 형법각론, 박영사(1978) 344; 유기천, 형법학(각론강의 하)(전정신판), 324.

25 김선복, 신형법각론, 711; 김성천·김형준, 861; 김일수·서보학, 705; 배종대, § 160/4; 오영근, 754; 이재상·장영민·강동범, § 45/8; 임웅, 991; 정성근·박광민, 799; 한상훈·안상조, 형법개론(3판), 773; 주석형법 [각칙(2)](5판), 11(한경환).

26 그러나 위와 같이 소년원에 수용된 소년에 대해 일률적으로 본죄의 주체가 된다고 해석하는 것이 타당한지 의문이 있다. 소년법의 보호처분의 대상이 되는 소년에는 법률상의 죄를 범한 범죄소년(소년 § 4①(i)), 법령에 저촉되는 행위를 한 10세 이상 14세 미만의 촉법소년(소년 § 4①(ii)), 일정한 우범사유(소년법이 열거한 우범사유는 가. 집단적으로 몰려다니며 주위 사람들에게 불안감을 조성하는 성벽이 있는 것, 나. 정당한 이유없이 가출하는 것, 다. 술을 마시고 소란을 피우거나 유해환경에 접하는 성벽이 있는 것)가 있고 그의 성격이나 환경에 비추어 앞으로 형벌 법령에 저촉되는 행위를 할 우려(우범성)가 있는 10세 이상의 우범소년(소년 § 4①(iii))이 있는데, 그중 우범소년은 범죄나 비행의 예방을 위해 범죄나 비행의 위험성이 있다는 이유로 보호처분을 받은 자로서 실제 범죄행위를 범한 소년인 범죄소년이나 촉법소년과는 구별되고, 이들에 대한 보호처분은 형사사법작용이라기 보다는 범죄에 빠지기 쉬운 소년을 보호하고자 하는 복지·행정적 목적을 위한 후견적 조치로 이해함이 타당하다. 본죄는 국가의 형사사법기능 중 구금기능을 보호하기 위한 것이므로, 소년법에 의한 보호처분으로 소년원에 수용된 소년 중 우범소년까지 본죄의 주체에 포함시키는 것은 부당하다고 생각된다.

하여 피고인·피의자를 병원 기타 적당한 장소에 유치할 수 있는데(형소 § 172③, § 221의3), 이를 감정유치라고 한다. 감정유치는 강제처분에 해당하므로 영장주의가 적용되고, 법원이 발부한 감정유치장을 필요로 한다(형소 § 172④).

20 감정유치 중인 피고인·피의자가 본죄의 주체가 되는지에 관해 이를 긍정하는 견해가 있다.[27] 그러나 감정유치는 감정이라는 목적을 달성하기 위한 강제처분이라는 점에서 형사소송법의 다른 구금작용과 구별되므로, 불구속 상태에 있던 피고인·피의자가 감정유치된 경우까지 본죄의 주체에 해당한다고 보는 것은 부당하다.[28] 반면 구속된 피고인·피의자가 감정유치된 경우, 감정유치에는 형사소송법이나 형사소송규칙 중 구속에 관한 규정이 준용되고(형소 § 172⑦, § 221의3, 형소규칙 § 88, § 115), 구속된 피의자나 피고인에 대하여 감정유치장이 집행되었을 때에는 그 유치된 기간에 한하여 구속집행이 정지된 것으로 보아(형소 § 172의2) 그 유치기간을 형사소송법 제92조의 구속기간에 산입하지 않으면서도 미결구금일수의 산입에 있어서는 구속으로 간주하여(형소 § 172⑧) 그 유치기간을 본형에 산입하며, 구속된 피고인·피의자의 경우 장소의 변동이 있을 뿐 수사 및 재판을 위해 신체의 자유가 제한된다는 점에는 변함이 없으므로, 본죄의 주체에 해당한다고 봄이 타당하다.[29]

(바) 범죄인 인도법에 따라 구속된 자

21 범죄인 인도법은 법무부장관의 인도심사청구명령이 있을 때 검사의 청구에 의해 판사가 발부한 인도구속영장(§ 19)에 의한 구속과 법무부장관의 긴급인도구속명령이 있을 때 검사의 청구에 의해 판사가 발부한 긴급인도구속영장에 의한 구속(§ 26)을 규정하고 있고, 이 경우 구속에 관한 형사소송법의 규정들이 준용된다(§ 20⑤). 범죄인 인도법은 상호주의에 따라 외국의 범죄인인도청구에 따른 인도심사를 위해 범죄인을 교도소 등에 구금하는 것이므로, 범죄인 인도법에 의해 구속된 자도 본죄의 주체에 해당한다.[30]

---

27 김성천·김형준, 861; 백형구, 619; 손동권, 형법각론(3개정판), 700; 오영근, 753; 이재상·장영민·강동범, § 45/7; 이정원, 형법각론, 761; 정성근·박광민, 798.

28 주석형법 [각칙(2)](5판), 12(한경환).

29 주석형법 [각칙(2)](5판), 12(한경환).

30 주석형법 [각칙(2)](5판), 12(한경환).

(사) 출입국관리법에 의해 보호된 자

출입국관리공무원은 외국인이 강제퇴거 사유의 어느 하나에 해당된다고 의심할 만한 상당한 이유가 있고 도주하거나 도주할 염려가 있으면 지방출입국·외국인관서의 장으로부터 보호명령서를 발급받아 그 외국인을 보호할 수 있다(출관 § 51). 위와 같이 보호시설에 수용된 피보호자는 본죄의 주체에 해당한다는 것이 다수설이다.[31] 22

(아) 강제로 입원된 정신질환자, 감염병환자

정신건강증진 및 정신질환자 복지서비스 지원에 관한 법률에 의하면 정신질환자의 자의에 의한 입원 이외에도 보호의무자에 의한 입원(§ 42), 지방자치단체장에 의한 입원(§ 44), 응급입원(§ 50) 등 정신질환자에 의사에 의하지 않은 강제 수용을 규정하고 있다. 그리고 감염병의 예방 및 관리에 관한 법률은 공무원으로 하여금 감염병환자에 대해 강제로 동행하여 치료받게 하거나 입원시킬 수 있도록 규정하고 있다(§ 42). 23

그러나 위와 같은 정신질환자나 감염병환자에 대한 입원·수용은 환자의 증상에 따른 적절한 치료와 국민 건강의 증진 및 유지를 위한 것이다. 위와 같이 입원·수용된 자를 '법률에 따라 구금된 자'에 해당한다고 보기 어려우므로, 본죄의 주체에 해당하지 않는다고 해석함이 타당하다.[32] 24

(자) 경찰관 직무집행법에 의해 보호된 자

경찰관은 정신착란자, 주취자, 자살시도자, 미아, 병자 부상자 등에 해당하는 것이 명백하고 응급구호가 필요한 자에 대해 경찰서에 보호하는 등의 조치를 할 수 있다(§ 4). 위와 같이 보호조치의 대상이 된 자를 '법률에 따라 구금된 자'에 해당한다고 보기 어려우므로, 본죄의 주체에 해당하지 않는다고 해석함이 타당하다.[33] 25

(차) 보호관찰 등에 관한 법률에 따라 구인·유치된 자

보호관찰 중에 있는 자는 구금된 자가 아니므로 본죄의 주체가 될 수 없다. 그러나 보호관찰 대상자가 준수사항 위반 등을 이유로 구인 또는 유치된 경우 26

31 김성돈, 810; 배종대, § 160/4; 정성근·박광민, 799; 주석형법 [각칙(2)](5판), 12(한경환).
32 주석형법 [각칙(2)](5판), 12(한경환).
33 김일수·서보학, 706; 배종대, § 160/4; 임웅, 992; 정성근·박광민, 799; 주석형법 [각칙(2)](5판), 13(한경환).

(§ 39 내지 § 43), 위와 같은 구인 내지 유치를 위해서는 검사의 청구에 의해 판사가 발부한 구인장 및 유치허가장이 필요하고(§ 39조 내지 § 42), 유치된 기간은 형기에 산입될 뿐만 아니라(§ 45) 구속영장의 발부와 집행에 관한 형사소송법의 규정을 준용하고 있으므로(§ 46), 본죄의 주체가 된다고 봄이 타당하다.

(카) 치료감호 등에 관한 법률에 따라 치료감호 중인 자

27 치료감호를 선고받은 자는 치료감호시설에 수용하여 치료를 위한 조치를 받게 되고(§ 16조①), 치료감호와 형이 병과된 경우에는 치료감호를 먼저 집행하고 치료감호의 집행기간은 형 집행기간에 포함된다(동법 § 18). 한편, 치료감호 등에 관한 법률은 피치료감호자가 도주한 경우에는 1년 이하의 징역형으로 처벌하고 있다(§ 52①). 치료감호의 선고를 받고 치료감호시설에 수용 중인 자는 본죄의 '법률에 따라 구금된 자'에 해당한다고 봄이 타당하나,[34] 형법에 대해 특별법인 치료감호 등에 관한 법률 제52조 제1항에 따라 처벌받게 되므로, 별도로 본죄가 성립한다고 볼 것은 아니다(법조경합).[35]

(타) 감치된 자

28 법원은 검사의 청구에 따라 결정으로 과태료 고액·상습체납자에 대해 30일의 범위 내에서 과태료의 납부가 있을 때까지 감치할 수 있고(질서위반행위규제법 § 54), 채무자가 정당한 사유 없이 명시기일 불출석, 재산목록 제출 거부, 선서거부를 하는 경우 20일 이내의 감치결정을 할 수 있으며(민집 § 68), 직권으로 법정질서위반행위자에 대해 결정으로 20일 이내의 감치에 처할 수 있다(법정 등의 질서유지를 위한 재판에 관한 규칙 § 61①). 위와 같은 사유로 법원에 의하여 감치된 자는 자신의 행위에 대한 제재로서 신체의 자유가 구속되는 것이므로, 본죄의 '법률에 따라 구금된 자'에 해당한다고 봄이 타당하다.[36]

(파) 아동복지법에 의하여 아동복지시설에 입소된 자

29 아동복지시설은 아동을 입소시켜 보호, 양육하고 자립을 지원하기 위한 시설이므로 여기에 입소된 자는 본죄의 주체에 해당하지 않는다.[37]

34 임웅, 992.
35 주석형법 [각칙(2)](5판), 13(한경환).
36 주석형법 [각칙(2)](5판), 13(한경환).
37 오영근, 753; 이재상·장영민·강동범, § 45/8; 주석형법 [각칙(2)](5판), 13(한경환).

3. 행 위

본죄의 행위는 도주하는 것이다. 30

도주란 체포 또는 구금된 자가 구금상태로부터 이탈하는 것을 말한다.[38] 특수도주죄에 규정된 수단을 이용하는 경우에는 특수도주죄로 처벌되므로, 특수도주죄에 규정된 수단을 이용하는 경우를 제외하고는 작위이든 부작위이든, 도주의 수단·방법을 불문한다.[39] 31

도주는 일시적 이탈로 충분하고, 이탈한 시간의 길이는 본죄의 성립에 영향이 없다. 따라서 구금된 자가 복귀할 생각으로 일시적으로 이탈하였다고 하더라도 본죄는 성립한다.[40] 32

4. 실행의 착수와 기수시기

(1) 실행의 착수시기

본죄는 미수범을 처벌한다(§ 149). 체포·구금된 자가 구금상태로부터 이탈하는 행위를 개시하여 체포·구금작용의 침해가 시작된 때에 실행의 착수가 있게 된다. 예를 들어, 도주의 의사로 교도소의 수용거실의 문을 열기 시작한 때에 실행의 착수가 있다. 33

(2) 기수시기

본죄는 체포·구금상태로부터 벗어난 때, 즉 범인이 간수자의 실력적 지배를 이탈한 상태에 이르렀을 때에 기수가 된다.[41] 따라서 수용시설에서 벗어나지 못하였거나 수용시설을 빠져나왔다고 하더라도 그 과정에서 발각되어 추적 중에는 일시 도주자의 모습을 놓쳤더라도 기수라고 할 수 없다.[42] 다만, 탈출 후 길거리로 도주하여 일단 행방을 감추어버리면 기수라고 할 것이다.[43] 34

그리고 본죄는 즉시범이다(판례). 따라서 본죄가 기수에 이르면 도주행위는 바로 종료되고, 본죄의 범인이 도주행위를 하여 기수에 이른 후 범인의 도피를 도와주 35

38 김신규, 907; 손동권·김재윤, § 51/7; 이형국·김혜경, 844.
39 이재상·장영민·강동범, § 45/9.
40 오영근, 754; 이재상·장영민·강동범, § 45/9.
41 대판 1991. 10. 11, 91도1656.
42 福岡高判 昭和 29(1954). 1. 12. 高刑集 7·1·1.
43 東京高判 昭和 29(1954). 7. 26. 東高刑時報 5·7·295.

는 행위는 범인도피죄에 해당할 수 있을 뿐 도주원조죄에는 해당하지 않는다.[44]

5. 고 의

36 본죄의 고의는 자기가 법률에 따라 체포·구금된 자인 점 및 도주를 한다는 점에 대한 인식과 의사이다. 일본 판례 중에는 무죄임에도 불구하고 유치되었으므로 도주해도 위법이 아니라고 생각하고 도주한 경우, 법률의 부지에 해당하여 고의를 조각하지 않는다고 한 것이 있다.[45]

37 도주는 일시적 이탈로 충분하므로, 구금된 자가 복귀할 생각으로 일시적으로 이탈하였다고 하더라도 본죄는 성립한다.[46]

6. 다른 죄와의 관계

38 본죄는 즉시범이므로 일단 기수에 이른 후에 체포를 면할 목적으로 폭행·협박을 가하여도 공무집행방해죄(§ 136①)가 성립될 수 있는 것은 별론으로 하고 특수도주죄는 성립하지 않는다.[47]

7. 처 벌

39 법정형은 1년 이하의 징역이다.

40 본죄의 미수범은 처벌된다(§ 149). 도주원조죄와 달리 예비·음모를 처벌하지는 않는다. 도주행위에 대해 교도소에서 징벌을 받았다고 하더라도 본죄의 죄책을 면할 수 없다.[48]

8. 공소시효

41 본죄는 즉시범(판례)이므로 공소시효는 행위가 기수에 이름과 동시에 종료된 때, 즉 도주행위로 인해 구금상태로부터 이탈한 때로부터 기산한다.[49] 그러

---

44 대판 1991. 10. 11, 91도1656.
45 名古屋高判 昭和 25(1950). 5. 8. 特報 10·70.
46 주석형법 [각칙(2)](5판), 16(한경환).
47 주석형법 [각칙(2)](5판), 16(한경환).
48 주석형법 [각칙(2)](5판), 13(한경환).
49 대판 1979. 8. 31, 79도622.

나 계속범설에 의하면 공소시효가 진행될 여지가 없음은 앞서 본 바와 같다.

Ⅱ. 집합명령위반죄(제2항)

1. 의 의

본죄는 법률에 따라 구금된 자가 천재지변이나 사변 그 밖에 법령에 따라 잠시 석방된 상황에서 정당한 이유없이 집합명령에 위반함으로써 성립하는 범죄이다. 본죄는 진정신분범이며, 부작위 자체가 행위인 진정부작위범이고,[50] 침해범, 계속범[51]에 속한다(통설). 42

2. 주 체

본죄의 주체는 법률에 따라 구금되었다가 천재지변이나 사변 그 밖에 법령에 따라 잠시 석방된 자이다. 법령에 따라 체포된 자를 제외하고 있으므로 체포되어 연행 중인 자는 본죄의 주체에 해당한다고 할 수 없다. 43

석방사유의 범위와 관련하여 ① '천재지변·사변 그 밖에 법령에 따라'를 '천재지변·사변 또는 이에 준하는 상태에서 각 법령에 따라'라고 해석하여, 천재지변·사변 또는 이에 준하는 상태라는 요건에 더하여 '법령에 따라'라는 제한을 두어 그 적용범위를 제한하는 견해[52]와 ② 천재지변, 사변도 법령에 따라 잠시 석방될 수 있는 그 밖의 사정으로 보아 천재지변 또는 사변 및 '이에 준하는 상태'에서 '법령에 따라 잠시 석방된 상황'으로 해석하는 견해[53]로 나뉜다. 법령에 따르지 않고 천재지변·사변이라는 상황만으로 피구금자의 석방을 인정하는 것은 법적 불안정을 야기하고, 단순도주죄와의 관계상 천재지변·사변 등의 상황에서 법령에 따르지 않고 불법출소한 자는 본죄가 아닌 단순도주죄로 처벌함이 타당하다(위 ①설). 판례도 같은 입장이다.[54] 44

---

50 김신규, 908; 이형국·김혜경, 845; 주석형법 [각칙(2)](5판), 17(한경환).
51 홍영기, 형법(총론과 각론), § 115/4. 본죄를 즉시범으로 보는 견해로는 오영근, 756.
52 김성천·김형준, 861; 이재상·장영민·강동범, § 45/11; 정성근·박광민, 801.
53 김일수·서보학, 707; 오영근, 755; 이정원, 763.
54 대판 1954. 7. 3, 4287형상45.

45 교정시설의 장이 귀휴를 허가하여 일시적으로 구금상태가 해소된 수형자(형집 § 77)에 대해 본죄의 주체가 될 수 있다는 견해[55]가 있으나, 귀휴허가에 따라 일시적으로 구금상태에서 벗어나 있는 자를 '천재지변·사변 또는 이에 준하는 상태에서 법령에 따라 잠시 석방된 자'에 해당한다고 보기 어려운 점, 귀휴허가에 따른 복귀명령을 위와 같이 석방된 자에 대한 집합명령으로 보기 어려운 점, 귀휴허가를 받아 교정시설 밖으로 나간 뒤 정당한 사유 없이 기한 내에 돌아오지 않은 자를 처벌하는 별도의 규정이 있는 점(형집 § 134(ii)),[56] 보석 중인 피고인, 구속의 집행정지(형소 § 101)나 자유형의 집행정지(형소 § 471)에 의하여 일시 석방된 수용자의 경우 단순도주죄의 주체에 해당하지 않는다고 보는 해석론과의 조화 등을 고려하면, 부정설[57]이 타당하다고 본다.

3. 행 위

46 정당한 이유없이 집합명령에 위반하는 것으로, 진정부작위범에 해당한다.

47 '정당한 이유없이'란 집합명령에 응하는 것을 기대할 수 없거나 불가항력적 사유가 없음에도 불구하고 행위자가 그 명령에 위반한 경우를 의미한다. 정당한 이유가 있는 경우 본죄의 구성요건해당성이 없다고 볼 여지도 있으나, 위법성이 조각된다고 보는 것이 다수설이다.[58]

4. 실행의 착수와 기수시기

48 본죄의 미수범은 처벌한다(§ 149). 다수설은 본죄는 진정부작위범으로서 사실상 미수범은 성립하기 어렵다고 본다.[59] 이에 대해 집합명령을 받고 이에 응

---

55 이정원, 763; 오영근, 756.

56 형집행법 제134조(출석의무 위반 등) 다음 각 호의 어느 하나에 해당하는 행위를 한 수용자는 1년 이하의 징역에 처한다.

1. 정당한 사유 없이 제102조제4항을 위반하여 일시석방 후 24시간 이내에 교정시설 또는 경찰관서에 출석하지 아니하는 행위
2. 귀휴·외부통근, 그 밖의 사유로 소장의 허가를 받아 교도관의 계호 없이 교정시설 밖으로 나간 후에 정당한 사유 없이 기한 내에 돌아오지 아니하는 행위

57 김성돈, 811; 정성근·박광민, 802.

58 김일수·서보학, 707; 오영근, 756; 이영란, 형법학 각론강의(3판), 843; 임웅, 994; 정성근·박광민, 802.

59 김신규, 909; 배종대, § 160/6; 백형구, 620; 이재상·장영민·강동범, § 45/12; 이정원·류석준,

하지 않은 때 실행의 착수가 있고, 집합명령을 이행하는 데 필요한 시간이 경과함으로써 기수가 되므로 미수범 성립이 가능하다는 반대견해가 있다.[60]

5. 처 벌

법정형은 1년 이하의 징역이다. 미수범(§ 149)은 처벌한다. 49

6. 공소시효

본죄는 계속범이므로 집합명령에 불응하는 행위가 계속되는 한 공소시효는 50
진행하지 않는다. 그러나 본죄를 즉시범으로 보는 견해[61]는 집합명령에 불응하는 행위가 기수가 된 때부터 공소시효가 진행한다고 본다.

7. 형의 집행 및 수용자 처우에 관한 법률과의 관계

교정시설의 장은 교정시설의 안에서 천재지변이나 그 밖의 사변에 대한 피 51
난의 방법이 없는 경우 수용자를 다른 장소로 이송할 수 있고, 이송이 불가능하면 수용자를 일시 석방할 수 있으며, 위와 같이 석방된 자는 석방 후 24시간 이내에 교정시설 또는 경찰관서에 출석하여야 한다고 규정하고 있다(형집 § 102). 그리고 정당한 사유 없이 위와 같은 출석의무를 위반한 자는 1년 이하의 징역에 처하고 있다(형집 § 134(i)). 위와 같이 형의 집행 및 수용자 처우에 관한 법률에 따라 처벌되는 경우에는 본죄로 처벌받지 않는다고 봄이 타당하다. 이에 본죄는 24시간이 경과되기 전에 내려진 집합명령에 위반하는 경우에만 적용된다는 견해[62]도 있으나, 위와 같은 출석의무와 별개로 집합명령이 내려지는 경우를 충분히 예상할 수 있으므로 위와 같이 제한적으로 볼 것은 아니다.[63]

〔이 완 형〕

765; 임웅, 994.

60 김일수·서보학, 708; 이영란, 844; 오영근, 756; 정영일, 477.

61 오영근, 756.

62 정성근·박광민, 802.

63 주석형법 〔각칙(2)〕(5판), 19(한경환).

第146條(特殊逃走)

수용설비 또는 기구를 손괴하거나 사람에게 폭행 또는 협박을 가하거나 2인 이상이 합동하여 전조 제1항의 죄를 범한 자는 7년 이하의 징역에 처한다.

Ⅰ. 의 의

1 본죄(특수도주죄)는 법률에 의하여 체포 또는 구금된 자가 수용설비 또는 기구를 손괴하거나 사람을 폭행 또는 협박하거나 2인 이상이 합동하여 도주함으로써 성립하는 범죄이다. 본죄는 단순도주죄에 비하여 행위방법의 강포성(强暴性)과 집단성 등 위험성이 크기 때문에 불법이 가중되는 가중적 구성요건이다.

2 단순도주죄와 마찬가지로 진정신분범이다. 본죄 중 '수용설비 또는 기구를 손괴하거나 사람에게 폭행 또는 협박을 가하여' 도주하는 것은 수용설비·기구의 손괴 또는 폭행·협박의 행위와 도주의 행위가 결합하여 1개의 구성요건으로 되어 있는 결합범이고, 본조 후단은 합동범이다.

3 주된 보호법익은 국가구금권 내지 구금기능이지만 폭행·협박의 경우에는 신체의 안전과 의사결정의 자유도 부차적 법익이 된다고 본다.[1] 보호의 정도는 침해범이다.[2]

4 1992년 형법개정법률안은 특수도주죄(안 § 392)의 주체로 소년원 또는 소년분류심사원(당시는 소년감별소)에 수용된 자도 추가하였다(안 § 392②). 당시 형사법

1 정성근·박광민, 형법각론(전정3판), 803.
2 오영근, 형법각론(5판), 757; 정성근·박광민, 형법각론(전정3판), 803; 주석형법 [각칙(2)](5판), 21(한경환).

개정특별심의위원회의 심의 시 위 시설은 소년을 보호하기 위한 시설이므로 처벌하는 것이 적합하지 않다는 의견도 있었으나, 소년시설에서의 도주라 할 지라도 위와 같이 특별히 위험한 방법에 의하여 도주하는 경우, 시설직원의 생명·신체에 위험을 초래할 수 있을 뿐 아니라 이를 처벌하여 시설 주변 주민에게 안심감을 주고 이들 시설에서의 개방처우를 추진케 하는 것이 필요하다는 이유로 이를 신설하였다고 한다.[3]

Ⅱ. 주 체

본죄의 주체는 단순도주죄와 같이 법률에 의하여 체포 또는 구금된 자이다. 5

본죄의 행위방법이 특수하다는 점 때문에 구인된 증인도 주체가 된다는 견 6
해[4]가 있으나, 단순도주죄의 주체에서 살펴본 바와 같이 구인된 증인은 '법률에 의하여 체포·구금된 자'에 해당한다고 볼 수 없는 이상 본죄의 주체도 될 수 없다고 봄이 타당하다.[5]

Ⅲ. 행 위

행위는 ① 수용설비 또는 기구를 손괴하여 도주하거나(손괴도주) ② 사람에 7
게 폭행 또는 협박을 가하여 도주하거나(폭행·협박도주) ③ 2인 이상이 합동하여 도주하는(합동도주) 세 가지의 태양이 있다.

1. 수용설비 또는 기구의 손괴

'수용설비'란 사람의 신체의 자유를 일정 기간 장소적으로 제한하거나 박탈 8
할 수 있는 장소 또는 시설로서, 교도소, 소년교도소, 구치소, 미결수용소, 경찰관서의 유치장, 노역장, 법원청사와 검찰청사에 설치된 구치감 등의 구금장소와 여기에 설치된 감방문의 자물통, 비상벨 등과 수용자의 호송차량 등이 이에 해

3 법무부, 형법개정법률안 제안이유서(1992. 10), 273.
4 황산덕, 형법각론(6정판), 79; 진계호·이존걸, 형법각론(6판), 907.
5 정성근·박광민, 799.

당한다.

9 '기구'는 사람의 신체자유를 직접 구속하는 데 사용하는 장비·기구로서, 포승·수갑·보호장비·보호대·보호의자(형집 § 98), 보호침대, 보호복 등이 이에 해당한다.

10 '손괴'는 수용설비·기구를 물리적으로 훼손하는 것을 의미한다(통설).[6] 이는 물리적 손상 이외에 재물의 효용가치 훼손까지 포함하는 손괴죄(§ 366)와 다른데, 손괴죄는 개인의 소유물을 보호하기 위한 것이 반면 본죄는 국가의 구금작용을 보호법익으로 하면서 행위방법의 측면에서 도주의 수단으로서의 수용설비 내지 기구의 물리적 손괴가 발생하였는지 여부만을 문제 삼는다고 보아야 하기 때문이다. 따라서 구금장소의 자물쇠를 열거나 수갑·포승을 풀고 달아나는 것만으로는 본죄가 성립하지 않는다. 일본 판례도 수갑을 차고 포승에 묶인 채 열차로 호송 중이던 피고인이 교도관이 한눈을 파는 틈을 이용하여 이를 풀고 수갑을 열차 밖으로 버린 다음 창문으로 뛰어내려 도주한 사안에서, 물리적 손괴에 해당하지 않으므로 본죄의 손괴에는 해당하지 않는다고 판시하였다.[7]

11 손괴의 수단, 방법에는 제한이 없다. 자물쇠를 채운 유치장 출입구에 몸을 부딪쳐 자물쇠 일부와 그 주변 목재 부분을 손괴한 경우도 여기에 해당한다.[8] 다만 손괴는 도주의 수단으로써 행해져야 하므로, 수갑을 찬 채 도주한 후에 수갑을 손괴하여도 본죄에는 해당되지 않는다.[9] 그러나 도주에 착수 후 기수에 이르기 전에 수용설비·기구를 손괴하면 본죄가 성립될 수 있다.

12 손괴는 기능적으로 중요부분의 훼손을 요한다고 할 것이다.[10] 수갑을 풀기 위해 송곳, 못 따위를 이용하다가 약간의 손상이 생기더라도 그대로 재사용할 수 있다면 손괴에 해당한다고 볼 것은 아니다.

---

6 김신규, 형법각론 강의, 910; 박찬걸, 형법각론, 860; 손동권·김재윤, 새로운 형법각론, § 51/11; 오영근, 757; 이재상·장영민·강동범, 형법각론(12판), § 45/15; 이존걸·유석준, 형법각론, 765; 이형국·김혜경, 형법각론(2판), 845; 정웅석·최창호, 형법각론, 93.

7 일본형법 제98조(가중도주)에 관한 広島高判 昭和 31(1956). 12. 25. 高刑集 9·12·1336.

8 東京高判 昭和 33(1958). 7. 19. 高刑集 11·6·347.

9 김일수·서보학, 새로쓴 형법각론(9판), 709; 배종대, 형법각론(13판), § 160/9; 임웅, 형법각론(10 전정판), 990; 정성근·박광민, 803.

10 주석형법 [각칙(2)](5판), 22(한경환).

2. 사람에 대한 폭행·협박

폭행·협박의 대상의 범위에 관하여, 간수자에 대한 폭행·협박에 한한다는 견해[11]가 있으나, 본조는 폭행·협박의 대상을 '사람'으로 규정하고 있을 뿐 아무런 제한을 두고 있지 않으므로 간수자 외에 도주방지에 협력하는 자를 포함한다고 해석함이 타당하다.[12] 13

폭행·협박은 공무집행방해죄와 같이 광의의 폭행·협박을 의미한다. 따라서 폭행은 사람의 신체에 대한 직접적인 유형력의 행사뿐만 아니라 간접적인 유형력의 행사도 포함한다.[13] 협박은 해악의 고지로 이로 인해 상대방이 현실로 공포심을 가졌음을 요하지 않는다. 또 폭행·협박은 상대방의 반항을 억압할 정도의 것임을 요하지 않는다.[14] 14

여기서의 폭행·협박 역시 도주의 수단으로 행하여진 것이어야 한다. 15

3. 2인 이상이 합동하여 도주

2인 이상의 자는 모두 법률에 의하여 체포·구금된 자임을 요한다. '2인 이상이 합동하여'란 합동범에 있어서의 합동을 의미하므로 2인 이상이 의사연락하에 시간적·장소적으로 협력관계에 있어야 한다(현장설[15]).[16] 이때 2인 이상의 자는 모두 법률에 의하여 체포·구금된 자임을 요한다. 동시일 것을 요하는 것은 아니지만, 적어도 동일 기회일 것은 요한다. 공동실행의 의사가 있어야 하므로, 피구금자 중 1인이 탈출할 때 열려진 출구를 이용하여 다른 피구금자들이 우연히 이를 알고 의사연락 없이 한꺼번에 도주한 경우는 여기에 해당한다고 보기 어렵다.[17] 16

---

11 유기천, 형법학(각론강의 하)(전정신판), 325; 정영석, 형법각론(5전정판), 72; 황산덕, 80.

12 김일수·서보학, 709; 배종대, § 160/10; 손동권, 형법각론(3개정판), 703; 이정원·류석준, 765; 정성근·박광민, 803.

13 주석형법 [각칙(2)](5판), 23(한경환).

14 김일수·서보학, 709; 백형구, 형법각론(개정판), 621; 임웅, 996; 정성근·박광민, 803.

15 특수절도죄(§ 331②)에 관한 대판 1996. 3. 22, 96도313. 「(합동하여란) 주관적 요건으로서의 공모와 객관적 요건으로서의 실행행위의 분담이 있어야 하고 그 실행행위에 있어서는 시간적으로나 장소적으로 협동관계에 있음을 요한다.」

16 이에 대한 상세는 **각칙 제8권 특수절도죄(§ 331②)** 부분 참조.

17 김일수·서보학, 710; 주석형법 [각칙(2)](5판), 24(한경환).

Ⅳ. 실행의 착수와 기수시기

17 손괴형 및 폭행·협박형 특수도주죄는 구성요건행위에 착수한 때, 즉 수용시설 등의 손괴 또는 폭행·협박행위를 개시한 때에 실행의 착수가 있다고 보는 것이 통설이고,[18] 일본의 통설도 마찬가지이다.[19] 도주에 착수한 후 기수에 이르기 전에 수용설비 혹은 기구를 손괴하거나, 폭행·협박을 한 때는 그 단계에서 본죄의 착수가 인정된다. 그러나 도주행위가 기수에 이른 이후에 수용시설 혹은 기구를 손괴하거나 폭행·협박을 한 때에는 단순도주죄와 손괴죄, 공무집행방해죄 등이 성립하는 것은 별론으로 하고, 본죄가 성립하지는 않는다고 본다. 본죄는 구금상태로부터 이탈한 때에 기수에 이른다.

18 합동형 특수도주죄는 합동한 자가 모두 도주에 착수하여야 실행의 착수가 있고, 반드시 동시일 필요는 없으나 동일한 기회에 도주하여야 한다고 본다(이설 없음).[20] 합동한 자간의 기수와 미수는 각자 개별적으로 구금상태로부터 이탈되었는지 여부에 따라 개별적으로 논한다는 것이 통설이다.[21]

Ⅴ. 공 범

19 본죄의 신분을 가진 2인 이상의 자가 공모한 다음 함께 도주한 경우는 본죄가 성립하고, 이는 필요적 공범(집합범)[22]이므로 함께 도주한 자 상호 간에 있어서는 총칙의 공범규정이 적용되지는 않는다.[23] 법률에 의하여 체포 또는 구금되지 아니한 제3자가 도주를 협력한 경우에는 도주원조죄(§147)를 구성할 뿐 본죄의 공범으로 처벌되지 않는다.

18 오영근, 758; 주석형법 [각칙(2)](5판), 25(한경환).

19 大塚 外, 大コン(3版)(6), 297(柳 俊夫=河原俊也). 통설과는 달리 구금으로부터 이탈하는 구체적 위험이 생긴 때라고 하는 견해도 있다. 일본 판례는 막대기로 방벽을 긁었으나 안쪽에 기둥이 있어 탈출할 수 있는 구멍을 파지 못한 사안에서, "도주의 수단으로서 손괴가 개시된 때에는 도주행위 자체에 착수한 사실이 없더라도 가중도주죄의 실행의 착수가 있다."고 판시하여 통설과 같은 입장이다[最判 昭和 54(1979). 12. 25. 刑集 3371105].

20 배종대, §160/10, 임웅, 992.

21 김일수·서보학, 710; 배종대, §160/10; 임웅, 992; 정성근·박광민, 804.

22 김성돈, 형법총론(8판), 603. 이에 대하여 필요적 공범이 아니라 공동정범의 특수한 경우라는 견해[이재상·장영민·강동범, 형법총론(11판), §31/8]도 있다.

23 주석형법 [각칙(2)](5판), 26(한경환).

Ⅵ. 죄수 및 다른 죄와의 관계

1. 죄 수

피구금자가 손괴, 폭행·협박, 2인 이상의 합동 등 본조의 행위태양을 중첩 하여 실행한 때에는 포괄하여 일죄가 성립된다고 본다(통설).[24] 20

2. 다른 죄와의 관계

폭행죄, 협박죄, 공무집행방해죄(공무원인 간수자에 대한 폭행·협박)[25]는 본죄에 흡수된다. 21

본죄를 범함에 있어 방화, 살인, 체포, 감금, 공용물건손상(§ 141①), 공용건 조물파괴(§ 141②) 등이 수반된 때에는 본죄와 각 행위에 해당하는 죄의 상상적 경합이 된다는 견해가 있다.[26] 구성요건행위가 동일하다고 평가할 수 있는 공용 건조물파괴죄, 공익건조물파괴죄(§ 367) 등과는 상상적 경합관계에 있다고 봄이 타당하나,[27] 규범적 평가가 상이하여 본죄의 구성요건행위와는 별개의 행위로 보아야 하는 방화죄, 살인죄, 체포·감금죄 등과는 실체적 경합관계에 있다고 봄이 타당하다.[28] 22

Ⅶ. 처 벌

법정형은 7년 이하의 징역이고, 미수범(§ 149)은 처벌된다. 23

〔이 완 형〕

24 주석형법 〔각칙(2)〕(5판), 26(한경환).

25 宮崎地判 昭和 52(1987). 10. 28. 刑月 9·9=10·746(본죄가 성립하는 경우에는 공무집행방해죄는 흡수).

26 김일수·서보학, 711; 정성근·박광민, 804.

27 공용물건손상죄의 경우, 법정형이 7년 이하의 징역 또는 1천만 원 이하의 벌금으로 본죄의 법정형(7년 이하의 징역) 보다 가벼우므로, 본죄에 흡수된다고 보아야 할 것이다[일본형법 제260조의 건조물손괴죄에 관한 金沢地判 昭和 57(1982). 1. 13. 刑月 14·1=2·185 참조].

28 주석형법 〔각칙(2)〕(5판), 26-27(한경환).

第147條(도주원조)

법률에 의하여 구금된 자를 탈취하거나 도주하게 한 자는 10년 이하의 징역에 처한다.

Ⅰ. 의 의

1 본죄[피구금자(탈취·도주원조)죄]는 법률에 의하여 구금된 자를 탈취하거나 도주하게 함으로써 성립하는 범죄이다. 구금된 자가 스스로 도주하는 행위에 비해 구금된 제3자를 탈취 또는 도주하게 하는 행위는 비난가능성이 높다고 보아 본죄는 단순도주죄에 비하여 법정형이 훨씬 무겁게 되어 있다.

2 본죄의 행위는 ① 피구금자를 탈취하는 것과 ② 도주하게 하는 것으로 나뉠 수 있는데,[1] 전자는 독립된 범죄유형이라 할 것이나, 후자는 단순도주죄에 대한 교사 또는 방조에 해당하는 행위를 독립된 구성요건으로 규정한[2] 것으로 볼 수 있다(통설).[3]

3 본죄는 침해범이다.[4]

---

1 일본형법은 ①은 피구금자탈취죄(§ 99), ②는 도주원조죄(§ 100①)로 구분하여 규정하고 있다. 법정형의 경우, 피구금자탈취죄는 3월 이상 5년 이하의 징역로 가중도주죄(특수도주죄)와 같고, 도주원조죄는 3년 이하의 징역으로 가중도주죄보다 가볍다. 우리 형법에서 특수도주죄의 법정형이 7년 이하의 징역임에 비하여 도주원조죄(①+②)의 법정형이 10년 이하의 징역으로 더 무거운 것과 비교된다.

2 대판 1991. 10. 11, 91도1656.

3 배종대, 형법각론(13판), § 160/11; 오영근, 형법각론(5판), 758; 이재상·장영민·강동범, 형법각론(12판), § 45/16; 주석형법 [각칙(2)](5판), 28(한경환).

4 배종대, § 159/4; 오영근, 753; 이재상·장영민·강동범, § 45/2.

Ⅱ. 주 체

주체에는 별다른 제한은 없다. 피구금자가 다른 구금자를 도주하게 한 때 4
에는 본죄의 주체가 된다. 다만, 피구금자가 다른 구금자와 함께 도주한 때에는 합동형 특수도주죄가 성립한다.

Ⅲ. 객 체

'법률에 의하여 구금된 자'이다(§ 145① **도주죄** 참조). 5

구금은 적법한 것이어야 하며, 체포되어 연행 중인 자나 구인된 피고인·피 6
의자는 구금된 자가 아니므로 본죄의 객체에 해당하지 않는다.[5] 법률에 의하여 구금되었던 자라도 도주행위가 기수에 이르러 구금상태에서 벗어났다면 본죄의 객체가 될 수 없고, 그에 대한 도주원조행위는 범인도피죄에 해당될 수 있을 뿐이며, 본죄 및 단순도주죄의 공범도 성립되지 않는다.[6]

Ⅳ. 행 위

피구금자를 탈취하거나 도주하게 하는 것이다. 7

'탈취'는 피구금자를 그 간수자의 실력지배로부터 이탈시켜 자기 또는 제3 8

5 독일형법 제120조 제1항은 "피구금자를 해방하거나 그 도주를 교사 또는 원조한 자"를 3년 이하의 자유형 또는 벌금에 처하도록 하는 한편, 같은 조 제4항은 기타 관청의 명령에 의하여 수용되어 있는 자도 제1항에서 말하는 피구금자로 간주하고 있다. 판례에 따르면, 본조에서 말하는 '피구금자'란 법적 절차에 따라 구금되어 이동의 자유를 박탈당하여 구금집행기관의 감독 아래에 있는 자를 말한다(BGH, 07.01.1964 - 1 StR 503/63). 수형자, 미결구금자 및 소년구금을 받고 있는 소년(소년법원법 § 16) 등이 그 예가 된다. 이와 관련하여 하급심판례 가운데에는, 경찰에 의한 신병의 가(假)구속(vorläufige Festnahme)(형소 § 127)에 관해 시설에로의 구금에 이르지 않은 단계에서도 충분하다고 본 것(KG, Urteil vom 29.11.1979)이 있는 반면, 형사소송법 제81a조가 규정하는 혈액채취(Blutprobenentnahme)를 위해 연행된 자는 피구금자에 해당되지 않는다고 본 것(BayObLG, Urteil vom 17.01.1984)도 있다. 한편, 개방처우 중에 있는 자도 피구금자에 해당되는지에 관해 연방법원은 강제입원 병동의 문이 잠겨 있지 않고 외출도 가능하더라도 소재를 지정하는 권한이 있는 이상 당해 강제입원의 대상자는 피구금자에 해당된다고 보았다(BGH, 08.05.1991 - 3 StR 467/90).

6 대판 1991. 10. 11, 91도1656.

자의 실력지배 아래에 두는 것을 말하고,[7] 피구금자를 간수자의 지배로부터 이탈시키되 자기 또는 제3자의 실력지배 아래로 옮기지 않고 단순히 해방시켜 달아나게 하는 것은 탈취가 아니고 도주하게 하는 것에 해당한다는 것이 통설이다.[8] '탈취'라는 어감상 지배의 이전을 요구하는 것으로 이해될 수 있지만, 본조의 탈취는 이보다는 더 넓게 구금상태로부터의 이탈이라는 위법사실이 행위자의 지배 아래 실현되었다는 의미로서 단순히 해방시킨 때에도 탈취라고 할 것이다.[9] 탈취의 수단 및 방법에는 제한이 없다. 폭행·협박·위계·매수·유혹 등을 불문한다. 피구금자의 동의 여부나 도주의사의 유무도 묻지 않는다(통설).[10]

9 '도주하게 한다'는 것은 피구금자의 도주를 야기하거나 이를 용이하게 하는 일체의 행위를 말하고, 그 수단·방법에는 제한이 없다(통설).[11] 피구금자가 도주에 동의하였는지 여부도 문제되지 않는다. 도주의사 없는 자에게 도주를 권유하는 행위,[12] 도주방법을 알려주는 행위, 구금시설이나 구금기구를 해제하는 행위, 간수자를 폭행·협박·체포·감금하여 도주를 용이하게 하는 행위 등이 모두 이에 해당할 수 있다.[13]

V. 실행의 착수와 기수시기

10 피구금자의 탈취를 위한 행위나 피구금자로 하여금 도주하게 하거나 이를 용이하게 하는 행위를 개시하였을 때에 실행의 착수가 있고, 피구금자를 간수자의

---

7 배종대, § 160/13; 오영근, 759; 이재상·장영민·강동범, § 45/19; 주석형법 〔각칙(2)〕(5판), 29(한경환).

8 김성천·김형준, 형법각론(4판), 863; 백형구, 형법각론(개정판) 622; 이재상·장영민·강동범, § 45/19; 임웅, 형법각론(10정판), 997; 정성근·박광민(3전정판), 805.

9 西田 外, 注釈刑法(2), 93(古川伸彦). 이처럼 탈취의 개념을 어떻게 이해하느냐에 따라 기수시기에 차이가 있다.

10 배종대, § 160/13; 이재상·장영민·강동범, § 45/19; 주석형법 〔각칙(2)〕(5판), 29(한경환).

11 배종대, § 160/13; 오영근, 759; 이재상·장영민·강동범, § 45/19; 주석형법 〔각칙(2)〕(5판), 30(한경환).

12 名古屋高裁金沢支判 昭和 45(1970). 4. 14. 高検速報 476(적극적으로 도주를 권유하는 언동을 하고, 간수자 등이 자신에게 주의를 끌도록 하여 도주의 기회를 얻게 한 사례).

13 오영근, 759. 일본형법은 구성요건행위로 '기구를 제공하는 행위'(§ 100①), '폭행 또는 협박'(§ 100②. 가중처벌)을 규정하고 있다.

실력지배로부터 이탈케 하였을 때 기수로 된다.[14] 탈취의 경우 자기 또는 제3자의 실력적 지배 아래 두었을 때 기수가 된다는 견해[15]가 있으나, 탈취행위로 인해 피구금자가 구금상태로부터 이탈하였으나 자기 또는 제3자의 실력적 지배에 두지 못한 경우에도 탈취행위로 인한 도주원조죄의 기수를 인정함이 타당하다.

교사의 방법을 취한 경우에 도주의 의사를 야기하는 교사행위만으로는 본 11
죄의 실행의 착수를 인정할 수 없고, 교사행위로 인하여 도주행위가 현실적으로 야기된 시점에 실행의 착수가 있다고 보는 견해[16]도 있으나, 본죄가 공범을 독립적으로 처벌하는 규정임을 고려하면 교사행위가 있는 때에 실행의 착수가 있다고 볼 것이다.[17]

VI. 공범관계

1. 공 범

피구금자가 제3자를 교사하여 자기를 탈취하게 하거나 도주하게 한 경우에 12
피구금자에게 본죄의 교사범이 성립하는지 여부가 문제된다. 형법이 피구금자의 도주죄(1년 이하의 징역)를 제3자의 도주원조죄(10년 이하의 징역)보다 가볍게 처벌하고 있는 취지에 비추어, 이 경우에 도주죄만 성립하고 본죄의 교사범은 성립하지 않는다는 견해가 있다.[18] 그러나 자신의 형사사건에 대한 증거인멸이나 범인도피는 처벌하지 않는 반면 그에 대한 제3자에 대한 교사행위는 처벌하는 판례[19]의 취지에 비추어 볼 때, 피구금자의 도주행위에 대한 비난가능성 내지 적법행위의 기대가능성이 높지 않아 비교적 가볍게 처벌하고 있다고 하더라도 제3자의 도주원조행위를 교사하는 행위에 대한 비난가능성 내지 적법행위의 기대가능성까지 높지 않다고 보기 어려우므로, 피구금자가 제3자로 하여금 자신

14 배종대, § 160/13; 오영근, 759; 이재상·장영민·강동범, § 45/20; 홍영기, 형법(총론과 각론), § 115/6; 주석형법 〔각칙(2)〕(5판), 30(한경환).
15 임웅, 997; 진계호·이존걸, 형법각론(6판), 909; 홍영기, § 115/6.
16 임웅, 998.
17 오영근, 760; 주석형법 〔각칙(2)〕(5판), 30(한경환).
18 주석형법 〔각칙(2)〕(5판), 31(한경환).
19 대판 2000. 3. 24, 99도5275 등 참조.

에 대한 도주원조 행위를 교사한 때에는 자신의 도주행위에 대한 도주죄 외에 본죄의 교사범의 죄책까지 부담한다고 봄이 타당하다.[20]

2. 도주죄 및 특수도주죄와의 관계

13 본죄는 '피구금자'[21]의 도주죄에 대한 교사 또는 방조에 해당하는 행위를 독립된 구성요건으로 규정한 것이다(통설). 따라서 피구금자의 도주행위에 가담한 제3자의 교사 내지 방조행위는 본죄에 해당하고, 도주죄의 교사·방조범은 성립하지 않는다고 본다.[22]

14 다만 피체포자의 도주행위에 가담한 제3자의 교사 내지 방조행위의 경우, 본죄의 객체에 피체포자가 포함되지 아니하므로 피체포자의 도주행위에 가담한 제3자의 교사·방조행위는 본죄에 해당하지 않고 단순도주죄, 특수도주죄의 교사·방조에 해당한다.[23]

Ⅶ. 죄수 및 다른 죄와의 관계

1. 죄 수

15 1개의 행위에 의해 수명의 피구금자를 탈취 또는 도주하게 한 경우는, 피구금자별로 본죄가 성립하고 각 죄는 상상적 경합이 된다.[24]

2. 다른 죄와의 관계

16 공무원에 대하여 폭행·협박을 가하여 본죄를 범한 때는 본죄와 공무집행방해죄(§ 136①)의 상상적 경합이 된다.[25]

---

20 김일수·서보학, 712.

21 도주죄의 주체에는 구금된 자 외에 체포된 자도 포함되나, 본죄의 객체에는 체포된 자가 포함되지 않는다.

22 오영근, 760; 주석형법 〔각칙(2)〕(5판), 31(한경환).

23 주석형법 〔각칙(2)〕(5판), 31(한경환).

24 주석형법 〔각칙(2)〕(5판), 32(한경환).

25 주석형법 〔각칙(2)〕(5판), 32(한경환). 일본의 통설도 탈취형 도주원조죄〔피구금자탈취죄(§ 99)〕와 공무집행방해죄는 상상적 경합이라고 한다〔大塚 外, 大コン(3版)(6), 311(柳 俊夫=河原俊也)〕. 다만, 일본형법은 폭행·협박형 도주원조죄(§ 100②)를 별도로 규정하고 있어, 그 경우에는 도주

Ⅷ. 처 벌

10년 이하의 징역에 처한다. 17

미수(§ 149) 및 예비·음모(§ 150)는 처벌된다. 18

〔이 완 형〕

원조죄만 성립한다.

第148條(간수자의 도주원조)
법률에 의하여 구금된 자를 간수 또는 호송하는 자가 이를 도주하게 한 때에는 1년 이상 10년 이하의 징역에 처한다.

Ⅰ. 의 의

1 본죄(간수자도주원조죄)는 법률에 의하여 구금된 자를 간수 또는 호송하는 자가 피구금자를 도주하게 한 경우에 성립한다. 간수자 또는 호송자의 직무위반이라는 불법이 가중되어 도주원조죄에 대하여 가중처벌하는 부진정신분범이고(다수설),[1] 침해범이다.[2]

Ⅱ. 주 체

2 본죄의 주체는 법률에 의하여 구금된 자를 간수 또는 호송하는 자이다.

3 간수 또는 호송의 임무가 법령상의 근거에 의한 것이어야 한다는 견해[3]가 있으나, 현실로 그 임무에 종사하고 있으면 법령상의 근거가 없더라도 본죄의 주체에 해당한다는 것이 다수설[4]이다. 반드시 공무원인 것을 요하지는

1 배종대, 형법각론(13판), § 160/14; 오영근, 형법각론(5판), 760. 이에 대하여 공무원인 간수자도주원조는 공무원이 직권을 이용한 직무위배 때문에 불법이 특별히 가중된 진정신분범이라는 견해는 정성근·박광민, 형법각론(3전정판), 882.

2 배종대, § 159/4; 오영근, 753; 이재상·장영민·강동범, 형법각론(12판), § 45/2.

3 서일교, 형법각론, 347; 신동운, 형법각론(2판), 221; 유기천, 형법(각론강의 하)(전정신판), 326; 주석형법 [각칙(2)](5판), 35(한경환).

4 김성천·김형준, 형법각론(4판), 864; 김일수·서보학, 새로쓴 형법각론(9판), 713; 배종대, § 160/14; 손동권·김재윤, 형법각론, § 51/19; 오영근, 760; 이재상·장영민·강동범, § 45/21; 이정원, 형법

않고,[5] 임무가 주된 업무일 필요도 없다. 간수·호송의 임무는 행위 시에 있으면 충분하고(통설),[6] 도주의 결과가 발생할 때까지 계속될 필요는 없다. 따라서 도주의 사실이 간수 등의 임무 해제 후에 발생하더라도 본죄는 성립한다.[7]

Ⅲ. 객 체

본죄의 객체는 법률에 의하여 구금되어 있는 자이다. 4

구금은 적법한 것이어야 하며, 체포되어 연행 중인 자나 구인된 피고인·피 5
의자는 구금된 자가 아니므로 본죄의 객체에 해당하지 않는다. 따라서 일반인이 현행범인을 체포하였다가 경찰관에게 인도하지 않고 풀어주더라도 본죄가 성립하지 않는다.[8]

Ⅳ. 행 위

법률에 의하여 구금된 자를 도주하게 하는 것이다. 6

피구금자의 도주를 야기하거나 이를 용이하게 하는 일체의 행위를 말한다. 7
그 수단·방법에는 제한이 없다. 피구금자가 도주에 동의하였는지 여부도 문제되지 않는다. 도주의사 없는 자에게 교사하는 행위, 도주방법을 알려주는 행위, 구금시설이나 구금기구를 해제하는 행위, 다른 간수자를 폭행·협박·체포·감금하여 도주를 용이하게 하는 행위 등이 모두 이에 해당할 수 있다. 피구금자가 도주하는 것을 인식하고 있으면서도 이를 방치하는 것 같은 부작위에 의한 경우도 포함된다(통설).[9] 사실상 탈취에 해당하는 행위도 포함된다.[10]

각론, 765; 임웅, 형법각론(10정판), 999; 정성근·박광민, 806; 정영석, 형법각론(5전정판), 76, 진계호·이존걸, 형법각론(6판), 910; 황산덕, 형법각론(6정판), 81; 주석형법 〔각칙(2)〕(5판), 35(한경환).

5 오영근, 760; 이재상·장영민·강동범, § 45/21.

6 이재상·장영민·강동범, § 45/21; 주석형법 〔각칙(2)〕(5판), 35(한경환).

7 大判 大正 2(1913). 5. 22. 刑錄 19·626.

8 김성돈, 형법각론(5판), 815.

9 주석형법 〔각칙(2)〕(5판), 36(한경환).

10 김일수·서보학, 713; 주석형법 〔각칙(2)〕(5판), 36(한경환).

V. 실행의 착수와 기수시기

8 피구금자로 하여금 도주하게 하거나 이를 용이하게 하는 행위를 개시하였을 때에 실행의 착수가 있고, 피구금자를 간수자의 실력지배로부터 이탈케 하였을 때 기수가 된다.

VI. 공범 및 죄수

1. 공 범

9 (1) 피구금자 자신에 대하여 도주죄가 성립하는 경우라도 피구금자를 도주하게 한 자에 대해서는 본죄가 성립하고, 도주죄의 공범으로 처벌되는 것은 아니다.[11]

10 (2) 피구금자 이외의 제3자가 본죄에 가담한 경우에는, 본죄는 부진정신분범이므로 본죄의 신분이 없는 제3자는 제33조의 본문에 따라 본죄의 공범이 되지만 제33조 단서에 따라 도주원조죄(§ 147)로 처벌된다(공범과 신분에 관한 판례[12]).[13]

2. 죄 수

11 간수자가 한 번에 여러 명의 피구금자를 도주하게 한 경우, 피구금자별로 본죄가 성립하고 각 죄는 상상적 경합 관계이다.[14]

VII. 처 벌

12 법정형은 1년 이상 10년 이하의 징역이고, 미수(§ 149) 및 예비·음모(§ 150)를 처벌된다.

〔이 완 형〕

11 주석형법 〔각칙(2)〕(5판), 36(한경환); 大塚 外, 大コン(3版)(6), 328(柳 俊夫=河原俊也).
12 대판 1997. 12. 26, 97도2609(업무상배임으로 인한 상호신용금고법위반죄에 가담한 신분 없는 공범에 대하여 일단 상호신용금고법위반죄의 공범이 성립하고 배임죄로 처벌된다고 한 사례) 등.
13 주석형법 〔각칙(2)〕(5판), 36(한경환).
14 주석형법 〔각칙(2)〕(5판), 37(한경환); 大塚 外, 大コン(3版)(6), 326(柳 俊夫=河原俊也).

제149조(미수범)
전4조의 미수범은 처벌한다.

도주죄(§ 145①), 집합명령위반죄(§ 145②), 특수도주죄(§ 146), 도주원조죄(§ 147), 간수자도주원조죄(§ 148)의 미수범을 처벌한다. 각 범죄의 실행의 착수 및 기수시기에 관하여는 해당 부분 주해 참조. 1

〔이 완 형〕

제150조(예비, 음모)

제147조와 제148조의 죄를 범할 목적으로 예비 또는 음모한 자는 3년 이하의 징역에 처한다.

1 도주원조죄(§ 147) 및 간수자도주원조죄(§ 148)를 범할 목적으로 예비 또는 음모한 자는 예비·음모죄를 처벌한다. 도주원조죄는 비난가능성이 높고 간수자도주원조죄는 신분으로 인해 책임이 가중되는 등 특히 위험성이 큰 점을 고려하여, 예비·음모의 단계부터 처벌하도록 한 것이다.

〔이 완 형〕

제151조(범인은닉과 친족간의 특례)

① 벌금 이상의 형에 해당하는 죄를 범한 자를 은닉 또는 도피하게 한 자는 3년 이하의 징역 또는 500만원 이하의 벌금에 처한다. 〈개정 1995. 12. 29.〉

② 친족 또는 동거의 가족이 본인을 위하여 전항의 죄를 범한 때에는 처벌하지 아니한다. 〈개정 2005. 3. 31.〉

Ⅰ. 의 의

본죄[범인(은닉·도피)죄][1]는 벌금 이상의 형에 해당하는 죄를 범한 자를 은닉 또는 도피하게 하는 죄이다. 벌금 이상의 죄에 해당하는 죄를 범한 자에 대한 수사, 재판, 형집행 등 국가권력작용을 방해하는 범죄이다.[2] 본범이 성립한 이후에 그 범인을 비호하는 행위를 처벌하는 독립된 범죄이고, 일종의 사후종범[3] 이다.[4] 본죄는 추상적 위험범으로서 죄의 성립에 형사사법 기능을 방해하는 결 1

1 본조에서는 범인을 은닉한 경우는 '범인은닉죄', 도피하게 한 경우는 '범인도피죄'로 구별하여 사용하되, 두 죄를 합해서는 '본죄'라고 한다.

2 대판 2014. 3. 27, 2013도152.

3 김성돈, 형법각론(5판), 815; 오영근, 형법각론(5판), 762; 정성근·박광민, 형법각론(전정3판), 807; 정웅석·최창호, 형법각론, 36.

4 일본형법 제103조[범인장익등(犯人藏匿等)]는 "벌금 이상의 형에 해당하는 죄를 지은 자 또는 구금 중에 도주한 자를 장익(藏匿)하거나 은피(隱避)하게 한 자는 3년 이하의 징역 또는 30만 엔 이하의 벌금에 처한다."고 규정하고 있는데, 여기서 '장익'은 본조의 '은닉'에, '은피'는 '도피'에

과의 발생을 요하지 않고 그 가능성이 있으면 충분하다는 것이 다수설이다.[5] 판례는 단순히 '위험범'으로서 현실적으로 형사사법의 작용을 방해하는 결과가 초래될 것이 요구되지는 아니한다고 판시하고[6] 있는데, 같은 취지라고 할 것이다.[7] 범인도피죄는 범인을 도피하게 함으로써 기수에 이르지만 범인도피행위가 계속되는 동안에는 범죄행위도 계속되고 행위가 끝날 때 비로소 범죄행위가 종료하는 계속범이다(통설,[8] 판례[9]).

2 한편, 특정범죄 가중처벌 등에 관한 법률은 13세 미만의 미성년자에 대한 약취·유인죄(미수 포함)를 범한 사람을 은닉하거나 도피하게 한 사람에 대하여 3년 이상 25년 이하의 징역에 처한다는 특별규정을 두고 있다(§5의2⑦). 그리고 본죄와 그 취지는 조금 다르지만, 출입국관리법 제93조의2 제2항 제3호는 동법 제12조의3 제2항 제1호[10]를 위반하여 불법으로 입국한 외국인을 영리를 목적으로 집단으로 대한민국에서 은닉 또는 도피하게 하거나 은닉 또는 도피하게 할 목적으로 교통수단을 제공하거나 이를 알선한 사람은 7년 이하의 징역 또는 5천만 원 이하의 벌금에 처하도록 규정하고, 나아가 예비·음모죄와 미수죄도 처벌하고 있다(§99①). 출입국관리법위반죄가 성립하고 동시에 본죄도 성립하는 경우에는, 보호법익이 서로 다른 점에 비추어 두 죄는 상상적 경합이 된다고 할 것이다.[11]

대응하는 용어이다(따라서 우리 법의 용어를 사용). 그런데 일본에서도 독일법의 영향을 받은 학설 중에는 위 죄를 증거인멸죄(일형 §104)와 같이 사후종범이라는 견해도 있으나, 반면에 범인을 그 의사에 반하여 숨겨주는 경우에도 위 죄가 성립할 수 있으므로 사후종범이라는 표현은 적절하지 않다는 견해도 있다〔西田 外, 注釈刑法(2), 101(島田聡一郎)〕.

5 김신규, 형법각론, 904; 김성천·김형준, 형법각론(4판), 860; 김일수·서보학, 새로쓴 형법각론(9판), 714; 박찬걸, 형법각론, 863; 오영근, 762; 이영란, 형법학 각론강의, 848; 이정원·류석준, 형법각론, 760; 이형국·김혜경, 형법각론(2판), 841; 임웅, 1000; 정성근·박광민, 807; 정영일, 형법강의(각론)(3판), 481.

6 대판 1995. 9. 5, 95도577.

7 오영근, 752.

8 오영근, 766; 홍영기, 형법(총론과 각론), §116/1.

9 대판 1995. 9. 5, 95도577; 대판 2017. 3. 15, 2015도1456.

10 출입국관리법 제12조의3(선박등의 제공 금지) ② 누구든지 불법으로 입국한 외국인에 대하여 다음 각 호의 행위를 하여서는 아니 된다.
 1. 해당 외국인을 대한민국에서 은닉 또는 도피하게 하거나 그러한 목적으로 교통수단을 제공하는 행위

11 西田 外, 注釈刑法(2), 103(島田聡一郎).

Ⅱ. 주 체

1. 개 설

주체에는 제한이 없다. 다만, 본죄가 범인을 은닉·도피하게 하는 범죄이므로 범인 자신이 스스로를 은닉하거나 도피하게 하는 행위는 본죄의 구성요건에 해당하지 않는다.[12] 그러나 공동정범 중 1인이 다른 공동정범을 도피하게 한 때에는 본죄가 성립한다.[13] 친족 또는 동거의 가족은 본죄의 주체에는 해당하나, 범인과의 신분관계에 따라 처벌이 면제되거나 책임이 조각되는 것일 뿐이다. 3

2. 자기은닉·도피의 교사

범인이 타인을 교사하여 자기를 은닉·도피하게 한 경우에 본죄의 교사범을 구성하는지에 대해서는 학설상 다툼이 있다. ① 긍정설[14]은 타인을 교사하여 범인은닉죄를 범하게 하는 것은 자기비호권의 한계를 일탈한 것이고, 범인 스스로 도피하는 경우와는 달리 기대가능성이 없다고 할 수 없으므로 본죄의 교사범이 성립한다고 한다.[15] ② 부정설[16]은 타인을 교사하여 자기를 은닉·도피하게 하는 것은 자기비호의 연장에 불과하고, 자기도피 행위가 구성요건에 해당하지 않아 정범으로 처벌할 수 없으면 타인을 교사한 경우에도 역시 처벌할 수 없다고 하여야 하며, 친족·호주·동거가족이 본인을 위하여 본죄를 범한 때에도 처벌하지 않는 데 반하여 자신의 도피를 위해 타인을 교사한 행위를 처벌한다는 것은 형평에 반한다는 등의 이유로 본죄의 교사범의 성립을 부정해야 한다고 한다(통설). ③ 절충설[17]은 범인이 자신을 은닉·도피시키는 타인의 행위에 4

12 김성천·김형준, 865; 김일수·서보학, 714; 배종대, § 161/2; 손동권·김재윤, 새로운 형법각론, § 51/21; 이영란, 848; 이재상·장영민·강동범, 형법각론(12판), § 45/24; 이정원·류석준, 767; 임웅, 995; 정성근·박광민, 807.

13 대판 1958. 1. 4, 57도393.

14 백형구, 형법각론(개정판), 627; 정영석, 형법각론(5전정판), 80; 정영일, 482; 조준현, 형법각론, 515.

15 일본 판례는 방어의 범위를 일탈한 것이므로 교사범이 성립한다는 입장이다[最決 昭和 35(1960). 7. 18. 刑集 14·9·1189].

16 김선복, 신형법각론, 718; 김일수·서보학, 714; 배종대, § 161/4; 이영란, 849; 임웅, 1001; 정성근·박광민, 808; 이재상·장영민·강동범, § 45/25; 이정원·류석준, 768.

17 김성돈, 816.

기본적으로 협력하면서 통상적으로 가담한 경우에는 자기비호의 연장에 불과하므로 교사범이나 방조범이 될 수 없으나(원칙적 부정), 자신을 은닉·도피시키는 타인의 행위를 적극적으로 야기하거나 허위의 자백을 하게 하는 등 방어권의 남용으로 볼 수 있는 적극적인 불법을 창출(創出)할 경우에는 교사범의 성립을 인정한다(제한적 긍정).

5 판례는 위 ③의 절충적인 입장이라고 봄이 타당하다.[18] 대판 2014. 4. 10, 2013도12079는 "범인 스스로 도피하는 행위는 처벌되지 아니하므로, 범인이 도피를 위하여 타인에게 도움을 요청하는 행위 역시 도피행위의 범주에 속하는 한 처벌되지 아니하며, 범인의 요청에 응하여 범인을 도운 타인의 행위가 범인도피죄에 해당한다고 하더라도 마찬가지이다. 다만, 범인이 타인으로 하여금 허위의 자백을 하게 하는 등으로 범인도피죄를 범하게 하는 경우와 같이 그것이 방어권의 남용으로 볼 수 있을 때에는 범인도피교사죄에 해당할 수 있다. 이 경우 방어권의 남용이라고 볼 수 있는지 여부는, 범인을 도피하게 하는 것이라고 지목된 행위의 태양과 내용, 범인과 행위자의 관계, 행위 당시의 구체적인 상황, 형사사법의 작용에 영향을 미칠 수 있는 위험성의 정도 등을 종합하여 판단하여야 한다."고 판시하였다. 즉, 범인이 도피를 위해 타인에게 도움을 요청한 행위가 형사사법에 중대한 장애를 초래한다고 보기 어려운 통상적 도피의 한 유형에 해당하면 범인도피교사 내지 방조로 처벌하기 어려울 것이나, 그러한 행위가 방어권의 남용으로 형사사법에 중대한 장애를 초래하는 것이라면 범인도피의 교사 내지 방조로 처벌받게 된다는 취지로 보인다.

6 구체적으로, ⓐ 甲(범인)이 A에게 요청하여 대포폰을 개설하여 받거나, A가 운전하는 자동차를 타고 일대를 이동하게 한 행위[19]에 대해서는 범인도피교사에 해당한다고 보기 어렵다고 판단하였고, ⓑ 타인에게 허위자백을 하게 하거나,[20] ⓒ 甲(범인)이 음주운전 혐의로 적발되자 평소 알고 지내던 A를 불러내어 그로 하여금 단속경찰관이 주취운전자 적발보고서를 작성하거나 재차 음주측정을 하지 못하도록 제지하도록 하는 등으로 수사를 곤란하게 한 행위,[21]

18 신동운, 형법각론(2판), 230.
19 대판 2014. 4. 10, 2013도12079.
20 대판 2008. 11. 13, 2008도7647.
21 대판 2006. 5. 26, 2005도7528.

ⓓ 甲(범인)이 신원보증인이자 연인인 A에게 부탁하여 A의 아들 명의 휴대폰을 건네받고 A의 어머니 집에서 1달여간 거주할 수 있도록 한 경우[22]는 범인도피 교사에 해당한다고 판단한 바 있다.[23]

3. 자기은닉 · 도피의 공동실행

범인이 자기은닉·도피의 교사에서 더 나아가 공동실행에 이른 경우, 예컨대 범인이 타인에게 대리자수를 부탁한 다음 이를 승낙한 타인과 함께 경찰서에 가서 당해 타인이 운전자라는 취지의 진술을 한 경우에도 교사범의 죄책을 지게 되고, 공동정범으로서 불가벌이 되는 것은 아니라고 봄이 타당하다.[24] 7

Ⅲ. 객 체

본죄의 객체는 벌금 이상의 형에 해당하는 죄를 범한 자이다. 8

1. 벌금 이상의 형에 해당하는 죄

'벌금 이상의 형에 해당하는 죄'란 법정형에 벌금 또는 그 이상의 형(§ 50, 9

---

22 대판 2021. 11. 11, 2021도5431.

23 독일형법 제258조 제1항은 '처벌방해(Strafvereitelung)'에 관해 '타인이 위법한 행위를 이유로 형벌법규에 의하여 처벌되거나 처분을 받는 것을 의도적으로 또는 정을 알면서 방해한 자'를 5년 이하의 자유형 또는 벌금형에 처하도록 하는 한편, 같은 조 제5항은 자신에 대한 처벌 내지 처분을 면할 동기로 제1항 등의 죄를 구성하는 자는 처벌의 대상이 되지 않는다고 규정하고 있다. 그 취지는 긴급피난과 유사한 상황이 인정되는 데에 있다고 하며, 그와 같은 관점에서 제5항은 면책적인 일신적 처벌조각사유를 정한 것이라고 이해된다(BGH, 05.12.1997 - 2 StR 505/97). 이와 관련하여 연방법원은 자신이 처벌되는 것에 대한 우려가 착오에 기한 것이라고 하더라도 제5항이 적용된다고 보았으며(BGH, 03.04.2002 - 2 StR 66/02), 처벌을 우려하고 있는 범죄와 본범의 행위가 별개의 범죄인 경우나 본범자에 대한 처벌을 방해하지 않으면 행위자 자신의 범죄를 통보하겠다는 취지의 협박을 본범자로부터 받았기 때문에 행위자가 방해를 행한 경우에도 제5항이 적용된다고 보았다(BGH, 29.06.1995 - 1 StR 345/95). 한편, 자신에 대한 처벌을 회피할 동기가 없으면 제5항은 적용되지 않는다. 연방법원은 본범자가 방화를 실행하기 전에 허위의 알리바이를 증언하기로 약속했을 가능성이 있는 피고인이 방화의 실행 후에 실제로 허위의 알리바이를 증언한 사안에서 오로지 본범자의 처벌을 방해하기 위한 것이었던 점을 인정하여 제5항의 적용을 부정하였는데(BGH, 05.12.1997 - 2 StR 505/97), 그와 같은 사안에서 피고인이 방화죄의 공범으로서 처벌될 우려가 있는 이상 자신의 처벌을 회피할 동기도 인정된다는 비판이 있다(Stree, in: Schönke/Schröder § 258 Rn. 35 참조).

24 주석형법 [각칙(2)](5판), 51(한경환).

§ 41 참조)이 포함되어 있는 범죄를 말한다. 선택형으로 구류·과료가 함께 규정되어 있어도 상관없다(통설).[25] 따라서 형법각칙에 규정된 죄는 모두 벌금 이상의 형에 해당하므로, 형법각칙의 죄를 범한 자는 모두 본죄의 객체가 된다.

2. 죄를 범한 자

10 '죄를 범한 자'에는 정범뿐 아니라 교사범과 종범도 포함되고, 미수범이나 예비·음모를 한 자도 처벌규정이 있고 그에 해당하는 형이 벌금 이상이면 이에 포함된다. 여기에서의 '죄'는 구성요건에 해당하고 위법성, 책임이 인정되어 범죄의 성립요건을 갖춘 경우를 말한다.[26] 죄를 범한 자는 반드시 공소가 제기되었거나 유죄판결이 확정된 자임을 요하지 않고, 범죄의 혐의를 받아 수사 중인 자[27]도 포함된다. 판례는 수사가 개시되기 전의 자도 포함하는 것으로 해석하고 있다.[28]

(1) 처벌조건, 소추조건

11 범죄성립요건 외에 처벌조건과 소추조건도 갖추어 유죄판결의 가능성이 있는 자이어야 한다. 따라서 무죄 또는 면소판결이 확정되었거나 형의 폐지, 공소시효 또는 형의 시효의 완성, 사면 등에 의해 소추나 처벌이 불가능한 경우는 포함되지 않는다(통설).[29]

12 친고죄에 있어서 고소기간이 경과하여 소추 및 처벌의 가능성이 없게 된 경우에는 본죄의 객체에 해당하지 않는다. 그러나 고소기간이 경과되지 않은 경우, 그러한 상태에서 단지 피해자의 고소만 없는 경우에는 아직 범인에 대한 소추, 처벌의 가능성이 남아 있는 이상 본죄가 성립한다(통설).[30]

13 대법원의 입장은 명확하지 않으나, 다음과 같이 처벌조건 내지 소추조건을 갖추지 못하였다고 볼 수 있음에도 본죄의 성립을 인정한 사례가 있다. 먼저

---

25 이재상·장영민·강동범, § 45/27; 주석형법 〔각칙(2)〕(5판), 41(한경환).

26 이에 대하여, 예외적으로 형사책임능력이 없어 책임이 배제될 경우라도 보안처분이 과해질 수 있는 한 본죄의 객체에 포함시켜야 하므로, 반드시 유책성의 요건을 갖추어야만 하는 것은 아니라는 견해는 김일수·서보학, 715.

27 대판 1983. 8. 23, 83도1486.

28 대판 1990. 3. 27, 89도1480, 대판 2003. 12. 12, 2003도4533 등.

29 이재상·장영민·강동범, § 45/28; 주석형법 〔각칙(2)〕(5판), 45(한경환).

30 이재상·장영민·강동범, § 45/28; 주석형법 〔각칙(2)〕(5판), 45(한경환). 이에 대해서, 고소기간이 경과하지 않은 친고죄도 피해자의 고소가 없는 이상 소추조건이 없으므로 본죄의 객체가 될 수 없다는 반대견해(배종대, § 161/5)도 있다.

① 대판 1983. 8. 23, 83도1486에서, 피고인이 부도수표 발행인을 해당 수표가 부도나기 전날 은닉하였더라도 그 수표가 부도나리라는 사정과 수표발행인이 부정수표단속법위반으로 수사관서의 수배를 받게 되리라는 사정을 알았다면 범인은닉죄가 성립한다고 판시하였다. ② 대판 2000. 11. 24, 2000도4078에서, 피고인이 범인이 운전한 차량에 동승하여 가다가 범인이 낸 교통사고에 대해 자신이 운전하였다며 허위의 진술을 함으로써 범인을 도피하게 하였다는 공소사실에 대하여, 범인에게 적용될 수 있는 죄가 교통사고처리특례법위반죄에 한정된다고 하더라도 자동차종합보험 가입사실만으로 범인의 행위가 형사소추 또는 처벌을 받을 가능성이 없는 경우에 해당한다고 단정할 수 없을 뿐만 아니라 피고인이 수사기관에 적극적으로 허위진술을 하여 범인을 도피하게 하였다며 범인도피죄의 성립을 인정하였다.[31]

일본 하급심 판결 중에는 범인이 이미 사망한 경우에도 수사기관이 누가 범인인지 모르는 단계에서는 자신이 범인이라고 허위의 사실을 경찰관에게 진술한 행위는 범인도피죄를 구성한다고 판시하여, 사자(死者)도 '죄를 범한 자'에 포함된다고 판시한 것이 있다.[32] 14

(2) 검사의 불기소처분을 받은 자

검사의 불기소처분을 받은 자가 본죄의 객체가 될 수 있는지에 관하여 학설상 대립이 있다. ① 긍정설[33]은 검사의 불기소처분은 일사부재리의 효력이 없어 여전히 소추·처벌의 가능성이 남아 있음을 근거로 든다. ② 부정설[34]은 15

31 그러나 부정수표 방지법 제2조 제2항 위반죄에서 부정발행한 수표의 지급거절은 객관적 처벌조건(또는 구성요건 결과 발생)으로 해석되고 있는바, 본범의 객관적 처벌조건이 충족되지 않은 상태(즉, 부도가 나기 전)에서 한 은닉행위가 범인은닉에 대한 범의를 인정할 수 있다면(즉, 부도가 발생하리라는 사실을 인식하였다면) 본죄에 해당한다고 본 위 83도1486 판결의 태도가 타당한지 의문이다. 아울러 교통사고처리 특례법 제3조 제2항의 단서에 해당하지 않는 통상의 교통사고에서 자동차종합보험에 가입되어 소추의 가능성이 없는 자를 도피하게 한 행위에 대하여, 허위진술을 하여 수사를 방해하였다는 이유만으로 범인도피죄의 성립을 인정한 위 2000도4078 판결의 태도가 타당한지 역시 의문이다. 형법은 '죄를 범한 자'를 도피·은닉한 경우를 처벌하고 있고, 여기서 '죄를 범한 자'라 함은 처벌조건 및 소추조건도 모두 갖춘 자를 의미한다고 봄이 타당하다. 위와 같이 해석하지 않으면 가벌성이 부당하게 확대될 것이기 때문이다.

32 札幌高判 平成 17(2005). 8. 18. 高刑集 58·3·40.

33 김일수·서보학, 715; 유기천, 형법(각론강의 하)(전정신판), 328; 정영일, 483; 진계호·이존걸, 형법각론(6판), 913.

34 배종대, § 161/6; 손동권, 707; 이재상·장영민·강동범, § 45/28; 임웅, 1002.

검사의 불기소처분으로 인해 형사절차가 사실상 종결된다는 것을 근거로 든다. 절충적으로 ③ 원칙적으로는 부정설에 따르면서도 기소중지를 이유로 한 불기소처분을 받은 자는 본죄의 객체에 포함하는 견해,[35] ④ 원칙적으로 긍정설에 따르면서도 범죄불성립을 이유로 한 불기소처분을 받은 자는 본죄에 객체에서 제외하는 견해[36] 등이 있다. 이에 대한 판례는 보이지 않는다.[37]

16 검사가 불기소처분을 하였더라도 다시 수사·소추·처벌의 가능성이 있으므로 일률적으로 객체에서 제외하는 것은 부당하다. 반면 검사의 불기소처분으로 인해 사실상 형사절차가 종결한 자까지 객체로 포섭하게 되면, 본죄의 적용범위가 부당하게 확대될 우려가 있다. 따라서 검사의 불기소처분이 내려진 자는 원칙적으로 본죄의 객체에 해당하지 않으나,[38] 그 자가 지명수배되었거나 다시 수사기관의 수사대상이 되거나 공소가 제기된 경우에는 본죄의 객체에 해당한다고 봄이 타당하다.

(3) 진범 아닌 자

(가) 학설

(a) 진범인 한정설[39]

17 실제로 벌금 이상의 형에 해당하는 죄를 범한 진범인에 한정된다는 견해이다. 구 형법에 '벌금 이상의 형에 해당하는 죄를 범한 자 또는 구금 중 도주한 자'라고 규정되어 있었던 것과는 달리 현행법에는 '벌금 이상의 형에 해당하는 죄를 범한 자'만으로 규정되어 있으므로 현행법의 해석으로는 진범으로 한정하는 것이 타당하고, 진범 아닌 자를 은닉한 행위는 국가의 정당한 형벌권 행사를 방해하였다고 볼 수 없으며, '죄를 범하지 않았어도 죄를 범한 자로 수사대상이

---

35 백형구, 626.

36 김일수, "범인은닉죄의 해석론과 입법론", 법학논집 31, 고려대 법학연구원(1995), 277.

37 대판 1982. 1. 26, 81도1931을 들며 판례가 긍정설의 입장에 있다고 보는 견해(배종대 § 161/6)가 있으나, 위 판결은 불기소처분을 받은 자를 은닉·도피하게 한 것이 아니라 은닉·도피하게 하였던 자가 사후적으로 불기소처분을 받은 경우에 대한 사례로서, 이 부분 논의에 원용하기에 적절하지 않다.

38 특히 검사의 불기소처분에 대해 고소권자가 법원에 재정신청을 하였으나 위 재정신청에 대한 기각결정이 확정된 경우 검사는 다른 중요한 증거를 발견한 경우를 제외하고는 공소를 제기할 수 없는바(형소 § 262④), 이러한 경우는 사실상 수사가 종결되었다고 보아도 무방할 것이다.

39 김선복, 719; 서일교, 형법각론, 349; 유기천, 327; 이영란, 851; 이재상·장영민·강동범, § 45/29; 정성근·박광민, 809; 조준현, 515.

되어 있는 자'에 해당하는 피고인·피의자를 포함시키는 것은 문리에 반하는 피고인에게 불리한 유추해석이며, 위법성 내지 유책성의 관점에서도 확장해석을 할 근거가 없다는 점 등을 근거로 한다.

(b) **강력혐의자 포함설**[40]

진범인이 본죄의 객체가 됨은 물론이지만, 은닉하거나 도주시키는 행위가 있는 단계에서 객관적이고 합리적인 판단에 의하여 진범인이라고 강하게 의심받는 자까지만 본죄의 객체에 포함시키는 견해이다. 18

(c) **단순혐의자 포함설**[41]

진범임을 요하지 않는다는 견해로서, ① 적어도 그러한 혐의를 받아 수사 또는 소추의 대상이 되어 있는 자까지 포함한다는 견해와 ② 수사개시 전에도 본죄의 객체에 포함된다는 견해[42]로 나뉜다. 위 ①설에 의하면 본죄의 심리에 진범 여부를 판단하여야 할 것인데, 피은닉·도피자에 대한 수사, 소추가 없는 상태에서 진범인지 여부를 판단하는 것은 매우 부담스러운 일이고, 경우에 따라 피은닉·도피자에 대한 재판결과와 모순될 가능성이 있는 점, 피은닉·도피자가 소재불명이 되어 그 자의 진범 여부를 알 수 없게 되었다면 이는 국가의 형사사법작용에 대한 매우 심각한 침해에 해당함에도 이러한 경우 본죄에 따른 죄책을 묻기 어려워지는 부당한 결론에 이를 수 있다는 점 등을 근거로 한다. 19

(d) **단계적 고찰설**[43]

단계를 나누어 수사가 개시되기 전에도 본죄의 객체가 되나 이 경우 진범인에 국한되고, 수사가 개시된 이후에는 수사대상이 된 피의자라는 사실만으로 부족하고 진범이거나 적어도 객관적·합리적 판단에 따라 진범이라고 강하게 의심되는 자이어야 하며, 공소제기·재판 단계에서는 진범일 필요 없이 공소제기된 피고인이기만 하면 충분하다는 견해이다. 20

(나) 판례

대판 1960. 2. 24, 4292형상555에서 "본죄의 '죄를 범한 자'라 함은 범죄의 혐의에 의하여 수사 중인 자도 포함되고 동인이 후일 판결에 의하여 무죄가 확 21

40 신동운, 224; 주석형법 〔각칙(2)〕(5판), 45(한경환).
41 김성돈, 818; 배종대, § 161/4; 이정원·류석준, 770; 임웅, 1003; 정영일, 483.
42 이정원·류석준, 771.
43 김일수·서보학, 716.

정되었더라도 다를 바 없다."라고 판시한 뒤, 대판 1982. 1. 26, 81도1931에서 "범인은닉죄는 형사사법에 관한 국권의 행사를 방해하는 자를 처벌하고자 하는 것이므로 형법 제151조 제1항 소정의 '죄를 범한 자'라 함은 범죄의 혐의를 받아 수사대상이 되어 있는 자를 포함한다. 따라서 구속수사의 대상이 된 소송외인이 그 후 무혐의로 석방되었다 하더라도 위 죄의 성립에 영향이 없다."라고 판시하면서 일관되게 범죄의 혐의를 받아 수사대상이 된 자는 사후에 범죄혐의가 없는 것으로 밝혀졌더라도 그를 은닉·도피하게 한 행위는 본죄에 해당한다고 판시하였다. 앞서 본 위 (c)의 단순혐의자 포함설의 입장과 같다고 볼 수 있다.[44]

22 문제는 진범이 아닌 자가 수사의 대상이 되기 전에 본죄의 객체가 될 수 있는지에 대한 판례의 태도가 어떠한지에 있는데, 이에 대해서는 대판 2003. 12. 12, 2003도4533에 대한 분석이 필요하다. 사안은 사망 교통사고를 일으키고 도주한 죄를 범한 범인의 사실혼관계에 있는 피고인이 위 범행사실을 알고 범인에게 도피를 권유하고 도피자금을 제공하고 외국으로 도피하게 하였는데, 피고인에 대한 범인도피죄의 재판이 진행될 때까지 본범에 대한 교통사고 및 도주혐의에 대한 수사가 이루어지지 않은 사안이다. 이에 대해 대법원은 위 판결에서 "형법 제151조에서 규정하는 범인도피죄는 범인은닉 이외의 방법으로 범인에 대한 수사, 재판 및 형의 집행 등 형사사법의 작용을 곤란 또는 불가능하게 하는 행위를 말하는 것으로서 그 방법에는 어떠한 제한이 없고, 또 위 죄는 위험범으로서 현실적으로 형사사법의 작용을 방해하는 결과가 초래될 것이 요구되지 아니하므로, 형법 제151조 제1항의 이른바, 죄를 범한 자라 함은 범죄의 혐의를 받아 수사대상이 되어 있는 자를 포함하며, 나아가 벌금 이상의 형에 해당하는 죄를 범한 자라는 것을 인식하면서도 도피하게 한 경우에는 그 자가 당시에는 아직 수사대상이 되어 있지 않았다고 하더라도 범인도피죄가 성립한다."고 하면서 유죄로 인정한 원심을 유지하였다. 위 대법원 판결은 일응 '죄를 범한 자'의 범위를 종래의 수사대상이 되었던 자에서 수사개시 전의 자로까지 확대하여 진범임을 요하지 않는다는 의미로 해석될 수도 있고, 위 판결에서 '벌금 이상의 형에 해당하는 죄를 범한 자라는 것을 인식하면서도'라는 부분에 주목하여 수사개시 전에는 진범임을 요하고 이를 인식한 상태에서의 행위만이 본죄에

44 일본 판례도 같은 입장이다[最判 昭和 24(1949). 8. 9. 刑集 3·9·1440].

해당한다는 의미로도 해석될 수 있다.[45]

다만 위 대법원 판결의 원심인 서울지판 2003. 7. 15, 2002노11790은 "범인도피죄에 있어서 '죄를 범한 자'는 범죄의 혐의를 받아 수사대상이 되어 있는 자를 포함하고 동인이 후일 무혐의로 석방되거나 판결에 의하여 무죄가 확정되더라도 위 죄의 성립에 영향이 없고, 범인으로 강하게 의심받는 자라면 수사의 개시 전이거나, 수사 중이거나 심리 중이거나 또는 확정판결을 받은 것이거나 불문하고 위 죄가 성립한다고 할 것이며, (중략) A는 이 사건 교통사고 당일 이 사건 공소사실 기재와 같이 위 피고인의 도움으로 대만으로 출국한 이후 아직까지 귀국하지 아니하여 지명수배 중인 자로서 위 피고인을 포함한 주변인과 목격자들의 진술 및 관련증거들에 의하여 이 사건 교통사고를 내어 피해자를 치사하고 도주한 범인으로 현재까지도 강하게 의심받고 있는바, 그렇다면 위 피고인이 사고차량을 치워 수리하도록 하고 A를 대만으로 출국시킬 당시 위에서 인정한 바와 같이 A가 교통사고를 내어 피해자를 치사한 후 도주한 범인일지도 모른다는 인식을 가지고 있었던 이상, 가사 A가 후일 이 사건 업무상과실치사 후 도주의 점에 관하여 무혐의처분 또는 무죄판결을 받더라도 위 피고인의 이 사건 범죄 성립에는 아무런 영향을 주지 않는다고 할 것이므로 위 피고인의 주장은 이유 없다."고 판단하였다. 이는 앞서 본 위 (b)의 강력혐의자 포함설에 가까운 입장으로 보인다. 23

(다) 사견

진범을 은닉·도피하게 한 행위에 대해서는 그 행위가 수사 개시 여부, 기소 여부를 불문하고 본죄가 성립한다는 점에 대해서는 별다른 이견이 없는 것으로 보인다. 위 (b), (c)의 견해도 진범이 아닌 경우 강력혐의자 또는 단순혐의자를 본죄의 객체로 포함하자는 의미로 보인다. 24

진범이 아닌 자를 은닉·도피하게 한 행위에 대해서는 단계별로 나눠 볼 필 25

45 일본의 경우, 最判 昭和 28(1953). 10. 2. 刑集 7·10·1879는 밀입국자를 수사개시 전에 은닉한 사안에서, "실제로 벌금 이상의 형에 해당하는 죄를 범한 자라는 사실을 알면서 관헌의 발견, 체포를 면하도록 그 자를 은닉한 경우에는, 그 범죄가 이미 수사관헌에게 발각되어 수사가 시작되었는가 여부에 관계없이" 범인은닉죄가 성립한다고 판시하였음에 대하여, 最判 昭和 33(1958). 2. 18. 刑集 12·3·359에서는 '실제로' 라는 용어를 사용하지 않고 있어, 진범인이 아니더라도 피의자로서 수사의 대상이 될 수 있는 사람도 포함된다는 견해도 있으나, 통설은 위 두 판례 모두 진범인이면 수사 중이 아니더라도 포함된다는 취지로 이해하고 있다〔西田 外, 注釈刑法(2), 105(島田聡一郎)〕.

요가 있다.

26 먼저, 수사가 개시되기 전에는 진범 아닌 자를 은닉·도피하게 하는 경우를 상정하기 어렵고, 가사 그러한 경우가 있다고 하더라도 형사사법 절차에 관한 국권의 행사가 방해되었다고 볼 수 없으므로, 본죄의 성립을 부정함이 타당하다.[46]

27 다음으로, 수사가 개시되었거나 공소가 제기된 이후 진범 아닌 자를 은닉·도피하게 한 경우이다. 판례는 일관되게 진범임을 필요로 하지 않는다고 하고 있고, 학설상 의견 대립도 다양하게 나타나는 부분이다. 첫째, 본조의 문언해석 및 연혁을 고려하면, 진범이 아닌 자를 은닉·도피하게 한 경우에도 본죄가 성립되지 않는다고 봄이 타당함은 앞서 위 (a)의 진범인 한정설의 주장과 같다. 진범이 아니지만 수사기관의 수사대상이 된 자는 한마디로 '죄를 범한 자는 아니지만 수사기관이 죄를 범한 자로 의심하는 자'에 불과하다. 이러한 자를 본죄의 객체로 해석하는 것은 가능한 문언해석의 범위를 넘어서는 것이다. 둘째, 진범 아닌 자를 피의자로 잘못 지목하여 강제처분 등 수사하는 것은 적법하고 정당한 공권력의 행사가 아니다. 공권력의 행사가 언제나 정확하고 적정하게 행사될 수는 없다고 하더라도 잘못된 공권력의 행사를 근거로 선량한 국민을 범법자로 몰아세우는 것은 부당하고, 이는 위법한 공무집행을 방해한 행위를 공무집행방해죄로 처벌하는 것과 다르지 않다. 잘못된 형사사법권력 행사에 따르지 않은 국민을 범죄자로 처벌하는 것은 지나치게 사법편의를 위한 것이다. 죄를 저지르지 않은 사람에 대해서는 형사사법권이 개입할 여지가 없고 그 사람을 은닉·도피하게 하였다고 하여 형사사법권이 방해받았다고 볼 수 없다. 셋째, 진범이 아니더라도 본죄의 객체로 인정한다는 견해는 본죄의 재판에서 진범 여부에 대한 확정이 어렵다는 점을 근거로 든다. 그러나 본죄의 진범은 확정판결에 의하여 진범임이 입증되어야 하는 것은 아니므로, 본죄에 대한 재판에서 진범 여부를 충분히 심리하여 판단할 수 있다고 본다. 넷째, 본범은 진범이 아닌 것으로 밝혀져 무죄가 확정되었는데, 그를 은닉·도피한 자를 본죄로 처벌하는 것은 형평에 반한다. 나아가 본죄의 교사범 성립이 인정되는바, 진범이 아니어서 혐의를 받은 범죄에 대해서는 무죄를 선고받으면서도 범인도피교사의 죄책을

46 다만, 앞서 본 대판 1983. 8. 23, 83도1486은 범죄의 처벌조건이 성립되기 전 범인도피행위에 대해 본죄의 성립을 인정한 바 있다.

진다[47]는 것은 주객이 전도된 모습이다. 주된 범죄는 무죄임에도 그 범죄에 관한 적절한 형사사법 권력의 실행을 위해 존재하는 본죄를 유죄로 인정하여 형사처벌할 필요성이 존재하는지 의문이다.

결론적으로 진범 아닌 자를 도피·은닉하게 한 행위는 처벌하지 않는다고 28
하는 위 (a)의 진범인 한정설이 타당하다.[48]

Ⅳ. 행 위

본죄의 행위는 은닉 또는 도피하게 하는 것이다. 29

1. 은 닉

'은닉'이란 장소를 제공하여 관계 공무원이 범인을 발견하거나 체포하지 못 30
하게 하려고 범인을 감추어 주는 것을 뜻한다(통설).[49] 죄를 범한 자임을 인식하면서 장소를 제공하여 체포를 면하게 하는 것만으로 성립하고, 죄를 범한 자에게 장소를 제공한 후 동인에게 일정 기간 동안 경찰에 출두하지 말라고 권유하는 언동을 하여야만 범인은닉죄가 성립하는 것이 아니며, 또 그 권유에 따르지 않을 경우 강제력을 행사하여야만 한다거나, 죄를 범한 자가 은닉자의 말에 복종하는 관계에 있어야만 범인은닉죄가 성립하는 것은 더욱 아니다.[50]

---

47 대판 2014. 3. 27, 2013도152. 피고인의 석유 및 석유대체연료 사업법 위반 부분에 대해서는 무죄를 선고하면서, 피고인이 위 혐의에 대한 수사과정에서 타인으로 하여금 피고인을 대신하여 사업운영자라고 허위사실을 진술하게 한 것은 범인도피교사에 해당한다고 판단한 사례이다.

48 일본에서는 본죄의 객체와 관련하여, 학설상 ① 무죄나 면소의 확정판결을 받은 자, ② 공소시효의 완성, 형의 폐지, 사면, 친고죄에서 고소기간이 도과한 자, ③ 사망 등으로 인하여 처벌의 가능성이 없게 된 자가 '죄를 범한 자'에 해당하는지 여부가 문제되고 있다. 일반적으로 진범인 한정설에서는 위 ① 내지 ③ 모두 진범인을 처벌할 가능성이 소멸한 이상 진범인의 처벌을 방해할 수 없기 때문에 본죄는 성립하지 않는다고 한다. 반면에, 진범인에 한정하지 않는다는 입장(일본 판례 등)에서는 적어도 위 ②와 ③에 대해서는 혐의를 받아 수사 중인 자 중에는 위 사유가 인정되는 경우도 있어, 원칙적으로 본죄가 성립하고, 소추불가능이 명백하여 수사의 필요성이 없는 경우에 한하여 본죄의 성립이 부정된다고 한다. 하급심 판례 중에는 ③의 경우에 본죄의 성립을 인정한 것이 있다[札幌高判 平成 17(2005). 8. 18. 判時 1923·160(A가 음주운전 사고로 사망하였는데, 동승자인 피고인이 음주운전 발각을 피하기 위해 자신이 운전하였다고 허위 진술한 사례)]. 일본에서의 상세한 논의에 대해서는 西田 外, 注釈刑法(2), 104-109(島田聡一郎) 참조.

49 이재상·장영민·강동범, § 45/30; 이정원·류석준, 771; 주석형법 [각칙(2)](5판), 46(한경환).

50 대판 2002. 10. 11, 2002도3332; 대판 2008. 12. 24, 2007도11137 등.

2. 도피하게 하는 행위

31 '도피하게 하는 행위'는 은닉 이외의 방법으로 범인에 대한 수사, 재판 및 형의 집행 등 형사사법의 작용을 곤란 또는 불가능하게 하는 일체의 행위를 말한다(통설,[51] 판례[52]). 그 수단과 방법에는 어떠한 제한이 없다. 또한 범인도피죄는 위험범으로서 현실적으로 형사사법의 작용을 방해하는 결과를 초래할 것이 요구되지 아니하지만, 본조 제1항에 함께 규정되어 있는 은닉행위에 비견될 정도로 수사기관의 발견·체포를 곤란하게 하는 행위, 즉 직접 범인을 도피시키는 행위 또는 도피를 직접적으로 용이하게 하는 행위에 한정된다. 따라서 형사사법에 중대한 장애를 초래한다고 보기 어려운 통상적인 도피는 여기에 해당하지 않는다.[53] 그 자체로는 도피시키는 것을 직접적인 목적으로 하였다고 보기 어려운 어떤 행위의 결과 간접적으로 범인이 안심하고 도피할 수 있게 한 경우까지 포함하는 것은 아니다.[54] 형사사법의 작용을 방해하는 모든 행위 내지 범인을 돕는 모든 행위가 범인도피죄의 구성요건에 해당한다고 본다면, 이는 일반 국민의 행동의 자유를 지나치게 제한하는 것으로서 부당하기 때문이다.[55]

32 범인도피죄는 직접 범인을 도피시키는 행위 또는 도피를 직접적으로 용이하게 하는 행위에 한정되는 것인바, 어떤 행위가 직접 범인을 도피시키는 행위 또는 도피를 직접적으로 용이하게 하는 행위에 해당하는가를 판단하기 위해서는, 범인도피죄의 구성요건적 행위가 정형화되어 있지 아니한 점을 고려한다면, 피고인이 범인의 처지나 의도에 대하여 인식하고 있었는지, 그에게 범인을 은닉 내지 도피시키려는 의사가 있었는지를 함께 고려하여 살펴보아야 할 것이고, 단순히 피고인이 한 행위의 밖으로 드러난 태양만 살펴보는 것만으로는 부족하다.[56] 단지 본범이 용이하게 도피할 수 있는 결과를 간접적으로 초래함에 그친 경우에는 본죄에 해당하지 않는다.

33 변호사가 증언거부권자에게 증언을 거부하도록 권유하거나 피의자·피고인

51 이재상·장영민·강동범, § 45/30; 이정원·류석준, 771; 주석형법 〔각칙(2)〕(5판), 46(한경환).
52 대판 2008. 12. 24, 2007도11137; 대판 2014. 4. 10, 2013도12079.
53 대법원 2021. 11. 11, 2021도5431.
54 대판 2008. 12. 24, 2007도11137.
55 대판 1995. 3. 3, 93도3080.
56 대판 2004. 3. 26, 2003도8226.

으로 하여금 진술을 거부하도록 권유하더라도 이는 소송법상 소송관계인에게 허용된 권리의 행사를 권유한 것이므로, 본죄가 성립하지 않는다고 본다.[57] 그러나 형사변호인으로서 보호하고 대변해야 할 피고인 또는 피의자의 이익은 법적으로 보호받을 가치가 있는 정당한 이익으로 제한되고, 변호인이 의뢰인의 요청에 따른 변론행위라는 명목으로 수사기관이나 법원에 대하여 적극적으로 허위의 진술을 하거나 피고인 또는 피의자로 하여금 허위진술을 하도록 하는 것은 허용되지 않는다.[58]

참고인의 허위진술이 범인도피죄에 해당하는지 문제되는 경우가 많다. 원래 수사기관은 범죄사건을 수사함에 있어서 피의자나 참고인의 진술 여하에 불구하고 피의자를 확정하고 그 피의사실을 인정할 만한 객관적인 제반증거를 수집 조사하여야 할 권리와 의무가 있다. 따라서 참고인이 범인 아닌 다른 자를 진범이라고 내세우는 경우 등과 같이 적극적으로 허위사실을 진술하여 수사관을 기만, 착오에 빠지게 함으로써 범인의 발견·체포에 지장을 초래케 하는 경우에는 범인도피죄가 성립한다고 할 것이나,[59] 그와는 달리 참고인이 수사기관 34

57 김성돈, 820; 백형구, 626; 손동권, 709; 이재상·장영민·강동범, § 45/30; 임웅, 1005.

58 대판 2012. 8. 30, 2012도6027. 甲이 수사기관 및 법원에 출석하여 乙 등의 사기 범행을 자신이 저질렀다는 취지로 허위자백을 하였는데, 그 후 甲의 사기 피고사건 변호인으로 선임된 피고인이 甲과 공모하여 진범 乙 등을 은폐하는 허위자백을 유지하게 함으로써 범인을 도피하게 하였다는 내용으로 기소된 사안에서, 피고인이 변호인으로서 단순히 甲의 이익을 위한 적절한 변론과 그에 필요한 활동을 하는 데 그치지 아니하고, 甲과 乙 사이에 부정한 거래가 진행 중이며 甲 피고사건의 수임과 변론이 거래의 향배와 불가결한 관련이 있을 것임을 분명히 인식하고도 乙에게서 甲 피고사건을 수임하고, 그들의 합의가 성사되도록 도왔으며, 스스로 합의금의 일부를 예치하는 방안까지 용인하고 합의서를 작성하는 등으로 甲과 乙의 거래관계에 깊숙이 관여한 행위를 정당한 변론권의 범위 내에 속한다고 평가할 수 없고, 나아가 변호인의 비밀유지의무는 변호인이 업무상 알게 된 비밀을 다른 곳에 누설하지 않을 소극적 의무를 말하는 것일 뿐 진범을 은폐하는 허위자백을 적극적으로 유지하게 한 행위가 변호인의 비밀유지의무에 의하여 정당화될 수 없다고 하면서, 한편으로 피고인의 행위는 정범인 甲에게 결의를 강화하게 한 방조행위로 평가될 수 있다는 이유로 범인도피방조죄를 인정한 원심판단을 정당하다고 판시하였다.

본 판결 평석은 임기환, "변호인의 진실의무와 변론권의 한계", 법과 정의 그리고 사람: 박병대 대법관 재임기념 문집, 사법발전재단(2017), 599-606.

59 일본 판례는 참고인의 허위진술의 경우, 허위진술의 내용에 따라 수사관으로 하여금 어떤 의문을 생기게 하여 그에 따른 행위를 하도록 하는 성질을 가진 경우에는 범인도피죄가 성립한다는 취지로 판시하고 있다[最決 平成 1(1989). 5. 1. 刑集 43·5·405(교통사고로 구속된 범인 대신에 자백함으로써 범인의 구속을 면하게 해야 하는지에 대하여 의문을 생기게 할 수 있었다고 한 사례); 最決 平成 29(2017). 3. 27. 刑集 71·3·171(교통사고로 범인이 구속되기 전에 범인의 운전차량은 이미 도난당하여 범인이 운전하지 않는 것으로 말을 맞춘 다음, 범인이 구속되자 그대로

에서 범인에 관하여 조사를 받으면서 그가 알고 있는 사실을 묵비하거나 허위 사실을 진술한 것만으로는 바로 범인도피죄를 구성한다고 할 수 없다고 봄이 타당하다.[60] 참고인의 그 허위진술로 말미암아 증거가 불충분하게 되어 범인을 석방하게 되는 결과가 되었다 하더라도 마찬가지이다.[61] 위와 같이 보지 않는다면 참고인은 항상 수사기관에 대하여 진실만을 진술하여야 할 법률상의 의무를 부담하게 되고, 추호라도 범인에게 유리한 허위진술을 하면 모두 처벌받게 되는 결과가 되어 법률에 의한 선서를 한 증인이 허위의 진술을 한 경우에 한하여 위증죄가 성립된다는 형법의 규정취지와 어긋나기 때문이다.[62]

35 본죄의 행위는 부작위에 의해서도 가능하다. 다만, 부작위에 의한 도피라고 하려면 범인을 체포하여야 할 보증인적 지위(경찰관 등)에 있을 것을 요한다.[63] 그러한 지위에 있지 않은 일반인이 범인을 수사기관에 신고하지 않거나 수사기관에 인계하지 않은 것만으로는 범인도피에 해당하지 않는다.[64] 다만, 국가보안법 등 위와 같은 불고지행위에 대한 처벌규정(§ 10)을 둔 경우에는 그에 따라 처벌될 것이다.

(1) 범인도피죄가 인정된 경우

36 판례상 범인도피죄가 인정된 사례는 ① 범인 또는 그 관계자에 대한 행위유형, ② 수사기관에 대한 행위유형, ③ 사법관계자의 행위유형(작위·부작위)으로 나누어 볼 수 있다.

(가) 범인 또는 그 관계자에 대한 유형

37 위 ①유형으로는, 도피 중인 자의 부탁을 받고 그가 만나고자 하는 자를 만나게 해 준 행위,[65] 범인이 기소중지자인 것을 알면서 범인의 부탁으로 범인이 기거할 곳에 대한 임대차계약을 타인 명의로 체결해 준 행위,[66] 지명수배 중인 범인에게 자신의 운전면허증, 신용카드 등을 빌려주고 자신의 명의로 승용차를 구입하여 준 행위[67] 등이 있다.

진술함으로써 범인을 계속 구속해야 하는지에 대하여 의문을 생기게 할 수 있었다고 한 사례)].

60 대판 1991. 8. 27, 91도1441; 대판 1987. 2. 10, 85도897 등.
61 대판 1987. 2. 10, 85도897.
62 대판 1987. 2. 10, 85도897.
63 대판 2017. 3. 15, 2015도1456.
64 대판 1984. 2. 14, 83도2209.
65 대판 1990. 12. 26, 90도2439.
66 대판 2004. 3. 26, 2003도8226.
67 대판 2003. 5. 30, 2003도111.

일본 판례로는 범인에게 특정한 지역으로 도주하도록 권고한 행위,[68] 수사상 황을 알려주고 도주자금을 제공한 행위,[69] 범인에게 가명을 사용하도록 타인의 호적등본, 신분증명서를 제공한 행위,[70] 범인을 승용차에 태워 잠복예정장소까지 가도록 한 행위,[71] 범인에게 술과 음식을 제공하고 재워준 행위[72] 등이 있다. 38

(나) 수사기관에 대한 행위유형

위 ②유형으로는, 범인이 아닌 자로 하여금 범인으로 가장케 하여 수사기관으로 하여금 조사를 하도록 하는 행위,[73] 수사기관에 적극적으로 범인임을 자처하고 허위사실을 진술하여 실제 범인을 도피하게 하는 행위[74] 등이 있다. 39

(다) 사법관계자의 행위유형

위 ③유형으로는, 경찰관이 공범이 더 있다는 사실을 숨긴 채 허위보고를 하고 조사를 받고 있는 범인에게 다른 공범이 있음을 더 있음을 실토하지 못하게 한 행위,[75] 사제가 죄지은 자를 능동적으로 고발하지 않는 것에 그치지 아니하고 은신처 마련, 도피자금 제공 등 범인을 적극적으로 은닉·도피케 하는 행위,[76] 경찰관이 범인을 검거하라는 검사의 지시를 받고 오히려 범인에게 전화하여 "형사들이 나갔으니 무조건 튀라."고 알려준 행위,[77] 형사과 강력계에 근무하는 경찰관이 지명수배 중인 범인을 발견하고도 체포하지 않고 오히려 그에게 "제주도에 있으면 관광객도 많고 검문이 심하지 않아 검거가 잘 되지 않는다."고 알려준 행위[78] 등이 있다. 40

일본 판례로는 경찰관이 도박행위를 목격하고 검거할 수 있었음에도 이를 묵인한 행위[79] 등이 있다. 41

---

68 大判 明治 44(1911). 4. 25. 刑錄 17.659.
69 浦和地判 昭和 49(1974). 10. 29. 刑月 6·10·1107.
70 大判 大正 4(1915). 3. 4. 刑錄 21.231.
71 最判 昭和 35(1960). 3. 17. 刑集 14·3·351
72 大判 大正 12(1923). 5. 9. 刑集 2.401.
73 대판 1967. 5. 23, 67도366.
74 대판 2000. 11. 24, 2000도4078. 일본 판례도 같은 취지이다[最決 平成 1(1989). 5. 1. 刑集 43·5·405].
75 대판 1995. 12. 26, 93도904.
76 대판 1983. 3. 8, 82도3248.
77 대판 1996. 5. 10, 96도51.
78 대판 2017. 3. 15, 2015도1456.
79 大判 大正 6(1917). 9. 27. 刑錄 23.1027.

(2) 범인도피죄가 부정된 경우

42 대법원은 ① 부정수표단속법위반 피의자 A가 B에 대하여 지는 또 다른 노임채무를 甲이 인수키로 하는 지불각서를 작성하여 주고 위 B가 A를 수사당국에 인계하는 것을 포기하기로 하는 합의가 이루어져 위 A가 수사당국에 인계되지 않도록 한 甲의 행위,[80] ② 甲이 지명수배자인 A가 B와 술을 마시다가 검문을 받아 도주한 사실을 알면서도 검찰에서 참고인으로 진술함에 있어서 A를 잘 알지 못할 뿐 아니라 B와 함께 술을 마신 사람 가운데 A는 없었다고 허위진술한 경우,[81] ③ 절도사건과 관련하여 조사받는 과정에서 경찰관에게 공범의 이름을 단순히 묵비한 경우,[82] ④ 甲은 사안이 경미하다고 하여 이미 석방이 결정되어 있는 상태에서 경찰관의 요구에 따라 A에 대한 신원보증서에 서명·무인하였는데 그 때 A의 인적사항이 허위로 기재된 사실을 알았으나 A의 기소중지 사실은 모른 채 A가 다른 이유로 자신의 인적사항을 감추는 것으로만 생각하여 그와 같은 사실을 경찰관에게 알리지 아니하고 그 신원보증서에 그대로 서명·무인한 경우,[83] ⑤ 사행행위등규제및처벌특례법위반죄의 피의자가 수사기관에서 조사받으며 오락실을 단독 운영하였다고 허위진술하여 오락실 공동운영자인 공범의 존재를 숨긴 행위,[84] ⑥ 주점 개업식 날 찾아온 범인에게 "도망 다니면서 이렇게 와주니 고맙다. 항상 몸조심하고 주의하여 다녀라. 열심히 살면서 건강에 조심하라."고 말하는 것과 같이 단순히 안부를 묻거나 통상적인 인사말을 하는 행위,[85] ⑦ 사기죄를 범하고 해외로 도주한 A가 편취하여 마련한 자금 중 일부를 여러 차례에 걸쳐 가명으로 예금하고 입금과 출금을 되풀이하면서 그 인

---

80 대판 1984. 2. 14, 83도2209.

81 대판 1991. 8. 27, 91도1441.

82 대판 1984. 4. 10, 83도3288.

83 대판 2003. 2. 14, 2002도5374. 다만, 위 판결에서 "甲이 신원보증서를 작성함에 있어서, A가 다른 범죄로 기소중지 중이라는 점과 그가 자신의 신원이 밝혀지면 이미 기소중지 중인 다른 범죄로 인하여 체포상태에서 벗어날 수 없게 될 것을 두려워한 나머지 타인으로 행세하는 것이며, 체포상태에서 벗어날 경우 도피할 가능성이 크다는 사정을 잘 알면서도 A의 도피를 도와주고 수사기관의 추적을 곤란하게 한다는 적극적인 의사를 가지고 A 대신 타인의 인적사항이 기재된 신원보증서에 서명·무인하였다면, 범인도피죄가 성립될 수 있다."고 판시하였다.
본 판결 해설은 황정근, "범인도피죄에서의 도피행위", 해설 45, 법원도서관(2004), 674-688.

84 대판 2008. 12. 24, 2007도11137.

85 대판 1992. 6. 12, 92도736.

출한 돈 중 일부를 A의 자녀들의 생활비 및 A의 유령회사들의 운영유지비 등으로 사용하게 하고, 공범 B의 변호사 선임비로 사용한 행위,[86] ⑧ 甲이 폭행 범인 A의 인적사항을 묻는 경찰관의 질문에 단순히 '이언중'이라고 허무인의 이름을 진술하고 구체적인 인적사항에 대하여는 모른다고 진술한 행위,[87] ⑨ 경찰에서 참고인으로 진술하는 甲으로 하여금 절도 혐의로 체포되어 있던 A가 자신이 목격한 절도범인이 아니라고 허위진술하게 한 乙의 행위,[88] ⑩ 게임산업진흥에 관한법률위반 혐의로 수사기관에서 조사받는 피의자가 사실은 게임장·오락실·피시방 등의 실제 업주가 아님에도 불구하고 자신이 실제 업주라고 허위로 진술하는데 그친 경우,[89] ⑪ 불법 사행성 게임장의 종업원인 피고인이 수사기관에서 자신이 게임장의 실제 업주라고 진술하였다가, 그 후 위 진술을 번복함에 따라 실제 업주가 체포되자 다시 자신이 실제 업주라고 허위진술을 한 경우[90]에 범인도피죄의 성립을 부정하였다.

일본 판례 중에는 도주 중인 범인의 요청에 따라 그 내연의 처를 위하여 음식점 매수를 위한 돈 500만 엔을 제공함으로써 범인이 안심하고 도피할 수 있었다고 하더라도 범인도피죄는 성립하지 않는다고 판시한 것이 있다.[91] 43

86 대판 1995. 3. 3, 93도3080.

87 대판 2008. 6. 26, 2008도1059.

88 대판 1987. 2. 10, 85도897. 본 판결 해설은 성기창, "수사기관에서의 참고인의 허위진술과 범인도피죄의 성부", 해설 7, 법원행정처(1988), 465-472.

89 대판 2010. 2. 11, 2009도12164. 그러나 위 판결은 나아가 "다만, 그 피의자가 실제 업주로부터 금전적 이익 등을 제공받기로 하고 단속이 되면 실제 업주를 숨기고 자신이 대신하여 처벌받기로 하는 역할(이른바 바지사장)을 맡기로 하는 등 수사기관을 착오에 빠뜨리기로 하고, 단순히 실제 업주라고 진술하는 것에서 나아가 게임장 등의 운영 경위, 자금 출처, 게임기 등의 구입 경위, 점포의 임대차계약 체결 경위 등에 관해서까지 적극적으로 허위로 진술하거나 허위 자료를 제시하여 그 결과 수사기관이 실제 업주를 발견 또는 체포하는 것이 곤란 내지 불가능하게 될 정도에까지 이른 것으로 평가되는 경우 등에는 범인도피죄를 구성할 수 있다."고 판시하여, 범인도피죄가 성립할 수 있는 경우를 구체적으로 제시하였다.

90 대판 2013. 1. 10, 2012도13999. 위와 같은 피고인의 허위진술로 인해 범인인 실제 업주를 발견 또는 체포하는 것이 곤란 또는 불가능하게 될 정도에까지 이른 것으로 평가하기 어렵다고 판단한 사안이다.

91 大阪高判 昭和 59(1984). 7. 27. 高刑集 37·2·377.

V. 고 의

44 본죄의 고의는 은닉·도피행위의 상대방이 벌금 이상의 형에 해당하는 죄를 범한 자라는 점과 그러한 자를 은닉, 도피시킨다는 점에 대한 인식과 의사이다.[92] 미필적 고의로도 충분하다.

45 벌금 이상의 형에 해당하는 죄에 대한 인식은 범인이 행한 죄에 대한 인식으로 충분하고 그 법정형이 벌금 이상이라는 것에 대한 인식까지 필요로 하는 것은 아니다(통설,[93] 판례[94]). 예컨대 범인이 장물죄를 저지른 사실을 알고 그를 도피하게 한 이상 본죄의 고의는 인정되고, 장물죄의 법정형이 벌금 이상이라는 것을 몰랐거나 그에 대해 착오를 일으켰다고 하더라도 본죄의 성립에 영향이 없다. 나아가 범죄의 구체적인 내용이나 범인의 인적사항 및 공범이 있는 경우 공범의 구체적 인원수 등까지 알 필요는 없고,[95] 그 죄가 어떠한 법조에 해당하는지, 그 죄에 다른 선택형이 있는지 여부도 알 필요가 없다.[96] 다만, 범죄에 대한 인식에 착오가 있는 경우에는 본죄의 고의가 조각될 것이다. 예를 들어, 강도죄를 저지른 자를 경범죄를 저지른 자로 오인한 채 도피하게 한 때에는 고의가 조각되게 된다.

46 대법원은 참고인이 실제의 범인이 누군지도 정확하게 모르는 상태에서 수사기관에서 실제의 범인이 아닌 어떤 사람을 범인이 아닐지도 모른다고 생각하면서도 그를 범인이라고 지목하는 허위의 진술을 한 경우에는, 참고인의 허위진술에 의하여 범인으로 지목된 사람이 구속기소됨으로써 실제의 범인이 용이하게 도피하는 결과를 초래한다고 하더라도 그것만으로는 그 참고인에게 적극적으로 실제의 범인을 도피시켜 국가의 형사사법의 작용을 곤란하게 할 의사가 있었다고 볼 수 없다며 범인도피죄의 성립을 부정한 바 있다.[97]

---

92 손동권·김재윤, § 51/32; 이재상·장영민·강동범, § 45/32; 이정원·류석준, 772.

93 이에 대해 범죄의 구체적 인식은 요하지 않더라도 벌금 이상의 형에 해당하는 죄의 범인이라는 것의 인식은 필요하다는 견해로, 이재상·장영민·강동범, § 45/32.

94 대판 1995. 12. 26, 93도904; 대판 2000. 11. 24, 2000도4078.

95 대판 1995. 12. 26, 93도904.

96 주석형법 [각칙(2)](5판), 50(한경환).

97 대판 1997. 9. 9, 97도1596.

Ⅵ. 실행의 착수와 기수시기

1. 실행의 착수시기

본죄의 미수는 처벌하지 않는다. 본죄의 실행의 착수시기는 은닉·도피하게 하는 행위를 개시한 때이다. 대법원은 피고인이 사기죄 등을 저지르고 해외로 도주한 A에게 송금하기 위한 돈을 가명으로 예금하여 보관하고 있던 행위는 범인도피죄의 예비에 불과하여 처벌할 수 없고, 위 A의 자녀들을 미국으로 보내기 위하여 김포공항까지 안내하여 준 행위도 위 A의 자녀들이 현실적으로 미국으로 가지 않은 이상 범인도피죄에 해당하지 않는다고 판시한 바 있다.[98] 47

2. 기수시기

본죄의 기수시기는 은닉·도피하게 하는 행위가 종료된 때이다.[99] 본죄는 추상적 위험범이므로 현실적으로 국가의 형사사법의 작용을 방해하는 결과가 초래될 것까지 요구되지는 않는다. 본죄는 기수 이후에도 은닉·도피하게 하는 행위가 계속되는 한 종료되지 않는 계속범이고,[100] 공소시효는 은닉·도피행위가 종료한 때로부터 진행한다. 공범자의 범인도피행위 도중에 그 범행을 인식하면서 그와 공동의 범의를 가지고 기왕의 범인도피상태를 이용하여 스스로 범인도피행위를 계속한 경우에는 범인도피죄의 공동정범이 성립하고, 이는 공범자의 범행을 방조한 종범의 경우도 마찬가지이다.[101] 48

Ⅶ. 공범 - 자기은닉·도피의 교사

자기은닉·도피의 교사와 관련하여서는 앞서 본 **II. 주체** 부분 참조. 49

범인도피죄는 타인을 도피하게 하는 경우에 성립할 수 있는데, 여기에서 타인에는 공범도 포함된다. 그러나 범인 스스로 도피하는 행위는 처벌되지 않으므 50

98 대판 1995. 3. 3, 93도3080.
99 대판 1995. 9. 5, 95도577; 대판 2012. 8. 30, 2012도6027; 대판 2017. 3. 15, 2015도1456.
100 대판 1995. 3. 3, 93도3080.
101 대판 2012. 8. 30, 2012도6027.

로, 자신의 범행에 대한 방어권의 행사로 인해 다른 공범을 도피하게 하는 결과가 되더라도 범인도피죄로 처벌할 수 없고, 이때 공범이 이러한 행위를 교사하였더라도 범죄가 될 수 없는 행위를 교사한 것에 불과하여 범인도피교사죄가 성립하지 않는다.[102]

Ⅷ. 죄수 및 다른 죄와의 관계

1. 죄 수

51 동일한 범인을 은닉하고 또 도피하게 하였을 때에는 포괄하여 범인도피죄가 된다.[103] 동일사건에 관한 수인의 범인을 은닉 또는 도피케 한 경우에는 수죄가 성립하고, 하나의 은닉·도피행위로 인한 경우에는 상상적 경합이,[104] 수개의 행위로 각각의 범인을 은닉·도피하게 한 때에는 실체적 경합이[105] 된다.

2. 다른 죄와의 관계

52 범인을 알고 적절한 조치를 취하여야 할 자가 범인을 도피하게 하여 직무를 유기한 경우에는 범인도피죄만 성립하고 직무유기죄(§ 122)는 별도로 성립하지 않는다.[106] 부작위로 인한 직무위배의 위법상태는 작위의 범인도피행위 속에

102 대판 2018. 8. 1, 2015도20396. 구체적 판단은 다음과 같다. "이 사건에서 범인도피의 대상이 되는 피고인 乙, 피고인 丙의 범행은 강제집행을 피하기 위하여 피고인 甲에게 콜라텍을 허위로 양도하여 채권자 A를 불리하게 하였다는 것이고, 피고인 甲은 허위양수인으로서 행위의 모습이나 관여 정도에 비추어 강제집행면탈죄의 공동정범이라 할 수 있다. 피고인 乙, 피고인 丙에 대한 고소사건에서 피고인 甲에 대한 조사는 콜라텍을 허위로 양수하였는지에 관한 것이었는데, 이는 피고인 甲을 포함한 공범자 모두의 범행을 구성하는 사실관계로서 그중 피고인 乙, 피고인 丙의 범행에 관한 것만을 분리할 수 없다. 피고인 甲이 콜라텍을 실제 양수하여 운영하고 있다고 허위로 진술하고 그에 관한 허위 자료를 제출하였고 그것이 피고인 乙, 피고인 丙을 도피하게 하는 결과가 되더라도 범인도피죄가 성립할 수 없다. 이는 피고인 甲에 대한 고소사건에서도 마찬가지이다. 피고인 乙, 피고인 丙이 이러한 행위를 교사하였다고 해도 이는 범죄가 될 수 없는 행위를 교사한 것에 불과하여 범인도피교사죄도 성립하지 않는다."

103 김일수·서보학, 719; 배종대, § 161/10; 백형구, 628; 손동권·김재윤, § 51/34; 이재상·장영민·강동범, § 45/33; 임웅, 1006; 정성근·박광민, 812. 일본 판례도 같다[大判 明治 43(1910). 4. 25. 刑錄 16·739].

104 最判 昭和 35(1960). 3. 17. 刑集 14·3·351

105 大判 大正 12(1923). 2. 15. 刑集 2·65.

106 대판 1996. 5. 10, 96도51. 본 판결 평석은 이기헌, "죄수의 결정", 형사판례연구 [8], 한국형사

포함되어 있는 것으로 보아야 할 것이기 때문이다.

Ⅸ. 처 벌

법정형은 3년 이하의 징역 또는 500만 원 이하의 벌금이다. 53

본죄의 미수범 및 예비·음모에 대한 처벌규정은 없다. 54

Ⅹ. 친족간의 특례(제2항)

1. 취 지

범인의 친족 또는 동거의 가족이 범인을 위하여 본죄를 범한 때에는 처벌하지 않는다. 이와 같은 친족간의 특례에 법적 성격에 대하여, ① 친족간에는 적법행위를 기대할 수 없으므로 책임이 조각되어 범죄가 성립되지 않는다는 견해(책임조각사유설)[107]와 ② 친족간에도 본죄는 성립하지만 친족이라는 신분으로 인하여 처벌이 면제될 뿐이라는 견해(인적 처벌조각사유설)[108]로 나뉜다. 55

친족간의 특례가 적용되는 경우, 책임조각사유설에 의하면 무죄판결을 해야 하고 인적 처벌조각사유설에 의하면 형면제판결을 해야 한다. 책임조각사유설에 의할 때 8촌 정도의 친족에게까지 적법행위의 기대가능성이 없다고 할 수 있는지 의문이고, 오히려 본범과 더 친밀한 사이인 경우에 위 특례규정을 적용하여야 하는 것이 아닌가 하는 의문이 없지는 않으나, 본조에서 '벌하지 아니한다'라고 규정하고 있는 이상 범죄가 성립하지 않는다고 봄이 타당하다.[109] 대법원의 명시적인 판시는 보이지 않고, 하급심 판결 중 책임조각사유설에 따라 무죄판결을 한 사례들이 있는바,[110] 실무는 책임조각사유설에 따르고 있는 것으로 보인다. 56

판례연구회, 박영사(2000), 111-132.

107 김성돈, 822; 김일수·서보학, 718; 배종대, § 161/11; 백형구, 627; 이재상·장영민·강동범, § 45/34; 임웅, 1006; 정성근·박광민, 812; 정영일, 486; 홍영기, § 116/12.

108 신동운, 233; 황산덕, 형법각론(6정판), 86.

109 우리 형법은 범죄성립을 조각하는 경우에는 '벌하지 아니한다'라는 용어를 사용하고, 그 처벌만을 조각하는 경우에는 '형을 면제한다'는 용어를 사용하여 양자를 구별하고 있다.

110 부산고판 1995. 2. 18, 92노1513; 대구지법 서부지판 2012고단1021, 2012고정1341(병합); 부산지법 동부지판 2012고정1243; 대전지법 홍성지판 2015고단1207 등. 위 판결들은 모두 그대로

2. 적용범위

57 본 특례는 친족 또는 동거의 가족(2005년 3월 31일 민법 개정으로 '호주'는 삭제)이 벌금 이상의 형에 해당하는 죄를 범한 본인을 위해 본죄를 범한 경우에 적용된다. 여기서 '친족', '가족'의 범위는 민법[111]에 의한다. 내연관계에 있는 부부와 그 출생자를 친족의 범위에 포함시킬 지에 관하여 포함시키는 것은 유추해석으로 허용되지 않는다는 견해[112]가 있고, 판례[113]도 사실혼관계에 있는 사람은 위 조항의 '친족'에 해당하지 않는다고 보고 있다. 그러나 행위자에게 유리하게 적용되는 유추해석은 금지되지 않을 뿐만 아니라 본조의 입법취지가 적법행위에 대한 기대가능성임을 고려할 때 사실혼관계에 있는 부부와 그 출생자를 배제할 이유가 없다는 것이 다수설이다.[114]

58 친족, 동거의 가족이 '본인을 위하여' 본죄를 범한 경우에만 특례가 적용된다. '본인을 위하여'란 본인의 형사책임상의 이익(법령에 의한 구속, 형사소추, 유죄판결, 형의 집행 등을 피하거나 면할 수 있는 경우)을 위한 것을 말한다. 따라서 본인에게 불이익한 경우나 본인 아닌 공범자의 이익을 위한 경우, 본인의 재산상 이익을 위한 경우나 본인이나 가족의 명예를 보호하기 위한 경우는 여기에 해당하지 않는다(통설). 본인의 이익, 불이익은 범인의 주관에 의하여 결정되는 것이 아니라 객관적인 평가에 의하여 결정되어야 한다. 본인의 이익을 위한 것인 동

확정되었다. 한편 인천지판 2014. 11. 12, 2014고합521은 범인도피교사로 공소가 제기된 사안에서, 피고인은 범인도피의 공동정범으로서 범인의 친족에 해당한다며 무죄를 선고하였고, 검사가 항소·상고하였으나 대판 2015. 8. 27, 2015도7338로 상고기각되어 그대로 확정되었다.

111 민법 제777조(친족의 범위) 친족관계로 인한 법률상 효력은 이 법 또는 다른 법률에 특별한 규정이 없는 한 다음 각호에 해당하는 자에 미친다.
1. 8촌 이내의 혈족
2. 4촌 이내의 인척
3. 배우자
제779조(가족의 범위)
① 다음의 자는 가족으로 한다.
1. 배우자, 직계혈족 및 형제자매
2. 직계혈족의 배우자, 배우자의 직계혈족 및 배우자의 형제자매
② 제1항 제2호의 경우에는 생계를 같이 하는 경우에 한한다.

112 주석형법 [각칙(2)](5판), 55(한경환).

113 대판 2003. 12. 12, 2003도4533.

114 김성돈, 822; 김성천·김형준, 868; 김일수·서보학, 719; 배종대, § 161/12; 백형구, 628; 이재상·장영민·강동범, § 45/35; 임웅, 1007; 정성근·박광민, 812.

시에 공범자의 이익을 위한 것도 되는 경우에 특례가 적용되는가에 대해 긍정설[115]과 부정설[116]이 대립하나, 본인을 위한 것이면 그것이 동시에 공범자를 위한 것이라 하더라도 본 특례가 적용됨이 타당하다.

3. 특례와 공범관계

(1) 친족과 비친족이 공동한 경우

본 특례는 친족이라는 신분관계가 있는 사람 사이에서만 적용되므로, 친족 59
과 비친족이 공동하여 본죄를 범한 경우에 친족에 대해서만 적용되고, 비친족은 본죄의 정범으로 처벌된다.

(2) 비친족이 친족을 교사·방조한 경우

친족은 본 특례에 따라 처벌되지 않지만, 비친족은 공범의 종속형식에 관해 60
제한적 종속형식을 취하는 통설에 따르면, 본 특례의 법적 성격에 관한 어느 학설에 의하더라도 본죄의 교사범·방조범이 된다.[117]

(3) 친족이 비친족을 교사한 경우

이 경우, ① 역시 기대불가능하다는 이유에서 친족을 처벌할 수 없다는 견 61
해[118]와 ② 친족이라 하더라도 타인을 이용하여 본죄를 범하는 경우에는 기대가능성이 없다고 볼 수 없으므로 교사죄로 처벌되어야 한다는 견해[119]가 있다. 이때 범인이 타인을 교사하여 자기를 은닉·도피케 한 경우와 마찬가지로 '방어권의 남용'에 관한 논의[120]를 그대로 적용함이 타당하고, 친족이 비친족을 교사하여 범인을 은닉·도피케 한 행위가 방어권의 남용에 해당하면 특례의 적용을 부정함이 타당하다. 판례는 교사범의 성립을 인정하고 있다.[121]

---

115 김성천·김형준, 868; 손동권·김재윤, § 51/36; 이정원·류석준, 774; 임웅, 1007.

116 배종대, § 161/13; 이재상·장영민·강동범, § 45/35; 정성근·박광민, 813.

117 이재상·장영민·강동범, § 46/36; 주석형법 [각칙(2)](5판), 56(한경환). 다만 극단적 종속형식에 의하면, 본 특례의 법적 성격과 관련하여 책임조각사유설에서는 본죄의 교사·방조범이 성립하지 않지만, 인적 처벌조각사유설에서는 위 공범이 성립하게 된다. 그리고 확장적 종속형식에 의하면 어느 경우에나 위 공범은 성립하지 않는다.

118 김선복, 723; 김일수·서보학, 718; 배종대, § 161/14; 이재상·장영민·강동범, § 45/36; 임웅, 1008; 정성근·박광민, 813.

119 백형구, 628; 손동권·김재윤, § 51/37; 정영일, 487.

120 앞서 본 **II. 주체** 부분 및 대판 2014. 4. 10, 2013도12079 참조.

121 대판 1996. 9. 24, 96도1382.

(4) 본인(범인)이 친족을 이용하여 자기를 은닉시킨 경우

62 이 경우, 대법원은 본죄의 교사 내지 방조의 성립을 인정하고 있다.[122] 그러나 이 경우 정범의 행위인 친족이 범인을 은닉하는 행위와 종범의 행위인 본인(범인)의 범인도피 교사·방조하는 행위 모두 처벌할 수 없는 것이고, 제3자를 교사·방조한 경우와 달리 불처벌의 책임조각적 신분은 그대로 유지되고 있다고 봄이 타당하므로, 이를 방어권의 남용이라는 이유만으로 처벌하는 것은 부당하다고 생각된다.[123]

4. 착 오

63 (1) 범인의 친족이 아닌 사람이 범인을 자신의 친족이라고 오신하고 범인을 은닉하거나 도피시킨 경우, 본 특례의 법적 성격을 어떻게 파악하느냐에 따라 그 처리가 다르게 된다. 인적 처벌조각사유설에 의하면, 친족관계는 고의의 대상이 아니고 객관적으로 존재하면 충분하므로 본 특례가 적용되지 않는다고 할 것이다.[124] 책임조각사유설의 입장에서는 ① 본 특례의 객관적 적용요건인 친족관계가 결여되었으므로 본 특례가 적용되지 않는다는 견해,[125] ② 본 특례의 취지를 고려하여 본 특례가 적용된다는 견해,[126] ③ 기대가능성에 관한 착오로서 그 착오가 불가피하였다고 인정되는 때에는 본 특례가 적용된다는 견해,[127] ④ 심정적으로는 본 특례가 적용되는 경우와 다르지 않으므로 사실의 착오의 일종으로 본 특례가 적용된다는 견해가[128] 있다.

64 (2) 친족관계가 있음에도 불구하고 없다고 오신하고 범인을 은닉하거나 도피시킨 경우, 인적 처벌조각사유설에서는 본 특례가 적용되어 처벌되지 않을 것

---

122 대판 2006. 12. 7, 2005도3707; 대판 2008. 11. 13, 2008도7647. 본 판결 해설·평석은 손동권, "협의공범의 처벌근거와 관련된 특수문제", 형사재판의 제문제(6권), 고현철 대법관 퇴임기념 논문집, 박영사(2009), 58-76; 전원열, "불가벌의 친족에 대하여 범인도피죄를 행하도록 교사하는 것이 범죄를 구성하는지 여부", 해설 66, 법원도서관(2007), 303-308.

123 김성돈, 823.

124 주석형법 〔각칙(2)〕(5판), 57(한경환).

125 임웅, 1007.

126 배종대, § 161/14.

127 이정원·류석준, 774.

128 정성근·박광민, 형법각론(전정2판), 891. 일본의 다수설이라고 한다〔大塚 外, 大コン(3版)(6), 381(仲家暢彦)〕.

이다.[129] 책임조각사유설에서는 ① 본 특례의 입법취지가 적법행위 기대불가능성에 있다는 점을 고려하면 친족관계의 인식이 필요한데 이러한 주관적 적용요건이 결여되므로 본 특례가 적용되지 않는다는 견해,[130] ② 친족이 아닌 사람을 친족이라고 오인한 경우 특례가 적용되지 않는 것과의 균형상 본 특례가 적용된다는 견해[131]가 있다.

(3) 친족 이외의 인척관계에 있는 사람 모두에 대하여 본 특례가 적용된다 65
고 오신한 경우에는, 법률의 착오의 일종으로 본 특례는 적용되지 않는다.[132]

〔이 완 형〕

129 주석형법 〔각칙(2)〕(5판), 57(한경환).
130 임웅, 1007.
131 오영근, 769.
132 주석형법 〔각칙(2)〕(5판), 58(한경환); 大塚 外, 大コン(3版)(6), 381(仲家暢彦).

第10장 위증과 증거인멸의 죄

〔총 설〕

Ⅰ. 규 정

1. 구성요건의 체계

본장은 위증과 증거인멸에 관한 죄에 대하여 규정하고 있는데, 본장의 죄는 크게 ① 위증의 죄와 ② 증거인멸의 죄로 나누어 볼 수 있다. 1

위증의 죄는 위증죄(§ 152①)와 허위감정·통역·번역죄(§ 154)를 기본적 구성요건으로 하고, 모해위증죄(§ 152②)를 가중적 구성요건으로 규정하고 있으며, 자백·자수 감경규정(§ 153)을 두고 있다. 2

증거인멸의 죄는 증거인멸등죄(§ 155①)(이하, 증거인멸죄라고만 한다.)와 증인은닉·도피죄(§ 155②)를 기본적 구성요건으로 규정하고 있고 각각에 대한 가중적 구성요건으로 모해증거인멸등죄(이하, 모해증거인멸죄라고만 한다.)와 모해증인은닉· 3

도피죄(§ 155③), 그리고 친족간의 특례조항(§ 155④)으로 이루어져 있다.

4 본장의 조문 구성은 아래 [표 1]과 같다.

[표 1] 제10장 조문 구성

조 문		제 목	구성요건	죄 명	공소시효
§ 152	①	위증, 모해위증	ⓐ 법률에 의하여 선서한 증인이 ⓑ 허위의 진술	위증	7년
	②		ⓐ 형사사건 또는 징계사건에 관하여 ⓑ 피고인, 피의자 또는 징계혐의자를 모해할 목적으로 ⓒ ①의 행위	모해위증	10년
§ 153		자백, 자수	ⓐ 전조의 죄를 범한 자가 ⓑ 그 공술한 사건의 재판 또는 징계처분이 확정되기 전에 ⓒ 자백 또는 자수한 때 ⓓ 형을 필요적 감경 또는 면제		
§ 154		허위의 감정, 통역, 번역	ⓐ 법률에 의하여 선서한 감정인, 통역인 또는 번역인이 ⓑ 허위의 감정, 통역 또는 번역	허위 (감정, 통역, 번역)	7년
			ⓐ 법률에 의하여 선서한 감정인, 통역인 또는 번역인이 ⓑ 피고인, 피의자 또는 징계혐의자를 모해할 목적으로 ⓒ 허위의 감정, 통역 또는 번역	모해허위 (감정, 통역, 번역)	10년
§ 155	①	증거인멸 등과 친족간의 특례	ⓐ 타인의 형사사건, 징계사건에 관한 증거를 ⓑ 인멸, 은닉, 위조, 변조하거나 위조, 변조한 증거를 사용	증거(인멸, 은닉, 위조, 변조), (위조, 변조)증거사용	7년
	②		ⓐ 타인의 형사사건, 징계사건에 관한 증인을 ⓑ 은닉, 도피	증인(은닉, 도피)	7년
	③		ⓐ 피고인, 피의자, 징계혐의자를 ⓑ 모해할 목적으로 ⓒ ①, ②의 행위	모해 (제1항, 제2항 각 죄명)	10년
	④		ⓐ 친족, 동거의 가족이 ⓑ 본인을 위하여 ⓒ § 155의 죄를 범한 때 ⓓ 처벌하지 아니함		

2. 위증죄과 증거인멸죄의 관계

5 위증죄가 무형적인 방법으로 증거의 증명력을 해하는 범죄임에 반해 증거인멸죄는 유형적인 방법으로 물적 또는 인적 증거의 증명력을 해하는 범죄라는 점에서 구별되지만, 위증죄와 증거인멸죄가 본질적으로 국가의 사법기능을 보호법익으로 한다는 점에서는 같다.[1] 이러한 의미에서 위증죄는 증거인멸죄에 대하여 법조경합 중 특별관계에 있다는 것이 다수의 견해이다(특별관계설).[2]

6 그러나 위증죄는 표현범·자수범이고, 증거인멸죄는 공격범·지배범의 성격을 띠고 있고, 증거인멸죄는 국가의 형사재판·징계재판의 기능만 보호한다는 점에서 징계처분을 포함한 국가의 재판기능 일반을 보호하는 위증죄보다 적용범위가 좁으므로, 양자는 양립할 수 없는 2개의 구성요건으로서 택일관계라는 견해(택일관계설)도 있다.[3]

Ⅱ. 연 혁

1. 위증죄의 연혁

7 로마법과 중세 게르만법은 선서와 진술을 구별하여 허위진술만 처벌하였다.[4] 그러나 교회법에서는 위증죄를 신에 대한 맹세를 위반하여 신의 존엄성을 침해하는 범죄로 이해하여 선서위반죄 등으로 처벌하여 왔다.

8 18세기에 이르러 위증을 사기죄의 특수한 경우로 해석하는 견해가 등장하여 프로이센 일반란트법에서는 이를 위증에 의한 사기로 처벌하였으나, 19세기에 들어와 위증죄를 위조죄의 일종으로서 공공의 신용을 해하는 범죄로 파악하기 시작하였다. 1871년의 독일형법이 위조죄 다음에 위증죄를 규정한 태도는 이러한 영향을 받은 것이라고 볼 수 있고,[5] 일본 구 형법이 제2편 「공익에 관한

---

1 이재상·장영민·강동범, 형법각론(12판), § 46/6.

2 손동권·김재윤, 새로운 형법각론, § 52/1; 이재상·장영민·강동범, § 46/6; 임웅, 형법각론(9정판), 1005; 정성근·박광민, 형법각론(전정2판), 893.

3 김성돈, 형법각론(5판), 824-825; 김일수·서보학, 새로쓴 형법각론(9판), 733.

4 배종대, 형법각론(13판), § 162/3.

5 이재상·장영민·강동범, § 46/2.

중경죄(重輕罪)」 제4장 「신용을 해하는 죄」에서 화폐, 관인, 문서 등에 대한 각종 위조죄 다음에 제20장에서 위증의 죄를 규정한 것도 이러한 견해를 반영한 것으로 보인다.[6]

9 위증죄에서 종교범죄의 색채가 배제되기 시작한 것은 1919년 바이마르 헌법에 의하여 종교의 자유가 보장된 데에 기인하며, 특히 독일형법이 1943년의 개정에 의하여 오스트리아형법의 예에 따라 선서 위반뿐만 아니라 선서 없는 허위진술을 처벌하는 규정(§ 153)을 신설함으로써 위증죄의 국가보호범죄로서의 성격이 명백하게 되었다.[7]

10 우리 형법은 일본형법가안(§§ 223-226)의 영향을 받아 위증죄를 증거인멸죄와 동일한 장에서 국가적 법익에 대한 죄로 규정하고 있다.[8] 다만 독일형법은 선서 있는 위증죄(§ 154)[9] 이외에, 선서 없는 허위진술죄(§ 153),[10] 선서에 갈음하는 허위보증죄(§ 156),[11] 심지어는 과실위증죄(§ 163)[12]까지 처벌하고 있는 반면,[13] 우리 형법상의 위증죄는 선서를 요건으로 하여 선서한 후 위증한 경우에만 처벌하고 있다.

11 우리 형법상 위증죄가 선서한 사람의 위증만을 처벌하는 것이 타당한지에 대한 문제제기가 있다. 허위진술죄(§ 153)를 규정하면서도 선서를 위반한 때에 형을

6 大塚 外, 大コン(3版)(8), 361(池上政幸).

7 이재상·장영민·강동범, § 46/2.

8 유기천, 형법학(각론강의 하)(전정신판), 333; 이형국·김혜경, 형법각론(2판), 855.

9 독일형법 제154조 (위증) ① 법원 또는 선서를 행하게 할 권한이 있는 기타 관청에 대하여 위증한 자는 1년 이상의 자유형에 처한다.
② 제1항의 행위가 중하지 아니한 경우에는 6월 이상 5년 이하의 자유형에 처한다.

10 독일형법 제153조 (선서 없는 허위진술) ① 법원에 대하여 또는 선서에 의한 증언이나 감정을 행하게 할 권한이 있는 기타 관청에 대하여 증이 또는 감정인으로서 선서 없이 허위로 진술한 자는 3월 이상 5년 이하의 자유형에 처한다. ① 연방 및 주 입법기관의 사실조사위원회는 제1항에 규정된 장소와 동일하게 본다.

11 독일형법 제156조 (선서에 갈음한 허위보증) 선서에 갈음한 보증을 행하게 할 권한이 있는 관청에 대하여 허위로 보증을 하거나 그와 같은 보증을 원용하여 허위로 진술한 자는 3년 이하의 자유형 또는 벌금형에 처한다.

12 독일형법 제163조 (과실위증, 과실에 의한 선거갈음 허위보증) ① 제154조 내지 제156조에 규정된 행위를 과실에 의하여 범한 경우에는 1년 이하의 자유형 또는 벌금형에 처한다. ② 행위자가 허위진술을 적시에 정정한 경우에는 처벌하지 아니한다. 제158조 제2항 및 제3항의 규정은 본조의 경우에 준용한다.

13 박달현, "독일형법상 위증죄에 관한 연구 - 우리나라 위증죄와의 비교를 중심으로", 법학논총 24, 숭실대 법학연구소(2010), 77.

가중하는 독일형법의 해석에 있어서는 선서위반죄의 불법내용은 선서라는 의식적인 맹서가 있는 증언에 높은 증거가치가 인정되기 때문에 사법기능에 대한 특히 위험한 침해행위가 된다는 점에 있다고 한다. 그러나 선서 있는 증언에 대하여 높은 증거가치를 인정한다는 것은 자유심증주의와 정면으로 모순되므로 선서가 증거를 확실하게 하는 기능을 가졌다고 할 수 없을 뿐만 아니라, 위증죄는 증인에게 부여된 진실의무를 위반하였다는 점에 근거가 있는 것이지 선서에 의하여 위증의 벌을 서약하였기 때문에 처벌하는 것은 아니라는 점에 비추어 볼 때, 선서위반에 대하여 특수한 불법내용을 인정하는 것은 타당하지 않다는 견해가 있다.[14]

12 그러나 선서의 의미를 종교적 의미로 해석할 필요도 없고, 진실을 말해야 할 의무를 다시 한 번 상기시키는 요식행위로 보면 현재 법체계가 크게 문제되지 않는다는 견해[15] 및 증인은 국가의 사법작용에 협조하는 제3자의 지위에 불과하므로 그가 허위로 진술한다는 이유만으로 처벌할 수는 없고, 다만 그 처벌을 선서한 경우에 제한하여 처벌하는 현재 법체계가 타당하다는 견해[16]도 있다.

13 1995년 12월 29일 형법이 개정되어 제152조의 벌금의 단위가 '환'에서 '원'으로 변경되고 벌금액수도 상향 조종되었으며, 제152조 제1항의 일본식 표현인 '공술(供述)'이 '진술(陳述)'로 순화되었다.

14 한편 정부는 2011년 7월 14일 수사기관에서 조사를 받는 사람에게 진실을 말할 법적 의무가 없어 참고인 등의 허위진술로 인하여 수사절차가 지연되는 사례가 증가하고 있고, 나아가 폭행, 협박 등으로 참고인 또는 증인의 진술을 방해하거나 허위진술을 하게 함으로써 처벌을 회피하려는 사례도 증가하고 있어 사법절차에 대한 국민들의 불신이 증대되고 있는 실정을 고려하여, 사법방해죄의 하나로 ① 다른 사람으로 하여금 형사처분을 받게 하거나 면하게 할 목적으로 검찰, 경찰 그 밖에 범죄수사에 관한 직무를 행하는 사람에게 범죄를 구성하는 중요한 사실에 관하여 허위의 진술을 한 사람을 처벌하는 허위진술죄(안§ 152의2)[17]와 ② 형사사건에 관하여 다른 사람의 증언 또는 진술을 방해하거

14 이재상 · 장영민 · 강동범, § 46/5.
15 배종대, § 162/4.
16 손동권 · 김재윤, § 52/5; 오영근, 형법각론(5판), 770.
17 안 제152조의2(허위의 진술) ① 다른 사람으로 하여금 형사처분을 받게 하거나 면하게 하여 줄 목적으로 검찰, 경찰 그 밖에 범죄수사에 관한 직무를 행하는 사람에게 범죄를 구성하는 중요한

나 허위증언 또는 허위진술을 하게 할 목적으로 다른 사람을 폭행·협박하거나 다른 사람에게 금품 그 밖에 재산상 이익을 약속, 공여 또는 공여의 의사표시를 한 사람을 처벌하도록 하는 증인등폭행·협박등죄(안 §155의2)[18]를 신설하고, 나아가 ③ 위 ①의 허위진술죄의 신설과 균형을 맞추고 사법절차에서 진술의 진실성을 제고하기 위하여 법정에서 선서하지 아니한 증인의 허위진술도 위증죄로 처벌하고(안 §152①), 선서한 증인의 허위진술은 가중처벌하는(안 §152②)[19] 내용의 형법개정안을 제출하였으나 국회 임기만료로 폐기된 바 있다.

2. 증거인멸죄의 연혁[20]

15 로마법에서는 범죄비호나 형사처벌방해에 대한 일반적인 개념이나 처벌규정을 찾아 볼 수 없고, 중세 이탈리아법에서 처음으로 공범 형태의 범죄비호와 장물범죄를 사후종범으로서 포괄적인 공범개념으로 포섭하였다. 이는 독일의 1952년 카롤리나형법전에 계수되어 동법 제40조(절도와 강도에서의 방조의 혐의)와 제177조(방조의 처벌)에서도 규정되었고, 이러한 형태는 독일에서 19세기까지 지속되었다.[21]

16 1871년 독일 제국형법전에서 비로소 공범론에서 분리하여 '범죄비호(Begünstigung)'라는 개념의 독자적인 범죄형태가 등장했다. 범죄비호는 형사처벌방해(Strafvereitelung)와 범죄산출물의 확보(Sicherung der Verbrechensbeute)라는 두

사실에 관하여 허위의 진술을 한 사람은 5년 이하의 징역 또는 1천만원 이하의 벌금에 처한다.
② 친족이나 동거하는 가족이 본인을 위하여 제1항의 죄를 범한 때에는 처벌하지 아니한다.

18 안 제155조의2(증인 등에 대한 폭행·협박 등) 형사사건에 관하여 다른 사람의 증언 또는 진술을 방해하거나 허위증언 또는 허위진술을 하게 할 목적으로 다른 사람을 폭행 또는 협박하거나 다른 사람에게 금품 그 밖에 재산상 이익을 약속, 공여 또는 공여의 의사표시를 한 사람은 7년 이하의 징역 또는 1천 500만원 이하의 벌금에 처한다.

19 안 제152조(위증, 모해위증) ① 증인이 허위의 진술을 한 때에는 5년 이하의 징역 또는 1천만원 이하의 벌금에 처한다.
② (현행 제152조 제1항에 법정형만 '7년 이하의 징역 또는 1천 500만원 이하의 벌금'으로 상향)
③ (현행 제152조 제2항에 신설된 제1항을 추가)

20 김정환, "불법행위 증거전자기록에 대한 불법행위 공무원의 인멸행위의 처벌흠결? - 증거인멸죄의 주체와 공범(대법원 2013. 11. 28. 선고 2011도5329 판결) -", 형사법연구 27-2, 한국형사법학회(2015), 180-182.

21 그리하여 20세기 이전의 형법에서는 증거인멸을 독자적인 범죄로 인정한 규정을 찾아보기 어렵다고 한다[이형국, 형법각론연구 II, 법문사(2005), 413에서 재인용].

가지 형태를 포섭하였고, 그중 본범의 이익을 위해 행해진 경우가 아닌 경우들은 범죄산출물의 확보에서 제외되어 독자적인 장물죄(Hehlerei)로 규정되었다. 다만 각 죄의 차이점이 명확하지 않아 프로이센형법과 독일 제국형법에서는 인적 비호인 형사처벌방해와 물적 비호를 동일한 구성요건 속에서 범죄비호로 함께 규정(구 독형 § 257)하였고, 장물만을 구별하여 규정(구 독형 § 259)하였다.

독일에서 증거인멸죄가 독립적인 규정으로 자리잡은 것은 20세기 후반인데, 1974년에 비로소 인적 비호를 규정하는 독일형법 제258조와 물적 비호(증거인멸행위)를 규정하는 독일형법 제257조가 분리되어 입법되었다. 독일형법 제257조 제1항에 의하면 '위법행위를 행한 자에게 범행의 이익을 확보하도록 할 의도로 도움을 제공하는 자'는 처벌되고, 제258조 제1항에 의하면 '타인이 형법상의 불법으로 형벌이나 보안처분을 받게 되는 것과 관련하여 의도적으로 혹은 그 사정을 알면서 그 전부나 일부를 방해하는 자'는 처벌된다. 이러한 독일형법 제257조와 제258조가 어떻게 구분되어 적용되는 것인지는 법률 문언상 명확하지 않다. 이 규정들에 대한 독일에서의 설명을 살펴보면, 독일형법 제258조는 인적 비호를 규율하는 것임에 반하여, 독일형법 제257조는 물적 비호를 규율하는 것이라고 설명된다. 17

우리 형법은 제정 시부터 독립적인 규정으로 증거인멸죄(§ 155①)가 입법되었는데, 구 형법에서 범인장닉죄와 함께 규정되어 있던 증거인멸의 죄를 현행 형법은 제2편 제10장에서 위증의 죄와 함께 규정하고 있다. 이는 그 표제명이나 구 형법의 미비점을 정리한 점 등에서 일본형법가안의 영향을 받은 것이라고 평가된다. 일본형법가안은 도주 및 범인은닉의 죄를 같은 장에 묶고, 위증 및 증거인멸의 죄를 다른 장에 묶어 규정하였다. 증거인멸죄는 구성요건은 현재까지 변화 없이 유지되고 있다. 18

1995년 12월 29일 형법이 개정되어 제155조의 벌금의 단위가 '환'에서 '원'으로 변경되고 벌금 액수도 상향 조종되었고, 2005년 3월 31일 호주제를 폐지하는 민법 개정으로 그 부칙에 의해 제155조 제4항의 '친족, 호주 또는 동거의 가족'에서 '호주'가 삭제되었다. 19

Ⅲ. 입법례

1. 위증죄

20 전통적으로 위증죄는 서구의 기독교 사상을 기초로 하여, 로마 - 카논 법 이래 선서위반죄 또는 신의 존엄성을 저해하는 중죄로서 엄히 처벌되었다. 그러나 당시 이러한 위증죄는 국가에 대한 것은 아니었는데, 서구에서는 이러한 전통이 현재까지 유지되어 선서위반죄, 허위선서죄라는 명칭이 그대로 사용되고 있다.

21 우리나라는 독일형법의 허위선서죄를 위증죄라는 이름으로 도입한 일본의 형법을 계수하면서, 그 법정형의 상한을 일본(3월 이상 10년 이하)보다 낮추어 일반 위증죄의 경우에는 5년 이하의 징역이나 1천만 원 이하의 벌금, 모해위증죄의 경우에는 10년 이하의 징역으로 규정하였다.

22 아래에서는 각 국의 입법례를 차례로 살펴보기로 한다.[22]

(1) 독일

23 독일의 위증죄는 독일형법 제3편(형법각칙) 제9장(선서 없는 허위진술 및 위증)의 장에 제153조부터 제163조까지 규정되어 있다. 구체적으로 제153조 '선서 없는 허위진술죄', 제154조 '선서 있는 위증죄', 제156조 '선서에 갈음한 허위보증죄', 제163조 '과실위증죄'를 각 규정하고 있다. 범죄의 가담형태 측면에서는 제159조 '허위진술교사 미수죄', 제160조 '허위진술유도죄'를 각 규정하고 있다. 아울러 당해 범죄에 적용되는 형벌감면사유에 관한 규정을 별도로 두고 있는데, 제157조 '긴급피난으로서 허위진술죄', 제158조 및 제163조 제2항 '허위진술의 정정' 규정이 그것이다.[23]

24 독일 위증죄의 주요 특징으로는 ① 선서에 갈음한 서약 및 사전선서나 서약을 원용하는 행위도 '선서'와 동일시하여(§ 155) 선서를 내용으로 하는 위증죄의 성립범위를 확대하고 있는 점, ② 선서를 구성요건으로 하는 위증죄뿐만 아니라 '선서를 내용으로 하지 않는 위증죄', '과실위증죄' 규정을 두고 있는 점, ③ 형벌감면사유인 '긴급피난으로서의 허위진술' 규정을 각칙에 별도로 두고 있는 점, ④ 간접정범 형태의 위증을 처벌하는 '허위진술유도죄' 규정을 별도로 두어 위

22 박미숙·김지영, 위증방지를 위한 방안 연구, 형사정책연구원(2007), 47.
23 법무부, 독일 형법(2008), 135-137.

증죄의 자수범적 성질을 보완하고 있는 점, ⑤ 모해위증죄를 기본구성요건인 위증죄에 대한 가중요건으로 규정하고 있는 우리나라와 달리 모해위증죄 규정을 별도로 두고 있지 않다는 점 등이 있다.[24]

(2) 오스트리아

오스트리아의 위증죄는 오스트리아 형법각칙 제21장(사법에 관한 죄)에서 제288조부터 제292조까지 규정되어 있다. 구체적으로 제288조 제1항 '선서 없는 허위진술죄', 제288조 제2항 '선서 있는 허위진술죄', 제288조 제4항 '참고인의 허위진술죄', 제289조 '행정관청에서의 허위진술죄', 제292조 '위증의 야기(허위진술유도죄)', 제292조(a) '허위재산목록제공죄'로 구성된다. 이에 대하여 형벌감면사유로서 제290조 '허위진술에 대한 긴급피난', 제291조, 제292조(b) '능동적 후회(허위진술의 정정)' 규정을 별도로 두고 있다.[25] 25

오스트리아의 경우에도 선서 있는 허위진술죄 외에 선서를 요하지 않는 위증죄 등 다양한 형태의 위증죄 규정을 두고 있는 점, 허위진술에 대한 긴급피난 및 위증의 야기(허위진술유도죄)에 관한 규정을 두고 있는 점, 모해위증죄에 관한 규정을 두고 있지 않은 점 등에 있어서 독일의 위증죄 체계와 유사한 형태를 보인다.[26] 26

(3) 프랑스

프랑스의 위증죄는 프랑스형법 제3편(국가의 권위에 대한 침해) 제4장(사법기능에 대한 침해) 제2절(사법권행사에 대한 방해에 관한 규정) 가운데 제434-13조(위증)과 제434-14조(가중위증)에서 각 규정하고 있다. 27

제434-13조(위증)는 '선서 있는 위증죄'를 기본구성요건으로 하여 "모든 재판기관 또는 수사촉탁에 따라 직무를 수행하는 사법경찰관의 면전에서 선서한 후 위증을 하는 경우 5년의 구금형 및 75,000유로의 벌금에 처한다."고 규정하고 있고, 동조 제2항에서는 위증을 한 자가 그 절차 종료 전에 자발적으로 그 증언을 철회한 때에는 그 형을 필요적으로 면제하도록 규정하고 있다. 28

제434-14(가중위증)에서는 "허위의 증언이 (i) 대가를 지급받고 증언한 경우, 29

24 박달현(주 13), 90-104.
25 법무부, 오스트리아 형법(2009), 160-162.
26 박달현, "오스트리아 형법상 위증죄에 관한 연구", 법학연구 26-1, 충남대 법학연구소(2015), 328.

(ii) 유리하거나 불리한 허위의 증언이 이루어진 사건이 중죄의 형에 처해지는 경우에는 7년의 구금형 및 100,000유로의 벌금에 처한다."고 규정하여 전조의 단순위증죄에 대해 2가지 가중사유를 규정하고 있으나, 별도의 형벌면제규정은 두고 있지 아니하다.[27]

30 우리 형법이 '모해목적'이라는 초과주관적 구성요건요소 내지 신분요소로서 가중사유를 두고 있는 것과는 달리, 프랑스형법은 '행위불법'과 관련한 가중사유를 두고 있다는 점에 특징이 있다.[28]

(4) 일본

31 일본형법 제2편(죄) 제20장(위증의 죄)에서 제169조는 "법률에 의해 선서한 증인이 허위의 진술을 한 경우에는 3월 이상 10년 이하의 징역에 처한다."고 규정하고 있는데,[29] 이는 국가 심판권의 적정한 운용을 보호법익으로 하는 추상적 위험범으로서의 성격을 갖는다.[30] 제170조는 '자백에 의한 형의 감면', 제171조는 '허위감정 등'의 규정을 두고 있다.

32 일본 구 형법에서는 위증죄를 각종 위조죄와 함께 '공익에 관련한 중경죄'라는 장에서 성실과 신용을 저해하는 범죄로서 규정하고, 나아가 형사에 관한 증인에 의한 위증과 민사, 상사 및 행정재판에 관한 증인의 위증으로 나누어 규정하였는데, 형사에 대한 위증은 피고인을 비호할 목적 내지 모함할 목적으로 하는 것으로 구별함과 동시에 각 목적으로 된 범죄를 경죄, 중죄, 위경죄로 나누어 규정하였다.[31]

33 이에 반하여, 일본 현행 형법은 형사, 민사, 행정사건 어느 소송이든 불문하고 이들 절차에서 증인이 법률에 의한 선서 후 위증을 하는 경우, 3월 이상 10년 이하의 징역에 처하도록 하여 비교적 광범위한 법정형을 규정하고 있다. 이

---

27 법무부, 프랑스 형법(2008), 270.

28 김재윤, "(모해)위증죄에 대한 연구", 법학논총 38-3, 전남대 법학연구소(2018), 125.

29 법무부, 일본 형법(2007), 70-71. 참고로 2022년 6월 17일 일본형법 개정(법률 제67호)으로 징역형과 금고형이 '구금형'으로 단일화되어 형법전의 '징역', '구금', '징역 또는 구금'은 모두 '구금형'으로 개정되었고, 부칙에 의하여 공포일로부터 3년 이내에 정령으로 정하는 날에 시행 예정이다. 그러나 현재 정령이 제정되지 않아 시행일은 미정이므로, 본장에서 일본형법 조문을 인용할 때는 현행 조문의 '징역' 등의 용어를 그대로 사용한다.

30 박미숙·김지영, 위증방지를 위한 방안 연구, 62.

31 김재윤(주 28), 125.

는 전체적으로 법원이 자유롭게 개별 사건의 정상을 참작하여 그 형의 범위를 정하도록 하기 위함인 것으로 풀이된다.[32]

(5) 미국

미국은 위증죄를 연방법(U.S. Code) 제18편 범죄와 형사절차(Title 18 CRIMES AND CRIMINAL PROCEDURE) 제79장 위증〔Chapter 79(PERJURY)〕에 규정하고 있는데, '일반적인 개념의 위증'(Chapter 79, § 1621), '다른 대상에게 허위진술을 요구하는 행위'(Chapter 79, § 1622), '법원과 대배심에 대한 허위증언'(Chapter 79, § 1623)을 각 규정하고 있고, 법정형은 U.S. 2,000달러 이하의 벌금이나 5년 이하의 징역(또는 병과)으로 동일하다. 34

제1621조 '일반적인 개념의 위증'은 가장 광범위한 내용을 포섭하는 조항으로서, 피의자가 관할법원, 담당 검사 또는 개인 등 미국법에 의해 사법집행 행정권한을 가진 대상에게 선서 후 고의로 중요한 법적 사실에 대한 허위진술이나 허위정보를 제공한 경우 적용된다. 35

제1622조 '다른 대상에게 허위진술을 요구하는 행위(위증의 조장)'는 피의자나 증언자에게 허위진술을 할 것을 권고하거나 설득하고, 그 대상자가 실제로 위증행위나 허위진술을 하는 경우 적용된다. 36

제1623조 '법원과 대배심에 대한 허위증언'은 미국의 어떠한 법정, 관련 기관 또는 대배심원 앞에서 진행되는 법절차나 피의자나 증인이 선서 후 중요한 법적 사실에 대해 제공하는 허위증언이나 허위정보에 적용되는 조항으로서, 특히 미국 영토 밖에서 제공된 증언이나 정보에 대해서 뿐만 아니라, 경우에 따라서는 선서되지 않은 상태에서 제공되는 허위증언도 법적용의 대상이 될 수 있다고 한다.[33] 37

다만 미국의 경우, 연방법(U.S. Code) 제18편(Title 18) 제73장 사법방해〔Chapter 73(OBSTRUCTION OF JUSTICE)〕 제1503조에서 사법방해죄(Influencing or injuring officer or juror generally)를 규정하고 있는데, 위증이나 위증교사 행위도 종종 사법방해죄로 기소되기도 한다. 하나의 위증행위에 대하여 '사법방해죄'와 '위증죄' 모두로 기소된 사건에서, 미연방대법원은 두 죄의 구성요건이 명백히 다르고 각 구 38

32 박미숙·김지영, 위증방지를 위한 방안 연구, 63.
33 박미숙·김지영, 위증방지를 위한 방안 연구, 48-51.

성요건을 증명하기 위한 증거가 별개로 필요하다는 점에서 이중위험 금지원칙에 반하지 않는다고 판시하였다.[34] 위증죄는 피고인의 선서를 요건으로 하는 반면, 사법방해죄는 부정한 의도(Corrupt intent)를 요건으로 한다.[35]

(6) 영국

39 영국의 위증죄는 국가사법에 대한 범죄로 규정되어 있고, 위증법(Perjury Act 1911)에 근거하여 규율하고 있는데, 이에 따르면 법정에서의 선서에 의한 허위진술은 7년 이하의 자유형에 처하도록 되어 있다(Perjury Act 1911 CHAPTER 6 § 1).[36]

(7) 중국

40 중국의 위증죄는 중국형사법 제6장 사회관리질서방해죄 제2절 사법방해죄에 규정되어 있고, 제305조에서는 "형사소송 중에 증인, 감정인, 기록인, 통역인이 사건과 중요한 관계에 있는 사안에 대하여 고의로 허위의 증명, 감정, 기록, 통역을 하고, 타인을 모해하거나 죄증을 은닉하려 한 경우에는 3년 이하의 유기징역 또는 구역에 처한다. 사안이 엄중한 경우, 3년 이상 7년 이하 유기징역에 처한다."고 규정되어 있고, 제307조에서는 '폭력, 협박, 매수 등의 방법으로 증인의 증언을 막거나 타인에게 위증을 지시한 경우'에 동일한 법정형을 규정하고 있다.[37]

41 중국의 위증죄는 우리나라와 달리 선서를 별도의 요건으로 요구하고 있지 않으며, 위증과 타인을 모해할 목적을 동시에 요구함으로써 모해 목적을 가중요소로 파악하고 있지는 않다.[38]

2. 증거인멸죄

(1) 독일

42 독일형법[39]은 우리 형법의 범인은닉죄·증거인멸죄와 유사한 범죄비호죄와 처벌방해죄에서 모두 '위법행위를 범한 타인'을 구성요건으로 하여 '본범(Vortat)'

---

34 Blockburger v. United States, 284 U.S. 299(1932).
35 김종구, "미국 연방법상 사법방해죄에 관한 고찰", 법학연구 34, 한국법학회(2009), 337-338.
36 김재윤(주 28), 122.
37 법무부, 중국형사법(2008), 112.
38 김재윤(주 28), 125-126.
39 법무부, 독일 형법(2008), 188.

의 존재를 전제로 하고 있고, 두 죄 모두 이 본범을 비호하기 위해 행해지는 일이 많은 점에 비추어 범죄비호죄 등으로 표현하고 있다. 범인의 비호를 목적으로 하거나 사실상 비호의 결과를 가져오는 장물죄와 함께 범인에 대한 사후종범으로서 공범의 일종으로 생각된 역사를 가지고 있어, 현행 독일형법은 제21장에서 비호죄 및 장물죄로 함께 규정하고 있다. 이 가운데 타인이 범죄를 통해 얻은 이익을 보유하게 하는 죄를 물적 비호죄로서 제257조(범죄비호)에, 범인을 소추나 처벌로부터 피하게 하는 죄를 인적 비호죄로서 제258조(처벌방해)에 각 규정하고 있다. 장물취득죄는 제259조에 규정하고 있다.[40]

(2) 오스트리아

오스트리아형법[41]은 증거인멸죄를 간첩목적(§ 258)과 그 이외의 경우로 나누 43
고, 이를 다시 증거방법의 위조(§ 293)와 증거방법의 은닉(§ 295) 등 범행의 태양별로 규정하고 있다. 독일이나 우리나라와는 달리 범죄의 구성요건에 '위법행위를 범한 타인'의 존재를 요하지 아니하고, 증거방법의 위조 내지 증거방법의 은닉 규정은 당해 범죄행위가 문서 등에 관한 죄로 처벌되지 아니하는 경우에 보충적으로 적용된다. 증거방법이 사용되기 전에 자의로 제거하는 등의 경우에는 별도의 형벌면제규정(§ 294, § 296)이 적용된다.

(3) 프랑스

프랑스형법[42]은 제434-4조(증거은닉 등)에 관련 규정을 두고 있고, 직무상 사 44
실의 발견에 협력할 의무가 있는 자가 증거은닉 등의 행위를 하는 경우 명문으로 가중처벌하는 규정을 두고 있다(§ 434-4②). 당해 조문에 뒤이어 15세 미만의 미성년자의 행방불명사실을 아는 자의 불고지행위도 처벌하는 규정을 별도로 두고 있다(§ 434-4-1). 아울러 프랑스형법의 경우에도 오스트리아형법과 같이 증거인멸죄에 있어 본범의 존재를 전제로 하지 아니한다. 별도의 형벌감면규정은 없다.

(4) 일본

일본의 경우,[43] 범인장닉(蔵匿)죄 및 증거인멸죄는 범인비호의 목적보다는 45

---

40 大塚 外, 大コン(3版)(6), 330(仲家暢彦).

41 법무부, 오스트리아 형법(2009), 146, 163-164.

42 법무부, 프랑스 형법(2008), 265.

43 법무부, 일본 형법(2007), 49.

오직 국가의 사법작용만을 보호법익으로 한다는 점에서, 소유자 등의 장물에 대한 회복추구권을 보호법익으로 하는 장물죄는 위 두 죄와 구별되어 있다. 이에 대하여 범인장닉죄와 증거인멸죄는 각각 행위에 의해 범인을 비호하는 것을 통해 국가의 광의의 형사사법을 해하는 점에 그 본질이 있다고 보는 견해와, 범인장닉죄와 증거인멸죄 모두 범인비호죄적 성격을 갖는 처벌방해죄라고 보는 견해도 있다.[44]

(5) 미국

46 미국 모범형법(Model Penal Code) 제241.7조는 증거물을 변경 또는 위조하는 행위에 관한 규정을 두고 있는데, 이 죄는 사실관계를 증명할 수 있는 증거물, 즉 기록이나 문서, 물건 등의 형상을 변경하거나 그 내용의 진정을 위조함으로써 사법적 진실발견을 방해하는 행위를 처벌함으로써 진실발견을 담보할 수 있도록 하기 위한 것이다. 제1항은 공적 절차나 심리과정(official proceeding or investigation)에서 진실이나 사용가능성을 방해할 목적 아래 기록, 문서 또는 물건을 변경, 손괴, 은닉하거나 다른 장소로 옮겨놓는 경우를 처벌하고, 제2항에서 공적 절차나 심리과정의 관여자 또는 관여할 것으로 예상되는 자를 착오에 빠뜨릴 목적으로 그 기록, 문서 또는 물건이 허위라는 것을 알면서도 고의로 제출 또는 사용하는 것을 처벌하고 있다.[45]

47 이 규정은 서면증거의 완전성이나 사용가능성을 침해하는 행위에만 제한되는 것이 아니라, 모든 물적 증거에 적용된다. 여기서의 증거의 의미는 기록 또는 물적 증거가 재판에서 증거로 허용되는가 여부와는 무관하다. 그러나 미국 대부분의 주에서는 이러한 행위를 독자적인 범죄행위로 규정하고 있지 아니하고, 이들 행위를 사법방해죄 또는 국가기능에 대한 죄로 다루고 있을 뿐이다. 그리고 이들 행위 중 몇몇 행위는 문서위조죄 규정[46]에 따라 처벌되기도 한다.[47]

48 미국 연방법(U.S. Code) 제18편 제73장에서 사법방해죄에 관하여 규정하고 있는데, 미국 연방법상 사법방해죄의 핵심조항인 제1503조는 공무원이나 배심

---

44 大塚 外, 大コン(3版)(6), 331(仲家暢彦).
45 박광섭, "사법방해죄에 관한 연구", 법학연구 21-2, 충남대 법학연구소(2010), 192.
46 다만 문서위조죄는 거짓으로 작성된 증거에 대하여만 적용되고, 문서가 아닌 물적 증거의 손괴 또는 은닉에 대하여는 적용되지 않는다.
47 박미숙, 미국의 사법방해죄에 관한 연구, 형사정책연구원(1999), 39.

원에 대한 영향력의 행사 또는 가해행위에 관한 규정이다. 동조는 적법한 법집행을 방해하거나 이에 개입하기 위해 시도하는(endeavor) 모든 부정한 행위와 적법한 법집행을 방해하거나 지장을 주기 위한 시도를 부정하게 은폐하는 모든 행위에 적용되는데,[48] ① 연방 사법절차가 계속 중(pending)일 것, ② 피고인이 그 절차를 알았거나 고지를 받았을 것, ③ 피고인이 부정하게(corruptly) 특정한 의도를 가지고 사법절차를 방해하거나 사법절차에 대한 방해를 시도했을 것을 요한다. 중요한 것은 제1503조의 사법방해죄가 성립하기 위해서 사법의 집행이 실제로 방해되어야 하는 것은 아니며, 사법방해의 성공과 관계없이 시도가 있었다는 증명만으로도 이 조항에 따라 처벌될 수 있다는 점이다.[49]

증거인멸의 죄에 적용되는 사법방해죄는 행위 주체의 측면에서 우리나라와 49
큰 차이를 보이는데, 우리나라의 경우 타인의 형사사건 또는 징계사건에 관한 증거에 관한 범죄이므로, 자기사건에서 피고인의 증거를 인멸하는 경우에는 본죄가 성립하지 않는 반면, 미국의 경우 자기 사건의 증거를 인멸하는 경우에도 사법방해죄가 성립하게 된다는 점이다.[50]

Ⅳ. 보호법익

판례는 위증죄의 보호법익은 국가의 사법작용 및 징계작용에 있으며, 위증 50
죄는 선서에 의하여 담보된 증인 진술의 정확성을 확보함으로써 법원 또는 심판기관의 진실 발견을 위한 심리를 해하여 정당한 판단이 위태롭게 되는 것을 방지하는 기능을 수행한다는 입장이다.[51]

또한, 판례는 증거인멸죄도 위증죄와 마찬가지로 국가의 형사사법작용 내 51
지 징계작용을 그 보호법익으로 한다는 입장이다.[52]

48 박미숙, 미국의 사법방해죄에 관한 연구, 45.
49 김종구(주 35), 323.
50 박미숙, 미국의 사법방해죄에 관한 연구, 123; 이현철, “미국의 사법방해행위규제 제도 연구 - 미국의 허위진술죄와 사법방해죄를 중심으로”, 형사법의 신동향 6, 대검찰청(2007), 140.
51 대판 2010. 1. 21, 2008도942.
52 대판 2007. 11. 30, 2007도4191.

V. 위증죄 처벌의 위헌성 여부

52 헌법 제12조 제2항은 "모든 국민은 형사상 자기에게 불리한 진술을 강요당하지 아니한다."고 하여 불리한 진술의 거부권을 규정하고 있다. 증인으로 선서한 이상 진실대로 진술하면 자신의 범죄를 시인하는 진술을 하는 것이 되고 증언을 거부하면 자기의 범죄를 암시하는 것이 되어, 위증의 처벌이 위 헌법 조항에 위반되는 것은 아닌지 문제될 수 있다.

53 그러나 헌법 제12조 제2항의 진술거부권은 소극적으로 진술을 거부할 권리를 의미하고, 적극적으로 허위의 진술을 할 권리를 보장하는 것은 아니므로, 허위의 진술을 하였다는 이유로 위증죄의 처벌을 받는 것이 진술거부권을 제한하는 것은 아니기 때문에[53] 선서한 증인이 증언거부권을 포기하고 허위의 진술을 하였다면 위증죄의 처벌을 면할 수 없고, 이러한 해석이 증인의 헌법상의 권리를 침해하는 것으로 볼 수 없다.[54]

VI. 특별법상의 위증죄와 증거인멸죄

1. 국회에서의 증언·감정 등에 관한 법률

54 국회에서의 증언·감정 등에 관한 법률(이하, '국회증언감정법'이라 한다.) 제14조 제1항은 "이 법에 따라 선서한 증인 또는 감정인이 허위의 진술(서면답변을 포함한다)이나 감정을 하였을 때에는 1년 이상 10년 이하의 징역에 처한다."고 규정하여 형법상 위증죄보다 중하게 처벌하고 있다.[55] 다만, 범죄가 발각되기 전이나 자백하였거나, 국회에서 안건심의 또는 국정감사나 국정조사를 종료하기 전에 자백한 때에는 그 형을 감경 또는 면제할 수 있다(§ 14①단서, ②).

55 한편, 국회증언감정법 제15조는 국회 본회의 또는 위원회는 증인이나 감정

53 헌재 2015. 9. 24, 2012헌바410.

54 주석형법 [각칙(2)](5판), 60(한경환); 곽동효, "자기의 범죄사실을 은폐하기 위한 허위진술과 위증죄의 성부", 해설 8, 법원행정처(1987), 442; 이형국, "위증죄의 제 문제", 한일형사법의 과제와 전망, 화성사(2000), 179.

55 대법원은 형법상 위증죄의 법정형보다 높게 규정한 것이 책임원칙이나 평등원칙에 위배되지 않는다고 보고 있다(대판 2012. 10. 25, 2009도13197).

인이 위증 등의 죄를 범하였다고 인정한 때에는 고발하여야 한다고 규정하고 있다. 이 규정의 고발이 같은 법 제14조 제1항 본문에서 정한 위증죄의 소추요건인지에 관하여 판례는, 국회증언감정법의 목적과 위증죄 관련 규정들의 내용에 비추어 보면 국회증언감정법은 국정감사나 국정조사에 관한 국회 내부의 절차를 규정한 것으로서 국회에서의 위증죄에 관한 고발 여부를 국회의 자율권에 맡기고 있고, 위증을 자백한 경우에는 고발하지 않을 수 있게 하여 자백을 권장하고 있으므로 국회증언감정법 제14조 제1항 본문에서 정한 위증죄는 같은 법 제15조의 고발을 소추요건으로 봄이 타당하다고 한다.[56] 일본 최고재판소도 같은 취지의 판결을 한 바 있다.[57]

국회증언감정법 제12조 제1항은 정당한 이유 없이 출석하지 아니한 증인, 56
고의로 출석요구서의 수령을 회피한 증인, 보고 또는 서류 제출 요구를 거절한 자, 선서 또는 증언이나 감정을 거부한 증인이나 감정인을 3년 이하의 징역 또는 1천만 원 이하의 벌금에 처하도록 규정하고 있다. 증인이 출석하지 아니하거나 선서하지 아니하는 경우 또는 선서하고도 진술하지 아니하는 경우에는 위증죄가 성립하지 아니하나, 증인이 정당한 이유 없이 출석하지 아니하거나 선서 또는 증언 등을 거부한다면 국회의 국정통제기능이 훼손될 수 있기 때문에 형사처벌하는 것으로 보인다. 반면, 민사소송법(§ 311, § 318)과 형사소송법(§ 151, § 161)은 증인이 정당한 사유 없이 출석하지 아니하거나 선서 또는 증언을 거부한 경우 형벌이 아닌 과태료를 부과하거나 감치에 처한다고 규정하고 있다.

2. 특허법, 실용신안법, 디자인보호법, 상표법, 식물신품종 보호법

특허법 제132조의16에서 특허청장 소속으로 특허·실용신안에 관한 취소신 57
청, 특허·실용신안·디자인·상표에 관한 심판과 재심 및 이에 관한 조사·연구 사무를 관장하는 특허심판원을 두고 있다. 특허법 제227조, 실용신안법 제47조, 디자인보호법 제221조, 상표법 제232조는 그 법의 규정에 의하여 선서한 증인·감정인 또는 통역인이 특허심판원에 대하여 거짓으로 진술·감정 또는 통역을 한 자를 처벌하고 있다. 특허법 등에 규정된 위증죄의 법정형은 형법상 위증죄

56 대판 2018. 5. 17, 2017도14749(전). 수사의 단서일 뿐이고 소추요건이 아니라는 반대의견이 있다.
57 最判 昭和 24(1949). 6. 1. 刑集 3·7·901.

와 법정형이 같았으나, 최근 각 법률[58]이 개정되어 법정형이 모두 5년 이하의 징역 또는 5천만 원 이하의 벌금으로 형법상 위증죄보다 높게 변경되었다.

58 특허법 등에 규정된 위증죄는 그 처벌규정마다 그 죄를 범한 사람이 그 사건에 대한 결정 또는 심결의 확정 전에 자수한 때에는 그 형을 감경 또는 면제한다는 규정을 두고 있는 점에 비추어 보면, 위증죄에 대한 특별규정을 두기 위하여 별도의 처벌규정을 둔 것으로 이해된다.[59]

59 식물신품종 보호법 제132조는 특허법에 따라 선서한 증인, 감정인 또는 통역인이 농림축산식품부에 둔 품종보호심판위원회에 거짓으로 진술·감정 또는 통역을 하였을 때에는 형법상 위증죄와 같은 5년 이하의 징역 또는 5천만 원 이하의 벌금에 처하며,[60] 그 사건의 결정 또는 심결 확정 전에 자수하였을 때에는 그 형을 감경하거나 면제할 수 있는 규정을 두었다.

3. 국가보안법, 국민보호와 공공안전을 위한 테러방지법

60 국가보안법 제12조는 타인으로 하여금 형사처분을 받게 할 목적으로 국가보안법의 각 죄에 대하여 위증을 하거나 증거를 날조·인멸·은닉한 자는 그 각조에 정한 형으로 처벌하고, 범죄수사 또는 정보의 직무에 종사하는 공무원이나 이를 보조하는 자 또는 이를 지휘하는 자가 직권을 남용하여 위의 행위를 한 때에도 그 각조에 정한 형으로 처벌하되 그 법정형의 최저가 2년 미만일 때에는 2년으로 처벌하는 규정을 두고 있다. 여기서 '날조(捏造)'란 증거를 허위로 조작해 내는 것을 말하는데, 증거위조죄(§ 155①)의 위조·변조는 물론 위조·변조한 증거의 사용도 포함된다. 그리고 제153조와 제155조 제4항의 규정은 본죄에 적용되지 아니한다는 견해[61]가 있다.[62] 국가보안법 제16조 제1호에 의하여 국가

---

58 특허법[법률 제14691호, 2017. 3. 21, 일부개정]; 실용신안법[법률 제14690호, 2017. 3. 21, 일부개정]; 디자인보호법[법률 제14686호, 2017. 3. 21, 일부개정]; 상표법[법률 제14689호, 2017. 3. 21, 일부개정].

59 주석형법 〔각칙(2)〕(5판), 61(한경환).

60 식물신품종 보호법[법률 제16785호, 2019. 12. 10, 일부개정. 시행일: 2020. 6. 11.].

61 황교안, 국가보안법, 박영사(2011), 517.

62 대판 1969. 2. 4, 68도1046〔국가보안법 제10조의 규정에 의하면 타인으로 하여금 형사처분을 받게 할 목적으로 그 법에 규정한 죄에 대하여 무고, 위증, 유죄증거의 조작 또는 무죄증거의 인멸이나 은닉을 하는 자는 당해 각 조에 규정된 형에 처한다고 규정하여 이 국가보안법상 무고의 경우에는 원칙적으로 형법 제156조 소정 10년 이하의 징역에 처한다(국가보안법 10조의2가 적

보안법상 죄를 범한 후 자수한 때에는 그 형이 감면된다고 규정하고 있다.

61 국민보호와 공공안전을 위한 테러방지법 제18조 제1항은 타인으로 하여금 형사처분을 받게 할 목적으로 같은 법 제17조의 죄에 대하여 위증을 하거나 증거를 날조·인멸·은닉한 사람을 형법 제152조부터 제155조까지에서 정한 형에 2분의 1을 가중하여 처벌한다. 국가보안법과 마찬가지로 범죄수사 또는 정보의 직무에 종사하는 공무원이나 이를 보조하는 사람 또는 이를 지휘하는 사람이 직권을 남용하여 위증을 하거나 증거를 날조·인멸·은닉을 한 때에도 제152조부터 제155조까지에서 정한 형에 2분의 1을 가중하여 처벌하되, 그 법정형의 최저가 2년 미만일 때에는 이를 2년으로 하고 있다. 다만, 국가보안법과 달리 자수에 대한 필요적 감면규정을 두고 있지 않다.

4. 치료감호 등에 관한 법률

62 치료감호 등에 관한 법률(이하, 치료감호법이라 한다.) 제52조 제6항은 치료감호청구사건에 관하여 피치료감호청구인을 모함하여 해칠 목적으로 형법 제152조 제1항의 위증죄를 지은 자를 10년 이하의 징역에 처한다고 하여 모해위증죄(§ 152②)와 같은 법정형으로 처벌한다.

63 한편, 치료감호법 제52조 제7항은 치료감호청구사건에 관하여 형법 제154조의 죄를 지은 자도 10년 이하의 징역에 처한다고 규정하고 있고, 제154조는 "법률에 의하여 선서한 감정인, 통역인 또는 번역인이 허위의 감정, 통역 또는 번역을 한 때에는 전2조의 예에 의한다."고 규정하고 있다. 하지만 치료감호법 제52조 제6항이 피치료감호청구인을 모함하여 해칠 목적을 요건으로 하고 있는 점, 형법상 모해허위감정죄 등의 법정형이 10년 이하 징역인 반면 단순 허위감

용되는 경우는 제외)는 것뿐이고 국가보안법 11조의 적용을 보아 자격정지까지 병과되는 이 국가보안법상의 무고를 범행한 자가 자백(자수가 아닌)을 하였다고 하여 필요적으로 형을 감형 또는 면제할 것이 아니므로 본건 국가보안법상의 무고죄에 대하여 자백이 있었다고 하여 형을 감경 또는 면제하지 아니한 원판결에 위법이 있을 수 없다]; 대판 1977. 11. 22, 77도3142(반공법 16조에 의하여 준용되는 국가보안법 10조의 규정에 의한 무고죄에 있어서는 그 죄를 범한 자가 재판의 확정 전에 자백을 하였다고 하여도 필요적으로 형을 감경 또는 면제할 것이 아니므로 이 건 반공법위반 사건에 논지와 같이 피고인이 자백을 하였다고 하더라도 형을 감경 또는 면제하지 아니하였다고 해서 위법이 아니고, 기록을 정사하여도 피고인이 이 건에 있어서 자수한 흔적을 찾아볼 수 없으므로 논지는 이유 없다).

정죄 등의 법정형은 5년 이하 징역인 점 등에 비추어 볼 때, 제52조 제7항도 치료감호청구사건에 관하여 피치료감호청구인을 모함하여 해칠 목적으로 허위감정·통역·번역을 한 자만을 처벌하는 것일 뿐, 단순 허위감정 등의 경우에는 위 규정이 적용되지 않는 것으로 해석해야 할 것이다.

5. 대한민국과 아메리카합중국 간의 상호방위조약 제4조에 의한 시설과 구역 및 대한민국에서의 합중국 군대의 지위에 관한 협정의 시행에 관한 형사특별법

64 대한민국과 아메리카합중국 간의 상호방위조약 제4조에 의한 시설과 구역 및 대한민국에서의 합중국 군대의 지위에 관한 협정의 시행에 관한 형사특별법 제2조는 「대한민국과 아메리카합중국 간의 상호방위조약 제4조에 의한 시설과 구역 및 대한민국에서의 합중국 군대의 지위에 관한 협정」에 따른 아메리카합중국 군대의 군법회의(이하, 합중국군법회의라 한다.)에서 허위(虛僞)로 증언, 감정, 통역 또는 번역을 한 사람을 형법 제152조부터 제154조까지의 예에 따라 처벌하고, 합중국군법회의가 재판권을 행사하는 형사사건에 관한 증거를 인멸, 은닉, 위조 또는 변조하거나 위조 또는 변조한 증거를 사용한 사람과 증인을 은닉 또는 도피하게 한 사람을 제155조의 예에 따라 처벌한다고 규정하고 있다.

65 우리나라 법원이 아닌 합중국군법회의에서 일어난 위증, 허위감정, 허위통역에는 우리 형법 제152조 이하를 적용할 수 없으나, 이러한 행위를 형법상 위증죄 등과 동일하게 처벌할 필요가 있으므로 위와 같은 처벌규정을 둔 것이다.[63]

〔이 창 원〕

63 大塚 外, 大コン(3版)(8), 367(池上政幸). 「일본국과 아메리카합중국 간의 상호협력 및 안전보장조약 제6조에 기한 시설, 구역과 일본국에 있어서 합중국 군대의 지위에 관한 협정의 실시에 따른 형사특별법」 제4조에 관한 해석이다.

제152조(위증, 모해위증)

① 법률에 의하여 선서한 증인이 허위의 진술을 한 때에는 5년 이하의 징역 또는 1천만원 이하의 벌금에 처한다. 〈개정 1995. 12. 29.〉

② 형사사건 또는 징계사건에 관하여 피고인, 피의자 또는 징계혐의자를 모해할 목적으로 전항의 죄를 범한 때에는 10년 이하의 징역에 처한다.

Ⅰ. 위증죄(제1항)

1. 취 지

본죄는 선서한 증인이 허위의 진술을 하는 때에 성립한다. 본죄의 보호법익은 국가의 사법작용 및 징계작용에 있으며, 선서에 의하여 담보된 증인 진술의 정확성을 확보함으로써 법원 또는 심판기관의 진실 발견을 위한 심리를 해하여 정당한 판단이 위태롭게 되는 것을 방지하는 기능을 수행한다.[1] 1

본죄의 보호법익이 보호받는 정도는 추상적 위험범이다.[2] 이는 독일에서도 일치된 견해이다.[3] 구체적 위험범으로 보면서 대부분의 위증행위는 국가의 사 2

1 대판 2010. 1. 2, 2008도942(전).

2 김성돈, 형법각론(5판), 824; 김일수·서보학, 새로쓴 형법각론(9판), 726; 박상기, 형법각론(8판), 688; 박상기·전지연, 형법학(총론·각론 강의)(4판), 875; 손동권·김재윤, 새로운 형법각론, § 52/1; 신동운, 형법각론(2판), 237; 오영근, 형법각론(5판), 771; 이재상·장영민·강동범, 형법각론(12판), § 46/3; 임웅, 형법각론(9정판), 1005; 정성근·박광민, 형법각론(전정2판), 892; 정영일, 형법강의 각론(3판), 487; 홍영기, 형법(총론과 각론), § 117/1.

3 박상기, 688.

법작용에 대한 구체적 위험을 수반할 것이므로 구체적 위험범으로 해석하더라도 크게 문제될 것은 없으리라고 여겨진다는 견해도 있다.[4] 일본에서도 추상적 위험범으로 보는 것이 통설[5]과 판례[6]이다.

2. 주 체

3 본죄의 주체는 '법률에 의하여 선서한 증인'이다.

4 법률에 의하여 선서한 증인임을 요하므로, 증인이라 할지라도 선서하지 않고 증언한 때에는 본죄의 주체가 될 수 없다. 선서를 하지 아니한 이유는 묻지 않는다.[7] 따라서 선서를 면제받거나(민소 § 323), 선서거부권(민소 § 324)을 가진 자가 선서를 거부한 경우에도 본죄의 행위주체에 해당하지 않는다.[8]

(1) 신분범

5 본죄의 주체는 법률에 의하여 선서한 증인이므로 진정신분범이다. 또한 증인이 스스로 허위의 진술을 할 때에만 성립하고, 간접정범이 인정되지 아니하는 자수범(自手犯)이다.[9] 증인이란 자기가 직접 경험한 사실을 보고하는 자이므로 경험하지 않은 제3자는 본죄의 행위자가 될 수 없기 때문이다.[10] 그러므로 본죄는 공동정범이나 간접정범의 형태로 범할 수는 없으나, 증인 아닌 자는 본죄의 교사범이나 방조범은 될 수 있다.[11] 하지만 본죄의 간접정범이나 공동정범도 성립 가능하다는 견해도 있다.[12]

(2) '법률에 의하여' 선서한 증인

6 '법률에 의하여'란 법률에 근거가 있음을 의미한다. 여기서 법률이란 법률뿐

---

4 배종대, 형법각론(13판), § 162/1.
5 大塚 外, 大コン(3版)(8), 381-382(池上政幸).
6 大判 大正 2(1913). 9. 5. 刑錄 19·844.
7 이재상·장영민·강동범, § 46/9.
8 박상기, 690; 박상기·전지연, 876.
9 김성돈, 824; 김일수·서보학, 727; 박상기, 688; 박상기·전지연, 876; 배종대, § 162/2; 손동권·김재윤, § 52/4; 신동운, 238; 오영근, 771; 이재상·장영민·강동범, § 46/4; 임웅, 1006; 정성근·박광민, 892.
10 박상기, 688; 박상기·전지연, 876; 배종대, § 162/2; 이재상·장영민·강동범, § 46/4.
11 박상기, 688.
12 정영일, 488. 정(情)을 모르는 증인을 이용하여 그로 하여금 허위인 줄 모르고 증언을 하게 한 경우나 법률에 의하여 선서한 증인이 선서무능력자와 같은 증인의 신분을 갖지 못한 자를 교사 또는 기망하여 동일한 사건의 공판에서 허위의 진술을 하게 한 경우를 예로 들고 있다.

만 아니라 법률의 위임에 의한 명령 등을 포함한다.[13] 법률에 의한 선서는 주로 소송절차에서 이루어지지만(민소 § 319 이하, 형소 § 156 이하, 행정소송법 § 8), 비송사건(비송사건절차법 § 10), 징계사건(법관징계법 § 22, 검사징계법 § 26), 특허사건(특허법 § 226), 해난심판사건(해양사고의 조사 및 심판에 관한 법률 § 49), 국회에서의 증언·감정(국회에서의 증언·감정 등에 관한 법률 § 7 이하) 등에서도 이루어진다. 소송절차에 있어서는 증거보전절차에서도 법률에 의한 선서가 이루어질 수 있다(민소 § 375 이하, 형소 § 184, § 221의2).

(3) '선서'한 증인

(가) 유효한 선서

선서는 법률에 규정된 절차에 따라 유효하게 행하여질 것을 요한다. 따라서 참고인이 검사 또는 사법경찰관 등과 같이 선서를 하게 할 권한이 없는 기관에 대하여 선서를 하였다고 하더라도, 그 선서는 본죄에서의 법률에 의한 선서에 해당하지 아니한다.[14] 하지만 법원 등 증인에게 선서를 시킬 수 있는 권한이 있는 기관 앞에서 선서가 이루어진 이상 관할위반이나 공소제기 절차의 하자가 있다 하더라도 그 선서 자체가 무효로 된다고 볼 수 없다. 사소한 절차상의 흠이 있다는 것만으로 반드시 무효가 되는 것은 아니다.[15] 7

판례는 증인신문절차에서 법률에 규정된 증인 보호를 위한 규정이 지켜진 것으로 인정되지 않은 경우에는 증인이 허위의 진술을 하였다고 하더라도 본죄의 구성요건인 '법률에 의하여 선서한 증인'에 해당하지 아니한다고 보아 이를 본죄로 처벌할 수 없는 것이 원칙이라고 하면서, 다만 법률에 규정된 증인 보호절차라 하더라도 개별 보호절차 규정들의 내용과 취지가 같지 아니하고, 당해 신문 과정에서 지키지 못한 절차 규정과 그 경위 및 위반의 정도 등 제반 사정이 개별 사건마다 각기 상이하므로, 이러한 사정을 전체적·종합적으로 고려하여 볼 때, 당해 사건에서 증인 보호에 사실상 장애가 초래되었다고 볼 수 없는 경우에까지 예외 없이 본죄의 성립을 부정할 것은 아니라고 판시하고 8

13 김성돈, 826; 이재상·장영민·강동범, § 46/10; 정성근·박광민, 894.

14 김성돈, 826; 김일수·서보학, 727; 박상기, 690; 박상기·전지연; 876; 손동권·김재윤, § 52/5; 이재상·장영민·강동범, § 46/11; 임웅, 1007; 정성근·박광민, 895.

15 김성돈, 826; 김일수·서보학, 728; 배종대, § 162/7; 손동권·김재윤, § 52/5; 오영근, 771; 이재상·장영민·강동범, § 46/11; 임웅, 1007; 정성근·박성민, 895.

있다.[16]

9 선서를 시킬 것인지의 여부가 법원의 재량에 맡겨져 있을 때(민소 § 323) 법원의 재량에 따라 시킨 선서도 유효하다.[17]

(나) 위증의 벌을 경고하지 아니한 경우

10 민사소송법 제320조와 형사소송법 제158조는 재판장이 선서 전에 선서할 증인에 대하여 위증의 벌을 경고하도록 하고 있다. 그러나 선서 전에 위증의 벌을 경고하지 아니한 경우에도 그 정도의 절차상의 흠만으로 선서를 무효라고 볼 수 없으므로 본죄가 성립할 수 있다.[18] 재판장이 선서할 증인에 대하여 선서 전에 위증의 벌을 경고하지 않았다는 사유는 증인 보호를 위한 규정 위반에 해당하지 않는데, 이는 증인신문절차에서 증인 자신이 위증의 벌을 경고하는 내용의 선서서를 낭독하고 기명날인 또는 서명한 이상 위증의 벌을 몰랐다고 할 수 없어 증인 보호에 사실상 장애가 초래되었다고 볼 수 없기 때문이다.[19]

11 위증의 벌을 경고하도록 의무를 부과한 다른 법률 및 대통령령 규정으로는 **[총설]**에서 언급한 법률 이외에도 군사법원법 제198조, 5·18민주화운동 진상규명을 위한 특별법 제41조 제3항, 4·16세월호참사 진상규명 및 안전사회 건설 등을 위한 특별법 제34조 제3항, 사회적 참사의 진상규명 및 안전사회 건설 등을 위한 특별법 제35조 제3항, 해양사고의 조사 및 심판에 관한 법률 시행령 제47조 제5항 등이 있다.

(다) 증언거부권을 고지하지 아니한 경우

12 종전 판례[20]는 증인으로 선서한 이상 진실대로 진술한다고 하면 자신의 범죄를 시인하는 진술을 하는 것이 되고 증언을 거부하는 것은 자기의 범죄를 암시하는 것이 되어 증인에게 사실대로의 진술을 기대할 수 없다고 하더라도 형사소송법상 이러한 처지의 증인에게는 증언을 거부할 수 있는 권리를 인정하여

---

16 대판 2010. 1. 21, 2008도942(전). 본 판결 평석은 이희경, "증언절차의 소송법 규정위반과 위증죄의 성립여부: 증언거부권 불고지를 중심으로", 형사판례연구 〔19〕, 한국형사판례연구회, 박영사(2011), 468-508.

17 大塚 外, 大コン(8), 373(池上政幸).

18 김일수·서보학, 728; 배종대, § 162/7; 손동권·김재윤, § 52/5; 이재상·장영민·강동범, § 46/11; 임웅, 1007; 정성근·박광민 895; 주석형법 〔각칙(2)〕(5판), 66.

19 신동운, 240.

20 대판 1987. 7. 7, 86도1724(전).

본죄로부터의 탈출구를 마련하고 있는 만큼, 적법행위의 기대가능성이 없다고 할 수 없으므로 선서한 증인이 증언거부권을 포기하고 허위의 진술을 하였다면 본죄의 처벌을 면할 수 없다고 판시하여, 선서한 증인이 허위의 진술을 한 이상 증언거부권 고지 여부를 고려하지 아니한 채 위증죄가 바로 성립한다고 해석하였다.

그러나 그 후 대법원은 전원합의체 판결을 통하여, "재판장이 신문 전에 증인에게 증언거부권을 고지하지 않은 경우에도 당해 사건에서 증언 당시 증인이 처한 구체적인 상황, 증언거부사유의 내용, 증인이 증언거부사유 또는 증언거부권의 존재를 이미 알고 있었는지 여부, 증언거부권을 고지받았더라도 허위진술을 하였을 것이라고 볼 만한 정황이 있는지 등을 전체적·종합적으로 고려하여 증인이 침묵하지 아니하고 진술한 것이 자신의 진정한 의사에 의한 것인지 여부를 기준으로 위증죄의 성립 여부를 판단하여야 한다."고 전제하면서, "증언거부권 제도는 증인에게 증언의무의 이행을 거절할 수 있는 권리를 부여한 것이고, 형사소송법상 증언거부권의 고지 제도는 증인에게 그러한 권리의 존재를 확인시켜 침묵할 것인지 아니면 진술할 것인지에 관하여 심사숙고할 기회를 충분히 부여함으로써 침묵할 수 있는 권리를 보장하기 위한 것임을 감안할 때, 헌법 12조 2항에 정한 불이익 진술의 강요금지 원칙을 구체화한 자기부죄거부특권에 관한 것이거나 기타 증언거부사유가 있음에도 증인이 증언거부권을 고지받지 못함으로 인하여 그 증언거부권을 행사하는 데 사실상 장애가 초래되었다고 볼 수 있는 경우에는 본죄의 성립을 부정하여야 할 것이다."라고 판시하여, 위 견해에 저촉되는 범위 내에서 종전 판례를 변경하였다.[21] 따라서 증인신문절차에서 법률에 규정된 증인 보호 규정이 지켜진 것으로 인정되지 않은 경우, 원칙적으로는 허위진술을 한 증인을 본죄로 처벌할 수 없지만 예외적으로 증인이 자신의 진정한 의사에 따라 허위진술한 경우는 본죄가 성립한다는 13

21 대판 2010. 1. 21, 2008도942(전)(본죄 불성립). 피고인 甲이 A와 쌍방 상해사건으로 공소제기되어 공동피고인으로 함께 재판을 받으면서 자신은 폭행한 사실이 없다고 주장하며 다투던 중, A에 대한 상해사건이 변론 분리되면서 피해자인 증인으로 채택되어 검사로부터 신문을 받게 되었고, 그 과정에서 피고인 甲 자신의 A에 대한 폭행 여부에 관하여 신문을 받게 됨에 따라 증언거부사유가 발생하게 되었는데도, 재판장으로부터 증언거부권을 고지받지 못한 상태에서 종전 주장을 그대로 되풀이함에 따라 결국 거짓 진술에 이르게 된 사안이다.

입장을 정리하였다.

14 위 전원합의체 판결 이후, 원칙적으로 증언거부권을 고지받지 못한 경우 본죄의 성립을 부정하는 판결례가 계속되었다.[22]

15 다만, 전 남편에 대한 도로교통법위반(음주운전) 사건의 증인으로 법정에 출석한 전처가 증언거부권을 고지받지 않은 채 공소사실을 부인하는 전 남편의 변명에 부합하는 내용을 적극적으로 허위 진술한 사안에서, 증인으로 출석하여 증언한 경위와 그 증언 내용, 증언거부권을 고지받았더라도 그와 같이 증언을 하였을 것이라는 취지의 진술 내용 등을 전체적·종합적으로 고려할 때, 선서 전에 재판장으로부터 증언거부권을 고지 받지 아니하였다 하더라도 이로 인하여 증언거부권이 사실상 침해당한 것으로 평가할 수는 없다는 이유로 본죄의 성립을 긍정한 사례도 있다.[23]

16 현재 학설은 위 전원합의체 판결을 전제로, ① 본죄 성립 여부는 증인이 침묵하지 않고 진술을 한 것이 자신의 진정한 의사에 의한 것인지의 여부를 기준으로 판단하여야 하기 때문에, 증인이 증언거부권을 고지받지 못함으로 인하여 증언거부권을 행사하는 데 사실상 장애가 초래되었다고 볼 수 있을 때에는 본

---

22 대판 2010. 2. 25, 2009도13257(본죄 불성립)(피고인이 향후 사촌형제인 A가 도박죄로 형사소추 또는 공소제기를 당할 염려가 있는 상황에서 A가 증인으로 출석하지 아니하여 검사의 증인신청 및 신문에 따라 피고인이 부득이 먼저 증언을 하면서 허위사실을 진술한 사례); 대판 2012. 12. 13, 2010도10028(본죄 성립)(살인사건의 피고인이 제1심 4회 공판까지 범행을 자백하였다가 이후 공범인 공동피고인과의 심리가 분리되어 증인으로 증언하면서 자백을 번복하고 허위사실을 진술한 사례); 대판 2013. 5. 23, 2013도3284(본죄 성립)(피고인이 사기 피고사건의 피고인들과 애초의 피고인이 형사책임을 모두 떠안기로 하고 그 대가로 피고인들로부터 돈을 교부받았음에도 위와 같은 이유로 돈을 받은 사실이 없다고 증언한 사례).

23 대판 2010. 2. 25, 2007도6273. 「피고인은 위 공소외인에 대한 도로교통법위반(음주운전) 사건에서 자신은 음주운전한 사실이 없고 그의 처였던 피고인이 운전하던 차에 타고 있었을 뿐이라고 공소사실을 적극적으로 부인하던 공소외인의 증인으로 법정에 출석하여 증언을 하기에 이르렀던 사실, 당시 피고인은 공소외인의 변호인의 신문에 대하여 술에 만취한 공소외인을 집으로 돌려보내기 위해 피고인 자신이 공소외인을 차에 태우고 운전하였다고 공소외인의 변명에 부합하는 내용을 적극적으로 진술하였던 사실, 피고인은 이 사건 제1심 제8회 공판기일에 재판장이 증언을 하지 않을 수 있다는 사실을 알았다면 증언을 거부했을 것이냐는 신문에 대하여 그렇다 하더라도 증언을 하였을 것이라는 취지로 답변을 하였던 사실 등을 알 수 있는바, 피고인이 위 형사사건의 증인으로 출석하여 증언을 한 경위와 그 증언 내용, 피고인의 이 사건 제1심 제8회 공판기일에서의 진술 내용 등을 전체적·종합적으로 고려하여 보면 피고인이 선서 전에 재판장으로부터 증언거부권을 고지받지 아니하였다 하더라도 이로 인하여 피고인의 증언거부권이 사실상 침해당한 것으로 평가할 수는 없다 할 것이다.」

죄의 성립을 부정해야 한다는 견지에서 위 판례와 같은 입장을 취하는 견해[24]와, ② 상황을 구별하여 증인 본인이 형사처벌을 받을 염려가 있는 경우에 증언거부권이 고지되지 않은 상태에서 허위진술을 하였다면 본죄가 성립하지 않지만, 친족이나 그 밖의 사람이 형사처벌을 받을 염려가 있는 경우에는 증언거부권을 고지받지 못함으로 인하여 증언거부권 행사하는데 사실상 장애가 초래되었는지 여부를 기준으로 판단해야 한다는 견해[25]가 있다.

반면에 위 판례에 대한 비판적인 입장에서, ③ 절차위반으로 증언거부권을 고지받지 못한 증인에게 자기부죄의 우려 때문에 허위진술을 하지 아니할 것을 기대하기 어려우므로 본죄로 처벌할 수 없다는 견해,[26] ④ 증언거부권을 고지하지 아니한 절차법상 흠결이 있다 하더라도 법률에 의하여 선서한 증인에 해당하여 본죄가 성립한다는 견해[27]도 있다. 위 ④의 견해는 '증언거부권을 고지받았더라도 같은 진술을 했겠는가'를 기준으로 본죄의 성립 여부를 판단하는 것은 피고인의 진술에 의존케 하여 범죄의 성립 여부를 불명확하게 할 뿐이라고 보면서 소송법규정 위반이 증인의 진술의 자유를 침해하거나 본질적인 법치국가 원칙에 반하는 경우가 아닌 한 소송법규정의 위반은 본죄의 성립에 영향을 주지 못한다고 해석하는 것이 타당하다는 입장이다.[28] 독일의 통설과 판례는 위증죄의 보호법익 절차법적 적법성과 엄격히 결합된 것은 아니라는 점을 근거로 소송법규정의 위반 여부와 상관없이 당연히 본죄가 성립한다고 한다.[29] 17

생각건대, 위 전원합의체 판결에서 판시한 내용이 합리성이 있는 점에 비추어 위 ①의 견해가 타당하다. 18

한편 형사소송법은 증언거부권에 관한 규정(§ 148, § 149)과 함께 재판장의 증언거부권 고지의무에 관하여도 규정하고 있는 반면(§ 160), 민사소송법은 증언거 19

24 김성돈, 827; 김일수·서보학, 729; 손동권·김재윤, § 52/7; 임웅, 1007; 정영일, 489; 주석형법 [각칙(2)](5판), 72(한경환).

25 신동운, 241.

26 박찬걸, 형법각론, 875.

27 김신규, 형법각론 강의, 925; 이재상·장영민·강동범, § 46/25; 정성근, 박광민, 897; 오영근, "증언거부권의 불고지와 위증죄의 성립여부", 고시계 639(2010), 160-161.

28 이재상·장영민·강동범, § 46/25.

29 Lackner/Kühl Vor § 153 Rn. 6; Tröndle/Fischer § 153 Rn. 13; BGHSt. 10, 144; 17, 128(이재상·장영민·강동범, § 46/25에서 재인용).

부권 제도를 두면서도(§ 314 내지 § 316) 증언거부권 고지에 관한 규정을 따로 두고 있지 않다. 그렇다면 민사소송절차에서 재판장이 증인에게 증언거부권을 고지하지 아니하였다 하여 절차위반의 위법이 있다고 할 수 없고, 따라서 적법한 선서절차를 마쳤음에도 허위진술을 한 증인에 대해서는 달리 특별한 사정이 없는 한 위증죄가 성립한다고 한다.[30]

(라) 선서할 수 없는 사람의 선서

20 선서의 법률상 근거가 없는 경우 선서가 무효이므로 허위의 진술을 하더라도 위증죄는 성립하지 않는다. 따라서 제3자가 심문절차로 진행되는 소송비용확정신청사건에서 증인으로 출석하여 선서를 하고 진술함에 있어서 허위의 진술을 하였다고 하더라도 그 선서는 법률상 근거가 없어 무효라고 할 것이므로 본죄는 성립하지 않고,[31] 가처분사건이 변론절차에 의하여 진행될 때에는 제3자를 증인으로 선서하게 하고 증언을 하게 할 수 있으나 심문절차에 의할 경우에는 법률상 명문의 규정도 없고, 민사소송법의 증인신문에 관한 규정이 준용되지도 아니하므로 선서를 하게 하고 증언을 시킬 수 없다고 할 것이고, 따라서 제3자가 심문절차로 진행되는 가처분 신청사건에서 증인으로 출석하여 선서를 하고 진술함에 있어서 허위의 진술을 하였다고 하더라도 그 선서는 법률상 근거가 없어 무효라고 할 것이므로 본죄는 성립하지 않는다.[32]

21 선서무능력자(민소 § 322, 형소 § 159)는 선서의 의미를 이해하지 못하는 사람이므로 그 선서는 법률상 무효이고, 따라서 본죄의 성립을 인정할 수 없다는 것이 다수설이며,[33] 판례는 이 경우 그 증언 자체의 효력에는 영향이 없고 유효하며, 선서만이 무효가 될 뿐이라 한다.[34] 일본의 판례도 선서부적격자가 선서를 하고 증언을 하였다고 하더라도 본죄의 주체가 될 수 없다고 한다.[35]

---

30 대판 2011. 7. 28, 2009도14928.

31 대판 1995. 4. 11, 95도186.

32 대판 2003. 7. 25, 2003도180.

33 김성돈, 826; 박상기, 690; 배종대, § 162/7 손동권·김재윤, § 52/5; 오영근, 771; 이재상·장영민·강동범, § 46/11; 임웅, 1007; 정성근·박광민, 895.

34 대판 1957. 3. 8, 4290형상23.

35 最判 昭和 27(1952). 11. 5. 刑集 6·10·1159. 일본 구 형사소송법 제201조 제1항 제5호는 형사소추의 우려가 있어 증언거부권자가 증언거부를 하지 않는 경우에는 선서시키지 아니한다고 규정하고 있는데, 이를 위반하여 선서한 자가 허위진술을 한 사안에서, 위증죄(일형 § 169)의 주체는 '법률상 선서시킬 수 있는 증언사항에 관하여 증언한 증인'에 한정된다는 이유로 위증죄의 성

그러나 선서무능력자에게 잘못 선서를 시킨 경우에 본죄의 성립을 인정할 수 있다는 견해도 있고,[36] 비록 나이가 어려 선서무능력자라고 할지라도 선서의 취지를 현실적으로 이해할 수 있는 경우에는 본죄의 주체가 될 수 있다는 독일의 판례도 있다.[37] 22

(마) 사후선서

선서는 신문에 앞서 하게 함이 원칙이나, 특별한 사유가 있거나 법률에 다른 규정이 있는 경우에는 예외적으로 사후선서가 허용된다(민소 § 319, 형소 § 156). 그러나 이러한 예외에 해당하지 않는 경우의 사후선서도 유효한 선서인지 문제된다. 23

민사소송법이 준용되는 행정소송 등의 경우에는 법원이 특별한 사유를 인정하여 증인으로 하여금 진술을 한 뒤 선서하도록 한 경우에도 그 선서와 증언은 모두 유효하므로, 허위의 진술을 한 뒤 선서를 하더라도 본죄가 성립한다고 볼 수 있으나, 형사소송의 경우에는 법률에 근거 없이 증인을 신문한 뒤 선서를 하게 한 경우에는 그 선서는 유효하다고 볼 수 없다는 점에서 본죄가 성립하지 아니한다는 견해가 있다.[38] 24

그러나 국가 사법기능을 보호법익으로 하는 본죄의 취지, 선서위반죄로 보지 않는 오늘날의 경향, 사소한 선서 절차상의 흠결일 뿐이라는 점 등을 근거로 하여 허위의 진술을 한 후에 선서를 하더라도 본죄가 성립한다는 견해가 통설이다.[39] 판례도 진술 후에 선서를 명하는 경우는 선서 종료한 때 본죄의 기수가 된다고 하여 사후선서의 경우에도 본죄의 성립을 인정하는 취지로 판시한 바 있다.[40] 25

일본의 경우, 사전선서와 사후선서는 구별되어야 한다는 점, 문리적으로도 선서가 진술에 선행해야 하고 실질적으로도 사전선서와 사후선서 각 경우에 진 26

립을 부정한 판례이다. 위 판결은 대법정 판결(전원합의체 판결)로서 위증죄의 성립을 인정한 종전의 판례를 변경하였다.

36 일본의 소수설로 大塚 外, 大コン(8), 371-372(池上政幸) 참조.

37 BGHSt 10, 142, 144(박상기, 690에서 재인용).

38 주석형법 [각칙(2)](제5판), 70(한경환); 이정원·류석준, 형법각론, 779.

39 김일수·서보학, 728; 김성돈, 826; 박상기, 689; 배종대, § 162/7; 손동권·김재윤, § 52/5; 이재상·장영민·강동범, § 46/11; 임웅, 1008; 정성근·박광민, 895; 정영일, 488.

40 대판 1974. 6. 25, 74도1231.

술자에 대한 비난가능성의 정도가 명료하게 구별될 수 있다는 점 등에서 사후선서한 자의 본죄 성립을 부정하는 견해가 있다. 그러나 선서한 자는 본죄의 주체가 된다는 점, 심판작용의 적정한 운용에 대한 위험의 측면에서 사후선서와 사전선서를 동일한 것으로 보는 점, 선서는 자신의 진술에 대한 진실성을 담보하기 위한 것으로 해석된다는 점, 본죄가 실제로는 '증인'이라는 신분을 요건으로 하는 신분범에 불과하므로 '선서'와 위증의 진술 모두가 본죄의 '구성요건적 행위'에 속한다고 해석된다는 점 등에 비추어 긍정하는 견해가 통설이다.[41]

27 일본 판례는 위증죄가 성립하기 위해서는 증인이 적정하게 선서한 후에 허위의 진술을 할 것을 필요로 하는 것은 아니며, 증인이 법률에 따라 선서하고 고의로 허위의 진술을 한다는 두 가지 요건을 충족하는 것으로 충분하고, 선서가 진술의 전후에 있는 것에 따라 본죄의 구성에 영향을 미치는 것은 아니며, 증인이 민사소송법에 의한 신문 종료 후에 선서를 한 경우라 하더라도 적어도 증인으로서 고의로 허위의 진술을 한 이상은 본죄의 책임을 피할 수 없다고 하여 진술 후에 선서를 한 증인이라도 본죄의 주체가 될 수 있다[42]는 입장이다.[43]

(4) 증인

28 증인이란 재판절차 등에서 자신이 과거에 경험한 사실을 진술하는 제3자를 말한다.

(가) 당사자 이외의 제3자

29 형사소송의 당사자인 피고인과 검사, 민사소송의 당사자인 원고와 피고는 본죄의 주체가 될 수 없으므로 선서를 하고 증언을 하였다고 하더라도 본죄가 성립하지 아니한다.[44] 따라서 피고인이 자신의 피고사건에 대하여 허위의 진술을 한 경우는 물론이고, 민사소송의 당사자는 증인능력이 없으므로 증인으로 선서하고 증언하였다고 하더라도 본죄의 주체가 될 수 없고, 이러한 법리는 민사

41 大塚 外, 大コン(8), 373-375(池上政幸).
42 大判 明治 45(1912). 7. 23. 刑錄 18·1100.
43 이와 관련하여, 일본 개정형법준비초안은 위증죄 규정에 이어 "허위의 공술을 한 후 선서한 경우에도 같다."는 규정을 두어야 한다고 제안하였으나, 위 판례의 존재를 이유로 해석에 맡기면 충분하다고 하여 일본 개정형법초안에는 준비초안과 같은 규정을 두지 않고 있다[大塚 外, 大コン(8), 375(池上政幸)].
44 손동권·김재윤, § 52/7; 오영근, 772; 정영일, 489.

소송에서의 당사자인 법인의 대표자의 경우에도 마찬가지로 적용된다.[45]

30 다만 일본에서는 증인적격이 없는 자를 증인으로 심문(尋問)한 경우, 예를 들어 당해 감독관청의 승낙 없이 공무원을 증인으로 심문한 경우에도, 그 사람은 본조에서 말하는 증인으로서 본죄의 주체가 된다고 본다.[46] 일본의 판례는 증인이 될 자격 없는 자라 하여도 선서한 뒤 허위의 진술을 한 때에는 본죄를 구성하는 것으로 보고 있다.[47]

(나) 공동피고인의 증인적격

31 공동피고인이 증인의 자격으로 선서하고 증언한 경우에 본죄의 주체가 될 수 있는지 문제된다.

32 ① 부정설은 변론이 분리되지 않는 한, 피고인의 증인적격을 인정하여 진술을 강제하면 헌법상 기본권인 피고인의 진술거부권이 침해되므로 병합심리 중인 공동피고인의 경우에는 공범인지 여부와 관계없이 변론이 분리되지 않는 한 증인적격이 없다[48]고 한다. 이에 반해, ② 긍정설은 병합심리하는 경우라도 본질적으로는 소송관계가 각 피고인에 대해 개별적으로 존재하므로, 공동피고인은 자기 사건에 관하여는 피고인의 지위에 있지만 다른 공동피고인의 사건에 관해서는 제3자적 지위에 불과하여, 변론의 분리 여부와 관계없이 공동피고인도 증인의 지위에서 증언을 할 수 있다[49]고 한다.

33 한편, 제3자 여부는 공동피고인 사이에 사건의 실질적 관련성을 기준으로 판단해야 하므로, 공동피고인을 공범인 경우와 공범이 아닌 경우로 구별하여 판단하는 것이 통설이다.[50] 이 가운데 ③ 제한적 부정설은 공범인 공동피고인의 경우에는 실질적 관련성이 있어 피고인의 지위를 가지므로 변론 분리 여부와 관계없이 증인적격을 부정하며,[51] ④ 제한적 변론분리설은 공범인 공동피고인의 경우에는

45 대판 2012. 12. 13, 2010도14360; 대판 1998. 3. 10, 97도1168.

46 大塚 外, 大コン(8), 376(池上政幸).

47 大判 大正 8(1919). 12. 19. 刑錄 25·1470

48 심희기·양동철, 신형사소송법판례, 홍문사(2009), 510-511; 정영석·이형국, 형사소송법, 법문사(1996), 396.

49 김기두, 형사소송법, 박영사(1995), 162; 신현주, 형사소송법(신정2판), 박영사(2002), 52.

50 김성돈, 827; 김일수·서보학, 728; 박상기, 691; 배종대, § 162/8; 손동권·김재윤, § 52/7; 이재상·장영민·강동범, § 46/13; 임웅, 1009; 정성근·박광민, 896; 정영일, 489.

51 신동운, 신형사소송법, 법문사(2007), 731; 이재상·조균석, 형사소송법(14판), 박영사(2022), § 39/13; 임동규, 형사소송법(6판), 법문사(2009), 596.

변론이 분리된 경우에만 증인적격을 인정하여 증인신문을 할 수 있다고 본다.[52]

34 생각건대 위 ④설이 타당하고, 판례도 피고인과 별개의 범죄사실로 기소되어 병합심리 중인 공범 아닌 공동피고인에 대하여는 당해 피고인의 범죄사실에 관하여는 증인의 지위에 있어 증인적격을 인정하고 있는 반면,[53] 공범인 공동피고인은 당해 소송절차에서는 피고인의 지위에 있으므로 다른 공동피고인에 대한 공소사실에 관하여 증인이 될 수 없으나, 소송절차가 분리되어 피고인의 지위에서 벗어나게 되면 다른 공동피고인에 대한 공소사실에 관하여 증인이 될 수 있다고 판시하여,[54] 위 ④의 입장이다. 이러한 법리는 대향범인 공동피고인의 경우에도 마찬가지로 적용된다.[55]

35 공동피고인이 아닌 공범자 중 1인이 다른 공범자를 위해 법정에서 허위의 알리바이 성립을 위한 증언을 해 준 경우, 그 진술은 공범자로서 자기 죄책을 은폐하기 위한 것과도 관계가 있으므로 본죄는 성립하지 않는다는 견해가 있다.[56]

(다) 증언거부권자

36 증언을 거부할 수 있는 사람(민소 § 314, § 315, 형소 § 148)이 증언거부권을 행사하지 아니하고 선서를 한 뒤 증언을 한 경우에 위증죄의 주체가 될 수 있는지 여부에 관하여는 견해가 대립한다.

37 먼저 그 증언이 자기의 형사사건에 관한 불이익한 사실에 대한 것일 때와 같이 증언거부권이 자기부죄(自己負罪)에 대한 진술거부특권과 관련이 있는 경우 자기에게 형사책임을 지우는 사실의 고백을 강요한다는 것은 인권의 기본원칙에 위반될 뿐만 아니라, 그 고백을 기대하는 것도 불가능하다고 하여 본죄의 성립을 부인하는 견해가 있다.[57] 그러나 비록 자기의 형사책임에 관한 불이익한 사실에 대한 것이라 하더라도 자기부죄에 대한 진술거부특권을 포기하고 증언을 함에 있어서 적극적으로 허위진술을 하는 것까지 헌법이 보장하는 취지로 이해할 수는 없으며, 증언거부권을 통하여 본죄로부터의 탈출구를 마련하고 있

52 노명선·이완규, 형사소송법, 성균관대학교 출판부(2009), 402; 박상기, 690-691; 손동권·김재윤, § 52/7; 이은모, 형사소송법(6판), 박영사(2018), 511.

53 대판 1979. 3. 27, 78도1031; 대판 1982. 9. 14, 82도1000.

54 대판 2008. 6. 26, 2008도3300.

55 대판 2012. 3. 29, 2009도11249.

56 김일수·서보학, 728. 불가벌적 면책사유라고 보고 있다.

57 황산덕, 형법각론(6정판), 89.

는 만큼 적법행위의 기대가능성이 없다고 할 수도 없으므로 본죄가 성립한다고 보아야 한다는 것이 통설이다.[58]

판례도 종래 이를 부정하였으나,[59] 이후 견해를 변경하여 통설과 마찬가지로 이러한 처지의 증인에게는 증언을 거부할 수 있는 권리를 인정하여 본죄로부터의 탈출구를 마련하고 있는 만큼 적법행위의 기대가능성이 없다고 할 수 없으므로 선서한 증인이 증언거부권을 포기하고 허위의 진술을 한 이상 본죄의 처벌을 면할 수 없다고 판시하였다.[60] 일본 판례도 같은 입장이다.[61] 38

그 이후에도 판례는 형사소송법 제148조는 피고인의 자기부죄거부특권을 보장하기 위하여 자기가 유죄판결을 받을 사실이 발로될 염려 있는 증언을 거부할 수 있는 권리를 인정하고 있고, 그와 같은 증언거부권 보장을 위하여 형사소송법 제160조는 재판장이 신문 전에 증언거부권을 고지하여야 한다고 규정하고 있으므로, 소송절차가 분리된 공범인 공동피고인에 대하여 증인적격을 인정하고 그 자신의 범죄사실에 대하여 신문한다 하더라도 피고인으로서의 진술거부권 내지 자기부죄거부특권을 침해한다고 할 수 없고, 따라서 증인신문절차에서 형사소송법 제160조에 정해진 증언거부권이 고지되었음에도 불구하고 위 피고인이 자기의 범죄사실에 대하여 증언거부권을 행사하지 아니한 채 허위로 진술하였다면 본죄가 성립된다고 판시하고 있다.[62] 39

그리고 이미 유죄의 확정판결을 받은 피고인은 공범의 형사사건에서 그 범행에 대한 증언을 거부할 수 없을 뿐만 아니라 나아가 사실대로 증언하여야 하고, 설사 피고인이 자신의 형사사건에서 시종일관 그 범행을 부인하였다 하더라도 이러한 사정은 본죄에 관한 양형 참작사유로 볼 수 있음은 별론으로 하고 이를 이유로 40

---

58 김성돈, 827; 김일수·서보학, 728-729; 박상기, 690-691; 박상기·전지연, 877; 배종대, § 162/8; 손동권·김재윤, § 52/7; 이재상·장영민·강동범, § 46/14; 임웅, 1009; 정성근·박광민, 896; 정영일, 489; 주석형법 [각칙(2)](5판), 70(한경환).

59 대판 1961. 7. 13, 4294형상194.

60 대판 1987. 7. 7, 86도1724(전). 위 판결은 대판 2010. 1. 21. 2008도942(전)에 의하여 그와 저촉되는 범위에서 변경되었는데, 위 2008도942 전원합의체 판결의 취지는 증언거부권 고지 여부를 고려하지 아니한 채 본죄 성립을 인정하는 부분을 변경한 것이므로, 증언거부권을 포기하고 허위의 진술하는 경우 적법행위의 기대가능성이 있어 본죄가 성립할 수 있다는 위 판결의 취지는 여전히 유효하다고 해석함이 상당하다.

61 最決 昭和 28(1953). 10. 19. 刑集 7·10·1945.

62 대판 2012. 10. 11, 2012도6848, 2012전도143.

피고인에게 사실대로 진술할 것을 기대할 가능성이 없다고 볼 수는 없다.[63]

3. 행 위

41 본죄의 행위는 허위의 진술을 하는 것이다.

(1) 진술

(가) 진술의 대상

42 허위감정의 대상에 가치판단이 포함되는 것과 달리, 진술의 대상은 사실에 제한되고, 가치판단은 포함되지 아니한다. 증인은 자기가 경험한 사실을 진술하는 자이기 때문이다. 따라서 증인의 진술이 경험한 사실에 대한 법률적 평가이거나 단순한 의견에 지나지 아니하는 경우에는, 본죄에서 말하는 허위의 진술이라고 할 수 없으며, 경험한 객관적 사실에 대한 증인 나름의 법률적·주관적 평가나 의견을 부연한 부분에 다소의 오류나 모순이 있더라도 본죄가 성립하지 않는다.[64] 그러나 자신이 경험하지 아니한 사실관계를 단순히 법률적 표현을 써서 진술한 경우에는, 객관적 사실을 토대로 한 증인 나름의 법률적 견해를 진술한 것과는 다르므로 본죄가 성립한다.[65]

43 그러므로 매매확인서의 발급경위와 취지 및 그 내용에 관하여 사실과 다르게 허위의 진술을 하였다면 이는 단순히 매매계약서의 효력에 관한 자신의 의견을 진술한 것이 아니라 경험한 사실에 관한 허위내용의 진술에 해당한다고 할 것이고,[66] 또한 "…한 사실을 압니다.", " …은 …의 소유였습니다."라는 진술은 단순한 의견이나 평가에 불과한 경우도 있을 수 있으나, 일반적으로는 증인이 직접 경험하거나 다른 사람의 경험을 들어서 알게 되고 또 권리귀속에 관한 인식을 가지게 되어 그러한 내용을 진술하는 것이라 할 것이므로 증인이 그 증언내용을 알게 된 경위를 심리 판단하여 그 증언내용이 기억에 반한 진술이라면 본죄가 성립한다.[67]

44 경험한 사실인 이상 감정, 목적, 동기, 확신, 관념, 기억 등의 내적 사실이거

---

63 대판 2008. 10. 23, 2005도10101.

64 대판 1987. 10. 13, 87도1501; 대판 1988. 9. 27, 88도236; 대판 1996. 2. 9, 95도1797; 대판 2001. 3. 23, 2001도213; 대판 2007. 9. 20, 2005도9590; 대판 2009. 3. 12, 2008도11007.

65 대판 1986. 6. 10, 84도2039.

66 대판 1987. 10. 13, 87도1501.

67 대판 1983. 9. 27, 83도42.

나 사건의 경위나 목격한 내용 등의 외적 사실임을 묻지 않는다.[68] 또한, 증인의 진술의 신빙성에 영향을 미치는 여러 사정에 관한 것도 포함된다.[69] 예컨대, “甲이 살인을 하였다.”라는 진술은 외부적 사실에 대한 것이고, “앞에 앉아 있는 피고인이 살인범임에 틀림없다.”라는 진술은 내부적 사실에 대한 것이지만, 모두 본죄가 성립할 수 있다.[70] 판례도 사실의 동기나 내력에 관한 것이라도 기억에 반하여 진술하면 본죄가 성립된다고 판시하여, 내적 사실이건 외적 사실이건 불문한다는 입장이다.[71]

내적 사실에 대한 진술과 관련하여, 피고인이 증언내용인 사실을 목격하였거나 체험한 바 없어 전혀 모르는 사실인데도 피고인이 목격하였거나 체험한 바 있어 알고 있는 것처럼 진술하였다면, 이는 결국 기억에 반한 허위의 진술이라 할 것이고 또 그 증언이 기본적인 사항에 관한 것이 아니고 지엽적인 사항에 관한 진술이라 하더라도 그것이 허위의 진술인 이상 본죄가 성립한다.[72] 또한 자신의 형수가 법원에 출석하여 진술한 사실이 있는지 없는지 확인하지 않은 채로, 잘 모르는 사실에 대하여 그러한 사실이 전혀 없다고 단정적으로 진술한 경우도 본죄가 성립한다.[73] 45

외적 사실에 대한 진술과 관련하여, 들어서 알게 된 사실을 직접 목격하거나 경험하여 알게 된 것처럼 진술하는 것도 허위의 진술에 해당한다. 판례도 같은 취지에서, ① 계약을 주선하고 뒤에 계약서를 보아 그 내용을 알고 있다고 하더라도 계약 체결에 직접 참여한 사실이 없음에도 불구하고 계약 체결에 직접 참여하여 목격한 것처럼 진술한 경우,[74] ② 돈을 수령해가는 것은 보았으나 그 금액이 얼마인지는 몰랐고, 그후 그 금액을 들어서 알게 되었음에도 불구하고 위 금액의 돈을 수령하는 것을 직접 목격한 것처럼 진술한 경우,[75] ③ 타인 46

68 김성돈, 830; 김일수·서보학, 731; 오영근, 775; 이재상·장영민·강동범, § 46/20; 정성근·박광민, 900-901.
69 신동운, 245.
70 임웅, 1012.
71 대판 1969. 6. 24, 68도1503.
72 대판 1982. 6. 8, 81도3069; 대판 2018. 5. 15, 2017도19499; 대판 1986. 9. 9, 86도57.
73 대판 1985. 8. 20, 85도868.
74 대판 1984. 3. 27, 84도48.
75 대판 1985. 10. 8, 85도783.

으로부터 전해 들은 금품 전달사실을 마치 증인 자신이 그 금품을 전달한 것처럼 진술한 경우[76]는 모두 위증에 해당한다고 하였다.

47 적극적으로 구체적인 허위내용의 증언을 한 경우뿐 아니라, 증인신문 시 질문에 대한 '네', '아니오' 등의 소극적인 답변도 허위의 진술에 해당할 수 있다. 판례는 민사법정에서의 증인 진술이 통상 당사자나 그 대리인의 증인신문사항에 의한 신문에 대하여 답변 형식으로 이루어지는 관계로 흔히 당사자나 그 대리인의 상세한 내용의 신문사항에 대하여 증인이 간단히 긍정적 답변을 함에 그치는 경우에도 그 상세한 신문사항 내용과 같은 진술을 증인 자신이 한 것처럼 증인신문조서에 기재되는 사례가 있음은 사실이나, 이러한 경우에도 증인이 만일 그 상세한 신문사항 내용을 파악하지 못하였거나 또는 기억하지 못함에도 불구하고 이를 그대로 긍정하는 취지의 답변을 하였다면 이는 결국 기억에 반하여 그 신문사항과 같은 내용의 허위진술을 한 것이라고 볼 수밖에 없고, 특히 매매목적물의 위치 및 평수가 그 증언의 주요 입증취지이었다면, 그 위치 및 평수에 관한 증언부분을 증인신문사항에 따라 묻는 대로 대답한 것에 지나지 아니한 지엽적 진술부분이라고 하여도 본죄의 허위의 진술에 해당한다고 판시한 바 있다.[77]

48 반면, 증인이 법정에서 선서 후 증인진술서에 기재된 구체적인 내용에 관하여 진술함이 없이 단지 그 증인진술서에 기재된 내용이 사실대로라는 취지의 진술만을 할 경우에는 그것이 증인진술서에 기재된 내용 중 특정 사항을 구체적으로 진술한 것과 같이 볼 수 있는 등의 특별한 사정이 없는 한 증인이 그 증인진술서에 기재된 구체적인 내용을 기억하여 반복 진술한 것으로는 볼 수 없으므로, 설령 거기에 기재된 내용에 허위가 있다고 하더라도 그 부분에 관하여 법정에서 증언한 것으로 보아 본죄로 처벌할 수는 없다.[78]

(나) 진술의 방법

49 진술의 방법에 특별한 제한은 없다. 따라서 구두에 의한 진술뿐만 아니라 몸짓·표정 등에 의한 진술도 포함된다. 단순히 진술을 거부하는 것은 증언거부

76 대판 1990. 5. 8, 90도448.

77 대판 1981. 6. 23, 81도118.

78 대판 2010. 5. 13, 2007도1397. 본 판결 해설은 김양섭, "민사소송에서의 증인 진술서 제도와 관련하여 그 실질적 진정성립을 인정한 진술이 위증죄를 구성할 수 있는지 여부", 해설 84, 법원도서관(2010), 623-640.

(민소 § 318, 형소 § 161)에 해당될 뿐 진술에 해당한다고 할 수 없다.

50 본죄는 허위의 진술이라는 작위범으로 규정되어 있으나, 부작위에 의한 실행이 가능한지 여부, 즉 부진정부작위범을 인정할 것인가가 문제된다. 일부 신문사항에 대하여 진술을 거부함으로써 전체적인 진술내용이 허위로 될 때에는 본죄가 성립할 수 있다는 견해가 통설이다.[79] 이에 대하여 본죄는 부작위에 의해서는 성립할 수 없다는 견해도 있다.[80]

51 일본의 경우, 단순히 사실에 대하여 모두 묵비하고 전혀 진술하지 않는 경우에는 본죄에서 규정한 허위의 진술이라고 할 수 없다는 것이 일반적이다.[81] 하지만 증인이 신문에 응하여 진술하는 동안 자신이 기억하는 사항 중 일부만을 묵비하고 그 결과로 전체적인 진술 내용이 허위로 되어버리는 경우에는, 일련의 행위를 포괄하여 허위의 진술을 한 것으로 평가하여 본죄의 성립을 인정할 수 있다고 한다. 다만 이에 대한 평가로, 부작위에 의한 위증이라고 보는 견해와, 일부의 사실만을 묵비한다는 부작위가 작위와 결합하여 허위의 진술이라고 평가할 수 있는 것이 되었다고 하여 이를 이른바 부진정부작위범이라고 평가하는 것은 타당하지 않다는 견해의 대립이 있다.[82]

(다) 진술의 내용

52 증인신문의 대상이 된 사항은 모두 진술의 내용이 될 수 있다.[83] 기본적으로 진술은 증인신문에 대한 응답이므로, 신문에 대한 응답의 범위를 넘어 동문서답한 진술이나 응답을 빙자하여 첨가한 별개사실의 진술은 진술의 내용이 될 수 없다.[84]

53 증인의 진술내용이 해당 사건의 요증사실이거나 재판결과에 영향을 미친 것인지 여부는 본죄의 성립과 아무런 관계가 없다.[85] 본죄를 국가의 사법기능에

79 김성돈, 830; 김일수·서보학, 731; 박상기·전지연, 879; 배종대, § 162/13; 이재상·장영민·강동범, § 46/22; 임웅, 1012; 정성근·박광민, 901.

80 백형구, 형법각론(개정판), 633; 이정원·류석준, 781.

81 大塚 外, 大コン(3版)(8), 377(池上政幸).

82 이에 대한 상세는 大塚 外, 大コン(3版)(8), 377(池上政幸).

83 김성돈, 830; 이재상·장영민·강동범, § 46/22; 임웅, 1012.

84 김일수·서보학, 731.

85 대판 1981. 8. 25, 80도2783; 대판 1987. 3. 24, 85도2650; 대판 1990. 2. 23, 89도1212. 증인의 진술 내용이 해당 사건에서 당사자의 입증범위에 속할 필요는 없다는 일본 대심원의 판결로는 大判 昭和 3(1928). 1. 23. 刑集 7·1.

대한 추상적 위험범으로 볼 수 있으므로, 허위의 진술의 결과 현실적으로 국가의 사법기능의 적정이 침해되었거나 침해될 구체적 위험이 있는지에 대한 판단이 필요하지 않다.[86]

54 직접신문에 대한 답변뿐만 아니라 반대신문에 대한 답변도 포함된다.[87] 인정신문에 대한 진술을 허위로 한 경우 본죄가 성립하는지 여부에 관하여, 사실에 관한 허위진술이 아니므로 본죄가 성립하지 아니한다는 견해도 있다.[88] 그러나 인적사항도 사실에 해당하고 진술의 신빙성에 영향을 줄 수 있는 사항이므로 기억에 반하여 진술한 경우에는 본죄가 성립한다는 것이 통설이다.[89] 그러므로 만일 인기연예인이 형사사건의 증인신문에서 자신의 나이를 낮춰서 말한 경우에도 본죄에 해당한다고 보아야 한다.[90]

55 그 진술이 증언으로서 증거능력이 있는 것임을 요하지 아니하고,[91] 허위의 진술이 이루어진 당해 소송절차가 위법하여 무효인 경우라도 본죄의 성립에는 영향이 없다는 견해가 있다.[92] 다만, 명백히 증거법칙을 위반한 증인신문에 대한 응답은 진술의 내용이 될 수 없다는 견해도 있다.[93] 한편, 피고인이 약식명령에 대한 정식 재판청구를 취하한 경우에도 그 공판절차에서 이루어진 허위의 진술은 본죄를 구성한다.[94]

56 진술의 내용이 된 사실 자체가 적법·유효한 효력을 갖는지는 본죄의 성립과 관계없다.[95] 따라서 종중의 이사회 결의나 임원회의결의 등이 있었음을 알면서도 이에 반하는 진술을 한 이상, 그 결의가 종중계약에 위반하여 효력이 없는 것이라 하더라도 본죄는 성립한다.[96]

---

86 大塚 外, 大コン(3版)(8), 381(池上政幸).
87 대판 1967. 4. 18, 67도254.
88 백형구, 633.
89 김성돈, 830; 박상기, 693; 배종대, § 162/13; 손동권·김재윤, § 52/12; 오영근, 775; 이재상·장영민·강동범, § 46/22; 임웅, 1012; 정성근·박광민, 901.
90 BGHSt 4, 214(박상기, 693-694에서 재인용).
91 정성근·박광민, 901.
92 김성돈, 830; 정성근·박광민, 901-902.
93 김일수·서보학, 731.
94 大判 昭和 11(1936). 11. 21. 刑集 15·1501.
95 김성돈, 830; 정성근·박광민, 902. 일본 판례로는 大判 明治 43(1910). 2. 1. 刑錄 16·101.
96 대판 1983. 8. 23. 82도1989.

(2) 진술의 허위성

(가) 허위의 의미

(a) 객관설

허위란 진술의 내용이 객관적 진실에 반하는 것이라고 보는 견해이다.[97] 이 견해에 따르면 증인이 기억에 반하는 진술을 한 경우에 내용이 객관적인 사실과 일치할 때에는 허위가 아니고, 반면에 증인이 기억에 합치하는 진술을 한 경우에도 내용이 객관적인 사실과 불일치할 때에는 허위라는 결론에 이른다. 본죄는 국가의 사법기능을 보호법익으로 하는데, 객관적 진실에 부합하는 진술은 국가의 사법기능을 해할 염려가 없다는 것을 논거로 든다. 객관설은 과실위증을 처벌하는 독일의 통설·판례[98]의 입장이다. 57

(b) 주관설

허위란 증인이 기억에 반하는 진술을 하는 것을 의미하며, 그 진술 내용이 객관적 진실과 일치하는지 여부는 문제가 되지 않는다고 보는 견해이다.[99] 증인은 자기가 경험한 바를 그대로 진술하는 것이 소송상의 의무라는 견해에서 출발하여, 증인에게 자기가 기억한 것 이상의 진술을 말해 줄 것을 기대할 수 없고, 증인의 기억에 반하는 진술만으로도 이미 국가의 사법기능을 해할 추상적 위험이 있다는 것을 논거로 든다. 주관설은 일본 판례[100]의 입장이기도 하다. 58

---

97 김일수·서보학, 731; 손동권·김재윤, § 52/10; 이재상·장영민·강동범, § 46/18.

98 BGHSt 7, 147; Lackner/Kühl, vor § 153 Rn. 2 a; Maurach/Schroeder, BT/2, 167; Nomos/Heinrich, § 153 Rn. 14; Sch/Sch/Lenckner, vor § 153 Rn. 6(박상기, 691에서 재인용).

99 김성돈, 829; 배종대, § 162/12; 신동운, 243; 오영근, 774; 임웅, 1011; 정성근·박광민, 900; 정영일, 492.

100 大塚 外, 大コン(3版)(8), 378-379(池上政幸). 일본 판례는 ① 구 형법 제218조의 위증죄에 대하여 사실을 견문(見聞)하지 않았음에도 불구하고 실제로 이를 견문하였다고 진술한 경우에, "증인이 실제로 견문하였다고 허위로 증언한 사실이 우연히 실제의 사실에 부합하다 하더라도 여전히 위증죄의 범인으로서 형사상의 책임을 진다고 하지 않을 수 없다."고 판시하였으며[大判 明治 35(1902). 9. 22. 刑錄 8·8·33], 현행 일본형법의 위증죄에 대하여도 ② 증인이 A 등이 수기(手記)로 작성하고 있는 것을 목격하지 않았음에도 불구하고 목격한 것처럼 진술한 사실에 대하여, "사실을 견문하지 아니한 증인이 실제로 이를 견문하였다고 허위의 진술을 한 때에는 위증죄는 완전히 성립하는 것으로서, 증인이 실제로 견문하였다고 허위로 진술한 사실이 실제의 사실과 부합하는지 여부는 위증죄의 성립 여부에는 아무런 영향도 미칠 수 없다."고 판시하여[大判 明治 42(1909). 6. 8. 刑錄 15·735] 위증죄의 성립을 인정하였다. 이후 같은 취지로 ③ "적어도 증인이 실제로 체험하지 않은 사실을 체험하였다고 허위로 증언한 때에는 언제나 위증죄를 구성하는 것으로서, 그 증언이 우연히 사실에 부합하는 것은 그 범죄의 성립을 조각하지 아니한다."〔大判 明治 44(1911). 10. 31. 刑錄 17·1824〕고 판시하였고, ④ 위증죄의 성립에 대하여 위 ①

(c) 절충설

59 본죄의 보호법익인 국가의 사법기능을 위험에 빠뜨리지 않는 경우에는 본죄를 부정하여야 한다는 전제에서, ① 증인이 기억과 일치하는 증언을 한 경우에는 객관적 진실성 여부를 떠나 언제나 위증이 아니고, ② 기억에 반하지만 객관적 진실과 일치한다고 믿고 진술한 경우에는 허위로 밝혀지더라도 본죄가 성립하지 아니한다는 견해[101]가 있다.

60 또한, 증인이 ③ ⓐ 자신의 기억에 반하는 진술을 한 것이 객관적 진실에 합치하지 아니할 때에는 행위불법과 동시에 국가의 사법작용을 위태롭게 한 결과불법이 인정되어 본죄가 성립하고, ⓑ 자신의 기억에 반하는 진술을 하였지만 그 내용이 우연히 객관적 진실에 합치한 경우에는 행위불법은 인정되나 국가의 사법작용을 위태롭게 했다고 볼 수 없어 불능미수가 문제되지만 미수범 처벌규정이 없어 처벌되지 아니하며, ⓒ 증인이 자신의 기억에 합치하는 증언을 하였으나 그 내용이 객관적 진실에 합치하지 아니한 경우에는, 증인에게 고의가 없기 때문에 과실에 의한 위증의 문제로 될 것이나 과실범 처벌규정이 없으므로 범죄가 성립하지 아니한다는 견해[102]도 있다.

(d) 의무설

61 의무설(Pflichttheorie)은 과실위증을 처벌하는 독일에서 주장된 견해로서, 주관설의 입장에 서면서도 허위성을 보다 포괄적으로 이해한다. 즉, 증인으로서 주의 깊게 기억해 냈더라면 허위로 진술하지 않았을 것임에도 부주의하게 경험사실과 일치하지 않는 진술을 하는 경우는 허위의 진술에 해당한다고 본다. 이 견해는 진실을 말해야 할 증인으로서의 의무위반을 본죄의 대상으로 삼은 것이라 할 수 있으므로 과실에 의한 허위의 진술까지도 포함한다.[103]

내지 ③의 판례와 같은 취지의 판시를 한 뒤에 위증교사죄에 대하여, 교사의 범죄를 구성하기 위해서는 "교사자가 증인의 진술이 그 기억에 반하는 사실임을 알고도 이를 증언토록 하는 것으로 충분하고, 그것이 진실인지를 확신하였는지 여부는 그 죄책에 영향을 미치지 아니한다."고 판시하여[大判 大正 3(1914). 4. 29. 刑錄 20·654], 교사죄에 대하여도 주관설에 입각하고 있음을 명확하게 하였다.

101 박상기, 693.

102 이형국·김혜경, 형법각론(2판), 862 주 1).

103 Otto, BT, § 97 II 2 b(박상기, 692에서 재인용).

(e) 판례

62 판례는 허위의 진술이란 그 객관적 사실이 허위라는 것이 아니라 스스로 체험한 사실을 기억에 반하여 진술하는 것을 의미하고,[104] 형사재판의 증인이나 스스로 체험한 사실을 기억나는 대로 진술하면 되고, 객관적 사실에 일치하는 진술을 할 의무가 있는 것은 아니라고 하여,[105] (b)의 주관설의 입장이다. 따라서 증언이 객관적 사실과 부합하지 않는다는 사실만으로는 본죄가 성립하지 않으며,[106] 증인이 자신의 기억에 반하는 진술을 하였다면 객관적 사실에 합치할 경우에도 본죄가 성립한다.[107]

(f) 검토

63 증인이 법정에서 진술하는 내용으로는 ① 증인의 기억에도 합치되고 객관적 진실인 경우, ② 증인의 기억에는 반하지만 객관적 진실에는 합치되는 경우, ③ 증인의 기억에는 합치되지만 객관적으로 허위인 경우, ④ 증인의 기억에 반하고 객관적으로도 허위인 경우, 이렇게 네 가지 경우를 생각할 수 있다. 이 가운데에서 ①의 경우에는 주관적, 객관적으로 허위인 진술이라 할 수 없으므로 본죄에 해당될 수 없고, ④의 경우에는 본죄를 구성한다는 것에 다툼이 있을 수 없다. ③의 경우에는 증인이 허위를 진술한다는 인식이 결여되어 있으므로 구성요건적 고의가 없어서 역시 본죄를 구성할 수 없다. 따라서 주관설과 객관설의 차이는 ②의 경우인 진술내용이 증인의 기억에는 반하지만 객관적으로는 진실과 합치되는 경우에 대하여 본죄의 성립을 인정할 것인지의 여부에 있다고 할 것이다.

64 살피건대, 과실위증죄로 처벌하는 규정을 두고 있는 독일에서는 객관설이 설득력이 있으나, 위 규정을 두고 있지 않은 우리나라에서의 해석으로는 위 (a)의 객관설이나 위 (d)의 의무설을 취하기는 어렵다. 본죄의 보호법익이 국가의 사법기능으로 증인에게 자기가 기억한 것 이상의 진술을 말해 줄 것을 기대할 수 없는 점, 자기 기억에 따른 진술이야 말로 법원의 실체 판단에 기여하는 증

104 대판 1984. 2. 28, 84도114.
105 대판 2005. 12. 23, 2004다46366.
106 대판 1996. 8. 23, 95도192; 대판 1988. 12. 13, 88도80.
107 대판 1987. 1. 20, 86도2022; 대판 1980. 4. 8, 78도2026; 대판 1989. 1. 17, 88도580.

거가 될 것이라는 점, 증인이 자신의 기억에 반하는 증언을 하는 것 자체가 재판이나 징계처분을 그르치게 할 추상적 위험을 지니고 있으므로 객관적인 진실을 기억에 반하여 진술한 것을 본죄로 처벌하는 것이 입법취지의 한계를 넘는 것으로 불필요한 처벌의 확대라고 보기 어려운 점 등에 비추어, 위 (b)의 주관설을 취하는 판례의 입장이 타당하다.

65 이와 같이 해석할 경우 본죄에서의 허위의 개념이 무고죄에서의 허위의 개념과 다르게 되는데, 이는 국가적 법익만을 보호하는 본죄와 개인적 법익도 함께 보호하는 무고죄의 구성요건 차이에서 비롯되는 것으로 법해석상 모순되는 것은 아니다.[108]

(나) 허위 여부의 판정

66 증인의 증언이 기억에 반하는 허위진술인지 여부는 그 증언의 단편적인 구절에 구애될 것이 아니라 당해 신문절차에 있어서의 증언 전체를 일체로 파악하여 판단하여야 할 것이고, 증언의 의미가 그 자체로 불분명하거나 다의적으로 이해될 수 있는 경우에는 언어의 통상적인 의미와 용법, 문제된 증언이 나오게 된 전후 문맥, 신문의 취지, 증언이 행하여진 경위 등을 종합하여 당해 증언의 의미를 명확히 한 다음 허위성을 판단하여야 한다.[109]

67 따라서 증언의 전체적 취지가 객관적 사실과 일치되고, 그것이 기억에 반하는 진술이 아니며, 그 사실을 구성하는 일부 사소한 부분에 다른 점이 있어도 그 진술의 취지가 기억에 일치하는 것이라면, 본죄의 성립이 인정될 수 없다.[110] 또한 증언의 전체적 취지가 객관적 사실과 일치되고 그것이 기억에 반하는 진술이 아니라면, 사소한 부분에 관하여 기억과 불일치하더라도 그것이 신문취지의 몰이해 또는 착오에 의한 것이라면 위증이 될 수 없다.[111]

68 일반적으로 증인이 어떠한 사실을 '안다'고 진술하는 경우에는 증인이 직접 경험하거나 또는 타인의 경험한 바를 전해 들어서 알게 된 사실을 진술하는 것이므로 이와 같이 알게 된 경위가 어떤 것인지를 가려내어 그것이 피고인의 기억에 반하는지의 여부를 판단하여야 하고, 그 진술이 객관적인 사실과 다르다는

108 주석형법 [각칙(2)](5판), 75(한경환).
109 대판 2006. 2. 10, 2003도7487; 대판 2001. 12. 27, 2001도5252; 대판 2018. 5. 15, 2017도19499.
110 대판 1983. 2. 8, 81도207.
111 대판 1996. 3. 12, 95도2864. 대판 2007. 10. 26, 2007도5076.

것만으로 곧 기억에 반하는 진술이라고 단정할 수는 없다.[112]

증언의 내용이 타인이 경험한 바를 전해들은 것이거나 기록 또는 문서를 보고 간접적으로 알게 된 것이라면, 그 진술이 전해 준 내용이나 알게 된 문서의 내용에 일치되지 아니하는 때에는 그 진술은 일응 기억에 반한 것으로 보아야 할 것이므로 본죄에 해당한다 할 것이고, 이러한 경우에는 증인이 그 증언내용을 알게 된 경위에 따라 그 증언내용이 기억에 반한 진술인지의 여부를 가려야 한다.[113] 69

예컨대, 토지의 관리인으로부터 적당히 서류를 만들어 토지를 팔았는데 나중에 대토를 주면 되지 않겠느냐는 말을 듣고 서류를 적당히 만들었다면 인감 등을 위조한 것이라고 생각하고 그와 같이 증언을 하게 된 것으로 볼 수 있어 그 증언에 다소의 추측과 과장된 점이 있기는 하지만 허위라고는 할 수는 없다.[114] 70

4. 실행의 착수 및 기수시기

(1) 실행의 착수시기

본죄의 실행의 착수시기는 허위의 진술을 개시한 때이다.[115] 71

(2) 기수시기

본죄는 거동범이고[116] 미수범 처벌규정이 없으므로, 언제 기수에 이르는 것인가가 중요하다. 본죄의 기수시기에 대하여는, ① 증인이 허위의 진술을 한 때에는 신문의 종료를 기다리지 아니하고 즉시 기수가 된다는 보는 견해[117]가 있으나, ② 1회의 신문절차에 있어서의 증언은 포괄적으로 1개의 행위로 볼 수 있으므로 당해 증인에 대한 신문절차가 종료되어 그 진술을 철회할 수 없는 단계에 이르렀을 때 기수가 된다는 견해[118]가 통설이다. 다만, 증인이 진술을 한 후에 선서한 때(사후선서)에는 그 선서를 끝낸 때에 기수를 인정할 수 있으며,[119] 72

112 대판 1985. 3. 12, 84도2918.
113 대판 1985. 4. 9, 83도44.
114 대판 1986. 2. 11, 85도2663.
115 오영근, 775.
116 배종대, § 162/14; 정성근·박광민, 902.
117 정영석, 형법각론(5전정판), 88.
118 김성돈, 830; 김일수·서보학, 731; 박상기, 694; 배종대, § 162/14; 손동권·김재윤, § 52/14; 오영근, 775; 이재상·장영민·강동범, § 46/23; 임웅, 1012; 정성근·박광민, 902.
119 김일수·서보학, 731; 이재상·장영민·강동범, § 46/23; 임웅, 1012-1013; 정성근·박광민, 902.

판례도 마찬가지이다.[120]

73 판례는 본죄에 있어서 증인의 증언이 기억에 반하는 허위의 진술인지 여부를 가릴 때에는 그 증언의 단편적인 구절에 구애될 것이 아니라 당해 신문절차에 있어서의 증언 전체를 일체로 파악하여 판단하여야 한다[121]고 하면서, 본죄의 기수시기를 신문이 종료한 때라고 보고 있다.[122] 따라서 선서한 증인이 일단 기억에 반한 허위의 진술을 하였더라도 그 신문이 끝나기 전에 그 진술을 취소·철회·시정한 경우에는 본죄가 성립하지 않는다고 한다.[123] 이 경우의 취소·철회·시정은 다른 신문자의 진술에서 행하여져도 무방하다.[124] 판례도 증언의 전체취지에 비추어 원고대리인 신문 시에 한 증언을 피고대리인과 재판장 신문 시에 취소·시정한 것으로 보여진다면, 앞의 증언만을 따로 떼어 위증이라고 볼 수 없다고 한다.[125]

74 증인이 1회 또는 수회의 기일에 걸쳐 이루어진 1개의 증인신문절차에서 허위의 진술을 하고 그 진술이 철회·시정된 바 없이 그대로 증인신문절차가 종료된 경우 그로써 본죄는 기수에 달하고, 그후 별도의 증인 신청 및 채택 절차를 거쳐 그 증인이 다시 신문을 받는 과정에서 종전 신문절차에서의 진술을 철회·시정한다 하더라도 그러한 사정은 제153조가 정한 형의 감면사유에 해당할 수 있을 뿐, 이미 종결된 종전 증인신문절차에서 행한 본죄의 성립에 어떤 영향을 주는 것은 아니다. 위와 같은 법리는 증인이 별도의 증인신문절차에서 새로이 선서를 한 경우뿐만 아니라 종전 증인신문절차에서 한 선서의 효력이 유지됨을 고지받고 진술한 경우에도 마찬가지로 적용된다.[126]

5. 주관적 구성요건

75 본죄의 주관적 구성요건인 고의는 객관적 구성요건적 사실에 대한 인식과

120 대판 1974. 6. 25, 74도1231.
121 대판 1989. 2. 28, 87도1718; 대판 1991. 5. 10, 89도1748.
122 대판 1974. 6. 25, 74도1231.
123 대판 1974. 6. 25, 74도1231; 대판 1984. 3. 27, 83도2853; 대판 1993. 12. 7, 93도2510; 대판 1998. 4. 14, 97도3340; 대판 2008. 4. 25, 2008도1053.
124 정성근·박광민, 902.
125 대판 1984. 3. 27, 83도2853.
126 대판 2010. 9. 30, 2010도7525.

의사를 내용으로 한다. 따라서 법률에 의하여 선서한 증인이라는 신분에 대한 인식뿐만 아니라 '허위의 진술'이라는 점도 인식하여야 한다. 그러나 허위의 진술에 대한 인식은 앞서 본 진술의 허위성을 어떻게 파악하는가에 따라 그 내용이 달라진다. 주관설에 의하면 기억에 반하는 진술을 한다는 점에 대한 인식과 의사가 있으면 충분하고, 그 사실이 객관적 사실에 부합하는지 여부를 알 필요는 없다. 반면, 객관설에 의하면 진술하는 사실이 객관적으로 허위라는 점에 대한 인식과 의사가 있어야 한다.

증인이 자기의 기억에 반하는 사실을 진실이라고 오인하고 진술하였으나 76
그것이 진실이 아닌 경우, 주관설에 의하면 위증의 고의가 인정되나, 객관설에 의하면 객관적으로 허위라는 사실에 대한 인식과 의사가 없다고 보아 고의를 인정하지 않게 된다.[127] 이 경우 객관설에 입장에서 구성요건적 착오로 고의가 조각된다고도 한다.[128]

판례는 주관설의 입장에서, 증인이 무엇인가 착오에 빠져 기억에 반한다는 77
인식 없이 증언하였음이 밝혀진 경우[129]와 증언 당시 판사의 신문취지를 오해 또는 착각하고 진술한 경우[130]에 고의를 인정할 수 없다고 한다. 또한 타인의 일에 대하여 정확한 날짜를 기억한다는 것은 경험칙상 어려우므로 실제 계약체결일과 불과 2일 차이 나게 증언한 것을 가지고 기억에 반한 허위의 진술이라고 단정하기 어렵고,[131] 부동산을 매수한 지 20여 년이 지난 뒤여서 그 매도 당시 입회인을 매수 당시 입회한 것으로 잘못 기억하고 증언한 것도 기억에 반한 허위의 진술이라고 볼 수 없다[132]고 판시한 바 있다.

그 밖의 다른 객관적 구성요건요소에 대한 인식 자체가 없는 경우에도 고 78
의가 부정된다.[133] 반면, 진실을 증언할 의무가 없다고 오신한 때에는 금지착오(법률의 착오)가 된다.[134]

---

127 박상기, 694.
128 김일수·서보학, 732; 이재상·장영민·강동범, § 46/26.
129 대판 1991. 5. 10, 89도1748.
130 대판 1986. 7. 8, 86도1050.
131 대판 1983. 11. 22, 83도2492.
132 대판 1985. 3. 26, 84도1098.
133 손동권·김재윤, § 52/16.
134 김일수·서보학, 732; 배종대, § 162/15; 손동권·김재윤, § 52/16; 이재상·장영민·강동범, § 46/26.

79 본죄의 고의는 미필적 고의로 충분하고,[135] 위증의 동기나 목적 또는 타인의 이익을 위한 것인지 여부는 묻지 않는다.[136] 다만 타인을 모해할 목적이 있는 경우, 모해위증죄(§ 152②)로 가중처벌이 된다.

6. 공 범

(1) 간접정범과 공동정범의 성부

80 본죄는 법률에 의하여 선서한 증인만이 '정범적격'을 갖는 진정신분범이자 스스로 허위의 진술, 즉 구성요건적 행위를 하여야만 정범주체가 될 수 있는 자수범(自手犯)이다. 따라서 선서하지 않은 사람이 선서한 증인을 생명 있는 도구로 이용하거나 또는 법률에 의하여 선서한 증인의 신분자이더라도 직접 허위의 진술을 하지 않으면 간접정범은 성립할 수 없다.[137] 그러나 교사범과 방조범은 법률에 의하여 선서한 증인으로서의 신분요소와 허위의 진술이라는 구성요건적 행위의 유무와 관계없이 성립할 수 있다.[138]

81 자수범으로 보면서도 공동정범이 성립한다고 보는 견해,[139] 2인 이상이 각자 선서하고 의사연락하에 함께 허위진술의 구성요건적 행위를 하는 경우에는 공동정범도 성립될 수 있다는 견해[140]도 있으나, 자수범이므로 본죄의 공동정범은 성립할 수 없다고 보는 것이 통설이다.[141]

82 일본 판례는 공모공동정범을 인정하는 전제 아래, 甲, 乙, 丙 3명이 공모하여 乙의 민사소송을 유리하게 진행시키기 위해 증언 내용을 합의한 후 丙이 증인이 되고, 선서한 후 허위의 진술을 한 사안에 대하여, "위증죄는 법률에

---

135 배종대, § 162/15; 이재상·장영민·강동범, § 46/26.

136 김성돈, 830; 김일수·서보학, 732; 신동운, 246; 임웅, 1013, 정성근·박광민, 902.

137 김성돈, 831; 박상기, 696; 박상기·전지연, 880; 배종대, § 162/16; 손동권·김재윤, § 52/18; 오영근, 776; 이재상·장영민·강동범, § 46/27; 임웅, 1013; 정성근·박광민, 903. 독일형법 제160조는 간접정범 형태의 위증을 처벌하는 '허위진술유도죄' 규정을 별도로 두어 본죄의 자수범적 성질을 보완하고 있다.

138 김성돈, 831; 김일수·서보학, 732; 배종대, § 162/16; 손동권·김재윤, § 52/18; 오영근, 776; 이재상·장영민·강동범, § 46/27; 정성근·박광민, 903.

139 오영근, 769.

140 김성돈, 831; 손동권·김재윤, § 52/18.

141 박상기, 696; 박상기·전지연, 880; 배종대, § 162/16; 이재상·장영민·강동범, § 46/27; 임웅, 1013; 정성근·박광민, 903.

의하여 선서한 자가 아니면 범할 수 없는 범죄이므로 소위 신분으로 인하여 구성되는 범죄행위에 해당하는 것이라고 해야 할 것이고, 신분 없는 자가 이 범죄행위에 가공하여 함께 위증이 되도록 모의하여 이를 수행하게 하였다면 (중략) 위 신분 없는 자 또한 위증죄의 공동정범으로서 의율하여야 한다."고 판시하였다.[142] 이후 일본 하급심에서도 옴진리교와 관련하여 위증을 공모한 교단 간부,[143] 피고인에게 유리한 증언을 하도록 피해자 등과 공모한 변호인[144] 등에 대하여 본죄의 공동정범을 인정한 사례가 있다.[145]

(2) 교사범과 방조범

위증교사·방조범은 형법총칙상의 일반 규정에 따라 성립할 수 있다. 피고 83
인의 선행행위에 기한 작위의무를 전제로 하여 부작위에 의해서도 위증방조죄가 성립한다는 견해가 있으나,[146] 위증방조범에 있어서 선행행위에 기한 작위의무를 상정하기 어려우므로 이를 부인하는 것이 타당하다.[147]

(가) 형사피고인의 위증교사

앞서 본 바와 같이 법률에 의하여 선서하지 아니한 사람도 제33조 본문에 의 84
하여 본죄의 교사 또는 방조범이 될 수 있음은 물론이다. 다만, 형사피고인이 자신의 피고사건에 관하여 다른 사람을 교사하여 허위의 진술을 하게 한 경우, 위증교사죄가 성립할 수 있는지 여부에 대하여는 적극설과 소극설이 대립하고 있다.

(a) 적극설

형사피고인도 본죄의 교사범이 될 수 있다는 견해이다.[148] 이 견해의 논거 85

---

142 大判 昭和 9(1934). 11. 20. 刑集 13·1514.

143 東京地判 平成 9(1997). 3. 24. 判時 1604·157. 옴진리교의 교단 간부인 피고인이 국토이용계획법위반 등의 죄로 기소된 교단 관계자의 형사책임을 면하게 하기 위하여 피고인이 중심이 되어 허위의 이야기를 지어내어 다른 교단 관계자들에게 기억시키고 함께 재판을 하기 전에 모의심문 등의 연습을 하고 해당 교단 관계자가 선서한 뒤 위증하도록 한 사안에서, 증인인 교단 관계자와의 사이에 본죄의 공모공동정범의 성립을 인정하였다.

144 京都地判 平成 17(2005). 3. 8. LEX/DB 28105138. 변호사인 피고인이 변호인을 맡은 강도치상 및 절도 등의 피고사건에 대하여, 그 사건의 피고인에게 죄책을 면하여주거나 죄책을 경감시키기 위하여 그 사건의 피해자와 그 관계자인 폭력단 단원 등과 공모하여 피해자가 공판정에서 선서한 뒤 허위의 증언을 하도록 한 사안에서, 본죄의 공동정범을 인정하였다.

145 大塚 外, 大コン(3版)(8), 384(池上政幸).

146 BGHSt 14, 229; BGH NStZ 1993, 489; OLG Hamm NJW 1992, 1977(박상기, 695에서 재인용).

147 박상기, 695.

148 김성돈, 831; 손동권·김재윤, § 52/19; 신동운, 247; 주석형법 [각칙(2)](5판), 82-83(한경환).

는 다음과 같다. ① 형사피고인에 대하여 본죄가 성립하지 아니하는 것은 기대가능성이 없기 때문인데 다른 사람에게 위증을 교사하는 경우까지 책임이 조각된다고 할 수 없다. ② 정범에게 본죄가 성립하는 이상 공범종속성에 따라 교사범의 성립도 인정하여야 한다. ③ 피고인의 위증교사는 피고인 자신이 허위진술하는 경우와 달리 자기비호권의 남용에 해당한다. ④ 위증의 교사는 새로운 범인 창조라는 특수한 반사회성이 있으므로 피고인 자신이 허위진술하는 것을 초과하는 형사사법의 침해가 있다. ⑤ 피교사자가 처벌됨에도 이를 교사한 피고인은 형사처벌을 면한다는 것은 일반적 법감정상 부당하다.

(b) 소극설

86 형사피고인은 본죄의 정범은 물론 교사범도 될 수 없다는 견해이다.[149] 이 견해의 논거는 다음과 같다. ① 정범으로 처벌되지 아니하는 피고인을 본죄의 교사범으로 처벌할 수 있도록 하는 것은 형법의 보충성과 단편성이라는 형법의 근본원칙에 위배된다. ② 피고인이 다른 사람을 교사하여 위증하게 하는 것은 피고인 자신이 허위의 진술을 하는 것과 차이가 없다. ③ 인간의 자기보존본능 차원에서 형법이 인정하고 있는 각종의 자기비호권, 예컨대 자기의 형사사건에 대한 증거인멸, 자기의 형사사건에 대한 증거은닉·도피를 처벌하지 않는 법정신은 위증교사에 대해서도 일관되어야 하며, 피고인의 위증교사도 자기비호권의 연장으로 기대가능성이 없기는 마찬가지이다. ④ 피고인에 대하여 본죄가 성립하지 아니하는 것은 피고인에게 증인적격이 없어 본죄의 구성요건을 충족할 수 없기 때문인 것으로 파악하여야 하고, 이를 책임조각사유로 이해하여 다른 사람을 교사한 때에는 기대가능성이 조각되지 아니한다고 하거나 방어권의 남용에 해당한다고 해석하는 적극설은 타당하지 않다.

(c) 판례

87 피고인이 자기의 형사사건에 관하여 허위의 진술을 하는 행위는 형사소송에 있어 피고인의 방어권을 인정하는 취지에서 처벌의 대상이 되지 않으나, 법률에 의하여 선서한 증인이 타인의 형사사건에 관하여 위증을 하면 본죄가 성립되므로 자기의 형사사건에 관하여 타인을 교사하여 본죄를 범하게 하는 것은

---

149 김일수·서보학, 732; 박상기, 696; 박상기·전지연, 880; 배종대, § 162/21; 오영근, 776; 이재상·장영민·강동범, § 46/30; 임웅, 1014; 정성근·박광민, 904.

이러한 방어권을 남용하는 것이라고 할 것이어서 교사범의 죄책을 부담하게 함이 상당하다고 판시하여,[150] 위 (a)의 적극설의 입장이다.

일본의 판례[151]도 피고인의 묵비권이 있다고 하여 타인에게 허위의 진술을 하도록 교사한 때에 위증교사의 책임을 면할 수 있는 것은 아니라고 하여 적극설을 취하고 있다.[152] 88

(나) 그 밖에 위증교사와 관련된 문제점

위증교사는 피교사자로 하여금 위증을 결의하게 하여 피교사자가 그 결의에 기하여 위증을 함으로써 성립하는 것으로서, 교사자가 반드시 피교사자에 대하여 구체적으로 위증할 증언사항을 지시하여 교사함을 요하지 아니한다.[153] 또한 위증을 교사하며 증언하도록 한 내용의 취지가 실제 위증의 진술 내용 취지와는 다소 서로 다른 부분이 있더라도 피교사자 스스로도 전혀 모르는 사실을 진술하게 한 때에는 위증교사죄가 성립하고,[154] 위증교사의 취지가 위증의 취지와 대체로 부합하는 이상 증언의 사소한 부분에 있어서 교사자의 지시와는 다른 진술을 하였다고 하여도 위증교사죄가 성립하며,[155] 피교사자가 교사의 취지와 모순되지 않는 사항을 덧붙여 내용을 각색하여 위증한 경우[156]에도 위증교사죄가 성립한다. 89

한편 선서무능력자도 본죄의 교사범이 될 수 있음은 당연하고,[157] 스스로 증인이 될 자격이 없어도 위증교사죄는 성립한다.[158] 교사행위 당시에 피교사자가 증인으로서 증언할 수 있는 지위에 있었는지 여부는 교사범의 성립에 영향 90

150 대판 2004. 1. 27, 2003도5114.

151 最決 昭和 32(1957). 4. 30. 刑集 11·4·1502; 最判 昭和 33(1958). 10. 24. 裁判集(刑事) 128·389.

152 大判 昭和 11(1936). 11. 21. 刑集 15·1501. 이 판결은 기대가능성이 없다는 주장에 대하여는, 피고인이 자신의 형사사건에서 허위의 진술을 하더라도 범죄가 되지 않는 것은 기대불가능을 이유로 하는 책임조각사유가 있기 때문이지만, "이와 같은 책임조각사유는 피고인 단독으로 허위의 진술을 하는 경우에만 인정되어야 할 것이고, 타인을 교사하여 허위 진술토록 하는 위증교사에까지 확장할 것은 아니며, 무릇 피고인의 교사에 의하여 위증을 한 타인만이 형사책임을 지고, 교사한 피고인 혼자 이를 면하는 것은 국민의 도의관념상 허용되어서는 아니되는 것이다."라고 판시하였다.

153 조고판 1916. 4. 10. (총람 19-1, 325).

154 大判 昭和 7(1932). 2. 26. 刑集 11·126.

155 大判 大正 5(1916). 1. 22. 刑錄 22·23.

156 大判 大正 10(1921). 6. 25. 刑錄 27·571.

157 大判 明治 42(1909). 12. 13. 刑錄 15·1754.

158 大判 大正 6(1917). 7. 9. 刑錄 23·848.

이 없고,[159] 법원으로부터 피교사자가 소환을 받기 전후인 것을 판단할 필요도 없다.[160] 교사자가 증인이 선서 없이 증언할 경우를 예상하였는지의 여부 또한 위증교사죄의 성립에 영향이 없다.[161]

91 또한 허위의 인식에 대하여 주관설을 취하는 이상, 교사자가 피교사자인 증인이 기억에 반하는 진술을 하는 사실을 알고 있으면, 그 진술 내용이 객관적 진실이라고 믿고 있었다고 하더라도 위증교사죄가 성립한다.[162] 진실한 내용의 진술을 하면 이후 여러 번 다시 소환되어 번거로울 것이라는 허위의 사실을 고지하여 소환된 증인으로 하여금 위증을 하도록 한 경우, 위증교사죄가 성립한다.[163]

92 본죄는 국가적 법익에 대한 죄이므로 직계혈족 간의 민사소송에서 당사자의 한 쪽이 불법한 이익을 얻기 위하여 타인에게 위증을 교사한 경우, 사기죄는 친족상도례에 의하여 형 면제사유가 존재하지만 위증교사죄의 성립에는 영향이 없다.[164]

7. 죄 수

(1) 위증죄의 죄수

93 하나의 사건에 관하여 한 번 선서한 증인이 같은 기일에 여러 가지 사실에 관하여 기억에 반하는 허위의 진술을 한 경우 이는 하나의 범죄의사에 의하여 계속하여 허위의 진술을 한 것으로서 포괄하여 1개의 본죄를 구성하는 것이고, 각 진술마다 수개의 본죄를 구성하는 것이 아니다.[165] 따라서 당해 위증사건의 허위진술 일자와 같은 날짜에 한 다른 허위진술로 인한 위증사건에 관한 판결이 확정되었다면, 비록 종전 사건 공소사실에서 허위의 진술이라고 한 부분과 당해 사건 공소사실에서 허위의 진술이라고 한 부분이 다르다 하여도 종전 사건의 확정판결의 기판력은 당해 사건에도 미치게 되어 당해 본죄 부분은 면소

159 大判 大正 2(1913). 10. 3. 刑錄 19·906.
160 大判 昭和 7(1932). 6. 13. 刑集 11·821.
161 大判 昭和 17(1942). 12. 24. 法律新聞 4828·8.
162 大判 昭和 7(1932). 3. 10. 刑集 11·286.
163 大判 明治 43(1910). 6. 23. 刑錄 16·1280.
164 大判 大正 12(1923). 11. 26. 刑集 2·838.
165 대판 1990. 2. 23, 89도1212; 대판 1992. 11. 27, 92도498; 대판 1998. 4. 14, 97도3340.

되어야 한다.[166]

한편 같은 민사소송의 같은 심급에서 서로 다른 변론기일에 수회의 허위진술을 하더라도 최초에 한 선서의 효력을 유지시킨 후 증언한 이상, 1개의 본죄를 구성함에 그친다.[167] 94

(2) 위증교사죄의 죄수

하나의 사건에서 여러 사람을 교사하여 위증하게 하였을 때에는, 교사행위가 1개인가 또는 수개인가를 묻지 않고 증인의 수에 따라 위증교사죄의 경합범이 된다는 견해가 있다.[168] 95

일본 판례 중에는 같은 피고사건에서 여러 사람에게 위증을 교사한 경우에 그 각각의 위증에 대하여 정범의 수에 의하여 각자 독립한 교사범의 죄책을 부담하고 각 죄는 실체적 경합관계에 있다고 본 판례[169]가 있고, 교사의 죄수는 교사행위 자체의 수를 기준으로 결정하여야 하므로 1개의 교사행위로 수인을 교사한 때에는 상상적 경합이 된다고 본 판례[170]가 있다. 96

8. 다른 죄와의 관계

(1) 무고죄와의 관계

타인으로 하여금 형사처분을 받게 할 목적으로 허위신고를 한 행위와 그 허위신고로 인한 재판에서 증인으로서 허위신고와 동일한 내용의 허위진술을 한 경우에는 본죄 또는 모해위증죄(§ 152②)와 무고죄(§ 156)의 실체적 경합범이 된다.[171] 무고죄가 성립하려면 타인으로 하여금 형사처분을 받게 할 목적으로 97

166 대판 1998. 4. 14, 97도3340; 대판 2007. 3. 15, 2006도9463.

167 대판 2005. 3. 25, 2005도60; 대판 2007. 3. 15, 2006도9463(행정소송과 관련하여 동일한 취지의 판결임).

168 김일수·서보학, 733; 배종대, § 162/23; 정성근·박광민, 904. 주석형법 [각칙(2)](5판), 84(한경환).

169 大判 大正 5(1916). 9. 19. 刑錄 22·1389. 이 판결은 교사행위가 수개인 경우로 보이나, 더 나아가 1개의 행위로 수인에게 교사한 때에도 수개의 위증죄가 성립하고 각기 실체적 경합관계라고 본 고등법원 판결도 있다[仙台高判 昭和 29(1954). 7. 27. 裁特 1·2·80.]

170 最決 昭和 54(1979). 2. 17. 刑集 36-2·206.

171 김성돈, 833; 김일수·서보학, 733; 박상기, 696; 임웅, 1014; 정성근·박광민, 904. 일본 판례도 본죄와 무고죄[허위고소죄(일형 § 172)]가 각기 독립한 범죄를 구성한다고 판시하였는데[大判 大正 1(1912). 8. 6. 刑錄 18·1133], 두 죄의 관계는 실체적 경합관계라고 한다[西田 外, 注釈刑法(2), 572(樋口亮介)].

허위사실을 신고하여야 하므로, 무고죄가 성립하는 경우에는 본죄보다는 모해위증죄가 성립될 가능성이 높다.

(2) 사기죄와의 관계

98 다른 사람과 공모하여 소송사기의 목적으로 민사소송을 제기하도록 한 다음 그 사건에서 위증을 한 경우에는 사기죄(§ 347)와 본죄의 실체적 경합범이 된다.[172] 재물을 편취할 목적으로 사기소송을 제기한 후 위증한 때에는 사기죄와 본죄의 경합범이 된다는 견해가 있으나,[173] 민사소송의 당사자는 본죄의 주체가 될 수 없어 스스로 소송을 제기하여 당사자로서 허위의 진술을 하는 경우에는 사기죄만 성립하고 본죄는 성립하지 않으며, 다만 그 소송에서 다른 사람을 교사하여 허위증언을 하게 하는 경우 위증교사죄가 성립할 수 있으므로, 이 경우 사기죄와 위증교사죄의 실체적 경합범이 될 수 있다고 보아야 한다.

(3) 증거인멸죄와의 관계

99 본죄와 증거인멸죄(§ 155①)의 관계에 대해서는, 택일관계설과 특별관계설의 대립이 있다. 이 문제의 실질은 증인선서를 하지 않은 참고인, 증인 등이 법원에서 허위진술하는 것을 형법적으로 어떻게 처리할 것인가 하는 점에 있다.[174]

(가) 택일관계설[175]

100 이 견해는 본죄와 증거인멸죄 중 어느 하나가 적용되면 다른 규정은 배제된다고 한다. 즉, 서로 양립할 수 없는 별개의 구성요건으로 본다. 그 논거는 다음과 같다. ① 본죄의 주체는 선서한 증인만이 될 수 있으므로 선서하지 않은 사람이 법원에서 거짓진술을 하는 것은, 이에 대한 특별한 처벌규정을 두고 있는 외국의 경우와 달리[176] 증거인멸죄로 포섭할 수 없고 불가벌일 수밖에 없다. ② 본죄는 표현범으로서 무형적으로 사법기능을 침해하는 것이지만, 증거인멸죄는 공격범으로서 그 방법이 유형적이기 때문에 양자는 불법의 본질이 다르므로 성질상 양립할 수 없다.

101 일본의 경우에는 선서를 결한 증인의 위증 및 참고인의 허위공술에 대해서

172 주석형법 〔각칙(2)〕(5판), 84(한경환).
173 김일수·서보학, 733; 배종대, § 162/24; 정성근·박광민, 904.
174 배종대, § 162/25.
175 김성돈, 824-825; 김일수·서보학, 733; 주석형법 〔각칙(2)〕(5판), 85(한경환).
176 예컨대, 독일형법 제153조, 제156조.

는 증거인멸죄를 구성하지 않는 것이 다수의 견해이다.[177]

(나) 특별관계설[178]

이 견해는 본죄와 증거인멸죄를 특별법과 일반법의 관계로 보고, 본죄가 성립하지 않는 경우에도 증거인멸죄는 얼마든지 성립할 수 있다고 한다. 즉, 본죄가 성립하지 않는 선서하지 않은 증인의 허위진술행위를 무형적 증거인멸행위로 포섭하여 증거인멸죄로 처벌할 수 있다고 한다. 증인선서를 하지 않은 증인 등이 법정에서 허위진술을 하는 것은 본죄에 대한 균형과 국가의 사법기능을 고려할 때 형사정책적으로 그 처벌의 필요성이 인정되는데, 택일관계설로서는 법률흠결의 완전한 해결을 기대하기 어렵다는 것이 주된 논거이다. 102

(다) 판례

판례는 참고인이 고소인의 부탁에 따라 수사기관에서 허위의 진술을 하는 것은 증거인멸죄에 포함되지 아니하고,[179] 타인의 형사사건 등에 관한 증거를 위조한다 함은 증거 자체를 위조함을 말하는 것이고, 참고인이 수사기관에서 허위의 진술을 하는 것은 여기에 포함되지 않고, 참고인이 타인의 형사사건 등에서 직접 진술 또는 증언하는 것을 대신하거나 그 진술 등에 앞서서 허위의 사실확인서나 진술서를 작성하여 수사기관 등에 제출하거나 또는 제3자에게 교부하여 제3자가 이를 제출한 것은 존재하지 않는 문서를 이전부터 존재하고 있는 것처럼 작출하는 등의 방법으로 새로운 증거를 창조한 것이 아닐뿐더러, 참고인이 수사기관에서 허위의 진술을 하는 것과 차이가 없으므로, 증거위조죄를 구성하지 않는다고 판시하고 있다.[180] 103

(라) 검토

살피건대, 위 판례의 취지에 비추어 허위의 진술확인서나 진술서 등을 법원에 제출하거나 제3자로 하여금 제출하게 한 경우에도 새로운 증거를 창조한 것으로 보기 어려워 증거위조죄가 성립하기 어렵다고 보아야 할 것이다. 마찬가지 104

177 大塚 外, 大コン(3版)(6), 368(仲家暢彦).

178 배종대, § 162/28; 손동권·김재윤, § 52/1; 이재상·장영민·강동범, § 46/6; 임웅, 1005; 정성근·박광민, 893.

179 대판 1995. 4. 7, 94도3412. 본 판결 평석은 이상철, "참고인의 허위진술과 증거위조죄", 형사판례연구 〔5〕, 형사판례연구회, 박영사(1997), 293-304.

180 대판 2015. 10. 29, 2015도9010; 대판 2017. 10. 26, 2017도9827.

로 선서가 없어 본죄가 성립하지 아니한 허위의 증언도 허위의 진술확인서를 법원에 제출한 행위와 유사하게 새로운 증거를 창조한 것으로 보기 어려운 점 등을 고려하면, 증거인멸죄에서 말하는 증거위조에 해당하지 않는 것으로 해석하는 것이 타당하다고 본다.

9. 처 벌

105 5년 이하의 징역 또는 1천만 원 이하의 벌금에 처한다.

Ⅱ. 모해위증죄(제2항)

1. 취 지

106 본죄는 형사사건 또는 징계사건에 관하여 피고인·피의자 또는 징계혐의자를 모해할 목적으로 법률에 의하여 선서한 증인이 허위의 진술을 하는 죄로서, 위증죄(3년 이하의 징역 또는 1천만 원 이하의 벌금)보다 가중처벌(10년 이하의 징역)된다. 본죄는 구 형법에는 없던 것으로 형법 제정 시 신설되었다.

2. 주 체

107 본조 제2항은 '형사사건 또는 징계사건에 관하여 피고인, 피의자 또는 징계혐의자를 모해할 목적으로 전항의 죄를 범한 때'로 규정하고 있어, 본죄의 주체의 해석에 관하여 견해의 대립이 있다.

108 참고인포함설은 ① '전항의 죄를 범한 때'라는 구성요건 표지가 지시하는 것은 위증죄 가운데 '허위의 진술'일 뿐이지 '법률에 의하여 선서한 증인'이라는 행위주체까지 포함하는 것으로 단정할 이유가 없다는 점, ② 독일형법, 오스트리아형법, 스위스형법 등과 달리 선서하지 않은 참고인 등의 거짓진술을 처벌하는 특별규정도 없다는 점, ③ 선서하지 않은 참고인 등의 허위진술은 단순위증죄에 포섭될 수 없어 형법적 통제밖에 놓여 있으므로 입법적 해결에 앞서 해석론으로 흠결을 보충할 필요성이 있다는 점 등에서 선서하지 않은 참고인 등도 본죄의 주체가 될 수 있다고 본다.

그러나 이러한 행위유형에 대한 형사정책적 처벌 필요성은 인정되나, '전항의 죄를 범한 때'는 전항인 '위증죄를 범한 때'를 의미할 수밖에 없는데, 위증죄는 선서한 증인이 아니고는 그 주체가 될 수 없기 때문에 위증죄와 마찬가지로 '법률에 의하여 선서한 증인'만이 본죄의 주체가 된다고 보는 것이 통설이다.[181] 109

3. 행 위

위증죄와 마찬가지로 '허위의 진술'을 하는 것이다. 본죄에서 허위진술의 대상이 되는 사실에는 공소 범죄사실을 직접·간접적으로 뒷받침하는 사실은 물론, 이와 밀접한 관련이 있는 것으로서 만일 그것이 사실로 받아들여졌다면 피고인이 불리한 상황에 처하게 되는 사실도 포함된다.[182] 110

4. 모해할 목적

모해할 목적이라 함은 피고인, 피의자 또는 징계혐의자에게 불이익을 줄 일체의 목적을 말한다.[183] 111

목적의 내용은 피의자, 피고인 또는 징계혐의자를 모해한다는 것이므로, 수사절차나 재판절차 또는 징계절차가 진행 중이라는 사실을 전제하고 있다.[184] 판례는 제155조 제3항(모해증거위조)에서 말하는 '피의자'라고 하기 위해서는 수사기관에 의하여 범죄의 인지 등으로 수사가 개시되어 있을 것을 필요로 하고, 그 이전의 단계에서는 장차 형사입건될 가능성이 크다고 하더라도 그러한 사정만으로 '피의자'에 해당한다고 볼 수는 없다[185]고 보는데, 본조의 '피의자'에 대해서도 마찬가지로 해석하여야 할 것이다. 112

모해할 목적의 인식 대상인 사실, 즉, 형사사건 또는 징계사건에 관하여 피고인, 피의자 또는 징계혐의자에 대해 모해행위를 한다는 사실에 대해 어느 정도의 인식과 의사가 필요한지가 문제된다. 목적범의 유형에 따라 단축된 결과범 113

181 오영근, 778.
182 대판 2007. 12. 27, 2006도3575.
181 배종대, § 162/34; 박상기, 697; 손동권·김재윤, § 52/24; 신동운, 248; 오영근, 778; 이재상·장영민·강동범, § 46/34; 임웅, 1016; 정성근·박광민, 906.
184 김일수·서보학, 734.
185 대판 2010. 6. 24, 2008도12127.

의 경우는 목적의 실현이 구성요건행위만으로 완성되므로 확정적 인식을 요하지만, 불완전한 이행위범(二行爲犯)은 추가적인 구성요건행위를 필요로 하므로 미필적 인식만으로 충분하다는 이원설,[186] 목적범은 고의보다 의욕적 요소가 강한 결과지향적인 확실한 의욕을 본질적 요소로 한다는 점을 전제로, 언제나 확정적 목적을 요한다는 확정적 목적설[187]이 있다.

114 한편, 판례는 모해할 목적은 허위의 진술을 함으로써 피고인에게 불리하게 될 것이라는 인식이 있으면 충분하고, 그 결과의 발생을 희망할 필요까지는 없다고 보아[188] 확정적 목적까지는 요하지 않는다. 목적의 달성 여부도 본죄의 성립과 무관하다.[189]

115 피고인 이외에 '피의자'를 포함시킨 것은 형사소송법상 증거보전절차(형소 § 184)와 참고인에 대한 증인신문의 청구(형소 § 221의2)에 의하여 공소제기 전이라도 판사의 증인신문이 가능하고, 이때 위증이 있으면 피의사건에 관한 사법기능이 위태롭게 되기 때문이다.[190] 피고사건이나 피의사건의 경중은 묻지 않는다.[191] 다만 앞서 본 바와 같이, 형사처분을 받게 할 목적으로 국가보안법에 규정된 죄에 대하여 위증한 때에는 국가보안법 제12조에 따라 처벌된다.

116 형사사건 또는 징계사건에서 위증을 해야 하므로, 행정·민사·가사·비송사건 등에서 위증을 하는 것은 본죄가 아닌 위증죄가 성립한다.[192] 징계사건은 공무원 등 징계주체가 국가기관이 되는 각종의 징계사건을 포괄한다.

---

186 김일수·서보학, 158; 임웅, 129.

187 손지선 "목적범에 관한 고찰 - '불완전한 이행위범과 단축된 결과범' 분류기준의 재고 -", 형사법연구 30-1, 한국형사법학회(2018), 116. 일반적으로 목적범을 ① 당해 목적 내지 고의를 실현하기 위한 추가적인 구성요건해당행위가 있어야 목적범이 성립하는 불완전한 이행위범과 ② 실행된 구성요건해당행위 자체가 목적의 내용을 직접적으로 실현케 할 수 있는 구체적 위험성이 있기 때문에 목적범이 성립하는 단축된 결과범으로 분류하고 있다(동, 124).

188 대판 2007. 12. 27, 2006도3575.

189 김성돈, 833; 배종대, § 162/34; 박상기, 697; 박상기·전지연, 881; 임웅, 1016; 정성근·박광민, 906.

190 김성돈, 833; 김일수·서보학, 734-735; 배종대, § 162/34; 신동운, 248; 오영근, 778; 이재상·장영민·강동범, § 46/34; 임웅, 1016; 정성근·박광민, 906.

191 배종대, § 162/34; 이재상·장영민·강동범, § 46/34; 정성근·박광민, 906.

192 오영근, 778.

5. 공 범

모해할 목적으로 위증을 교사하였는데 정범이 모해의 목적 없이 위증을 한 경우, 모해목적이 없는 피교사자가 단순위증죄로 된다는 점에 대해서는 의문이 없다.[193] 그러나 교사범에게 어떤 책임을 물을 수 있는지에 관하여는 견해가 대립하는데, 공범종속성설에 따라 단순위증교사죄가 성립한다는 견해가 통설이다.[194] 117

이에 반해, 본죄의 '모해할 목적'은 행위자 개인의 특별한 주관적 위험성을 나타내는 행위자요소로서의 측면이 강한 것으로 이해되므로 제33조 단서의 '신분'에 포섭시켜도 무방하며, 모해목적에 대하여 형을 가중하는 책임요소로 이해하면 책임의 개별화원칙에 의해서도 모해위증교사죄가 성립한다는 견해도 있다.[195] 118

판례는 "형법 제33조 소정의 이른바 신분관계라 함은 남녀의 성별, 내·외국인의 구별, 친족관계, 공무원인 자격과 같은 관계뿐만 아니라 널리 일정한 범죄행위에 관련된 범인의 인적관계인 특수한 지위 또는 상태를 지칭하는 것"이라고 하면서, "형법 제152조 제1항, 제2항은 위증을 한 범인이 형사사건의 피고인 등을 '모해할 목적'을 가지고 있었는가 아니면 그러한 목적이 없었는가 하는 범인의 특수한 상태의 차이에 따라 범인에게 과할 형의 경중을 구별하고 있으므로, 이는 바로 제33조 단서 소정의 '신분관계로 인하여 형의 경중이 있는 경우'에 해당한다."고 보며, "타인을 교사하여 죄를 범하게 한 자는 죄를 실행한 자와 동일한 형으로 처벌한다고 규정한 제31조 제1항은 협의의 공범의 일종인 교사범이 그 성립과 처벌에 있어서 정범에 종속한다는 일반적인 원칙을 선언한 것에 불과하고, 따라서 이 사건과 같이 신분관계로 인하여 형의 경중이 있는 경우에 신분이 있는 자가 신분이 없는 자를 교사하여 죄를 범하게 한 때에는 제33조 단서가 위 제31조 제1항에 우선하여 적용됨으로써 신분이 있는 교사범이 신분이 없는 정범보다 중하게 처벌"되고, 따라서 "피고인이 A를 모해할 목적으로 甲에게 위증을 교사한 이상, 가사 정범인 甲에게 모해의 목적이 없었다고 하더라도, 제33조 단서의 규정에 의하여 피고인을 모해위증교사죄로 처단할 수 있다." 119

193 김성돈, 834.

194 김성돈, 834; 김일수·서보학, 735; 박상기, 697-698; 박상기·전지연, 882; 배종대, § 162/37; 신동운, 249; 오영근, 778; 정성근·박광민, 907.

195 손동권·김재윤, § 52/24.

고 판시하였다.[196]

120 위 판례에 대하여, 통설은 신분관계는 범죄행위에 관련된 특수한 인적 지위 또는 상태를 말하는 것이고, 신분은 구성원이 사회에서 계속적으로 차지하는 일반적 지위를 의미하므로, 계속성이 없는 목적을 신분이라고 볼 수 없고,[197] 공범에 대한 형사정책적 필요에 따라 목적을 신분으로 무리하게 해석한 것이며,[198] 설사 신분관계로 보더라도, 신분자가 비신분자의 범행에 가담한 경우이므로 제33조 단서가 아닌 제31조 제1항을 적용해야 한다고 비판한다.[199]

121 한편, '모해할 목적'을 행위요소로 이해하면 위 경우의 교사자는 정범개념의 우위성에 비추어 '목적 없는 고의 있는 도구'를 이용한 경우로서 사회·규범적 행위지배를 인정하여 본죄의 간접정범이 된다는 견해가 있다.[200] 그러나 본죄는 자수범으로서 간접정범의 형식으로 범해질 수 없기 때문에, 본죄의 간접정범이 된다고 할 수 없다는 견해도 있다.[201]

6. 다른 죄와의 관계

122 무고한 결과 타인이 피고인이 되어 재판을 받을 때 다시 증인으로서 위증하는 경우에는, 무고죄와 본죄가 각각 성립하며, 두 죄는 실체적 경합관계에 있다.[202]

123 앞서 본 바와 같이 국가보안법은 타인으로 하여금 형사처분을 받게 할 목적으로 국가보안법에 규정된 죄에 대하여 위증을 한 경우에는 각 조에 정한 형으로 처벌하는 규정을 두고 있다(§ 12). 그리고 국민보호와 공공안전을 위한 테러방지법(이하, 테러방지법이라 한다.) 제18조는 타인으로 하여금 형사처벌을 받게

---

196 대판 1994. 12. 23, 93도1002. 본 판결 해설·평석은 백원기, "신분과 공범의 성립", 형사판례연구 [6], 한국형사판례연구회, 박영사(1998), 153-165; 신동운, "위증죄의 교사범과 신분관계", 형사재판의 제문제(1권), 박영사(1997), 55-75; 전병식, "목적범의 목적과 형법상 신분", 해설 22, 법원행정처(1995), 606-613; 정영일, "목적범에 관한 판례연구", 형사판례연구 [9], 한국형사판례연구회, 박영사(2001), 235-256.

197 김성돈, 834; 김일수·서보학, 735; 박상기, 697-698; 박상기·전지연, 881-882; 배종대, § 162/37; 신동운, 248-249; 오영근, 778; 이재상·장영민·강동범, § 46/35; 정성근·박광민, 907.

198 배종대, § 162/37.

199 오영근, 778-779.

200 손동권·김재윤, § 52/24.

201 김성돈, 834.

202 신동운, 248.

할 목적으로 테러방지법 제17조에 규정된 죄에 대하여 위증을 한 경우, 형법 제152조에 정한 형에 2분의 1을 가중하여 처벌하는 것으로 규정하고 있다.

7. 처 벌

10년 이하의 징역에 처한다. 124

〔이 창 원〕

제153조(자백, 자수)

전조의 죄를 범한 자가 그 공술한 사건의 재판 또는 징계처분이 확정되기 전에 자백 또는 자수한 때에는 그 형을 감경 또는 면제한다.

Ⅰ. 취 지

1 자백이나 자수를 장려하여 위증에 의한 그릇된 재판이나 징계처분을 사전에 방지하려고 하는 정책적 규정이다.[1] 본조는 위증죄가 이미 기수에 이르러 제26조의 중지범 규정을 적용할 여지가 없는 상황에서 적용되므로, 위증을 한 사람이 처벌을 두려워하여 진실을 밝히기를 꺼리는 사태를 가능한 한 방지하고 자수나 자백을 통하여 국가사법작용의 적정을 도모하려는 취지이다.[2]

2 일본형법 제170조는 '자백'[3]만을 대상으로 임의적 감면사유로 규정하고 있는데, 이 규정의 취지를 위법성 및 책임의 감소로부터 근거를 구하거나, 책임의 감소로부터 근거를 구하는 견해가 있다.[4]

3 본조는 '그 공술한 사건'이라고 하여 '공술'이라는 표현을 쓰고 있는데, 이는 제152조의 '진술'과 같은 의미라고 보아야 한다. 제정 형법이 제152조와 함께 일본식 용어인 '공술(供述)'이라는 표현을 사용하다가 1995년 개정 시 제152조의

1 김성돈, 형법각론(5판), 832; 박상기, 형법각론(8판), 696; 박상기·전지연, 형법학(총론·각론 강의)(4판), 880; 배종대, 형법각론(13판), § 162/29; 신동운, 형법각론(2판), 247; 오영근, 형법각론(5판), 777; 이재상·장영민·강동범, 형법각론(12판), § 46/31; 임웅, 형법각론(9정판), 1015; 정성근·박광민, 형법각론(전정2판), 905.

2 신동운, 판례백선 형법각론 1, 318; 주석형법 〔각칙(2)〕(5판), 88(한경환).

3 일본 구 형법은 '자수'를 형면제의 요건으로 규정하고 있었으나(§ 226), 현행 형법은 '자백'을 요건으로 하고 있는데, 여기서 '자백'은 자수해서 위증의 사실을 자인하는 경우와 법원 등의 심문·추궁을 받아 자인하는 경우를 포함한다〔大判 明治 42(1909). 12. 16. 刑錄 15·1795〕).

4 大塚 外, 大コン(3版)(8), 392(池上政幸).

'공술'만을 '진술'로 순화하여 개정하였지만, 본조의 '공술'은 개정에서 누락된 것으로 보이며, 진술과 그 의미를 차별하려는 의도로는 보이지 않는다. 본조의 '공술'도 '진술'로 변경함이 바람직할 것이다.

Ⅱ. 재판 또는 징계처분이 확정되기 전에 자백 또는 자수한 때

1. 자백 또는 자수

'자백'은 자신의 범죄사실, 즉 자신의 기억에 반하여 허위의 진술을 한 사실을 고백하는 것을 말한다. 자신의 진술이 기억에 반하는 것이었음을 고백하면 충분하고 적극적으로 진실을 말하여야 하는 것은 아니다.[5] 다만, 단순히 증언내용이 객관적 사실에 반한다고 인정하는 것만으로는 자백에 해당한다고 보기 어렵다.[6] 자백의 상대방은 수사기관이나 법원 또는 징계권자에 한하며, 사인(私人)을 포함하지 아니한다.[7] 자백의 절차에는 제한이 없으므로,[8] 위증을 한 사람이 스스로 자진하여 고백하는 경우[9]뿐만 아니라 법원 또는 수사기관의 신문에 응하여 고백하는 경우도 자백에 해당한다.[10] 반드시 피고인 또는 피의자의 신분으로 고백을 하여야 자백이 되는 것도 아니다.[11] 4

'자수'는 범인이 자발적으로 수사기관에 자신의 범죄사실을 신고하여 그 소추를 구하는 의사표시를 말한다.[12] 자수를 형의 감경사유로 삼는 주된 이유는 범인이 그 죄를 뉘우치고 있다는 점에 있으므로 범죄사실을 부인하거나 죄의 뉘우침이 없는 자수는 그 외형은 자수일지라도 법률상 형의 감경사유가 되는 5

5 배종대, § 162/29; 손동권·김재윤, 새로운 형법각론, § 52/21; 오영근, 777; 이재상·장영민·강동범, § 46/32; 임웅, 1015; 정성근·박광민, 905.

6 대판 1995. 9. 5, 94도755.

7 오영근, 777.

8 대판 1977. 2. 22, 75도3316.

9 스위스형법 제308조 제1항은 "행위자가 자신의 무고(제303조), 허위의 고소(제304조) 또는 증언(제306조와 제307조)을 자의로 그리고 이로 인하여 타인에게 법적 불이익이 발생하기 전에 이를 교정한 때에는 법관은 형을 감경하거나(제48a조) 또는 형을 면제할 수 있다."고 규정하여 자백의 '자의성'을 요구하고 있다.

10 대판 1973. 11. 27, 73도1639; 대판 2012. 6. 14, 2012도2783; 대판 2021. 1. 14, 2020도13077.

11 이재상·장영민·강동범, § 46/32.

12 대판 1999. 4. 13, 98도4560.

진정한 자수라고는 할 수 없다.[13] 비자발적인 경우도 포함하는 자백과는 달리 반드시 자발적이어야 한다. 수사기관에 대한 것이어야 하므로 법원에 대한 자수는 불가능하다.[14] 자수는 그보다 넓은 개념인 자백을 당연히 수반하므로, 자백과 별도로 자수를 필요적 감면사유로 규정한 것은 실질적으로 의미가 없다.[15]

2. 자백 또는 자수의 시기

6 자백과 자수는 증언한 사건의 재판 또는 징계처분이 확정되기 전에 하여야 한다.[16] 그때까지 위증이 밝혀져야 위증으로 인한 그릇된 재판이나 징계처분을 방지할 수 있기 때문이다. 신문절차가 종결하기 전에 허위진술을 정정하면 위증죄가 성립하지 않으므로, 신문절차가 종결된 이후부터 재판 또는 징계처분이 확정되기 전까지 하여야 한다.[17] 재판 또는 징계처분이 확정되기 전의 자백 또는 자수라면, 법원이나 징계기관에서 위증사실을 이미 알고 있었다고 하더라도 상관없다.[18] 재판 또는 징계처분이 확정된 후라면 집행 전이라도 이 규정이 적용되지 않는다.[19]

7 재판 또는 징계처분이 확정되기 전에 자백하거나 자수하더라도 사실상 또는 법률상 이미 그 재판 내지 징계처분에서의 과오를 방지할 수 없는 경우도 있을 수 있으나, 그러한 사정만으로 본조의 적용이 배제되지는 아니한다.[20] 재판 또는 징계처분이 확정되기 전에 자백하거나 자수하였다면, 그 뒤 자백을 번복하고 위증사실을 부인한다고 하더라도 본조의 적용을 배제할 수 없다.[21]

8 재판이 확정된 뒤에도 재판의 기초가 된 증언이 위증이었음이 판명되면 일

13 대판 1994. 10. 14, 94도2130(§ 52①의 자수).
14 김성돈, 832; 김일수·서보학, 새로쓴 형법각론(9판), 734.
15 주석형법 〔각칙(2)〕(5판), 89(한경환).
16 독일형법 제158조 제2항은 "이미 행한 허위진술을 재판과정에서 더 이상 정정할 수 없게 되거나 허위진술로 인하여 타인에게 불이익이 초래한 경우 또는 이미 행위자에 대한 고소가 제기되거나 신문이 개시된 경우에는 허위진술은 정정할 수 없다."고 규정하여, 고발 후 또는 신문개시 후에는 형의 감면(§ 158①)을 부정하고 있다.
17 배종대, § 162/30; 정성근·박광민, 905-906.
18 김성돈, 832; 손동권·김재윤, § 52/21; 오영근, 777; 이재상·장영민·강동범, § 46/33; 임웅, 1015.
19 김성돈, 832; 김일수·서보학, 734.
20 주석형법 〔각칙(2)〕(5판), 89(한경환).
21 대판 1999. 7. 9, 99도1695(§ 52①의 자수). 일본 판례도 같은 취지이다〔大判 大正 4(1915). 3. 8. 刑錄 21·264〕.

정한 요건 아래 재심이 허용되지만(민소 § 451①(vii), 형소 § 420(ii)), 재심재판은 재판이 확정된 이후 그 유죄의 확정판결에 대한 불복절차이므로 본조의 적용이 없다. 이 경우에는 제52조 제1항에 의한 자수로 임의적 감면사유가 될 뿐이다.

본조가 '재판 또는 징계처분이 확정되기 전'이라고 규정하고 있으므로 재판 9
또는 징계처분 이외의 행정처분을 위한 절차에 있어서 위증을 한 경우에 본조를 적용하는 것은 불가능하다.[22]

Ⅲ. 형의 감경 · 면제

앞에서 본 바와 같이 일본형법은 임의적 감면사유로 규정하고 있으나(§ 170), 10
우리 형법은 필요적 감면사유로 규정하였다. 피고인의 주장이 없더라도 법원은 직권으로 그 형을 감경 또는 면제하여야 하나, 형의 감경에 그칠 것인지 면제할 것인지는 법원의 재량에 속한다. 형의 감경은 법률상의 감경으로서 제55조에 의하여 감경하고, 제56조에 따라 다시 작량감경이 가능함은 물론이다. 형의 면제를 하는 때에는 형사소송법 제322조에 따라 판결로써 선고하여야 한다.

위증죄의 보호법익과 본조의 입법취지상, 본조는 위증죄의 정범뿐만 아니라 11
공범에게도 적용된다. 따라서 교사범이 위증의 교사를 자백 또는 자수한 때에도 형을 감경 또는 면제하여야 한다.[23] 다만 본조의 형감면은 자백 또는 자수한 사람에게만 적용되는 일신전속적 형감면사유이므로, 교사범이 자백 또는 자수하였다고 하여 정범의 형까지 감면되는 것은 아니다. 즉, 공범자 중 자백 또는 자수를 한 사람과 그렇지 아니한 사람이 있을 때에는 자백 또는 자수를 한 사람에 대하여만 형이 감면된다.[24] 본조에 의한 형면제의 판결은 무죄판결이 아니고 유죄판결(형소 § 322)이므로 피고인은 상소에 의하여 무죄판결을 구할 수 있다.[25]

〔이 창 원〕

22 大塚 外, 大コン(3版)(8), 393(池上政幸) 참조.
23 大判 昭和 5(1930). 2. 4. 刑集 9·32.
24 김성돈, 832; 김일수·서보학, 734; 박상기, 696; 배종대, § 162/30; 손동권·김재윤, § 52/21; 오영근, 777; 이재상·장영민·강동범, § 46/32; 임웅, 1015; 정성근·박광민, 906.
25 大判 大正 3(1914). 10. 14. 刑錄 20·1853.

제154조(허위의 감정, 통역, 번역)
법률에 의하여 선서한 감정인, 통역인 또는 번역인이 허위의 감정, 통역 또는 번역을 한 때에는 전2조의 예에 의한다.

Ⅰ. 취 지

1 본죄[허위(감정·통역·번역)죄]는 법률에 의하여 선서한 감정인, 통역인 또는 번역인이 허위의 감정, 통역 또는 번역을 한 때에 성립한다. 감정인, 통역인 또는 번역인이 허위의 감정, 통역 또는 번역을 하는 것은 사실에 관하여 허위의 진술을 하는 것이 아니므로 위증죄에 해당하지는 아니하지만, 허위의 감정·통역·번역이 국가의 사법기능을 해할 위험성은 위증 못지않게 크므로 위증죄의 예에 따라 처벌하는 것이다. 따라서 본죄의 보호법익은 국가의 사법기능이다.[1]

2 보호의 정도에 대해서는 구체적 위험범으로 보아야 한다는 견해도 있으나[2] 추상적 위험범이라고 할 것이다.[3]

Ⅱ. 주 체

3 본죄는 주체는 법률에 의하여 선서한 감정인·통역인 또는 번역인으로 진정신분범[4]이다. 구 형법에서는 감정인과 통역인만 규정하고 있었는데, 번역인이 어디에 해당하는지 문제가 되어 번역인을 별도로 규정하였다. 일본도 구 형법에

1 박찬걸, 형법각론, 886; 배종대, 형법각론(13판), § 162/38; 주석형법 [각칙(2)](5판), 91(한경환).
2 배종대, § 162/38.
3 박찬걸, 886; 오영근, 형법각론(5판), 779; 임웅, 형법각론(9정판), 1017; 정성근·박광민, 형법각론(전정2판), 907.
4 주석형법 [각칙(2)](5판), 91(한경환).

'허위의 감정 또는 통역'으로만 규정되어 있어 구두에 의한 번역이 어디에 해당하는지 학설상 논란이 있었는데, 1995년 형법 개정으로 번역인을 추가하였다.[5]

형사소송법상의 감정인(§ 170), 통역인·번역인(§ 170, § 183)과 민사소송법상의 감정인(§ 333) 등이 이에 해당한다. 특별법으로 국회에서의 증언·감정 등에 관한 법률상 감정인(§ 7, § 14)이 있다. 4

'법률에 의하여 선서한다'는 개념은 위증죄에서와 같다. 감정인은 특수한 지식·경험을 가진 제3자로서 그 지식·경험에 의하여 알 수 있는 법칙이나 그 법칙을 적용하여 얻은 판단을 법원, 법관 등에게 보고하는 사람이다. 수사기관으로부터 감정을 위촉받은 감정수탁자(형소 § 221②)나 감정서의 설명자(형소 § 341)는 법률에 의하여 선서한 감정인에 해당하지 않는다. 또한 특별한 지식·경험에 의하여 지득한 과거의 경험사실을 보고하는 감정증인은 위증죄의 주체인 증인이지 감정인이 아니다.[6] 감정인이 감정사항의 일부를 제3자에게 의뢰하여 그 감정 결과를 감정인 명의로 법원에 제출한 경우, 그 제3자는 감정인의 업무보조자에 불과하고 감정의견은 감정인 자신의 의견과 판단을 나타내는 것이므로 그 업무보조자는 주체가 될 수 없다.[7] 5

통역인 또는 번역인에 대해서는 형사소송법 제1편 제14장(§§ 180-183)에 규정되어 있고, 수사기관으로부터 감정을 위촉받은 감정수탁자 주체가 될 수 없는 것과 마찬가지로 수사기관이 위촉한 통역인 또는 번역인은 본죄의 주체가 될 수 없다. 6

Ⅲ. 행 위

본죄의 행위는 허위의 감정, 통역 또는 번역을 하는 것이다. 7

'허위'의 의미는 위증죄에서와 같다. 주관설에 따르면 자신의 의견 또는 판단에 반하는 감정·통역·번역을 뜻하고, 객관설에 따르면 객관적 진실에 반하는 8

5 大塚 外, 大コン(3版)(8), 397(池上政幸).

6 김성돈, 형법각론(5판), 835; 김일수·서보학, 새로쓴 형법각론(9판), 735-736; 박상기, 형법각론(8판), 698; 배종대, § 162/39; 손동권·김재윤, 새로운 형법각론, § 52/25; 이재상·장영민·강동범, 형법각론(12판), § 46/36; 임웅, 1017; 정성근·박광민, 908.

7 대판 2000. 11. 28, 2000도1089.

감정·통역·번역을 뜻하는 것이 된다. 판례는 허위감정죄는 고의범이므로, 비록 감정내용이 객관적 사실에 반한다고 하더라도 감정인의 주관적 판단에 반하지 않는 이상 허위의 인식이 없어 허위감정죄로 처벌할 수 없다고 판시하여,[8] 위증죄와 마찬가지로 주관설의 입장을 따르고 있다. 허위의 감정·통역·번역으로 인하여 재판 또는 징계처분에 영향을 미쳤을 것을 요하지 않는다.

9 '감정'은 학식과 경험이 있는 자(형소 § 169)가 특별한 지식과 경험에 의하여 알수 있는 법칙이나 그 법칙을 적용하여 얻은 판단을 보고하는 것을 말한다. '통역'은 국어에 통하지 아니하는 자(형소 § 180) 또는 듣거나 말하는 데 장애가 있는 청각 또는 언어장애인(형소 § 181)의 진술이나 표현을 국어로 전환하여 표현하거나, 그들에 대한 국어의 표현을 그들이 이해할 수 있는 표현으로 전달하는 것을 말한다. 그리고 '번역'은 국어 아닌 문자나 부호(형소 § 182)에 의해 표현되어 있는 문서의 내용을 원문에 따라 국어에 의한 표현으로 전환하는 것을 말한다.

Ⅳ. 기수시기

10 감정, 통역, 번역을 서면으로 제출하는 경우에는 서면 제출 시에 기수가 되고,[9] 구두에 의할 경우에는 감정, 통역, 번역으로서 행하여진 진술의 전 과정이 종료한 때 기수가 된다.[10] 서면 및 구두에 의한 보고가 이루어질 때에는 그 전체를 종합하여 보아 전체의 완료에 의하여 기수가 되는 것으로 해석하여야 한다.[11]

11 본죄를 구체적 위험범으로 보는 견해는 위 행위의 결과 사법기능에 대한 구체적 위험의 야기로 기수가 된다고 보면서도, 추상적 위험범으로 보는 견해와 결과에 있어 차이가 없을 것이라고 한다.[12]

8 대판 2000. 11. 28, 2000도1089.
9 대판 2000. 11. 28, 2000도1089(허위감정죄).
10 김성돈, 835; 김일수·서보학, 736; 임웅, 1017; 정성근·박광민, 908.
11 김성돈, 835; 정성근·박광민, 908.
12 배종대, § 162/40.

V. 죄 수

하나의 소송사건에서 동일한 선서 아래 이루어진 법원의 감정명령에 따라 감정인이 동일한 감정명령사항에 대하여 수차례에 걸쳐 허위의 감정보고서를 제출하는 경우에는 각 감정보고서 제출행위 시마다 각기 허위감정죄가 성립하는 것이 원칙이나, 단일한 범의 아래 계속하여 허위의 감정을 한 경우에는 포괄하여 1개의 허위감정죄를 구성한다.[13] 12

허위감정교사와 관련된 일본 판례로는 하나의 교사행위에 의하여 수개의 허위감정을 하도록 한 때에는 하나의 허위감정교사죄를 구성할 뿐, 각 허위감정별로 범죄를 구성하는 것은 아니라고 판시한 예가 있다.[14] 13

VI. 처 벌

본죄의 처벌은 제152조, 제153조의 예에 의한다. 14

즉, 모해목적이 없는 경우에는 위증죄(§ 152①)에 정한 형으로, 모해목적이 있는 경우에는 모해위증죄(§ 152②)에 정한 형으로 처벌되고, 재판 또는 징계처분이 확정되기 전에 자백 또는 자수한 때에는 형을 필요적으로 감경 또는 면제한다(§ 153). 15

〔이 창 원〕

13 대판 2000. 11. 28, 2000도1089.
14 大判 明治 42(1909). 12. 16. 刑錄 15·1795.

제155조(증거인멸 등과 친족간의 특례)

① 타인의 형사사건 또는 징계사건에 관한 증거를 인멸, 은닉, 위조 또는 변조하거나 위조 또는 변조한 증거를 사용한 자는 5년 이하의 징역 또는 700만원 이하의 벌금에 처한다. 〈개정 1995. 12. 29.〉

② 타인의 형사사건 또는 징계사건에 관한 증인을 은닉 또는 도피하게 한 자도 제1항의 형과 같다. 〈개정 1995. 12. 29.〉

③ 피고인, 피의자 또는 징계혐의자를 모해할 목적으로 전2항의 죄를 범한 자는 10년 이하의 징역에 처한다.

④ 친족 또는 동거의 가족이 본인을 위하여 본조의 죄를 범한 때에는 처벌하지 아니한다. 〈개정 2005. 5. 31.〉

Ⅰ. 취 지

1 본죄는 ① 타인의 형사사건 또는 징계사건에 관한 증거를 인멸·은닉·위조 또는 변조하거나[증거(인멸·은닉·위조·변조)죄], ② 위조 또는 변조된 증거를 사용하거나[(위조·변조)증거사용죄], ③ 증인을 은닉·도피하게 하는[증인(은닉·도피)죄] 때에 성립하는 범죄이다. ④ 모해 목적을 갖고 위의 행위를 하면 가중처벌된다. 따라서 증거의 완전한 이용을 방해하는 행위를 처벌하여 국가의 사법기능을 그 보호하는데 그 취지가 있다.[1] 특히, 형사재판 및 징계심판기능을 보호한다는 점에서 민·형사소송을 포함한 일반적인 재판기능과 징계심판기능을 두루 보호하는

위증죄와 차이가 있다는 견해도 있다.[2]

법익보호의 정도에 관하여 본죄를 구체적 위험범으로 보는 견해도 있으나,[3] 2
추상적 위험범으로 보는 견해가 다수설이다.[4] 본죄는 타인의 범죄 또는 비행이 성립한 후 그 타인을 비호하기 위한 일환으로 별도의 행위가 있을 때에 성립하는 것으로, 범인은닉죄와 같이 일종의 사후종범이자 공격범·지배범이라는 견해가 있다.[5] 나아가 본죄 또한 범인은닉죄 및 도주죄와 같이 결과적으로 범죄인을 비호하게 되는 비호범으로서의 성격을 지니고 있고, 범죄와 관련된 물건을 객체로 하는 점에서는 장물죄와 유사하다는 견해도 있으나,[6] 장물죄는 재산죄이나 증거인멸죄는 사법기능을 보호하는 범죄로서 두 죄는 그 본질을 달리한다.[7]

Ⅱ. 증거인멸등죄(제1항)

1. 주 체

본죄는 주체에 관한 제한이 없으므로 비신분범이다. 본조 제4항의 적용을 3
받는 친족·동거가족도 그 의미는 인적 관계를 고려하여 책임이 조각되기 때문에 처벌하지 아니한다는 의미에 불과한 것으로, 친족·동거가족도 본죄의 주체가 되고, 구성요건에 해당하는 행위를 하는 경우 본죄가 성립한다.[8] 자기의 형사사건 또는 징계사건의 '증거를 인멸하는 등의 행위'(이하, '인멸' 또는 '인멸행위'라고만 약칭한다.)를 할 경우에는 본죄가 성립하지 않는데, 이는 본죄의 객체가 타인의 형사사건 또는 징계사건에 관한 증거이기 때문이다. 즉, 이 경우에도 범죄

1 김신규, 형법각론 강의, 934; 배종대, 형법각론(13판), § 163/1; 이재상·장영민·강동범, 형법각론(12판), § 46/39.
2 주석형법 [각칙(2)](5판), 94(한경환).
3 배종대, § 163/1.
4 김일수·서보학, 새로쓴 형법각론(9판), 720; 박상기, 형법각론(8판), 699; 손동권·김재윤, 새로운 형법각론, § 52/27; 오영근, 형법각론(5판), 781; 이재상·장영민·강동범, § 46/39; 정성근·박광민, 893.
5 김일수·서보학, 720.
6 손동권·김재윤, § 52/27.
7 이재상·장영민·강동범, § 46/7.
8 김일수·서보학, 720; 임웅, 형법각론(9정판), 1018; 정성근·박광민, 형법각론(전정2판), 909; 정영일, 형법강의 각론(3판), 496.

주체의 제한이 있는 것은 아니다.[9]

2. 객 체

4 '타인의 형사사건 또는 징계사건에 관한 증거'이다.

(1) 타인

(가) 본인 이외의 자

5 '타인'은 행위자 본인 이외의 자를 의미한다. 따라서 범인 또는 징계대상자 스스로가 자신의 형사사건 또는 징계사건을 위한 증거인멸행위를 하는 것은 그러한 행위를 하지 않으리라고 기대할 수 없다는 입법자의 판단에 의하여 구성요건에서 제외된 것으로 보아야 한다는 점,[10] 자기증거인멸은 자기비호의 일종으로서 적법행위에 대한 기대가능성이 없다는 점[11] 등에서 본죄가 성립하지 않는다는 입장이 다수의 견해이다.[12]

6 판례는 범인 자신이 한 증거인멸행위는 피고인의 형사소송에 있어서의 방어권을 인정하는 취지와 상충하므로 처벌의 대상이 되지 아니한다는 입장이다.[13] 따라서 피고인 자신이 직접 형사처분을 받게 될 것을 두려워한 나머지 자기의 이익을 위하여 그 증거가 될 자료를 은닉하였다면 증거은닉죄에 해당하지 않고, 제3자와 공동하여 그러한 행위를 하였다고 하더라도 마찬가지이다.[14]

7 독일에서는 본범이 본죄에서 제외되는 이유를 천부적 자기방어권의 승인이라는 개념으로 설명하는 견해와 불가벌적 사후행위의 개념으로 설명하는 견해 등이 있다.[15]

---

9 일본형법 제104조(증거인멸등)는 "타인의 형사사건에 관하여 증거를 인멸, 위조, 또는 변조하거나 위조 또는 변조한 증거를 사용한 자는 3년 이하의 징역 또는 30만 엔 이하의 벌금에 처한다."고 규정하고 있는데, 자기의 형사사건에 대한 피의자·피고인 자신은 주체도 부정된다는 입장으로는 大塚 外, 大コン(3版)(6), 360(仲家暢彦) 참조.

10 신동운, 형법각론(2판), 250.

11 김일수·서보학, 720.

12 김성돈, 형법각론(5판), 836; 박상기, 699; 배종대, § 163/4; 손동권·김재윤, § 52/28; 오영근, 781; 이재상·장영민·강동범, § 46/41; 임웅, 1018; 정성근·박광민, 909; 정영일, 496.

13 대판 1965. 12. 10, 65도826(전); 대판 2003. 3. 24, 99도5275; 대판 2016. 7. 29, 2016도5596.

14 대판 2013. 11. 28, 2011도5329; 대판 2014. 4. 10, 2013도12079; 대판 2018. 10. 25, 2015도1000.

15 김정환, "불법행위 증거전자기록에 대한 불법행위 공무원의 인멸행위의 처벌흠결? - 증거인멸죄의 주체와 공범(대법원 2013. 11. 28. 선고 2011도5329 판결) -", 형사법연구 27-2, 한국형사법

일본의 경우 자기의 형사피고사건에 관한 증거인멸 등의 행위를 불처벌로 하는 이유에 대하여, 범인 자신이 행한 증빙(證憑)인멸의 행위를 벌하는 것은 피고인의 형사소송에 대한 방어의 지위와 조화될 수 없어 형사정책상 가벌성을 인정할 수 없고,[16] 적법행위에 대한 기대가능성이 결여되어 책임을 인정할 수 없다는 것이 다수의 견해이다.[17] 8

(나) 타인을 교사한 경우

자신의 형사사건 또는 징계사건에 관한 증거를 인멸하기 위하여 타인을 교사하여 증거인멸행위를 하게 한 경우, 본죄의 교사범이 성립하는지에 대하여 견해가 대립한다. 9

① 긍정설은 정범인 피교사자가 본죄로 처벌되는 이상 이를 교사한 범인도 교사범으로서의 책임을 지는 것이 공범종속성에 상응하고, 범인 스스로의 인멸행위는 인간 자연의 정으로서 기대가능성이 없다고 할 수 있지만 타인을 교사하여 본죄를 범하게 하는 것까지 기대가능성이 없다고 할 수 없으며, 정범과 공범의 불법과 책임은 달리 파악해야 할 것이고, 또 이 경우 교사에 의하여 새로운 범죄인을 창출하였다는 점에서도 반사회성이 크고 비난가능성을 찾을 수 있다는 점 등을 논거로 들고 있다.[18] 10

② 부정설은 범인은닉죄·위증죄의 경우와 마찬가지로 자기비호의 연장으로 보아 교사범의 성립을 인정하지 않는 것이 타당하다는 점, 본죄의 정범이 될 수 없는 자가 교사에 의하여 본죄를 범한다는 것은 인정할 수 없다는 점 등을 논거로 들고 있다.[19] 11

판례는 본죄는 국가형벌권의 행사를 저해하는 일체의 행위를 처벌의 대상으로 하고 있으나, 범인 자신이 한 증거인멸행위와 달리 타인이 타인의 형사사건에 관한 증거를 그 이익을 위하여 인멸하는 행위를 하면 본죄가 성립되므로 자기의 형사사건에 관한 증거를 인멸하기 위하여 타인을 교사하여 죄를 범하게 12

학회(2015), 186-187.

16 大判 昭和 10(1935). 9. 28. 刑集 14·997.

17 大塚 外, 大コン(3版)(6), 360, 374-375(仲家暢彦) 참조.

18 김성돈, 836; 정영일, 496.

19 김일수·서보학, 721; 박상기, 700; 박상기·전지연, 형법학(총론·각론)(5판), 895; 배종대, § 163/5; 손동권·김재윤, § 52/29; 이재상·장영민·강동범, § 46/41; 임웅, 1019; 정성근·박광민, 909-910.

한 자에 대하여도 교사범의 성립을 인정한다는 입장이다.[20] 즉 판례는 증거은닉죄와 관련하여, 증거은닉죄는 타인의 형사사건이나 징계사건에 관한 증거를 은닉할 때 성립하고, 자신의 형사사건에 관한 증거은닉행위는 형사소송에 있어서 피고인의 방어권을 인정하는 취지와 상충하여 처벌의 대상이 되지 아니하므로 자신의 형사사건에 관한 증거은닉을 위하여 타인에게 도움을 요청하는 행위 역시 원칙적으로 처벌되지 아니하나, 다만 그것이 방어권의 남용이라고 볼 수 있을 때는 증거은닉교사죄로 처벌할 수 있는데 방어권 남용이라고 볼 수 있는지 여부는 증거를 은닉하게 하는 것이라고 지목된 행위의 태양과 내용, 범인과 행위자의 관계, 행위 당시의 구체적인 상황, 형사사법작용에 영향을 미칠 수 있는 위험성의 정도 등을 종합하여 판단하여야 한다고 판시하고 있다.[21] 일본 판례도 교사범의 성립을 인정하고 있다.[22]

(2) 형사사건 또는 징계사건에 관한 증거

(가) 증거

13 통상 증거는 증거방법과 증거자료의 두 가지 의미를 포함하는 개념이다. 증거방법이란 사실인정의 자료가 되는 유형물 자체를 말하고, 증인·증거·서류 또는 증거물이 여기에 속한다. 이에 대하여 증거자료란 증거방법을 조사함에 의하여 알게 된 내용을 말하고, 예컨대 증인신문에 의하여 얻게 된 증언, 증거물의 조사에 의하여 알게 된 증거물의 성질이 포함된다.[23] 판례는 본조 제1항의 '증거위조'란 '증거방법의 위조'를 의미한다고 본다.[24] 증거는 타인의 형사사건 또는 징계사건에 관하여 수사기관이나 법원 또는 징계기관이 국가의 형벌권 또는 징계권의 유무를 확인하는 데 관계있다고 인정되는 일체의 자료를 의미하고,

---

20 대판 1965. 12. 10, 65도826(전)(증거인멸죄); 대판 2000. 3. 24, 99도5275(증거인멸죄); 대판 2011. 2. 10, 2010도15986(증거위조죄).

21 대판 2016. 7. 29, 2016도5596(증거은닉죄); 대판 2018. 10. 25, 2015도1000(증거은닉죄).

22 最決 平成 18(2006). 11. 21. 刑集 60·9·770. 동 판결은 회사 대표이사인 피고인이 회사에 대한 세무조사와 관련하여 지인인 A에게 상담하였는데, A가 증거위조를 강하게 제안하자 이를 수락하고 A와 B에게 허위 내용의 계약서 작성을 의뢰하여, A와 B가 허위 내용의 계약서를 작성하여 법인세법위반사건에 관한 증거를 위조한 사안에서, 비록 A가 증거위조를 제안하였다고 하더라도 피고인이 이를 수락하고 증거위조를 의뢰함으로써 A의 범죄실행의사를 확정시켰으므로 증거인멸교사죄(일형 § 104)가 성립한다고 판시하였다.

23 이재상·조균석, 형사소송법(14판), 박영사(2022), § 43/2.

24 대판 2021. 1. 28, 2020도2642.

해당 증거가 타인에게 유리한지 불리한지 여부를 가리지 아니하며, 또 그 증거 가치의 유무 및 정도를 묻지 않는다.[25] 따라서 범죄 또는 징계사유의 성립 여부에 관한 것뿐만 아니라 형 또는 징계의 경중에 관계있는 정상을 인정하는 데 도움이 될 자료까지도 증거에 포함된다.[26] 증거가 문서의 형식을 갖는 경우 증거위조죄에 있어서의 증거에 해당하는지 여부가 그 작성권한의 유무나 내용의 진실성에 좌우되는 것은 아니다.[27] 즉, 증거란 범죄 또는 징계의 성부, 범죄의 유형(기수·미수·공범 등), 형의 가감 및 정상참작 또는 처분의 경중 등을 인정하는 데 사용되는 일체의 자료를 말한다.[28] 컴퓨터범죄의 경우에는 시스템에 로그인(log-in)한 사용자와 시간 등을 기록한 로그(log) 파일도 증거가 될 수 있다는 견해가 있다.[29] 증거가치의 대소도 불문하지만 전연 증거가치가 없는 것이 명백하다면, 그것은 이미 증거가 아니므로 본죄의 객체에 해당하지 않는다는 견해도 있다.[30] 사후적으로 형사소송절차에서 증거능력이 부정될 가능성이 있다거나, 압수·수색이 이미 이루어져 발견될 가능성이 있었는지는 묻지 않는다.[31]

증인에 관하여는 증인은닉·도피죄를 별도로 규정하고 있으므로 증거인멸 14
죄의 객체인 증거에서 인증인 증인은 제외된다고[32] 해석하는 것이 통설이다.[33] 다만 증인은닉·도피죄가 증인의 은닉·도피행위만을 규율대상으로 삼고 있다는 점에서, 증인을 살해하거나 현출할 수 없을 정도의 상해를 가한 경우나 감금한 경우에는 증인은닉죄가 아니라 증거인멸죄의 불법유형 속에 포함시킬 필요가

25 대판 2007. 6. 28, 2002도3600; 대판 2017. 10. 26, 2017도9827; 대판 2011. 7. 28, 2010도2244; 대판 2021. 1. 28, 2020도2642.

26 대판 2021. 1. 28, 2020도2642.

27 대판 2007. 6. 28, 2002도3600(증거위조죄); 대판 2011. 2. 10, 2010도15986(증거위조죄).

28 김성돈, 837.

29 김일수·서보학, 722.

30 이상철, "참고인의 허위진술과 증거위조죄", 형사판례연구 〔5〕, 박영사(1997), 295.

31 서울중앙지판 2018. 7. 6, 2018고합216.

32 일본형법에는 증인은닉죄 규정이 없으므로 인증도 증거에 포함된다는 것이 통설과 판례이다. 일본 판례는 증거에 인증도 포함한다고 보면서, 그 경우는 참고인 또는 증인을 은닉하는 등 수사 및 재판에 이용할 수 없게 하는 경우로 제한한다. 증거방법과 증거자료로 구별하자면 전자에 한한다는 취지이다. 증거자료로서의 인증, 즉 증인의 증언 및 참고인의 공술은 위 증거에 포함되지 않는다〔大塚 外, 大コン(3版)(6), 365-366(仲家暢彦)〕. 위 판례는 증인은닉죄에 대한 별도의 규정이 없어, 증거인멸죄에 증인은닉행위를 포함하여 해석한 것으로 이해된다.

33 김성돈, 837; 김일수·서보학, 722; 박상기, 699; 배종대, § 163/10; 신동운, 252; 이재상·장영민·강동범, § 46/40; 이정원, 형법각론, 784; 임웅, 1020; 정성근·박광민, 911; 정영일, 497.

〔이 창 원〕

있으므로 이러한 경우에 한하여 본죄의 행위객체가 되고, 본죄와 살인죄의 상상적 경합이 성립한다는 견해가 있다.[34]

15 자기의 형사사건 또는 징계사건에 관한 증거인 동시에 타인의 형사사건 또는 징계사건에 관한 증거이기도 한 증거를 인멸한 경우, 특히 이 가운데에서도 공범자의 형사사건에 관한 증거를 타인의 형사사건에 관한 증거라고 할 수 있는지에 대하여 견해가 대립한다.

16 ① 긍정설은 공범자와 자기에게 공통된 증거는 타인의 형사사건에 대한 증거이므로 공범자의 형사사건에 대한 증거도 타인의 증거에 포함된다고 해석한다.[35] ② 제한적 긍정설은 공범자의 형사사건에 관한 증거도 자기의 형사사건에 관한 증거와 마찬가지로 취급하여 본죄가 성립하지 않는다고 보는 것이 원칙이지만, 공범자의 형사사건에 대한 증거는 곧 자기 자신의 형사사건에 대한 증거일 수도 있고, 공범사건이라도 증거가 분리될 수 있는 경우도 있을 뿐 아니라 공범자 상호 간에 이해관계가 상반되는 경우도 있다는 점 등에서 공범자만을 위한 증거인멸행위는 본죄를 구성한다는 입장이다.[36] ③ 부정설은 공범관계에서 누구의 이익을 위한 것인가를 명확하게 구별하는 것은 어렵다는 점에서 행위자가 자기 자신만을 위하여 행위 한 경우와 공범과 자기 모두를 위하여 행위 한 경우뿐만 아니라 공범인 타인만을 위하여 행위 한 경우에도 객관적으로 판단하여 본죄가 성립하지 않는다는 입장이다.[37]

17 판례는 자신이 직접 형사처분이나 징계처분을 받게 될 것을 두려워한 나머지 자기의 이익을 위하여 그 증거가 될 자료를 인멸하였다면, 그 행위가 동시에 타인의 형사사건이나 징계사건에 관한 증거를 인멸한 결과가 된다 하더라도 본죄로 다스릴 수 없고, 이러한 법리는 그 행위가 피고인의 공범자가 아닌 사람의 형사사건이나 징계사건에 관한 증거를 인멸한 결과가 된다고 하더라도 마찬가

34 김일수·서보학, 722; 백형구, 형법각론(개정판), 641.

35 다만, 우리나라에서 이 견해를 주장하는 학자가 없다는 점에 대하여 이재상·장영민·강동범, § 46/42 참조.

36 김성돈, 837; 김일수·서보학, 721; 박상기, 700; 박상기·전지연, 895; 임웅, 1019; 정성근·박광민, 910-911.

37 배종대, § 163/6; 손동권·김재윤, § 52/30; 오영근, 781; 이재상·장영민·강동범, § 46/42; 정영일, 496; 주석형법 〔각칙(2)〕(5판), 96(한경환).

지라는 입장이다.[38]

18 일본의 경우, 위 문제를 공범자는 증거인멸죄의 '타인'이라고 볼 수 있는가라는 형태로 접근하는 견해와 공범 여부의 문제가 아니라 자신의 형사사건과 타인의 형사사건에 공통되는 증거가 증거인멸죄의 객체가 되는가라는 형태로 접근하는 견해로 나뉜다. ⓐ 공범자 간에도 모든 증거가 공통되는 것은 아니고, 단지 다른 공범자의 사건에 관련된 증거만이 증거인멸죄의 객체가 되는 것이 명백하므로 후자의 접근방법이 타당하다는 전제에서, 모두 증거인멸죄의 객체가 되는 증거에 해당한다는 견해, ⓑ 원칙적으로는 객체가 되지만 예외적으로 오로지 자신의 이익을 위해 인멸한 경우에는 객체가 부정된다는 견해, ⓒ 원칙적으로 객체가 되지 아니하고 예외적으로 오로지 공범자인 타인을 위해 인멸한 경우에만 증거인멸죄가 성립한다는 견해, ⓓ 자신의 형사사건에 대해 증거인멸하는 것은 기대가능성이 결여되고 이는 동시에 타인의 형사사건의 증거가 되는 경우에도 마찬가지라는 점에서 모두 증거인멸죄의 객체가 되지 않는다는 견해 등의 대립이 있다.[39]

19 일본의 판례는 입장이 명확하지 아니하나, 공범사건의 증거라고 하더라도 자신을 위해서가 아니라 단지 공범자의 이익을 위해 증거인멸한 경우에는 타인의 형사사건에 관한 증거로서 증거인멸죄의 객체가 되고, 이와 달리 자신의 이익을 위해서 한다는 의사가 있던 경우에는 자신의 형사사건에 관한 증거로서 증거인멸죄의 객체가 되지 않는다는 반대해석이 가능한 판례[40]를 근거로, 공범자 중 1인이 한 인멸행위가 단지 공범자를 위해서 한다는 의사가 나타나고 자신의 이익을 위해서 한다는 의사가 결여된 때에는 증거인멸죄를 구성한다고 해석하는 입장이 유력하다.[41]

20 반면 독일에서는 이 문제를 입법으로 해결하고 있다. 독일형법 제257조 제3항 제1문에서는 "본범에 가담한 행위로 형사처벌받은 자는 증거인멸(범죄비호)로 처벌되지 않는다."고 규정하고 있다. 이 규정은 본범의 공동정범이나 협의의

38 대판 1976. 7. 22, 75도1446(증거인멸죄); 대판 1995. 9. 29, 94도2608(증거인멸죄); 대판 2003. 3. 14, 2002도6134(증거도피죄); 대판 2013. 11. 28, 2011도5329(증거인멸죄); 대판 2018. 10. 25, 2015도1000(증거은닉죄).

39 이에 대한 상세는 大塚 外, 大コン(3版)(6), 360(仲家暢彦).

40 大判 大正 7(1918). 5. 7. 刑錄 24·555.

41 大塚 外, 大コン(3版)(6), 362-364(仲家暢彦).

공범에게 적용되어, 본범의 공범 중 한 사람이 공범형태로 행한 범죄의 증거를 인멸한 경우 증거인멸죄로 처벌할 수 없다.[42]

21 살피건대, 일반적으로 본범인 자신에게 불리한 증거는 공범에게도 불리한 증거가 되어 오로지 타인인 공범만을 위하여 증거를 인멸하는 경우를 상정하기 어렵기는 하나, 이론적·논리적으로 그것이 반드시 불가능한 것은 아니다. 본범에게는 유리한 증거이나 공범에게는 불리한 증거를 공범만을 위하여 증거를 인멸하였다면, 본죄로 처벌할 필요성도 있다고 본다. 예를 들어 공범관계에 대한 증거가 없어 본인은 범죄혐의를 받지 않는 상황에서 공범이 단독범으로 인정될 수 있는 유력한 증거를 본범이 공범만을 위하여 그 증거를 인멸한 경우나, 본범 자신이 스스로 단독범으로 죄를 뒤집어 쓰기 위하여 공범관계에 대한 증거를 공범자만을 위하여 인멸한 경우 등에서는 본죄를 인정하는 것이 합리적이라 할 것이므로 위 ②의 제한적 긍정설이 타당하다.

(나) 형사사건 또는 징계사건

22 증거는 '형사사건 또는 징계사건'에 관한 것이어야 한다. 즉 본죄는 위증죄와 마찬가지로 국가의 형사사법작용 내지 징계작용을 그 보호법익으로 하므로,[43] 민사·행정·조세·가사·선거에 관한 소송사건이나 비송사건에 관한 증거는 본죄의 객체에 포함되지 않는다.[44] 또한 징계사건은 국가에 의한 징계사건을 의미하고, 사인 간의 징계사건은 포함되지 않는다.[45] 특별권력관계에 의한 징계사건에 한정된다고 보는 견해[46]가 있지만, 국가에 의한 징계사건이면 충분하다고 할 것이다.[47] 형사피의사건이 포함되지 아니한다는 입장에서, 징계사건의 경우 징계의 청구가 있어야 비로소 징계사건에 해당한다는 견해가 있다.[48] 그러나 징계의결의 요구 등 징계절차가 개시되어 있음을 요건으로 하지 아니한다고 해석하여야 할 것이다.[49]

42 김정환(주 15), 189.
43 대판 2007. 11. 30, 2007도4191.
44 김일수·서보학, 721; 정영일, 496.
45 대판 2007. 11. 30, 2007도4191.
46 임웅, 1020.
47 주석형법 [각칙(2)](5판), 98(한경환).
48 유기천, 형법학(각론강의 하)(전정신판), 34.
49 김일수·서보학, 721.

23 형사사건이나 징계사건인 이상 범죄나 혐의의 경중, 심급, 징계결의의 요구 그 밖에 징계절차의 개시 여부 등은 문제되지 않고, 유죄의 종국판결의 선고 또는 판결확정 여부, 종국적인 징계결의 여부 등을 가리지 않는다. 따라서 약식사건이나 즉결심판사건, 소년심판사건뿐만 아니라 재심이나 비상상고사건도 포함되고, 관세범사건이나 교통범칙사건에서 통고처분(관세법 § 311, 도교 § 118) 이전의 조사 중인 사건도 본죄의 객체가 된다.[50] 징계사건의 심판은 기판력이 있는 판결이라 할 수 없어 종국적 심판이 있은 후에 미처 사용하지 못한 유력한 증거를 인멸한 경우에도 본죄의 대상이 된다는 견해도 있다.[51]

24 형사사건에 관한 증거인 한, 그 형사사건이 종국적으로 유죄가 되었는지 여부는 범죄 성립에 영향이 없다.[52] 증거인멸행위에 의하여 기소를 면하거나 무죄가 되는 수도 있을 수 있고, 또 무고한 사람에게 죄를 뒤집어씌우기 위하여 그에게 이익이 될 만한 증거를 인멸하는 행위도 본죄에 해당하기 때문이다. 이에 대하여 실제로 죄를 범하지 아니한 사람의 형사사건 또는 징계사건에 관한 증거를 인멸하여도 사법기능을 부당하게 해할 염려가 없어 본죄의 객체인 증거는 실제로 죄를 범한 사람의 증거에 국한된다는 견해도 있다.[53]

25 수사 개시 또는 징계절차 개시 전의 사건도 포함되는지에 대하여 견해가 대립한다. ① 긍정설은 본죄에서도 타인의 형사사건은 실제로 죄를 범하였음을 요하기 때문에 이에 해당하는 한 반드시 수사가 개시되어야 할 것은 아닌 점, 수사나 징계의 개시 전의 사건에 있어서도 국가의 사법작용으로서의 심판기능과 징계기능에 대한 침해의 추상적 위험이 인정되는 점 등에서 대상사건에 해당한다는 입장이다.[54] 반면, ② 부정설은 수사개시 이전에는 국가의 형사사법기능이 침해될 위험이 없음에도 이를 포함하여 처벌하는 것은 범죄성립범위를 필요 이상으로 넓혀 형법의 법치국가적 측면을 경시하는 것으로서 타당하지 않으므로 사건의 대상성을 부정한다.[55]

50 김일수·서보학, 721; 배종대, § 163/7.
51 김일수·서보학, 721.
52 김일수·서보학, 721; 정성근·박광민, 911; 정영일, 496.
53 손동권·김재윤, § 52/3; 오영근, 782; 이재상·장영민·강동범, § 46/43.
54 김성돈, 837; 김일수·서보학, 721; 손동권·김재윤, § 52/32; 임웅, 1020; 정영일, 496.
55 배종대, § 163/9; 이재상·장영민·강동범, § 46/43.

26 판례는 본죄에서 타인의 형사사건 또는 징계사건은 인멸행위 시에 아직 수사 또는 징계절차가 개시되기 전이라도 장차 형사 또는 징계사건이 될 수 있는 것까지를 포함하고, 그 형사사건이 기소되지 아니하거나 무죄가 선고되더라도 본죄의 성립에 영향이 없다는 입장이다.[56] 더 이상의 '압수·수색 절차'는 없을 것이 예상되었다고 하더라도 '형사사건'이 종료된 것이 아닌 이상 증거를 은닉하였다면, 증거은닉죄가 성립한다는 하급심 판결이 있다.[57]

27 공소제기 이전의 사건이 본죄의 사건에 해당하는지에 대하여 법적 안정성을 확보하기 위해 부정하는 견해도 있지만,[58] 범인은닉죄와의 체계해석을 고려하고 피의사건 단계에서도 국가의 사법기능이 위태롭게 될 수 있다는 점 등에서 긍정하는 견해가 통설이다.[59] 판례도 형사사건이 기소되지 아니하더라도 본죄의 성립에 영향이 없다는 입장이다.[60]

28 일본의 경우, 개정된 현행 형법이 '형사피고사건'을 '형사사건'으로 수정한 것은 구 형법 제정 당시 '피고사건'은 현재 진행 중인 피의사건도 포함하는 것이 일반적이라는 점이 반영되었다는 점, 형사사법작용을 방해한다는 점에서 공소제기 전후가 큰 차이가 없다는 점, 증거인멸이 효과를 발휘해 공소할 수 없게 된 경우 이것을 불가벌로 하는 것은 불합리하다는 점 등을 이유로 줄곧 장래에 형사사건이 될 수 있는 사건도 모두 포함한다고 해석했다는 점 등에서 피의사건도 대상성을 인정하는 것이 다수의 견해이고,[61] 일본의 판례도 마찬가지이다.[62]

3. 행 위

29 본죄의 규율을 받는 행위는 타인의 형사사건 또는 징계사건에 관한 증거를

---

56 대판 1982. 4. 27, 82도274(증거은닉죄); 대판 2003. 12. 12, 2003도4533(증거인멸죄); 대판 2011. 2. 10, 2010도15986(증거위조죄); 대판 2013. 11. 28, 2011도5329(증거인멸죄).

57 서울고판 2015. 1. 8, 2014노1512.

58 유기천, 341.

59 김성돈, 837; 김일수·서보학, 721; 배종대, § 163/8; 손동권·김재윤, § 52/32; 이재상·장영민·강동범, § 46/43; 임웅, 1019-1020; 정성근·박광민, 911; 정영일, 496.

60 대판 1982. 4. 27, 82도274; 대판 2003. 12. 12, 2003도4533; 대판 2011. 2. 10, 2010도15986; 대판 2013. 11. 28, 2011도5329.

61 大塚 外, 大コン(3版)(6), 360-361(仲家暢彦).

62 大判 明治 45(1912). 1. 15. 刑錄 18·1; 大判 大正 2(1913). 2. 7. 刑錄 19·194; 大判 大正 2(1913). 8. 15. 法律新聞 887·30; 大判 大正 6(1917). 3. 30. 法律新聞 1253·27.

'인멸·은닉·위조 또는 변조'하거나, 위조·변조한 증거를 '사용하는 것'이다.

일본형법 제104조는 증거인멸등죄의 행위태양으로 증거를 '인멸, 위조 혹은 30
변조하거나 또는 위조, 변조된 증거를 사용하는 것'만 규정되어 있고, 우리나라 형법과 달리 '은닉'을 별도의 행위태양으로 규정하고 있지 않다. 따라서 일본의 판례는 인멸의 개념에 훼기(毁棄), 멸실, 소각, 투기(投棄), 은닉 및 그 밖의 복합적 행위 등을 포함하여 해석한다.[63]

(1) 인멸

'인멸'은 증거에 대한 물질적 훼손뿐만 아니라 효용을 멸실·감소시키는 일 31
체의 행위를 의미한다.[64] 증거의 현출을 방해하는 행위는 은닉에 해당한다는 견해가 있으나,[65] 증거의 사용 방해나 현출 방해도 증거은닉이 아니라 인멸에 해당하고, 따라서 증거를 언제라도 현출할 수 있는 상태에 두더라도 증거인멸행위가 될 수 있다.[66]

(2) 은닉

'은닉'은 적극적으로 증거를 숨기거나 그 발견을 곤란하게 하는 일체의 적 32
극적 행위를 말한다. 따라서 단순한 증거제출 거부나 소지사실의 부인, 교통사고를 보험회사에만 신고하고 경찰서에 신고하지 않은 소극적인 불신고와 같은 부작위는 은닉이 될 수 없다.[67]

본조 제2항은 증인은닉죄를 별도로 규정하고 있어, 증인을 은닉하는 것은 33
본조 제1항의 '은닉'에서는 제외된다. 일본의 경우 은닉을 별도 행위태양으로 규정하고 있지 않아, 일본의 판례는 증인·참고인을 은닉시켜 수사기관·재판소에의 출두를 사실상 불가능하게 하는 행위도 '증거인멸행위'에 해당한다고 본다.[68]

(3) 위조

'위조'란 문서에 관한 죄의 위조 개념과는 달리 새로운 증거의 창조를 의미 34
하는 것이다.[69] 범행 당시에는 없었던 지문이나 발자국 등을 새로이 현출시킨

63 大塚 外, 大コン(3版)(6), 371(仲家暢彦).
64 김일수·서보학, 722; 유기천, 341; 이재상·장영민·강동범, § 46/44.
65 정성근·박광민, 912.
66 대판 1961. 10. 19, 4294형상347.
67 김성돈, 838; 김일수·서보학, 722; 손동권·김재윤, § 52/34; 정성근·박광민, 912.
68 最決 昭和 36(1961). 8. 17. 刑集 1571293(수사 단계에서의 참고인의 은닉).
69 대판 2007. 6. 28, 2002도3600; 대판 2011. 2. 10, 2010도15986; 대판 2021. 1. 28, 2020도2642.

경우, 타살을 자살로 보이게 할 목적으로 시체를 위장하는 경우, 허위영수증을 작성하는 경우 등, 진정한 증거와 비슷한 물건 자체를 새로 만드는 경우뿐 아니라, 실제로 범죄와 아무 관련 없는 물건을 마치 범죄사실에 대한 증거로 꾸미는 일체의 경우를 의미한다.[70] 문서위조·변조와 달리, 증거가 문서의 형식을 갖는 경우 증거위조죄에 있어서의 증거에 해당하는지 여부가 그 작성권한의 유무나 내용의 진실성에 좌우되는 것은 아니다.[71] 따라서 타인의 형사사건과 관련하여 수사기관이나 법원에 제출할 의도로 법률행위 당시에는 존재하지 아니하였던 처분문서를 사후에 작성일을 소급하여 작성하는 행위는, 설령 그 작성자에게 해당 문서의 작성권한이 있고, 또 그와 같은 법률행위가 당시에 존재하였다거나 그 법률행위의 내용이 위 문서에 기재된 것과 큰 차이가 없다 하여도 증거의 위조에 해당한다.[72]

35 그러나 증거위조죄에서 '위조'의 개념이 문서위조죄에서와 다르게 해석된다고 하더라도, 그 사실에 관한 내용이나 작성명의, 작성일자에 아무런 허위가 없는 증거는 설령 허위의 주장에 관한 증거로 제출되어 그 주장을 뒷받침하는 데 사용되었다고 하더라도 위조되었다고 할 수 없다.[73] '증거의 위조'란 '증거방법의 위조'를 의미하므로, 위조에 해당하는지 여부는 증거방법 자체를 기준으로 하여야 하고, 그것을 통해 증명하려는 사실이 허위인지 진실인지 여부에 따라 위조 여부가 결정되어서는 안 되기 때문이다.[74]

36 증거 자체를 위조하는 것을 의미하기 때문에 허위증언이나 허위진술을 하는 것은 증거위조에 포함되는 행위가 아니라는 것이 다수의 견해이다.[75] 판례는

---

70 김성돈, 838; 김일수·서보학, 722.

71 대판 2007. 6. 28, 2002도3600; 대판 2015. 10. 29, 2015도9010; 대판 2017. 10. 26, 2017도9827.

72 대판 2007. 6. 28, 2002도3600.

73 대판 2021. 1. 28, 2020도2642. 변호인인 피고인이 알선의 대가로 교부받은 금원을 모두 반환한 자료를 법원에 제출함으로써 양형에서 유리한 판단을 받고자, 의뢰인 측 은행계좌에서 A 은행계좌에 수차례에 걸쳐 금원을 송금하고 다시 돌려받는 과정을 반복한 후 금융거래 자료 중 A 측에 대한 송금자료만을 양형자료로 제출한 일과 관련하여 증거위조 및 위조증거사용죄로 기소된 사안에서, 피고인이 법원에 제출한 금융자료(입금확인증 등)는 해당 일시에 해당 금원을 A에 송금하였다는 내용의 문서이고, 그 내용이나 작성명의에 아무런 허위가 없는 이상 증거위조로 볼 수 없다는 이유로 원심을 파기한 사안이다.

74 대판 2021. 1. 28, 2020도2642.

75 박상기·전지연, 895; 배종대, § 163/11; 손동권·김재윤, § 52/34; 신동운, 253.

단순히 타인의 형사피의사건에 관하여 수사기관에서 허위의 진술을 하거나 허위의 진술을 하도록 교사하는 정도의 행위로서는 타인의 형사사건에 관한 증인을 은닉 또는 도피하게 한 것에 해당되지 아니함은 물론, 증거의 현출을 방해하여 증거로서의 효과를 멸실 또는 감소시키는 증거인멸 등의 적극적 행위에 나선 것으로 볼 수는 없다 할 것이므로, 위와 같은 행위가 증거를 위조하고 또는 그 위조를 교사한 죄를 구성한다고 볼 수 없고, 타인의 형사사건 등에 관한 증거를 위조하는 것은 증거 자체를 위조함을 말하는 것이기 때문에 선서무능력자로서 범죄현장을 목격하지도 못한 사람으로 하여금 형사법정에서 범죄현장을 목격한 양 허위의 증언을 하도록 한 경우나, 참고인이 수사기관에 허위진술을 한 경우 등은 이에 포함되지 않는다는 입장이다.[76]

또한 참고인이 타인의 형사사건 등에서 직접 진술 또는 증언하는 것을 대신하거나 그 진술 등에 앞서서 허위의 사실확인서나 진술서를 작성하여 수사기관 등에 제출하거나 또는 제3자에게 교부하여 제3자가 이를 제출한 것은, 존재하지 않는 문서를 이전부터 존재하고 있는 것처럼 작출하는 등의 방법으로 새로운 증거를 창조한 것이 아닐뿐더러, 참고인이 수사기관에서 허위의 진술을 하는 것과 차이가 없으므로, 증거위조죄를 구성하지 않는다는 입장이다.[77] 37

그러나 참고인이 타인의 형사사건 등에 관하여 제3자와 대화를 하면서 허위로 진술하고 위와 같은 허위진술이 담긴 대화 내용을 녹음한 녹음파일 또는 이를 녹취한 녹취록은 참고인의 허위진술 자체 또는 참고인 작성의 허위 사실확인서 등과는 달리, 그 진술내용만이 증거자료로 되는 것이 아니고 녹음 당시의 현장음향 및 제3자의 진술 등이 포함되어 있어 그 일체가 증거자료가 된다고 할 것이므로, 이는 증거위조죄에서 말하는 '증거'에 해당한다고 보았다. 또한 위와 같이 참고인의 허위진술이 담긴 대화 내용을 녹음한 녹음파일 또는 이를 녹취한 녹취록을 만들어 내는 행위는, 무엇보다도 그 녹음의 자연스러움을 뒷받침하는 현장성이 강하여 단순한 허위진술 또는 허위의 사실확인서 등에 비하여 수사기관 등을 그 증거가치를 판단함에 있어 오도할 위험성을 현저히 증대시킨 38

76 대판 1977. 9. 13, 77도997; 대판 1995. 4. 7, 94도3412; 대판 1998. 2. 10, 97도2961.
77 대판 2011. 7. 28, 2010도2244; 대판 2015. 10. 29, 2015도9010; 대판 2017. 10. 26, 2017도9827.

다는 점에서 증거위조죄에서 말하는 허위 증거를 작출하는 '위조'에 해당한다고 보아, 이때의 증거를 수사기관에 제출하는 것은 증거위조죄를 구성한다고 판시하였다.[78]

39 일본에서도 참고인의 허위진술은 물론 그 진술이 진술조서 등으로 기록된 경우에도 원칙적으로는 증거위조죄를 구성하지 않는다는 것이 통설,[79] 판례[80]의 입장이다. 다만, ① 참고인 수사절차와는 떨어져 수사관의 관여(언지 등) 없이 허위 내용의 진술서를 작성한 경우나 ② 진술조서이더라도 단순히 진술조서라는 형식을 이용한 것에 지나지 않고 스스로 적극적으로 허위의 증거를 만들어 낸(作出) 것이라고 말할 수 있는 경우에는, 보호법익 침해의 정도가 상대적으로 크고, 형벌로 담보한 진실진술의무를 과하더라도 그 폐해가 적기 때문에 예외적으로 증거위조죄가 성립한다고 한다.[81] 판례도 피고인 甲이 乙과 함께 경찰서로 찾아가서 경찰관인 丙(경부보), 丁(순사부장)과 공모하여 A가 각성제를 소지하였다는 가공된 사실에 관하여 영장을 청구하기 위한 증거를 만들어 내기로 하고, 피고인들이 협의하면서 허위의 진술내용을 창작하고 구체화시킨 다음 그 내용대로 丁이 진술자 乙에 대한 진술조서를 작성한 사안에서, 피고인들에 대한 증거위조죄의 성립을 인정하였다.[82]

---

78 대판 2013. 12. 26, 2013도8085, 2013전도165. 「(2) 원심은, 피고인 겸 피부착명령청구자(이하 '피고인'이라고 한다)가 친딸인 피해자 A를 강간하였다는 등의 범죄사실로 재판을 받던 중 누나인 B로 하여금 위 A가 B의 딸인 C와 대화를 하면서 '아빠가 때려서 그것 때문에 화나서 아빠가 몸에다 손댔다고 거짓말하였다'는 취지로 허위진술하는 것을 B의 휴대폰에 녹음하게 한 다음 위와 같은 허위진술이 담긴 대화 내용을 녹취한 이 사건 녹취록을 만들어 담당재판부에 증거로 제출하게 하였다는 이 부분 공소사실이 증거위조교사죄에 해당한다고 보아 이를 유죄로 인정한 제1심판결을 그대로 유지하였다.
(3) 앞서 본 법리에 비추어 기록을 살펴보면, 원심이 비록 '이 사건 녹취록에 기재된 위 A의 진술이 피고인의 부탁을 받은 B에 의하여 허위로 위조된 것으로 볼 수 있다'고 하여 증거위조의 대상이 이 사건 녹취록이 아닌 위 A의 허위진술이라고 설시한 것이 적절하다고는 할 수 없으나, 결론적으로 이 부분 공소사실이 증거위조교사죄에 해당한다고 판단하여 이를 유죄로 인정한 것은 수긍할 수 있다. 거기에 논리와 경험칙에 반하는 중대한 사실의 오인이 있다거나 증거위조교사죄의 성립에 관한 법리를 오해한 위법이 있다고 할 수 없다.」
79 大塚 外, 大コン(3版)(6), 368(仲家暢彦).
80 最決 平成 28(2016). 3. 31. 刑集 70·3·58.
81 위 最決 平成 28年 판례에 대한 최고재판소 조사관 해설〔野原俊郎, 法曹時報 69·10, 法曹協会(2017), 360 이하〕 참조.
82 最決 平成 28(2016). 3. 31. 刑集 70·3·58.

(4) 변조

'변조'는 기존의 진정한 증거를 변경하여 증거가치나 그 효과를 변경하지만 아예 새로운 증거를 작출하는 데까지 이르지 않은 정도의 행위를 의미한다. 기존의 증거에 변경을 가하는 것은 물론 허위 내용을 첨가하는 경우도 포함하는데, 문서의 내용에 허위내용을 첨가하거나, 훔친 자동차를 도색하거나, 차량번호판을 바꾸어 단 경우 등이 이에 해당된다.[83] 진실에 부합하도록 기존의 증거에 변경을 가하는 것도 증거의 변조에 해당된다는 견해가 있다.[84] 다만 범행 흔적을 전부 제거하는 행위나 다른 물건으로 대체하는 행위, 예컨대 살인 도구에 묻은 핏자국을 씻어버리는 행위나 사고차량의 바퀴를 교체하는 행위 등은 변조가 아니라 인멸이나 은닉에 해당한다는 견해가 있다.[85] 위조의 경우에서 살핀 바와 같이, 증거가 문서의 형식을 갖는 경우 그 작성권한의 유무나 내용의 진실성에 의하여 증거변조죄의 성립이 좌우되는 것은 아니다.[86] 40

(5) 위조 또는 변조한 증거의 사용

'위조·변조한 증거를 사용한다는 것'은 위조·변조된 증거를 진정한 증거로 법원이나 수사기관 또는 징계기관에 제공하는 것을 말한다. 스스로 증거를 제출하는 경우뿐만 아니라 공소제기 후에 검사에게 위조증거를 제공하는 경우나 수사기관 등의 요청에 따라 제출하는 경우도 사용에 해당한다.[87] 변호사가 위조증거라는 사실을 알면서 증거를 제출하고, 그 증거에 대한 증거조사를 신청하는 것도 사용에 해당한다.[88] 공소제기의 전후는 묻지 않지만, 성질상 수사개시 이전에는 사용죄를 생각할 수 없다는 견해가 있다.[89] 사용행위자와 위조·변조자가 같은 사람일 필요가 없다.[90] 41

83 김성돈, 838.
84 신동운, 254.
85 김일수·서보학, 723.
86 대판 2007. 6. 28, 2002도3600; 대판 2015. 10. 29, 2015도9010.
87 大判 昭和 12(1937). 11. 9. 刑集 16·1545(변호사가 위조한 증거물을 검찰국에 제출).
88 大判 大正 7(1918). 4. 20. 刑錄 24·359.
89 배종대, § 163/11.
90 정성근·박광민, 913.

4. 주관적 구성요건

42 타인의 형사사건 또는 징계사건에 관한 증거를 인멸·은닉·위조 또는 변조하거나 위조 또는 변조한 증거를 사용한다는 인식과 의사가 있어야 하고, 이는 미필적 고의를 포함한다. 타인의 형사사건을 자기의 형사사건으로 오인한 때에는 본죄의 고의가 부정된다.[91]

43 당해 본범의 이익을 위한다는 동기나 국가의 사법작용을 방해하고자 하는 적극적인 의사의 존재는 요하지 않는다.[92]

5. 공 범

44 형법총칙상의 공범에 관한 규정이 적용되어 본죄의 공동정범 및 협의의 공범인 교사·방조범이 성립할 수 있다. 다만, 타인을 교사하여 자기의 형사사건·징계사건에 관한 증거를 인멸하는 행위를 한 경우 본죄의 교사범이 성립하는지 여부에 대해서는 긍정설, 부정설 등의 견해가 대립한다.[93] 판례는 본죄는 타인의 형사사건이나 징계사건에 관한 증거를 인멸할 때 성립하고 자신의 형사사건에 관한 증거인멸행위는 형사소송에 있어서 피고인의 방어권을 인정하는 취지와 상충하여 처벌의 대상이 되지 아니하므로, 자신의 형사사건에 관한 증거인멸을 위하여 타인에게 도움을 요청하는 행위 역시 원칙적으로 처벌되지 아니하나, 다만 그것이 방어권의 남용이라고 볼 수 있을 때는 본죄의 교사죄로 처벌할 수 있다. 방어권 남용이라고 볼 수 있는지 여부는, 증거를 인멸하게 하는 것이라고 지목된 행위의 태양과 내용, 범인과 행위자의 관계, 행위 당시의 구체적인 상황, 형사사법작용에 영향을 미칠 수 있는 위험성의 정도 등을 종합하여 판단하여야 한다.[94]

45 하급심 판례 중에는 피고인이 자신의 형사사건에 관한 증거로 사용하기 위하여 공범을 교사하여 증거인 문서를 위조하였다는 점으로 기소된 사례에서, 형

---

91 임웅, 1021; 정성근·박광민, 913.
92 東京高判 昭和 27(1952). 5. 31. 高刑集 5·5·897.
93 각 학설에 대한 자세한 내용은 **3. 객체 (1) 타인 (나) 타인을 교사한 경우** 참조.
94 대판 1965. 12. 10, 65도826(전); 대판 2000. 3. 24, 99도5275; 대판 2011. 2. 10, 2010도15986; 대판 2014. 4. 10, 2013도12079; 대판 2016. 7. 29, 2016도5596; 대판 2018. 10. 25, 2015도1000.

사사건의 공범인 피교사자가 증거위조죄로 처벌되지 않는 이상, 피고인이 자기 방어권 행사를 위해 제3자로 하여금 새로운 범죄를 저지르게 함으로써 자기 방어권의 한계를 일탈하여 새로이 국가의 형사 사법기능을 침해한 경우에 해당한다고 보기 어려워 증거위조죄의 교사죄가 성립하지 아니하고, 증거위조죄의 정범으로도 처벌할 수 없는 피고인을 간접정범으로도 처벌할 수 없기 때문에 이에 대한 증거위조죄의 간접정범도 성립하지 않는다고 판시한 예가 있다.[95]

일본의 경우, 증거인멸교사피고사건에 대하여, 피고인이 지인인 A가 범한 횡령사건에 대해서 검사가 수사 중인 것을 알고 지인의 처 B에게 그 증거가 되는 일기장 등을 처분하도록 권하여, B가 일기장, 가계부 등을 소각한 사건에서, 원심은 정범의 행위가 죄가 되지 않는(구 일형 § 105[96]) 이상, 교사범이 성립할 여지가 없다고 하여 무죄를 선고하였고,[97] 이에 대하여 검사가 간접정범이 성립한다는 이유로 상고를 제기하자, 범인 등의 친족에 의한 증거인멸행위가 불가벌인 이상 이에 대한 교사범은 인정할 수 없고, 간접정범이란 책임무능력자, 범의가 없는 자 또는 의사의 자유를 억압당한 자의 행위를 이용하여 구성요건을 실현하는 경우이므로 간접정범에도 해당하지 않는다고 판시한 바 있다.[98] 46

6. 죄 수

증거에 대한 인멸·은닉·위조·변조·사용행위 상호 간에는 ① 포괄일죄의 관계에 있어 위조·변조한 후 사용하면 증거사용죄로 일죄가 된다는 견해,[99] ② 문서위조 및 위조문서행사죄의 죄수와 같은 방식으로 해결하여야 한다는 견해,[100] ③ 인멸·은닉·위조·변조 상호 간에는 포괄일죄가 되지만 위조 또는 변 47

95 서울고판 2018. 1. 19, 2016노3974, 2017노2749, 2866.

96 일본 구 형법 제105조는 범인의 친족에 의한 증거인멸죄 등에 대해 벌하지 않는다고 규정하고 있었다〔大塚 外, 大コン(3版)(6), 376-377(仲家暢彦)〕.

97 공범의 종속 형식과 관련하여, 일본은 종래 정범의 행위가 구성요건에 해당하고, 위법·유책할 때에만 공범이 성립한다는 극단적 종속형식이 통설이었고, 이에 따르면 책임이 조각되는 경우, 공범이 성립하지 아니한다. 다만 이에 대하여 정범은 기대가능성이 없으므로 처벌되지 않지만, 위법성을 구비한 행위이므로 교사자는 제한적 종속형식에 따라 교사범으로서 처벌할 수 있다는 견해도 있다〔大塚 外, 大コン(3版)(6), 377(仲家暢彦)〕.

98 大判 昭和 9(1934) 11. 26. 刑集 13·1598.

99 김성돈, 839; 임웅, 1021; 정성근·박광민, 913-914.

100 오영근, 776. 동인은 사문서위조와 위조사문서행사죄는 전체적으로 하나의 사회적 행위라고 보

조, 위조·변조된 증거의 사용이 같은 행위자에 의해 행하여진 경우에는 위조행위가 사용행위의 예비단계에 불과하여 법조경합 보충관계가 되어 사용죄만 성립한다는 견해가 있다.[101] 위 행위 모두 동일 구성요건에 해당하는 점에 비추어 위 ①설이 타당하다.

48 일본의 경우, 형사사법작용에 대한 침해는 객체인 개개의 증거에 대한 인멸 등의 행위에 의해 발생하므로 죄수 판단의 기준은 형사사건을 기준으로 할 것이 아니라 증거를 기준으로 판단한다는 입장이다. 따라서 수개의 증거에 대해 하나의 인멸행위가 있었을 경우에는 상상적 경합이, 각각 별개의 인멸행위가 있었을 때에는 실체적 경합범이 된다고 한다.[102] 또한 동일 증거에 대해 인멸·위조·변조 또는 사용이 이루어진 경우의 죄수에 대하여는, ① 일본형법 제103조의 범인은닉과 도피의 경우처럼 포괄일죄라는 견해, ② 범인은닉과 도피는 전자가 후자에 포섭되는 관계에 있기 때문에 포괄일죄가 될 수 있으나 증거인멸죄의 위조와 사용은 위와 같은 포섭관계가 인정될 수 없고, 다만 각각 독립된 개념으로 수단·결과 관계에 있는 것이므로 별개로 성립하고 각 견련관계에 있다고 보는 견해가 있다. 일본 판례는 증거위조와 위조증거사용교사, 증거위조 교사와 사용교사, 증거위조와 사용에 대해 견련범(牽連犯)[103]으로 본 경우도 있으나,[104] 증거위조와 사용을 일죄로 판시한 예도 있다.[105]

7. 다른 죄와의 관계

(1) 위증죄와의 관계

49 타인의 형사사건에 대하여 선서하지 않은 증인에게 허위의 진술을 교사하는 경우에 대해서는, ① 위증죄(§ 152①)와 증거인멸죄가 특별관계에 있으므로

아야 하기 때문에 위조사문서행사죄가 성립한다는 입장이므로(동, 573), 마찬가지로 위조(변조) 증거사용죄가 성립한다는 것으로 이해된다.

101 김일수·서보학, 723-724; 임웅, 1021.

102 大塚 外, 大コン(3版)(6), 377(仲家暢彦).

103 일본형법 제54조 제1항은 "1개의 행위가 수개의 죄명에 해당하거나 범죄의 수단 또는 결과인 행위로서 다른 죄명에 해당할 때에는 가장 중한 형으로 처단한다."고 규정하고 있는데, 후단이 바로 견련범에 관한 규정이다. 이는 우리 형법이 과형상의 일죄로 상상적 경합만 규정하고 있는 것과 구별된다(이재상·장영민·강동범, § 39/3).

104 大判 昭和 12(1937). 11. 9. 刑集 16·1545(증거위조와 위조증거사용교사).

105 宮崎地日南支判 昭和 44(1969). 5. 22. 刑裁月報 1·5·535(증거위조와 사용).

선서가 없어서 위증죄가 될 수 없다면 증거인멸죄가 성립할 수 있다고 보는 견해[106]와 ② 두 죄는 독자적 범죄로 보아 위증교사죄를 증거인멸죄로 볼 수 없다는 견해가 있다.[107] 판례는 참고인이 고소인의 부탁에 따라 수사기관에서 허위의 진술을 하는 것은 증거인멸죄에 포함되지 아니한다고 판시하여,[108] 위 ①의 택일관계설과 결론을 같이한다. 자세한 내용은 **위증죄** 부분 참고.

(2) 그 밖의 죄와의 관계

본죄의 행위가 동시에 다른 죄명에 해당하는 경우에는 상상적 경합이 된다는 전제에서, 타인의 형사사건에 관한 증거를 인멸하기 위하여 장물을 은닉하거나 문서를 위조한 경우, 타인 소유에 속하는 증거를 인멸하기 위해 손괴한 경우, 압수한 증거물을 절취하여 은닉한 경우, 증인을 살해하거나 감금한 경우에는 장물보관죄, 문서위조죄, 손괴죄, 절도죄, 살인죄, 감금죄와 증거인멸죄가 각각 상상적 경합이 된다는 견해가 다수설이다.[109] 다만, 절취 후 은닉·인멸행위는 절도죄의 불가벌적 사후행위라고 할 수 있기 때문에 타인의 소유에 속하는 증거를 절취하여 은닉하거나 인멸한 경우에는, 절도죄(§ 329)만이 성립한다는 견해[110]와 실체적 경합관계에 있다는 견해가 있다.[111] 50

직무유기죄(§ 122)와 관련해서는, 경찰관이 압수물을 범죄 혐의의 입증에 사용하도록 하는 등의 적절한 조치를 취하지 아니하고 피압수자에게 돌려준 경우, 작위범인 증거인멸죄만이 성립하고 부작위범인 직무유기죄는 따로 성립하지 아니한다고 판시하였다.[112] 51

자기 또는 타인의 형사사건·재판과 관련하여 증언이나 자료제출, 수사단서를 제공하지 못하게 할 목적으로 살인, 상해, 폭행, 체포·감금, 협박의 죄를 범한 때에는 특정범죄 가중처벌 등에 관한 법률(이하, 특정범죄가중법이라 한다.)(§ 5의9)에 의해 가중처벌된다. 타인으로 하여금 형사처분을 받게 할 목적으로 국가보안 52

106 김일수·서보학, 722; 손동권·김재윤, § 52/34; 이재상·장영민·강동범, § 46/45; 정성근·박광민, 912.
107 김성돈, 838.
108 대판 1995. 4. 7, 94도3412.
109 김성돈, 839; 김일수·서보학, 724; 손동권·김재연, § 53/37; 오영근, 783; 이재상·장영민·강동범, § 46/45; 임웅, 1021; 장성근·박광민, 914.
110 오영근, 783.
111 임웅, 1021.
112 대판 2006. 10. 19, 2005도3909(전).

법이 정한 죄에 대하여 무고, 위증 또는 증거를 날조·인멸·은닉한 자는 국가보안법 제12조가 적용된다.

53 일본의 경우, 일본형법 체계 안에서 '위증죄는 증언을, 증거인멸죄는 증거를, 범인은닉·도피죄는 범인과 도주자의 신병의 확보를 각각 보호대상으로 한다고 분류하는 것'이 각 죄의 관계를 종합적으로 파악한 것이라는 견해에 의할 때에는, 결국 증거인멸죄의 보호대상이 형사사건의 조사·심판인 이상, 범인은닉·도피죄와 증거인멸죄는 보호대상이 달라 동일한 사실에 대해 동시에 두 죄가 해당하는 경우는 제한된다는 입장이다.[113] 나아가, 증거인멸 행위가 동시에 다른 죄에 해당될 경우에는 상상적 경합이 된다는 전제에서, 일본 판례 역시 타인의 절도사건에 관한 증거인 도품을 맡아 은닉한 것은 도품등보관죄(장물기장죄, 贓物寄藏罪)와 증거은닉죄의 상상적 경합,[114] 주세법위반의 신문 중에 그 증거물건을 절취한 것은 절도죄와 증거위조죄의 상상적 경합[115]이라는 입장이다. 이 외에도 증거위조·변조·사용이 문서·유가증권의 위조죄·변조죄·행사죄에 해당할 경우, 증인·참고인에 대하여 증거인멸을 위해 살해·감금했을 경우에도 모두 증거인멸죄와 상상적 경합이 된다는 견해가 있다.[116]

8. 처 벌

54 5년 이하의 징역 또는 1천만 원 이하의 벌금에 처한다.

Ⅲ. 증인은닉등죄(제2항)

1. 취 지

55 본죄는 타인의 형사사건 또는 징계사건에 관한 증인을 은닉 또는 도피하게 함으로써 성립한다. 증인을 객체로 한다는 점 외에는 증거인멸등죄와 성격이 같

113 다만, 이 경우에도 범인 특정 등의 수사활동이 방해받음으로 인하여 범인 등의 신병 확보에 위험이 발생한 때에는 두 죄 모두 성립할 수 있다고 한다[大塚 外, 大コン(3版)(6), 331(仲家暢彦)].

114 大判 明治 44(1911). 5. 20. 刑錄 17·981.

115 大判 大正 3(1914). 11. 30. 刑錄 20·2290.

116 大塚 外, 大コン(3版)(6), 378(仲家暢彦).

고 그 법정형 또한 같다. 따라서 본범의 행위 또는 비행이 일단 성립한 후 본범을 비호하거나 곤경에 빠뜨리기 위한 계획의 일환으로 행하여진 때 성립하는 것으로 일종의 사후종범에 해당한다.[117] 본죄는 독립된 구성요건을 갖는다는 점에 이견이 없으나, 나아가 증거인멸죄의 수정적 구성요건이라는 견해가 있다.[118]

일본의 형법과는 달리 우리 형법은 증인에 관한 은닉·도피행위로 국가 사법기능을 방해하는 경우에 대하여 이를 별도의 구체적 구성요건으로 하여 처벌규정을 두고 있다. 이는 1953년 법률 제293호로 형법이 처음 제정되었을 때부터 별도로 규정되어 있었다. 56

2. 주 체

증거인멸죄와 같이 주체에는 제한이 없으므로, 비신분범이다. 자기의 형사사건 또는 징계사건의 증인을 은닉 또는 도피하게 하는 행위를 할 경우에는 본죄가 성립하지 않는데, 이는 본죄의 객체가 타인의 형사사건 또는 징계사건에 관한 증인이기 때문이다. 자세한 내용은 **증거인멸등죄** 부분을 참조. 57

3. 객 체

본죄의 객체는 '타인'의 '형사사건 또는 징계사건'에 관한 '증인'이다. 따라서 피고인 자신이 직접 형사처분이나 징계처분을 받게 될 것을 두려워한 나머지 자기의 이익을 위하여 증인이 될 사람을 도피하게 하였다면, 그 행위가 동시에 다른 공범자의 형사사건이나 징계사건에 관한 증인을 도피하게 한 결과가 된다고 하더라도 증인도피죄가 성립하지 않는다.[119] 58

'증인'이라 함은 형사소송법상 증인·감정증인뿐만 아니라 수사기관에서 조사하는 참고인도 포함된다는 것이 다수의 견해이다.[120] 증거자료인 증언 자체는 제155조 제2항의 증인 개념에 포함되지 않는다.[121] 59

117 김일수·서보학, 724.

118 김성돈, 839; 손동권·김재윤, § 53/37.

119 대판 2003. 3. 14, 2002도6134.

120 김성돈, 839; 김일수·서보학, 724; 박상기, 701; 박상기·전지연, 896; 배종대, § 164/13; 손동권·김재윤, § 53/38; 신동운, 256; 오영근, 784; 이재상·장영민·강동범, § 46/48; 임웅, 1022; 정성근·박광민, 915; 정영일, 498.

121 김성돈, 839; 김일수·서보학, 725.

4. 행 위

60 본죄의 행위는 증인을 '은닉 또는 도피하게 하는 것'이다. 타인의 형사피의 사건에 관하여 단순히 수사기관에서 허위의 진술을 하거나 허위의 진술을 하도록 교사하는 정도로는 증인의 은닉 또는 도피행위에 해당하지 않는다.[122]

(1) 은닉

61 은닉이라 함은 증인의 출석을 방해 또는 곤란하게 하는 행위를 의미하고, 그 태양에 특별한 제한이 없다. 증인을 숨기는 행위가 은닉에 해당한다는 데는 이견이 없다. 그러나 숨길 장소에 감금하는 경우, 증인을 살해하는 경우, 증인이 출석할 수 없을 정도의 상해를 가한 경우, 폭행·협박으로 증인을 행방불명되게 하는 경우에 대해서는, ① 은닉에 포함된다는 견해[123]와 ② 증거인멸죄에 해당한다는 견해[124]가 있는데, 위 ①설이 타당하다고 하겠다.

(2) 도피

62 '도피'는 은닉 이외의 방법으로 증인의 출석을 지연·곤란 또는 불가능하게 하는 일체의 행위를 의미한다. 증인에게 도망·도피하게 하거나, 이미 진행 중인 도망을 방조하는 행위를 모두 포함하기 때문에 은닉보다 도피가 더 포괄적인 행위태양이라는 견해가 있다.[125]

5. 기수 및 종료시기

63 범인도피죄는 범인을 도피하게 함으로써 기수에 이르지만, 범인도피행위가 계속되는 동안에는 범죄행위도 계속되고, 행위가 끝날 때 비로소 범죄행위가 종료된다. 따라서 공범자의 범인도피행위 도중에 그 범행을 인식하면서 그와 공동의 범의를 가지고 기왕의 범인도피상태를 이용하여 스스로 범인도피행위를 계속한 경우에는 범인도피죄의 공동정범이 성립하고, 이는 공범자의 범행을 방조한 종범의 경우도 마찬가지로 적용된다.[126] 이는 범인도피죄를 계속범으로 보고

---

122 대판 1977. 9. 13, 77도997.

123 김성돈, 840; 정성근·박광민, 915.

124 다만, 증인이 될 사람에게 단순히 회유하거나 간청하여 그 자로 하여금 진술을 피해 입원하게 한 경우에는 은닉에 해당한다고 한다(김일수·서보학, 725).

125 김일수·서보학, 725; 정성근·박광민, 915.

126 대판 2012. 8. 30, 2012도6027; 대판 2017. 3. 15, 2015도1456.

기수에 이른 이후에도 범행이 종료될 때까지는 공범의 성립을 인정한 것이다.

범인도피죄에 대한 위 법리는 증인도피죄의 경우에도 그대로 적용될 수 있다. 64

6. 죄수 및 다른 죄와의 관계

증인·참고인을 은닉하여 도피하게 하면 포괄일죄가 되고, 증인·참고인 등을 폭행, 협박, 체포, 감금 또는 살해하여 은닉·도피하게 한 경우에는 본죄와 폭행·협박·체포·감금·살인죄가 각각 상상적 경합이 된다는 견해가 다수설이다.[127] 자기 또는 타인의 형사사건·재판과 관련하여 증언이나 자료제출, 수사단서를 제공하지 못하게 할 목적으로 살인, 상해, 폭행, 체포·감금, 협박의 죄를 범한 때에는 특정범죄가중법(§ 5의9)에 의해 가중처벌됨은 증거인멸죄와 마찬가지이다. 65

본죄와 위증죄의 관계에서, 증인의 증언내용에 조작을 가하는 경우는 위증교사죄로 처벌해야 하고, 이에 대해 증인 자체를 은닉하거나 도피하게 하는 경우에는 본죄만 성립한다.[128] 66

7. 처 벌

5년 이하의 징역 또는 700만 원 이하의 벌금에 처한다. 67

Ⅳ. 모해증거인멸등죄 및 모해증인은닉등죄(제3항)

피고인·피의자 또는 징계혐의자를 모해할 목적으로 각 본조 제1항 및 제2항의 행위, 즉 타인의 형사사건 또는 징계사건에 관한 증거를 인멸·은닉·위조 또는 변조하거나, 위조 또는 변조한 증거를 사용한 자 및 타인의 형사사건 또는 징계사건에 관한 증인을 은닉 또는 도피하게 한 자에 대한 가중처벌규정이다. 모해할 목적이 구성요건이므로 목적범이다.[129] 판례는 '모해할 목적'을 신 68

127 김성돈, 840; 김일수·서보학, 724-725; 정성근·박광민, 915-916.
128 신동운, 256.
129 김성돈, 840; 김일수·서보학, 725; 박상기, 702; 박상기·전지연, 894; 정영일, 499.

분으로 해석하고 있으나, 이에 대하여는 견해의 대립이 있다. 자세한 내용은 **모해위증죄** 부분 참고.

69 '모해할 목적'이란 피고인·피의자 또는 징계혐의자에게 형사처분 또는 징계처분을 받게 할 목적을 말한다. 따라서 수사절차나 징계조사절차가 이미 진행된 것을 전제하고 있다는 점에서 본조 제1항 및 제2항에 비해 그 적용범위가 좁아진다는 점이 특징이다.[130] 모해의 목적이 달성되었는지 여부는 문제되지 않는다.[131]

70 본조 제3항에서 말하는 '피의자'라고 하기 위해서는 수사기관에 의하여 범죄의 인지 등으로 수사가 개시되어 있을 것을 필요로 하고, 그 이전의 단계에서는 장차 형사입건될 가능성이 크다고 하더라도 그러한 사정만으로 '피의자'에 해당한다고 볼 수는 없다.[132]

71 국가보안법 제12조에 의하여 타인으로 하여금 형사처분을 받게 할 목적으로 무고 또는 위증하거나 증거를 날조·인멸·은닉한 자를 각조에 정한 형으로 처벌함은 앞서 확인한 바와 같다.

72 그 밖의 상세한 내용은 **모해위증죄** 부분 참고.

V. 친족간의 특례(제4항)

73 친족 또는 동거의 가족이 증거인멸등죄, 증인은닉등죄, 모해증거인멸등죄, 모해증인은닉등죄를 범한 경우, 그것이 본인을 위한 것일 때에는 처벌하지 아니한다. 본조 제4항에서의 '본인'은 피고인·피의자 또는 징계혐의자를 의미한다.

74 자세한 내용은 도주와 범인은닉죄에서의 **친족간 특례규정**(§ 151②) 부분 참고.

〔이 창 원〕

130 김일수·서보학, 725; 신동운, 257; 정영일, 499.
131 박상기, 702; 박상기·전지연, 894; 배종대, § 164/14.
132 대판 2010. 6. 24, 2008도12127.

제11장 무고의 죄

〔총 설〕

Ⅰ. 규 정

1 본장은 무고의 죄에 대하여 규정하고 있다. 무고죄는 타인으로 하여금 형사처분 또는 징계처분을 받게 할 목적으로 공무소 또는 공무원에 대하여 허위의 사실을 신고함으로써 성립하는 범죄이다. 이와 같은 일반적인 무고죄에 대해서는 형법각칙 제11장에 처벌규정을 두고 있다(§ 156).

2 한편, 특정범죄 가중처벌 등에 관한 법률(이하, 특정범죄가중법이라 한다.),[1] 국가보안법,[2] 경범죄 처벌법[3]에서 특별한 형태의 무고죄에 대해 별도의 처벌규정을 두고 있다. 특정범죄가중법은 같은 법에 규정된 범죄에 대해 무고한 경우[4]

---

1 특정범죄가중법 제14조(무고죄) 이 법에 규정된 죄에 대하여 「형법」 제156조에 규정된 죄를 범한 사람은 3년 이상의 유기징역에 처한다.

2 국가보안법 제12조(무고, 날조) ① 타인으로 하여금 형사처분을 받게 할 목적으로 이 법의 죄에 대하여 무고 또는 위증을 하거나 증거를 날조·인멸·은닉한 자는 그 각조에 정한 형에 처한다. ② 범죄수사 또는 정보의 직무에 종사하는 공무원이나 이를 보조하는 자 또는 이를 지휘하는 자가 직권을 남용하여 제1항의 행위를 한 때에도 제1항의 형과 같다. 다만, 그 법정형의 최저가 2년미만일 때에는 이를 2년으로 한다.

3 경범죄 처벌법 제3조(경범죄의 종류) ③ 다음 각 호의 어느 하나에 해당하는 사람은 60만원 이하의 벌금, 구류 또는 과료(科料)의 형으로 처벌한다.
2. (거짓신고) 있지 아니한 범죄나 재해 사실을 공무원에게 거짓으로 신고한 사람

4 대판 2018. 4. 12, 2017도20241, 2017전도132. 「이는(주: 특정범죄가중법 제14조) 특정범죄가중법 제2조 이하에서 특정범죄를 중하게 처벌하는 데 상응하여, 그에 대한 무고행위 또한 가중하

법정형의 하한을 두어 가중처벌하고 있으며, 국가보안법도 같은 법에 규정된 범죄에 대해 무고한 경우 해당 범죄의 법정형을 적용하도록 하고 있다. 특정범죄가중법과 국가보안법상의 무고죄는 형법상 무고죄와 범죄구성요건은 동일하지만, 특정한 유형의 범죄에 대한 무고를 특별히 제재하기 위한 목적에서 법정형에만 차이를 두고 있을 뿐이다. 이와는 달리 경범죄 처벌법은 있지 아니한 범죄나 재해사실을 공무원에게 거짓으로 신고한 경우 경범죄로 처벌하는 규정을 두고 있는데, 이는 형법상 무고죄에는 이르지 못하더라도 장난신고와 같은 경미한 허위신고를 제재하기 위한 것이다.

3 본장과 무고죄에 관한 특별법의 조문 구성은 아래 [표 1]과 같다.

[표 1] 제11장 조문 구성(특별법 포함)

조 문	제 목	구성요건	죄 명	공소시효
§ 156	무고	ⓐ 타인으로 하여금 형사처분 또는 징계처분을 받게 할 목적으로 ⓑ 허위의 사실을 ⓒ 공무소 또는 공무원에 대하여 ⓓ 신고	무고	10년
§ 157	자백·자수	ⓐ 무고죄를 범한 자가 ⓑ 재판 또는 징계처분 확정 전에 ⓒ 자백 또는 자수		

여 처벌함으로써 위 법이 정한 특정범죄에 대한 무고행위를 억제하고, 이를 통해 보다 적정하고 효과적으로 입법목적을 구현하고자 하는 규정이다. 이와 같은 특정범죄가중법의 입법목적, 특정범죄가중법 제14조의 조문 위치와 문언의 체계 및 입법 취지에 더하여, 형벌법규의 해석은 엄격하여야 하고, 명문의 형벌법규의 의미를 피고인에게 불리한 방향으로 지나치게 확장해석하거나 유추해석하는 것은 죄형법정주의의 원칙에 어긋나는 것으로서 허용되지 아니하는 점 등을 종합하여 보면, 특정범죄가중법 제14조의 '이 법에 규정된 죄'에 특정범죄가중법 제14조 자체를 위반한 죄는 포함되지 않는다고 해석함이 타당하다.」

위 판결은 피고인이 교통사고를 야기하고 도주한 것이 사실인데도, A 등이 '피고인이 교통사고를 일으키고 도망하였다'는 내용으로 피고인을 뺑소니범으로 경찰에 허위로 고소하였으니 A 등을 무고죄로 처벌해 달라는 내용의 고소장을 작성하여 경찰서에 제출함으로써 A 등으로 하여금 특정범죄가중법위반(무고)으로 형사처분을 받게 할 목적으로 무고하였다고 하여 특정범죄가중법위반(무고)으로 기소된 사안에서, 특정범죄가중법 제14조의 '이 법에 규정된 죄'에 특정범죄가중법 제14조 자체를 위반한 죄는 포함되지 않는다고 판단하였다(원심의 유죄판결을 파기하고 환송).

조 문	제 목	구성요건	죄 명	공소시효
특정범죄 가중법 § 14	무고	ⓐ 특정범죄가중법에 규정된 죄에 대하여 ⓑ 무고	특정범죄가중법위반 (무고)	10년
국가보안법 § 12①	무고, 날조	ⓐ 국가보안법에 규정된 죄에 대하여 ⓑ 무고	국가보안법위반 (무고·날조)	25년 10년 7년
경범죄 처벌법 § 3③(ii)	거짓신고	ⓐ 있지 아니한 범죄나 재해 사실을 ⓑ 공무원에게 거짓으로 신고	경범죄처벌법위반	5년

Ⅱ. 연 혁

무고죄는 1953년 9월 18일 형법을 제정하면서부터 도입된 이래, 1995년 12월 29일 형법을 개정하면서 법정형에 징역형(10년 이하의 징역) 외에 벌금형(1천 500만원 이하의 벌금)을 신설한 것 빼고는 구성요건에 변화 없이 그대로 유지되고 있다. 4

우리 사회에 무고죄가 도입된 것은 제정 형법보다 훨씬 오래 전이다. 무고죄는 동서양을 막론하고 국가나 공동체 사회 내의 심판기능, 사법기능이 형성되면서 범죄 유형으로 구체화되었다.[5] 진(秦), 한(漢), 위(魏), 진(晋) 등 고대 중국의 율(律)에서는 무고자에게 무고한 죄의 벌을 주었고, 이러한 전통은 당률(唐律)에 이르러 무고죄에 대해서는 반좌(反坐), 즉 무고한 죄에 규정된 것과 동일한 형벌을 가한다는 원칙으로 명문화되었으며, 이러한 무고반좌율(誣告反坐律)의 근간은 송(宋), 원(元), 명(明), 청(淸) 시대에도 그대로 유지되었다. 5

타인을 무고한 행위를 무고한 죄의 형과 동일한 형으로 다스리도록 하는 입장은 함무라비법전, 고대 이집트법, 성서법, 로마법을 비롯하여 중세 독일의 카롤리나형법전, 1751년 바이에른형법전에도 나타나고 있었다. 독일에서는 1794년 프로이센 일반란트법에서 최초로 '무고죄(Falsche Anschuldigung)'[6]라는 용어를 도입하여 실체법상 독립한 죄로 설정하였는데, 무고죄에 대하여 일반적으로 피무고죄 형벌의 1/2만 반좌하고 피무고자에게 실제 형집행이나 사망, 사형 등 중한 6

5 무고죄 역사에 대해서는 서정민, 한국 전통형법의 무고죄 - 朝鮮初期 誣告反坐律, 민속원(2013) 참조. 위 연혁 부분은 이 책 제2장, 제5장을 요약하여 반영하였다.

6 현재 독일형법에서는 무고죄(§ 164)의 죄명을 'Falsche Verdächtigung'으로 규정하고 있다.

결과가 발생한 경우에는 그에 상응하는 중형을 부과하였다.

7 한반도에는 고려, 조선시대를 거쳐 전통 중국의 무고반좌율이 수용되었는데, 조선시대에는 형법으로 의용하고 있던 중국의 대명률(大明律)을 있는 그대로 적용한 것이 아니라 국왕의 수교(受教)로써 조선의 사정에 맞게 변형하는 입법을 실시하여 적용하였다. 그 과정에서 무고반좌의 엄격한 실시에 따른 무고죄의 엄벌이 이루어졌고, 노비가 주인을 무고하거나 모반을 손쉽게 무고하는 풍속을 제재하기 위한 입법이 강화되었다. 요컨대, 무고죄에 대해서는 반좌하여 엄히 다스린다는 것이 한국 전통사회의 기본적인 법의식이었다.

8 19세기 말 조선왕조는 서구적 근대화를 도모하게 되면서 1894년 갑오개혁, 1899년 대한국국제 선포를 거쳐 형사법 분야에서도 개혁을 실시하였다. 구본신참(舊本新參)에 입각한 독자적 형사법제 개혁의 산물인 1905년 형법대전(刑法大全)에서는 고문이나 혹형 방지 등 절차법 정비가 주로 이루어졌고, 조선시대 무고반좌율은 그대로 계승되었다(제3장 제3절 무고율 §§ 284-292). 그러나 일제강점기에 접어들어 1912년 조선형사령(朝鮮刑事令)을 제정하여 일본형법을 의용하면서부터 반좌적 요소가 전혀 없는 포괄적 범위의 법정형을 채택하였고, 이러한 입장은 의용형법에서부터 우리 제정 형법에 그대로 전수되어 현재에 이르고 있다. 국가보안법에서만 유일하게 무고한 각 죄의 형에 처하도록 하여 반좌적 요소가 일부 남아 있을 뿐이다.

9 독일에서도 프로이센 형법전, 독일 제국형법전을 거치면서 무고죄에 대한 반좌형을 폐지하였다. 그러나 무고죄는 국가적 법익 보호 성격이 강하여 중형을 부과하는 유형군으로 편제되어 있다. 한편 사인소추 제도가 발달한 영미법에서는 일찍이 악의적 소추에 대한 손해배상을 중심으로 법리가 발전하면서 형법보다는 불법행위법의 영역에서 무고가 중점적으로 다뤄지고 있다.

Ⅲ. 보호법익

10 무고죄의 보호법익과 관련하여 무고죄가 개인적 법익의 침해죄인지 국가적 법익의 침해죄인지에 대해 견해가 대립되고 있다.

11 역사적으로 살펴볼 때, 무고죄의 본질은 타인을 모함하는 악의를 징벌하는

데에서 출발하였다. 함무라비법전, 성서법, 고대 이집트법 등 고대법에서 반좌의 관념에서 무고죄를 다루고 있는 것은 다른 사람을 모함한 것이 밝혀질 경우 똑같은 형벌을 가하는 동해보복(同害報復)의 정신이 투영되어 있기 때문이고, 이는 피무고자의 개인적인 피해에 상응하는 보복을 한다는 의미에서 무고죄가 개인적 법익 침해와 밀접한 연관이 있음을 시사한다.

프랑스형법은 이러한 입장을 따라 지금도 인격에 대한 침해죄의 장에서 사생활침해, 인상침해, 비밀침해, 전산정보처리에 의한 권리침해의 죄와 함께 무고죄(§ 226-10①)[7]를 규정함으로써, 무고죄를 개인적 법익에 관한 죄로 취급하고 있으며, 이와는 별도로 사법권의 권위에 대한 침해죄의 하나로 허위신고죄(§ 434-6)[8]를 규정하고 있다. 12

반면 독일형법에서는 무고죄(§ 164)[9]가 평화, 간첩, 외국, 선거, 국방, 저항, 공공질서, 통화위조, 위증 등 국가적 법익에 관한 죄와 함께 편제되어 있다. 그러나 독일에서도 이러한 편제에 이른 것은 1851년 프로이센형법전이 시초이고, 그 이전에는 문서죄에 연결하여 처벌하거나 소송절차에 관한 죄로 취급되어 타인을 모함하는 행위를 징벌하는 데 본질을 두었다.[10] 이러한 역사적 전통으로 인하여 독일 형법학에서는 무고죄의 보호법익이 무엇인지 다투어져 온 것이고, 13

7 프랑스형법 제226-10조(무고) ① 동원된 방법 여하를 불문하고 특정인을 대상으로 사법부, 행정경찰 또는 사법경찰의 관리, 고소·고발을 처리할 적법한 권한이 있는 관서 또는 신고대상자의 상사나 고용주에게 불이익한 사법, 행정 및 규율상의 제재를 초래할 수 있는 전부 또는 일부가 정확하지 아니한 사실을 신고하는 행위는 5년 이하의 구금형 및 45,000유로의 벌금에 처한다. ② 고소·고발된 사실이 인정되지 아니하거나 피고소·고발자에게 책임이 없음을 확인하는 무죄판결 또는 수사법원의 무혐의결정이 확정되면 고소·고발된 사실은 당연히 허위인 것으로 간주된다. ③ 기타의 경우, 고소·고발자에 대한 소추를 심리하는 법원은 고소·고발이 타당한 것인지 여부를 판단하여야 한다.

8 프랑스형법 제434-26조(허위신고) 사법 또는 행정기관에 대하여 중죄 또는 경죄에 해당하는 사실을 허위로 신고하여 필요 없이 수사에 착수하게 한 때에는 6월의 구금형과 7,500유로의 벌금에 처한다.

9 독일형법 제164조(무고) ① 타인에 대한 관청의 절차 또는 기타 처분을 유발하거나 유지하게 할 목적으로 확실한 인식에 반하여 타인의 위법행위나 의무위반사실을 관청, 고발접수권이 있는 공무원이나 군상관에 대하여 또는 공연히 무고한 자는 5년 이하의 자유형 또는 벌금형에 처한다. ② 제1항의 목적으로 제1항에 규정된 관청 등에 대하여 또는 공연히 타인에 대한 관청의 절차 또는 기타 처분을 유발하거나 유지하기에 적합한 사실관계에 대하여 기타의 허위주장을 한 자도 전항과 동일하게 처벌한다.

10 서정민, 한국 전통형법의 무고죄, 67-72.

일본형법[11]을 통해 독일형법의 편제를 수용한 우리 형법학에서도 같은 논의가 이루어지고 있다.

14 무고죄의 역사를 살펴보면 무고죄의 보호법익이 어느 한 쪽에서만 존재한다고 보기 어렵다. 무고죄는 타인을 모함하여 고통과 위험에 빠뜨리는 행위가 본질이지만 그 방법이 국가나 사회 공동체의 사법심판기관을 속여 형벌권 내지 소송절차권을 남용하는 것이므로 확립된 국가사법기능이 존재한다면 그에 대한 침해도 분명히 발생하게 된다.

15 이러한 무고죄의 양면적 성격으로 인하여, 독일은 물론 우리 형법학계에서도 형사처분이나 징계처분에 의하여 피무고자 개인이 불이익을 받는 것을 방지하는 데에서 무고죄의 보호법익을 찾는 견해(개인적 법익 침해설)와 무고로 인하여 국가의 형사 또는 징계권의 적정이 침해되는 것을 방지하는 데에서 무고죄의 보호법익을 찾는 견해(국가적 법익 침해설) 중 어느 한 쪽만을 취하지 않고, 무고죄는 두 가지 법익에 모두 근거하고 있다고 본다(절충설).[12] 다만, 무고죄의 장별 위치나 입법 연혁에 비추어, 국가적 법익의 보호가 주된 것이고, 개인적 법익의 보호는 부수적이라고 할 것이다.[13] 판례도 같은 입장에서 "무고죄는 부수적으로 개인이 부당하게 처벌받거나 징계를 받지 않을 이익도 보호하나, 국가의 형사사법권 또는 징계권의 적정한 행사를 주된 보호법익으로 한다."고 판

---

11 일본 구 형법은 무고죄를 신체에 대한 죄의 장에 규정하여(제1장 제12절) 피무고자를 법익주체로 하는 개인적 법익에 대한 죄로 이해하였으나, 일본 현행 형법은 일련의 위조죄 규정 뒤에 있는 위증죄에 이어 제21장에 규정하고 있는데, 개정이유서는 무고죄는 주로 신용에 관계된 것으로 신체에 대한 가해는 무고죄의 결과에 지나지 않기 때문이라고 설명하고 있다[西田 外, 注釈刑法(2), 580(鎭目征樹)]. 무고의 죄는 1995년 형법개정으로 용어가 순화되어 허위고소의 죄로 변경되었다. 허위고소죄의 조문은 다음과 같다. 제172조(허위고소 등) 타인에게 형사 또는 징계처분을 받게 할 목적으로 허위의 고소, 고발, 그 밖의 신고를 한 사람은 3월 이상 10년 이하의 징역에 처한다.

참고로 2022년 6월 17일 일본형법 개정(법률 제67호)으로 징역형과 금고형이 '구금형'으로 단일화되어 형법전의 '징역', '구금', '징역 또는 구금'은 모두 '구금형'으로 개정되었고, 부칙에 의하여 공포일로부터 3년 이내에 정령으로 정하는 날에 시행 예정이다. 그러나 현재 정령이 제정되지 않아 시행일은 미정이므로, 본장에서 일본형법 조문을 인용할 때는 현행 조문의 '징역' 등의 용어를 그대로 사용한다.

12 김성돈, 형법각론(6판), 859; 김신규, 형법각론 강의, 941; 박찬걸, 형법각론, 893; 배종대, 형법각론(13판), § 164/2; 오영근, 형법각론(5판), 786; 이재상·장영민·강동범, 형법각론(12판), § 47/2; 이정원·류석준, 형법각론, 789; 주석형법 [각칙(2)](5판), 107(김도형).

13 이재상·장영민·강동범, § 47/2; 주석형법 [각칙(2)](5판), 107(김도형).

시하고 있다.[14]

보호의 정도는 구체적 위험범이라는 견해도 있으나,[15] 통설은 추상적 위험범이라고 한다.[16] 16

〔서 정 민〕

14 대판 2017. 5. 30, 2015도15398.

15 배종대, § 164/2

16 김성돈, 860; 김신규, 941; 박찬걸, 893; 오영근, 786; 이재상·장영민·강동범, § 47/3; 이정원·류석준, 789; 이형국·김혜경, 형법각론(2판), 872; 정웅석·최창호, 형법각론, 118; 홍영기, 형법(총론과 각론), § 119/1.

第156條(무고)

타인으로 하여금 형사처분 또는 징계처분을 받게 할 목적으로 공무소 또는 공무원에 대하여 허위의 사실을 신고한 자는 10년 이하의 징역 또는 1천500만원 이하의 벌금에 처한다. 〈개정 1995. 12. 29.〉

Ⅰ. 취 지

1 본죄(무고죄)는 각칙 제11장에 규정되어 있어 편제된 위치상으로 볼 때 국가적 법익에 대한 죄로 분류할 수 있다. 국가의 심판기능의 적정한 행사를 주된 보호법익으로 하면서, 아울러 피무고자가 부당한 형사처분이나 징계처분을 받지 않을 개인적 법익 또한 함께 보호하기 위한 범죄이다.

2 보호의 정도는 추상적 위험범이다.

Ⅱ. 객관적 구성요건

1. 주 체

3 본죄의 주체는 누구나 될 수 있다.

4 실무상 고소장은 범죄피해자 명의로 작성하였지만 실제로 고소장을 작성·제출하는 것은 다른 사람인 경우가 종종 있다. 이러한 경우 비록 외관상으로는 타인 명의의 고소장을 대리하여 작성하고 제출하는 형식으로 고소가 이루어진 경우라 하더라도 그 명의자는 고소의 의사 없이 이름만 빌려준 것에 불과하고

명의자를 대리한 자가 실제 고소의 의사를 가지고 고소행위를 주도한 경우라면, 그 명의자를 대리한 자를 신고자로 보아 본죄의 주체로 인정하여야 할 것이다.[1]

2. 허위의 사실

(1) 허위의 의의

'허위의 사실'을 신고하여야 한다. 여기서 '허위'란 객관적 진실에 반하는 것을 의미한다(통설).[2] 판례도 같은 취지에서, 설령 신고자가 신고한 내용이 허위라고 믿었다고 하더라도 그것이 객관적 진실에 부합하면 본죄가 성립하지 않는다[3]고 한다.[4] 또한 객관적 사실관계를 사실대로 신고한 이상, 이를 토대로 나름대로의 주관적 법률적 평가를 잘못하거나 죄명을 잘못 기재하여 신고하였다고 하여 본죄로 평가할 수 없다.[5] 5

본죄에 있어서 신고사실의 허위성은 객관적 진실에 반하는 것을 의미한다는 점에서 위증죄에서 진술의 허위성과 차이가 있다. 위증죄에서 '허위'란 증인 6

---

1 대판 1989. 9. 26, 88도1533; 대판 2006. 7. 13, 2005도7588; 대판 2007. 3. 30, 2006도6017(甲이 A를 교회에 대한 횡령 및 배임죄로 고소하고자 하였으나 교회신도가 고소해야 한다는 말을 듣고 친구인 乙을 교회신도로 등록하게 하고 乙 명의로 고소장을 작성하였지만 甲이 직접 고소장을 작성하여 우편으로 제출하고 수사기관에도 고소 내용을 잘 모르는 丙과 동석하여 진술한 사안에서, 甲이 실제 고소의 의사를 가지고 고소행위를 주도한 신고자로서 본죄의 주체에 해당한다고 판시).

2 김성돈, 형법각론(6판), 861; 배종대, 형법각론(13판), § 165/1;오영근, 형법각론(5판), 787; 이재상·장영민·강동범, 형법각론(12판), § 47/7; 주석형법 〔각칙(2)〕(5판), 112(김도형).

3 대판 1982. 6. 22, 82도826.

4 독일형법 제164조가 규정하고 있는 무고죄(falsche Verdächtigung)는 타인에게 허위의 위법행위 또는 직무의무위반행위의 혐의를 지우는 행위를 그 구성요건적 행위로 하고 있는데, 혐의의 허위성을 판단하는 방법에 관해 연방법원은 피고인이 실제로 타인의 절도범행을 본 것은 아니지만 이를 확신하고 신고한 사안에서, 객관적으로 절도를 범하지 않았던 경우에만 허위성이 인정된다는 입장을 취했다(BGH, 01.09.1987 - 5 StR 240/86). 이 입장에 따르면, 혐의대상자가 절도를 범한 사실이 없는 점이 명백하지 않은 한 무고죄는 성립할 수 없게 된다. 이에 대해 학설상으로는, 행위자가 혐의의 근거로 한 사실이 객관적으로 진실인지를 기준으로 해야 할 것이라는 논의가 있다. 이 입장에 따르면, 가령 실제로 절도를 범한 자에 대한 혐의라고 하더라도 그 혐의의 근거가 허위인 경우에는 무고죄가 성립하게 된다(Lenckner, in: Schönke/Schröder § 164 Rdn. 16 참조). 그리고 일본의 통설, 판례〔最決 昭和 33(1958). 7. 31. 刑集 12·12·2805〕도 우리 통설·판례와 같은 입장이다.

5 예컨대, 사기를 횡령이라고 하거나 횡령을 절도라고 하거나 권리행사방해를 절도라고 신고하였다고 하여도 객관적 사실을 토대로 법률적 평가를 잘못한 것에 불과한 이상 허위를 신고하였다고 볼 수 없다(대판 1980. 5. 27, 80도819; 대판 1982. 5. 25, 81도3243; 대판 1984. 7. 24, 83도2692; 대판 1985. 9. 24, 84도1737; 대판 1987. 6. 9, 87도1029).

이 기억에 반하는 증언을 하는 것을 의미하므로 주관적 기억에 따라 증언한 경우 그것이 객관적 진실에 반하였다고 하여 위증이라고 할 수 없는 반면, 기억에 반하는 진술을 한 때에는 객관적 진실과 일치하더라도 위증에 해당한다.[6]

(2) 허위의 사실 여부의 판단

(가) 판단기준

7 객관적 진실에 어느 정도 부합하여야 본죄의 '허위'에 해당하지 아니하고, 객관적 진실에 어느 정도로 부합하지 아니한 경우 본죄의 '허위'에 해당하는가? 객관적 진실과 전부 일치하거나 전부 일치하지 않는 사실을 신고한다면 본죄의 평가가 간명하겠지만, 현실에서는 그렇지 않다. 불리한 내용을 숨기고 자신에게 유리하게 사실이나 정황을 과장하는 것이 인간의 본성이므로 실무상으로는 객관적 진실에서 오차를 두고 신고하는 경우가 오히려 흔하다.

8 신고사실이 여러 개 있어서 수량적으로 분리가 가능할 때, 예컨대 A가 ① 2022년 1월 B의 가방을 절취하고, ② 2022년 2월 C의 휴대폰과 현금을 절취하고, ③ 2022년 3월 D를 때려 상해를 가하였다는 신고가 있을 경우, 위 ①, ②, ③의 신고를 개별적으로 판단하여 그중 허위신고인 부분만 본죄가 성립한다. 그런데 하나의 신고사실 중 일부가 객관적 진실과 부합하지 않을 때, 예컨대 위 ②의 신고 중 휴대폰을 절취한 것은 사실이지만 현금을 절취하였다는 부분은 허위라거나 ③의 신고 중 D를 때린 것은 사실이지만 상해를 가하였다는 것은 허위일 경우, ②와 ③의 신고는 허위사실의 신고로 보아야 할 것인가?

9 이에 관하여 학설은 대체로 신고한 사실이 허위인지 여부는 사실의 핵심 또는 중요 내용이 진실과 부합하는가에 따라서 판단하여야 하고, 여기서 사실의 핵심 또는 중요 내용이라 함은 범죄의 성부에 영향을 미칠 정도의 중요사실을 의미한다고 보고 있다.[7]

10 판례도 허위사실이 되려면 신고한 사실이 범죄사실 또는 징계사유의 성립 여부에 영향을 줄 정도로 중요한 부분이어야 한다고 보고 있다. 즉, 신고사실의 일부에 허위의 사실이 포함되어 있다고 하더라도 그 허위 부분이 범죄의 성

---

6 대판 1982. 9. 14. 81도105; 대판 1985. 11. 26, 85도711.

7 이재상·장영민·강동범, § 47/7; 주석형법 〔각칙(2)〕(5판), 113(김도형); 이존걸, "무고죄의 허위사실에 관한 연구", 형사법연구 19-4, 한국형사법학회(2007), 286-289.

부에 영향을 미치는 중요한 부분이 아니고, 단지 신고한 사실을 과장한 것에 불과한 경우에는 본죄에 해당하지 아니하지만, 그 일부 허위인 사실이 국가의 심판작용을 그르치거나 부당하게 처벌을 받지 아니할 개인의 법적 안정성을 침해할 우려가 있을 정도로 고소사실 또는 징계사실 전체의 성질을 변경시키는 때에는 본죄가 성립될 수 있다고 할 것이다.[8] 이처럼 판례는 신고사실 전체의 성질을 변경시키는 것인지 아니면 단순한 정황의 과장인지를 기준으로 판단하고 있다.

(나) 허위사실 여부에 관한 판례와 실무

(a) 인정 사례

판례는 다음 사례의 경우, 신고사실 전체의 성질을 변경시켜 본죄의 '허위'에 해당한다고 보았다. 11

① 실제로 돈을 대여한 적이 없거나 대여한 돈을 변제받았음에도 마치 돈을 대여하였거나 그로 인한 채권이 여전히 존재하는 것처럼 신고한 경우,[9] ② 도박자금으로 돈을 빌려주었음에도 "사고처리 비용조로 급히 돈이 필요하니 돈을 빌려주면 다음 날 아침 카드로 현금서비스를 받아 갚겠다."고 하여 돈을 빌려주었다고 허위로 신고한 경우,[10] ③ 먼저 자신을 때려 주면 돈을 주겠다고 하여 피고소인들이 자신을 때리고 돈을 받아간 것임에도 폭행하여 돈을 빼앗았다고 신고한 경우,[11] ④ 경찰관이 타인을 현행범 체포하려는 상황에서 자신이 경 12

8 대판 2010. 4. 29, 2010도2745. 일본 판례도 같은 취지이다[大判 大正 13(1924). 7. 29. 刑集 3·721].

9 대판 1995. 3. 10, 94도2598.

10 대판 2004. 1. 16, 2003도7178. 차용금 용도를 속이는 바람에 대여하였다고 적극적으로 허위 고소한 사례로서, 신고사실 전체의 성질을 변경하는 경우에 해당한다. 그러나 아래에서 기술하듯이 단순히 도박자금인 줄 알고 빌려주었다는 사정을 숨긴 채 변제의사나 능력 없이 차용금 사기를 범하였다고 주장하는 것만으로는 신고사실 전체의 성질을 변경하여 허위에 해당한다고 보기에는 부족하다.

11 대판 2010. 4. 29, 2010도2745. 「비록 피고인이 먼저 A 등에게 때려 달라고 요청하였다 하더라도 그러한 피고인의 요청은 윤리적·도덕적으로 사회상규에 어긋나는 것이어서 위법성조각사유로서의 피해자의 승낙에 해당한다고 할 수는 없을 것이다. 그러나 A 등의 위와 같은 행위가 결과적으로 위법하다 하더라도 이는 폭행 내지 상해의 범죄에 해당할 수 있는 것인 반면, 피고인의 신고사실은 A 등이 갈취 내지 강취의 범죄를 범하였다는 것이어서 그 신고사실의 일부가 허위라는 점은 어느 모로 보나 명백하다. 그런데 피고인이 자신의 의사에 따라 폭행을 당한 것인지 여부는 갈취 내지 강취 범죄의 성부에 영향을 미치는 중요한 부분으로서 단지 신고한 사실을 과장한 것에 불과하다고 볼 수는 없을 뿐만 아니라 A 등이 갈취 내지 강취의 의사로 피고인을

찰관을 폭행하여 자신 또한 현행범으로 체포되었는데 자신이 경찰관의 현행범 체포업무를 방해한 일이 없다며 경찰관을 불법체포로 고소한 경우,[12] ⑤ 타인으로부터 리스한 타인 소유 승용차를 피고소인에게 담보로 제공하고 돈을 차용하면서 약정기간 내에 갚지 못할 경우 이를 처분하더라도 아무런 이의를 제기하지 않기로 하였는데 변제기 이후 피고소인이 차량을 처분하자 허락 없이 마음대로 처분하였다는 취지로 횡령죄로 고소한 경우[13]가 이러한 예이다.

(b) 부정 사례

13 판례는 다음 사례의 경우, 신고사실 전체의 성질을 변경시키지 않고 단순히 정황을 과장한 것에 지나지 아니하여 본죄의 '허위'에 해당하지 않는 사례로 보았다.

14 ① 강간을 당한 사람이 강간치상죄로 고소한 경우,[14] ② 폭행을 당한 사람이 상해를 입었다고 고소한 경우,[15] ③ 싸움으로 생긴 상처 외에 다른 부분까지

폭행한 것이 아니라 피고인의 요청에 따라 그러한 행위를 하였음이 분명한 이상 'A 등이 피고인을 폭행하여 돈을 빼앗았다'는 취지의 피고인의 신고는 그 폭행의 경위에 관한 허위사실만으로도 국가의 심판작용을 그르치거나 부당하게 처벌을 받지 아니할 개인의 법적 안정성을 침해할 우려가 있을 정도로 고소사실 전체의 성질을 변경시킨 것으로 판단된다.」

12 대판 2009. 1. 30, 2008도8573. 「만일 경찰관의 타인에 대한 현행범인체포가 위법하다면 이를 방해하였음을 이유로 한 피고인에 대한 현행범인체포도 위법하게 되고, 그 과정에서 피고인이 입은 상해에 대하여는 경찰관들이 형사처벌이나 징계처분을 받게 되는 관계에 있는 이상, 피고인이 경찰관들의 적법한 현행범인체포를 방해한 사실이 있음에도 그런 사실이 없다는 피고인의 고소 부분은 그것 자체로 국가의 심판작용을 그르치거나 부당하게 처벌을 받지 아니할 개인의 법적 안정성을 침해할 우려가 있을 정도로 고소사실 전체의 성질을 변경시키는 것에 해당하여 무고죄가 성립한다고 할 것이다.」

13 대판 2012. 5. 24, 2011도11500. 원심은 피고소인의 처분행위가 승용차 원소유자에 대한 관계에 있어 위법한 처분행위가 되므로 횡령죄 외에 장물취득죄 등 다른 범죄가 성립할 수 있어 허위사실을 고소한 것으로 보기 어렵다고 무죄를 선고하였으나, 대법원은 변제기까지 차용금을 갚지 못하면 담보로 제공한 차량을 처분하더라도 아무런 이의를 제기하지 않겠다고 하였다면 허락 없이 마음대로 차량을 처분하였다는 취지의 고소 내용은 허위사실의 기재로서 그 자체로 독립하여 본죄가 성립한다고 판시하였다.

14 대판 1983. 1. 18, 82도2170. 「강간을 당하여 상해를 입었다는 고소내용은 하나의 강간행위에 대한 고소사실이고, 이를 분리하여 강간에 관한 고소사실과 상해에 관한 고소사실의 두 가지 고소내용이라고 볼 수는 없어 강간을 당한 것이 사실인 이상 이를 고소함에 있어서 강간으로 입은 것이 아닌 상해사실을 포함시켰다 하더라도 이는 고소내용의 정황을 과장한 것에 지나지 아니하여 따로 무고죄를 구성하지 아니한다.」

15 대판 1973. 12. 26, 73도2771(구타를 당하여 상해를 입었다는 고소내용은 하나의 폭력행위에 대한 고소사실로서 이를 분리하여 폭행에 관한 고소사실과 상해에 관한 고소사실의 두 가지의 고소내용이라고는 할 수 없으므로, 구타를 당한 것이 사실인 이상 이를 고소함에 있어서 입지 않

함께 상해로 고소한 경우,[16] ④ 도박자금을 빌려준 다음 차용인을 변제의사나 변제능력 없이 돈을 빌린 차용금 사기로 고소하면서 도박자금으로 빌려준 사정을 숨긴 경우,[17] ⑤ 자신이 상대방의 범행에 공범으로 가담하였음에도 자신의 가담사실을 숨기고 상대방만을 고소한 경우[18]가 이러한 예이다.

(c) 실무

실무에서는 '허위의 사실' 입증에 관한 소송법적 문제도 자주 대두된다. 검 15
사는 본죄의 구성요건인 신고사실의 허위성에 대해 입증책임을 부담한다. 판례는 신고사실의 허위성에 관한 검사의 적극적 증명이 있어야 한다는 입장이다. 즉, 신고한 사실이 객관적 진실에 반하는 허위사실이라는 요건은 적극적 증명이

은 상해사실을 포함시켰다 하더라도 이는 고소내용의 정황의 과장에 지나지 않으므로 상해부분만 따로 무고죄를 구성한다고 할 수 없다); 대판 1996. 5. 31, 96도771(구타를 당하지는 않았더라도 다투는 과정에서 시비가 되어 서로 허리띠나 옷을 잡고 밀고 당기면서 평소에 좋은 상태가 아니던 요추부에 경도의 염좌증세가 생겼을 가능성이 충분히 있다면 구타를 당하여 상해를 입었다는 내용의 고소는 다소 과장된 것이라고 볼 수 있을지언정 이를 일컬어 무고죄의 처벌대상인 허위사실을 신고한 것이라고 단정하기는 어렵다).

16 대판 1984. 1. 24, 83도3023. 「피고인이 여러 사람과 시비를 하여 누구로부터 얼마를 구타당하였는지 특정지울 수 없으나 좌측안면부 등에 찰과상 및 좌상을 입은 사실을 인정할 수 있다면 피고인이 이를 고소함에 있어서 좌측안면부 등의 찰과상 및 좌상 외에 이미 수년전 또는 몇 개월 전에 입은 비골골절 사실마저 기재된 상해진단서를 제출하였다 하여도 이는 고소내용의 정황과장에 지나지 않으므로 위 골절부분만이 따로 무고죄를 구성한다고 할 수 없다.」

17 대판 2011. 9. 8, 2011도3489. 「금원을 대여한 고소인이 차용금을 갚지 않는 차용인을 사기죄로 고소함에 있어서, 피고소인이 차용금의 용도를 사실대로 이야기하였더라면 금원을 대여하지 않았을 것인데 차용금의 용도를 속이는 바람에 대여하였다고 주장하는 사안이라면 그 차용금의 실제 용도는 사기죄의 성립 여부에 영향을 미치는 것으로서 고소사실의 중요한 부분이 되고 따라서 그 실제 용도에 관하여 고소인이 허위로 신고를 할 경우에는 그것만으로도 무고죄에 있어서의 허위의 사실을 신고한 경우에 해당한다고 할 수 있다. 그러나 단순히 차용인이 변제의사와 능력의 유무에 관하여 기망하였다는 내용으로 고소한 경우에는 차용금의 용도와 무관하게 다른 자료만으로도 충분히 차용인의 변제의사나 능력의 유무에 관한 기망사실을 인정할 수 있는 경우도 있을 것이므로, 그 차용금의 실제 용도에 관하여 사실과 달리 신고하였다 하더라도 그것만으로는 범죄사실의 성립 여부에 영향을 줄 정도의 중요한 부분을 허위로 신고하였다고 할 수 없다. 이와 같은 법리는 고소인이 차용사기로 고소함에 있어서 묵비하거나 사실과 달리 신고한 차용금의 실제 용도가 도박자금이었다고 하더라도 달리 볼 것은 아니다.」

같은 취지의 판결로는 대판 2004. 12. 9, 2004도2212; 대판 2011. 1. 13, 2010도14028.

18 고소내용이 상대방의 범행 부분에 관한 한 진실에 부합하므로 이를 허위의 사실로 볼 수 없고, 상대방의 범행에 자신이 공범으로 가담한 사실을 숨겼다고 하여도 그것이 상대방에 대한 관계에서 독립하여 형사처분 등의 대상이 되지 아니할뿐더러 전체적으로 보아 상대방의 범죄사실의 성립 여부에 직접 영향을 줄 정도에 이르지 아니하는 내용에 관계되는 것이므로 본죄가 성립하지 않는다(대판 2008. 8. 21, 2008도3754; 대판 2010. 2. 25, 2009도1302).

있어야 하고, 신고사실의 진실성을 인정할 수 없다는 소극적 증명만으로 곧 그 신고사실이 객관적 진실에 반하는 허위의 사실이라 단정하여 본죄의 성립을 인정할 수는 없다.[19] 한국사회에서 이루어지는 수많은 고소·고발에 대해 검찰에서 혐의없음 불기소 처분이 대다수 이루어지고 있는데, 그 대부분이 신고사실을 입증할 증거가 부족한 경우이다. 신고사실의 전부 또는 일부분이 진실일 가능성이 보이더라도 이를 입증할 증거의 부족으로 기소하기 어려워 혐의없음 불기소 처분을 하는 경우, 검사는 고소·고발인을 본죄로 범죄인지하기 어렵다. 그러나 양립할 수 없는 사실관계에 대해 어느 한 쪽의 사실관계를 주장하며 신고한 경우, 예컨대 문서명의자가 진정하게 문서를 작성하였는데도 피신고자가 문서를 위조하였다고 신고한 경우, 피신고자가 신고자를 상대로 성폭행을 한 사실이 없는데도 성폭행을 하였다고 신고한 경우라면, 신고자와 피신고자 사이에서 객관적 진실은 단 하나만 존재하게 된다. 이러한 경우 검사가 신고사실이 허위라고 판단한다면, '문서위조'의 신고사실에 대해 '문서를 위조하지 않은 사실'(명의자가 진정하게 문서를 작성하였다거나 명의자의 진정한 위임을 받아 문서를 작성한 사실), '성폭행'의 신고사실에 대해 '성폭행을 하지 않은 사실'(성관계 자체가 없었다거나 쌍방 동의 아래 성관계를 가졌다는 사실)을 적극적으로 입증하여야 한다. 특히, 판례는 성폭행 고소 사건의 경우 본죄 성립 여부를 판단함에 있어 성인지감수성에 관한 법리[20]를 고려하여 신고사실의 허위성이 적극적으로 증명되었는지 엄격히 따지고 있다. 즉, 피해자임을 주장하는 자가 성폭행 등의 피해를 입었다고 신고한 사실에 대하여 증거불충분 등을 이유로 불기소 처분되거나 무죄판결이 선고된 경우, 그 자체를 무고를 하였다는 적극적인 근거로 삼아 신고내용을 허위라고 단정하여서는 아니 됨은 물론, 개별적·구체적인 사건에서 피해자임을 주장하는 자가

19 대판 1984. 1. 24, 83도1401.

20 성폭행이나 성희롱 사건의 피해자가 피해사실을 알리고 문제를 삼는 과정에서 오히려 피해자가 부정적인 여론이나 불이익한 처우 및 신분 노출의 피해 등을 입기도 하여 온 점 등에 비추어 보면, 성폭행 피해자의 대처 양상은 피해자의 성정이나 가해자와의 관계 및 구체적인 상황에 따라 다르게 나타날 수밖에 없다. 따라서 개별적·구체적인 사건에서 성폭행 등의 피해자가 처하여 있는 특별한 사정을 충분히 고려하지 않은 채 피해자 진술의 증명력을 가볍게 배척하는 것은 정의와 형평의 이념에 입각하여 논리와 경험의 법칙에 따른 증거판단이라고 볼 수 없다(대판 2018. 4. 12, 2017두74702; 대판 2018. 10. 25, 2018도7709; 대판 2021. 3. 11, 2020도15259; 대판 2022. 8. 19, 2021도3451).

처하였던 특별한 사정을 충분히 고려하지 아니한 채 진정한 피해자라면 마땅히 이렇게 하였을 것이라는 기준을 내세워 성폭행 등의 피해를 입었다는 점 및 신고에 이르게 된 경위 등에 관한 변소를 쉽게 배척하여서는 아니 된다고 한다.[21]

(다) 허위사실의 정도 및 그 판단시기

본죄의 보호법익은 국가의 심판작용의 적정과 개인의 법적 안정성에 있는 이상 허위의 사실을 신고하였다 하더라도 그 사실 자체가 형사범죄나 징계혐의로 구성되지 아니한다면, 국가의 심판작용이나 개인의 법적 안정성을 침해하기 어려우므로 본죄는 성립하지 아니한다. 예컨대 신고된 사실에 대해 벌칙규정이 없거나,[22] 사면·공소시효 완성·친고죄의 고소기간 도과 등으로 공소를 제기할 수 없음이 명백한 경우,[23] 신고한 허위사실 자체가 형사범죄를 구성하지 않는 경우[24]에는 본죄는 성립하지 아니한다.[25] 16

반면 허위사실의 적시로 인하여 수사관서나 감독관서에 대하여 수사권 또는 징계권의 발동을 촉구할 수 있는 정도에 이르는 경우, 국가의 심판작용이나 17

---

21 대판 2019. 7. 11, 2018도2614. 이 사안에서 검사는 피고인(고소인)이 피고소인과 동의 아래 자연스럽게 신체접촉을 하였음에도 여러 차례 강제추행을 당한 것으로 피고소인을 무고하였다는 혐의로 기소하였다. 1, 2심에서는 피고인의 강제추행 고소에 대해 무혐의 처분, 재정신청 기각이 있었고 CCTV 영상 등에서도 강제추행의 정황이 나타나지 않는다는 등의 이유로 유죄를 선고하였으나, 대법원은 본죄로 기소된 여러 공소사실 중 다수의 추행 신고는 수사기관의 추문에 의한 것으로 신고의 자발성이 없고, 고소장에 기재되어 있던 유일한 강제추행 신고행위는 갑자기 입맞춤을 하였다는 기습추행행위로 피고소인도 그러한 입맞춤이 있었다는 것은 인정하고 있고, 기습추행 전 자연스러운 신체접촉이 있었다 하여 기습추행에 대한 피고인의 동의나 승인이 있다고 보기 어렵다는 이유로 신고내용의 허위성에 대한 검사의 입증이 부족하다고 보아 무죄를 선고하였다.

22 대판 1976. 10. 26, 75도1657.

23 대판 1970. 3. 24, 69도2330; 대판 1985. 5. 28, 84도2919; 대판 1994. 2. 8, 93도3445; 대판 1998. 4. 14, 98도150. 다만, 객관적으로 고소사실에 대한 공소시효가 완성되었더라도 고소를 제기하면서 마치 공소시효가 완성되지 아니한 것처럼 고소한 경우에는 국가기관의 직무를 그르칠 염려가 있으므로 본죄를 구성한다(대판 1995. 12. 5, 95도1908).

24 대판 1992. 10. 13, 92도1799(명의신탁의 성립을 전제로 하는 횡령죄의 범죄사실을 고소하면서 신고 내용 자체로 명의신탁이 성립하지 않는 사실관계를 신고한 경우); 대판 2002. 11. 8, 2002도3738(임대차계약서의 작성을 승낙하였음에도 불구하고 마치 승낙을 하지 않은 것처럼 허위사실을 신고하였으나, 고소사실 자체가 사문서위조, 횡령이나 배임, 사기 그 밖의 형사범죄로 구성되지 않는 경우); 대판 2008. 1. 24, 2007도9057(위조나 변조가 성립할 수 없는 사실관계를 위조로 신고한 경우).

25 독일의 경우, 혐의의 대상이 되는 사실에 대해 명백히 형사제재의 가능성이 없고 관청의 활동이 행해지지 않는 경우에는 본죄의 실행행위성이 부정된다. 판례 중에는 혐의대상자가 14세 미만인 경우에 관해 실행행위성을 부정한 것(OLG Hamm, 08.02.2002-2 Ss 913/01)이 있다.

개인의 법적 안정성을 충분히 침해할 수 있는 것이므로 본죄가 성립한다. 판례는 허위사실의 적시가 수사관서나 감독관서에 대해 수사권이나 징계권의 발동을 촉구할 수 있는 정도면 충분하고, 반드시 범죄구성요건 사실이나 징계요건 사실을 구체적으로 명시하거나 법률적 평가까지 명시할 필요는 없다고 본다.[26]

18 본죄의 처벌근거는 수사권 또는 징계권 발동 촉구에 따른 국가의 심판작용이나 개인의 법적 안정성 침해 위험인 만큼 허위 여부에 대한 판단시점은 신고행위를 한 때가 기준이 되어야 한다. 허위로 신고할 당시에는 신고한 사실이 범죄에 해당하였으나 이후 범죄가 성립하지 않는다고 판례가 변경된 경우에도 국가의 형사사법권의 적정한 행사를 그르치게 할 위험과 부당하게 처벌받지 않을 개인의 법적 안정성이 침해될 위험이 이미 발생하였으므로 본죄는 기수에 이르고, 이후 그러한 사실이 형사범죄가 되지 않는 것으로 판례가 변경되었더라도 특별한 사정이 없는 한 이미 성립한 본죄에는 영향을 미치지 않는다.[27]

3. 신 고

19 신고란 자진하여 사실을 고지하는 것이다. 즉, 신고의 가장 중요한 요소는 '자발성'이다. 수사관서나 감독관서의 수사권 또는 징계권이 신고자의 자발적인 신고를 기초로 촉구·발동되었는지가 기준이 되어야 한다.

20 수사기관에 고소·고발하거나 112 전화 등으로 공무소에 신고하는 경우 등이 자발성을 나타내는 대표적인 경우이다. 따라서 공무소에 자진하여 고지한 것이 아니라 수사기관 등의 추문(推問), 즉 수사기관 등이 캐어묻거나 진술을 이끌어내는 과정에서 허위의 진술을 하는 것은 자발적인 신고라고 보기 어려워 본죄를 구성하지 않는다.[28] 그러나 이미 자진하여 고소장을 제출한 이상 수사기관에 출석하여 고소보충진술조서를 받으면서 고소장에 기재하지 않은 사실을 자진하여 진술한 경우에는 자발성을 충분히 인정할 수 있어 이 진술 부분까지 신

26 대판 1985. 2. 26, 84도2774; 대판 2009. 3. 26, 2008도6895; 대판 2014. 12. 24, 2012도4531. 예컨대 '도의원 후보가 지구당 운영비로 수천만 원을 넣은 후 후보로 당선되었다는 의혹이 커지고 있다'고 고발장에 기재한 경우, 수사권 또는 징계권의 발동을 촉구하기에 충분한 사실의 적시로 볼 수 있다(대판 2006. 5. 25, 2005도4642).

27 대판 2017. 5. 30, 2015도15398.

28 대결 1985. 7. 26, 85모14; 대판 1990. 8. 14, 90도595. 정보원이나 조사관의 요청을 받고 정보를 제공하는 것도 마찬가지이다(대판 1955. 3. 18, 4287형상209).

고한 것으로 보아야 한다.[29]

21 참고인의 진술이 수사기관 등의 추궁에 의한 것인지 여부는 수사가 개시된 경위, 수사기관의 질문 및 그에 대한 답변의 형식과 내용, 수사의 혐의사실과 참고인의 진술의 관련성 등을 종합하여 판단하여야 한다. 판례는 수표발행인이 은행에 지급제시된 수표가 위조되었다는 내용의 허위의 신고를 하여 그 사정을 모르는 은행 직원이 수사기관에 고발을 함에 따라 수사가 개시되고 수표발행인이 경찰에 출석하여 수표위조자로 특정인을 지목하는 진술을 한 경우, 이는 수표발행인이 위조 수표에 대한 고발의무가 있는 은행원을 도구로 이용하여 수사기관에 고발을 하도록 하고 이어 수사기관에 대하여 특정인을 위조자로 지목함으로써 자발적으로 수사기관에 대하여 허위의 사실을 신고한 것으로 평가하였다.[30] 또한 고소장에 기재되지 않은 사실을 고소인이 조사과정에서 진술하게 된 경우, 그 경위가 경찰관이 주도적으로 진술을 이끌어낸 것이 아니라 단순히 고소 범위에 대한 확인 차원에서 질문을 하여 고소인이 답변한 것이라면, 자발적인 신고에 해당하지 수사기관의 추문에 의한 것이 아니라고 평가하였다.[31]

22 신고의 방법에는 제한이 없다. 허위사실의 신고방식은 구두에 의하건 서면에 의하건 관계가 없을 뿐 아니라, 서면에 의하는 경우 그 신고내용이 타인으로 하여금 형사처분 또는 징계처분을 받게 할 목적의 허위사실이면 충분한 것이지 그 명칭을 반드시 고소장이라고 하여야만 본죄가 성립하는 것은 아니다.[32] 객관적으로 누구인가를 알 수 있게 한 이상 피무고자의 성명을 표시할 필요도 없다.[33]

23 부작위에 의한 신고가 가능한지에 대해서는 견해가 대립된다. 예컨대 허위사실이 기재된 고소장을 실수로 공무원 또는 공무소에 발송한 사람은 그것을 회수해야 할 선행행위로 인한 작위의무가 존재하기 때문에, 이를 위반한 경우 부작위에 의한 본죄가 성립한다는 견해도 있다.[34] 그러나 신고의 가장 중요한 요소가 자발성인 점에 비추어, 자발성 없는 신고를 본죄에 해당한다고 보기는

29 대판 1996. 2. 9, 95도2652.
30 대판 2005. 12. 22, 2005도3203.
31 대판 2014. 2. 21, 2013도4429.
32 대판 1985. 12. 10, 84도2380; 대판 2014. 12. 24, 2012도4531.
33 오영근, 790; 이재상·장영민·강동범, § 47/11; 주석형법 〔각칙(2)〕(5판), 117(김도형).
34 박찬걸, 형법각론, 898; 오영근, 790; 정영일, 형법각론, 768.

어렵다(통설).[35]

4. 공무소 또는 공무원에 대하여

24 신고는 '공무소 또는 공무원'에 대하여 이루어져야 한다. 본죄에서의 '공무소 또는 공무원'이란 신고내용에 관한 형사처분 또는 징계처분을 취급할 수 있는 해당 관서 또는 그 소속 공무원을 뜻한다. 형사처분을 취급할 수 있는 해당 관서는 검찰청, 고위공직자범죄수사처, 경찰청 등 수사기관을 말하고, 공무원은 검사, 검찰공무원, 고위공직자범죄수사처검사, 수사처수사관, 사법경찰관리, 특별사법경찰관리 등 수사기관의 종사자를 말한다. 징계처분을 취급할 수 있는 공무소 또는 공무원은 징계권자 또는 징계권의 발동을 촉구하는 직권을 가진 자와 그 감독기관 또는 그 소속 구성원을 의미한다.[36] 여기서 징계처분이란 공법상의 특별권력관계에 기인하여 질서유지를 위하여 과하여지는 제재를 의미하므로, 공법상 특별권력관계에 있다고 보기 어려운 경우, 예컨대 사립학교 교원의 징계를 위해 학교법인에 허위사실을 신고한 경우,[37] 농업협동조합중앙회나 농업협동조합중앙회장 앞으로 허위사실을 신고한 경우[38]에는 본죄에서 정하는 공무소나 공무원에 해당된다고 볼 수 없다. 다만 판례는 변호사 징계절차의 경우 공법상의 특별권력관계에 준하여 공법상 통제를 하고 있으므로 변호사 징계를 목적으로 지방변호사회에 허위의 신고를 한 경우, 본죄에서 정하는 공무소에 신고한 것으로 볼 수 있다고 보았다.[39]

25 한편 형사처분이나 징계처분을 취급할 수 있는 관서 또는 공무원의 범위는 반드시 이를 직접 취급할 수 있는 관서 또는 공무원에 한정되지 않고, 지휘명령 계통이나 관할 이첩, 그 밖에 법령상 권한 등을 통해 형사처분 또는 징계처분

---

35 김성돈, 863; 김신규, 형법각론 강의, 944; 이재상·장영민·강동범, § 47/11; 이형국·김혜경, 형법각론(2판), 876; 정웅석·최창호, 형법각론, 123; 주석형법 [각칙(2)](5판), 118(김도형). 다만, 실무적으로는 자발성 없이 착오에 의하여 허위사실이 기재된 고소장이 접수되었다 하더라도 고소보충진술조서를 받는 과정에서 허위사실 신고 여부를 재평가할 기회가 생기므로 이러한 문제가 생길 소지가 희박하다.

36 대판 2010. 11. 25, 2010도10202.

37 대판 2014. 7. 24, 2014도6377.

38 대판 1980. 2. 12, 79도3109.

39 대판 2010. 11. 25, 2010도10202.

권한 있는 공무소 또는 공무원에 도달하도록 하면 충분하다.[40]

26 대통령은 정부의 수반으로서 중앙행정기관의 장을 지휘·감독할 수 있고, 법무부장관은 구체적인 사건에 관해서 검찰총장을 지휘·감독하므로 대통령은 법무부장관에 대한 지휘·감독을 통해서 수사기관의 직권·발동을 촉구시킬 수 있는 위치에 있어, 형사처분을 받게 할 목적으로 허위사실을 진정의 형식으로 대통령에게 신고하면 그로써 본죄가 성립한다.[41] 또한 국세청장은 조세범칙행위에 대하여 벌금 상당액의 통고처분을 하거나 검찰에 이를 고발할 수 있는 권한이 있으므로 국세청장에 대하여 탈세혐의사실에 관한 허위의 진정서를 제출하였다면 본죄가 성립하고,[42] 형사·징계처분 권한 없는 군사령관과 중앙정보부장 앞으로 군인에 대한 허위의 진정서를 제출하였더라도 지휘명령계통과 관할권 이첩을 통해 형사·징계처분 권한 있는 육군참모총장에게 도달하였다면 본죄가 성립한다.[43]

5. 기수시기

27 신고가 공무소에 도달한 때 기수가 된다.[44] 본죄는 미수범에 대한 처벌규정이 없으므로 신고가 도달하지 않은 경우에는 미수로 처벌할 수 없다. 이미 신고가 공무소에 도달한 이상 기수에 이르고 공무원이 이를 열람할 것까지는 요하지 않으며,[45] 이미 도달한 신고 문서를 되돌려 받았다거나,[46] 아직 수사에 착수하지 아니하였다고 하여도[47] 범죄의 성립에는 영향이 없다.

---

40 대판 1973. 1. 16, 72도1136.

41 대판 1977. 6. 28, 77도1445. 한편, 도지사 산하에 경찰국을 둔 과거에 도지사 앞으로 형사처분에 관한 허위의 진정을 한 경우 본죄가 성립한다고 보았다(대판 1982. 11. 23, 81도2380).

42 대판 1991. 12. 13, 91도2127.

43 대판 1973. 1. 16, 72도1136. 다만, 군인에 대한 본죄의 경우에 공무소 또는 공무원에 대한 신고는 반드시 해당 군인에 대하여 징계처분 또는 형사처분을 심사 결행할 직권 있는 소속 상관에게 직접 하여야 하는 것은 아니지만, 지휘명령 계통이나 수사관할 이첩을 통하여 그런 권한 있는 상관에게 도달되어야 본죄가 성립한다. 판례는 현역군인에 대해 검찰청에 허위의 제보를 하면서 내사요청을 하였는데 그것이 관할이첩을 통해 국방부 조사본부에 도달한 사실이 확인되지 않는다면, 본죄가 성립할 수 없다고 하였다(대판 2014. 12. 24, 2012도4531).

44 김성돈, 864; 배종대, § 165/10; 오영근, 792; 이재상·장영민·강동범, § 47/18; 주석형법 [각칙(2)](5판), 118(김도형).

45 大判 昭和 13(1938). 6. 17. 刑集 17·470.

46 대판 1985. 2. 8, 84도2215.

47 대판 1983. 9. 27, 83도1975.

Ⅲ. 주관적 구성요건

1. 고 의

28 본죄는 고의범이므로 행위자에게는 공무소 또는 공무원에 대하여 허위의 사실을 신고한다는 인식과 의사가 있어야 한다. 허위임을 전혀 알지 못하여 허위 인식이 없었던 경우에는 본죄의 고의가 없고, 과실범 처벌규정도 없으므로 처벌할 수 없다. 반면 허위사실임을 확정적으로 인식하고 신고하였다면, 본죄의 고의가 있음이 분명하다.

29 그러면 신고사실의 허위성을 확정적으로 인식하지는 아니하였더라도 적어도 허위일 가능성을 인식하면서 신고한 경우, 즉 허위성을 확신하지 않은 상태에서 신고한 경우에는 어떻게 되는가? 누구나 손쉽게 타인을 수사기관에 신고할 수 있는 우리나라의 고소·고발제도의 환경, 인터넷의 발달을 토대로 이루어지고 있는 불확실한 정보의 범람, 민·형사를 불문하고 관(官)에서 주도적으로 분쟁을 해결해 줄 것을 요구하는 사회분위기가 결합하여, 실무에서는 신고자가 허위성에 대한 확정적 인식 없이 신고하였으나 피신고자는 그로 인해 수사기관의 수사를 받고 사회적 명예가 저하되는 피해를 호소하면서 본죄 성립 여부가 문제되는 사례가 많이 발생하고 있다.

30 독일형법에서는 '확실한 인식에 반하여(wider besseres Wissen)' 무고할 것을 구성요건으로 명문화하고 있어, 본죄에 한해서는 확정적 고의를 요구하므로 미필적 고의만 있는 무고행위를 처벌할 수 없도록 하고 있다. 반면, 우리 형법에서는 본죄의 고의의 범위를 제한하는 규정이 없어 입법론이 아닌 해석론으로는 논란의 여지가 없다. 대법원 판례도 일관하여 "무고죄에 있어서의 범의는 반드시 확정적 고의임을 요하지 아니하고 미필적 고의로서도 족하다 할 것이므로 무고죄는 신고자가 진실하다는 확신 없는 사실을 신고함으로써 성립하고 그 신고사실이 허위라는 것을 확신함을 필요로 하지 않는다."고 명시하고 있다.[48] 헌법재판소에서도 고의의 범위를 제한하지 않는 본죄에 관한 현행 형법의 규정이 위헌이라고 주장한 위헌소원 사건에서, "이 사건 법률조항은 허위의 고소·고발·진정

48 대판 1988. 2. 9, 87도2366; 대판 1996. 5. 10, 96도324; 대판 1997. 3. 28, 96도2417; 대판 2006. 5. 25, 2005도4642; 대판 2006. 8. 25, 2006도3631.

등을 예방하고 수사기관 또는 징계기관의 공정한 사법기능을 보호하기 위한 것으로서 목적의 정당성과 수단의 적절성이 인정된다. 신고사실이 허위일 수 있다고 인식하면서도 특정인으로 하여금 형사처분 또는 징계처분을 받게 할 목적으로 고소·고발을 하는 것은 그 특정인의 법익은 물론 국가의 사법기능도 침해할 위험성이 있는 위법행위로서, 그 처벌의 필요성은 허위사실에 대해 확정적으로 인식한 경우와 미필적으로 인식한 경우에 동일하고, 이 사건 법률조항이 허위사실에 대한 확정적 인식을 명시적으로 무고죄의 구성요건으로 규정하고 있지 아니한 이상 미필적 인식을 고의로 인정하는 것은 형법 체계 내에서도 자연스러운 해석이며, 다른 구성요건과의 유기적·체계적 해석을 통하여 국가형벌권의 적용범위는 합리적이고 적정한 수준으로 유지될 수 있다. 신고사실이 허위라는 점을 확정적으로 인식하는 경우만을 처벌한다면 진지성을 결여한 고소·고발이 남발될 우려가 있으며, 이는 국가와 피무고자 개인에 대하여 불필요한 자원의 낭비와 불이익을 초래할 수 있다. 또한 이 사건 법률조항이 국가의 심판기능의 적정과 더불어 피무고자의 개인적 이익을 보호하고자 하는 공익에 비하여 이 사건 법률조항으로 처벌받는 개인의 불이익이 과다하다고 할 수도 없다."고 선언하였다.[49]

그럼에도 불구하고 학계에서는, ① 독일형법과 같이 확정적 고의가 있는 무고행위만 처벌할 것을 주장하는 확정적 고의설과 ② 미필적 고의로도 본죄의 성립이 충분하다는 미필적 고의설이 대립하고 있다.[50] 위 ①의 확정적 고의설은[51] 고소에는 미필적 인식이 부수되기 마련임에도 확신 없이 고소하는 대부분 고소인을 처벌하여 재판청구권을 제한해서는 아니 되고, 범죄를 저지하기 위한 형사정책적 관점에서도 본죄의 범위를 확대하지 않는 것이 바람직하다고 주장한다. 이에 대하여, 위 ②의 미필적 고의설은[52] 본죄에 대해서만 고의를 차별할 필요가 없고, 신고할 당시 허위사실을 진실로 믿은 정당한 근거가 있다면 구성요건적 착오에 의해 본죄의 성립을 제한할 수 있으므로, 미필적 고의를 본죄의 고의에 포함한다고 하여도 고소권을 부당하게 제한하는 것은 아니라는 입장이다. 31

49 헌재 2012. 7. 26, 2011헌바268.

50 학계의 구체적인 논의와 논거에 대해서는 이존걸, "무고죄의 고의와 목적에 관한 연구", 법학연구 30, 한국법학회(2008), 259-265 참조.

51 배종대, §165/1; 이재상·장영민·강동범, §47/13; 이형국·김혜경, 877.

52 김성돈, 865; 김신규, 945; 박찬걸, 898; 오영근, 791; 정영일, 770; 정웅석·최창호, 124; 주석형법 〔각칙(2)〕(5판), 120(김도형).

32 판례는 위 ②의 미필적 고의설의 입장에서, 신고자가 진실하다는 확신 없는 사실을 신고하는 경우에도 그 범의를 인정할 수 있고, 신고자가 허위 내용임을 알면서도 신고한 이상 그 목적이 필요한 조사를 해 달라는 데에 있다는 등의 이유로 무고의 범의가 없다고 할 수 없으며,[53] 알고 있는 객관적 사실관계에 의하여 신고사실이 허위라거나 허위일 가능성이 있다는 인식을 하면서도 그 인식을 무시한 채 무조건 자신의 주장이 옳다고 생각하는 경우까지 범의를 부정할 수 없다[54]고 판시하고 있다. 반면에, 본죄의 고의를 지나치게 확장하여 범죄 신고의 위축을 낳을 수 있다는 확정적 고의설 측의 우려를 해소하기 위해 '허위사실'에 관한 객관적 구성요건을 두고 검사의 증명책임과 해석 법리를 엄격하게 강화하고 있다. 판례는 신고한 사실이 객관적 사실에 반하는 허위사실이라는 요건은 적극적인 증명이 있어야 하며, 신고사실의 진실성을 인정할 수 없다는 소극적 증명만으로 곧 그 신고사실이 객관적 진실에 반하는 허위사실이라고 단정하여 본죄의 성립을 인정할 수는 없음을 명확히 하고 있다.[55] 아울러 앞서 살펴본 바와 같이 신고내용에 일부 허위가 있더라도 정황의 과장과 같이 신고사실 전체의 성질을 변경하지 않는 정도이면 허위사실에 해당하지 않는 것으로 보아 객관적 구성요건의 범위를 제한적으로 해석하고 있다.

33 일본 판례도 미필적 고의설의 입장이다. 즉, 검사가 탈세사건의 피의자로부터 뇌물을 받았다는 소문을 들은 피고인이 사실의 진위를 충분히 조사하지 않고 사실의 존재에 대하여 충분한 확신이 없음에도 불구하고, 검찰청의 정화를 위하여 고발한 사안에서, 본죄가 성립하기 위해서는 그 주관적 요건으로서 신고자가 신고한 사실에 관하여 허위라고 확정적으로 인식하고 있을 필요는 없고, 미필적인 인식이 있으면 충분하다고 하면서, 위 사안의 경우 "피고인이 본건 고발을 매

53 대판 1995. 12. 12, 94도3271; 대판 2022. 6. 30, 2022도3413.

54 대판 2000. 7. 4, 2000도1908, 2000감도62; 대판 2022. 6. 30, 2022도3413(피고인이 국민권익위원회 운영의 국민신문고 홈페이지에 '약사가 무자격자인 종업원으로 하여금 불특정 다수의 환자들에게 의약품을 판매하도록 지시하거나 실제로 자신에게 의약품을 판매하였다'는 등의 내용으로 제기한 민원의 내용이 객관적 사실관계에 반하는 허위사실임이 확인되고, 그러한 민원 제기에는 미필적으로나마 그 내용이 허위이거나 허위일 가능성을 인식한 무고의 고의가 있었다고 보아, 유죄를 인정한 원심판단을 수긍한 사례).

55 대판 2004. 1. 27, 2003도5114; 대판 2006. 5. 25, 2005도4642; 대판 2007. 10. 11, 2007도6406; 대판 2014. 2. 13, 2011도15767.

우 경솔하게 하여 도저히 그 적법성을 인정할 수 없다."고 판시하였다.[56]

2. 목 적

본죄는 '타인으로 하여금 형사처분 또는 징계처분을 받게 할 목적'을 필요로 하는 목적범이다. 34

먼저 '타인'에 대한 형사처분 또는 징계처분을 받게 할 목적이어야 한다. 타인이란 자연인, 법인 모두를 포함하며 특정되고 인식할 수 있는 살아있는 사람을 의미하므로, 이를 대상으로 하지 아니한 사자(死者)나 허무인(虛無人)에 대한 무고는 국가의 심판권 행사를 그르치게 할 염려가 없는 것으로 무고죄의 목적을 인정하기 어렵다.[57] 또한 '타인'이 아닌' 자기'에 대한 형사처분 또는 징계처분을 목적으로 허위의 사실을 신고하는 행위, 즉 스스로 본인을 무고하는 자기무고는 본죄를 구성하지 아니한다. 따라서 자기 자신을 무고하기로 제3자와 공모하고 이에 따라 무고행위에 가담하였더라도 이는 자기 자신에게는 본죄의 구성요건에 해당하지 않아 범죄가 성립할 수 없는 행위를 실현하고자 한 것에 지나지 않아 본죄의 공동정범으로 처벌할 수 없다.[58] 35

그러나 피무고자의 교사·방조 아래 제3자가 피무고자에 대한 허위의 사실을 신고한 경우, 즉 타인을 교사·방조하여 자기 자신을 무고한 자기무고교사·방조의 경우 제3자의 행위는 본죄의 구성요건에 해당하여 본죄를 구성하므로, 제3자를 교사·방조한 피무고자도 교사·방조범으로서의 죄책을 부담한다.[59] 자기무고교사·방조를 처벌하는 판례의 태도에 대해 자기무고가 본죄의 구성요건에 해당하지 않는 이상, 이를 교사·방조하였다고 하여 무고교사·방조죄가 성립한 36

---

56 最判 昭和 28(1953). 1. 23. 刑集 7·1·46. 위 판례가 '경솔하게'라는 용어를 사용함으로써, 상당한 근거를 가지고 고발을 한 경우에는 위법성조각을 인정하는 취지로 이해하는 견해도 있다[西田 外, 注釈刑法(2), 594(鎭目征樹)].

57 주석형법 [각칙(2)](5판), 122(김도형).

58 대판 2017. 4. 26, 2013도12592. 본 판결의 해설 및 자기무고 공동정범의 구체적인 논의는 배정현, "자기 자신을 무고한 행위에 가담한 자에게 무고죄의 공동정범이 성립할 수 있는지 여부", 해설 112, 법원도서관(2017), 336-355; 최준혁, "자기무고의 공동정범이 성립하는가? - 대법원 2017. 4. 26. 선고 2013도12592 판결의 평석을 겸하여 - ", 형사정책 29-2, 한국형사정책학회(2017), 173-196.

59 대법원 2008. 10. 23, 2008도4852. 본 판결 평석은 정준혁, "자기무고 공범성립의 범위에 대한 검토", 형사판례연구 [17], 한국형사판례연구회, 박영사(2009), 322-339.

다는 것은 타당하지 않다는 비판론이 있다.[60]

37 다음으로 '형사처분 또는 징계처분'의 목적이어야 한다. '형사처분'이란 형벌뿐만 아니라 보안처분, 보호처분, 사회봉사명령, 수강명령 등 형사상의 처분을 포괄하는 개념이다. '징계처분'이란 공법상의 특별권력관계에 기인하여 질서유지를 위하여 과하여지는 제재를 의미한다.[61] 형사처분 또는 징계처분을 받게 될 사람이 무고를 촉탁 또는 승낙하였다 하더라도 형사처분 또는 징계처분의 목적이 없었다고 볼 수 없다. 즉 본죄는 국가의 형사사법권 또는 징계권의 적정한 행사를 주된 보호법익으로 하고 다만, 개인의 부당하게 처벌 또는 징계받지 아니할 이익을 부수적으로 보호하는 죄이므로 촉탁이나 승낙에 의한 무고라 하더라도 본죄의 성립에는 영향을 미치지 못하는 것이다.[62]

38 마지막으로 '목적'에 대한 인식이 있어야 한다. 고의에서와 마찬가지로 목적에 대한 인식의 정도에 대해서도 다툼이 있다. ① 확정적 인식설(의도·의욕필요설)은 목적은 고의보다 의사적 요소가 강한 것이므로 목적이 있다고 하기 위해서는 결과발생에 대한 의욕이 있어야 한다거나,[63] 본죄의 처벌의 실효성을 확보하기 위하여 법이 요구하는 목적을 무의미하게 해석하는 것은 허용되지 않으므로 목적은 결과의 발생을 의욕하거나 적어도 확실하다고 인식하는 확정적인 고의가 있음을 요한다고[64] 주장한다. 이에 대하여, ② 미필적 인식설(의도의욕불요설)은 목적은 고의와 마찬가지로 미필적 인식으로 충분하다고[65] 주장한다.

39 판례는 위 ②의 미필적 인식설의 입장이고, 일본 판례도 미필적 인식설의 입장이다.[66] 우리 판례는 본죄에서 형사처분 또는 징계처분을 받게 할 목적은 허위신고를 함에 있어서 다른 사람이 그로 인하여 형사 또는 징계처분을 받게

---

60 김일수·서보학, 새로쓴 형법각론(9판), 741; 배종대, § 165/14; 손동권·김재윤, 새로운 형법각론, § 53/15; 오영근, 792; 이재상·장영민·강동범, § 47/15; 임웅, 형법각론(10정판), 1036. 반면에, 판례의 입장을 지지하는 학자들은 위증죄, 범인은닉도피죄, 증거인멸죄 등에서 제3자의 행위에 대해서 교사범이나 방조범이 인정되므로 피무고자에 대해서도 본죄의 교사·방조범이 성립할 수 있음을 논거로 든다[김성돈, 865; 박상기, 형법각론(8판), 706; 정영일, 771].

61 대판 2010. 11. 25, 2010도10202.

62 대판 2005. 9. 30, 2005도2712.

63 오영근, 792.

64 이재상·장영민·강동범, § 47/17.

65 김성돈, 867.

66 大判 昭和 11(1936). 3. 12. 刑集 15·275.

될 것이라는 인식이 있으면 충분하고 그 결과발생을 희망하는 것까지를 요하는 것은 아니라는 전제에서, 고소인이 고소장을 수사기관에 제출한 이상 그러한 인식은 있었다고 보고 있다.[67] 마찬가지로 피무고자의 승낙을 받아 허위의 고소장을 작성하였기 때문에 피무고자에 대한 형사처분이라는 결과발생을 의욕한 것은 아니라 하더라도 고소장을 제출한 이상 그러한 결과발생에 대한 미필적 인식은 있었던 것으로 인정되므로 본죄가 성립한다고 보았다.[68] 또한 고소당한 범죄가 유죄로 인정되는 경우임에도, 고소를 당한 사람이 고소인에 대하여 '고소당한 죄의 혐의가 없는 것으로 인정된다면 고소인이 자신을 무고한 것에 해당하므로 고소인을 처벌해 달라'는 내용의 고소장을 제출하였다면, 설사 그것이 자신의 결백을 주장하기 위한 것이라고 하더라도 방어권의 행사를 벗어난 것으로서 본죄의 범의를 인정할 수 있다.[69]

Ⅳ. 죄수 및 다른 죄와의 관계

1. 죄 수

본죄의 죄수는 피무고자의 수를 기준으로 한다.[70] 국가의 심판기능은 사람에 따라 별도로 발생하고, 본죄는 피무고자 개인의 법적 안정성도 부수적인 보호법익으로 하고 있기 때문이다.[71] 40

1개의 행위로 1명에 대해 여러 개의 허위사실을 신고하더라도 보호법익의 침해는 1회적이기 때문에 1죄가 성립한다.[72] 판례도 1개의 고소행위로 한 사람에 대해 여러 범죄를 무고한 경우 단순일죄에 해당한다고 보고 있다.[73] 41

67 대판 2014. 3. 13, 2012도2468.
68 대판 2005. 9. 30, 2005도2712.
69 대판 2007. 3. 15, 2006도9453.
70 김성돈, 867; 배종대, § 165/16; 주석형법 〔각칙(2)〕(5판), 128(김도형).
71 주석형법 〔각칙(2)〕(5판), 128(김도형).
72 이재상·장영민·강동범, § 47/20; 주석형법 〔각칙(2)〕(5판), 128(김도형).
73 판례는 제1심이 1개의 고소부분만이 무고라고 보아 주문에 유죄의 선고를 하고 나머지 고소부분에 대하여는 이유 중 무죄의 설시를 한 데 대하여 피고인만이 항소하였으나, 항소심이 공소사실을 단순일죄로 보고 제1심 판결의 무죄부분까지를 심리의 대상으로 삼아 제1심 판결을 파기하고 공소사실 전부에 대하여 유죄로 인정하면서 제1심과 동일한 형을 선고한 데 대해 피고인이 불복하여 상고한 사안에서, 이러한 수개의 무고행위는 단순일죄 관계에 있음을 전제로 항소심판

42 같은 사람을 여러 번에 걸쳐 무고한 경우 개개 신고행위별로 본죄가 각각 성립하여 수죄의 경합범이 된다.[74] 일본 판례 중에는 동일인에 대하여 동일한 신고내용이더라도 이를 기재한 서면을 시기와 작성명의를 바꾸어 여러 통 작성하여 각각 다른 관서에 제출한 경우에는 수죄의 경합범이 된다고 판시한 것이 있다.[75] 그리고 한 개의 행위로 여러 사람을 무고할 경우, 각각의 피무고자에 대한 본죄가 상상적 경합관계에 있게 된다.[76]

2. 다른 죄와의 관계

43 본죄와 동일하게 신고행위를 구성요건으로 두고 있는 범죄의 경우, 본죄와의 죄수관계가 문제될 수 있다. 실질적으로 1죄인가 또는 수죄인가는 구성요건적 평가와 보호법익의 측면에서 고찰하여 판단하여야 한다.[77] 부정수표 단속법에서는 수표금액의 지급 또는 거래정지처분을 면할 목적으로 금융기관에 거짓 신고를 한 경우 처벌하고 있는데, 판례는 부정수표 단속법상 허위신고죄(§4)는 본죄와 행위자의 목적, 신고의 상대방, 신고 내용, 범죄의 성립시기 등을 달리하는 별개의 범죄로서 서로 보호법익이 다르고, 법률상 1개의 행위로 평가되는 경우에도 해당하지 않으므로, 두 죄는 상상적 경합관계가 아니라 실체적 경합관계로 보아야 한다고 판시하였다.[78]

44 무고행위를 한 후 피무고자를 피고인으로 하는 형사사건에서 위증을 하는 경우, 본죄와 위증죄(§152)는 실체적 경합이 된다.[79] 허위의 사실이 기재된 위조문서를 우송하여 타인을 무고한 경우는 본죄와 위조문서행사죄(§234)의 상상적 경합이 되지만,[80] 자신이 위조한 문서를 제출하여 무고한 경우에는 본죄와 문서위조죄(§225, §231)는 실체적 경합, 본죄와 위조문서행사죄는 상상적 경합이

결에 불이익변경금지원칙이나 항소심의 심판범위에 대한 법리오해의 위법이 없다고 보았다(대판 1991. 6. 25, 91도884).

74 이재상·장영민·강동범, §47/20; 주석형법 [각칙(2)](5판), 129(김도형).

75 最決 昭和 36(1961). 3. 2. 刑集 15·3·451. 이에 대하여 개인으로서는 1개의 위험만이 발생하였으므로 포괄일죄라는 견해도 있다.

76 大判 大正 2(1913). 5. 2. 刑錄 19·541.

77 대판 1984. 6. 26, 84도782.

78 대판 2014. 1. 23, 2013도12064.

79 大判 大正 1(1912). 8. 6. 刑錄 18·1133.

80 大判 大正 14(1925). 1. 21. 刑集 4·1.

된다.[81] 타인을 무고하여 사형판결을 받게 하고 집행까지 된 경우 본죄와 살인죄[실제로는 사형 집행을 하지 않고 있으므로 살인미수죄 § 254, § 251①]의 상상적 경합이 된다는 견해도 있으나,[82] 무고행위 자체를 살해행위로 볼 수 없고 법원의 심리를 통하여 판결이 선고되기 때문에 인과관계 또는 객관적 귀속이 부정된다는 것이 일반적인 견해이다.[83]

V. 처 벌

10년 이하의 징역 또는 1,500만 원 이하의 벌금에 처한다. 45

1995년 12월 29일 형법을 개정하면서 본조의 법정형에 징역형 외에 벌금형을 신설하였다. 46

〔서 정 민〕

81 김성돈, 867; 김일수·서보학, 742; 주석형법 [각칙(2)](5판), 129(김도형).
82 주석형법 [각칙(1)](3판), 401(김석휘).
83 김일수·서보학, 742; 이형국·김혜경, 879; 주석형법 [각칙(2)](5판), 130(김도형).

第157條(자백 · 자수)
제153조는 전조에 준용한다.

Ⅰ. 취 지

1 무고죄를 범한 자가 허위로 신고한 사건의 재판 또는 징계처분이 확정되기 전에 자백 또는 자수한 때에는 제153조[1]를 준용하여 그 형을 감경 또는 면제한다. 국가의 적정한 심판작용의 침해라는 결과를 사전에 방지하기 위한 정책적 규정이다.[2] 위증죄와 마찬가지로 자백 또는 자수를 필요적 감면사유로 규정하고 있다.

Ⅱ. 요 건

2 '자백'이란 범죄사실을 고백하는 것을 말한다. 다만 본조에서 '자백'이란 자신의 범죄사실, 즉 타인으로 하여금 형사처분 또는 징계처분을 받게 할 목적으로 공무소 또는 공무원에 대하여 허위의 사실을 신고하였음을 자인하는 것을 말하고, 단순히 그 신고한 내용이 객관적 사실에 반한다고 인정함에 지나지 아니하는 것은 이에 해당하지 아니한다.[3] '자수'란 범인이 자발적으로 수사기관에 대하여 자기의 범죄사실을 신고하여 소추를 구하는 의사표시를 말한다.

3 자백의 절차에 관해서는 아무런 법령상의 제한이 없으므로 그가 신고한 사건을 다루는 기관에 대한 고백이나 그 사건을 다루는 재판부에 증인으로 다시

---

1 제153조(자백, 자수) 전조(위증, 모해위증)의 죄를 범한 자가 그 공술한 사건의 재판 또는 징계처분이 확정되기 전에 자백 또는 자수한 때에는 그 형을 감경 또는 면제한다.

2 이재상 · 장영민 · 강동범, 형법각론(12판), § 47/21.

3 대판 1995. 9. 5, 94도755. 이 사건에서는 무고 후 착오로 잘못 고소하였다고 고소를 취소한 것은 자백 또는 자수가 아니라 무고 범의 부인에 지나지 않는다고 보았다.

출석하여 전에 그가 한 신고가 허위의 사실이었음을 고백하는 것은 물론, 무고사건의 피고인 또는 피의자로서 법원이나 수사기관에서의 신문에 의한 고백 또한 자백의 개념에 포함된다.[4]

제153조에서는 '재판이 확정되기 전'이라고 규정하여 법문상으로 마치 수사 4
기관이 무고에 속아 피무고자를 잘못 기소한 것을 전제하는 것처럼 보이나, 판례는 피무고자에 대한 공소제기가 이루어져 재판이 반드시 진행될 것을 요하지 아니하고 무고자의 고소사건 수사 결과 무고자의 무고 혐의가 밝혀져 무고자에 대한 공소가 제기되고 피무고자에 대해서는 불기소결정이 내려져 재판절차가 개시되지 않은 경우도 포함된다고 보고 있다.[5]

그 밖의 사항은 **제153조** 부분 참조. 5

〔서 정 민〕

4 대판 1973. 11. 27, 73도1639; 대판 2018. 8. 1, 2018도7293; 대판 2021. 1. 14, 2020도13077.
5 대판 2018. 8. 1, 2018도7293; 대판 2021. 1. 14, 2020도13077; 대판 2021. 1. 14, 2020도13077.

[부록] 제5권(각칙 2) 조문 구성

Ⅰ. 제7장 공무원의 직무에 관한 죄

1. 제1절 직무범죄

<table>
<tr><th colspan="2">조문</th><th>제목</th><th>구성요건</th><th>죄명</th><th>공소시효</th></tr>
<tr><td colspan="2">§122</td><td>직무유기</td><td>ⓐ 공무원이
ⓑ 정당한 이유 없이
ⓒ 직무수행을 거부하거나 직무를 유기</td><td>직무유기</td><td>5년</td></tr>
<tr><td colspan="2">§123</td><td>직권남용</td><td>ⓐ 공무원이
ⓑ 직권을 남용하여
ⓒ 의무 없는 일을 하게 하거나 권리행사를 방해</td><td>직권남용권리행사방해</td><td>7년</td></tr>
<tr><td rowspan="2">§124</td><td>①</td><td rowspan="2">불법
체포, 감금</td><td>ⓐ 인신구속 직무수행자 또는 보조자가
ⓑ 직권을 남용하여
ⓒ 체포 또는 감금</td><td>직권남용
(체포, 감금)</td><td rowspan="2">7년</td></tr>
<tr><td>②</td><td>①의 미수</td><td>(제1항 각 죄명)
미수</td></tr>
<tr><td colspan="2">§125</td><td>폭행,
가혹행위</td><td>ⓐ 인신구속 직무수행자 또는 보조자가
ⓑ 형사피의자 등을
ⓒ 폭행 또는 가혹행위</td><td>독직
(폭행, 가혹행위)</td><td>7년</td></tr>
<tr><td colspan="2">§126</td><td>피의사실공표</td><td>ⓐ 범죄수사 직무수행자 또는 감독·보조자가
ⓑ 피의사실을
ⓒ 공소제기 전에 공표</td><td>피의사실공표</td><td>5년</td></tr>
<tr><td colspan="2">§127</td><td>공무상비밀
누설</td><td>ⓐ 공무원·공무원이었던 자가
ⓑ 직무상 비밀을
ⓒ 누설</td><td>공무상비밀누설</td><td>5년</td></tr>
<tr><td colspan="2">§128</td><td>선거방해</td><td>ⓐ 검찰, 경찰, 군의 직에 있는 공무원이
ⓑ 법령에 의한 선거에 관하여
ⓒ 선거인 등을 협박, 기타 방법으로
ⓓ 선거의 자유를 방해</td><td>선거방해</td><td>10년</td></tr>
</table>

2. 뇌물범죄

조문		제목	구성요건	죄명	공소시효
§ 129	①	수뢰, 사전수뢰	ⓐ 공무원 또는 중재인이 ⓑ 그 직무에 관하여 ⓒ 뇌물을 ⓓ 수수, 요구 또는 약속	뇌물 (수수, 요구, 약속)	7년
	②		ⓐ 공무원 또는 중재인이 될 자가 ⓑ 담당할 직무에 관하여 청탁을 받고 ⓒ 뇌물을 ⓓ 수수, 요구 또는 약속한 후 ⓔ 공무원 또는 중재인이 된 때	사전뇌물 (수수, 요구, 약속)	5년
§ 130		제3자뇌물제공	ⓐ 공무원 또는 중재인이 ⓑ 직무에 관하여 부정한 청탁을 받고 ⓒ 제3자에게 ⓓ 뇌물을 ⓔ 공여하게 하거나 공여를 요구 또는 약속	제3자뇌물 (수수, 요구, 약속)	7년
§ 131	①	수뢰후부정처사, 사후수뢰	ⓐ 공무원 또는 중재인이 § 129, § 130의 죄를 범하여 ⓑ 부정한 행위를 한 때	수뢰후부정처사	10년
	②		ⓐ 공무원 또는 중재인이 그 직무상 부정한 행위를 한 후 ⓑ 뇌물을 ⓒ 수수, 요구 또는 약속하거나 제3자에게 이를 공여하게 하거나 공여를 요구 또는 약속	부정처사후수뢰	10년
	③		ⓐ 공무원 또는 중재인이었던 자가 ⓑ 그 재직 중에 청탁을 받고 ⓒ 직무상 부정한 행위를 한 후 ⓓ 뇌물을 ⓔ 수수, 요구, 약속	부정처사후수뢰	7년
§ 132		알선수뢰	ⓐ 공무원이 ⓑ 그 지위를 이용하여 ⓒ 다른 공무원의 직무에 속한 사항의 알선에 관하여 ⓓ 뇌물을 ⓔ 수수, 요구, 약속	알선뇌물 (수수, 요구, 약속)	5년
§ 133	①	뇌물공여 등	ⓐ § 129 내지 § 132에 기재한 뇌물을 ⓑ 약속, 공여 또는 공여의 의사를 표시	뇌물 (공여, 공여약속, 공여의사표시)	7년
	②		ⓐ ①의 행위에 제공할 목적으로 ⓑ 제3자에게 ⓒ 금품을 교부하거나 그 사정을 알면서 금품을 교부받음	제3자뇌물 (교부, 취득)	7년
§ 134		몰수, 추징	뇌물 등 몰수, 추징		
§ 135		공무원의 직무상 범죄에 대한 형의 가중	직권 이용한 본장 외 범죄는 2분의 1 가중		

Ⅱ. 제8장 공무방해에 관한 죄

조문		제목	구성요건	죄명	공소시효
§ 136	①	공무집행방해	ⓐ 직무를 집행하는 공무원을 ⓑ 폭행, 협박	공무집행방해	7년
	②		ⓐ 공무원에 대하여 ⓑ 직무상 행위 강요, 저지 또는 사퇴하게 할 목적으로 ⓒ 폭행, 협박		
§ 137		위계에 의한 공무집행방해	ⓐ 위계로써 ⓑ 공무원의 직무집행을 ⓒ 방해	위계공무집행방해	7년
§ 138		법정 또는 국회회의장 모욕	ⓐ 법원 재판, 국회 심의 방해 또는 위협 목적 ⓑ 법정, 국회회의장 또는 그 부근에서 ⓒ 모욕, 소동	(법정, 국회회의장) (모욕, 소동)	5년
§ 139		인권옹호직무 방해	ⓐ 경찰직무를 행하는 자 또는 보조자가 ⓑ 인권옹호에 관한 검사 직무 방해하거나 명령 불준수	인권옹호직무 (방해, 명령불준수)	7년
§ 140	①	공무상비밀 표시무효	ⓐ 공무원이 실시한 봉인, 압류 등 강제처분 표시를 ⓑ 손상, 은닉하거나 효용을 해함	공무상(봉인, 표시) (손상, 은닉, 무효)	7년
	②		ⓐ 공무원이 한 봉함 기타 비밀장치한 문서 또는 도화를 ⓑ 개봉	공무상비밀 (봉함, 문서, 도화)개봉	
	③		ⓐ 공무원이 직무에 관해 봉함 기타 비밀장치한 문서, 도화, 전자기록등 특수매체기록을 ⓑ 기술적 수단 이용해 내용을 알아냄	공무상비밀(문서, 도화, 전자기록등)내용탐지	7년
§ 140의2		부동산강제 집행효용무효	ⓐ 강제집행으로 명도, 인도된 부동산에 ⓑ 침입하거나 강제집행의 효용을 해함	부동산강제집행 효용침해	7년
§ 141	①	공용서류 등의 무효, 공용물의 파괴	ⓐ 공무소 서류 기타 물건, 전자기록등 특수매체기록을 ⓑ 손상, 은닉하거나 효용을 해함	공용(서류, 물건, 전자기록등) (손상, 은닉, 무효)	7년
	②		ⓐ 공무소 사용 건조물, 선박, 기차, 항공기를 ⓑ 파괴	공용(건조물, 선박, 기차, 항공기)파괴	10년

조 문		제 목	구성요건	죄 명	공소시효
§142		공무상 보관물의 무효	ⓐ 공무소로부터 보관명령 받거나 공무소의 명령으로 타인이 관리하는 자기의 물건을 ⓑ 손상, 은닉하거나 효용을 해함	공무상(보관물, 간수물)(손상, 은닉, 무효)	7년
§143		미수범	§140조 내지 §142의 미수	(§140 내지 §142 각 죄명)미수	
§144	①	특수공무방해	ⓐ 단체, 다중의 위력을 보이거나 위험한 물건을 휴대하여 ⓑ §136, §138, §140 내지 §143의 죄를 범함	특수(§136, §138, §140 내지 §143 각 죄명)	1/2 가중
	②		ⓐ ①의 죄를 범하여 ⓑ 공무원을 상해 또는 사망에 이르게 함	(제1항 각 죄명, 다만 §143 미수의 죄명은 제외)(치상, 치사)	10년(치상) 15년(치사)

III. 제9장 도주와 범인은닉의 죄

조문		제목	구성요건	죄명	공소시효
§145	①	도주, 집합명령위반	ⓐ 법률에 따라 체포·구금된 자가 ⓑ 도주	도주	5년
	②		ⓐ 법률에 따라 구금된 자가 ⓑ 천재지변, 사변 그 밖에 법령에 따라 잠시 석방된 상황에서 ⓒ 정당한 이유없이 집합명령에 위반	집합명령위반	5년
§146		특수도주	ⓐ 수용설비·기구 손괴, 사람에 대한 폭행·협박, 2인 이상 합동하여 ⓑ 법률에 의하여 체포·구금된 자가 ⓒ 도주	특수도주	7년
§147		도주원조	ⓐ 법률에 의하여 구금된 자를 ⓑ 탈취, 도주하게 함	피구금자(탈취, 도주원조)	10년
§148		간수자의 도주원조	ⓐ 법률에 의하여 구금된 자를 ⓑ 간수 또는 호송하는 자가 ⓒ 도주하게 함	간수자도주원조	10년
§149		미수범	§160, §161의 미수	(§145 내지 §148 각 죄명)미수	

<table>
<tr><th colspan="2">조문</th><th>제목</th><th>구성요건</th><th>죄명</th><th>공소시효</th></tr>
<tr><td colspan="2">§150</td><td>예비, 음모</td><td>ⓐ §147, §148의 죄를 범할 목적으로
ⓑ 예비, 음모</td><td>(§147, §148 각 죄명)
(예비, 음모)</td><td>5년</td></tr>
<tr><td rowspan="2">§151</td><td>①</td><td rowspan="2">범인은닉과
친족간의 특례</td><td>ⓐ 벌금 이상에 해당하는 죄를 범한 자를
ⓑ 은닉, 도피하게 함</td><td>범인(은닉, 도피)</td><td>5년</td></tr>
<tr><td>②</td><td>친족 또는 동거 가족이 본인을 위하여 ①의 죄를 범함</td><td></td><td></td></tr>
</table>

Ⅳ. 제10장 위증과 증거인멸의 죄

<table>
<tr><th colspan="2">조 문</th><th>제 목</th><th>구성요건</th><th>죄 명</th><th>공소시효</th></tr>
<tr><td rowspan="2">§152</td><td>①</td><td rowspan="2">위증, 모해위증</td><td>ⓐ 법률에 의하여 선서한 증인이
ⓑ 허위의 진술</td><td>위증</td><td>7년</td></tr>
<tr><td>②</td><td>ⓐ 형사사건 또는 징계사건에 관하여
ⓑ 피고인, 피의자 또는 징계혐의자를 모해할 목적으로
ⓒ ①의 행위</td><td>모해위증</td><td>10년</td></tr>
<tr><td colspan="2">§153</td><td>자백, 자수</td><td>ⓐ 전조의 죄를 범한 자가
ⓑ 그 공술한 사건의 재판 또는 징계처분이 확정되기 전에
ⓒ 자백 또는 자수한 때
ⓓ 형을 필요적 감경 또는 면제</td><td></td><td></td></tr>
<tr><td colspan="2" rowspan="2">§154</td><td rowspan="2">허위의 감정,
통역, 번역</td><td>ⓐ 법률에 의하여 선서한 감정인, 통역인 또는 번역인이
ⓑ 허위의 감정, 통역 또는 번역</td><td>허위
(감정, 통역, 번역)</td><td>7년</td></tr>
<tr><td>ⓐ 법률에 의하여 선서한 감정인, 통역인 또는 번역인이
ⓑ 피고인, 피의자 또는 징계혐의자를 모해할 목적으로
ⓒ 허위의 감정, 통역 또는 번역</td><td>모해허위
(감정, 통역, 번역)</td><td>10년</td></tr>
<tr><td rowspan="2">§155</td><td>①</td><td rowspan="2">증거인멸 등과
친족간의 특례</td><td>ⓐ 타인의 형사사건, 징계사건에 관한 증거를
ⓑ 인멸, 은닉, 위조, 변조하거나 위조, 변조한 증거를 사용</td><td>증거(인멸, 은닉, 위조, 변조),
(위조, 변조)증거사용</td><td>7년</td></tr>
<tr><td>②</td><td>ⓐ 타인의 형사사건, 징계사건에 관한 증인을
ⓑ 은닉, 도피</td><td>증인(은닉, 도피)</td><td>7년</td></tr>
</table>

조 문		제 목	구성요건	죄 명	공소시효
	③		ⓐ 피고인, 피의자, 징계혐의자를 ⓑ 모해할 목적으로 ⓒ ①, ②의 행위	모해 (제1항, 제2항 각 죄명)	10년
	④		ⓐ 친족, 동거의 가족이 ⓑ 본인을 위하여 ⓒ §155의 죄를 범한 때 ⓓ 처벌하지 아니함		

V. 제11장 무고의 죄(특별법 포함)

조 문	제 목	구성요건	죄 명	공소시효
§156	무고	ⓐ 타인으로 하여금 형사처분 또는 징계처분을 받게 할 목적으로 ⓑ 허위의 사실을 ⓒ 공무소 또는 공무원에 대하여 ⓓ 신고	무고	10년
§157	자백·자수	ⓐ 무고죄를 범한 자가 ⓑ 재판 또는 징계처분 확정 전에 ⓒ 자백 또는 자수		

사항색인

(용어 옆의 §과 고딕 글자는 용어가 소재한 조문(또는 총설)의 위치를, 옆의 명조 숫자는 방주번호를 나타낸다. 예컨대, [7-총-1]은 '제7장 제1절 [총설]'을, [8-총]은 '제8장 [총설]'을 나타낸다.)

판례색인

(판례 옆의 §과 고딕 글자는 판례가 소재한 조문(또는 총설)의 위치를, 옆의 명조 숫자는 방주번호를 나타낸다. 예컨대, [7-총-1]은 '제7장 제1절 [총설]'을, [8-총]은 '제8장 [총설]'을 나타낸다.)

[고등법원]

[지방법원]

[조선고등법원]

[독일 판례]

[일본 판례]

[미국 판례]

[편집대표]

조균석 서울남부지방검찰청 차장검사, 한국형사판례연구회장
일본 케이오대학 법학부 특별초빙교수 · 대동문화대학 비상근강사
이화여자대학교 법학전문대학원 교수 (현)

[편집위원]

이상원 법학박사, 서울고등법원 판사(헌법재판소 파견), 대법원 재판연구관
미국 버클리대학 로스쿨 LL.M., 한국형사소송법학회 회장
서울대학교 법학전문대학원 교수 (현)

김성돈 법학박사, 경북대학교 법과대학 부교수, 한국형사법학회 회장
독일 막스플랑크 외국 및 국제형법연구소 객원연구교수
성균관대학교 법학전문대학원 교수 (현)

강수진 서울중앙지방검찰청 검사
미국 하버드대학 로스쿨 LL.M., 공정거래위원회 송무담당관
고려대학교 법학전문대학원 교수 (현)

[집 필 자]

김현철	제7장 (직무)	법학박사, 사법연수원 교수, 춘천지방검찰청 원주지청장 감사원 감찰관 (현)
오규성	제7장 (뇌물)	사법정책연구원 연구위원, 창원지방법원 부장판사 공정거래위원회 심판관리관, 김앤장 법률사무소 변호사 (현)
최 환	제134조	법원행정처 정책심의관, 대법원 재판연구관(형사 총괄) 부산고등법원 고법판사 (현)
이영훈	제8장	법원행정처 형사심의관, 대법원 재판연구관 서울서부지방법원 부장판사 (현)
이완형	제9장	대법원 재판연구관(형사 총괄), 창원지방법원 부장판사 김앤장 법률사무소 변호사 (현)
이창원	제10장	서울북부지방검찰청 검사, 서울중앙지방검찰청 검사 충남대학교 법학전문대학원 교수 (현)
서정민	제11장	법학박사, 서울대로스쿨 겸임교수, 서울중앙지방검찰청 형사8 · 13부장 춘천지방검찰청 강릉지청장 (현)

(2022년 12월 1일 현재)

형법주해 V – 각칙(2)

초 판발행 2023년 1월 15일

편집대표 조균석
펴낸이 안종만 · 안상준

편 집 장유나
기획/마케팅 조성호
표지디자인 이영경
제 작 고철민 · 조영환

펴낸곳 (주) 박영사
서울특별시 금천구 가산디지털2로 53, 210호(가산동, 한라시그마밸리)
등록 1959. 3. 11. 제300-1959-1호(倫)
전 화 02)733-6771
f a x 02)736-4818
e-mail pys@pybook.co.kr
homepage www.pybook.co.kr
ISBN 979-11-303-4108-8 94360
979-11-303-4106-4 94360(세트)

정 가 76,000원

형법주해 [전 12권]

제 1 권 (총칙 1) 총칙 제1장 ~ 제2장 제1절 〔§§ 1 ~ 24〕

제 2 권 (총칙 2) 총칙 제2장 제2절 ~ 제3절 〔§§ 25 ~ 34〕

제 3 권 (총칙 3) 총칙 제2장 제4절 ~ 제4장 〔§§ 35 ~ 86〕

제 4 권 (각칙 1) 각칙 제1장 ~ 제6장 〔§§ 87 ~ 121〕

제 5 권 (각칙 2) 각칙 제7장 ~ 제11장 〔§§ 122 ~ 157〕

제 6 권 (각칙 3) 각칙 제12장 ~ 제17장 〔§§ 158 ~ 206〕

제 7 권 (각칙 4) 각칙 제18장 ~ 제23장 〔§§ 207 ~ 249〕

제 8 권 (각칙 5) 각칙 제24장 ~ 제26장 〔§§ 250 ~ 268〕

제 9 권 (각칙 6) 각칙 제27장 ~ 제32장 〔§§ 269 ~ 306〕

제10권 (각칙 7) 각칙 제33장 ~ 제36장 〔§§ 307 ~ 322〕

제11권 (각칙 8) 각칙 제37장 ~ 제39장 〔§§ 323 ~ 354〕

제12권 (각칙 9) 각칙 제40장 ~ 제42장 〔§§ 355 ~ 372〕